Perl

Steuerrecht für die Praxis

Für Angie, Elina und Tiara

Steuerrecht für die Praxis

MMag. Dr. Mario Perl, LL.M. CPA
Rechtsanwalt und Steuerberater in Wien
Fachvortragender
Lektor

7. Auflage

Linde

Zitiervorschlag: *Perl*, Steuerrecht für die Praxis[7] (2024) Seite

Bibliografische Information der Deutschen Nationalbibliothek

Die Deutsche Nationalbibliothek verzeichnet diese Publikation in der Deutschen Nationalbibliografie; detaillierte bibliografische Daten sind im Internet über http://dnb.d-nb.de abrufbar.

ISBN 978-3-7073-4943-6

© Linde Verlag Ges.m.b.H., Wien 2024
1210 Wien, Scheydgasse 24, Tel.: 01/24 630
www.lindeverlag.at
Druck und Bindung: Prime Rate Kft.,
H-1044 Budapest, Megyeri út 53

Vorwort zur 7. Auflage

Wacht auf, ihr Geister der Praxis, und haucht der grauen Steuertheorie Leben ein!

Nicht geringer ist die Zielsetzung dieses Buches, das für den studentischen Anfänger genauso wie für den erfahrenen Praktiker eine Hilfestellung für praktische, steuerrechtliche Probleme bieten soll.

Steuerrecht von Grund auf zu verstehen und Zusammenhänge zu anderen Gebieten zu erkennen, war schon während des Studiums und der wissenschaftlichen und praktischen Tätigkeit mein wesentlicher Begleiter und Motivator. Dieses Buch in der nunmehr siebenten Auflage ist sowohl inhaltlich als auch didaktisch das Ergebnis meiner bislang erworbenen praktischen Beratererfahrung und Vortragstätigkeit über mehrere Jahre hinweg.

Das Buch folgt einem modulartigen Aufbau, wonach auf der Basis eines einfachen, intuitiven und in der Praxis erprobten Prüfungsschemas die wesentlichen Grundlagen dargestellt, von vertiefenden Ausführungen begleitet und von mehr als 1.000 praxisnahen Beispielen sowie 50 Übersichtsgrafiken und Tabellen ergänzt werden. Ein dazu passendes Lehrbuch *Steuerrecht für das Studium – Fragen, Antworten, Praxisfälle* zum effizienten Erwerb des Grundlagenwissens rundet das Gesamtpaket ab. Fehlt nur noch ein leidenschaftlicher Vortragender.

Zum Erreichen großer Ziele gehören viele kluge Köpfe und Ideen – diese haben zur Entstehung und Weiterentwicklung dieses Buches beigetragen, wofür ich mich bedanke. Seit der ersten Auflage habe ich von vielen Studenten, Berufsanwärtern, Vortragenden und Praktikern weitere tolle Verbesserungsvorschläge erhalten. Ihnen danke ich für kritische Anmerkungen und einsatzfreudige Unterstützung. Besonders möchte ich mich bei *Markus Leitner, MA, BSc (WU)* für die wesentliche Unterstützung bei dieser Auflage bedanken. *Mag. Roman Kriszt* vom Linde Verlag danke ich für die weiterhin tolle und geduldige Unterstützung dieses Projekts.

„Wer aufhört, besser zu werden, hat aufgehört, gut zu sein.“ – Philip Rosenthal. In diesem Sinne bin ich Ihnen für kritische Anmerkungen oder Verbesserungsvorschläge, aber auch für positive Rückmeldungen dankbar: mario.perl@perltaxlaw.at

Möge Ihnen die Arbeit mit diesem Buch genauso viel Freude bereiten wie mir die Schaffung und Aktualisierung dieses Werkes!

Wien, im August 2024   *Mario Perl*

Inhaltsverzeichnis

Kapitel 1
Grundsätze des Steuerrechts

Kapitel 2
Einkommensteuer – Überblick, Subjekt, Objekt

Kapitel 3
Einkommensteuer – Besteuerung, Grundsätze der Einkünfteermittlung

Kapitel 4
Einkommensteuer – Betriebsvermögensvergleich, Zu- und Abflussprinzip

Kapitel 5
Einkommensteuer – Betriebliche Einkünfteermittlung

Kapitel 6
Einkommensteuer – Außerbetriebliche Einkünfteermittlung

Kapitel 7
Einkommensteuer – Einkommensermittlung und Erhebung

Kapitel 10
Körperschaftsteuer – Einkommensermittlung, Erhebung

Kapitel 11
Umgründungen

Kapitel 12
Umsatzsteuer – Überblick, Subjekt, Objekt

Kapitel 13
Umsatzsteuer – Ermittlung, Erhebung

Kapitel 16
Abgaben auf Löhne, Erwerbstätigkeit, Vermögen, Rechtsverkehr und Verbrauch

Anwendung |
Acht Elemente zur effizienten Zielerreichung

1. **Praxisorientierter Inhalt:** Das Buch konzentriert sich auf die praktische Anwendung und stützt sich dabei ausschließlich auf verbindliche Rechtsgrundlagen, richtungsweisende Rechtsprechung und wichtige Auslegungsbehelfe der Finanzverwaltung.
2. **Aktueller Stand:** Die aktuelle Auflage ist auf dem Stand 1.8.2024 und beinhaltet gesetzliche Änderungen bis zu diesem Zeitpunkt.
3. **Grundsätze des Steuerrechts:** Das Buch beinhaltet im ersten Kapitel die Grundsätze des Steuerrechts und das Fallprüfungsschema. Dieses dient als vorausblickender Querschnitt steuerlicher Konzepte, die in den folgenden Kapiteln zur praktischen Anwendung kommen.
4. **Fallprüfungsschema:** Das einfache und praxiserprobte Fallprüfungsschema in Kapitel 1 (→ 6 bis 11) erleichtert das Lösen von Fällen. Der Aufbau der einzelnen Kapitel folgt diesem Prüfungsschema und dient daher der systematischen Erarbeitung der Lösung Schritt für Schritt.
5. **Modulartiger Aufbau:** Das Leitsystem baut auf einzelnen Modulen auf und erleichtert mit Randzahlen und einer Kurzbeschreibung das Finden von Informationen. Diese vereinfachen auch die Stoffabgrenzung durch den Vortragenden im Lehrbetrieb.
6. **Grundlagen und Vertiefung:** Die Module sind in Grundlagen und Vertiefungen eingeteilt. Zusätzlich sind wichtige Leitsätze hervorgehoben. Dies erleichtert den Überblick beim Nachschlagen oder Studieren.
7. **Beispiele:** Eine Vielzahl von einfach verständlichen Beispielen begleitet den Inhalt. In vielen Fällen sind diese aus der Rechtsprechung, der Gesetzeswerdung oder den Auslegungsbehelfen der Finanzverwaltung entnommen, um in vergleichbaren praktischen Fällen eine vertrauenswürdige Referenz zu bieten.
8. **Überblick, Grafiken und Tabellen:** Diese beinhalten wichtige Informationen und Vergleiche in übersichtlicher Form und stellen Bezüge zu anderen Gebieten her. Sie unterstützen und erweitern den Inhalt der einzelnen Kapitel.

Update | Wesentliche gesetzliche Änderungen

In dieser Auflage wurden bis zum 1.8.2024 umgesetzte Änderungen berücksichtigt. Wesentliche Änderungen seit der letzten Auflage sind:

1. Progressionsabgeltungsgesetz 2024 BGBl I 2023/153

- Jährliche Anhebung der Progressionsstufen, der Absetzbeträge und Negativsteuer (§ 1 Abs 4, § 33 Abs 1, § 42 Abs 1 Z 3, § 99 Abs 2 Z 2 EStG, ab 2024, → 121 , 145, 442, 443, 444, 445, 448, 121)
- Erweiterung der Begünstigung von Kinderbetreuungseinrichtungen im Hinblick auf arbeitgebereigene Einrichtungen als geldwerter Vorteil oder Zuschuss durch den Arbeitgeber (von EUR 1.000 auf EUR 2.000) pro Kind und Kalenderjahr (§ 3 Abs 1 Z 13 EStG, ab 2024, → 334).
- Erhöhung des Grundfreibetrages auf die ersten EUR 33.000 (von EUR 30.000, § 10 EStG, → 298).
- Überführung des Home-Office-Pauschales und des Wertes unentgeltlich überlassener Arbeitsmittel für das Homeoffice ins Dauerrecht (§ 16 Abs 1 Z 7a lit a, § 124b Z 375 EStG, → 330, 337).
- Erhöhung der steuerfreien Zuschläge; zeitlich beschränkte Steuerbefreiung in 2024 und 2025 für die ersten 18 Überstunden im Monat im Ausmaß von höchstens 50 % des Grundlohns, insgesamt höchstens jedoch EUR 200 (§ 68 EStG, § 124b Z 440, → 154).

2. Gemeinnützigkeitsreformgesetz BGBl I 2023/188

- Steuerbefreiung für Einnahmen aus ehrenamtlichen Tätigkeiten (kleines und großes Freiwilligenpauschale, § 3 Abs 1 Z 42 lit a und b EStG; ab 2024, → 167).
- Ausweitung der Spendenabsetzbarkeit auf weitere gemeinnützige Organisationen, insbesondere sämtliche gemeinnützige und mildtätige Zwecke werden von der Erweiterung erfasst; vereinfachtes Verfahren zur Erlangung der Spendenbegünstigung nach einem Jahr und Verzicht auf Wirtschaftsprüferbestätigung für kleinere Einrichtungen (§ 4a, § 18 Abs 1 Z 7 EStG; ab 2024, → 257).
- Erweiterung der Absetzbarkeit von Zuwendungen zur Vermögensausstattung ideeller Stiftungen und Erleichterungen von Zuwendungen an die Innovationsstiftung für Bildung (§ 4b, § 4c, § 18 Abs 1 Z 8 EStG; ab 2024).
- Erweiterung des Begriffes der ausschließlichen bzw unmittelbaren Förderung auf Körperschaften, die andere ideelle Körperschaften mit Vermögen ausstatten (Ausgliederungen), andere ideelle Körperschaften zusammenfassen, leiten oder koordinieren (Dachverbände und Holdings) (§ 39, § 40 BAO, ab 2024, → 473).
- Einführung einer rückwirkenden Satzungssanierung nach Aufforderung durch die Abgabenbehörde innerhalb einer Frist von sechs bis zwölf Monaten und einer rückwirkenden Ausnahmegenehmigung für sonst befreiungsschädliche Tätigkeiten (§ 40a, § 44 BAO, ab 2024, → 474).
- Verlust der Begünstigung aufgrund einer rechtskräftigen strafrechtlichen Verurteilung von Handlungen der Geschäftsführung (§ 42 BAO, ab 2024).
- Anhebung der Grenze für die antragslose Ausnahmegenehmigung von EUR 40.000 auf EUR 100.000 (§ 45a BAO, ab 2024, → 474).

3. Start-Up-Förderungsgesetz BGBl I 2023/200

- Anhebung des Kinderabsetzbetrages und des Familienbonus Plus ab dem 18. Lebensjahr (§ 33 Abs 3 und 3a, ab 2024, → 449, 441).
- Einführung einer steuerbegünstigten Start-Up-Mitarbeiterbeteiligung, wonach ein geldwerter Vorteil aus der unentgeltlichen Abgabe eines Kapitalanteils (Beteiligung) nicht im Zeitpunkt der Abgabe, sondern erst bei Veräußerung oder dem Eintritt sonstiger Umstände als zugeflossen gilt; darüber hinaus unterliegt der geldwerte Vorteil nach Ablauf einer Frist teilweise einem besonderen Steuersatz von 27,5 % (§ 67a, ab 2024 → 153, 329, mit Sonderbestimmungen für Lohnabgaben und Sozialversicherung, KommStG, § 50a ASVG, → 910, 918).
- Mitarbeiterprämien vom Arbeitgeber bis EUR 3.000 im Kalenderjahr sind unter bestimmten Voraussetzungen steuerfrei (§ 124b Z 447).
- Änderung der Mindestkörperschaftsteuer auf jährlich EUR 500 für GmbH und FlexCo (§ 24 Abs 4 KStG, → 592).

Abgabenänderungsgesetz 2024 BGBl I 2024/113

- Ergänzung der ertragsteuerlichen Rechtsfolgen bei der Übertragung von Wirtschaftsgütern von einer oder an eine Personengesellschaft an einen oder vom Gesellschafter (steuerneutrale Eigenquote, steuerwirksame Fremdquote, § 24 Abs 7, § 32 Abs 3 EStG, ab 30.6.2024, → 285).
- Änderung der Berechnung des Durchschnittssteuersatzes bzw Progressionsvorbehaltes, wobei Absetzbeträge erst nach deren Berechnung abzuziehen sind (§ 33 Abs 10 EStG, ab 2024, → 437).
- Einführung eines Veranlagungsfreibetrages auch für nicht lohnsteuerpflichtige Einkünfte (§ 39 Abs 5 EStG, anzuwenden ab Kundmachungstag auf nicht rechtskräftig veranlagte Fälle, → 437).
- Erweiterung der besonderen Abzugsteuer auf eingeräumte Nutzungsrechte für Maßnahmen zur Abwehr von Hochwasserschäden (§ 107 EStG, ab 2025, → 432, 590).
- Befristete Möglichkeit (2024 und 2025) einer steuerneutralen Umwandlung von virtuellen Anteilen in Start-Up-Mitarbeiterbeteiligungen nach § 67a EStG (§ 124b Z 462 EStG, → 329).
- Erweiterung der Befreiungserklärung um Einkünfte aus Kryptowährungen (§ 94 Z 5 EStG, ab 1.7.2024, → 583).
- Änderung der umsatzsteuerlichen Kleinunternehmerregelung und Einführung einer EU-Kleinunternehmerregelung bei innergemeinschaftlichen Leistungen (§ 6 Abs 1 Z 27 UStG, § 6 Abs 3 UStG, Art 6a BMR, für Aufwendungen ab 2025, → 697)

Sonstige Änderungen

- Erweiterung der begünstigten Verteilung von Sanierungsaufwand über 15 Jahre für Förderungen nach dem Umweltförderungsgesetz (§ 28 Abs 3 Z 2 EStG, BGBl 2024/36, für Aufwendungen ab 2024, → 348).
- Erhöhte Abschreibung für zwischen 31.12.2023 und 1.1.2027 fertiggestellte Wohngebäude im zweiten und dritten Jahr vom Dreifachen des Abschreibungssatzes (4,5 %, statt nur dem Zweifachen) bei „Gebäudestandard Bronze" (§ 124b Z 451 EStG)

und Öko-Zuschlag für die Jahre 2024 und 2025 (bzw die zwei Wirtschaftsjahre, die nach 31.12.2023 beginnen) in Höhe von 15 % für Aufwendungen für thermisch-energetische Sanierungen (§ 18 Abs 1 Z 10 lit a) oder für den Ersatz eines fossilen Heizungssystems durch ein klimafreundliches Heizungssystem (lit b) als Betriebsausgabe oder als Werbungskosten (§ 124b Z 452).

- Der als Sonderausgabe absetzbare Kirchenbeitrag wurde von EUR 400 auf EUR 600 angehoben (§ 18 Abs 1 Z 5 EStG, BGBl I 2024/12 → 372).
- Umsatzsteuersatz von 0 % bei Lieferung, Erwerb, Einfuhr oder Installation von Photovoltaikmodulen an bzw durch den Betreiber in 2024 und 2025 im Zusammenhang mit dem Betrieb auf oder in der Nähe von Gebäuden unter weiteren Voraussetzungen (§ 28 Abs 62 UStG, BGBl I 2023/152).
- Anhebung der Dienstgeberabgabe für geringfügige Beschäftigte auf 19,40 % (von 16,40 %, § 1 DAG, BGBl I 2023/152 → 918).
- Reduzierung des Arbeitslosenversicherungsbeitrages auf 5,9 % (von 6 %, § 2 AMPFG, BGBl I 2023/152, → 920).
- Einführung einer Mindestbesteuerung für Unternehmensgruppen (Mindestbesteuerungsgesetz, MinBestG, BGBl I 2023/187, ab 2024, → 539/1, 1118).
- Einführung einer Begleitung einer Unternehmensübertragung auf Antrag, mit der aus abgabenrechtlicher Sicht die Übertragung eines Familienunternehmens (Betrieb, Teilbetrieb, MU-Anteil) mittels Zusammenarbeit (Offenlegung, Prüfung, Auskunft) mit den Abgabenbehörden verbessert werden soll (§§ 153h bis 153l, BGBl I 2024/56, ab 2025, → 1015/1).
- Entfall des Jahresbetrages von EUR 11.000 beim Verkürzungszuschlag, sodass nur mehr der Gesamtbetrag von EUR 33.000 maßgeblich ist (Betrugsbekämpfungsgesetz 2024 Teil I – BBKG 2024, BGBl I 2024/107 ab 20.7.2024, → 1133).
- Änderung der Homeoffice-Pauschale in Telearbeitspauschale (§ 16 Abs 1 Z 7 und 7a, § 26 Z 9, § 41 EStG, Telearbeitsgesetz, BGBl 2024/110, ab 2025 → 330, 337).

4. Wichtige geplante Änderungen

- Erhöhung von inflationsanzupassenden Beträgen des EStG um 5 % für das Jahr 2025 (Inflationsanpassungsverordnung 2025) mit neuen Tarifstufen für 2025: bis EUR 13.308: 0 %, bis EUR 21.617: 20 %, bis EUR 35.836: 30 %, bis EUR 69.166: 40 % und bis EUR 103.072: 48 % und darüber: 50 %. Absetzbeträge samt SV-Rückerstattung und SV-Bonus sowie Einkommen- und Einschleifgrenzen werden zu 100 % an die Inflation angepasst.
- Für alleinverdienende bzw erwerbstätige alleinerziehende Personen mit geringem Einkommen ist ein Kinderzuschlag in Form eines erhöhten Absetzbetrages um EUR 60 pro Monat und Kind vorgesehen.
- Die Tages- und Nächtigungsgelder werden angehoben: Tagesgelder für Inlandsdienstreisen dürfen dann bis zu EUR 30 betragen (bisher EUR 26,40). Das Nächtigungsgeld wird von EUR 15 auf EUR 17 angehoben.
- Das Kilometergeld für Pkw, Motorräder und Fahrräder wird mit einheitlich 50 Cent pro Kilometer festgesetzt. Die Beförderungszuschüsse als Kostenersatz bei der Öffi-Nutzung auf Dienstreisen für die ersten 50 Kilometer werden auf 50 Cent erhöht.

- Neuregelung beim Sachbezug für Dienstwohnungen: Die gänzlich sachbezugsfreie Wohnfläche wird auf 35 m² erhöht und Gemeinschaftsräume werden nicht mehr wie bisher jedem einzelnen Bewohner voll zugerechnet, sondern aliquot.
- Valorisierung der Freigrenze für sonstige Bezüge.
- Anhebung der Kleinunternehmergrenze in der Einkommen- und Umsatzsteuer auf EUR 55.000.
- Substanzschwache Gesellschaften (Briefkastengesellschaften) werden Meldepflichten unterworfen und können in weiterer Folge für ertragsteuerliche Zwecke als eigenständiges Steuersubjekt nicht anerkannt werden (Anti-Tax-Avoidance Directive, ATAD III, ursprünglich geplant ab 2024).
- Einführung des Informationsaustausches zwischen Staaten im Bereich Krypto-Assets und Meldepflichten von Krypto-Assets-Dienstleistern und Informationsaustausch über Steuervorbescheide vermögender natürlicher Personen mit ausländischem Vermögen (beschlossene Ergänzung der EU-Amtshilferichtlinie bzw Directive on Administrative Cooperation, DAC 8, umzusetzen in nationales Recht bis 31.12.2015, anwendbar ab 2026).

Abbildungsverzeichnis

Abkürzungsverzeichnis

ABB	Amt für Betrugsbekämpfung
ABBG	Bundesgesetz über die Schaffung eines Amtes für Betrugs-bekämpfung
ABGB	Allgemeines bürgerliches Gesetzbuch
AbgEO	Abgabenexekutionsordnung
Abl	Amtsblatt der Europäischen Union
Abs	Absatz
AEOI	automatic exchange of information
AEUV	Vertrag über die Arbeitsweise der Europäischen Union
AfA	Abschreibung für Abnutzung
AG	Aktiengesellschaft
AlVG	Arbeitslosenversicherungsgesetz
AK	Anschaffungskosten
AktG	Aktiengesetz
AMPFG	Arbeitsmarktpolitik-Finanzierungsgesetz
AO	Abgabenordnung
Art	Artikel
ASVG	Allgemeines Sozialversicherungsgesetz
AStG	Alternative-Streitbeilegung-Gesetz
ATAD	Anti-Tax Avoidance Directive, Gesetz zur Umsetzung der Anti-Steuervermeidungsrichtlinie der EU
Auslands-KESt VO	Verordnung zur Durchführung der KESt-Entlastung in Bezug auf Auslandszinsen sowie zur Anrechnung ausländischer Quellen-steuer bei Kapitalertragsteuerabzug bei Auslandsdividenden
AußStrG	Außerstreitgesetz
AV	Anlagevermögen
B2B	Business-to-Business
B2C	Business-to-Consumer
BAO	Bundesabgabenordnung
BBG	Budgetbegleitgesetz
BEPS	Base Erosion and Profit Shifting
BewG	Bewertungsgesetz
BFG	Bundesfinanzgericht
BFGG	Bundesfinanzgerichtsgesetz

BFH	Deutscher Bundesfinanzhof
BgA	Betrieb gewerblicher Art
BGBl	Bundesgesetzblatt
BMF	Bundesministeriums für Finanzen
BMR	Binnenmarktregelung
BMSVG	Betriebliches Mitarbeiter- und Selbständigenvorsorgegesetz
Bsp	Beispiel
B-VG	Bundes-Verfassungsgesetz
BW	Buchwert
BWAG	Bodenwertabgabegesetz
BWG	Bankwesengesetz
BV	Betriebsvermögen
CRS	Common Reporting Standard
DAC	Directive on Administrative Cooperation (EU-Amtshilferichtlinie)
DB	Dienstgeberbeitrag zum Familienlastenausgleichsfonds
DBA	Doppelbesteuerungsabkommen
DBA Ö-D	Doppelbesteuerungsabkommen zwischen der Republik Österreich und der Bundesrepublik Deutschland zur Vermeidung der Doppelbesteuerung auf dem Gebiet der Steuern vom Einkommen und vom Vermögen
DBZ	Zuschlag zum Dienstgeberbeitrag
dh	das heißt
DiStG	Digitalsteuergesetz
DSGVO	Datenschutzgrundverordnung
EAR	Einnahmen-Ausgaben-Rechnung
EAS	Express Antwort Service des BMF
EB	Erläuternde Bemerkungen
E-Commerce-DVO	E-Commerce-Durchführungsverordnung
EG	Europäische Gemeinschaft
EheG	Ehegesetz
EK	Eigenkapital
ElektrizitätsAbgG	Elektrizitätsabgabegesetz
EO	Exekutionsordnung
ErdgasAbgG	Erdgasabgabegesetz
ESt	Einkommensteuer
EStG	Einkommensteuergesetz
EStR	Einkommensteuerrichtlinien
EU	Europäische Union

EuG	Europäisches Gericht
EUGH	Europäischer Gerichtshof
EUR	Euro
EUSt	Einfuhrumsatzsteuer
EU-UmgrG	EU-Umgründungsgesetz
EWR	Europäischer Wirtschaftsraum
EZB	Europäische Zentralbank
FA	Finanzamt
FBG	Firmenbuchgesetz
ff	fortfolgend/-e
FinStR	Finanzstrafrecht
FinStrG	Finanzstrafgesetz
FinStrVerf	Finanzstrafverfahren
FK	Fremdkapital
FLAF	Familienlastenausgleichsfonds
FLAG	Familienlastenausgleichsgesetz
FlexCo	Flexible Kapitalgesellschaft
FlugAbgG	Flugabgabegesetz
FSVG	Freiberuflichen-Sozialversicherungsgesetz
F-VG	Finanz-Verfassungsgesetz
GBG	Allgemeines Grundbuchsgesetz
Geb	(Rechtsgeschäfts-)Gebühr
GebG	Gebührengesetz
GebR	Gebührenrichtlinien
GesBR	Gesellschaft bürgerlichen Rechts
GewO	Gewerbeordnung
GF	Geschäftsführer
GGG	Gerichtsgebührengesetz
GM	Gruppenmitglied
GmbH	Gesellschaft mit beschränkter Haftung
GmbHG	Gesetz über Gesellschaften mit beschränkter Haftung
GoB	Grundsätze ordnungsgemäßer Buchführung
GPLA	Gemeinsame Prüfung lohnabhängiger Abgaben
grds	grundsätzlich
GrESt	Grunderwerbsteuer
GrEStG	Grunderwerbsteuergesetz
GrSt	Grundsteuer
GrStG	Grundsteuergesetz

GrWV	Grundstückswertverordnung
GSpG	Glücksspielgesetz
GSVG	Gewerbliches Sozialversicherungsgesetz
GT	Gruppenträger
HK	Herstellungskosten
Hrsg	Herausgeber
idF	in der Fassung
IESG	Insolvenz-Entgeltsicherungsgesetz
IFB	Investitionsfreibetrag
iHv	in Höhe von
ImmoESt	Immobilienertragsteuer
ImmoInvFG	Immobilien-Investmentfondsgesetz
InvFG	Investmentfondsgesetz
IO	Insolvenzordnung
iSd	im Sinne der/des
iVm	In Verbindung mit
iZm	in Zusammenhang mit
JN	Jurisdiktionsnorm
KESt	Kapitalertragsteuer
KFS/BW1	Fachgutachten zur Unternehmensbewertung des Fachsenats für Betriebswirtschaft und Organisation der Kammer der Steuerberater und Wirtschaftsprüfer
Kfz	Kraftfahrzeug
KG	Kommanditgesellschaft
KohleAbgG	Kohleabgabegesetz
KommSt	Kommunalsteuer
KommStG	Kommunalsteuergesetz
KontRegR	Kontenregister- und Konteneinschaugesetz
KöR	Körperschaft des öffentlichen Rechts
KSt	Körperschaftsteuer
KStG	Körperschaftsteuergesetz
KStR	Körperschaftsteuerrichtlinien
KV	Kapitalvermögen
KVG	Kapitalverkehrsteuergesetz
LiegTeilG	Liegenschaftsteilungsgesetz
L-VO	Liebhabereiverordnung
LKW	Laftkraftwagen
LSt	Lohnsteuer

LStR	Lohnsteuerrichtlinien
LuF	Land- und Forstwirtschaft
LuF-PauschVO	Land- und Forstwirtschaft-Pauschalierungsverordnung
MinStG	Mineralölsteuergesetz
MRG	Mietrechtsgesetz
MwSt	Mehrwertsteuer
MwStSyst-RL	Mehrwertsteuersystemrichtlinie
NeuFöG	Neugründungs-Förderungsgesetz
NoVA	Normverbrauchsabgabe
NoVAG	Normverbrauchsabgabegesetz
OECD	Organisation for Economic Cooperation and Development, Organisation für wirtschaftliche Zusammenarbeit und Entwicklung
OECD-MA	OECD-Musterabkommen
OG	Offene Gesellschaft
ÖGB	Österreichischer Gewerkschaftsbund
OGH	Oberster Gerichtshof
PKW	Personenkraftwagen
PLAB	Prüfung lohnabhängiger Abgaben und Beiträge
PLABG	Bundesgesetz über die Prüfung lohnabhängiger Abgaben und Beiträge
PLB	Prüfdienst für Lohnabgaben und Beiträge
Ra	außerordentliche Revision
RBW	Restbuchwert
RL	Richtlinie
Ro	Ordentliche Revision
RSt	Rückstellung
Rz	Randzahl/Randziffer
SMG	Suchtmittelgesetz
SpaltG	Spaltungsgesetz
StabAbgG	Stabilitätsabgabegesetz
StEG	Strafrechtliches Entschädigungsgesetz
stG	stille Gesellschaft/stiller Gesellschafter
StGB	Strafgesetzbuch
StGG	Staatsgrundgesetz
StiftEG	Stiftungseingangssteuergesetz
stR	stille Reserven
StRegG	Strafregistergesetz

StPO	Strafprozessordnung
StVG	Strafvollzugsgesetz
StVO	Straßenverkehrsordnung
SV	Sozialversicherung
tlw	teilweise
TNSG	Tabak- und Nichtraucherinnen- bzw Nichtraucherschutzgesetz
TW	Teilwert
TWA	Teilwertabschreibung
ua	unter anderem
UFS	Unabhängiger Finanzsenat
UGB	Unternehmensgesetzbuch
UID	Umsatzsteuer-Identifikationsnummer
Umgr	Umgründungen
UmgrStG	Umgründungssteuergesetz
UmgrStR	Umgründungssteuerrichtlinien
UmwG	Umwandlungsgesetz
USt	Umsatzsteuer
UStG	Umsatzsteuergesetz
UV	Umlaufvermögen
VbVG	Verbandsverantwortlichkeitsgesetz
Verf	Verfahren
VereinsG	Vereinsgesetz
VersStG	Versicherungssteuergesetz
VfGG	Verfassungsgerichtshofgesetz
VfGH	Verfassungsgerichtshof
vGA	Verdeckte Gewinnausschüttung
Vgl	Vergleiche
VO	Verordnung
VPDG	Verrechnungspreisdokumentationsgesetz
VPR	Verrechnungspreisrichtlinie
VSt	Vorsteuer
VStG	Verwaltungsstrafgesetz
VV	Verlustvortrag
V&V	Vermietung und Verpachtung
VwGG	Verwaltungsgerichtshofgesetz
VwGH	Verwaltungsgerichtshof
WEG	Wohnungseigentumsgesetz

WerbeAbgG	Werbeabgabegesetz
WG	Wirtschaftsgut
WKG	Wirtschaftskammergesetz
WKO	Wirtschaftskammer Österreich
Z	Ziffer
zB	zum Beispiel
ZPO	Zivilprozessordnung
ZustG	Zustellgesetz

Kommentare zum Steuerrecht

1. Einkommensteuer

Doralt/Kirchmayr/Mayr/Zorn, Einkommensteuergesetz Kommentar, facultas.wuv
Hofstätter/Reichel, Die Einkommensteuer Kommentar, LexisNexis
Wiesner/Grabner/Knechtl/Wanke, Einkommensteuergesetz Kommentar, Manz
Kanduth-Kristen/Marschner/Peyerl/Ebner/Ehgartner, Jakom Einkommensteuergesetz, Linde
Scherzer, Pauschalierungen im EStG und UStG, Linde

2. Körperschaftsteuer

Achatz/Kirchmayr, Körperschaftsteuergesetz Kommentar, facultas.wuv
Bergmann/Bieber, Körperschaftsteuergesetz Update-Kommentar, facultas.wuv
Bergmann/Gläser/Pinetz/Stanek, Hinzurechnungsbesteuerung und Methodenwechsel, Kommentar zu § 10a KStG, LexisNexis
Wiesner/Schneider/Spanbauer/Kohler, Körperschaftsteuergesetz Kommentar, Manz
Lachmayer/Strimitzer/Vock, Körperschaftsteuergesetz Kommentar, LexisNexis
Kofler/Lang/Rust/Schuch/Spies/Staringer, Körperschaftsteuergesetz Kommentar, Linde
Huber/Rindler/Widinski/Zinnöcker, Gruppenbesteuerung, Linde
Wünscher, Flexible Kapitalgesellschafts-Gesetz, Kurzkommentar, Linde
Reich-Rohrwig/Reich-Rohrwig/Kinsky/Kurz, Flexible Kapitalgesellschaft, Manz*Rastegar/Rastegar/Rastegar*, Flexible-Kapitalgesellschafts-Gesetz, Start-Up-Förderungsgesetz und Virtuelle Gesellschafterversammlungen-Gesetz, Kommentar, Manz

3. Internationales Steuerrecht

Loukota/Jirousek/Schmidjell-Dommes/Daurer, Internationales Steuerrecht, Manz
Aigner/Kofler/Tumpel, DBA-Kommentar, Linde

4. Umgründungssteuergesetz

Wundsam/Zöchling/Khun/Huber, UmgrStG Umgründungssteuergesetz, Manz
Kofler, Umgründungssteuergesetz Jahreskommentar, Linde
Wiesner/Hirschler/Mayr, Handbuch der Umgründungen, LexisNexis
Hügel/Mühlehner/Hirschler, Umgründungssteuergesetz, LexisNexis
Hübner-Schwarzinger, Einführung in das Umgründungssteuergesetz, Linde

5. Umsatzsteuer

Ruppe/Achatz, Umsatzsteuergesetz Kommentar, facultas
Melhardt/Tumpel, Umsatzsteuergesetz, Linde
Mayr/Ungericht, Umsatzsteuergesetz Kommentar, Manz
Berger/Bürgler/Kanduth-Kristen/Wakounig, UStG-ON, Manz
Ecker/Epply/Rößler/Schwab, Kommentar zur Mehrwertsteuer, LexisNexis
Denk, Mehrwertsteuersystemrichtlinie, LexisNexis
Scherzer, Pauschalierungen im EStG und UStG, Linde

6. Grunderwerbsteuer

Fellner, Grunderwerbsteuer, Fellner
Arnold/Bodis, Kommentar zum Grunderwerbsteuergesetz 1987, LexisNexis
Pinetz/Schragl/Siller/Stefaner, Grunderwerbsteuergesetz Kommentar, Linde

7. Gebührengesetz

Fellner, Stempel- und Rechtsgebühren Kommentar, Manz
Arnold/Arnold, Rechtsgebühren, LexisNexis
Bavenek-Weber/Petritz/Petritz-Klar, Kommentar Gebührengesetz, LexisNexis
Twardosz, Gebührengesetz, Manz
Bergmann/Pinetz, Gebührengesetz inkl GSpG, VerStG, WerbeAbgG, Linde
Frotz/Hügel/Popp, Gebührengesetz Kommentar, LexisNexis

8. Bundesabgabenordnung

Ritz/Koran, Bundesabgabenordnung, Linde
Ellinger/Sutter/Urtz, Bundesabgabenordnung Kommentare, Manz
Fischerlehner/Brennsteiner, Abgabenverfahren, Manz

9. Finanzstrafgesetz

Tannert/Kotschnigg/Twardosz, Finanzstrafgesetz, Manz
Fellner, Finanzstrafgesetz, Fellner
Köck/Judmaier/Kalcher/Schmitt, FinStrG Finanzstrafgesetz, Linde
Seiler/Seiler, FinStrG Finanzstrafgesetz, Verlag Österreich
Schrottmeyer, Finanzstrafgesetz – Selbstanzeige nach § 29, Linde
Leitner/Brandl, Finanzstrafrecht 2021, Digitalisierung der abgabenrechtlichen Veranlagung und Kontrolle, Linde

10. Sonstige steuerrechtliche Kommentare

Twaroch/Wittmann/Frühwald, Kommentar zum Bewertungsgesetz, LexisNexis
Haller, NoVAG Normverbrauchsabgabegesetz Kommentar, Linde
Fellner, KommStG Kommunalsteuergesetz, Manz
Thiele, Werbeabgabegesetz, LexisNexis
Lenneis/Wanke, FLAG Familienlastenausgleichsgesetz, Linde

Kapitel 1

Grundsätze des Steuerrechts

1. Funktionen von Steuern und Abgabenanspruch

1.1. Funktionen von Steuern

Finanzierung 1

> Steuern erfüllen eine wichtige **Finanzierungsfunktion**. Der Staat als Gesamtheit der Bevölkerung erbringt allgemeine Leistungen an die Bevölkerung. Dazu bedarf es finanzieller Ressourcen.

Diese Ressourcen kann der Staat im Wege der Fremdfinanzierung in Form von **Staatsanleihen** oder im Wege der Eigenfinanzierung aus seiner Bevölkerung durch Abgaben in Form von **Steuern, Beiträgen und Gebühren** aufbringen. Abhängig von der Finanzierungsform entsteht ein **direktes oder indirektes Austauschverhältnis**: Der Staat erbringt Leistungen in Form von Sicherheit, Rechtsschutz, Sozialleistungen, Infrastruktur, Bildung und Umweltschutz (Staatsausgaben) und finanziert diese Leistungen durch Gebühren, Beiträge und Steuern (Staatseinnahmen). **Steuern** sind dabei als allgemeiner Beitrag zu den Staatseinnahmen zu verstehen, der nicht unmittelbar mit einer direkten Gegenleistung zusammenhängt. Von Steuern zu unterscheiden sind **Beiträge** zur Teilfinanzierung von Aufgaben und **Gebühren** als Entgelt für direkt in Anspruch genommene öffentliche Dienstleistungen. Steuern, Beiträge und Gebühren werden mit dem Begriff **Abgaben** zusammengefasst.

Beispiele zu Abgabenarten:
1. **Steuern:** Einkommen- und Körperschaftsteuer, Umsatzsteuer.
2. **Beiträge:** Dienstgeberbeitrag zum Familienlastenausgleichsfonds, Sozialversicherungsbeiträge.
3. **Gebühren:** Ausstellung eines Reisepasses, Müllabfuhr, Kanalanschlussgebühr.

Sonstige Funktionen 2

Steuern haben nicht nur eine finanzierende Funktion, sondern auch eine **lenkende Funktion** für das Handeln der einzelnen Individuen.[1] Darüber hinaus erfüllen Steuern auch eine **soziale Funktion**, indem sie sozial Schwächere entlasten und somit auch eine Umverteilungsfunktion von Vermögen zugunsten der weniger Wohlhabenden entsteht. Ebenso übernehmen Steuern eine **wirtschaftliche Funktion**, indem sinnvolle wirtschaftliche Vorgänge steuerlich entlastet werden.

---

[1]   VfGH 9.12.2014, G 136/2014, zur Einschränkung der Abzugsfähigkeit von Managergehältern.

Beispiele zu den einzelnen Funktionen:

1. **Lenkende Funktion:** Durch Forschungsprämien sollen Anreize geschaffen werden, in die Forschung zu investieren. Ausländische Investoren sollen durch Steuerbegünstigungen zur Investition in Österreich gebracht werden.
2. **Soziale Funktion:** Natürliche Personen mit geringem Einkommen sollen ertragsteuerlich durch ein steuerfreies Existenzminimum entlastet werden. Gemeinnützige Körperschaften sind von bestimmten Steuern befreit.
3. **Wirtschaftliche Funktion:** Gründungen und Umgründungen von Unternehmen sind steuerneutral oder zumindest steuerbegünstigt.

1.2. Der Abgabenanspruch als Ausgangsbasis

3
Der Abgabenanspruch ist ein **öffentlich-rechtlicher Anspruch** des Staates gegenüber seinen Bürgern.

Abgabengläubiger ist der Staat in Form von Gebietskörperschaften als juristische Personen des öffentlichen Rechts, Abgabenschuldner sind die einzelnen Bürger. Zwischen dem Abgabengläubiger und dem Abgabenschuldner besteht ein Abgabenschuldverhältnis.

4 Abgabengläubiger und zuständige Abgabenbehörden

Abgabengläubiger sind Bund, Land und Gemeinde. Zur Einhebung der Abgaben bedienen sie sich den **Abgabenverwaltungsbehörden** (vgl § 49 BAO).

Abgaben gelten als **ausschließliche Bundesabgaben**, wenn sie dem Bund ausschließlich zukommen. **Gemeinschaftliche Bundesabgaben** werden zwischen Bund und Ländern oder Gemeinden geteilt. Dazu zählen gemeinschaftliche Bundesabgaben, die auch durch den Bund erhoben werden, Zuschlagsabgaben, die aus einer Stammabgabe des Bundes und Zuschlägen der Länder und Gemeinden bestehen, sowie Abgaben von demselben Besteuerungsgegenstand von Bund und Ländern oder Gemeinden. **Ausschließliche Landesabgaben oder Gemeindeabgaben** kommen den Ländern oder Gemeinden ausschließlich zu. **Gemeinschaftliche Landesabgaben** werden zwischen Ländern und Gemeinden geteilt und bestehen in Unterformen wie bei gemeinschaftlichen Bundesabgaben (§ 6 F-VG, Finanzverfassung).

Beispiele zu Abgabengläubigern:

1. **Ausschließliche Bundesabgaben:** Dienstgeberbeitrag vom Familienlastenausgleichsfonds, Stempel- und Rechtsgebühren, Zölle.
2. **Gemeinschaftliche Bundesabgaben:** Einkommensteuer, Körperschaftsteuer, Umsatzsteuer.
3. **Ausschließliche Landesabgaben:** Feuerschutzsteuer, Fremdenverkehrsabgaben, Jagd-Fischerei-abgaben.
4. **Ausschließliche Gemeindeabgaben:** Grundsteuer, Kommunalsteuer, Zweitwohnsitz-abgabe.

Die Bundesabgaben werden grundsätzlich durch die **Bundesfinanzverwaltung** bemessen, eingehoben und zwangsweise eingebracht. Bundesgesetze können Abweichendes bestimmen (§ 11 Abs 1 und 2 F-VG). Sonstige Länder- oder Gemeindeabgaben werden durch **Organe der Länder oder der Gemeinden** bemessen und eingehoben (§ 11 Abs 3 F-VG).

Beispiele zur Zuständigkeit von Abgabenbehörden:
1. **Bundesfinanzverwaltung:** Einkommensteuer, Umsatzsteuer, Kommunalsteuer (gemeindeübergreifend), Feuerschutzsteuer.
2. **Landesverwaltung:** Jagd-Fischereiabgaben.
3. **Gemeinde:** Grundsteuer, Kommunalsteuer (gemeindebezogen), Fremdenverkehrsabgaben.

Abgabenschuldner 5

Der **Abgabenschuldner**, also derjenige, der die Abgabe schuldet, ergibt sich aus den Abgabenvorschriften.

Wer Abgabenschuldner ist, bestimmt sich grundsätzlich danach, wer nach den Abgabenvorschriften **Steuersubjekt** ist. Neben dem Steuersubjekt (als Abgabenschuldner) kommen auch **Rechtsnachfolger** des Abgabenschuldners (vgl §§ 14 und 19 BAO) oder andere Personen in Betracht, die **für eine Abgabenschuld haften** (vgl § 7 BAO).

Beispiele zu Abgabenschuldnern:
1. **Steuerschuldner:** Der Einkommen- und Körperschaftsteuer unterliegen natürliche Personen und Körperschaften (§ 1 EStG, § 1 KStG).
2. **Gesamtrechtsnachfolger** im Wege der Erbschaft oder Umgründung (§ 19 BAO).
3. **Haftende** als Betriebserwerber, Vertreter oder Steuerabzugsverpflichteter (§§ 7 ff BAO).

1.3. Elemente des Abgabenanspruchs

Der Abgabenanspruch leitet sich aus den **vier wesentlichen Elementen** einer Steuer ab: Steuersubjekt, Steuerobjekt, Steuerermittlung und Steuererhebung.

6

Steuersubjekt 7

Steuersubjekt ist die Person, die der Steuer unterliegt und die Steuer daher schuldet. Steuerschuldner ist grundsätzlich derjenige, der einen Steuertatbestand verwirklicht.

Dabei können auch **mehrere** Personen in Betracht kommen (vgl § 6 BAO). Der Steuerschuldner ist dabei nicht immer derjenige, der die Steuer auch berechnet und an die Abgabenbehörde abführt. Steht nicht der Steuerschuldner selbst im Fokus der Besteuerung, weil er die Steuer auf eine andere Person **wirtschaftlich überwälzen** kann, dann handelt es sich um eine **indirekte** Steuer.[2] Steht der Steuerschuldner jedoch im Fokus der Steuer, dann handelt es sich um eine **direkte** Steuer.

---

2   VfGH 3.12.2005, A9/05.

Beispiele zum Steuersubjekt:

1. **Einkommen- und Körperschaftsteuer:** Steuersubjekt ist die natürliche Person oder Körperschaft, die Einkommen erzielt (§ 1 EStG, § 1 KStG). Es handelt sich um eine direkte Steuer.
2. **Umsatzsteuer:** Steuersubjekt ist grundsätzlich der Unternehmer, der den Umsatz ausführt (§§ 1 und 2 UStG). Der Unternehmer wälzt die Umsatzsteuer auf den Leistungsempfänger über, sodass es sich hier um eine indirekte Steuer handelt.
3. **Grunderwerbsteuer:** Steuersubjekt sind grundsätzlich die am Erwerb beteiligten Personen (§ 9 GrEStG). Die Steuer ist eine direkte Steuer für den Erwerber, weil dieser die Steuer zu tragen hat.

8 Steuerobjekt

Der **Abgabenanspruch entsteht,** sobald der **Tatbestand** verwirklicht ist, an den das Gesetz die Abgabepflicht knüpft (§ 4 BAO). Das Steuerobjekt bestimmt dabei das **Objekt der Besteuerung.**

Als Steuerobjekt kommt dabei der Ertrag, das Vermögen, der Rechtsverkehr oder der Verbrauch in Betracht. Steuerarten sind daher **Ertragsteuern, Vermögensteuern, Verkehrsteuern, Verbrauchsteuern** oder **Lohnsummensteuern.**

Beispiele zum Steuerobjekt:

1. **Ertragsteuern** sind Einkommen- und Körperschaftsteuer.
2. **Verbrauchsteuern** sind Umsatzsteuer, Energieabgaben, Tabak- und Alkoholsteuer.
3. **Vermögensteuer** ist die Grundsteuer.
4. **Lohnsummensteuer** ist die Kommunalsteuer.
5. **Verkehrsteuern** sind Grunderwerbsteuer, Stiftungseingangssteuer, Rechtsgeschäftsgebühr.

Sachverhalte außerhalb des Steuerobjekts sind **nicht steuerbar.** Davon zu unterscheiden ist jedoch ein Sachverhalt, der grundsätzlich unter den Begriff des **Steuerobjekts** fällt, aber aufgrund einer entsprechenden Bestimmung von der Besteuerung ausgenommen oder **befreit** ist.

Beispiel zur Unterscheidung von nichtsteuerbaren und steuerfreien Sachverhalten:

Ein im Ausland getätigter Umsatz unterliegt nicht der österreichischen Umsatzsteuer, er ist nicht steuerbar. Ein im Inland getätigter Umsatz ist zwar steuerbar (vgl § 1 UStG). In einem zweiten Schritt ist zu prüfen, ob es sich um einen steuerpflichtigen Umsatz handelt oder eine Steuerbefreiung vorliegt (vgl § 6 UStG).

9 Steuerermittlung

Die Steuer ermittelt sich grundsätzlich aus dem anzuwendenden **Steuersatz** multipliziert mit der **Bemessungsgrundlage.**

Der anwendbare **Steuersatz** ist ein Prozentanteil der Bemessungsgrundlage und ist entweder **fix** oder ergibt sich aufgrund eines (progressiven) **Steuertarifs,** wonach der anzuwendende Steuersatz von der Höhe der Bemessungsgrundlage abhängt.

Beispiele zum anwendbaren Steuersatz:

1. **Einkommensteuersätze:** fix in Höhe von 6 %, 25 %, 27,5 % und 30 % und progressiver Steuertarif von 0 % bis 55 % (§§ 27a, 30a, 33, 67 Abs 1 EStG).
2. **Körperschaftsteuersatz:** 23 % fix (§ 22 KStG).
3. **Umsatzsteuersatz:** 10 %, 13 %, 19 % oder 20 % (§ 10 UStG).
4. **Rechtsgeschäftsgebühren:** bis 2 % (§ 33 GebG).
5. **Grunderwerbsteuer:** 0,5 %, 2 % und 3,5 % plus 2,5 % Stiftungseingangssteueräquivalent, Stufentarif von 0,5 % bis 3,5 % (§ 7 GrEStG).

Die **Bemessungsgrundlage** ergibt sich grundsätzlich aus einem zahlenmäßigen Wert, abgeleitet vom Steuerobjekt. Als Bemessungsgrundlage kommen daher das Einkommen, das Entgelt, der Vermögenswert, die Gegenleistung oder die Summe der Arbeitslöhne in Betracht.

Beispiele zur Bemessungsgrundlage:

1. **Einkommensteuer- und Körperschaftsteuer:** Höhe des Einkommens (§ 2 EStG, § 7 KStG).
2. **Umsatzsteuer:** Entgelt (§ 4 UStG).
3. **Grunderwerbsteuer:** Gegenleistung Einheitswert oder Grundstückswert (§§ 4 bis 6 GrEStG).
4. **Kommunalsteuer:** Summe der Arbeitslöhne (§ 5 KommStG).

Hängt die Ermittlung der Steuer aufgrund des Steuersatzes und der Bemessungsgrundlage von Eigenschaften des Steuersubjekts ab, dann handelt es sich um eine **Subjektsteuer oder Personensteuer.** Ist die Ermittlung der Steuer vorrangig auf das Besteuerungsobjekt gerichtet, spricht man von einer **Objektsteuer oder Sachsteuer.**

Beispiele zu Subjekt- und Objektsteuern:

1. **Subjekt- oder Personensteuer:** Einkommen- und Körperschaftsteuer, Elemente der Grunderwerbsteuer (Stufentarif, niedriger Steuersatz für nahe Angehörige).
2. **Objekt- oder Sachsteuer:** Umsatzsteuer, Grunderwerbsteuer, Kommunalsteuer.

Steuererhebung 10

> Als letzter Schritt ist die ermittelte Steuer **von der zuständigen Abgabenbehörde zu erheben.**

Dabei ist die Mitwirkung sowohl des Steuerschuldners als auch anderer Personen notwendig. Als **Erhebungsformen** kommen Selbstberechnung, Abzugsteuern, Vorauszahlung, Veranlagung und Festsetzung in Betracht.

Beispiele zu Erhebungsformen:

1. **Selbstberechnung:** Umsatzsteuervoranmeldungen (§ 21 UStG), Immobilienertragsteuer als besondere Form der Abgabenerhebung der Einkommen- und Körperschaftsteuer (§ 30b EStG), Grunderwerbsteuer (Selbstberechnung, §§ 11 bis 14 GrEStG), Bestandsvertragsgebühr (§ 33 TP 5 Abs 5 GebG).
2. **Abzugsteuern:** Lohnsteuer (§§ 47 ff EStG), Kapitalertragsteuer (§§ 93 ff EStG) und Abzugsteuer beschränkt Steuerpflichtiger (§ 99 EStG) als Erhebungsformen der Einkommen- oder Körperschaftsteuer.
3. **Vorauszahlungen** der Einkommen- und Körperschaftsteuer (§ 45 EStG, § 24 Abs 3 und 4 KStG).
4. **Veranlagung und Festsetzung** der Einkommen- und Körperschaftsteuer (Steuererklärung, §§ 39 ff EStG), Rechtsgeschäftsgebühren (§§ 31 und 32 GebG), Grunderwerbsteuer (Steuererklärung, § 10 GrEStG), Umsatzsteuer (Steuererklärung, § 21 Abs 4 UStG).

Die Erhebung der Steuer erfolgt im Wege des **Abgabenverfahrens** (insbesondere Verfahren nach der BAO → 973). Zweck des Abgabenverfahrens ist es, in einem förmlichen, rechtsstaatlichen Verwaltungsverfahren den Sachverhalt zu **ermitteln**, der den Tatbestand einer Abgabe erfüllen könnte, über das Vorliegen eines Abgabenanspruches und dessen Höhe zu **entscheiden** und diesen entsprechend **einzuheben**.

Das **Finanzstrafrecht** (insbesondere nach dem FinStrG → 1106) stellt den ordnungsgemäßen Ablauf des Abgabenverfahrens und damit auch die Erhebung der Abgaben sicher, indem es für grob fahrlässige und vorsätzliche **Verletzungen von dem Steuerpflichtigen obliegenden Pflichten** im Abgabenverfahren sowohl verwaltungsbehördliche als auch gerichtliche **Strafen** vorsieht. Zweck des **Finanzstrafverfahrens** (→ 1159) ist es in einem förmlichen, rechtsstaatlichen Strafverfahren den Sachverhalt zu **ermitteln**, der den Tatbestand eines Finanzvergehens erfüllen könnte, über das Vorliegen einer strafbaren Handlung und dessen Bestrafung zu **entscheiden** und diese entsprechend **durchzusetzen**.

11 Überblick: Prüfungsschema

1. Steuersubjekt
Wer? | Steuerschuldner | Person, die den Tatbestand verwirklicht
Beispiele: Einkommen- und Körperschaftsteuer: Natürliche Personen und Körperschaften Umsatzsteuer: Unternehmer

2. Steuerobjekt
Was? | Objekt der Besteuerung | Tatbestand, der der Besteuerung unterliegt
Beispiele: Einkommen- und Körperschaftsteuer: Einkommen Umsatzsteuer: Umsatz

3. Steuerermittlung
Wie viel? | Steuerbetrag | Steuersatz multipliziert mit der Bemessungsgrundlage
Beispiele: Einkommen- und Körperschaftsteuer: 0–55 % × ermittelter Einkommensbetrag Umsatzsteuer: 20 % × Entgelt

4. Steuererhebung
Wie? | Entrichtung der Steuer | Form der Entrichtung an die Steuerbehörde
Beispiele: Einkommen- und Körperschaftsteuer: Lohnsteuer, Kapitalertragsteuer, Veranlagung Umsatzsteuer: Voranmeldungen, Veranlagung

Abbildung 1: Prüfungsschema

2. Ermittlung und Bewertung

2.1. Allgemeine Grundsätze zur Ermittlung des Abgabenanspruchs

Wirtschaftliche Betrachtungsweise 12

Für die Ermittlung des Abgabenanspruchs und zur Beurteilung der damit in Zusammenhang stehenden steuerrechtlichen Fragen und des steuerrelevanten Sachverhalts ist vorrangig die **wirtschaftliche Betrachtungsweise** maßgebend (§ 21 Abs 1 BAO).[3]

Maßgeblich ist dabei der **wahre wirtschaftliche Gehalt** und **nicht die äußere Erscheinungsform**. Die Maßgeblichkeit der tatsächlichen und rechtlichen Verhältnisse dient der Steuergerechtigkeit und der Gleichmäßigkeit der Besteuerung.[4] Es sind daher auch von der Abgabenbehörde die **tatsächlichen und wirtschaftlichen Verhältnisse** zu ermitteln (§ 115 Abs 1 BAO).

Scheingeschäfte und andere Scheinhandlungen sind für die Erhebung von Abgaben ohne Bedeutung. Wird durch ein Scheingeschäft ein anderes Rechtsgeschäft verdeckt, so ist das verdeckte Rechtsgeschäft für die Abgabenerhebung maßgebend (§ 23 Abs 1 BAO). Eine Steuer ist auch dann zu erheben, wenn der Sachverhalt, der den Tatbestand erfüllt, gegen ein **gesetzliches Gebot oder Verbot** oder gegen die guten Sitten verstößt (§ 23 Abs 2 BAO). Sofern ein Rechtsgeschäft nichtig oder anfechtbar ist, schadet dies der Erfüllung des Tatbestands nicht, solange die Beteiligten das wirtschaftliche Ergebnis eintreten und bestehen lassen bzw die Anfechtung nicht mit Erfolg durchgeführt wird (§ 23 Abs 3 und 4 BAO). Diese Bestimmung ergänzt den Grundsatz der wirtschaftlichen Betrachtungsweise.[5]

Beispiele:
1. **Bei Abschluss eines Vertrages ist nicht der bloße Wortlaut und die Bezeichnung** des Vertrages steuerlich maßgebend, sondern auch die tatsächliche Ausführung – daher wie der Vertrag in der Praxis gelebt wird.
2. **Selbstkontrahieren:** Ein Alleingesellschafter hat mit seiner Gesellschaft einen Dienstvertrag im Wege des rechtlich nicht immer zulässigen Selbstkontrahierens abgeschlossen. Auch wenn der Dienstvertrag rechtlich als nicht zustande gekommen gilt, wird das Dienstverhältnis bei tatsächlicher Ausführung steuerlich anerkannt.[6]
3. **Nichtigkeit:** Ist ein Rechtsgeschäft nichtig, bleibt sein wirtschaftlicher Erfolg aber bestehen, dann ist dies auch für steuerliche Zwecke maßgeblich.[7] Wird ein landwirtschaftlicher Betrieb übergeben, der Kaufvertrag aber aufgrund einer **fehlenden agrarbehördlichen Genehmigung** nicht gültig, dann ist die Veräußerung für steuerliche Zwecke trotzdem anzuerkennen, sofern der Betrieb nicht rückübergeben wird.[8]
4. **Verbotene Geschäfte:** Auch der Drogendealer unterliegt der Einkommensteuer mit seinen Gewinnen und der Umsatzsteuer mit seinen Lieferungen aus dem Handel mit Drogen.

---

3   VwGH 7.3.1991, 90/16/0002.
4   EB zu § 21 BAO.
5   EB zu § 23 BAO.
6   Vgl VwGH 23.4.2001, 2001/14/0054.
7   Vgl VwGH 22.7.2015, 2011/13/0067.
8   VwGH 8.10.1991, 91/14/0013.

5. **Entgeltlichkeit** liegt vor, wenn nach dem Willen der Vertragsparteien eine Leistung im Sinne einer subjektiven Äquivalenz abgegolten wird. Auch als unentgeltlich bezeichnete Vorgänge sind entgeltlich, wenn im engen zeitlichen und sachlichen Zusammenhang im Gegenzug eine andere Leistung erbracht wird (Schenkung eines Grundstücks mit gleichzeitiger Schenkung eines Sparbuchs durch den Grundstückserwerber ist als eine entgeltliche Übertragung des Grundstücks anzusehen).[9]

Aus der wirtschaftlichen Betrachtungsweise werden **weitere Grundsätze** abgeleitet:

- **Steuerliche Begriffsbildung:** Die wirtschaftliche Betrachtungsweise macht eigene steuerlich geprägte Begriffe notwendig, die sich von rechtlich bereits existierenden Begriffen unterscheiden, wie insbesondere Wirtschaftsgüter (→ 70), Angehörige (§ 25 BAO), Wohnsitz, Aufenthalt, Sitz (§§ 26 und 27 BAO → 122, 123), Gewerbebetrieb → 72, Betriebsstätte → 134, wirtschaftlicher Geschäftsbetrieb → 479, Vermögensverwaltung (§§ 28 ff BAO → 73) sowie gemeinnützige, mildtätige und kirchliche Zwecke (§§ 34 ff BAO → 28).
- **Zurechnung von Wirtschaftsgütern** an den wirtschaftlichen Eigentümer (§ 24 BAO → 13).
- **Missbrauchstatbestand** (§ 22 BAO): Dient bei Anknüpfung des Gesetzes an rechtliche Vorgänge und Verwendung von ungewöhnlichen Rechtsformen und Rechtsgeschäften zur Vermeidung der Steuerumgehung → 15.
- **Bewertungsgrundsätze:** Die Bewertung erfolgt nach wirtschaftlichen Grundsätzen → 18.

13 Zurechnung von Wirtschaftsgütern

Ausprägung der wirtschaftlichen Betrachtungsweise ist die **Zurechnung von Wirtschaftsgütern** für abgabenrechtliche Zwecke (§ 24 BAO). Wirtschaftsgüter sind nicht dem rechtlichen Eigentümer zuzurechnen, sondern einer anderen Person, wenn diese über die Wirtschaftsgüter wie ein Eigentümer wirtschaftlich verfügen kann. Dieses **wirtschaftliche Eigentum** ist die Befugnis, über die Substanz und den Nutzen des Wirtschaftsguts gleich einem rechtlichen Eigentümer zu verfügen und die Herrschaft darüber auszuüben.

Beispiele:
1. **Bei der Treuhand ist dem Treugeber** und nicht dem Treuhänder das Wirtschaftsgut zuzurechnen. Bei der Sicherungsübereignung wird das Wirtschaftsgut dem **Sicherungsgeber** und nicht dem Sicherungsnehmer zugerechnet (§ 24 Abs 1 BAO).
2. **Leasing:** Wird ein Wirtschaftsgut dem Leasingnehmer übergeben und erhält dieser die Verfügungsmacht über das Wirtschaftsgut und übernimmt das Risiko der Wertänderung (und ist überdies mit dem späteren Übergang des rechtlichen Eigentums zu rechnen), dann wird bereits dem Leasingnehmer das Wirtschaftsgut zugerechnet, auch wenn er noch nicht rechtlicher Eigentümer ist. Es liegt aus wirtschaftlicher Sicht ein **Kauf auf Raten** vor. Kann der Leasingnehmer das Wirtschaftsgut nur nutzen, verbleibt das Risiko grundsätzlich beim Leasinggeber und ist auch mit einem späteren Übergang des rechtlichen Eigentums nicht zu rechnen, dann wird das Wirtschaftsgut weiterhin dem Leasinggeber zugerechnet. Es liegt aus wirtschaftlicher Sicht eine **Miete** vor.[10]

---

9   Vgl VwGH 16.10.2003, 2003/16/0126.
10   VwGH 21.10.1993, 92/15/0085.

3. **Forderungsabtretungen** im Hinblick auf ihren Zweck: Wird eine Forderung abgetreten und dabei auch das Ausfallsrisiko vom Käufer übernommen, dann liegt eine Veräußerung der Forderung vor (echtes Factoring). Der Käufer wird wirtschaftlicher Eigentümer der Forderung. Wird dagegen das Ausfallsrisiko nicht übernommen, aber dennoch für die Forderung ein Betrag gewährt, dann liegt nur eine Vorfinanzierung vor, die als Darlehen zu bewerten ist; die Forderung dient dann der bloßen Sicherung des Darlehens (unechtes Factoring).[11] Die Forderung verbleibt im wirtschaftlichen Eigentum des Abtretenden.
4. **Bauherr:** In der Umsatzsteuer und Grunderwerbsteuer kommt dem Bauherrn Bedeutung insoweit zu, als diesem das zu errichtende Gebäude wirtschaftlich zuzurechnen ist. Bauherr ist derjenige, der auf die bauliche Gestaltung Einfluss nehmen kann, das Baurisiko trägt (daher gegenüber dem Bauunternehmer unmittelbar berechtigt und verpflichtet ist), das finanzielle Risiko trägt (daher Kostensteigerungen tragen muss) und Rechnungslegung verlangen kann.[12]
5. **Begriff des Grundstücks:** Stellt das Gesetz auf die Veräußerung von Grundstücken ab, dann ist aufgrund der ertragsteuerlichen Anknüpfung an die wirtschaftliche Zurechnung darunter auch die Veräußerung von Anteilen an einer grundstückshaltenden Personengesellschaft zu verstehen.[13]

Rechtliche Betrachtungsweise 14

In bestimmten Abgabenvorschriften wird zugunsten einer **rechtlichen Betrachtungsweise** von der wirtschaftlichen Betrachtungsweise abgewichen (vgl § 21 Abs 2 BAO).

Wird daher rein auf **rechtliche Umstände** und somit auf die rechtliche Ausgestaltung oder die rechtliche Gültigkeit eines Vorgangs abgestellt, dann tritt insoweit die wirtschaftliche Betrachtungsweise in den Hintergrund. Dasselbe gilt für die Anknüpfung an formale Umstände.[14]

Beispiele:
1. **Im Ertragsteuerrecht** wird hinsichtlich der Steuersubjekteigenschaft auf die zivilrechtliche Einordnung als rechtsfähige Person abgestellt.
2. **Im Gebührengesetz** wird vorrangig an rechtliche und formale Umstände angeknüpft. Es kommt auf das Vorhandensein eines gültigen Rechtsgeschäfts an, unabhängig davon, ob es tatsächlich ausgeführt, nachträglich aufgehoben oder die Urkunde vernichtet wird (§ 17 Abs 5 GebG). Sofern daher für die Gültigkeit eine Genehmigung oder Bestätigung einer Behörde oder eines Dritten notwendig ist, entsteht die Gebührenschuld für das beurkundete Rechtsgeschäft erst im Zeitpunkt der Genehmigung oder Bestätigung (§ 16 Abs 6 GebG).[15]
3. **Bei Umgründungen** stellt das UmgrStG hinsichtlich Verschmelzung, Spaltung und Umwandlung auf gesellschaftsrechtliche Vorgänge und die Eintragung im Firmenbuch ab.

Tendenziell knüpft das Steuerrecht bei **älteren Steuerarten** wie Vermögens- und Verkehrssteuern vorrangig an **rechtliche Gegebenheiten** an (rechtliche Betrachtungsweise),[16] hinsichtlich der jüngeren Ertragsteuern stehen wirtschaftliche Vorgänge im Vordergrund (wirtschaftliche Betrachtungsweise).

---

11 BFH 26.8.2010, I R 17/09.
12 VwGH 30.1.2014, 2013/16/0078.
13 VwGH 24.9.2014, 2012/13/0021.
14 VfGH 8.5.1980, V14/80.
15 VwGH 24.11.1954, 2907/52.
16 VfGH 8.5.1980, V14/80.

15 Missbrauch

> Durch **Missbrauch von Formen und Gestaltungsmöglichkeiten des privaten Rechts** kann die Abgabenpflicht nicht umgangen oder gemindert werden. Liegt ein Missbrauch vor, so sind die Abgaben so zu erheben, wie sie bei einer den wirtschaftlichen Vorgängen, Tatsachen und Verhältnissen angemessenen rechtlichen Gestaltung zu erheben wären (§ 22 Abs 1 und Abs 3 BAO).

Anwendung findet die Missbrauchsbestimmung aufgrund der historischen Entwicklung dann, wenn wirtschaftliche Vorgänge besteuert werden sollen und die gesetzliche Bestimmung **dabei an die entsprechende rechtliche Form anknüpft**.[17] Knüpft das Gesetz selbst an einen wirtschaftlichen Vorgang an, dann wird bereits dadurch der wirtschaftlichen Betrachtungsweise Rechnung getragen. Daneben wird in bestimmten Vorschriften ausdrücklich auf Rechtsformen und Rechtsgeschäfte abgestellt, ohne dass diese wirtschaftlich auszulegen wären.[18] In beiden Fällen scheidet die Anwendung der Missbrauchsbestimmung aus.

Die Missbrauchsbestimmung dient daher ihrer Entstehungsgeschichte nach im Ergebnis als Auslegungsgrundsatz steuerlich anzuwendender Bestimmungen (**Innentheorie**). Die Rechtsprechung scheint jedoch teilweise zu vertreten, dass Missbrauch auch in anderen Fällen vorliegen kann und unabhängig von der Auslegung einer konkreten steuerlichen Bestimmung anwendbar ist (**Außentheorie**).[19] Die praktischen Konsequenzen der unterschiedlichen Theorien halten sich in Grenzen. Vielmehr besteht die Schwierigkeit darin, Steuerbestimmungen auf einen konkreten Sachverhalt entweder anzuwenden oder nicht anzuwenden, unter Zugrundelegung eines wirtschaftlichen Verständnisses oder tatsächlich beschränkt auf rechtliche Gestaltungen und Rechtsgeschäfte.

16 Vertiefung: Elemente des Missbrauchs

Missbrauch liegt vor, wenn eine rechtliche Gestaltung, die einen oder mehrere Schritte umfassen kann, oder eine Abfolge rechtlicher Gestaltungen im Hinblick auf die wirtschaftliche Zielsetzung, ungewöhnlich und unangemessen ist.[20] Ungewöhnlich und unangemessen sind solche Gestaltungen, die unter Außerachtlassung der damit verbundenen Steuerersparnis nicht mehr sinnvoll erscheinen, weil der wesentliche Zweck oder einer der wesentlichen Zwecke darin besteht, einen steuerlichen Vorteil zu erlangen,[21] der dem Ziel oder Zweck des geltenden Steuerrechts zuwiderläuft. Bei Vorliegen von triftigen wirtschaftlichen Gründen, die die wirtschaftliche Realität widerspiegeln, liegt kein Missbrauch vor (§ 22 Abs 2 BAO).[22]

---

17 VfGH 8.5.1980, V14/80.
18 VfGH 8.5.1980, V14/80.
19 VwGH 2.8.2000, 98/13/0152.
20 EB zu § 22 BAO; VwGH 19.1.2005, 2000/13/0176.
21 VwGH 24.11.2016, Ra 2014/13/0019.
22 VwGH 25.5.2016, 2013/15/0244.

Beispiele zum Missbrauch:

1. **Begriff des Veräußerungsgeschäfts:** Werden Veräußerungsgeschäfte besteuert und wird anstelle eines Kaufvertrags wegen der Steuerfolgen ein Pachtvertrag mit unbedingtem und unwiderruflichem Vorkaufsrecht mit vorzeitiger Kaufpreiszahlung abgeschlossen, dann liegt Missbrauch vor. Die Steuer vom Veräußerungsgewinn ist so zu erheben, als wäre das Rechtsgeschäft auf dem allgemein üblichen Weg zivilrechtlicher Gestaltung, nämlich durch Kaufvertrag, zustande gekommen.[23]
2. **Anteilsvereinigung:** Die Anteilsvereinigung stellt nicht bereits auf einen wirtschaftlichen Vorgang ab, sondern auf den zivilrechtlichen Erwerb von (vormals) 100 % der Anteile. Daher liegt Missbrauch vor, wenn bei Übertragung des restlichen Anteils vom Vater an den Sohn allein zur Vermeidung der Grunderwerbsteuer der Vater einen Zwerganteil als Treuhänder für den Sohn weiter hält.[24]
3. **Gebührenvermeidung:** Bei formeller Anknüpfung hinsichtlich des Gebührentatbestands durch Inlandsbeurkundung und Urkundenerrichtung liegt im Falle der Gebührenvermeidung durch Auslandsbeurkundung oder mündlichem Abschluss eines Rechtsgeschäfts kein Missbrauch vor, weil das Gesetz nicht auf wirtschaftliche Vorgänge abstellt.[25]
4. **Kapitalertragsteuer:** Werden Zwischengesellschaften in der EU eingeschaltet, um unter die Kapitalertragsteuerbefreiung zu fallen, dann kann Missbrauch vorliegen.[26] Die Anwendung der Missbrauchsbestimmung ist dann gerechtfertigt, wenn die Bestimmung an rechtliche Vorgänge anknüpft. Allerdings könnte der Sachverhalt im Fall der wirtschaftlichen Anknüpfung auch direkt nach der wirtschaftlichen Einkünftezurechnung mit demselben Ergebnis gelöst werden.
5. **Bei mehrfachen Umgründungen, die im Ergebnis zum Ausgangspunkt zurückführen,** ohne dass sich die wirtschaftliche Struktur dadurch sinnvoll geändert hat, aber damit steuerliche Vorteile verbunden sind (zB Verwertung von Verlustvorträgen), wird von Missbrauch auszugehen sein (zB Einbringung und darauffolgende Umwandlung).[27]
6. **Steueroptimierung:** Solange keine unangemessene Gestaltung gewählt wird, hat der Abgabepflichtige des Recht, die steuereffizienteste Struktur für seine geschäftlichen Angelegenheiten zu wählen.[28]

Nachträgliche Ereignisse   17

> **Nachträgliche Ereignisse** haben grundsätzlich keine Auswirkung auf einen einmal entstandenen Abgabenanspruch.

Der Anspruch entsteht unabhängig davon, ob die Abgabe später durch die Behörde festgesetzt wird oder wann die Abgabe fällig ist (§ 4 Abs 4 BAO). Ein **nachträgliches Ereignis** kann eine einmal entstandene Steuerschuld nicht rückgängig machen oder rückwirkend ändern.[29] Eine Rückwirkung ist nur dann möglich, wenn dies gesetzlich vorgesehen ist.

Der Zeitpunkt der Berücksichtigung nachträglicher Ereignisse hängt grundsätzlich vom Entstehungsgrund ab: Entsteht die Steuerschuld laufend, also periodenbezogen,

---

23   VwGH 17.12.1965, 2372/64.
24   VwGH 5.4.2011, 2010/16/0168.
25   VfGH 8.5.1980, V14/80.
26   VwGH 26.6.2014, 2011/15/0080.
27   EB zum UmgrStG 1993.
28   EB zu § 22 Abs 3 BAO.
29   VwGH 22.7.2015, 2011/13/0067.

dann wird eine rückwirkende Berücksichtigung nicht infrage kommen, weil diese in Folgeperioden ausgeglichen werden kann. Gründet sich die Steuerschuld allerdings auf ein einmaliges, also stichtagsbezogenes Ereignis, dann wäre eine rückwirkende Berücksichtigung nachträglicher Ereignisse zu rechtfertigen, weil diese in der Zukunft nicht mehr korrigierbar wäre.

Beispiele:
1. **Eine rückwirkende Nichtigkeit oder Aufhebung eines Rechtsgeschäfts** hat grundsätzlich keinen Einfluss auf eine bisher bereits entstandene Steuerschuld, sofern die rechtliche Gültigkeit nicht Voraussetzung für die Entstehung der Steuerschuld ist: Die Nichtigkeit aufgrund eines Formmangels oder wegen des Mangels der Rechts- oder Handlungsfähigkeit oder der Anfechtbarkeit eines Rechtsgeschäfts ist insoweit und solange ohne Bedeutung, als das wirtschaftliche Ergebnis eingetreten ist und weiter besteht oder die Anfechtung mit Erfolg durchgeführt wird (§ 23 BAO). Ist dagegen die Entstehung der Steuerschuld selbst von der rechtlichen Gültigkeit des Rechtsgeschäfts abhängig und wird dies erst nachträglich festgestellt, so kann die Steuerschuld im maßgeblichen Zeitpunkt mangels Erfüllung aller Voraussetzungen noch nicht entstanden sein.
2. **Wird bei den Ertragsteuern** ein Vertrag, der Grundlage für die Entstehung der Steuerschuld ist, im Nachhinein durch Vereinbarung aufgehoben, dann fällt die bereits eingetretene Steuerschuld nicht rückwirkend weg.[30] Maßgeblich ist in der Ertragsteuer die Leistungsfähigkeit im Zeitpunkt der Entstehung der Steuerschuld. Im Fall einer nachträglichen – auch rechtlich rückwirkenden – Änderung wird die dadurch entstandene verminderte Leistungsfähigkeit erst zum Zeitpunkt der Änderung berücksichtigt. Umgekehrt kann auch eine Rückgängigmachung einer verdeckten Gewinnausschüttung bis zur Entstehung der Steuerschuld nur bis zum Ablauf des Wirtschaftsjahres noch berücksichtigt werden.[31]
3. **In der Umsatzsteuer hat eine Änderung der Steuerschuld** aufgrund einer Rückgängigmachung oder Nichtausführung des Umsatzes oder der Minderung der Bemessungsgrundlage nicht rückwirkend, sondern erst in dem Zeitraum zu erfolgen, in dem die Änderung eingetreten ist (§ 16 UStG).
4. **Bei der Grunderwerbsteuer** ist für bestimmte rückwirkende Vorgänge eine Korrektur der bereits entstandenen Steuerschuld im Wege der Nichtfestsetzung oder Abänderung der Steuer vorgesehen (§ 17 GrEStG).
5. **Im Gebührenrecht** hebt die Vernichtung der Urkunde, die Aufhebung des Rechtsgeschäfts oder das Unterbleiben der Ausführung die entstandene Gebührenschuld nicht auf (§ 17 Abs 5 GebG). Von vornherein aufgrund von Formvorschriften oder des Mangels der Rechts- und Handlungsfähigkeit nichtige Rechtsgeschäfte können die Gebühr aber nicht auslösen, weil Voraussetzung der Entstehung der Gebührenschuld ein im Zeitpunkt der Entstehung zivilrechtlich gültiges Rechtsgeschäft ist.

2.2. Bewertungsgrundsätze im Steuerrecht

18

Der Steueranspruch des Staates besteht in einem **Wertbetrag** in Euro, welcher auf der zuvor zu ermittelnden Bemessungsgrundlage beruht. Die Bemessungsgrundlage leitet sich von **wirtschaftlichen Vorgängen** ab, die zu diesem Zweck **zu bewerten** sind.

---

30   VwGH 26.1.2011, 2007/13/0084; VwGH 22.9.1999, 99/15/0109.
31   VwGH 24.6.2010, 2006/15/0343.

Bewertungsgrundsätze regeln dabei, allgemein oder im Speziellen, für die jeweiligen Steuerarten, wie die Bewertung der wirtschaftlichen Vorgänge zu erfolgen hat. Maßgeblich ist auch hier die **wirtschaftliche Betrachtungsweise** und nicht ein rechtliches oder formelles Verständnis.

Beispiele:

1. **Einkommensteuer:** Einnahmen in Form von Sachleistungen sind mit den um übliche Preisnachlässe verminderten üblichen Endpreisen des Abgabeortes anzusetzen (§ 15 Abs 2 EStG).
2. **Umsatzsteuer:** Die Bemessungsgrundlage ist das Entgelt. Entgelt ist dabei alles, was der Empfänger einer Leistung aufzuwenden hat, um die Leistung zu erhalten (Solleinnahme); dazu gehören insbesondere auch Rechtsgeschäftsgebühren und andere Kosten, die der Empfänger dem Leistungserbringer zu ersetzen hat (§ 4 UStG).
3. **Grunderwerbsteuer:** Zur Berechnung der Grunderwerbsteuer ist nicht der Kaufpreis heranzuziehen, sondern vom Käufer sonst übernommene Leistungen (Schuldenübernahme) und der dem Verkäufer vorbehaltenen Nutzungen (§ 5 GrEStG).
4. **Gebührenrecht:** Selbst im Gebührenrecht ist die Bemessungsgrundlage entsprechend der wirtschaftlichen Betrachtungsweise zu ermitteln. Maßgeblich ist für die Bestandvertragsgebühr nicht, was als Mietentgelt vereinbart wird, sondern alles, was zur Gebrauchsüberlassung vom Bestandnehmer gegenüber dem Bestandgeber oder Dritten zu leisten ist.
5. **Schenkungsmeldung:** Bei Schenkungen erfolgt die Zuwendung zwar unentgeltlich, dennoch ist das geschenkte Vermögen zu bewerten und in der Meldung anzugeben.

Bewertungsobjekte 19

Bewertungsobjekte sind grundsätzlich einerseits **Vermögen und Schulden**, andererseits **Nutzungen und Leistungen**.

Bei Vermögen werden **materielle** (körperliche) von **immateriellen** (unkörperlichen) sowie **bewegliche** von **unbeweglichen** Vermögensgegenständen unterschieden.

Daneben gilt insbesondere im Ertragsteuerrecht die Unterscheidung zwischen **Anlagevermögen** (Vermögen, das dem Unternehmen dauerhaft dienen soll) und **Umlaufvermögen** (sonstiges Vermögen, vgl § 6 Z 1 und 2 EStG; § 198 Abs 2 und 4 UGB). Im Steuerrecht wird für die Begriffe Vermögensgegenstand und Schulden der inhaltlich vergleichbare Begriff des **Wirtschaftsguts**, als positives oder negatives Wirtschaftsgut, verwendet (→ 70).

Beispiele:

1. **Materielle (körperliche) Wirtschaftsgüter:** Grundstück, Gebäude, Fahrzeuge, Waren.
2. **Immaterielle (unkörperliche) Wirtschaftsgüter:** Wertpapiere, Markenrechte, Firmenwert.
3. **Bewegliche Wirtschaftsgüter:** Waren, Fahrzeuge, Wertpapiere, Markenrechte.
4. **Unbewegliche Wirtschaftsgüter:** Grundstücke, Gebäude.

Wertmaßstäbe 20

Für die Bewertung kennt das Steuerrecht **allgemeine und besondere Wertmaßstäbe**.

Bei Bewertungen ist grundsätzlich der **gemeine Wert** zugrunde zu legen (§ 10 BewG). Wirtschaftsgüter, die einem Betrieb dienen, sind in der Regel mit dem **Teilwert** anzusetzen (§ 12 BewG). Die Bewertung erfolgt nach einem objektiven Maßstab, sodass ungewöhnliche und persönliche Umstände unberücksichtigt bleiben.[32]

- Der **gemeine Wert** ist durch den Preis bestimmt, der im gewöhnlichen Geschäftsverkehr nach der Beschaffenheit des Wirtschaftsguts bei einer Veräußerung zu erzielen wäre (Verkehrswert des einzelnen Wirtschaftsguts, § 10 BewG).
- Der **Teilwert** ist der Betrag, den ein Erwerber des gesamten Betriebs im Rahmen des Gesamtkaufpreises für das einzelne Wirtschaftsgut ansetzen würde. Dabei ist davon auszugehen, dass der Erwerber den Betrieb fortführt (§ 12 BewG, § 6 Z 1 EStG).

Beispiele:
1. **Objektive Bewertung:** Die Berücksichtigung einer schuldrechtlichen Verfügungsbeschränkung aufgrund eines Syndikatsvertrags als persönlicher Umstand bleibt bei der Bewertung von Wertpapieren außer Betracht.[33]
2. **Gemeiner Wert vs Teilwert:** Eine Maschine ist speziell für die Produktionsanlage eines Betriebs angepasst und hat aufgrund der besonders effizienten Nutzung einen Teilwert von EUR 10.000. Bei einer Einzelveräußerung ginge dieser Nutzen verloren, sodass der Maschine nur ein gemeiner Wert von EUR 5.000 zukommen würde.

Für bestimmte Abgabenarten bestehen **besondere Wertmaßstäbe**:

- Der **Einheitswert** (§§ 19 ff BewG) ist für die Grunderwerbsteuer und die Grundsteuer ein wesentlicher und steuerlich gesondert festgestellter Maßstab für Grundstücke. In der Praxis ist der Einheitswert mangels fortlaufender Aktualisierung erheblich niedriger als der gemeine Wert (oft beträgt dieser nur 10 % bis 30 % des gemeinen Werts).
- Der **Grundstückswert** ist ein eigener Wert für die Grunderwerbsteuer (→ 836).
- Der **Buchwert** ist in der Ertragsteuer ein besonderer Wertmaßstab, der sich aus den Anschaffungskosten oder Herstellungskosten eines Wirtschaftsguts nach eventueller Minderung durch Absetzung für Abnutzung, Absetzung für außergewöhnliche technische oder wirtschaftliche Abnutzung sowie Teilwertabschreibung und Erhöhung durch Zuschreibung ergibt (§ 6 Z 1 und 2 EStG). Der Unterschiedsbetrag zwischen dem in der Bilanz ausgewiesenen Buchwert und dem nicht in der Bilanz ausgewiesenen tatsächlich höheren gemeinen Wert oder Teilwert wird als **stille Reserve** bezeichnet.

Beispiel zum Buchwert und stillen Reserven:
Ein Grundstück mit einem darauf errichteten Gebäude wurde um EUR 1 Mio angeschafft. Eine Abschreibung wurde bisher auf das Gebäude in Höhe von EUR 0,2 Mio vorgenommen. In der Bilanz wird das Grundstück samt Gebäude daher mit EUR 0,8 Mio ausgewiesen. Würde das Grundstück samt Gebäude nun veräußert, könnte ein Veräußerungsgewinn von geschätzt EUR 2 Mio erzielt werden. Die stillen Reserven betragen EUR 1,2 Mio.

---

32 VwGH 9.9.2004, 2001/15/0073.
33 VwGH 25.6.2006, 2009/16/0009.

Bewertungsgrundsätze 21

Es bestehen allgemeine und für einzelne Steuerarten davon teilweise abweichende **Bewertungsgrundsätze**. Die allgemeinen Bewertungsgrundsätze sind im Bewertungsgesetz geregelt.

Nach dem **Einzelbewertungsgrundsatz** ist nach den Steuergesetzen entweder ein einzelnes **Wirtschaftsgut** oder eine **wirtschaftliche Einheit**, die aus mehreren Wirtschaftsgütern bestehen kann, für sich zu bewerten. Der **Umfang einer wirtschaftlichen Einheit** ist nach der Verkehrsanschauung zu beurteilen. Die örtliche Gewohnheit, die tatsächliche Übung, die Zweckbestimmung und die wirtschaftliche Zusammengehörigkeit der einzelnen Wirtschaftsgüter sind zu berücksichtigen (§ 2 BewG). Steht ein **Wirtschaftsgut** mehreren Personen zu, so ist sein Wert im Ganzen zu ermitteln und auf die Beteiligten nach dem Verhältnis ihrer Anteile zu verteilen, soweit nicht die Gemeinschaft selbst steuerpflichtig ist (§ 3 BewG).

Bedingungen werden wie folgt berücksichtigt: Bei **aufschiebenden** Bedingungen sind der Erwerb von Wirtschaftsgütern und die Entstehung einer Last erst zu berücksichtigen, wenn die Bedingungen eingetreten sind. Bei **auflösenden** Bedingungen sind der Erwerb von Wirtschaftsgütern und die Entstehung einer Last bereits für Zwecke der Bewertung zu berücksichtigen. Für Zwecke der Bewertung liegt eine Bedingung sowohl dann vor, wenn der Eintritt dem Grunde nach ungewiss ist, als auch dann, wenn der Eintritt dem Grunde nach sicher, aber nur dem Zeitpunkt nach ungewiss ist (§§ 4 bis 8 BewG).

Beispiele zu den allgemeinen Grundsätzen und Abweichungen davon:

1. **Aufschiebende Bedingung:** Der Übergeber vereinbart als aufschiebende Bedingung eines Grundstücksübergabevertrags, dass die Übertragung erst nach seinem Tod übergeht. Die Grunderwerbsteuer entsteht erst mit dem Bedingungseintritt (Ableben des Übergebers; auch § 8 GrEStG).[34]
2. **Bedingungen im Gebührenrecht:** Aufschiebenden Bedingungen sind abweichend von den allgemeinen Grundsätzen im Gebührenrecht unbeachtlich (§ 17 Abs 4 GebG). Bedingte Leistungen und Lasten gelten als unbedingte und noch nicht fällige Leistungen und Lasten als sofort fällige (§ 26 GebG).

Vertiefung: Bewertungsregeln für Unternehmen und Beteiligungen 22

Der **Wert von Unternehmen** ist, wenn ein Wert aus Verkäufen nicht ableitbar ist, unter Berücksichtigung des Gesamtvermögens und der Ertragsaussichten zu schätzen. Er beinhaltet auch stille Lasten, stille Reserven sowie den Firmenwert. In der Regel erfolgt die Ermittlung des Teilwerts durch eine objektive Unternehmensbewertung nach wissenschaftlich anerkannten Methoden.[35] Dabei sind die in den Fachgutachten des Fachsenats für Betriebswirtschaft und Organisation der Kammer der Wirtschaftstreuhänder (BW1) dargestellten Methoden der Unternehmensbewertung als wissenschaftlich anerkannte Methoden anzusehen (→ 23).[36]

---

34   VwGH 25.11.2010, 2010/16/0060.
35   VwGH 9.9.2004, 2001/15/0073; VwGH 31.5.2005, 2000/15/0059.
36   VwGH 28.11.2001, 99/13/0254; VwGH 23.3.2000, 97/15/0112.

Der **Wert von Beteiligungen an Unternehmen** ist, wenn kein Kurswert der Beteiligung besteht und aus Verkäufen nicht ableitbar ist, auf der Grundlage des Unternehmens zu ermitteln (dazu oben). Ist der gemeine Wert zu bestimmen (insbesondere für Zwecke der Grunderwerbsteuer, des Gebührengesetzes oder für außerbetriebliche Einkünfte der Ertragsteuern), und gehören einer Person mehrere Anteile an einer Gesellschaft, wodurch der gemeine Wert der Anteile insgesamt aufgrund besonderer Umstände (wie einer Beherrschungsmöglichkeit) höher als der Gesamtwert der einzelnen Anteile ist, dann ist der gemeine Wert der gesamten Beteiligung maßgebend (§ 13 BewG). Die Finanzverwaltung zieht zur Schätzung das **Wiener Verfahren** heran, wonach sich der gemeine Wert aus dem Mittelwert des Vermögenswerts des Gesamtvermögens und dem Ertragswert der Gesellschaft ermittelt.

23 Exkurs: Bewertung im Unternehmens- und Gesellschaftsrecht

Neben dem Steuerrecht bedarf es auch einer **Bewertung im Unternehmens- und Gesellschaftsrecht**. Dies gilt insbesondere für den Kauf oder eine Umgründung von Unternehmen, den Drittvergleich zur Feststellung einer **Einlagenrückgewähr**[37] oder Abfindungsansprüche. Nach dem **Fachgutachten** BW1[38] ist Bewertungsobjekt ein Unternehmen. Unter einem Unternehmen wird eine als Gesamtheit zu betrachtende wirtschaftliche Einheit verstanden. Das Bewertungsobjekt umfasst auch das nicht betriebsnotwendige Vermögen. Bewertungsverfahren in folgender vorrangig anzuwendender Abfolge sind:

- **Diskontierungsverfahren** auf der Grundlage des Barwertes finanzieller Überschüsse und der Veräußerung nicht betriebsnotwendigen Vermögens (Discounted Cash-Flow und Ertragswertverfahren); zur Plausibilisierung des Ergebnisses das
- **Multiplikatorverfahren** auf der Grundlage eines potenziellen Marktpreises unter Anwendung von Multiplikatoren, die aus Transaktionspreisen vergleichbarer Objekte abgeleitet werden; sowie zur Bestimmung der Untergrenze der Bewertung der aus dem
- **Liquidationsverfahren** abgeleitete Wert.

Das Ergebnis eines Bewertungsverfahrens ist keine genaue Wissenschaft, sondern liefert aufgrund von notwendigen Schätzungen über aktuelle Werte und zukünftige Entwicklungen lediglich eine **Bandbreite an möglichen Unternehmenswerten**. Die Bewertung hängt dabei von einer Vielzahl von Variablen ab, die durch den Auftraggeber aufgrund der Bereitstellung von Informationen und dem Bewerter bei der Wahl der Bewertungsansätze beeinflussbar sind.

24 Vertiefung: Allgemeine Bewertungsregeln für bestimmtes Vermögen

Grundbesitz (§ 11 BewG) umfasst für die Bewertung Rechte und Nutzungen, die mit dem Grundbesitz als solchem verbunden sind. Grundstücksgleiche Rechte, also Rechte, die den Vorschriften des bürgerlichen Rechtes über Grundstücke unterliegen, werden selbständig wie Grundbesitz behandelt (Abs 1). Bei Bewertung mit dem gemeinen Wert

---

37 OGH 16.11.2012, 6 Ob 153/12m.
38 Fachgutachten Unternehmensbewertung, KFS/BW1 vom 26.3.2014.

sind die Bestandteile einzubeziehen. Zubehör ist, außer bei ausländischem Grundbesitz, nicht zu berücksichtigen. Maschinen und sonstige Vorrichtungen aller Art, die zu einer Betriebsanlage gehören, sind nicht zu berücksichtigen, auch wenn sie wesentliche Bestandteile des Grundbesitzes sind (Abs 2).

Kapitalforderungen und Schulden (§ 14 BewG) sind grundsätzlich mit dem Nennwert anzusetzen, wenn nicht besondere Umstände einen höheren oder geringeren Wert begründen (Abs 1). **Uneinbringliche** Forderungen bleiben außer Ansatz (Abs 2). **Unverzinsliche befristete** Forderungen und Schulden sind nach Abzug von Jahreszinsen unter Berücksichtigung von Zinseszinsen bis zur Fälligkeit in Höhe von 5,5 % des Nennwerts zu bewerten (Abs 3). **Ratenzahlungen** sind auf den **Barwert abzuzinsen.** Noch nicht fällige Ansprüche aus **Lebens-, Kapital- oder Rentenversicherungen** sind mit zwei Drittel der eingezahlten Prämien oder Kapitalbeiträge zu bewerten, sofern kein Rückkaufswert besteht, den der Abgabenpflichtige nachweist (Abs 4).

Nutzungen und Leistungen (§ 17 BewG), die nicht in Geld bestehen sind, mit den üblichen Mittelpreisen des Verbraucherortes anzusetzen (Wohnung, Kost, Waren und sonstige Sachbezüge, Abs 2). Nutzungen einer Geldsumme sind grundsätzlich mit 5,5 % anzunehmen (Abs 1). Bei **ungewissem oder schwankendem** Wert von Nutzungen oder Leistungen ist als Jahreswert der Betrag zugrunde zu legen, der in Zukunft im Durchschnitt der Jahre voraussichtlich erzielt werden wird (Abs 3). Bei **befristet wiederkehrenden** Nutzungen oder Leistungen (§ 18 BewG) ist als Gesamtwert die Summe der einzelnen Jahreswerte abzüglich Zwischenzinsen unter Berücksichtigung von Zinseszinsen bei einem Zinssatz von 5,5 % mit einem Maximalwert vom 18-fachen des Jahreswerts heranzuziehen (Abs 1). Bei **immerwährenden** Nutzungen oder Leistungen ist der 18-fache Jahreswert heranzuziehen. Bei **unbefristeten wiederkehrenden Nutzungen** oder Leistungen ist der neunfache Jahreswert heranzuziehen (Abs 2). Bei **wiederkehrender** Nutzung oder Leistung **von urheberrechtlichen oder gewerblichen Schutzrechten, gewerblichen Erfahrungen oder Berechtigungen** gilt als gemeiner Wert der gesamten Nutzungen oder Leistungen das Dreifache des Jahreswertes Abs 3).

Rentenbarwert (§ 16 BewG): Der Wert von wiederkehrenden Nutzungen oder Leistungen, Renten oder dauernden Lasten, die **vom Ableben einer oder mehrerer Personen abhängen,** ergibt sich aus der Summe der von der Erlebenswahrscheinlichkeit abgeleiteten Werte abzüglich Zwischenzinsen unter Berücksichtigung von Zinseszinsen bei einem Zinssatz von 5,5 % (versicherungsmathematische Berechnung, Abs 1). Beträgt der Gesamtwert in diesem Fall aufgrund des Ablebens weniger als die Hälfte des ermittelten Werts, so ist die Festsetzung von nicht laufend veranlagten Steuern auf Antrag nach der wirklichen Höhe zu berichtigen. Der Antrag ist bis zum Ablauf des Jahres zu stellen, das auf den Eintritt der Bedingung folgt. Die Antragsfrist ist eine Ausschlussfrist. Bei Wegfall einer Last ist der Wert ohne Antrag zu berichtigen (Abs 3).

Beispiel zu den allgemeinen Bewertungsregeln und Ausnahmen:

1. **Schulden und Rückstellungen:** Im Ertragsteuerrecht bestehen besondere Bewertungsregeln, die für Schulden eine Abzinsung grundsätzlich nicht erfordern und für Rückstellungen eigene Vorschriften für den Wertansatz vorsehen (§§ 9 und 14 EStG).
2. **Sonderbestimmungen im Gebührengesetz:** Befristet wiederkehrende Leistungen sind ohne Abzug von Zwischenzinsen und Zinseszinsen zu bewerten (§ 26 BewG). Bei unbe-

stimmter Vertragsdauer von Bestandverträgen ist der dreifache Jahreswert heranzuziehen, während bei Dienstbarkeiten die allgemeine Bewertungsregel des neunfachen Jahreswerts gilt (§ 15 Abs 2 BewG).

3. **Die Bewertung eines Wohnrechtes** erfolgt mit dem Jahreswert (zB EUR 400 pro Monat × 12) multipliziert mit dem Barwertfaktor (zB 14). Für Zwecke der Grunderwerbsteuer hat eine Berichtigung zu erfolgen, wenn der Gesamtwert nach dem Ableben weniger als die Hälfte des ermittelten Werts ausmacht. Sofern allerdings das Wohnrecht nach Ableben einer Person zugunsten einer weiteren Person weiter besteht (Verbindungsrente), kommt es zu keiner Berichtigung.[39]

3. Steuerentlastungen und Begünstigungen

3.1. Motive und Formen steuerlicher Entlastungen und Begünstigungen

25

Steuerrechtliche Bestimmungen enthalten eine Vielzahl an **Entlastungen** und **Begünstigungen** verschiedenster Art.

Motive für steuerliche Entlastungen und Begünstigungen sind dabei:

- **Sozial:** zur Entlastung von Steuern aus sozialen Gründen;
- **Wirtschaftlich:** zur Entlastung von Steuern aus wirtschaftlichen Gründen;
- **Systembedingt:** zur Vermeidung einer Doppelbesteuerung oder sonstigen Mehrfachbelastung;
- **Verwaltungsökonomisch:** zur Entlastung von Steuerpflichtigen und Behörden;
- **Lenkend:** zur Änderung des Verhaltens von Steuerpflichtigen.

Steuerbegünstigungen werden auch aus **mehreren als nur einem einzigen Motiv** gewährt. So kann eine lenkende Steuerbegünstigung gleichzeitig auch einen die Wirtschaft stimulierenden Effekt haben. Verwaltungsökonomische Entlastungen können gleichzeitig auch eine soziale Begünstigung darstellen.

26 Formen der Begünstigungen und Entlastungen

Die Steuerbegünstigung kann auf **allen vier Ebenen** einer Steuer gewährt werden.

- **Steuersubjekt:** persönliche Befreiung eines Steuerschuldners;
- **Steuerobjekt:** sachliche Befreiung eines Steuerobjekts;
- **Steuerermittlung:** Anwendung eines geringeren Steuersatzes oder sachliche Befreiung von Teilen der Bemessungsgrundlage;
- **Steuererhebung:** Aufschub, keine Erhebung, Absetzbetrag, Steuergutschrift.

Begünstigungen der **Höhe** nach werden im Wege von Freibeträgen und Freigrenzen gewährt. Ein **Freibetrag** befreit bis zur Höhe des Betrags, der darüber hinausgehende Betrag unterliegt der Besteuerung. Eine **Freigrenze** führt zur Befreiung eines Betrags nur dann, wenn der Betrag die Freigrenze nicht übersteigt. Übersteigt der Betrag die Freigrenze, ist der gesamte Betrag steuerpflichtig.

---

39   VwGH 21.11.2012, 2012/16/0112.

3.2. Steuerliche Begünstigungen aus sozialen Gründen

Abgabenvorschriften sehen eine **Vielzahl steuerlicher Begünstigungen** aus sozialen Grün- **27**
den vor.

Beispiele:

1. **Steuerfreies Existenzminimum:** Ein Betrag in Höhe der ersten Progressionsstufe soll den Steuerpflichtigen als steuerfreie Einkünfte zur Verfügung stehen (§ 33 Abs 1 EStG).
2. **Steuerbefreiungen und reduzierte Steuersätze** wie insbesondere in der Umsatzsteuer für Gesundheitsleistungen, unterbliebene Ertragsbesteuerung des Aufgabegewinns hinsichtlich eines privat genutzten Gebäudes bei Betriebsaufgabe, ertragsteuerliche Hauptwohnsitzbefreiung bei der Veräußerung eines privaten Grundstücks.

Vertiefung: Ideelle Zwecke   28

Besondere Steuerbegünstigungen bestehen bei **Betätigung für gemeinnützige, mildtätige oder kirchliche Zwecke** (§§ 34 bis 47 BAO, dazu ausführlich → 472).

Eine Körperschaft muss, um unter die Begünstigung zu fallen, dabei sowohl **rechtlich** nach Gesetz, Satzung, Stiftungsbrief oder ihrer sonstigen Rechtsgrundlage, als auch **tatsächlich** durch die Geschäftsführung **unmittelbar** und **ausschließlich** der Förderung gemeinnütziger, mildtätiger oder kirchlicher Zwecke dienen (§ 34 Abs 1 BAO, zu den Voraussetzungen im Detail → 472). Diese Voraussetzungen müssen bei der Begünstigung von der Körperschaftsteuer **zeitraumbezogen** während des gesamten Veranlagungszeitraums (Kalenderjahres) bestehen, bei den übrigen Abgaben **zeitpunktbezogen** im Zeitpunkt der Entstehung der Abgabenschuld (§ 43 BAO). Auf Verlangen der Abgabenbehörde haben ausländische Rechtsgebilde nachzuweisen, dass sie diese Voraussetzungen erfüllen (§ 34 Abs 1 BAO). Unter die Befreiung können sowohl Körperschaften als auch Personenvereinigungen, Vermögensmassen und Betriebe gewerblicher Art von Körperschaften des öffentlichen Rechts fallen (§ 34 Abs 2 BAO, zu Betrieben gewerblicher Art → 471).

Beispiele für Steuerbegünstigungen:

1. **Körperschaften sind von der Körperschaftsteuer insoweit befreit**, als sie der Förderung gemeinnütziger, mildtätiger oder kirchlicher Zwecke dienen (§ 5 Z 6 KStG).
2. **Bestimmte Umsätze sind von der Umsatzsteuer befreit oder werden mit dem begünstigten Steuersatz besteuert**, wenn sie von gemeinnützig, mildtätig oder kirchlich tätigen Körperschaften erbracht werden (§ 6 Abs 1 Z 14, § 10 Abs 2 Z 4 UStG).
3. **Körperschaften sind von der Kommunalsteuer befreit**, soweit sie bestimmten mildtätigen und/oder gemeinnützigen Zwecken dienen (§ 8 Z 2 KommStG).
4. **Von der Grundsteuer befreit ist der Grundbesitz,** wenn dieser bestimmten gemeinnützigen, mildtätigen oder kirchlichen Zwecken dient (§ 2 GrStG).

3.3. Steuerliche Begünstigungen aus wirtschaftlichen Gründen

Steuerbegünstigungen aus wirtschaftlichen Gründen sind grundsätzlich alle Formen **29**
von **Investitionsbegünstigungen**. Steuerbegünstigungen werden aus wirtschaftlichen Gründen auch für **Neugründungen, Übertragungen, Umgründungen und die Beendigung von Unternehmen** gewährt.

Beispiele zu Investitionsbegünstigungen:

Investitionsbedingter Gewinnfreibetrag (§ 10 EStG), Investitionsfreibetrag (§ 11 EStG), Übertragung stiller Reserven (§ 12 EStG).

30 Vertiefung: Neugründung und Betriebsübernahme

Zur Förderung der **Neugründung von Betrieben** und **erstmaligen Betriebsübernahmen** werden aufgrund einer Erklärung bestimmte Steuern, Gebühren und Beiträge nicht erhoben (§ 1 NeuFöG).

Anwendungsfälle:

1. **Bei Neugründungen und erstmaligen Betriebsübernahmen** werden folgende Abgaben nicht erhoben: die **Gerichtsgebühren** für die Firmenbucheintragung des Betriebs sowie **Stempelgebühren** und **Bundesverwaltungsabgaben** für die dadurch unmittelbar veranlassten Schriften und Amtshandlungen (§ 1 Z 1 und 3).
2. **Bei Neugründungen** werden darüber hinaus folgende Abgaben nicht erhoben: die **Grunderwerbsteuer** und die **Grundbuchseintragungsgebühr** aufgrund einer Einlage eines Grundstücks in eine neu gegründete Gesellschaft mit Anteilen an der Gesellschaft als Gegenleistung (§ 1 Z 2 und 4), bestimmte **Lohnnebenkosten** für 12 Monate innerhalb von 3 Jahren ab Neugründung (§ 1 Z 7).
3. **Bei erstmaligen Betriebsübernahmen** wird zusätzlich folgende Abgabe nicht erhoben: die **Grunderwerbsteuer** von Vorgängen, die mit der Betriebsübernahme in unmittelbarem Zusammenhang stehen, bis zu einem Freibetrag von EUR 75.000 (§ 5a Z 2 NeuFöG).

Eine **Neugründung** liegt vor, wenn eine natürliche Person erstmals einen Betrieb neu eröffnet und sich erstmalig als Betriebsinhaber nach der Eröffnung beherrschend betätigt. Die Person muss für zwei Jahre Betriebsinhaber bleiben und der Betrieb darf innerhalb von 12 Monaten nicht um bestehende Betriebsteile erweitert werden (§ 2 NeuFöG). Eine **erstmalige Betriebsübernahme** liegt vor, wenn der Betriebsinhaber eines bestehenden Betriebs oder Teilbetriebs wechselt und sich der neue Betriebsinhaber erstmals beherrschend betrieblich betätigt. Die Person muss für zwei Jahre Betriebsinhaber bleiben und den Betrieb über fünf Jahre fortführen (§ 5a NeuFöG).

Der Betriebsinhaber hat als Voraussetzung der Inanspruchnahme der Begünstigungen eine **Erklärung** bei den zuständigen Behörden vorzulegen. Die gesetzliche Berufsvertretung hat den Betriebsinhaber vorab zu beraten und dies auch auf der Erklärung zu bestätigen. Die Bestätigungen und die Einreichung der Erklärung kann auch elektronisch abgewickelt werden (§ 4 NeuFöG).

Sofern die zeitlichen Voraussetzungen nicht eingehalten werden, **entfallen die Begünstigungen rückwirkend.** Der Betriebsinhaber ist verpflichtet, diesen Umstand allen vom Wegfall der Wirkungen betroffenen Behörden unverzüglich **mitzuteilen** (§ 5 NeuFöG).

31 Vertiefung: Übertragung und Beendigung von Unternehmen

Für die **Übertragung** eines Unternehmens bestehen abgesehen von den Begünstigungen des Neugründungs-Förderungsgesetzes weitere Begünstigungen. Auch für die **Betriebsaufgabe** sind Begünstigungen vorgesehen.

Beispiele:

1. **Steuerneutrale unentgeltliche Übertragung:** Wird ein Betrieb, ein Teilbetrieb oder ein Mitunternehmeranteil unentgeltlich übernommen, so kann dies ertragsteuerneutral erfolgen. Der Rechtsnachfolger führt die Buchwerte des bisherigen Betriebsinhabers fort. Gleichzeitig unterbleibt beim Rechtsvorgänger die Aufdeckung und Besteuerung der stillen Reserven (§ 6 Z 9 lit a EStG).
2. **Veräußerungsgewinne** bei der Veräußerung oder Aufgabe von Unternehmen werden unter gewissen Bedingungen begünstigt besteuert (§§ 24 und 37 EStG).
3. **Grundstückserwerbe** im Zusammenhang mit der unentgeltlichen, alters- oder gesundheitsbedingten Übertragung von Unternehmen sind in Höhe eines Freibetrags von der Grunderwerbsteuer ausgenommen (§ 3 Abs 1 Z 2 GrEStG).

Vertiefung: Umgründungen   32

Das Steuerrecht sieht steuerliche Begünstigungen für **Umgründungen** von Unternehmen vor.

Beispiele:

1. **Ertragsteuerliche Buchwertfortführung** durch den Rechtsnachfolger, wodurch die Aufdeckung und Besteuerung stiller Reserven unterbleibt (→ 629).
2. **Ertragsteuerlich objektbezogener Verlustvortrag** erlaubt den Übergang eines Verlustvortrags auf den Rechtsnachfolger (→ 645).
3. **Umsatzsteuerlich** liegt kein umsatzsteuerbarer Vorgang vor und unterliegt deshalb nicht der Umsatzsteuer (→ 672).
4. **Grunderwerbsteuerlicher** günstiger Steuersatz von 0,5 % und Bemessung vom Grundstückswert (→ 836, 841).
5. **Gebührenrechtliche Befreiung** von der Zessionsgebühr bei Einzelrechtsnachfolge für mehr als zwei Jahre dem Übertragenden zuzurechnende Rechte (→ 865).

Zu den **Umgründungen** zählen gesellschaftsrechtlich geregelte Umgründungen wie **Verschmelzungen, Umwandlungen und Spaltungen** von Körperschaften sowie ausschließlich steuerlich geregelte Umgründungen wie **Einbringung** von unternehmerischem Vermögen in eine Körperschaft und **Zusammenschluss** und **Realteilung** von unternehmerischem Vermögen einer Personengesellschaft. Zu den Umgründungen → 603.

3.4. Steuerliche Entlastungen und Begünstigungen aus sonstigen Gründen

Systembedingte Begünstigungen und Entlastungen   33

Aus **Gründen der Steuersystematik** kann eine Besteuerung unterbleiben, weil es sonst zu einer **Doppelbesteuerung** oder **erhöhten Steuerbelastung** kommen würde. Eine Entlastung von einer Doppel- oder Mehrfachbesteuerung erfolgt grundsätzlich durch **Befreiung des Steuerobjekts oder der Anrechnung der Steuer.**

Inländische Doppelbesteuerung liegt vor, wenn ein und derselbe Vorgang der doppelten Besteuerung unterliegen kann. Eine Doppelbesteuerung ist nicht immer gewünscht, sodass häufig gesetzliche Steuerentlastungen vorgesehen sind.

Beispiele zu Erhebungsformen:

1. **Übertragungen von Grundstücken:** Diese können der Grunderwerbsteuer, der Stiftungseingangssteuer, der Umsatzsteuer und der Rechtsgeschäftsgebühr unterliegen. Zur Vermeidung der Mehrfachbelastung sind Grundstücke von der Stiftungseingangssteuer (§ 6 Z 5 StiftEG) und von der Rechtsgeschäftsgebühr ausgenommen (§ 15 Abs 3 GebG) und für die Umsatzsteuer besteht eine Steuerbefreiung (§ 6 Abs 1 Z 9 lit a UStG). Teilweise bestehen Anrechnungsvorschriften für mehrfache Übertragungen zwischen denselben Personen im Grunderwerbsteuergesetz (§ 1 Abs 4 und 5 GrEStG).
2. **Körperschaftliche Doppelbesteuerung:** Körperschaften unterliegen mit ihren Einkünften der Körperschaftsteuer. Schüttet nun eine Körperschaft an eine andere Körperschaft aus, dann würde diese Ausschüttung erneut der Besteuerung unterliegen. Zur Vermeidung der Doppelbesteuerung sieht das Körperschaftsteuergesetz eine Beteiligungsertragsbefreiung für Gewinnausschüttungen anderer Körperschaften vor (§ 10 KStG).
3. **Befreiung von der Gebühr** aufgrund einer Doppelbelastung nach § 15 Abs 3 GebG.

Internationale Doppelbesteuerung ergibt sich daraus, dass das Steuerrecht nationales Recht ist und mehrere Steuerrechte nationaler Staaten Steuern auf denselben Vorgang erheben können. Zur Begründung eines inländischen Besteuerungsanspruchs ist ein gewisser persönlicher oder sachlicher **Inlandsbezug** notwendig.[40] Sachverhalte, die keinen Inlandsbezug aufweisen, können somit auch nicht der inländischen Besteuerung unterliegen. Die inländischen Steuergesetze sind daher auf Sachverhalte mit Inlandsbezug eingeschränkt. Sachverhalte ohne Inlandsbezug sind **von der inländischen Besteuerung ausgeschlossen**.

Beispiele zum Inlandsbezug:

1. **Einkommen- und Körperschaftsteuer:** Die Einkommen- und Körperschaftsteuer ist nur auf im Inland ansässige Steuerpflichtige (persönliches Ansässigkeitsprinzip – unbeschränkte Steuerpflicht) oder auf ausländische Steuerpflichtige mit inländischen Einkünften (sachliches Quellenprinzip – beschränkte Steuerpflicht) beschränkt.
2. **Umsatzsteuer:** Besteuerung nur von Umsätzen mit Liefer- oder Leistungsort im Inland.
3. **Steuern auf Grundstücke:** Beschränkung auf inländische Grundstücke (Belegenheitsprinzip).

Sind die Steuerrechte mehrerer Staaten nicht aufeinander abgestimmt oder harmonisiert, so kann internationale Doppelbesteuerung entstehen. Da diese Doppelbesteuerung unerwünschte Effekte, insbesondere auf grenzüberschreitende Vorgänge hat, **vermeiden Staaten diese Doppelbesteuerung** durch zwischenstaatliche Abkommen (**Doppelbesteuerungsabkommen**) oder auf nationaler Ebene.

Das **Bundesministerium für Finanzen** hat die Möglichkeit eine auftretende Doppelbesteuerung im Verwaltungswege zu beseitigen, und zwar entweder im Weg der Befreiung oder der Anrechnung ausländischer Steuern. Dies gilt nur für bundesrechtlich geregelte Abgaben, die von Abgabenbehörden des Bundes einzuheben sind (§ 48 Abs 5 BAO).

---

40   VfGH 12.12.2016, G650/2015.

Beispiele zum Inlandsbezug:

1. **Einkommen- und Körperschaftsteuer:** Die häufig auftretende internationale Doppelbesteuerung hinsichtlich derselben Einkünfte wird durch zwischenstaatliche Abkommen zur Vermeidung der Doppelbesteuerung geregelt. Diese weisen einem Staat das Besteuerungsrecht zu. Eine Doppelbesteuerung wird durch Befreiung oder Anrechnung der ausländischen Steuer auf die inländische Steuer vermieden.
2. **Umsatzsteuer:** Die Doppelbesteuerung wird innerhalb der EU durch eine gemeinsame harmonisierte Umsatzsteuer vermieden. Gegenüber Drittstaaten sollten allgemeine völkerrechtliche Prinzipien eine Doppelbesteuerung vermeiden.

Eine **erhöhte Steuerbelastung** kann sich aus der Steuersystematik ergeben, weil besondere Umstände zu einer erhöhten Belastung führen. Diese Steuerbelastung kann durch Befreiungen oder begünstigte Steuersätze gemildert werden.

Beispiel einer systembedingten erhöhten Steuerbelastung:

Progression in der Einkommensteuer (§ 33 EStG): Im Falle von Einkünften, die über mehrere Jahre entstanden sind, jedoch in einem Jahr in voller Höhe realisiert werden, kann es zu einer erhöhten Progression in einem Jahr kommen. Steuerentlastungen für derartige Einkünfte sehen daher Freibeträge, Verteilungsmöglichkeiten über mehrere Jahre oder einen Hälftesteuersatz vor, um diese systemimmanente Steuerbelastung zu mindern (§§ 24 und 37 EStG).

Verwaltungsökonomische Entlastungen 34

Aus **Vereinfachungsgründen** können bestimmte Sachverhalte von der Besteuerung ausgenommen oder begünstigt werden. Dies erfolgt grundsätzlich in Fällen, in denen die Steuer über Bagatellbeträge nicht hinausgehen würde. Dies ist grundsätzlich an **Freigrenzen** zu erkennen, wonach eine Besteuerung nur dann erfolgt, wenn die Freigrenze überstiegen wird.

Beispiele zur Verwaltungsvereinfachung:

1. **Kleinunternehmerbefreiung in der Umsatzsteuer:** Bei jährlichen Umsätzen bis zur Kleinunternehmergrenze sind Unternehmer von der Umsatzsteuer befreit mit gleichzeitigem Verlust des Vorsteuerabzuges (§ 6 Abs 1 Z 27 UStG).
2. **Freigrenzen:** Grunderwerbsteuerliche Freigrenze für Grundstücke bis EUR 1.100 (§ 3 GrEStG), einkommensteuerliche Freigrenze für Einkünfte aus sonstigen Leistungen und Spekulationsgeschäften (§§ 29 Z 3 und 31 EStG).
3. **Freibeträge:** Einkommensteuerlicher Pauschbetrag für Werbungskosten (§ 16 EStG).

Lenkende Begünstigungen 35

Lenkende Steuerbegünstigungen werden eingesetzt, damit die Steuerpflichtigen ihr Verhalten in bevorzugte Handlungen ändern.

Beispiele:

1. **Gesundheitliche Lenkungseffekte:** Höhere Besteuerung von Tabak und Alkohol als Lenkungseffekt zum Verzicht auf gesundheitsschädliche Produkte.
2. **Wirtschaftliche Lenkungseffekte:** Ertragsteuerliche Zuzugsbegünstigungen für Personen, die der Förderung von Wissenschaft, Forschung, Kunst oder Sport dienen (§ 103 EStG), Forschungsprämien für Investitionen in Forschung (§ 108c EStG), ertragssteuerbegünstigte Veranlagungsformen zur Bildung von Kapital (Bausparen, Pensionsvorsorge, Zukunftsvorsorge, §§ 108, 108a, 108b, 108g EStG).

4. Steuerrechtliche Rahmenbedingungen – Verfassungsrecht

4.1. Steuerrecht und seine verfassungsrechtlichen Rahmenbedingungen

36 Steuerrecht und das Legalitätsprinzip

Steuern begründen **öffentlich-rechtliche Ansprüche** des Staates gegenüber seinen Bürgern.

Der Staat tritt dabei mit Hoheitsgewalt auf. Nach verfassungsrechtlichen Grundsätzen darf die gesamte staatliche Verwaltung nur **aufgrund der Gesetze** ausgeübt werden (Art 18 Abs 1 B-VG). **Öffentliche Abgaben** können grundsätzlich nur aufgrund der Gesetze erhoben werden (§ 5 F-VG). Daher müssen Steuern auf entsprechenden Regeln beruhen, dem **Steuerrecht**.

Das Steuerrecht beruht dabei auf unterschiedlichen Normen des **Stufenbaus der Rechtsordnung** und zwar sowohl auf **allgemein verbindlichen** Normen im Verfassungsrang und auf einfacher gesetzlicher Ebene als auch auf Verordnungsebene. Bescheide und Entscheidungen durch die Rechtsprechung sind **individuell verbindliche** Anordnungen, welche die allgemein verbindlichen Normen für den Einzelnen konkretisieren. Darüber hinaus gibt es **unverbindliche** Auffassungen der Finanzverwaltung, die als Auslegungsbehelf für die Finanzbehörden[41] praktisch wesentlich von Bedeutung sind und wissenschaftliche Literatur, die sich ebenso mit der Auslegung des Steuerrechts auseinandersetzt.

Beispiele für Rechtsnormen im Steuerrecht:
1. **Verfassungsrecht:** Bundes-Verfassungsgesetz, Finanz-Verfassungsgesetz.
2. **Gesetz:** Einkommensteuergesetz, Umsatzsteuergesetz.
3. **Verordnung:** Liebhabereiverordnung, Pauschalierungsverordnungen.
4. **Bescheid:** Einkommensteuerbescheid, Umsatzsteuerbescheid.
5. **Entscheidungen:** Entscheidungen des UFS, des BFG, des VwGH und des VfGH.
6. **Auffassung der Finanzverwaltung:** Einkommensteuerrichtlinien, Erlässe, BMF-Informationen.
7. **Wissenschaftliche Meinungen:** Kommentare, Fachbücher und Fachzeitschriften.

Die Normen müssen **hinreichend bestimmt** sein. Sind sie nicht hinreichend bestimmt, können sie vom Verfassungsgerichtshof aufgehoben werden.[42] Sie müssen auch **im Einklang mit übergeordneten Normen** stehen.[43] Auch Bescheide müssen mit den allgemeinen Normen im Einklang stehen und dürfen weder inhaltlich noch verfahrensrechtlich rechtswidrig sein.

---

41 VfGH 26.11.1996, V46/95; VwGH 1.9.2015, Ra 2015/15/0035.
42 VfGH 9.3.2016, G 606/2015.
43 VfGH 14.3.2012, V 113/11, zur gesetzwidrigen Gaststättenpauschalierungs-VO.

Rechtsprechung zum Legalitätsprinzip:

1. **Verletzung der Rangordnung:** Steht eine VO in Widerspruch zu einem Gesetz, ist sie als verfassungswidrig aufzuheben.[44] Gleiches gilt für Erlässe des BMF[45] sowie für bloße Übergangsbestimmungen.[46]
2. **Gesetzlosigkeit einer VO:** Stellt eine VO bei der Klassifizierung von Tatbeständen auf Maßstäbe ab, die so in keinem Gesetz normiert sind, gilt die vorgenommene Differenzierung als gesetzlos und ist damit verfassungswidrig.[47]
3. **Formmängel:** Auch bloße Formmängel, etwa eine mangelhafte Kundmachung, können zu Verfassungswidrigkeit führen.[48]

Vertiefung: Verfassungsrechtliche Zuständigkeit für die Gesetzgebung　37

Die **Zuständigkeit** für die Gesetzgebung ergibt sich aus der Verfassung: Bundessache ist die Gesetzgebung betreffend Bundesfinanzen, insbesondere öffentliche Abgaben, die ausschließlich oder teilweise für den Bund einzuheben sind (Art 10 Abs 1 Z 4 B-VG). Die Zuständigkeiten des Bundes und der Länder auf dem Gebiet des Abgabenwesens werden durch das Finanz-Verfassungsgesetz geregelt (Art 13 Abs 1 B-VG).

Grundsätzlich ist der **Bund** für die Gesetzgebung für Bundesabgaben, allgemeine Bestimmungen und ein einheitliches Abgabenverfahren zuständig. **Länder** sind für die Gesetzgebung für Landesabgaben zuständig. **Gemeinden** können ermächtigt werden, durch Bundes- oder Landesgesetzgebung bestimmte Abgaben durch Beschluss der Gemeindevertretung zu erheben (freies Beschlussrecht der Gemeinden). Der Bund hat die Kompetenzhoheit über die Zuständigkeit des Bundes, der Länder und der Gemeinden sowie eine Eingriffshoheit im öffentlichen Interesse. Die Länder haben ähnliche Hoheiten gegenüber den Gemeinden (§§ 7 bis 9 F-VG). Im Bereich des **Finanzstrafrechts** ist generell der Bund zuständig mit Ausnahme des Verwaltungsstrafrechts hinsichtlich Landes- und Gemeindeabgaben (Art 10 Abs 1 Z 6 B-VG). Die Gesetzgebung zum Verwaltungsstrafverfahren betreffend Landes- und Gemeindeabgaben hat der Bund an sich gezogen (Art 11 Abs 2 B-VG).

Beispiele zu Zuständigkeiten der Gesetzgebung:

1. **Bund:** Einkommensteuergesetz, Körperschaftsteuergesetz, Umsatzsteuergesetz, Bundesabgabenordnung mit allgemeinen Bestimmungen und einem einheitlichen Abgabenverfahren für Bund, Land und Gemeinde, Finanzstrafgesetz, Verwaltungsstrafgesetz.
2. **Länder:** Verwaltungsstrafrecht, Erhebung und Verwaltung der Kommunalsteuer.
3. **Gemeinden:** Erhöhte Hebesätze zur Grundsteuer bis 50 %, Vergnügungssteuer, Hundesteuer.

Steuerrecht als Teil des öffentlichen Rechts　38

Das Steuerrecht ist aufgrund der Zuordnung zum Hoheitsbereich des Staates dem **öffentlichen Recht** zuzuordnen und grundsätzlich zwingendes Recht.

44　VfGH 30.9.2008, V349/08ua; VfGH 29.6.1985, V35/84; VfGH 24.9.2018, V60/2018.
45　VfGH 8.5.1980, V14/80.
46　VfGH 9.3.2004, G217/03.
47　VfGH 14.3.2007, V82/06; VfGH 22.6.2006, G147/05; V111/05; VfGH 15.6.2000, V102/99.
48　VfGH 15.3.1993, V94/92.

Der Bürger kann sich daher dem Steuerrecht grundsätzlich nicht entziehen. Auch die Abgabenbehörde ist an die steuerrechtlichen Bestimmungen gebunden.

Steuern bedeuten für den Bürger einerseits **Verpflichtungen**, die sich aus den einzelnen Steuergesetzen ergeben. Die Kenntnis des Steuerrechts ist daher notwendig, um aus der Nichterfüllung dieser Verpflichtungen **negative Konsequenzen (Strafen, zusätzliche Belastungen) für den Bürger zu vermeiden.** Aus dem Steuerrecht ergeben sich andererseits auch **Möglichkeiten.** Steuergesetze schreiben bereits im Vorhinein diese Verpflichtungen fest und lassen diese daher im Voraus erkennen. Eine umfangreiche Kenntnis des Steuerrechts eröffnet Wege, diesen Verpflichtungen innerhalb des wirtschaftlichen Spielraums auszuweichen und zukünftige Belastungen durch **rechtzeitige Steuerplanung** zu verhindern. Die Kenntnis des Steuerrechts hat daher die **positive Konsequenz der ermöglichten Steuervermeidung.** Zusammenfassend ist das **Wissen über das Steuerrecht für den Bürger** einerseits maßgeblich zur Vermeidung von Strafen aus der Nichterfüllung der Steuerverpflichtungen und andererseits zur zukünftigen Steuervermeidung innerhalb des bestehenden wirtschaftlichen Spielraums.

Steuerrecht ist **nicht immer zwingend.** Die **Abgabenbehörde** ist zwar grundsätzlich an die steuerlichen Bestimmungen gebunden. Formelle und rechtsgültige **Vereinbarungen** zwischen Abgabenbehörden und Steuerpflichtigen über die Abgabenschuld sind daher nur eingeschränkt möglich. In vielen Fällen kommt es jedoch zu informellen Einigungen über die Abgabenschuld im Wege von Außenprüfungen zwischen Außenprüfer und Steuerpflichtigen. Das Gesetz räumt den Abgabenbehörden jedoch in gewissen Fällen **Ermessen** (§ 20 BAO) ein, um auf spezielle Situationen individuell reagieren zu können. Die Abgabenbehörde hat sich in diesem Fall im gesetzlichen Rahmen dieses Ermessens zu bewegen. Die Überprüfung der Ausübung ist daher darauf beschränkt, ob diese im vorgegebenen Rahmen geblieben ist.[49] In bestimmten Fällen räumt das Gesetz dem **Steuerpflichtigen** selbst **Wahlmöglichkeiten** ein, um die Steuerbelastung zu beeinflussen.

Beispiele für Ermessen und Wahlmöglichkeiten:

1. **Vereinbarung:** In der Kommunalsteuer können die erhebungsberechtigten Gemeinden mit dem Steuerschuldner eine Vereinbarung über die Höhe der Bemessungsgrundlage treffen, sofern die Feststellung der mit der unternehmerischen Tätigkeit zusammenhängenden Arbeitslöhne mit einem unverhältnismäßigen Aufwand verbunden ist (§ 5 Abs 3 letzter Satz KommStG).
2. **Ermessen:** Nachsicht von Abgabenschulden durch Abschreibung (§§ 235 ff BAO), Inanspruchnahme von Haftenden durch die Abgabenbehörde (§ 224 BAO).[50]
3. **Wahlmöglichkeiten des Steuerpflichtigen:** Bildung einer Unternehmensgruppe (§ 9 KStG), freiwillige Bilanzierung und Ausübung von Bilanzierungswahlrechten (§§ 6 ff EStG), Ausübung von Optionen in die Steuerpflicht in der Umsatzsteuer (§ 6 Abs 2 UStG).

4.2. Steuerrecht und Grundrechtsschutz

39 Als Teil des **öffentlichen Rechts** muss das Steuerrecht inhaltlichen Anforderungen des **Verfassungsrechts** und damit auch den **Grundrechten** entsprechen.

---

49   VwGH 23.11.2016, Ro 2014/17/0032.
50   VwGH 23.11.2016, Ro 2014/17/0032.

Für das Steuerrecht ist insbesondere der **Gleichheitssatz** (Art 7 Abs 1 B-VG) zu beachten und die daraus abgeleiteten Anforderungen des Vertrauensgrundsatzes (→ 40) und des Sachlichkeitsgebots (→ 41). Die Vorschreibung einer Abgabe kann auch das **Recht auf Eigentum** verletzen (Art 5 StGG).[51] Zu den verfassungsrechtlichen Anforderungen an die **Gewährleistung eines effektiven Rechtsschutzes** → 1063 und an die **Vollziehung durch die Abgabenbehörde** → 1040.

Rechtsprechung zum Recht auf Eigentum:

1. **Rückwirkende Verkürzung von Fristen:** Wird rückwirkend eine Antragsfrist verkürzt, kann dies die Geltendmachung an sich zustehender Ansprüche beeinträchtigen.[52]
2. **Abzugsfähigkeit von Aufwendungen:** Verfassungswidrige Eingriffe in das Recht auf Eigentum stellen etwa die Nichtanerkennung einer behindertengerechten Badezimmerausstattung als außergewöhnliche Belastung,[53] die Nichtberücksichtigung von Fremdkapitalzinsen als erhöhte Anschaffungskosten[54] sowie die Nichtberücksichtigung später aufgetretener Werbungskosten für Spekulationsgeschäfte[55] dar.

Vertiefung: Vertrauensgrundsatz   40

Nach dem **Vertrauensgrundsatz** wird das Vertrauen in die Rechtsordnung unter bestimmten Voraussetzungen geschützt. Es steht dem Gesetzgeber grundsätzlich frei, die Rechtslage für die Zukunft anders und auch für den Steuerpflichtigen ungünstiger zu gestalten. Nur unter besonderen Umständen muss zur Vermeidung unsachlicher Ergebnisse Gelegenheit gegeben werden, sich rechtzeitig auf die neue Rechtslage einzustellen.[56] Der Staatsbürger orientiert sich bei seiner Disposition im Bereich steuerpflichtiger Vorgänge an den jeweils geltenden Abgabengesetzen. Soweit nun Steuertatbestände an Handlungen steuerliche Belastungen knüpfen, die zuvor so nicht bestanden haben, werden jene Steuerpflichtigen, die im Vertrauen auf die rückwirkend geänderte Rechtslage disponiert haben, in diesem Vertrauen enttäuscht. Derartige Neuerungen können somit zu einem gleichheitswidrigen Ergebnis führen, wenn sie nicht durch sonstige besondere Umstände gerechtfertigt sind (etwa indem sie sich als notwendig erweisen, um andere Gleichheitswidrigkeiten zu vermeiden).[57] Rückwirkende Steuergesetze sind aufgrund des Vertrauensschutzes verfassungsrechtlich nur eingeschränkt zulässig.[58]

Beispiele zur Rechtsprechung zum Vertrauensschutz:

Verletzung des Vertrauensgrundsatzes aufgrund rückwirkender Minderung einer Investitionsbegünstigung,[59] rückwirkender Beschränkung des Verlustausgleichs,[60] rückwirkender Erhöhung der Mindestkörperschaftsteuer,[61] rückwirkender Verkürzung einer Antragsfrist.[62]

---

51   VfGH 3.10.1987, B1098/86; VfGH 7.3.1986, B251/80; VfGH 23.11.1984, B284/80; VfGH 29.9.1990, B1574/89.
52   VfGH 28.9.2011, B1129/10.
53   VfGH 13.3.2003, B785/02.
54   VfGH 11.3.1994, B1297/93.
55   VfGH 11.12.2002, B841/02.
56   VfGH 17.12.1993, B828/92.
57   VfGH 5.10.1989, G228/89.
58   VfGH 5.10.1989, G228/89.
59   VfGH 6.3.1992, G309/91.
60   VfGH 16.6.1995, G191/94; G192/94.
61   VfGH 11.12.1997, G441/97.
62   VfGH 28.9.2011, B1129/10.

41 Vertiefung: Sachlichkeitsgebot

Nach dem **Sachlichkeitsgebot** ist objektiv und sachlich Gleiches stets gleich und Ungleiches ungleich zu behandeln. Daher muss auch eine unterschiedliche Besteuerung auf objektiven Kriterien beruhen.[63] Eine Ausnahmeregelung ist dann verfassungskonform, wenn sie sich innerhalb des dem Gesetzgeber von der Verfassung eingeräumten rechtspolitischen Gestaltungsspielraums befindet.[64] Dabei ist Objektivität in der Ausgestaltung des Steuersystems geboten, zB bemisst sich die Einkommen- und Körperschaftsteuer nach der Leistungsfähigkeit. Auch rein verwaltungsökonomische Vereinfachungen können in einem angemessenen Verhältnis zu den Rechtsfolgen einen sachlichen Rechtfertigungsgrund für Differenzierungen bilden.[65] Die Regelungen müssen jedoch zur Zielerreichung tauglich sein und dürfen nicht zu sachfremden, willkürlichen Ergebnissen führen.[66]

Beispiele der Rechtsprechung zum Gleichheitssatz:

1. **Unsachliche Wertmaßstäbe:** Sofern Einheitswert und gemeiner Wert bei der Steuerbemessung zu erheblich unterschiedlichen Bemessungsgrundlagen bei entgeltlichen und unentgeltlichen Grundstückserwerben führen, ist diese differenzierte Behandlung mangels Aktualisierung der Einheitswerte unsachlich.[67] Die Heranziehung von pauschalen Wertmaßstäben aus verwaltungsökonomischen Gründen ist zulässig, sofern entweder ausschließlich der Wertmaßstab als Bemessungsgrundlage dient (so bei der Grundsteuer[68]) oder der pauschale Wertmaßstab annähernd den sonstigen Wertmaßstäben entspricht oder unterschiedliche Maßstäbe bei sachlich unterschiedlichen Tatbeständen zur Anwendung kommen.
2. **Unsachliche Steuerbefreiung:** Die Befreiung von Grunderwerben für bestimmte gemeinnützige Zwecke einer Gebietskörperschaft und die Nichtbefreiung von Grunderwerben für sonstige gemeinnützige Zwecke ist sachlich nicht zu rechtfertigen.[69]
3. **Unsachliche Steuerbelastung,** wenn eine Steuerrückerstattung von einer vorangegangenen Verletzung der Offenlegungs- und Wahrheitspflicht abhängig gemacht wird: Ein Grunderwerbsteuervorgang wurde verwirklicht und im Folgenden unterblieb die Umsetzung des Vertrags, worauf eine Rückerstattung der Steuer nur deswegen nicht erfolgte, weil der Grunderwerbsteuervorgang zuvor nicht zeitgerecht angezeigt wurde. Der VfGH wertete dies als unsachliche, überschießende Reaktion auf die Offenlegungs- und Anzeigepflicht.[70]
4. **Unsachliches Abzugsverbot,** wenn Aufwendungen für freiwillige Abfertigungen (Golden Handshakes) einerseits und Aufwendungen für Sozialplanabfertigungen aufgrund einer Betriebsänderung andererseits einem Abzugsverbot unterliegen und somit Ungleiches gleich behandelt wird (Aufhebung von § 20 Abs 1 Z 8 EStG).[71]

---

63   VfGH 4.12.1985, B148/82.
64   VfGH 10.12.1986, G167/86.
65   VfGH 27.11.2012, G77/12; VfGH 21.9.2011, G34/11.
66   VfGH 19.6.2015, E1218/2014 ua.
67   VfGH 27.11.2012, G 77/12; VfGH 21.9.2011, G 34/11 zur Eintragungsgebühr.
68   VfGH 27.11.2012, G 77/12.
69   VfGH 10.12.1986, G167/86; VfGH 14.10.1982, G52/81.
70   VfGH 20.6.1986, G229/85.
71   VfGH 16.3.2022, G228/221.

5. Steuerrechtliche Rahmenbedingungen – Europarecht, Völkerrecht

5.1. Steuerrecht und seine europarechtlichen Rahmenbedingungen

Innerhalb der EU müssen **wesentliche Grundsätze** berücksichtigt werden, die zur **42** **Schaffung eines gemeinsamen Binnenmarktes** (Art 26 AEUV) notwendig sind. Eine nationale Steuerbestimmung, die gegen EU-Recht verstößt, gilt nicht wie im Bereich des Verfassungsrechts als aufgehoben, sondern ist nur soweit anwendbar, als sie nicht zu unionsrechtswidrigen Ergebnissen führt (**europarechtskonforme Interpretation**).

Der europarechtliche Rahmen zielt inhaltlich darauf ab:

- die **Grundfreiheiten** im Steuerbereich und eine **faire Besteuerung** zu gewährleisten;
- die **Zusammenarbeit der Mitgliedstaaten** im Steuerbereich zu stärken; sowie
- **staatliche Beihilfen** durch diskriminierende Begünstigungen zu verhindern.

Mitgliedstaaten können im Steuerrecht ihre Steuergesetze gemäß ihren Prioritäten und Vorstellungen **frei gestalten**. Gemeinsame steuerrechtliche Bestimmungen auf Ebene der EU sind nur mittels Einstimmigkeit aller Mitgliedstaaten möglich. Eingeschränkt wird diese Souveränität durch die **Bedürfnisse des gemeinsamen Binnenmarkts** und den möglichen Einschränkungen durch nationale Steuergesetze. Die Kommission kann gegen Mitgliedstaaten bei Verletzung des EU-Rechts im Wege des Vertragsverletzungs-verfahrens vorgehen.

Auf Ebene der **EU** sind **verbindliche Rechtsakte**:

- **Richtlinien**, die den Rahmen für die Mitgliedstaaten vorgeben und von den Mitglied-staaten umzusetzen sind (bei Verletzung der Umsetzungspflicht besteht für den Steuer-pflichtigen die Möglichkeit einer Staatshaftungsklage vor dem VfGH);
- **Verordnungen**, die direkt anzuwenden sind; sowie
- **Entscheidungen** des Europäischen Gerichtshofs bzw der Kommission.

Vertiefung: Grundfreiheiten   43

Eine nationale Steuerbestimmung darf **nicht soweit diskriminierend** (Art 18 AEUV) sein, dass sie eine der **vier Grundfreiheiten** beschränkt und die Ungleichbehandlung nicht durch einen zwingenden Grund des Allgemeininteresses **gerechtfertigt** ist.

Diskriminierend sind Bestimmungen, die gleiche Sachverhalte ungleich oder ungleiche Sachverhalte gleich behandeln. Dabei können einerseits Staatsbürger aus anderen Mit-gliedstaaten ungünstiger behandelt werden als eigene Staatsbürger. Andererseits können auch eigene Staatsbürger, die sich auf die Grundfreiheiten berufen, ungünstiger behan-delt werden als eigene Staatsbürger, die dies nicht tun. Maßgeblich sind die spezielle Situation und die konkret anzuwendenden Steuerbestimmungen.

Beispiele zur Diskriminierung auf allen vier Ebenen einer Steuer:

1. **Unterschiedliche Behandlung des Steuersubjekts:** Behandlung von ausländischen Gesellschaften als Körperschaften, während vergleichbare inländische Gesellschaften als Personengesellschaften behandelt werden.
2. **Umfang des Steuerobjekts:** Erfassung von Steuerobjekten, die im Inland ausgenommen sind.
3. **Steuerermittlung:** Anwendung höherer Steuersätze oder Nichtabzugsfähigkeit von Aufwendungen bei ausländischen Steuerpflichtigen.
4. **Steuererhebung:** Keine oder erschwerte Steueranrechnung oder Rückerstattung von Steuern.

Rechtfertigungen liegen vor, wenn die Beschränkung der Grundfreiheiten durch zwingende Gründe des öffentlichen Interesses gerechtfertigt ist. In einem solchen Fall muss aber außerdem die Beschränkung geeignet sein, die Erreichung des fraglichen Zieles zu gewährleisten, und darf nicht über das hinausgehen, was hierzu erforderlich ist.[72]

Beispiele für Rechtfertigungsgründe:

1. **Kohärenz des nationalen Steuersystems:** Ist im Falle eine Begünstigung für inländische Steuerpflichtige gegeben (Abzugsfähigkeit vs Nichtabzugsfähigkeit von Versicherungsbeiträgen) und ist ein unmittelbarer Zusammenhang zwischen dem betreffenden steuerlichen Vorteil und dessen Ausgleich durch eine bestimmte steuerliche Belastung gegeben (Steuerpflicht der Versicherungsleistung nur bei Abzugsfähigkeit der Versicherungsbeiträge), dann kann dies eine Diskriminierung rechtfertigen.[73]
2. **Territorialitätsprinzip** und ausgewogene Aufteilung der Besteuerungsbefugnis zwischen den Mitgliedstaaten: Die beschränkte Steuerpflicht rechtfertigt die Beschränkung des Verlustausgleichs mit wirtschaftlich zusammenhängenden Gewinnen aus der Tätigkeit in diesem Mitgliedstaat.[74] Es müssen nicht laufende ausländische, sondern nur finale, sonst nicht verwertbare ausländische Verluste im Inland berücksichtigt werden.[75]
3. **Wirksamkeit der Steueraufsicht:** Die Führung von Büchern kann zur Geltendmachung des Verlustabzugs notwendig sein, damit die Finanzbehörden die Höhe der Verluste nachvollziehen können, sofern dies nicht über das Erforderliche hinausgeht.[76]
4. **Missbrauch** durch rein künstliche Gestaltungen ohne wirtschaftlichen Hintergrund, jedoch nicht gerechtfertigt zur bloßen Sicherung des Steueraufkommens aufgrund der Ausnutzung ausländischer Niedrigbesteuerung.[77]

44 Vertiefung: Entscheidungen zu den vier Grundfreiheiten im Steuerrecht

Die Union umfasst eine Zollunion, die sich auf den gesamten **Warenaustausch** erstreckt; sie umfasst das Verbot, zwischen den Mitgliedstaaten Ein- und Ausfuhrzölle und Abgaben gleicher Wirkung zu erheben, sowie die Einführung eines gemeinsamen Zolltarifs gegenüber dritten Ländern (Art 28 AEUV).

Rechtsprechung zum freien Warenverkehr:

Eine pauschale Zulassungssteuer auf eingeführte Fahrzeuge, die in einen anderen Mitgliedstaat weitertransportiert werden und die nicht zurückerstattet werden kann, verstößt gegen die Warenverkehrsfreiheit.[78]

---

72 EuGH 12.9.2006, C-196/04, *Cadburry Schweppes.*
73 EuGH 18.1.1992, C-204-90, *Bachmann.*
74 EuGH 15.5.1997, C-250/95, *Futura Participations und Singer.*
75 EuGH 12.9.2006, C-196/04, *Cadburry Schweppes.*
76 EuGH 15.5.1997, C-250/95, *Futura Participations und Singer.*
77 EuGH 13.9.2005, C-446/03, *Marks&Spencer.*
78 EuGH 17.12.2015, C-402/14, *Viamar.*

Innerhalb der Union ist die **Freizügigkeit der Arbeitnehmer** gewährleistet. Sie umfasst die Abschaffung jeder auf der Staatsangehörigkeit beruhenden unterschiedlichen Behandlung der Arbeitnehmer der Mitgliedstaaten in Bezug auf Beschäftigung, Entlohnung und sonstige Arbeitsbedingungen (Art 45 AEUV).

Rechtsprechung zur Arbeitnehmerfreizügigkeit:

1. Ein Steuerpflichtiger mit Tätigkeitsort in einem anderen Mitgliedstaat darf nicht ungünstiger besteuert werden, wenn er sich wirtschaftlich in derselben Situation wie Ansässige befindet (dh die Haupteinkünfte in diesem Staat erzielt werden). Aufgrund einer Wohnsitzverlegung darf eine Steuererstattung von zuviel bezahlter Lohnsteuer nicht verweigert werden.[79]
2. Keine Abzugsfähigkeit im Tätigkeitsstaat von im Heimatstaat gezahlten Versicherungsbeiträgen eines Arbeitnehmers.[80]

Beschränkungen der **freien Niederlassung** von Staatsangehörigen eines Mitgliedstaats im Hoheitsgebiet eines anderen Mitgliedstaats sind verboten. Das Gleiche gilt für die Beschränkung der Gründung von Agenturen, Zweigniederlassungen oder Tochtergesellschaften durch Angehörige eines Mitgliedstaats, die im Hoheitsgebiet eines Mitgliedstaats ansässig sind. Die Niederlassungsfreiheit umfasst die Aufnahme und Ausübung selbständiger Erwerbstätigkeiten sowie die Gründung und Leitung von Unternehmen nach den Bestimmungen des Aufnahmestaats für seine eigenen Angehörigen (Art 49 AEUV).

Rechtsprechung zur freien Niederlassung:

1. **Eine Wegzugsbesteuerung** darf nicht dazu führen, dass die Niederlassungsfreiheit unverhältnismäßig beschränkt wird.[81]
2. **Eine Zweigniederlassung** einer Gesellschaft eines anderen Mitgliedstaates darf keiner höheren Besteuerung unterliegen als eine in diesem Staat ansässige Gesellschaft.[82]

Beschränkungen des **Kapitalverkehrs** zwischen den Mitgliedstaaten sowie zwischen den Mitgliedstaaten und dritten Ländern sind verboten (Art 63 AEUV). Die Kapitalverkehrsfreiheit erfasst alle Geschäfte und Transaktionen von natürlichen oder juristischen Personen, die für den Kapitalverkehr bedeutend sind, wie insbesondere Direktinvestitionen in Unternehmen durch Unternehmenskauf oder Anteilskauf, Immobilieninvestitionen, Wertpapier-, Kontokorrent- und Termingeschäfte oder Darlehen und Finanzkredite, Schenkungen und Erbschaften.

Rechtsprechung zur Kapitalverkehrsfreiheit:

Besteuerung von Schenkungen und Erbschaften: Unterschiedliche Anwendung von Befreiungen[83] und Bemessungsgrundlagen (gemeiner Wert, Einheitswert)[84] abhängig vom Lagestaat des Vermögens sind unionsrechtswidrig.

Die Beschränkungen des **freien Dienstleistungsverkehrs** innerhalb der Union für Angehörige der Mitgliedstaaten, die in einem anderen Mitgliedstaat als demjenigen des Leistungsempfängers ansässig sind, sind grundsätzlich verboten (Art 56 AEUV).

---

79   EuGH 14.2.1995, C-279/93, *Schumacker.*
80   EuGH 18.1.1992, C-204-90, *Bachmann.*
81   EuGH 11.3.2004, C-9/02, *Hughes de Lasteyrie du Saillant.*
82   EuGH 21.9.1999, C-307/97, *Saint-Gobain.*
83   EuGH 18.12.2014, C-133/13, *Q.*
84   EuGH 17.1.2008, C-256/06, *Jäger.*

Rechtsprechung zur Dienstleistungsfreiheit:

1. **Die Steuerberechnung** für ausländische Dienstleister vom Bruttobetrag und für inländische vom niedrigeren Nettobetrag verletzt die Dienstleistungsfreiheit.[85] Inländische Konsequenz: Option zur Nettobesteuerung nach § 99 Abs 2 EStG.
2. **Eine Quellensteuer** auf Einkünfte aus Dienstleistungen von Arbeitnehmern einer inländischen Betriebsstätte verletzt die Dienstleistungsfreiheit, wenn die Quellensteuer im Fall von im Inland ansässigen Kapitalgesellschaften nicht erhoben wird.[86]

45 Vertiefung: Direkte Steuern (Ertragsteuern)

Direkte Steuern, wie vor allem die Ertragsteuern, können insbesondere die Niederlassungs-, die Arbeitnehmerfreizügigkeit und die Dienstleistungsfreiheit einschränken.

Auf EU-Ebene werden daher **besondere Rahmenbedingungen** geschaffen, die teilweise zu einer Harmonisierung der Steuergesetze führen, insbesondere aber auch eine drohende Doppelbesteuerung vermeiden bzw eine Steuervermeidung verhindern sollen, um dadurch eine faire Besteuerung sicherzustellen.

- **Die Richtlinie über Zinsen und Lizenzgebühren** (2003/49/EG) beseitigt die Einbehaltung von Ertragsteuern auf grenzüberschreitende Zahlungen von Zinsen und Lizenzgebühren zwischen verbundenen Unternehmen, die in zwei unterschiedlichen EU-Ländern ansässig sind.
- **Die Mutter-Tochter-Richtlinie** (2011/96/EU) verhindert bei der Muttergesellschaft die Doppelbesteuerung von Dividenden eines in einem anderen Land ansässigen Tochterunternehmens, dessen Gewinne bereits in diesem anderen Land besteuert wurden (grenzüberschreitende Vermeidung körperschaftlicher Doppelbesteuerung).
- **Die Fusionsrichtlinie** (2009/133/EG) bezweckt, wettbewerbsneutrale ertragsteuerliche Regelungen für grenzüberschreitende Fusionen innerhalb der EU zu schaffen; Spaltungen, Abspaltungen, die Einbringung von Unternehmensteilen und den Austausch von Anteilen, welche Gesellschaften in verschiedenen Mitgliedstaaten betreffen.
- **Anti-Steuervermeidungsrichtlinie** (2016/1164/EU) zur Bekämpfung von Steuervermeidungspraktiken im Körperschaftsteuerrecht im Wege der Einführung von speziellen Bestimmungen zur Hinzurechnungsbesteuerung, des Zinsabzugsverbotes, einer allgemeinen Missbrauchsbestimmung zur Vermeidung von Doppelnichtbesteuerung und der Wegzugsbesteuerung.
- **Das EU-Schiedsübereinkommen** legt ein Verfahren zur Beilegung von Streitigkeiten für den Fall fest, dass zwischen Unternehmen in verschiedenen EU-Ländern eine Doppelbesteuerung auftritt. Nunmehr existiert mit der **Streitbeilegungsrichtlinie** (2017/1852/EU) ein tiefergehendes Instrument, um Streitigkeiten zwischen EU-Ländern wegen Doppelbesteuerung beizulegen (umgesetzt mit dem EU-Besteuerungsstreitbeilegungsgesetz).

---

85 EuGH 3.10.2006, C-290/04, *Scorpio*.
86 EuGH 19.6.2014, C-53/13 und C-80/13, *Strojírny Prostějov ua*.

Beispiele mit Auswirkung auf österreichisches Steuerrecht:

1. **Abschaffung der Firmenwertabschreibung bei der Gruppenbesteuerung:** Eine Firmenwertabschreibung nur für inländische Beteiligungen verletzt die Niederlassungsfreiheit.[87]
2. **Einführung einer Option zur Behandlung als unbeschränkt Steuerpflichtiger** für EU-Bürger bei Haupteinkünften in Österreich (§ 1 Abs 4 EStG).[88]

Vertiefung: Indirekte Steuern (Verkehrs- und Verbrauchsteuern) 46

Verkehrs- und Verbrauchsteuern können den Austausch von Waren, Dienstleistungen und Kapital innerhalb der EU erheblich beschränken.

Daher bestehen auf EU-Ebene besondere Rahmenbedingungen für diese Steuerarten. Teilweise sind diese Steuern in der EU harmonisiert.

- **Zollabgaben:** Das Zollrecht ist in der EU aufgrund der Zollunion harmonisiert und grundsätzlich in der Verordnung über den Zollkodex[89] mit Begleitvorschriften festgeschrieben.
- **Umsatzsteuer:** Das Umsatzsteuerrecht ist in der EU durch die Mehrwertsteuersystemrichtlinie[90] mit Begleitvorschriften harmonisiert. Die Mitgliedstaaten haben jedoch Wahlrechte und unterschiedliche Steuersätze, sodass sich Abweichungen ergeben können.
- **Verbrauchsteuern:** Die Herstellung, der Verkauf oder die Nutzung bestimmter Erzeugnisse wie alkoholische Getränke, Tabak und Energieprodukte (Motoren- und Heizkraftstoffe, Elektrizität, Erdgas, Kohle) unterliegen den Verbrauchsteuern, die in der EU in einer gemeinsamen Verbrauchsteuerrichtlinie mit Begleitvorschriften harmonisiert sind.[91]
- **Kapitalverkehrsteuern:** Die Steuern auf Kapitalverkehr werden durch die Kapitalansammlungsrichtlinie harmonisiert, die insbesondere Steuern auf Kapitalverkehr einschränkt, weil diese für den freien Kapitalverkehr schädlich sein können.[92] Österreich hat nach der Wertpapiersteuer ab 1995 und der Börseumsatzsteuer ab 1.10.2000 auch die Gesellschaftsteuer mit 1.1.2016 abgeschafft. Aktuell wird jedoch die Einführung einer **Finanztransaktionssteuer** durch einige EU-Länder diskutiert.

Beispiel mit Auswirkung auf österreichisches Steuerrecht:
Änderung der Normverbrauchsabgabe, weil diese nicht in die Berechnung der umsatzsteuerlichen Bemessungsgrundlage einbezogen werden darf.[93]

Vertiefung: Zusammenarbeit der Mitgliedstaaten 47

Zur Durchsetzung der nationalen Steuergesetze verstärken die Mitgliedstaaten ihre **Zusammenarbeit im steuerlichen Bereich** durch EU-Recht.

---

87   EuGH 6.10.2015, C-66/14, *Finanzamt Linz.*
88   EuGH 14.2.1995, C-279/93, *Schumacker.*
89   Verordnung 952/2013/EU.
90   Richtlinie 2006/112/EG.
91   Richtlinie 2020/262/EU.
92   Richtlinie 2008/7/EG.
93   EuGH 22.12.2010, C-433/09, *Kommission/Österreich.*

- Die **EU-Amtshilferichtlinie** zur Zusammenarbeit der Verwaltungsbehörden der Mitgliedstaaten im Bereich der Besteuerung. Die Richtlinie ist grundsätzlich auf alle Steuern anwendbar, wobei bestimmte Steuern und Abgaben, wie insbesondere die Umsatzsteuer, EU-rechtlich geregelte Verbrauchsteuern und Sozialversicherungsbeiträge ausgenommen sind.[94]
- Die **EU-Umsatzsteuer-Amtshilfeverordnung** als Grundlage für die Zusammenarbeit der Verwaltungsbehörden im Umsatzsteuerbereich[95] und EU-Verbrauchsteuer-Amtshilferechtsgrundlagen.[96]
- Die **EU-Vollstreckungsamtshilferichtlinie** zur Betreibung von Forderungen in Bezug auf bestimmte Steuern, Abgaben und sonstige Maßnahmen, die neben den Ertragsteuern auch sonstige Steuern und Nebengebühren erfasst, mit Ausnahme der Zollabgaben und der Einfuhrumsatzsteuer sowie Sozialversicherungsbeiträgen. Ausgenommen sind auch gerichtliche Strafen nach dem Finanzstrafrecht.[97]

48 Vertiefung: Staatliche Beihilfen

Zum Schutz des Wettbewerbs innerhalb der EU hat die Kommission sicherzustellen, dass von EU-Ländern gewährte **staatliche Beihilfen**, die auf ein Unternehmen beschränkt sind, einem Sektor oder einer Person keinen ungerechten Wettbewerbsvorteil verschaffen. Dies umfasst auch staatliche Beihilfen, die in Form von Steuererleichterungen gewährt werden. Die Kommission kann auf einer Abschaffung illegaler Beihilfen und einer Rückzahlung der daraus entstandenen Vorteile bestehen. Inwieweit das Instrument im Bereich der Steuern erfolgreich sein wird, ist offen.

> **Beispiel zur unzulässigen staatlichen Beihilfe:**
> **Steuerbegünstigung durch Rechtsnorm (Gesetz, Verordnung) oder Bescheid**: Die EU-Kommission fordert von Mitgliedstaaten die Rückzahlung von Steuerbegünstigungen, die durch günstige Steuerbefreiungen oder Steuerbescheide an einzelne Unternehmer gewährt werden, wenn andere Unternehmer diese Begünstigung nicht erhalten. Steuervorteile, die mittels Steuervorbescheide gewährt werden, müssen selektive Vorteile begründen.[98]

5.2. Steuerrecht und seine völkerrechtlichen Rahmenbedingungen

49 Abkommen

Auf internationaler Ebene bestehen eine Vielzahl von Abkommen auf dem Gebiet des Steuerrechts:

- **Bilaterale Doppelbesteuerungsabkommen** zur Vermeidung der Doppelbesteuerung bei Einkommen, Vermögen oder Erbschaften und Schenkungen, insbesondere auf Grundlage des OECD-Musterabkommens und den entsprechenden OECD-Kommentierungen sowie Verrechnungspreisrichtlinien.

---

94   Richtlinie 2011/16/EU.
95   Verordnung (EU) Nr 904/2010.
96   Verordnung (EG) Nr 2073/2004; Richtlinie 2004/106/EG.
97   Richtlinie 2010/24/EU.
98   EuG 15.7.2020, T-778/16 und T-892/16, *Irland ua gegen Europäische Kommission (Apple Inc)*.

- **Multilaterales Übereinkommen** zur Umsetzung steuerabkommensbezogener Maßnahmen zur Verhinderung der Gewinnverkürzung und Gewinnverlagerung, womit die Änderung von bestehenden Doppelbesteuerungsabkommen in bestimmen Artikeln vereinfacht wird.
- **Bilaterale Abkommen über den Informationsaustausch** in Steuersachen.
- **Multilaterales Übereinkommen über die gegenseitige Amtshilfe** in Steuersachen.

Überblick: Steuerarten   50

	Beispiele	Eigenschaften
Ertragsteuern	**Einkommen- und Körperschaftsteuer** (Steuersatz: 0-55%; 23% vom Einkommen / Einkünften)	Direkte Steuer Gemeinschaftliche Bundesabgabe Subjektsteuer
Verkehrsteuern	**Grunderwerbsteuer** (0,5 bis 3,5% vom Grundstückswert / Verkehrswert)	Direkte Steuer Gemeinschaftliche Bundesabgabe Objektsteuer (Subjektive Elemente)
	Rechtsgeschäftsgebühr (0,16 bis 2% vom Wert)	Direkte Steuer Ausschließliche Bundesabgabe Objektsteuer
	Stiftungseingangssteuer (2,5 bis 2% vom Wert)	Direkte Steuer Gemeinschaftliche Bundesabgabe Objektsteuer
	Versicherungssteuer (% von Versicherungsprämie)	Direkte Steuer Gemeinschaftliche Bundesabgabe Objektsteuer
Vermögensteuern	**Grundsteuer** (1% vom Grundwert)	Direkte Steuer Ausschließliche Gemeindeabgabe Objektsteuer
	Stabilitätsabgabe von Kreditinstituten (% von der Bilanzsumme)	Direkte Steuer Gemeinschaftliche Bundesabgabe Objektsteuer
Verbrauchsteuern	**Umsatzsteuer** (10 bis 20% vom Entgelt / Umsatz)	Indirekte Steuer Gemeinschaftliche Bundesabgabe Objektsteuer
	Energieabgaben (Erdgas, Elektrizität, Kohle, Mineralöl)	Indirekte Steuer Gemeinschaftliche Bundesabgabe Objektsteuer
	Alkohol- (Bier, Wein, Schaumwein) und **Tabaksteuern**	Indirekte Steuer Gemeinschaftliche Bundesabgabe Objektsteuer
	Zollabgaben (Ein- und Ausfuhr) (% des Zollwertes)	Indirekte Steuer Ausschließliche Bundesabgabe Objektsteuer
Lohnsummensteuern	**Kommunalsteuer** (3% vom Arbeitslohn)	Direkte Steuer Ausschließliche Gemeindeabgabe Objektsteuer
	Dienstgeberbeitrag (3,7 % vom Arbeitslohn)	Direkte Steuer Ausschließliche Bundesabgabe Objektsteuer

Abbildung 2: Steuerarten

Kapitel 2

Einkommensteuer[1] – Überblick, Subjekt, Objekt

1. Überblick

51

Die Ertragsteuer wird in Einkommensteuer und Körperschaftsteuer eingeteilt. In Kapitel 2–7 wird die Einkommensteuer (→ 51 ff), in Kapitel 8–10 die Körperschaftsteuer (→ 452 ff) behandelt.

Die **Ertragsteuer** beruht auf dem Prinzip der **Leistungsfähigkeit**. Das **Einkommen** gilt als gerechter Maßstab für die Leistungsfähigkeit einer Person. Die Einkommen- und Körperschaftsteuer ist eine Steuer, die die Leistungsfähigkeit einer Person besteuern soll.

Steuersubjekt

52

Der **Einkommensteuer** unterliegen nur **natürliche Personen** als **Steuersubjekte**.

Andere Rechtsgebilde, wie zum Beispiel eine **Personengesellschaft** oder ein **Sondervermögen** (wie Fonds, Anstalten oder Stiftungen), haben grundsätzlich nicht die Eigenschaft eines Steuersubjekts.

Steuerobjekt

53

Der Einkommensteuer unterliegt das **Einkommen** der natürlichen Person.

Das Einkommen setzt sich dabei zusammen aus der wirtschaftlichen Leistungsfähigkeit in Form der **Einkünfte aus den unterschiedlichen Einkunftsarten** und der persönlichen Leistungsfähigkeit in Form des Abzugs von **privaten Ausgaben** im Wege von Sonderausgaben, außergewöhnlichen Belastungen und Freibeträgen.

Grundsätzlich sind Einkünfte unter Zugrundelegung einer wirtschaftlichen Betrachtungsweise einer natürlichen Person oder einer Körperschaft **zuzurechnen**. Grenze der Besteuerung des Einkommens ist ein notwendiger **Inlandsbezug**. Dieser bestimmt sich nach der Ansässigkeit der steuerpflichtigen Person. Ist diese **im Inland ansässig**, dann ist das gesamte Einkommen zugrunde zu legen (unbeschränkte Steuerpflicht), ansonsten nur jenes Einkommen, das aus **inländischen Quellen** stammt (beschränkte Steuerpflicht).

Ermittlung der Steuer

54

Die Steuer ermittelt sich aus dem anwendbaren **Steuersatz** und der **Bemessungsgrundlage**.

---

1   Paragraphenverweise ohne Gesetzesangabe beziehen sich auf das Einkommensteuergesetz (EStG).

Natürliche Personen unterliegen als Ausdruck des Leistungsfähigkeitsprinzips einem progressiven Steuertarif. Mit steigendem Einkommen steigt gleichzeitig auch der anwendbare Steuersatz. Bestimmte Einkünfte werden jedoch mit einem fixen Steuersatz besteuert oder sonst zur Vermeidung der Progression begünstigt besteuert.

Die **Bemessungsgrundlage** ermittelt sich aus der Höhe des Einkommens, das sich aus den jeweiligen Einkünften abzüglich Sonderausgaben, außergewöhnlichen Belastungen und Freibeträgen zusammensetzt. Bestimmte Einkünfte werden gesondert vom Einkommen ermittelt.

Für die jeweilige Einkunftsquelle ist die **Höhe der Einkünfte** zu ermitteln. Diese ergibt sich aus dem **Nettoprinzip**, also aus der Gegenüberstellung der steuerpflichtigen Einnahmen abzüglich abzugsfähiger Ausgaben. Die Einnahmen und Ausgaben sind dabei aufgrund des **Periodenprinzips** der jeweiligen Periode zuzurechnen, und zwar entweder aufgrund des Betriebsvermögensvergleichs der wirtschaftlichen Zuordnung von Erträgen und Aufwendungen oder aufgrund des Zuflusses von Einnahmen und des Abflusses von Ausgaben (Zu- und Abflussprinzip). Für bestimmte Einkünfte bestehen darüber hinaus **besondere Ermittlungsvorschriften**, die den jeweiligen Umständen besonders Rechnung tragen.

55 Erhebung der Steuer

Die **Steuererhebung** erfolgt entweder durch Abzugssteuern wie der Lohnsteuer und der Kapitalertragsteuer, durch Selbstberechnung wie bei der Immobilienertragsteuer, durch Vorauszahlungen oder mittels Abgabe einer Steuererklärung und Veranlagung durch das Finanzamt.

2. Steuersubjekt (§ 1 EStG)

2.1. Natürliche Personen (§ 1 EStG)

56 Steuersubjekte und daher steuerpflichtig sind nur **natürliche Personen** (§ 1 Abs 1).

Grundsätzlich ist für natürliche Personen nur das **Einkommensteuergesetz** anzuwenden.

Bei der Steuersubjekteigenschaft wird **vorrangig an zivilrechtlich anerkannte Personen** angeknüpft. Diese können Träger von Rechten und Pflichten sein, sie können klagen und geklagt werden und Leistungen erbringen. Daher können ihnen auch Einkünfte rechtlich und wirtschaftlich zugerechnet werden. Vorrangig entscheidet die **zivilrechtliche Rechtsform** und nicht die wirtschaftliche Situation. **Keine Steuersubjekte** sind Personengesellschaften und andere Sondervermögen ohne Rechtsfähigkeit, wie Anstalten, Stiftungen und Fonds.

57 Bei **natürlichen Personen beginnt** die Subjekteigenschaft mit der Geburt und **endet** mit dem Tod. Aufgrund der Eigenschaft als Steuersubjekt unterliegt die natürliche Person mit ihrem Einkommen der **Einkommensteuer**. Das Einkommen besteht aus dem Gesamtbetrag der Einkünfte nach Abzug von Verlusten, Sonderausgaben und außergewöhnlichen Belastungen (dazu ausführlich (→ 63). Einkünfte sind bei einer natürlichen Person nur insoweit zu berücksichtigen, als diese der natürlichen Person auch zuzurechnen sind (dazu ausführlich (→ 107). Die natürliche Person unterliegt der **Individualbesteuerung**, die bewirkt, dass die Einkünfte mehrerer Personen nicht zusammengezählt werden und daher keiner Gesamtbesteuerung unterliegen.

Der **Umfang der Steuerpflicht bei grenzüberschreitenden Sachverhalten** bestimmt sich nach der Ansässigkeit der natürlichen Person. Sofern die natürliche Person aufgrund eines Wohnsitzes oder gewöhnlichen Aufenthaltes (§ 26 BAO) im Inland ansässig ist, unterliegt sie der **unbeschränkten** Steuerpflicht mit allen in- und ausländischen Einkünften (Welteinkommensprinzip, § 1 Abs 2), sonst nur der **beschränkten** Steuerpflicht mit inländischen Einkünften nach § 98 (§ 1 Abs 3, zum Umfang der Steuerpflicht bei grenzüberschreitenden Sachverhalten ausführlich → 120).

Überblick: Steuersubjekt in der Ertragsteuer 58

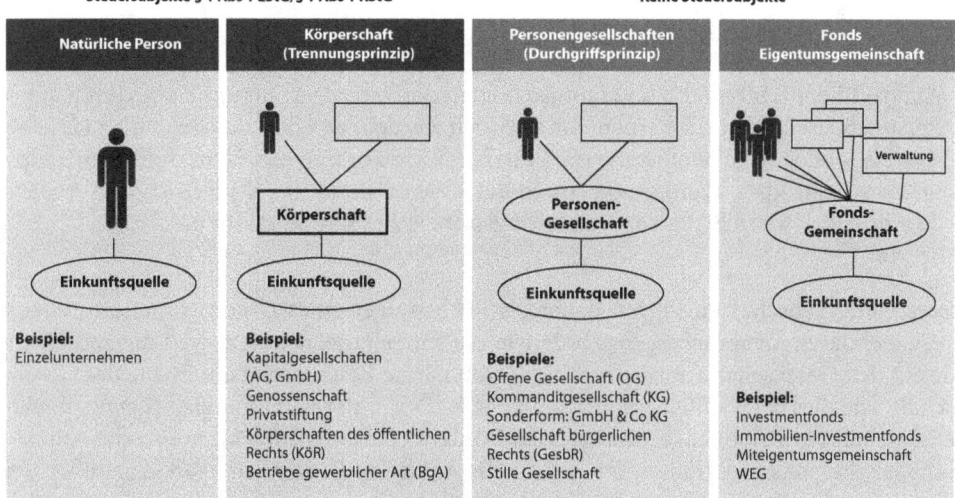

Abbildung 3: Steuersubjekt in der Ertragsteuer

2.2. Personengesellschaften, Fonds und sonstige Rechtsgebilde

59

Keine Steuersubjekte sind **Personengesellschaften, Anstalten, Stiftungen und andere Zweckvermögen ohne Rechtsfähigkeit** (wie beispielsweise Fonds).

Zu diesen **Rechtgebilden** zählen unternehmensrechtliche Gesellschaften wie OG, KG, stille Gesellschaft, aber auch die zivilrechtliche GesbR oder Miteigentumsgemeinschaft, Investmentfonds, Immobilieninvestmentfonds, Anstalten, Stiftungen und sonstige Zweckvermögen, die nicht als juristische Personen des Privatrechts oder Körperschaften des öffentlichen Rechts gelten.

Nur soweit Rechtsgebilde selbst keine Eigentümer, Gesellschafter, Anteilsinhaber, Mitglieder oder Begünstigte haben, kommt ihnen **subsidiär Steuersubjekteigenschaft** (§ 3 KStG) als Körperschaft zu. In der Praxis kommt dies allerdings selten vor (zu den Körperschaften → 459).

60 Vertiefung: Fonds

Fonds gelten ebenso **nicht als Steuersubjekte**. Dies ergibt sich grundsätzlich schon durch deren Rechtsform. Bestimmte Fonds werden trotz Rechtsform einer Körperschaft dennoch nicht als Steuersubjekt behandelt. Ausnahmen gibt es für bestimmte Immobilienfonds, die dennoch als Steuersubjekt gelten (§ 186 Investmentfondsgesetz; § 40 Immobilien-Investmentfondsgesetz). Ist eine Personengesellschaft oder ein sonstiges Rechtsgebilde gleichzeitig als Fonds einzustufen, dann gehen die Fondsvorschriften nach dem Investmentfondsgesetz und dem Immobilien-Investmentfondsgesetz **als speziellere Regeln** der Besteuerung als Personengesellschaft oder sonstigem Rechtsgebilde vor. Zur Einkünfteermittlung → 361.

61 Steuerliche Konsequenzen: Durchgriffsprinzip

Aufgrund der **fehlenden Steuersubjekteigenschaft** werden Einkünfte, die durch eine Personengesellschaft oder einen Fonds erzielt werden, den dahinterstehenden Gesellschaftern oder Anteilsinhabern als Steuersubjekte zugerechnet (**Durchgriffsprinzip** im Gegensatz zum Trennungsprinzip bei Körperschaften; vgl §§ 23 Z 2; 32 Abs 2; 24 Abs 1 lit e, § 188 BAO; zum Trennungsprinzip bei Körperschaften → 462).

Personengesellschaften führen daher als Rechtsträger eines Unternehmens zu einem vergleichbaren steuerlichen Ergebnis wie ein Einzelunternehmen, weil die Einkünfte direkt den Gesellschaftern zugerechnet werden. Eine Besteuerung auf Ebene der Gesellschaft, wie dies bei Kapitalgesellschaften der Fall ist, unterbleibt mangels Steuersubjekteigenschaft der Personengesellschaft. Bei **Fonds** sichert die Zurechnung an die Anteilsinhaber die Steuerneutralität der indirekten Anlage in Fondsvermögen gegenüber der direkten Anlage in Vermögen ohne Fonds zur Vermeidung einer wirtschaftlichen Doppelbesteuerung.

Beispiel zum Rechtsformvergleich:

Erzielt eine Personengesellschaft (ein Fonds) Einkünfte, dann sind diese Einkünfte direkt den Gesellschaftern (Anteilsinhabern) zuzurechnen – unabhängig von einer Ausschüttung oder Entnahme. Eine Besteuerung findet auf Ebene der Personengesellschaft (des Fonds) nicht statt, sondern nur auf Ebene der Gesellschafter (Anteilsinhaber).

Der Unternehmer erzielt Einkünfte von EUR 100.000 im Wege der folgenden Formen. Der durchschnittliche Einkommensteuersatz beträgt 36 %, der Körperschaftsteuersatz 23 %, der Einkommensteuersatz auf Ausschüttungen 27,5 %.

1. **Einzelunternehmen:** Steuersubjekt ist die natürliche Person mit einer Steuerbelastung von EUR 36.000 (36 %).

2. **Kapitalgesellschaft:** Steuersubjekt ist die Kapitalgesellschaft mit einer Steuerbelastung von EUR 23.000 (23 %). Bei Ausschüttung entfällt auf den verbleibenden Gewinn von EUR 77.000 eine Steuerbelastung von EUR 21.175 (27,5 %), somit insgesamt EUR 44.175 (zu den Körperschaften → 452ff).

3. **Personengesellschaft:** Steuersubjekt ist aufgrund des Durchgriffsprinzips die natürliche Person mit einer Steuerbelastung von EUR 36.000 (36 %).

Überblick: Rechtsformwahl 62

Rechtsformwahl	Einzelunternehmer (natürliche Person)	Mitunternehmer (natürliche Person)	Beteiligung an Kapitalgesellschaft (natürliche Person)
Gründung (GesellschaftsR, ÖffentlR)	Gewerbeanmeldung (Firmenbucheintragung)	Gesellschaftsvertrag Einlagenleistung Gewerbeanmeldung Firmenbucheintragung (OG, KG)	Gesellschaftsvertrag Kapitalaufbringung Gewerbeanmeldung Firmenbucheintragung
Gründung (AbgabenR)	Anzeige Betriebseröffnung, NeuFÖG, Anmeldung Dienstnehmer	Anzeige Betriebseröffnung, NeuFÖG, Anmeldung Dienstnehmer	Anzeige Betriebseröffnung, NeuFÖG, Anmeldung Dienstnehmer
Erwerb und Finanzierung (Ertragsteuer)	**Anschaffung** von Wirtschaftsgütern (abnutzbar, nichtabnutzbar) Zinsen **abzugsfähig**	**Anschaffung** des Mitunternehmeranteils als Anschaffung der Wirtschaftsgüter (abnutzbar, nichtabnutzbar) Zinsen **abzugsfähig** (Sonderbetriebsausgaben)	**Anschaffung** der Beteiligung (nichtabnutzbar), Zinsen **nichtabzugsfähig Anschaffung** des Vermögens durch Kapitalgesellschaft (abnutzbar, nichtabnutzbar), Zinsen **abzugsfähig**
Haftung und Entnahme von Gewinnen (GesellschaftsR)	**Unbeschränkt Entnahme:** unbeschränkt	**Unbeschränkt:** OG, Komplementär **beschränkt:** Kommanditist **De facto beschränkt:** GmbH & Co KG **Entnahme:** gesellschaftsvertraglich, bei GmbH & Co KG Kapitalerhaltung	**Beschränkt Entnahme:** strenge Kapitalerhaltung, grundsätzlich nur Ausschüttung des Bilanzgewinnes möglich
Laufende Abgaben	Progressiver Steuersatz **0 % bis 55 % GSVG**	Progressiver Steuersatz **0 % bis 55 %**; Bei Tätigkeit: **GSVG** (Einfluss) oder **ASVG**	Kapitalgesellschaft: **23 %**, Ausschüttung: zusätzlich 27,5 %; Gesamt: 44,175 % Bei Tätigkeit: **GSVG** (Einfluss) oder **ASVG**
Laufende Verluste (Ertragsteuer)	**Verlustausgleich** mit anderen Einkünften	**Verlustausgleich** mit anderen Einkünften	Anteilsinhaber: **keine Verlustverwertung**, eventuell Teilwertabschreibung; **Verlustvortrag** bei Kapitalgesellschaft
Laufend (GesellschaftsR)	Größenbedingt: Jährliche Rechnungslegung (Jahresabschluss)	Größenbedingt: Jährliche Rechnungslegung (Jahresabschluss) (Pflichten bei GmbH & Co KG wie Kapitalgesellschaft)	Jährliche Rechnungslegung (Jahresabschluss) Veröffentlichung im Firmenbuch Größenbedingt: Abschlussprüfung
Zusätzliche Vergütung als Geschäftsführer	**Nicht möglich** (nicht abzugsfähig)	Erhöht Gewinnanteil (daher **nicht abzugsfähig**)	**Abzugsfähig** auf Ebene der Körperschaft; zusätzliche steuerpflichtige Einkünfte der natürlichen Person (Progression)
Veräußerung	**Veräußerungsgewinn nach §24** Freibetrag Progressionsermäßigung ansonsten zum **progressiven** Steuersatz **0–55 %**	**Veräußerungsgewinn nach § 24** Anteiliger Freibetrag Progressionsermäßigung ansonsten zum **progressiven** Steuersatz **0–55 %**	**Anteilsveräußerung:** Besteuerung der realisierten Wertsteigerung mit dem besonderen Steuersatz von 27,5 % **Vermögensveräußerung** der Kapitalgesellschaft: **25 %** plus 27,5 % bei Anteilsinhaber (Ausschüttung/Liquid.)

Abbildung 4: Rechtsformwahl

3. Steuerobjekt – Begriff des Einkommens (§ 2 EStG)

3.1. Der steuerliche Einkommensbegriff (§ 2 EStG)

63

Der Einkommensteuer unterliegt das **Einkommen** als Steuerobjekt (§ 2 Abs 1).

Das Einkommen ist definiert als **Gesamtbetrag der Einkünfte aus den sieben Einkunftsarten** nach Ausgleich mit **Verlusten**, die sich aus den einzelnen Einkunftsarten ergeben, und nach Abzug von Sonderausgaben, Freibeträgen sowie bei natürlichen Personen von außergewöhnlichen Belastungen (§ 2 Abs 2).

Der für Zwecke der Ertragsteuer eigenständig definierte Einkommensbegriff dient als Maßstab der **Leistungsfähigkeit** eines Steuerpflichtigen und als Bemessungsgrundlage der Einkommen- und Körperschaftsteuer (zu den Körperschaften → 463). Der Einkommensbegriff beinhaltet dabei sowohl ein **wirtschaftliches Element,** das aus der wirtschaftlichen Leistungsfähigkeit im Wege der Berücksichtigung erzielter Einkünfte eines Steuersubjekts besteht, als auch ein **persönliches Element,** das auf eine verminderte persönliche Leistungsfähigkeit des Steuersubjekts Rücksicht nimmt (Sonderausgaben, außergewöhnliche Belastungen, Freibeträge).

64 Gesamtbetrag der Einkünfte

Das steuerpflichtige Einkommen ist im Wesentlichen geprägt durch den **Gesamtbetrag der Einkünfte** aus den sieben Einkunftsarten als wirtschaftliches Element der Leistungsfähigkeit (§ 2 Abs 3).

Der **Gesamtbetrag der Einkünfte** besteht aus:

- Einkünfte aus Land- und Forstwirtschaft (§ 21),
- Einkünfte aus selbständiger Arbeit (§ 22),
- Einkünfte aus Gewerbebetrieb (§ 23),
- Einkünfte aus nichtselbständiger Arbeit (§ 25),
- Einkünfte aus Kapitalvermögen (§ 27),
- Einkünfte aus Vermietung und Verpachtung (§ 28) und
- Sonstige Einkünfte im Sinne des § 29. Das sind wiederkehrende Bezüge (§ 29 Z 1), Einkünfte aus privaten Grundstücksveräußerungen nach § 30 und Einkünfte aus Spekulationsgeschäften nach § 31 (§ 29 Z 2), Einkünfte aus Leistungen (§ 29 Z 3) und Funktionsgebühren (§ 29 Z 4).

65 Sonderausgaben, außergewöhnliche Belastungen, Freibeträge

Neben dem wirtschaftlichen Element enthält das Einkommen- und Körperschaftsteuerrecht auch ein **persönliches Element** zur Berücksichtigung der **individuellen Situation** eines Steuerpflichtigen außerhalb des wirtschaftlichen Ergebnisses eines Jahres.

Bei **natürlichen Personen** zählen dazu Sonderausgaben (§ 18), außergewöhnliche Belastungen (§§ 34 und 35), und Freibeträge (§ 105) (zu den Körperschaften → 556ff).

- **Sonderausgaben** sind Ausgaben, die nicht den Einkünften zuzurechnen sind, aber dennoch aus wirtschaftlichen oder sozialen Gründen abgesetzt werden können. Dazu zählen unter anderem Renten und dauernde Lasten, Steuerberatungskosten, Spenden und Kirchenbeiträge → 371.
- **Außergewöhnliche Belastungen** sind private Ausgaben natürlicher Personen, die außergewöhnlich sind, zwangsläufig erwachsen und die wirtschaftliche Leistungsfähigkeit wesentlich beeinträchtigen (Aufwand für Katastrophenschäden, Krankheitskosten, Aufwand wegen Behinderung) → 376.
- **Freibeträge** werden aus sozialen Gründen gewährt → 379.

Überblick: Einkommen in der Ertragsteuer 66

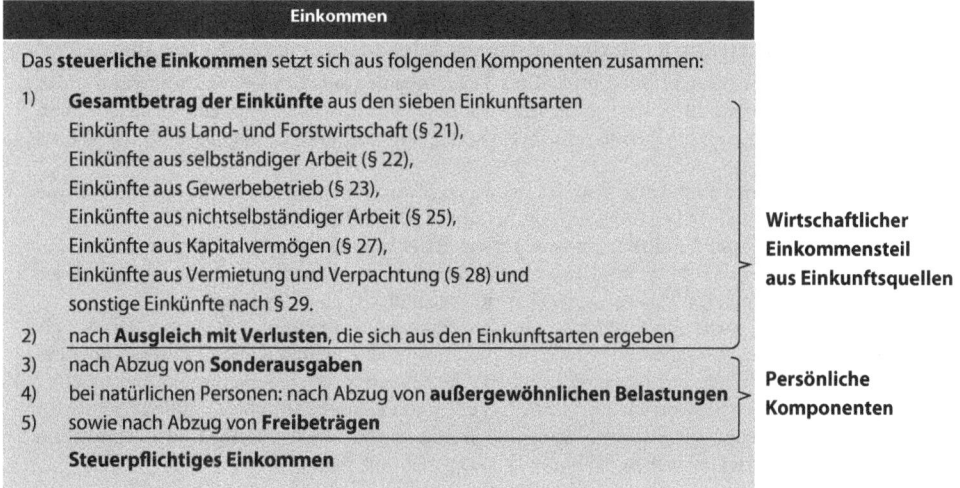

Abbildung 5: Einkommen in der Ertragsteuer

3.2. Einkünfte aus den sieben Einkunftsarten (§ 2 EStG)

Der **Gesamtbetrag der Einkünfte** als Teil des Einkommensbegriffs besteht aus den **67** **Einkünften der sieben Einkunftsarten** (§ 2 Abs 3).

Zur Ermittlung, ob Einkünfte einer der sieben Einkunftsarten zuzuordnen sind, ist vorrangig auf die jeweilige **Einkunftsquelle** als kleinste wirtschaftliche Einheit der Ertragsteuer abzustellen. Wirtschaftlich können unter dem Begriff **Einkünfte** einer Person grundsätzlich alle Vermögenssteigerungen verstanden werden, die im Vermögen der Person eintreten. Steuerbar für Zwecke der Einkommensteuer sind **allerdings nur Einkünfte innerhalb der sieben Einkunftsarten**. Einkünfte außerhalb der sieben Einkunftsarten sind nicht steuerbar → 103.

Steuerlich relevante Einkunftsquellen 68

Einkünfte innerhalb der sieben Einkunftsarten liegen grundsätzlich nur vor, wenn diese **aufgrund einer Leistung**, also aufgrund einer **Tätigkeit** oder einem **Einsatz von Vermögen**, erzielt werden. Einkünfte, die **aufgrund einer Leistung erzielt** werden, sind daher von Einkünften abzugrenzen, die **ohne Leistung zufließen**. Dies erklärt sich aus dem Verständnis des **Leistungsfähigkeitsprinzips** als gerechtes und leitendes Prinzip der Besteuerung. Nach einem modernen Verständnis werden dabei solche Einkünfte erfasst, die der Steuerpflichtige durch eine Leistung am Markt erzielt hat (**Markteinkommenstheorie**).[2] Vermögensvermehrungen außerhalb des Marktes werden nicht berück-

---

2   Vgl VfGH 9.12.1997, G 403/97.

sichtigt. Der Steuerpflichtige gilt daher insoweit als leistungsfähig, als er am Markt Einkünfte erzielt (**marktorientierte Leistungsfähigkeit**).

Beispiele zum marktorientierten Leistungsfähigkeitsprinzip und Ausnahmen:

1. **Steuerbare Einkünfte aufgrund eines Leistungsaustausches** können aufgrund einer Tätigkeit oder durch Vermögenseinsatz wie einer Veräußerung oder eines Tausches von Gegenständen, einer Vermögensüberlassung oder eines Vermögensverzichts erzielt werden.
2. **Nichtsteuerbare Einkünfte** sind Schenkungen, Erbschaften und Lotteriegewinne, weil sie nicht aufgrund eines Leistungsaustausches am Markt erzielt wurden.
3. **Einkünfte aus der Veräußerung von außerbetrieblichem Vermögen** außerhalb der Spekulationsfrist (§ 31 → 98) sind ausnahmsweise nicht steuerbar, obwohl sie aufgrund der Veräußerung eines Wirtschaftsguts (Leistungsaustausch) erzielt wurden.
4. **Regelmäßige, laufende Einkünfte als wiederkehrende Bezüge** sind ausnahmsweise als sonstige Einkünfte steuerbar (§ 29 Z 1 → 100), obwohl sie nicht auf einer Leistung (aber auf einem einheitlichen Rechtsgrund) beruhen. Die Besteuerung wiederkehrender Bezüge folgt der Quellentheorie, wonach auch ohne Gegenleistung laufend und regelmäßig erzielte Einkünfte, mit denen der Steuerpflichtige langfristig seinen Lebensunterhalt begleichen kann (**zuflussorientierte Leistungsfähigkeit**), steuerpflichtig sind.

69 Tätigkeit und Vermögen als Einkunftsquellen

Einkünfte aufgrund einer Tätigkeit sind Einkünfte, die durch **Arbeit** (freiberufliche, selbständige oder nichtselbständige Arbeit) oder durch Kombination von **Arbeit und Vermögen** erzielt werden (gewerbliche Produktion, Handel, Land- und Forstwirtschaft). Diese lassen sich einteilen in **Naturproduktion** (Gewinnung von Rohstoffen aus der Natur: Pflanzen- und Tierzucht, Abbau von Rohstoffen, Substanzabbau, Ölförderung), **Produktion** aus der Verarbeitung von Stoffen (Industrie, Gewerbe), **Handel** mit Waren an andere Unternehmer oder an Verbraucher und **Dienstleistungen** an Unternehmer oder Verbraucher (freiberufliche, selbständige und nichtselbständige Arbeit).

Einkünfte können neben einer Tätigkeit auch **aufgrund des Einsatzes von Vermögen** erzielt werden, durch Nutzungsüberlassung aus dem **Ertrag** des Vermögens oder durch Wertsteigerung aus der **Substanz** des Vermögens. Diese Einkünfte werden grundsätzlich aufgrund eines Rechtsgeschäfts oder Rechtsverhältnisses erzielt. Zum Vermögen zählen **Wirtschaftsgüter**, sonstige **Rechte** und andere **Vermögenswerte** (Ruf des Unternehmens, Firmengeschichte, Potenzial der Mitarbeiter).

70 Vermögen als Einkunftsquelle: Wirtschaftsgüter

Einkünfte können aus dem **Einsatz von Wirtschaftsgütern** erzielt werden. Wirtschaftsgüter sind alle im wirtschaftlichen Verkehr nach der Verkehrsauffassung **selbständig bewertbaren Güter jeder Art**. Eine selbständige Bewertung ist dann möglich, wenn für ein Gut im Rahmen des Gesamtkaufpreises des Unternehmens ein besonderes Entgelt angesetzt wird. Wirtschaftsgüter können genutzt (Ertrag) und übertragen (Substanz) werden.

Ein Wirtschaftsgut ist jede **übertragbare, werthaltige und gefestigte** Position. Dazu gehören nicht bloß körperliche Gegenstände, sondern auch rechtliche und tatsächliche

Zustände, damit auch konkrete Möglichkeiten und Vorteile für den Betrieb, deren Erlangung sich der Unternehmer etwas kosten lässt und die nach der Verkehrsauffassung einer besonderen Bewertung zugänglich sind. Ob ein Wirtschaftsgut vorliegt, ist nach wirtschaftlichen Gesichtspunkten und nicht nach zivilrechtlichen Merkmalen zu beurteilen. So ist die zivilrechtliche Selbständigkeit des Gutes nicht entscheidend für die Wirtschaftsguteigenschaft.[3] Die Position muss gefestigt sein, um rechtlich oder tatsächlich einen anderen auszuschließen.

Beispiele:
1. **Grundstücke und Gebäude** sind Wirtschaftsgüter.
2. **Markenrechte und Musterschutzrechte** sind Wirtschaftsgüter.
3. **Mietrechte und Fruchtgenussrechte** sind zwar zeitlich beschränkte Nutzungsrechte, können aber Wirtschaftsguteigenschaft haben, wenn diese einen selbständigen Wert haben.
4. Auch eine **Option** kann ein Wirtschaftsgut sein, wenn sie übertragbar ist.
5. **Mitarbeiterbeteiligungen** und Aktienoptionen sind nur Wirtschaftsgüter, wenn der Steuerpflichtige über diese ohne weitere Bedingungen jetzt oder zumindest in Zukunft frei verfügen kann, sie also übertragbar sind.

Vermögen als Einkunftsquelle: Rechte und Vermögenswerte 71

Einkünfte können aus dem **Einsatz von sonstigen Rechten** erzielt werden. Sonstige Rechte sind Rechte ohne Wirtschaftsguteigenschaft. Sie liegen vor, wenn das Recht **nicht einer selbständigen Bewertung zugänglich** ist, weil es nicht übertragbar ist (höchstpersönliche Rechte) oder zwar übertragbar ist, aber im Rahmen des Gesamtkaufpreises eines Unternehmens dafür kein besonderes Entgelt angesetzt wird. Sonstige Rechte können **genutzt** oder auf ihre Ausübung **verzichtet** werden.

Ein Recht kann auf unterschiedliche Art eingeräumt werden, wie zum Beispiel durch einen Mietvertrag oder sonstige Nutzungsverträge. Dazu zählen Bestandsverträge wie Miete, Pacht, aber auch Fruchtgenussrechte. Es bedarf auch hier einer gewissen gefestigten und dauerhaften Position. Für das Risiko ist auch entscheidend, wer die Ausgaben im Zusammenhang mit dem Nutzungsrecht trägt.

Beispiele:
1. **Höchstpersönliche Rechte** stehen nur einer Person zu und sind wirtschaftlich nicht übertragbar (Nachbarrecht, Wohnrecht, Vorverkaufsrecht, Belastungs- und Veräußerungsverbot). Höchstpersönlich ist auch der steuerliche Verlustabzug, der grundsätzlich nicht auf andere Personen übertragen werden kann. Der persönliche Ruf und die Bekanntheit einer natürlichen Person sind ebenfalls höchstpersönliche Rechte und können daher nicht übertragen werden.[4]
2. **Andere Rechte** (insbesondere Nutzungsrechte) können zwar einem anderen eingeräumt werden oder der Berechtigte kann auf das Recht verzichten, es kommt dabei allerdings zu keiner Übertragung eines Wirtschaftsguts (Verzicht auf Umsetzung einer Idee, jederzeit kündbare Vertragsverhältnisse mit Lieferanten, Kunden, Mitarbeitern, Untermiete).

---

3   VwGH 23.2.2010, 2008/15/0027; VwGH 11.3.1992, 90/13/0230.
4   VwGH 26.6.2014, 2011/15/0028.

4. Steuerobjekt – Betriebliche Einkünfte (§§ 21 ff EStG)

4.1. Betriebliche Einkünfte in Abgrenzung zu außerbetrieblichen Einkünften (§ 23 EStG, § 28 BAO)

72

Unter den Einkunftsarten selbst wird zwischen **betrieblichen** und **außerbetrieblichen** Einkünften unterschieden (vgl § 2 Abs 3).

Die **betrieblichen Einkünfte** haben Vorrang vor den außerbetrieblichen Einkünften. Die außerbetrieblichen Einkünfte gelten daher als subsidiäre oder nachrangige Einkünfte (vgl § 27 Abs 1; § 28 Abs 1, § 29 Z 1 und Z 3, § 30 Abs 1). Bei der Abgrenzung betrieblicher von außerbetrieblichen Einkünften ist auf wirtschaftliche Merkmale abzustellen. **Betriebliche Einkünfte** liegen vor, wenn diese erzielt werden aufgrund einer:

- **Betätigung**, die
- **selbständig**,
- **nachhaltig**,
- **mit Gewinnerzielungsabsicht** unternommen wird und sich
- **als Beteiligung am wirtschaftlichen Verkehr** darstellt (vgl § 23, § 28 BAO).

73 Betätigung

Es muss eine **Betätigung** vorliegen; es bedarf daher einer Tätigkeit. Eine Tätigkeit ist von einer Nutzung von Vermögen, also einer bloßen **Vermögensverwaltung**, abzugrenzen (vgl § 32 BAO).

Beispiele zur Abgrenzung von der bloßen Vermögensverwaltung:

1. **Eine bloße Vermögensverwaltung** liegt vor, wenn nur Kapitalvermögen verzinslich angelegt oder unbewegliches Vermögen vermietet oder verpachtet wird.
2. **Vermietung von Grundstücken und Gebäudeteilen:** Die langfristige Vermietung von Grundstücken und Gebäudeteilen löst noch keine betriebliche Tätigkeit aus; auch die Fremdfinanzierung der Mietobjekte reicht nicht aus. Dies gilt selbst, wenn eine Vielzahl von Objekten überwiegend langfristig vermietet wird und dabei eine professionelle Geschäftstätigkeit für die Verwaltung notwendig ist (keine Abgrenzung anhand der Objekte oder des Verwaltungsaufwandes). Werden allerdings zusätzliche Leistungen erbracht, die über die Verwaltungstätigkeit hinausgehen, zum Beispiel Verpflegung oder Reinigung, dann kann dies bereits eine betriebliche Tätigkeit begründen. Die kurzfristige Vermietung (Beherbergung, Ferienwohnungen, Airbnb) geht grundsätzlich über die bloße Verwaltungstätigkeit hinaus und führt daher zu betrieblichen Einkünften (Abgrenzung aufgrund der erbrachten Leistungen).[5]
3. **Handel mit Gegenständen:** Der Handel mit Gegenständen geht über eine bloße Vermögensverwaltung hinaus und führt zu betrieblichen Einkünften.
4. **Verpachtung eines Betriebs:** Wird ein Betrieb vorübergehend mit der Absicht verpachtet, die betriebliche Tätigkeit später wieder fortzuführen, dann führt dies zu betrieblichen Einkünften → 90. Wird dagegen ein Betrieb endgültig aufgegeben und die betriebliche Tätigkeit daher in Zukunft nicht mehr selbst fortgeführt, dann liegt bloße Vermögensverwaltung vor, die grundsätzlich zu außerbetrieblichen Einkünften führt (Einkünfte aus Vermietung und Verpachtung → 95).

---

5   VwGH 10.12.1997, 95/13/0115.

Selbständigkeit 74

Die Betätigung muss **selbständig** erbracht werden, also im eigenen Namen und auf eigene Rechnung und somit auf eigenes Risiko. Davon zu unterscheiden sind Tätigkeiten, die im fremden Namen und auf fremde Rechnung erbracht werden.

Beispiele:

1. **Dienstnehmer** sind nicht selbständig tätig, weil sie ihre Tätigkeit für ihren Arbeitgeber ausführen, persönlich weisungsgebunden und organisatorisch in den Betrieb des Arbeitgebers eingegliedert sind.[6]
2. **Werkvertrag und freier Dienstvertrag:** Steuerpflichtige, die ihre Tätigkeit aufgrund eines Werkvertrags oder eines freien Dienstvertrags erbringen, gelten grundsätzlich als selbständig tätig und Einkünfte daraus sind daher den betrieblichen Einkünften zuzurechnen.
3. **Kein persönliches Tätigwerden:** Der Steuerpflichtige muss die Tätigkeit nicht selbst persönlich erbringen. Der Steuerpflichtige kann dazu auch Dienstnehmer oder Dritte heranziehen.

Nachhaltigkeit 75

Die Betätigung muss **nachhaltig**, somit mit Wiederholungsabsicht betrieben werden.

Beispiele:

1. **Einmalige oder gelegentliche Tätigkeit:** Eine einmalige oder gelegentliche Tätigkeit, zum Beispiel alle sechs Monate oder einmal im Jahr, wird dazu grundsätzlich nicht ausreichen. Schneidet der Steuerpflichtige einmal im Jahr neben seiner eigenen Hecke auch die des Nachbarn oder überlässt er sein Privatauto einmal alle sechs Monate seinem Arbeitskollegen, jeweils gegen Entgelt, so wird noch keine betriebliche Tätigkeit vorliegen, möglicherweise aber eine außerbetriebliche Tätigkeit mit Einkünften aus Leistung (§ 29 Z 3).
2. **Mehrere aufeinanderfolgende gleichartige Handlungen** unter Ausnutzung derselben Gelegenheit und derselben dauernden Verhältnisse innerhalb eines kurzen Zeitraums begründen bereits eine nachhaltige Tätigkeit.
3. **Dauerhafte Tätigkeiten** begründen stets Nachhaltigkeit.
4. **Intensität der Tätigkeit:** Bedarf die Tätigkeit dauernder Aktivitäten, die im Hinblick auf einen Geschäftsbetrieb erforderlich sind, dann liegt ebenso eine nachhaltige Tätigkeit vor.

Gewinnerzielung 76

Die Betätigung muss mit **Gewinnerzielungsabsicht** vorgenommen werden – Kostendeckung reicht nicht aus.

Beispiele:

1. **Kostendeckung:** Bloße Kostendeckungsabsicht durch Einnahmen reicht nicht aus, um eine Tätigkeit als betrieblich einzustufen.
2. **Anfangsverluste:** Tatsächliche Gewinnerzielung ist nicht notwendig, sofern die Tätigkeit auf zukünftige Gewinnerzielung ausgerichtet ist.
3. **Hobbytätigkeiten, gemeinnützige und hoheitliche Tätigkeiten** haben grundsätzlich nicht das Ziel, einen Gewinn zu erzielen. Derartige Tätigkeiten führen daher nicht zu betrieblichen Einkünften. Zur Liebhaberei → 104, zur beschränkten Körperschaftsteuerpflicht → 478.

---

6   VwGH 10.11.2004, 2003/13/0018.

77 Beteiligung am wirtschaftlichen Verkehr

Die Tätigkeit muss sich auch **als Beteiligung am wirtschaftlichen Verkehr** darstellen, also muss die Tätigkeit zu einer am Markt nachgefragten Leistung führen und zumindest mehreren Personen gegenüber erbracht werden können.

Beispiele:

1. **Eine Beteiligung am allgemeinen wirtschaftlichen Verkehr** liegt vor, wenn jemand nach außen hin erkennbar am Wirtschaftsleben in Form des Güter- und Leistungsaustausches teilnimmt und eine im wirtschaftlichen Verkehr begehrte und als solche geltende Leistung anbietet.[7]
2. **Vermögensdelikte** wie Diebstahl, Raub und Veruntreuung führen zu Vermögenserlangung ohne Leistungserbringung, sodass allein durch diesen Erwerb keine betrieblichen Einkünfte erzielt werden. Der Weiterverkauf von auf diesem Weg erworbenen Vermögen kann jedoch eine Teilnahme am wirtschaftlichen Verkehr darstellen.
3. **Wird eine Tätigkeit nicht am Markt angeboten**, sondern nur innerhalb einer eingeschränkten Personengruppe (Nachbarn, Arbeitskollegen, Verwandte, Gesellschafter, Mitglieder) ausgeübt, dann liegt keine Beteiligung am wirtschaftlichen Verkehr vor.
4. **Gewinne aus der Teilnahme am Glücksspiel** haben keine Leistung am Markt zum Inhalt und sind daher nicht steuerbar. Eine Leistung wird allerdings dann erbracht, wenn ein bekannter Pokerspieler regelmäßig an Turnieren teilnimmt und dadurch Einkünfte aus Werbung und Teilnahmegebühren erhält. Gewinne aus dem Glücksspiel sind dann als betriebliche Einkünfte zu behandeln.
5. **Werbemaßnahmen oder ein Geschäftslokal** sind Anzeichen für die Beteiligung am wirtschaftlichen Verkehr.

4.2. Betriebliche Einkunftsarten (§§ 21 ff EStG)

78
Zu den **betrieblichen Einkünften** zählen:
- Einkünfte aus **Land- und Forstwirtschaft** (§ 21),
- Einkünfte aus **selbständiger Arbeit** (§ 22) und
- Einkünfte aus **Gewerbebetrieb** (§ 23).

Die betriebliche Einkunftsart hat insbesondere **Einfluss auf den Umfang des Betriebsvermögens** (→ 84) und **auf die Ermittlung der Einkünfte** (Gewinnermittlung nach §§ 4 bis 14 → 185). Dabei sind auch besondere Einkünfteermittlungsvorschriften zu beachten (→ 250).

79 Einkünfte aus Land- und Forstwirtschaft (§ 21 EStG)

Einkünfte aus **Land- und Forstwirtschaft** (§ 21) als erste Einkunftsart liegen vor, wenn vorwiegend Erzeugnisse aus der Kraft der Natur gewonnen werden. Dazu zählen:

- Einkünfte aus dem **land- und forstwirtschaftlichen Hauptbetrieb** (Abs 1 Z 1 bis 4), einem land- und forstwirtschaftlichen Nebenbetrieb und land- und forstwirtschaftlichem Vermögen (Abs 2 Z 1, Z 5).
- Einkünfte als **Mitunternehmer einer Personengesellschaft,** die ausschließlich in der Land- und Forstwirtschaft tätig ist (Abs 2 Z 2, (→ 87).

---

7   VwGH 28.11.2001, 98/13/0059.

- Einkünfte aus der **Veräußerung oder Aufgabe** des Betriebs, des Teilbetriebs oder des Mitunternehmeranteils eines land- und forstwirtschaftlichen Betriebs (Abs 2 Z 3, **Veräußerungsgewinne** § 24) und aus der **Verpachtung** bei vorübergehender eingestellter eigener Tätigkeit (→ 90).

Beispiele:

1. **Ein land- und forstwirtschaftlicher Hauptbetrieb** liegt bei folgenden Betätigungen vor: Landwirtschaft, Forstwirtschaft, Weinbau, Gartenbau, Obstbau, Gemüsebau und Betriebe, die Pflanzen und Pflanzenteile mit Hilfe der Naturkräfte gewinnen (Bauern und Gärtner); Tierzucht- und Tierhaltungsbetriebe, Binnenfischerei, Fischzucht und Teichwirtschaft sowie Bienenzucht. Jagd fällt ebenso darunter, sofern diese mit dem Betrieb einer Landwirtschaft oder einer Forstwirtschaft in Zusammenhang steht.
2. **Land- und forstwirtschaftlicher Nebenbetrieb**: Als Nebenbetrieb gilt ein Betrieb, der zwar nicht in land- und forstwirtschaftlicher Tätigkeit besteht, aber dem land- und forstwirtschaftlichen Hauptbetrieb zu dienen bestimmt ist (Abs 2 Z 1), wie zum Beispiel ein Sägewerk oder die Zimmervermietung bis zu 10 Betten („Urlaub am Bauernhof", § 6 Abs 2 LuF-PauschVO), und daher zum einheitlichen land- und forstwirtschaftlichen Betrieb gehört.

Einkünfte aus selbständiger Arbeit (§ 22 EStG) 80

Bei Einkünften aus **selbständiger Arbeit** als zweite Einkunftsart steht grundsätzlich die Arbeitsleistung und weniger der Einsatz von Kapital im Vordergrund (**§ 22**). Dazu zählen:

- Einkünfte aus einer **freiberuflichen Tätigkeit (Z 1)**.
- Einkünfte aus **sonstiger selbständiger Arbeit** und **einer Tätigkeit eines wesentlich beteiligten Gesellschafters** für die Kapitalgesellschaft aufgrund eines Dienstvertrages (Z 2).
- Einkünfte aus **Versorgungs- oder Unterstützungseinrichtungen der Kammern selbständig Erwerbstätiger**, die auf Pflichtbeiträgen beruhen, sofern keine Einkünfte als Pensionszahlungen vorliegen (Z 4; diese fallen unter § 25 → 93).
- Einkünfte als **Mitunternehmer** einer Personengesellschaft, wenn die Tätigkeit ausschließlich selbständige Arbeit erfasst (Z 3 → 87).
- Einkünfte aus der **Veräußerung oder Aufgabe** des Betriebs, des Teilbetriebs oder des Mitunternehmeranteils aufgrund ausschließlich selbständiger Arbeit (Z 5, **Veräußerungsgewinne** § 24) und aus der **Verpachtung** bei vorübergehender eingestellter eigener Tätigkeit (→ 90).

Beispiele:

1. **Zu einer freiberuflichen Tätigkeit gehören nur** Einkünfte aus einer wissenschaftlichen, künstlerischen, schriftstellerischen, unterrichtenden oder erziehenden Tätigkeit, aus der Berufstätigkeit staatlich befugter und beeideter Ziviltechniker, Ärzte, Rechtsanwälte, Patentanwälte, Notare, Steuerberater, Wirtschaftsprüfer, Unternehmensberater, Versicherungsmathematiker, Schiedsrichter im Schiedsgerichtsverfahren, Bildberichterstatter und Journalisten, Dolmetscher und Übersetzer, akademische Psychotherapeuten, Hebammen, freiberufliche medizinische Dienste (Krankenpflegefachdienst, Physiotherapeuten, Diätologen und Logopäden).
2. **Zu Einkünften aus sonstiger selbständiger Arbeit** gehören **vermögensverwaltende** Tätigkeiten (Verwaltung fremden Vermögens, wie die Tätigkeit eines Hausverwalters oder Aufsichtsrats oder aus der Tätigkeit von Geschäftsführern, Vorständen und Direktoren von Kapitalgesellschaften aufgrund eines freien Dienst- oder Werkvertrags [wenn also kein Dienstverhältnis vorliegt]).

3. **Einkünfte, die aus einer Tätigkeit eines wesentlich beteiligten Gesellschafters** gegenüber der Kapitalgesellschaft erzielt werden, wenn die Tätigkeit aufgrund eines Dienstverhältnisses erbracht wird. Eine wesentliche Beteiligung liegt vor, wenn der Anteil am Nennkapital der Gesellschaft **mehr als 25 %** beträgt. Treuhändig für den Gesellschafter oder mittelbare, über Gesellschaften gehaltene Beteiligungen sind dem wesentlich beteiligten Gesellschafter zuzurechnen. Dazu zählen auch Einkünfte aus einer früheren Tätigkeit, wenn der Gesellschafter innerhalb von zehn Jahren vor der Beendigung mehr als die Hälfte des Zeitraums wesentlich beteiligt war. Zu den Einkünften zählen auch Zuwendungen von einer betrieblichen Privatstiftung (§ 4d → 469) aufgrund der bestehenden oder früheren Tätigkeit (Z 2).
4. **Einkünfte aus Versorgungs- und Unterstützungseinrichtungen** selbständiger Erwerbstätiger: Einmalige Leistungen wie Abfertigungen, Sterbegelder an die Hinterbliebenen, Treueprämien und Bezüge aus der Unfallversicherung.

81 Einkünfte aus Gewerbebetrieb (§ 23 EStG)

Alle anderen betrieblichen Einkünfte zählen als dritte Einkunftsart zu den Einkünften aus **Gewerbebetrieb (§ 23)**. Dazu gehören:

- Einkünfte **sonstiger betrieblicher Tätigkeiten** als Auffangtatbestand.
- Einkünfte als **Mitunternehmer einer Personengesellschaft**, wenn eine gewerbliche Tätigkeit oder eine Tätigkeit, die nicht ausschließlich als Land- und Forstwirtschaft oder als selbständige Arbeit zu erfassen ist, vorliegen (§ 2 Abs 4; § 23 Z 2 → 87).
- Einkünfte aus der **Veräußerung oder Aufgabe** des Betriebs, des Teilbetriebs oder des Mitunternehmeranteils aus Gewerbebetrieb (Z 3, **Veräußerungsgewinne** § 24) und aus der **Verpachtung** bei vorübergehender eingestellter eigener Tätigkeit (→ 90).

Beispiele:
Einkünfte aus Betrieben **klassischer Handwerksberufe** (Bäcker, Baumeister, Fleischer), **Handel**, **sonstige Berufe der Gewerbeordnung** (vom Arbeitsvermittler bis zum Zahntechniker), **industrielle Tätigkeiten**, aber auch **Sportler**.

4.3. Betrieb als Einkunftsquelle

82 **Einkunftsquelle** betrieblicher Einkünfte ist der einzelne **Betrieb**.

Ob Tätigkeiten **mehrere Betriebe** oder einen **einheitlichen Betrieb** mit **Teilbetrieben** begründen, ist nach objektiven Grundsätzen anhand der Verkehrsauffassung zu beurteilen.[8] Dabei ist auf das Ausmaß der organisatorischen, wirtschaftlichen und finanziellen Verflechtung zwischen den einzelnen Betriebsbereichen abzustellen. Für einen einheitlichen Betrieb sprechen:

- die **Ergänzung** der Tätigkeiten aus wirtschaftlicher Sicht (Produktion, Vertrieb),
- die **Unterordnung** einer Tätigkeit unter die andere als Hilfstätigkeit, und
- die **Einheit** im äußeren Auftreten (Marketing, Lage) oder in der internen Organisation (Verwendung gleicher Ressourcen und Personal).[9]

---

8   VwGH 22.11.1995, 94/15/0154.
9   Vgl VwGH 28.11.2007, 2005/15/0034.

Beispiele:

1. **Land- und forstwirtschaftlicher Nebenbetrieb**: Als Nebenbetrieb gilt ein Betrieb, der zwar nicht in land- und forstwirtschaftlicher Tätigkeit besteht, aber dem land- und forstwirtschaftlichen Hauptbetrieb zu dienen bestimmt ist (§ 21 Abs 2 Z 1), wie zum Beispiel ein Sägewerk oder die Zimmervermietung („Urlaub am Bauernhof"), und daher zum einheitlichen land- und forstwirtschaftlichen Betrieb gehört.

2. **Ein einheitlicher Betrieb** wurde in folgenden Fällen angenommen: Anbau von Mohn und Verkauf der Mohnkapseln,[10] Konzertpianistin und Klavierlehrerin,[11] Weinbau und Weinhandel,[12] Werbeagentur und Unternehmensberatung,[13] Augenarzt und Kontaktlinsenverkauf.[14]

3. **Getrennte Betriebe** wurden in folgenden Fällen angenommen: Praxis als Facharzt für Psychiatrie und Neurologie und Betrieb eines Kosmetiksalons,[15] Tätigkeit als Psychotherapeut (Maltherapie) und Ausübung der Malerei,[16] Einzelhandel für Jagdtextilien und Vermittlungstätigkeit für die Bearbeitung anderer Textilien,[17] Verpachtung landwirtschaftlicher Flächen und Weinbau,[18] Vortragstätigkeit und Facharzt,[19] schriftstellerische Tätigkeit und Rechtsanwalt.[20]

4. **Betrieblich tätige Personengesellschaft**: Ist ein Steuerpflichtiger als Mitunternehmer an einer betrieblich tätigen Personengesellschaft beteiligt, dann ist auch hier die Frage von Bedeutung, ob die Tätigkeit des Mitunternehmers dem Betrieb der Personengesellschaft oder seinem gesonderten Betrieb zuzurechnen ist. Die Tätigkeit ist nicht dem einheitlichen Betrieb der Personengesellschaft zuzurechnen, wenn der Steuerpflichtige ein Kreditinstitut ist und der Personengesellschaft einen Kredit gewährt[21] oder der selbständige Rechtsanwalt Beratungsleistungen gegenüber der gewerblich tätigen Personengesellschaft erbringt. Die Tätigkeit ist dagegen dem einheitlichen Betrieb der Personengesellschaft zuzurechnen, wenn der Ziviltechniker für die Bau-KG oder der Schriftsteller für die Verlags-OG tätig wird.

Liegt ein **einheitlicher Betrieb** vor, dann kann dieser dennoch aus mehreren Teilbetrieben bestehen, die selbständig geführt werden. Ein **Teilbetrieb** ist ein organisch in sich geschlossener, mit einer gewissen Selbständigkeit ausgestatteter Teil eines Betriebes, der es ermöglicht, die gleiche Erwerbstätigkeit ohne Weiteres fortzusetzen. Der Teilbetrieb muss nach außen hin selbständig geführt werden. Eine betriebsinterne Selbständigkeit genügt nicht.[22]

Ob ein Betrieb oder Teilbetriebe vorliegen, ist insbesondere für die Anwendung von **Begünstigungen für die Übertragung einer betrieblichen Einkunftsquelle (Betrieb, Teilbetrieb)** relevant (begünstigter Veräußerungsgewinn → 313, begünstigte Umgründungen → 601, grunderwerbsteuerlich begünstigte Übertragungen von Grundstücken → 832). Zur Inanspruchnahme von steuerlichen Begünstigungen ist es daher vorteilhaft, Betriebsteile in Hinblick auf zukünftige Übertragungen als eigenständige Betriebe oder Teilbetriebe zu organisieren.

---

10   VwGH 27.5.2003, 98/14/0072.
11   VwGH 30.9.1992, 90/13/0033.
12   VwGH 6.11.1968, 0051/67.
13   VwGH 22.11.1995, 94/15/0154.
14   VwGH 13.3.1997, 95/15/0124.
15   VwGH 23.5.2000, 99/14/0311.
16   VwGH 25.2.2003, 98/14/0088.
17   VwGH 17.12.2002, 2002/14/0135.
18   VwGH 18.3.2013, 2012/16/0056.
19   VwGH 25.2.2004, 2000/13/0092.
20   VwGH 22.9.1987, 86/14/0198.
21   VwGH 17.2.1988, 87/13/0028.
22   VwGH 25.4.2005, 2000/15/0120.

83 Umfang der Einkünfte eines Betriebes

Einkünfte eines Betriebs werden erzielt durch:

- die **betriebliche Tätigkeit** und
- das **Betriebsvermögen** bestehend aus Wirtschaftsgütern und sonstigen Rechten.

Jeder **betrieblich veranlasste Vermögenszugang** erhöht das Betriebsvermögen und somit auch die betrieblichen Einkünfte (**Reinvermögenszugangstheorie**, für außerbetriebliche Einkünfte gilt dagegen die Quellentheorie[23] → 92). Es muss sich um einen unmittelbaren oder zumindest mittelbaren, betrieblich veranlassten Vermögenszugang handeln. Ein **unmittelbar** betrieblich veranlasster Vermögenszugang liegt vor, wenn der Vermögenszugang als Gegenleistung einer betrieblich erbrachten oder noch zu erbringenden Leistung aus der aktiven Tätigkeit selbst oder aus dem Betriebsvermögen aufgrund dessen Einsatzes oder Wertsteigerung anzusehen ist. Ein **mittelbar** betrieblich veranlasster Vermögenszugang liegt vor, wenn der Vermögenszugang zwar nicht als Gegenleistung einer betrieblich erbrachten Leistung erfolgt, aber das Betriebsvermögen durch sonstige Zuwendungen Dritter erhöht wird. Ausnahmen von der Reinvermögenszugangstheorie bestehen für **bestimmte Einkünfte aus Grundstücken** (§ 4 Abs 3a Z 1).

Beispiele und Ausnahmen von der Reinvermögenszugangstheorie:

1. **Unmittelbar betrieblich veranlasste Vermögenszugänge** sind Gegenleistungen für die Erbringung betrieblicher Leistungen und Gegenleistungen für die Nutzung oder die Übertragung von Betriebsvermögen.
2. **Mittelbar betrieblich veranlasste Vermögenszugänge** sind Vermögenszugänge aufgrund von Schadenersatz oder Versicherungsleistungen, Zuwendungen (Subventionen) der öffentlichen Hand oder Dritter (Geschäftspartner oder Private durch Erbschaft oder Schenkung) zugunsten des Betriebs (vgl § 6 Z 9 lit b).[24]
3. **Ausnahmen für bestimmte Einkünfte aus betrieblichen Grundstücken**: Zu nicht steuerpflichtigen Einkünften zählen Einkünfte aus der bloßen Abgeltung von Wertminderungen aufgrund von Maßnahmen im öffentlichen Interesse (§ 4 Abs 3a Z 1, § 3 Abs 1 Z 33); aus der Veräußerung von Grundstücken, die aufgrund eines behördlichen Eingriffs oder zur Vermeidung eines solchen nachweisbar unmittelbar drohenden Eingriffs veräußert werden (§ 4 Abs 3a Z 1, § 30 Abs 2 Z 3), und aus der Übertragung von Grundstücken aufgrund von Tauschvorgängen im Rahmen eines Zusammenlegungs- oder Flurbereinigungsverfahrens oder im Rahmen von behördlichen Maßnahmen zur besseren Gestaltung von Bauland, Baulandumlegungen und Grenzbereinigungen (§ 4 Abs 3a Z 1, § 30 Abs 2 Z 4 → 97).
4. **Ausnahmen für bestimmte Einkünfte aus Kryptowährungen**: Zu nicht steuerpflichtigen Einkünften zählen wie im außerbetrieblichen Bereich auch Einkünfte aus Staking, Airdrops, Bounties und Hardforks (§ 27b Abs 2 zweiter Satz) und der Tausch von Kryptowährungen untereinander (§ 27b Abs 3 zweiter bis vierter Satz) (§ 4 Abs 3b, → 94) .

84 Umfang des Betriebsvermögens

Der Umfang der betrieblichen Einkünfte wird auch **durch den Umfang des Betriebsvermögens eines Betriebs** beeinflusst. Alle Einkünfte aus dem Betriebsvermögen eines Betriebs zählen zu den Einkünften des Betriebs und sind daher betriebliche Einkünfte.

---

23   VfGH 7.3.1997, B 2370/94; UFS 3.4.2012, RV/0537-S/11.
24   BFH 14.3.2006, VIII R 60/03.

Das sind Einkünfte aus der **innerbetrieblichen Nutzung** des Vermögens, aus der **entgeltlichen Überlassung** des Vermögens in Form einer Nutzung oder als Sachhaftung an Dritte, aus dem **entgeltlichen Verzicht** auf das Vermögen oder aus der **realisierten Wertsteigerung** des Vermögens aufgrund der Übertragung.

Das Betriebsvermögen besteht aus dem **notwendigen** und dem **gewillkürten Betriebsvermögen** (§ 5 Abs 1). Davon zu unterscheiden ist das **außerbetriebliche Vermögen**.

- **Notwendiges Betriebsvermögen** liegt vor, wenn Vermögen betriebsnotwendig ist, weil es objektiv der betrieblichen Leistungserbringung unmittelbar dient oder daraus entsteht und im Betrieb genutzt wird[25]; nicht dagegen Vermögen, das zur Erbringung von Leistungen dient, die mit dem Betrieb selbst in keinem Zusammenhang stehen.
- **Gewillkürtes Betriebsvermögen** sind Wirtschaftsgüter, die dem Betrieb nur indirekt (mittelbar) dienen, aber weder zur eigentlichen Leistungserbringung eingesetzt noch sonst betrieblich genutzt werden. Gewillkürtes Betriebsvermögen kann nur bei unternehmensrechtlicher Pflicht zur Rechnungslegung (§ 5 Abs 1, dazu → 189) durch Aufnahme in die Bücher (Widmung als Betriebsvermögen) gebildet werden. Die Berücksichtigung von gewillkürtem Vermögen geht auf die Verwendung der unternehmensrechtlichen Gewinnermittlung für steuerliche Zwecke zurück. Das in die Unternehmensbilanz zur Stärkung der Kapitalbasis aufgenommene Vermögen ist über das notwendige Betriebsvermögen hinaus dem Betrieb zu dienen bestimmt und soll auch aus Vereinfachungsgründen zu betrieblichen Einkünften führen.
- **Außerbetriebliches Vermögen** (Privatvermögen) dient entweder der Erzielung außerbetrieblicher Einkünfte (sonstiges außerbetriebliches Vermögen) oder wird für andere Zwecke wie der privaten Nutzung verwendet (notwendiges Privatvermögen).

Beispiele und Einzelfälle:

1. **Notwendiges Betriebsvermögen** sind Maschinen, Verwaltungsgebäude, Warenlager, Forderungen, betrieblich notwendige liquide Mittel und Kredite, die gleichzeitig zu Zinserträgen führen, betriebliche Forderungen und daraus erzielte Zinserträge, notwendige Darlehensgewährung eines Architekten oder notwendige Beteiligung an einer Gesellschaft zur Gewinnung eines Auftrags. Beteiligungen gehören zum notwendigen Betriebsvermögen, wenn sie den Betriebszweck des Beteiligten fördern oder wenn zwischen diesem und der Gesellschaft, an der die Beteiligung besteht, enge wirtschaftliche Beziehungen bestehen, wie dies insbesondere bei Branchengleichheit oder funktionaler Ergänzung (Produktion und Vertrieb) besteht.[26]
2. **Gewillkürtes Betriebsvermögen** können Wirtschaftsgüter sein, die der Verbesserung der Kapitalausstattung dienen, wie brachliegende oder vermietete Liegenschaften, Wertpapiere, Anteile an Personengesellschaften und sonstige Vermögensanlagen. Ausschließlich verlustverursachendes Vermögen oder rein privat genutztes Vermögen, wie das Wohnhaus des Steuerpflichtigen oder dessen privater PKW, kann nicht gewillkürtes Betriebsvermögen sein.
3. **Außerbetriebliches Vermögen** ist Vermögen, das entweder der außerbetrieblichen Einkünfteerzielung dient (vermietetes Gebäude, Aktien) oder überhaupt nicht zur Einkünfteerzielung verwendet wird (privater PKW, Wohnhaus, Liebhaberei → 92, 105).

---

25 VwGH 26.2.2015, 2012/15/0005.
26 Vgl VwGH 26.2.2015, 2012/15/0005.

85 Änderung des Betriebsvermögens

Die **Änderung des Umfangs des Betriebsvermögens** eines Betriebes durch Wechsel zwischen dem betrieblichen und dem außerbetrieblichen Bereich oder zwischen zwei Betrieben kann zusätzliche betriebliche Einkünfte aus bisherigen Wertänderungen des betroffenen Vermögens auslösen (Einlagen, Entnahme). Durch die **Realisierung der bisher entstandenen und noch nicht realisierten Wertänderung** ist sichergestellt, dass diese Wertänderungen steuerlich noch den bisherigen Besteuerungsgrundsätzen unterliegen und Wertänderungen danach bereits den danach anwendbaren Besteuerungsgrundsätzen.

> **Beispiel:**
>
> **Einlagen in und Entnahmen aus dem Betrieb**: Die Änderung von Vermögen vom außerbetrieblichen Vermögen in betriebliches Vermögen erfolgt im Wege der Einlage. Die Änderung in die umgekehrte Richtung stellt eine Entnahme dar. Zu beiden Zeitpunkten ist grundsätzlich jeweils der Wert des Vermögens zu ermitteln. Wertänderungen nach der Einlage und vor der Entnahme, also während der Zeit im Betriebsvermögen, führen zu betrieblichen Einkünften, während Wertänderungen vor einer Einlage und nach einer Entnahme als außerbetriebliche Einkünfte erfasst werden. Einlagen und Entnahmen können dadurch regelmäßig Einkünfte aus der bisherigen Wertänderung auslösen (§ 6 Z 4 und Z 5 → 252). Dies gilt auch für besondere Formen der Einlagen und Entnahmen: **Betriebseröffnung** (§ 6 Z 8 lit a → 251) und **Betriebsaufgabe** (Ermittlung des Aufgabegewinns, § 24 → 312) oder körperschaftliche Einlagen (§ 8 Abs 1 KStG → 501), **Liquidation** (Ermittlung des Liquidationsgewinns, § 19 KStG → 552), Änderung des Besteuerungsumfangs bei Privatstiftungen (§ 13 Abs 1 KStG → 546).

86 Zuordnung gemischt genutzter Wirtschaftsgüter

In der Praxis werden Wirtschaftsgüter nicht nur für private oder betriebliche Zwecke verwendet, sondern oftmals auch für beide Zwecke genutzt. Bei **gemischt genutzten Wirtschaftsgütern** werden:

- **bewegliche Wirtschaftsgüter** nach dem **Überwiegensprinzip** entweder zur Gänze dem Betriebsvermögen oder dem außerbetrieblichen Vermögen zugeordnet, und
- **unbewegliche Wirtschaftsgüter**, wie Gebäude und Grund und Boden, nach dem **Aufteilungsprinzip** nach dessen Verwendung in einzelne Teile aufgeteilt. Eine Aufteilung findet nicht statt, wenn die Nutzung im Betriebsvermögen oder im außerbetrieblichen Vermögen lediglich weniger als 20 % beträgt (**80/20-Regel**).

Die Zuordnung zum Betriebsvermögen oder zum außerbetrieblichen Vermögen hat **Auswirkungen bei einem späteren Ausscheiden** aus dem Vermögen des Steuerpflichtigen. Bei einer späteren Veräußerung von Betriebsvermögen liegen entsprechende betriebliche Einkünfte vor, sonst außerbetriebliche Einkünfte. Dies hat insbesondere Auswirkungen auf die Einkünfteermittlung.

> **Beispiele:**
>
> 1. **Bewegliche Wirtschaftsgüter mit 60 % betrieblicher Nutzung** sind aufgrund des Überwiegens dem Betriebsvermögen zuzuordnen. Der spätere Verkauf führt daher zu betrieblichen Einkünften. Die private Nutzung von 40 % ist in der Folge durch eine Entnahme zu berücksichtigen.

2. **Bewegliche Wirtschaftsgüter mit 40 % betrieblicher Nutzung** sind aufgrund des Überwiegens dem außerbetrieblichen Vermögen zuzuordnen. Der spätere Verkauf führt daher zu keinen betrieblichen Einkünften. Die betriebliche Nutzung von 40 % kann nur im Wege von anteilig betrieblich veranlassten Ausgaben berücksichtigt werden.

3. **Unbewegliche Wirtschaftsgüter mit 60 % betrieblicher Nutzung** sind aufgrund des Aufteilungsprinzips zu 60 % dem Betriebsvermögen und zu 40% dem außerbetrieblichen Vermögen zuzuordnen. Der spätere Verkauf führt entsprechend der Aufteilung zu betrieblichen oder außerbetrieblichen Einkünften. Ausgaben sind ebenso entsprechend aufzuteilen. Sind 60 % notwendiges Betriebsvermögen, 30 % **ungenutzter Leerstand** und 10 % privat genutzt, dann gilt der ungenutzte Teil als außerbetriebliches Vermögen, außer der Leerstand wird durch den § 5 Abs 1 Ermittler als gewillkürtes Betriebsvermögen gewidmet.

4. **Unbewegliche Wirtschaftsgüter mit 90 % betrieblicher Nutzung** sind aufgrund der Unwesentlichkeit der außerbetrieblichen Nutzung (weniger als 20 %) zu 100 % dem Betriebsvermögen zuzuordnen. Der spätere Verkauf führt zu betrieblichen Einkünften. Ausgaben, die auf die private Nutzung von 10 % entfallen, gelten nicht als betrieblich veranlasst und sind daher nicht als Betriebsausgaben abzugsfähig.

4.4. Einkünfte aus einer Mitunternehmerschaft

Zu den jeweiligen betrieblichen Einkünften zählen auch **Einkünfte als Mitunternehmer** 87 aufgrund der Beteiligung am Betrieb einer betrieblich tätigen Personengesellschaft (§ 21, § 22, § 23). Die betriebliche Tätigkeit einer Personengesellschaft führt bei den Gesellschaftern aufgrund des Durchgriffsprinzips grundsätzlich zu **betrieblichen Einkünften** entsprechend der ausgeübten betrieblichen Tätigkeit der Mitunternehmerschaft. Sofern weder ausschließliche **Einkünfte aus Land- und Forstwirtschaft** (§ 21) oder aus **selbständiger Arbeit** (§ 22) vorliegen, sind die Einkünfte als **Einkünfte aus Gewerbebetrieb** zu behandeln. Die gesamte Tätigkeit einer zumindest teilweise gewerblich tätigen Personengesellschaft ist dabei als ein Betrieb mit gewerblichen Einkünften zu betrachten (**Abfärbetheorie**[27]). Dies gilt auch dann, wenn ein Teilbereich lediglich eine nicht betrieblich veranlasste Vermietungstätigkeit ausübt (§ 2 Abs 4, als historische Regel aus der Gewerbesteuer).[28]

Beispiele:

1. **Einkünfte aus Land- und Forstwirtschaft aus Mitunternehmerschaft:** Der Steuerpflichtige ist an einer OG als Gesellschafter beteiligt, die ausschließlich land- und forstwirtschaftlich tätig ist (§ 21 Abs 2 Z 3).

2. **Einkünfte aus selbständiger Arbeit aus Mitunternehmerschaft:** Der Steuerpflichtige ist an einer KG als Gesellschafter beteiligt, die ausschließlich selbständige Arbeit ausübt. Dies gilt auch dann, wenn berufsfremde Gesellschafter aufgrund berufsrechtlicher Vorschriften ausdrücklich als Gesellschafter erlaubt sind. Damit sollen Wirtschaftstreuhand-Personengesellschaften und Rechtsanwalts-Personengesellschaften auch mit berufsfremden Personen Einkünfte aus selbständiger Arbeit erzielen (§ 22 Z 3).

3. **Einkünfte aus Gewerbebetrieb aus Mitunternehmerschaft:** Eine OG erbringt sowohl isoliert betrachtet Einkünfte aus Architektenleistung (selbständige Arbeit), Bauleistungen (Gewerbebetrieb) und vermietet gleichzeitig auch Eigentumswohnungen (außerbetriebliche Vermietung und Verpachtung). Alle Einkünfte sind aufgrund der Abfärbetheorie den Einkünften aus Gewebebetrieb zuzuordnen (§ 23 Z 2; § 2 Abs 4).

---

27   Vgl. UFS 26.8.2009, RV/0779-S/06.
28   VwGH 18.10.2005, 2001/14/0042.

Ein **Mitunternehmer** ist eine Person, die zumindest durch ausreichende Unternehmerinitiative oder Unternehmerrisiko am Betrieb einer Personengesellschaft beteiligt ist:

- **Unternehmerinitiative** liegt vor, wenn die Person selbst am betrieblichen Geschehen als Arbeitsgesellschafter oder Geschäftsführer teilnimmt.
- **Unternehmerrisiko** liegt vor, wenn die Person am Gewinn und Verlust, den stillen Reserven und dem Firmenwert der Personengesellschaft beteiligt ist. Bei Beendigung der Mitunternehmerschaft seitens des Gesellschafters kann als Abfindung auch ein niedriger Wert vereinbart werden, wie insbesondere der anteilige Buchwert des Betriebsvermögens.[29]

Mitunternehmerschaft ist gegeben, wenn die Unternehmerinitiative stark und das Risiko schwach ausgestaltet ist oder umgekehrt. Liegt weder ausreichend Unternehmerinitiative noch Unternehmerrisiko vor, dann fehlt es an der für eine betriebliche Einkunftsquelle notwendigen betrieblichen Beteiligung an einem Betrieb. Einkünfte aus der Beteiligung an einer betrieblich tätigen Personengesellschaft können mangels Mitunternehmerschaft daher nur zu außerbetrieblichen Einkünften aus Kapitalvermögen führen.

Beispiele:
1. **Gesellschafter einer betrieblich tätigen OG, einer KG oder einer GesbR** sind grundsätzlich als Mitunternehmer anzusehen, weil ihnen nach der gesetzlichen Ausgestaltung Unternehmerinitiative (insbesondere als Geschäftsführer) oder Unternehmerrisiko (aufgrund der Beteiligung am Unternehmenswert) zukommt (vgl § 23 Z 2). Sofern allerdings ihre Stellung vertraglich eingeschränkt wird und sowohl weder Geschäftsführungsbefugnis vorliegt noch eine sonstige Tätigkeit als Arbeitsgesellschafter ausgeübt wird und auch eine Beteiligung nur am Gewinn und Verlust unter Ausschluss der Beteiligung am Unternehmenswert besteht, liegt keine Mitunternehmerschaft vor. Mangels Mitunternehmerschaft werden Einkünfte aus Kapitalvermögen (§ 27 Abs 2 Z 4) erzielt.
2. **Typisch stille Gesellschafter** einer betrieblich tätigen Personengesellschaft sind nur am Gewinn und Verlust beteiligt, sodass es am Unternehmerrisiko fehlt. Auch Unternehmerinitiative kommt ihnen von Gesetz wegen nicht zu (auch als echter stiller Gesellschafter bezeichnet). Sie erzielen daher außerbetriebliche Einkünfte aus Kapitalvermögen (§ 27 Abs 2 Z 4) oder betriebliche Einkünfte, sofern die Beteiligung selbst in einem Betriebsvermögen gehalten wird.
3. **Atypisch stille Gesellschafter** einer betrieblich tätigen Personengesellschaft sind auch am Unternehmenswert beteiligt, sowohl an den stillen Reserven als auch am Firmenwert, womit ausreichend Unternehmerrisiko vorliegt und dem stillen Gesellschafter daher Mitunternehmereigenschaft zukommt.[30]

88 Umfang der Einkünfte als Mitunternehmer

Aufgrund der betrieblichen Tätigkeit der Personengesellschaft ist die maßgebliche **Einkunftsquelle**, in diesem Fall der **Betrieb**, dem Mitunternehmer entsprechend seiner Beteiligung anteilig zuzurechnen. Die anteilige Zurechnung des Betriebs der Personengesellschaft an die jeweiligen Mitunternehmer beruht auf der **Bilanzbündeltheorie**, wonach der Betrieb der Personengesellschaft als Zusammenfassung der selbständigen Betriebe der jeweiligen Mitunternehmer angesehen wird. Alle Einkünfte, die der Mit-

---

29   VwGH 26.2.2014, 2009/16/0009.
30   VwGH 26.2.2014, 2009/16/0009.

unternehmer aufgrund seiner Stellung aus dem Betrieb erzielt, sind daher auch als Einkünfte aus dem Betrieb zu behandeln. Dazu zählen:

- **Gewinnanteile oder Verlustanteile** aufgrund der Beteiligung am Betrieb als Mitunternehmer an der Personengesellschaft; und
- **Gewinnunabhängige Sondervergütungen** des Gesellschafters für seine Leistungen an die Personengesellschaft in seiner Funktion als Mitunternehmer (§§ 21 Abs 2 Z 2; 22 Z 3; 23 Z 2). Das sind Einkünfte, die der Mitunternehmer aufgrund seiner Tätigkeit für die Gesellschaft in Form von Arbeitsleistung oder aufgrund einer Vermögensüberlassung an die Gesellschaft erzielt.

Werden dagegen die Leistungen durch den Mitunternehmer **durch einen eigenständigen Betrieb** unter fremdüblichen Bedingungen erbracht, dann werden Einkünfte daraus nicht aufgrund der Mitunternehmerschaft erzielt, sondern aufgrund des weiteren Betriebs als eigenständige Einkunftsquelle.

Beispiele:
1. **Gewinnanteile und Verlustanteile** eines Kommanditisten einer betrieblich tätigen KG führen bei diesem entsprechend der Gewinnverteilung zu betrieblichen Einkünften aus der Mitunternehmerschaft.
2. **Gewinnunabhängige Sondervergütungen eines Mitunternehmers** für Leistungen gegenüber der Gesellschaft: Gewährt ein Mitunternehmer der betrieblich tätigen Personengesellschaft aufgrund der Mitunternehmerschaft ein Darlehen, dann sind die Zinsen als Einkünfte aus der Mitunternehmerschaft zu erfassen. Übernimmt der Gesellschafter die Geschäftsführung einer betrieblich tätigen OG, dann ist auch das Gehalt als Gewinnanteil zu behandeln und führt zu Einkünften aus der betrieblichen Tätigkeit der OG.
3. **Vergütungen für Leistungen durch einen weiteren Betrieb des Mitunternehmers** unter fremdüblichen Bedingungen: Berät ein selbständig tätiger Rechtsanwalt eine betrieblich im Grundstückshandel tätige KG, der gleichzeitig Mitunternehmer dieser KG ist, dann sind die Einkünfte aus der Beratungsleistung nicht Einkünfte aus der Mitunternehmerschaft, sondern aufgrund des eigenständigen Betriebs als Einkünfte aus selbständiger Arbeit zu erfassen.

Betriebsvermögen bei Mitunternehmerschaften 89

Das **Betriebsvermögen eines Mitunternehmers** umfasst das gesamte anteilige Betriebsvermögen des Betriebs. Dieses setzt sich zusammen aus dem anteiligen Betriebsvermögen, das von der Personengesellschaft gehalten wird, und dem **Sonderbetriebsvermögen** des Mitunternehmers.[31] Der zivilrechtliche Anteil an der Personengesellschaft ist steuerlich kein eigenständiges Wirtschaftsgut, sondern vermittelt den Anteil an der Mitunternehmerschaft und dem Betriebsvermögen der Personengesellschaft.[32] Sowohl Einkünfte aus dem Betriebsvermögen der Personengesellschaft als auch dem Sonderbetriebsvermögen sind betriebliche Einkünfte desselben Betriebs.

- Das **Betriebsvermögen der Personengesellschaft** umfasst das Betriebsvermögen des Betriebs, über das die Personengesellschaft wirtschaftlich verfügungsbefugt ist. Das Betriebsvermögen ist dabei den Mitunternehmern steuerlich anteilig zuzurechnen (§ 32 Abs 2, § 24 Abs 1 lit e BAO).

---

31   VwGH 19.5.2005, 2000/15/0179.
32   VwGH 29.7.2010, 2007/15/0048.

- Das **Sonderbetriebsvermögen des Mitunternehmers** umfasst das Betriebsvermögen des Betriebs, das aus Sicht des Mitunternehmers der Mitunternehmerschaft dient und über das nur der Mitunternehmer wirtschaftlich verfügt.

Beispiele für Sonderbetriebsvermögen:
1. **Überlassung von Wirtschaftsgütern an die Personengesellschaft:** Wirtschaftsgüter des Mitunternehmers, die der Mitunternehmer der Personengesellschaft überlassen hat, wie ein Darlehen oder ein bebautes Grundstück, zählen zum Sonderbetriebsvermögen.
2. **Verbindlichkeiten, die der Finanzierung von Sonderbetriebsvermögen dienen,** stellen (negatives) Sonderbetriebsvermögen dar.
3. **Auch gewillkürtes Sonderbetriebsvermögen** kommt als Sonderbetriebsvermögen bei gewerblichen Einkünften in Betracht, wenn es der Kapitalausstattung oder der zukünftigen Nutzung innerhalb des Betriebs der Personengesellschaft dient.
4. **Wirtschaftsgüter zur Geltendmachung des investitionsbedingten Gewinnfreibetrags:** Betrieblich bedingte Anschaffungen von Wirtschaftsgütern durch den Mitunternehmer, mit denen der investitionsbedingte Gewinnfreibetrag (→ 298) geltend gemacht wird, sind im Sonderbetriebsvermögen auszuweisen.

4.5. Einkünfte aus der Verpachtung, Veräußerung und Aufgabe des Betriebs (§ 24 EStG)

90 Zu den jeweiligen **betrieblichen Einkünften** zählen auch **Veräußerungsgewinne** aus der Veräußerung des gesamten Betriebs, eines Teilbetriebs oder eines Mitunternehmeranteils, **Aufgabegewinne aus der Aufgabe** des Betriebs oder eines Teilbetriebs (§ 24 → 306 und § 20 KStG; zu den Körperschaften → 619) und **Liquidationsgewinne** aus der Liquidation einer Körperschaft (§ 19; zu den Körperschaften → 552 und § 20 KStG). Der Veräußerungsgewinn erfasst die **Wertänderung des Betriebsvermögens** eines Betriebs, Teilbetriebs oder Mitunternehmeranteils bis zur Veräußerung oder Aufgabe.

Wird ein Betrieb **verpachtet**, dann ist zu unterscheiden: Wird die eigene Tätigkeit bloß **vorübergehend eingestellt** (Ruhen der Tätigkeit), dann sind die Einkünfte aus der Verpachtung weiterhin als **betriebliche Einkünfte** aus dem jeweiligen Betrieb zu beurteilen.[33] Wird dagegen die Tätigkeit **endgültig eingestellt**, dann kommt es zur Betriebsaufgabe, zu einer Entnahme des bisherigen Betriebsvermögens, und die Einkünfte aus der Verpachtung sind als **außerbetriebliche Einkünfte** aus Vermietung und Verpachtung (§ 28 → 95) zu behandeln.

Beispiele:
1. **Veräußerung oder Aufgabe eines land- und forstwirtschaftlichen Betriebs:** Wird ein Betrieb oder ein Mitunternehmeranteil aufgegeben oder veräußert, dann zählen auch die Einkünfte daraus zu Einkünften aus Land- und Forstwirtschaft (§ 21 Abs 2 Z 3).
2. **Veräußerung von Mitunternehmeranteil:** Veräußert der Architekt und Gesellschafter seinen Anteil an einer Architekten-OG, dann führt dies zu Einkünften aus selbständiger Arbeit (§ 22 Z 5).
3. **Veräußerung eines Teilbetriebs:** Wird ein Teilbetrieb der Ärzte-OG veräußert, dann führt dies bei den Gesellschaftern zu Einkünften aus selbständiger Arbeit (§ 22 Z 5).

---

33   VwGH 11.11.1987, 86/13/0131.

4. **Verpachtung ohne Betriebsaufgabe:** Verpachtung einer Wirtschaftstreuhandkanzlei mit gleichzeitiger Weiterführung der Geschäfte führt weiterhin zu Einkünften aus selbständiger Arbeit.[34] Dauerverpachtung eines Fischereirechts als betriebliche Verpachtung mit Einkünften aus Land- und Forstwirtschaft.[35]

5. **Verpachtung mit Betriebsaufgabe:** Eine endgültige Einstellung der Tätigkeit und Betriebsaufgabe liegt erst vor, wenn der Verpächter nach Beendigung des Pachtverhältnisses mit dem noch vorhandenen Betriebsvermögen nicht in der Lage wäre, den Betrieb fortzuführen oder wenn er sonst nach außen zu erkennen gibt, dass er nicht die Absicht hat, den Betrieb nach Auflösung des Pachtverhältnisses weiterzuführen. Indizien für eine Betriebsaufgabe sind Zurücklegen der Gewerbeberechtigung, hohes Alter des Verpächters sowie Veräußerung statt Verpachtung der Geschäftseinrichtung an den Pächter, Beziehung einer Alterspension.[36]

Überblick: Einkunftsarten in der Ertragsteuer 91

	Betriebliche Einkünfte	Außerbetriebliche Einkünfte
Einkunftsarten	**Land- und Forstwirtschaft** § 21 **Selbständige Arbeit** § 22 **Gewerbebetrieb** § 23	**Nichtselbständige Arbeit** § 25 **Kapitalvermögen** § 27 **Vermietung u Verpachtung** § 28 **Sonstige Einkünfte** § 29
Abgrenzungskriterien	**selbständige, nachhaltige Betätigung mit Gewinnabsicht Beteiligung am wirtschaftlichen Verkehr**	**Nichtselbständig, gelegentlich, Vermögensverwaltung**
Vermögen	**Notwendiges** Betriebsvermögen (direkte Nutzung durch den Betrieb) **Gewillkürtes** Betriebsvermögen (indirekte Nutzung, Kapitalausstattung)	**Notwendiges** außerbetriebliches Vermögen **Gewillkürtes** außerbetriebliches Vermögen
Einkunftsquelle, Umfang der Einkünfte	**Betrieb** Erfassung aller Vermögensänderungen des Betriebes, laufende Einkünfte als auch Einkünfte aus der Veräußerung des Betriebsvermögens und des Betriebes selbst	**Rechtsverhältnis** Erfassung nur der entsprechend den Einkunftsarten abgegrenzten Einkünfte
Ermittlung	**Gewinn / Verlust** Betriebseinnahmen abzüglich Betriebsausgaben	**Überschuss / Verlust** Einnahmen abzüglich Werbungskosten

Abbildung 6: Einkunftsarten in der Ertragsteuer

5. Steuerobjekt – Außerbetriebliche Einkünfte (§§ 25 ff EStG)

5.1. Außerbetriebliche Einkunftsarten (§§ 25 ff EStG)

92

Von den betrieblichen Einkünften sind außerbetriebliche Einkünfte abzugrenzen, die **nicht aus der Einkunftsquelle eines Betriebs** (betriebliche Tätigkeit oder Betriebsvermögen) stammen.

---

34   VwGH 14.9.2017, Ro 2015/15/0027.
35   VwGH 20.3.2014, 2010/15/0123.
36   VwGH 25.3.2010, 2009/16/0241.

Diese sind nur insoweit steuerpflichtig, als sie von den außerbetrieblichen Einkunftsarten erfasst werden.

Zu den **außerbetrieblichen Einkünften** zählen (§ 2 Abs 3):

- Einkünfte aus **nichtselbständiger Arbeit** (§ 25),
- Einkünfte aus **Kapitalvermögen** (§ 27),
- Einkünfte aus **Vermietung und Verpachtung** (§ 28) und
- **sonstige Einkünfte** (§ 29).

Der **Umfang** der außerbetrieblichen Einkünfte beschränkt sich auf die eng umschriebenen Einkunftsarten. Eine Besteuerung findet zusammengefasst nur dann statt, wenn Einkünfte aufgrund einer Leistung, aufgrund wiederkehrender Bezüge oder aufgrund einer Wertsteigerung zufließen. Sonstige, davon nicht erfasste Vermögenszugänge oder Vermögenszuwächse gelten nicht als Einkünfte und sind daher nicht steuerpflichtig (vgl § 15 Abs 1; **Quellentheorie** im Gegensatz zur Reinvermögenszugangstheorie im betrieblichen Bereich → 83).[37] **Einkunftsquelle** ist im außerbetrieblichen Bereich das einzelne **Rechtsverhältnis**.

93 Einkünfte aus nichtselbständiger Arbeit (§ 25 EStG)

> Zu den **Einkünften aus nichtselbständiger Arbeit** als vierte Einkunftsart zählen vorrangig Einkünfte aus einem Dienstverhältnis (§ 25 Abs 1, zur Ermittlung → 328).

Ein **Dienstverhältnis** liegt vor, wenn der Arbeitnehmer dem Arbeitgeber seine Arbeitskraft schuldet. Dies ist dann der Fall, wenn die tätige Person hinsichtlich der Ausübung ihrer Tätigkeit unter der Leitung des Arbeitgebers steht oder im geschäftlichen Organismus des Arbeitgebers dessen Weisungen zu folgen verpflichtet ist (§ 47 Abs 2). Maßgebliche Elemente sind die Weisungsgebundenheit und die Eingliederung in den geschäftlichen Organismus des Betriebs des Arbeitgebers.[38]

Zu den Einkünften aus nichtselbständiger Tätigkeit zählen (§ 25 Abs 2):
- Einkünfte aus einem **privatrechtlichen oder öffentlich-rechtlichen Dienstverhältnis** als Arbeitnehmer, Vertragsbediensteter oder Beamter, inklusive Einkünften aus der gesetzlichen oder kammereigenen Kranken-, Pensions- oder Unfallversorgung aufgrund des Dienstverhältnisses, sowie Einkünfte von Mitgliedern politischer Vertretungskörper (Z 1 lit a und Z 4);
- Einkünfte aus der Tätigkeit von **Geschäftsführern, Vorständen und Direktoren von Kapitalgesellschaften**, sofern diese an der Kapitalgesellschaft nicht wesentlich beteiligt sind, also bei einer Beteiligung von nicht mehr als 25 % am Grund- oder Stammkapital, wenn sie in den Betrieb des Arbeitgebers eingegliedert sind, auch wenn die Weisungsbindung fehlt (Z 1 lit b);
- Einkünfte aus **Pensionskassen** und **betrieblichen Kollektivversicherungen**, **Zuwendungen** aus **betrieblichen Privatstiftungsfonds**, aus **betrieblichen Vorsorgekassen** und aus dem **Insolvenzentgeltfonds** (Z 2);

---

37   VfGH 7.3.1997, B 2370/94; UFS 3.4.2012, RV/0537-S/11.
38   VwGH 10.11.2004, 2003/13/0018.

- Einkünfte aus **Pensionen aus der gesetzlichen oder kammereigenen Pensionsversicherung**, sowohl für selbständig als auch unselbständig Tätige (Z 3); und
- Einkünfte von **Vortragenden, Lehrenden und Unterrichtenden**, sofern diese im Rahmen eines vorgegebenen Studien-, Lehr- und Stundenplans tätig werden, auch wenn dabei kein Dienstverhältnis vorliegt (Z 5).

Zu den Einkünften zählen Bezüge und sonstige Vorteile, unabhängig davon, ob es sich um einmalige oder laufende Einkünfte handelt oder ob ein Rechtsanspruch auf sie besteht oder wem sie zufließen (§ 25 Abs 2). Einkünfte müssen aber dennoch ihre Wurzel bzw ihren Grund in Leistungen aus einem früheren oder aufrechten Arbeitsverhältnis haben.

Beispiele:

1. **Löhne und Gehälter** von Arbeitnehmern aufgrund eines Dienstvertrags sind Einkünfte aus nichtselbständiger Arbeit.
2. **Entgelte von Vortragenden, Lehrenden und Unterrichtenden,** wenn diese im Zuge eines Studien-, Lehr- oder Stundenplans an Schulen oder Universitäten tätig werden.
3. **Vorstandsmitglieder einer AG oder Geschäftsführer einer GmbH** beziehen Einkünfte aus nichtselbständiger Arbeit, sofern sie nicht in einem freien Dienstvertrag oder Werkvertrag tätig sind und nicht gleichzeitig zu mehr als 25 % an der Gesellschaft beteiligt sind.
4. **Ärzte im Ruhestand erzielen aufgrund einer Pension** Einkünfte aus nichtselbständiger Arbeit.
5. Mitglieder von politischen Vertretungskörpern sind Mitglieder der Landesregierung (Wiener Stadtsenat), Bezirksvorsteher der Stadt Wien, Mitglieder der Landtage, Bürgermeister, Vizebürgermeister, Stadträte, Mitglieder einer Stadt-, Gemeinde oder Ortsvertretung.
6. **Trinkgelder und sonstige freiwillige Zahlungen** für die Leistungen aus einem Dienstverhältnis sind Einkünfte aus nichtselbständiger Arbeit. Ortsübliche Trinkgelder sind allerdings steuerfrei.
7. **Veruntreute oder unterschlagene Gelder oder Waren** sollten nicht zu den Einkünften aus nichtselbständiger Arbeit zählen, weil sie ihren Grund nicht in Leistungen aus dem Arbeitsverhältnis haben. Der Verwaltungsgerichtshof sieht dagegen aufgrund des bloßen Zusammenhangs auch solche Einkünfte als Einkünfte aus nichtselbständiger Arbeit.[39]
8. **Zahlungen für sonstige Leistungen des Dienstnehmers** zählen ebenso zu den Einkünften aus nichtselbständiger Arbeit, wenn diese ausschließlich aufgrund des Dienstverhältnisses erbracht werden. Dazu zählen zB Werbeleistungen[40] oder Mietleistungen[41] für die Überlassung von Flächen am Fahrzeug oder Räumlichkeiten.

Einkünfte aus Kapitalvermögen (§ 27 EStG) 94

Zu den **Einkünften aus Kapitalvermögen** zählen folgende Einkünfte aus außerbetrieblichem Vermögen (§ 27, zur Ermittlung → 340):

- Einkünfte aus der **Überlassung** von Kapitalvermögen (Abs 2),
- Einkünfte aus der **realisierten Wertsteigerung** von Kapitalvermögen (Abs 3),
- Einkünfte aus **Derivaten** (Abs 4), und
- Einkünfte aus **Kryptowährungen** (Abs 4a).

---

39 VwGH 25.2.1997, 95/14/0112; VwGH 31.7.2013, 2009/13/0194.
40 VwGH 19.12.2013, 2011/15/0158.
41 VwGH 26.1.2006, 2002/15/0188.

Zu den Einkünften aus der **Überlassung von Kapitalvermögen** zählen auch besondere Entgelte und Vorteile, die zusätzlich oder anstelle des Entgelts für die Überlassung gezahlt werden, wie Sachleistungen, Boni und nominelle Mehrbeträge aufgrund einer Wertsicherung, übernommene Steuern des Empfängers, Unterschiedsbeträge aus kurzfristigen Einmalerlags-Kapitallebensversicherungen, Ausgleichszahlungen und Leihgebühren für die Wertpapierleihe oder Wertpapierpensionsgeschäfte und Zuwendungen von nicht ideellen Privatstiftungen (Abs 5).

Zu den Einkünften aus **realisierten Wertsteigerungen und Derivaten** zählen bei Wertpapieren auch die Entnahme oder das Ausscheiden aus dem Depot, sofern der Steuerpflichtige Mitteilungspflichten nicht erfüllt, der Untergang von Anteilen aufgrund der Auflösung (Liquidation) oder Beendigung einer Körperschaft für sämtliche Beteiligte unabhängig vom Ausmaß der Beteiligung, die Veräußerung von Dividendenscheinen, Zinsscheinen oder sonstigen Ansprüchen, wenn die dazugehörigen Wirtschaftsgüter nicht mitveräußert werden und der Zufluss anteiliger Einkünfte aus der Überlassung von Kapital anlässlich der Realisierung der dazugehörigen Wirtschaftsgüter (Stückzinsen) (Abs 6).

Zu den Einkünften aus **Kryptowährungen** gehören laufende Einkünfte aus Kryptowährungen sowie Einkünfte aus realisierten Wertsteigerungen von Kryptowährungen (§ 27b). Eine **Kryptowährung** ist eine digitale Darstellung eines Werts, die von keiner Zentralbank oder öffentlichen Stelle emittiert wurde oder garantiert wird und nicht zwangsläufig an eine gesetzlich festgelegte Währung angebunden ist und die nicht den gesetzlichen Status einer Währung oder von Geld besitzt, aber von natürlichen oder juristischen Personen als Tauschmittel akzeptiert wird und die auf elektronischem Wege übertragen, gespeichert und gehandelt werden kann. Als Kryptowährung gelten auch Forderungen auf Rückzahlung aus der Überlassung von Kryptowährungen, sodass kein steuerwirksamer Tausch vorliegt (§ 27b Abs 4).

Beispiele:
1. **Einkünfte aus der Überlassung** sind **Zinsen** aus Bankguthaben, Darlehen, Anleihen, **Gewinnanteile** und vergleichbare Vorteile aus Aktien, Geschäftsanteilen an GmbH und Genossenschaften, Beteiligungen eines typischen stillen Gesellschafters, **Leihgebühren** bei Wertpapierleihe, **Überschüsse** aus Kapitallebensversicherungen, **realisierte Differenzbeträge** aus Nullkuponanleihen, **Diskontbeträge** bei Wechsel und Anweisungen und **Zuwendungen von nicht ideellen Privatstiftungen an Begünstigte.**
2. **Einkünfte aus der Wertsteigerung** sind **Einkünfte aus der Veräußerung, Einlösung oder Abschichtung** von Aktien, Geschäftsanteilen, Anleihen (inklusive der Zinsanteile bei Nullkuponanleihen) und **Stückzinsen** (als ein Betrag, der bei Realisierung der Wertsteigerung für bisher angelaufene Zinsen geleistet wird).
3. **Einkünfte aus Derivaten** sind Vermögenszuflüsse und realisierte Wertsteigerungen bei Termingeschäften wie **Optionen**, Futures und Swaps und sonstiger derivativer Finanzinstrumente wie Indexzertifikate.
4. **Einkünfte aus Fonds** als Einkünfte aus Kapitalvermögen eines **Investmentfonds** oder eines **Immobilieninvestmentfonds** (§ 186 Abs 1 InvFG; § 40 Abs 1 ImmoInvFG). Einkünfte aus der Veräußerung von Anteilen an einem Investmentfonds oder einem Immobilieninvestmentfonds gelten als Einkünfte aus realisierten Wertsteigerungen.
5. **Laufende Einkünfte aus Kryptowährungen** (§ 27b Abs 2) sind Entgelte für die Überlassung von Kryptowährungen (Z 1, Lending, Bereitstellung zB auch für Liquiditäts- bzw Kre-

ditpools, Decentralized-finance-Vorgänge) und der Erwerb von Kryptowährungen durch einen technischen Prozess, bei dem Leistungen zur Transaktionsverarbeitung zur Verfügung gestellt werden (Z 2, Mining, Pool-Mining). Keine Steuerpflicht besteht, wenn Kryptowährungen erworben werden im Falle von Staking (Proof of Stake, Leistung zur Transaktionsverarbeitung bei vorhandenen Kryptowährungen), Airdrops (unentgeltliche Übertragung), Bounties (als Entgelt für unwesentliche sonstige Leistung, wie zB Teilen eines Beitrags) und Hardfork (Abspaltung von der ursprünglichen Blockchain). Diese werden erst bei späterer Veräußerung oder dem Tausch besteuert.

6. Einkünfte aus **realisierten Wertsteigerungen von Kryptowährungen** (§ 27b Abs 3) durch Veräußerung oder Tausch gegen andere Wirtschaftsgüter oder Leistungen, einschließlich gesetzlich anerkannter Zahlungsmittel. Der Tausch einer Kryptowährung gegen eine andere Kryptowährung stellt keine Realisierung dar; ebenso führt die Überlassung von Kryptowährung zu keinem Tausch.

7. **Kryptowährungen:** Zu den Kryptowährungen zählen auch solche, die von einer gesetzlich festgelegten Währung oder anderen Vermögenswerten abhängen (Stable Coins). Keine Kryptowährungen sind Non-Fungible Token (NFT) und Asset-Token, denen reale Werte (Immobilien, Wertpapiere) zugrunde liegen.

Einkünfte aus Vermietung und Verpachtung (§ 28 EStG) 95

Zu den **Einkünften aus Vermietung und Verpachtung** zählen Einkünfte aus der Vermietung und Verpachtung (§ 28 Abs 1):

- von unbeweglichem Vermögen (Grundstücke, Gebäude und grundstücksähnliche Rechte, Abs 1 Z 1,
- von Sachinbegriffen als wirtschaftliche Einheiten, wie Geschäftseinrichtungen und Bibliotheken (Abs 1 Z 2),
- von Rechten wie Lizenzen, Werknutzungen nach Urheberrecht, gewerbliche Schutzrechte, Erfahrungen und Berechtigungen sowie Abbaurechte (Abs 1 Z 3).

Zu den Einkünften aus Vermietung und Verpachtung zählen dagegen **nicht** die Vermietung und Verpachtung **einzelner beweglicher, körperlicher Wirtschaftsgüter**. Sie sind als sonstige Einkünfte aus Leistungen steuerbar (§ 29 Z 3 → 101). Zu den Einkünften zählen **alle Vermögenszuflüsse**, die für die Vermietung oder Verpachtung zufließen. Dazu zählt auch die Veräußerung von **Miet- und Pachtzinsforderungen**, auch wenn sie im Veräußerungserlös des Grundstücks mit abgegolten werden (Abs 1 Z 4). Zur Ermittlung → 346.

Beispiele:

1. **Vermietung** einer Eigentumswohnung oder eines Einfamilienhauses.
2. **Einräumung eines Baurechtes** gegen Entgelt.
3. **Einräumung eines urheberrechtlichen Nutzungsrechts.**
4. **Verpachtung** eines Betriebs aufgrund einer endgültig eingestellten betrieblichen Tätigkeit → 90.
5. **Mietereinbauten**, die im Mietobjekt verbleiben, sind ebenso Einkünfte aus Vermietung und Verpachtung, sofern sie als Gegenleistung für die Nutzung anzusehen sind.[42]

---

42 VwGH 20.2.1998, 96/15/0086.

96 Sonstige Einkünfte (§§ 29 ff EStG)

Zu den **sonstigen Einkünften** als siebente Einkunftsart zählen:

- Einkünfte aus **privaten Grundstücksveräußerungen** (§ 29 Z 2, § 30),
- Einkünfte aus **Spekulationsgeschäften** (§ 29 Z 2, § 31),
- **Funktionsgebühren** der Funktionäre öffentlich-rechtlicher Körperschaften (§ 29 Z 4),
- Einkünfte aus **Leistungen** (§ 29 Z 3) und
- **wiederkehrende Bezüge** (§ 29 Z 1).

97 Sonstige Einkünfte – Private Grundstückveräußerung (§ 30 EStG)

Zu den **Einkünften aus privaten Grundstücksveräußerungen** zählen durch **Veräußerung** oder **Tausch** realisierte Wertsteigerungen von außerbetrieblichen Grundstücken. Der Begriff **Grundstück** umfasst Grund und Boden, Gebäude und grundstücksgleiche Rechte wie Baurechte (§ 29 Z 2 iVm § 30). **Zu den Einkünften aus privaten Grundstücksveräußerungen** zählt auch die Veräußerung aus dem Betriebsvermögen für noch nicht berücksichtigte Wertänderungen vor der Einlage (§ 4 Abs 3a Z 4). Zur Ermittlung → 349.

Nicht unter die Einkünfte aus privaten Grundstücksveräußerungen fallen Einkünfte

- aus der Abgeltung von Wertminderungen aufgrund von Maßnahmen im öffentlichen Interesse (§ 3 Abs 1 Z 33);
- aus Veräußerungsgewinnen von Eigenheimen (maximal zwei Objekte) und Eigentumswohnungen (iSd WEG) samt dazugehörigem Grund und Boden, die dem Veräußerer für eine gewisse Dauer als **Hauptwohnsitz** gedient haben, der aufgegeben wurde, und zwar bei Nutzung als Hauptwohnsitz entweder (lit a) ab Anschaffung oder Herstellung (Fertigstellung) bis zur Veräußerung für **mindestens zwei Jahre durchgehend (ausschließliche Hauptwohnsitznutzung)**, oder (lit b) innerhalb der letzten zehn Jahre vor der Veräußerung **mindestens fünf Jahre durchgehend (teilweise, langfristige Hauptwohnsitznutzung)** (§ 30 Abs 2 Z 1);
- aus Veräußerungsgewinnen von im Privatvermögen **selbst hergestellten Gebäuden** (nicht hingegen des darunterliegenden Grund und Bodens oder steuerneutral entnommene Gebäude), soweit sie innerhalb der letzten zehn Jahre nicht zur Erzielung von Einkünften gedient haben (§ 30 Abs 2 Z 2);
- aus Veräußerungsgewinnen von Grundstücken, die aufgrund eines **behördlichen Eingriffs** oder zur Vermeidung eines solchen nachweisbar unmittelbar drohenden Eingriffs veräußert werden (§ 30 Abs 2 Z 3); und
- aus Veräußerungsgewinnen von Grundstücken aufgrund von Tauschvorgängen im Rahmen eines **Zusammenlegungs- oder Flurbereinigungsverfahrens**, im Rahmen von behördlichen Maßnahmen zur besseren Gestaltung von Bauland oder zur Umsetzung einer wechselseitigen Grenzbereinigung mit einer Ausgleichszahlung bis maximal EUR 730 (§ 30 Abs 2 Z 4).

Beispiele:

1. **Hauptwohnsitzbefreiung:** Der Steuerpflichtige veräußert sein Einfamilienhaus mit Garten und einem dazugehörigen, weitläufigen unbebauten Grundstück. Die Befreiung umfasst grundsätzlich nur das Einfamilienhaus mit Garten, nicht dagegen das übrige Grundstück.[43] Dient das Einfamilienhaus seit der Fertigstellung nunmehr seit zumindest zwei Jahren als Hauptwohnsitz und wird dieser nunmehr aufgegeben (und nach der Veräußerung nicht mehr im Wege der Miete als Hauptwohnsitz verwendet), dann kommt die Befreiung zur Anwendung. Dies gilt auch, wenn der Steuerpflichtige das Einfamilienhaus vor zehn Jahren für fünf Jahre als Hauptwohnsitz angemietet hat, danach zur Weitervermietung erworben hat und nunmehr veräußert; die Eigentümerstellung während der Nutzung ist nicht Voraussetzung.[44]

2. **Selbstherstellung:** Der Steuerpflichtige hat auf einem unbebauten Grundstück ein Gebäude selbst hergestellt (dh das finanzielle Baurisiko getragen, daher insb nicht zum Fixpreis erworben) und in den letzten 15 Jahren nicht vermietet und auch sonst nicht zu Einkünfteerzielung genutzt. Die Veräußerung des Gebäudes ist steuerfrei, die Veräußerung des Grund und Bodens dagegen steuerpflichtig.

Sonstige Einkünfte – Spekulationsgeschäfte (§ 31 EStG) 98

Zu den **Einkünften aus Spekulationsgeschäften** zählen Wertsteigerungen von sonstigen außerbetrieblichen Wirtschaftsgütern, sofern der Zeitraum zwischen entgeltlicher Anschaffung und Veräußerung nicht mehr als ein Jahr beträgt (§ 31). Zur Ermittlung → 353.

Nicht zu den Einkünften aus Spekulationsgeschäften zählen Wertsteigerungen von Grundstücken oder grundstücksgleichen Rechten und von Kapitalvermögen, weil diese bereits eigens als Einkünfte aus Kapitalvermögen oder als Einkünfte aus privaten Grundstücksveräußerungen zu berücksichtigen sind (§ 29 Z 2 iVm § 31). Die Wirtschaftsgüter müssen durch Anschaffung erworben worden sein; selbst hergestellte Wirtschaftsgüter zählen nicht dazu.

Beispiele:
Anschaffung und Verkauf innerhalb eines Jahres von außerbetrieblich gehaltenen Kunstgegenständen, Gold, vor 1.3.2021 angeschafften Kryptowährungen (sofern nicht verzinslich) und Fahrzeugen.

Sonstige Einkünfte – Funktionsgebühren (§ 29 Z 4 EStG) 99

Zu den **Einkünften aus Funktionsgebühren** zählen Gebühren der Funktionäre von öffentlich-rechtlichen Körperschaften, soweit sie nicht aufgrund einer Haupttätigkeit oder Nebentätigkeit als Einkünfte aus nichtselbständiger Arbeit zu erfassen sind (§ 29 Z 4). Zur Ermittlung → 355.

Beispiele:
Bezüge eines Vorstehers einer Fachgruppe der Wirtschaftskammer, Feuerwehrfunktionäre, Kammerfunktionäre, Gewerkschaftsbundfunktionäre, Prüfungskommissionäre, Funktionäre politischer Parteien, Mitglieder diverser Senate.

---

43 VwGH 29.3.2017, Ro 2015/15/0025.
44 Vgl VwGH 24.1.2018, Ra 2017/13/0005.

100 Sonstige Einkünfte – Wiederkehrende Bezüge (§ 29 Z 1 EStG)

Einkünfte aus wiederkehrenden Bezügen liegen vor, wenn sie aufgrund eines einheitlichen Grunds zufließen und nicht bereits bei den anderen Einkunftsarten zu berücksichtigen sind (§ 29 Z 1).

Nicht zu den wiederkehrenden Bezügen zählen Unterhaltszahlungen, freiwillige Zahlungen und Leistungen aus einer steuerbegünstigten Pensionszusatzversicherung. Stellen die wiederkehrenden Bezüge eine angemessene Gegenleistung für die Übertragung von Wirtschaftsgütern dar, liegen wiederkehrende Bezüge erst dann vor, wenn die Zahlungen den Wert des Wirtschaftsguts übersteigen. Ein vereinbarter wiederkehrender Bezug, der aus Anlass der Übertragung eines Betriebs, Teilbetriebs oder Mitunternehmeranteils geleistet wird, ist als freiwillige Zuwendung nicht zu erfassen, wenn der Bezug unangemessen hoch ist (mehr als 200 % der Gegenleistung). Eine bloß außerbetrieblich veranlasste Versorgung des Übertragenden (weniger als 75 % und zwischen 125 % und 200 % der Gegenleistung) stellt dagegen einen wiederkehrenden Bezug dar. Zur Ermittlung → 356.

> **Beispiele:**
> 1. **Einkünfte in der Form einer Rente** aufgrund eines Rentenanspruchs.
> 2. **Schadenersatzzahlung in Form einer Rente**.
> 3. **Bei Hingabe eines Wirtschaftsguts gegen angemessene Rente** ist der Tatbestand erst dann erfüllt, wenn der aktuelle Wert der Rente den Wert des Wirtschaftsguts übersteigt. Erst dann kommt es zu einem Vermögenszuwachs über den Wert des Wirtschaftsguts hinaus.

101 Sonstige Einkünfte – Leistungen (§ 29 Z 3 EStG)

Zu den **Einkünften aus Leistungen** zählen alle Einkünfte, die sonst aufgrund einer Leistungserbringung erzielt werden und nicht schon bei den anderen Einkunftsarten zu berücksichtigen sind (§ 29 Z 3). Zur Ermittlung → 354.

Unter einer **Leistung** ist jedes Verhalten zu verstehen, das darauf gerichtet ist, einem anderen einen wirtschaftlichen Vorteil zu verschaffen. Nicht als Leistung anzusehen sind jedoch die Veräußerung von Vermögensgegenständen und vergleichbare Vermögensumschichtungen, die aufgrund des Gesetzeszwecks bereits ausschließlich bei anderen Tatbeständen erfasst werden.[45]

> **Beispiele:**
> 1. **Gelegentliche Vermittlung** von Geschäften gegen Entgelt.
> 2. **Vermietung von einzelnen beweglichen Gegenständen** (zB PKW) **gegen Entgelt**.
> 3. **Verzicht** auf Rechte gegen Entgelt, zB auf ein nicht übertragbares Wohnrecht.[46]
> 4. **Einmalige Übernahme von Haftungen oder Verpfändung** gegen Entgelt für einen Dritten, wie insbesondere die Haftung des Gesellschafters für Schulden der Gesellschaft gegen angemessene Provision.[47]
> 5. **Die Veräußerung von privaten, sonstigen Wirtschaftsgütern** außerhalb der Spekulationsfrist fällt aufgrund der Definition nicht unter den Tatbestand der sonstigen Leistung.

---

45 VwGH 30.4.2015, 2012/15/0182.
46 VwGH 31.1.2018, Ro 2017/15/0018.
47 VwGH 30.4.2015, 2012/15/0182.

5.2. Außerbetriebliche Einkünfte aus einer Personengesellschaft

Zu den jeweiligen **außerbetrieblichen Einkünften** zählen auch Einkünfte des Steuer- **102** pflichtigen als am Gesellschaftsvermögen beteiligter Gesellschafter einer **außerbetrieblich tätigen Personengesellschaft**. Eine Personengesellschaft ist dann außerbetrieblich tätig, wenn die Tätigkeit nicht über eine bloße Vermögensverwaltung (→ 73) hinausgeht. Am Gesellschaftsvermögen ist der Gesellschafter dann beteiligt, wenn er sowohl am Gewinn und Verlust als auch am Wert des Gesellschaftsvermögens beteiligt ist.

Ist der Gesellschafter einer Personengesellschaft auch am Wert des Gesellschaftsvermögens beteiligt, dann ist für steuerliche Zwecke **das anteilige Gesellschaftsvermögen dem Gesellschafter zuzurechnen**. Einkunftsquelle im außerbetrieblichen Bereich ist – anders als im betrieblichen Bereich – nicht der Betrieb, sondern das einzelne Rechtsverhältnis. Einkünfte aus Rechtsverhältnissen der Personengesellschaft sind daher auch den einzelnen Gesellschaftern anteilig entsprechend der vereinbarten Erfolgsverteilung zuzurechnen. Ist der Gesellschafter dagegen **nicht am Gesellschaftsvermögen beteiligt**, sondern nur am Gewinn oder Verlust, dann führen Einkünfte aus der Beteiligung grundsätzlich zu Einkünften aus Kapitalvermögen (§ 27 → 94) oder zu betrieblichen Einkünften (§§ 21 bis 23), sofern die Beteiligung im Betriebsvermögen des Gesellschafters gehalten wird (→ 84).

Abweichend vom betrieblichen Bereich sind in jedem Fall **Leistungsbeziehungen zwischen dem Gesellschafter und der Gesellschaft** als eigenständige Rechtsverhältnisse selbständig zu beurteilen. Leistungen des Gesellschafters an die Gesellschaft in Form einer Tätigkeit oder einer Vermögensüberlassung führen je nach Einkunftsart beim jeweiligen Gesellschafter entweder zu außerbetrieblichen oder zu betrieblichen Einkünften.

Beispiele:
1. **Typisch stille Gesellschafter eines betrieblich tätigen Unternehmens** sind nur am Gewinn und Verlust beteiligt und erzielen daher ausschließlich Einkünfte aus Kapitalvermögen oder betriebliche Einkünfte, sofern die Beteiligung im Betriebsvermögen gehalten wird.
2. **Gesellschafter einer vermögensverwaltenden OG, KG, EWIV, GesbR oder atypisch stillen Gesellschaft** sind grundsätzlich am Gesellschaftsvermögen beteiligt und erzielen entsprechend der Verwendung des Gesellschaftsvermögens Einkünfte aus Vermietung und Verpachtung, aus Kapitalvermögen, aus Spekulationsgeschäften, aus Grundstücksveräußerungen oder andere sonstige Einkünfte.
3. **Leistungen des Gesellschafters an die Personengesellschaft:** Im Falle der Nutzungsüberlassung von außerbetrieblichen Grundstücken erzielt der Gesellschafter Einkünfte aus Vermietung und Verpachtung, im Fall der Kapitalüberlassung Einkünfte aus Kapitalvermögen, im Fall von Dienstleistungen Einkünfte aus nichtselbständiger Arbeit oder betriebliche Einkünfte, sofern die Leistungen durch den Betrieb des Gesellschafters erbracht werden.
4. **Erfolgsbeteiligungen:** In der Praxis vorkommende sogenannte „Carried Interests" sind erhöhte Erfolgsanteile am Überschuss der Personengesellschaft aufgrund des Erreichens von Erfolgszielen im Zusammenhang mit der erfolgreichen Vermögensverwaltung. Diese stellen Einkünfte aus dem Gesellschaftsvermögen selbst dar und nicht Einkünfte aus Leistungen gegenüber der Personengesellschaft. Führt die Erfolgsbeteiligung zur Zurechnung eines erhöhten Anteils am Überschuss aus Kapitalvermögen, dann führt dies beim Gesellschafter zu Einkünften aus Kapitalvermögen und nicht zu Einkünften aus selbständiger Arbeit.[48]

---

48   EAS 2698; EAS 3280.

6. Steuerobjekt – Vorgänge außerhalb der sieben Einkunftsarten

6.1. Einkünftebegriff

103

Vorgänge, die **nicht unter die sieben Einkunftsarten** fallen, sind **nicht steuerbar.**

Grundsätzlich fallen aufgrund des marktorientierten Leistungsfähigkeitsgrundsatzes (→ 68) alle Einkünfte, die aufgrund einer Leistung durch Tätigkeit oder Vermögen erzielt werden, unter die sieben Einkunftsarten. Einkünfte, die dagegen **nicht unter die sieben Einkunftsarten** fallen, sind daher auch **nicht steuerbar.**

Beispiele für Einkünfte und Vorgänge außerhalb der sieben Einkunftsarten:
1. **Veräußerung von außerbetrieblichen Wirtschaftsgütern** (sofern nicht Kapitalvermögen oder Grundstücke) die kein Spekulationsgeschäft darstellen (daher außerhalb der Spekulationsfrist von einem Jahr).
2. **Unentgeltliche Zuwendungen** wie privat veranlasste Schenkungen und Erbschaften.
3. **Sonstige leistungsunabhängige Vermögenserhöhungen** aus privaten Glücksspielen und Lotteriegewinnen, Finderlohn, außerbetrieblicher Schadenersatz (sofern nicht als Ersatz für steuerpflichtige Einkünfte), einmalig zugegangene private Vorteile und Sozialleistungen wie Kinderbetreuungsgeld oder Pflegegeld.

6.2. Steuerliche Liebhaberei

104 Fehlen einer steuerbaren Einkunftsquelle

Eine **steuerbare Einkunftsquelle** liegt nicht vor, wenn aus einer Betätigung (somit aus einer Tätigkeit oder einem Rechtsverhältnis über den Zeitraum dessen Ausübung) **aus objektiver Sicht insgesamt keine Einkünfte** erzielt werden. Im Vordergrund steht nicht die steuerpflichtige Einkünfteerzielung, sondern die steuerneutrale Einkünfteverwendung. Einnahmen und Ausgaben aus diesen Tätigkeiten sind grundsätzlich steuerneutral (vgl auch §§ 15 Abs 1; 16 Abs 1, 20 Abs 1 Z 2). Mangels Einkünfteerzielungsabsicht bleiben daher **Betätigungen, die aus persönlicher Neigung** betrieben und Verluste dabei in Kauf genommen werden (steuerliche **Liebhaberei**) für Zwecke der Ertragsteuer unberücksichtigt. Es handelt sich dabei um Tätigkeiten außerhalb der sieben Einkunftsarten.

105 Bei Betätigungen, die nicht eindeutig **als steuerbare Einkunftsquellen** oder als sogenannte **steuerneutrale Liebhaberei** einzuordnen sind, hat eine **Abgrenzung** aufgrund der **Absicht** der Einkünfteerzielung zu erfolgen.

Die Prüfung der Absicht hat zu erfolgen, solange eine **Einkünfteerzielungsabsicht** behauptet wird und aus der Betätigung noch keine Einkünfte, sondern bisher nur Verluste erzielt wurden. Die Absicht zur Einkünfteerzielung ist ein innerer Vorgang, der daher nur durch objektiv nach außen zum Ausdruck kommende Umstände beurteilt werden kann. Die Abgrenzung ist in der Praxis deshalb relevant, weil die Einordnung einer Betätigung als Einkunftsquelle für den Steuerpflichtigen steuerlich vorteilhaft ist. Aufwendungen und Verluste aus seiner Betätigung können in diesem Fall mit steuerbaren Einkünften aus anderen Betätigungen gegengerechnet und so die Steuerlast reduziert werden. Der Steuerpflichtige wird daher argumentieren, dass mit der Betätigung eine

Einkünfteerzielung beabsichtigt ist, wogegen die Finanzbehörde bei bloß vorliegenden Verlusten aus der Betätigung die Einkünfteerzielungsabsicht bestreiten wird.

Von einer **Betätigung** sind **Rechtsgeschäfte** abzugrenzen, die kein Dauerschuldverhältnis begründen (Kaufvertrag, Verzichtserklärung). Diese sind grundsätzlich **immer objektiv zur Einkünfteerzielung geeignet**. Einkünfte daraus sind daher steuerrelevante Einkunftsquellen, sofern sie unter die sieben Einkunftsarten fallen.

Beispiel:
Die Veräußerung von Wirtschaftsgütern ist immer objektiv dazu geeignet, steuerbare Einkünfte zu erzielen, auch wenn diese Wirtschaftsgüter davor nicht der Einkünfteerzielung gedient haben. Gewinne und Verluste daraus sind grundsätzlich steuerlich relevant.

Abgrenzung der Liebhaberei von steuerrelevanten Einkunftsquellen-VO   106

Die relevanten Abgrenzungskriterien einer Einkunftsquelle von einer Liebhaberei werden in der **Liebhabereiverordnung** konkretisiert. Die Liebhabereiverordnung unterscheidet dabei:

- **erwerbstypischen Betätigungen,** für die im Anlaufzeitraum von drei Jahren ab Beginn der Betätigung oder von fünf Jahren ab erstmaligem Anfallen von Aufwendungen eine **Einkünfteerzielungsabsicht** unterstellt wird; bei entgeltlicher Gebäudevermietung (große Vermietung) ist die Absicht zur Einkünfteerzielung durch eine Prognose bei einem Gesamtgewinn oder Gesamtüberschuss innerhalb von 30 (bis 2023: 25) Jahren ab Beginn der Betätigung oder 33 (bis 2023: 28) Jahren ab erstmaligem Anfallen von Aufwendungen (§§ 1 Abs 1 und 2 Abs 1 bis 3 LVO);
- **Betätigungen mit einer Liebhabereivermutung**, die insbesondere einem **privaten Interesse** an deren Ausübung vermuten lassen (§§ 1 Abs 2 und 2 Abs 4 LVO).

Die Liebhabereivermutung kann **widerlegt** werden und die Einkünfteerzielungsabsicht muss nach dem Anlaufzeitraum aufgrund objektiver Kriterien für jede wirtschaftliche Einheit im Wege einer Prognoserechnung nachgewiesen werden (§§ 1 und 2 LVO).

Beispiele:
1. Der **Handel mit Waren** ist grundsätzlich eine erwerbstypische Betätigung, sodass Anlaufverluste in den ersten drei Jahren ab der Aufnahme, längstens jedoch in den ersten fünf Jahren als negative Einkünfte steuerlich anerkannt werden.[49]
2. Für die **Vermietung einer Wohnung** gilt die Liebhabereivermutung (kleine Vermietung). Sofern jedoch aufgrund einer Prognoserechnung nachgewiesen werden kann, dass sich aus der Vermietung ein Gesamtgewinn innerhalb von 25 (bis 2023: 20) Jahren ab der Vermietung oder zumindest innerhalb von 28 (bis 2023: 23) Jahren ab dem erstmaligen Anfall von Aufwendungen ergibt, gilt die Vermietung nicht als Liebhaberei, sodass **Anfangsverluste** als negative Einkünfte steuerlich berücksichtigt werden können (§ 1 Abs 2 und § 2 Abs 4 LVO).[50]
3. **Liebhabereivermutung:** Bewirtschaftung von Wirtschaftsgütern, die der Sport- und Freizeitausübung dienen, und Luxuswirtschaftsgüter (Golf, Yacht, Oldtimer, Pferdestallungen, Sammlertätigkeit), Bewirtschaftung von Eigenheimen, Eigentumswohnungen und Mietwohngrundstücken mit qualifizierten Nutzungsrechten (§ 1 Abs 2 LVO).

---

49   VwGH 24.9.2008, 2006/15/0187.
50   VwGH 24.5.2012, 2009/15/0075.

7. Steuerobjekt – Zurechnung der Einkünfte an das Steuersubjekt

7.1. Sachliche Zurechnung

107

Einkünfte aus einer Einkunftsquelle sind steuerlich einer natürlichen Person oder einer Körperschaft **zuzurechnen**.

Als allgemeiner Grundsatz gilt, dass Einkünfte aus einer Einkunftsquelle demjenigen zuzurechnen sind, der **über die Einkunftsquelle wirtschaftlich verfügt**.

Die Zurechnung der Einkünfte an das Steuersubjekt stellt die **Verbindung zwischen Steuerobjekt und Steuersubjekt** dar. Zuzurechnen sind Einkünfte demjenigen, der wirtschaftlich über die drei möglichen Formen der Einkunftsquellen **Tätigkeit, Wirtschaftsgut und Recht** verfügt. Maßgeblich für die Beurteilung der Zurechnung ist nach dem allgemeinen steuerlichen Grundsatz nicht die äußere Erscheinungsform, sondern der **wahre wirtschaftliche Gehalt**. Auf eine bloß rechtliche Verfügung oder auf den Zufluss der Einkünfte kommt es nicht an.

In der **Praxis** kommt der Zurechnung der Einkünfte **erhebliche Bedeutung** zu, weil privatrechtliche Gestaltungen von rechtlichen und wirtschaftlichen Positionen einen weiten Spielraum eröffnen und auch für die **Steuerplanung** eingesetzt werden. Darüber hinaus wird die **wirtschaftliche Zurechnung** von Einkünften durch **Zwischenschaltung** von Gesellschaften oder Stiftungen im In- und Ausland erschwert.

108 **Zurechnung von Einkünften aus einer Tätigkeit**

Einkünfte aus einer Tätigkeit sind demjenigen zuzurechnen, der die Tätigkeit erbringt und gleichzeitig die damit verbundenen Risiken und Chancen trägt, der die Möglichkeit besitzt, die sich ihm bietenden Marktchancen auszunutzen, Leistungen zu erbringen oder zu verweigern.[51]

Beispiele:
1. **Arbeitnehmer:** Dem Arbeitnehmer, der die Tätigkeit tatsächlich ausführt, sind nur die Einkünfte in Bezug auf seine Tätigkeit zuzurechnen; daher nur so weit, als er ein Risiko trägt, nicht jedoch die Einkünfte des Unternehmens selbst, für das er tätig ist.
2. **Unternehmer:** Dem Unternehmer sind die Einkünfte des Betriebs zuzurechnen, weil er auch das damit verbundene Risiko trägt. Es muss tatsächlich eine Leistung erbracht werden, um Einkünfte dem formellen Empfänger zuzurechnen.[52]
3. **Die Tätigkeit als organschaftlicher Geschäftsführer oder aufgrund einer höchstpersönlichen Tätigkeit** (Künstler, Schriftsteller, Wissenschaftler, Sportler, Vortragender) ist der leistungserbringenden natürlichen Person zuzurechnen, auch wenn diese über die Kapitalgesellschaft dieser Person abgerechnet wird und die Kapitalgesellschaft über keinen eigenständigen, sich von dieser Tätigkeit abhebenden Betrieb verfügt (§ 2 Abs 4a).

---

51   EStR 2000 Rz 104.
52   VwGH 11.7.1995, 91/13/0154, zu Provisionszahlungen einer Komplementär-GmbH von ihrer KG ohne tatsächliche Leistungserbringung; VwGH 20.5.2010, 2006/15/0005, zu einer liechtensteinischen Anstalt; VwGH 14.12.2000, 95/15/0129.

4. **Lohnpfändung:** Bei einer Verfügungsberechtigung eines Dritten über ein Konto oder bei Abtretung von Forderungen (Einnahmen) sind die Einkünfte dennoch dem Arbeitnehmer zuzurechnen, der die Arbeit erbringt.

Zurechnung von Einkünften aus einem Wirtschaftsgut 109

Einkünfte aus einem Wirtschaftsgut sind dem wirtschaftlichen Eigentümer zuzurechnen. Wirtschaftlicher Eigentümer ist, wem die **Chancen und Risiken der Wertänderung** des Wirtschaftsguts zukommt und wer über die **Nutzung des Wirtschaftsguts bestimmen** kann (**wirtschaftliches Eigentum;** § 24 Abs 1 lit d BAO).[53]

Beispiele für die Trennung von zivilrechtlichem und wirtschaftlichem Eigentümer:

1. **Sicherungsübereignung:** Einkünfte sind weiterhin dem Sicherungsgeber zuzurechnen, weil er im Innenverhältnis wirtschaftlich verfügungsberechtigt bleibt.[54]
2. **Treuhandschaft:** Die Einkünfte aus dem Wirtschaftsgut sind dem Treugeber als wirtschaftlich Verfügungsbefugtem zuzurechnen.[55] Eine Treuhand besteht insbesondere auch bei Immobilienfonds, bei der die Immobilien treuhändig für die Anteilsinhaber des Fondsvermögens von der Kapitalanlagegesellschaft gehalten werden.
3. **Eigentumsvorbehalt:** Der Erwerber wird zum wirtschaftlichen Eigentümer, weil er über das Wirtschaftsgut verfügungsberechtigt ist.
4. **Personengesellschaften:** Rechtsfähige Personengesellschaften, die selbst nicht als Steuersubjekte gelten, können zivilrechtlich zwar Eigentümer von Wirtschaftsgütern und Rechten sein, als wirtschaftliche Eigentümer werden jedoch die Gesellschafter der Personengesellschaft gesehen. Dies gilt insbesondere auch für die atypisch stille Gesellschaft, wonach das Vermögen zwar zivilrechtlich im Eigentum des Unternehmers steht, wirtschaftlich aber der atypisch stille Gesellschafter als anteiliger wirtschaftlicher Eigentümer gilt.[56]

Wird der **zivilrechtliche Eigentümer** insbesondere durch schuldrechtliche Vereinbarungen **in seiner Verfügungsbefugnis über das Wirtschaftsgut beschränkt,** dann ist zu ermitteln, ob er noch wirtschaftlicher Eigentümer ist oder ob das wirtschaftliche Eigentum auf eine andere Person übergegangen ist. Maßgeblich zur Bestimmung ist grundsätzlich, wem die Substanz des Wirtschaftsguts, also die **Chancen und Risiken der Wertänderung,** zukommt.[57]

Beispiele:

1. **Leasing und Mietkaufverträge:** Das wirtschaftliche Eigentum geht auf den Leasingnehmer über, sofern der Leasingvertrag wirtschaftlich einen Ratenkauf zum Inhalt hat und nicht bloß eine Nutzungsüberlassung vorliegt.[58] Dies ist daran zu erkennen, dass das Risiko der Wertänderung des Leasinggegenstands beim Leasingnehmer liegt und entweder auch das zivilrechtliche Eigentum später übergeht oder eine Rückübertragung an den Leasinggeber zur weiteren sinnvollen Verwendung unwahrscheinlich ist.
2. **Fruchtgenuss, sonstige Nutzungsrechte, Vorkaufsrechte,**[59] **Veräußerungs- und Belastungsverbote**[60] an einem Wirtschaftsgut begründen noch kein wirtschaftliches Eigentum am Wirt-

---

53   Vgl VwGH 25.2.2015, 2011/13/0003; UFS 23.8.2006, RV/1915-W/04, zu Markenrechten einer Holdinggesellschaft.
54   § 24 Abs 1 lit a BAO.
55   § 24 Abs 1 lit b und c BAO.
56   Vgl VwGH 24.6.2010, 2007/15/0063.
57   Vgl VwGH 28.5.2015, 2013/15/0135.
58   VwGH 21.10.1993, 92/15/0085.
59   §§ 1072 ff ABGB; VwGH 12.12.2007, 2006/15/0123.
60   § 364c ABGB.

schaftsgut selbst.[61] Maßgeblich für das wirtschaftliche Eigentum ist die Verfügungsbefugnis über die Substanz des Wirtschaftsguts, also insbesondere die Chancen und Risiken einer Wertänderung.[62] Die Einräumung eines qualifizierten Nutzungsrechts (Fruchtgenussrecht mit Verfügungsbefugnis) kann jedoch zu einer Zurechnung von Einkünften aus der Nutzungsüberlassung an Dritte an den Berechtigten führen → 110.

3. **Bei Geschäftsanteilen** besteht die wesentliche Eigentümerfunktion in der Veräußerungs- und Belastungsmöglichkeit, dem Stimmrecht und den Gewinnanteilen.[63] Die bloße fremdübliche Optionseinräumung oder eine Sperrminorität lassen das wirtschaftliche Eigentum noch nicht übergehen.[64] Wird allerdings einem Steuerpflichtigen das Ertragsrisiko (Gewinnanspruch) übertragen und die Möglichkeit einer Wertsteigerung durch ein an Dritte übertragbares Optionsrecht gewährt und zusätzlich ein Veräußerungs- und Belastungsverbot vereinbart, dann gilt das wirtschaftliche Eigentum bereits als auf den Steuerpflichtigen übergegangen.[65] Dividenden aus einer Beteiligung sind dem wirtschaftlichen Eigentümer der Beteiligung zuzurechnen, auch wenn eine andere Person einen schuldrechtlichen Anspruch auf die Dividende haben sollte (zB bei Beteiligungserwerb, wenn vereinbart wird, dass der Erwerber die Dividende als Teil des Kaufpreises noch an den Verkäufer weiterleiten soll). Das wirtschaftliche Eigentum kann auch im Wege von Derivaten übertragen werden.[66]

4. **Zurechnung von Dividenden**: Dividenden sind allgemein demjenigen zuzurechnen, der im Zeitpunkt des Gewinnverteilungsbeschlusses wirtschaftlicher Eigentümer der Aktien war.[67] Abweichend von den allgemeinen Zurechnungsgrundsätzen erfolgt eine besondere Dividendenzurechnung für bestimmte Wertpapiere, die über einen Zentralverwahrer abgewickelt werden. Dabei gilt das wirtschaftliche Eigentum am Tag, an dem der Zentralverwahrer die Anspruchsberechtigung feststellt, dem sog Record-Tag (ausführlich § 32 Abs 4 mit weiteren Voraussetzungen, zur Vermeidung von Missbrauch iZm Kapitalertragsteuer und Mehrfachverwertung bzw. Vermeidung).

5. **Versicherungsverträge** sind grundsätzlich dem Versicherungsnehmer zuzurechnen. Nur dann, wenn die Versicherungsleistung unwiderruflich einem Dritten (zB Arbeitnehmer) zusteht, gilt der Dritte als wirtschaftlicher Eigentümer der Versicherungsleistung.[68]

6. **Bei Versicherungen mit Wertpapierdeckung** sind die Wertpapiere grundsätzlich dem Versicherungsunternehmen zuzurechnen, sofern die Versicherungsleistung wirtschaftlich nicht ausschließlich von der Wertpapierdeckung abhängt (Kapitalanlage). Eine Zurechnung an den Versicherungsnehmer bzw den Begünstigten erfolgt nur dann, wenn dieser über die Wertpapiere wirtschaftlich verfügungsberechtigt ist, wenn er also auf die Veranlagungsentscheidung tatsächlich Einfluss nehmen kann und die Versicherungsleistung wirtschaftlich ausschließlich aus der Wertpapierdeckung besteht (sonstiges Risiko des Versicherers muss wirtschaftlich vernachlässigbar sein).[69]

110 Zurechnung von Einkünften aus sonstigen Rechten

Einkünfte aus einem Recht sind demjenigen zuzurechnen, der über das Recht wirtschaftlich verfügen kann, daher über die Chancen und Risiken der Nutzung verfügt.

---

61 VwGH 4.3.2009, 2004/15/0115; VwGH 12.12.2007, 2006/15/0123; VwGH 24.11.1982, 81/13/0021.
62 VwGH 28.5.2015, 2013/15/0135.
63 VwGH 9.5.1989, 89/14/0033.
64 VwGH 9.5.1989, 89/14/0033.
65 VwGH 29.7.2010, 2007/15/0248.
66 Schweizer Bundesgericht 5.5.2015, 2C_364/2012, 2C_377/2012.
67 VwGH 28.6.2022, Ro 2022/13/0002.
68 VwGH 30.4.2003, 99/13/0224; LStR 2000 Rz 663.
69 BFG 17.12.2014, RV/5100901/2012; BFG 11.5.2016, RV/7103594/2015.

Beispiele:

1. **Untervermietung:** Der Mieter stellt die gemieteten Räumlichkeiten entgeltlich einem Untermieter zur Verfügung. Die Einkünfte aus der Untervermietung sind dem Mieter zuzurechnen, weil er über das Nutzungsrecht am Mietobjekt verfügt.

2. **Verfügung über ein Fruchtgenussrecht oder sonstiges substantielles Nutzungsrecht:** Wird der Ehefrau vom Ehemann ein Fruchtgenussrecht zivilrechtlich eingeräumt, übernimmt aber der Ehemann die Weitervermietung und trägt er auch die Aufwendungen (Bruttofruchtgenuss), dann verfügt weiterhin der Ehemann über das Nutzungsrecht, sodass die Einkünfte aus der Nutzung weiterhin ihm zuzurechnen sind. Trägt dagegen der Fruchtgenussberechtigte die Chancen und Risiken aus dem Recht und kann dieser auch aufgrund einer ausreichend abgesicherten Rechtsposition über das Recht wirtschaftlich verfügen, dann werden die Einkünfte aus dem Fruchtgenussrecht dem Berechtigten zugeordnet.

Überblick: Zurechnung von Einkünften in der Ertragsteuer 111

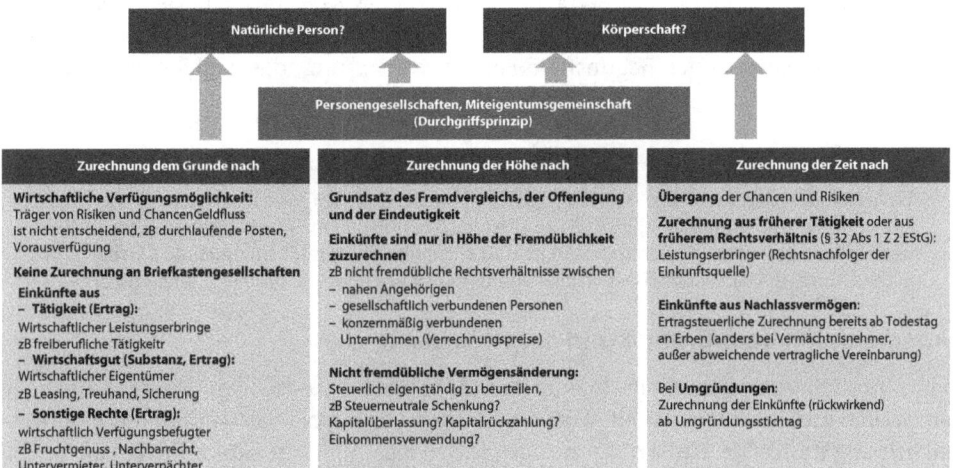

Abbildung 7: Zurechnung von Einkünften in der Ertragsteuer

7.2. Persönliche Zurechnung bei Rechtsverhältnissen nahestehender Personen

Grundsatz der Fremdüblichkeit 112

Rechtsverhältnisse zwischen nahestehenden Personen und die sich daraus ergebende Zurechnung von Einkünften werden **nur anerkannt, soweit** diese dem **Fremdüblichkeitsgrundsatz** entsprechen.

Dies liegt vor, wenn die Vereinbarung:

- nach außen ausreichend zum Ausdruck kommt (**Publizität**),
- einen eindeutigen, klaren und jeden Zweifel ausschließenden Inhalt hat (**Klarheit**) und

- zwischen Fremden unter gleichen Bedingungen abgeschlossen worden wäre (inhaltliche **Fremdüblichkeit**).[70]

Die Zurechnung von Einkünften beruht auf den im Wirtschaftsleben bestehenden Rechtsverhältnissen. Vereinbarungen zwischen voneinander unabhängigen Personen erfolgen aufgrund des bestehenden Interessensgegensatzes zu wirtschaftlichen Konditionen, die **die Leistungsfähigkeit beider Parteien widerspiegeln**. Fehlt allerdings ein Interessensgegensatz wie insbesondere bei sich **nahestehenden Personen**, dann besteht steuerlich ein Anreiz, die Rechtsverhältnisse derart zu gestalten, dass sie für die beteiligten Personen zu steueroptimalen Ergebnissen führen. Daher müssen für Rechtsverhältnisse zwischen nahestehenden Personen strenge Kriterien angewendet werden.

Als nahestehende Personen kommen insbesondere Familienmitglieder, Gesellschafter oder Konzerngesellschaften in Betracht. Zum weiteren Kreis der nahestehenden Personen (daher den nahestehenden Personen zuzurechnen) zählen auch Familienmitglieder eines Gesellschafters oder Begünstigte einer Privatstiftung, die Anteile an der Gesellschaft halten.[71]

Beispiel:
Gesellschafterdarlehen: Die Kapitalgesellschaft gewährt ihrem Gesellschafter ein Darlehen, wobei dieses nur mündlich abgeschlossen (fehlende Publizität) wird, zu niedrige Zinsen (fehlende inhaltliche Fremdüblichkeit) und kein Rückzahlungszeitpunkt (mangelnde Klarheit) vereinbart werden. Das Darlehen ist ertragsteuerlich insgesamt als solches nicht anzuerkennen.

113 Anerkennung dem Grunde und der Höhe nach

Sind Vereinbarung dem Grunde oder der Höhe nach mangels Erfüllens der Kriterien **steuerlich nicht anzuerkennen**, dann ist der Besteuerung der Sachverhalt **ohne Berücksichtigung dieser Vereinbarungen** zugrunde zu legen und die Einkünfte entsprechend zuzurechnen.

Das **Rechtsverhältnis** ist bereits dem **Grunde** nach nicht anzuerkennen, wenn das Rechtsgeschäft selbst für sich nicht fremdüblich abgeschlossen wurde. Zur Einkünfteermittlung → 179.

Beispiele:
1. **Formelles Rechtsgeschäft ohne faktische Ausführung:** Das Rechtsgeschäft wurde zwar abgeschlossen, die Ausführung soll jedoch gänzlich unterbleiben. Der Vertrag existiert nur am Papier, tatsächlich werden aber keine Leistungen erbracht. Eine ertragsteuerliche Berücksichtigung des bloß vereinbarten Rechtsgeschäfts hat zu unterbleiben.
2. **Formelles Rechtsgeschäft, das ein anderes Rechtsgeschäft verdeckt:** Ein Gesellschafter gewährt einer Gesellschaft in der Krise ein Darlehen, obwohl ein Dritter zu diesem Zeitpunkt aufgrund der Krise der Gesellschaft kein Darlehen mehr gewährt hätte. Ein Darlehen an den Gesellschafter wurde vereinbart, aber mit einer Rückzahlung ist nicht zu rechnen. Es liegt ertragsteuerlich (verdecktes) Eigenkapital und nicht Fremdkapital vor → 181.

---

70 VwGH 8.2.2007, 2004/15/0149; VwGH 30.06.2015, 2015/15/0028.
71 VwGH 11.2.2016, 2012/13/0061.

Das Rechtsverhältnis ist lediglich der **Höhe** nach nicht vollständig anzuerkennen, wenn der Inhalt des Rechtsgeschäfts nicht fremdüblich abgeschlossen ist. Zur Einkünfte-ermittlung → 180.

> **Beispiel:**
> **Dasselbe Rechtsgeschäft wäre mit abweichendem Inhalt geschlossen worden:** Der Inhalt des Rechtsgeschäfts ist insoweit nicht fremdüblich, als mit einem Dritten ein niedrigeres bzw höheres Entgelt für die Leistungen vereinbart worden wäre.

7.3. Zurechnung bei natürlichen Personen

Einkünfte sind der **natürlichen Person** zuzurechnen, die über die Einkunftsquelle wirtschaftlich verfügt.

114

Aufgrund der Besteuerung des Einkommens natürlicher Personen mit einem progressi-ven Steuersatz wird oftmals versucht, Einkünfte auf die Ehegatten, Kinder oder sonstige nahestehende Personen aufzuteilen, um einer höheren Progression zu entgehen (**Ein-kommenssplitting**). Rechtsverhältnisse zwischen nahestehenden Personen (insbeson-dere im Familienverband) müssen dem **Fremdüblichkeitsgrundsatz** entsprechen, um steuerlich anerkannt zu werden.

> **Beispiele:**
> 1. **Einkommenssplitting:** Der Ehegatte erzielt Einkünfte in Höhe von EUR 100.000. Auf-grund eines Dienstvertrags in Höhe von EUR 20.000 wird seine Frau bei ihm angestellt. Bei Annahme eines fiktiven Durchschnittssteuersatzes von 20 % bei einem Einkommen bis EUR 30.000 und 30 % über EUR 30.000 auf das gesamte Einkommen ergibt sich ohne Ab-schluss des Rechtsverhältnisses eine Gesamtsteuerbelastung in Höhe von EUR 30.000 (EUR 100.000 × 30 %) und bei Abschluss des Rechtsverhältnisses eine Gesamtsteuerbelas-tung von EUR 28.000 (EUR 20.000 × 20 % und EUR 80.000 × 30 %), wodurch eine niedri-gere Gesamtsteuerbelastung in Höhe von EUR 2.000 erreicht wird. Ist der Dienstvertrag dem Grunde (tatsächliche Arbeitsleistung) und der Höhe nach (angemessenes Entgelt) fremdüblich, dann ist das Dienstverhältnis steuerlich anzuerkennen.
> 2. **Nicht fremdübliche Vereinbarung:** Soweit der Dienstvertrag nicht fremdüblich ist (keine Leistung oder als Variante: angemessenes Entgelt von EUR 5.000), wird das Dienstverhält-nis steuerlich (soweit) nicht anerkannt und dem Ehegatten weiterhin EUR 100.000 zuge-rechnet (Variante: je EUR 95.000 beim Ehegatten und EUR 5.000 bei seiner Frau). Die un-angemessene Zahlung von EUR 20.000 (Variante EUR 5.000) ist als steuerneutrale Schen-kung zu behandeln.
> 3. **Wirtschaftsgüter und Rechte** können an Familienmitglieder übertragen werden und Ein-künfte daraus sind auch den wirtschaftlichen Eigentümern zuzurechnen. Wertpapiere und Sparguthaben bei Banken sowie Fruchtgenussrechte können folglich auch den Kindern oder dem Ehegatten übertragen oder eingeräumt werden, die Einkünfte daraus sind dann diesen zuzurechnen. Keine Zurechnung findet jedoch statt, wenn zwar das zivilrechtliche Eigentum übertragen wird, nicht jedoch auch das wirtschaftliche Eigentum, also die Wirt-schaftsgüter oder Rechte weiterhin vom Übertragenden zum Beispiel in seinem Betrieb verwendet werden oder er weiterhin das wirtschaftliche Risiko trägt.

7.4. Zurechnung bei Personengesellschaften und Fonds

115 Bei **Personengesellschaften und Fonds** sind Einkünfte aufgrund des Durchgriffs-prinzips **anteilig direkt den Gesellschaftern oder Anteilsinhabern zuzurechnen.**

Ist ein Gesellschafter selbst wieder eine Personengesellschaft (**doppel- und mehrstöckige Personengesellschaften**) oder ein Sondervermögen (doppelstöckige Fonds und Sub-fonds), dann sind die Einkünfte den dahinter stehenden Gesellschaftern oder Anteils-inhabern zuzurechnen, bis die Einkünfte endlich einem Steuersubjekt zugerechnet werden können.

116 Zurechnung bei Personengesellschaften

Die Zurechnung der Einkünfte aufgrund der Beteiligung an einer Personengesellschaft orientiert sich **an der bestehenden Vereinbarung**, insbesondere am Gesellschafts-vertrag oder mangels Vereinbarung am Gesetz. Die Einkünftezurechnung kann hier grundsätzlich durch freie Vereinbarung bestimmt werden.

Die Vereinbarung muss aber auch hier **fremdüblich** sein und dabei insbesondere den wirtschaftlichen Gegebenheiten, Kapitalanteilen und sonstigen Leistungen entsprechen. Ist die Vereinbarung aufgrund von Nahebeziehungen der Gesellschafter nicht fremd-üblich, dann sind die Einkünfte für steuerliche Zwecke dennoch **nach den tatsächlichen wirtschaftlichen Verhältnissen** (also entsprechend den Kapitalanteilen und Leistungen) den einzelnen Gesellschaftern zuzurechnen. Ausgangsbasis sind dabei die gesetzlichen Gewinnverteilungsregeln.

Beispiele:
1. **Zurechnung entsprechend den Beteiligungsverhältnissen:** Werden bei einer OG, an der Gesellschafter A zu 40 % und Gesellschafter B zu 60 % beteiligt sind, Einkünfte in Höhe von EUR 100.000 erzielt, dann wird Gesellschafter A ein Gewinnanteil von EUR 40.000 und Gesellschafter B ein Gewinnanteil von EUR 60.000 zugerechnet. Sind Gesellschafter A und Gesellschafter B nahestehende Personen, dann ist zu prüfen, ob aufgrund des Beitrags beider Gesellschafter die Gewinnanteile auch zwischen sich nicht nahestehenden Gesell-schaftern im gleichen Verhältnis vereinbart worden wären (Fremdüblichkeitsprüfung).
2. **Offene Gesellschaft:** Nach dem Gesetz steht einem eine Leistung erbringenden Gesell-schafter bei der OG vorrangig ein angemessener Betrag des Gewinns zu, wie zum Beispiel einem Arbeitsgesellschafter oder einem Gesellschafter-Geschäftsführer. Ein verbleibender Gewinn oder Verlust wird im Verhältnis der Beteiligung in Höhe der vereinbarten Einlage (Kapitalanteil) zugewiesen. Im Zweifel sind die Gesellschafter zu gleichen Teilen beteiligt (§§ 109, 121 UGB).
3. **Kommanditgesellschaft:** Bei der KG ist den unbeschränkt Haftenden vorrangig ein ihrer Haftung angemessener Betrag des Gewinns zuzuweisen. Ein darüber hinaus noch vorhan-dener Gewinn oder Verlust ist wie bei der OG zuzuweisen (§ 167 UGB).
4. **GmbH & Co KG:** Bei der in der Praxis häufig vorkommenden Form der GmbH & Co KG wird zumeist der GmbH als unbeschränkt haftender Gesellschafterin (Komplementär) kein Kapitalanteil gewährt, auch wenn diese die Haftung und möglicherweise auch die alleinige Geschäftsführung übernimmt. Aufgrund des Grundsatzes der Fremdüblichkeit muss der GmbH in diesem Fall mangels Beteiligung zumindest ein angemessenes Entgelt für die Haftung und die Geschäftsführung zukommen. Ist dies nicht der Fall, dann ist der GmbH dennoch ein angemessener Betrag steuerlich zuzurechnen.

Zurechnung bei Fonds 117

Die **Zurechnung der Einkünfte eines steuerlich als Fonds zu behandelnden Sondervermögens** an die Anteilsinhaber orientiert sich am Umfang der jeweiligen Anteile der Anteilsinhaber. Die direkte Einkünftezurechnung an die Anteilsinhaber ergibt sich entweder aus der Struktur des Fonds oder aus speziellen Bestimmungen, die von den allgemeinen **Zurechnungsregeln** abweichen.

Beispiele:
1. **Finanzanlage-Investmentfonds:** Investmentfonds gelten als Sondervermögen, das im Miteigentum der Anteilsinhaber steht. Die Einkünfte aus dem Sondervermögen sind daher den Miteigentümern direkt zuzurechnen (§ 186 InvFG). Dies gilt auch für andere Rechtsgebilde, die zwar Körperschaften im steuerlichen Sinn sind, aber dennoch eine steuerlich transparente Fondsbesteuerung erfolgt, sofern sie bestimmte Kriterien erfüllen, wie insbesondere ausländische Fonds (§§ 186 Abs 7, 188 InvFG).
2. **Immobilien-Investmentfonds:** Das Fondsvermögen wird treuhändig für die Anteilsinhaber des Fonds von einer Kapitalanlagegesellschaft gehalten (§ 1 Abs 2 ImmoInvFG). Daher sind auch die Einkünfte aus dem Fondsvermögen den Anteilsinhabern zuzurechnen (§ 40 Abs 1 ImmoInvFG).
3. **Körperschaft als Rechtsträger eines Immobilien-Investmentfonds:** Ist dagegen eine Körperschaft rechtlich und wirtschaftlich Rechtsträger des Sondervermögens, dann sind die Einkünfte der Körperschaft zuzurechnen. Einkünfte an die Anteilsinhaber der Körperschaft sind erst im Zeitpunkt der Ausschüttung oder sonstigen Verfügung zuzurechnen.

7.5. Änderung der Zurechnung von Einkünften durch Übertragung

Die **Übertragung** von Einkunftsquellen oder Vermögen **auf andere Personen** löst steuerliche Konsequenzen aus. 118

Die Übertragung führt:

- zu einer **Änderung der Zurechnung** der Einkünfte und
- zur **Realisierung der bisherigen noch nicht erfassten Wertänderungen von Vermögen.** Dies kann Einkünfte aufgrund der Übertragung auslösen.

Die **Übertragung von Vermögen** löst grundsätzlich einen **steuerrelevanten Tatbestand** aus, der zu Einkünften aus Wertänderungen aufgrund der Übertragung führen kann. Durch die **Realisierung der bisher entstandenen und noch nicht realisierten Wertänderung** ist sichergestellt, dass diese Wertänderungen steuerlich noch dem Übertragenden und Wertänderungen danach bereits dem Übernehmer steuerlich zugerechnet werden.

Aufgrund der steuerlichen Belastung durch die Übertragung von Vermögen sind **Ausnahmen** von der sofortigen Berücksichtigung der Wertänderung für bestimmte **Umgründungen, unentgeltliche Betriebsnachfolgen und unentgeltliche Übertragungen im außerbetrieblichen Bereich** vorgesehen.

Beispiele:

1. **Übertragung eines Betriebs:** Wird ein Betrieb entgeltlich übertragen (verkauft), dann sind die Einkünfte vor Übertragung dem Verkäufer und danach dem Erwerber steuerlich zuzurechnen. Gleichzeitig werden die bisherigen Wertänderungen im Wege der Realisierung des Veräußerungsgewinns als betriebliche Einkünfte erfasst. Bei begünstigten Übertragungen (Umgründungen oder unentgeltliche Betriebsnachfolge) kommt es zwar auch zur Änderung der Zurechnung der Einkünfte, die Realisierung der Wertänderungen kann aber vorerst unterbleiben. Der Übernehmer übernimmt auch die bisherigen Wertänderungen und muss diese unter Umständen zu einem späteren Zeitpunkt realisieren und versteuern.

2. **Übertragung von außerbetrieblichem Vermögen:** Wird außerbetriebliches Vermögen entgeltlich übertragen (verkauft), dann sind die Einkünfte daraus vor Übertragung dem Verkäufer und danach dem Erwerber steuerlich zuzurechnen. Gleichzeitig werden die Wertänderungen im Wege der Realisierung der Wertänderung erfasst und führen zu außerbetrieblichen Einkünften. Bei unentgeltlichen Übertragungen unterbleibt die Realisierung. Der Übernehmer übernimmt auch die bisherigen Wertänderungen und muss diese unter Umständen zu einem späteren Zeitpunkt realisieren und versteuern.

119 Zeitpunkt der Änderung

Die Übertragung einer Einkunftsquelle oder von Vermögen liegt in dem **Zeitpunkt** vor, in dem der Übergang der Verfügungsbefugnis nach den allgemeinen Zurechnungskriterien erfolgt. Dies liegt vor:

- bei Einkünften aus einer Tätigkeit durch **Übergang der Chancen und Risiken aus der Tätigkeit**;
- bei Einkünften aus Vermögen durch **Übergang des wirtschaftlichen Eigentums**.

Maßgeblich ist der **tatsächliche Übergang**. Rückwirkende Vereinbarungen über den Übergang der Verfügungsbefugnis oder eine steuerliche Einkünftezurechnung sind steuerlich nicht anzuerkennen.[72] Die Änderung der Zurechnung kann frühestens mit der Vereinbarung wirksam werden. Davon gibt es **zwei Ausnahmen:**

- Einkünfte eines **Nachlassvermögens** sind bereits ab dem Todestag den Erben zuzurechnen;
- Einkünfte aus Vermögen, das aufgrund einer **Umgründung** übertragen wird, können rückwirkend dem Übernehmer bereits ab dem **Umgründungsstichtag** zugerechnet werden.

Beispiele:

1. **Vereinbarte Rückwirkung:** Die Parteien vereinbaren, dass das Vermögen bereits vor einem Monat als übergegangen gilt. Steuerlich erfolgt die Zurechnung erst ab dem tatsächlichen Übergang.
2. **Der Umgründungsvertrag** wird am 30.8. mit einem Umgründungsstichtag zum 31.12. des Vorjahres abgeschlossen. Die Zurechnung der Einkünfte an den Übernehmer kann ausnahmsweise rückwirkend ab dem 1.1. des Jahres erfolgen.
3. **Der Erblasser** stirbt am 30.5. Die Einantwortung der Erben erfolgt am 20.12. Die Einkünfte aus dem Nachlassvermögen werden den Erben bereits ab 30.5. zugerechnet.

---

72   VwGH 1.6.2017, Ro 2015/15/0017.

8. Steuerobjekt – Umfang bei grenzüberschreitenden Sachverhalten

8.1. Unbeschränkte und beschränkte inländische Steuerpflicht (§ 1 EStG)

120

Natürliche Personen unterliegen entweder der **beschränkten** oder der **unbeschränkten** inländischen Steuerpflicht.

- Steuerpflichtige unterliegen bei **Ansässigkeit** im Inland der **unbeschränkten Steuerpflicht** mit allen in- und ausländischen Einkünften nach § 2 EStG (Welteinkommensprinzip; § 1 Abs 2 letzter Satz), oder
- bei **fehlender Ansässigkeit** im Inland der **beschränkten Steuerpflicht** mit allen aus inländischen Quellen stammenden Einkünften nach § 98 EStG (Territorialitätsprinzip, § 1 Abs 3 → 475).

Bei grenzüberschreitenden Sachverhalten rechtfertigt ein **inländischer Anknüpfungspunkt** die inländische Besteuerung. Personen, die in Österreich ansässig sind, nehmen die Leistungen des Staates in vollem Umfang in Anspruch. Die Besteuerung ist gerechtfertigt, weil sie auch die staatlichen Leistungen zur Einkommenserzielung (Rechtssystem, Infrastruktur, Regulierung) in Anspruch nehmen können. Personen, die nicht in Österreich ansässig sind, können diese Staatsleistungen nur beschränkt nützen, wodurch auch gleichzeitig das Besteuerungsrecht auf inländische Einkünfte beschränkt ist.

Nach der **Zuzugsbegünstigung** kann die Besteuerung von zugezogenen Personen begünstigt erfolgen, sofern der Zuzug im öffentlichen Interesse liegt (§ 103). Details sind in der Zuzugsbegünstigungsverordnung geregelt.

Vertiefung: Unterschiedliche Besteuerung

121

Die beschränkte Steuerpflicht **unterscheidet** sich von der unbeschränkten Steuerpflicht nicht nur im Hinblick auf den Umfang der steuerpflichtigen Einkünfte, sondern auch hinsichtlich der **Einkünfteermittlung**, der **Einkommensermittlung**, der **Besteuerung** und der **Steuererhebung**. Im Gegensatz zur unbeschränkten Steuerpflicht werden die persönlichen Umstände wie außergewöhnliche Belastungen und bestimmte Freibeträge bei beschränkt steuerpflichtigen natürlichen Personen grundsätzlich nicht berücksichtigt.

Aufgrund des EU-rechtlichen Diskriminierungsverbots zur Vermeidung einer unterschiedlichen Besteuerung bei vergleichbarer wirtschaftlicher Situation kann eine beschränkt steuerpflichtige natürliche Person als **EU- oder EWR-Staatsbürger** in die unbeschränkte Steuerpflicht optieren. Eine vergleichbare wirtschaftliche Situation liegt vor, wenn die steuerpflichtigen inländischen Einkünfte mindestens 90 % der gesamten Einkünfte erreichen oder die nicht steuerpflichtigen Einkünfte maximal EUR 12.816 betragen (§ 1 Abs 4).

Beispiel:

Im EuGH-Urteil *Schumacker* wurde die unterschiedliche steuerliche Behandlung eines belgischen Grenzgängers mit deutschen Einkünften aus nichtselbständiger Arbeit bei wirtschaftlich vergleichbarer Situation als gemeinschaftswidrig beurteilt. Die steuerliche Ungleichbehandlung lag in den für beschränkt Steuerpflichtige nicht möglichen Ehegattensplittings, die Veranlagungsoption und die Berücksichtigung der persönlichen Verhältnisse.[73]

8.2. Ansässigkeit natürlicher Personen (§ 1 EStG, § 26 BAO)

122

Natürliche Personen gelten im Inland als **ansässig**, wenn sie einen **Wohnsitz** oder ihren **gewöhnlichen Aufenthalt** im Inland haben (§ 1 Abs 2).

Einen **Wohnsitz** hat jemand dort, wo er eine Wohnung innehat unter Umständen, die darauf schließen lassen, dass er die Wohnung beibehalten und benutzen wird (§ 26 Abs 1 BAO). Aufgrund der Zweitwohnsitzverordnung liegt kein Wohnsitz vor, wenn der inländische Wohnsitz innerhalb von 5 Jahren jeweils nur maximal 70 Tage pro Kalenderjahr genutzt wird.

Den **gewöhnlichen Aufenthalt** hat jemand dort, wo er sich unter Umständen aufhält, die erkennen lassen, dass er an diesem Ort oder in diesem Land nicht nur vorübergehend verweilt. Bei einem Aufenthalt von länger als sechs Monaten wird insgesamt der gewöhnliche Aufenthalt angenommen (§ 26 Abs 2 BAO).

Beispiele:
1. **Wohnsitz:** Um einen Wohnsitz zu begründen, bedarf es nur der tatsächlichen Verfügungsgewalt über bestimmte Räumlichkeiten, die nach der Verkehrsauffassung zum Wohnen geeignet sind, also ohne wesentliche Änderungen jederzeit zum Wohnen genutzt werden können. Eine ständig verfügbare Wohnstätte führt bereits zu einem Wohnsitz, auch wenn sie nur gelegentlich oder gar nicht verwendet wird. Kein Wohnsitz liegt vor, wenn die Wohnstätte vermietet oder untervermietet wird. Auf eine Meldung als Wohnsitz kommt es nicht an.[74]
2. **Zweitwohnsitz:** Das Ferienhaus wird vom im Ausland lebenden Steuerpflichtigen im Kalenderjahr jeweils für die Sommermonate Juli und August bewohnt. Trotz des Ferienhauses als Wohnsitz aufgrund der Zweitwohnsitzverordnung und mangels gewöhnlichen Aufenthalts unterliegt der Steuerpflichtige nur der beschränkten Steuerpflicht.
3. Der **Saisonarbeiter** arbeitet für 7 Monate in Österreich. Aufgrund des gewöhnlichen Aufenthalts von mehr als 6 Monaten unterliegt er im Kalenderjahr der unbeschränkten Steuerpflicht.

8.3. Umfang der beschränkten Steuerpflicht (§ 98 EStG)

123

Der Umfang der Steuerpflicht beschränkt sich bei Personen ohne inländischer Ansässigkeit auf **inländische Einkünfte** (**Quelleneinkünfte** iSd § 98; § 21 Abs 1 Z 1 KStG).

---

73 EuGH 14.2.1995, C-279/93.
74 VwGH 4.9.2014, 2011/15/0133; VwGH 27.11.2017, Ra 2015/15/0066.

Zu den **betrieblichen Einkünften** zählen Einkünfte aus einer im Inland betriebenen Land- und Forstwirtschaft, Einkünfte aus im Inland ausgeübter oder verwerteter selbständiger Arbeit und inländische gewerbliche Einkünfte. Zu den **außerbetrieblichen Einkünften** zählen Einkünfte aus nichtselbständiger Arbeit im Inland, aus inländischem Kapitalvermögen, aus Vermietung und Verpachtung inländischen Vermögens und aus privaten Veräußerungen inländischer Grundstücke.

Bei beschränkt Steuerpflichtigen sind inländische Einkünfte isoliert von einem ausländischen Betrieb zu beurteilen (**Isolationstheorie**). Inländische Einkünfte aus Kapitalvermögen und Vermietung und Verpachtung sind selbst dann als außerbetriebliche Einkünfte zu behandeln, wenn die Einkünfte einem ausländischen Betrieb zuzurechnen sind.

Betriebliche Einkünfte   124

Zu den **betrieblichen** Einkünften zählen:

- Einkünfte aus **Land- und Forstwirtschaft**, wenn im In- oder Ausland ein land- und forstwirtschaftlicher Betrieb vorliegt und die Einkünfte aus der Bewirtschaftung von inländischen Grundstücken erzielt werden;
- Einkünfte aus **selbständiger Arbeit**, sofern sie im Inland entweder durch eine persönliche Tätigkeit ausgeübt wird oder der wirtschaftliche Erfolg unmittelbar der inländischen Volkswirtschaft zugutekommt;
- Einkünfte aus **Gewerbebetrieb**, wenn im Inland eine **Betriebsstätte** unterhalten wird, im Inland ein ständiger, selbständig oder unselbständig tätiger **Vertreter** bestellt ist oder beim Gewerbebetrieb im Inland **unbewegliches Vermögen** vorliegt. Ohne eine Betriebsstätte und ohne ständigen Vertreter unterliegen auch Einkünfte aus **kaufmännischer oder technischer Beratung** im Inland, aus der **Arbeitsgestellung** zur inländischen Arbeitsausübung (Gestellungsvertrag mit Risiko beim Gestellungsnehmer) und aus der gewerblichen Tätigkeit als **Sportler, Artist oder als Mitwirkender an Unterhaltsdarbietungen** im Inland der Steuerpflicht.

Außerbetriebliche Einkünfte   125

Einkünfte aus nichtselbständiger Arbeit sind steuerpflichtig, wenn diese im Inland:

- ausgeübt (**inländische Tätigkeit**) oder
- **verwertet** wird (bei Außenhandelsstellen der Wirtschaftskammer oder aufgrund einer **Entsendung** durch den inländischen Arbeitgeber[75]),
- auf einem österreichischen Schiff ausgeübt oder verwertet wird oder
- für ein Dienstverhältnis mit Bund, Länder oder Gemeinden gewährt werden, unabhängig vom Tätigkeits- oder Verwertungsort.

Einkünfte aus Kapitalvermögen sind:

- Gewinnanteile von inländischen Körperschaften und steuerpflichtige Zuwendungen von inländischen Privatstiftungen mit Pflicht zum Kapitalertragsteuerabzug,

---

75   VwGH 20.10.1982, 81/13/0083; UFS 4.2.2008, RV/0658-K/07.

- Zinsen von inländischen Schuldnern, Emittenten oder Zweigniederlassungen ausländischer Kreditinstitute an natürliche Personen in Drittstaaten ohne automatischen Informationsaustausch und Pflicht zum Kapitalertragsteuerabzug,
- Einkünfte eines typisch stillen Gesellschafters aufgrund der Beteiligung an einem inländischen Unternehmen,
- Einkünfte aus einem Immobilienfonds, soweit es sich um inländische Immobilien handelt,
- Einkünfte aus der Veräußerung einer Beteiligung an einer inländischen Kapitalgesellschaft, soweit der Steuerpflichtige oder bei unentgeltlichem Erwerb der Rechtsvorgänger innerhalb der letzten fünf Jahre zumindest 1 % beteiligt war.

Einkünfte aus Vermietung und Verpachtung, wenn das unbewegliche Vermögen, die Sachinbegriffe oder Rechte (Werknutzung, gewerbliche Schutzrechte, gewerbliche Erfahrungen, Konzessionen):

- im Inland gelegen sind,
- in ein inländisches öffentliches Buch (Grundbuch) oder Register (Patent- oder Markenregister) eingetragen sind oder
- in einer inländischen Betriebsstätte verwertet (genutzt) werden (Nutzung von Namens- und Bildrechten eines Sportlers oder Filmverwertungsrechte).

Einkünfte aus der Veräußerung von außerbetrieblichen inländischen Grundstücken unterliegen ebenso der beschränkten Steuerpflicht.

Einkünfte, die nicht davon erfasst werden (wiederkehrende Bezüge, sonstige Leistungen, Funktionsgebühren) oder keinen ausreichenden Inlandsbezug aufweisen, unterliegen nicht der beschränkten Steuerpflicht.

126 Überblick: Unbeschränkte und beschränkte Steuerpflicht in der Ertragsteuer

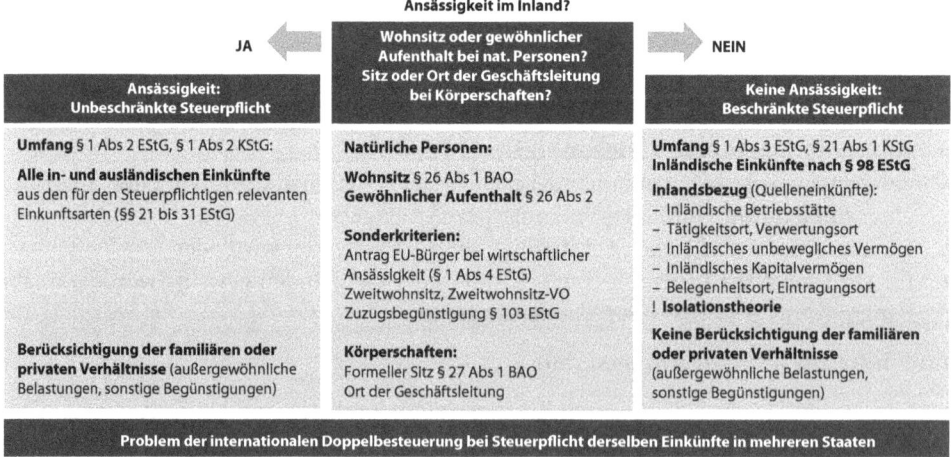

Abbildung 8: Unbeschränkte und beschränkte Steuerpflicht in der Ertragsteuer

8.4. Internationale Doppelbesteuerung – Problem und Vermeidung

127

Steuerpflichtige können bei grenzüberschreitenden Sachverhalten neben der inländischen Steuerpflicht auch einer Steuerpflicht im Ausland unterliegen. Dies kann zur **Doppelbesteuerung derselben Einkünfte führen.**

Dies kann sich daraus ergeben, dass ein Steuerpflichtiger:

- in zumindest zwei Staaten der **unbeschränkten** Steuerpflicht unterliegt;
- in einem Staat **unbeschränkt**, in einem anderen Staat **beschränkt** steuerpflichtig ist;
- in zumindest zwei Staaten mit denselben Einkünften **beschränkt** steuerpflichtig ist.

Beispiele:

1. **Doppelte Ansässigkeit:** Der Steuerpflichtige hat sowohl einen Wohnsitz in Deutschland als auch in Österreich und ist daher in beiden Staaten unbeschränkt steuerpflichtig mit seinen Welteinkünften. Alle Einkünfte unterliegen der doppelten unbeschränkten Steuerpflicht.
2. **Unbeschränkte und beschränkte Steuerpflicht:** Der Steuerpflichtige ist in Österreich ansässig und daher unbeschränkt steuerpflichtig mit den Welteinkünften und bezieht gleichzeitig in Deutschland Einkünfte aus einer nichtselbständigen Arbeit, mit denen er in Deutschland beschränkt steuerpflichtig ist. Diese Einkünfte unterliegen der Doppelbesteuerung.

Vermeidung der internationalen Doppelbesteuerung

128

Internationale Doppelbesteuerung kann grundsätzlich im Wege zweier Methoden, der Befreiungs- oder Anrechnungsmethode, vermieden werden.

Nach der **Befreiungsmethode** befreit ein Staat die ausländischen Einkünfte (Abgrenzung der Besteuerungsrechte). Somit verzichtet der Staat auf die Besteuerung dieser Einkünfte. Die Befreiungsmethode schränkt jedoch nicht das Recht des Ansässigkeitsstaates ein, diese zu befreienden Einkünfte bei der Ermittlung des nach innerstaatlichem Recht anwendbaren progressiven Steuertarifs auf die steuerpflichtigen Einkünfte zu berücksichtigen (**Progressionsvorbehalt**, teilweise ausdrücklich auch in Abkommen vorgesehen).[76]

Bei der **Anrechnungsmethode** werden die ausländischen Einkünfte bei Ermittlung der Bemessungsgrundlage und der Ermittlung eines progressiven Steuertarifs berücksichtigt. Die ausländische Steuer wird dabei auf die inländische Steuer angerechnet und so eine Doppelbesteuerung vermieden. Auch hier ist die Anrechnung nicht unbegrenzt, sondern maximal auf die Höhe der anteilig auf die ausländischen Einkünfte entfallenden inländischen Steuer auf die inländische Steuerschuld beschränkt (**Anrechnungshöchstbetrag**).

---

[76] VwGH 26.2.2015, 2012/15/0035; VwGH 7.9.2022, Ra 2021/13/0067.

Die **drei notwendigen Schritte** zur Vermeidung der Doppelbesteuerung in einem konkreten Fall sind:

- Ermittlung des **Ansässigkeitsstaats** und des Quellenstaats,
- **Zuordnung der Einkünfte** an den **Ansässigkeitsstaat** oder den **Quellenstaat** und
- Bestimmung der **Vermeidungsmethode** durch den Ansässigkeitsstaat bei Quellenstaatbesteuerung.

Beispiele:

1. **Befreiungsmethode:** Bei inländischen Einkünften von EUR 20.000 (progressiver fiktiver Steuersatz bis EUR 30.000 von 20 % und ab EUR 30.000 von 40 %) und ausländischen Einkünften von EUR 40.000 (Steuersatz: 25 %) sind im Ansässigkeitsstaat die ausländischen Einkünfte von EUR 40.000 zu befreien. Der anzuwendende inländische Steuersatz auf die inländischen Einkünfte von EUR 20.000 beträgt aufgrund des Progressionsvorbehalts dennoch 40 % (gesamt EUR 60.000).
2. **Anrechnungsmethode:** Bei inländischen Einkünften von EUR 20.000 (progressiver fiktiver Steuersatz bis EUR 30.000 von 20 % und ab EUR 30.000 von 40 %) und ausländischen Einkünften von EUR 40.000 (Steuersatz: 25 %) wird die ausländische Steuer von EUR 10.000 auf die inländische Steuer der Gesamteinkünfte von EUR 60.000, das sind EUR 24.000, angerechnet. Die inländische Steuerschuld nach Anrechnung beträgt EUR 14.000. Der Anrechnungshöchstbetrag (EUR 40.000 × 40 % = EUR 16.000) wird nicht überschritten.
3. **Doppelte Ansässigkeit:** Bei gleichzeitiger Ansässigkeit in zwei Staaten (Doppelansässigkeit) ist zur Vermeidung der Doppelbesteuerung im ersten Schritt der Ansässigkeitsstaat zu bestimmen (grundsätzlich aufgrund engerer Bindungen), im zweiten Schritt die Zuteilung der Einkünfte (Einkünfte aus nichtselbständiger Arbeit können grundsätzlich im Tätigkeitsstaat besteuert werden) und im dritten Schritt ist die anwendbare Vermeidungsmethode des Ansässigkeitsstaats zu bestimmen (Befreiung der ausländischen Einkünfte oder Anrechnung der ausländischen auf die inländische Steuer der Einkünfte).

129 Vertiefung: Rechtsgrundlagen

Die Vermeidung kann auf **zwei Rechtsgrundlagen** gestützt werden: auf ein zweiseitiges **Doppelbesteuerungsabkommen** oder auf eine einseitige **nationale Vorschrift**.

Doppelbesteuerungsabkommen sind zweiseitige Abkommen zwischen zwei Staaten, die zur Vermeidung einer wirtschaftlich nachteiligen Doppelbesteuerung abgeschlossen werden. Sie enthalten grundsätzlich Bestimmungen, die notwendig sind, um die Doppelbesteuerung zwischen beiden Staaten aufgrund der Ansässigkeit eines Steuerpflichtigen zumindest in einem dieser Staaten[77] zu vermeiden (Bestimmung der abkommensrechtlichen Ansässigkeit, Zuteilungsregeln und Vermeidungsmethode). Darüber hinaus definieren sie den persönlichen und sachlichen Anwendungsbereich des Abkommens und enthalten weitere Bestimmungen über die Zusammenarbeit der Steuerbehörden. Doppelbesteuerungsabkommen selbst begründen kein Besteuerungsrecht eines Staats, sondern schränken ein solches lediglich ein. Sie sind ihrem Zweck entsprechend zur Vermeidung einer Doppelbesteuerung auszulegen. Einige Abkommen sehen auch ein Gleichbehandlungs-

---

77   EAS 2025; EAS 2930, 11.1.2008; EAS 1073, zu einer niederländischen Stichting (Privatstiftung).

gebot von beschränkt Steuerpflichtigen unter gleichen Verhältnissen vor. Als Vorlage für Doppelbesteuerungsabkommen dient das OECD-Musterabkommen (OECD-MA) mit Kommentierung zur Auslegung der Bestimmungen.

Einseitige nationale Bestimmung zur Vermeidung einer Doppelbesteuerung ist § 48 Abs 5 BAO. Danach kann das BMF bei Abgabepflichtigen, die der Abgabenhoheit mehrerer Staaten unterliegen, anordnen, bestimmte Gegenstände der Abgabenerhebung ganz oder teilweise aus der Abgabepflicht auszuscheiden (Befreiungsmethode) oder ausländische, auf solche Gegenstände entfallende Abgaben ganz oder teilweise auf die inländischen Abgaben anzurechnen (Anrechnungsmethode). Dies erfolgt nur dann, wenn dies zur Ausgleichung der in- und ausländischen Besteuerung oder zur Erzielung einer den Grundsätzen der Gegenseitigkeit entsprechenden Behandlung erforderlich ist. Aufgrund des § 48 Abs 5 BAO erging eine Verordnung zur Vermeidung der Doppelbesteuerung, die auf Fälle anzuwenden ist, in denen kein Abkommen zur Anwendung kommt.

Aufgrund von Doppelbesteuerungsabkommen bestehende Streitigkeiten zwischen EU-Staaten können durch das EU-Besteuerungsstreitbeilegungsgesetz (zur Umsetzung der Streitbeilegungsrichtlinie 2017/1852/EU) gelöst werden. Die innerstaatliche verfahrensrechtliche Umsetzung von Entscheidungen (Streitbeilegung oder Verständigungsverfahren) erfolgt aufgrund von § 48 Abs 1 bis 4 BAO.

Vertiefung: Grenzen der Vermeidung der Doppelbesteuerung 130

Eine internationale Doppelbesteuerung kann **nicht in allen Fällen verhindert** werden, weil:

- **kein Abkommen** besteht;
- ein Abkommen zwar besteht, aber aufgrund des persönlichen oder sachlichen Anwendungsbereichs **nicht anzuwenden** ist;
- ein Abkommen anzuwenden ist, aber die Staaten die Einkünfte unterschiedlichen Bestimmungen unterwerfen (**Qualifikationskonflikt**)[78];
- ein Abkommen anzuwenden ist, aber die Staaten die Einkünfte aufgrund unterschiedlicher Einordnung eines Rechtsgebildes als Steuersubjekt oder sonstigen abweichenden innerstaatlichen Bestimmungen unterschiedlichen Personen zurechnen (**Zurechnungskonflikt**);
- eine **missbräuchliche Anwendung** des Abkommens vorliegt, um auf künstliche Weise eine Abkommensberechtigung zu erlangen (**Treaty Shopping**)[79];
- und auch eine **Vermeidung über § 48 BAO nicht möglich** ist.

In diesen Fällen ist die **Vermeidung der Doppelbesteuerung** im Wege einer **Einzelfallentscheidung** durch die Steuerbehörden der beiden Staaten herzustellen. Bei einem bestehenden Abkommen wird dies über das darin vereinbarte (in der Praxis grundsätzlich langwierige) Verständigungsverfahren gelöst.

Aufgrund der Einschränkung des Besteuerungsrechts eines Staats kann es auch zu einer **doppelten Nichtbesteuerung** von Einkünften kommen (weiße Einkünfte). Dies ist der Fall, wenn das Abkommen das Besteuerungsrecht nur einem Staat zuweist, dieser aber

---

78   VwGH 23.2.2017, Ro 2014/15/0050.
79   EAS 3371.

von seinem Besteuerungsrecht keinen Gebrauch macht (innerstaatliche Steuerbefreiung) und auch der andere Staat die Einkünfte nicht besteuert (aufgrund der Befreiungsmethode, dem ausschließlichen Besteuerungsrecht des anderen Staats oder einem **Qualifikationskonflikt**). Einige Abkommen sehen daher eine **Ausnahme von der Befreiungsmethode** vor, wenn der andere Staat nicht von seinem Besteuerungsrecht Gebrauch macht (Subject-to-Tax- Klauseln; Switch-Over-Klauseln[80]). Auch die Anwendung des § 48 BAO setzt voraus, dass es tatsächlich zu einer Doppelbesteuerung kommt, eine bloß mögliche Doppelbesteuerung reicht nicht aus.[81]

Beispiel:

Qualifikationskonflikt: Abfertigungszahlungen werden in Deutschland nicht als mit der Tätigkeit an einem Ort in Zusammenhang stehend gesehen. Anders dagegen in Österreich. Bei einem Zuzug eines Arbeitnehmers nach Österreich und nachträglichem Zufluss der Abfertigung aufgrund der früheren Tätigkeit in Deutschland sieht Österreich sein Besteuerungsrecht als eingeschränkt. Deutschland besteuert jedoch ebenfalls nicht, weil eine abweichende Bestimmung des DBA angewendet wird (doppelte Nichtbesteuerung). Das DBA Ö/D sieht in solchen Fällen eine sogenannte Switch-Over-Klausel vor (Art 28), die Österreich dennoch eine Besteuerung erlaubt.[82]

8.5. Internationale Doppelbesteuerung – Bestimmung der Ansässigkeit

131 Schritt 1: Ansässigkeit nach DBA

Die Abgrenzung der Besteuerungshoheit knüpft an **die Ansässigkeit des Steuerpflichtigen** an und unterscheidet zwischen natürlichen Personen und Körperschaften (zu den Körperschaften → 487). Voraussetzung der Anwendung eines Abkommens oder des § 48 BAO ist, dass ein **Steuerpflichtiger nach nationalem Recht in einem Staat ansässig und daher unbeschränkt steuerpflichtig** ist. Die Ansässigkeit als Anknüpfungspunkt ergibt sich daraus, dass eine bestehende Doppelbesteuerung durch den **Ansässigkeitsstaat** zu vermeiden ist.[83] Die Verordnung zur Vermeidung der Doppelbesteuerung setzt weiters voraus, dass der Steuerpflichtige im Inland ansässig ist. Der **Quellenstaat** besteuert dagegen nur Einkünfte, die ihm aufgrund der Zuteilungsregeln zugewiesen werden. Aus der Anknüpfung an den Steuerpflichtigen ergibt sich gleichsam, dass **andere Rechtsgebilde**, die nicht Steuersubjekte sind (Personengesellschaften, Fonds), sich auch nicht auf das Abkommen oder § 48 BAO berufen und deren Vorteile in Anspruch nehmen können. Der Nachweis wird durch eine **Ansässigkeitsbescheinigung,** ausgestellt durch die Finanzbehörde des Ansässigkeitsstaats, erbracht (→ 1047).

Ist unter Anwendung eines Abkommens ein Steuerpflichtiger in beiden Staaten ansässig (**Doppelansässigkeit**), dann ist jener Staat als Ansässigkeitsstaat zu bestimmen, zu dem der Steuerpflichtige die engere Beziehung aufweist.

---

80 Art 28 DBA Ö/D
81 BFG 7.11.2016, RV/7102973/2013, zu nicht besteuerten Einkünften aufgrund eines ausländischen Grundstücks.
82 VwGH 23.2.2017, Ro 2014/15/0050.
83 EAS 1175.

Bei **natürlichen Personen** ergibt sich dies aus einem Kriterienkatalog (Tie-Breaker-Regeln) in der Reihenfolge: Wohnsitz, Mittelpunkt des Lebensinteresses (Staat, zu dem die engere persönliche und wirtschaftliche Beziehung besteht), gewöhnlicher Aufenthalt, Staatsangehörigkeit oder schlussendlich Einvernehmen der Behörden durch ein **Verständigungsverfahren**.

Beispiele:

1. **Natürliche Person:** Hat eine natürliche Person in beiden Staaten einen Wohnsitz, dann ist der Mittelpunkt des Lebensinteresses, bei Fehlen eines solchen, der gewöhnliche Aufenthalt, die Staatsangehörigkeit oder schließlich die Behördenentscheidung zur Bestimmung der abkommensrechtlichen Ansässigkeit heranzuziehen. Der andere Staat ist Quellenstaat für die weitere Zuteilung von Einkünften.
2. **Personengesellschaften und Fonds:** Aufgrund mangelnder Steuersubjekteigenschaft haben sie keinen Anspruch zur Vermeidung der Doppelbesteuerung. Stattdessen müssen die einzelnen Gesellschafter oder Anteilsinhaber als Steuersubjekte Ansprüche zur Vermeidung der Doppelbesteuerung geltend machen.

8.6. Internationale Doppelbesteuerung – Zuteilung der Einkünfte

Schritt 2: Vermeidung der Doppelbesteuerung durch Zuteilungsregeln   132

Nach der Bestimmung des **Ansässigkeitsstaats** einer Person und des Quellenstaats werden die einzelnen Einkünfte nach **Zuteilungsregeln** entweder dem Ansässigkeitsstaat oder dem Quellenstaat zugeordnet. Diese Zuteilungsregeln leiten sich aus folgenden **Prinzipien** ab:

- **Belegenheitsprinzip:** Einkünfte aus unbeweglichem Vermögen (Grundstücke, land- und forstwirtschaftliche Betriebe) dürfen im Staat der Belegenheit des Vermögens besteuert werden.
- **Betriebsstättenprinzip:** Einkünfte aus gewerblichen oder selbständigen Tätigkeiten und betrieblichem Vermögen (Unternehmensgewinne) aus einer Betriebsstätte dürfen im Staat besteuert werden, in dem die Betriebsstätte liegt.
- **Tätigkeitsortprinzip:** Einkünfte aus unselbständiger Arbeit dürfen im Staat besteuert werden, in dem der Dienstnehmer die Tätigkeit ausübt.
- **Quellenprinzip:** Einkünfte, die von einer Person aus dem Quellenstaat stammen, dürfen auch im Quellenstaat besteuert werden.
- **Ansässigkeitsprinzip:** Einkünfte, für die explizit keine Zuteilungsregeln bestehen, dürfen ausschließlich im Ansässigkeitsstaat besteuert werden.

Davon bestehen **Ausnahmen und abweichende Sondervorschriften** für bestimmte Einkünfte aus Tätigkeiten und Vermögen. Dazu zählen:

- **Einkünfte als Künstler und Sportler**, die grundsätzlich am Tätigkeitsort besteuert werden,
- **Einkünfte von Studenten, Praktikanten und Lehrlingen** für den Unterhalt, das Studium oder die Ausbildung, die grundsätzlich im Quellenstaat besteuert werden können,
- **Einkünfte aus der Schifffahrt und Luftfahrt**, die grundsätzlich am Ort der tatsächlichen Geschäftsleitung des Unternehmens besteuert werden können.

133 Einkünfte aus unbeweglichem Vermögen: Belegenheitsprinzip

Einkünfte aus unbeweglichem Vermögen dürfen im Belegenheitsstaat besteuert werden (**Belegenheitsprinzip**). Dies gilt sowohl für unbewegliches Betriebsvermögen als auch für außerbetriebliches unbewegliches Vermögen.

Der Begriff **unbewegliches Vermögen** ist nach dem Belegenheitsstaat zu definieren. Es umfasst jedenfalls das Zubehör, das Inventar land- und forstwirtschaftlicher Betriebe, grundstücksgleiche Rechte, Nutzungsrechte an unbeweglichem Vermögen, Rechte auf Vergütungen für die Ausbeutung oder das Recht auf Ausbeutung von Mineralvorkommen, Quellen und anderen Bodenschätzen. Schiffe und Luftfahrzeuge gelten nicht als unbewegliches Vermögen (Art 6 Abs 2 OECD-MA).

Davon erfasst sind auch **Einkünfte** aus der unmittelbaren Nutzung, der Vermietung oder Verpachtung sowie jeder anderen Art der Nutzung des unbeweglichen Vermögens (Art 6, laufende Einkünfte), Einkünfte aus der Veräußerung des unbeweglichen Vermögens (Art 13 Abs 1, Veräußerungsgewinne), und Einkünfte aus der Veräußerung von Anteilen, deren Wert zu mehr als 50 % unmittelbar oder mittelbar auf unbeweglichem Vermögen beruht (Art 13 Abs 4, Veräußerungsgewinne von Anteilen einer Grundstücks-Gesellschaft).

134 Unternehmensgewinne: Betriebsstättenprinzip

Einkünfte, die einer Betriebsstätte zuzurechnen sind (Gewinne einer Betriebsstätte), durch die ein Unternehmer das Unternehmen ausübt, dürfen im Staat der Betriebsstätte besteuert werden (**Betriebsstättenprinzip**). Sonstige betriebliche Einkünfte können nur im Ansässigkeitsstaat besteuert werden (**Ansässigkeitsprinzip**).

Betriebsstätte bedeutet eine feste Geschäftseinrichtung, durch die die Geschäftstätigkeit eines Unternehmens ganz oder teilweise ausgeübt wird (Art 5). **Einkünfte** einer Betriebsstätte werden durch laufende Tätigkeit und aus dem notwendigen Betriebsvermögen der Betriebsstätte erzielt.[84] Dazu zählen die der Betriebsstätte zuzurechnenden Dividenden von Anteilen (Art 10 Abs 4), Zinsen von Forderungen (Art 11 Abs 4) und Lizenzgebühren von Rechten oder Vermögenswerten (Art 12 Abs 3), Einkünfte aus der Veräußerung des beweglichen Vermögens der Betriebsstätte, Einkünfte aus der Veräußerung der Betriebsstätte selbst (Art 13 Abs 2) oder aus sonstigen Einkünften aus Rechten oder Vermögenswerten (Art 21 Abs 2; Betriebsstättenvorbehalt).

Abkommen berücksichtigen auch die Grundsätze der Einkünftezurechnung nach nationalen Vorschriften aufgrund der Grundlage des **Fremdvergleichs** bei Rechtsverhältnissen zwischen verbundenen Unternehmen. Ergibt sich aus der Einkünftezurechnung eine **Erhöhung des Gewinns in einem Staat** zur Anpassung an den Fremdvergleichspreis, dann hat zur Vermeidung einer sonst entstehenden Doppelbesteuerung der **andere Staat den Gewinn entsprechend zu mindern** (Verbundene Unternehmen, Art 9).

Darüber hinaus sehen Doppelbesteuerungsabkommen auch ein **Verbot der Diskriminierung von Betriebsstätten** vor, wonach inländische Betriebsstätten beschränkt Steuer-

---

84   EAS 3371.

pflichtiger steuerlich gleich zu behandeln sind, als inländische Betriebe unbeschränkt Steuerpflichtiger. Dies kann unter anderem Auswirkungen auf die Verlustverwertung haben (Art 24 Abs 3 OECD-MA → 374).

Beispiele:

1. **Betriebsstätte:** Der Ausdruck umfasst insbesondere einen Ort der Leitung, eine Zweigniederlassung, eine Geschäftsstelle, eine Fabrikationsstätte, eine Werkstätte und ein Bergwerk, ein Öl- oder Gasvorkommen, einen Steinbruch oder eine andere Stätte der Ausbeutung von Bodenschätzen. Eine Bauausführung oder Montage ist nur dann eine Betriebsstätte, wenn ihre Dauer eine gewisse Zeit (6 oder 12 Monate) überschreitet. Auch die Wohnung eines Dienstnehmers kann für das Unternehmen eine Betriebsstätte begründen.[85]
2. **Eine Vertreter-Betriebsstätte** wird auch angenommen, wenn ein Vertreter in einem Staat für das Unternehmen tätig wird und er die Vollmacht besitzt, im Namen des Unternehmens Verträge abzuschließen und der Vertreter diese Vollmacht gewöhnlich auch ausübt (Art 5 Abs 5 OECD-MA). Ein unabhängiger Vertreter, der als Makler oder Kommissionär im Rahmen seiner ordentlichen Geschäftstätigkeit für das Unternehmen tätig wird, begründet keine Betriebsstätte für das Unternehmen (Art 7 Abs 6). Auch ein Konzernunternehmen oder dessen Betriebsstätte begründen keine Betriebsstätte für ein anderes Konzernunternehmen (Art 5 Abs 7 OECD-MA).
3. **Keine Betriebsstätte wird** durch bloße Büros oder Vertreter begründet, sofern sich die Tätigkeit ausschließlich auf vorbereitende Tätigkeiten oder Hilfstätigkeiten beschränkt und darüber hinaus keine Verkaufstätigkeiten erbracht werden (Art 5 Abs 4 OECD-MA).

Tätigkeitsortprinzip: Einkünfte aus Arbeit 135

Einkünfte aus nichtselbständiger Arbeit können im Tätigkeitsstaat besteuert werden (**Tätigkeitsortprinzip**). Sonstige Einkünfte aus unselbständiger Arbeit können nur im Ansässigkeitsstaat besteuert werden (**Ansässigkeitsprinzip**).

Von diesem Grundsatz gibt es mehrere **Ausnahmen:**

- **Bei kurzfristiger Entsendung** kommt abweichend vom Tätigkeitsortprinzip nur dem Ansässigkeitsstaat ein Besteuerungsrecht zu. Eine kurzfristige Entsendung liegt vor, wenn (i) der Empfänger sich im anderen Staat insgesamt nicht länger als **183 Tage** innerhalb eines Zeitraums von 12 Monaten aufhält, (ii) die Vergütungen von einem Arbeitgeber oder für einen Arbeitgeber gezahlt werden, der nicht im anderen Staat ansässig ist, und (iii) die Vergütungen nicht von einer Betriebsstätte getragen werden, die der Arbeitgeber im anderen Staat hat.
- **Bezüge vom Staat oder von einer Gebietskörperschaft** unterliegen unabhängig vom Tätigkeitsort grundsätzlich der inländischen Besteuerung (Besteuerung durch den **Kassenstaat**). Ortskräfte (Sur-place-Personal) unterliegen der Besteuerung am Ort der Tätigkeit (Tätigkeitsprinzip).
- **Ruhegehälter** und ähnliche Vergütungen für frühere getätigte unselbständige Arbeit können nur im Ansässigkeitsstaat besteuert werden (Artikel 18). Bestimmte Abkommen sehen davon abweichend ein Besteuerungsrecht für den Quellenstaat für Bezüge aus dem öffentlichen Sozialversicherungssystem vor (Art 18 Abs 2 DBA Deutschland).
- **Aufsichtsrats- und Verwaltungsratsvergütungen** können in dem Staat besteuert werden, in dem die Gesellschaft ansässig ist (Art 16). Erfasst sind davon nur Ein-

---

85   VwGH 25.2.1987, 84/13/0053, EAS 3323.

künfte aus der beaufsichtigten Tätigkeit, sofern in einzelnen DBAs nicht auch Vorstands- und Geschäftsführungstätigkeiten ausdrücklich einbezogen werden (DBA Deutschland, Artikel 17 Abs 2).

Beispiele:

1. **Arbeitgeber bei der Entsendung** ist im Sinne des Artikel 15 DBA der wirtschaftliche Arbeitgeber, also derjenige, der wirtschaftlich die Vergütung für die Arbeitsleistung trägt (direkt oder über eine Weiterverrechnung) und sie grundsätzlich auch als Betriebsausgaben absetzen kann (im Wege einer Weiterverrechnung der Kosten durch den zivilrechtlichen Arbeitgeber). Bei internationaler Arbeitskräfteüberlassung, also reiner Überlassung der Arbeitskraft außerhalb einer Werkleistung (Passivleistung), ist dies der Beschäftigte (Gestellungsnehmer).[86] Keine Entsendung, sondern eine Aktivleistung liegt vor, wenn die Arbeit aufgrund eines Werkvertrags erfolgt. In diesem Fall ändert sich der wirtschaftliche Arbeitgeber nicht (zB Schulung, Beratung, Konzernüberwachung einer Tochtergesellschaft).[87] Im nationalen Recht ist für die Lohnsteuer weiterhin der zivilrechtliche Arbeitgeber maßgeblich.
2. **Zu den für die ausgeübte Tätigkeit bezogenen Vergütungen** zählen aufgrund des Kausalitätsprinzips auch Zahlungen für die Dienstfreistellung, Abfindungszahlungen und sonstige Zahlungen bei Beendigung des Dienstverhältnisses, soweit sie anteilig auf die im Inland in der Vergangenheit ausgeübte Tätigkeit entfallen.[88]

136 Quelleneinkünfte: Dividenden

Einkünfte aus Dividenden, die eine Gesellschaft zahlt und die nicht bereits vom Betriebsstättenprinzip erfasst werden, können im **Quellenstaat** (Ansässigkeitsstaat der Gesellschaft) besteuert werden (**Quellenprinzip**). Das Besteuerungsrecht ist jedoch eingeschränkt und zwar auf:

- **15 %** des Bruttobetrags der Dividenden,
- **5 %** (in einigen Abkommen 0 %) des Bruttobetrags, wenn der Nutzungsberechtigte eine Körperschaft ist, die unmittelbar über mindestens 25 % des Kapitals der die Dividenden zahlenden Gesellschaft verfügt (Artikel 10); (zu den Körperschaften → 487).

Beispiele:

1. **Dividenden** sind in diesem Sinne Einkünfte aus Aktien, Genussrechten, Genussscheinen, Kuxen, Gründeranteilen oder anderen Rechten – ausgenommen Forderungen – mit Gewinnbeteiligung sowie aus sonstigen Gesellschaftsanteilen stammende Einkünfte, die nach dem Recht des Staats, in dem die ausschüttende Gesellschaft ansässig ist, den Einkünften aus Aktien steuerlich gleichgestellt sind.
2. **Kein Besteuerungsrecht** steht dem Quellenstaat an Dividenden oder an nichtausgeschütteten Gewinnen einer Gesellschaft des Ansässigkeitsstaats allein aus dem Grund zu, dass die Gesellschaft Gewinne aus dem Quellenstaat erzielt.

137 Quelleneinkünfte: Zinsen

Einkünfte aus Zinsen, die nicht bereits vom Betriebsstättenprinzip erfasst werden, können im **Quellenstaat** besteuert werden (**Quellenprinzip**). Das Besteuerungsrecht ist jedoch bei Zinsen aus Forderungen, die nicht einer Betriebsstätte im Quellenstaat zuzu-

---

86 VwGH 22.5.2013, 2009/13/0031; BMF 12.6.2014, 010221/0326-VI/8/2014.
87 BFG 25.3.2016, RV/7104629/2015.
88 VwGH 26.2.2015, 2012/15/0128; OECD-MA Kommentar Artikel 15, 2.6.

rechnen sind, eingeschränkt und zwar auf **10 %** des Bruttobetrags der Zinsen (Artikel 11). Die meisten Abkommen, die Österreich abgeschlossen hat, sehen dagegen **kein Besteuerungsrecht des Quellenstaats** vor.

Beispiele:

1. **Zinsen** sind in diesem Sinne Einkünfte aus Forderungen jeder Art, auch wenn die Forderungen durch Pfandrechte an Grundstücken gesichert oder mit einer Beteiligung am Gewinn des Schuldners ausgestattet sind. Insbesondere zählen auch Einkünfte aus öffentlichen Anleihen und aus Obligationen einschließlich der damit verbundenen Aufgelder und der Gewinne aus Losanleihen dazu. Zuschläge für verspätete Zahlung (Verzugszinsen) gelten nicht als Zinsen. Dabei sind nur fremdübliche Zinsen erfasst.
2. **Zinsen gelten aus dem Quellenstaat stammend**, wenn die Schuld einer Betriebsstätte im Quellenstaat zuzurechnen ist oder der Schuldner im Quellenstaat ansässig ist und die Schuld keiner Betriebsstätte außerhalb des Quellenstaats zuzurechnen ist. Eine Schuld ist einer Betriebsstätte zuzurechnen, wenn die Schuld für Zwecke der Betriebsstätte eingegangen wurde und die Betriebsstätte die Zinsen wirtschaftlich trägt.

Quelleneinkünfte: Lizenzgebühren 138

Einkünfte aus Lizenzgebühren, die nicht bereits vom Betriebsstättenprinzip erfasst werden, können nur im Ansässigkeitsstaat besteuert werden, auch wenn sie aus dem Quellenstaat stammen (**Ansässigkeitsprinzip**). Abkommen sehen jedoch auch teilweise ein beschränktes Besteuerungsrecht in Höhe von **15 %, 10 %** oder **5 %** des Bruttobetrags für den Quellenstaat vor (**Quellenprinzip**).

Beispiele:

Lizenzgebühren sind in diesem Sinne Einkünfte aus Vergütungen jeder Art, die für die Benutzung oder für das Recht auf Benutzung von Urheberrechten an literarischen, künstlerischen oder wissenschaftlichen Werken, einschließlich kinematographischer Filme, von Patenten, Marken, Mustern oder Modellen, Plänen, geheimen Formeln oder Verfahren oder für die Mitteilung gewerblicher, kaufmännischer oder wissenschaftlicher Erfahrungen gezahlt werden. Dabei sind nur fremdübliche Lizenzgebühren erfasst.

Ansässigkeitsprinzip: Einkünfte ohne Besteuerungsrecht des Quellenstaats 139

Einkünfte, an denen ein Besteuerungsrecht **nicht ausdrücklich dem Quellenstaat** zusteht, können **nur im Ansässigkeitsstaat** besteuert werden.

Beispiele:

1. **Einkünfte aus unbeweglichem Vermögen,** wenn es nicht im Quellenstaat liegt,
2. **Unternehmensgewinne,** die nicht einer Betriebsstätte im Quellenstaat zuzurechnen sind,
3. **Quelleneinkünfte,** wie Dividenden, Zinsen und Lizenzgebühren, soweit nicht dem Quellenstaat das Besteuerungsrecht zusteht,
4. **Sonstige Einkünfte aus der Veräußerung von Vermögen,** die weder als Einkünfte aus unbeweglichem Vermögen, als Einkünfte aus einer Betriebsstätte oder als Einkünfte aus Schiffen und Luftfahrzeugen zu behandeln sind,
5. **Sonstige Einkünfte aus einer Tätigkeit,** soweit dem Quellenstaat kein Besteuerungsrecht zusteht und
6. **Sonstige Einkünfte,** die keiner Zuteilungsnorm zuzurechnen sind, wie insbesondere Zuwendungen von Stiftungen.

140 **Überblick: Vermeidung internationaler Doppelbesteuerung bei der Ertragsteuer**

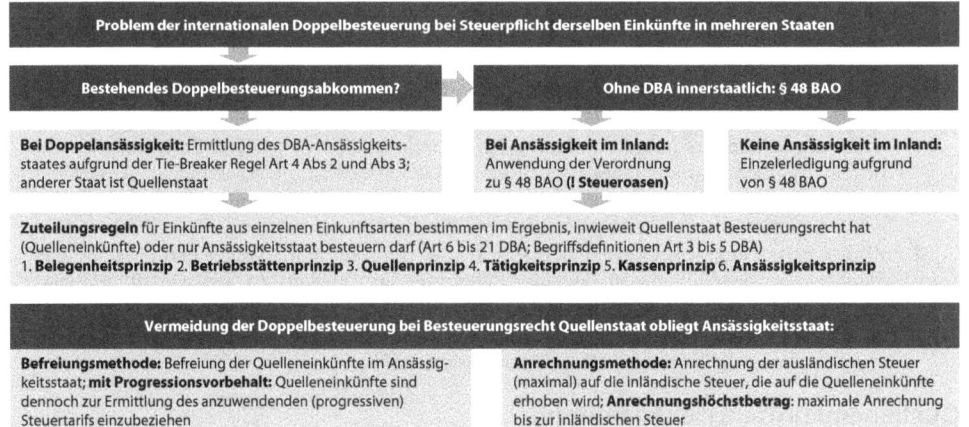

Abbildung 9: Vermeidung internationaler Doppelbesteuerung bei der Ertragsteuer

8.7. Internationale Doppelbesteuerung – Vermeidungsmethode

141 **Schritt 3: Bestimmung der Vermeidungsmethode**

Wird dem Quellenstaat ein Besteuerungsrecht gewährt, dann ist die **Vermeidungsmethode** zu bestimmen, die der **Ansässigkeitsstaat** anzuwenden hat.

Dabei ist zu unterscheiden zwischen dem:

- **Teilbesteuerungsrecht** (5 %, 10 %, 15 %) für Quelleneinkünfte (Zinsen, Dividenden, Lizenzen), wonach nur die Anrechnungsmethode zur Anwendung kommt, und dem
- **Vollbesteuerungsrecht** nach dem Belegenheitsprinzip, Betriebsstättenprinzip, Tätigkeitsortprinzip und dem Quellenprinzip, wonach entweder die Befreiungsmethode oder die Anrechnungsmethode anzuwenden ist.

Hinsichtlich des **Vollbesteuerungsrechts** hängt es vom jeweiligen **Abkommen** ab, welche Vermeidungsmethode anwendbar ist. In Abkommen mit kontinentaleuropäischen Staaten ist vorrangig die **Befreiungsmethode** vorgesehen (Deutschland, Schweiz), während in anglosächsischen Staaten die **Anrechnungsmethode** bevorzugt wird (USA, Großbritannien, Irland, Kanada, aber auch Italien, Schweden, Japan).

Nach der **Verordnung** zur Vermeidung der Doppelbesteuerung kommt zur Anwendung:

- die **Befreiungsmethode** mit Progressionsvorbehalt, sofern die ausländische **Durchschnittssteuerbelastung mehr als 15 %** beträgt, bei **Einkünften** aus ausländischem unbeweglichen Vermögen, aus einer ausländischen Betriebsstätte (Bauausführung,

Montage), aus im Ausland ausgeübten Vortrags- oder Unterrichtstätigkeiten oder erfolgten Unterhaltungsdarbietungen oder aus im Ausland ausgeübter nichtselbständiger Arbeit (§ 1 Abs 1 und Abs 4) und

- in allen anderen Fällen die **Anrechnungsmethode** mit Anrechnungshöchstbetrag (Abs 2).

8.8. Änderung des innerstaatlichen Besteuerungsrechts

Die Änderung des **inländischen Besteuerungsrechts** bewirkt eine notwendige Abgrenzung zwischen Einkünften, die vor und nach der Änderung erzielt werden.

142

Vorgänge, die bei rein innerstaatlichen Sachverhalten keinen steuerrelevanten Tatbestand darstellen, können bei grenzüberschreitenden Sachverhalten aufgrund der Änderung des innerstaatlichen Besteuerungsrechts steuerliche Folgen mit sich bringen. Änderungen des innerstaatlichen Besteuerungsrechts können erfolgen durch:

- Änderung der Ansässigkeit nach inländischem Recht oder DBA durch Umzug oder Verlegung des Sitzes oder der Geschäftsleitung. Die erweiterte Steuerpflicht kann bei natürlichen Personen unter den Voraussetzungen der **Zuzugsbegünstigung** (§ 103) beseitigt werden.
- Grenzüberschreitende Übertragung von Vermögen.
- Änderungen von Rechtsvorschriften wie insbesondere Doppelbesteuerungsabkommen.

Die Erweiterung oder Einschränkung durch Ansässigkeitsänderung kann sich sowohl nach nationalem Recht als auch aufgrund der Anwendung eines Doppelbesteuerungsrechts ergeben.

Beispiele:
1. **Änderung der Ansässigkeit:** Eine natürliche Person gibt sowohl Wohnsitz als auch gewöhnlichen Aufenthalt in Österreich auf oder es kommt aufgrund der Änderung des Sachverhalts zur Ansässigkeitsänderung nach DBA (Verlegung des Mittelpunkts des Lebensinteresses); (zu den Körperschaften → 487).
2. **Grenzüberschreitende Übertragung:** Das Besteuerungsrecht an Vermögen kann sich dadurch ändern, dass Betriebsvermögen von einem Staat in einen anderen Staat übertragen wird. Das gilt auch, wenn ein gesamter Betrieb oder eine Betriebsstätte in einen anderen Staat verlegt wird. Auch bei der Übertragung von außerbetrieblichem Kapitalvermögen von einem Staat in einen anderen kann das Besteuerungsrecht geändert werden.
3. **Änderung von Rechtsvorschriften:** Änderung der innerstaatlichen Besteuerungsvorschriften in Bezug auf den Besteuerungsumfang beschränkt Steuerpflichtiger, Einführung oder Änderung eines DBA, das das Besteuerungsrecht eines Staats gegenüber der alten Rechtslage einschränkt.

Vertiefung: Abgrenzung des Besteuerungsrechts

143

Die Änderung des inländischen Besteuerungsrechts führt zu einer notwendigen **Abgrenzung der Besteuerungsrechte der Einkünfte**.

Bei einer **Erweiterung** des inländischen Besteuerungsrechts unterliegen alle zukünftigen Einkünfte der inländischen Steuerpflicht. Bei nachträglichen Einkünften aus Vermögen oder einer Tätigkeit vor dem Zuzug hängt die inländische Besteuerung davon ab, wann die Einkünfte zeitlich erfasst werden: Nach dem **Betriebsvermögensvergleich** kommt es auf den Zeitpunkt der Vermehrung oder Verminderung des Betriebsvermögens an, nach dem **Zu- und Abflussprinzip** auf den Zeitpunkt des Zuflusses von Einnahmen oder dem Abfluss von Ausgaben (→ 234).[89]

Bei einer **Einschränkung** von der unbeschränkten auf die beschränkte Steuerpflicht (Wegzug) unterliegen nur mehr alle zukünftigen inländischen Einkünfte der inländischen Steuerpflicht (§ 98). Für Einkünfte, die vor dem Wegzug wirtschaftlich erzielt wurden und der inländischen Steuerpflicht unterlagen, sichert das **Kausalitätsprinzip** das inländische Besteuerungsrecht (§ 98 Abs 3).[90]

Zur **Vermeidung der Doppelbesteuerung** kann ein Doppelbesteuerungsabkommen oder eine nationale Bestimmung (§ 48 BAO) das in beiden Fällen bestehende Besteuerungsrecht einschränken.

Beispiele und Praxisfälle:

1. **Erweiterung des Besteuerungsrechts:** Ein Arbeitnehmer zieht nach Österreich, wodurch er nunmehr der unbeschränkten Steuerpflicht unterliegt. Aus seiner früheren ausländischen Tätigkeit fließen ihm nach Zuzug noch Einkünfte aus der Abfertigung zu. Aufgrund der Anwendung des Zuflussprinzip bei Einkünften aus nichtselbständiger Arbeit kommt es auf den Zuflusszeitpunkt an und daher unterliegen die Einkünfte der inländischen Besteuerung. Das DBA Ö/D kann dieses Besteuerungsrecht zugunsten von Deutschland jedoch einschränken.[91]

2. **Einschränkung des Besteuerungsrechts:** Ein Selbständiger zieht in die Schweiz, wodurch er nunmehr der beschränkten Steuerpflicht in Österreich unterliegt. Einkünfte aus der zukünftigen ausländischen Tätigkeit sind nicht mehr in Österreich steuerpflichtig. Fließen nach Wegzug Einkünfte aus der früheren inländischen Tätigkeit zu, dann können diese Einkünfte nach innerstaatlichem Steuerrecht weiterhin im Inland besteuert werden (**Kausalitätsprinzip**). Das Besteuerungsrecht kann aber auch hier durch das DBA Ö/CH eingeschränkt werden.

144 Vertiefung: Abgrenzung des Besteuerungsrechts bei Vermögen

Aufgrund der Erweiterung oder der Einschränkung des Besteuerungsrechts ist es grundsätzlich notwendig, bis zum Zeitpunkt der Änderung die **bisherigen Wertänderungen des Vermögens steuerlich zu erfassen**. Dies kann **Einkünfte** in dem Staat auslösen, bei dem das Besteuerungsrecht eingeschränkt wird.

Durch die **Realisierung der bisher entstandenen und noch nicht realisierten Wertänderung** ist sichergestellt, dass diese Wertänderungen steuerlich entsprechend der in- und ausländischen Besteuerungsrechte abgegrenzt werden. Dies ist der Fall bei:

- einem **Verlust** des inländischen Besteuerungsrechts durch realisierte Wertänderungen in Form von Einkünften bis zum Zeitpunkt des Verlusts des Besteuerungsrechts (**Wegzugsbesteuerung**), und

---

89   VwGH 23.2.2017, Ro 2014/15/0050
90   EB zu BBG 2007, EStR 2000 Rz 7908a.
91   VwGH 23.2.2017, Ro 2014/15/0050; VwGH 17.5.1963, 0871/62.

- einem **Entstehen** des inländischen Besteuerungsrechts durch Berücksichtigung der Wertveränderungen erst ab der Entstehung des Besteuerungsrechts (**Aufwertung der Anschaffungs- und Herstellungskosten** auf den Teilwert oder gemeinen Wert).

Die Besteuerung der bisher entstandenen Wertänderungen aufgrund eines Wegzugs steht grundsätzlich auch **mit DBA im Einklang**. Diese sehen grundsätzlich die Wegzugsbesteuerung ausdrücklich mit einer entsprechenden Aufwertung im Zuzugsstaat vor. Andererseits schränken bestimmte DBA die Wegzugsbesteuerung auch ein und erlauben eine Besteuerung nur im Fall einer tatsächlichen Übertragung.

Die Besteuerung von Vermögen allein aufgrund der Einschränkung des inländischen Besteuerungsrechts durch Wegzug oder Übertragung von Vermögen kann **innerhalb der EU** jedoch zu einer Einschränkung des Binnenmarkts führen.[92] Zur Vermeidung einer sofortigen Steuerbelastung durch bloße Einschränkung des Besteuerungsrechtes unter gleichzeitiger Aufrechterhaltung der Abgrenzung von Besteuerungsrechten sieht das **EU-Recht** einen **Steueraufschub** im Wege eines Ratenzahlungskonzepts vor. Darüber hinaus verhindert die **Fusionsrichtlinie** bei bestimmten Umgründungen die sofortige Besteuerung bloß aufgrund des grenzüberschreitenden Elements einer Umgründung innerhalb der EU (2009/133/EG).

Beispiele und Praxisfälle:

1. **Grundvermögen:** Eine Änderung des Besteuerungsrechts tritt bei Grundvermögen grundsätzlich nicht ein, weil das Besteuerungsrecht prinzipiell an den Belegenheitsort anknüpft, unabhängig vom Ansässigkeitsstaat des Steuerpflichtigen.
2. **Betriebsvermögen:** Das Besteuerungsrecht von Betriebsvermögen einer Betriebsstätte steht grundsätzlich dem Betriebsstättenstaat zu, bei sonstigem Betriebsvermögen dem Ansässigkeitsstaat. Eine Änderung tritt daher nur ein, wenn Betriebsvermögen aus der Betriebsstätte oder der gesamte Betrieb in einen anderen Staat verlegt wird oder sich der Ansässigkeitsstaat im Hinblick auf sonstiges Betriebsvermögen ändert.
3. **Kapitalvermögen:** Das Besteuerungsrecht steht grundsätzlich dem Ansässigkeitsstaat zu, außer das Kapitalvermögen ist Betriebsvermögen einer Betriebsstätte. Eine Änderung des Besteuerungsrechts tritt dabei durch Änderung des Ansässigkeitsstaats oder Übertragung des Kapitalvermögens einer Betriebsstätte in einen anderen Staat oder an eine in einem anderen Staat ansässige Person ein.
4. **Bestimmungen in DBA:** Das DBA Ö/D beinhaltet das Besteuerungsrecht des Wegzugsstaats natürlicher Personen bei Anteilen an Gesellschaften; im Zuzugsstaat werden gleichzeitig Wertänderungen erst ab dem Zuzug berücksichtigt (Artikel 13 Abs 6). Dagegen ist nach dem DBA Ö/CH in gewissen Fällen eine Besteuerung im Zeitpunkt des Wegzugs nicht zulässig; dies führt grundsätzlich zu einem Steueraufschub (Artikel 13 Abs 4).

---

92 EuGH 11.3.2004, C-9/02, *Hughes de Lasteyrie du Saillant.*

Kapitel 3

Einkommensteuer[1] – Besteuerung, Grundsätze der Einkünfteermittlung

1. Besteuerung – Steuersätze

1.1. Besteuerung natürlicher Personen nach dem Tarif (§ 33 EStG)

Das Einkommen einer **natürlichen Person** unterliegt grundsätzlich einem **progressiven Einkommensteuertarif** (§ 33).

145

Die Progression wird grundsätzlich durch die Bestimmung des **Durchschnittssteuersatzes** oder des **Grenzsteuersatzes** gemessen. Durchschnittssteuersatz ist der durchschnittliche Satz auf die gesamten Einkünfte. Grenzsteuersatz ist der Satz, der auf jeden weiteren verdienten Betrag zur Anwendung kommt. Der **Einkommensteuertarif** knüpft aktuell an den **Grenzsteuersatz** an. Die Einkommensteuer beträgt im Jahr 2023 (§ 33 Abs 1):

- **0 %** für die ersten EUR 12.816 (steuerfreies **Existenzminimum**),
- **20 %** für Einkommensteile über EUR 12.816 bis EUR 20.818,
- **30 %** (in 2022: 32,5 %, davor 35 %) für Einkommensteile über EUR 20.818 bis EUR 34.513,
- **40 %** (bis 2023: 41 %, davor 42 %) für Einkommensteile über EUR 34.513 bis EUR 66.612,
- **48 %** für Einkommensteile über EUR 66.612 bis EUR 99.266,
- **50 %** für Einkommensteile über EUR 99.266,
- **55 %** für Einkommensteile über EUR 1.000.000 (zeitlich beschränkt bis 2025).

Zur Abgeltung der steuerlichen Mehrbelastung durch die **kalte Progression** werden sowohl der Einkommensteuertarif als auch andere Werte zu zwei Drittel der Inflationswirkung jährlich angepasst. Das verbliebene Drittel der Inflationswirkung ist durch sonstige Entlastungsmaßnahmen abzugelten (§ 33 Abs 1a und § 33a, ab 2024 durch Verordnung).

Berechnungsbeispiele (bezogen auf 2023):
1. **Einkommen EUR 20.000:** Steuer von EUR 1.436,80; Durchschnittssteuersatz von 7,18 %.
2. **Einkommen EUR 50.000:** Steuer von EUR 11.903,70; Durchschnittssteuersatz von 23,81 %.
3. **Einkommen EUR 100.000:** Steuer von EUR 34.589,42; Durchschnittssteuersatz von 34,59 %.
4. **Einkommen EUR 500.000:** Steuer von EUR 234.589,42; Durchschnittssteuersatz von 46,92 %.

---

1   Paragraphenverweise ohne Gesetzesangabe beziehen sich auf das Einkommensteuergesetz (EStG).

146 Überblick: Progressiver Steuertarif der Einkommensteuer

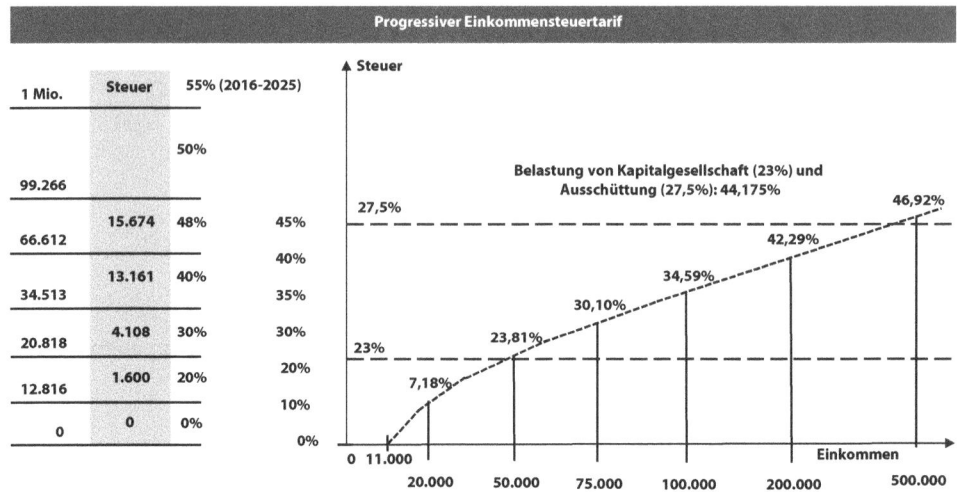

Abbildung 10: Progressiver Steuertarif der Einkommensteuer

147 Vertiefung: Vorbehalt der Progression bei Steuerbefreiungen

Zur Ermittlung des anzuwendenden Steuersatzes werden auch bestimmte steuerneutrale Einkünfte einbezogen (**Progressionsvorbehalt**).

Der Progressionsvorbehalt dient dazu, den nach den **wirtschaftlichen Einkünften** anwendbaren Steuersatz zu ermitteln, auch wenn die Einkünfte aus systematischen Gründen steuerfrei sind. Der Vorbehalt dient der **Vermeidung einer progressionsmindernden Wirkung** aufgrund befreiter Einkünfte. Dazu zählen:

- Befreiung von Einkünften zur **Vermeidung der internationalen** Doppelbesteuerung (Abkommen, § 1 Abs 3 der Verordnung zur Vermeidung der Doppelbesteuerung),
- Befreiung von Einkünften von **Entwicklungshelfern** und **EU-Parlamentariern** und Hochrechnung von steuerpflichtigen laufenden Einkünften aufgrund von **steuerfreien, sozialen Transferleistungen** oder Heeres- oder Zivildienerbezügen (§ 3 Abs 2 und 3).

Beispiele:

1. **Befreiungsmethode:** Zur Vermeidung eines zu niedrigen Steuersatzes im Inland aufgrund der Befreiung ausländischer Einkünfte im Vergleich zu einem Steuerpflichtigen, der dieselben Einkünfte ausschließlich im Inland erzielt, sind die befreiten ausländischen Einkünfte dennoch für die Ermittlung des progressiven Steuersatzes zu ermitteln. Bei inländischen Einkünften von EUR 20.000 und ausländischen Einkünften von EUR 40.000 sind die EUR 20.000 dennoch mit dem Steuersatz zu versteuern, der bei Einkünften in Höhe von gesamt EUR 60.000 zur Anwendung kommen würde.[2]

---

2   VwGH 26.2.2015, 2012/15/0035.

2. **Hochrechnung** von steuerpflichtigen laufenden Einkünften: Bei steuerfreien, sozialen Transferleistungen (Arbeitslosengeld, Notstandshilfe, Bildungskarenz, vergleichbare Einkommensersatzleistungen) werden die während des Restjahres erzielten steuerpflichtigen laufenden Einkünfte auf einen Jahresbetrag hochgerechnet und davon der progressive Steuersatz ermittelt. Damit soll erreicht werden, dass neben der Steuerbefreiung für Ersatzleistungen Steuerpflichtige nicht auch über die niedrigere Progression begünstigt werden.[3]

Ausnahmen von der Progression 148

> Für bestimmte Einkünfte sind Maßnahmen vorgesehen, die diese **Progressionswirkung verhindern** oder **reduzieren.**

Dazu zählen:

- **Anwendung des halben Durchschnittssteuersatzes** (→ 149)
- **besondere Steuersätze** auf bestimmte Einkünfte (→ 150)
- **Einkünfteverteilung** auf mehrere Jahre (→ 318).

Die **Progression kann sich negativ auswirken,** sofern Einkünfte nicht laufend anfallen, sondern sich regelmäßig über die Jahre kumulieren und erst in einem späteren Jahr vollständig als realisiert gelten. In diesem Jahr ergäbe sich aufgrund des progressiven Steuertarifs eine höhere Einkommensteuerbelastung. Darüber hinaus wird durch besondere Steuersätze auch die **Erhebung der Steuer durch Abzugssteuern oder Selbstberechnung vereinfacht.**

Fallen die Einkünfte nicht in einem einzigen Veranlagungszeitraum an, dann kommt die Progressionsermäßigung auch nicht zur Anwendung (§ 37 Abs 7; insbesondere unter Anwendung des Zuflussprinzips, Veräußerung gegen Rente oder gegen eine erst später zu realisierende Umsatz- oder Gewinnbeteiligung). Die Einkünfteverteilung oder die Anwendung des halben Durchschnittssteuersatzes stehen auch insoweit nicht zu, als ein besonderer Steuersatz anzuwenden ist.

Halber Durchschnittssteuersatz (Hälftesteuersatz) (§ 37 EStG) 149

Dem **halben Durchschnittssteuersatz** (Hälftesteuersatz) unterliegen:

- Veräußerungs- und Übergangsgewinne von Betrieben aus persönlichen Gründen (→ 314),
- Einkünfte aus besonderer Waldnutzung und
- Einkünfte aus der Verwertung von Patentrechten durch den Erfinder (§ 38).

Einkünfte aus besonderen Waldnutzungen liegen nur vor, wenn für das stehende Holz kein Bestandsvergleich vorgenommen wird und überdies außerordentliche Waldnutzungen oder Waldnutzungen infolge höherer Gewalt vorliegen. Einkünfte aus außerordentlichen Waldnutzungen sind solche, die aus wirtschaftlichen Gründen geboten sind und über die nach forstwirtschaftlichen Grundsätzen nachhaltig zu erzielenden, jährlichen regelmäßigen Nutzungen hinausgehen (§ 37 Abs 6).

---

3   BFG 21.11.2017, RV/2100080/2017.

Einkünfte aus der Verwertung von Patenrechten durch den Erfinder liegen vor, wenn der Erfinder aufgrund der Verwertung der patentrechtlich geschützten Erfindung durch andere Personen Einkünfte aus Lizenzzahlungen oder der Veräußerung erzielt. Die Erfindung muss über den Zeitraum der Verwertung patentrechtlich geschützt sein. Die Erfindung muss dort patentrechtlich geschützt sein, wo sie verwertet wird. Ein patentrechtlicher Schutz in Österreich reicht auch bei Auslandsverwertung aus (§ 38).

Berechnungsbeispiel:

Bei einem progressiv besteuerten Einkommen von EUR 50.000 ergibt dies einen Durchschnittssteuersatz von 23,81 %. Auf begünstigt besteuerte Einkünfte beträgt der Hälftesteuersatz 11,90 %.

1.2. Besteuerung natürlicher Personen nach besonderen Steuersätzen

150 Anwendung besonderer Steuersätze

Bestimmte Einkünfte unterliegen einem **besonderen Steuersatz.**

Besondere Steuersätze sind:

- **27,5 % oder 25 %** auf Einkünfte aus **Kapitalvermögen,**
- **30 %** auf Einkünfte aus **Grundstücksveräußerungen,**
- **0 %, 6 %** bzw **27,5 %** als Einkünfte aus **nichtselbständiger Arbeit,**
- **10 % auf Einkünfte aus der Einräumung von Leitungsrechten und Nutzungsrechten zum Hochwasserschutz** (§ 107, → 423).

Zur Minderung der Progressionswirkung sind diese Einkünfte bei der Berechnung der Einkommensteuer **weder beim Gesamtbetrag der Einkünfte noch beim Einkommen zu berücksichtigen**. Die Einkünfte mit besonderem Steuersatz erhöhen daher nicht den progressiven Steuertarif. Bei Kapitalvermögen und Grundstücksveräußerungen ist eine Option zur progressiven Besteuerung möglich, womit die Einkünfte beim Gesamtbetrag der Einkünfte und somit bei der Ermittlung des Einkommens berücksichtigt werden (**Regelbesteuerungsoption**). Die Option wird dann ausgeübt, wenn der progressive Tarif günstiger als die Besteuerung mit dem besonderen Steuersatz ist.

151 Steuersatz für Kapitaleinkünfte (§ 27a EStG)

Bei **Kapitaleinkünften** besteht sowohl im betrieblichen Bereich als auch im außerbetrieblichen Bereich (§ 27a Abs 1):

- **ein besonderer Steuersatz von 25 %** für Geldeinlagen und nicht verbriefte sonstige Geldforderungen bei Kreditinstituten (ausgenommen Ausgleichszahlungen und Leihgebühren von Wertpapierleihegeschäften und Pensionsgeschäften),
- **ein besonderer Steuersatz von 27,5 %** für sonstige bestimmte Kapitaleinkünfte.

Beispiele:

1. **25 % Steuersatz**: Einlagen bei Banken über Sparbücher oder Konten.
2. **27,5 % Steuersatz**: Einkünfte aus Ausschüttungen (Dividenden) und Veräußerungen von Beteiligungen an Körperschaften (GmbH, AG), Einkünfte aus öffentlich angebotenen Anleihen.

Der Steuerpflichtige hat das Wahlrecht auf Regelbesteuerung nach dem progressiven Tarif (**Regelbesteuerungsoption**). Die Option kann nur für sämtliche Kapitaleinkünfte, die dem besonderen Steuersatz unterliegen, ausgeübt werden (§ 27a Abs 5).

Bestimmte Einkünfte unterliegen dagegen den **progressiven Steuertarif** (§ 27a Abs 2).

Beispiele:

1. Einkünfte aus **Darlehen** von Privatpersonen und **nicht verbrieften sonstigen Forderungen**, denen kein Bankgeschäft zugrunde liegt;
2. Einkünfte aus **nicht öffentlich begebenen Forderungswertpapieren, Anteilen an Immobilieninvestmentfonds und der Überlassung von Kryptowährungen**; Forderungswertpapiere sind Wertpapiere (Geltendmachung des Rechts erfordert Inhaberschaft), die ein Forderungsrecht verbriefen. **Nicht öffentlich begeben** bedeutet, dass diese Instrumente bei ihrer Begebung in rechtlicher oder tatsächlicher Hinsicht keinem unbestimmten Personenkreis angeboten werden, somit nur ein eingeschränkter Personenkreis diese Instrumente erwerben kann („Private Placement"); sofern Fondsanteile öffentlich begeben wurden, gelten die den Einkünften zugrundeliegenden Wirtschaftsgüter stets als an einen unbestimmten Personenkreis angeboten (Abs 2a); weiters gelten die solchen Einkünften zugrunde liegenden Wirtschaftsgüter als verbrieft, wenn die Anteile oder Anteilscheine an Investmentfonds oder Immobilien-Investmentfonds verbrieft sind ;
3. Einkünfte als **typisch stiller Gesellschafter**;
4. **Diskontbeträge** von Wechsel und Anweisungen;
5. **Ausgleichszahlungen und Leihgebühren**, wenn der Entleiher oder Pensionsnehmer kein Kreditinstitut oder Zweigstelle ist;
6. Einkünfte aus **Versicherungsverträgen**;
7. Einkünfte aus **nicht verbrieften Derivaten**, sofern kein freiwilliger Einbehalt und Abfuhr durch eine inländische auszahlende Stelle oder Wertpapierfirma erfolgt;
8. Einkünfte aus der **Überlassung von Kryptowährungen** (§ 27b Abs 2 Z 1, Lending);
9. Einkünfte aus realisierten Wertsteigerungen von Kapitalvermögen und aus Derivaten, wenn ihre Erzielung einen **Schwerpunkt der betrieblichen Tätigkeit** darstellt, wie Wertpapierhändler (§ 27a Abs 6 letzter Satz).

Zur **Ermittlung** → 250 (betriebliche Einkünfte) → 326 (außerbetriebliche Einkünfte). Die **Erhebung** erfolgt bei Einkünften, die dem besonderen Steuersatz unterliegen, vorrangig durch Einbehaltung der Kapitalertragsteuer. Bei den anderen Einkünften aus Kapitalvermögen erfolgt die Erhebung durch Veranlagung.

Besonderer Steuersatz für Grundstücksveräußerungen (§ 30a EStG)   152

Einkünfte aus Grundstücksveräußerungen im betrieblichen und außerbetrieblichen Bereich unterliegen einem besonderen Steuersatz von **30 %** (§ 30a Abs 1).

Der Steuerpflichtige hat das Wahlrecht auf Regelbesteuerung nach dem progressiven Tarif (**Regelbesteuerungsoption**). Die Option kann nur für sämtliche Einkünfte aus Grundstücksveräußerungen, die dem besonderen Steuersatz unterliegen, ausgeübt werden (§ 30a Abs 2).

Ausgenommen vom besonderen Steuersatz sind:

- die **Veräußerung gegen Rente**, wenn nach steuerlichen Bestimmungen erst der Zufluss zur Besteuerung führt (§ 30a Abs 4, keine Progressionsminderung notwendig) und
- bestimmte **betriebliche** Einkünfte (§ 30a Abs 3).

Anwendungsfälle:

Zu Ausnahmen für **betriebliche Einkünfte aus Grundstücksveräußerungen** zählen Grundstücke die:

1. dem **Umlaufvermögen** zuzurechnen sind;
2. wenn ein **Schwerpunkt der betrieblichen Tätigkeit** in der gewerblichen Überlassung und Veräußerung von Grundstücken liegt, wie Einkünfte aus der Tätigkeit von Grundstückshändlern und Immobilienentwicklern;
3. soweit eine Buchwertminderung durch **Teilwertabschreibungen vor Inkrafttreten** (vor 1.4.2012) vorliegt und
4. soweit **stille Reserven** vor dem Inkrafttreten (vor 1.4.2012) übertragen wurden. Bei den beiden letzten Bestimmungen handelt es sich um Steuervorteile (Übertragung stiller Reserven, Teilwertabschreibung), die noch aus dem alten System stammen. Das neue System sieht hingegen aufgrund des begünstigten Steuersatzes auch eine Einschränkung der Teilwertabschreibung vor (vorrangige Verlustverrechnung und Hälfteausgleich nach § 6 Z 2 lit d).

Zur **Ermittlung** → 91 (betriebliche Einkünfte) → 326 (außerbetriebliche Einkünfte). Die **Erhebung** erfolgt vorrangig durch Einbehaltung der Immobilienertragsteuer oder Vorauszahlung.

153 Besondere Besteuerung für Bezüge aus nichtselbständiger Arbeit (§ 67 EStG)

Einkünfte aus nichtselbständiger Arbeit, aus sonstigen Bezügen und bestimmten Zulagen und Zuschlägen unterliegen einer besonderen Besteuerung. Derartige Bezüge sind entweder:

- gänzlich steuerfrei,
- mit einem begünstigten Steuersatz von grundsätzlich 6 % zu versteuern,
- zu einem Fünftel steuerfrei oder
- mit einem Hälftesteuersatz zu versteuern.

Sonstige Bezüge **als zusätzliche Bezüge (Sonderzahlungen)** neben dem progressiv zu versteuernden laufenden Arbeitslohn, die insbesondere einmalig jährlich ausgezahlt werden, sind bis **zu einem Sechstel** der im Kalenderjahr laufenden Bezüge (**Jahressechstel**) begünstigt wie folgt versteuert:

- **Freigrenze:** Beträgt das Jahressechstel höchstens EUR 2.100 (EUR 2.447 in 2024) (bei laufenden Bezügen bis EUR 12.600 jährlich), dann unterbleibt die Besteuerung; sonst gilt Folgendes:
- **0 %** für die ersten EUR 620 (laufende Bezüge bis EUR 3.720);
- **6 %** für die nächsten EUR 24.380 (laufende Bezüge bis EUR 150.000);
- **27 %** für die nächsten EUR 25.000 (laufende Bezüge bis EUR 300.000);
- **35,75 %** für die nächsten EUR 33.333 (laufende Bezüge bis EUR 500.000);
- **progressiver Steuertarif** darüber hinaus (laufende Bezüge ab EUR 500.000).

Bei **Start-Up-Mitarbeiterbeteiligungen** ist ein besonderer Steuersatz von **27,5 %** anzuwenden auf 75 % des geldwerten Vorteils, abhängig von Fristen: Dauer des Dienstverhältnisses von zumindest zwei Jahren und Zufluss nach drei Jahren ab Gewährung der Anteile, mit Ausnahmen (der besondere Steuersatz ist dem 27,5%-Steuersatz bei Wertsteigerungen auf Kapitalvermögen nachgebildet; § 67a Abs 4 Z 2, → 329).

Beispiele: 154

1. **Laufender Arbeitslohn (laufender Bezug**, insbesondere zur Berechnung des Jahressechstels): Grundgehalt, Grundlohn, laufende Sachbezüge, steuerpflichtige Diäten als zusätzlicher Arbeitslohn, Überstunden, Zulagen und Zuschläge (nach § 68). Nicht dazu zählen steuerfreie Einnahmen nach § 3 (mit bestimmten Ausnahmen, § 67 Abs 2).
2. **Zusätzliche Bezüge** sind Belohnungen, Urlaubsgeld und Weihnachtsremuneration (13./14. Bezug). Ersatzleistungen für nicht verbrauchten Urlaub (Urlaubsentschädigung, Urlaubsabfindung und freiwillige Abfertigungen und Abfindungen für diese Ansprüche) sind nur dann als begünstigter sonstiger Bezug zu behandeln, soweit die Ersatzleistung sonstige Bezüge betrifft.[4]
3. **Besteuerung mit 6 %** (§ 67): Gesetzliche und kollektivvertragliche Abfertigungen durch den Arbeitgeber oder Abfertigungen und Kapitalerträge aus BV-Kassen (Abs 3, 4 und 5); sonstige Bezüge, die bei oder nach Beendigung des Dienstverhältnisses anfallen (der Höhe nach beschränkt, Abs 6, freiwillige Abfertigungen, Abfindungen, nicht jedoch Zahlungen für Verzicht auf Arbeitsleistung, Urlaubsentschädigung).
4. **Fünftelbesteuerung**: Kündigungsentschädigungen, sonst nicht begünstigte Vergleichssummen und Nachzahlungen für das abgelaufene Jahr bleiben grundsätzlich der Höhe nach beschränkt mit einem Fünftel steuerfrei (§ 67 Abs 8).
5. **Hälftesteuersatz**: Zahlungen für Pensionsabfindungen und nicht begünstigte Bezüge bei oder nach Beendigung des Dienstverhältnisses im Rahmen von Sozialplänen als Folge von Betriebsänderungen sind der Höhe nach beschränkt mit der Hälfte des Steuersatzes zu versteuern, der sich bei gleichmäßiger Verteilung des Bezuges auf die Monate des Kalenderjahrs des Lohnzahlungszeitraums ergibt.
6. **Nachzahlungen in einem Insolvenzverfahren** sind der Höhe nach beschränkt mit **6 %** zu versteuern; übrige Nachzahlungen sind in Höhe von einem Fünftel steuerfrei zu belassen und der Restbetrag vorläufig mit 15 % zu versteuern.
7. **Steuerfreie Zulagen und Zuschläge** (§ 68): Zulagen für Schmutz, Erschwernis und Gefahren sowie Zuschläge für Arbeit am Sonntag, Feiertag oder nachts, inklusive damit zusammenhängender Überstundenzuschläge, sind insgesamt mit EUR 400 monatlich steuerfrei (Abs 1). Überstundenzuschläge für die ersten zehn Überstunden im Monat im Ausmaß von höchstens 50 % des Grundlohns sind bis maximal EUR 120 monatlich steuerfrei (Abs 2).

1.3. Besteuerung natürlicher Personen bei beschränkter Steuerpflicht

Beschränkte Steuerpflicht   155

Bei **beschränkt steuerpflichtigen** natürlichen Personen kommt grundsätzlich ebenso der **progressive Steuersatz** zur Anwendung. Bei Berechnung der Einkommensteuer ist jedoch ein Betrag von **EUR 10.486 hinzuzurechnen,** damit der beschränkt Steuerpflichtige nur im eingeschränkten Ausmaß am steuerfreien Existenzminimum teilnimmt. **Einkünfte aus Kapitalvermögen und Grundstücksveräußerungen** unterliegen wie bei unbeschränkt Steuerpflichtigen den besonderen Steuersätzen (**25 %, 27,5 %, 30 %**).

---

4   VwGH 29.1.2004, 2000/15/0113.

Ein **besonderer Steuersatz** von **20 %** (Bruttobesteuerung) oder **20%** bis EUR 20.000 und darüber **25%** (Nettobesteuerung) ausschließlich **für beschränkt Steuerpflichtige** ist auf bestimmte Einkünfte anzuwenden (§ 100 Abs 1, § 99 Abs 1).

Anwendungsfälle des besonderen Steuersatzes:

1. Einkünfte aus selbständiger und unselbständiger Tätigkeit als Schriftsteller, Vortragender, Künstler, Architekt, Sportler, Artist oder Mitwirkender an Unterhaltungsdarbietungen (§ 99 Abs 1 Z 1; § 70 Abs 2);
2. Gewinnanteile von Gesellschaftern (Mitunternehmern) einer ausländischen Gesellschaft, die an einer inländischen Personengesellschaft beteiligt ist und Gesellschafter als Steuersubjekte dem Finanzamt nicht bekannt sind oder bekannt gegeben werden;
3. Einkünften aus der betrieblichen oder außerbetrieblichen Überlassung von Rechten;
4. Aufsichtsratsvergütungen;
5. Einkünfte aus inländischer kaufmännischer und technischer Beratung und aus der Gestellung von Arbeitskräften zur inländischen Arbeitsausübung.

Bruttobesteuerung bedeutet die Einnahmen ohne Abzug von Ausgaben. **Nettobesteuerung** bedeutet Einnahmen abzüglich Ausgaben (→ 158).

Ein **besonderer Steuersatz** von **27,5 %** kommt zur Anwendung auf:

- Einkünfte aus einer stillen Beteiligung;
- Einkünfte aus nicht öffentlich begebenen Anteilen an einem Immobilienfonds.

Der besondere Steuersatz für beschränkt Steuerpflichtige wird im Wege einer **Abzugssteuer** erhoben. Werden diese Einkünfte in die **Veranlagung** einbezogen, kommt der **progressive Steuertarif** zur Anwendung. Zur Antrags- oder Pflichtveranlagung (→ 434)

2. Ermittlung der Einkünfte einer Einkunftsquelle
156 2.1. Objekt der Einkünfteermittlung

Die **Einkünfte sind für jede Einkunftsquelle** eigenständig zu ermitteln. Ermittlungsobjekt ist daher die jeweilige Einkunftsquelle.

Einkunftsquelle ist bei betrieblichen Einkünften der einheitliche **Betrieb**. Bei außerbetrieblichen Einkünften ist dies das einzelne **Rechtsverhältnis**. Die Ermittlung der Einkünfte einer Einkunftsquelle ist wesentlicher Teil der Ermittlung der Bemessungsgrundlage der Ertragsteuer. Die Einkünfte einer Einkunftsquelle bilden nach deren Ermittlung entweder:

- einen **Teil des Gesamtbetrags der Einkünfte** als Teil des Einkommens und Bemessungsgrundlage für die Besteuerung mit dem allgemeinen Steuersatz, oder
- die **Bemessungsgrundlage** für die Besteuerung mit einem besonderen Steuersatz.

157 2.2. Subjekt der Einkünfteermittlung

Einkünfteermittlungssubjekt ist die Person, die jeweils zur Ermittlung der Einkünfte einer Einkunftsquelle verpflichtet ist.

Ermittlungssubjekte können sein:

- natürliche Personen oder Körperschaften (zu den Körperschaften → 453), wenn diese unmittelbar Einkünfte erzielen,
- Personengesellschaften und Fondsverwaltungsgesellschaften in bestimmten Fällen, wenn Steuersubjekte Einkünfte über diese mittelbar erzielen.

Bestimmte **Einkünfte einer Personengesellschaft** sind durch ein formelles Verfahren vom Finanzamt festzustellen, das auch der Zurechnung der festgestellten Einkünfte auf die Gesellschafter dient (§ 188 BAO, dazu → 1043). **Einkünfte als Anteilsinhaber an einem Fonds** sind auf Ebene des Fonds generell durch die Fondsverwaltungsgesellschaft zu ermitteln und den Anteilsinhabern entsprechend ihren Anteilen zuzurechnen.

2.3. Grundlagen – Prinzipien der Einkünfteermittlung

Die Ermittlung der Einkünfte beruht auf zwei grundlegenden Prinzipien, dem **Netto-prinzip** und dem **Periodenprinzip**. 158

Nach dem **Nettoprinzip** ergeben sich die Einkünfte aus der Gegenüberstellung der steuer-pflichtigen Einnahmen und der abzugsfähigen Ausgaben einer Einkunftsquelle. Sons-tige Vermögensänderungen sind nicht zu berücksichtigen. Bei betrieblichen Einkünften wird damit der Gewinn oder Verlust ermittelt. Bei außerbetrieblichen Einkünften ergibt sich daraus der Überschuss der Einnahmen über die Werbungskosten oder ein Verlust.

Nach dem **Periodenprinzip** sind die Einkünfte jeweils für eine Periode zu ermitteln. Die maßgebliche Periode ist das Wirtschaftsjahr, das grundsätzlich dem Kalenderjahr ent-spricht. Die Einkünfteermittlung erfolgt entweder nach den Grundsätzen eines Betriebs-vermögensvergleichs oder nach dem Zu- und Abflussprinzip. Die sich nach dem Netto-prinzip ergebenden Einnahmen und Ausgaben sind entsprechend der anzuwendenden Einkünfteermittlungsart der richtigen Periode zuzuordnen.

Die **Einkünfteermittlung** erfolgt dabei sowohl für inländische Einkünfte als auch für ausländische Einkünfte **nach innerstaatlichem Recht** unter Beachtung von Doppel-besteuerungsabkommen (§ 2 Abs 8 Z 1).

Überblick: Ertragsteuerliches Nettoprinzip und Periodenprinzip 159

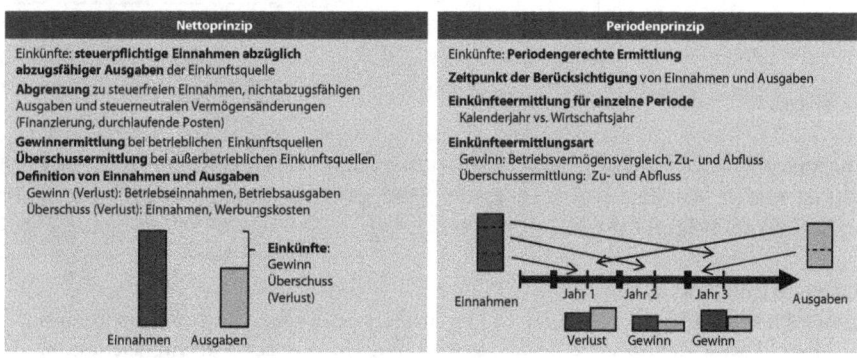

Abbildung 11: Ertragsteuerliches Nettoprinzip und Periodenprinzip

3. Das Nettoprinzip als Baustein der Ermittlung

3.1. Nettoprinzip: Einnahmen abzüglich Ausgaben

160 Nach dem **Nettoprinzip** ergeben sich die Einkünfte **als Nettogröße** aus den **steuerpflichtigen Einnahmen** abzüglich der **abzugsfähigen Ausgaben**.

Für jede Einkunftsquelle sind die steuerpflichtigen **Einnahmen** als Vermögenszuflüsse und Ausdruck der positiven Leistungsfähigkeit und die damit zusammenhängenden abzugsfähigen **Ausgaben** als Vermögensabflüsse als Ausdruck der negativen Leistungsfähigkeit zu ermitteln und gegenüberzustellen. **Steuerbefreite** Einnahmen, **nichtabzugsfähige** Ausgaben und sonstige **steuerneutrale Vermögensänderungen** sind bei der Ermittlung der Einkünfte einer Einkunftsquelle nicht zu berücksichtigen.

161 **Überblick: Ertragsteuerliches Nettoprinzip**

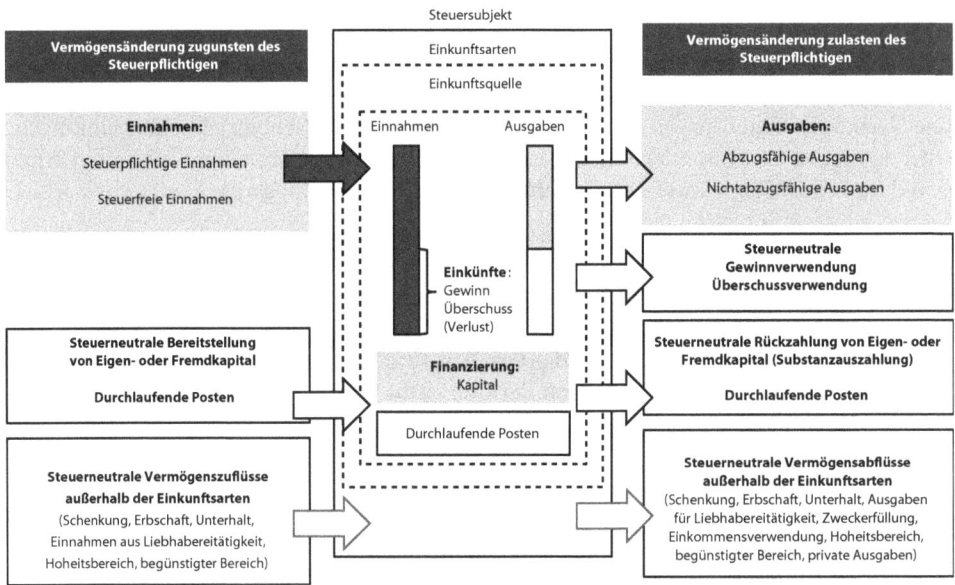

Abbildung 12: Ertragsteuerliches Nettoprinzip

Einnahmen

162 **Einnahmen** sind Geld oder geldwerte Vorteile, die im Rahmen einer steuerbaren Einkunftsart erzielt wurden (vgl § 15 erster Satz) und zu einem tatsächlichen Zufluss beim Steuerpflichtigen führen.

Beispiele und Praxisfälle:
1. **Werklohn, Löhne oder Gehälter** als Entgelt aus der Erbringung von Dienstleistungen,
2. **Miete, Pacht, Zinsen oder Dividenden** als Entgelte aus der Nutzungsüberlassung von Wirtschaftsgütern,

3. **Untermiete, Lizenzentgelt und Ablösezahlungen** als Entgelte aus der Einräumung und dem Verzicht auf Rechte,
4. **Veräußerungspreise und Ablösezahlungen** als Gegenleistung für die Übertragung eines Wirtschaftsguts,
5. **Versicherungsentschädigungen und Schadenersatzzahlungen** als wiederkehrende Bezüge.

Einnahmen können in **Geld oder geldwerten Vorteilen** bestehen (vgl § 15 erster Satz). Bei **Geld** kann es sich sowohl um Bargeld als auch um Buchgeld handeln. **Geldwerte Vorteile** sind Zuwendungen von Sachen oder Leistungen. Ein geldwerter Vorteil ist auch die Übernahme eines Aufwands im Interesse des Steuerpflichtigen, die Bezahlung einer Schuld des Steuerpflichtigen durch einen Dritten oder der Verzicht auf eine Forderung.

Beispiele und Praxisfälle:

1. **Aufwandsübernahme:** Der Arbeitgeber zahlt den Jahresbeitrag für das Fitnesscenter des Arbeitnehmers.
2. **Bezahlung einer Schuld:** Der Arbeitgeber zahlt das über das Existenzminimum gepfändete Gehalt direkt an einen Gläubiger des Arbeitnehmers (Schuldbegleichung).
3. **Sachzuwendungen:** Der Arbeitgeber stellt dem Arbeitnehmer Leistungen wie Wohnung, Heizung, Beleuchtung, Kleidung, Kost, Waren, Überlassung von KFZ zur Privatnutzung oder ein zinsfreies Darlehen[5] zur Verfügung. Dies kann auch durch eine günstige Veräußerung eines Grundstücks an den Arbeitnehmer oder dessen Ehefrau erfolgen.[6]
4. **Wertsteigerung bei Mietereinbauten** zugunsten des Vermieters sind Einnahmen.
5. **Ersatz der Ertragsteuer:** Übernimmt der Leistungsempfänger auch die Ertragsteuer des Steuerpflichtigen, dann stellt dieser Vorteil ebenso eine Einnahme des Steuerpflichtigen dar.
6. **Tauschgeschäfte** führen auf beiden Seiten zu Einnahmen: Behandelt der Zahnarzt den Steuerberater und erstellt der Steuerberater im Gegenzug dafür die Steuererklärung des Zahnarztes, dann erzielen sowohl der Steuerberater als auch der Zahnarzt Einnahmen.
7. **Dienstleistungsscheck:** Auch der Erhalt des „Dienstleistungsschecks" stellt eine Einnahme dar.

Die **Bewertung der geldwerten Vorteile** erfolgt zu den um übliche Preisnachlässe verminderten üblichen Endpreisen des Abgabeorts (§ 15 Abs 2). Der Endpreis ermittelt sich aus den objektiven, normalerweise am Markt bestehenden Gegebenheiten. Bei **Tauschgeschäften** gilt als Einnahme der Wert des hingegebenen Wirtschaftsguts (§ 6 Z 14). **Geld** in ausländischer Währung ist grundsätzlich in die inländische Währung umzurechnen. Zu besonderen **Sachbezugswerten** für Arbeitnehmer → 329 (ebenso bei Privatnutzung von betrieblichen Fahrzeugen durch wesentlich beteiligte Gesellschafter-Geschäftsführer, § 22 Z 2, VO[7]). **Zuwendungen von Privatstiftungen** sind mit dem Betrag anzusetzen, der für das Wirtschaftsgut, für sonstiges Vermögen oder sonstige geldwerte Vorteile im Zeitpunkt der Zuwendung hätte aufgewendet werden müssen (im Detail § 15 Abs 3 Z 2; § 4 Abs 11 Z 2).

Ausgaben 163

Ausgaben sind tatsächliche Vermögensabflüsse beim Steuerpflichtigen, die durch eine steuerbare Einkunftsquelle veranlasst sind.

---

5   VwGH 25.3.2015, 2011/13/0015.
6   VwGH 22.7.2015, 2011/13/0067.
7   BGBl II 2018/70.

Die **Bewertung** von Ausgaben erfolgt mit dem Geldwert der Ausgabe. Im Falle von Tauschgeschäften gilt der Wert des hingegebenen Wirtschaftsguts als Ausgabe zur Anschaffung des erhaltenen Wirtschaftsguts.

Beispiele und Einzelfälle:

1. **Ausgaben, die der Anschaffung, Herstellung, Instandsetzung oder Erhaltung** von Wirtschaftsgütern des Betriebsvermögens dienen, sind als Betriebsausgaben abzugsfähig.
2. **Versicherungsbeiträge:** Ausgaben zur Pflichtversicherung, Betriebsversicherung.
3. **Aus- und Fortbildung** des Unternehmers oder seiner Mitarbeiter.
4. **Laufende Kosten** für Beratung, Vermittlung, Fahrtkosten, Reiseaufwand.
5. **Ausgaben für Personal und Dienstleistungen.**
6. **Ausgaben für die Überlassung von Wirtschaftsgütern:** Zinsaufwand, Miet- und Pachtaufwand, Lizenzgebühren.
7. **Ausgaben für die Veräußerung** oder das sonstige Ausscheiden von Wirtschaftsgütern aus dem Vermögen.

3.2. Elemente einer steuerpflichtigen Einnahme

164 **Tatsächlicher Vorteil**

Einnahmen setzen grundsätzlich eine **tatsächliche Werterhöhung des Vermögens** des Steuerpflichtigen voraus. Keine Einnahmen sind dagegen der bloße Auslagenersatz und sonstige Leistungen, die nicht zu einem unmittelbaren Vermögensvorteil beim Steuerpflichtigen führen.

Ein **Aufwands- oder Auslagenersatz** liegt vor, wenn Ausgaben tatsächlich vom Steuerpflichtigen auf eigene Rechnung geleistet werden, diese aber von einem Dritten aufgrund seines überwiegenden Interesses an diesem Aufwand ersetzt werden. Aufgrund der zuvor getätigten Auslage kommt es zu keinem tatsächlichen Vermögenszufluss und daher auch nicht zu einer Einnahme. Aus Vereinfachungsgründen werden bestimmte Beträge als Aufwandsersätze erfasst, auch wenn der Betrag über oder unter dem tatsächlichen Aufwand liegt. Pauschale Aufwandsersätze über den tatsächlichen oder den gesetzlich vorgesehenen Aufwandsersätzen sind grundsätzlich Einnahmen.

Beispiele und Praxisfälle:

1. **Aufwands- und Auslagenersatz durch den Arbeitgeber:** Ersatz von Dienstreisekosten, Umzugskosten.
2. **Auslandsbeamte:** Kosten- und Auslagenersatz an Auslandsbeamte sind keine Einnahmen, sondern dienen der Abdeckung der durch den Auslandseinsatz entstehenden Aufwendungen.
3. **Pauschale Auslagenersätze** sind grundsätzlich als Einnahmen zu berücksichtigen. Bestimmte, im Gesetz genannte pauschale Auslagenersätze wie Reiseaufwandsentschädigungen durch gemeinnützige Sportvereine an Sportler, Betreuer oder Schiedsrichter bis EUR 120 pro Einsatztag, maximal EUR 720 monatlich (§ 3 Abs 1 Z 16c, Meldepflicht (L19) durch den begünstigten Rechtsträger bei Nichtselbständigen bis Ende Februar des Folgejahres) und für Entschädigungen von ehrenamtlich tätigen Bewährungshelfern gelten als steuerfreie Einnahmen.

Keine Einnahmen sind Leistungen, die dem Steuerpflichtigen **im überwiegenden Interesse Dritter** zur Verfügung gestellt werden, die also bei ihm keinen unmittelbaren Vermögensvorteil auslösen. Diese Leistungen finden sich vor allem bei Dienstverhältnissen.

Beispiel:

Der Arbeitgeber überlässt dem Arbeitnehmer Berufskleidung, stellt eine kleine, arbeitsplatznahe, nicht den Mittelpunkt des Lebensinteresses dienende Unterkunft zur Verfügung, befördert die Arbeitnehmer im Werkverkehr und übernimmt Aus- und Fortbildungskosten.

Einnahmenersatz 165

Einnahmen sind auch Vermögenszugänge, die als **Einnahmenersatz** anzusehen sind. Der Einnahmenersatz ist grundsätzlich so wie die Einnahmen zu behandeln, die damit ersetzt werden. Dazu gehören **Entschädigungen** als Ersatz (§ 32 Abs 1 Z 1):

- für entgangene oder entgehende Einnahmen einschließlich eines Krankengeldes und vergleichbarer Leistungen,
- für die Aufgabe oder Nichtausübung einer Tätigkeit,
- für die Aufgabe einer Gewinnbeteiligung oder einer Anwartschaft auf eine solche, oder
- für die Aufgabe von Bestandsrechten, wenn die Enteignung unmittelbar droht.

Beispiele und Praxisfälle:

1. **Schadenersatz und Verdienstentgang:** Der angestellte Steuerpflichtige erhält aufgrund eines Unfalls Schmerzengeld in Höhe von EUR 5.000 und Entschädigung für Verdienstentgang in Höhe von EUR 15.000. Die Entschädigung für Verdienstentgang stellt eine Einnahme aus nichtselbständiger Arbeit dar. Das Schmerzengeld zählt bei einmaliger Auszahlung nicht zu den sieben Einkunftsarten (bei rentenmäßiger Auszahlung liegen Einnahmen als wiederkehrende Bezüge vor.
2. **Entschädigungszahlungen für Einnahmenentgang:** Krankengeld, Bezüge aus der Kranken- oder Unfallversorgung, Insolvenzentgelt sind Einnahmen.
3. **Konkurrenzverbot:** Der Arbeitnehmer erhält eine Zahlung für die Nichtausübung einer Tätigkeit, die eine Einnahme darstellt.
4. **Abgeltung für zukünftige Einnahmen:** Es wird ein höherer Kaufpreis bezahlt, der bereits erwirtschaftete, aber noch nicht zugeflossene Einnahmen abgelten soll, wie zum Beispiel künftige Dividenden oder Mieterträge.
5. **Die Veräußerung von Kapitalansprüchen** (Dividendenscheine, Zinsscheine) und der Zufluss anteiliger Zinserträge anlässlich der Realisation der dazugehörigen Wirtschaftsgüter (Stückzinsen) gilt nicht als Einkünfte aus der Überlassung von Kapitalvermögen, sondern als Wertsteigerung von Kapitalvermögen (zur Vereinfachung und Vermeidung von Missbrauch).

Nachträgliche Einnahmen 166

Nachträgliche Einnahmen zählen ebenso zu den Einnahmen der Einkunftsquelle. Dazu gehören Zahlungen, die nachträglich aufgrund einer Einkunftsquelle zufließen (§ 32 Abs 1 Z 2).

Beispiele und Praxisfälle:

1. **Abfertigung und Pensionszahlungen:** Bezüge aus der Pensionsvorsorge der Versorgungs- und Unterstützungseinrichtungen der Kammern der selbständig Erwerbstätigen gelten als nichtselbständige Einkünfte (aufgrund der Besteuerung und Steuererhebung).
2. **Nachträgliche betriebliche Einkünfte:** Nachträgliche Einkünfte können bei einer ehemaligen betrieblichen Tätigkeit zufließen, wie Gewinne aus dem Eingang abgeschriebener Forderungen oder Verluste aus dem Ausfall von Forderungen.
3. **Nachträgliche außerbetriebliche Einkünfte** können aufgrund einer ehemaligen nichtselbständigen Tätigkeit oder einem früheren Rechtsverhältnis zufließen.

167 Steuerbefreiung

Bestimmte Einnahmen sind aus unterschiedlichen Gründen **steuerfrei** und bleiben daher für die Einkünfteermittlung unberücksichtigt. Steuerbefreite Einnahmen können vorliegen bei:

- **Zuwendungen** aus öffentlichen Mitteln und Sozialleistungen (§ 3 Abs 1 Z 1 bis 7, 25 bis 28, 37),
- **Abgeltung von Wertminderungen von Grundstücken** aufgrund von Maßnahmen im öffentlichen Interesse, sofern die Abgeltung nicht für eine Nutzungsüberlassung oder Rechtseinräumung gewährt wird (§ 3 Abs 1 Z 33, § 4 Abs 3a Z 1),
- **Einkünfte natürlicher Personen aus kleinen Photovoltaikanlagen** (Engpassleistung bis 35 kWp und Anschlussleistung bis 25 kWp bei der Einspeisung von bis zu 12.500 kWh elektrischer Energie (§ 3 Abs 1 Z 39),
- **Entschädigungen** für die Tätigkeit in Wahlbehörden von Gebietskörperschaften (§ 3 Abs 1 Z 40),
- **Zahlungen an Zulassungsbesitzer von E-Fahrzeugen** des Privatvermögens für die Übertragung von Strommengen aus erneuerbarer Energie, die als Antrieb für Kraftfahrzeuge im Bundesgebiet produziert werden (§ 3 Abs 1 Z 41),
- **Einnahmen aus einer ehrenamtlichen (freiwilligen) Tätigkeit** (§ 3 Abs 1 Z 42, kleines Freiwilligenpauschale bis EUR 30 pro Tag und EUR 1.000 pro Jahr, bei besonderen förderungswürdigen Tätigkeiten: großes Freiwilligenpauschale bis EUR 50 pro Tag und EUR 3.000 pro Jahr),
- **Leistungen von Arbeitgeber an Arbeitnehmer** im Rahmen des Dienstverhältnisses → 332,
- **dem unentgeltlichen Erwerb von Anteilsrechten** aufgrund einer Kapitalerhöhung aus Gesellschaftsmitteln → 341,
- **bei Investition in Mittelstandsfinanzierungsgesellschaften** → 341, und
- **bei Beteiligungserträgen** aus Beteiligungen an bestimmten Körperschaften → 513.

Beispiele und Praxisfälle:

1. **Zuwendungen aus öffentlichen Mitteln** wie insbesondere Kriegs- und Opferentschädigungen (Z 1 und 2) bei Hilfsbedürftigkeit, Bezüge und Beihilfen zur Förderung öffentlicher Zwecke (Z 3), bestimmte Leistungen aus der Sozialversicherung (Wochengeld, Sachleistungen, Erstattungsbeiträge, Übergangsgelder, Z 4), Arbeitslosengeld, Notstandshilfe, Weiterbildungsgeld, Arbeitsteilzeitgeld, Sozialhilfe, Z 5), Zuwendungen zur Anschaffung oder Herstellung von Wirtschaftsgütern (Z 6, dazu sogleich), Leistungen aus dem Familienlastenausgleichsfonds (Z 7), Leistungen und Entschädigungen für Opfer und Impfschäden (§ 3 Abs 1 Z 25 bis 28), der regionale Klimabonus (§ 3 Abs 1 Z 37).
2. **Zuwendungen aus öffentlichen Mitteln zur Anschaffung oder Herstellung von Wirtschaftsgütern** des Anlagevermögens oder zu ihrer Instandsetzung sind nicht als Einnahmen steuerpflichtig (§ 3 Abs 1 Z 6). Sofern sie für die Anschaffung oder Herstellung von Wirtschaftsgütern geleistet werden, kürzen diese die Anschaffungs- oder Herstellungskosten sowie Instandhaltungs- oder Instandsetzungsaufwendungen (§ 6 Z 10, § 28 Abs 6; § 30 Abs 3).
3. **Entschädigungszahlungen** für die Abgeltung der Wertminderung eines Grundstücks aufgrund des Baus einer Starkstromleitung über ein Grundstück, Errichtung einer Pipeline, Abwasserkanal oder Abriss eines Gebäudes durch nachträgliche Umwidmung in ein Überschwemmungsgebiet sind steuerfrei. Nutzungsüberlassungen sind nicht erfasst: Wird eine Zahlung aufgrund einer Servitutseinräumung oder eines Bestandverhältnisses geleistet, dann ist diese Zahlung nicht von der Befreiung erfasst.

3.3. Elemente einer abzugsfähigen Ausgabe

Tatsächlicher Vermögensabfluss 168

Ausgaben setzen einen **tatsächlichen Vermögensabfluss** beim Steuerpflichtigen selbst voraus.

Findet ein Vermögensabfluss beim Steuerpflichtigen im überwiegenden Interesse einer anderen Person statt und wird dieser danach **von der anderen Person ersetzt**, kommt es zu keinem tatsächlichen Vermögensabfluss (**Aufwandsersatz**).

> **Beispiele:**
>
> **Aufwandsersatz:** Der Arbeitnehmer absolviert für berufliche Zwecke ein Seminar. Der Arbeitgeber entscheidet sich dafür, dem Arbeitnehmer die Kosten zu ersetzen. Es liegt beim Arbeitnehmer ein steuerneutraler Aufwandsersatz vor. Werden die Kosten nicht ersetzt und sind diese beim Arbeitnehmer beruflich veranlasst, dann kann dieser sie als Werbungskosten absetzen.

Um den Ansatz von **tatsächlich nicht getragenen Ausgaben** zu vermeiden, hat die Steuerbehörde die Möglichkeit, eine Empfängerbenennung zu erzwingen (Benennungspflicht nach § 162 BAO). Darüber hinaus führt die fehlende Empfängerbenennung bei Körperschaften zusätzlich zur Besteuerung mit 25 % (→ 489).

Zur Vereinfachung der Einkünfteermittlung können in bestimmten Fällen Ausgaben auch **pauschal ohne Nachweis der tatsächlichen Ausgaben abgesetzt** werden.

> **Beispiele:**
> 1. **Pauschale Betriebsausgaben** nach Durchschnittssätzen (§ 17).
> 2. **Werbungskostenpauschale** bei Einkünften aus nichtselbständiger Arbeit von EUR 132.

Veranlassung der Ausgaben 169

Ausgaben sind grundsätzlich nur dann zu berücksichtigen, wenn sie **unmittelbar durch die Einkunftsquelle veranlasst** sind, wenn also ohne Einkunftsquelle auch die Ausgabe nicht anfallen würde. Eine bloß mittelbare Veranlassung reicht grundsätzlich nicht aus.

> **Beispiele und Einzelfälle:**
> 1. **Ausgaben, die der Anschaffung, Herstellung, Instandsetzung oder Erhaltung** von Wirtschaftsgütern dienen, die zu steuerbaren Einkünften führen, sind durch die Einkunftsquelle veranlasst.
> 2. **Laufende Ausgaben, die der Einkünfteerzielung dienen,** aufgrund von Beratung, Bürgschaft, Fremdmitteln (Zinsen, Geldbeschaffung), Gewährleistung, Garantien, Löhnen und Gehältern samt Nebenkosten und geleistetem tatsächlichen Aufwandsersatz, Mieten, Prozessen, Schadenersatz, Treuhandschaften, Vermittlungen, Vertrieb, Verwaltung, Versicherung.

Der Höhe nach beschränkte Abzugsfähigkeit 170

Aufgrund einer Einkunftsquelle veranlasste Ausgaben können **der Höhe nach** in der Abzugsfähigkeit beschränkt sein.

Beispiele und Einzelfälle:

1. **Kosten für die Fahrt zwischen Wohnung und Arbeitsstätte:** Kosten sind grundsätzlich nicht abzugsfähig, sondern mit dem Verkehrsabsetzbetrag abgegolten. Zusätzlich kann unter bestimmten Voraussetzungen ein Pendlerpauschale als Werbungskosten oder als Absetzbetrag ein Pendlereuro geltend gemacht werden.
2. **Ausgaben als Entgelt für Arbeits- oder Werkleistung über EUR 500.000** pro Person und Wirtschaftsjahr (insb Vorstands- und Geschäftsführergehälter).
3. **Barzahlung über EUR 500 von Ausgaben für Bauleistungen** (§ 20 Abs 1 Z 9).

171 Absolutes Abzugsverbot

Bestimmte Ausgaben sind **nicht abzugsfähig**, auch wenn sie zumindest teilweise unmittelbar durch eine Einkunftsquelle veranlasst sind. Dabei ist zwischen einem absoluten und einem relativen Abzugsverbot zu unterscheiden. Ein **absolutes Abzugsverbot** liegt vor, wenn Ausgaben aufgrund ihres Charakters dem Grunde oder der Höhe nach nicht abzugsfähig sind.

Beispiele und Einzelfälle:

1. **Betrieblich und beruflich veranlasste Ausgaben, die auch die Lebensführung des Steuerpflichtigen berühren,** sind nicht abzugsfähig, wenn sie nach allgemeiner Verkehrsauffassung unangemessen hoch sind.
2. **Ausgaben für ein im Wohnungsverband gelegenes Arbeitszimmer und dessen Einrichtung** sowie Einrichtungsgegenstände der Wohnung sind nur abzugsfähig, wenn das Arbeitszimmer den Mittelpunkt der gesamten betrieblichen und beruflichen Tätigkeit bildet, das Arbeitszimmer beruflich notwendig ist und ausschließlich beruflich genutzt wird (§ 20 Abs 1 Z 2 lit d).
3. **Repräsentationsausgaben** sind grundsätzlich nicht abzugsfähig; die Bewirtung von Geschäftsfreunden ist allerdings zu 50 % absetzbar, sofern der Werbung dienend und überwiegend betrieblich oder beruflich veranlasst.
4. **Bestechungsgelder, Strafen und Geldbußen sowie Diversionszahlungen** sind nicht abzugsfähig.
5. **Ertragsteuern und GrESt für unentgeltliche Erwerbe** sind nicht abzugsfähig.

172 Relatives Abzugsverbot

Ein **relatives Abzugsverbot** liegt vor, wenn Ausgaben zwar grundsätzlich abzugsfähig wären, aber nur aufgrund der besonderen Besteuerung der Einkünfte nicht abzugsfähig sind. Aufgrund des allgemeinen Nettoprinzips sind Ausgaben nicht abzugsfähig, die in unmittelbarem wirtschaftlichen Zusammenhang stehen mit **nichtsteuerpflichtigen Einnahmen, steuerneutralen Vermögensvermehrungen** oder **begünstigt besteuerten Einkünften** (§ 20 Abs 2; § 12 Abs 2 KStG).

Derartige Ausgaben sind nicht absetzbar, weil es sonst entweder zu einer **doppelten Begünstigung** kommen würde oder weil die Besteuerung der Einkünfte vereinfacht zu einem **besonderen Steuersatz** erfolgt und dadurch Ausgaben bereits pauschal berücksichtigt werden (Bruttobesteuerung).

Beispiele:

1. **Einkünfte aus Kapitalvermögen,** auf die die besonderen Steuersätze von 25 % oder 27,5 % anwendbar wären; bei Kryptowährungen, auf die der besondere Steuersatz von 27,5 % angewendet wird (daher nicht bei Regelbesteuerungsoption).

2. **Einkünfte aus Grundstücksveräußerungen,** bei denen der besondere Steuersatz von 30 % angewendet wird (daher nicht bei Regelbesteuerungsoption).
3. **Abzugssteuer bei beschränkt Steuerpflichtigen** als Steuer auf den Bruttobetrag der Einnahmen: Bei beschränkt Steuerpflichtigen erfolgt die Erhebung der Steuer im Wege einer Abzugssteuer, wobei für die Ermittlung der volle Betrag der Einnahmen heranzuziehen ist (Bruttobesteuerung).
4. **Ausnahmen** von diesem Grundsatz bestehen insbesondere bei unter § 7 Abs 3 KStG fallende Körperschaften (zu den Körperschaften → 494, 512)

3.4. Abgrenzung zu steuerneutralen Vermögensänderungen

Steuerwirksame Einnahmen und Ausgaben sind von steuerneutralen Vermögens- 173 zuflüssen und Vermögensabflüssen abzugrenzen, die **außerhalb der sieben Einkunftsarten** anfallen.

Beispiele:

1. **Schenkungen und Erbschaften** aus privaten Gründen und damit in Zusammenhang stehende Ausgaben sind für die Einkünfteermittlung einer Einkunftsquelle nicht relevant. Prüft ein Steuerberater für den Schenkungsempfänger, ob mit der Schenkung steuerliche Auswirkungen verknüpft sind, sind diese Ausgaben für die Einkünfteermittlung unbeachtlich. Im konkreten Fall könnten allerdings Sonderausgaben zur Ermittlung des zu versteuernden Einkommens vorliegen.
2. **Liebhabereitätigkeit:** Einnahmen und Ausgaben in Zusammenhang mit einer Liebhabereitätigkeit sind steuerneutral.
3. **Private Veräußerungsgeschäfte** und damit in Zusammenhang stehende Einnahmen und Ausgaben sind dann nicht relevant, wenn es sich um Veräußerungsgeschäfte außerhalb der Spekulationsfrist handelt.
4. **Steuerneutraler Bereich:** Einnahmen und Ausgaben aus unentbehrlichen Hilfsbetrieben von Körperschaften mit ideellen Zwecken und Einnahmen und Ausgaben von Hoheitsbetrieben sind ebenso steuerneutral. Der private Lebensbereich einer natürlichen Person, der Hoheitsbereich einer Körperschaft öffentlichen Rechts und der gemeinnützige Bereich von Körperschaften sind daher jedenfalls für die Einkünfteermittlung als steuerneutrale Sphäre anzusehen.
5. **Unterhaltszahlungen:** Einnahmen aus und Ausgaben aufgrund von Unterhaltsverpflichtungen sind steuerneutral.

Vermögensänderungen **im Rahmen der Einkunftsarten** sind in steuerwirksame Ein- 174 nahmen und Ausgaben und steuerneutrale Vermögensänderungen zu unterteilen.

Steuerneutrale Vermögensänderungen sind:

- Vermögensflüsse in Form von **durchlaufenden Posten,**
- Erhalt und Rückzahlung von **Fremdkapital,**
- Erhalt und Rückzahlung von **Eigenkapital** und **Einkünftezuwendung.**

Durchlaufende Posten 175

Durchlaufende Posten sind Gelder oder sonstige geldwerte Vorteile, die im Namen und auf Rechnung eines anderen vereinnahmt und verausgabt werden. Es findet kein Vermögenszugang hinsichtlich des eigenen Vermögens des Steuerpflichtigen statt; zugleich ist die Weiterleitung auch kein Vermögensabgang. Durchlaufende Posten sind daher steuerneutral und beeinflussen die Einkünfteermittlung nicht (§§ 4 Abs 3, 15 und 16, 26 Z 2).

Beispiele:

Umsatzsteuer: Ein Beispiel für durchlaufende Posten ist die Umsatzsteuer, die grundsätzlich vom Leistungsempfänger an den Leistungserbringer gezahlt wird, der diese wiederum an das Finanzamt abzuführen hat. Zur Vereinfachung darf der Steuerpflichtige nach § 4 Abs 3 entscheiden, ob er die Umsatzsteuerbeträge und die abziehbaren Vorsteuerbeträge als durchlaufende Posten behandelt. Werden Umsatzsteuerbeträge als durchlaufende Posten behandelt (**USt-Nettosystem**), dann bleiben Umsatzsteuer und Vorsteuer unberücksichtigt und die Einnahmen und Ausgaben sind netto auszuweisen. Im Falle des **USt-Bruttosystems** zählen zu den Einnahmen und Ausgaben auch die Umsatzsteuer und Vorsteuer, diese sind selbst als Einnahmen und Ausgaben in der ertragsteuerlichen Einkünfteermittlung zu berücksichtigen.

176 Fremdkapital

Erhalt und Rückzahlung von Fremdkapital[8] zur Finanzierung der Einkunftsquelle stellen steuerneutrale Vermögensänderungen dar. Es kommt zwar zu einer Vermögensvermehrung durch die Bereitstellung von zusätzlichem Fremdkapital, dieser Vermögensvermehrung steht aber grundsätzlich ein gleich hoher Rückzahlungsanspruch gegenüber, sodass insgesamt keine Erhöhung des Vermögens eintritt. Steuerneutral bleibt dabei der Wert, der als Fremdkapital tatsächlich zur Verfügung gestellt wird. Von den steuerneutralen Vorgängen des Erhalts und der Rückzahlung von Fremdkapital sind steuerwirksame Ausgaben des Kapitalnehmers zu unterscheiden, die für die Kapitalüberlassung zu leisten sind. Dazu zählen Zinsen, Unterschiedsbeträge zwischen Kapital und Rückzahlungsbetrag, auch als Damnum, Disagio oder Abgeld bezeichnet, und sonstige Gebühren, die an den Kapitalgeber zu leisten sind.

Beispiele:

1. **Erhalt von Fremdkapital:** Der Steuerpflichtige erhält ein Bankdarlehen in Höhe von EUR 100.000 und hat für die Kapitalüberlassung jährlich EUR 3.000 an Zinsen und eine einmalige Bearbeitungsgebühr in Höhe von EUR 2.000 zu bezahlen. Der Erhalt des Fremdkapitals ist beim Steuerpflichtigen ein steuerneutraler Vorgang. Die Zinsen und die Bearbeitungsgebühr sind dagegen bei ihm steuerwirksame Ausgaben.
2. **Rückzahlung mit Damnum:** Der Steuerpflichtige hat ein Bankdarlehen in Höhe von EUR 100.000 mit jährlichen Zinsen in Höhe von EUR 1.000 erhalten, wobei jedoch nur EUR 95.000 zu Auszahlung gelangt sind. Am Ende der Laufzeit des Darlehens zahlt er einen Betrag von EUR 100.000 zurück. Eine steuerneutrale Rückzahlung kann nur in Höhe des erhaltenen Betrags erfolgen, daher in Höhe von EUR 95.000. Der Restbetrag ist als Damnum gemeinsam mit den Zinsen eine steuerwirksame Ausgabe.
3. **Verzicht auf die Rückzahlung:** Ein Verzicht des Fremdkapitalgebers auf Rückzahlung von Fremdkapital aus betrieblichen Gründen führt beim Kapitalnehmer zum Entfall der Rückzahlungsverpflichtung, zu einer Erhöhung seines Vermögens und daher zu einer Einnahme.[9]

---

8   VwGH 15.1.2008, 2006/15/0116.
9   VwGH 15.1.2008, 2006/15/0116.

Eigenkapital 177

Erhalt und Rückzahlung von Eigenkapital und die Einkünfteverwendung stellen steuerneutrale Vermögensänderungen dar. Die Erhöhung des Eigenkapitals führt zwar zu einer Vermögensvermehrung, diese Vermögensvermehrung ist aber nicht auf betriebliche Leistungen zurückzuführen. Darüber hinaus besteht ein gleich hoher Rückzahlungsanspruch des Eigenkapitalgebers, sodass insgesamt keine Erhöhung des Vermögens eintritt. Auch die Auszahlung des erzielten Gewinns oder Überschusses ist als Gewinnverwendung steuerneutral und führt daher als Entgelt für die Kapitalüberlassung von Eigenkapital – anders als das Entgelt für die Überlassung von Fremdkapital – zu keiner steuerwirksamen Ausgabe. Diese unterschiedliche steuerliche Behandlung macht daher auch die Unterscheidung des steuerlichen Eigenkapitals von steuerlichem Fremdkapital notwendig.

Beispiele:
1. **Erhalt von Eigenkapital:** Der Steuerpflichtige erhält Eigenkapital von einem Investor in Höhe von EUR 100.000 mit einem Gewinnanspruch und einer Beteiligung am Unternehmenswert in Höhe von 5 %. Der Erhalt des Eigenkapitals ist beim Steuerpflichtigen ein steuerneutraler Vorgang. Im Fall eines Gewinns ist die Auszahlung desselben an den Investor als Gewinnverwendung steuerneutral. Im Falle von Fremdkapital wäre die Auszahlung des Gewinns beim Steuerpflichtigen eine steuerwirksame Ausgabe.
2. **Rückzahlung von Eigenkapital:** Der Steuerpflichtige hat Eigenkapital in Höhe von EUR 100.000 erhalten und zahlt diesen Betrag nun an den Investor zurück. Zusätzlich erhält der Investor auch den aktuell erzielten Gewinn und eine Abfindungszahlung aufgrund der Beteiligung am gestiegenen Unternehmenswert. Sowohl der Gewinn als auch der Abfindungsbetrag sind beim Steuerpflichtigen steuerneutrale Gewinnverwendung.

Grundsätze der Einordnung der Vermögensflüsse 178

Die Abgrenzung zu steuerneutralen Vermögensänderungen erfolgt **entsprechend dem wirtschaftlichen Gehalt** und nicht nach der rein zivilrechtlichen Gestaltung. Entscheidend ist der wahre wirtschaftliche Gehalt der Vermögensänderung und nicht die äußere Erscheinungsform. Die Einordnung der Vermögensveränderung nach dem wirtschaftlichen Gehalt als Einkünfteermittlung beruht dabei auf den **Grundsätzen der Zurechnung der Einkünfte**.

Werden **Leistungen zwischen nahestehenden Personen** erbracht, dann können diese Leistungen aufgrund des Naheverhältnisses, insbesondere auch aus steuerlichen Gründen, zu einem Ergebnis führen, das nicht der Leistungsfähigkeit der einzelnen Steuersubjekte entspricht. Einnahmen und Ausgaben sind daher nur insoweit zur Ermittlung der tatsächlichen Leistungsfähigkeit anzunehmen, als sie fremdüblichen Verhältnissen entsprechen (Grundsatz des Fremdvergleichs).

Einordnung dem Grunde nach 179

Die Einkünfteermittlung bei der Zurechnung **dem Grunde nach** beschäftigt sich mit der Frage, ob Einnahmen oder Ausgaben bei einer Person überhaupt vorliegen oder ob es sich bei den Vermögensänderungen um steuerneutrale Vermögensänderungen handelt.

Beispiele:

1. **Leistungen zwischen Familienmitgliedern:** Herr Tax zahlt an seine Frau EUR 30.000 auf-grund eines Dienstverhältnisses und berücksichtigt diese Zahlung als steuerwirksame Aus-gabe. Tatsächlich erbringt Frau Tax keine Arbeit für ihren Ehemann, sondern die Zahlung dient nur dem Einkünftesplitting. Aufgrund des wirtschaftlichen Gehalts liegt mangels Zu-rechnung der Einkünfte dem Grunde nach keine Ausgabe vor, sondern eine steuerneutrale Schenkung.

2. **Leistungen aufgrund des Gesellschaftsverhältnisses:** Auf das Konto einer GmbH, an der Frau Tax Alleingesellschafterin ist, fließen Einnahmen aus einem Gutachten in Höhe von EUR 100.000. Die Einkünfte aus der Tätigkeit sind allerdings Frau Tax zuzurechnen. Aufgrund der wirtschaftlichen Verhältnisse erzielt Frau Tax Einnahmen in Höhe von EUR 100.000, die bei der GmbH als Erhalt von Eigenkapital steuerneutral sind.

180 Einordnung der Höhe nach

Die Einkünfteermittlung bei der Zurechnung **der Höhe nach** beschäftigt sich mit der Frage, in welcher Höhe Einnahmen und Ausgaben vorliegen und in welcher Höhe sons-tige steuerneutrale Vermögensänderungen anzunehmen sind. Der wirtschaftliche Ge-halt muss sich daher im Wert der dem Grunde nach fremdüblichen Leistungen wider-spiegeln.

Beispiele:

1. **Leistungen zwischen Familienmitgliedern:** Herr Tax zahlt an seine Frau EUR 30.000 auf-grund eines Dienstverhältnisses und berücksichtigt diese Zahlung als steuerwirksame Aus-gabe. Tatsächlich würden Frau Tax aufgrund ihrer Qualifikation und Arbeit nur EUR 20.000 zustehen. Aufgrund des wirtschaftlichen Gehalts können Frau Tax nur EUR 20.000 zugerech-net werden. Der Restbetrag ist als steuerneutrale Schenkung zu beurteilen. Herr Tax hat da-her steuerwirksame Ausgaben von EUR 20.000 und Frau Tax steuerwirksame Einnahmen von EUR 20.000.

2. **Leistungen aufgrund des Gesellschaftsverhältnisses:** Frau Tax erhält von der GmbH, an der sie Alleingesellschafterin und Geschäftsführerin ist, EUR 80.000. Tatsächlich wä-ren nur EUR 50.000 fremdüblich und angemessen. Aufgrund des wirtschaftlichen Ge-halts hat die GmbH steuerwirksame Ausgaben in Höhe von EUR 50.000. Der Rest in Höhe von EUR 30.000 stellt bei der GmbH eine steuerneutrale Rückzahlung von Eigen-kapital oder eine steuerneutrale Gewinnverwendung dar (verdeckte Gewinnausschüt-tung). Frau Tax erzielt EUR 50.000 Einnahmen aus der Geschäftsführung. Der Rest führt zu Änderungen der Einkünfte aus Kapitalvermögen, sofern die Beteiligung nicht im Be-triebsvermögen gehalten wird.

181 Vertiefung: Abgrenzung Eigenkapital und Fremdkapital

Aus steuerlicher Sicht ist die **Abgrenzung von Eigenkapital zu Fremdkapital** vorrangig anhand der **vereinbarten Vermögensrechte** vorzunehmen.

Die ist deswegen von Bedeutung, weil bei **Eigenkapital** die Ausschüttung oder Gewinn-entnahme **steuerneutral** erfolgt (Einkünfteverwendung), bei **Fremdkapital** jedoch eine grundsätzlich **abzugsfähige Ausgabe** darstellt und den Gewinn des Kapitalnehmers kürzt. Für steuerliche Zwecke kommt es **vorrangig auf die vereinbarten Vermögens-rechte** an, insbesondere die Beteiligung am Gewinn und am Unternehmenswert.

Beispiele:

1. **Klassisches Eigen- und Fremdkapital:** Eigenkapital ist dadurch gekennzeichnet, dass es eine ausschließlich erfolgsabhängige Beteiligung am Gewinn, Verlust und Unternehmenswert aufweist (Aktien, GmbH-Anteile, Kommanditanteile, Komplementäranteile). Eine Rückzahlungspflicht besteht nicht. Fremdkapital ist dagegen ausschließlich nicht erfolgsabhängig, sondern wird durch fixe Zinsen abgegolten. Es besteht eine Rückzahlungspflicht (Kredit, Darlehen).[10]

2. **Hybridkapital** (Genussrechte und sonstige Finanzierungsinstrumente wie partiarische Darlehen) ist steuerlich entweder als Eigenkapital oder als Fremdkapital zu behandeln. Maßgebliches Kriterium sind die vereinbarten Vermögensrechte: Eigenkapital liegt dann vor, wenn eine Beteiligung am Gewinn und am Liquidationsgewinn besteht (§ 8 Abs 3 Z 1 KStG; Substanzgenussrechte). Sonst handelt es sich um Fremdkapital (obligationenartiges Genussrecht). Beteiligung am Liquidationsgewinn ist gegeben, wenn das Genussrecht über die Rückgewähr der Nominale hinaus einen Anteil an den stillen Reserven der Körperschaft einräumt. Der VwGH zieht dabei weitere Kriterien heran und prüft, ob die Summe der Fremdkapitalkriterien oder jene der Eigenkapitalkriterien in Qualität und Quantität überwiegen.[11]

3. **Stille Gesellschaft:** Auch bei der stillen Gesellschaft ist Abgrenzungskriterium die Beteiligung am Gewinn und Verlust und am Unternehmenswert (stille Reserven, Firmenwert). Bei dessen Vorliegen handelt es sich um steuerliches Eigenkapital (atypisch stille Gesellschaft), sonst um Fremdkapital (stille Gesellschaft).

4. **Weitere Abgrenzungskriterien:** Für den Eigenkapitalcharakter sprechen dabei etwa die unbegrenzte Laufzeit, die Gewinnabhängigkeit der vereinbarten Vergütung, die Beteiligung am Unternehmenswert und am Liquidationsgewinn, die Nachrangigkeit gegenüber Gesellschaftsgläubigern oder das Fehlen einer Besicherung. Fremdkapitalkriterien sind etwa das Vorliegen einer (Mindest-)Verzinsungsvereinbarung, die – mit anderen Gesellschaftsgläubigern gleichrangige – Rückzahlungsregelung und das Fehlen von Mitwirkungs- und Kontrollrechten.[12]

5. **Verdecktes Eigenkapital:** Bei einer nicht fremdüblichen Darlehensgewährung (fehlende Besicherung, Schriftlichkeit, Nachrangigkeit, Überschuldung, Verschuldensgrad) zugunsten des Empfängers durch den Kapitalgeber liegt verdecktes Eigenkapital (verdeckte Einlage) und daher kein Fremdkapital vor.[13] Besteht zwischen Gläubiger und Schuldner eine besondere Beziehung (familiär oder gesellschaftsrechtlich), dann ist auch zu prüfen, ob das bereitgestellte Kapital nicht aufgrund einer wirtschaftlichen Betrachtungsweise Eigenkapital darstellt. Zinsen stellen in diesem Fall steuerneutrale Einkommensverwendung (Gewinnausschüttung) dar.

---

10 VwGH 29.3.2006, 2005/14/0018.
11 VwGH 29.3.2006, 2005/14/0018; BFH 19.1.1994, I R 67/92.
12 VwGH 29.3.2006, 2005/14/0018.
13 VwGH 14.12.2000, 95/15/0127.

Überblick: Abgrenzung Eigenkapital und Fremdkapital

Ertragsteuer	Steuerliches Fremdkapital		Steuerliches Eigenkapital	
Investitionsform und steuerliche Konsequenzen bei einer natürlichen Person	Darlehen und nicht verbriefte Forderungen außerhalb eines Bankgeschäftes (obligationenähnliches Genussrecht), Beteiligung als typisch stiller Gesellschafter	Bankeinlagen, Bankdarlehen, öffentlich begebene Wertpapiere mit Forderungsrecht (Anleihen, obligationenähnliche Genussscheine), Guthaben bei Kreditinstituten	Aktionär einer AG, Gesellschafter einer GmbH, Substanzgenussrecht (Beteiligung am Gewinn/Verlust, Vermögen und Liquidationsgewinn)	Einzel- und Mitunternehmer z.B. Gesellschafter an OG und KG, atypisch stille Gesellschafter (Beteiligung an Gewinn/Verlust, stille Reserven und Firmenwert)
Erträge aus der Überlassung von Kapital	Zinsen Besteuerung mit progressivem Steuersatz (0–55 %), **Veranlagung**	Zinsen **Begünstigte Besteuerung 25 %/27,5 %** (oder Regelbesteuerung), KESt (oder Veranlagung)	Gewinnanteile, Dividenden **Begünstigte Besteuerung 27,5 %** (oder Regelbesteuerung), KESt (oder Veranlagung)	Gewinn, Gewinnanteile Besteuerung mit progressivem Steuersatz (0–55 %), **Veranlagung**
Veräußerung, Einlösung, Abschichtung	Realisierte Wertsteigerung: Besteuerung mit **progressivem** Steuersatz (0–55 %), **Veranlagung**	Realisierte Wertsteigerung: **Begünstigte Besteuerung 27,5 %** (oder Regelbesteuerung), **Veranlagung oder KESt**	Realisierte Wertsteigerung: **Begünstigte Besteuerung 27,5 %** (oder Regelbesteuerung)	Veräußerungsgewinn **Progressiver** Steuersatz (0–55 %), **Begünstigung** nach § 24 und § 37 EStG, **Veranlagung**
Verlust außerbetrieblich: betrieblich:	Ausgleichsbeschränkung TWA, Verlustausgleich	Ausgleichsbeschränkung TWA, Verlustausgleich	Ausgleichsbeschränkung TWA, Verlustausgleich	--- Direkte Verlustzurechnung § 23a EStG
Abzugsfähigkeit beim Empfänger des Kapitals (Kapitalnehmer)	Zinsen sind abzugsfähig, soweit fremdüblich außer mit steuerneutralen, begünstigten oder befreiten Einnahmen in Zusammenhang, **abzugsfähig sind dennoch** bestimmte Zinsen zur Fremdfinanzierung von § 10-Beteiligungen (§ 11, 12 KStG)		Gewinn **nicht abzugsfähig** weil als Einkommensverwendung steuerneutral	
Privatrecht	Fremdkapital		Eigenkapital	
Bilanzierung UGB Haftungsfonds für Gläubiger KFS/RL 13	**Fehlen eines der Elemente für Eigenkapital** Ausweis als „Hybridkapital", wenn grundsätzlich nur das Element der unbefristeten Kapitalüberlassung (zB Rückzahlungsanspruch) nicht gegeben ist		**Erfüllung aller der folgenden Kriterien:** Nachrangigkeit (bei Insolvenz und Liquidation) Erfolgsabhängigkeit (Gewinn u Verlust, ausschüttbarer Gewinn) Unbefristete Kapitalüberlassung (keine Rückzahlung oder Ersatz)	
Gesellschaftsrecht Kapitalerhaltung EKEG, UGB, Rsp	**Fremdkapital** (keine Kapitalerhaltung), sofern Kriterien der verbotenen Einlagenrückgewähr oder der Anwendung des EKEG nicht vorliegen (zB stiller Gesellschafter ohne wesentliche Beteiligung, ohne vereinbarte Rückzahlungsbeschränkung)		**Kriterien der verbotenen Einlagenrückgewähr** (klassisches Eigenkapital, wie bei Gesellschafter einer Kapitalgesellschaft oder Kommanditisten einer GmbH & Co KG) **oder Anwendung des EKEG** (eigenkapitalersetzendes Kapital)	
Insolvenzrecht Prüfung der Überschuldung § 67 IO	**Verbindlichkeiten ohne Rangrücktrittserklärung des Gläubigers**		**Eigenkapital plus Rangrücktrittserklärung eines Gläubigers für Verbindlichkeiten** (auch solche aus Eigenkapital ersetzenden Leistungen): Befriedigung erst nach Beseitigung eines negativen Eigenkapitals (§ 225 Abs 1 UGB) oder im Fall der Liquidation nach Befriedigung aller Gläubiger und wegen Verbindlichkeiten muss kein Insolvenzverfahren eröffnet werden	

Abbildung 13: Abgrenzung Eigenkapital und Fremdkapital

4. Das Periodenprinzip als Baustein der Ermittlung

4.1. Periodenrichtige Zuordnung der Einnahmen und Ausgaben

182

Die **Einkünfte** aus einer Einkunftsquelle sind jeweils **für eine Periode zu ermitteln**. Die nach dem Nettoprinzip ermittelten steuerpflichtigen Einnahmen und abzugsfähigen Ausgaben sind daher einzelnen Perioden zuzuordnen.

Der **Zuordnung von Einnahmen und Ausgaben zu einer bestimmten Periode** kommt in der Praxis wesentliche Bedeutung zu. Da steuerpflichtige Einnahmen grundsätzlich die Steuerschuld erhöhen, bevorzugt der Steuerpflichtige aus steuerlichen Überlegungen die Verlagerung dieser Einnahmen in zukünftige Perioden. Gleichzeitig wird versucht, absetzbare Ausgaben wie früh als möglich für steuerliche Zwecke geltend zu machen, weil diese die aktuelle Steuerschuld mindern. Ob Einnahmen oder Ausgaben daher bereits in der aktuellen oder erst in einer zukünftigen Periode steuerlich zu berücksichtigen sind, hat daher Einfluss auf die wirtschaftliche Situation des Steuerpflichtigen. Eine erst künftig zu zahlende Steuerschuld ist vorteilhafter als eine bereits jetzt zu bezahlende Steuerschuld, weil die finanziellen Mittel dem Steuerpflichtigen weiterhin zur Verfügung stehen.

Wirtschaftsjahr, Kalenderjahr 183

Die maßgebliche Periode für **betriebliche** Einkünfte ist das **Wirtschaftsjahr**. Das Wirtschaftsjahr umfasst dabei einen Zeitraum von zwölf Monaten. Einen kürzeren Zeitraum darf es dann umfassen, wenn ein Betrieb eröffnet oder aufgegeben wird.

Das **Wirtschaftsjahr** entspricht grundsätzlich dem **Kalenderjahr**. Eine **Abweichung** vom Kalenderjahr ergibt sich für buchführende Land- und Forstwirte und rechnungslegungspflichtige Gewerbetreibende. Diese dürfen ein vom Kalenderjahr abweichendes Wirtschaftsjahr haben; in diesem Fall ist der Gewinn bei Ermittlung des Einkommens für jenes Kalenderjahr zu berücksichtigen, in dem das **Wirtschaftsjahr endet**. Ein **kürzeres Wirtschaftsjahr** darf bei ihnen bestehen, sofern das Wirtschaftsjahr auf einen anderen Stichtag umgestellt wird (§ 2 Abs 6 und 7). Wird bei **ausländischen** Betrieben der Gewinn des Betriebs im Ausland nach einem vom Kalenderjahr abweichenden Wirtschaftsjahr ermittelt, ist dies auch für das Inland maßgebend (§ 2 Abs 8 Z 1).

Die **Umstellung** des Wirtschaftsjahrs auf einen anderen Stichtag ist nur zulässig, wenn gewichtige betriebliche Gründe vorliegen und das Finanzamt vorher bescheidmäßig zugestimmt hat. Das Finanzamt muss zustimmen, wenn solche Gründe vorliegen. Die Erzielung eines Steuervorteils gilt nicht als gewichtiger Grund (§ 2 Abs 7).

Die maßgebliche Periode für **außerbetriebliche Einkünfte** bildet dagegen immer das **Kalenderjahr**. Außerbetriebliche Einkünfte sind daher immer für jedes einzelne Kalenderjahr zu ermitteln.

Ermittlungsmethode 184

Der **Zuordnung von Einnahmen und Ausgaben** ergibt sich nach der anzuwendenden **Einkünfteermittlungsmethode**.

Die Einkünfteermittlungsmethoden sind:

- **Betriebsvermögensvergleich** oder
- **Zu-und Abflussprinzip**.

Dabei werden **betriebliche** Einkünfte entweder aufgrund eines Betriebsvermögensvergleichs oder aufgrund einer Einnahmen-Ausgaben-Rechnung nach dem Zu- und Abflussprinzip ermittelt. **Außerbetriebliche** Einkünfte werden einheitlich nach der Überschussrechnung aufgrund des Zu- und Abflussprinzips ermittelt.

Arten der Einkünfteermittlung 185

Bei **betrieblichen Einkünften** wird zwischen insgesamt **vier Ermittlungsarten** unterschieden.

Die vier betrieblichen Ermittlungsarten sind:

- **Gewinnermittlung nach § 5 Abs 1** als Übernahme des unternehmensrechtlichen Betriebsvermögensvergleichs mit Anpassung an zwingende steuerliche Vorschriften durch eine Mehr-Weniger-Rechnung,
- **Gewinnermittlung nach § 4 Abs 1** durch Erstellung eines steuerlichen Betriebsvermögensvergleichs aufgrund steuerlicher Vorschriften,
- **Gewinnermittlung durch Einnahmen-Ausgaben-Rechnung nach § 4 Abs 3** durch Ermittlung des Überschusses der Betriebseinnahmen über die Betriebsausgaben nach dem Zu- und Abflussprinzip, und
- **Gewinnermittlung aufgrund Vollpauschalierung nach § 17** oder anderer Vorschriften aufgrund einer Einnahmen-Ausgaben-Rechnung.

Bei **außerbetrieblichen** Einkünften erfolgt die Einkünfteermittlung ausschließlich aufgrund des **Zu- und Abflussprinzips** → 234.

186 Überblick: Ertragsteuerliche Prinzipien der Einkünfteermittlung und Bewertungsgrundsätze

Unternehmensrechtlicher Betriebsvermögensvergleich § 5 Abs 1 (2) EStG	Steuerlicher Betriebsvermögensvergleich § 4 Abs 1 EStG	Steuerliche Einnahmen-Ausgabenrechnung § 4 Abs 3 EStG Außerbetriebliche Überschussrechnung
Allgemeine Grundsätze		
Betriebsvermögensvergleich Ertrag und Aufwand (Vorsichtsprinzip)	**Betriebsvermögensvergleich** Ertrag und Aufwand	**Zufluss und Abfluss § 19** Ausnahmen: Ertrag, Aufwand
Allgemeine Grundsätze ordnungsmäßiger Buchführung (GoB) **Formelle Grundsätze:** Erfassung der Geschäftsfälle vollständig, richtig, rechtzeitig und geordnet **Materielle Grundsätze:** Anforderungen an den inhaltlichen Ansatz und die Bewertung der Geschäftsfälle: • **Periodenprinzip:** Aufwendungen und Erträge des Geschäftsjahres unabhängig vom Zeitpunkt der Zahlung zu berücksichtigen • **Stichtagsprinzip:** Abgrenzung der Perioden durch den Bilanzstichtag (Werthellung) • **Bewertungsstetigkeit:** Bewertungsmethoden gegenüber dem Vorjahr sind beizubehalten • **Bilanzkontinuität:** Eröffnungsbilanz und Schlussbilanz des Vorjahres müssen übereinstimmen • **Unternehmensfortführung** (Going-Concern): Fortführung des Unternehmens ist zu unterstellen • **Einzelbewertungsgrundsatz:** Wirtschaftsgüter, Verbindlichkeiten und Rückstellungen sind einzeln zu bewerten • **Realisationsprinzip:** Gewinne sind erst bei Realisation auszuweisen		
Unternehmensrechtliche GoB: • **Vorsichtsprinzip:** Unrealisierte Verluste sind bereits auszuweisen, während Gewinne erst bei Realisation auszuweisen sind (imparitätisches Realisationsprinzip) • **Maßgeblichkeitsprinzip:** Maßgeblichkeit unternehmensrechtlicher GoB und Anpassung durch Mehr-Weniger-Rechnung auf davon abweichende zwingende steuerliche Vorschriften	**Steuerliche GoB:** **Wahlrecht auf Umsetzung des Vorsichtsprinzips:** • Rückstellungsbildung nicht zwingend • Teilwertabschreibung nicht zwingend • Teilwertzuschreibungen nicht zwingend • Rechnungsabgrenzungsposten nicht zwingend	
Gewillkürtes und notwendiges Betriebsvermögen	**Notwendiges** Betriebsvermögen	**Notwendiges** (Betriebs-)Vermögen
Abweichendes Wirtschaftsjahr möglich	**Abweichendes** Wirtschaftsjahr bei Einkünften aus Land- und Forstwirtschaft möglich	Wirtschaftsjahr entspricht **Kalenderjahr**

Abbildung 14: Ertragsteuerliche Prinzipien der Einkünfteermittlung und Bewertungsgrundsätze

Bestimmung der anzuwendenden Art

Die anzuwendende Einkünfteermittlungsart ist grundsätzlich **für jede Einkunftsquelle** aus der Sicht des Steuerpflichtigen **selbständig zu bestimmen.**

Im **betrieblichen** Bereich ist daher **für jeden einzelnen Betrieb** die Einkünfteermittlungsart festzulegen. Ein Steuerpflichtiger mit mehreren Betrieben kann daher auch für jeden einzelnen Betrieb **eine andere Gewinnermittlungsart** anzuwenden haben. Im **außerbetrieblichen** Bereich erfolgt die Einkünfteermittlung für jedes Rechtsverhältnis nach der Überschussrechnung entsprechend des Zu- und Abflussprinzips.

Eine **Personengesellschaft** wird grundsätzlich den Gewinn nach der Ermittlungsart ermitteln, der nach den allgemeinen Bestimmungen anwendbar wäre. Bei betrieblich tätigen Personengesellschaften gilt, dass der Gesellschafter die Gewinnermittlung des Sonderbetriebsvermögens entsprechend der Gewinnermittlung der Personengesellschaft ermittelt.[14] Die Einkünfteermittlung der Gesellschafter kann jedoch **von der Einkünfteermittlung der Personengesellschaft abweichen.** Im Ergebnis kann das auch Rückwirkungen auf die Einkünfteermittlung der Personengesellschaft selbst haben und auf Ebene der Personengesellschaft können unterschiedliche Einkünfteermittlungsarten zur Anwendung kommen. Dies ist erforderlich, um die Einkünfte für die Feststellung der Einkünfte nach einem gesonderten Verfahren zu ermitteln und den jeweiligen Gesellschaftern zuzurechnen.

Beispiele und Einzelfälle:
1. **Eine freiberuflich tätige OG** hat grundsätzlich ihren Gewinn nach dem Zu- und Abflussprinzip zu ermitteln. Eine GmbH als Mitunternehmer ermittelt ihren Gewinn jedoch nach dem Betriebsvermögensvergleich. Sofern die OG selbst keine Anpassungen zur Gewinnermittlung nach dem Betriebsvermögensvergleich vornimmt oder ihren Gewinn nicht freiwillig auf die Gewinnermittlung nach Betriebsvermögensvergleich umstellt, hat die GmbH selbst die Einkünfte auf Basis des Betriebsvermögensvergleichs umzurechnen.
2. **Typisch stiller Gesellschafter:** Die Beteiligung eines typisch stillen Gesellschafters an einem Betrieb führt bei ihm zu Einkünften aus Kapitalvermögen, sodass die Einkünfteermittlung nach der Überschussrechnung zu erfolgen hat. Dies gilt daher abweichend von der Gewinnermittlung der Personengesellschaft selbst. Sofern die Beteiligung im Betriebsvermögen des typisch stillen Gesellschafters gehalten wird, kann dies dennoch eine betriebliche Einkünfteermittlung erfordern.
3. **Der Mitunternehmer hat den Gewinn aus dem Sonderbetriebsvermögen** nach derselben Gewinnermittlungsart wie die Personengesellschaft zu ermitteln, weil es sich dabei um einen einheitlichen Betrieb handelt.[15]
4. **Bei ausländischen Betrieben** ist nach der Gewinnermittlungsart zu ermitteln, die anzuwenden wäre, wenn es sich um einen inländischen Betrieb handeln würde. Die Gewinnermittlung für eine **Betriebsstätte** eines Betriebs richtet sich nach der für den gesamten Betrieb maßgebenden Gewinnermittlung (§ 2 Abs 8 Z 2).
5. **GesbR:** Dient eine GesbR nur der Erfüllung eines einzigen Werkvertrags oder Werklieferungsvertrags und übersteigt die vereinbarte Auftragswert die Umsatzschwelle von EUR 700.000 nicht, dann gilt die Tätigkeit als anteilige Betriebsstätte der Mitglieder der GesbR, nicht aber als eigenständiger Betrieb (§ 2 Abs 4 Z 2). In diesem Fall erfolgt die Einkünfteermittlung nach den Einkünfteermittlungsarten der Mitglieder.

---

14   VwGH 21.12.1993, 89/14/0186.
15   VwGH 21.12.1993, 89/14/0186.

188 Überblick: Ertragsteuerliche Einkünfteermittlung nach Einkunftsarten

Abbildung 15: Ertragsteuerliche Einkünfteermittlung nach Einkunftsarten

4.2. Anwendungsbereich der Gewinnermittlung nach § 5 Abs 1 EStG

189

Steuerpflichtige, die bereits nach anderen Gesetzen einer **Rechnungslegungspflicht** unterliegen und **Einkünfte aus Gewerbebetrieb** erzielen, haben diese Gewinnermittlung auch für steuerliche Zwecke zu verwenden, außer zwingende steuerliche Vorschriften treffen abweichende Regelungen (**§ 5 Abs 1**).

Die **Anknüpfung an die unternehmensrechtliche Rechnungslegung** ist historisch bedingt. Man wollte Unternehmern, die bereits aufgrund des Unternehmensrechts ihren Gewinn anhand eines Betriebsvermögensvergleichs ermitteln, eine eigenständige steuerliche Einkünfteermittlung ersparen. Für Freiberufliche und Land- und Fortwirte bestand dagegen keine unternehmensrechtliche Verpflichtung zur Aufstellung eines Betriebsvermögensvergleichs.

Die **unternehmensrechtliche Rechnungslegungspflicht** besteht nach § 189 UGB aufgrund der Rechtsform oder aufgrund der Höhe der Umsatzerlöse. Die Rechnungslegungspflicht besteht danach für:

- **Verdeckte Kapitalgesellschaften,** das sind unternehmerisch tätige Personengesellschaften, bei denen kein unbeschränkt haftender Gesellschafter eine natürliche Person ist, und

- **Unternehmer ab Überschreiten der Umsatzerlöse von EUR 700.000** eines einzelnen einheitlichen Betriebs im Geschäftsjahr, mit Ausnahme der Angehörigen freier Berufe, Land- und Forstwirte und Unternehmer mit außerbetrieblichen Einkünften (§ 189 Abs 1 und 4 UGB).

Beispiele:
1. **Eine GmbH & Co KG mit Einkünften aus Gewerbebetrieb** unterliegt ebenso der Gewinnermittlung nach § 5 Abs 1. Erzielt die GmbH & Co KG dagegen keine Einkünfte aus Gewerbebetrieb, dann besteht zwar eine Rechnungslegungspflicht, eine Gewinnermittlung nach § 5 Abs 1 erfolgt jedoch nicht.
2. **Einzelunternehmer und sonstige Personengesellschaften ohne Einkünfte aus Gewerbebetrieb, daher aus sonstiger selbständiger Arbeit, freiberuflich tätige Personen und Landwirte**, haben grundsätzlich unabhängig von der Umsatzschwelle keine Gewinnermittlung nach § 5 Abs 1 durchzuführen, außer der Rechtsträger des Unternehmens ist eine Kapitalgesellschaft.
3. **Unternehmer mit außerbetrieblichen Einkünften** wie insbesondere im Fall von Einkünften aus Vermietung und Verpachtung, haben nur dann eine Gewinnermittlung nach § 5 Abs 1 durchzuführen, wenn der Rechtsträger eine Kapitalgesellschaft ist.

Sofern die Rechnungslegungspflicht **in späteren Jahren wegfällt**, kann ein Steuerpflichtiger dennoch **auf Antrag** die Rechnungslegung nach unternehmerischen Grundsätzen zur steuerlichen Gewinnermittlung heranziehen (§ 5 Abs 2).

Umsatzschwelle   190

Für Unternehmer, bei denen es auf das Überschreiten der Umsatzerlöse von EUR 700.000 ankommt, **tritt die Rechnungslegungspflicht ein**, wenn:

- die **Umsatzschwelle von EUR 700.000** aus der gewöhnlichen Geschäftstätigkeit in zwei aufeinanderfolgenden Geschäftsjahren überschritten wird. Die Pflicht gilt in diesem Fall für das zweitfolgende Geschäftsjahr.
- die **qualifizierte Umsatzschwelle** aus der gewöhnlichen Geschäftstätigkeit in einem Geschäftsjahr **über EUR 1 Mio** überschritten wird oder wenn bei Gesamt- oder bei Einzelrechtsnachfolge in den Betrieb oder Teilbetrieb der Rechtsvorgänger eines Unternehmens zur Rechnungslegung verpflichtet war. Die Rechnungslegungspflicht tritt bereits im folgenden Geschäftsjahr ein, außer der Schwellenwert für den übernommenen Betrieb oder Teilbetrieb wurde in den letzten zwei aufeinanderfolgenden Geschäftsjahren nicht erreicht.

Die Rechnungslegungspflicht entfällt ab dem folgenden Geschäftsjahr, wenn:

- die Umsatzschwelle in zwei aufeinanderfolgenden Geschäftsjahren nicht erreicht wurde.
- die Umsätze bei Aufgabe eines Teilbetriebs nicht mehr als EUR 350.000 betragen (§ 189 Abs 2 UGB).

Beispiele:
1. **Beginn der Rechnungslegungspflicht:** Der Einzelunternehmer mit Einkünften aus Gewerbebetrieb erzielt im ersten Jahr Umsätze von EUR 800.000, im zweiten Jahr Umsätze von EUR 750.000 und im dritten Jahr Umsätze von EUR 600.000. Im vierten Jahr (zweitfol-

gendes Jahr) hat er seinen Gewinn nach § 5 Abs 1 zu ermitteln. Übersteigen die Umsatzerlöse bereits im ersten Jahr EUR 1 Mio, dann ist der Gewinn bereits im folgenden Jahr nach § 5 Abs 1 zu ermitteln.

2. **Ende der Rechnungslegungspflicht:** Ist der Gewinn eines Einzelunternehmers nach § 5 Abs 1 zu ermitteln, dann entfällt die Rechnungslegungspflicht im dritten Jahr, wenn in den zwei vorangegangenen Jahren die Schwelle nicht erreicht wurde. Wird ein Teilbetrieb aufgegeben und beträgt der Umsatz daher unter EUR 350.000, dann entfällt die Gewinnermittlung nach § 5 Abs 1 bereits im folgenden Jahr.

4.3. Anwendungsbereich der Gewinnermittlung nach § 4 Abs 1 EStG

191

Der Gewinn ist grundsätzlich durch einen **steuerlichen Betriebsvermögensvergleich nach § 4 Abs 1** zu ermitteln, sofern der Gewinn nicht bereits nach § 5 Abs 1 zu ermitteln ist und eine Rechnungslegungspflicht besteht oder wenn bei land- und forstwirtschaftlichen Betrieben die Umsatzschwelle überschritten wird.

Der Gewinn ist **durch steuerlichen Betriebsvermögensvergleich** zu ermitteln, wenn:

- eine unternehmensrechtliche Rechnungslegungspflicht besteht (§ 124 BAO),
- Unternehmer mit ihrem land- und forstwirtschaftlichen Betrieb oder Geschäftsbetrieb Umsätze über EUR 700.000 erzielen (§ 125 BAO),
- freiwillig ein Betriebsvermögensvergleich erstellt wird, oder
- für Zwecke der Gewinnermittlung bei Aufgabe oder Übertragung eines Betriebs, Teilbetriebs oder bei Übertragung eines Mitunternehmeranteils (§ 24 Abs 2).

Beispiele:

1. **Eine GmbH & Co KG mit Einkünften aus selbständiger Arbeit oder Land- und Forstwirtschaft** unterliegt der unternehmensrechtlichen Rechnungslegung und daher mangels Einkünften aus Gewerbebetrieb der Gewinnermittlung nach § 4 Abs 1.
2. **Einzelunternehmer und sonstige Personengesellschaften mit freiberuflicher Tätigkeit** sind nicht zur Gewinnermittlung nach § 4 Abs 1 verpflichtet, sofern sie nicht freiwillig den Gewinn nach § 4 Abs 1 ermitteln.
3. **Einzelunternehmer und sonstige Personengesellschaften mit Einkünften aus sonstiger selbständiger Arbeit** haben grundsätzlich eine Gewinnermittlung nach § 4 Abs 1 durchzuführen, wenn sie aufgrund des Überschreitens der unternehmensrechtlichen Umsatzschwelle von EUR 700.000 rechnungslegungspflichtig sind oder freiwillig den Gewinn nach § 4 Abs 1 ermitteln.
4. **Einzelunternehmer und sonstige Personengesellschaften mit land- und forstwirtschaftlichen Einkünften** haben grundsätzlich eine Gewinnermittlung nach § 4 Abs 1 durchzuführen, wenn sie die steuerliche Umsatzschwelle von EUR 700.000 überschreiten oder freiwillig den Gewinn nach § 4 Abs 1 ermitteln.
5. **Betrieblich tätige atypisch stille Gesellschaft:** Bei einer atypisch stillen Gesellschaft, bei der die Gesellschafter als Mitunternehmer anzusehen sind, gilt die Gesellschaft als Unternehmer und die Umsätze des Unternehmensinhabers sind maßgeblich.[16]

---

16   § 125 Abs 1 BAO.

Schwellenwerte 192

Für Unternehmern, bei denen es auf das Überschreiten der Umsatzschwelle ankommt, **tritt die Pflicht zur Gewinnermittlung nach § 4 Abs 1 ein**, wenn die **Umsätze von EUR 700.000** in zwei aufeinanderfolgenden Geschäftsjahren überschreiten. Die Pflicht gilt in diesem Fall für das zweitfolgende Geschäftsjahr. Die **Pflicht zur Gewinnermittlung nach § 4 Abs 1 entfällt** ab dem folgenden Geschäftsjahr, wenn die Umsatzschwelle in zwei aufeinanderfolgenden Geschäftsjahren nicht erreicht wurde. Der Unternehmer kann die **Buchführungspflicht auf Antrag verhindern**, wenn er glaubhaft machen kann, dass die Werte nur vorübergehend und aufgrund besonderer Umstände überschritten wurden (§ 125 Abs 4 BAO). Für die genaue Berechnung der Umsätze bestehen detaillierte Bestimmungen.

4.4. Anwendungsbereich der Gewinnermittlung nach § 4 Abs 3 EStG

Gewinnermittlung nach § 4 Abs 3 EStG

193

Der **Überschuss der Betriebseinnahmen über die Betriebsausgaben** im Wege einer Einnahmen-Ausgaben-Rechnung nach **§ 4 Abs 3** darf als vereinfachte Gewinnermittlung in allen anderen Fällen angewendet werden.

Dies ist gegeben, wenn

- **keine gesetzliche Verpflichtung** zur Erstellung eines unternehmensrechtlichen oder steuerlichen Betriebsvermögensvergleichs besteht und
- ein Betriebsvermögensvergleich auch **nicht freiwillig** erstellt wird.

Beispiele:

1. **Einzelunternehmen oder sonstige Personengesellschaften mit Einkünften aus freiberuflicher Tätigkeit** ermitteln ihren Gewinn aus dem Betrieb nach § 4 Abs 3, außer sie erstellen freiwillig einen steuerlichen Betriebsvermögensvergleich.
2. **Einzelunternehmer und sonstige Personengesellschaften mit Einkünften aus sonstiger selbständiger Arbeit** können grundsätzlich eine Gewinnermittlung nach § 4 Abs 3 durchführen, wenn sie nicht die unternehmensrechtliche Umsatzschwelle von EUR 700.000 überschreiten oder freiwillig den Gewinn nach § 4 Abs 1 ermitteln.
3. **Einzelunternehmer und sonstige Personengesellschaften mit land- und forstwirtschaftlichen Einkünften** können grundsätzlich den Gewinn nach § 4 Abs 3 ermitteln, wenn sie die steuerliche Umsatzschwelle von EUR 700.000 nicht überschreiten und auch nicht freiwillig den Gewinn nach § 4 Abs 1 ermitteln.
4. **Betrieblich tätige atypisch stille Gesellschaft**: Bei einer atypisch stillen Gesellschaft, bei der die Gesellschafter als Mitunternehmer anzusehen sind, gilt die Gesellschaft als Unternehmer und die Umsätze des Unternehmensinhabers sind maßgeblich (§ 125 Abs 1 BAO).

Kapitel 4

Einkommensteuer[1] – Betriebsvermögensvergleich, Zu- und Abflussprinzip

1. Einkünfteermittlung durch Betriebsvermögensvergleich

1.1. Allgemeine Ermittlungsgrundsätze des Betriebsvermögensvergleichs

194

Beim **Betriebsvermögensvergleich** ermittelt sich der Gewinn durch **doppelte Buchführung** aufgrund des ermittelnden Unterschiedsbetrags zwischen dem Betriebsvermögen am Schluss des Wirtschaftsjahres und dem Betriebsvermögen am Schluss des vorangegangenen Wirtschaftsjahres.

Jede **Änderung des Betriebsvermögens** führt daher auch zu einer **Änderung des Gewinns**. Einlagen und Entnahmen haben auf den Gewinn keine Auswirkung und sind steuerneutral (§ 4 Abs 1). Die Einkünfteermittlung nach dem **Betriebsvermögensvergleich** folgt dem Grundsatz, dass:

- **Einnahmen** in der Periode der wirtschaftlichen Realisation als **Ertrag** und
- **Ausgaben** in der Periode der wirtschaftlichen Veranlassung als **Aufwand** zu berücksichtigen sind.

Allgemeine Grundsätze ordnungsmäßiger Buchführung   195

Die Ermittlung nach dem Betriebsvermögensvergleich erfolgt nach den **allgemeinen Grundsätzen ordnungsmäßiger Buchführung** (GoB, § 4 Abs 2). Dabei sind nach dem formellen Grundsatze die Geschäftsvorfälle **vollständig, richtig, rechtzeitig und geordnet** zu erfassen (§ 190 Abs 3 UGB, § 131 Abs 2 Z 2 lit a BAO). Die materiellen Grundsätze bestimmen den inhaltlichen **Ansatz** und die **Bewertung** der Geschäftsfälle:

- **Periodenprinzip:** Aufwendungen und Erträge des Geschäftsjahres sind unabhängig vom Zeitpunkt der Zahlung zu berücksichtigen (§ 201 Abs 2 Z 5 UGB).
- **Stichtagsprinzip:** Abgrenzung der Perioden durch den Bilanzstichtag, wobei werterhellende Umstände im Gegensatz zu wertbeeinflussenden Umständen zu berücksichtigen sind (§ 201 Abs 2 Z 3 und Z 4 lit b)
- **Bewertungsstetigkeit:** Bewertungsmethoden gegenüber dem Vorjahr sind beizubehalten (§ 201 Abs 2 Z 1 UGB).
- **Bilanzkontinuität:** Eröffnungsbilanz und Schlussbilanz des Vorjahres müssen übereinstimmen (§ 201 Abs 2 Z 6 UGB).

---

1   Paragraphenverweise ohne Gesetzesangabe beziehen sich auf das Einkommensteuergesetz (EStG).

- **Unternehmensfortführung**, Going Concern): Fortführung des Unternehmens ist zu unterstellen (§ 201 Abs 2 Z 2 UGB).
- **Einzelbewertungsgrundsatz:** Wirtschaftsgüter, Verbindlichkeiten und Rückstellungen sind einzeln zu bewerten (§ 201 Abs 2 Z 3 UGB).
- **Realisationsprinzip:** Gewinne sind erst bei Realisation auszuweisen (§ 201 Abs 2 Z 4 lit a UGB).

196 Überblick: Ertragsteuerlicher Betriebsvermögensvergleich

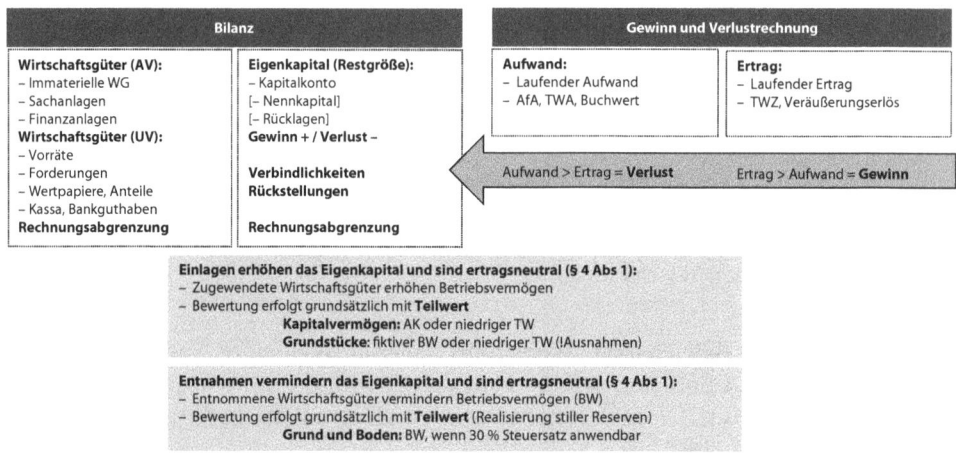

Abbildung 16: Ertragsteuerlicher Betriebsvermögensvergleich

197 Zeitliche Berücksichtigung von Einnahmen

Einnahmen sind als **Ertrag** im Zeitpunkt der wirtschaftlichen Entstehung des Anspruchs, also dessen **wirtschaftlicher Realisation**, zu erfassen. Auf den Zuflusszeitpunkt der Einnahmen kommt es nicht an.

Der wirtschaftliche Realisationszeitpunkt ist jener Zeitpunkt, zu dem ein dem Betrieb zuzurechnender, vermögenswerthaltiger **Anspruch wirtschaftlich entsteht**. Zukünftig entstehende Ansprüche führen noch nicht zur Realisation einer Einnahme. Buchhalterisch ist ein entstandener Anspruch als Ertrag in die Gewinn- und Verlustrechnung einzubuchen und erhöht das Betriebsvermögen.

Beispiele:
1. **Bei der entgeltlichen Erbringung von Leistungen** entsteht der Anspruch, wenn die Leistung abgeschlossen wurde, also bei Erbringung der Tätigkeit, zB nach Abschluss der werkvertragsmäßigen Sanierung des Gebäudes, bei Übertragung des wirtschaftlichen Eigentums, zB bei Veräußerung eines Grundstücks mit vertragskonformer Übergabe, bei Nutzungsüberlassung im Zeitraum der Überlassung, zB bei Vermietung eines Gebäudes über den Zeitraum der Vermietung oder bei Verzicht auf ein Recht im Zeitpunkt oder im Zeitraum des Verzichts, zB Verzicht auf das Nutzungsrecht ab dem nächsten Jahr oder für drei Monate.

2. **Zukünftige Ansprüche:** Der Vertragsabschluss über zu erbringende Leistungen führt noch nicht zu Einnahmen. Auch die noch unrealisierten Wertsteigerungen von Wirtschaftsgütern des Betriebsvermögens führen erst im Zeitpunkt der Realisation durch Übertragung des Wirtschaftsguts zum Anspruch.

Fließen Einnahmen bereits **vor der Realisierung** zu, sind diese grundsätzlich erst in der Periode der Realisation zu berücksichtigen. Buchungstechnisch werden die Einnahmen im Wege eines passiven Rechnungsabgrenzungspostens oder einer Verbindlichkeit im Jahr der Vereinnahmung neutralisiert und in der Periode der Realisation als Ertrag berücksichtigt.

Fließen Einnahmen erst **nach der Realisierung** zu, dann sind diese bereits im Zeitpunkt der Realisierung als Ertrag in der Gewinn- und Verlustrechnung auszuweisen und gleichzeitig eine Forderung in der Bilanz als Wirtschaftsgut anzusetzen.

Überblick: Ertragsteuerlicher Einnahmenzeitpunkt   198

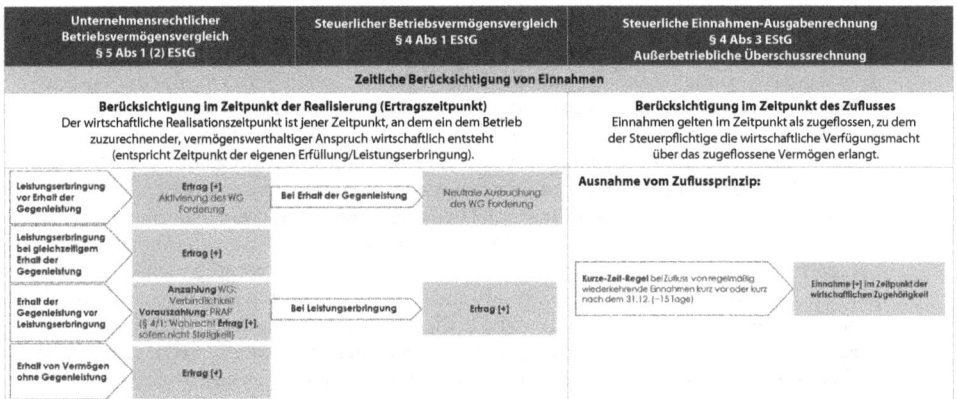

Abbildung 17: Ertragsteuerlicher Einnahmenzeitpunkt

Zeitliche Berücksichtigung von Ausgaben   199

Ausgaben sind als **Aufwand** im Zeitpunkt der **wirtschaftlichen Veranlassung** zu erfassen. Auf den Abflusszeitpunkt der Ausgaben kommt es nicht an.

Die wirtschaftliche Veranlassung einer Ausgabe liegt in der Periode vor, in der die Ausgabe **für den Betrieb einen Nutzen bewirkt**. Ein zukünftiger Nutzen für den Betrieb führt daher noch nicht zur Veranlassung einer Ausgabe. Dieser Nutzen ist buchhalterisch als Aufwand in die Gewinn- und Verlustrechnung einzubuchen und vermindert das Betriebsvermögen.

Beispiele:

1. **Anschaffungs- und Herstellungskosten von Wirtschaftsgütern** sind durch die Nutzung und Verwertungsmöglichkeit des Wirtschaftsguts im Betrieb veranlasst.
2. **Ausgaben für Material, Dienstleistungen und Personal** sind in der Periode zu berücksichtigen, in der dem Betrieb ein Nutzen durch Erzielung von Umsätzen oder sonstigen Vorteilen aus dem Einsatz entsteht.

3. **Ausgaben für Versicherungsleistungen oder Nutzungsüberlassungen** sind in der Periode als Aufwand zu berücksichtigen, für den sie geleistet werden und daher dem Betrieb ein Nutzen daraus entsteht.

Fließen Ausgaben bereits **vor der Veranlassung** ab, sind diese grundsätzlich erst in der Periode der Veranlassung zu berücksichtigen. Buchungstechnisch werden die Ausgaben im Wege der Aktivierung eines Wirtschaftsguts oder des Ausweises eines aktiven Rechnungsabgrenzungspostens im Jahr der Verausgabung neutralisiert und in der Periode oder über die Perioden der Veranlassung als Aufwand berücksichtigt.

Fließen Ausgaben erst **nach der Veranlassung ab**, dann sind diese bereits im Zeitpunkt der Veranlassung als Aufwand in der Gewinn- und Verlustrechnung auszuweisen und gleichzeitig eine Verbindlichkeit, eine Rückstellung in der Bilanz, als Wirtschaftsgut anzusetzen.

Beispiele:
1. **Anschaffungs- und Herstellungskosten von Wirtschaftsgütern** sind nicht im Zeitpunkt ihrer Ausgabe, sondern über die betriebsgewöhnliche Nutzungsdauer verteilt oder im Zeitpunkt einer Wertminderung abzusetzen. Buchungstechnisch sind diese daher im Zeitpunkt der Anschaffung oder Herstellung als Wirtschaftsgut zu aktivieren und in zukünftigen Perioden entsprechend der Absetzung für Abnutzung, der Wertminderung oder spätestens im Zeitpunkt des Ausscheidens aus dem Betriebsvermögen als Aufwand abzusetzen.
2. **Ausgaben für bereits erhaltenes Material, Dienstleistungen und Personal** sind, sofern sie in zu aktivierenden Waren als Wirtschaftsgüter eingehen, bereits im Zeitpunkt der Veräußerung der Waren abzusetzen. Buchungstechnisch ist die zukünftige Ausgabe im Zeitpunkt der Veräußerung der Waren als Aufwand abzusetzen und gleichzeitig eine Verbindlichkeit für die später zu leistende Ausgabe in die Bilanz einzustellen.
3. **Ausgaben für zukünftige Versicherungsleistungen oder Nutzungsüberlassungen** sind im Zeitpunkt der Ausgabe als aktiver Rechnungsabgrenzungsposten auszuweisen und erst in der Periode als Aufwand abzusetzen, in der die Versicherung besteht oder das Wirtschaftsgut genutzt werden kann.

200 Überblick: Ertragsteuerlicher Ausgabezeitpunkt

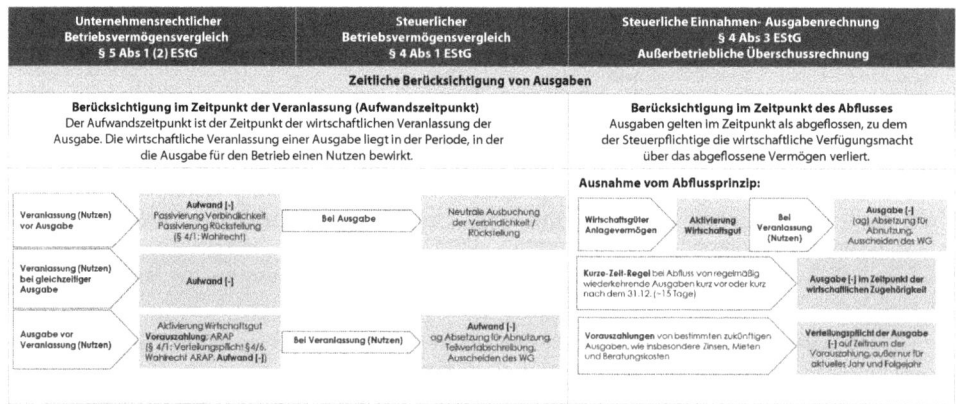

Abbildung 18: Ertragsteuerlicher Ausgabezeitpunkt

Richtige Periodenabgrenzung durch doppelte Buchführung   201

> Die **richtige Periodenabgrenzung** von Einnahmen als **Erträge** und Ausgaben als **Aufwand** und damit auch des Gewinns erfolgt durch die **doppelte Buchführung**.

Die doppelte Buchführung erfolgt durch eine Bilanz und einer Gewinn- und Verlustrechnung. Während die **Bilanz** eine jährliche, statische Momentaufnahme des Betriebsvermögens zum Ende eines jeden Wirtschaftsjahres darstellt, dient die **Gewinn- und Verlustrechnung** der dynamischen Ermittlung des Gewinns einer einzigen Periode.

Der **Zeitpunkt** der wirtschaftlichen Realisation und der wirtschaftlichen Veranlassung von Einnahmen und Ausgaben ergibt sich daher indirekt aus den einzelnen Vorschriften über:

- den Ansatz und die Bewertung von **Wirtschaftsgütern,**
- den Ansatz und die Bewertung von **Verbindlichkeiten und Rückstellungen,**
- der Zuordnung **laufender Einnahmen und Ausgaben.**

Die **Gewinn- und Verlustrechnung** enthält alle Erträge und Aufwendungen der Periode, also jene Einnahmen und Ausgaben, die der Periode zuzuordnen sind. Die Gewinn- und Verlustrechnung wird am Ende des Wirtschaftsjahres gegen die Bilanz aufgelöst und für die folgende Periode neu erstellt.

Beispiel Gewinn- und Verlustrechnung:

Aufwand (in EUR)		Ertrag (in EUR)	
Material und Herstellung	400	Umsatzerlöse	600
Personal	100	Bestandsveränderung, Eigenleistung	300
Absetzung, Wertminderung	50	Sonstige Erträge	100
Sonstiger Aufwand	150		
Gewinn / Verlust	**300**		

Die **Bilanz** dient der Übersicht über das Betriebsvermögen, also Wirtschaftsgüter, Verbindlichkeiten und Rückstellungen, aber auch über das Eigenkapital des Betriebs. Darüber hinaus beinhaltet die Bilanz Posten zur richtigen Periodenabgrenzung von Einnahmen und Ausgaben, die Ertrag und Aufwand in einer zukünftigen Periode darstellen und als Rechnungsabgrenzungsposten bezeichnet werden. Die Bilanz am Ende einer Periode gilt gleichzeitig als Eröffnungsbilanz des folgenden Wirtschaftsjahrs.

Beispiel Bilanz:

Aktiva (in EUR)		Passiva (in EUR)	
Wirtschaftsgüter	2.500	Eigenkapital	1.200
		Gewinn / Verlust	**300**
		Verbindlichkeiten	1.000
		Rückstellungen	100
Rechnungsabgrenzungsposten	200	Rechnungsabgrenzungsposten	300

1.2. Betriebsvermögensvergleich nach § 5 Abs 1 EStG

202 **Gewinnermittlung nach § 5 Abs 1**

Die Gewinnermittlung nach **§ 5 Abs 1** hat als Ausgangsgrundlage die unternehmens-rechtliche Gewinnermittlung aufgrund der **unternehmensrechtlichen Grundsätze ordnungsmäßiger Buchführung**.

Soweit diese nicht mit zwingenden Vorschriften des Steuerrechts übereinstimmt, sind nach unternehmensrechtlicher Gewinnermittlung die Unterschiede im Wege einer **Mehr-Weniger-Rechnung** an die steuerlichen Vorschriften anzupassen.

Vorsichtsprinzip (§ 201 Abs 2 Z 4 UGB): Unrealisierte Verluste aus Wertminderungen, erkennbaren Risiken oder drohenden Verlusten sind bereits auszuweisen, während Ge-winne erst bei Realisation auszuweisen sind (imparitätisches Realisationsprinzip).

Maßgeblichkeitsprinzip (§ 5 Abs 1): Die Maßgeblichkeit der Unternehmensbilanz führt dazu, dass Ansätze und die Bewertung von Wirtschaftsgütern, Verbindlichkeiten, Rückstellungen und Rechnungsabgrenzungsposten **auch für die steuerliche Gewinn-ermittlung zu übernehmen** sind, sofern sie steuerlich zulässig sind. Bestehen steuer-liche Wahlrechte, dann ist bereits die Unternehmensbilanz so zu erstellen, dass diese Wahlrechte bereits in der Unternehmensbilanz ihren Niederschlag finden. Eine Anpas-sung an steuerliche Vorschriften ist nur bei zwingenden steuerlichen Vorschriften vor-zunehmen.

203 **Korrekturen durch eine Mehr-Weniger-Rechnung**

Korrekturen und Ergänzungen zu Anpassung an zwingende steuerrechtliche Vorschrif-ten sind im Wege einer **steuerlichen Mehr-Weniger-Rechnung** in folgenden Fällen not-wendig:

- **Abschreibungen** aufgrund unterschiedlicher Methoden und Dauer, ganz oder teil-weise unzulässiger steuerlicher Abschreibungen.
- **Kosten für Kraftfahrzeuge** aufgrund abweichender Nutzungsdauer, Privatnutzung, Luxustangente und Leasingaktivposten.
- **Ausgaben für Miete, Pacht und Leasing** zur Berücksichtigung einer Privatnutzung.
- **Ausgaben für Werbung, Repräsentation, Spenden und Trinkgelder** aufgrund der teilweisen steuerlichen Nichtabzugsfähigkeit.
- **Rückstellungsbildung** und Bewertung aufgrund abweichender steuerlicher Rege-lungen.
- **Entgelte für Arbeits- und Werkleistungen über EUR 500.000** sind steuerlich nicht abzugsfähig.
- **Geldbeschaffungskosten** sind steuerlich zwingend zu aktivieren und über die Laufzeit der Fremdfinanzierung aufwandswirksam aufzulösen (§ 6 Z 3); unterneh-mensrechtlich jedoch anders als das Disagio (Damnum) sofort abzusetzen (vgl § 198 Abs 7 UGB).

Beispiele:

1. **Abschreibungen:** Für steuerliche Zwecke bestehen fixe Abschreibungssätze für Gebäude, die von den unternehmensrechtlichen Sätzen abweichen können (§ 8). Darüber hinaus dürfen Forderungen ohne Erfahrungswerte nicht pauschal abgeschrieben werden (§ 6 Z 2 lit a).

2. **Kraftfahrzeuge** sind steuerlich zwingend über acht Jahre abzusetzen und auf Anschaffungskosten von EUR 40.000 (Luxustangente) beschränkt. Bei Leasingfahrzeugen bestehen entsprechende Einschränkungen (§ 20 Abs 1 Z 2 lit b und VO über die Angemessenheit von PKW-Aufwendungen, § 8 Abs 6).

3. **Besondere Ausgaben sind nur beschränkt abzugsfähig**, wie Repräsentationsausgaben (§ 20 Abs 1 Z 3).

4. **Rückstellungen** dürfen für steuerliche Zwecke nur als Rückstellungen für Drohverluste und konkrete Verbindlichkeiten gegenüber Dritten gebildet werden, daher keine Aufwandsrückstellung, keine Pauschalrückstellung (sofern diese nicht auf Erfahrungswerten beruhen). Darüber hinaus sind sie steuerlich der Höhe nach begrenzt (§§ 9, 14).

1.3. Betriebsvermögensvergleich nach § 4 Abs 1 EStG

Gewinnermittlung nach § 4 Abs 1 204

Die **Gewinnermittlung nach § 4 Abs 1** erfolgt bereits ausschließlich **nach steuerlichen Vorschriften**. Eine Anpassung wie bei der Gewinnermittlung nach § 5 Abs 1 an steuerliche Vorschriften ist hier daher nicht notwendig.

Die Ermittlung nach unternehmensrechtlichen Grundsätzen ordnungsmäßiger Buchführung **nach § 5 Abs 1** unterscheidet sich von der Ermittlung nach allgemeinen Grundsätzen ordnungsmäßiger Buchführung nach § 4 Abs 1 durch **unterschiedliche Vorschriften** über Ansatz und Bewertung von Wirtschaftsgütern, Verbindlichkeiten und Rückstellung und die Zuordnung laufender Einnahmen und Ausgaben. Bei der Gewinnermittlung nach § 4 Abs 1 gilt anders als nach unternehmensrechtlichen Grundsätzen ordnungsmäßiger Buchführung ein **Wahlrecht auf Umsetzung des Vorsichtsprinzips** unter Berücksichtigung des Grundsatzes der Bewertungsstetigkeit. Daraus ergeben sich folgende **Unterschiede** bei der Gewinnermittlung nach § 5 Abs 1 und nach § 4 Abs 1:

- **gewillkürtes Betriebsvermögen** ist nur bei § 5 Abs 1 durch Aufnahme in die Bilanz möglich,
- **Rückstellungen** können wahlweise gebildet werden,
- **Teilwertabschreibungen** können wahlweise vorgenommen werden,
- **Rechnungsabgrenzungsposten** können wahlweise gebildet werden, und
- ein vom Kalenderjahr **abweichendes Wirtschaftsjahr** ist steuerlich nicht zulässig (außer bei Land- und Forstwirten).

205 Überblick: Unternehmensbilanzrechtliche und steuerliche Bewertungsunterschiede

Unternehmensrechtlicher Betriebsvermögensvergleich § 5 Abs 1 (2) EStG	Steuerlicher Betriebsvermögensvergleich § 4 Abs 1 EStG
Anlagevermögen	
Zwingende Absetzung für Abnutzung bei abnutzbarem Anlagevermögen	**Zwingende Absetzung für Abnutzung** bei abnutzbarem Anlagevermögen
Zwingende Teilwertabschreibung bei dauernder Wertminderung (Niederstwertprinzip) bei **Finanzanlagen** auch bei kurzfristiger Wertminderung möglich	**Wahlrecht auf Teilwertabschreibung** bei dauernder Wertminderung
Zwingende Zuschreibung bis maximal zu den Anschaffungskosten	**Wahlrecht auf Zuschreibung** bei nichtabnutzbarem Anlagevermögen
	Verbot der Zuschreibung bei abnutzbarem Anlagevermögen
Umlaufvermögen	
Zwingende Teilwertabschreibung bei Wertminderung (strenges Niederstwertprinzip)	**Wahlrecht auf Teilwertabschreibung** bei Wertminderung
Zwingende Zuschreibung bis maximal zu den Anschaffungskosten	**Wahlrecht auf Zuschreibung** bis maximal zu den Anschaffungskosten

Abbildung 19: Unternehmensbilanzrechtliche und steuerliche Bewertungsunterschiede

206 Einzelheiten der Gewinnermittlung nach § 4 Abs 1

Der laufende Gewinn wird entsprechend der steuerlichen **Gewinnermittlung nach § 4 Abs 1** doppelt ermittelt, und zwar in der Gewinn- und Verlustrechnung durch die Gegenüberstellung der Erträge und Aufwendungen einer Periode, und in der Bilanz durch die Änderung des Eigenkapitals gegenüber der Bilanz des vergangenen Wirtschaftsjahrs.

Für die jährliche Bilanzerstellung hat der Steuerpflichtige für seinen Betrieb am Ende eines Wirtschaftsjahrs eine **Inventur** durchzuführen, wobei er alle Wirtschaftsgüter, Verbindlichkeiten, Rückstellungen und Rechnungsabgrenzungsposten nach den Vorschriften des Betriebsvermögensvergleichs in der Bilanz ausweist und bewertet. Der Posten des Eigenkapitals ist dabei eine Restgröße und setzt sich aus den Aktiva abzüglich sonstiger Passiva zusammen.

Beispiel Bilanzerstellung:

Aktiva (in EUR)		Passiva (in EUR)	
Wirtschaftsgüter	2.000	Eigenkapital	1.000
		Verbindlichkeiten	1.200
		Rückstellungen	200
Rechnungsabgrenzungsposten	500	Rechnungsabgrenzungsposten	100

Geschäftsfälle werden durch **laufende Buchungen** gleichzeitig in den Konten der Bilanz und der Gewinn- und Verlustrechnung erfasst. Durch diese Buchungen ändern sich einerseits die Posten der Bilanz und gleichzeitig werden Erträge und Aufwendungen des Wirtschaftsjahrs in der Gewinn- und Verlustrechnung verzeichnet. Am Ende des Jahrs hat wieder eine Inventur stattzufinden. **Abschlussbuchungen** zur Anpassung der Bilanz an die Inventur stellen sicher, dass bisher noch nicht erfasste Geschäftsvorfälle Eingang in die Bilanz und die Gewinn- und Verlustrechnung finden. Der ermittelte Gewinn aus der Gewinn- und Verlustrechnung wird in die Bilanz umgebucht und erhöht dabei das Eigenkapital gegenüber dem Vorjahr.

Beispiel Bilanz und Gewinn- und Verlustrechnung zum Ende des Geschäftsjahres:

Aktiva (in EUR)		Passiva (in EUR)	
Wirtschaftsgüter		Eigenkapital	1.200
Anlagevermögen	800	**Gewinn / Verlust**	**300**
Umlaufvermögen	1.700	Verbindlichkeiten	1.000
		Rückstellungen	100
Rechnungsabgrenzungsposten	300	Rechnungsabgrenzungsposten	200

Aufwand (in EUR)		Ertrag (in EUR)	
Material und Herstellung	400	Umsatzerlöse	600
Personal	100	Bestandsveränderung, Eigenleistung	300
Absetzung, Wertminderung	50	Sonstige Erträge	100
Sonstiger Aufwand	150		
Gewinn /Verlust	**300**		

Gewinnermittlung nach § 4 Abs 1: Steuerlicher Gewinn   207

Der dadurch **ermittelte Gewinn entspricht den steuerlichen Gewinnvorschriften**. Die steuerliche Gewinnermittlung beruht auf den allgemeinen Grundsätzen ordnungsmäßiger Buchführung, den steuerlichen Vorschriften über den Ansatz und die Bewertung von Wirtschaftsgütern und die steuerlich richtige zeitliche Zuordnung von Einnahmen und Ausgaben.

Beispiel:
1. **Steuerpflichtige Erträge und Einnahmen** ergeben sich aus Waren- und Leistungserlösen und der Entnahme von Umlaufvermögen, Anlagenerträgen und Entnahmewerten des Anlagevermögens, aktivierten Eigenleistungen, Bestandsveränderungen, übrigen Erträgen und Einnahmen, wie Finanzerträge, Gewinnanteile aus stillen Gesellschaften.
2. **Abzugsfähige Aufwendungen und Ausgaben** ergeben sich aus Waren, Rohstoffen und Hilfsstoffen, Fremdpersonal und Fremdleistungen, Personalaufwand, Abschreibungen auf das Anlagevermögen, Abschreibungen auf das Umlaufvermögen, Instandhaltungen für Gebäude, Reise- und Fahrtspesen inkl Kilometergeld und Diäten, tatsächlichen Kraftfahrzeugkosten ohne Absetzung, Leasing und Kilometergeld, Miete, Pacht und Leasing, Provisionen an Dritte und Lizenzgebühren, Werbe- und Repräsentationsaufwendungen, Buchwerten abgegangener Anlagen, Zinsen und ähnlichen Aufwendungen, Gewinnanteilen an echte stille Gesellschafter, Sozialversicherungsbeiträgen des Unternehmers, betrieblichen Spenden, sonstige Aufwendungen und Ausgaben.

1.4. Ansatz und Bewertung von Wirtschaftsgütern

Einteilung der Wirtschaftsgüter und deren Absetzung   208

Wirtschaftsgüter sind hinsichtlich Ansatz und Bewertung zu unterteilen in **abnutzbare** Wirtschaftsgüter des **Anlagevermögens, nichtabnutzbare** Wirtschaftsgüter des **Anlagevermögens** und Wirtschaftsgüter des **Umlaufvermögens.**

Zum **Anlagevermögen** zählen Wirtschaftsgüter, die dazu bestimmt sind, längerfristig, jedoch zumindest über ein Jahr, dem Geschäftsbetrieb zu dienen. **Abnutzbare** Wirtschaftsgüter des Anlagevermögens sind solche, die einer zeitlichen oder substantiellen Abnutzung unterliegen. **Nichtabnutzbare** Wirtschaftsgüter des Anlagevermögens sind solche, die keiner zeitlichen oder substantiellen Abnutzung unterliegen.

Zum **Umlaufvermögen** zählen Wirtschaftsgüter, die nicht dazu bestimmt sind, längerfristig dem Geschäftsbetrieb zu dienen.

Bei der Gewinnermittlung nach § 5 Abs 1 ist dem Betrieb neben dem notwendigen Betriebsvermögen auch **gewillkürtes Betriebsvermögen** zuzuordnen. Bei der Gewinnermittlung nach § 4 Abs 1 ist dagegen kein gewillkürtes Betriebsvermögen möglich und dieses daher nicht Teil des steuerlichen Betriebsvermögens.

Beispiele:
1. **Abnutzbare Wirtschaftsgüter des Anlagevermögens:** Gebäude, Maschinen und Fahrzeuge, die der dauerhaft der Verwaltung, der Produktion oder dem Verkauf im Betrieb dienen.
2. **Nichtabnutzbare Wirtschaftsgüter des Anlagevermögens:** Grund und Boden, der nicht zur Veräußerung steht, sondern dem Betrieb längerfristig dient.
3. **Wirtschaftsgüter des Umlaufvermögens** sind Forderungen oder in nächster Zeit zu veräußernde Wirtschaftsgüter, wie Handelswaren oder kurzfristig gehaltene Wertpapiere, Rohstoffe, unfertige Erzeugnisse, geleistete Anzahlungen.
4. **Wirtschaftsgüter:** Darstellung in der Bilanz

Aktiva (in EUR)		Passiva (in EUR)	
Anlagevermögen	1.000		
Umlaufvermögen	2.000		

209 Aktivierung von Wirtschaftsgütern

Wird ein **Wirtschaftsgut erworben**, dann sind **Ausgaben für die Anschaffung oder Herstellung** des Wirtschaftsguts nicht bereits im Jahr der Anschaffung oder Herstellung abzusetzen, sondern vorerst **ertragsneutral** zu erfassen.

Dies ergibt sich aus dem Periodenprinzip, wonach Ausgaben über den Zeitraum der wirtschaftlichen Veranlassung zu berücksichtigen sind.

Bilanztechnisch wird das Wirtschaftsgut in Höhe der Anschaffungs- und Herstellungskosten auf der Aktivseite **aktiviert** und auf der Passivseite werden entweder die Barmittel reduziert oder die Kosten als Verbindlichkeit erhöht. Die Aktivierung von Anschaffungs- und Herstellungskosten hält den Vorgang ertragsneutral.[2]

Bei **geringwertigen Wirtschaftsgütern** des abnutzbaren Anlagevermögens können die Anschaffungs- oder Herstellungskosten bereits im Zeitpunkt der Anschaffung oder Herstellung als Ausgabe steuerwirksam abgesetzt werden. Ein geringwertiges Wirtschaftsgut

---

2   Vgl VwGH 27.11.2014, 2011/15/0088.

liegt vor, wenn die Kosten für ein Wirtschaftsgut des Anlagevermögens EUR 1.000 (ab 2023, davor EUR 800) nicht übersteigen und wenn dieses nicht zur entgeltlichen Überlassung bestimmt ist (§ 13).

Ausgaben für **selbst hergestellte unkörperliche Wirtschaftsgüter des Anlagevermögens** sind sofort in dem Jahr abzusetzen, dem sie wirtschaftlich zuzuordnen sind. **Entgeltlich** erworbene unkörperliche Wirtschaftsgüter sind dagegen mit den Anschaffungskosten zu aktivieren.

Beispiele:
1. **Geringwertige Wirtschaftsgüter** sind in der Periode zu berücksichtigen, in der dem Betrieb aus dem Einsatz ein Nutzen durch Erzielung von Umsätzen oder sonstigen Vorteilen entsteht.
2. **Unkörperliche Wirtschaftsgüter** sind Lizenzen oder ein Firmenwert.
3. **Aktivierung:** Darstellung in der Bilanz und der Gewinn- und Verlustrechnung.

Aktiva (in EUR)		Passiva (in EUR)	
Anlagevermögen	1.000	**Gewinn / Verlust**	**0**
Umlaufvermögen	0	Verbindlichkeiten	1.000

4. **Sofortige Absetzung:** Darstellung in der Bilanz und der Gewinn- und Verlustrechnung

Aktiva (in EUR)		Passiva (in EUR)	
Anlagevermögen	0	**Gewinn / Verlust**	**–1.000**
Umlaufvermögen	0	Verbindlichkeiten	1.000
Aufwand (in EUR)		**Ertrag (in EUR)**	
Absetzung	1.000		
Verlust	**–1.000**		

Anschaffungs- und Herstellungskosten   210

Anschaffungskosten sind die Aufwendungen, die geleistet werden, um ein Wirtschaftsgut zu erwerben und dieses in einen betriebsbereiten Zustand zu versetzen, soweit sie dem Wirtschaftsgut einzeln zugeordnet werden können. Zu den Anschaffungskosten gehören auch Nebenkosten sowie nachträgliche Anschaffungskosten. Anschaffungspreisminderungen sind abzusetzen (§ 203 Abs 2 UGB).

Beispiele zu Anschaffungskosten:
1. **Anschaffungskosten** sind der Kaufpreis und die Kosten für die Herstellung des betriebsbereiten Zustands wie Montagekosten und Schulungskosten.
2. **Anschaffungsnebenkosten** sind unmittelbar beim Erwerbsvorgang anfallende Kosten, die an Dritte zu leisten sind wie GrESt bei Grundstücken, Vermittlungsprovisionen, Beratungskosten bei Erwerb und Vertragserrichtungskosten an Rechtsanwälte.
3. **Vorsteuer:** Die Umsatzsteuer auf Anschaffungen zählt dann nicht zu den Anschaffungskosten, wenn sie als Vorsteuer abgezogen werden kann. Steht ein Vorsteuerabzug nicht zu, dann zählt die Umsatzsteuer zu den Anschaffungskosten (§ 6 Z 11).
4. **Zinsen zur Fremdfinanzierung** der Anschaffung stehen nur mittelbar mit der Anschaffung in Zusammenhang und zählen daher nicht zu den Anschaffungskosten.[3] Steht der An-

---

3   VwGH 3.6.1986, 86/14/0012.

schaffung eine unverzinsliche und niedrig verzinsliche Verbindlichkeit mit Kreditcharakter gegenüber, dann gilt als Anschaffungskosten und Höhe der Verbindlichkeit der abgezinste Betrag (Ratenkauf, Leasingkauf).[4]

5. **Vorweggenommene Anschaffungskosten** sind Kosten für Leistungen, die zur endgültigen Entscheidungsfindung über die Anschaffung eines bereits bestimmten Wirtschaftsguts beitragen sollen (zB Grundstück, Beteiligung oder Unternehmen). Sie sind bereits Teil der Anschaffungskosten bei einem späteren Erwerb. Dazu zählen insbesondere Beratungskosten, Schätzungsgutachten und Due-Diligence-Prüfungen. Dagegen sind allgemeine Kosten, die noch vor der Auswahl eines bestimmten Wirtschaftsguts zur möglichen Anschaffung entstehen, mangels Zuordnung zu einem bestimmten Wirtschaftsgut, sofort abzugsfähig (zB Marktstudien, Informationserhebung über mögliche Kaufobjekte).[5]

Herstellungskosten sind die Aufwendungen, die für die Herstellung eines Wirtschaftsguts, seiner Erweiterung oder für eine über seinen ursprünglichen Zustand hinausgehende wesentliche Verbesserung entstehen (§ 203 Abs 3 UGB).

Beispiele für Herstellungskosten:

1. **Herstellungskosten** sind Material- und Personalaufwand. Zu den Herstellungskosten des Umlaufvermögens gehören auch angemessene Teile der Materialgemeinkosten und Fertigungsgemeinkosten, nicht dagegen Vertriebs- und Verwaltungskosten.
2. **Abbruchkosten und Restbuchwert bei Altgebäuden** zählen nur dann zu den aktivierungspflichtigen Anschaffungskosten des Grund und Bodens, wenn das Altgebäude abbruchreif und nicht mehr verwendbar ist und daher kein eigenständiges Wirtschaftsgut vorliegt (eingeschränkte Opfertheorie). Sonst sind Abbruchkosten und Restbuchwert sofort absetzbar.[6]
3. **Vorsteuer:** Die Umsatzsteuer auf Anschaffungen zählt dann nicht zu den Anschaffungskosten, wenn sie als Vorsteuer abgezogen werden kann. Steht ein Vorsteuerabzug nicht zu, dann zählt die Umsatzsteuer zu den Anschaffungskosten (§ 6 Z 11).

211 Bewertung von Anschaffungs- und Herstellungskosten

Wird ein Wirtschaftsgut entgeltlich erworben oder hergestellt, dann sind die **tatsächlichen** Anschaffungskosten oder Herstellungskosten heranzuziehen. Im Fall einer unentgeltlichen Einlage sind grundsätzlich die **fiktiven** Anschaffungs- oder Herstellungskosten anzusetzen, sofern nicht eine Buchwertfortführung erfolgt.

- Bei **Anschaffung gegen eine Rente** ist als Anschaffungskosten der Rentenbarwert anzusetzen.
- Bei **Tausch** gilt der Wert des hingegebenen Wirtschaftsguts als Anschaffungskosten. Dies gilt auch bei Einlagen von Wirtschaftsgütern in eine Körperschaft (zu den Körperschaften → 501), (§ 6 Z 14).
- **Einlagen** von Wirtschaftsgütern sind mit dem Einlagewert anzusetzen (§ 6 Z 5).
- Bei **Überführung von Wirtschaftsgütern von einem ausländischen Betrieb** ins inländische Betriebsvermögen ist der Wert des Wirtschaftsguts bei Überführung anzusetzen (§ 6 Z 6 lit c).
- Bei **unentgeltlichem Erwerb** von Betrieben, Teilbetrieben oder MU-Anteilen ist der Buchwert des Rechtsvorgängers anzusetzen (§ 6 Z 9 lit a).

---

4   VwGH 14.1.1986, 85/14/0134; VwGH 23.11.1994, 91/13/0111.
5   VwGH 23.2.2017, Ro 2016/15/0006.
6   VwGH 25.1.2006, 2003/14/0107; VwGH 27.11.2014, 2011/15/0088; VwGH 27.4.2005, 2000/14/0110.

Perl, Steuerrecht für die Praxis[7], Linde

- Bei **Anwendung des UmgrStG** ist ebenfalls der Buchwert des Rechtsvorgängers anzusetzen, sofern nicht der Teilwert anzusetzen ist.
- Bei **Inanspruchnahme der Übertragung stiller Reserven** nach § 12 (dazu unten) sind die Anschaffungs- und Herstellungskosten abzüglich der zu übertragenden stillen Reserven anzusetzen.

Nachträgliche Änderung der Anschaffungs- und Herstellungskosten 212

Auch nach Anschaffung und Herstellung kann es **nachträglich** zu Erhöhungen oder Minderungen der ursprünglichen Anschaffungs- und Herstellungskosten kommen. Nachträgliche Anschaffungs- oder Herstellungskosten erhöhen den Ansatz des Wirtschaftsguts. Minderungen der Anschaffungs- oder Herstellungskosten kürzen den Ansatz für das Wirtschaftsgut.

Beispiele:

1. **Nachträgliche Anschaffungskosten** sind Kaufpreiserhöhungen (zB aufgrund einer Earn-out-Klausel[7]) und zusätzliche Einlagen aufgrund einer Beteiligung an einer Körperschaft.
2. **Minderung der Anschaffungskosten** sind Anschaffungspreisminderungen wie zum Beispiel Gewährleistung und Rückzahlungen von Einlagen aufgrund der Beteiligung an einer Körperschaft.
3. **Vorsteuerberichtigung:** Wird die Umsatzsteuer auf die Anschaffungs- oder Herstellungskosten berichtigt und daher der Vorsteuerbetrag geändert, dann sind auch die Anschaffungs- oder Herstellungskosten entsprechend anzupassen. Erfolgt hingegen eine Vorsteuerberichtigung aufgrund der Änderung der Verwendung des Wirtschaftsguts (§ 12 Abs 10 und 11 UStG), dann sind positive Vorsteuerberichtigungen als Einnahmen und negative Vorsteuerberichtigungen als Ausgaben zu erfassen (§ 6 Z 12).

Von der Änderung der Anschaffungs- und Herstellungskosten sind die Minderungen des in der Bilanz auszuweisenden Wirtschaftsguts durch **Absetzung für Abnutzung**, **Teilwertabschreibungen** und Erhöhungen durch **Teilwertzuschreibungen** zu unterscheiden. Diese Änderungen führen zur Anpassung des in der Bilanz ausgewiesenen Buchwerts des Wirtschaftsguts.

In der **Bilanz** sind die Anschaffungs- und Herstellungskosten des Anlagevermögens und Umlaufvermögens anzusetzen und entsprechend einer vorgenommenen Absetzung für Abnutzung für abnutzbares Anlagevermögen, Teilwertabschreibungen und Teilwertzuschreibungen fortzuschreiben. Der in der Steuerbilanz ausgewiesene Wert stellt den steuerlich bisher noch nicht berücksichtigten Teil der Anschaffungs- und Herstellungskosten als Restbuchwert dar.

Wirtschaftliche Veranlassung 213

Anschaffungs- und Herstellungskosten von Wirtschaftsgütern sind durch die **Nutzung und Verwertung** des Wirtschaftsguts im Betrieb veranlasst. Sie sind daher durch Nutzung und Verwertung als Aufwand zu berücksichtigen.

---

7   VwGH 29.04.2010, 2006/15/0269, zu einem Aktienkaufvertrag.

Sie sind aufgrund der zukünftigen Nutzung und Verwertungsmöglichkeit des Wirtschaftsguts nicht bereits im Zeitpunkt ihrer Ausgabe, sondern aufgrund:

- der Abnutzbarkeit über die betriebsgewöhnliche Nutzungsdauer durch **Absetzung für Abnutzung** zu verteilen oder vorzeitig bei außergewöhnlicher Abnutzung zu berücksichtigen;
- der eingeschränkten Verwertungsmöglichkeit im Zeitpunkt einer Wertminderung durch **Teilwertabschreibung** abzusetzen; oder spätestens
- am Ende der Nutzung oder der Verwertung im Zeitpunkt des Ausscheidens aus dem Betriebsvermögen durch **Abgang als Aufwand** abzusetzen.

Beispiel:

Absetzung: Darstellung in der Bilanz und der Gewinn- und Verlustrechnung

Aktiva (in EUR)		Passiva (in EUR)	
Anlagevermögen	800	**Gewinn / Verlust**	–200
(Absetzung von 200)		Verbindlichkeiten	1.000
Aufwand (in EUR)		**Ertrag (in EUR)**	
Absetzung des AV	200		
Verlust	–200		

214 Absetzung für Abnutzung von abnutzbarem Anlagevermögen

Bei **abnutzbaren Wirtschaftsgütern des Anlagevermögens**, deren Verwendung oder Nutzung zur Erzielung von Einkünften sich erfahrungsgemäß über mehr als ein Jahr erstreckt, sind die Anschaffungs- und Herstellungskosten gleichmäßig verteilt auf die betriebsgewöhnliche Nutzungsdauer im Wege der **Absetzung für Abnutzung** abzusetzen. Anschaffungs- und Herstellungskosten von nichtabnutzbaren Wirtschaftsgütern sind dagegen mangels Abnutzbarkeit nicht im Wege einer Absetzung für Abnutzung abzusetzen.

Die **Ermittlung** des Betrags, der von den Anschaffungs- oder Herstellungskosten abzusetzen ist, erfolgt aufgrund der betriebsgewöhnlichen Nutzungsdauer. Die **betriebsgewöhnliche Nutzungsdauer** bemisst sich nach der im Betrieb zu erwartenden Gesamtdauer der Verwendung oder Nutzung.

Einzelfälle:

1. **Gebäude:** ohne sonstigen Nachweis der Nutzungsdauer beträgt die Absetzung bis zu 2,5 % der Anschaffungs- oder Herstellungskosten (entspricht einer Nutzungsdauer von 40 Jahren). Bei zu Wohnzwecken überlassenen Gebäuden beträgt die Absetzung bis zu 1,5 % (66,6 Jahre).[8] Bei denkmalgeschützten Betriebsgebäuden können Kosten unter bestimmten Umständen auch auf 10 Jahre verteilt werden (§ 8 Abs 1 und 2).
2. **Firmenwert:** bei land- und forstwirtschaftlichen Betrieben und Gewerbebetrieben: auf 15 Jahre abzusetzen (§ 8 Abs 3); der **Praxiswert** bei freien Berufen ist auf 5 Jahre abzusetzen.
3. **Substanzverringerung** bei Bergbauunternehmen, Steinbrüchen und anderen Betrieben entsprechend der Substanzverringerung (§ 8 Abs 5).

---

8 Ab 2016: zu den Übergangsbestimmungen BMF-Info 12.5.2016, 010203/0142-VI/6/2016.

4. **PKW und Kombinationskraftwagen** sind grundsätzlich über eine Nutzungsdauer von 8 Jahren abzusetzen, mit Ausnahme von Fahrschulkraftfahrzeugen und gewerblichen Personenbeförderungsfahrzeugen; dies kann auch nicht durch Miete eines Kraftfahrzeuges umgangen werden (§ 8 Abs 6). Für LKW ca 5 bis 8 Jahre.
5. **Instandsetzungsaufwendungen für zum Anlagevermögen gehörende Gebäude,** die für Wohnzwecke entgeltlich an nicht betriebszugehörige Arbeitnehmer überlassen werden, zählen nicht zu den Herstellungskosten. Sie sind allerdings gleichmäßig verteilt auf 15 Jahre abzusetzen (§ 4 Abs 7).
6. **Mietereinbauten** maximal über die Mietvertragsdauer, sofern beschränkt.
7. **Rechte** sind über den Zeitraum abzusetzen, über den sie bestehen, Mietrechte über 5 Jahre, daher Absetzung über 5 Jahre, Markenrecht über 15 Jahre.
8. **Computer und Laptop:** ca 3 Jahre.
9. **Maschinen:** ca 5 bis 8 Jahre.

Die **Absetzung beginnt** mit der tatsächlichen Nutzung des Wirtschaftsguts im Betrieb, also grundsätzlich mit der Inbetriebnahme. Bei witterungsbedingt eingesetzten Wirtschaftsgütern beginnt die Absetzung mit Anschaffung oder Fertigstellung (Gebäude oder im Freien stehende Maschine). Wird das Wirtschaftsgut im ersten Jahr **mehr als sechs Monate genutzt,** dann ist der **gesamte** auf ein Jahr entfallende Betrag abzusetzen, sonst die Hälfte dieses Betrags.

Degressive, beschleunigte und außergewöhnliche Absetzung und Absetzung   215

Eine **degressive Absetzung** (in fallenden Jahresbeträgen) ist für bestimmte neu erworbene Wirtschaftsgüter (dazu sogleich) möglich, wonach die Absetzung in Höhe eines unveränderlichen Prozentsatzes **bis höchstens 30 % vom fortgeschriebenen Buchwert (Restbuchwert)** abgeschrieben werden können (§ 7 Abs 1a, ab 1.7.2020; Vornahme bereits im UGB-Jahresabschluss aufgrund der Maßgeblichkeit, ausgesetzt jedoch bis 2022, § 124b Z 356). Der Übergang von der degressiven zur linearen Absetzung für Abnutzung ist mit Beginn eines Wirtschaftsjahres zulässig. Dabei wird der Restbuchwert auf die Restnutzungsdauer verteilt (§ 7 Abs 1a Z 2).

Bei **Gebäuden** kann in den ersten zwei Jahren eine **beschleunigte lineare Absetzung** vorgenommen werden. Im ersten Jahr beträgt die Absetzung maximal das Dreifache (7,5 % bzw 4,5 %), im zweiten Jahr maximal das Zweifache des Jahresbetrags (5 % bzw 3 %, immer volle Jahres-AfA auch bei Anschaffung im zweiten Halbjahr) (§ 8 Abs 1a, ab 1.7.2020).

Sofern ein abnutzbares Wirtschaftsgut des Anlagevermögens über die Absetzung für Abnutzung hinaus aufgrund eines Ereignisses einer erhöhten Abnutzung unterliegt, ist eine **außergewöhnliche technische oder wirtschaftliche Abnutzung** in diesem Jahr zulässig (§ 8 Abs 4). Dadurch können die Anschaffungs- und Herstellungskosten früher als Aufwand abgesetzt werden.

Beispiele und Anwendungsfälle:

1. **Degressive Absetzung:** Eine neue Maschine wird Anfang des Jahres um EUR 10.000 erworben (Nutzungsdauer 5 Jahre). Bei einem Prozentsatz von 30 % (Maximalsatz, im ersten Jahr festzulegen) beträgt die Absetzung EUR 3.000. Im zweiten Jahr beträgt die Absetzung EUR 2.100 (RBW EUR 7.000 × 30 %). Anfang des dritten Jahres wird zur linearen Absetzung gewechselt, wobei der RBW von EUR 4.900 auf die Restnutzungsdauer von 3 Jahren zu verteilen ist (jährlich EUR 1.633).

2. **Ausschluss von der degressiven Absetzung:** Keine degressive Absetzung ist möglich bei Wirtschaftsgütern mit einer Sonderform der Absetzung (§ 8, ausgenommen Kraftfahrzeuge mit einem CO_2-Emissionswert von 0 Gramm pro Kilometer), unkörperliche Wirtschaftsgüter, die nicht den Bereichen Digitalisierung, Ökologisierung und Gesundheit/Life-Science zuzuordnen sind (ausgenommen bleiben jedoch jene unkörperlichen Wirtschaftsgüter, die zur entgeltlichen Überlassung bestimmt sind oder von einem konzernzugehörigen Unternehmen bzw von einem einen beherrschenden Einfluss ausübenden Gesellschafter erworben werden), gebrauchte Wirtschaftsgüter und Anlagen, die der Förderung, dem Transport oder der Speicherung fossiler Energieträger dienen sowie Anlagen, die fossile Energieträger direkt nutzen (§ 7 Abs 1a Z 1).
3. **Beschleunigte lineare Absetzung:** Bei Anschaffung eines Bürogebäudes im November um EUR 1 Mio kann im ersten Jahr 7,5 % (EUR 75.000), im zweiten Jahr 5 % (EUR 50.000) und ab dem dritten Jahr der Normalsatz (2,5 %, EUR 25.000) angewendet werden.
4. **Technische Abnutzung:** Die Maschine wird durch ein Unwetter teilweise zerstört, sodass sich die Nutzungsdauer der Maschine um die Hälfte verkürzt.
5. **Wirtschaftliche Abnutzung:** Aufgrund einer Produktinnovation der Konkurrenz wird die Maschine voraussichtlich bereits im Folgejahr aus dem Betriebsvermögen ausscheiden.
6. **Abbruchwert:** Ein Restbuchwert ist bei einem abbruchreifen oder nicht verwendbaren Gebäude sofort im Wege einer außergewöhnlichen Abnutzung abzusetzen.[9]

216 Abschreibung auf den niedrigeren Teilwert

Sofern es bei einem Wirtschaftsgut zu einer **Wertminderung** kommt, können für die dadurch verminderte Verwertungsmöglichkeit im Zeitpunkt einer Wertminderung **Teilwertabschreibungen** vorzunehmen sein. Sie führen zur aufwandswirksamen Absetzung von Anschaffungs- und Herstellungskosten aufgrund von unrealisierten Wertminderungen.

Eine **Wertminderung** liegt vor, wenn der Teilwert eines Wirtschaftsguts unter den aktuellen Buchwert nach Berücksichtigung von Absetzungen fällt. Maßgeblich ist die Einzelbewertung aufgrund konkreter Umstände, sodass eine Pauschalbewertung nach Erfahrungssätzen nur eingeschränkt bei Forderungen zulässig ist. Wird eine Teilwertabschreibung vorgenommen, dann kürzt diese den steuerlichen Buchwert des Wirtschaftsguts. Der verbleibende Betrag gilt als fortgeführter steuerlicher Buchwert.

Beispiele für eine Wertminderung:
1. **Eingeschränkter Nutzen und Wertminderung durch** Überdimensionierung des Wirtschaftsguts, Fehlinvestition, geringere Rentabilität, Minderung des Marktwerts, Gefährdung oder Nichteinbringlichkeit einer Forderung.
2. **Eine pauschale Teilwertabschreibung von Forderungen** ist nur bei Vorliegen statistisch ermittelbarer Erfahrungswerte aus gleich gelagerten Sachverhalten zulässig (§ 6 Abs 2 lit a iVm § 201 Abs 2 Z 7 UGB; ab 2021, auch rückwirkend für davor entstandene Forderungen möglich, mit Betragsverteilung über die folgenden vier Jahre, § 124b Z 372).
3. **Abbruchkosten:** Ein Restbuchwert kann bei einem abbruchreifen oder nicht verwendbaren Gebäude im Wege einer Teilwertabschreibung berücksichtig werden.[10]

Teilwertabschreibungen können aufgrund von **Wertsteigerungen** im Wege von **Teilwertzuschreibungen** wieder rückgängig gemacht werden. Zuschreibungen führen im Jahr der Vornahme zu einem Ertrag.

---

9   VwGH 27.4.2005, 2000/14/0110.
10   VwGH 27.4.2005, 2000/14/0110.

Eine **Wertsteigerung** liegt vor, wenn der Teilwert eines Wirtschaftsguts über den aktuellen Buchwert nach Berücksichtigung von Absetzungen steigt. Wird eine Teilwertzuschreibung vorgenommen, dann erhöht diese den Buchwert des Wirtschaftsguts. Die Teilwertzuschreibung ist in ihrer Höhe regelmäßig auf die bisher vorgenommene Teilwertabschreibung begrenzt, weil ein Wert über den Anschaffungs- und Herstellungskosten abzüglich Absetzung für Abnutzung zur Berücksichtigung eines unrealisierten Ertrags führen würde.

Beispiele:

Zuschreibung: Darstellung in der Bilanz und der Gewinn- und Verlustrechnung

Aktiva (in EUR)		Passiva (in EUR)	
Anlagevermögen	900	**Gewinn / Verlust**	100
(Zuschreibung von 100)		Verbindlichkeiten	1.000
Aufwand (in EUR)		**Ertrag (in EUR)**	
		Zuschreibung	100
		Gewinn	100

Teilwertabschreibung bei Gewinnermittlung nach § 5 Abs 1   217

Teilwertabschreibungen sind zwingend nur bei der **Gewinnermittlung nach § 5 Abs 1** zu berücksichtigen, weil sie Ausfluss des Vorsichtsprinzips sind. Sofern eine Wertminderung vorliegt:

- ist bei Wirtschaftsgütern des **Anlagevermögens** eine Teilwertabschreibung vorzunehmen, wenn es sich um eine voraussichtlich dauernde Wertminderung handelt (§ 204 Abs 2 UGB).
- kann bei **Finanzanlagen** eine Teilwertabschreibung auch bereits dann erfolgen, wenn die Wertminderung nicht von Dauer ist (§ 204 Abs 2 UGB letzter Satz).
- ist bei Wirtschaftsgütern des **Umlaufvermögens** eine Teilwertabschreibung immer vorzunehmen (§ 207 UGB).

Sofern die Gründe für eine Wertminderung in späteren Jahren wegfallen, **muss eine Zuschreibung vorgenommen werden**, die maximal bis zu den Anschaffungskosten erfolgen kann (§ 6 Z 13 mit Sonderregel für Wertaufholungen nach Umgründungen; § 208 Abs 1 UGB).

Teilwertabschreibung bei Gewinnermittlung nach § 4 Abs 1   218

Bei der **Gewinnermittlung nach § 4 Abs 1** besteht dagegen ein Wahlrecht zur Vornahme einer Teilwertabschreibung. Sofern eine Wertminderung vorliegt:

- kann bei Wirtschaftsgütern des **Anlagevermögens** eine Teilwertabschreibung vorgenommen werden, wenn es sich um eine dauernde Wertminderung handelt.
- kann bei Wirtschaftsgütern des **Umlaufvermögens** eine Teilwertabschreibung bei jeder Wertminderung vorgenommen werden.

Sofern die Gründe für eine Wertminderung in späteren Jahren wegfallen, dann:

- ist eine Zuschreibung bei **abnutzbarem Anlagevermögen** in Höhe der Wertsteigerung nicht zulässig;
- kann eine Zuschreibung bei **nichtabnutzbarem Anlagevermögen** und **Umlaufvermögen** maximal bis zu den Anschaffungs- und Herstellungskosten erfolgen.

Eine Zuschreibung unabhängig von einer Teilwertabschreibung kann bei **Tieren und Pflanzen** als Wirtschaftsgüter eines land- und forstwirtschaftlichen Betriebs auch über den Anschaffungs- und Herstellungskosten angesetzt werden.

219 Absetzung des Restbuchwerts bei Ausscheiden aus dem Betriebsvermögen

Am **Ende der Nutzung** oder im **Zeitpunkt der Verwertung** und des Ausscheidens des Wirtschaftsguts aus dem Betriebsvermögen ist ein noch vorhandener Restbuchwert des Wirtschaftsguts durch den **Abgang als Aufwand** abzusetzen. Der Restbuchwert ergibt sich aus den Anschaffungs- und Herstellungskosten abzüglich bisher vorgenommener Absetzungen für Abnutzung und Teilwertabschreibungen, zuzüglich bisher vorgenommener Zuschreibungen.

Beispiele:
1. **Abbruch eines Altgebäudes:** Ist ein Altgebäude noch verwendbar und stellt es daher ein eigenständiges Wirtschaftsgut dar, sind sowohl Abbruchkosten als auch Restbuchwert bei Abbruch als laufender Aufwand abzusetzen.[11]
2. **Übertragung des wirtschaftlichen Eigentums:** Im Zeitpunkt der Übertragung des wirtschaftlichen Eigentums an einem Wirtschaftsgut ist der Restbuchwert des Wirtschaftsguts als Abgang aufwandswirksam auszubuchen.
   Ausscheiden: Darstellung in der Bilanz und der Gewinn- und Verlustrechnung

Aktiva (in EUR)		Passiva (in EUR)	
Anlagevermögen	0	Gewinn / Verlust	**–900**
(Absetzung von 900)		Verbindlichkeiten	1.000
Aufwand (in EUR)		**Ertrag (in EUR)**	
Absetzung des AV	900		
Verlust	**–900**		

220 Überblick: Ertragsteuerlicher Ansatz und Bewertung von Vermögen

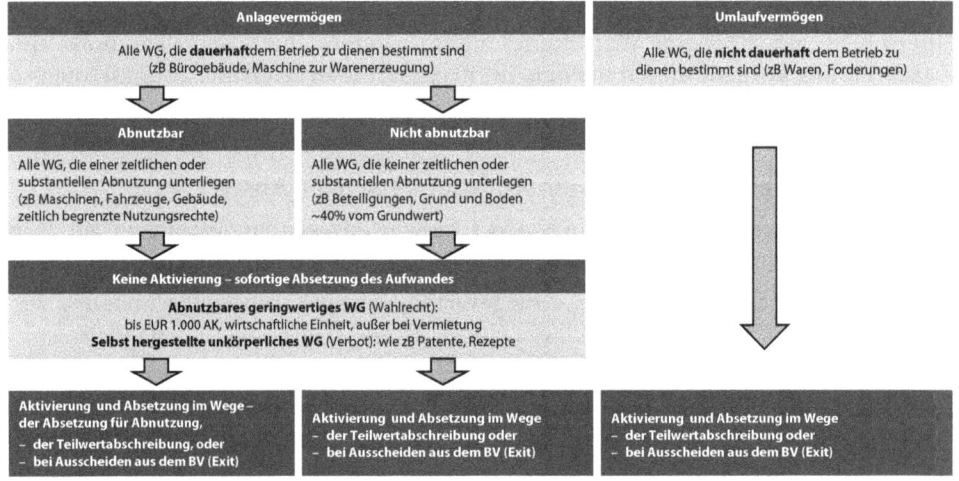

Abbildung 20: Ertragsteuerlicher Ansatz und Bewertung von Vermögen

---

11   VwGH 25.1.2006, 2003/14/0107; VwGH 27.11.2014, 2011/15/0088, VwGH 27.4.2005, 2000/14/0110.

1.5. Ansatz und Bewertung von Verbindlichkeiten und Rückstellungen

Ansatz und Bewertung von Verbindlichkeiten 221

> Beträge, die aufgrund einer **Rückzahlungsverpflichtung** steuerliches Fremdkapital darstellen, sind in der Bilanz unter den **Verbindlichkeiten** auszuweisen.

Verbindlichkeiten sind mit dem **Rückzahlungsbetrag** zu bewerten. Geldbeschaffungskosten oder Unterschiedsbeträge zwischen Rückzahlungsbetrag und aufgenommenem Betrag sind nicht sofort als Aufwand zu berücksichtigen, sondern im Jahr der Aufnahme der Verbindlichkeit als Aktivposten anzusetzen und zwingend über die gesamte Laufzeit der Verbindlichkeit zu verteilen. Rückzahlungen vermindern den Buchwert der Verbindlichkeit. Unverzinsliche oder zu niedrig verzinsliche Verbindlichkeiten sind entsprechend abzuzinsen, sofern im Rückzahlungsbetrag aufgrund des Vorliegens eines wirtschaftlichen Kreditgeschäfts (Kreditkauf, Ratenkauf, Leasingkauf) eine Zinskomponente enthalten ist.[12] Werden Verbindlichkeiten zu einem späteren Zeitpunkt aus betrieblichen Gründen erlassen, dann führt dies zu einem Ertrag beim Schuldner.

Rentenverpflichtungen sind zum **Barwert** der zukünftigen Auszahlungen anzusetzen und jährlich neu zu bewerten. Jährliche Rentenzahlungen sind Aufwand und jährliche Änderungen des Barwerts sind erfolgswirksam, führen also bei einer Minderung zu Ertrag und bei einer Erhöhung zu einem Aufwand.

Beispiel:
Verbindlichkeit (5 Jahre, Damnum EUR 100): Darstellung in der Bilanz und der Gewinn- und Verlustrechnung

Aktiva (in EUR)		Passiva (in EUR)	
Damnum	80		
(Minderung um 20)		Gewinn / Verlust	–20
Umlaufvermögen	900	Verbindlichkeiten	1.000
(Erhöhung um 900)			
Aufwand (in EUR)		**Ertrag (in EUR)**	
Auflösung Damnum Jahr 1	20		
Verlust	**–20**		

Ansatz von Rückstellungen 222

> **Bereits wirtschaftlich veranlasster Aufwand,** der am Bilanzstichtag wahrscheinlich oder sicher, aber hinsichtlich der Höhe oder des Zeitpunkts des Eintritts unbestimmt ist, ist im Wege einer **Rückstellung** zu berücksichtigen.

---

12   VwGH 14.1.1986, 85/14/0134; VwGH 23.11.1994, 91/13/0111.

Rückstellungen führen zu **gewinnminderndem Aufwand** im Zeitpunkt der Bildung, ohne dass bereits ein tatsächlicher Vermögensabfluss vorliegt. Sie können daher zur **Steuerplanung** eingesetzt werden. Die steuerliche Bildung einer Rückstellung unterliegt daher einer Vielzahl an **Beschränkungen** (§§ 9 und 14). Die Bildung von Rückstellungen ist nur dann zulässig, wenn konkrete Umstände nachgewiesen werden können, nach denen im jeweiligen Einzelfall mit dem Vorliegen oder dem Entstehen einer Verbindlichkeit (eines Verlusts) ernsthaft zu rechnen ist.

Beispiele für Rückstellungen:

1. **Zulässig** sind Anwartschaften auf Abfertigungen, Pensionsleistungen, Kulanzleistungen, Gewährleistungen, Produkthaftungsrisiken, Verpflichtungen zur Rücknahme und Verwertung von Erzeugnissen, Jubiläumsgelder, drohende Verluste aus schwebenden Geschäften, bei Versicherungsunternehmen versicherungstechnische Rückstellungen in aufsichtsrechtlich notwendiger Höhe (§ 15 KStG) und Rückstellungen bei Pensionskassen (§ 16 KStG).
2. **Nicht zulässig** sind Rückstellungen für Firmenjubiläen, sonstige Aufwandsrückstellungen, die keine Verpflichtung gegenüber einem Dritten begründen.
3. **Pauschalrückstellungen** sind nur zulässig, sofern sie auf statistisch ermittelbaren Erfahrungswerten aus gleich gelagerten Sachverhalten beruhen (§ 9 Abs 3 iVm § 201 Abs 2 Z 7 UGB; ab 2021, auch rückwirkend für davor entstandene Pauschalrückstellungen möglich, mit Betragsverteilung über die folgenden vier Jahre, § 124b Z 372). Die kann zB Gewährleistungs- oder Produkthaftungsrückstellungen betreffen, wenn entsprechende Daten vorliegen.
3. **Drohende Inanspruchnahme:** Schriftliche Inanspruchnahme aus Gewährleistungs- oder Garantieverpflichtungen, behördliche Anordnung zur Beseitigung eines Umweltschadens, Mitteilung an Kunden, dass eine Rückholaktion eines Produkts wegen eines möglichen Defekts stattfindet.

Rückstellungen stellen **ungewisse Verbindlichkeiten** oder **drohende Verluste** dar und sind auf der Passivseite der Bilanz auszuweisen. Rückstellungen sind:

- beim unternehmensrechtlichen Betriebsvermögensvergleich **zwingend**,
- beim steuerlichen Betriebsvermögensvergleich **wahlweise zu bilden**.

Bildung einer Rückstellung: Darstellung in der Bilanz und der Gewinn- und Verlustrechnung

Aktiva (in EUR)		Passiva (in EUR)	
		Gewinn / Verlust	–1.000
		Rückstellung	1.000
Aufwand (in EUR)		**Ertrag (in EUR)**	
Bildung einer Rückstellung	1.000		
Verlust	**–1.000**		

223 Bewertung von Rückstellungen

Die **Bewertung** der Rückstellung erfolgt grundsätzlich mit dem **Teilwert.** Sofern die **Laufzeit** der Rückstellung mehr als 12 Monate beträgt, ist der Teilwert mit einem Zinssatz von jährlich 3,5 % abzuzinsen (§ 9 Abs 5). **Besondere Bewertungsgrundsätze** bestehen für Abfertigungen, Pensionen und Jubiläumsgelder (§ 14), versicherungstechnische Rückstellungen (§ 15 KStG), Pensionskassen (§ 16 KStG) und Prämienrückerstattungen (§ 17 Abs 2 KStG).

Abfertigungsrückstellungen sind in Höhe von 45 % der fiktiven Abfertigungsansprüche (60 % für Arbeitnehmer nach dem 50. Lebensjahr) zu bilden. Bei erstmaliger Bildung ist der Betrag auf fünf Jahre zu verteilen. **Pensionsrückstellungen** sind nach den Regeln der Versicherungsmathematik mit einem Rechnungszinsfuß von 6 % zu bilden. Die Rückstellung ist über den Zeitraum der Zusage und dem voraussichtlichen Pensionsantritt aufzubauen. Pensionsrückstellungen müssen in Höhe von 50 % durch bestimmte Wertpapiere gedeckt werden (Wertpapierdeckung), damit sie steuerlich anerkannt werden.

Am Ende jedes Wirtschaftsjahres ist festzustellen, ob bisher gebildete Rückstellungen zu Recht noch bestehen, weiter zu erhöhen, teilweise oder ganz aufzulösen sind:

- **Tritt die Verbindlichkeit oder der Verlust tatsächlich ein,** so ist die Rückstellung erfolgsneutral aufzulösen; eine gewinnmindernde Berücksichtigung des Aufwands ist bereits im Zeitpunkt der Rückstellungsbildung erfolgt.
- **Steht fest, dass die Verbindlichkeit oder der Verlust nicht mehr eintreten** wird, dann ist die Rückstellung erfolgserhöhend aufzulösen; die gewinnmindernde Berücksichtigung eines Aufwands im Zeitpunkt der Rückstellungsbildung wird durch die gewinnerhöhende Auflösung wieder neutralisiert.

Beispiele:
Erfolgsneutrale Auflösung: Darstellung in der Bilanz

Aktiva (in EUR)	Passiva (in EUR)	
	Gewinn / Verlust	0
	Verbindlichkeiten	1.000
	(Auflösung Rückstellung)	

Erfolgswirksame Auflösung: Darstellung in der Bilanz und der Gewinn- und Verlustrechnung

Aktiva (in EUR)	Passiva (in EUR)	
	Gewinn / Verlust	1.000
	(Auflösung Rückstellung)	0
Aufwand (in EUR)	**Ertrag (in EUR)**	
	Auflösung Rückstellung	1.000
	Gewinn	1.000

1.6. Berücksichtigung von Einnahmen

Einnahmen sind im Zeitpunkt der **Realisierung als Ertrag** zu berücksichtigen. 224

Beispiel zur Realisierung:
Der Bauunternehmer erbringt die Leistung in diesem Jahr und erhält gleichzeitig das Entgelt dafür. Die Leistung wurde erbracht. Die Einnahme wurde realisiert.

Realisierung: Darstellung in der Bilanz und der Gewinn- und Verlustrechnung

Aktiva (in EUR)		Passiva (in EUR)	
Bank	1.000	**Gewinn / Verlust**	**1.000**
Aufwand (in EUR)		**Ertrag (in EUR)**	
		Ertrag Gebäudeerrichtung	1.000
		Gewinn	**1.000**

225 Einnahmen vor Realisierung

Fließen Einnahmen bereits **vor der Realisierung** zu, sind diese grundsätzlich erst in der **Periode der Realisation** zu berücksichtigen. Buchungstechnisch werden die Einnahmen berücksichtigt durch:

- Passivierung einer erhaltenen **Anzahlung als Verbindlichkeit** oder einen
- **passiven Rechnungsabgrenzungsposten**, sofern die zeitliche Zuordnung bereits feststeht,

Die Einnahmen werden dadurch im Jahr des Zuflusses neutralisiert und erst im Jahr der Realisierung steuerlich berücksichtigt.

Beispiel zu Anzahlungen als Verbindlichkeit:

Der Bauunternehmer erhält für das zukünftig zu errichtende Gebäude eine Anzahlung. Mangels zeitlicher Zuordenbarkeit hat er eine Verbindlichkeit erhaltene Anzahlung auszuweisen. Erst in der Periode der Fertigstellung und Übergabe sind die Verbindlichkeit aufzulösen und der Ertrag zu realisieren.

Verbindlichkeit: Darstellung in der Bilanz und der Gewinn- und Verlustrechnung

Aktiva (in EUR)		Passiva (in EUR)	
Bank	1.000	**Gewinn / Verlust**	**0**
(Erhöhung um Anzahlung)	1.000	Erhaltene Anzahlung	1.000

Realisierung: Darstellung in der Bilanz und der Gewinn- und Verlustrechnung

Aktiva (in EUR)		Passiva (in EUR)	
		Gewinn / Verlust	**1.000**
		Erhaltene Anzahlung	0
Aufwand (in EUR)		**Ertrag (in EUR)**	
		Ertrag Gebäudeerrichtung	1.000
		Gewinn	**1.000**

Bei der Gewinnermittlung nach **§ 5 Abs 1** sind passive Rechnungsabgrenzungsposten zwingend zu bilden. Bei der Gewinnermittlung nach **§ 4 Abs 1** sind passive Rechnungsabgrenzungsposten nicht zwingend zu bilden. Es besteht allerdings ein Wahlrecht auf Bildung unter Berücksichtigung des Grundsatzes der Bewertungsstetigkeit.

Eine zwingende Bildung von **Rechnungsabgrenzungsposten** wäre grundsätzlich auch bei der Gewinnermittlung nach § 4 Abs 1 notwendig, da Rechnungsabgrenzungsposten die periodenrichtige Gewinnermittlung gewährleisten und daher dem allgemein gültigen Periodenprinzip entspringen. Der VwGH und die Finanzverwaltung vertreten dagegen, dass Rechnungsabgrenzungsposten zwingend nur bei der Gewinnermittlung nach § 5 Abs 1 zu bilden sind. Diese Ansicht beruht auf der **statischen Bilanzauffassung**, die die richtige Vermögensdarstellung in den Vordergrund stellt und folglich nur Vermögen und Schulden in der Bilanz auszuweisen sind. Dagegen steht bei der **dynamischen Bilanzauffassung** die richtige Periodenabgrenzung im Vordergrund, nach der auch Rechnungsabgrenzungsposten als bloße Hilfsposten in der Bilanz auszuweisen sind.[13]

Beispiele:

Der Vermieter erhält vom Mieter die Miete für das nächste und das übernächste Jahr im Voraus. Aufgrund der zeitlichen Zuordenbarkeit wäre grundsätzlich eine Berücksichtigung durch passive Rechnungsabgrenzung bei der Gewinnermittlung nach § 5 Abs 1 erforderlich, wonach die Einnahme erst als Ertrag im nächsten und übernächsten Jahr zu berücksichtigen ist. Bei der Gewinnermittlung nach § 4 Abs 1 besteht dagegen ein Wahlrecht, die Einnahme sofort als Ertrag zu berücksichtigen oder ebenso einen Rechnungsabgrenzungsposten zu bilden.

Rechnungsabgrenzung: Darstellung in der Bilanz und der Gewinn- und Verlustrechnung

Aktiva (in EUR)		Passiva (in EUR)	
Bank	1.000	Gewinn / Verlust	0
(Erhöhung um Miete)	1.000	Passive Rechnungsabgrenzung	1.000

Realisierung (in Jahr 1): Darstellung in der Bilanz und der Gewinn- und Verlustrechnung

Aktiva (in EUR)		Passiva (in EUR)	
		Gewinn / Verlust	500
		Passive Rechnungsabgrenzung	500
		(Minderung für Jahr 1)	500
Aufwand (in EUR)		**Ertrag (in EUR)**	
		Ertrag Miete Jahr 1	500
		Gewinn	500

Einnahmen nach Realisierung

226

Fließen Einnahmen erst **nach der Realisierung** zu, dann sind diese bereits im Zeitpunkt der **Realisierung** als Ertrag in der Gewinn- und Verlustrechnung auszuweisen und gleichzeitig eine **Forderung** in der Bilanz als Wirtschaftsgut anzusetzen. Nach Forderungseingang ist diese ertragsneutral auszubuchen.

Beispiele:

1. **Das vom Bauunternehmer fertiggestellte Gebäude** wird dem Auftraggeber übergeben. Der Bauunternehmer hat zu diesem Zeitpunkt seine Leistung erbracht und der Anspruch auf das Entgelt entsteht. Der Ertrag ist daher in dieser Periode realisiert und der Anspruch gegen den Auftraggeber als Forderung auszuweisen.
2. **Der Vermieter überlässt dem Mieter die Räumlichkeiten,** wobei der Entgeltanspruch erst im nächsten Jahr fällig wird. Der Vermieter erzielt für die Nutzung in diesem Jahr einen Ertrag und der Anspruch ist als Forderung auszuweisen.

---

13   VwGH 23.1.1974, 1138/72; VwGH 10.12.1985, 85/14/0078.

Realisierung: Darstellung in der Bilanz und der Gewinn- und Verlustrechnung

Aktiva (in EUR)		Passiva (in EUR)	
Forderung	1.000	Gewinn / Verlust	**1.000**

Aufwand (in EUR)		Ertrag (in EUR)	
		Ertrag	1.000
		Gewinn	**1.000**

Forderungseingang: Darstellung in der Bilanz und der Gewinn- und Verlustrechnung

Aktiva (in EUR)		Passiva (in EUR)	
Bank	1.000	Gewinn / Verlust	0
(Minderung Forderung)	1.000		

1.7. Berücksichtigung von sonstigen Ausgaben

227

Ausgaben sind im Zeitpunkt der **wirtschaftlichen Veranlassung als Aufwand** zu berücksichtigen.

Beispiel zum Aufwand:

Der Unternehmer zahlt die Miete für das aktuelle Jahr. Die Miete ist in diesem Jahr wirtschaftlich veranlasst und ist daher als Aufwand zu berücksichtigen. Gleichzeitig vermindert sich das Bankguthaben als Wirtschaftsgut.

Mietaufwand: Darstellung in der Bilanz und der Gewinn- und Verlustrechnung

Aktiva (in EUR)		Passiva (in EUR)	
Bank	0	Gewinn / Verlust	**–1.000**
(Minderung Bank)	1.000		

Aufwand (in EUR)		Ertrag (in EUR)	
Mietaufwand	1.000		
Verlust	**1.000**		

228 Ausgaben nach Veranlassung

Fließen Ausgaben erst **nach der Veranlassung ab**, dann sind diese bereits im Zeitpunkt der Veranlassung als Aufwand in der Gewinn- und Verlustrechnung auszuweisen und gleichzeitig eine Verbindlichkeit oder eine Rückstellung in der Bilanz anzusetzen. Die spätere Zahlung reduziert das Bankkonto als Wirtschaftsgut und gleichzeitig auch die Verbindlichkeit entsprechend.

Beispiele:

1. **Der Vermieter überlässt dem Mieter die Räumlichkeiten**, wobei der Entgeltanspruch erst im nächsten Jahr fällig wird. Der Mieter verwendet die Räumlichkeiten bereits jetzt, sodass die Miete einen Aufwand für diese Periode darstellt. Der Aufwand ist daher bereits in dieser Periode zu berücksichtigen und die zukünftig zu bezahlende Miete durch eine Verbindlichkeit zu berücksichtigen.

2. **Der Unternehmer erhält Beratungsleistungen** von einem Anwalt, wobei der Anwalt die Rechnung erst Anfang des nächsten Wirtschaftsjahres übersendet. Der Unternehmer muss den Aufwand aus der Beratungsleistung bereits in der aktuellen Periode berücksichtigen und für die zukünftige Ausgabe eine Verbindlichkeit passivieren.

Gestundete Miete: Darstellung in der Bilanz und der Gewinn- und Verlustrechnung

Aktiva (in EUR)		Passiva (in EUR)	
		Gewinn / Verlust	–1.000
		Verbindlichkeit Miete	1.000
Aufwand (in EUR)		**Ertrag (in EUR)**	
Aufwand für Miete	1.000		
Verlust	**1.000**		

Zahlung der Verbindlichkeit: Darstellung in der Bilanz

Aktiva (in EUR)		Passiva (in EUR)	
Bank	0	Gewinn / Verlust	0
(Minderung Bank)	1.000	Verbindlichkeit Miete	0
		(Minderung Verbindlichkeit)	1.000

Ausgaben vor Veranlassung 229

Fließen Ausgaben bereits **vor der Veranlassung** ab, sind diese grundsätzlich erst in der Periode der Veranlassung zu berücksichtigen. Buchungstechnisch werden die Ausgaben im Wege:

- eines **aktivierten Wirtschaftsguts** (→ 209),
- oder vorab durch **Aktivierung einer geleisteten Anzahlung als Wirtschaftsgut**, oder
- eines **aktiven Rechnungsabgrenzungspostens**, sofern die zeitliche Zuordnung bereits feststeht,

im Jahr der Verausgabung neutralisiert und in der Periode oder über die Perioden der Veranlassung als Aufwand berücksichtigt.

Bei der Gewinnermittlung nach **§ 5 Abs 1** sind aktive Rechnungsabgrenzungsposten zwingend zu bilden. Bei der Gewinnermittlung nach **§ 4 Abs 1** sind aktive Rechnungsabgrenzungsposten nicht zwingend zu bilden. Es besteht allerdings ein Wahlrecht auf Bildung unter Berücksichtigung des Grundsatzes der Bewertungsstetigkeit. Allerdings müssen **Vorauszahlungen** für Kosten für Beratung, Bürgschaft, Fremdmittel, Garantie, Miete, Treuhand, Vermittlung, Vertrieb und Verwaltung gleichmäßig auf den Zeitraum der Vorauszahlung verteilt werden, außer sie betreffen lediglich das laufende und das folgende Jahr (§ 4 Abs 6).

Beispiele:

1. **Der Unternehmer leistet eine Anzahlung für die zukünftige Beratungsleistung eines Anwalts.** Die Anzahlung ist als geleistete Anzahlung und als Wirtschaftsgut auszuweisen. Der Aufwand ist im Jahr des Erhalts der Beratungsleistung veranlasst und als Aufwand zu berücksichtigen und gleichzeitig ist das Wirtschaftsgut geleistete Anzahlung aufzulösen.

2. **Der Vermieter erhält vom Mieter die Miete für das nächste und das übernächste Jahr im Voraus.** Aufgrund der zeitlichen Zuordenbarkeit müsste der Mieter grundsätzlich die Berücksichtigung durch eine passive Rechnungsabgrenzung bei der Gewinnermittlung nach § 5 Abs 1 vornehmen, wonach die Ausgabe erst als Aufwand im nächsten und übernächsten Jahr zu berücksichtigen ist. Bei der Gewinnermittlung nach § 4 Abs 1 kann entweder ebenso ein Rechnungsabgrenzungsposten als Wahlrecht gebildet werden oder die Vorauszahlung für die Miete für das nächste Jahr sofort und für das übernächste Jahr im übernächsten Jahr berücksichtigt werden.

Rechnungsabgrenzung: Darstellung in der Bilanz

Aktiva (in EUR)		Passiva (in EUR)	
Bank	0	Gewinn / Verlust	0
(Minderung um Mietzahlung)	1.000		
Aktive Rechnungsabgrenzung	1.000		

Aufwand (in Jahr 1): Darstellung in der Bilanz und der Gewinn- und Verlustrechnung

Aktiva (in EUR)		Passiva (in EUR)	
Aktive Rechnungsabgrenzung	500	Gewinn / Verlust	–500
(Minderung für Jahr 1)	500		
		(Minderung für Jahr 1)	500)
Aufwand (in EUR)		**Ertrag (in EUR)**	
Aufwand Miete Jahr 1	500		
Verlust	**500**		

1.8. Gemeinsame Berücksichtigung von Einnahmen und Ausgaben

230 Verkauf von Wirtschaftsgütern

Werden **Wirtschaftsgüter verkauft**, dann ergibt sich daraus:

- einerseits ein **Aufwand** für die Ausbuchung des Wirtschaftsguts und sonstiger Ausgaben für den Verkauf und
- andererseits ein **Ertrag** aus dem Umsatzerlös für den Verkauf.

Die Gegenüberstellung von Aufwand und Ertrag bildet einen **Gewinn oder Verlust.**

Beispiel zum Verkauf:

Der Unternehmer verkauft Waren um EUR 1.000. Die Waren stehen mit einem Buchwert von EUR 400 in der Bilanz (Anschaffungskosten minus Abschreibungen plus Zuschreibungen). Es lagen bis dahin stille Reserven von EUR 600 vor, die nunmehr im Zuge des Verkaufs aufgedeckt werden. Zusätzlich werden Verkaufskosten von EUR 300 für den Transport und die Versicherung fällig.

Warenverkauf: Darstellung in der Bilanz und der Gewinn- und Verlustrechnung

Aktiva (in EUR)		Passiva (in EUR)	
Waren	0	Gewinn / Verlust	300
(Minderung Waren)	400		
Bank oder Forderung	700		
(Erhöhung durch Erlös)	1.000		
(Minderung durch Kosten)	300		

Aufwand (in EUR)		Ertrag (in EUR)	
Aufwand für Verkauf	300	Ertrag aus dem Verkauf	1.000
Abgang Buchwert	400		
		Gewinn	300

Erbringung von Leistungen

231

Werden **Leistungen erbracht**, dann ergibt sich daraus:

- einerseits ein **Aufwand** für die Leistungserstellung und
- andererseits ein **Ertrag** aus dem Umsatzerlös für die Leistung.

Die Gegenüberstellung von Aufwand und Ertrag bildet einen **Gewinn oder Verlust**.

Beispiel zur Leistungserbringung:

Der Unternehmer erbringt Reparaturleistungen um EUR 1.000. Die Personalkosten betragen EUR 800, Materialkosten EUR 400. Es ergibt sich ein Verlust für den Fall des Mangels an Barmitteln zum Ausweis einer Verbindlichkeit gegenüber der kreditgewährenden Bank.

Leistungserbringung: Darstellung in der Bilanz und der Gewinn- und Verlustrechnung

Aktiva (in EUR)		Passiva (in EUR)	
Bank	0	**Verlust**	**–200**
(Erhöhung durch Erlös	1.000	Verbindlichkeit Bank	200
(Minderung durch Kosten	1.200		

Aufwand (in EUR)		Ertrag (in EUR)	
Personalaufwand	800	Ertrag aus der Leistung	1.000
Materialaufwand	400		
Verlust	**–200**		

Besteht zwischen Vertragsabschluss und Leistungserbringung ein Bilanzstichtag, dann könnte bei der § 5 Abs 1 Ermittlung eine Rückstellung zu bilden sein, die zu einem Aufwand vor der Leistungserbringung in Höhe des Verlustes bereits im Jahr der wirtschaftlichen Veranlassung führt und zwar im Fall des Verlustes aufgrund einer falschen Kalkulation (Verlust aus schwebendem Geschäft) oder aufgrund eines Gewährleistungsanspruchs (ungewisse Verbindlichkeit).

1.9. Ansatz und Bewertung des Eigenkapitals

Ausweis von Eigenkapital

232

Beträge, die steuerliches **Eigenkapital** darstellen, sind in die Bilanz unter dem Eigenkapital auszuweisen.

Eigenkapital entsteht durch Einlagen des Steuerpflichtigen oder bei Körperschaften und Personengesellschaften durch die Gesellschafter oder Mitglieder in den Betrieb. Die Einlage kann in der Form von Wirtschaftsgütern oder durch Umwandlung oder Verzicht auf Verbindlichkeiten erfolgen. Eigenkapital wird reduziert durch Verluste, Entnahmen oder Gewinnausschüttungen.

Bei **Personengesellschaften** wird das Eigenkapital in Form von **Kapitalkonten** für die jeweiligen Gesellschafter ausgewiesen. Dabei ist zwischen **fixen** Kapitalkonten zu unterscheiden, die durch Einlagen, Gewinne, Verluste und Entnahmen nicht verändert werden, und **variablen** Kapitalkonten, auf denen Einlagen, Gewinne, Verluste und Entnahmen verbucht werden.

Bei **Kapitalgesellschaften** wird das unternehmerische Eigenkapital unterteilt in **Nennkapital** (Stammkapital bei der GmbH, Grundkapital bei der AG), **Kapitalrücklagen** (gebunden und ungebunden), **Gewinnrücklagen** und den **Bilanzgewinn** (Bilanzverlust) samt Gewinnvortrag (Verlustvortrag). Der Bilanzgewinn (Bilanzverlust) ist dabei nicht mit dem steuerlichen Gewinn gleichzusetzen, sondern stellt den ausschüttbaren Gewinn dar, der sich aus dem Jahresergebnis nach Steuern, den Änderungen bei den Rücklagen und dem Gewinnvortrag (Verlustvortrag) ergibt (zu den Körperschaften → 504).

Beispiel:

1. **Eigenkapital bei Personengesellschaften:** Darstellung in der Bilanz

Aktiva (in EUR)	Passiva (in EUR)	
	Kapitalkonto A (fix)	100
	Kapitalkonto A (variabel)	−20
	Kapitalkonto B (fix)	200
	Kapitalkonto B (variabel)	−40

2. **Eigenkapital bei Kapitalgesellschaften (GmbH):** Darstellung in der Bilanz

Aktiva (in EUR)	Passiva (in EUR)	
	Nennkapital (Stammkapital)	35.000
	Kapitalrücklage (ungebunden)	10.000
	Gewinnrücklagen	5.000
	Bilanzgewinn	**3.000**

233 Einlagen und Entnahmen

Einlagen erhöhen das Eigenkapital, **Entnahmen** verringern das Eigenkapital. Änderungen des Eigenkapitals werden bei natürlichen Personen über ein Privatkonto verbucht, das am Ende des Jahres gegen das Eigenkapitalkonto gebucht wird.

Beispiel:

1. **Einlage eines Wirtschaftsguts** in den Betrieb zum Wert von EUR 400. Die Erhöhung des Vermögens ist aufgrund der Einlage durch Erhöhung des Eigenkapitals ertragsneutral.
   Einlage eines Wirtschaftsguts: Darstellung in der Bilanz

Aktiva (in EUR)		Passiva (in EUR)	
Wirtschaftsgut	400	Eigenkapital	400

2. **Entnahmen des Wirtschaftsguts** mit einem Entnahmewert von EUR 1.000 aufgrund einer Wertsteigerung zwischen Einlage und Entnahme. Die Verringerung des Vermögens in Höhe des Buchwerts von EUR 400 ist aufgrund der Entnahme erfolgsneutral zu halten. Die Wertsteigerung im Betrieb ist als Ertrag zu berücksichtigen und führt insgesamt zu einem Gewinn.

Entnahme eines Wirtschaftsguts: Darstellung in der Bilanz und der GuV

Aktiva (in EUR)		Passiva (in EUR)	
Wirtschaftsgut	0	Eigenkapital	0
(Abgang Wirtschaftsgut	400)	(Minderung durch Entnahme	400)
		(Gewinnentnahme	**600)**
Aufwand (in EUR)		**Ertrag (in EUR)**	
Abgang Buchwert	400	Ertrag aus der Entnahme	1.000
		Gewinn	**600**

2. Einkünfteermittlung aufgrund des Zu- und Abflussprinzips

2.1. Zu- und Abflussprinzip (§ 19 EStG)

234

Bei der Einkünfteermittlung nach dem **Zu- und Abflussprinzip** sind die Einkünfte einer Einkunftsquelle durch Ermittlung des **Überschusses der Einnahmen über die Ausgaben** der Einkunftsquelle zu ermitteln

Dabei wird unterschieden zwischen:

- der betrieblichen **Einnahmen-Ausgaben-Rechnung** nach § 4 Abs 3 und
- der außerbetrieblichen **Überschussermittlung** nach §§ 15 und 16.

Die zeitliche Berücksichtigung der Einnahmen und Ausgaben erfolgt in beiden Fällen grundsätzlich nach dem **Zu- und Abflussprinzip** (§ 19):

- **Einnahmen** gelten in dem Kalenderjahr als bezogen, in dem sie zugeflossen sind.
- **Ausgaben** sind für das Kalenderjahr abzusetzen, in dem sie geleistet wurden.

Überblick: Ertragsteuerliche Einnahmen-Ausgaben-Rechnung

235

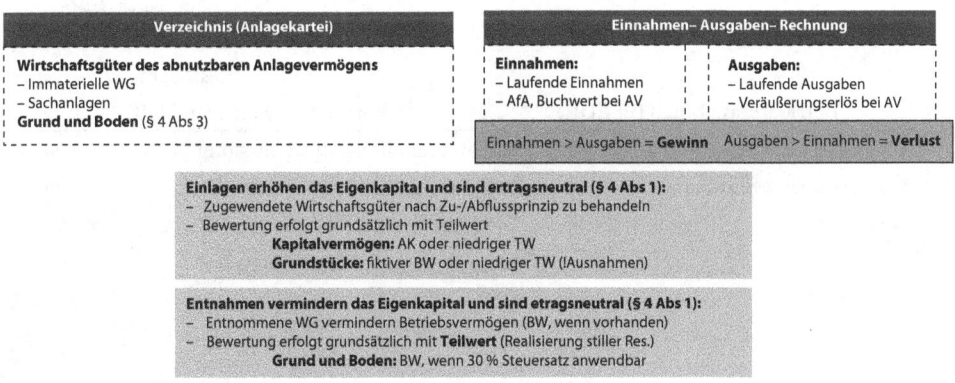

Abbildung 21: Ertragsteuerliche Einnahmen-Ausgaben-Rechnung

236 Gewinnermittlung nach § 4 Abs 3

Die **Gewinnermittlung nach § 4 Abs 3** erfolgt durch die Ermittlung des Überschusses der Betriebseinnahmen über die Betriebsausgaben durch eine **Einnahmen-Ausgaben-Rechnung**.

Beispiele:

1. **Steuerpflichtige Erträge und Einnahmen** ergeben sich aus Waren- und Leistungserlösen und Entnahmewerten von Grundstücken, Edelmetallen, Anlagenerträgen und Entnahmewerten des Anlagevermögens, übrigen Einnahmen, wie Finanzerträge, Gewinnanteile aus stillen Gesellschaften.
2. **Abzugsfähige Aufwendungen und Ausgaben** ergeben sich aus Waren, Rohstoffen und Hilfsstoffen, Fremdpersonal und Fremdleistungen, Personalaufwand, Abschreibungen auf das Anlagevermögen, Instandhaltungen für Gebäude, Reise- und Fahrtspesen inkl Kilometergeld und Diäten, tatsächlichen Kraftfahrzeugkosten ohne Absetzung, Leasing und Kilometergeld, Miete, Pacht und Leasing, Provisionen an Dritte und Lizenzgebühren, Werbe- und Repräsentationsaufwendungen, Buchwerten abgegangener Anlagen, Zinsen und ähnlichen Aufwendungen, Gewinnanteilen an echte stille Gesellschafter, Sozialversicherungsbeiträgen des Unternehmers, betrieblichen Spenden, sonstigen Aufwendungen und Ausgaben.

Die **Betriebseinnahmen und Betriebsausgaben** sind während des Wirtschaftsjahres aufzuzeichnen und am Ende eines jeden Jahres **zusammenzurechnen**. Über die Wirtschaftsgüter des Anlagevermögens ist ein Verzeichnis als **Anlagekartei** mit den wesentlichen Daten jedes einzelnen Wirtschaftsguts zu führen.

Beispiel Anlagekartei und Einnahmen-Ausgaben-Rechnung:

Anlagekartei		
Wirtschaftsgut:	Anschaffungstag	Anschaffungs- und Herstellungskosten
	Name/Anschrift des Lieferanten	Voraussichtliche Nutzungsdauer
		Betrag der jährlichen Absetzung
		Restbuchwert

Betriebseinnahmen (in EUR)		Betriebsausgaben (in EUR)	
Umsatzerlöse	1.000	Waren, Rohstoffe, Hilfsstoffe	300
Erlös Anlagenveräußerung	300	Personal	300
Sonstige Erträge	100	Abschreibungen	100
		Abgang Buchwert Anlagen	200
Gewinn / Verlust	**500**		

Zeitpunkt des Zuflusses 237

> Der **Zuflusszeitpunkt** ist jener Zeitpunkt, zu dem der Steuerpflichtige **über das Geld oder den geldwerten Vorteil verfügen kann**. Der Zufluss bewirkt wirtschaftlich eine Vermehrung des Vermögens des Steuerpflichtigen.[14]

Beispiele:
1. **Übergang des wirtschaftlichen Eigentums:** Im Allgemeinen gilt der Zufluss mit dem Übergang des wirtschaftlichen Eigentums als bewirkt; der Übergang des zivilrechtlichen Eigentums (zB Grundbuchseintragung) ist nicht erforderlich.[15]
2. **Barzahlung und körperliche Übergabe von Wirtschaftsgütern:** Der Zufluss gilt im Fall der Barzahlung oder der körperlichen Übergabe von anderen Wirtschaftsgütern als bewirkt.
3. **Zufluss bei Naheverhältnis zwischen Gläubiger und Schuldner:** Bei Gesellschafter-Geschäftsführern von Kapitalgesellschaften ist der Zufluss mit Gutschrift auf einem Verrechnungskonto verwirklicht. Bei Geschäftsführern, die gleichzeitig beherrschende Gesellschafter sind, ist der Zufluss jedoch bereits im Zeitpunkt der Fälligkeit anzunehmen, sofern die Gesellschaft zahlungsfähig ist. Beide Zuflusszeitpunkte setzen die Zahlungsfähigkeit der Gesellschaft voraus.[16] Diese Grundsätze sind auch auf andere Leistungsbeziehungen zwischen Gesellschafter und Gesellschaft, wie zB Pachtverträge, auszudehnen.[17]
4. **Kontoüberweisung:** Im Fall der Kontoüberweisung gelten Einnahmen als zugeflossen, wenn der Betrag am Konto des Empfängers gutgeschrieben wird.
5. **Vorausverfügung:** Im Falle einer Vorausverfügung über einen Betrag gilt der Betrag als im Zeitpunkt des Entstehens des Anspruchs als zugeflossen. Wird die Auszahlung eines fälligen Betrags auf Wunsch des Empfängers verschoben, obwohl der Schuldner zahlungswillig ist, dann verfügt der Empfänger damit über den Betrag. Dieser Betrag ist daher bereits in diesem Zeitpunkt und nicht erst mit der späteren Auszahlung zugeflossen.[18]
6. **Bei der Gewährung von Mitarbeiteroptionen oder Mitarbeiterbeteiligungen** ist zu prüfen, ob ein geldwerter Vorteil bereits durch die Gewährung oder zu einem späteren Zeitpunkt zufließt. Ist der endgültige Anspruch auf eine Option oder Beteiligung nur durch die Weiterbeschäftigung bedingt, dann ist ein steuerlicher Vorteil noch nicht entstanden und kann auch noch nicht zugeflossen sein. Zu einem geldwerten Vorteil werden Optionen erst dann, wenn sie übertragbar werden oder ausgeübt werden können. Bei der Gewährung von Mitarbeiteroptionen liegt ein Zufluss erst dann vor, wenn sie zu einem geldwerten Vorteil werden; dies ist grundsätzlich bei Ausübung der Fall.[19]
7. **Versicherungsleistungen:** Ansprüche aus Versicherungen, die ein Arbeitgeber zugunsten des Arbeitnehmers abschließt, wobei der Arbeitnehmer unter Widerrufsvorbehalt als Begünstigter gilt, führen noch nicht zum Zufluss eines geldwerten Vorteils.[20] Erst im Zeitpunkt, in dem ein unwiderruflicher und unbedingter Anspruch zusteht, kommt es zum Zufluss an den Arbeitnehmer.

---

14   VwGH 22.7.2015, 2011/13/0067.
15   VwGH 22.7.2015, 2011/13/0067.
16   VwGH 30.10.2014, 2012/15/0143.
17   BFG 7.3.2016, RV/7103445/2015.
18   VwGH 20.9.2001, 2000/15/0039.
19   VwGH 15.12.2009, 2006/13/0136; BFH 20.11.08 VI R 25/05.
20   VwGH 5.8.1993, 93/14/0046, 30.4.2003, 99/13/0224.

238 Zeitpunkt des Abflusses

Der **Abflusszeitpunkt** ist jener Zeitpunkt, in dem der Steuerpflichtige das Geld oder den geldwerten Vorteil **leistet und daher die Verfügungsmacht darüber überträgt**.

> **Beispiele:**
> 1. **Übergang des wirtschaftlichen Eigentums:** Im Allgemeinen gilt der Abfluss als mit dem Übergang des wirtschaftlichen Eigentums bewirkt.
> 2. **Barzahlung und körperliche Übergabe von Wirtschaftsgütern:** Der Abfluss gilt im Fall der Barzahlung oder der körperlichen Übergabe von anderen Wirtschaftsgütern als bewirkt.
> 3. **Kontoüberweisung:** Im Fall der Kontoüberweisung gelten Ausgaben als abgeflossen, wenn der Betrag das Konto des Empfängers belastet.

2.2. Ausnahmen vom Zu- und Abflussprinzip

239
Um der **willkürlichen Verschiebung** von Einnahmen und Ausgaben zu begegnen, bestehen **folgende Ausnahmen**, die zur Berücksichtigung **nach der wirtschaftlichen Realisation bzw Veranlassung** führen.

Danach sind:

- **Anschaffungs- und Herstellungskosten für Wirtschaftsgüter**, die über mehr als ein Jahr zur Einkünfteerzielung verwendet werden, auf die Nutzungsdauer zu verteilen oder erst im Zeitpunkt der Übertragung zu berücksichtigen,
- **regelmäßig wiederkehrende Einnahmen und Ausgaben**, die kurze Zeit vor Beginn oder kurze Zeit nach Beendigung des Kalenderjahres zufließen oder abfließen, in dem sie wirtschaftlich realisiert oder veranlasst wurden, dem Jahr der Realisierung und Veranlassung zugehörig, und
- **Vorauszahlungen von Ausgaben** für Beratung, Bürgschaften, Fremdmittel, Garantien, Mieten, Treuhand, Vermittlung, Vertrieb und Verwaltung gleichmäßig auf den Zeitraum der Vorauszahlung zu verteilen, außer sie betreffen lediglich das laufende und das folgende Jahr.

240 Anschaffungs- oder Herstellungskosten von Wirtschaftsgütern: Ausnahme vom Abflussprinzip

Anschaffungs- und Herstellungskosten für Wirtschaftsgüter, die über einen Zeitraum von mehr als einem Jahr zur Einkünfteerzielung verwendet werden, sind grundsätzlich nicht sofort abzusetzen. Bei Abnutzbarkeit sind sie über den Zeitraum der Verwendung im Wege der Absetzung für Abnutzung abzusetzen. Bei Nichtabnutzbarkeit können sie grundsätzlich nur im Falle einer Übertragung berücksichtigt werden.

Bei der **betrieblichen Einnahmen-Ausgaben-Rechnung nach § 4 Abs 3** sind Wirtschaftsgüter des Anlagevermögens erfasst. Geringwertige abnutzbare Wirtschaftsgüter können bei Anschaffungskosten bis EUR 1.000 (ab 2023, davor EUR 800) bereits im Jahr der Verausgabung abgesetzt werden. Nicht sofort abzusetzen sind aufgrund einer Son-

derbestimmung auch Anschaffungs- und Herstellungskosten bestimmter Wirtschaftsgüter des Umlaufvermögens, und zwar für Grundstücke und zusätzlich für Edelmetalle,
wie Gold, Silber, Platin und Palladium, sofern sie nicht der unmittelbaren Weiterverar-
beitung dienen. Die Anschaffungs- und Herstellungskosten sind danach grundsätzlich
nach den allgemeinen Bestimmungen, daher entsprechend den Grundsätzen des Betriebsvermögensvergleichs, zu ermitteln. Für Einlagen ist daher der Einlagenwert maßgeblich.

Bei der **außerbetrieblichen Überschussermittlung** sind Anschaffungs- und Herstel-
lungskosten für Wirtschaftsgüter, die über einen Zeitraum von mehr als einem Jahr zur
Einkünfteerzielung verwendet werden, ebenso nicht bereits bei Verausgabung abzusetzen. Geringwertige abnutzbare Wirtschaftsgüter können bei Anschaffungskosten bis
EUR 1.000 (ab 2023, davor EUR 800) ebenso bereits im Jahr der Verausgabung abgesetzt
werden. Die Anschaffungs- und Herstellungskosten ergeben sich aus den allgemeinen
Bestimmungen entsprechend den Ausführungen zum Betriebsvermögensvergleich.
Wird ein Wirtschaftsgut unentgeltlich erworben, dann sind die Anschaffungs- und Herstellungskosten abzüglich Absetzung für Abnutzung des Rechtsvorgängers zu übernehmen. Die Absetzung für Abnutzung des Rechtsvorgängers ist fortzusetzen. Grundstücke,
die zum 31.3.2012 nicht hinsichtlich der Wertänderungen steuerpflichtig waren, sind im
Zeitpunkt der erstmaligen Verwendung mit den fiktiven Anschaffungskosten anzusetzen.

Beispiele:
1. **Anschaffungskosten für Grundstücke** nicht sofort abzusetzen, unabhängig davon, ob sie
   im betrieblichen Bereich als Anlagevermögen oder Umlaufvermögen oder im außerbetrieblichen Bereich zu einem späteren Zeitpunkt veräußert werden.
2. **Anschaffungskosten für Arbeitsmittel,** wie Werkzeug und Berufskleidung, sind dann nicht
   sofort abzusetzen, sofern die Nutzungsdauer länger als ein Jahr beträgt (§ 16 Abs 1 Z 7).

Anschaffungs- oder Herstellungskosten von Wirtschaftsgütern: Absetzung 241

**Nicht sofort absetzbare Anschaffungs- und Herstellungskosten von Wirtschaftsgü-
tern** sind entweder im Wege der gewöhnlichen oder der außergewöhnlichen Absetzung
für Abnutzung oder spätestens im Zeitpunkt der Übertragung abzusetzen.

Bei der **betrieblichen Einnahmen-Ausgaben-Rechnung nach § 4 Abs 3** sind:

- **Abnutzbare Wirtschaftsgüter des Anlagevermögens** im Wege der Absetzung für
  Abnutzung oder spätestens im Zeitpunkt des Ausscheidens aus dem Betriebsvermögen
  entsprechend dem Betriebsvermögensvergleich abzusetzen. In einer Anlagekartei
  sind unter anderem die Anschaffungs- und Herstellungskosten des Wirtschaftsguts,
  der Betrag der jährlichen Absetzung für Abnutzung und der noch absetzbare Betrag
  (steuerlicher Restbuchwert) anzuführen (§ 7 Abs 3).
- **Nichtabnutzbare** Wirtschaftsgüter des Anlagevermögens, Grundstücke und
  Edelmetalle, wie Gold, Silber, Platin und Palladium, sind als **Umlaufvermögen** erst
  im Zeitpunkt des Ausscheidens aus dem Betriebsvermögen abzusetzen (§ 4 Abs 3
  letzter Satz).

Einnahmen aufgrund des Ausscheidens aus dem Betriebsvermögen können im Zeitpunkt des Zuflusses zur Aufdeckung stiller Reserven führen. Nach Maßgabe der Steuerbegünstigung des § 12 können aufgedeckte stille Reserven anstelle einer Übertragungsrücklage vorläufig steuerfrei belassen und innerhalb der Frist auf eine Ersatzbeschaffung übertragen werden.

Bei der **außerbetrieblichen Überschussermittlung** sind Ausgaben für den Erwerb oder die Wertminderung von Wirtschaftsgütern nur eingeschränkt als Werbungskosten abzugsfähig:

- **Anschaffungs- und Herstellungskosten von abnutzbaren Wirtschaftsgütern**, die über einen Zeitraum von mehr als einem Jahr zur Einkünfteerzielung verwendet werden, sind im Wege der gewöhnlichen oder außergewöhnlichen Absetzung für Abnutzung entsprechend dem Betriebsvermögensvergleich zu berücksichtigen. Für Gebäude, die der Erzielung von Vermietung und Verpachtung dienen, sind ohne Nachweis der Nutzungsdauer 1,5 % der Anschaffungs- und Herstellungskosten als Absetzung für Abnutzung absetzbar.
- **Anschaffungs- und Herstellungskosten** können in sonstigen Fällen nur im Zeitpunkt der Veräußerung des Kapitalvermögens, des Grundstücks oder der sonstigen Wirtschaftsgüter berücksichtigt werden.

242 Kurze-Zeit-Regel bei regelmäßig wiederkehrenden Einnahmen und Ausgaben

Regelmäßig wiederkehrende Einnahmen und Ausgaben, die kurze Zeit vor Beginn oder kurze Zeit nach Beendigung des Kalenderjahres zufließen oder abfließen, in dem sie wirtschaftlich realisiert oder veranlasst wurden, sind dem Jahr der Realisierung und Veranlassung zugehörig (**Kurze-Zeit-Regel**, § 19 Abs 1 zweiter Satz und § 19 Abs 2 zweiter Satz).

Ein Zeitraum von 15 Tagen wird grundsätzlich als kurze Zeit betrachtet, sodass Einnahmen und Ausgaben vom 15.12. des Vorjahres bis 15.1. des nachfolgenden Jahres auf ihre periodengerechte Zuordnung zu überprüfen sind. Damit sollen Gestaltungen hintangehalten werden, die durch bloß kurzfristige Verlegung des Zahlungszeitpunkts abweichend von der Fälligkeit zu einem nicht gerechtfertigten Steuervorteil führen.

Besondere Vorschriften gelten auch für Nachzahlungen von Einnahmen aus Löhnen des Vorjahres bis 15.2. des Folgejahres (§ 79 Abs 2). Sie gelten bereits als im Vorjahr zugeflossen. Die Regelung soll die in der Praxis übliche nachträgliche Lohnabrechnung für das Vorjahr berücksichtigen (EB zu § 19 Abs 1).

Beispiele:
1. **Mietzahlung im Jänner:** Die Miete für Dezember (Fälligkeit 1.12.) wird verspätet am 10.1. des Folgejahres überwiesen. Die Miete ist beim Mieter mit Einnahmen-Ausgaben-Rechnung bereits im Dezember abzugsfähig und beim Vermieter mit Einnahmen-Ausgaben-Rechnung bereits im Dezember als Einnahme zu berücksichtigen.
2. **Einmalige Beratungskosten:** Der Steuerberater legt seine Rechnung für einmalige Beratungsleistungen aus dem Vorjahr erst am 10.1. und erhält das Honorar am 14.1. Es liegen einmalige und nicht wiederkehrende Zahlungen vor, sodass im Falle der Einnahmen-Ausgaben-Rechnung der Steuerberater die Einnahme erst bei tatsächlichem Zufluss zu berück-

sichtigen hat und der Auftraggeber die Ausgabe erst im Zeitpunkt es Abflusses abziehen kann.

3. **Nachzahlung von Löhnen:** Der Arbeitgeber zahlt dem Arbeitnehmer für das vergangene Jahr Löhne am 20.1. aus. Die Löhne gelten bereits im vergangenen Jahr als zugeflossen, sodass sie bereits in diesem Jahr zu versteuern sind.

Vorauszahlungen von Ausgaben und Nachzahlungen von Einnahmen 243

Vorauszahlungen von Ausgaben für Beratung, Bürgschaften, Fremdmittel, Garantien, Mieten, Treuhand, Vermittlung, Vertrieb und Verwaltung müssen gleichmäßig auf den Zeitraum der Vorauszahlung verteilt werden, außer sie betreffen lediglich das laufende und das folgende Jahr (§ 19 Abs 3). Mit dieser Regelung sollen sonst abzugsfähige Vorauszahlungen verhindert werden, um später veranlasste Ausgaben nicht bereits vorzeitig zu berücksichtigen.

Besondere Vorschriften bestehen für kumulierte Nachzahlungen von Einnahmen. Danach gelten Nachzahlungen von Einnahmen aus bescheidmäßig abgesprochenen Pensionen, bestimmte Einnahmenersatzleistungen (und deren Rückzahlung als abgeflossen, Abs 2), aus Ansprüchen im Insolvenzverfahren und aus Förderungen und Zuschüssen aus öffentlichen Mitteln in dem Kalenderjahr als zugeflossen, für das der Anspruch besteht oder für das sie getätigt werden (§ 19 Abs 1 Z 2). Mit dieser Regel soll die negative Progressionswirkung im Falle einer Zusammenballung von Zahlungen berücksichtigt werden, auf deren Zahlungszeitpunkt der Steuerpflichtige keinen Einfluss hat (EB zu § 19 Abs 1).

Beispiele:

1. **Mietvorauszahlung:** Der Mieter mit Einnahmen-Ausgaben-Rechnung zahlt die Miete im November für das nächste und das übernächste Jahr voraus. Die Miete für das nächste Jahr kann sofort abgesetzt werden (die Kurze-Zeit-Regel ist nicht anzuwenden). Die Miete für das übernächste Jahr kann erst im übernächsten Jahr abgezogen werden. Der Vermieter hätte bei Einnahmen-Ausgaben-Rechnung hingegen die Miete bereits bei Zufluss zu berücksichtigen, weil für Einnahmen aus Vorauszahlungen die Verteilungspflicht nicht gilt.

2. **Nachzahlung von Einnahmen aus dem Insolvenzverfahren:** Der Arbeitnehmer erhält aufgrund eines Insolvenzverfahrens nachträglich Einnahmen für die letzten zwei Jahre ausbezahlt. Diese Einnahmen gelten nicht erst im Zeitpunkt des Zuflusses, sondern entsprechend dem Zeitraum, für den sie geleistet werden, als zugeflossen.

2.3. Zufluss und Abfluss bei sonstigen Einnahmen und Ausgaben

Zeitliche Berücksichtigung sonstiger Einnahmen 244

Sonstige Einnahmen gelten nach dem allgemeinen Zuflussprinzip als in jenem Kalenderjahr bezogen, in dem sie **zufließen** (§ 19 Abs 1).

Sofern die Einnahmen weder unter die Kurze-Zeit-Regel, noch unter die besondere Vorschrift über die Nachzahlung von Einnahmen fallen, sind sie daher **im Zeitpunkt des Zuflusses** zu berücksichtigen.

Beispiele:

1. **Verkauf von Waren** eines Einnahmen-Ausgaben-Rechners: Einnahmen aus dem Verkauf von Waren sind im Zeitpunkt des Zuflusses zu berücksichtigen.
2. **Mietzahlung im Jänner:** Die Miete für Dezember wird am 10.1. des Folgejahres überwiesen. Die Miete ist beim Mieter mit Einnahmen-Ausgaben-Rechnung bereits im Dezember abzugsfähig und beim Vermieter mit Einnahmen-Ausgaben-Rechnung bereits im Dezember als Einnahme zu berücksichtigen.
3. **Einmalige Beratungskosten:** Der Steuerberater legt seine Rechnung für einmalige Beratungsleistungen aus dem Vorjahr erst am 10.1. und erhält das Honorar am 14.1. Es liegen einmalige und nicht wiederkehrende Zahlungen vor, sodass im Falle der Einnahmen-Ausgaben-Rechnung der Steuerberater die Einnahme erst bei tatsächlichem Zufluss zu berücksichtigen hat und der Auftraggeber die Ausgabe erst im Zeitpunkt es Abflusses abziehen kann.
4. **Nachzahlung von Löhnen:** Der Arbeitgeber zahlt dem Arbeitnehmer für das vergangene Jahr Löhne im März des Folgejahres aus. Die Löhne sind erst im Zuflussjahr zu berücksichtigen.
5. **Nachlass einer Verbindlichkeit aus betrieblichen Gründen:** Verzichtet der Gläubiger auf Rückzahlung einer Verbindlichkeit, dann ist im Zeitpunkt des Verzichts die Einnahme zugeflossen.
6. **Erhaltene Anzahlungen** sind im Zeitpunkt des Zuflusses Einnahmen.

245 Zeitliche Berücksichtigung sonstiger Ausgaben

> **Sonstige Ausgaben** gelten nach dem allgemeinen Abflussprinzip in jenem Kalenderjahr als abzugsfähig, in dem sie **abfließen** (§ 19 Abs 1).

Sofern die Ausgaben weder als Anschaffungs- und Herstellungskosten von Wirtschaftsgütern einer besonderen Abzugsregel unterliegen, noch unter die Kurze-Zeit-Regel oder die verteilungspflichtigen Vorauszahlungen fallen, sind sie daher **im Zeitpunkt des Abflusses** zu berücksichtigen.

Beispiele:

1. **Anschaffung und Herstellung von Waren** eines Einnahmen-Ausgaben-Rechners sind, sofern sie nicht Grundstücke oder Edelmetalle sind, im Zeitpunkt des Abflusses der Ausgaben zu berücksichtigen. Werden Waren in das Betriebsvermögen eingelegt, dann ist im Zeitpunkt der Einlage die Ware mit dem Einlagewert abzusetzen.
2. **Mietzahlung im Jänner:** Die Miete für Dezember wird am 30.1. des Folgejahres überwiesen. Die Miete ist beim Mieter mit Einnahmen-Ausgaben-Rechnung im Abflusszeitpunkt abzugsfähig, weil weder die Kurze-Zeit-Regel zur Anwendung kommt noch eine Verteilung nach der Vorauszahlungsregel zu erfolgen hat.
3. **Einmalige Beratungskosten:** Der Steuerberater legt seine Rechnung für einmalige Beratungsleistungen aus dem Vorjahr erst am 10.1. und der Auftraggeber überweist das Honorar am 14.1. Es liegen einmalige und nicht wiederkehrende Zahlungen vor, sodass im Falle der Einnahmen-Ausgaben-Rechnung der Auftraggeber die Ausgabe erst im Zeitpunkt des Abflusses abziehen kann.
4. **Nachlass einer Forderung aus betrieblichen Gründen:** Verzichtet der Steuerpflichtige gegenüber dem Schuldner auf Rückzahlung, dann führt dies im Zeitpunkt des Verzichts zum Abfluss einer Ausgabe.
5. **Geleistete Anzahlungen** sind, sofern nicht eine Ausnahme vorliegt, im Zeitpunkt des Abflusses abzugsfähig.
6. **Abfertigungszahlungen** sind im Zeitpunkt der Zahlung anzusetzen. Einnahmen-Ausgaben-Rechner können allerdings einen Freibetrag für zukünftige Abfertigungsverpflichtungen bilden (§ 14 Abs 5).

3. Änderungen und Berichtigungen in nachfolgenden Perioden

Ändern sich in einer Periode nachträglich die Umstände einer vergangenen Periode, die zu steuerpflichtigen Einnahmen oder abzugsfähigen Ausgaben geführt hat, dann ist diese Änderung in der Periode vorzunehmen, in der sich die Umstände geändert haben. **246**

Wurde **Ausgaben** steuerlich in der vergangenen Periode **als Betriebsausgaben oder Werbungskosten abgesetzt** (Berücksichtigung eines Vermögensabflusses) und wird die Ausgabe nunmehr als Aufwandsersatz ersetzt, dann führt der nunmehrige Vermögenszufluss zu einer **Einnahme (nachträglicher Aufwandsersatz)**. Ist umgekehrt eine **steuerpflichtige Einnahme** in einer vorangegangenen Periode berücksichtigt worden und muss diese nunmehr zurückbezahlt werden, dann handelt es sich auch grundsätzlich um eine **abzugsfähige Ausgabe** (**Rückzahlung von Einnahmen**).

Dasselbe gilt für die **nachträgliche Änderung von Umständen** betreffend Anschaffungskosten, Herstellungskosten und Abschreibungsdauer.

Beispiele:

1. **Aufwandsersatz:** Der Arbeitnehmer absolviert für berufliche Zwecke am Ende des Jahres ein Seminar. Der Arbeitgeber entscheidet sich dafür, dem Arbeitnehmer die Kosten zu ersetzen. Sofern der Ersatz im selben Kalenderjahr stattfindet, bleibt der Vorgang beim Arbeitnehmer steuerneutral. Erfolgt der Ersatz jedoch erst im nächsten Jahr, dann kann der Arbeitnehmer die Kosten im aktuellen Jahr als Ausgabe absetzen, muss allerdings bei Ersatz im nächsten Jahr eine Einnahme ausweisen.
2. **Einnahmenrückzahlung:** Der Steuerpflichtige erhält eine Einnahme, die sich im Folgejahr als zu hoch herausstellt. Der Steuerpflichtige zahlt daher die zu hohe Einnahme zurück. Die zu hohe Einnahme ist im ersten Jahr als Einnahme zu berücksichtigen. Im Folgejahr ist eine Ausgabe anzusetzen.

Änderung beim Betriebsvermögensvergleich
247

Ändern sich die Umstände nicht nachträglich, sondern soll lediglich die vergangene Periode aufgrund zustehender Wahlrechte angepasst werden, dann liegt eine Bilanzänderung vor (§ 4 Abs 2 Z 1).

Bilanzänderungen sind vor Einreichung der Vermögensübersicht jederzeit möglich. **Nach Einreichung** der Vermögensübersicht ist eine Änderung nur mit Zustimmung des Finanzamts möglich. Die Zustimmung ist zu erteilen, wenn die Änderung wirtschaftlich und nicht nur steuerlich begründet ist.

Beispiele:

Änderung eines Bilanzpostens, bei dem ein **Wahlrecht** besteht, wie Teilwertabschreibung, Rückstellung oder Rechnungsabgrenzungsposten bei § 4 Abs 1, sofern nicht der Grundsatz der Bilanzstetigkeit eine Pflicht zur Bildung oder Unterlassung vorsieht.

Berichtigung beim Betriebsvermögensvergleich
248

Ist eine **Bilanz fehlerhaft,** dann ist sie zu berichtigen (**Bilanzberichtigung**). Eine Bilanz (Jahresabschluss) ist **fehlerhaft**, wenn diese nicht den allgemeinen Grundsätzen ordnungsmäßiger Buchführung oder den zwingenden steuerlichen Vorschriften entspricht (§ 4 Abs 2 Z 2).

Beispiele:

Bilanzberichtigung aufgrund unterlassener oder vorgenommener Aktivierung, unrichtige Absetzung von Aufwand, Berücksichtigung oder Nichtberücksichtigung von Wirtschaftsgütern oder Verbindlichkeiten.

Die Bilanzberichtigung hat zeitlich in der fehlerhaften Bilanz zu erfolgen. Sofern die fehlerhafte Bilanz in einen Zeitraum fällt, in dem aufgrund der verfahrensrechtlichen Verjährung keine steuerwirksame Berichtigung möglich ist, ist der Fehler, wenn er auch Auswirkungen auf noch nicht verjährte Perioden hat, durch Zu- und Abschläge steuerwirksam zu berichtigen (zur Berücksichtigung des Gesamtgewinns, der über mehrere Perioden entsteht, periodenübergreifender Gesamtgewinn). Die Verjährungsfrist beträgt grundsätzlich fünf Jahre und beginnt mit dem Ende des Kalenderjahres, in dem die Steuerschuld entsteht (dazu → 1052). Die Fehlerberichtigung hat dann im ersten zum Zeitpunkt der Bescheiderlassung noch nicht verjährten Veranlagungszeitraum zu erfolgen. Zur verfahrensrechtlichen Bescheidänderung nach § 293b BAO → 1057.

Beispiele:[21]

1. **Ein Herstellungsaufwand von EUR 100.000 wurde im Jahr 1 sofort abgesetzt**, anstelle der Verteilung über 10 Jahre (EUR 10.000 pro Jahr). Der Fehler wird im Jahr 3 entdeckt und kann, weil noch keine Verjährung eingetreten ist, steuerwirksam rückwirkend in den Vorbilanzen berücksichtigt werden. Wird der Fehler erst im Jahr 7 entdeckt, dann ist das Jahr 1 bereits verjährt (Annahme Verjährung mit Ende Jahr 6). Im ersten noch nicht verjährten Jahr 2 würde der Restbuchwert bei korrekter Behandlung zu Beginn EUR 90.000 betragen, dieser Betrag ist anzusetzen und im Jahr 2 und den folgenden Jahren entsprechend abzusetzen. Für dieses Jahr 2 ist für die Vergangenheit zum Ausgleich gleichzeitig ein Gewinnzuschlag von EUR 90.000 anzusetzen (Fehlerkorrektur des verjährten Jahres).
2. **Eine Rückstellung** wäre in einem bereits verjährten Jahr zu bilden, sofern der Grund für die Rückstellung aktuell noch besteht. Im ersten noch nicht verjährten Jahr ist die Rückstellung einzustellen und gleichzeitig ein Verlustabschlag in Höhe des Rückstellungsbetrags vorzunehmen.
3. **Keine Änderung bei verjährten Perioden ohne Auswirkung auf nicht verjährte Perioden:** Eine Betriebsausgabe wurde in einem bereits verjährten Jahr vollständig abgezogen, obwohl ein Abzugsverbot bestand. Eine Änderung hat nicht zu erfolgen, weil der Fehler keine Auswirkungen auf noch nicht verjährte Jahre hat.

249 Berichtigungen beim Zu- und Abflussprinzip

Bei **§ 4 Abs 3 Ermittlern und Überschussrechnern ist bei Einkünften aus Vermietung und Verpachtung** mangels Bilanz keine Bilanzänderung oder Bilanzberichtigung vorzunehmen. Die Berichtigung erfolgt in der **fehlerhaften Steuererklärung**. Sofern die Berichtigung in einem verjährten Veranlagungsjahr vorzunehmen wäre, ist die Berichtigung durch steuerwirksame Zu- und Abschläge durchzuführen, sofern der Fehler nicht in verjährte Jahre reicht (§§ 4 Abs 3, 28 Abs 7).

Beispiel:

Fehler hinsichtlich der Absetzung für Abnutzung können durch Zu- und Abschläge auch bei der Einnahmen-Ausgaben-Rechnung und der Ermittlung der Einkünfte aus Vermietung und Verpachtung berücksichtigt werden.

---

21   EB zu § 4 Abs 2 Z 2.

Kapitel 5

Einkommensteuer[1] – Betriebliche Einkünfteermittlung

1. Betriebseröffnung und Einlagen

Entgeltlicher Erwerb eines Betriebs   250

> Bei **entgeltlichem Erwerb eines Betriebs** (Betriebsgründung) **oder einzelner Wirtschaftsgüter** sind die Wirtschaftsgüter mit den zu aktivierenden Anschaffungs- oder Herstellungskosten anzusetzen (§ 6 Z 1, Z 2 und Z 8, → 210).

Bei **Erwerb** eines Betriebs setzen sich die Anschaffungskosten aus dem **Anschaffungspreis plus übernommener Verbindlichkeiten** zusammen. Die Anschaffungskosten für den Betrieb sind auf die einzelnen Wirtschaftsgüter zu verteilen. **Entgeltlich erworbene unkörperliche** Wirtschaftsgüter des Anlagevermögens sind, anders als selbst hergestellte unkörperliche Wirtschaftsgüter, ebenso im Wege eines Aktivpostens anzusetzen.

Bei entgeltlichem Erwerb gegen **Kaufpreisrente** (zwischen 75 % und 125 % des Rentenbarwerts)[2] ergeben sich die Anschaffungskosten aus dem Rentenbarwert, der in derselben Höhe aufgrund der Verbindlichkeit zu passivieren ist. Die jährliche Rentenzahlung ist Betriebsausgabe, die jährliche verminderte Neubewertung der Rentenverpflichtung führt zu Betriebseinnahmen (zur Behandlung beim Übertragenden → 311; zum Vorliegen eines teilentgeltlichen Erwerbs gegen Rente → 251).

Anschaffungskosten, die keinem Wirtschaftsgut zuzuordnen sind, stellen den **Firmenwert** bei land- und forstwirtschaftlichen Betrieben und Gewerbebetrieben oder den Praxiswert bei Einkünften aus selbständiger Arbeit des Betriebs dar und sind in einem Aktivposten auszuweisen. Der Firmen- oder Praxiswert repräsentiert jenen Wert, der beim Kauf eines Betriebs zusätzlich zu dem Wert der einzelnen Wirtschaftsgüter nach Abzug der Verbindlichkeiten geleistet wird. Er stellt die Abgeltung für den Ruf, die Organisation, das Know-how oder auch das Personal des Unternehmens dar.

Wirtschaftsgüter sind grundsätzlich nach den allgemeinen Bestimmungen entsprechend der Gewinnermittlungsvorschriften abzusetzen. Entgeltlich erworbene **Firmenwerte** sind über 15 Jahre abzusetzen (§ 8 Abs 3), **Praxiswerte** können grundsätzlich über 5 Jahre abgesetzt werden. **Gründungskosten** und Kosten für den Erwerb, die nicht zu den aktivierungspflichtigen Anschaffungskosten zählen, sind grundsätzlich sofort absetzbare Ausgaben.

---

1   Paragraphenverweise ohne Gesetzesangabe beziehen sich auf das Einkommensteuergesetz (EStG).
2   VwGH 28.4.1987, 86/14/0175.

Beispiel:

Erwerb eines Betriebs durch Zahlung von EUR 50.000 (davon Darlehensaufnahme EUR 30.000) und Übernahme von Verbindlichkeiten des Vorgängers von EUR 30.000. Der Wert der einzelnen Wirtschaftsgüter, und somit die Anschaffungskosten, betragen EUR 65.000. Der Unterschiedsbetrag zwischen Kaufpreis EUR 50.000 plus EUR 30.000 und den einzelnen Wirtschaftsgütern ist als Firmenwert auszuweisen und über 15 Jahre verteilt abzusetzen.

Betriebserwerb: Darstellung in der Bilanz und der GuV

Aktiva (in EUR)		Passiva (in EUR)	
Wirtschaftsgüter	65.000	Eigenkapital	20.000
Firmenwert	15.000	Verbindlichkeiten	60.000

251 Unentgeltlicher Erwerb eines Betriebs oder einzelner Wirtschaftsgüter

Bei **unentgeltlichem Erwerb** von Betrieben, Teilbetrieben oder Mitunternehmeranteilen und bei **steuerneutralen Umgründungen** unterbleibt die Ermittlung der Anschaffungskosten der Wirtschaftsgüter. Stattdessen hat der Rechtsnachfolger die Buchwerte des bisherigen Betriebsinhabers oder Anteilsinhabers zu übernehmen und fortzusetzen (**Buchwertfortführung**; § 6 Z 9). Ebenso ist die Absetzung der Wirtschaftsgüter entsprechend fortzuführen. Beim Übertragenden unterbleibt daher auch die Aufdeckung der stillen Reserven (zur unentgeltlichen Übertragung → 316; zu den Umgründungen → 601).

Ein **unentgeltlicher Erwerb** liegt vor, wenn in teilweiser Schenkungsabsicht der **Kaufpreis unter 50 %** oder **über 200 %** des Unternehmenswerts liegt. Zahlungen sind als steuerneutrale Vermögensänderungen anzusehen (Schenkungen). Bei Erwerb gegen Rente liegt ein unentgeltlicher Erwerb vor, wenn der **Rentenbarwert unter 75 % oder über 125 %** des Unternehmenswerts liegt (**Versorgungsrente**). Bei einer **betrieblich veranlassten Versorgungsrente** (wie Pensionsleistungen für frühere Tätigkeit[3]) sind die Zahlungen beim Rentenverpflichteten sofortige Betriebsausgaben (und beim Rentenempfänger sofortige Betriebseinnahmen → 316). Zu einer **außerbetrieblich veranlassten Versorgungsrente** und zu einer **Unterhaltsrente** bei einem Rentenbarwert **über 200 %** des Werts der betrieblichen Einkunftsquellen (→ 357).

Anschaffungskosten sind bei **unentgeltlichem Erwerb von einzelnen Wirtschaftsgütern**:

- aus **betrieblichen** Gründen die fiktiven Anschaffungskosten,
- aus **außerbetrieblichen** Gründen der **Einlagewert** heranzuziehen (§ 6 Z 9 lit b → 253).

Fiktive Anschaffungskosten sind die Kosten, die der Empfänger für das einzelne Wirtschaftsgut im Zeitpunkt des Empfangs hätte aufwenden müssen (§ 6 Z 9 lit b).

Beispiele:

1. **Der Unternehmer übergibt seinen Betrieb** unentgeltlich an seinen Sohn. Die Übertragung des gesamten Betriebs erfolgt zu Buchwerten. Diese sind vom Sohn fortzuführen.
2. **Versorgungsrente:** Der Übergeber erhält eine Rente als Pension, deren Barwert lediglich 40 % des Unternehmenswerts beträgt. Die Rentenzahlungen sind nachträgliche Betriebseinnahmen.

---

3   VwGH 22.3.2000, 97/13/0093.

3. **Der Warenhändler** erwirbt aus betrieblichen Gründen unentgeltlich Waren aus einer Konkursmasse. Die Waren sind mit den fiktiven Anschaffungskosten anzusetzen.[4]
4. **Der Gastwirt** erhält von einem Getränkelieferanten Einrichtungsgegenstände geschenkt. Ist die Übertragung aber an die Verpflichtung zum Bezug von Getränken verbunden, liegt ein entgeltlicher Erwerb in Höhe des Werts der Verpflichtung vor.[5]

Einlagen in einen Betrieb   252

> Alle **nicht betrieblich veranlassten Einlagen** von Wirtschaftsgütern eines Steuerpflichtigen in ein Betriebsvermögen eines Betriebs sind steuerneutral. Damit wird erreicht, dass der Gewinn aus dem Betrieb durch Einlagen nicht erhöht wird (§ 4 Abs 1).

Einlagen sind alle Zuführungen von Wirtschaftsgütern aus dem außerbetrieblichen Bereich. Eine Einlage liegt auch dann vor, wenn ein Wirtschaftsgut von einem Betrieb in das Betriebsvermögen eines anderen Betriebs desselben Steuerpflichtigen übertragen wird.[6] Auch in diesem Fall ist der Vermögenszufluss nicht betrieblich veranlasst. Dagegen stellt die Zurverfügungstellung von Leistungen oder die Nutzung von Wirtschaftsgütern außerhalb des Betriebsvermögens keine Einlagen dar (Leistungsentnahme, Nutzungsentnahme). Sofern Nutzungen und Leistungen aus dem außerbetrieblichen Bereich erfolgen und als Einlagen zu berücksichtigen wären, würde dies unter Annahme der Bewertung mit dem Teilwert dazu führen, dass diese Nutzungen und Leistungen insgesamt steuerfrei blieben. Eine Erfassung als Einlage hat daher zu unterbleiben und ist auch nicht aus dem Gesetz ableitbar, das nur die Zuführung von Wirtschaftsgütern als Einlage definiert. Einlagen erhöhen buchhaltungstechnisch das Privatkonto als Eigenkapitalkonto.

Beispiele:

1. **Einlage von Wirtschaftsgütern:** Herr Tax legt ein Grundstück, das sich bisher im außerbetrieblichen Vermögen befunden hat, in das Betriebsvermögen seines Betriebs ein. Dieses erhöht das Eigenkapital des Betriebs und das Betriebsvermögen. Die Einlage ist als Zufuhr von Eigenkapital steuerneutral und erhöht daher nicht den Gewinn des Betriebs.
2. **Erbringung von Leistungen:** Herr Tax kündigt den bisher angestellten Geschäftsführer seines Betriebs und übt nunmehr die Geschäftsleitung selbst aus. Die Leistung als Geschäftsführer ist nicht als Leistungseinlage zu berücksichtigen. Die Leistungserbringung erhöht daher aufgrund der Ersparnis von Ausgaben für einen Geschäftsführer den steuerlichen Gewinn des Betriebs. Als Ausgaben des Betriebes können nur die tatsächlichen Aufwendungen berücksichtigt werden, die durch seine Geschäftstätigkeit zusätzlich betrieblich veranlasst sind.
3. **Nutzung von Wirtschaftsgütern:** Herr Tax verwendet seinen überwiegend privat genutzten Laptop anteilig auch im Rahmen seines Betriebs. Die bloße Nutzung des Laptops ist nicht als Einlage zu berücksichtigen. Als Ausgaben des Betriebs können jedoch nach dem allgemeinen Ausgabenbegriff die anteiligen Aufwendungen des Laptops berücksichtigt werden, soweit sie betrieblich veranlasst sind.

---

4   VwGH 26.5.1999, 94/13/0062.
5   VwGH 16.3.1989, 88/14/0055.
6   VwGH 17.12.1980, 2429/77.

253 Bewertung von Einlagen

Einlagen sind grundsätzlich mit dem **Teilwert** im Zeitpunkt der Zuführung anzusetzen (§ 6 Z 5).

Der Teilwert entspricht grundsätzlich den aktuellen Anschaffungs- oder Herstellungskosten des Wirtschaftsguts, die der Steuerpflichtige für den Erwerb aufwenden würde.

Besondere Bestimmungen bestehen für Kapitalvermögen und Grundstücke:

- **Kapitalvermögen** (Wirtschaftsgüter, Derivate, Kryptowährungen) ist mit den ursprünglichen Anschaffungskosten oder dem geringeren Teilwert anzusetzen.
- **Grundstücke** sind mit den fortgeschriebenen Anschaffungs- oder Herstellungskosten oder einem geringeren Teilwert anzusetzen. Die fortgeschriebenen Anschaffungs- oder Herstellungskosten ergeben sich aus den Anschaffungs- oder Herstellungskosten, erhöht um steuerlich bisher noch nicht berücksichtigte Herstellungsaufwendungen und vermindert um bisher steuerlich berücksichtigte Absetzungen für Abnutzungen. Gebäude und grundstücksgleiche Rechte, bei denen Wertänderungen zum 31.3.2012 nicht steuerpflichtig waren (→ 350), sind stets zum Teilwert anzusetzen.

Die **Höhe des Einlagewerts** bestimmt, ob bisherige Wertänderungen in der Zukunft steuerlich noch berücksichtigt werden können. Eine Einlage zum Teilwert verhindert die steuerliche Berücksichtigung bisheriger Wertänderungen. Die Einlage zu den Anschaffungs- oder Herstellungskosten führt grundsätzlich dazu, dass bisherige Wertänderungen in der Zukunft noch steuerlich berücksichtigt werden können. Die besondere Behandlung von Kapitalvermögen und Grundstücken besteht deshalb, weil Wertänderungen vor der Einlage ebenfalls der Besteuerung unterlagen und daher auch weiterhin steuerlich zu berücksichtigen sind. Einlagen vor 1.4.2012 (vgl § 124b Z 213) erfolgten jedoch grundsätzlich noch zum Teilwert mangels bis dahin umfassender Steuerpflicht im außerbetrieblichen Bereich. Die Höhe des Einlagewerts bestimmt gleichzeitig die Anschaffungs- und Herstellungskosten des eingelegten Wirtschaftsguts im Betriebsvermögen.

Besondere steuerliche Einlagewerte bestehen bei unentgeltlichen Übertragungen von Betrieben, Teilbetrieben und Mitunternehmeranteilen und bestimmten Umgründungen (→ 251).

Beispiele:

1. **Einlage von Kapitalvermögen:** Herr Tax legt Aktien aus einem Wertpapierdepot in seinen Betrieb ein. Bei Anschaffungskosten von EUR 100 und einem aktuellen Börsenkurs von EUR 80 sind die Aktien mit EUR 80 in das Betriebsvermögen einzulegen. Bei einem aktuellen Börsenkurs von EUR 120 sind die Aktien mit dem Wert von EUR 100 in das Betriebsvermögen einzulegen.
2. **Einlage eines bebauten Grundstücks:** Herr Tax legt ein Grundstück, das bisher zur Erzielung von Einkünften aus Vermietung und Verpachtung verwendet wurde, in das Betriebsvermögen seines Betriebs ein. Das unbebaute Grundstück hatte Anschaffungskosten von EUR 100.000. Herstellungskosten für ein darauf gebautes Gebäude betrugen EUR 200.000 mit einer bisherigen Absetzung für Abnutzung von EUR 10.000. Das Grundstück ist mit den Anschaffungskosten einzulegen. Sofern Wertveränderungen des Gebäudes zum 31.3.2012

steuerpflichtig waren, ist das Gebäude mit EUR 190.000 einzulegen. Ansonsten ist das Gebäude mit dem Teilwert im Zeitpunkt der Zuführung einzulegen.

3. **Einlage eines Laptops:** Herr Tax verwendet seinen Laptop nunmehr überwiegend für betriebliche Zwecke, wonach der Laptop als in das Betriebsvermögen eingelegt gilt. Der Laptop ist zum aktuellen Teilwert, also zum Wiederbeschaffungspreis eines vergleichbaren, gebrauchten Laptops einzulegen.

2. Betriebseinnahmen und Betriebsausgaben

2.1. Steuerpflichtige Betriebseinnahmen

Betriebseinnahmen sind Einnahmen, die durch den Betrieb **veranlasst** sind. | 254

Beispiele:
Dazu zählen alle Einnahmen aus der betrieblichen Tätigkeit und dem Betriebsvermögen, insbesondere: Waren- und Leistungserlöse (Umsatzerlöse), Erlöse aus dem Abgang von Wirtschaftsgütern des Anlagevermögens (Verkauf, Tausch, Entnahme), Erlöse aus Entschädigungen aus betrieblichen Gründen, übrige Erträge, wie Finanzerträge und Gewinnanteile aus stillen Gesellschaften.

Steuerfreie Betriebseinnahmen | 255

Steuerfreie Betriebseinnahmen sind aus unterschiedlichen Gründen steuerfrei und bleiben daher für die Einkünfteermittlung unberücksichtigt.

Anwendungsfälle:
1. **Zuwendungen** an den Betrieb aus öffentlichen Mitteln und Sozialleistungen sind grundsätzlich steuerfrei. Sofern sie für die Anschaffung oder Herstellung von Wirtschaftsgütern geleistet werden, kürzen sie die Anschaffungs- oder Herstellungskosten sowie Instandhaltungs- oder Instandsetzungsaufwendungen (§§ 3 Abs 1, 6 Z 10).
   Beispiel: Der Bund gewährt einen Zuschuss zur Anschaffung einer Maschine. Die Gemeinde gewährt einen Zuschuss zu den operativen Kosten.
2. **Abgeltung von Wertminderungen von betrieblichen Grundstücken** aufgrund von Maßnahmen im öffentlichen Interesse, sofern die Abgeltung nicht für eine Nutzungsüberlassung oder Rechtseinräumung gewährt wird (§§ 3 Abs 1 Z 33, 4 Abs 3a Z 1). Entschädigungen für eine Wertminderung von Betriebsvermögen sind grundsätzlich steuerpflichtige Betriebseinnahmen.
   Beispiele: Entschädigungen sind steuerfrei für die Abgeltung der Wertminderung eines Grundstücks aufgrund des Baus einer Starkstromleitung über ein Grundstück, Errichtung einer Pipeline, Abwasserkanal oder aufgrund des Abrisses eines Gebäudes durch nachträgliche Umwidmung in ein Überschwemmungsgebiet. Nutzungsüberlassungen sind nicht erfasst: Wird eine Zahlung aufgrund einer Servitutseinräumung oder eines Bestandverhältnisses geleistet, dann ist diese Zahlung nicht von der Befreiung erfasst.
3. **Unentgeltlicher Erwerb von Anteilsrechten des Betriebsvermögens** aufgrund einer Kapitalerhöhung aus Gesellschaftsmitteln → 341.

2.2. Abzugsfähige Betriebsausgaben

Betriebsausgaben sind Ausgaben, die durch den Betrieb veranlasst sind (§ 4 Abs 4). | 256

Beispiele und Einzelfälle:

1. **Ausgaben für die Anschaffung, Herstellung, Instandsetzung oder Erhaltung** von Wirtschaftsgütern des Betriebsvermögens,
2. **laufende betriebliche Ausgaben** aufgrund von Beratung, Bürgschaft, Fremdmitteln (Zinsen, Geldbeschaffung), Gewährleistung, Garantien, Löhnen und Gehältern samt Nebenkosten und geleisteter tatsächlicher Aufwandsersatz, Mieten, Prozesse, Schadenersatz, Treuhandschaften, Vermittlungen, Vertrieb, Verwaltung und Versicherung.
3. **Versicherungsbeiträge:** (Z 1) Pflichtbeiträge des Versicherten zur Sozialversicherung und Arbeitslosenversicherung und Pflichtbeiträge für freie Dienstnehmer an eine Betriebliche Vorsorgekasse → 917, (Z 2) Beiträge zu Pensionskassen und betrieblichen Kollektivversicherungen und Zuwendungen an betriebliche Unterstützungskassen und Hilfskassen in Höhe von 10 % der Lohn- und Gehaltssumme,
4. **Zuwendungen zugunsten der Arbeitnehmer:** Zuwendungen an den Betriebsratsfonds bis zu 3 % der Lohn- und Gehaltssumme (Z 3),
5. **Ausgaben für Forschungsgutachten** für Forschungsprämien: Verwaltungskostenbeitrag für Auskunftsbescheide und Forschungsbestätigungen und Ausgaben für die Erstellung eines Forschungsgutachtens (Z 4),
6. **Ausgaben für Öffi-Tickets**, soweit die Fahrten betrieblich veranlasst sind, wobei in diesem Fall ohne weiteren Nachweis 50 % der aufgewendeten Kosten für ein nicht übertragbares Öffi-Ticket für Einzelpersonen geltend gemacht werden können (Z 5),
7. **Ausgaben für Aus- und Fortbildung und umfassende Umschulung.** Keine Veranlassung dagegen bei Erstausbildungskosten ohne gleichzeitige oder früher ausgeübte Tätigkeit (Z 7),
8. **Arbeitsplatzpauschale** für Aufwendungen aus der betrieblichen Nutzung der Wohnung. Diese steht zu, wenn kein anderer Raum zur Ausübung zur betrieblichen Tätigkeit zur Verfügung steht und auch kein Arbeitszimmer (→ 258) geltend gemacht wird. Die Höhe beträgt (i) **EUR 1.200**, wenn sonst keine andere Haupterwerbstätigkeit (aktive Erwerbstätigkeit über EUR 12.816) vorliegt, für die außerhalb der Wohnung ein Raum zur Verfügung steht, (ii) sonst **EUR 300** plus Ausgaben für ergonomisch geeignetes Mobiliar bis EUR 300 (nach § 16 Abs 1 Z 7a lit a → 337). Die Pauschale steht für mehrere Betriebe einmal zu und ist nach dem Verhältnis der Betriebseinnahmen aufzuteilen. Liegen die Voraussetzungen nicht über das ganze Kalenderjahr vor, ist monatlich zu aliquotieren (Z 8, ab 2022),
8. **Geld- oder Sachaufwendungen im Zusammenhang mit Katastrophenfällen**, wenn sie der Werbung dienen (Z 9),
9. **Mehraufwendungen für Verpflegung und Unterkunft** bei ausschließlich betrieblich veranlassten Reisen (betragsmäßig beschränkt; Abs 5),
10. **Beiträge für die freiwillige Mitgliedschaft bei Berufs- und Wirtschaftsverbänden** (Abs 9).

257 Abzugsfähige Spenden

Freigebige Zuwendungen (Spenden) aus dem Betriebsvermögen zu begünstigten Zwecken an begünstigte Einrichtungen in Höhe von **maximal 10 % des Gewinns** vor Berücksichtigung von Zuwendungen (§§ 4b und 4c → 258) und des Gewinnfreibetrags können **als Betriebsausgabe** abgesetzt werden (§ 4a; Übergangsvorschriften zur alten Rechtslage vor 2024, § 124b Z 441). Wird die Höchstgrenze überstiegen, kann der Betrag auch als Sonderausgabe in Betracht kommen (§ 18 Abs 1 Z 7 → 372). Für die Zuwendung besteht eine Belegpflicht. Auf Verlangen des Zuwendenden hat der Empfänger der Zuwendung eine Spendenbestätigung auszustellen (Abs 7 Z 7).

Werden **Wirtschaftsgüter zugewendet**, ist der gemeine Wert als Betriebsausgabe anzusetzen; der Restbuchwert ist nicht zusätzlich als Betriebsausgabe abzusetzen, der Teilwert nicht als Betriebseinnahme anzusetzen. Auf das Wirtschaftsgut übertragene stille

Reserven sind nachzuversteuern (Z 5; für umsatzsteuerbefreite Lebensmittelzuwendungen gilt der Buchwert, Z 5a). Im Fall einer **nicht erheblichen Gegenleistung** (maximal in Höhe der Hälfte der Zuwendung) ist nur jener Betrag als Spende abzugsfähig, der nach Abzug des gemeinen Werts der Gegenleistung verbleibt (Abs 7 Z 4). **Satzungsgemäße Mitgliedsbeiträge** und **Zuwendungen an Rechtsträger iSd Publizistikförderungsgesetzes** sind nicht abzugsfähig (Abs 7 Z 2, 3). Zuwendungen an Kindergärten, Schulen (Abs 6 Z 2), Freiwillige Feuerwehren und Landesfeuerwehrverbände (Abs Z 12) sind nicht abzugsfähig, wenn sie durch unbeschränkt steuerpflichtige Körperschaften erfolgen, die mit der Trägerkörperschaft **wirtschaftlich verbunden** sind (Abs 7 Z 6).

Abzugsfähige Spenden liegen vor, wenn sie geleistet werden entweder an

- durch **Bescheid** begünstigte Einrichtungen (Abs 3) zu begünstigten Zwecken (Abs 2) unter den Voraussetzungen des Abs 4 und 5 (Eintragung in einer Liste, Abs 7 Z 1), sowie
- durch **Gesetz** erklärte begünstigte Einrichtungen (Abs 6).

Durch **Bescheid begünstigte Einrichtungen** haben folgende Anforderungen zu erfüllen:

1. **Begünstigter Zweck (Abs 2):** gemeinnützige (Z 1) und mildtätige Zwecke (Z 2) und Tätigkeiten auf dem Gebiet der Forschung, der Künste und der Lehre samt damit verbundener wissenschaftlicher und künstlerischer Publikationen und Dokumentationen von Rechtsträgern nach Abs 3 Z 3 und 4, soweit nicht bereits ein gemeinnütziger Zweck vorliegt (Z 3).

2. **Rechtsträger der Einrichtung (Abs 3):** inländische juristische Personen des Privatrechts und BgA (Z 1), KöR (Z 2), Forschungs- und Lehreinrichtungen von Gebietskörperschaften (unselbständig oder an juristische Personen ausgegliederte Einrichtungen [Z 3] und vergleichbare ausländische Körperschaften in der EU oder eines Staates mit umfassender Amtshilfe [Z 4]).

3. **Einhaltung von Voraussetzungen (Abs 4):** Für **alle Körperschaften** (Z 3) gilt dabei: (lit a) Glaubhaftmachung der Maßnahmen zur Erfüllung der Datenübermittelungspflicht, (lit b) Verwaltungskosten bis höchstens 10 % der Spendeneinnahmen, (lit c) Vermögensverwendung über der Einlagenleistung bei Auflösung der Körperschaft oder Wegfall des begünstigten Zwecks nur für den begünstigten Zweck, (lit d) keine rechtskräftige Verurteilung innerhalb der letzten fünf Jahre von strafbaren Handlungen des Verbandes oder Entscheidungsträger oder Mitarbeiter in der Verantwortlichkeit des Verbandes und (lit e) keine systematische Förderung der Begehung methodisch begangener vorsätzlicher, strafbarer Handlungen (insb Verwendung des Spendenaufkommens zur Begleichung von Strafen handelnder Personen). Für **gemeinnützige oder mildtätige Körperschaften** (Z 1) gilt darüber hinaus (lit a) Einhaltung der Voraussetzungen für ideelle Zwecke (§§ 34 bis 47 BAO), (lit b) die Körperschaft muss seit mindestens einem zwölf Monate umfassenden Wirtschaftsjahr ununterbrochen im Wesentlichen und unmittelbar dem begünstigten Zweck dienen, und (lit c) keine begünstigungsschädlichen Nebentätigkeiten (abgesehen von völlig untergeordneten Nebentätigkeiten). Für **Forschungs- und Lehreinrichtungen** (Z 2) gilt darüber hinaus: (lit a) mangelndes Gewinnstreben ist in der Rechtsgrundlage verankert, (lit b) die tatsächliche Geschäftsführung entspricht den Vorgaben der Rechtsgrundlage und eine betriebliche Tätigkeit wird nur in untergeordnetem Ausmaß entfaltet, (lit c) die Rechtsgrundlage stellt sicher, dass keine Vermögensvorteile an Mitglieder, Gesellschafter oder diesen nahestehende Personen zugewendet werden und gesammelte Spendenmittel ausschließlich für die in der Rechtsgrundlage angeführten begünstigten Zwecke verwendet werden und (lit d) die Körperschaft muss seit mindestens einem zwölf Monate umfassenden Wirtschaftsjahr ununterbrochen ausschließlich und unmittelbar dem begünstigten Zweck dienen.

4. **Verfahren zum Antrag auf Zuerkennung, Aufrechterhaltung und Aberkennung der Spendenbegünstigung (Abs 5):** (Z 1) Elektronischer Antrag der Spendenbegünstigung durch einen berufsmäßigen Parteienvertreter mit Beilage der Rechtsgrundlage (VO-Ermächtigung) und jährliche Meldung der Einhaltung der Voraussetzungen nach Abs 4 durch einen berufsmäßigen Parteienvertreter zur Aufrechterhaltung der Spendenbegünstigung innerhalb von neun Monaten nach dem Ende des Rechnungsjahres bzw Wirtschaftsjahres (inklusive Übermittlung einer geänderten Rechtsgrundlage); (Z 2) bei verpflichtender Abschlussprüfung ist bei Antragstellung und im Wege der jährlichen Meldung das Vorliegen der Voraussetzungen nach Abs 4 durch einen Wirtschaftsprüfer zu bestätigen; (Z 3) Feststellung der Erfüllung durch das Finanzamt mittels Bescheid und Aufnahme in die öffentliche Liste der begünstigten Spendenempfänger; (Z 4) Widerruf der Spendenbegünstigung mittels Bescheid bei Wegfall der Voraussetzungen nach Abs 4 oder Unterbleiben der fristgerechten Meldungen; (Z 5) bei Widerruf: aufschiebende Wirkung der Beschwerde auf Antrag, sofern hinreichender Aussicht auf Erfolg; sofern in diesem Fall die Beschwerde erfolglos ist, erfolgt ein Zuschlag zur Körperschaftsteuer von 20 % auf Beträge während der aufschiebenden Wirkung; (Z 6) bei Widerruf wegen Wegfall der Voraussetzungen iZm strafbaren Handlungen (Abs 4 Z 3 lit d und e) kann ein neuerlicher Antrag auf Spendenbegünstigung nur positiv erledigt werden, wenn keine Widerrufsgründe innerhalb eines zwölf Monate umfassenden Wirtschaftsjahres vorliegen.

Durch **Gesetz** erklärte begünstigte Einrichtungen (Abs 6) sind:

1. **Anerkannte Bildungseinrichtungen (Z 1)**, wie insbesondere Universitäten, Fachhochschulen, Privathochschulen, Pädagogische Hochschulen, und vergleichbare ausländische Einrichtungen (aus der EU oder Staaten mit umfassender Amtshilfe),
2. **Kindergärten und Schulen (Z 2)**: öffentliche Kinderbetreuungseinrichtungen (Kindergärten) und öffentliche Schulen und österreichische Auslandsschulen, Kindergärten und Schulen mit Öffentlichkeitsrecht anderer KöR,
3. **Gesetzlich errichtete Fonds mit Aufgaben der Forschungsförderung (Z 3, 4)** und vergleichbare ausländische Einrichtungen (aus der EU oder Staaten mit umfassender Amtshilfe),
4. **öffentliche Institutionen: (Z 5)** ÖNB, GeoSphere Austria, OeAD GmbH, Österreichisches Filminstitut, **(Z 6)** österreichische Museen, **(Z 7)** Bundesdenkmalamt und Denkmalfonds, **(Z 8)** Internationale Anti-Korruptions-Akademie, **(Z 9)** Diplomatische Akademie und vergleichbare Einrichtungen (aus der EU oder Staaten mit umfassender Amtshilfe), **(Z 10)** Einrichtungen aus der EU oder Staaten mit umfassender Amtshilfe, wenn sie den in Z 5 bis Z 7 vergleichbar sind und der Kunst und Kultur in Österreich dienen, **(Z 11) Hochkommissariat der Vereinten Nationen für Flüchtlinge,**
5. **Freiwillige Feuerwehren** und Landesfeuerwehrverbände **(Z 12)**,
6. **Anerkennungsfonds** für freiwilliges Engagement nach dem Freiwilligengesetz **(Z 13)**.

258 Zuwendungen aus dem Betriebsvermögen

Zuwendungen aus dem Betriebsvermögen sind abzugsfähig, soweit sie geleistet werden an:

- gemeinnützige Stiftungen und vergleichbare Vermögensmassen (§ 4b, betragsmäßig begrenzt),
- die Innovationsstiftung für Bildung (§ 4c, betragsmäßig begrenzt),
- betriebliche Privatstiftungen (§ 4d → 469).

259 Nicht abzugsfähige Betriebsausgaben

Bestimmte Betriebsausgaben sind trotz betrieblicher Veranlassung **nicht abzugsfähig.**

Anwendungsfälle und Beispiele:

1. **Ausgaben für die Lebensführung**, selbst wenn sie die wirtschaftliche oder gesellschaftliche Stellung des Steuerpflichtigen mit sich bringt und sie zur Förderung der Tätigkeit des Steuerpflichtigen erfolgen (Aufteilungsverbot, § 20 Abs 1 Z 2 lit b). **Betrieblich veranlasste Ausgaben, die auch die Lebensführung des Steuerpflichtigen berühren,** wenn sie nach allgemeiner Verkehrsauffassung unangemessen hoch sind (§ 20 Abs 1 Z 2 lit b; § 12 Abs 1 Z 2). **Beispiele:** Ausgaben im Zusammenhang mit Personen- und Kombinationskraftwagen, Personenluftfahrzeugen, Sport- und Luxusbooten, Jagden, geknüpften Teppichen, Tapisserien und Antiquitäten. Für PKW gilt eine Luxustangente in Höhe von EUR 40.000 (VO).

2. **Repräsentationsausgaben**; die Bewirtung von Geschäftsfreunden ist jedoch zu 50 % absetzbar, sofern der Werbung dienend und überwiegend betrieblich veranlasst (§ 20 Abs 1 Z 3, § 12 Abs 1 Z 3). Beispiele: Ausgaben, die dazu dienen, geschäftliche Kontakte aufzunehmen und zu pflegen oder mögliche Geschäftspartner kennenzulernen.[7] Erfasst sind damit hauptsächlich Einladungen zu Veranstaltungen und Geschenke an Geschäftspartner. Die Bewirtung von Geschäftsfreunden ist als Repräsentation ausnahmsweise mit 50 % abzugsfähig, sofern eine Produkt- oder Leistungsinformation geboten wird.[8]

3. **Ausgaben für ein im Wohnungsverband gelegenes Arbeitszimmer**, sofern das Arbeitszimmer nicht den Mittelpunkt der gesamten betrieblichen Tätigkeit bildet, betrieblich notwendig ist und ausschließlich betrieblich genutzt wird (§ 20 Abs 1 Z 2 lit d). Ausgaben für ein im Wohnungsverband gelegenes Arbeitszimmer und dessen Einrichtung sowie Einrichtungsgegenstände der Wohnung sind nur abzugsfähig, wenn das Arbeitszimmer den Mittelpunkt der gesamten betrieblichen Tätigkeit bildet, das Arbeitszimmer betrieblich notwendig ist und ausschließlich betrieblich genutzt wird.[9] Als Alternative kann die **Arbeitsplatzpauschale** geltend gemacht werden (→ 256).

4. **Ausgaben als Entgelt für Arbeits- oder Werkleistungen über EUR 500.000 (Managerbezüge)** pro Person und Wirtschaftsjahr für Dienstnehmer oder vergleichbar eingegliederte Personen (§ 20 Abs 1 Z 7; § 12 Abs 1 Z 8). Die Grenze zielt darauf ab, die Gehaltsschere zwischen Geschäftsführung und Dienstnehmern durch die steuerliche Nichtabzugsfähigkeit von Gehaltsteilen über der Grenze zu vermindern. Sie kommt grundsätzlich auf Vorstands- und Geschäftsführergehälter zur Anwendung. Nicht in die Grenze einzurechnen sind Abfertigungen und Aufwandsersätze.

5. **Reisekosten** in der Form von Mehraufwendungen für Verpflegung sind mit dem gesetzlichen Tagesgeld beschränkt (§ 20 Abs 1 Z 2 lit c),

6. **Bestechungsgelder, Strafen und Geldbußen, Diversionszahlungen** (§ 20 Abs 1 Z 5; § 12 Abs 1 Z 4),

7. **Steuern:** Ertragsteuern, GrESt und Eintragungsgebühren für unentgeltliche Erwerbe und Umsatzsteuer aufgrund von Eigenverbrauch (§ 20 Abs 1 Z 6; § 12 Abs 1 Z 6),

8. **Erhöhte freiwillige Abfertigungen,** soweit diese deswegen nicht dem begünstigten Steuersatz von 6 % unterliegen, mit Ausnahme von gezahlten Entgelten bei oder nach Beendigung des Dienstverhältnisses im Rahmen von Sozialplänen als Folge von Betriebsänderungen (§ 20 Abs 1 Z 8, § 12 Abs 1 Z 8 KStG, ab 2023).

9. **Barzahlung über EUR 500** von Ausgaben für Bauleistungen (§ 20 Abs 1 Z 9; § 12 Abs 1 Z 11).

Zur Abzugsfähigkeit von Betriebsausgaben **bei besonders besteuerten betrieblichen Einkünften** siehe → 271.

---

7   VwGH 13.10.1999, 94/13/0035.
8   VwGH 30.4.2003, 98/13/0071.
9   VwGH 30.6.2015, 2013/15/0165.

2.3. Betriebliche Pauschalierung (§ 17)

260 Die betriebliche Einkünfteermittlung kann bei bestimmten Betrieben **pauschal** erfolgen.

Mögliche Pauschalierungen:

- **Betriebsausgabenpauschalierung** (Teilpauschalierung), wobei die Betriebseinnahmen individuell ermittelt und nur die Betriebsausgaben pauschaliert werden,
- **Gewinnpauschalierung** (Vollpauschalierung), wobei der Gewinn pauschal ermittelt wird.

261 Pauschalierung der Betriebsausgaben bei Kleinbetrieben

Die in der Praxis bedeutendste Pauschalierung ist die **Betriebsausgabenpauschalierung** (§ 17 Abs 1 bis Abs 3, Basispauschalierung) für Einkünfte aus **selbständiger Arbeit** (§ 22) und **Gewerbebetrieb** (§ 23) bei Umsätzen von nicht mehr als **EUR 220.000** des vorangegangenen Wirtschaftsjahres und Gewinnermittlung im Wege des **§ 4 Abs 3** Bestimmte Betriebsausgaben werden durch die Pauschalierung abgegolten:

- Grundsätzlich **12 %** des Umsatzes (bis maximal EUR 220.000)
- Im Besonderen **6 %** bei freiberuflichen oder gewerblichen Einkünften aus einer kaufmännischen oder technischen Beratung, einer sonstigen selbständigen Tätigkeit (§ 22 Z 2) sowie aus einer schriftstellerischen, vortragenden, wissenschaftlichen, unterrichtenden oder erzieherischen Tätigkeit.

Zusätzlich zur Pauschalierung können folgende Betriebsausgaben geltend gemacht werden:

- Ausgaben für Waren, Rohstoffe, Halberzeugnisse, Hilfsstoffe und Zutaten;
- Ausgaben für Löhne (einschließlich Lohnnebenkosten) und Fremdlöhne, soweit sie unmittelbar in Leistungen eingehen, die den Betriebsgegenstand des Unternehmens bilden;
- Ausgaben für Pflichtbeiträge an die Sozialversicherung und an die Mitarbeitervorsorgekasse;
- die Arbeitsplatzpauschale;
- Ausgaben für ein Öffi-Ticket in Höhe von 50 % der aufgewendeten Kosten;
- Ausgaben für Reise und Fahrt, soweit ihnen ein Kostenersatz in gleicher Höhe gegenübersteht (diese mindern gleichzeitig den Umsatz zur Berechnung der Pauschalierung).

Beispiel:

Der IT-Experte (Einkünfte aus Gewerbebetrieb, Ermittlung nach § 4 Abs 3, keine Beratungsleistung) erzielt im Vorjahr und im aktuellen Jahr einen Umsatz von EUR 100.000. Die Ausgaben für die Sozialversicherung betragen EUR 15.000, für Fremdlöhne EUR 20.000 und für Miete EUR 10.000. Bei Inanspruchnahme der Pauschalierung ergeben die Betriebsausgaben EUR 47.000 (EUR 15.000 plus EUR 20.000 plus EUR 12.000 aus 12 % von EUR 100.000 Umsatz als Pauschale). Ohne Inanspruchnahme ergäben sich Betriebsausgaben von EUR 45.000 und daher ein höherer steuerpflichtiger Gewinn.

Daneben bestehen **besondere Betriebsausgabenpauschalierungen** aufgrund von Verordnungen für nichtbuchführende Gewerbetreibende,[10] Gaststättengewerbe, Handelsvertreter, Künstler und Schriftsteller sowie Drogisten.

Vertiefung: Pauschalierung bei Kleinstbetrieben und bestimmten Kleinbetrieben 262

Eine **Betriebsausgabenpauschalierung** (§ 17 Abs 3a) besteht für **Kleinstbetriebe** mit Einkünften aus Gewerbebetrieb oder selbständiger Arbeit (ausgenommen wesentlich beteiligte Gesellschafter-Geschäftsführer, Aufsichtsratsmitglieder und Stiftungsvorstände, Z 1).

Die Pauschalierung kommt grundsätzlich bei Einhaltung der Umsatzgrenze der **Kleinunternehmerbefreiung in der Umsatzsteuer** zur Anwendung (§ 6 Abs 1 Z 27 UStG, Umsatz bis EUR 35.000). Die Pauschalierung kann jedoch auch angewendet werden, wenn (i) die Umsatzgrenze um nicht mehr als EUR 5.000 überschritten wurde, oder (ii) auch Umsätze erzielt werden, die nicht in die Pauschalierung fallen und die erhöhte Umsatzgrenze nicht überstiegen wird, oder (iii) auf die Anwendung der Umsatzsteuerbefreiung verzichtet wird. Die Pauschalierung kann auch angewendet werden, wenn die Kleinunternehmerbefreiung von einer anderen unechten Umsatzsteuerbefreiung (§ 6 Abs 1 UStG) überlagert wird (§ 17 Abs 3a Z 2, ab 2023).

Die pauschalen Betriebsausgaben betragen **45 %** der Betriebseinnahmen (Umsätze aus Leistungen) und **20 %** bei Dienstleistungsbetrieben (§ 17 Abs 3a Z 4, Einstufung durch Dienstleistungsbetriebs-VO). Daneben dürfen nur Ausgaben für Pflichtbeiträge an die Sozialversicherung, an die Mitarbeitervorsorgekasse, die Arbeitsplatzpauschale und für das pauschale Öffi-Ticket abgesetzt werden; Reisekosten, die dem Kunden weiterverrechnet werden, dürfen abgezogen werden, sie kürzen aber auch den Umsatz für die Berechnung der Pauschale (§ 17 Abs 3a Z 3). Bei **Mitunternehmerschaften** ist die Pauschalierung nur auf die gesamte Mitunternehmerschaft anzuwenden (§ 17 Abs 3a Z 7). Ein Wechsel zurück in die Pauschalierung ist frühestens nach drei Wirtschaftsjahren ab freiwilligem Wechsel in die allgemeine Gewinnermittlung möglich (§ 17 Abs 3a Z 9).

Eine **Gewinnpauschalierung** besteht für **kleine land- und forstwirtschaftliche Betriebe** und für **Lebensmittelkleinhandelsbetriebe**. Die Einkünfte werden nach Maßgabe eines vorgegebenen Prozentsatzes der Umsätze des Betriebs oder des Einheitswerts ermittelt (§ 17 Abs 4, 5 und 5a).

Beispiele:

1. **Pauschalierung für Kleinstbetriebe:** Der Steuerpflichtige ist selbständiger Programmierer mit jährlichen Umsätzen von EUR 38.000 und hat Umsätze aus Vermietung (EUR 10.000). In den Programmierumsätzen enthalten sind weiterverrechnete Reisekosten von EUR 2.000. Sozialversicherungsbeiträge wurden in Höhe von EUR 5.000 gezahlt (absetzbar). An Miete fiel EUR 3.000 an (pauschaliert). Die Pauschale ist trotz der Vermietungsumsätze auf die Programmierumsätze anwendbar. Aufgrund der Nennung von IT-Dienstleistungen in der VO stehen nur 20 % zu. Der Gewinn beträgt EUR 23.400 aufgrund der Pauschale von EUR 7.600 (20% von EUR 38.000 – EUR 2.000), den Reisekosten (EUR 2.000) und den Sozialversicherungsbeiträgen (EUR 5.000).

---

10   BGBl 1990/55.

2. **Kleine Landwirtwirtschaft:** Ein Landwirt mit einem Einheitswert des Betriebs von EUR 50.000 kann den Gewinn der Landwirtschaft pauschal in Höhe von 42 % des maßgeblichen Einheitswerts berechnen; der steuerliche Gewinn beträgt daher EUR 21.000.
3. **Lebensmittelkleinhandel:** Ein Greißler mit jährlichen Betriebseinnahmen in Höhe von EUR 200.000 kann seinen Gewinn in Höhe von EUR 3.630 plus 2 % seiner Betriebseinnahmen ansetzen; der steuerliche Gewinn beträgt daher EUR 7.630.

263 Vertiefung: Pauschale Ermittlung bei überwiegend im Ausland tätigen Sportlern

Überwiegend im Ausland im Rahmen von Wettkämpfen und Turnieren tätige, **selbständige Sportler** mit Wohnsitz oder gewöhnlichem Aufenthalt im Inland können auf Antrag Einkünfte aus dieser Tätigkeit (Wettkämpfe, Turniere) einschließlich der Werbetätigkeit im Kalenderjahr pauschal mit 33 % festsetzen (VO über die Ermittlung des Einkommens von Sportlern).

Beispiel zur pauschalen Besteuerung von Sportlern:

Ein in Österreich ansässiger Skirennläufer erzielt im Rahmen des Weltcups Preisgelder in Höhe von EUR 200.000 und erhält aus seiner Werbetätigkeit für seine Sponsoren Einnahmen in Höhe von EUR 100.000. Nach der Sportlerpauschalierung sind in Österreich 33 % davon, also EUR 100.000, zu versteuern. Der Rest bleibt in Österreich außer Ansatz. Die tatsächlich im Ausland erzielten Einkünfte als Sportler unterliegen grundsätzlich (auch) im Ausland einer Besteuerung. Eine Anrechnung dieser Steuern kann im Inland jedoch aufgrund der Pauschalierung nicht erfolgen. Erzielt der Sportler außerdem Einkünfte aus Vermietung und Verpachtung, dann ist der anzuwendende progressive Steuersatz jedoch unter Berücksichtigung seiner gesamten Einkünfte zu ermitteln (Progressionsvorbehalt).

2.4. Investitionsfreibetrag (§ 11)

263/1

Ein **Investitionsfreibetrag** kann als zusätzliche Betriebsausgabe in Höhe von 10 % oder 15 % (im Bereich der Ökologisierung) der Anschaffungs- oder Herstellungskosten von Wirtschaftsgütern des abnutzbaren Anlagevermögens abgesetzt werden.

Der Investitionsfreibetrag beträgt

- **10 %** der Anschaffungs- und Herstellungskosten,
- **15 %** der Anschaffungs- und Herstellungskosten im Bereich der Ökologisierung (dazu Öko-IFB-VO).

Der Investitionsfreibetrag ist maximal von Anschaffungs- und Herstellungskosten in Höhe von **EUR 1 Mio** pro vollem Wirtschaftsjahr zulässig, bei Rumpfwirtschaftsjahren in Höhe von einem Zwölftel davon pro Monat (Abs 1). Der Investitionsfreibetrag steht nicht zu bei **Pauschalierung** nach § 17 oder einer darauf gestützten Verordnung. Die **Absetzung für Abnutzung** wird vom Investitionsbetrag nicht berührt (§ 11 Abs 1).

Der Investitionsbetrag kann nur im Jahr der Anschaffung oder Herstellung geltend gemacht werden, bei mehrjähriger Anschaffung oder Herstellung ist die Geltendmachung bereits auf aktivierte Teilbeträge zulässig (§ 11 Abs 4). Der Investitionsfreibetrag muss im Anlageverzeichnis oder der Anlagekartei ausgewiesen werden (§ 11 Abs 6).

Qualifizierte Wirtschaftsgüter 263/2

Wirtschaftsgüter müssen **folgende Voraussetzungen** erfüllen (§ 11 Abs 2):

- Wirtschaftsgüter mit betriebsgewöhnlicher Nutzungsdauer von mindestens **vier** Jahren, und
- **inländischen** Betrieben oder **inländischen** Betriebsstätten zuzurechnen sein, und der Betrieb oder die Betriebsstätte muss der betrieblichen Einkünfteerzielung dienen. Die entgeltliche Überlassung von Wirtschaftsgütern außerhalb der EU/des EWR gilt nicht als einem inländischen Betrieb oder einer inländischen Betriebsstätte zugerechnet.

Für folgende Wirtschaftsgüter kann der Investitionsfreibetrag **nicht geltend gemacht werden** (Abs 3):

- Wirtschaftsgüter, die zur Deckung eines investitionsbedingten Gewinnfreibetrages herangezogen werden,
- Wirtschaftsgüter, für die eine Sonderform der Absetzung für Abnutzung vorgesehen ist (§ 8), ausgenommen Kraftfahrzeuge mit einem CO_2-Emissionswert von 0 Gramm pro Kilometer, Wärmepumpen, Biomassekessel, Fernwärme- bzw Kältetauscher, Fernwärmeübergabestationen und Mikronetze zur Wärme- und Kältebereitstellung in Zusammenhang mit Gebäuden;
- geringwertige Wirtschaftsgüter, die gemäß § 13 abgesetzt werden;
- unkörperliche Wirtschaftsgüter, die nicht den Bereichen Digitalisierung, Ökologisierung oder Gesundheit/Life-Science zuzuordnen sind; ausgenommen vom Investitionsfreibetrag bleiben jedoch stets jene unkörperlichen Wirtschaftsgüter, die zur entgeltlichen Überlassung bestimmt sind oder von einem konzernzugehörigen Unternehmen bzw. von einem einen beherrschenden Einfluss ausübenden Gesellschafter erworben werden,
- gebrauchte Wirtschaftsgüter,
- Anlagen, die der Förderung, dem Transport oder der Speicherung fossiler Energieträger dienen, sowie Anlagen, die fossile Energieträger direkt nutzen (dazu Fossile Energieträger-Anlagen-VO).

Beispiel:

Der Steuerpflichtige erwirbt eine gebrauchte Maschine um EUR 20.000 (nicht begünstigt), ein Fahrzeug mit einem Emissionswert von 0 (Null, als Ökologisierungsmaßnahme) um EUR 40.000 und eine Gasheiztherme um EUR 10.000 (nicht begünstigt). Sofern die anderen Voraussetzungen erfüllt sind, kann nur für das Fahrzeug die Investitionsprämie geltend gemacht werden, und dies in Höhe von 15 %. Dies führt zu einem Investitionsfreibetrag als Betriebsausgabe von EUR 6.000.

Ausscheiden; Verbringung; Nachversteuerung 263/3

Bei **Ausscheiden** von Wirtschaftsgütern, für die der Investitionsfreibetrag geltend gemacht worden ist, vor Ablauf der Frist von vier Jahren aus dem Betriebsvermögen oder werden sie ins Ausland – ausgenommen im Falle der entgeltlichen Überlassung in EU oder EWR – **verbracht**, gilt Folgendes (§ 11 Abs 5):

1. Der Investitionsfreibetrag ist im Jahr des Ausscheidens oder des Verbringens insoweit **gewinnerhöhend anzusetzen**.

2. Im Falle der Übertragung eines Betriebes ist der gewinnerhöhende Ansatz beim **Rechtsnachfolger** vorzunehmen.
3. Im Falle des Ausscheidens infolge höherer Gewalt oder behördlichen Eingriffs **unterbleibt der gewinnerhöhende Ansatz**.

3. Ausscheiden von Wirtschaftsgütern aus dem Betriebsvermögen

3.1. Veräußerung, Entnahme und Zuwendung von Wirtschaftsgütern

264

Das **Ausscheiden des Wirtschaftsguts** aus dem Betriebsvermögen kann auf drei Arten erfolgen, die unterschiedliche steuerliche Folgen haben können: **Veräußerung, Entnahme und Zuwendung**.

Das Ausscheiden des Wirtschaftsgutes kann auf folgenden Gründen beruhen:

- Entgeltliche **Veräußerung** des Wirtschaftsguts,
- Unentgeltliche **Entnahme** des Wirtschaftsguts aus außerbetrieblichen Gründen,
- Unentgeltliche **Zuwendung** des Wirtschaftsguts aus betrieblichen Gründen oder sonstiges Ausscheiden.

Bei **Veräußerung oder Entnahme** eines Wirtschaftsguts aus dem Betriebsvermögen kommt es zur erfolgswirksamen Berücksichtigung des Veräußerungserlöses oder des Entnahmewerts (Betriebseinnahme). Dem steht ein noch offener aufwandswirksamer Buchwertabgang (Betriebsausgabe) gegenüber. Ein sich daraus ergebender **Unterschiedsbetrag** stellt grundsätzlich die steuerlich bisher noch nicht berücksichtigte Wertänderung des Wirtschaftsguts dar. Mit der Veräußerung oder Entnahme kann es daher zur **Realisierung der bisher entstandenen stillen Reserven** kommen.

Bei **sonstigem Ausscheiden**, wie bei betrieblich veranlassten Zuwendungen, Diebstahl oder Zerstörung, erfolgt dagegen lediglich der aufwandswirksame Abgang eines Restbuchwerts (Betriebsausgabe), ohne dass ein erfolgswirksamer Vorgang (Betriebseinnahme) vorliegt.

Zur **nachfolgenden Behandlung** in einem Betrieb → 250, im außerbetrieblichen Bereich → 343 (Kapitalvermögen), 347 (Vermietung und Verpachtung), 349 (private Grundstücksveräußerung), 353 (Spekulationsgeschäfte).

Beispiel:
1. **Betriebsvermögensvergleich:** Eine Maschine wird um EUR 10.000 veräußert (mit einem Entnahmewert in derselben Höhe entnommen). Der Buchwert abzüglich bisheriger Abschreibungen beträgt EUR 4.000. Durch die Veräußerung (Entnahme) kommt es zur Aufdeckung der bisher entstandenen stillen Reserven von EUR 6.000 (Erlös von EUR 10.000 als Betriebseinnahme abzüglich Buchwert von EUR 4.000 als Betriebsausgabe).
2. **Einnahmen-Ausgaben-Rechner:** Eine Ware wurde im Vorjahr um EUR 8.000 angeschafft und nunmehr für EUR 10.000 veräußert. Die Anschaffung wurde ursprünglich als Betriebsausgabe berücksichtigt (Abflussprinzip). Die nunmehrige Veräußerung stellt eine Betriebseinnahme dar.

Bewertung und Begünstigungen 265

Der **Wert eines Wirtschaftsguts** im Zeitpunkt der Veräußerung oder der Entnahme ergibt sich aus dem **Veräußerungserlös** oder dem **Entnahmewert**.

- **Veräußerungserlös:** Kaufpreis plus übernommene Verbindlichkeiten, zukünftige Zahlungen sind abzuzinsen; bei Rentenveräußerung und Bilanzierung ist der Barwert anzusetzen, bei § 4 Abs 3 Ermittlung ist dieser erst bei Zufluss zu berücksichtigen,
- **Tausch:** gemeiner Wert des hingegebenen Wirtschaftsguts (§ 6 Z 14 lit a),
- **Entnahme:** Teilwert oder, bei gleichbleibender Besteuerung nach Entnahme: Buchwert von Grundstücken iSd § 30 Abs 1, → 267 (§ 6 Z 4).

Begünstigungen ergeben sich durch:

- die **Übertragung realisierter stiller Reserven** auf Ersatzanschaffungen (§ 12 → 268) oder
- alternativ dazu durch eine antragsgemäße Verteilung auf fünf Jahre für realisierte stille Reserven aus **Wirtschaftsgütern des Betriebsvermögens aufgrund eines behördlichen Eingriffs** (§ 37 Abs 3 → 318).

Besondere Begünstigungen ergeben sich auch bei der Übertragung oder Entnahme von Wirtschaftsgütern im Zuge von Übertragungen oder der Aufgabe von Betrieben, Teilbetrieben und Mitunternehmeranteilen → 306 oder im Zuge von Umgründungen → 601.

Entnahmen aus einem Betrieb 266

Alle **nicht betrieblich veranlassten Abgänge** von Werten aus dem Betriebsvermögen eines Steuerpflichtigen sind als **Entnahmen** aus dem Betriebsvermögen steuerneutral.

Damit wird erreicht, dass der Gewinn aus dem Betrieb durch Entnahmen nicht gekürzt wird (§ 4 Abs 1).

Entnahmen sind alle nicht betrieblich veranlassten Abgänge von Werten aus dem Betriebsvermögen wie Bargeld, Waren, Erzeugnisse und andere Wirtschaftsgüter des Umlaufvermögens, Wirtschaftsgüter des Anlagevermögens, aber auch Nutzungen solcher Wirtschaftsgüter oder Leistungen (Nutzungsentnahmen, Leistungsentnahme). Eine Entnahme liegt auch dann vor, wenn der Abgang zugunsten eines anderen Betriebs desselben Steuerpflichtigen erfolgt.[11] Entnahmen vermindern buchhaltungstechnisch das Privatkonto als Eigenkapitalkonto.

Beispiele:

1. **Entnahme von Wirtschaftsgütern:** Herr Tax entnimmt seinen Laptop aus dem Betriebsvermögen. Die Entnahme vermindert das Eigenkapital des Betriebs und das Betriebsvermögen. Die Entnahme ist als Minderung des Eigenkapitals steuerneutral und vermindert daher nicht den Gewinn des Betriebs.

---

11   VwGH 17.12.1980, 2429/77.

2. **Leistungsentnahme:** Herr Tax lässt durch die Mitarbeiter seines Betriebs sein Wohnhaus errichten. Die Leistungsentnahme führt zu einem nicht betrieblich veranlassten Abgang aus dem Betrieb, der im Wege einer steuerneutralen Entnahme zu berücksichtigen ist.
3. **Nutzungsentnahme:** Herr Tax verwendet ein Betriebsgebäude zu 10 % für private Zwecke. Die Nutzungsentnahme führt zu einem nicht betrieblich veranlassten Abgang aus dem Betrieb, der im Wege einer steuerneutralen Entnahme zu berücksichtigen ist.

267 Bewertung von Entnahmen

Entnahmen sind grundsätzlich mit dem **Teilwert** im Zeitpunkt der Entnahme anzusetzen (§ 6 Z 4).

Besondere Bestimmungen besteht für Grund und Boden und Nutzung- und Leistungsentnahmen:

- **Grundstücke iSd § 30 Abs 1 sind** mit den fortgeschriebenen Anschaffungs- oder Herstellungskosten (Buchwert) im Zeitpunkt der Entnahme anzusetzen, sofern sich die Besteuerung mit dem besonderen Steuersatz nach der Entnahme nicht ändert. Sofern der besondere Steuersatz jedoch nicht zur Anwendung kommt, erfolgt die Entnahme mit dem Teilwert.
- **Nutzungsentnahmen und Leistungsentnahmen** sind nach dem VwGH grundsätzlich mit den anteiligen tatsächlichen Aufwendungen zu bewerten, um diese mangels betrieblicher Veranlassung bloß zu neutralisieren.[12] Die Annahme einer Nutzungs- oder Leistungsentnahme wäre in diesem Fall jedoch nicht notwendig, um dieses Ergebnis zu erzielen, weil Ausgaben für die private Nutzung oder Leistung bereits nach dem allgemeinen Ausgabenbegriff mangels betrieblicher Veranlassung nicht abziehbar wären. Eine tatsächliche Nutzungs- oder Leistungsentnahme zum Ausgleich des Abgangs von Werten des Betriebs, zu denen auch potenzielle Gewinnchancen zählen, würde auch hier eine Bewertung zum Teilwert in Höhe eines fremdüblichen Entgelts notwendig machen.[13]

Die **Höhe des Entnahmewerts** bestimmt, ob bisherige Wertänderungen in der Zukunft steuerlich noch berücksichtigt werden können. Eine Entnahme zum Teilwert führt zur sofortigen Berücksichtigung bisheriger Wertveränderungen. Die Entnahme zu den Anschaffungs- oder Herstellungskosten führt grundsätzlich dazu, dass bisherige Wertänderungen in der Zukunft steuerlich berücksichtigt werden können. Die besondere Behandlung von Grundstücken besteht deshalb, weil bisherige Wertänderungen bis zur Entnahme auch weiterhin steuerlich berücksichtigt werden und derselben Besteuerung unterliegen. Entnahmen vor 1.4.2012 (vgl § 124b Z 213) erfolgten zum Teilwert aufgrund der bis dahin eingeschränkten Steuerpflicht von Wertänderungen im außerbetrieblichen Bereich. Die Höhe des Entnahmewerts bestimmt gleichzeitig die Anschaffungs- und Herstellungskosten des entnommenen Wirtschaftsguts für die nachfolgende Verwendung.

Beispiele:

1. **Entnahme eines Grundstücks:** Herr Tax entnimmt dem Betriebsvermögen ein Grundstück, wonach Wertänderungen auch danach weiterhin der Besteuerung mit dem besonde-

---

12   VwGH 18.2.1999, 98/15/0192.
13   So noch VwGH 29.1.1975, 1919/74.

ren Steuersatz unterliegen. Die Entnahme erfolgt zu den fortgeschriebenen Anschaffungs- oder Herstellungskosten (Buchwert). Ändert sich nach der Entnahme die Besteuerung, weil zum Beispiel das Grundstück aus dem Umlaufvermögen stammt, dann erfolgt die Entnahme zum Teilwert.

2. **Entnahme von sonstigen Wirtschaftsgütern:** Werden sonstige Wirtschaftsgüter entnommen, dann ist der Teilwert im Zeitpunkt der Entnahme anzusetzen.

3. **Nutzungsentnahme:** Werden 10 % des Betriebsgebäudes für private Zwecke verwendet, dann ist die Nutzungsentnahme mit den anteiligen tatsächlichen Aufwendungen des Gebäudes zu bewerten (Absetzung für Abnutzung, Betriebskosten, Reparaturen, Finanzierungskosten). Eine Bewertung mit einem fremdüblichen Entgelt findet dagegen nicht statt.[14]

4. **Leistungsentnahme:** Werden die Mitarbeiter eines Betriebs zum privaten Hausbau des Steuerpflichtigen herangezogen, dann sind ebenso die anteiligen tatsächlichen Aufwendungen dafür als Leistungsentnahme anzusetzen (Lohnkosten). Eine Bewertung mit einem fremdüblichen Entgelt findet auch hier nicht statt.

3.2. Übertragung stiller Reserven (§ 12 EStG)

268

Natürliche Personen können **aufgedeckte stille Reserven** von Wirtschaftsgütern des Anlagevermögens aufgrund der Veräußerung, aufgrund des Ausscheidens infolge höherer Gewalt oder aufgrund eines behördlichen Eingriffs vorläufig **steuerneutral auf eine Ersatzanschaffung übertragen** (§ 12).

Die Übertragung kann dabei **im selben Wirtschaftsjahr** auf ein **ersatzangeschafftes Wirtschaftsgut** erfolgen oder vorübergehend **zeitlich befristet in eine Übertragungsrücklage** eingestellt werden, bis eine Ersatzanschaffung vorliegt. Damit kann eine sofortige Besteuerung der aufgedeckten stillen Reserven verhindert werden.

Eine **Ersatzbeschaffung** liegt vor (Abs 4), wenn:

- **Grund und Boden** für Grund und Boden erworben wird,
- **Gebäude** für Gebäude oder Grund und Boden erworben werden,
- **Sonstige körperliche Wirtschaftsgüter** für sonstige körperliche Wirtschaftsgüter erworben werden, oder
- **Unkörperliche Wirtschaftsgüter,** mit Ausnahme von Finanzanlagen, für unkörperliche Wirtschaftsgüter erworben werden.

Eine Übertragung stiller Reserven von und auf Betrieben und Teilbetrieben und Beteiligungen an Personengesellschaften ist jedenfalls ausgeschlossen.

Eine **Übertragung ist nur zulässig** (Abs 3), wenn:

- auf ein veräußertes Grundstück bereits stille Reserven übertragen worden sind und für denkmalgeschützte Gebäude, die beschleunigt abgeschrieben worden sind, wenn es im Zeitpunkt der Veräußerung mindestens **fünfzehn** Jahre zum Anlagevermögen des Betriebs gehört hat, **oder**
- das sonstige veräußerte Wirtschaftsgut im Zeitpunkt der Veräußerung mindestens **sieben** Jahre zum Anlagevermögen des Betriebs gehört hat, **oder**

---

14   VwGH 18.2.1999, 98/15/0192.

- das Wirtschaftsgut infolge **höherer Gewalt**, durch **behördlichen Eingriff** oder zur Vermeidung eines solchen nachweisbar unmittelbar drohenden Eingriffs aus dem Betriebsvermögen ausscheidet (Abs 5), **und**
- die Ersatzbeschaffung **in einer inländischen Betriebsstätte verwendet** wird; Wirtschaftsgüter, die aufgrund einer entgeltlichen Überlassung überwiegend im Ausland eingesetzt werden, gelten nicht als in einer inländischen Betriebsstätte verwendet.

Einkünfte aus Waldnutzungen aufgrund der notwendigen Veräußerung des Holzes infolge höherer Gewalt, wie Eis-, Schnee-, Windbruch, Insektenfraß, Hochwasser oder Brand, können nur zu 70 % übertragen werden (Abs 7).

269 Übertragungsrücklage

Auf eine **Übertragungsrücklage** übertragene stille Reserven sind innerhalb einer bestimmten Frist auf eine Ersatzbeschaffung zu übertragen. Ermittler nach § 4 Abs 3 können mangels Rücklagenbildung einen **steuerfreien Betrag** in derselben Höhe ausweisen (Abs 8).

Die stillen Reserven aus einer Übertragungsrücklage (dem steuerfreien Betrag) sind:

- innerhalb von **24 Monaten** ab dem Ausscheiden des Wirtschaftsguts infolge höherer Gewalt, durch behördlichen Eingriff oder zur Vermeidung eines solchen nachweisbar unmittelbar drohenden Eingriffs oder bei Einkünften aus Waldnutzungen infolge höherer Gewalt zu übertragen, oder
- innerhalb von **24 Monaten** ab dem Ausscheiden auf Herstellungskosten (Teilbeträge) von Gebäuden zu übertragen und mit der tatsächlichen Bauausführung ist innerhalb von 12 Monaten zu beginnen, oder
- innerhalb von **12 Monaten** in sonstigen Fällen (Abs 9).

Die **Rücklage** (der steuerfreie Betrag) ist im betreffenden Wirtschaftsjahr gewinnerhöhend aufzulösen, wenn die stillen Reserven nicht bis zum Ablauf der Verwendungsfrist übertragen worden sind oder nach einer Umgründung iSd Umgründungssteuergesetzes ganz oder teilweise einer Körperschaft zuzurechnen wären (Abs 10).

270 Übertragung stiller Reserven: Steuerliche Konsequenzen

Übertragene stille Reserven **kürzen die Anschaffungs- oder Herstellungskosten des ersatzangeschafften Wirtschaftsguts** und werden im Wege einer verminderten Absetzung für Abnutzung oder spätestens im Zeitpunkt des Ausscheidens der Ersatzbeschaffung aus dem Betriebsvermögen berücksichtigt. Der **Vorteil** der Begünstigung besteht in einer **Steuerstundung**.

Beispiel:

Der Steuerpflichtige verkauft ein Wirtschaftsgut des Anlagevermögens um EUR 1.000. Der Buchwert beträgt EUR 600. Der Unterschiedsbetrag von EUR 400 (stille Reserven) als Veräußerungsgewinn wäre steuerpflichtig. Der Steuerpflichtige erwirbt im selben Jahr ein Ersatzwirtschaftsgut für EUR 1.200. Nimmt der Steuerpflichtige die Übertragung der stillen Reserven nach § 12 in Anspruch, dann können die sonst steuerpflichtigen stillen Reserven von EUR 400 auf die Neuanschaffung übertragen werden. Die EUR 400 kürzen die Anschaffungskosten von EUR 1.200, sodass die Anschaffungskosten für steuerliche Zwecke nur EUR 800 beträgt. Damit werden die zukünftigen Absetzbeträge um die übertragenen stillen Reserven gekürzt.

4. Gesondert besteuerte betriebliche Einkünfte

271

Eine **gesonderte Ermittlung** hat für bestimmte betriebliche Einkünfte zu erfolgen, die einem **besonderen Steuersatz** unterliegen. Aufgrund des besonderen Steuersatzes sind zur Ermittlung derartiger Einkünfte **bestimmte Betriebsausgaben nicht abzugsfähig** (relatives Abzugsverbot).

Dazu zählen:

- **Einkünfte aus betrieblichem Kapitalvermögen**, die dem besonderen Steuersatz von **25 % bzw 27,5 %** unterliegen oder unterliegen würden;
- **Einkünfte aus betrieblichen Grundstücken**, die mit dem besonderen Steuersatz von **30 %** besteuert werden;
- **Einkünfte bei beschränkt Steuerpflichtigen**, die der Abzugsteuer unterliegen, im Falle der Bruttobesteuerung.

Ein **relatives Abzugsverbot** liegt hier vor, soweit die Ausgaben in unmittelbarem wirtschaftlichen Zusammenhang zu den **begünstigt besteuerten Einkünften** stehen (§ 20 Abs 2).

Einkünfte aus betrieblichem Kapitalvermögen (§ 27a EStG)

272

Einkünfte aus betrieblichem Kapitalvermögen, die unabhängig von der Regelbesteuerungsoption einem besonderen Steuersatz unterliegen würden, sind im Wege des **Bruttoprinzips** zu besteuern. Bei Einkünften aus Kryptowährungen gilt das Bruttoprinzip nur, wenn die Regelbesteuerungsoption nicht ausgeübt wird (§ 20 Abs 2).

Nach dem **Bruttoprinzip** sind Einnahmen aus Kapitalvermögen steuerpflichtig, damit unmittelbar zusammenhängende Ausgaben sind jedoch nicht abzugsfähig (§ 20 Abs 2). Das führt im Ergebnis zu folgender **Ermittlung** der betrieblichen Einkünfte aus Kapitalvermögen (§ 27a Abs 3, Abs 4 und Abs 6):

- **Überlassung von Kapital**: Kapitalerträge sind steuerpflichtige Betriebseinnahmen. Unmittelbar damit zusammenhängende Betriebsausgaben sind nicht abzugsfähig.
- **Realisierte Wertsteigerung**: Unterschiedsbetrag zwischen dem realisierten Erlös und den Anschaffungskosten, jeweils inklusive anteiliger Stückzinsen. Unmittelbar damit zusammenhängende Betriebsausgaben sind nicht abzugsfähig. Anschaffungsnebenkosten sind als Anschaffungskosten zu berücksichtigen (im Unterschied zum außerbetrieblichen Bereich).
- **Derivate**: Im Falle des **Differenzausgleichs** beim Empfänger des Differenzausgleichs ist der Unterschiedsbetrag zwischen diesem und den Anschaffungskosten des Derivats und beim Empfänger der Stillhalterprämie oder der Einschüsse (Margins) der Unterschiedsbetrag zwischen der Stillhalterprämie bzw den Einschüssen (Margins) und dem geleisteten Differenzausgleich anzusetzen. Bei **Verfall** der Option ist die Stillhalterprämie anzusetzen. Im Falle der **Veräußerung** (Abschichtung) ist der Unterschiedsbetrag entsprechend der realisierten Wertsteigerung anzusetzen; bei sons-

tiger **Abwicklung** (Glattstellen) gilt die Stillhalterprämie als Veräußerungserlös. Unmittelbar damit zusammenhängende Betriebsausgaben sind nicht abzugsfähig.

Zur eingeschränkten **Berücksichtigung von Verlusten** aus betrieblichem Kapitalvermögen → 320.

Beispiele:

1. **Überlassung von Kapital:** Dividenden sind in Höhe des Bruttodividendenbetrags, also ohne Berücksichtigung von Abzugsbeträgen, anzusetzen. Depotgebühren für die Depotführung, laufende Bankspesen, Finanzierungskosten oder sonstige Kosten können nicht als Betriebsausgaben abgezogen werden.
2. **Realisierte Wertsteigerung:** Bei einer Veräußerung von Aktien ist der Unterschiedsbetrag aus dem Veräußerungserlös und den Anschaffungskosten inklusive Anschaffungsnebenkosten anzusetzen. Bei der Rückzahlung von Anleihen ist der Unterschiedsbetrag aus Rückzahlungsbetrag und den Anschaffungskosten inklusive anteiliger Stückzinsen bei Erwerb und den Anschaffungsnebenkosten anzusetzen. Bei Entnahme ist der Entnahmewert abzüglich Anschaffungskosten und Anschaffungsnebenkosten anzusetzen. Bei Liquidation ist das Abwicklungsguthaben als realisierter Erlös anzusetzen.
3. **Anschaffungsnebenkosten** sind insbesondere Vermittlungsprovisionen, Handelsgebühren, Beratungskosten, der Ausgabeaufschlag (Agio) bei Zertifikaten und Börsenspesen. Finanzierungskosten zählen nicht zu den Anschaffungsnebenkosten.
4. **Kryptowährungen:** Einkünfte aus Kryptowährungen sind nach dem Nettoprinzip zu ermitteln, wenn die Regelbesteuerungsoption ausgeübt wird (§ 20 Abs 2).

273 Einkünfte aus betrieblichen Grundstücken (§ 30a EStG)

Einkünfte aus betrieblichen Grundstücken, die einem besonderen Steuersatz unterliegen, sind im Wege des **Bruttoprinzips** zu besteuern.

Dagegen gilt das Nettoprinzip, wenn die Regelbesteuerungsoption ausgeübt wird.

Nach dem **Bruttoprinzip** sind Einnahmen aus Grundstücksveräußerungen steuerpflichtig, damit unmittelbar zusammenhängende Ausgaben sind jedoch nicht abzugsfähig (§ 20 Abs 2). Das führt im Ergebnis zu folgender **Ermittlung** der Einkünfte aus betrieblichen Grundstücken (§ 4 Abs 3a, § 30a Abs 3, Abs 4 und Abs 6):

- **Veräußerungsgewinn** ermittelt sich aus dem Unterschiedsbetrag zwischen dem Veräußerungserlös und den Anschaffungs- oder Herstellungskosten.
- **Anschaffungs- und Herstellungskosten:** Zu den Anschaffungskosten zählen auch Anschaffungsnebenkosten. Nachträgliche Anschaffungskosten und Minderungen sind zu berücksichtigen. Anschaffungskosten von im Zuge einer gesetzlichen Widmungsänderung an die Gemeinde teilweise übertragenen Grundstücksteilen erhöhen die Anschaffungskosten des nicht übertragenen Teils.
- **Veräußerungserlös:** Zum Veräußerungserlös gehören der Barpreis, übernommene Verbindlichkeiten und dem Verkäufer erlassene Schulden und sonstige geldwerte Vorteile. Ein Zinsanteil oder Wertsicherungsbeträge bei Ratenverkäufen zählen nicht zum Veräußerungserlös, sondern zu den sonstigen Einnahmen. Im Fall der Entnahme ist der Entnahmewert anzusetzen.

- **Betriebsausgaben:** Unmittelbar mit der Veräußerung zusammenhängende Betriebsausgaben sind nicht abzugsfähig. Als Betriebsausgaben sind jedoch Kosten für die Mitteilung oder Selbstberechnung und Ermittlung der Bemessungsgrundlage der Immobilienertragsteuer abzugsfähig. Abzugsfähig sind auch anlässlich der Veräußerung entstehende negative Vorsteuerberichtigungen, außer bei Änderung der Verwendung (§ 6 Z 11, § 12 Abs 10 und Abs 11, → 788). Noch nicht berücksichtigte Instandsetzungsaufwendungen für Gebäude zu Wohnzwecken sind im Zeitpunkt der Veräußerung zur Gänze abzugsfähig.

Zur Berechnung der Einkünfte bei **betrieblichen Altgrundstücken** → 350.

Beispiele:

1. **Ein Grundstück** wird um EUR 100.000 samt Anschaffungsnebenkosten erworben, der Buchwert bei Veräußerung beträgt EUR 90.000 und der Verkaufspreis EUR 160.000. Kosten für die Selbstberechnung der Immobilienertragsteuer fallen in Höhe von EUR 1.000 an. Die Vertragserrichtungskosten betragen EUR 2.000. GrESt und Eintragungsgebühr sind vom Käufer zu tragen. Die Einkünfte aus der Veräußerung betragen EUR 79.000 (EUR 160.000 minus EUR 90.000 minus EUR 1.000). Die Vertragserrichtungskosten sind nicht abzugsfähig.
2. **Anschaffungsnebenkosten,** wie Kosten für die Aufschließung, Schutzbauten, Vermittlungs- und Beratungshonorare und nachträgliche Änderungen sind bei Ermittlung der Anschaffungskosten zu berücksichtigen.
3. **Betriebsausgaben:** Vertragserrichtungskosten, Beratungskosten, Maklerkosten, Kosten für Inserate und Bewertungsgutachten sind nicht abzugsfähig. Offene Instandsetzungsaufwendungen für Gebäude zu Wohnzwecken sind in voller Höhe abzugsfähig.

Einkünfte beschränkt Steuerpflichtiger mit Steuerabzug (§ 99 EStG)   274

Einkünfte beschränkt Steuerpflichtiger, die dem Steuerabzug unterliegen, sind im Wege des **Bruttoprinzips** zu besteuern.

Die Ermittlung der Einkünfte nach dem Bruttoprinzip erfolgt unter Berücksichtigung der vollen **Betriebseinnahmen**, inklusive der vom Schuldner übernommenen Abzugsteuer, ohne Abzug von Betriebsausgaben (**Bruttobesteuerung**).

Betriebsausgaben, die mit den Betriebseinnahmen unmittelbar zusammenhängen, können nur aus europarechtlichen Gründen abgezogen werden, und zwar wenn der steuerpflichtige Empfänger in der EU oder dem EWR ansässig ist und dem Schuldner der Einkünfte die Betriebsausgaben vor dem Zufließen schriftlich mitgeteilt hat (**Nettobesteuerung**).[15] Ein Abzug von über EUR 2.126 ist nicht zulässig, wenn die steuerliche Erfassung beim Empfänger aufgrund dessen beschränkter Steuerpflicht zur inländischen Besteuerung nicht ausreichend sichergestellt ist (§ 99 Abs 2). Die Bruttobesteuerung gilt generell nicht für Gewinnanteile an einer inländischen Mitunternehmerschaft.

Bei **Veranlagung** können jedoch auch Betriebsausgaben entsprechend berücksichtigt werden.

---

15   EuGH 3.10.2006, C-290-04, *Scorpio*.

5. Einkünfteermittlung bei Mitunternehmerschaften

5.1. Einkünfteermittlung bei Mitunternehmerschaften

275

Anteile an Mitunternehmerschaften gelten steuerlich nicht als eigenständige Wirtschaftsgüter, sondern als **aliquote Beteiligung an jedem aktiven und passiven Wirtschaftsgut der Personengesellschaft**.

Sie sind für steuerliche Zwecke daher zwingend nach der sogenannten **Spiegelbildtheorie** zu bilanzieren. Demnach sind Mitunternehmeranteile beim Mitunternehmer mit dem Betrag anzusetzen, der dem **Kapitalkonto** des Mitunternehmers entspricht, worin sich die aliquote Beteiligung an jedem Wirtschaftsgut zu Buchwerten niederschlägt.[16]

Bei der **Gründung** erhöhen die Einlagen das Kapitalkonto des jeweiligen Mitunternehmers. Die Gesellschafter vereinbaren dazu eine Einlage auf das **fixe Kapitalkonto**, das grundsätzlich die Anteilsverhältnisse und die Ergebnisverteilung repräsentiert. Auf dem **variablen Kapitalkonto** werden Erhöhungen (zusätzliche Einlagen, Gewinn) und Minderungen (Entnahmen, Verluste) verbucht. Die **Gesellschaftsbilanz** wird durch die Sonderbilanzen der jeweiligen Gesellschafter ergänzt (→ 279).

Beispiel:

A und B gründen eine OG und vereinbaren jeweils eine fixe Einlage von EUR 10.000. Zur weiteren Finanzierung der Tätigkeit vereinbaren sie eine zusätzliche Einlage von jeweils EUR 5.000.

Gründung: Darstellung in der Bilanz

Aktiva (in EUR)		Passiva (in EUR)	
Anlagevermögen	20.000	Kapitalkonto A fix	10.000
Umlaufvermögen	10.000	Kapitalkonto A variable	5.000
		Kapitalkonto B fix	10.000
		Kapitalkonto B variabel	5.000

276

Einkünfte von betrieblich tätigen Personengesellschaften sind mangels Eigenschaft als Steuersubjekt den dahinterstehenden Anteilsinhabern **als Mitunternehmer zuzurechnen**.

Die **Einkünfte eines Mitunternehmers** ermitteln sich dabei aus:

- der anteiligen steuerlichen **Ergebnisverteilung der Personengesellschaft** und
- den **Sonderbetriebseinnahmen abzüglich der Sonderbetriebsausgaben** als individuelle Betriebseinnahmen und Betriebsausgaben des jeweiligen Mitunternehmers.

---

16   VwGH 29.7.2010, 2007/15/0048.

Der **Gesamtgewinn der Mitunternehmerschaft** umfasst daher sowohl den Anteil am Gewinn und Verlust der Personengesellschaft als auch die individuellen Sonderbetriebseinnahmen und Sonderbetriebsausgaben der jeweiligen Mitunternehmer.[17] Diese werden in **Sonderbilanzen** mit Sonderbetriebsvermögen des Gesellschafters und **Ergänzungsbilanzen** als Korrekturen zu den Bilanzansätzen der Gesellschaft gegenüber den davon abweichenden individuellen Ansätzen des Gesellschafters erfasst.

5.2. Einkünfteermittlung auf Ebene der Personengesellschaft

Die Personengesellschaft **ermittelt den Gewinn** einheitlich **nach den allgemeinen Grundsätzen.**

277

Nach dem **Nettoprinzip** sind die abzugsfähigen Ausgaben von den steuerpflichten Einnahmen abzuziehen. Nach dem **Periodenprinzip** ist der Gewinn entweder im Weg des Betriebsvermögensvergleichs oder der Einnahmen-Ausgaben-Rechnung zu ermitteln. Erfolgt die Gewinnermittlung nach **unternehmensrechtlichen Grundsätzen**, dann ist durch **Mehr-Weniger-Rechnung** der steuerliche Gewinn zu ermitteln.

Dabei sind **Wahlrechte** der Bilanzierung (Rückstellung, Rechnungsabgrenzung, Teilwertabschreibung) und steuerliche **Investitionsbegünstigungen** (Übertragung stiller Reserven) **einheitlich** auszuüben und in Anspruch zu nehmen.

Beispiel:
Gewinnermittlung Personengesellschaft: Darstellung in der Bilanz und der Gewinn- und Verlustrechnung

Aktiva (in EUR)		Passiva (in EUR)	
Anlagevermögen	20.000	Kapitalkonto A fix	10.000
Umlaufvermögen	11.000	Kapitalkonto A variable	5.500
		Kapitalkonto B fix	10.000
		Kapitalkonto B variabel	5.500
Aufwand (in EUR)		**Ertrag (in EUR)**	
Geschäftsführungsaufwand A	1.000	Umsatzerlöse	5.000
Mietaufwand A	3.000	**Gewinn**	**1.000**

Ergebnisverteilung auf die Mitunternehmer

278

Der ermittelte **steuerliche Gewinn oder Verlust** der Personengesellschaft ist den **Gesellschaftern** entsprechend ihres Anteils **zuzurechnen.**

Die **Zurechnung** folgt grundsätzlich der **fremdüblichen Vereinbarung** (→ 115). Diese erfolgt nach den **Anteilsverhältnissen** auf Basis der fixen oder variablen Kapitalkonten oder im Fall eines Gewinns eines besonderen Gewinnvorabs zugunsten einer **alinearen Gewinnverteilung.**

---

17   VwGH 19.9.2013, 2011/15/0107.

Beispiel:

A und B als Gesellschafter der gewerblich tätigen OG vereinbaren eine fremdübliche Gewinnverteilung entsprechend ihrer Anteile von 75 % (A) und 25 % (B). B soll aufgrund seiner Geschäftsführungstätigkeit einen Betrag von EUR 50.000 als Gewinnvorab bekommen. Die OG erzielt einen **steuerlichen Gewinn von EUR 150.000**. B erhält vorab einen Teil des Gewinns in Höhe von EUR 50.000. Der Rest wird im Anteilsverhältnis A EUR 75.000 und B EUR 25.000 verteilt. Bei einem **steuerlichen Verlust von EUR 40.000** entfällt der Gewinnvorab und der Verlust ist im Verhältnis A EUR 30.000 und B EUR 10.000 zu verteilen.

5.3. Einkünfteermittlung auf Ebene des Mitunternehmers

279 **Sonderbilanz**

> Das **Sonderbetriebsvermögen** des jeweiligen Mitunternehmers ist in einer **Sonderbilanz** auszuweisen. Ertragswirksame Änderungen in der Sonderbilanz führen zu **Sonderbetriebseinnahmen** und **Sonderbetriebsausgaben**.

Sonderbetriebsvermögen, das der Mitunternehmerschaft direkt im Wege der Überlassung gegen Vergütung dient oder Verbindlichkeiten zur Anschaffung dieses Vermögens, wird als **Sonderbetriebsvermögen I** bezeichnet. Sonderbetriebsvermögen, das indirekt der Anschaffung des Mitunternehmeranteils oder sonst indirekt der Mitunternehmerschaft dient, wird als **Sonderbetriebsvermögen II** bezeichnet.

Beispiel:

Sonderbilanz A: Darstellung in der Bilanz und der Gewinn- und Verlustrechnung

Aktiva (in EUR)		Passiva (in EUR)	
Grundstück SBV I	29.000	Eigenkapital	9.000
		Verbindlichkeit SBV I	20.000
Aufwand (in EUR)		**Ertrag (in EUR)**	
Absetzung Grundstück	1.000	Mieterlös	3.000
Zinsaufwand	1.000	Geschäftsführung	1.000
		Gewinn	**2.000**

280 **Ergänzungsbilanz**

> In einer **Ergänzungsbilanz** werden für den einzelnen Mitunternehmer die **Wertunterschiede** zu den steuerlichen Ansätzen der Gesellschaftsbilanz erfasst.

Die aliquoten Werte des Gesellschafters aus der Gesellschaftsbilanz addiert mit den Werten der Ergänzungsbilanz des Mitunternehmers ergibt die **steuerlichen Werte** an der Mitunternehmerschaft aus der Sicht des Mitunternehmers

Ergänzungsbilanzen sind dann notwendig, wenn für einen Gesellschafter von der Gesellschaftsbilanz **abweichende Werte** anzusetzen sind. Die abweichenden Werte ergeben sich vorrangig aus unterschiedlichen Anschaffungskosten von Wirtschaftsgütern

(Mehrwert oder Minderwert) bei Erwerb des Mitunternehmeranteils von einem anderen Gesellschafter. Bei unentgeltlichem Erwerb des Mitunternehmeranteils sind dagegen lediglich die Buchwerte fortzuführen (→ 316).

Beispiel:
B verkauft an C seinen Anteil um den Verkehrswert von nunmehr EUR 30.000 (stille Reserven von EUR 10.000, Firmenwert von EUR 5.000). Das Gesellschaftsvermögen hat sich dadurch nicht verändert. Allerdings hat C nunmehr von der gleichbleibenden Gesellschaftsbilanz abweichende Werte, die im Wege einer Ergänzungsbilanz darzustellen sind und in der Folge zu Sonderbetriebseinnahmen und Sonderbetriebsausgaben (erhöhte Absetzung) führen können.

Erwerb über Buchwert: Darstellung in der Ergänzungsbilanz

Aktiva (in EUR)		Passiva (in EUR)	
Mehrwert Anlagevermögen	10.000	Mehrkapital	15.000
Firmenwert	5.000		

281 Ertragswirksame Änderungen in der Ergänzungsbilanz führen zu **Sonderbetriebseinnahmen** und **Sonderbetriebsausgaben**.

Aus dem unterschiedlichen Zeitpunkt des einzelnen Erwerbs von Wirtschaftsgütern oder des gesamten Mitunternehmeranteils können sich aufgrund **unterschiedlicher Zurechnungs- und Bewertungszeitpunkten** von Wirtschaftsgütern der Personengesellschaft Abweichungen ergeben, die ebenso in der Ergänzungsbilanz zu erfassen sind.

Beispiele und Einzelfälle:
1. **Abschreibung der Wirtschaftsgüter:** Die abweichende Abschreibung von Wirtschaftsgütern aufgrund eines höheren Anschaffungswerts ist in der Ergänzungsbilanz zu berücksichtigen.
2. **Übertragung stiller Reserven** ist anteilig nicht möglich, wenn ein Steuerpflichtiger mit seinem Anteil keine ausreichende Behaltedauer (grundsätzlich sieben Jahre vor Veräußerung) der Anteile an der Personengesellschaft am Wirtschaftsgut aufweist (§ 12).[18]
3. **Für Grundstücke sind Wertänderungen ebenso** individuell zu bestimmen, zB Vorliegen von Altvermögen oder Neuvermögen (§ 30 Abs 4).
4. **Spenden** sind für die Gesellschafter individuell zu ermitteln.
5. **Auch bei Progressionsermäßigungen** kann eine individuelle Betrachtungsweise notwendig sein (§ 37).
6. **Anschaffungskosten unter Buchwerten:** Der mögliche Gewinn aus einem günstigen Erwerb ist nicht bereits im Zeitpunkt des Erwerbs des Anteils, sondern erst bei tatsächlicher Realisierung auszuweisen. Der Minderwert ist entsprechend der Entwicklung der Wirtschaftsgüter entsprechend gewinnerhöhend aufzulösen.[19]

Sonderbetriebseinnahmen und -ausgaben 282

Sonderbetriebseinnahmen sind alle Einnahmen, die der Mitunternehmer aus Vergütungen oder Erlösen aus der Mitunternehmerschaft erzielt.

---

18   VfGH 20.6.1983, B 33/80.
19   VwGH 24.11.1999, 97/13/0022.

Sonderbetriebseinnahmen werden erzielt:

- **aus Vergütungen aufgrund seiner Mitunternehmerstellung** für seine Tätigkeit im Dienst der Gesellschaft, für die Hingabe von Darlehen oder für die Überlassung von Wirtschaftsgütern von der Gesellschaft gewinnunabhängig,
- **aus Erlösen für die Veräußerung oder Entnahme** von Wirtschaftsgütern des Sonderbetriebsvermögens oder aufgrund eines höheren steuerlichen Werts aus einer Ergänzungsbilanz.

Beispiele:

1. **Geschäftsführervergütung, Miete oder Zinsen** sind bei der Gesellschaft Betriebsausgaben, auf Ebene des Mitunternehmers Sonderbetriebseinnahmen.
2. **Veräußerung des Sonderbetriebsvermögens** führt beim Gesellschafter zu Sonderbetriebseinnahmen.

Sonderbetriebsausgaben sind alle Ausgaben, die beim Mitunternehmer aus der Sonderbilanz oder Ergänzungsbilanz entstehen.

Sonderbetriebsausgaben entstehen:

- **aus Ausgaben aus den in der Sonderbilanz** ausgewiesenen Wirtschaftsgütern und aus Leistungen des Gesellschafters in seiner Position als Mitunternehmer gegenüber der Personengesellschaft,
- **aus Ausgaben aus den in der Ergänzungsbilanz** ausgewiesenen Mehr- und Minderwerten gegenüber der Gesellschaftsbilanz.

Beispiele:

Laufende Ausgaben oder Absetzungen für das Sonderbetriebsvermögen (Darlehen, Wirtschaftsgüter), Ausgaben für die Anschaffung des Mitunternehmeranteils (Finanzierungskosten), Ausgaben aufgrund der Tätigkeit für die Gesellschaft (Pflichtbeitrag zur gesetzlichen Sozialversicherung),[20] Ausgaben aufgrund von Rechtsstreitigkeiten mit anderen Gesellschaftern,[21] Absetzung von Mehrwerten der Ergänzungsbilanz für Wirtschaftsgüter mit unterschiedlichen Anschaffungs- und Herstellungskosten.

Keine Sonderbetriebseinnahmen und Sonderbetriebsausgaben sind beidseitig betrieblich veranlasste fremdübliche Leistungen, die nicht aufgrund der Mitunternehmerstellung, sondern aufgrund eines **eigenständigen Betriebs des Mitunternehmers** durch den Betrieb an die Mitunternehmerschaft oder von der Mitunternehmerschaft an den Betrieb erbracht werden.

5.4. Einlagen und Entnahmen bei Mitunternehmerschaften

283

Im Falle einer **Beteiligung eines Steuerpflichtigen an einer Personengesellschaft als Mitunternehmer**, umfasst der Betrieb des Steuerpflichtigen aufgrund der Bilanzbündeltheorie sein **Sonderbetriebsvermögen** und das **anteilige Gesellschaftsvermögen** der Personengesellschaft.

---

20 VwGH 17.9.1997, 93/13/0077.
21 VwGH 8.5.2003, 99/15/0036

Eine **Einlage** von Wirtschaftsgütern in den Betrieb und eine **Entnahme** im Fall des Abgangs von Werten ist daher wie beim Betrieb eines Einzelunternehmers zu behandeln.

Während Einlagen in das Sonderbetriebsvermögen buchungstechnisch grundsätzlich das Eigenkapital der Sonderbilanz erhöhen, führen Einlagen in das Gesellschaftsvermögen zur Erhöhung des Kapitalkontos des Gesellschafters in der Gesellschaftsbilanz. Entnahmen mindern daher das Eigenkapital der Sonderbilanz oder das Kapitalkonto des Gesellschafters in der Gesellschaftsbilanz.

Beispiele:
1. **Die Zufuhr von Wirtschaftsgütern** in das Sonderbetriebsvermögen durch Darlehensgewährung an die Personengesellschaft löst daher eine Einlage in den Betrieb aus. Dasselbe gilt für die entgeltliche Nutzungsüberlassung eines Grundstücks an die Personengesellschaft.
2. **Bezahlt der Mitunternehmer Verbindlichkeiten** der Personengesellschaft, dann liegt ebenso eine Einlage in das Gesellschaftsvermögen durch Erhöhung seines Kapitalkontos vor.[22]
3. **Nutzt ein Mitunternehmer einer Personengesellschaft** eine der Gesellschaft gehörende Liegenschaft für private Wohnzwecke, so liegt im Ausmaß der Nutzung eine Entnahme aus dem Betriebsvermögen vor.[23] Dasselbe gilt bei einer Nutzung eines Fahrzeugs, außer die Nutzung ist teilweise Vergütung für die Geschäftsführungstätigkeit.[24]

Leistungen zwischen Betrieben 284

Erfolgen Leistungen **zwischen einem weiteren Betrieb** des Mitunternehmers und dem Betrieb aus seiner Mitunternehmerschaft unter fremdüblichen Bedingungen, dann lösen diese keine Einlagen oder Entnahmen aus. Diese Leistungen gelten als betrieblich veranlasst und führen zu Betriebseinnahmen und Betriebsausgaben beim jeweiligen Betrieb. Einlagen oder Entnahmen liegen nur insoweit vor, als die Leistungen aufgrund der Eigenschaft als Mitunternehmer nicht unter fremdüblichen Bedingungen erfolgen. Dieser Fall weicht von der Behandlung von Leistungen als Einlagen und Entnahmen zwischen zwei Betrieben desselben Steuerpflichtigen ab, womit eine Überspitzung der Bilanzbündeltheorie verhindert wird.[25]

Beispiele:
1. **Der Mitunternehmer führt gleichzeitig als Unternehmensberater einen selbständigen Betrieb** und berät die betrieblich tätige Personengesellschaft unter fremdüblichen Bedingungen. Das Entgelt stellt für den Betrieb der Unternehmensberatung eine betrieblich veranlasste Einnahme dar und für den Betrieb der Personengesellschaft eine betrieblich veranlasste Ausgabe.
2. **Verzichtet der Gesellschafter-Betrieb** auf eine betriebliche Forderung gegen die Gesellschaft aus gesellschaftlichem Anlass, liegt in Höhe des werthaltigen (= einbringlichen) Teils beim Verzichtenden eine Entnahme vor und bei der Gesellschaft eine Einlage. In Höhe des nicht werthaltigen Teils liegt beim Verzichtenden eine Betriebsausgabe vor und bei der Gesellschaft eine steuerwirksame Einnahme.[26]
3. **Bei unüblichen Leistungen zwischen zwei Betrieben** sind Aufwendungen nicht als Betriebsausgaben anzuerkennen, sondern als steuerneutrale Entnahmen zu behandeln.[27]

---

22   VwGH 17.12.1998, 97/15/0122.
23   VwGH 13.5.1992, 90/13/0057.
24   VwGH 25.11.1999, 99/15/0095.
25   VwGH 16.3.1979, 2979/76.
26   EStR Rz 5863.
27   VwGH 8.5.2003, 99/15/0036.

285 Sonstige Leistungen

Die Übertragung von Wirtschaftsgütern aus dem Privatvermögen oder dem Sonderbetriebsvermögen des Steuerpflichtigen in das Gesellschaftsvermögen einer Personengesellschaft oder umgekehrt stellt insoweit (§ 32 Abs 3)

- eine **Veräußerung** dar (Z 1 und 2), als die Wirtschaftsgüter dem Übertragenden nachfolgend anteilig nicht mehr zuzurechnen sind (Fremdquote);
- eine **Einlage** (Z 1) bzw **Entnahme** (Z 2) dar, als die Wirtschaftsgüter zwischen Privatvermögen und Betriebsvermögen wechseln und dem Übertragenden nachfolgend anteilig weiterhin zuzurechnen sind (Eigenquote).

Bei einer Übertragung **in das Gesellschaftsvermögen** (Z 1) haben die an der Übertragung beteiligten Steuerpflichtigen für die weitere Einkünfteermittlung Vorsorge zu treffen, dass es zu keiner endgültigen Verschiebung der Steuerbelastung kommt (Ergänzungsbilanzen oder Evidenzierung der stillen Reserven). Bei einer Übertragung **aus dem Gesellschaftsvermögen** (Z 2) ist ein Entnahmegewinn nur beim entnehmenden Steuerpflichtigen zu berücksichtigen; der entstehende Veräußerungsgewinn ist bei jenen Steuerpflichtigen zu berücksichtigen, denen die Wirtschaftsgüter nicht mehr zuzurechnen sind.

Z 1 und Z 2 gelten sinngemäß für die Übertragung von Wirtschaftsgütern aus einem Betrieb oder in einen Betrieb, wenn die Beteiligung an einer Personengesellschaft im Betriebsvermögen dieses Betriebes gehalten wird.

Im **Ergebnis** bedeutet dies:

- bei fremdüblicher (anteiliger) Übertragung (unmittelbares Entgelt, Erhöhung der Gesellschaftsrechte oder Erhöhung des variablen Kapitalkontos) des wirtschaftlichen Eigentums eines Wirtschaftsguts an andere Mitunternehmer oder von anderen Mitunternehmern steuerlich eine **Leistungsbeziehung** vor (**Fremdquote**, Veräußerung und Anschaffung),
- bei nicht fremdüblicher (anteiliger) Übertragung des wirtschaftlichen Eigentums eines Wirtschaftsguts des Betriebsvermögens der Mitunternehmerschaft (unentgeltliche Zuwendung) eine **Entnahme** oder eine **Einlage** vor, sofern die Übertragung nicht betrieblich veranlasst ist, und
- bei (anteiliger) Überführung des Wirtschaftsguts vom außerbetrieblichen Bereich in den betrieblichen Bereich des Mitunternehmers (**Eigenquote**) eine **Einlage** und im umgekehrten Fall eine **Entnahme** vor.

Beispiele:

1. **Veräußerung an die Personengesellschaft:** In dem Ausmaß, in dem der Steuerpflichtige nicht am Gesellschaftsvermögen der Personengesellschaft beteiligt ist, kommt es dadurch zum anteiligen Übergang des wirtschaftlichen Eigentums am Wirtschaftsgut an die anderen Mitunternehmer und daher zu einem Leistungsaustausch. Erfolgt die Veräußerung aus dem außerbetrieblichen Vermögen, dann liegt in dem Umfang, in dem das wirtschaftliche Eigentum beim Steuerpflichtigen verbleibt, zusätzlich eine Einlage vor und soweit das anteilige Veräußerungsentgelt aus dem Betriebsvermögen ausscheidet, eine Entnahme.
2. **Veräußerung an einen anderen Mitunternehmer:** Geht das gesamte wirtschaftliche Eigentum am Wirtschaftsgut an einen anderen Steuerpflichtigen gegen Entgelt über, dann liegt ausschließlich eine steuerlich anzuerkennende Leistungsbeziehung vor.

3. **Unentgeltliche oder nicht fremdübliche Übertragungen von Wirtschaftsgütern** von einem Mitunternehmer an einen anderen Mitunternehmer direkt oder im Wege der Umbuchung in das Gesellschaftsvermögen führen grundsätzlich zu nicht betrieblich veranlassten Einlage- oder Entnahmevorgängen. Überträgt der Steuerpflichtige ein Wirtschaftsgut unentgeltlich aus dem Sonderbetriebsvermögen an einen anderen Mitunternehmer in sein Sonderbetriebsvermögen, dann liegen eine Entnahme beim Steuerpflichtigen und eine Einlage beim empfangenden Mitunternehmer vor.[28]

4. **Umbuchung aus dem Sonderbetriebsvermögen in das anteilige Gesellschaftsvermögen desselben Steuerpflichtigen:** Im Ausmaß, in dem keine Übertragung des wirtschaftlichen Eigentums am Wirtschaftsgut stattfindet, kann auch eine Umbuchung aus dem Sondervermögen in das Gesellschaftsvermögen oder umgekehrt nur einen steuerlich unbeachtlichen Vorgang innerhalb desselben Betriebs darstellen.

5. **Übertragung aus dem Betrieb des Steuerpflichtigen in das Gesellschaftsvermögen der Personengesellschaft**, dessen Anteile Teil des Betriebes sind: Die Übertragung ist steuerneutral, soweit keine Übertragung des wirtschaftlichen Eigentums am Wirtschaftsgut stattfindet.

6. Abgrenzung des inländischen Besteuerungsrechts am Betrieb

6.1. Einkünfteermittlung zur Abgrenzung des inländischen Besteuerungsrechts

286

Bei der Einkünfteermittlung sind **nur Einkünfte zu berücksichtigen**, die dem **inländischen Besteuerungsrecht unterliegen**.

Bei Entstehung und Einschränkung des inländischen Besteuerungsrechts sind daher die **Einkünfte aus einem Betrieb** entsprechend **abzugrenzen** (→ 143).

Bei **unbeschränkter** Steuerpflicht sind ausländische betriebliche Einkünfte, die der inländischen Besteuerung nicht unterliegen, bei der Einkünfteermittlung auszuscheiden. Bei Anwendung der Befreiungsmethode sind die Einkünfte jedoch für Zwecke des Progressionsvorbehalts zu berücksichtigen. Bei **beschränkter** Steuerpflicht sind nur betriebliche Einkünfte aus einem inländischen Betrieb oder einer inländischen Betriebsstätte zu berücksichtigen, soweit diese der inländischen Besteuerung unterliegen. Betriebsausgaben dürfen auch nur insoweit berücksichtigt werden, als sie mit diesen Einkünften in wirtschaftlichem Zusammenhang stehen (§ 102 Abs 2 Z 1).

Die betriebliche Einkünfteermittlung erfordert daher eine **Abgrenzung des inländischen Besteuerungsrechts** gegenüber einem anderen Staat. Dies erfolgt durch Abgrenzung eines **inländischen Betriebs** oder einer inländischen Betriebsstätte von einem **ausländischen Betrieb** oder einer ausländischen Betriebsstätte. Die Abgrenzung hat dabei sowohl für die Einkünfte aus der **betrieblichen Tätigkeit** als auch das **Betriebsvermögen** zu erfolgen.

---

28   VwGH 21.1.1987, 86/13/0060.

287 Abgrenzung zwischen inländischen und ausländischen Betrieben und Betriebsstätten

Die **allgemeine Abgrenzung** von Einkünften inländischer Betriebe und Betriebsstätten von Einkünften ausländischer Betriebe und Betriebsstätten erfolgt durch Bewertung von zwischen dem Inland und dem Ausland **überführten Betriebsvermögen und erbrachten Leistungen mit fremdüblichen Werten.**

Während zwischen **unabhängigen** Marktteilnehmern Überführungen und Leistungen aufgrund fremdüblicher Werte sowohl innerstaatlich als auch grenzüberschreitend erfolgen, ist dies bei Betrieben **desselben oder Steuerpflichtigen** mit einem besonderen Naheverhältnis nicht gewährleistet. Die Abgrenzung kommt daher in folgenden Fällen zur Anwendung, bei denen eine **fremdübliche Abgeltung nicht zu erwarten** ist:

- der inländische Betrieb und der ausländische Betrieb gehört **demselben Steuerpflichtigen,**
- der Steuerpflichtige ist **Mitunternehmer** am ausländischen oder am inländischen Betrieb,
- der Steuerpflichtige ist an der ausländischen **Kapitalgesellschaft** oder die ausländische Kapitalgesellschaft an der steuerpflichtigen Kapitalgesellschaft unmittelbar oder mittelbar wesentlich (zu mehr als 25 %) beteiligt, oder
- **dieselben Personen** üben bei beiden Betrieben die **Geschäftsleitung** oder die **Kontrolle** aus oder haben darauf Einfluss.

Beispiele:
1. **Betriebe desselben Steuerpflichtigen:** Der Steuerpflichtige hat im Inland und im Ausland je einen eigenständigen Betrieb.
2. **Mitunternehmer:** Der Steuerpflichtige hat im Inland einen Betrieb und ist Mitunternehmer an einer ausländischen betrieblich tätigen Personengesellschaft (daher an deren Betrieb).
3. **Kapitalgesellschaft:** Eine ausländische Kapitalgesellschaft ist an einer inländischen Kapitalgesellschaft zu 100 % beteiligt.
4. **Geschäftsleitung oder Kontrolle:** Die Muttergesellschaft ist sowohl an der ausländischen Kapitalgesellschaft als auch an der inländischen Kapitalgesellschaft zu 100 % beteiligt und es kommt zu Überführungen oder Leistungserbringungen zwischen diesen Tochtergesellschaften.

288 Überführung und Leistungserbringung zu fremdüblichem Wert

Zwar wird **auch bei rein inländischen Übertragungen** von Betriebsvermögen zwischen einem Betrieb und einem anderen Betrieb eines Steuerpflichtigen durch Einlage und Entnahme teilweise eine fremdübliche Einkünfteermittlung des einzelnen Betriebes gewährleistet. Dadurch wird aber **nicht in allen Fällen eine fremdübliche Einkünfteermittlung** für einen Betrieb oder eine Betriebsstätte erzielt (Nutzungseinlagen bleiben unberücksichtigt, bloße Buchwertfortführung in bestimmten Fällen, Übertragungen innerhalb eines Betriebs bleiben steuerneutral).

Der Abgrenzung des inländischen zum ausländischen Besteuerungsrechts unterliegen daher **Überführungen und Leistungserbringungen zwischen:**

- **zwei Betrieben,**
- **Betriebsstätten und Betrieben,**
- **Betriebsstätten desselben Betriebs.**

Darüber hinaus ist eine Abgrenzung auch bei **Verlegung** zwischen Inland und Ausland vorzunehmen:

- **des gesamten Betriebs oder**
- **der Betriebsstätte.**

Fremdüblicher Wert des übertragenen Betriebsvermögens oder der erbrachten Leistung ist der Wert, der im Fall einer Lieferung oder Leistung an einen vom Steuerpflichtigen **völlig unabhängigen Betrieb** angesetzt worden wäre. Der maßgebliche Wert orientiert sich daher am **Marktwert.** Die Bestimmung des Marktwerts kann sich in der Praxis schwierig gestalten. Es kommen dabei die üblichen **Verrechnungspreismethoden** zur Anwendung (Preisvergleichmethode, Wiederverkaufspreismethode, Kostenaufschlagsmethode und Gewinnmethoden → 542).

> **Beispiele:**
> 1. **Ein Wirtschaftsgut**, das ursprünglich dem inländischen Stammhaus (Ansässigkeit des Steuerpflichtigen) zugeordnet wurde, wird nunmehr der ausländischen Betriebsstätte zugeordnet. Das Wirtschaftsgut ist mit dem Marktwert anzusetzen.
> 2. **Leistung:** Ein im ausländischen Betrieb des Steuerpflichtigen entwickeltes Patent wird auch im inländischen Betrieb des Steuerpflichtigen verwendet. Die Überlassung ist mit dem Marktwert einer Lizenz für das Patent anzusetzen.
> 3. **Funktionsverlagerung:** Eine Betriebsstätte soll von ihrer Funktion als Produktionsbetriebsstätte auf eine reine Vertriebsbetriebsstätte reduziert werden. Die verlagerten Wirtschaftsgüter sind mit dem Marktwert und die Differenz zum dadurch reduzierten Firmenwert (Unternehmenswert, Ertragswert) anzusetzen.

Entstehung des inländischen Besteuerungsrechts   289

Entsteht das inländische Besteuerungsrecht durch Überführung, Leistung oder Verlegung ins Inland, dann stellt der **fremdübliche Wert** die **steuerlichen Anschaffungs- und Herstellungskosten** oder Ausgaben dar.

Vor Eintritt in das inländische Besteuerungsrecht sind Wertänderungen des Betriebsvermögens **nicht steuerbar.** Wertänderungen **ab Eintritt** in das inländische Betriebsvermögen sind dagegen grundsätzlich **steuerbar.** Vermögenswerte sind daher im Zeitpunkt des Eintritts zu bewerten und zu erfassen. Wertänderungen werden daher erst ab diesem Zeitpunkt steuerlich berücksichtigt. **Ausnahmen** davon bestehen bei vormals steuerneutral bzw mit Buchwerten ins Ausland übertragenen und nunmehr wieder rückgeführten Wirtschaftsgütern (Anteilstausch nach § 16 Abs 1a UmgrStG, → 654 und Steuernichtfestsetzung, → 297); in diesem Fall sind die **fortgeführten Buchwerte** anzusetzen (§ 6 Z 6 lit h).

Beispiele:
1. **Bei einem überführten Wirtschaftsgut** ist der Marktwert als Anschaffungskosten anzusetzen.
2. **Bei einer erbrachten Leistung** ist der Marktwert als Ausgabe zu berücksichtigen.

290 Einschränkung des inländischen Besteuerungsrechts

Wird das inländische Besteuerungsrecht eingeschränkt durch Überführung, Leistung oder Verlegung ins Ausland, dann ist der fremdübliche Wert anzusetzen, sodass es zur **Realisierung** der bisherigen Wertänderungen kommt und **stille Reserven gewinnerhöhend aufgedeckt** werden.

Vor Einschränkung des inländischen Besteuerungsrechts sind Wertänderungen **steuerbar.** Wertänderungen **ab Einschränkung** des inländischen Besteuerungsrechts sind dagegen grundsätzlich **nicht steuerbar.** Vermögenswerte sind daher im Zeitpunkt der Einschränkung zu bewerten und zu erfassen. Wertänderungen werden daher bis zu diesem Zeitpunkt steuerlich berücksichtigt.

Beispiele:
1. **Bei einem überführten Wirtschaftsgut** ist der Marktwert als Veräußerungserlös anzusetzen.
2. **Bei einer erbrachten Leistung** ist der Marktwert als Einnahme zu berücksichtigen.

291 Sonstige Änderungen: Ansässigkeitswechsel, Rechtsänderung

Dieselben Grundsätze gelten auch, soweit es **ohne Überführung von Wirtschaftsgütern** zu einer **Änderung des inländischen Besteuerungsrechts** kommt (§ 6 Z 6 → 142).

Beispiele:
1. **Ansässigkeitswechsel:** Der Steuerpflichtige (Kapitalgesellschaft) verlegt seine Ansässigkeit (tatsächlicher Ort der Geschäftsleitung) ins Ausland, wodurch sich das Stammhaus mit den jeweils zugehörigen Wirtschaftsgütern nunmehr im Ausland befindet und im Inland lediglich eine Betriebsstätte verbleibt.
2. **Rechtsänderung:** Kommt es aufgrund eines Abschlusses oder einer Änderung eines DBA oder des innerstaatlichen Rechts zur Änderung des Besteuerungsrechts, erfolgt auch in diesem Fall der Ansatz des fremdüblichen Werts.

6.2. Einkünfteermittlung bei inländischen Betriebsstätten

292

Ist ein Steuerpflichtiger in einem Staat ansässig und hat er in einem anderen Staat eine Betriebsstätte, dann ist der **Betriebsstättengewinn von der Gewinnermittlung des Stammhauses** im Ansässigkeitsstaat **abzugrenzen.**

Beschränkt Steuerpflichtige unterliegen mit Einkünften aus inländischen Betriebsstätten im Inland der Besteuerung (§ 98 Abs 1 Z 3), während **unbeschränkt** Steuerpflichtige mit den gesamten betrieblichen Einkünften im Inland und Ausland der Besteuerung unterliegen. Allerdings wird zur Vermeidung der Doppelbesteuerung von betrieblichen Einkünften das Besteuerungsrecht des Quellenstaats **auf Gewinne eingeschränkt, die der Betriebsstätte zugerechnet** werden können (Art 7 OECD-MA). Dies gilt sinngemäß, wenn einem Steuerpflichtigen über eine betrieblich tätige Personengesellschaft eine Betriebsstätte anteilig zugerechnet wird.

Grundsatz der Selbständigkeit der Betriebsstätte 293

> Der Betriebsstättengewinn ist unter Annahme der **Selbständigkeit der Betriebsstätte** gegenüber dem Stammhaus zu ermitteln.

Aufgrund der **grenzüberschreitenden Relevanz** der Gewinnermittlung bei Betriebsstätten sind **gemeinsame Grundsätze** der Staaten erforderlich, um eine Doppelbesteuerung oder doppelte Nichtbesteuerung von Gewinnen zu vermeiden. Im Vordergrund steht dabei die Arbeit der OECD im Steuerbereich. Je nach Umsetzung der überarbeiteten Fassung des Artikel 7 OECD-MA hat die Gewinnermittlung entweder auf der **eingeschränkten** (bis OECD-MA 2008) oder der **uneingeschränkten Selbständigkeitsfiktion** zu erfolgen (ab OECD-MA 2010, beruhend auf dem Bericht über die Zurechnung von Gewinnen an Betriebsstätten, Authorized OECD Approach, AOA).

Nach der **eingeschränkten Selbständigkeitsfiktion** sind der Betriebsstätte die Gewinne zuzurechnen, die sie hätte erzielen können, wenn sie eine gleiche oder ähnliche Geschäftstätigkeit unter gleichen oder ähnlichen Bedingungen als selbständiges Unternehmen ausgeübt hätte und im Verkehr mit dem Unternehmen, dessen Betriebsstätte sie ist, völlig unabhängig gewesen wäre (Abs 2). Bei der Ermittlung der Gewinne einer Betriebsstätte werden die für diese Betriebsstätte entstandenen Aufwendungen, einschließlich Geschäftsführungs- und allgemeinen Verwaltungskosten, zum Abzug zugelassen, gleichgültig, ob sie im Betriebsstättenstaat oder anderswo entstanden sind (Abs 3). Eine vereinfachende Gewinnermittlung kann, sofern in einem der Staaten üblich, auch im Wege einer Aufteilung der Gesamtgewinne des Unternehmens auf die einzelnen Teile unter Berücksichtigung der Grundsätze des Art 7 (Art 7 Abs 3 OECD-MA 2008) erfolgen.

Nach der **uneingeschränkten Selbständigkeitsfiktion** sind die Gewinne, die der Betriebsstätte zuzurechnen sind, die Gewinne, die sie hätte erzielen können – insbesondere im Verkehr mit anderen Teilen des Unternehmens, dessen Betriebsstätte sie ist – wenn sie als selbstständiges und unabhängiges Unternehmen eine gleiche oder ähnliche Geschäftstätigkeit unter gleichen oder ähnlichen Bedingungen ausgeübt hätte. Dabei sind die vom Unternehmen durch die Betriebsstätte und durch andere Unternehmensteile ausgeübten Funktionen, eingesetzten Wirtschaftsgüter und übernommenen Risiken zu berücksichtigen (Art 7 Abs 2 OECD-MA 2017). Anders als nach der eingeschränkten Selbständigkeitsfiktion sind hier bei internen Leistungen des Stammhauses an die Betriebsstätte nicht nur tatsächliche Kosten weiterzuverrechnen, sondern fiktive fremdübliche Rechtsverhältnisse und daher fiktive Entgelte anzunehmen. Auch eine vereinfachende Aufteilung des Gesamtgewinns ist nicht möglich.

Beispiel:
Überlassung von Wirtschaftsgütern an die Betriebsstätte führt zum Ansatz der tatsächlich im Stammhaus entstandenen Kosten (Absetzung für Abnutzung, Fremdfinanzierung, Herstellungs- und Entwicklungskosten), wogegen bei der uneingeschränkten Selbständigkeitsfiktion eine fiktive fremdübliche Miete (Lizenzgebühr) anzusetzen wäre. Während bei der Kapitalüberlassung durch das Stammhaus nur tatsächliche Zinsen weiterverrechnet werden dürfen, ist bei der uneingeschränkten Selbständigkeitsfiktion die Weiterverrechnung von fiktiven Zinsen

vorgesehen (unabhängig davon, ob das Unternehmen tatsächlich Verbindlichkeiten hat und dafür Zinsen bezahlen muss).

294 Vertiefung: Schritte zur Ermittlung des Gewinns der Betriebsstätte

Die **Ermittlung des Betriebsstättengewinns** erfolgt in **zwei Schritten**:

1. In einem **ersten Schritt** ist eine **Funktionsanalyse** vorzunehmen, in deren Verlauf die der Betriebsstätte zuzuordnenden Risiken und Wirtschaftsgüter festzustellen sind;
2. In einem **zweiten Schritt** ist der fremdübliche Gewinn durch **Ansatz fremdüblicher Entgelte** zu ermitteln, wie sie auch im Fall verbundener Unternehmen anzusetzen wären.

Ausgangspunkt der **Funktionsanalyse** ist die Feststellung der tatsächlich von der Betriebsstätte ausgeübten Tätigkeiten. Bei dieser Funktionsermittlung sind die von den Unternehmensmitarbeitern persönlich ausgeübten wesentlichen Funktionen maßgebend. **Wirtschaftsgüter** sind der Betriebsstätte in dem Umfang zuzuordnen, in dem sie darin zum Einsatz kommen und für die Ausübung der Tätigkeit notwendig sind. Gewillkürtes Betriebsvermögen ist daher dem Stammhaus zuzurechnen. Auf der Grundlage der Funktionsanalyse ist das **Risiko** der Betriebsstätte zu ermitteln. Je höher das Risiko, desto höher das notwendig zuzuordnende Eigenkapital (fremdübliche Kapitalausstattung). Aufgrund der der Betriebsstätte zuzuordnenden Wirtschaftsgüter und der Risiken kann daraus eine **fiktive Betriebsstättenbilanz** erstellt werden.

Beispiel:

Unternehmen und Betriebsstätte: Darstellung in der Bilanz

Ein ausländisches Unternehmen produziert Waren und verkauft sie über mehrere Betriebsstätten, darunter auch eine inländische. Aus der Funktionsanalyse ergibt sich für diese Betriebsstätte eine Vertriebstätigkeit mit Tragung der Wertminderung und des Bonitätsrisikos aus der Veräußerung der Waren. Als Wirtschaftsgüter sind vor allem Forderungen und Waren auszuweisen. Das Risiko wird im Vergleich mit dem produzierenden Stammhaus niedriger bewertet (kein Produktionsrisiko, 10 % Eigenkapital).

Aktiva (in EUR)		Passiva (in EUR)	
Anlagevermögen	200.000	Eigenkapital	200.000
Umlaufvermögen	800.000	Verbindlichkeiten	800.000

Davon der inländischen Betriebsstätte zuzuordnen:

Aktiva (in EUR)		Passiva (in EUR)	
Anlagevermögen	10.000	Eigenkapital	11.000
Umlaufvermögen	100.000	Verbindlichkeiten	99.000

295 Vertiefung: Fremdübliches Entgelt

In einem **zweiten Schritt** ist der fremdübliche Gewinn durch **Ansatz fremdüblicher Entgelte** für Überführungen von Wirtschaftsgütern und Leistungen zwischen dem Stammhaus und der Betriebsstätte zu ermitteln (→ 542).

Beispiel:

Betriebsstätte: Darstellung in der Gewinn- und Verlustrechnung

Das ausländische Unternehmen produziert Waren um EUR 100.000 und überführt sie in die inländische Vertriebsbetriebsstätte. Fremdverkaufspreis wäre grundsätzlich EUR 150.000. Da die Vertriebsbetriebsstätte das Bonitätsrisiko und das Wertminderungsrisiko übernimmt, ist der angepasste fremdübliche Wert EUR 120.000. Tatsächliche Zinsen des Unternehmens sind in Höhe von EUR 10.000 der Betriebsstätte zuzuordnen. Aufwand für Forderungsausfall und Wertminderung beträgt EUR 4.000. Personalkosten der Betriebsstätte betragen EUR 12.000.

Aktiva (in EUR)		Passiva (in EUR)	
Buchwertabgang Waren	120.000	Umsatzerlös	150.000
Personalkosten	12.000		
Zinsen	10.000		
Abwertung Umlaufvermögen	4.000	**Gewinn**	**4.000**

6.3. Steueraufschub bei Verlust des inländischen Besteuerungsrechts

Bei Überführungen, Leistungserbringung oder Verlegung **innerhalb der EU und des EWR** hindert die unmittelbare Steuerbelastung die Grundfreiheiten des Binnenmarkts.

296

Daher ist auf Antrag in der Steuererklärung eine **Ratenzahlung** der ausgelösten Steuer möglich.

Hintergrund der Bestimmung ist die **Rechtsprechung des EuGH,**[29] wonach grenzüberschreitende Vorgänge innerhalb der EU und des EWR gegenüber innerstaatlichen Vorgängen wirtschaftlich nicht benachteiligt werden dürfen. Dies kann durch eine Entrichtung der ausgelösten Steuer im Wege einer Ratenzahlung erfolgen. Die Wegzugsbesteuerung mit Ratenzahlung ist nun auch durch die Richtlinie 2016/1164/EU (ATAD) vorgegeben (→ 528).

Beispiele:

1. **EuGH-Fall „Hughes de Lasteyrie du Saillant":** Im konkreten Fall wollte ein Steuerpflichtiger seinen Wohnsitz nach Belgien verlegen; die französische Steuerbehörde besteuerte aufgrund der Vorschriften der Wegzugsbesteuerung jedoch die noch nicht realisierten Wertsteigerungen aus privat gehaltenen Wertpapieren. Eine derartige Wegzugsbesteuerung von Kapitalvermögen stellt nach dem EuGH eine Verletzung der Niederlassungsfreiheit dar, auch wenn ein Steueraufschub vorgesehen ist, der von Sicherheiten abhängig gemacht wird.[30]
2. **EuGH-Fall „DMC":** Die inländische GmbH bringt ihren Anteil an einer deutschen KG mit deutscher Betriebsstätte in eine deutsche Kapitalgesellschaft gegen Anteile an dieser ein. Dies löst in Deutschland aufgrund der Einschränkung des deutschen Besteuerungsrechtes an den Anteilen eine Besteuerung der unrealisierten stillen Reserven aus. Bei rein innerstaatlichem Sachverhalt wäre aufgrund der Anwendung des Umgründungssteuerrechts eine Besteuerung unterblieben.[31]

---

29 EuGH 11.3.2004, C-9/02, *Hughes des Lasteyrie du Saillant*; EuGH Rs 23.1.2014, C-164/12, *DMC*; EuGH 4.3.2015, C-547/13, *Verder LabTec*; EuGH 29.11.2011, C-371/10, *National Grid Indus*.
30 EuGH 11.3.2004, C-9/2002, *Hughes de Lasteyrie du Saillant*; EuGH 7.9.2006, C-470-04, *N*.
31 EuGH 23.1.2014, C-164/12, *DMC*.

Ratenzahlung ist möglich bei:

- **Überführung von Wirtschaftsgütern innerhalb eines Betriebs** desselben Steuerpflichtigen oder
- **Verlegung** von Betrieben oder Betriebsstätten;
- **sonstigen Einschränkungen** des inländischen Besteuerungsrechts in Bezug auf einen **EU-Staat** oder **EWR-Staat** (Island, Liechtenstein, Norwegen).

Abhängig vom Wirtschaftsgut sind die **Raten** wie folgt zu berechnen und fällig:

- **Anlagevermögen**: Ratenzahlung über **fünf** Jahre (bis 2018: sieben Jahre).
- **Umlaufvermögen**: Ratenzahlung über **zwei** Jahre.

Die erste Rate ist jeweils mit **Ablauf eines Monats** nach Bescheidzustellung, die weiteren Raten jeweils am **30.6.** des Folgejahres fällig.

Beispiel:

Die Steuerpflichtige überführt ein im Anlagevermögen ausgewiesenes Patentrecht vom inländischen Stammhaus in die niederländische Betriebsstätte desselben Betriebs. Die dadurch ausgelöste Steuer kann auf Antrag in der Steuererklärung über fünf Jahre verteilt fällig gestellt werden.

297 Vertiefung: Nachträgliche Änderungen

Für den weiteren Verlauf ist aufgrund **nachträglicher Änderungen** zu unterscheiden:

Offene Raten sofort fällig zu stellen, wenn **Wirtschaftsgüter des Anlagevermögens, Betriebe oder Betriebsstätten**:

- veräußert werden,
- auf sonstige Art aus dem Betriebsvermögen ausscheiden oder
- diese weiter in einen Staat überführt oder verlegt werden, der nicht EU-Staat oder EWR-Staat ist, oder

wenn **folgende Umstände** eintreten:

- der Sitz oder der Ort der Geschäftsleitung einer Körperschaft in einem Staat außerhalb des EU/EWR-Raumes verlegt wird (zu den Körperschaften → 486),
- der Steuerpflichtige Insolvenz anmeldet oder abgewickelt wird oder
- der Steuerpflichtige die Rate binnen drei Monaten ab Eintritt der Fälligkeit nicht oder in zu geringer Höhe entrichtet.

Diese Umstände sind vom Steuerpflichtigen innerhalb von **drei Monaten** dem Finanzamt **anzuzeigen**, das mit einem Abänderungsbescheid die Steuer fällig stellt. Bei ursprünglicher Nichtfestsetzung (vor 1.1.2016) ist die Steuer erstmalig mittels Änderungsbescheid nach § 295a BAO festzusetzen (§ 124b Z 300).

Werden **Wirtschaftsgüter nach Festsetzung der Steuer ins Inland rückgeführt**, dann laufen die Raten unabhängig davon weiter. Bei ursprünglicher Nichtfestsetzung (vor 1.1.2016) werden diese mit den fortgeschriebenen Buchwerten angesetzt; bei im Ausland eingetretener Wertminderung jedoch höchstens mit dem gemeinen Wert (zur Vermeidung doppelter Verlustberücksichtigung); bei im Ausland eingetretener Wertsteigerung ist diese von einem späteren Veräußerungserlös abzuziehen (zur Vermeidung doppelter Wertsteigerungsberücksichtigung).

Beispiele:

1. **Fälligstellung der Raten:** Das in die Niederlande überführte Patentrecht wird nunmehr in die Schweizer Betriebsstätte überführt oder an einen Dritten veräußert. Dies ist dem Finanzamt anzuzeigen und die noch offenen Raten sind sofort fällig zu stellen. Bei ursprünglicher Nichtfestsetzung (**vor 1.1.2016**) ist die Steuer erstmals festzusetzen.
2. **Rückführung:** Das in die Niederlande überführte Patentrecht wird nunmehr zurück in das inländische Stammhaus rücküberführt. Die noch offenen Raten laufen weiter. Das Patentrecht ist mit dem aktuellen Marktwert anzusetzen. Bei ursprünglicher Nichtfestsetzung (**vor 1.1.2016**) sind die fortgeschriebenen Buchwerte anzusetzen (EUR 10.000). Ist der gemeine Wert geringer (zB EUR 8.000), dann erfolgt der Ansatz mit diesem Wert. Bei späterer Veräußerung könnte eine im Ausland eingetretene Wertsteigerung (zB von EUR 10.000 auf EUR 12.000) vom Veräußerungserlös abgezogen werden (EUR 15.000 als Veräußerungserlös abzüglich EUR 2.000), sodass lediglich die Wertsteigerung im Inland von EUR 3.000 besteuert wird.

7. Gewinnfreibetrag (§ 10 EStG)

298

Natürlichen Personen mit betrieblichen Gewinnen steht ein **Gewinnfreibetrag** zu. Der Gewinnfreibetrag **kürzt den steuerpflichtigen Gewinn** um bis zu 15 %.

Der Gewinnfreibetrag gilt als **Ausgleich zur begünstigten Besteuerung des 13. und 14. Monatsgehalts** mit 6 % bei Einkünften aus nichtselbständiger Arbeit.

Der Gewinnfreibetrag setzt sich dabei zusammen aus einem:

- **Grundfreibetrag** von 15 % (ab 2022, davor 13 %) des Gewinns, der bis zu einem Gewinn von maximal EUR 33.000 zusteht und nicht von Investitionen in begünstigte Wirtschaftsgüter abhängt (maximal EUR 4.950), und einem
- **Investitionsbedingten Freibetrag** bis zu 13 % des Gewinns über EUR 33.000, sofern dieser Gewinnanteil von Investitionen in begünstigte Wirtschaftsgüter im Jahr der Anschaffung oder Herstellung gedeckt ist.

Bei der **gesetzlichen Betriebsausgabenpauschalierung** und der **Vollpauschalierung** des Gewinns nach § 17 für Land- und Forstwirte oder kleine Lebensmittelhändler kann nur der Grundfreibetrag in Anspruch genommen werden.

Berechnung

299

Die **Berechnung des Gewinnfreibetrags** erfolgt aus der Höhe des maßgeblichen Gewinns für den Gewinnfreibetrag und den Anschaffungs- und Herstellungskosten von begünstigten Wirtschaftsgütern im Jahr der Anschaffung oder Herstellung.

Der **maßgebliche Gewinn** für den Gewinnfreibetrag ermittelt sich dabei aus dem steuerlichen Gewinn des Wirtschaftsjahres, abzüglich Veräußerungsgewinnen von Betrieben, Teilbetrieben und Mitunternehmeranteilen und Einkünften in der Form von Gewinnanteilen und Zinsen aus Kapitalvermögen, auf die ein besonderer Steuersatz angewendet wird.

Der **maximale Gewinnfreibetrag** von EUR 46.400 ermittelt sich aus der Höhe des maßgeblichen Gewinns wie folgt:

- Für die ersten EUR 33.000 beträgt der Gewinnfreibetrag 15 % des Gewinns.
- Für die nächsten EUR 145.000 beträgt der Gewinnfreibetrag 13 % des Gewinns.
- Für die nächsten EUR 175.000 beträgt der Gewinnfreibetrag 7 % des Gewinns.
- Für die nächsten EUR 230.000 beträgt der Gewinnfreibetrag 4,5 % des Gewinns.
- Ab einem Gewinn von EUR 580.000 erhöht sich der Gewinnfreibetrag nicht mehr.

Begünstigte Wirtschaftsgüter sind:

- **Wertpapiere** gemäß § 14 Abs 7 Z 4 (bestimmte Schuldverschreibungen, Anteile an Investmentfonds mit Investition in Schuldverschreibungen und an Immobilieninvestmentfonds), die dem Anlagevermögen eines inländischen Betriebs oder einer inländischen Betriebsstätte ab dem Anschaffungszeitpunkt mindestens vier Jahre gewidmet werden (ab 1.1.2017; § 124b Z 252).
- **Abnutzbare körperliche Wirtschaftsgüter** des Anlagevermögens mit einer Nutzungsdauer von mindestens vier Jahren, die dem inländischen Betriebsvermögen zuzurechnen sind. Wirtschaftsgüter zur entgeltlichen Überlassung außerhalb der EU oder des EWR zählen nicht dazu. **Nicht begünstigte** Wirtschaftsgüter sind grundsätzlich Personenkraftfahrzeuge, Luftfahrzeuge, geringwertige Wirtschaftsgüter, gebrauchte Wirtschaftsgüter, Wirtschaftsgüter, die von einem vom Steuerpflichtigen beherrschten Unternehmen erworben werden und Wirtschaftsgüter für die eine Forschungsprämie geltend gemacht wird.

Beispiel:

Bei einem Gewinn von EUR 100.000 (ohne Veräußerungsgewinne, Dividenden und Zinsen) werden im aktuellen Jahr Investitionen in begünstige Wirtschaftsgüter in Höhe von EUR 8.000 gemacht. Für die ersten EUR 33.000 steht der Grundfreibetrag in Höhe 15 % des Gewinns zu, das sind EUR 4.950. Für die restlichen EUR 67.000 steht ein maximaler investitionsbedingter Freibetrag von 13 %, das sind EUR 8.710 zu. Da EUR 8.000 in begünstige Wirtschaftsgüter im aktuellen Jahr investiert wurden, steht zusätzlich zum Grundfreibetrag ein investitionsbedingter Freibetrag von EUR 8.000 zu. Der Gewinnfreibetrag kürzt den Gewinn von EUR 100.000 um EUR 12.950, sodass nur EUR 87.050 als steuerpflichtige betriebliche Einkünfte verbleiben.

300 Vertiefung: Mehrere Betriebe, Mitunternehmerschaft

Hat ein Steuerpflichtiger **mehrere Betriebe und übersteigt die Bemessungsgrundlage EUR 33.000**, so ist der maximale Gewinnfreibetrag der einzelnen Betriebe im Verhältnis der Gewinne mittels Durchschnittssatz (Gewinnfreibetrag durch Bemessungsgrundlage) zu bestimmen. Danach ist im ersten Schritt der Grundfreibetrag nach Wahl des Steuerpflichtigen oder im Verhältnis der Gewinne auf die einzelnen Betriebe aufzuteilen. Im zweiten Schritt steht der restliche Betrag als maximaler investitionsbedingter Gewinnfreibetrag unter der Berücksichtigung des maximalen Gewinnfreibetrags der einzelnen Betriebe zur Verfügung. Bei Vollpauschalierung eines Betriebs ist als Gewinn nur ein Betrag bis zu EUR 33.000 zu berücksichtigen (maximaler Grundfreibetrag).

Beispiel:

Bei Gewinnen von EUR 100.000 (Betrieb A) und EUR 200.000 (Betrieb B) ergibt sich ein maximaler Gewinnfreibetrag je Betrieb von **EUR 10.910** (A) und **EUR 21.820** (B) (EUR 32.725 / EUR 300.000 = 10,91 %). Der Grundfreibetrag von **EUR 4.950** wird wahlweise dem Betrieb A zugeordnet, weil im Betrieb B höhere Investitionen getätigt wurden. Somit stehen dem Betrieb A noch **EUR 6.410** und dem Betrieb B noch **EUR 21.820** als maximaler investitionsbedingter Freibetrag zu.

Bei **Mitunternehmerschaften** können nur natürliche Personen als Mitunternehmer den Gewinnfreibetrag geltend machen. Der maximale Gewinnfreibetrag von EUR 46.400 ist entsprechend der Gewinnbeteiligung auf die einzelnen Mitunternehmer aufzuteilen. Hält der Mitunternehmer die Beteiligung im Betriebsvermögen eines anderen Betriebs, kann der Gewinnfreibetrag nur bei Ermittlung des Gewinns dieses Betriebs berücksichtigt werden, sonst erfolgt die Berücksichtigung auf Ebene der Mitunternehmerschaft.

Beispiel:

Der Gewinn der Mitunternehmerschaft beträgt EUR 100.000, wobei dieser auf A (25 %) und B (75 %) aufzuteilen ist. A steht daher ein maximaler Gewinnfreibetrag von **EUR 3.400** zu, B in Höhe von **EUR 10.200**. Die angeschafften begünstigten Wirtschaftsgüter der Mitunternehmerschaft sind in Höhe der Vermögensbeteiligung auf die Gesellschafter zu verteilen, um den investitionsbedingten Gewinnfreibetrag zu bestimmen.

Vertiefung: Nachversteuerung 301

Eine **Nachversteuerung** des investitionsbedingten Freibetrags durch gewinnerhöhenden Ansatz beim Steuerpflichtigen oder dessen Rechtsnachfolger bei Betriebsübertragung (§ 10 Abs 6 iVm Abs 5) hat in zukünftigen Perioden insoweit zu erfolgen, **als begünstigte Wirtschaftsgüter**, aufgrund deren Anschaffung oder Herstellung der investitionsbedingte Freibetrag geltend gemacht worden ist, **innerhalb von vier Jahren** wieder aus dem Betriebsvermögen eines inländischen Betriebs oder Betriebsstätte **ausscheiden** oder aufgrund einer entgeltlichen Überlassung außerhalb der EU oder des EWR verwendet werden. Im Fall des Ausscheidens eines Wirtschaftsguts infolge höherer Gewalt oder behördlichen Eingriffs unterbleibt die Nachversteuerung.

Im Falle des **Ausscheidens von Wertpapieren** unterbleibt die Nachversteuerung, wenn als Ersatz begünstigte körperliche Wirtschaftsgüter als **Ersatzbeschaffung** angeschafft oder hergestellt werden. Im Fall einer **vorzeitigen Tilgung von Wertpapieren** können innerhalb von zwei Monaten als Ersatz auch begünstigte Wertpapiere angeschafft werden. Die bisherige Behaltedauer der Wertpapiere wird auf die Ersatzbeschaffung angerechnet. Eine Ersatzbeschaffung erhöht in der Periode der Anschaffung oder Herstellung selbst nicht den investitionsbedingten Freibetrag dieser Periode (§ 10 Abs 5; § 124b Z 252).

Zum Zweck der **Evidenthaltung** der Nachversteuerung sind die angeschafften Wertpapiere und sonstige begünstigte Wirtschaftsgüter und die Anschaffungs- und Herstellungskosten, die den investitionsbedingten Freibetrag vermittelten, im Anlageverzeichnis oder in der Anlagekartei jeweils gesondert auszuweisen (§ 10 Abs 7).

8. Wechsel der Gewinnermittlungsart (§ 4 Abs 10 EStG)

302 **Ändert sich die Ermittlungsart**, dann sind Unterschiede in der periodengerechten Einkünfteermittlung durch **Ansatz von Übergangsgewinnen und -verlusten** auszugleichen (Wechsel der Gewinnermittlungsart).

Ein **Wechsel der Gewinnermittlungsart** liegt vor bei Änderung der Umsätze oder Einheitswerte (Buchführungsgrenzen), Tätigkeit, Rechtsform, bei Betriebsveräußerung, Betriebsaufgabe, Umgründung oder freiwilliger Buchführung. Bei laufendem Betrieb ist ein Wechsel nur am Beginn des Wirtschaftsjahres möglich. Bei Betriebsübertragung kann der Erwerber die Gewinnermittlung auch unterjährig frei wählen, soweit die Voraussetzungen erfüllt werden.

Beim Wechsel der Gewinnermittlungsart ist durch **Zu- und Abschläge** auszuschließen, dass Veränderungen des Betriebsvermögens aufgrund der zeitlich unterschiedlichen Berücksichtigung von Betriebseinnahmen und Betriebsausgaben aufgrund des Periodenprinzips **nicht oder doppelt berücksichtigt** werden (§ 4 Abs 10 Z 1, Totalgewinngleichheit).

> **Beispiel:**
> Forderungen aus Umsätzen wurden beim Betriebsvermögensvergleich bereits realisiert, bei der Einnahmen-Ausgaben-Rechnung noch nicht. Beim Wechsel auf § 4 Abs 3 muss daher für derartige Forderungen ein **Abschlag vom Gewinn** vorgenommen werden (die Realisierung rückgängig gemacht werden), damit der spätere Zufluss nicht zu einer doppelten Berücksichtigung derselben Betriebseinnahme führt.

Darüber hinaus ist durch **Zu- und Abschläge** und **entsprechende Bilanzansätze** sicherzustellen, dass **sonstige Änderungen der Gewinnermittlungsgrundsätze** mit dem Wechsel der Gewinnermittlungsart **berücksichtigt werden** (§ 4 Abs 10 Z 2).

> **Beispiel:**
> Werden bei der Gewinnermittlung nach § 4 Abs 1 Rückstellungen nicht gebildet, dann sind im Zeitpunkt des Wechsels auf § 5 Abs 1 die Rückstellungen durch **Abschlag vom Gewinn** zwingend anzusetzen.[32]

303 Vertiefung: Berücksichtigung des Übergangsergebnisses

Die gesamten Zu- und Abschläge führen entweder zu einem **Übergangsgewinn** oder zu einem **Übergangsverlust:**

- Ein Überschuss (**Übergangsgewinn**) ist beim Gewinn des **ersten** Gewinnermittlungszeitraums nach dem Wechsel zu berücksichtigen.
- Ein Verlust (**Übergangsverlust**) ist beginnend mit dem ersten Gewinnermittlungszeitraum nach dem Wechsel zu je einem Siebentel in den nächsten **sieben** Gewinnermittlungszeiträumen zu berücksichtigen. Der Verlust ist wie ein sonstiger betrieblicher Verlust zu behandeln.

---

32   VwGH 26.2.2014, 2009/13/0113.

Bei **Veräußerung oder Aufgabe eines ganzen Betriebs, eines Teilbetriebs oder eines Mitunternehmeranteils** sind Übergangsgewinne oder (restliche) Übergangsverluste beim Gewinn des **letzten** Gewinnermittlungszeitraums **vor** Veräußerung oder Aufgabe zu berücksichtigen. Das gilt auch in Umgründungsfällen.[33] Übergangsgewinne, die daraus entstehen, können bei Vorliegen aller sonstigen Voraussetzungen dem Hälftesteuersatz unterliegen (→ 149, § 37 Abs 5).

Vertiefung: Wechsel zwischen § 4 Abs 1 und § 4 Abs 3   304

Bei einem **Wechsel von § 4 Abs 1 auf § 4 Abs 3** sind Änderungen aufgrund des bisherigen Betriebsvermögensvergleiches hin zum Zu- und Abflussprinzip vorzunehmen.

Beispiele:
1. **Forderungen** aus Leistungen gewinnmindernd aufzulösen (Abschlag),
2. **Aktiviertes Umlaufvermögen** gewinnmindernd abzusetzen (Abschlag; mit Ausnahme von Gebäuden und Wirtschaftsgütern ohne regelmäßigen Wertverzehr),
3. **Geleistete Anzahlungen** für sofort absetzbares UV gewinnmindernd aufzulösen (Abschlag),
4. **Verbindlichkeiten** für sofort absetzbares UV gewinnerhöhend aufzulösen (Zuschlag),
5. **Rückstellungen** gewinnerhöhend aufzulösen (Zuschlag; außer steuerfreier Abfertigungsbetrag),
6. **Aktive Rechnungsabgrenzungen** gewinnmindernd aufzulösen (Abschlag; außer Verteilungspflicht bei Vorauszahlung oder regelmäßig wiederkehrende Einnahmen und Ausgaben),
7. **Passive Rechnungsabgrenzungen** gewinnerhöhend aufzulösen (Zuschlag; außer regelmäßig wiederkehrende Einnahmen),
8. **Erhaltene Anzahlungen** gewinnerhöhend aufzulösen (Zuschlag).

Bei einem **Wechsel von § 4 Abs 3 auf § 4 Abs 1** sind Änderungen aufgrund des bisherigen Zu- und Abflussprinzips hin zum Betriebsvermögensvergleich vorzunehmen:

Beispiele:
1. **Forderungen** aus Leistungen gewinnerhöhend anzusetzen (Zuschlag),
2. **Umlaufvermögen** gewinnerhöhend anzusetzen (Zuschlag; sofern Ausgaben bereits abgesetzt),
3. **Geleistete Anzahlungen** für sofort absetzbares UV gewinnerhöhend anzusetzen (Zuschlag),
4. **Verbindlichkeiten** für sofort absetzbares UV gewinnmindernd anzusetzen (Abschlag),
5. **Erhaltene Anzahlungen** gewinnmindernd anzusetzen (Abschlag).

Vertiefung: Wechsel zwischen § 4 Abs 1 und § 5 Abs 1   305

Bei einem **Wechsel von § 4 Abs 1 auf § 5 Abs 1** sind zwingende Bestimmungen aufgrund des Vorsichtsprinzips zu berücksichtigen.

Beispiele:
1. zwingende **Teilwertabschreibungen** vorzunehmen (Abschlag),
2. zwingende **Rückstellungen** zu bilden (Abschlag),
3. zwingend **passive Rechnungsabgrenzungen** vorzunehmen (Abschlag),
4. zwingend **aktive Rechnungsabgrenzungen** vorzunehmen (Zuschlag).

---

33   VwGH 17.12.2014, 2012/13/0126.

Bei einem Wechsel von **§ 5 Abs 1 auf § 4 Abs 1** sind zwingend abweichende Bestimmungen zu berücksichtigen.

Beispiel:

Mangels Zulässigkeit von gewillkürtem Betriebsvermögen bei der Ermittlung nach § 4 Abs 1 ist dieses zu entnehmen (Zuschlag Entnahmewert, Abschlag Buchwert).

Bei einem **Wechsel von § 4 Abs 3 auf § 5 Abs 1** ist zuerst ein Wechsel zu § 4 Abs 1 zu unterstellen und dann ein Wechsel zu § 5 Abs 1. Dies gilt auch umgekehrt beim **Wechsel von § 5 Abs 1 auf § 4 Abs 3**.

9. Übertragung und Aufgabe der betrieblichen Einkunftsquelle

9.1. Veräußerung und Aufgabe der Einkunftsquelle (§ 24 EStG)

306 Bei der **Veräußerung eines Betriebs, eines Teilbetriebs oder Mitunternehmeranteils** an einen anderen Steuerpflichtigen kommt es gleichzeitig zur vollständigen oder teilweisen **Übertragung der betrieblichen Einkunftsquelle**.

Darüber hinaus kommt es bei **Aufgabe** des Betriebs oder Teilbetriebes zum Ende der betrieblichen Einkunftsquelle. Einkünfte, die aus der Veräußerung oder Aufgabe erzielt werden, stellen **betriebliche Einkünfte** der Einkunftsquelle dar (→ 90).

Da im betrieblichen Bereich **Wertänderungen des Betriebsvermögens grundsätzlich steuerpflichtig** sind, gelten mit der Veräußerung oder Aufgabe alle bisherigen noch nicht realisierten Wertänderungen des übertragenen oder aufgegebenen Betriebsvermögens als realisiert und wirken sich daher auf den Gewinn aus. **Ausnahmen** von der Realisierung der bisherigen Wertänderungen und der Ermittlung des Veräußerungsgewinns bestehen bei steuerneutralen:

- **unentgeltlichen** Übertragungen der Einkunftsquelle (→ 316) und
- **Umgründungen**, die unter die Begünstigungen des Umgründungssteuergesetzes fallen (→ 601).

307 **Veräußerung der Einkunftsquelle**

Eine **Veräußerung** eines Betriebs, eines Teilbetriebs oder eines Mitunternehmeranteils liegt vor, wenn die **wesentlichen Grundlagen der betrieblichen Einkunftsquelle** auf einen anderen Steuerpflichtigen **entgeltlich übertragen** werden.

Eine **Übertragung eines Betriebs oder Teilbetriebs** liegt vor, wenn ein in sich organisch geschlossener Komplex von Wirtschaftsgütern, der die wesentliche Grundlage des Betriebs oder Teilbetriebs bildet, durch ein oder mehrere Rechtsgeschäfte übereignet wird. Der lebende Betrieb oder Teilbetrieb muss daher übertragen und der Erwerber in die

Lage versetzt werden, den Betrieb oder Teilbetrieb fortzuführen.[34] Die Fortführung des Betriebs durch den Erwerber muss nur objektiv möglich sein. Ob der Betrieb tatsächlich fortgeführt wird, ist unerheblich. Einen tauglichen Maßstab, ob ein Betrieb übertragen wird, bildet die bisher ausgeübte Tätigkeit und deren Aufrechterhaltung in Art, Umfang und geschäftlichem Wirkungskreis.[35] Die wesentliche Grundlage ergibt sich in funktionaler Betrachtungsweise nach dem jeweiligen Betriebstypus.[36]

Beispiele für die wesentlichen Grundlagen einer Einkunftsquelle:

1. **Bei ortsgebundenen** Betrieben kommt es auf die Übertragung der örtlichen und räumlichen Grundlagen, wie Grundstück, Gebäude und Einrichtung, an. Kundenstock, Warenlager (Inventar) und Personal sind dagegen grundsätzlich nicht betriebswesentlich. Zu den ortsgebundenen Betrieben zählen Gastronomiebetriebe wie Caféhäuser, Hotels, Konditoreien und Einzelhandelsbetriebe wie Supermärkte und Fachgeschäfte.[37]
2. **Bei kundengebundenen** Betrieben kommt es insbesondere auf den Kundenstock an (Klienten, Patienten). Zu den kundengebundenen Tätigkeiten zählen insbesondere freie Berufe (Ärzte, Rechtsanwälte, Steuerberater),[38] Großhandelsbetriebe, Generalvertretungsbetriebe und Handelsvertretungsbetriebe. Nicht zu den kundengebundenen Betrieben zählen allerdings Fachärzte, bei denen die Ausstattung (Röntgenapparate) im Vordergrund steht und der Patientenstock laufend wechselt.
3. **Bei produktionsgebundenen** Betrieben ist wesentliche Betriebsgrundlage das Betriebsgebäude sowie Maschinen, Anlagen und Einrichtungen. Personal, Warenlager und Kundenstock zählen dagegen nicht zu den wesentlichen Betriebsgrundlagen.[39]
4. **Personal** zählt nur dann zu den wesentlichen Grundlagen eines Betriebes, wenn die Beziehung zu den Kunden von besonderen Eigenschaften, wie einer besonderen fachlichen Qualifikation der Mitarbeiter, abhängen.[40]
5. **Betriebsvermögen:** Es muss nicht das gesamte Betriebsvermögen übertragen werden, sondern nur Wirtschaftsgüter, die die wesentliche Grundlage des Betriebs bilden und den Erwerber in die Lage versetzen, das Unternehmen objektiv fortführen zu können. Dazu zählen Wirtschaftsgüter, die für die Betriebsführung und Erfüllung des Betriebszwecks unentbehrlich sind (wie zum Beispiel das Gerüstmaterial eines Gerüsterrichtungsbetriebs).[41] Dabei können Wirtschaftsgüter auch bloß in Form eines rechtlich abgesicherten Nutzungsrechts übernommen werden. Es bedarf keiner zivilrechtlichen Übertragung, sondern nur der Einräumung eines tatsächlichen Verfügungsrechts.[42] Jedenfalls keine wesentlichen Grundlagen eines Betriebes stellen außerbetriebliches Vermögen oder gewillkürtes Betriebsvermögen dar. Daher sind passive Tätigkeiten wie Markenpflege und Verwaltung von Kapitalbeteiligungen keine wesentliche Betriebsgrundlage.[43]

Übertragung eines Mitunternehmeranteils 308

Eine **Übertragung eines Mitunternehmeranteils** liegt vor, wenn ein Teil oder der gesamte Mitunternehmeranteil auf einen anderen Steuerpflichtigen übertragen wird oder auch nur die Quote am Unternehmenswert zulasten des Mitunternehmers geändert

---

34   VwGH 15.2.1994, 91/14/0248.
35   VwGH 24.6.2010, 2006/15/0270.
36   VwGH 24.6.2010, 2006/15/0270; VwGH 24.4.1996, 94/15/0025.
37   VwGH 20.11.1990, 90/14/0122.
38   VwGH 28.1.2005, 2000/15/0214.
39   VwGH 20.11.1990, 90/14/0122.
40   VwGH 24.4.1996, 94/15/0025; VwGH 20.11.1990, 90/14/0122.
41   VwGH 24.6.2010, 2006/15/0270.
42   VwGH 24.6.2010, 2006/15/0270.
43   VwGH 16.1.1991, 98/13/0169.

wird. Eine Übertragung liegt auch dann vor, wenn der Mitunternehmer aus der Gesellschaft ausscheidet oder sonst seine Stellung als Mitunternehmer verliert und dabei zukünftig nicht mehr am Unternehmenswert, sondern nur noch am laufenden Erfolg der Personengesellschaft, beteiligt ist.

Die Übertragung kann in **unterschiedlichen zivilrechtlichen Formen** erfolgen. Die Übertragung kann auf zivilrechtlichen Grundlagen wie Veräußerung oder Tausch erfolgen, aber auch auf gesellschaftsrechtlichen Grundlagen wie Verschmelzung, Umwandlung oder Spaltung. Es kann zur zivilrechtlichen Einzelrechtsnachfolge aber auch zur Gesamtrechtsnachfolge kommen.

Beispiele:
1. **Die Veräußerung** eines Betriebs, Teilbetriebs oder Mitunternehmeranteils gegen Entgelt stellt eine Übertragung des Betriebs, Teilbetriebs oder Mitunternehmeranteils dar.
2. **Die Einlage eines Betriebs in eine Körperschaft** gegen Anteilsgewährung stellt einen Tausch dar und führt zur Übertragung des Betriebs an die Körperschaft (zur Behandlung bei der Körperschaft → 501).
3. Darunter fällt auch die **Einlage in eine Personengesellschaft** als steuerlicher **Zusammenschluss** oder die Veräußerung oder Aufgabe des Mitunternehmeranteils im Falle der Abwicklung der Personengesellschaft mit gleichzeitiger Entnahme von Betrieben, Teilbetrieben oder Mitunternehmeranteilen als steuerliche **Realteilung**.

309 Aufgabe der Einkunftsquelle

Eine **Aufgabe des Betriebs oder Teilbetriebs** liegt vor, wenn die betriebliche Tätigkeit **endgültig eingestellt** wird.

Wird der Betrieb oder ein Teilbetrieb dagegen nur vorübergehend ruhend gestellt (**Ruhen des Betriebs**) oder vorübergehend verpachtet (**Verpachtung des Betriebs**), dann liegt noch keine Aufgabe des Betriebs oder Teilbetriebs vor. Der Steuerpflichtige muss vielmehr seine Tätigkeit insgesamt einstellen. Wird lediglich der Umfang der Tätigkeit verringert, ohne dass damit ein Teilbetrieb eingestellt wird, dann liegt keine Aufgabe des Betriebs vor. Eine Aufgabe liegt auch vor, wenn eine Mitunternehmerschaft abgewickelt wird.

9.2. Ermittlung des Veräußerungs- und Aufgabegewinns

310 Bei der Übertragung oder Aufgabe der betrieblichen Einkunftsquelle ist der **Veräußerungsgewinn oder Aufgabegewinn** zu ermitteln (§ 24).

Der Gewinn ist im Zeitpunkt der Veräußerung nach dem **Betriebsvermögensvergleich** nach § 4 Abs 1 oder § 5 Abs 1 zu ermitteln. Daher haben auch Steuerpflichtige, die ihren Gewinn bisher nach § 4 Abs 3 ermittelten für die Veräußerung oder Aufgabe einen Betriebsvermögensvergleich zu erstellen.

Einkünfte mit besonderem Steuersatz zählen nicht zum Veräußerungsgewinn oder Aufgabegewinn. Einkünfte aus betrieblichem **Kapitalvermögen** und **Grundstücken**, die den besonderen Steuersätzen unterliegen (→ 151, 152), sind weder beim Gesamtbetrag der Einkünfte noch beim Einkommen zu berücksichtigen, sondern gesondert anzusetzen (→ 437).

Veräußerungsgewinn 311

> Der **Veräußerungsgewinn** ergibt sich aus dem **Veräußerungserlös** nach Abzug der **Veräußerungskosten** und der **Buchwerte** des übertragenen Betriebsvermögens (§ 24 Abs 2).

Bei **Übertragung** ergibt sich der Veräußerungserlös aus der Gegenleistung oder sonstigen Vorteilen, die für die Übertragung gewährt werden. Dazu zählt der Verkaufspreis oder bei Tausch der Teilwert des übertragenen Vermögens samt Verbindlichkeiten, von denen der Übertragende aufgrund der Übernahme befreit wird.

Bei **entgeltlicher** Übertragung gegen **Kaufpreisrente** (Barwert zwischen 75 % und 125 % des Werts der Einkunftsquelle)[44] sind die Rentenzahlungen als Betriebseinnahmen zu berücksichtigen und führen erst bei Überschreiten der Buchwerte zu einem Veräußerungsgewinn. Eine unentgeltliche Übertragung gegen Rente liegt dagegen vor bei einem Barwert unter 75 % und über 125 % des Werts der betrieblichen Einkunftsquelle (Versorgungsrente, Unterhaltsrente → 357).

Bei **Übertragungen von Teil(Betrieben) und Mitunternehmeranteilen von und an eine(r) Personengesellschaft** (nicht begünstigter Zusammenschluss außerhalb des Art IV UmgrStG oder nicht begünstigte Realteilung außerhalb des Art V UmgrStG) ist jener Vermögensteil, der dem Übertragenen weiterhin zuzurechnen ist, mit dem Buchwert fortzuführen, und der auf andere Beteiligte übertragene Anteil mit dem gemeinen Wert bzw Teilwert anzusetzen (§ 24 Abs 7 iVm § 32 Abs 3 , Teilgewinnrealisierung, → 285).

Bei **Mitunternehmern** ist der Veräußerungserlös des Anteils oder die Abfindung für das Ausscheiden anzusetzen. Wird die Abfindung an einen lästigen Gesellschafter zum Schutz der betrieblichen Interessen der Mitunternehmerschaft gezahlt, sind die Ausgaben gleichzeitig auf Ebene der Mitunternehmerschaft abzugsfähig. Davon sind die Veräußerungskosten des Mitunternehmers und der Wert des **steuerlichen Kapitalkontos** abzuziehen. Dieses ergibt sich aus dem Kapital der steuerlichen Gesellschaftsbilanz und der Ergänzungs- und Sonderbilanzen und stellt die Differenz zwischen anteilig aufgegebenen Wirtschaftsgütern und anteiligen Verbindlichkeiten der Mitunternehmerschaft zu Buchwerten dar.

Bei Mitunternehmern zählt zum Veräußerungserlös oder Aufgabeerlös auch ein steuerliches **negatives Kapitalkonto** (aufgrund von Entnahmen oder Verlusten), soweit der Mitunternehmer bei Ausscheiden aus der Mitunternehmerschaft das Kapitalkonto nicht auffüllen muss (§ 24 Abs 2 letzter Satz). Das negative Kapitalkonto wird als Verbindlichkeit des Mitunternehmers gegenüber der Mitunternehmerschaft gesehen – ein positives Kapitalkonto dagegen als Guthaben gegenüber der Mitunternehmerschaft. Wird der Mitunternehmer von dieser Verbindlichkeit entlassen, dann stellt dies bei ihm einen

---

44   VwGH 28.4.1987, 86/14/0175.

steuerlichen Gewinn dar.[45] Dies gilt auch dann, wenn der Mitunternehmer zivilrechtlich noch zur Haftung gegenüber Gläubigern herangezogen werden könnte.

Beispiele:
1. **Veräußerung eines Betriebs:** Die Steuerpflichtige überträgt ihren Betrieb mit Buchwert von EUR 70.000 um einen Kaufpreis von EUR 100.000. Zusätzlich übernimmt der Käufer die Betriebsschulden von EUR 50.000. An Beratungskosten und Vertragserrichtungskosten fallen EUR 5.000 an. Nach der Bruttomethode sind vom Kaufpreis plus übertragenen Betriebsschulden (Bruttokaufpreis: EUR 150.000) der Buchwert und die Veräußerungskosten (EUR 75.000) abzuziehen. Nach der Nettomethode sind vom Nettokaufpreis (EUR 100.000) das buchmäßige Eigenkapital (EUR 20.000) und die Veräußerungskosten (EUR 5.000) abzuziehen. Der Veräußerungsgewinn beträgt EUR 75.000.
2. **Veräußerung Mitunternehmeranteil:** Der Steuerpflichtige veräußert seinen Mitunternehmeranteil um EUR 100.000. Sein Kapitalkonto (aus der Gesellschaftsbilanz korrigiert um Kapital aus Sonder- und Ergänzungsbilanzen) ist mit EUR 30.000 negativ. Es wird vereinbart, dass dieses nicht aufgefüllt werden muss, sondern vom Käufer übernommen wird. Der Veräußerungsgewinn beträgt EUR 130.000.
3. **Erfolgsabhängiger Kaufpreis (Earn-out-Klausel):** Ist der Kaufpreis auch von zukünftigen Umsätzen abhängig (zB 10 % der nächsten drei Jahre), dann ist dieser für Zwecke der Ermittlung des Veräußerungsgewinns zu schätzen und in den nachfolgenden Jahren entsprechend zu ändern.[46]

312 Aufgabegewinn

> Der **Aufgabegewinn** ergibt sich aus den **Veräußerungserlösen** einzelner Wirtschaftsgüter und des **Entnahmewerts** nach Abzug der **Aufgabekosten** und der **Buchwerte** des Betriebsvermögens (§ 24 Abs 3).

Bei **Betriebsaufgabe** sind als Veräußerungserlös die einzelnen Wirtschaftsgüter im Falle der Veräußerung mit dem tatsächlichen Veräußerungserlös oder sonst mit dem Entnahmewert (gemeiner Wert) aufgrund der Überführung in das außerbetriebliche Vermögen anzusetzen. Bei Abwicklung einer Mitunternehmerschaft hat jeder Mitunternehmer den gemeinen Wert der zu erhaltenen Wirtschaftsgüter anzusetzen.

Beispiel:
Betriebsaufgabe: Der Steuerpflichtige gibt den Betrieb auf. Einzelne Wirtschaftsgüter mit Buchwert EUR 30.000 werden veräußert (Veräußerungserlös EUR 100.000). Die restlichen Wirtschaftsgüter mit Buchwert EUR 10.000 werden entnommen (Entnahmewert EUR 20.000). Die Aufgabekosten betragen EUR 2.000. Der Aufgabegewinn beträgt EUR 78.000.

9.3. Steuerliche Begünstigungen bei Veräußerung oder Aufgabe

313

> Der Veräußerungs- und Aufgabegewinn kann aufgrund der **sofortigen Aufdeckung stiller Reserven** des Betriebsvermögens, die über mehrere Jahre entstanden sein können, zu **erhöhten Einkünften** führen.

---

45   VwGH 29.3.2017, Ra 2015/15/0034.
46   VwGH 17.9.1997, 93/13/0106.

Daher unterliegt ein Veräußerungs- oder Aufgabegewinn **Begünstigungen**, um die dadurch ausgelöste erhöhte Belastung zu mindern.

Für den Veräußerungsgewinn oder Aufgabegewinn stehen **folgende allgemeine Begünstigungen** zu:

- **Freibetrag** von EUR 7.300 ohne weitere Voraussetzungen (§ 24 Abs 4);
- **Verteilung** auf drei Jahre ab siebenjähriger Zurechnung zum Betrieb (§ 37 Abs 2 Z 1);
- **Hälftesteuersatz** bei Beendigung aus persönlichen Gründen (Alter, Tod, Erwerbsunfähigkeit, § 37 Abs 1 und 5).

Die Begünstigungen stehen **alternativ** und nicht gemeinsam zu. Weder der Freibetrag, noch die Verteilung über drei Jahre oder der Hälftesteuersatz steht zu, wenn der **Betrieb gegen Rente veräußert** wurde (§ 24 Abs 4, § 37 Abs 7).

Allgemeine Begünstigungen (§§ 24, 37 EStG)   314

Ein **Freibetrag in Höhe von EUR 7.300** steht für die Veräußerung oder Aufgabe eines ganzen Betriebs zu. Wird ein Teilbetrieb oder ein Anteil am Betriebsvermögen übertragen oder aufgegeben, dann steht der Freibetrag nur anteilig zu. Werden mehrere Betriebe gleichzeitig veräußert oder aufgegeben, dann steht ein Freibetrag für jeden Betrieb zu (§ 24 Abs 4).

Die **Verteilung auf drei Jahre** ist dann zulässig, wenn seit der Eröffnung oder dem letzten entgeltlichen Erwerbsvorgang sieben Jahre verstrichen sind. Die Verteilung erfolgt ab dem Jahr der Veranlagung, dem der Vorgang zuzurechnen ist (§ 37 Abs 2).

Der **Hälftesteuersatz** ist auf Antrag dann anwendbar, wenn der Betrieb seit der Eröffnung oder dem letzten entgeltlichen Erwerbsvorgang sieben Jahre bestanden hat und die Veräußerung oder Aufgabe aus einem der folgenden Gründe erfolgt (§ 37 Abs 5):

- **Alter:** Der Steuerpflichtige muss bei Veräußerung oder Aufgabe aufgrund des **Alters** das 60. Lebensjahr vollendet haben und seine Erwerbstätigkeit einstellen. Eine Erwerbstätigkeit liegt dann vor, wenn der Gesamtumsatz aus den ausgebübten Tätigkeiten EUR 22.000 oder die gesamten Einkünfte aus den ausgeübten Tätigkeiten zumindest EUR 730 im Kalenderjahr beträgt.
- **Erwerbsunfähigkeit** liegt vor, wenn der Steuerpflichtige körperlich oder geistig behindert ist und daher nicht mehr in der Lage ist, seinen Betrieb fortzuführen oder die mit seiner Stellung als Mitunternehmer verbundenen Aufgaben oder Verpflichtungen zu erfüllen. Das Vorliegen dieser Voraussetzungen ist durch ein medizinisches Gutachten oder eine medizinische Beurteilung der zuständigen Sozialversicherung nachzuweisen.
- Aufgrund eines **Todesfalls** muss die Betriebsveräußerung oder Betriebsaufgabe veranlasst werden.

Beispiel:
Der Steuerpflichtige veräußert seinen 20 Jahre laufenden Betrieb aufgrund seiner Erwerbsunfähigkeit um EUR 200.000 mit Buchwerten von EUR 40.000 und Beratungs- und Abschlusskosten in Höhe von EUR 10.000. Der Veräußerungsgewinn beträgt EUR 150.000.
1. **Freibetrag** kürzt den Veräußerungsgewinn auf EUR 142.700.
2. **Verteilung auf drei Jahre** zu je EUR 50.000 beginnend mit dem Veräußerungsjahr, sodass sich niedrigere Steuersätze aufgrund der Progression in diesen Jahren ergeben.

3. **Hälftesteuersatz:** Beträgt das gesamte steuerpflichtige Einkommen EUR 200.000 und der Durchschnittssatz 43,94 %, dann ergibt dies einen Hälftesteuersatz von 21,97 %, der auf den Veräußerungsgewinn von EUR 150.000 anzuwenden ist.
4. **Veräußerung gegen Rente:** Eine Begünstigung steht nicht zu.

315 Vertiefung: Besondere Begünstigungen

Neben den allgemeinen Begünstigungen steht eine besondere Begünstigung zur **Vermeidung einer Doppelbelastung mit Verkehrsteuern** und **besondere Bestimmungen** für Grundstücke zu.

Die Einkommensteuer vom Veräußerungsgewinn wird im Ausmaß der sonst **entstehenden Doppelbelastung** der stillen Reserven auf Antrag ermäßigt oder erlassen, wenn der Steuerpflichtige den Betrieb oder Teilbetrieb oder Anteil am Betriebsvermögen innerhalb der letzten drei Jahre vor der Veräußerung oder Aufgabe erworben und infolge dieses Erwerbs Grunderwerbsteuer oder Stiftungseingangssteuer entrichtet hat (§ 24 Abs 5). Bei Grundstücken kommt die Begünstigung nur zur Anwendung, wenn nicht der gesonderte Steuersatz angewendet wird. Bei allen unentgeltlich erworbenen Grundstücken ist eine vergleichbare Begünstigung für Grundstücksveräußerungen nach § 30 Abs 8 analog[47] anzuwenden (→ 352).

Grundstücke iSd § 30 Abs 1 sind zur Ermittlung des Aufgabegewinnes wie bei einer Entnahme mit dem Teilwert oder dem Buchwert anzusetzen (§ 6 Z 4, → 267) und können bei Vorliegen der Voraussetzungen daher steuerneutral bleiben (Fortführung der Buchwerte). Auf Antrag können aufgrund der Betriebsaufgabe übernommene Gebäude (Gebäudeteile) mit dem gemeinen Wert angesetzt werden, sofern eine begünstigte Betriebsaufgabe vorliegt; die Betriebsaufgabe muss aufgrund der **Einstellung der Erwerbstätigkeit** wegen Alter, Erwerbsunfähigkeit oder Tod des Steuerpflichtigen erfolgen (§ 24 Abs 6). Sinn der freiwilligen Besteuerung ist, den darauf entfallenden Aufgabegewinn in den Hälftesteuersatz einzubeziehen (→ 314).[48]

Beispiele:
1. **Doppelbelastung:** Ein Grundstück wurde vor 2 Jahren unentgeltlich erworben und davon GrESt in Höhe von EUR 1.000 entrichtet (0,5 % von EUR 200.000 Grundstückswert). Die stillen Reserven betragen EUR 150.000 (Anschaffungskosten EUR 150.000, Verkaufserlös EUR 300.000). Die GrESt führte insoweit zu einer Doppelbelastung, als darin in Höhe von EUR 50.000 (25 %) auch bisher entstandene stille Reserven besteuert wurden. Anrechenbar auf die Einkommensteuer sind daher EUR 250 der GrESt (25 %).
2. **Gebäudebegünstigung:** Auf das entnommene Gebäude entfällt ein Aufgabegewinn wegen altersbedingter Aufgabe von EUR 10.000. Bei Anwendung des besonderen Steuersatzes nach § 30a auf das Gebäude erfolgt die Entnahme steuerneutral zum Buchwert. Auf Antrag kann die Besteuerung des darauf entfallenen Aufgabegewinnes ausgelöst und der Hälftesteuersatz anwendbar werden (bei Vorliegen der sonstigen Voraussetzungen nach § 37 Abs 5).

9.4. Unentgeltliche Übertragung der betrieblichen Einkunftsquelle

316

Bei **unentgeltlicher Übertragung von Betrieben, Teilbetrieben und Mitunternehmeranteilen** unterbleibt die Ermittlung des Veräußerungsgewinns.

---

47   EStR Rz 767.
48   EB zu § 24 Abs 3 und 6 idF BGBl I 2023/110.

Der Übernehmende führt das Betriebsvermögen mit dem steuerlichen Restbuchwert fort (**Buchwertfortführung**). Bestehende stille Reserven gehen in diesem Fall auf den Rechtsnachfolger über (§ 6 Z 9 lit a). **Übertragungskosten** sind **nicht abzugsfähig**, insbesondere – für Grundstücke – Grunderwerbsteuer, Eintragungsgebühr und andere damit zusammenhängende Nebenkosten (§ 20 Abs 1 Z 6), aber auch, weil sie mit einem nichtsteuerbaren Vorgang in Zusammenhang stehen (§ 20 Abs 2).[49]

Bei einer gleichzeitig vereinbarten **Versorgungsrente** unter 75 % oder über 125 % des Werts der betrieblichen Einkunftsquelle liegen bei betrieblicher Veranlassung (wie Pensionsersatz für frühere Tätigkeit[50]) sofortige Betriebseinnahmen vor (zur Behandlung beim Rentenverpflichteten als sofortige Betriebsausgaben → 251, 357). Zur außerbetrieblich veranlassten Versorgungsrente und zu **Unterhaltsrenten** bei Übersteigen des Rentenbarwerts in Höhe von 200 % des Werts der betrieblichen Einkunftsquelle → 357.

Beispiel:

Die Steuerpflichtige übergibt den Betrieb mit einem Verkehrswert von EUR 300.000 unentgeltlich an ihre Kinder. Die Wirtschaftsgüter werden mit Buchwerten von EUR 100.000 in der Bilanz ausgewiesen. Für die Eintragung des Grundstücks fallen Vertragskosten, GrESt und Eintragungsgebühren an. Der unentgeltliche Vorgang führt zur Buchwertfortführung. Die Kinder setzen EUR 100.000 in der Bilanz fort. Bei einer späteren Realisierung haben die Kinder die darauf entfallende Steuer zu bezahlen. Die Übertragungskosten sind steuerlich nicht abzugsfähig.

Überblick: Vergleich Unternehmensverkauf und Umgründungen   317

	Unternehmensverkauf (Asset Deal)	Beteiligungsverkauf (Share Deal)	Umgründung (Reorganisation)
Privatrecht	Übertragung des Unternehmens §38 UGB **gegen Entgelt**	Übertragung der Beteiligung **gegen Entgelt**	Übertragung von Vermögen unter **Fortsetzung der Tätigkeit in anderer Form**
	Einzelrechtsnachfolge mit Sonderbestimmungen (zB § 38 UGB)	**Einzelrechtsnachfolge** hinsichtlich der Beteiligung	**Teilweise Gesamtrechtsnachfolge** je nach Umgründungsart
Haftung	**Haftung** des Rechtsnachfolgers nach § 1409 ABGB (§14 BAO), § 38 UGB; **Übergang der Verbindlichkeiten** nach § 38 UGB	**Verbindlichkeiten** des Unternehmens werden **vollständig übernommen**	**Haftung** der Übernehmende der Verbindlichkeiten je nach Umgründungsart
Ertragsteuer	**Veräußerer** erzielt Veräußerungsgewinn (Veräußerungserlös minus Buchwert minus Transaktionskosten) **Natürliche Person:** 0–55 % ESt mit Begünstigungen; **Körperschaft: 23 % KöSt** (Share Deal bei Personengesellschaft, Durchgriffsprinzip)	**Share Deal bei Kapitalgesellschaften: Veräußerer** erzielt Veräußerungsgewinn (Veräußerungserlös minus Buchwert; minus Transaktionskosten nur bei Kapitalgesellschaften) **Natürliche Person: 27,5 % ESt; Körperschaft: 23% KöSt**	**Übertragender erzielt keinen Veräußerungsgewinn**, es kommt stattdessen zur **Buchwertfortführung** (keine Aufdeckung stiller Reserven)
	Erwerber setzt Wirtschaftsgüter zum Anschaffungswert an, Ansatz eines Firmenwertes; abnutzbare Wirtschaftsgüter und Firmenwert über die Nutzungsdauer abzusetzen	**Erwerber** setzt Beteiligung zum Anschaffungswert an (nichtabnutzbar, bloß Teilwertabschreibung möglich bei Wertminderung); **Einschränkung Abzugsfähigkeit Zinsen**, außer § 7 Abs 3 KStG	**Übernehmender** führt Buchwerte des Veräußerers fort
USt	Übertragungen der einzelnen Wirtschaftsgüter sind **umsatzsteuerlich individuell** zu beurteilen (Steuersatz, Befreiung); **Vorsteuerabzug** des Erwerbers (Überrechnung möglich)	Übertragung der Beteiligung ist **umsatzsteuerfrei; Vorsteuerabzug** aus Transaktionskosten nur beschränkt möglich	Übertragungen im Zusammenhang mit Umgründungen sind **nicht umsatzsteuerbar; Vorsteuerabzug** aus Transaktionskosten steht grundsätzlich zu
GrESt	**3,5 %** des Kaufpreises	**0,5 %** vom Grundstückswert bei Anteilsvereinigung/Gesellschafterwechsel	**0,5 %** vom Grundstückswert
Bilanzrecht	**Ansatz der Wirtschaftsgüter** zum Anschaffungswert (abnutzbar bzw nichtabnutzbar), Ausweis eines Firmenwertes (abnutzbar)	**Ansatz der Beteiligung** in der Unternehmensbilanz des Erwerbers zum Anschaffungswert (nichtabnutzbar)	**Ansatz zum Anschaffungswert** in der Unternehmensbilanz **Mögliche Buchwertfortführung** § 202 UGB

Abbildung 22: Vergleich Unternehmensverkauf und Umgründungen

---

49   UFS 13.1.2004, RV/0940-W/03.
50   VwGH 22.3.2000, 97/13/0093.

10. Betriebliche Einkünfteverteilung (§ 37 EStG)

318

Für bestimmte betriebliche Einkünfte besteht die Möglichkeit der **Einkünfteverteilung über mehrere Veranlagungszeiträume**.

Diese sind:

- Verteilung des **Veräußerungsgewinns** über **drei** Jahre (§ 37 Abs 2 Z 1; → 314),
- Verteilung über **drei** Jahre von bestimmten **Entschädigungen** als Einnahmenersatz (§ 37 Abs 2 Z 2),
- Verteilung über **fünf** Jahre von **aufgedeckten stillen Reserven von betrieblichen Wirtschaftsgütern** aufgrund eines behördlichen Eingriffs oder zur Vermeidung eines solchen nachweisbar unmittelbar drohenden Eingriffs, sofern § 12 nicht angewendet wird (§ 37 Abs 3).
- Verteilung bestimmter Einkünfte aus **Land- und Forstwirtschaft** (§ 21) über **drei** Jahre zur Glättung von Ertragsschwankungen aus der laufenden Produktion (§ 37 Abs 4).

Die mögliche Verteilung als Tarifbegünstigung steht nicht zu, wenn die Einkünfte **nicht in einem Veranlagungszeitraum anfallen** (§ 37 Abs 7).

Einkünfte aus selbständiger künstlerischer Tätigkeit (§ 10 Abs 3 Z 4 UStG) und aus **schriftstellerischer Tätigkeit** können **rückwirkend auf drei Jahre** verteilt werden, beginnend mit dem Jahr der Erzielung (§ 37 Abs 9).

11. Betriebliche Verluste

319

Betriebliche Verluste sind grundsätzlich mit betrieblichen Gewinnen der jeweiligen betrieblichen Einkunftsart auszugleichen (**horizontaler Verlustausgleich**). Der Ausgleich betrieblicher Verluste ist jedoch eingeschränkt (**Verlustausgleichsbeschränkungen**).

Verlustausgleichsbeschränkungen bestehen für:

- Verluste aus **begünstigt besteuerten betrieblichen Einkunftsarten** innerhalb desselben Betriebs (§ 6 Z 2 lit c und lit d),
- Verluste bei **kapitalistischen Mitunternehmern** mit beschränkter Haftung (§ 23a), und
- Verluste aus **ausländischen Betrieben** (§ 2 Abs 8 Z 3 und Z 4),
- Verluste aus **Verlustbeteiligungsmodellen** oder **Verluste aus passiven betrieblichen Betätigungen** mit anderen Einkünften (§ 2 Abs 2a).

Verluste aus **Liebhabereitätigkeiten** und sonstige **steuerneutrale Vorgänge** (Schenkungen, Erbschaften) sind von vornherein nicht zu berücksichtigen, da sie außerhalb der sieben Einkunftsarten anfallen.

Vertiefung: Begünstigt besteuertes Vermögen 320

Verluste aus **begünstigt besteuerten betrieblichen Vermögen** sind innerhalb desselben Betriebs nur mit Wertsteigerungen derselben Vermögensart auszugleichen. Ein verbleibender negativer Überhang ist nur eingeschränkt ausgleichsfähig.

Wertminderungen von **betrieblichem Kapitalvermögen**, das einem besonderen Steuersatz unterliegt, sind vorrangig mit Wertsteigerungen derartiger Wirtschaftsgüter desselben Betriebs zu verrechnen. Ein verbleibender negativer Überhang darf nur zu **55 %** ausgeglichen werden (§ 6 Z 2 lit c).

Wertminderungen von **Grundstücken**, die dem besonderen Steuersatz unterliegen, sind vorrangig mit Wertsteigerungen derartiger Wirtschaftsgüter desselben Betriebs zu verrechnen. Ein verbleibender negativer Überhang darf nur zu **60 %** ausgeglichen werden (§ 6 Z 2 lit d).

Wertminderungen sind Teilwertabschreibungen und Veräußerungsverluste und bei Grundstücken auch außergewöhnliche Absetzungen. **Wertsteigerungen** sind Zuschreibungen und Veräußerungsgewinne aus Veräußerungen oder Entnahmen.

Beispiele:
1. **Kapitalvermögen:** In den betrieblichen Einkünften sind gesondert ermittelte Verluste aus Aktien in Höhe von EUR 50.000, Gewinne aus Derivaten in Höhe von EUR 10.000 und Gewinne aus einer typisch stillen Gesellschaft von EUR 20.000 enthalten. Der Aktienverlust ist vorrangig mit den Derivatgewinnen auszugleichen. Der Verlustüberhang von EUR 40.000 ist auf EUR 22.000 (55 %) zu kürzen, weil Gewinne aus der typisch stillen Gesellschaft nicht mit dem besonderen Steuersatz besteuert werden. Der Restbetrag ist allgemeiner betrieblicher Verlust und mit den Gewinnen aus der typisch stillen Gesellschaft und sonstigen Einkünften auszugleichen.
2. **Grundstücke:** In den betrieblichen Einkünften ist eine gesondert ermittelte Wertminderung aus der Teilwertabschreibung eines Grundstücks des Anlagevermögens in Höhe von EUR 140.000 enthalten. Gleichzeitig wurde ein Gewinn aus der Veräußerung eines Grundstücks des Anlagevermögens in Höhe von EUR 40.000 und des Umlaufvermögens von EUR 30.000 erzielt. Die Wertminderung ist vorrangig mit dem Gewinn aus der Veräußerung von EUR 40.000 auszugleichen. Der verbleibende Restbetrag von EUR 100.000 ist auf EUR 60.000 zu kürzen (60 %), weil ein weiterer Ausgleich mit dem nicht dem besonderen Steuersatz unterliegenden Umlaufvermögen nicht möglich ist. Der verbleibende Verlust ist allgemeiner betrieblicher Verlust und kann mit den restlichen Gewinnen des Betriebs und in der Folge mit anderen Einkünften ausgeglichen werden.

Vertiefung: Verlustbeteiligung, passive Tätigkeiten 321

Verluste aus **Verlustbeteiligungsmodellen** oder **Verluste aus passiven, betrieblichen Betätigungen** sind nicht mit anderen Einkünften ausgleichsfähig (Wartetastenverluste).

Die Verluste sind nur mit **zukünftigen Gewinnen aus dieser Betätigung oder diesem Betrieb** frühestmöglich zu verrechnen (§ 2 Abs 2a).

Mit der **Verlustausgleichsbeschränkung** soll verhindert werden, dass insbesondere Anfangsverluste aus derartigen Betätigungen mit Einkünften aus anderen Einkunftsquellen gegengerechnet werden können, um insgesamt die steuerpflichtigen Einkünfte zu vermindern. Sofern eine Verrechnung mit laufenden Gewinnen nicht möglich ist, sind sie vorrangig mit Veräußerungsgewinnen daraus zu verrechnen und werden sonst mit anderen Einkünften verrechenbar.

Ein **Verlustbeteiligungsmodell** liegt vor, wenn sich der Steuerpflichtige an Gesellschaften oder Gemeinschaften beteiligt, bei denen das Erzielen steuerlicher Vorteile im Vordergrund steht. Ein Verlustbeteiligungsmodell liegt nicht ausschließlich, aber insbesondere vor, wenn das Modell allgemein angeboten wird und mit dem Steuereffekt der Verlustberücksichtigung ein um das Doppelte besseres Ergebnis erzielt werden könnte (§ 2 Abs 2a). Verluste aus einem Verlustbeteiligungsmodell gelten bei natürlichen Personen als nicht ausgleichsfähig.

Eine **passive betriebliche Betätigung** liegt bei einem Unternehmensschwerpunkt in der Verwaltung unkörperlicher Wirtschaftsgüter oder der gewerblichen Vermietung von Wirtschaftsgütern vor (§ 2 Abs 2a). Verluste aus passiven betrieblichen Betätigungen sind nur bei natürlichen Personen nicht abzugsfähig.

Beispiele:
1. **Verlustbeschränkung:** Aus einem Verlustbeteiligungsmodell wird ein Verlust von EUR 10.000 erzielt. Sonstige Einkünfte liegen in Höhe von EUR 40.000 vor. Der Verlust kann in diesem Fall nicht von den sonstigen Einkünften abgezogen werden, sondern lediglich mit zukünftigen Gewinnen aus dem Verlustbeteiligungsmodell gegengerechnet werden.
2. **Passive betriebliche Betätigung** liegt vor beim Wertpapierhandel, bei der Verwaltung von Anteilen, Wertpapieren, Forderungen und selbst hergestellten Rechten oder bei Beteiligungen an Leasingpersonengesellschaften.

322 Kapitalistische Mitunternehmer (§ 23a EStG)

Natürlichen Personen als kapitalistische Mitunternehmer können ihnen zuzurechnende Verluste aus dem Betrieb der Personengesellschaft nur soweit steuerlich berücksichtigen, als sie diese Verluste auch **wirtschaftlich zu tragen** haben.

Nicht abzugsfähige Verluste sind grundsätzlich nur **mit Gewinnen aus späteren Geschäftsjahren zu verrechnen**, wozu auch Übergangs- und Veräußerungsgewinne zählen (§ 23a).

Kapitalistische Mitunternehmer sind Gesellschafter, wenn sie Dritten gegenüber nicht oder eingeschränkt haften und keine ausgeprägte Mitunternehmerinitiative entfalten (§ 23a Abs 2). Interne Haftungsbeschränkungen oder Regressvereinbarungen sind nicht relevant. Eine ausgeprägte Mitunternehmerinitiative hindert die Verlustbeschränkung. Dies ist insbesondere im Falle der laufenden Geschäftsführung der Personengesellschaft der Fall oder bei laufender Mitarbeit im Ausmaß von 10 Wochenstunden. Mitunternehmerinitiative liegt hingegen nicht vor, wenn der Mitunternehmer die Leistungen nicht in seiner Funktion als Mitunternehmer, sondern aus seinem eigenständigen Betrieb erbringt.[51]

---

51   Info des BMF 7.7.2016, BMF-010203/0200-VI/6/2016.

Beispiele:

1. **Komplementäre einer KG, reine Arbeitsgesellschafter oder Kommanditisten als Geschäftsführer einer KG** sind in ihrer Haftung gegenüber Dritten nicht beschränkt bzw üben Unternehmerinitiative aus, sodass die Verlustbeschränkung nicht zur Anwendung kommt.
2. **Kommanditisten ohne Arbeitsleistung** sind kapitalistische Mitunternehmer. Ist der Kommanditist jedoch gleichzeitig Geschäftsführer der Komplementär-GmbH der GmbH & Co KG, dann führt dieser auch die Geschäfte der KG und ist aktiver Mitunternehmer.
3. **Atypisch stiller Gesellschafter** mit Beteiligung an einem Betrieb: Der atypisch stille Gesellschafter tritt gegenüber Dritten nicht auf und haftet diesen gegenüber auch nicht. Mangels Unternehmerinitiative kann die Verlustbeschränkung daher zur Anwendung kommen.

Kapitalistische Mitunternehmer: Beschränkung   323

Verluste aus der Personengesellschaft sind in einem Jahr **nicht zu berücksichtigen**, soweit dadurch **ein negatives steuerliches Kapitalkonto** entsteht oder sich erhöht.

Die Berechnung der Verlustbeschränkung erfolgt in drei Schritten:

- **Ermittlung des steuerlichen Kapitalkontos** beschränkt auf die Ebene der Personengesellschaft;
- **Ermittlung eines Verlustüberhangs** aufgrund von Verlusten der Personengesellschaft;
- **Ermittlung der Verlustbeschränkung** aus dem steuerlichen Kapitalkonto und Verlustüberhang.

Das **steuerliche Kapitalkonto** ist nur über den Betrieb der Personengesellschaft und dessen Gesellschaftsvermögen zu führen. Dieses setzt sich aus dem fixen und variablen Kapitalkonto der Gesellschaftsbilanz und dem Kapital der Ergänzungsbilanz zusammen (aufgrund späteren Eintritts → 280). Keine Auswirkungen auf den Stand des steuerlichen Kapitalkontos haben das Sonderbetriebsvermögen und Leistungen des Mitunternehmers. Das steuerliche Kapitalkonto wird:

- um **Einlagen in das Gesellschaftsvermögen und Gewinne der Gesellschaft erhöht** und
- um **Entnahmen aus dem Gesellschaftsvermögen und Verluste der Gesellschaft vermindert**.

Verluste aus dem Betrieb der Personengesellschaft sind nur solche, die direkt aus der Beteiligung an der Personengesellschaft erzielt werden. Keine Verlustbeschränkung besteht für Verluste aus Leistungen als Mitunternehmer gegenüber der Personengesellschaft und aus dem Sonderbetriebsvermögen des Mitunternehmers, weil der Mitunternehmer Dritten gegenüber damit nicht haftet.

Die Entwicklung des steuerlichen Kapitalkontos und die Wartetastenverluste sind in der jährlichen **Einkünftefeststellungserklärung** (§ 188 BAO) darzustellen (Abs 6). Dies gilt auch für §-4-Abs-3-Ermittler (Abs 5).

Beispiel:

Kommanditist einer betrieblich tätigen KG: Ein Kommanditist ohne ausgeprägte Unternehmerinitiative leistet eine Einlage von EUR 10.000 entsprechend seiner Haftungssumme, sodass der Stand des steuerlichen Kapitalkontos EUR 10.000 beträgt (Schritt 1). Der Verlust allein aus dem Betrieb der Personengesellschaft beträgt EUR 15.000, der getrennt ermittelte Gewinn aus dem Sonderbetriebsvermögen beträgt EUR 4.000. Somit verbleibt ein Verlustüberhang allein aus der Personengesellschaft von EUR –11.000 (Schritt 2). Da der Verlustüberhang das steuerliche Kapitalkonto um EUR 1.000 übersteigt, unterliegt dieser Betrag, der nicht ausgleichsfähig ist, (Schritt 3) der Verlustbeschränkung.

324 Kapitalistische Mitunternehmer: Verrechnung

Nicht ausgleichs- und abzugsfähige Verluste als kapitalistischer Mitunternehmer (Wartetastenverluste) können ausgeglichen oder abgezogen werden, soweit in späteren Wirtschaftsjahren Gewinn aus der Personengesellschaft erzielt wird oder Einlagen geleistet werden und diese gleichzeitig die Entnahmen übersteigen. Wird der kapitalistische Mitunternehmer zur Haftung herangezogen, gilt dies steuerlich als Einlage. Wird der kapitalistische Mitunternehmer zu einem unbeschränkt haftenden Gesellschafter gemäß § 128 UGB, dann werden alle bisherigen nicht ausgleichs- oder abzugsfähigen Verluste ab diesem Veranlagungsjahr ausgleichs- oder abzugsfähig (Abs 4).

Gehen Verluste durch begünstigte Einbringung **auf eine Körperschaft** über, dann hat auch die Körperschaft diese Verluste weiterzuführen und mit Gewinnen gegenzurechnen.

Beispiele:
1. **Verrechnung mit Gewinnanteil:** Das steuerliche Kapitalkonto beträgt EUR –5.000 (Schritt 1). Nicht ausgleichs- und abzugsfähige Verluste (Wartetastenverluste) liegen in Höhe von EUR –1.000 vor. Der Gewinnanteil ohne Sonderbetriebsvermögen und Leistungen des Mitunternehmers beträgt Jahr EUR 3.000. Daher kann der Wartetastenverlust damit verrechnet werden. Der nicht verrechnete Gewinnanteil von EUR 2.000 erhöht das steuerliche Kapitalkonto auf EUR –3.000.
2. **Einlage zur Erhöhung der Verlustverrechnung:** Das steuerliche Kapitalkonto beträgt EUR –3.000 und der Wartetastenverlust EUR –1.000. Der Mitunternehmer leistet eine Einlage in Höhe von EUR 5.000. Der Wartetastenverlust von EUR –1.000 kann damit verrechnet werden, der Rest erhöht das Kapitalkonto auf EUR 1.000. Ein neuer Verlustanteil wird in dieser Höhe sofort wieder ausgleichsfähig.

325 Vertiefung: Ausländische Verluste (§ 2 Abs 8 EStG)

Ausländische Verluste können bei der Ermittlung des Einkommens nur bei **Nichtberücksichtigung im Ausland** und nur beschränkt auf die Höhe des **nach ausländischem Steuerrecht ermittelten Verlustes** des Wirtschaftsjahres angesetzt werden (§ 2 Abs 8 Z 3).

Die Berücksichtigung ausländischer Verluste ist grundsätzlich nur bei **Anwendung der Anrechnungsmethode** geboten, weil sowohl in- als auch ausländische positive Einkünfte und Verluste bei der Einkommensermittlung berücksichtigt werden. Unter der **Befreiungsmethode** wäre eine Berücksichtigung sowohl ausländischer positiver Einkünfte als auch ausländischer Verluste dagegen nicht geboten, mit Ausnahme des Progressionsvorbehalts.

Ausländische Verluste können ausnahmsweise nach innerstaatlichem Steuerrecht dennoch berücksichtigt werden, sofern diese im Ausland noch nicht berücksichtigt werden können (§ 2 Abs 8). Nur während der **unbeschränkten Steuerpflicht entstandene aus-**

ländische Verluste sind mit anderem Einkommen ausgleichsfähig. Die Berücksichtigung erfolgt jedoch nur beschränkt auf die Höhe des nach ausländischem Steuerrecht ermittelten Verlustes. Es erfolgt jedoch eine Nachversteuerung durch Erhöhung der Einkünfte in Höhe der bisher geltend gemachten Verluste, soweit:

- diese Verluste **im Ausland berücksichtigt** werden oder berücksichtigt werden könnten,
- bei Verlusten aus Staaten, mit denen **keine umfassende Amtshilfe** besteht, **spätestens bis zum dritten Jahr**, wenn keine Nachversteuerung durch Verlustberücksichtigung erfolgte.

Eine **grenzüberschreitende Verlustberücksichtigung** kann auch aufgrund der EU-Grundfreiheiten in bestimmten Fällen zwingend erforderlich sein, wenn der Verlust im Ausland endgültig steuerlich nicht mehr verwertet werden kann (**finale Verlustberücksichtigung**).[52] Diese Ungleichbehandlung kann dennoch **gerechtfertigt** sein, wenn damit die Aufteilung der Steuerhoheit unter den Mitgliedstaaten gewahrt werden soll (bei Anwendung der Befreiungsmethode), eine doppelte Verlustberücksichtigung und eine Steuerfluchtgefahr verhindert werden sollen.[53]

Beispiele:
1. **Ausländische Betriebsstätte:** Die ausländische Betriebsstätte in einem Staat mit Befreiungsmethode erzielt einen Verlust nach inländischem Steuerrecht von EUR 10.000, nach ausländischem Steuerrecht von EUR 12.000 (Differenz aus nichtabzugsfähigen Ausgaben im Inland). Im Inland können mangels Berücksichtigung im Ausland EUR 10.000 berücksichtigt werden. Wird der Verlust in einem späteren Jahr aufgrund eines ausländischen Gewinns der Betriebsstätte verwendet, dann sind die Einkünfte im Inland dementsprechend zu erhöhen und die Verlustverwertung nachzuversteuern. Sofern die ausländische Betriebsstätte in einem Staat ohne umfassende Amtshilfe liegt, ist eine Nachversteuerung der EUR 10.000 spätestens im dritten Jahr nach inländischer Verlustberücksichtigung vorzunehmen.
2. **Ausländische Verluste vor Ansässigkeitswechsel nach Österreich:** Entstehen bei einem Steuerpflichtigen in Deutschland Verluste und verlegt der Steuerpflichtige danach seine Ansässigkeit nach Österreich, dann können die deutschen Verluste nicht in Österreich berücksichtigt werden. Die ausländischen Verluste sind auch nicht nach EU-Recht im Inland zu berücksichtigen, weil die ursprünglichen Gewinne auch nicht der Besteuerung im Inland unterlagen.[54]

---

52 EuGH 13.12.2005, C-446/03, *Marks & Spencer*; EuGH 21.2.2013, C-123/11, *A. Oy*, EuGH 17.7.2014, C-48/13, *Nordea Bank Danmark A/S*.
53 EuGH 3.2.2015, C-172/13, *Kommission/Großbritannien*; EuGH 17.12.2015, C-388/14, *Timac Agro*.
54 VwGH 29.3.2017, Ro 2015/15/0004 (zu einer deutschen GmbH); EuGH 29.11.2011, C-371/10, *National Grid Indus BV*.

Kapitel 6

Einkommensteuer[1] – Außerbetriebliche Einkünfteermittlung

1. Grundsätze

Nettoprinzip: Überschuss der Einnahmen über die Werbungskosten   326

> Bei den außerbetrieblichen Einkunftsarten sind die Einkünfte aus dem **Überschuss der Einnahmen über die Ausgaben** zu ermitteln (§ 2 Abs 4 Z 2).

Nach dem **Nettoprinzip** sind steuerpflichtige außerbetriebliche Einnahmen von abzugsfähigen Werbungskosten abzuziehen (zum Nettoprinzip als Baustein der Ermittlung → 160ff). Außerbetriebliche **Einnahmen** sind Geld oder geldwerte Vorteile, die im Rahmen der außerbetrieblichen Einkünfte zufließen. Einnahmen aus der Veräußerung von Wirtschaftsgütern sind nur insoweit zu berücksichtigen, als dies bei den außerbetrieblichen Einkunftsarten vorgesehen ist (§ 15). Ausdrücklich steuerfreie Einnahmen und Einnahmen, die nicht aus einer Einkunftsquelle innerhalb der sieben Einkunftsarten stammen, sind dagegen nicht zu berücksichtigen. **Werbungskosten** sind die Aufwendungen oder Ausgaben zur Erwerbung, Sicherung oder Erhaltung außerbetrieblicher Einnahmen (§ 16 Abs 1). Bestimmte Werbungskosten, die teils dem privaten Bereich zuzuordnen sind, sind nicht abzugsfähig und daher auch nicht bei der Einkünfteermittlung zu berücksichtigen (§ 20 Abs 1). Nicht abzugsfähig sind auch Werbungskosten, die mit steuerfreien Einnahmen in unmittelbarem wirtschaftlichen Zusammenhang stehen (§ 20 Abs 2 → 172).

Bei Einkünften, die einem besonderen Steuersatz unterliegen, gilt jedoch eine **Bruttobesteuerung**, wonach die mit den Einkünften in Zusammenhang stehenden Werbungskosten grundsätzlich nicht berücksichtigt werden können (§ 20 Abs 2 → 172).

Beispiele:
1. **Ausgaben, die der Anschaffung, Herstellung, Instandsetzung oder Erhaltung** von Wirtschaftsgütern dienen, die zu außerbetrieblichen Einkünften führen, sind Werbungskosten.
2. **Laufende Ausgaben**, die der außerbetrieblichen Einkünfteerzielung dienen, sind Werbungskosten, wie zB Ausgaben aufgrund von Beratung, Bürgschaft, Fremdmitteln (Zinsen, Geldbeschaffung), Gewährleistung, Garantien, Löhnen und Gehältern samt Nebenkosten und geleisteter tatsächlicher Aufwandsersatz, Mieten, Prozessen, Schadenersatz, Treuhandschaften, Vermittlungen, Vertrieb, Verwaltung, Versicherung.

---

1   Paragraphenverweise ohne Gesetzesangabe beziehen sich auf das Einkommensteuergesetz (EStG).

327 Periodenprinzip: Zu- und Abflussprinzip

Einnahmen (§ 15) und Werbungskosten (§ 16), gesamt als Überschuss (§ 2 Abs 4 Z 2), sind grundsätzlich nach dem **Zu- und Abflussprinzip** zu berücksichtigen (§ 19; zum Zu- und Abfluss-Prinzip → 234ff).

Abweichungen ergeben sich bei wiederkehrenden Einnahmen und Ausgaben um den Jahreswechsel und bei bestimmten Vorauszahlungen (→ 239). Anschaffungs- und Herstellungskosten für Wirtschaftsgüter sind darüber hinaus nicht bereits im Zeitpunkt des Abflusses, sondern erst im Wege der Absetzung für Abnutzung oder bei Veräußerung zu berücksichtigen.

Das Zu- und Abflussprinzip führt verstärkt dazu, dass **Einnahmen und Ausgaben**, die in unterschiedlichen Perioden zu- und abfließen, **nicht miteinander ausgeglichen** werden können. Sind daher in einem Jahr Ausgaben ab- und im nächsten Jahr die daraus erzielten Einnahmen zugeflossen, dann können die Ausgaben unter Umständen nicht mit den Einnahmen verrechnet werden. Darüber hinaus führen **Verlustverrechnungsbeschränkungen** dazu, dass Verluste aus einer Einkunftsart nicht mit positiven Einkünften aus einer anderen Einkunftsart desselben Jahres verrechnet werden können.

Verfassungsrechtlich kann eine Verlustberücksichtigung in zukünftigen Jahren bzw nachträgliche Verluste mit vorangegangenen Einkünften geboten sein, weil ansonsten Einkünfte besteuert werden, die bei einer **periodenübergreifenden** Gesamtbetrachtung nicht erzielt wurden (Besteuerung fiktiver Einkünfte). Die Verhinderung der gänzlichen Verlusteinschränkung wird teilweise durch die Möglichkeit besonderer Aufwandsverteilung erreicht.

Beispiele:
1. **Verlustverrechnungsbeschränkungen** bestehen für Einkünfte aus Kapitalvermögen, Einkünfte aus privaten Grundstücksveräußerungen, Verlustbeteiligungsmodelle, Einkünfte aus Leistungen und Einkünfte aus Spekulationsgeschäften.
2. **Spekulationsgeschäft:** Kommt es in einem Jahr zu positiven Einkünften aus Spekulationsgeschäften und fallen ein Jahr später nachträgliche Werbungskosten an, die nicht mit anderen Einkünften ausgeglichen werden können, dann sind diese dennoch aus verfassungsrechtlicher Sicht mit anderen Einkünften ausgleichsfähig.[2]
3. **Aufwandsverteilung bei Vermietung und Verpachtung:** Bei Einkünften aus Vermietung und Verpachtung fallen in einem Jahr Ausgaben an, die nicht mit zukünftigen Einnahmen ausgeglichen werden können.[3] Daher ist vorgesehen, dass bestimmte Ausgaben zur Instandhaltung und Instandsetzung bei der Vermietung und Verpachtung auf mehrere Jahre verteilt abgesetzt werden können (→ 348).

---

2   VfGH 11.12.2002, B941/02.
3   VfGH 30.9.2010, G35/10.

2. Nichtselbständige Arbeit (§ 25 EStG)

2.1. Grundsätze der Einkünfteermittlung aus nichtselbständiger Arbeit

328

Einkünfte aus nichtselbständiger Arbeit (§ 25) sind durch Gegenüberstellung der **Einnahmen** und **Werbungskosten** aus der nichtselbständigen Arbeit zu ermitteln. **Verluste,** die sich daraus ergeben, sind mit anderen Einkünften ausgleichsfähig.

Nach dem **Nettoprinzip** sind nur steuerpflichtige Einnahmen und abzugsfähige Werbungskosten zu berücksichtigen. Sonstige Zahlungen, wie steuerfreie Einnahmen, nichtabzugsfähige Werbungskosten und andere Leistungen, sind nicht berücksichtigen. Nach dem **Periodenprinzip** sind Einnahmen und Werbungskosten nach dem Zu- und Abflussprinzip zu berücksichtigen. Eine **gesonderte Ermittlung** hat für Einkünfte zu erfolgen, die einer besonderen Besteuerung unterliegen (Freibetrag, begünstigter Steuersatz, Verteilung, → 68).

2.2. Einnahmen aus nichtselbständiger Arbeit

Einnahmen ergeben sich aus dem Arbeitslohn, Bezügen und sonstigen geldwerten Vor- **329** teile (→ 162). Erfasst werden sowohl einmalige als auch laufende Einnahmen, gleich ob ein Rechtsanspruch auf sie besteht oder nicht oder diese dem Bezugsberechtigten oder einem Rechtsnachfolger auch zufließen (§ 25 Abs 2). Rückzahlungen von in einem Vorjahr als Werbungskosten geltend gemachten Beträgen sind ebenso als Einnahmen zu berücksichtigen.

Die Bewertung von geldwerten Vorteilen (Sachbezügen) für Arbeitnehmer ist mit den um übliche Preisnachlässe verminderten üblichen Endpreisen des Abgabeortes anzusetzen (§ 15 Abs 2 Z 1). Bestimmte Sachbezüge sind nach der Sachbezugswerteverordnung zu bewerten (§ 15 Abs 2 Z 2). In der Sachbezugswerteverordnung sind geregelt: Wert der vollen freien Station (§ 1), begünstigt bereitgestellter Wohnraum (§ 2), Naturalleistungen in der Land- und Forstwirtschaft, landwirtschaftliche Produkte, Nutzungen von Maschinen und Geräten, Strom (§§ 3 und 6), Privatnutzung eines Kfz des Arbeitgebers (§ 4), Privatnutzung des Arbeitgeber-Kfz-Abstell- oder Garagenplatzes (§ 4a), Privatnutzung Fahrräder und Krafträder (§ 4b), Aufladen emissionsfreier Kraftfahrzeuge (§ 4c), zinsgünstige Arbeitgeberdarlehen (§ 5) und Mitarbeiteroptionen (§ 7).

Beispiele:

1. **Privatnutzung des Arbeitgeber-Kfz:** Die Nutzung ist grundsätzlich mit 2 % der tatsächlichen Anschaffungskosten, maximal EUR 960 monatlich, anzusetzen. Der Sachbezugswert vermindert sich aufgrund eines niedrigeren CO_2-Emissionswerts auf 1,5 % und maximal EUR 720 monatlich und ohne CO_2-Emission auf 0 % (ebenso für Fahrräder und Kraftfahrräder, § 4b). Bei geringfügiger Nutzung (nicht mehr als 500 km im Monat) ist der halbe Sachbezugswert oder in bestimmten Fällen ein noch geringerer Sachbezugswert anzusetzen (Fahrtenbuchnachweis für verminderte Sachbezugswerte). Kostenbeiträge des Arbeitnehmers kürzen den Sachbezug (§ 4).

2. **Abstell- oder Garagenplatz:** Die unentgeltliche Nutzung eines Abstellplatzes des Arbeitgebers in Bereichen einer Parkraumbewirtschaftung während der Arbeitszeit ist mit EUR 14,53 anzusetzen (§ 4a).

3. **Zinsbegünstigte Arbeitgeberdarlehen** sind bei Beträgen über EUR 7.300 (Befreiung → 333) mit der Differenz des veröffentlichten üblichen Zinssatzes anzusetzen. Beträgt das Darlehen EUR 12.300 und der übliche Zinssatz 2 %, dann ergibt dies bei einem zinsfreien Darlehen EUR 100 (EUR 12.300 minus EUR 7.300 Freibetrag ergibt EUR 5.000, davon 2 %).

4. **Mitarbeiterbeteiligungen und Optionen:** Wird dem Arbeitnehmer eine Mitarbeiterbeteiligung oder eine Option eingeräumt, über die er frei verfügen kann (und die daher nicht von zukünftigen Arbeitsleistungen abhängt), dann ist der Wert der Beteiligung (soweit nicht eine Befreiung anzuwenden ist → 334) oder der Option anzusetzen. Bei einer Option mit Börsenwert ist dieser heranzuziehen, sonst ist der innere Wert zu ermitteln (§ 7).

Geldwerte Vorteile aus Start-Up-Mitarbeiterbeteiligungen unterliegen besonderen Begünstigungen (§ 67a). Bei Start-Up-Mitarbeiterbeteiligungen (Abs 2) gilt der geldwerte Vorteil aus der unentgeltlichen Abgabe von Kapitalanteilen (Beteiligungen) nicht im Zeitpunkt der Abgabe der Anteile, sondern erst bei Veräußerung oder dem Eintritt sonstiger Umstände (Abs 3) als zugeflossen (Abs 1, **Verlagerung des Zuflusszeitpunktes**). Die Bemessungsgrundlage ergibt sich vorrangig aus dem Veräußerungserlös, sonst nach dem gemeinen Wert (Abs 4 Z 1). Bei längerer Haltedauer und Dauer des Dienstverhältnisses erfolgt eine **Besteuerung von 75 % zu einem besonderen Steuersatz von 27,5 %**, sonst zum progressiven Tarif (Abs 4 Z 2). Die Steuererhebung erfolgt mittels Lohnsteuerabzug oder durch Veranlagung (Abs 4 Z 3). Des Weiteren gelten besondere Bestimmungen zu alinearen Gewinnausschüttungen (Abs 4 Z 4), Anschaffungskosten bei Übertragungen durch Gesellschafter (Abs 4 Z 5) und zur Abzugsfähigkeit von Sozialversicherungsbeiträgen (Abs 5). Von 1.1.2024 bis 31.12.2025 können virtuelle Geschäftsanteile steuerneutral in Start-Up-Mitarbeiterbeteiligungen umgewandelt werden (§ 124b Z 460).

330 Leistungen außerhalb des Einnahmenbegriffs (§ 26 EStG)

Nicht zu den Einnahmen zählen vom Arbeitgeber übernommene Leistungen in dessen Interesse.

Beispiele:

1. **Unentgeltlich überlassene typische Berufskleidung** und deren Reinigung durch den Arbeitgeber an den Arbeitnehmer, wie dies bei Uniformen oder Talaren von Richtern der Fall ist, sind beim Arbeitnehmer keine Einnahmen (§ 26 Z 1).

2. **Aus- und Fortbildungskosten** des Dienstnehmers im betrieblichen Interesse gelten ebenfalls nicht als Einnahmen. Vergütungen für die Lern- und Anlernausbildung, wie die Lehrlingsentschädigung, sind dagegen unmittelbare Vorteile des Steuerpflichtigen und daher Einnahmen (§ 26 Z 3).

3. **Reisekostenersatz** (§ 26 Z 4 → 164).

4. **Beförderung des Arbeitnehmers** im Werksverkehr mit Massenbeförderungsmitteln oder teilweise Übernahme von Kosten für ein Öffi-Ticket am Wohn- oder Arbeitsort (§ 26 Z 5) stehen im überwiegenden Interesse des Arbeitgebers und führen daher nicht zu Einnahmen beim Arbeitnehmer.

5. **Umzugskostenvergütung** an Dienstnehmer anlässlich von Versetzungen sind Aufwandsvergütungen im gesetzlichen Umfang sind keine Einnahmen beim Arbeitnehmer (§ 26 Z 6).

6. **Durchlaufende Gelder und Auslagenersätze** (§ 26 Z 2 → 175, 164).

7. Beiträge des Arbeitgebers an begünstigte **Pensionskassen, Mitarbeiterkassen und ähnliche Unterstützungseinrichtungen** (§ 26 Z 7).
8. Zuwendungen einer **Belegschaftsbeteiligungsstiftung** bis EUR 4.500 jährlich (§ 26 Z 8 → 469).
9. **Wert der digitalen Arbeitsmittel**, die der Arbeitgeber dem Arbeitnehmer für seine berufliche Tätigkeit unentgeltlich überlässt und ein **Telearbeitspauschale** bis EUR 3 pro Telearbeitstag, maximal EUR 300 pro Kalenderjahr (§ 26 Z 9).

Vertiefung: Ersatz für Dienstreisekosten 331

Kosten, die der Arbeitgeber dem Arbeitnehmer für eine Dienstreise ersetzt, sind **in angemessener Höhe als Aufwandsersatz** und nicht als Einnahme zu behandeln. Ein nicht angemessener Betrag ist dagegen als pauschaler Aufwandsersatz als Einnahme zu behandeln.

Eine **Dienstreise** liegt vor, wenn der Arbeitnehmer im Auftrag des Arbeitgebers seinen Dienstort zur Durchführung von Dienstverrichtungen verlässt oder eine tägliche Rückkehr zum Familienwohnsitz aufgrund der Entfernung nicht zumutbar ist. Bei Arbeitnehmern, die ihre Dienstreise vom Wohnort aus antreten, ist der Wohnort als Beginn der Dienstreise anzusehen (§ 26 Z 4). **Kosten einer Dienstreise** sind Reisevergütungen (Fahrtkostenvergütung, Kilometergeld), Tagesgelder (Verpflegungsmehraufwand) und Nächtigungsgelder (Mehraufwand für Verpflegung und Unterkunft). Diese sind begrenzt oder pauschaliert zu berücksichtigen.

Liegt **keine Dienstreise** vor oder übersteigen die Entschädigungen die gesetzlichen Werte, liegen grundsätzlich Einnahmen vor. Bestimmte sonstige **Reiseaufwandsentschädigungen** sind jedoch steuerfrei (→ 333).

Einzelfälle:

1. **Fahrtkosten** können in Höhe des Kilometergeldes ersetzt werden. Davon erfasst sind auch wöchentliche Familienheimfahrten, sofern für die arbeitsfreien Tage kein steuerfreies Tagesgeld bezahlt wird (§ 26 Z 4 lit a).
2. **Tagesgeld** (Verpflegungsmehraufwand): Für Inlandsdienstreisen kann das Tagesgeld für 24 Stunden maximal EUR 26,40 betragen, bei Auslandsdienstreisen in Höhe der Auslandsreisesätze der höchsten Stufe für Bundesbedienstete (zB Deutschland EUR 35,30, Deutschland Grenzort EUR 30,70). Diese steht nur für Dienstreisen über drei Stunden zu. Für jede angefangene Stunde kann ein Zwölftel gerechnet werden. Bei Abrechnung nach Kalendertagen steht das Tagesgeld für den Kalendertag zu (§ 26 Z 4 lit b und lit d).
3. **Nächtigungsgeld:** Sofern kein höheres Nächtigungsgeld nachgewiesen wird, kann pauschal ein Betrag von EUR 15 inklusive Frühstück angesetzt werden, bei Auslandsdienstreisen in Höhe der Auslandsreisesätze der höchsten Stufe für Bundesbedienstete (zB Deutschland EUR 27,90, Deutschland Grenzort EUR 18,10) (§ 26 Z 4 lit c und lit e).

2.3. Steuerfreie Einnahmen aus nichtselbständiger Arbeit

Leistungen vom Arbeitgeber an seine Arbeitnehmer im Rahmen des Dienstverhältnis- 332 ses sind unter gewissen Voraussetzungen steuerfrei. Diese werden nur unter bestimmten (qualifizierten) Bedingungen gewährt und unterliegen häufig einer betragsmäßigen Beschränkung. Fließt ein höherer Vorteil zu, stellt dieser eine Einnahme beim Steuerpflichtigen dar.

Aus der Sicht eines Arbeitgebers steht die **engere Bindung des Arbeitnehmers** an das Unternehmen im Vordergrund. Darüber hinaus sollen bestimmte Befreiungen einen **Anreiz für den Arbeitgeber** schaffen, diese Leistungen zusätzlich zum Entgelt für Leistungen zu gewähren. Wird die Leistung nicht zusätzlich, sondern als Entgelt gewährt, liegen dennoch Einnahmen vor. Teilweise werden die Befreiungen auch nur zur **Verwaltungsvereinfachung** gewährt.

Bei den Befreiungen von Einnahmen ist zu unterscheiden zwischen:

- **individuelle** Vorteile an Arbeitnehmer,
- **kollektive** Vorteile an Gruppen von Arbeitnehmern,
- **indirekte Vorteile an Rechtsträger oder Sondervermögen zugunsten von Arbeitnehmern**,
- **sonstige Befreiungen** im internationalen Kontext oder aufgrund von Zahlungen durch den Bund.

333 Vertiefung: Steuerfreie individuelle Vorteile

Steuerfrei sind bestimmte Vorteil an Arbeitnehmer, unabhängig davon, ob diese **allen Arbeitnehmern oder nur einzelnen** Arbeitnehmern gewährt wird.

Anwendungsfälle:

1. Einkünfte geringfügig und kurzfristig beschäftigter **Aushilfskräfte** (§ 3 Abs 1 Z 11 lit a),
2. Vorteile aus der **Teilnahme an Betriebsveranstaltungen** (Betriebsausflüge, kulturelle Veranstaltungen, Betriebsfeiern) und dabei oder aus Anlass eines Dienst- oder Firmenjubiläums empfangene **Sachzuwendungen** (betragsmäßig beschränkt, § 3 Abs 1 Z 14),
3. freiwillige **Zuwendungen zur Beseitigung von Katastrophenschäden**, insbesondere Hochwasser-, Erdrutsch-, Vermurungs- und Lawinenschäden (§ 3 Abs 1 Z 16),
4. Zuwendungen von **ortsüblichen Trinkgeldern**, die anlässlich einer Arbeitsleistung dem Arbeitnehmer von dritter Seite freiwillig und ohne Rechtsanspruch zusätzlich zum Betrag für die Arbeitsleistung zu zahlen sind, außer die direkte Annahme ist gesetzlich oder kollektivvertraglich untersagt (§ 3 Abs 1 Z 16a),
5. Verpflichtend zu leistende **Reiseaufwandsentschädigungen** (Tagesgelder und Nächtigungsgelder) des Arbeitgebers außerhalb einer Dienstreise (→ 331) in angemessener Höhe (§ 26 Z 4) für Außendiensttätigkeiten, Fahrtätigkeiten, Baustellen- und Montagetätigkeiten außerhalb des Werksgeländes des Arbeitgebers, Arbeitskräfteüberlassungen oder für eine vorübergehende Tätigkeit in einer anderen politischen Gemeinde. Keine Befreiung besteht, soweit sie anstelle eines Lohns oder einer Lohnerhöhung gezahlt werden. Wird das Pendlerpauschale berücksichtigt (→ 339), kann die Befreiung eingeschränkt sein (§ 3 Abs 1 Z 16b),
6. **Zuschüsse des Arbeitsgebers** für nicht beruflich veranlasste Fahrten im Rahmen von **Carsharing** bis zu EUR 200 pro Kalenderjahr unter bestimmten Bedingungen (Carsharing bei CO_2-Emissionswert von 0, Zuschuss direkt an Anbieter oder in Form von Gutscheinen, § 3 Abs 1 Z 16d, ab 2023),
7. Zu **pauschalen Reiseaufwandsentschädigungen** von gemeinnützigen Sportvereinen (→ 164),
8. freie oder verbilligte **Mahlzeiten oder Getränke am Arbeitsplatz** (betragsmäßig unbeschränkt) oder **Essensgutscheine** für Gaststätten und Lieferservices bis EUR 8 pro Arbeitstag unabhängig vom Konsumationsort und für Lebensmittel bis EUR 2 pro Arbeitstag (§ 3 Abs 1 Z 17, ab 2021 und Z 18),
9. freiwillige Zuwendungen für das **Begräbnis** des Arbeitnehmers, dessen Partner oder dessen Kinder (§ 3 Abs 1 Z 19),
10. Vorteil aus unverzinslichen oder zinsverbilligten **Gehaltsvorschüssen und Arbeitgeberdarlehen** bis zu einem Vorschuss oder Darlehen von EUR 7.300 (§ 3 Abs 1 Z 20),

11. Befreiungen bestehen auch für **sonstige Bezüge** neben dem laufenden Arbeitslohn (§ 67) und für Zulagen und Zuschläge für **Schmutz, Erschwernis und Gefahren sowie für Sonntags-, Feiertags- und Nachtarbeit** und mit diesen Arbeiten zusammenhängende **Überstundenzuschläge** bis zu einem bestimmten Betrag (§ 68).

Vertiefung: Steuerfreie kollektive Vorteile 334

Steuerfrei sind bestimmte kollektive Vorteile an alle oder bestimmte Gruppen von Arbeitnehmern.

Anwendungsfälle:

1. Vorteile aus der **Benützung von Einrichtungen und Anlagen** (Erholungs- und Kurheime, Betriebsbibliotheken, Sportanlagen, betriebsärztlicher Dienst; (§ 3 Abs 1 Z 13 lit a 1. TS) und

2. Vorteil aus der zielgerichteten und wirkungsorientierten **Gesundheitsförderung** (Salutogenese) und Prävention, soweit diese vom Leistungsangebot der gesetzlichen Krankenversicherung erfasst sind, sowie Impfungen (lit a 2. TS),

3. Übernahme von qualifizierten **Kinderbetreuungskosten** (betragsmäßig beschränkt, lit b) oder geldwerte Vorteile aus der Benützung **arbeitgebereigener elementarer Bildungseinrichtungen** (lit c),

4. Vorteil aus der Einräumung **qualifizierter Mitarbeiterbeteiligungen** am Unternehmen des Arbeitgebers oder an nahestehenden Konzernunternehmen (betragsmäßig beschränkt, § 3 Abs 1 Z 15 lit b),

5. Vorteil aus einem **Mitarbeiterrabatt** bis 20 % (Freigrenze) vom Endpreis oder jährlich bis EUR 1.000 im Kalenderjahr (Freibetrag) für Waren und Dienstleistungen des Arbeitgebers oder dessen verbundener Konzernunternehmen ausschließlich für private Zwecke (§ 3 Abs 1 Z 21),

6. **Gewinnbeteiligungen** von Arbeitgebern an aktive Arbeitnehmer bis zu **EUR 3.000 pro Arbeitnehmer** im Kalenderjahr. Die Höhe ist begrenzt mit dem unternehmensrechtlichen Ergebnis vor Zinsen und Steuern im letzten Kalenderjahr (Wirtschaftsjahr). Die Zahlung muss zusätzlich zum Lohn oder einer Lohnerhöhung und nicht aufgrund einer lohngestaltenden Vorschrift gezahlt werden (§ 3 Abs 1 Z 35),

7. **Zuschüsse und sonstige Leistungen von Einrichtungen der Sozialpartner** (der Höhe nach begrenzt) für aktive oder ehemalige Arbeitnehmer aus sozialen Gründen (§ 3 Abs 1 Z 37).

Vertiefung: Steuerfreie indirekte Vorteile 335

Steuerfrei sind bestimmte **Zuwendungen an Rechtsträger und Sondervermögen** zum Vorteil des Arbeitnehmers.

Anwendungsfälle:

1. Freiwillige soziale **Zuwendungen an den Betriebsratsfonds** (§ 3 Abs 1 Z 16),
2. Zuwendungen für die **Zukunftssicherung der Arbeitnehmer** (betragsmäßig beschränkt, § 3 Abs 1 Z 15 lit a),
3. Bestimmte Beiträge des Arbeitgebers an **begünstigte Pensionskassen, Mitarbeiterkassen und ähnlichen Unterstützungseinrichtungen** gelten als vom Einnahmenbegriff ausgenommen → 330 (steuerpflichtige Einnahmen des Arbeitnehmers liegen erst bei Auszahlungen durch die Einrichtungen an diesen vor).

Vertiefung: Sonstige steuerfreie Einnahmen 336

Steuerfrei sind bestimmte Einnahmen aufgrund eines **internationalen Bezugs.**

Anwendungsfälle:

1. Aufwandsersätze an **Auslandsbeamte** (§ 92) und im Dienststaat besteuerte Einkünfte (§ 3 Abs 1 Z 8 und Z 9) und Bezüge eines österreichischen EU-Abgeordneten (Z 32).
2. Einnahmen von **ins Ausland entsendeten Mitarbeitern** für die Tätigkeit unter erschwerenden Umständen sind zu 60 % steuerfrei (§ 3 Abs 1 Z 10).
3. Einnahmen, die bestimmte **Fachkräfte der Entwicklungshilfe** als Arbeitnehmer von Entwicklungsorganisationen erzielen, sind steuerfrei (§ 3 Abs 1 Z 11 lit b).
4. Bezüge von **ausländischen Studenten** (Ferialpraktikanten) bei einer inländischen Unternehmung, die nicht länger als sechs Monate beschäftigt sind, soweit vom Ausland Gegenseitigkeit gewährt wird (§ 3 Abs 1 Z 12).

Steuerfrei sind bestimmte **Zuwendungen durch den Bund.**

Anwendungsfälle:

1. Bezüge im **Präsenz- und Ausbildungsdienst des österreichischen Heeres** und von **Zivildienern** mit Ausnahme von Entschädigungen für den Verdienstentgang (Härteausgleich) (§ 3 Abs 1 Z 22 und Z 23).
2. Arbeitsvergütungen und Geldbelohnungen für **Strafgefangene** sind aus Vereinfachungsgründen steuerfrei; diese werden zum Großteil vom Bund als Vollzugsbeitrag einbehalten, sodass dem Strafgefangenen nur ein geringfügiger Teil bleibt (§ 3 Abs 1 Z 31).

2.4. Werbungskosten aus nichtselbständiger Arbeit (§ 16 EStG)

337 **Ausgaben von Arbeitnehmern** gelten soweit **als Werbungskosten aus nichtselbständiger Arbeit,** als sie aufgrund der nichtselbständigen Arbeit erwachsen (§ 16 Abs 1).

Anwendungsfälle:

1. **Pflichtbeiträge zu gesetzlichen Interessenvertretungen** (Arbeiterkammerbeiträge → 920) und **Betriebsratsumlagen**, Beiträge für die **freiwillige Mitgliedschaft** bei Berufsverbänden und Interessensvertretungen (ÖGB; § 16 Abs 1 Z 3 lit a und lit b),
2. **Pflichtbeiträge zur Sozialversicherung** (ASVG-Arbeitnehmerbeiträge; § 16 Abs 1 Z 4 → 917),
3. **Wohnbauförderungsbeitrag** (bei Einbehalt durch Arbeitgeber; § 16 Abs 1 Z 5 → 920),
4. **Fahrtkosten zwischen Wohnung und Arbeitsstätte** (Pendlerpauschale, → 339, § 16 Abs 1 Z 6),
5. **Rückzahlungen von Arbeitslohn** an den Arbeitgeber (§ 16 Abs 1).

Diese regelmäßig anfallenden Werbungskosten (Z 3 bis Z 6, Abs 2) werden grundsätzlich bereits **durch den Arbeitgeber bei der Berechnung der Lohnsteuer abgezogen** (→ 385).

Sonstige Anwendungsfälle:

1. **Ausgaben für Arbeitsmittel** (Werkzeug, Berufskleidung), soweit nicht vom Arbeitgeber ersetzt oder zur Verfügung gestellt. Sofern die Nutzungsdauer länger als ein Jahr ist und den Betrag von EUR 1.000 übersteigt (§ 13), sind die Kosten auf die Nutzungsdauer zu verteilen (§ 16 Abs 1 Z 7 und Z 8).
2. **Mehraufwendungen des Arbeitnehmers für ausschließlich beruflich veranlasste Reisen** für Verpflegung und Unterkunft, soweit nicht vom Arbeitgeber ersetzt. Ohne Nachweis können die sich für eine Dienstreise ergebenden Beträge berücksichtigt werden (→ 325). Für die Unterkunft können tatsächlich höhere Beträge berücksichtigt werden, nicht jedoch für die Verpflegung (§ 16 Abs 1 Z 9).

3. **Aus- und Fortbildungskosten** im Zusammenhang mit der vom Arbeitnehmer ausgeübten oder damit verwandten Tätigkeit und Aufwendungen für umfassende Umschulungsmaßnahmen, die auf eine tatsächliche Ausübung eines anderen Berufs abzielen. Aufwendungen für Nächtigungen im Zusammenhang mit einer auswärtigen Aus- und Fortbildung sind der Höhe nach beschränkt (§ 16 Abs 1 Z 10).

4. **Ausgaben für ein im Wohnungsverband gelegenes Arbeitszimmer** und dessen Einrichtung sowie für Einrichtungsgegenstände der Wohnung sind grundsätzlich nur dann abzugsfähig, wenn das Arbeitszimmer den Mittelpunkt der gesamten beruflichen Tätigkeit des Steuerpflichtigen darstellt (§ 20 Abs 1 Z 2 lit d).

5. Bestimmte **Ausgaben eines Arbeitnehmers für ein Homeoffice/Telearbeit** sind absetzbar. Ausgaben für **ergonomisch geeignetes Mobiliar** (insbesondere Schreibtisch, Drehstuhl, Beleuchtung) eines in seiner Wohnung eingerichteten Arbeitsplatzes sind bis zu EUR 300 pro Jahr bei zumindest 26 Telearbeitstagen im Kalenderjahr absetzbar; darüber hinausgehende Beträge können im Folgejahr abgesetzt werden (§ 16 Abs 1 Z 7a lit a). Nicht steuerbar sind der Wert der vom Arbeitgeber bereitgestellten digitalen Arbeitsmittel für Homeoffice und eine **Telearbeitspauschale** bis zu EUR 3 pro Telearbeitstag für maximal 100 Tage (§ 26 Z 9). Ein Differenzbetrag zur maximalen Telearbeitspauschale pro Tag kann als pauschale Werbungskosten abgezogen werden (§ 16 Abs 1 Z 7a lit b). **Ausgaben für digitale Arbeitsmittel** des Arbeitnehmers selbst zur Verwendung eines in der Wohnung eingerichteten Arbeitsplatzes sind um die erhaltene Telearbeitspauschale (§ 26 Z 9) und die pauschalen Werbungskosten zur Telearbeitspauschale zu kürzen (§ 16 Abs 1 Z 7).

Pauschalierung 338

Bei der **Ermittlung von Einkünften aus nichtselbständiger Arbeit** kann jährlich eine **Werbungskostenpauschale von EUR 132** ohne Nachweis tatsächlicher Ausgaben abgesetzt werden. Der Abzug kann in mehrfacher Hinsicht eingeschränkt sein (nur bis zur Höhe der Einnahmen, nur bei aufrechtem Dienstverhältnis, nicht dagegen bei Anspruch auf den Pensionistenabsetzbetrag → 445). **Neben dem Werbungskostenpauschale** können zusätzlich alle Werbungskosten abgezogen werden, die bei der Berechnung der Lohnsteuer zu berücksichtigen sind (plus Homeoffice/Telearbeits-Werbungskosten nach § 16 Abs 1 Z 7a). Es können anstelle der Pauschale auch **höhere tatsächliche Werbungskosten** geltend gemacht werden (§ 16 Abs 3).

Statt dem Werbungskostenpauschale kann **bei bestimmten Gruppen von Steuerpflichtigen auch ein festgelegter Prozentsatz der steuerpflichtigen Einnahmen** angesetzt werden (grundsätzlich je nach Gruppe zwischen 5 % und 15 % mit Höchstbetrag). Zu den begünstigten Gruppen zählen bestimmte Künstler, Journalisten, Forstarbeiter, Förster, Berufsjäger, Hausbesorger, Heimarbeiter, Vertreter, Mitglieder einer Stadt-, Gemeinde- oder Ortsvertretung (§ 17 Abs 6).

Vertiefung: Fahrtkosten zwischen Wohnung und Arbeitsstätte 339

Ausgaben für die Fahrten zwischen Wohnung und Arbeitsstätte sind durch den Verkehrsabsetzbetrag und den Pendlereuro als Absetzbeträge abgegolten (→ 444). Als pauschale Werbungskosten kommt ein Pendlerpauschale in Betracht, das gleichzeitig als Voraussetzung für den erhöhten Verkehrsabsetzbetrag und den Pendlereuro dient (§ 16 Abs 1 Z 6 lit a). Ein **Pendlerpauschale** steht nur zu, wenn dem Arbeitnehmer kein arbeitgebereigenes Fahrzeug zur Verfügung steht (§ 16 Abs 1 Z 6 lit b, keine Einschränkung bei arbeitgebereigenen [E-]Fahrrädern) und soweit keine Beförderung im Werkverkehr durch den Arbeitgeber erfolgt (§ 16 Abs 1 Z 6 lit i, Pendlerpauschale für die nicht durch Werkverkehr oder Öffi-Ticket abgedeckte Strecke, § 26 Z 5).

Man unterscheidet zwischen **einfachem** und **erhöhtem Pendlerpauschale** (abhängig von der Zumutbarkeit der Benützung eines Massenbeförderungsmittels). Das **einfache** Pendlerpauschale steht zu, wenn die Entfernung **mindestens 20 km** beträgt und die Benützung eines Massenbeförderungsmittels **zumutbar** ist, und zwar jährlich abhängig von der Entfernung zwischen EUR 696 (mindestens 20 km) und EUR 2.016 (mehr als 60 km). Das **erhöhte** Pendlerpauschale steht zu, wenn die Entfernung **mindestens 2 km** beträgt und dem Arbeitnehmer zumindest hinsichtlich der halben Entfernung die Benützung eines Massenbeförderungsmittels **nicht zumutbar** ist, und zwar jährlich abhängig von der Entfernung zwischen EUR 372 (mindestens 2 km) und EUR 3.672 (mehr als 60 km; § 16 Abs 1 Z 6 lit c und lit d). Die Höhe des Pendlerpauschales ist weiters abhängig von der **Anzahl der Fahrten im Monat** zur Arbeitsstätte und steht zu **100 %** zu bei Fahrten an mindestens 11 Tagen im Monat, zu **66 %** bei Fahrten an mindestens 8 bis 10 Tagen im Monat und zu **33 %** bei Fahrten an mindestens 4 bis 7 Tagen im Monat (§ 16 Abs 1 Z 6 lit e).

3. Kapitalvermögen (§ 27 EStG)

340

Die **Ermittlung der Einkünfte aus Kapitalvermögen** setzt sich zusammen aus der Ermittlung der Einkünfte aus der **Überlassung** von Kapital, der Einkünfte aus **realisierten Wertsteigerungen** von Kapitalvermögen, der Einkünfte aus Derivaten und der Einkünfte aus **Kryptowährungen**.

Nach dem **Nettoprinzip** sind von den Einnahmen aus Kapitalvermögen Werbungskosten abzuziehen. Aufgrund der Besteuerung bestimmter Einkünfte aus Kapitalvermögen mit einem **besonderen Steuersatz** (25 %, 27,5 %) sind diese nach dem **Bruttoprinzip** zu besteuern, sodass mit den Einkünften unmittelbar zusammenhängende Werbungskosten nicht abzugsfähig sind (§ 20 Abs 2). Dies ist bei der Ermittlung der einzelnen Einkünfte aus Kapitalvermögen zu beachten. Die Ermittlung nach dem **Periodenprinzip** erfolgt grundsätzlich durch Erfassung der Einnahmen im Zeitpunkt des Zuflusses, der Werbungskosten im Zeitpunkt des Abflusses. Anschaffungskosten sind grundsätzlich im Zeitpunkt der Veräußerung oder des sonstigen Ausscheidens zu berücksichtigen (§ 16 Abs 1).

341 ### Ermittlung der Einkünfte aus Kapitalüberlassung

Als **Einkünfte aus Überlassung von Kapital** sind die bezogenen Kapitalerträge (§ 27) als Einnahmen anzusetzen. Werbungskosten sind nur eingeschränkt abzugsfähig.

Sonstige Anwendungsfälle:
1. **Gewinnanteile** und Bezüge aus Beteiligungen und Anteilen (Abs 2 Z 1),
2. **Zinsen** und andere Erträgnisse aus Kapitalforderungen jeder Art (Abs 2 Z 2),
3. **Diskontbeträge** von Wechseln und Anweisungen (Abs 2 Z 3),
4. **Gewinnanteile eines stillen Gesellschafters** abzüglich Gewinne zur Auffüllung einer durch Verlust verminderten Einlage (Abs 2 Z 4),

5. **Versicherungsleistung** abzüglich der Prämie bei bestimmten kurzfristigen Kapitalversicherungen mit Einmalprämie (Abs 5 Z 3),
6. **Ausgleichszahlungen und Leihgebühren**, die der Verleiher eines Wertpapiers vom Entleiher oder der Pensionsgeber vom Pensionsnehmer erhält (Abs 5 Z 4),
7. **Zuwendungen von Privatstiftungen** (Abs 5 Z 7) abzüglich Substanzauszahlungen (Z 8 und 9).

Als Kapitalerträge gelten auch **Entgelte und Vorteile,** die neben oder anstelle der aufgezählten Kapitalerträge gewährt werden (Sachleistungen, Boni, nominelle Mehrbeträge aufgrund einer Wertsicherung, Abs 5 Z 1) und **erhöhte Beträge** aufgrund der Übernahme der Kapitalertragsteuer (Abs 5 Z 2).

Beispiele:

1. **Gewinnanteile:** Dividenden und sonstige Bezüge aus Kapitalgesellschaften, Rückvergütungen und sonstige Bezüge von Genossenschaften, Bezüge aus Genussrechten und Bezüge aus Partizipationskapital (iSd BWG oder VAG), Bezüge aus Anteilen an körperschaftlich organisierten Personengesellschaften in den Angelegenheiten der Bodenreform (Agrargemeinschaften, Art 12 Abs 1 Z 3 B-VG),
2. **Zinsen** und andere Erträgnisse aus Kapitalforderungen jeder Art wie Darlehen, Anleihen, Hypotheken, Einlagen, Guthaben bei Kreditinstituten und Ergänzungskapital (iSd BWG und VAG), ausgenommen Stückzinsen (diese werden bei den Einkünften aus realisierten Wertänderungen berücksichtigt).

Werbungskosten können nur abgezogen werden, soweit die Ausgaben aus den Einkünften aus der Überlassung von Kapitalvermögen erwachsen. Bei Einkünften aus der Überlassung von Kapitalvermögen, die einem besonderen Steuersatz unterliegen (→ 151) oder steuerfrei sind, können unmittelbar damit zusammenhängende Werbungskosten nicht abgezogen werden (§ 20 Abs 2 → 172).

Beispiel:

Überlassung von Kapital: Zinsen aus einer Bankeinlage oder aus Anleihen auf einem Wertpapierdepot sind in Höhe des Bruttozinsertrags, also ohne Berücksichtigung von Abzugsbeträgen, anzusetzen. Depotgebühren, laufende Bankspesen, Finanzierungskosten oder sonstige Kosten können nicht als Werbungskosten abgezogen werden.

Bestimmte Einkünfte aus der Überlassung von Kapitalvermögen sind **steuerfrei**.

Anwendungsfälle und Beispiele:

1. **Erwerb von Anteilsrechten aufgrund einer Kapitalerhöhung aus Gesellschaftsmitteln** (§ 3 Abs 1 Z 29); kommt es jedoch innerhalb von zehn Jahren nach der Kapitalerhöhung zu einer Rückzahlung aufgrund einer Kapitalherabsetzung, dann liegen Einkünfte aus der Überlassung von Kapitalvermögen vor (§ 32 Abs 1 Z 3).
Beispiel: Die GmbH hat offene Rücklagen und Gewinnvorträge und bucht diese aufgrund einer nominellen Kapitalerhöhung (Kapitalberichtigung) in Stammkapital um. Der Vorgang stellt eine Ausschüttung mit gleichzeitiger Einlage zum Anteilserwerb dar (Doppelmaßnahme).[4] Aufgrund der Befreiung unterbleibt die Besteuerung der Ausschüttung. Wird die Kapitalerhöhung nach fünf Jahren rückgängig gemacht, dann erfolgt eine Nachversteuerung der Ausschüttung.

---

4   VwGH 25.10.1994, 94/14/0075.

2. **Ausschüttungen aus Anteilen (Genussrechten) von Mittelstandsfinanzierungsgesellschaften** (→ 476, § 5 Z 14 KStG) in Höhe von 75 % der Ausschüttungen bis zu einem Nennbetrag von insgesamt höchstens EUR 15.000. Die Befreiung erfolgt im Wege der Anrechnung (Erstattung) der Kapitalertragsteuer im Rahmen der Veranlagung (→ 410, § 27 Abs 7).

342 Einkünfte aus realisierten Wertsteigerungen und Derivaten

Einkünfte aus realisierten Wertsteigerungen entstehen:

- aus der **Veräußerung, Einlösung, sonstiger Abschichtung** (Untergang von Beteiligungen, aufgrund der Liquidation, Auflösung) von Wirtschaftsgütern, deren Erträge Einkünfte aus der Kapitalüberlassung von Kapitalvermögen sind (einschließlich Nullkuponanleihen, § 27 Abs 3, Abs 6 Z 3),
- aufgrund von **Umständen, die zur Einschränkung des inländischen Besteuerungsrechts** am Kapitalvermögen führen (Abs 6 Z 1; zu den möglichen Gründen → 142),
- aufgrund einer **Entnahme und das sonstige Ausscheiden** von Kapitalvermögen aus einem Wertpapierdepot (Abs 6 Z 2 → 403),
- aus der **Veräußerung von Dividendenscheinen, Zinsscheinen und sonstigen Ansprüchen**, wenn die dazugehörigen Wirtschaftsgüter nicht mitveräußert werden (Abs 6 Z 4),
- aus dem **Zufluss anteiliger Einkünfte** aus der Überlassung von Kapital, aus Zinsen anlässlich der Realisierung der dazugehörigen Wirtschaftsgüter (Stückzinsen, Abs 6 Z 5).

Einkünfte aus Derivaten (Termingeschäfte, sonstige derivate Finanzinstrumente) entstehen aus:

- dem Differenzausgleich (§ 27 Abs 4 Z 1),
- der Stillhalterprämie (§ 27 Abs 4 Z 2),
- der Veräußerung, Abschichtung oder sonstiger Abwicklung (§ 27 Abs 4 Z 3 und Z 4 → 94).

343 Einkünfteermittlung bei realisierter Wertsteigerung und Derivaten

Die **Einkünfte werden ermittelt aus dem Unterschiedsbetrag zwischen:**

- dem **realisierten Wert** des Wirtschaftsguts und
- den **Anschaffungskosten**.

Der **realisierte Wert** ergibt sich aus dem Veräußerungserlös (Tauschwert, § 6 Z 14), Einlösungs- oder Abschichtungsbetrag, Abwicklungsguthaben, inklusive anteiliger Stückzinsen, Differenzausgleich oder Stillhalterprämie und Einschüssen (Margins) bei Derivaten oder sonst aus dem gemeinen Wert zum Zeitpunkt der Realisierung.

Die **Anschaffungskosten**, inklusive anteiliger Stückzinsen, ergeben sich:

- bei **entgeltlichem Erwerb** aus den Anschaffungskosten (Tauschwert, § 6 Z 14) und Anschaffungsnebenkosten. Sofern auf die Einkünfte ein besonderer Steuersatz anzuwenden ist, sind nur die Anschaffungskosten ohne Anschaffungsnebenkosten anzusetzen (anders dagegen bei betrieblichem Kapitalvermögen → 272).
- bei **unentgeltlichem Erwerb** aus den Anschaffungskosten des Rechtsvorgängers.
- bei **Entnahme** aus dem Betrieb aus dem Entnahmewert (Teilwert, § 6 Z 4 → 267).

- bei **Wertpapieren mit derselben Wertpapiernummer** in einem Wertpapierdepot bei Erwerb in zeitlicher Aufeinanderfolge aufgrund des gleitenden Durchschnittspreises; die Ermittlung der Anschaffungskosten wird zusätzlich in einer Verordnung zu Kapitalmaßnahmen geregelt (§ 27a Abs 4 Z 3).
- bei **Derivatgeschäften** aus dem geleisteten Differenzausgleich oder den Anschaffungskosten des Derivats, sofern vorhanden (nicht bei Verfall der Option als Stillhalter; § 27a Abs 3 Z 3 lit a).
- bei **steuerfreiem Erwerb durch Kapitalerhöhung aus Gesellschaftsmitteln** aus der Verteilung der Anschaffungskosten auf die Altanteile und Freianteile (§ 27a Abs 4 Z 4).
- bei **Entstehung des inländischen Besteuerungsrechts** nach Anschaffung aus dem gemeinen Wert im Zeitpunkt der Entstehung. Bei Wiedereintritt in das Besteuerungsrecht ohne Festsetzung sind die ursprünglichen Anschaffungskosten heranzuziehen, höchsten aber der gemeine Wert. Bisher in einem EU/EWR-Staat eingetretene Wertsteigerungen sind von einem späteren Veräußerungserlös abzuziehen (§ 27 Abs 6 Z 1 lit e).

Werbungskosten, die mit Einkünften aus realisierten Wertsteigerungen in Zusammenhang stehen, sind grundsätzlich abzugsfähig. Nicht abzugsfähig sind dagegen Werbungskosten für Einkünfte, die einem besonderen Steuersatz unterliegen (§ 20 Abs 2).

Übergangsvorschriften aufgrund der Einführung der umfassenden Vermögenszuwachsbesteuerung (Altvermögen): Vor 2011 angeschaffte Anteile an Körperschaften und Fondsanteile sind steuerfrei. Beteiligungen ab 1 % waren und sind weiterhin steuerpflichtig. Anderes vor 1.10.2011 angeschafftes Kapitalvermögen, dieses ist steuerfrei. Bei Anschaffung zwischen 1.10.2011 und 1.4.2012 erfolgt eine tarifmäßige Besteuerung (§ 124b Z 184).

Beispiel:

Veräußerung von GmbH-Anteilen (27,5 % Steuersatz): Aus der Veräußerung wird ein Veräußerungserlös von EUR 100.000 erzielt, mit ursprünglichen Anschaffungskosten von EUR 35.000 und Anschaffungsnebenkosten von EUR 2.000 (Beratungskosten, Firmenbucheintragung). Aufgrund des Verkaufs fallen Beratungskosten von EUR 5.000 an. Einkünfte aus der Veräußerung betragen EUR 65.000 (EUR 100.000 abzüglich EUR 35.000). Die Anschaffungsnebenkosten und die Werbungskosten sind nicht abzugsfähig.

Ermittlung der Einkünfte aus Kryptowährungen — 343/1

Die **Einkünfte aus Kryptowährungen** ermitteln sich wie folgt:

Einkünfte aus der **Überlassung von Kryptowährungen** (§ 27b Abs 2) durch Entgelte aus der Überlassung (Lending, Decentralized-finance-Vorgänge) und den Erwerb von Kryptowährungen (Mining) werden in Höhe der **bezogenen Kryptowährungen bzw sonstiger Entgelte** ermittelt (§ 27a Abs 3 Z 4 lit a).

Die **Einkünfte aus realisierten Wertsteigerungen** von Kryptowährungen (Veräußerung, Tausch, § 27b Abs 3) werden ermittelt aus dem Unterschiedsbetrag zwischen:

- dem **realisierten Wert** des Wirtschaftsguts und
- den **Anschaffungskosten** (§ 27a Abs 3 Z 4 lit b).

Der **realisierte Wert** ergibt sich aus dem Veräußerungserlös (Tauschwert, § 6 Z 14) oder sonst aus dem gemeinen Wert zum Zeitpunkt der Realisierung (§ 27a Abs 3 Z 4 lit b, § 27a Abs 3 Z 2 lit b).

Die **Anschaffungskosten** (§ 27a Abs 4) ergeben sich:

- bei **entgeltlichem Erwerb** aus den Anschaffungskosten (Tauschwert, § 6 Z 14) und Anschaffungsnebenkosten.
- bei **unentgeltlichem Erwerb** aus den Anschaffungskosten des Rechtsvorgängers.
- bei **Entnahme** aus dem Betrieb aus dem Entnahmewert (Teilwert, § 6 Z 4 → 267).
- bei **auf einer Adresse oder einer Wallet** befindliche Kryptowährungseinheiten ist bei Erwerb in zeitlicher Aufeinanderfolge der gleitende Durchschnittspreis in Euro als Anschaffungskosten anzusetzen; nähere Details werden zusätzlich in der KryptowährungsVO geregelt (§ 27a Abs 4 Z 3a).
- bei **steuerneutral erworbenen Kryptowährungen** durch Staking, bei Airdrops, Bounties oder Hardforks ist von Anschaffungskosten von Null auszugehen, sodass erst die Veräußerung oder der Tausch zur Besteuerung der bisher steuerneutral zugegangenen Kryptowährungen führt (§ 27a Abs 4 Z 5).
- bei **Entstehung des inländischen Besteuerungsrechts** nach Anschaffung aus dem gemeinen Wert im Zeitpunkt der Entstehung. Bei Wiedereintritt in das Besteuerungsrecht ohne Festsetzung sind die ursprünglichen Anschaffungskosten heranzuziehen, höchstens aber der gemeine Wert. Bisher in einem EU-/EWR-Staat eingetretene Wertsteigerungen sind von einem späteren Veräußerungserlös abzuziehen (§ 27 Abs 6 Z 1 lit e).

Werbungskosten, die mit Einkünften aus Kryptowährungen in Zusammenhang stehen, sind grundsätzlich abzugsfähig. Nicht abzugsfähig sind dagegen Werbungskosten für Einkünfte, wenn der besondere Steuersatz zur Anwendung kommt und nicht auf die Regelbesteuerung optiert wird (§ 20 Abs 2). Werbungskosten, die mit einem steuerneutralen Tausch von Kryptowährungen in Kryptowährungen in Zusammenhang stehen, sind steuerlich unbeachtlich (§ 27b Abs 3 Z 2).

Übergangsvorschriften aufgrund der Einführung der Besteuerung von Kryptowährungen als Kapitalvermögen: Vor 1.3.2021 angeschaffte Kryptowährungen unterliegen noch dem alten Steuerregime und unterliegen nur als Spekulationseinkünfte oder als sonstige Leistungen der Besteuerung; sofern diese jedoch verzinst waren, stellen sie bereits davor Einkünfte aus Kapitalvermögen dar. Einkünfte, die ab dem 1.3.2022 aus vor dem 1.3.2021 angeschafften Kryptowährungen erzielt werden, unterliegen bereits der Besteuerung als Einkünfte aus Kapitalvermögen. Auf Antrag können Kryptowährungen, die zwischen 31.12.2021 und 1.3.2022 realisiert wurden, als Einkünfte aus Kapitalvermögen behandelt werden (insb für den Verlustausgleich oder der Anwendung des besonderen Steuersatzes sinnvoll, vgl § 124b Z 384).

Beispiel:
Der Steuerpflichtige erwirbt über **Pool-Mining** eine Kryptowährung A im Wert von EUR 1.000. Der Wert der erworbenen Kryptowährung stellt Einkünfte aus Kryptowährung dar und unterliegt dem besonderen Steuersatz (ohne Regelbesteuerung). Werbungskosten dürfen nicht abgezo-

gen werden, außer es wird die Regelbesteuerungsoption ausgeübt. Zusätzlich erwirbt der Steuerpflichtige Kryptowährung B durch **Staking** im Wert von EUR 500; dieser Vorgang ist steuerneutral, die Anschaffungskosten betragen EUR 0 (Null).

Der Steuerpflichtige **tauscht** nach einer Wertsteigerung auf insgesamt EUR 3.000 die Kryptowährungen A und B **gegen eine andere Kryptowährung** (Stablecoins). Dieser Vorgang ist nicht steuerbar, Werbungskosten im Zusammenhang mit der Transaktion können nicht abgezogen werden. Die Anschaffungskosten betragen weiterhin EUR 1.000 und EUR 0 (Null).

Die Stablecoins werden **in gesetzliche Währung** (Euro) zum nunmehrigen Wert von EUR 5.000 **umgetauscht**. Dieser Tausch führt zu steuerpflichtigen Einkünften von EUR 4.000 (mit besonderem Steuersatz, aber ohne Werbungskostenabzug oder Regelbesteuerung mit Werbungskostenabzug).

Vertiefung: Nichtfestsetzung, Ratenzahlung innerhalb der EU oder des EWR 344

Bei **Einschränkung des inländischen Besteuerungsrechts** kann die dadurch ausgelöste Realisierung des Werts des Wirtschaftsguts und die sofortige Steuerbelastung gegenüber einem **EU-Staat oder EWR-Staat** (Island, Liechtenstein, Norwegen) verhindert werden:

- **Bei Wegzug einer natürlichen Person oder unentgeltlichen Übertragung an eine natürliche Person** in einen nicht begünstigten Staat erfolgt auf Antrag die **vorläufige Nichtfestsetzung der Steuerschuld** bis zur tatsächlichen Veräußerung des Wirtschaftsguts oder Derivates (§ 27 Abs 6 Z 1 lit a). Bei späterer tatsächlicher Veräußerung sind in der Zwischenzeit eingetretene Wertminderungen, sofern diese nicht im anderen Staat berücksichtigt werden, höchstens im Umfang der Bemessungsgrundlage bei Einschränkung des inländischen Besteuerungsrechts zu berücksichtigen (27a Abs 3 Z 2 lit b). Erfolgt danach ein Wiedereintritt in das inländische Besteuerungsrecht, sind die Anschaffungskosten vor dem Wegzug maßgeblich. Wertsteigerungen, die nachweislich in der EU oder im EWR eingetreten sind, sind, weil sie nicht dem inländischen Besteuerungsrecht unterliegen, vom Veräußerungserlös abzuziehen (→ 297).
- **In sonstigen Fällen** ist das im betrieblichen Bereich geltende Ratenzahlungskonzept für Anlagevermögen sinngemäß anzuwenden (→ 296; § 27 Abs 6 Z 1 lit d).

Beispiel zum Wegzug:

Die Steuerpflichtige mit Aktien (Anschaffungskosten: EUR 7.000) zieht nach Deutschland. Der Umzug würde zum Verlust des inländischen Besteuerungsrechts an den Wertänderungen der Aktien führen (Ansässigkeitsprinzip bei Kapitalvermögen). Es kommt zur Aufdeckung der bisherigen Wertänderungen (Wert: EUR 10.000, Einkünfte: EUR 3.000). Die vorläufige Nichtfestsetzung der Steuer (27,5 %) auf die EUR 3.000 kann beantragt werden. Werden die Aktien danach um EUR 9.000 verkauft und kann der Verlust im Ausland steuerlich nicht berücksichtigt werden, dann sind lediglich EUR 2.000 als Bemessungsgrundlage für die Steuer heranzuziehen und die Steuer entsprechend zu entrichten.

Vertiefung: Verlustbeschränkung 345

Der **Verlustausgleich innerhalb der Einkünfte** aus Kapitalvermögen ist eingeschränkt (§ 27 Abs 8):

- **Verluste aus realisierten Wertsteigerungen, Derivaten und Kryptowährungen** können nicht mit Zinserträgen aus Geldforderungen bei Kreditinstituten und steuerpflichtigen Zuwendungen von Privatstiftungen ausgeglichen werden.

- **Verlustanteile als typisch stiller Gesellschafter** dürfen nicht mit anderen Einkünften ausgeglichen werden. Sie sind in Folgejahren mit Gewinnanteilen aus derselben Beteiligung zu verrechnen.
- **Ein Verlustausgleich** ist ausgeschlossen zwischen Einkünften, die einem besonderen Steuersatz unterliegen und anderen Einkünften aus Kapitalvermögen, die diesem nicht unterliegen.

Verbliebene Verluste aus Einkünften aus Kapitalvermögen dürfen **nicht mit Einkünften aus anderen Einkunftsarten ausgeglichen werden**.

Beispiel zum Verlustausgleich:

Der Steuerpflichtige erzielt (i) Verluste aus dem Verkauf von Aktien von EUR –2.000 (27,5 %), (ii) positive Einkünfte aus Zinsen von EUR 1.000 (25 %), (iii) Verluste aus einer typisch stillen Gesellschaft von EUR –4.000 (0-55 %) und (iv) positive Einkünfte aus einem Privatdarlehen von EUR 3.000 (0-55 %). Eine Verlustverrechnung zwischen den Einkünften ist nicht möglich. Die Verluste können auch nicht mit Einkünften aus anderen Einkunftsarten ausgeglichen werden.

4. Vermietung und Verpachtung (§ 28 EStG)

346 **Einkünfte aus Vermietung und Verpachtung** sind aus den **Einnahmen** durch die Vermietung oder Verpachtung abzüglich der damit in Zusammenhang stehenden **Werbungskosten**, insbesondere aus der Absetzung für Abnutzung des Wirtschaftsguts, zu ermitteln.

Nach dem **Nettoprinzip** sind von den Einnahmen die Werbungskosten abzuziehen. Hinsichtlich des **Periodenprinzips** ergeben sich bei der Ermittlung der Einkünfte Besonderheiten, weil Ausgaben für das vermietete oder verpachtete Wirtschaftsgut grundsätzlich nicht sofort, sondern über mehrere Jahre verteilt zu berücksichtigen sind. Zur periodenübergreifenden Fehlerberichtigung → 249.

Einnahmen sind die Miete oder die Pacht, Lizenzgebühren, Veräußerungen von Miet- und Pachtzinsforderungen, Abstandszahlungen und Ablösen zur Begründung, Änderung oder Beendigung des Rechtsverhältnisses und nicht verpflichtende Mieterinvestitionen, die dem Vermieter am Ende des Rechtsverhältnisses zukommen. Zuwendungen aus öffentlichen Mitteln gelten nicht als Einnahmen, sondern kürzen die damit in unmittelbarem Zusammenhang stehenden Anschaffungs- und Herstellungskosten sowie Instandhaltungs- oder Instandsetzungsaufwendungen (§ 28 Abs 6). Einnahmen sind im Zeitpunkt des Zuflusses zu berücksichtigen. Regelmäßig wiederkehrende Einnahmen kurz vor oder nach dem Jahreswechsel sind wirtschaftlich zuzuordnen (§ 19 Abs 1 Z 2, → 242)

Werbungskosten sind laufende Ausgaben wie Fremdkapitalkosten zum Erwerb des Wirtschaftsguts (§ 16 Abs 1 Z 1), Abgaben und Versicherungsbeiträge für das Wirtschaftsgut (§ 16 Abs 1 Z 2), Ausgaben für Arbeitsmittel (§ 16 Abs 1 Z 27), Anschaffungs- und Herstellungskosten des Wirtschaftsguts (§ 16 Abs 1 Z 8) und Instandsetzung- und Instandhaltungsaufwand (§ 28 Abs 2). Laufende Werbungskosten sind im Zeitpunkt des Abflusses zu berücksichtigen. Regelmäßig wiederkehrende Ausgaben kurz vor oder nach dem Jahreswechsel sind wirtschaftlich zuzuordnen (§ 19 Abs 2, → 242). Bestimmte Vorauszahlungen sind auf die Jahre der Vorauszahlungsperiode entsprechend zu verteilen (§ 19 Abs 3, → 243). Werbungskosten zur Anschaffung oder Herstellung sind als Anschaffungskosten zu berücksichtigen und über den Zeitraum der Nutzung zu verteilen (§ 16 Abs 1 Z 8).

> **Beispiel:**
> Die Steuerpflichtige vermietet eine Wohnung um EUR 12.000 jährlich (Einnahmen). Als Absetzung für Abnutzung steht ein Betrag von EUR 4.000 zu. Laufende Ausgaben betragen EUR 3.600 (Werbungskosten). Die Einkünfte aus Vermietung und Verpachtung betragen EUR 5.400.

Vertiefung: Anschaffungs- und Herstellungskosten 347

Anschaffungs- und Herstellungskosten können nicht sofort bei Abfluss berücksichtigt werden, sondern sind **über mehrere Jahre verteilt** zu berücksichtigen. Nicht zu berücksichtigen sind Anschaffungskosten des nicht abnutzbaren Grund und Bodens (zur Berücksichtigung als Anschaffungskosten bei der Veräußerung von Grundstücken → 349).

Anschaffungs- und Herstellungskosten von abnutzbaren Wirtschaftsgütern sind über die **gewöhnliche Nutzungsdauer** abzusetzen (§ 16 Abs 1 Z 8, §§ 7 und 8). Geringwertige Wirtschaftsgüter können sofort abgesetzt werden (bis EUR 1.000, ab 2023, davor EUR 800; § 13).

Bei **Grundstücken** sind die Anschaffungskosten von Grund und Boden und Gebäude aufzuteilen, um die abnutzbaren Anschaffungskosten des Gebäudes zu bestimmen. Sofern die tatsächlichen Verhältnisse nicht wesentlich abweichen, sind ohne Nachweis eines anderen Aufteilungsverhältnisses bei einem bebauten Grundstück **40 % als Anteil des Grund und Bodens** auszuscheiden (ab 2016, zum Übergang § 124b Z 284). Per Verordnung können weitere Aufteilungsverhältnisse festgelegt werden (Grundanteilsverordnung). Bei **Gebäuden** können jährlich ohne Nachweis der Nutzungsdauer **1,5 % der Anschaffungs- und Herstellungskosten** (ca 66 Jahre)[5] als Absetzung für Abnutzung (AfA) geltend gemacht werden (§ 16 Abs 1 Z 8 lit d). In den ersten zwei Jahren ist eine **beschleunigte lineare Absetzung** möglich. Im ersten Jahr beträgt die Absetzung maximal das Dreifache (4,5 %), im zweiten Jahr maximal das Zweifache des Jahresbetrags (3 %, immer volle Jahres-AfA auch bei Anschaffung im zweiten Halbjahr) (lit e, ab 1.7.2020).

Die Anschaffungs- und Herstellungskosten als Bemessungsgrundlage ergeben sich aus den **tatsächlichen** Anschaffungs- und Herstellungskosten. Vorsteuerberichtigungen sind zu berücksichtigen (§ 6 Z 11 und Z 12). Bei **unentgeltlichem** Erwerb ist die Absetzung für Abnutzung fortzuführen. Wird ein bisher nicht der Besteuerung unterliegendes Grundstück (Altgrundstück → 350) erstmalig zur Erzielung von Einkünften aus Vermietung und Verpachtung verwendet, dann sind die fiktiven Anschaffungskosten zu diesem Zeitpunkt zugrunde zu legen (§ 16 Abs 1 Z 8 lit c). Bei Entnahme aus einem Betriebsvermögen ist der **Entnahmewert** (Teilwert) anzusetzen (§ 6 Z 4).

---

5   Ab 2016: zu den Übergangsbestimmungen BMF-Info 12.5.2016, 010203/0142-VI/6/2016.

Beispiel:

Die Steuerpflichtige erwirbt ein bebautes Grundstück um EUR 500.000. Der Anteil des Grund und Bodens ist auszuscheiden. Sofern die Wertverhältnisse nicht wesentlich abweichen, können EUR 300.000 als Anschaffungskosten des abnutzbaren Gebäudes angesetzt werden. Als Ausgabe kann die Absetzung für Abnutzung in Höhe von EUR 4.500 jährlich geltend gemacht werden (1,5 % von EUR 300.000). Bei Anschaffung im zweiten Halbjahr ist nur die Hälfte abzusetzen (Halbjahres-AfA).

348 Vertiefung: Verteilung von Ausgaben in besonderen Fällen

Bestimmte Ausgaben für das Wirtschaftsgut sind **über zehn oder fünfzehn Jahre zu verteilen**.

Auf Antrag des Steuerpflichtigen sind folgende Ausgaben über **fünfzehn** Jahre zu verteilen (§ 28 Abs 2):

- **Instandhaltungsarbeiten**, die nicht regelmäßig jährlich anfallen (laufende Wartung, Reparatur, Ausbesserung).
- **Absetzung für außergewöhnliche** technische oder wirtschaftliche Abnutzung und zusammenhängender Aufwand.
- **Außergewöhnliche Aufwendungen**, wenn nicht Instandhaltungs-, Instandsetzungs- oder Herstellungsaufwand.

Die Verteilung dient mangels Verlustvortrag im außerbetrieblichen Bereich der **besseren steuerlichen Geltendmachung von erhöhten Ausgaben**, die nicht jährlich anfallen.

Instandsetzungsaufwendungen bei Gebäuden, die Wohnzwecken dienen, sind gleichmäßig auf **fünfzehn** Jahre zu verteilen. Instandsetzungsaufwendungen sind Aufwendungen, die nicht zu den Anschaffungs- oder Herstellungskosten zählen, aber den Nutzungswert des Gebäudes wesentlich erhöhen oder seine Nutzungsdauer wesentlich verlängern (Austausch von Gebäudeteilen, wie Fenster, Installationen, Aufzug). **Ersatz durch den Vermieter** an den Hauptmieter **für Aufwendungen zur wesentlichen Verbesserung** einer Wohnung (§ 10 MRG) können auf Antrag über **zehn** Jahre verteilt werden (§ 28 Abs 4). In beiden Fällen können bei nachfolgender entgeltlicher Übertragung des Gebäudes offene Beträge nicht mehr geltend gemacht werden. Bei unentgeltlicher Übertragung führt der Rechtsnachfolger die offenen Beträge fort (§ 28 Abs 2 zweiter Absatz, § 28 Abs 4 letzter Satz).

Herstellungsaufwand für begünstigte Zwecke kann **vorzeitig über fünfzehn Jahre** verteilt abgesetzt werden (Abs 3).

Anwendungsfälle:

1. **Aufwendungen für die Erhaltung und die nützliche Verbesserung in Gebäuden** (§§ 3 bis 5 MRG), die dem Mietrechtsgesetz über die Verwendung des Hauptwohnsitzes unterliegen.
2. **Aufwendungen für Sanierungsmaßnahmen** nach dem Wohnhaussanierungsgesetz, dem Startwohnungsgesetz oder den landesgesetzlichen Vorschriften über die Förderung von Wohnhaussanierung oder die Förderung nach dem Umweltförderungsgesetz unter bestimmten Bedingungen.)
3. **Aufwendungen aufgrund des Denkmalschutzgesetzes** (Bescheinigung Denkmalschutzamt).

5. Grundstücksveräußerung (§ 30 EStG)

Einkünfte aus Grundstücken, die einem besonderen Steuersatz unterliegen, sind nach dem **Bruttoprinzip** zu besteuern. Die Einkünfte ermitteln sich aus dem **Veräußerungserlös abzüglich der Anschaffungskosten**.

349

Dagegen gilt das Nettoprinzip, wenn die Regelbesteuerungsoption ausgeübt wird. In diesem Fall können auch nichtabzugsfähige Werbungskosten berücksichtigt werden (§ 30). Zu nicht steuerbaren Einkünften aus außerbetrieblichen Grundstücken → 97.

Veräußerungserlös: Zum Veräußerungserlös gehören der Barpreis, übernommene Verbindlichkeiten und dem Verkäufer erlassene Schulden und sonstige geldwerte Vorteile. Ein Zinsanteil oder Wertsicherungsbeträge bei Ratenverkauf zählen nicht zum Veräußerungserlös, sondern zu den sonstigen Einnahmen. Im Fall der Entnahme ist der Entnahmewert anzusetzen.

Die **Anschaffungskosten** ermitteln sich wie folgt:

- Bei **entgeltlichem** Erwerb sind die **tatsächlichen** Anschaffungskosten samt Anschaffungsnebenkosten und Herstellungskosten bei Gebäuden heranzuziehen. Bei Tauschvorgängen gilt als Anschaffungskosten der Wert des hingegebenen Wirtschaftsguts (§ 6 Z 14).
- Bei **unentgeltlichem** Erwerb sind die Anschaffungskosten des **Rechtsvorgängers** heranzuziehen.
- Bei **Entnahme** ist auf den Entnahmewert abzustellen (Teilwert, Buchwert bei Grund und Boden, wenn der begünstigte Steuersatz anzuwenden wäre).
- Die Anschaffungskosten sind um steuerlich noch nicht berücksichtigte Herstellungs- und Instandsetzungsaufwendungen **zu erhöhen** und um steuerlich berücksichtigte Absetzung für Abnutzung sowie um steuerfreie öffentliche Zuwendungen **zu vermindern**.
- Bei gesetzlicher Änderung der Widmung notwendiger Übertragungen von Grundstücken sind die Anschaffungskosten des übertragenden Grundstücksteils dem verbleibenden Grundstücksteil zuzuschreiben.

Werbungskosten, die mit Einkünften aus privaten Grundstücksveräußerungen in unmittelbarem wirtschaftlichen Zusammenhang stehen, sind soweit nicht abzugsfähig, als der begünstigte Steuersatz zur Anwendung kommt (→ 152; § 20 Abs 2). Bei Ausübung der Regelbesteuerung können jedoch auch die Werbungskosten berücksichtigt werden. Die Einkünfte sind unabhängig von der Besteuerung jedoch um Kosten aufgrund der Immobilienertragsteuer (Mitteilung, Selbstberechnung durch Parteienvertreter) und um anlässlich der Veräußerung zahlbare Minderbeträge aus Vorsteuerberichtigungen zu vermindern (§ 6 Z 12; § 30 Abs 3).

Beispiele:

1. **Ein Grundstück** wird um EUR 200.000 veräußert, die Anschaffungskosten samt Nebenkosten abzüglich Absetzung für Abnutzung aus der bisherigen Vermietung betrugen EUR 80.000, Kosten für die Immobilienertragsteuer-Selbstberechnung fallen in Höhe von

EUR 2.000 an. Die Vertragserrichtungskosten betragen EUR 4.000. GrESt und Eintragungsgebühr sind vom Käufer zu tragen. Die Einkünfte aus der Veräußerung betragen EUR 118.000 (EUR 200.000 minus EUR 80.000 minus EUR 2.000). Die Vertragserrichtungskosten sind nicht abzugsfähig.

2. **Anschaffungsnebenkosten,** wie Kosten für die Aufschließung, Schutzbauten, Vermittlungs- und Beratungshonorare und nachträgliche Änderungen sind zur Ermittlung der Anschaffungskosten zu berücksichtigen.

3. **Werbungskosten:** Vertragserrichtungskosten, Beratungskosten, Maklerkosten, Kosten für Inserate und Bewertungsgutachten sind nicht abzugsfähig, sofern der besondere Steuersatz zur Anwendung kommt.

350 Vertiefung: Einkünfte aus Altgrundstücken

Bei **Altgrundstücken** kann die Ermittlung des Veräußerungsgewinns wahlweise **pauschal** erfolgen. Altgrundstücke sind Grundstücke, die vor dem 1.4.2012 mit ihren Wertänderungen nicht steuerpflichtig waren (§ 30 Abs 4). **Altgrundstücke** sind

- Grundstücke, die vor dem 1.4.2002 angeschafft oder selbst hergestellt wurden, weil sie außerhalb der damaligen 10-jährigen Spekulationsfrist standen (1.4.1997 bei begünstigter Abschreibung von Herstellungsaufwand innerhalb von 10 Jahren nach Anschaffung bei Vermietung und Verpachtung, weil dafür eine 15-jährige Spekulationsfrist galt; vgl § 30 Abs 1 Z 1 lit a alte Fassung zu Spekulationsgeschäften),

und nicht

- zum 31.3.2012 dem Betriebsvermögen bei Gewinnermittlung nach **§ 5 Abs 1** zuzuordnen waren (Wertänderung von Grundstücken war steuerwirksam), oder
- zum 31.3.2012 als Gebäude und grundstücksgleiche Rechte dem Betriebsvermögen bei Gewinnermittlung nach **§ 4 Abs 1 oder § 4 Abs 3** zuzuordnen waren (Wertänderung von Grund und Boden war steuerneutral).

Die pauschale Ermittlung des Veräußerungsgewinns von Grundstücken (Grund und Boden) erfolgt allein aufgrund des Veräußerungserlöses unter Ansatz von fiktiven Anschaffungskosten in Höhe von:

- **86 %,** woraus sich ein Veräußerungsgewinn von 14 % des Veräußerungserlöses ableiten lässt.
- **40 %,** sofern der Veräußerungserlös durch eine Umwidmung in Bauland nach 1987 beeinflusst wird, sodass sich ein höherer Veräußerungsgewinn von 60 % des Veräußerungserlöses ergibt.

Der Unterschiedsbetrag erhöht sich um die Hälfte der bisher geltend gemachten Teilbeträge nach § 28 Abs 3 (vorzeitige Absetzung von begünstigtem Herstellungsaufwand → 348) durch den Steuerpflichtigen oder seinem Rechtsvorgänger bei unentgeltlichem Erwerb.

Beispiel:

Ein Grundstück im Privatvermögen wurde im Jahr 1995 angeschafft (Altgrundstück) und wird nunmehr um EUR 200.000 veräußert. Ohne dazwischen erfolgter Umwidmung in Bauland kann die Einkünfteermittlung pauschal mit Anschaffungskosten von EUR 172.000 (86 % des Veräußerungserlöses) erfolgen, daher liegen Einkünften von EUR 28.000 vor.

Vertiefung: Nachversteuerung steuerneutraler Aufwertungen

Bisher **steuerneutrale Aufwertungen** der Anschaffungs- und Herstellungskosten von Grundstücken werden bei Veräußerung des Grundstücks **nachversteuert**. Die **pauschale** Ermittlung kann dabei angewendet werden, wenn ohne den Aufwertungsvorgang ein Altgrundstück vorliegen würde:

- Bei ursprünglichem **Ansatz der fiktiven Anschaffungskosten** zur Absetzung für Abnutzung aufgrund erstmaliger Einkünfteverwendung ist die **pauschale Ermittlung nur für die Wertänderung bis zum Ansatz der fiktiven Anschaffungskosten** zulässig. Als Veräußerungserlös gelten die fiktiven Anschaffungskosten. Wertänderungen danach sind nicht pauschal, sondern unter Zugrundelegung der fiktiven Anschaffungskosten und des Veräußerungserlöses zu ermitteln (§ 30 Abs 6 lit a, ab 2013).
- Ursprünglich steuerneutrale **Aufwertungen** (oder Abwertungen) **auf den Teilwert** bei **Wechsel der Gewinnermittlungsart** zu § 5 Abs 1 sind nachzuversteuern (zu berücksichtigen). Als Veräußerungserlös gilt der Teilwert bei Wechsel (§ 30 Abs 6 lit b; § 4 Abs 3a Z 3 lit c für die Veräußerung von Betriebsgrundstücken).
- Bei Grundstücken, die ursprünglich steuerneutral **zum Teilwert in ein Betriebsvermögen eingelegt** wurden, sind die Wertänderungen bis zum Einlagezeitpunkt nachzuversteuern. Diese ergeben sich aus dem Teilwert abzüglich Anschaffungs- oder Herstellungskosten. Sofern es sich ohne Einlage um ein Altgrundstück gehandelt hätte, ist die **pauschale Ermittlung** zulässig (§ 30 Abs 6 lit c; § 4 Abs 3a Z 4 für die Veräußerung von Betriebsgrundstücken).

Beispiel:

Ein Grundstück wurde im Jahr 1995 um EUR 100.000 angeschafft (Altgrundstück) und wurde im Jahr 2000 zum Teilwert von EUR 120.000 in das Betriebsvermögen eingelegt. Bei nunmehriger Veräußerung ist die bisher steuerneutrale Aufwertung nachzuversteuern, wobei die pauschale Ermittlung angewendet werden kann (86 % des Teilwerts als Anschaffungskosten).

Vertiefung: Anrechnung zur Vermeidung der Doppelbesteuerung, Verlustverrechnung

Die **Einkommensteuer**, die auf Grundstücksveräußerungen entfällt, wird im Ausmaß der sonst entstehenden **Doppelbelastung** der Einkünfte aus Grundstücksveräußerungen auf Antrag **ermäßigt oder erlassen**, wenn der Steuerpflichtige infolge des unentgeltlichen Erwerbs der Grundstücke innerhalb der letzten drei Jahre Erbschafts- oder Schenkungssteuer, Grunderwerbsteuer oder Stiftungseingangssteuer entrichtet hat (§ 30 Abs 8 → 315).

Verluste aus privaten Grundstücksveräußerungen sind im Kalenderjahr **vorrangig mit positiven Einkünften,** die ebenso dem besonderen Steuersatz unterliegen, auszugleichen. Verbleibt ein Verlust, ist dieser auf 60 % zu kürzen. Der Steuerpflichtige kann diesen gekürzten Verlust wie folgt mit Einkünften aus Vermietung und Verpachtung aus Grundstücken[6] verwerten:

- **Verteilung auf fünfzehn Jahre**, beginnend mit dem Verlustentstehungsjahr und ausschließlicher Ausgleich mit Einkünften aus Vermietung und Verpachtung,

---

6   VfGH 30.11.2017, G 183/2017, teleologische Reduktion.

- **Sofortiger Ausgleich** mit Einkünften aus Vermietung und Verpachtung im Verlust-entstehungsjahr auf Antrag in der Steuererklärung (§ 30 Abs 7).

Beispiel:

Zwei Grundstücke werden zur Erzielung von Einkünften aus Vermietung und Verpachtung genutzt. Ein Grundstück wird nun mit Verlust in Höhe von EUR –15.000 veräußert. Die Einkünfte aus Vermietung und Verpachtung betragen jährlich ohne das veräußerte Grundstück EUR 10.000. Der Verlust wird grundsätzlich auf die nächsten 15 Jahre verteilt und mit den Einkünften aus der Vermietung und Verpachtung in Höhe von jährlich EUR 1.000 gegengerechnet. Alternativ kann auch der Verlust im aktuellen Jahr mit den Einkünften aus Vermietung und Verpachtung gegengerechnet werden. Ein verbliebener Verlust von EUR –5.000 kann dann jedoch nicht mit anderen Einkünften ausgeglichen werden.

6. Sonstige Einkünfte (§ 29 EStG)

353 Einkünfte aus Spekulationsgeschäften (§ 31 EStG)

Einkünfte aus Spekulationsgeschäften ergeben sich aus dem Veräußerungserlös des Wirtschaftsguts abzüglich der Anschaffungskosten und den damit zusammenhängenden Werbungskosten (§ 31).

Veräußerungserlös ist der geldwerte Vorteil für den Verkauf (§ 15 Abs 1). **Anschaffungskosten** sind:

- der ursprüngliche **Kaufpreis samt Anschaffungsnebenkosten**,
- bei **Tausch** ist der gemeine Wert des hingegebenen Wirtschaftsguts maßgeblich (§ 6 Z 14),
- bei **unentgeltlichem** Erwerb die Anschaffungskosten des Rechtsvorgängers,
- bei **Entnahme** aus einem Betrieb ist der Entnahmewert anzusetzen (§ 6 Z 4).

Die Einkünfte bleiben **steuerfrei**, wenn diese insgesamt in einem Kalenderjahr **EUR 440** nicht übersteigen (§ 31 Abs 3). Führen Spekulationsgeschäfte in einem Kalenderjahr insgesamt zu einem **Verlust**, ist dieser nicht mit anderen Einkünften ausgleichsfähig (§ 31 Abs 4).

Beispiel:

Verkauf von Goldbarren (physisches Gold): Die Steuerpflichtige verkauft im außerbetrieblichen Bereich befindliche Goldbarren innerhalb von einem Jahr um EUR 10.000 mit Gebühren von EUR 200 mit ursprünglichen Anschaffungskosten und Gebühren von EUR 8.200. Der Unterschiedsbetrag von EUR 1.600 unterliegt der Steuer. Sofern ein Verlust erzielt worden wäre, wäre dieser nicht mit anderen Einkünften ausgleichsfähig. Bei einem Unterschiedsbetrag bis zu EUR 440 wäre diese steuerfrei.

354 Einkünfte aus Leistungen (§ 29 Z 3 EStG)

Einkünfte aus Leistungen ergeben sich aus den Einnahmen für die Leistung abzüglich der damit in Zusammenhang stehenden Werbungskosten (§ 29 Z 3).

Einkünfte bleiben **steuerfrei**, wenn diese in einem Kalenderjahr EUR 220 nicht überstiegen haben. **Verluste** aus Leistungen sind nicht ausgleichsfähig.

Beispiel:

Verzicht auf Recht: Der Steuerpflichtige verzichtet auf ein Recht gegen Zahlung von EUR 3.000. Die Vertragserrichtungskosten werden anteilig in Höhe von EUR 500 vom Steuerpflichtigen getragen. Die steuerpflichtigen Einkünfte betragen daher EUR 2.500.

Einkünfte aus Funktionsgebühren (§ 29 Z 4 EStG) 355

Einkünfte aus Funktionsgebühren ergeben sich aus den Einnahmen aufgrund der Funktion abzüglich Werbungskosten (§ 29 Z 4).

Werbungskosten können nach Auffassung der Finanzverwaltung in bestimmtem Umfang pauschal berücksichtigt werden.[7] **Verluste** können berücksichtigt werden, sind aber in der Praxis selten.

Beispiel:

Der **Feuerwehrfunktionär** erhält Sitzungsgelder, Entschädigungen für Zeitversäumnisse und pauschale Fahrt- und Reisekostenabgeltungen als Einnahmen. Werbungskosten, die mit der Tätigkeit zusammenhängen (zB Fahrt- und Reisekosten), sind abzugsfähig (soweit sie nicht in das Abzugsverbot fallen, wie Repräsentationsausgaben als Spenden und Essenseinladungen). Der Unterschiedsbetrag ist steuerpflichtig.

Einkünfte aus wiederkehrenden Bezügen (§ 29 Z 1 EStG) 356

Einkünfte aus wiederkehrenden Bezügen ergeben sich aus den Bezügen als Einnahmen abzüglich Werbungskosten (§ 29 Z 1).

Werden die wiederkehrenden Bezüge als sonst nicht steuerpflichtige, angemessene **Gegenleistung für die Übertragung von Wirtschaftsgütern** erzielt (Kaufpreisrente mit Rentenbarwert zwischen 50 % und 125 % des Werts des Wirtschaftsguts), dann ist nur der positive **Unterschiedsbetrag** als Einkünfte zu erfassen:

- der **Summe der wiederkehrenden Bezüge** und sonstigen Einnahmen (Renten, dauernde Lasten, Abfindungen derselben, Einmalzahlungen), abzüglich
- der **Geldleistung** zum Erwerb der Rente oder der **Rentenbarwert** zuzüglich allfälliger Einmalzahlungen bei sonstigen Wirtschaftsgütern (kapitalisierte Wert der wiederkehrenden Bezüge, §§ 15 und 16 BewG).

Beispiel:

1. **Wiederkehrende Bezüge:** Der Steuerpflichtige erhält aufgrund eines Schadens eine lebenslange Rente von EUR 10.000 pro Jahr. Der Erbe wird letztwillig verpflichtet, eine Rente an einen Berechtigten zu leisten (Rentenlegat).[8] Die Zahlungen sind wiederkehrende Bezüge.

---

7   EStR Rz 6613a, zu einer Pauschalierung der Werbungskosten von 30 % der Einnahmen mit Einschränkungen.
8   VwGH 22.3.2010, 2008/15/0092.

2. **Geldleistung gegen angemessene Rente:** Werden Versicherungsansprüche in Renten ausbezahlt (Rentenversicherung, Umwandlung von Einzelansprüchen), dann liegt eine Gegenleistungsrente vor, sodass nur die Zahlungen über der bisherigen Geldleistung durch den Versicherungsnehmer zu berücksichtigen sind.[9]

3. **Sonstiges Wirtschaftsgut gegen angemessene Rente:** Wird ein Wirtschaftsgut gegen angemessene Rente übertragen, dann liegen Einkünfte aus wiederkehrenden Bezügen insoweit vor, als die Rentenzahlungen den ursprünglich berechneten Rentenbarwert übersteigen. Dies gilt unabhängig davon, ob bereits vor dem Überschreiten ein erzielter Veräußerungsgewinn steuerpflichtig ist (Grundstück, Spekulationsgeschäft).

357 Vertiefung: Versorgungsrente und Unterhaltsrente

Liegt **keine angemessene Kaufpreisrente** vor, dann ist zwischen außerbetrieblichen **Versorgungsrenten, gemischten Renten** und **Unterhaltsrenten** zu unterscheiden[10] und die Einkünfte aus wiederkehrenden Bezügen sind wie folgt zu bestimmen. Zur betrieblichen Versorgungsrente → 251, 316.

Außerbetrieblich veranlasste Versorgungsrente bei Übertragung von betrieblichen Einkunftsquellen (unter 75 % und zwischen 125 % und 200 % des Werts der betrieblichen Einkunftsquelle): Bereits die erste Rente ist sofortige Einnahme und führt zu Einkünften aus wiederkehrenden Bezügen (§ 29 Z 1 letzter Satz, gleichzeitig sind diese beim Leistenden sofort als Sonderausgabe abzugsfähig, → 372).

Gemischte Renten bei Einzelwirtschaftsgütern (Rentenbarwert zwischen 125 % und 200 % des Werts des Wirtschaftsguts): Die Rente bis zur Höhe von 100 % des angemessenen Barwertes stellt eine Kaufpreisrente dar und führt insoweit zu Einkünften aus wiederkehrenden Bezügen (§ 29 Z 1, → 356). Der darüber hinausgehende Teil ist als Unterhaltsrente zu behandeln (§ 20 Abs 1 Z 4).

Unterhaltsrenten sind zur Gänze steuerneutral und liegen vor (§§ 20 Abs 1 Z 4, 29 Z 1), wenn:

- bei **betrieblichen Einkunftsquellen** der Barwert über 200 % des Werts der betrieblichen Einkunftsquelle liegt;
- bei **Wirtschaftsgütern** der Barwert unter 50 %[11] oder über 200 % des Werts des Wirtschaftsguts liegt, oder wenn eine gemischte Rente vorliegt, in Höhe des unangemessenen Teiles.

Beispiel:

1. **Außerbetriebliche Versorgungsrente:** Die Übertragende eines Betriebs (im Wege der Schenkung) erhält von ihren Kindern eine freiwillige Versorgungsrente. Ab der ersten Rente liegen bei der Übertragenden Einkünfte aus wiederkehrenden Bezügen vor.

2. **Gemischte Rente:** Der Rentenbarwert von EUR 100.000 beträgt 150 % des Wertes des Wirtschaftsguts. Die Rente ist in Höhe von EUR 66.666 (100/150 = 66,6 % von EUR 100.000) Kaufpreisrente, sonst steuerneutrale Unterhaltsrente. Die Rentenzahlung ist ebenfalls jeweils in diesem Verhältnis aufzuteilen.

---

9   VwGH 19.3.2013, 2010/15/0141.
10 EB zu § 29 Z 1 (Steuerreformgesetz 2000).
11 VwGH 19.10.1987, 86/15/0097.

Überblick: Ertragsteuerliche Rentenbesteuerung   358

Übertragung einer betrieblichen Einkunftsquelle	Wert der Einkunftsquelle zum Rentenbarwert	Übertragender	Erwerber
Entgeltliche Übertragung (Kaufpreisrente)	zwischen 75 % und 125 % des Rentenbarwerts	**Aufdeckung** stiller Reserven, Rentenzahlung ist Betriebseinnahme, erst **bei Übersteigen** der Buchwerte ergibt sich ein Veräußerungsgewinn	**Anschaffungskosten** ergeben sich aus Rentenbarwert, Rentenverpflichtung ist zu passivieren, laufende Rentenzahlung ist Betriebsausgabe, laufende Minderung Rentenverpflichtung Betriebseinnahme
Betriebliche Versorgungsrente (betriebliche Pensionsleistung)	unter 75 %, zwischen 125 % und 200 % des Rentenbarwerts	**Keine Aufdeckung** stiller Reserven, Rentenzahlung ist **sofort** Betriebseinnahme (nachträgliche Betriebseinnahmen)	**Buchwertfortführung**, Rentenzahlung ist **sofort** als Betriebsausgabe absetzbar
Außerbetriebliche Versorgungsrente (privater Versorgungszweck)		**Keine Aufdeckung** stiller Reserven, Rentenzahlung ist **sofort** wiederkehrender Bezug (§ 29 Z1)	**Buchwertfortführung**, Rentenzahlung **sofort** als Sonderausgabe absetzbar
Steuerneutrale Unterhaltsrente	über 200 % des Rentenbarwerts	**Steuerneutral**	**Steuerneutral**

Übertragung eines einzelnen Wirtschaftsgutes	Wert des Wirtschaftsgutes zum Rentenbarwert	Übertragender	Erwerber
Entgeltliche Übertragung (Kaufpreisrente)	zwischen 50 % und 125 % des Rentenbarwerts	**Aufdeckung** stiller Reserven, Rentenzahlung ist Einnahme, erst bei **Übersteigen** der Buchwerte ergeben sich Einkünfte (subsidiär: § 29 Z1)	**Anschaffungskosten** ergeben sich aus Rentenbarwert, Rentenverpflichtung ist zu passivieren, laufende Rentenzahlung ist Ausgabe, laufende Minderung Rentenverpflichtung Einnahme
Gemischte Rente	zwischen 125 % und 200 % des Rentenbarwerts	**Verhältnisrechnung und Aufteilung:** Bis 100 % des Rentenbarwerts wie Kaufpreisrente, darüber wie Unterhaltsrente zu behandeln	
Steuerneutrale Unterhaltsrente	unter 50 %, über 200 % des Rentenbarwerts	**Steuerneutral**	**Steuerneutral**

Abbildung 23: Ertragsteuerliche Rentenbesteuerung

7. Einkünfteermittlung bei Personengesellschaften

Einkünfteermittlung auf Ebene der Gesellschaft   359

Personengesellschaften, die lediglich **vermögensverwaltend** tätig sind (→ 73, 102), erzielen ausschließlich außerbetriebliche Einkünfte. Die Einkünfteermittlung hat entsprechend dem Vermögen der Personengesellschaft nach den jeweiligen **außerbetrieblichen Einkünfteermittlungsvorschriften** zu erfolgen.

Die **Einkünfteermittlung einer vermögensverwaltenden Personengesellschaft** erfolgt jeweils nach den entsprechenden Einkünften, die aus der Tätigkeit oder dem Vermögen erzielt werden:

- Einkünfte aus **Kapitalvermögen**,
- Einkünfte aus **Vermietung und Verpachtung**,
- Einkünfte aus **Grundstücksveräußerungen**,
- **Sonstige Einkünfte**.

Wird der **Anteil an der Personengesellschaft im Betriebsvermögen gehalten**, dann sind auf Ebene des Gesellschafters die Einkünfte nach betrieblichen Einkünftevorschriften zu ermitteln. Trifft dies bei allen Gesellschaftern zu, dann werden bereits die Einkünfte der vermögensverwaltenden Gesellschaft auf Gesellschaftsebene nach den betrieblichen Einkünftevorschriften ermittelt (→ 187).

Beispiel:

Die vermögensverwaltende KG vermietet Grundstücke. Aus der Vermietung werden auf Ebene der Gesellschaft Einkünfte aus Vermietung und Verpachtung erzielt und entsprechend ermittelt. Bei Veräußerung eines Grundstücks liegen Einkünfte aus Grundstücksveräußerung vor, die ebenso nach den entsprechenden Vorschriften zu ermitteln sind.

360 Einkünfteermittlung auf Ebene des Gesellschafters

Die **Tätigkeit** und das **Vermögen** der Personengesellschaft und daher auch die Einkünfte daraus werden **den Gesellschaftern direkt zugerechnet**.

Die Anschaffung oder Veräußerung einer unmittelbaren oder mittelbaren Beteiligung an einer Personengesellschaft stellt eine Anschaffung oder Veräußerung der **anteiligen Wirtschaftsgüter** dar (§ 32 Abs 2). Erwirbt die Personengesellschaft Kapitalvermögen, Grundstücke oder sonstige Wirtschaftsgüter, dann erwirbt der jeweilige Gesellschafter für ertragsteuerliche Zwecke anteilig das Kapitalvermögen oder die Grundstücke. Dasselbe gilt im Fall einer Veräußerung oder sonstigen Übertragung der Beteiligung durch den Gesellschafter oder des Vermögens durch die Personengesellschaft.

Übertragungen von Wirtschaftsgütern zwischen Gesellschafter und Personengesellschaft sind entsprechend dem Anteil des Gesellschafters als steuerneutral und entsprechend dem Anteil der anderen Gesellschafter als Veräußerung beim Gesellschafter und Anschaffung des Wirtschaftsguts durch die anderen Gesellschafter zu beurteilen. Bei gleichzeitiger Übertragung durch mehrere Gesellschafter zur Vereinigung der Wirtschaftsgüter liegt ein anteiliger Tausch vor (§ 32 Abs 3).

Beispiel:

1. **Ein atypisch stiller Gesellschafter** beteiligt sich am Unternehmen einer nur vermögensverwaltend tätigen GmbH (Vermietung von Grundstücken, unabhängig von § 7 Abs 3 KStG). Durch die Einlage erwirbt er anteilig die Wirtschaftsgüter der GmbH. Es kommt zu einem anteiligen Veräußerungsvorgang bei der GmbH im Verhältnis der übertragenen Anteile.
2. **Eine vermögensverwaltende KG** veräußert ein Grundstück. Die steuerlichen Einkünfte sind auf Ebene der KG zu ermitteln und stellen bei den jeweiligen Gesellschaftern aufgrund ihrer Beteiligung anteilig Einkünfte aus privaten Grundstücksveräußerungen dar.

Vergütungen für Dienste an die Gesellschaft sind nicht wie bei betrieblich tätigen Personengesellschaften als Teil des Gewinnanteils an der Personengesellschaft anzusehen, sondern selbständig zu beurteilen. Sie führen entsprechend der Ausgestaltung des Rechtsverhältnisses zwischen der Personengesellschaft und dem Gesellschafter beim Gesellschafter zu Einkünften aus nichtselbständiger Arbeit oder betrieblichen Einkünften.

Verluste (Werbungskostenüberschüsse) sind beschränkt haftenden Gesellschaftern nur in Höhe der tatsächlichen wirtschaftlichen Tragung zuzurechnen. Diese ist mit der Haftungseinlage beschränkt. Darüber hinausgehende Verluste sind nur den unbeschränkt haftenden Gesellschaftern zuzurechnen. Spätere Einnahmenüberschüsse stehen in diesem Fall vorrangig den unbeschränkt haftenden Gesellschaftern zu. Die Verlustzurechnung kann durch weitere Haftungseinlagen der Kommanditisten erhöht werden.[12] Die Verlust-

---

12   VwGH 21.2.2001, 2000/14/0127; VwGH 24.2.2005, 2003/15/0070.

zurechnung bei Beteiligungen im Betriebsvermögen richtet sich nach den betrieblichen Verlustzurechnungsvorschriften (→ 278, 319).

Beispiel:
Die vermögensverwaltende KG vermietet Grundstücke. Ein Kommanditist ist im Dienstverhältnis angestellt. Die Ausgaben dafür sind bei der KG Werbungskosten, beim Kommanditisten Einnahmen aus nichtselbständiger Arbeit. Die KG erzielt einen Verlust in Höhe von EUR 10.000, wobei EUR 2.000 auf den Kommanditisten mit einer Haftungseinlage von EUR 500 (bisher noch nicht aufgebraucht) entfallen würden. Aufgrund der Haftungseinlage können dem Kommanditisten nur EUR 500 an Verlusten zugerechnet werden. Der Rest wird dem Komplementär zugerechnet.

8. Einkünfteermittlung bei Fonds

8.1. Überblick über die Einkünfteermittlung bei Fonds

Einkünfteermittlungssubjekt ist grundsätzlich die Kapitalanlagegesellschaft, also jene **361** Gesellschaft, die den Fonds verwaltet. Sie hat das Ergebnis des Fonds zu ermitteln. **Einkünfteermittlungsobjekt** ist das jeweilige Sondervermögen.

Die **steuerliche Aufbereitung des Fondsergebnisses** erfolgt durch einen **steuerlichen Vertreter,** der die steuerrelevanten Daten an die Meldestelle bei der ÖKB zu übermitteln hat **(Meldefonds).** Die Meldestelle hat die steuerlichen Werte zu veröffentlichen.[13] Werden die steuerrelevanten Daten eines Fonds nicht an die Meldestelle übermittelt (**Nichtmeldefonds**), dann erfolgt eine **pauschale Ermittlung** der Einkünfte. Der Anteilsinhaber kann die Höhe der tatsächlichen Einkünfte unter Beilage der dafür notwendigen Unterlagen nachweisen (§ 186 Abs 2 InvFG, § 40 Abs 2 ImmoInvFG).

8.2. Einkünfteermittlung bei Investmentfonds (§§ 186 ff InvFG)

Einkünfte des Fonds sind um damit in Zusammenhang stehende Aufwendungen des **362** Fonds (Kapitalanlagefonds, Alternative Investmentfonds, AIF, oder Wagniskapitalfonds, WKF) zu kürzen (§ 186 InvFG). In der Folge ist zu unterscheiden zwischen:

- **Tatsächlich ausgeschütteten** Erträgen (§ 186 Abs 1 InvFG) und
- **Ausschüttungsgleichen** Erträgen (§ 186 Abs 2 InvFG).

Erfolgt eine Ausschüttung, **gelten für steuerliche Zwecke als ausgeschüttet** zunächst die laufenden und in Vorjahren erzielten Einkünfte aus Kapitalvermögen, die einem besonderen Steuersatz unterliegen, danach die laufenden und die in Vorjahren erzielten anderen Einkünfte und zuletzt Beträge, die keine Einkünfte darstellen (§ 186 Abs 6 InvFG). Zu Erträgen aus anderen Einkünften → 366. Eine Ausschüttung hat jedenfalls in Höhe der Kapitalertragsteuer (KESt) zu erfolgen, die auf die Einkünfte aus dem Fonds entfällt (§ 58 InvFG, § 14 ImmoInvFG).

---

13   Fonds-Melde-VO 2015, BGBl II 2015/167.

363 Ausgeschüttete Erträge

Ausgeschüttete Erträge aus Einkünften aus Kapitalvermögen sind beim Anteilsinhaber **im Zeitpunkt des Zuflusses steuerpflichtige Einnahmen** (§ 186 Abs 1 InvFG).

Ergibt sich aus den Einkünften aus Kapitalvermögen des Fonds, die einem besonderen Steuersatz unterliegen, ein **Verlust**, ist dieser mit solchen Einkünften aus Kapitalvermögen des Fonds in Folgejahren zu verrechnen (Verlustvortrag auf Fondsebene). Die Verrechnung hat vorrangig mit Einkünften aus realisierten Wertsteigerungen aus Kapitalvermögen, Derivaten und realisierten Wertsteigerungen aus Kryptowährungen des Fonds zu erfolgen. Werden **anteilige Einkünfte aus Zinsen** sowie laufende Einkünfte aus Kryptowährungen bereits in der Rechnungslegung des Fonds abgegrenzt, gelten diese als Einkünfte aus der Überlassung von Kapital bzw laufende Einkünfte aus Kryptowährungen (und nicht als Einkünfte aus realisierten Wertsteigerungen). Wurden ausgeschüttete Beträge in Vorjahren bereits **als ausschüttungsgleiche Erträge** versteuert (→ 362), bleiben sie insoweit steuerfrei (§ 186 Abs 2 Z 1 InvFG).

Bei **Nichtmeldefonds** gilt die gesamte Ausschüttung als steuerpflichtig mit Möglichkeit des Nachweises des steuerfreien Betrages durch den Anteilsinhaber (§ 186 Abs 2 Z 3 InvFG).

> **Beispiel:**
> Der Fonds erzielt ein positives Ergebnis von EUR 100. Nach Abzug der Fondsaufwendungen schüttet der Fonds per Anteil EUR 40 aus. Darin enthalten: Zinsen EUR 8, Dividenden EUR 16 und Veräußerungsgewinne EUR 12. Werden die steuerlichen Einkünfte durch einen steuerlichen Vertreter ermittelt, sind diese entsprechend beim Anteilsinhaber zu berücksichtigen. Unterbleibt die steuerliche Ermittlung, gilt die gesamte Ausschüttung (EUR 40) als steuerpflichtig. Der Anteilsinhaber kann allerdings die steuerfreien Beträge individuell nachweisen.

364 Ausschüttungsgleiche Erträge

Soweit **keine tatsächliche Ausschüttung** erfolgt, gelten nicht ausgeschüttete Erträge als ausgeschüttete Erträge (**ausschüttungsgleiche Erträge**, § 186 Abs 2 InvFG). Diese ermitteln sich aus:

- **100 %** der nicht ausgeschütteten Erträge aus der **Überlassung von Kapital und laufender Einkünfte aus Kryptowährungen**, plus
- **60 %** (**100 %**, wenn Anteile im Betriebsvermögen gehalten) des positiven Saldos aus Einkünften aus realisierten Wertsteigerungen, Derivaten und realisierten Wertsteigerungen von Kryptowährungen.

Bei **Nichtmeldefonds** ermitteln sich die ausschüttungsgleichen Erträge pauschal in Höhe von **90 % der jährlichen Wertsteigerung** als Unterschiedsbetrag zwischen dem ersten und letzten Rücknahmepreis des Kalenderjahres, mindestens jedoch **10 % des festgesetzten Rücknahmepreises** am Ende des Kalenderjahres. Der Anteilsinhaber kann die Höhe der ausschüttungsgleichen Erträge nachweisen.

Ausschüttungsgleiche Erträge gelten **im Zeitpunkt** der Auszahlung der Kapitalertragsteuer am Auszahlungstag **als zugeflossen**, ansonsten zum Zeitpunkt der Veröffentlichung der Meldung bei Meldefonds oder bei Nichtmeldefonds zum Ende des Kalenderjahres (§ 186 Abs 2 Z 1 und Z 3 InvFG).

Beispiel:

Der nichtausgeschüttete Teil des Fondsergebnisses beträgt EUR 60. Darin enthalten sind: Zinsen EUR 12, Dividenden EUR 24 und Veräußerungsgewinne EUR 18. Zinsen und Dividenden gelten in voller Höhe als ausgeschüttet, Veräußerungsgewinne gelten in Höhe von EUR 10,8 (60 %, 100 % bei betrieblichen Einkünften) als ausgeschüttet. Unterbleibt die steuerliche Ermittlung, ist der ausschüttungsgleiche Ertrag aus dem Rücknahmepreis abzuleiten (zB EUR 2.000 zu Beginn und EUR 2.100 am Ende des Kalenderjahres). Dies würde einen ausschüttungsgleichen Ertrag von EUR 90 ergeben (90 % von EUR 100). Der Anteilsinhaber kann die Einkünfte individuell nachweisen.

8.3. Einkünfteermittlung bei Immobilieninvestmentfonds (§§ 40 ff ImmoInvFG)

Bei **Immobilien-Investmentfonds** gilt der **Jahresgewinn des Immobilienfonds** an die   **365** Anteilsinhaber als ausgeschüttet (ausschüttungsgleiche Erträge aus Bewirtschaftungs- gewinnen und Aufwertungsgewinnen). Tatsächliche Ausschüttungen sind steuerneutral. Die ausschüttungsgleichen Erträge sind beim Anteilsinhaber steuerpflichtige Einnahmen und im außerbetrieblichen Bereich Einkünfte aus Kapitalvermögen (§ 40 ImmoInvFG). Für **sonstige Erträge** (Wertpapier- und Liquiditätsgewinne) kommen die Grundsätze des Investmentfondsgesetzes zur Anwendung (§ 40 Abs 6 ImmoInvFG iVm § 186).

Der **Zuflusszeitpunkt** ist der Auszahlungstag bei Auszahlung der Ertragsteuer (KESt), der Veröffentlichung der Meldung bei Meldefonds oder bei Nichtmeldefonds das Ende des Kalenderjahres.

Der **Jahresgewinn** ermittelt sich wie folgt (§ 14 ImmoInvFG):

- **Bewirtschaftungsgewinne:** Dazu zählen Erträge aus der entgeltlichen Überlassung der Immobilie zuzüglich sonstiger Erträge aus der laufenden Bewirtschaftung, abzüg- lich damit zusammenhängender Aufwendungen. Abschreibungen für Gebäude und Aufwendungen für Instandhaltung sind nicht zulässig. Stattdessen ist ein pauschaler Aufwand zwischen 10 % und 20 % der Nettomieteinnahmen abzuziehen (Instand- haltungsrücklage).

- **Aufwertungsgewinne:** Dazu zählen 80 % der Bewertungsdifferenz der Immobilien (inklusive im Vermögen einer inländischen Grundstücks-Kapitalgesellschaft befind- liche Immobilien) auf der Basis von Sachverständigengutachten, abzüglich 80 % der damit zusammenhängenden Aufwendungen. Werden Anteilsscheine nicht in tat- sächlicher und rechtlicher Hinsicht einem unbestimmten Personenkreis angeboten und erfolgt eine Veranlagung, sind die Ausschüttungen oder als ausgeschüttet gel- tenden Aufwertungsgewinne um ein Viertel zu erhöhen (daher 100 %).

- **Wertpapier- und Liquiditätsgewinne:** Dazu zählen Zinsen aus Bankguthaben und Erträge aus Wertpapieren, nicht jedoch Veräußerungsgewinne. Damit zusammen- hängende Aufwendungen sind abzuziehen.

- **Gewinne von ausländischen Grundstücks-Gesellschaften und inländischen Grund- stücks-Personengesellschaften** sind direkt dem Fonds zuzurechnen.

- **Gewinne von inländischen Grundstücks-Kapitalgesellschaften** sind als Bewirt- schaftungsgewinne erst im Zeitpunkt der Ausschüttung dem Fonds zuzurechnen (Trennungsprinzip). Nicht berücksichtigt werden jedoch Ausschüttungen von Veräußerungsgewinnen aus Immobilienveräußerungen, weil Aufwertungsgewinne von im Gesellschaftsvermögen gehaltenen Immobilien bereits unter den oben genannten Aufwertungsgewinnen zu erfassen sind.

Steuerfrei sind Gewinne aus ausländischen Immobilien aufgrund der Anwendung der Befreiungsmethode zur Vermeidung der internationalen Doppelbesteuerung. Ein **Verlustausgleich** findet vorrangig zwischen Immobilien desselben Staates statt, sodann ein grenzüberschreitender Verlustausgleich zwischen verschiedenen Staaten, soweit nicht die Befreiungsmethode anzuwenden ist. Ein Verlustausgleich ausländischer Immobilien mit Gewinnen aus inländischen Immobilien oder mit Wertpapier- und Liquiditätsgewinnen ist unzulässig (§ 40 Abs 1 ImmoInvFG).

Bei **Nichtmeldefonds** sind die Ausschüttungen zur Gänze steuerpflichtig und die ausschüttungsgleichen Erträge ermitteln sich pauschal in Höhe von **90 % der jährlichen Wertsteigerung** als Unterschiedsbetrag zwischen dem ersten und letzten Rücknahmepreis des Kalenderjahres, mindestens jedoch in Höhe von 10 % des Rücknahmepreises am Ende des Kalenderjahres. Der Anteilsinhaber kann die Höhe der ausschüttungsgleichen Erträge nachweisen.

Beispiel:

Der Fonds erzielt pro Anteil Mieteinkünfte von EUR 100 (inklusive Pauschalabzug von 10%), ein Aufwertungsgewinn von EUR 20 (80 % Bewertungsdifferenz) und Zinsen aus der Veranlagung von Barreserven von EUR 2. Im Jahresgewinn sind steuerfreie Einkünfte aus ausländischen Immobilien (Befreiungsmethode) in Höhe von EUR 30 enthalten. Die steuerpflichtigen Einkünfte betragen daher EUR 92. Eine tatsächliche Ausschüttung ist steuerfrei. Unterbleibt die steuerliche Ermittlung, sind die steuerpflichtigen Einkünfte pauschal zu ermitteln. Der Anteilsinhaber kann allerdings die Einkünfte individuell nachweisen.

8.4. Einkünfteermittlung bei sonstigen Einkünften und Anteilsveräußerung

366 **Sonstige Einkünfte**

Erträge, die nicht Einkünfte aus Kapitalvermögen, die einem besondere Steuersatz unterliegen, sind, ermitteln sich wie folgt (§ 186 Abs 5 InvFG):

- **Erträge aus Immobilien** in der Form von Bewirtschaftungs- und Aufwertungsgewinnen sind nach den Bestimmungen für Immobilien-Investmentfonds zu ermitteln (→ 365).
- **Erträge aus anderen Einkünften** sind, sofern sie lediglich max 20 % der Einkünfte aus Kapitalvermögen betragen, pauschal als Einkünfte aus der Überlassung von Kapitalvermögen zu behandeln, die einem besonderen Steuersatz unterliegen (Bagatellgrenze, auch für Einkünfte nach § 27 EStG, die keinem besonderen Steuersatz nach § 27a Abs 1 EStG unterliegen). Betragen sie **mehr als 20 % der Einkünfte aus Kapitalvermögen,** sind sie nach den allgemeinen Bestimmungen des EStG zu ermitteln, wobei damit in Zusammenhang stehende Aufwendungen in Abzug gebracht werden können. Für außerbetrieblich gehaltene Anteile gelten Vereinfachungen für die Ermittlung aus Einkünften aus Spekulationsgeschäften: Pauschale Steuerpflicht von 30 %, bei nicht mehr als 50 Anteilsinhabern sind die Einkünfte aus Spekulations-

geschäften individuell zu ermitteln. Erträge aus anderen Einkünften gelten aus Prakti-kabilitätsgründen, abhängig von deren Ausschüttung entsprechend der ausgeschütteten oder ausschüttungsgleichen Erträge, als zugeflossen.

Veräußerung der Anteile an einem Investmentfonds — 367

Realisierte Wertsteigerungen bei Veräußerung des Anteils an einem Fonds sind als Einkünfte aus der realisierten Wertsteigerung von Kapitalvermögen zu behandeln. Diese ermitteln sich wie folgt:

- **Veräußerungserlös** (Veräußerungspreis, Auszahlungsbetrag, Abwicklungsbetrag),
- **abzüglich Anschaffungskosten** der Anteile, wobei ausschüttungsgleiche (schon be-steuerte) Erträge die Anschaffungskosten erhöhen und steuerfreie Ausschüttungen und nichtsteuerbare ausgeschüttete Beträge (Substanzauszahlungen) die Anschaf-fungskosten vermindern (§ 186 Abs 3 InvFG, § 40 Abs 3 ImmoInvFG).

Besondere Bestimmungen gelten bei **Abspaltungen** von Fondsvermögen und **Ver-schmelzungen** von Fonds, die grundsätzlich steuerneutrale Vorgänge darstellen, sofern kein Realisationsvorgang vorliegt (§ 186 Abs 3 und 4 InvFG, § 40 Abs 3 ImmoInvFG).

Beispiel:
Die Anteile werden um EUR 1.200 verkauft. Sie wurden um EUR 1.000 angeschafft. Bisher wurden steuerpflichtige Ausschüttungen von EUR 100 und ausschüttungsgleiche Erträge von EUR 80 erzielt, von denen EUR 30 steuerfrei ausgezahlt wurden. Die Anschaffungskosten von EUR 1.000 sind um die ausschüttungsgleichen Erträge zu erhöhen (EUR 80) und um die steu-erfreien Ausschüttungen zu mindern (EUR 30), sodass sich insgesamt Einkünfte aus der Ver-äußerung von EUR 150 ergeben (EUR 1.200 abzüglich EUR 1.050).

Kapitel 7

Einkommensteuer[1] – Einkommensermittlung und Erhebung

1. Einkommensermittlung – Überblick (§ 2 EStG)

368

Das **Einkommen** ist **Bemessungsgrundlage** der Ertragsteuer und ergibt sich aus der **Saldierung** des Gesamtbetrages der Einkünfte, der Sonderausgaben, außergewöhnlichen Belastungen und Freibeträgen.

Das **Einkommen ermittelt sich** aus (§ 2 Abs 2):

- dem **Gesamtbetrag der Einkünfte** nach Ausgleich mit Verlusten,
- nach Abzug von **Sonderausgaben,**
- nach Abzug von **außergewöhnlichen Belastungen** bei natürlichen Personen und
- nach Abzug von **Freibeträgen**.

Beispiel:

Der Steuerpflichtige erzielt Einkünfte als freiberuflicher Steuerberater von EUR 120.000, ferner Verluste aus Vermietung von EUR 30.000 sowie Einkünfte aus einem Hotel von EUR 40.000, darüber hinaus Spekulationseinkünfte in Höhe von EUR 400. Daneben erzielt er Bruttozinserträge von EUR 1.000 aus einer Unternehmensanleihe, von denen KESt einbehalten wurde. Private Steuerberatungsausgaben wurden in Höhe von EUR 1.500 geleistet. Die noch offenen Verlustvorträge aus vorjährigen Verlusten des Hotelbetriebes betragen EUR 40.000. Der **Gesamtbetrag der Einkünfte** ergibt EUR 130.000 (EUR 120.000 plus EUR 40.000 abzüglich EUR 30.000). Die Spekulationsgeschäfte liegen unter der Freigrenze von EUR 440 und sind nicht zu berücksichtigen; auch die endbesteuerten Zinserträge sind ohne Regelbesteuerungsoption nicht zu berücksichtigen. Die Steuerberatungskosten und der Verlustvortrag sind in voller Höhe als **Sonderausgaben** absetzbar (insgesamt EUR 41.500). Das **Einkommen** beträgt daher EUR 88.500.

2. Einkommensermittlung – Gesamtbetrag der Einkünfte

369

Der **Gesamtbetrag der Einkünfte** ermittelt sich aus den Einkünften aller Einkunftsquellen der sieben Einkunftsarten nach Ausgleich mit Verlusten, die sich aus den einzelnen Einkunftsarten ergeben (§ 2 Abs 2).

---

1   Paragraphenverweise ohne Gesetzesangabe beziehen sich auf das Einkommensteuergesetz (EStG).

Bei der Ermittlung des Gesamtbetrags bleiben bestimmte Einkünfte und Verluste **außer Ansatz**:

- Einkünfte, die mit einem **besonderen Steuersatz** zu versteuern sind, sofern nicht die Regelbesteuerung zur Anwendung kommt. Dazu zählen außerbetriebliche und betriebliche Einkünfte aus Kapitalvermögen, außerbetriebliche und betriebliche Einkünfte aus der Veräußerung von Grundstücken und sonstige Bezüge als Einkünfte aus nichtselbständiger Arbeit.
- Darüber hinaus bleiben **Verluste** aus Einkunftsquellen der sieben Einkunftsarten außer Ansatz, die **nicht ausgleichsfähig sind** (zu betrieblichen Verlusten → 319, zu außerbetrieblichen Verlusten → 346, 353 ff).

Gesondert zu ermitteln innerhalb des Gesamtbetrags der Einkünfte sind:

- Einkünfte, die dem **halben Durchschnittssteuersatz** unterliegen (§§ 37 und 38).

370 **Ermittlung des Gesamtbetrags der Einkünfte**

Der **Gesamtbetrag der Einkünfte** ist wie folgt zu ermitteln:

- **Interner** Ausgleich von Einkünften und Verlusten innerhalb derselben Einkunftsquelle,
- **Horizontaler** Ausgleich von Einkünften und Verlusten innerhalb derselben Einkunftsart,
- **Vertikaler** Ausgleich von Einkünften und Verlusten aus den sieben Einkunftsarten.

Die Reihenfolge des **innerbetrieblichen Verlustausgleichs** steht dem Steuerpflichtigen frei. Es können daher vorrangig voll steuerpflichtige Gewinne mit Verlusten ausgeglichen werden, bevor begünstigt steuerpflichtige Gewinne (Übergangsgewinn) berücksichtigt werden.[2] Beim **horizontalen** und beim **vertikalen** Verlustausgleich sind jeweils vorrangig voll steuerpflichtige Gewinne mit Verlusten und erst danach mit begünstigt besteuerten Gewinnen auszugleichen.[3]

> **Beispiel:**
> Als Teil des Gesamtbetrags der Einkünfte wird im Betrieb A ein laufender Gewinn von EUR 40.000, ein begünstigter Gewinn von EUR 20.000 und ein Veräußerungsverlust von EUR –10.000 erzielt. Im Betrieb B entsteht ein Verlust von EUR 30.000. Zusätzlich werden außerbetriebliche Einkünfte aus nichtselbständiger Arbeit in Höhe von EUR 20.000 und ein Verlust aus Vermietung und Verpachtung in Höhe von EUR – 10.000 erzielt. Zuerst hat ein **interner** Ausgleich innerhalb desselben Betriebs zu erfolgen (Betrieb A: EUR 50.000, wobei darin ein begünstigt besteuerter Gewinn von EUR 20.000 enthalten ist). Danach sind die Einkünfte und Verluste der Betriebe **horizontal** miteinander zu verrechnen (EUR 40.000). Schließlich erfolgt der Ausgleich **vertikal** zwischen den unterschiedlichen Einkunftsarten (EUR 30.000).

---

2   VwGH 24.2.2004, 99/14/0250; VwGH 20.3.2014, 2010/15/0122.
3   Vgl VwGH 13.2.1985, 84/13/0249.

3. Einkommensermittlung – Sonderausgaben (§ 18 EStG)

3.1. Überblick über die Sonderausgaben

371

Sonderausgaben sind Ausgaben, die nicht den Einkünften zuzurechnen sind, daher weder Betriebsausgaben noch Werbungskosten darstellen (§ 18).

Sie können dennoch aus wirtschaftlichen oder sozialen Gründen abgesetzt werden. Sonderausgabentatbestände können auch privates Handeln im Wege einer einkommensteuerlichen Entlastung fördern.[4]

Sonderausgaben sind in der **Periode** zu berücksichtigen, in der sie abfließen. Es gilt das **Abflussprinzip** mit den Ausnahmen für bestimmte Vorauszahlungen und der Kurze-Zeit-Regel (→ 239, § 19 Abs 2 und 3).

3.2. Sonderausgaben bei natürlichen Personen

372

Bei **natürlichen Personen** können folgende **Sonderausgaben** abgezogen werden (§ 18 Abs 1):

- **Renten und dauernde Lasten**, die auf besonderen Verpflichtungsgründen beruhen (Z 1): Bei Gegenleistungsrenten liegt eine Sonderausgabe nur vor, wenn die Summe der verausgabten Beträge den Wert der Gegenleistung übersteigt. Zahlungen sind aufgrund einer außerbetrieblich veranlassten Versorgungsrente bei Übertragung von betrieblichen Einkunftsquellen sofort als Sonderausgabe abzugsfähig.
- **Beiträge für eine freiwillige Weiterversicherung in der gesetzlichen Pensionsversicherung** einschließlich des Nachkaufs von Versicherungszeiten und vergleichbare Beiträge an Versorgungs- und Unterstützungseinrichtungen der Kammer der selbständig Erwerbstätigen. Bei Einmalleistung kann der Betrag per Antrag auf 10 Jahre verteilt werden (Z 1a).
- **Beiträge und Versicherungsprämien in der Personenversicherung** für Altverträge bis 2015, letztmalig 2020 (Z 2).
- **Ausgaben zur Wohnraumanschaffung oder zur Wohnraumsanierung** bis 2015, letztmalig 2020 (Z 3).
- **Ausgaben für den Erwerb von Jungen Aktien**, bis 2010, für die Nachversteuerung relevant (Z 4).
- **Kirchenbeiträge**: Verpflichtende Beiträge an in Österreich gesetzlich anerkannte Kirchen und Religionsgemeinschaften bis zu EUR 600 jährlich (Z 5).
- **Steuerberatungskosten**, die an berufsrechtlich befugte Personen geleistet werden (Z 6).

---

4   VfGH 7.10.2014, B 905/2013-13.

- **Spenden,** soweit sie zusammen mit Zuwendungen aus dem Betriebsvermögen insgesamt 10 % des sich nach Verlustausgleich ergebenden Gesamtbetrags der Einkünfte nicht übersteigen; eingeschränkte Abzugsfähigkeit für nicht in Geld geleistete Zuwendungen; bei ausländischen Einrichtungen gelten besondere Belegerfordernisse und auszustellende Spendenbestätigungen (Z 7).
- **Zuwendungen zur Ausstattung von gemeinnützigen Privatstiftungen,** soweit sie zusammen mit Zuwendungen aus dem Betriebsvermögen insgesamt im jeweiligen Kalenderjahr 10 % des sich nach Verlustausgleich ergebenden Gesamtbetrags der Einkünfte nicht übersteigen (Z 8).
- **Freigebige Zuwendungen an die Innovationsstiftung für Bildung zur Förderung oder zur Ausstattung,** soweit sie grundsätzlich zusammen mit Zuwendungen aus dem Betriebsvermögen insgesamt im jeweiligen Kalenderjahr EUR 500.000 oder den Gesamtbetrag der Einkünfte nicht übersteigen (Z 9).
- **Ausgaben in Höhe eines Pauschbetrags von EUR 800 bzw EUR 400 jährlich über fünf Jahre für eine thermisch-energetische Sanierung von Gebäuden über EUR 4.000 und für den Ersatz eines fossilen Heizungssystems durch ein klimafreundliches Heizungssystem über EUR 2.000,** wenn diese jeweils gleichzeitig vom Bund nach dem Umweltförderungsgesetz gefördert werden und eine Datenübermittlung erfolgt (Z 10).
- **Verlustabzug** für ausgleichsfähige Verluste aus betrieblichen Einkunftsquellen (Abs 6 → 374).

Der Steuerpflichtige kann für seinen Partner und seine Kinder auch folgende Ausgaben geltend machen: Ausgaben nach Z 1a (Erweiterung Pensionsversicherung), Z 2 (Prämien Personenversicherungen), Z 3 (Wohnraum) und Z 5 (Kirchenbeitrag) (§ 18 Abs 3 Z 1).

Sonderausgaben von beschränkt Steuerpflichtigen können soweit berücksichtigt werden, als sie sich auf das Inland beziehen (§ 102 Abs 2 Z 2, zum Verlustabzug → 374).

Nur aufgrund einer Datenübermittlung im Wege der Veranlagung können berücksichtigt werden: Sonderausgaben für Beiträge für die freiwillige Weiterversicherung und den Nachkauf von Versicherungszeiten (Z 1a), Kirchenbeiträge (Z 5), Spenden (Z 7), Zuwendungen an gemeinnützige Privatstiftungen (Z 8), Zuwendungen an die Innovationsstiftung für Bildung (Z 9) und ökologische Ausgaben (Z 10) (Abs 8, Z 10).

373 Vertiefung: Topf-Sonderausgaben

Sonderausgaben nach Z 2 (**Prämien Personenversicherungen**), 3 (**Wohnraum**) und 4 (**Junge Aktien**) unterliegen besonderen Regeln und Beschränkungen (§ 18 Abs 2, 3, 4 und 5):

- **Zeitlich** können diese Sonderausgaben **nur mehr eingeschränkt** geltend gemacht werden (Altverträge, vollständiges Auslaufen der Topf-Sonderausgaben im Jahr 2020).
- **Ein Pauschbetrag von EUR 60** konnte bis zur Veranlagung 2020 berücksichtigt werden.

- **Sonderausgaben sind in Höhe eines Viertels der Ausgaben beschränkt** (Sonderausgabenviertel), wobei die Ausgaben zur Berechnung des Viertels insgesamt der Höhe nach beschränkt sind, und zwar auf einen **jährlichen Höchstbetrag von EUR 2.920**, der sich um weitere EUR 2.920 erhöht bei Anspruch auf Alleinverdiener- oder Alleinerzieherabsetzbetrag (→ 442) oder wenn der Partner Einkünfte von höchstens EUR 6.000 pro Kalenderjahr erzielt. Zwischen einem Gesamtbetrag der Einkünfte von mehr als EUR 36.400 bis EUR 60.000 reduziert sich das Sonderausgabenviertel auf den Pauschbetrag.
- **Eine Nachversteuerung in Höhe von 30 %** für abgesetzte Sonderausgaben hat zu erfolgen, wenn die Voraussetzungen für die Sonderausgaben nachträglich wegfallen oder nicht erfüllt werden (Abs 4 und Abs 5).

3.3. Betrieblicher Verlustvortrag als Sonderausgabe (§ 18 Abs 6 EStG)

Verlustabzug bei natürlichen Personen 374

Als **Sonderausgabe** bei natürlichen Personen gelten abzugsfähige **Verluste aus betrieblichen Einkunftsquellen**, die in vorangegangenen Wirtschaftsjahren entstanden sind und bisher nicht berücksichtigt wurden (§ 18 Abs 6).

Dieser Verlustabzug ermöglicht somit eine **periodenübergreifende Berücksichtigung** betrieblicher Verluste. Der Verlustabzug ist zwingend und so bald als möglich und im größtmöglichen Umfang vorzunehmen.[5] Abzugsfähige betriebliche Verluste aus den letzten Jahren können **zeitlich unbegrenzt** berücksichtigt werden. Der Verlustabzug steht nur dann zu, wenn die Verluste durch **ordnungsmäßige Buchführung** oder **Einnahmen-Ausgaben-Rechnung** ermittelt worden sind.

Bei **beschränkt Steuerpflichtigen** steht der Verlustabzug nur für betriebliche Verluste aus einer inländischen Betriebsstätte oder aus unbeweglichem, inländischem Betriebsvermögen zu. Der Verlustabzug kann allerdings nur insoweit berücksichtigt werden, als er die nicht der beschränkten Steuerpflicht unterliegenden Einkünfte überstiegen hat, daher ein Verlustüberhang besteht (§ 102 Abs 2 Z 2). Aufgrund eines DBA mit Gleichbehandlungsgebot (Diskriminierungsverbot → 134) ist die volle Verlustberücksichtigung allerdings geboten, solange keine doppelte Verlustberücksichtigung erfolgt.

Beispiele:
1. **Die natürliche Person** hat in den letzten Jahren betriebliche Verluste in Höhe von EUR 20.000 erzielt, die nicht mit anderen Einkünften ausgeglichen werden konnten. Nunmehr erzielt die Person einen Gewinn von EUR 30.000. Aufgrund der bisherigen Verluste können diese nun als Sonderausgaben mit dem Gewinn gegengerechnet werden und vermindern daher die Steuerbelastung in diesem Jahr.

---

5   BFG 24.11.2015, RV/5100439/2011.

2. **Außerbetriebliche Verluste**, wie Verluste aus der Vermietung und Verpachtung, können nicht in zukünftige Perioden vorgetragen werden. Stattdessen sind Aufwendungen, die in einem Jahr für mehrere Jahre anfallen, verteilungsfähig → 352.
3. **Beschränkt Steuerpflichtige:** Der beschränkt Steuerpflichtige hat im Inland eine Betriebsstätte und erzielt einen Verlust von EUR 30.000. Im Ausland erzielt der Steuerpflichtige einen Gewinn von EUR 20.000. Es ist nur ein Verlust in Höhe von EUR 10.000 als Verlustvortrag zu berücksichtigen. Bei DBA mit Betriebsstättendiskriminierungsverbot steht jedoch der volle Verlustabzug zu (EUR 30.000), wenn der inländische Verlust nach ausländischem Recht nicht verwertbar ist oder zwar verwertet wurde, aber nachträglich eine Nachversteuerung aufgrund von späteren inländischen Gewinnen erfolgt.[6]

375 Vertiefung: Änderung des Verlustvortrags

Der Verlustvortrag steht grundsätzlich der **natürlichen Person** zu, bei der der **Verlust eingetreten** ist (**subjektbezogener** Verlustvortrag).

Die Berücksichtigung des Verlustvortrags soll der verminderten **Leistungsfähigkeit des Steuerpflichtigen Rechnung tragen.** Er steht daher als höchstpersönliches, nicht übertragbares Recht grundsätzlich nur diesem Steuerpflichtigen zu. Die **Übertragung** des Verlustvortrags ist bei **ertragsteuerlicher Gesamtrechtsnachfolge** möglich, sofern gleichzeitig auch das verlustverursachende Vermögen auf den Rechtsnachfolger zum steuerlichen **Buchwert** übergeht (**objektbezogener** Verlustvortrag). Diese liegt nur vor:

- bei zivilrechtlicher Gesamtrechtsnachfolge im **Erbweg** oder
- aufgrund von **begünstigten Umgründungen** nach dem UmgrStG (→ 645).

Beispiel:
Der Vater des Steuerpflichtigen betreibt eine Buchdruckerei, aus der bisher nicht berücksichtigte Verluste entstehen. Der Steuerpflichtige erbt nach dem Tod des Vaters den Betrieb der Buchdruckerei mit Übernahme der Buchwerte. Die vor dem Tod des Vaters entstandenen Verluste kann der Sohn aufgrund der Gesamtrechtsnachfolge als Sonderausgaben berücksichtigen. Diese vermindern daher seine anderen Einkünfte.

4. Einkommensermittlung – Außergewöhnliche Belastungen (§§ 34 f EStG)

376 Belastungen

Bei der Ermittlung des Einkommens einer **unbeschränkt steuerpflichtigen natürlichen Person** – nicht aber bei beschränkt Steuerpflichtigen – können nach Abzug der Sonderausgaben **außergewöhnliche Belastungen** abgezogen werden (§§ 34 und 35, VO zu § 34).

Außergewöhnliche Belastungen sind **nichtabzugsfähige oder private Ausgaben**, die nicht bereits als Sonderausgaben, Betriebsausgaben oder Werbungskosten berücksich-

---

6   VwGH 28.11.2007, 2007/14/0048, zum DBA Schweiz und Nachversteuerung; VwGH 16.2.2006, 2005/14/0036.

tigt wurden. Ausgaben im Zusammenhang mit Strafen können auch nicht als außergewöhnliche Belastung geltend gemacht werden (§ 20 Abs 3). Die Belastung muss:

- **außergewöhnlich** sein, also höher als bei der Mehrzahl der Steuerpflichtigen mit gleichem Einkommen und Vermögen (Abs 2),
- **zwangsläufig** erwachsen, also eine tatsächliche, rechtliche oder sittliche Verpflichtung bestehen (Abs 3), und
- die **wirtschaftliche Leistungsfähigkeit wesentlich beeinträchtigen,** womit der Betrag einen Selbstbehalt übersteigen muss (Abs 4).

Aufwendungen können nur soweit außergewöhnliche Belastungen darstellen, als sie **wirtschaftlich getragen werden.** Keine außergewöhnliche Belastung steht daher insoweit zu, als Kosten durch eine Versicherung, den Staat oder einen Dritten abgedeckt werden. Nur der den **Kostenersatz** übersteigende Betrag kommt als außergewöhnliche Belastung infrage. Bei **Darlehensaufnahme** zur Finanzierung der Aufwendungen ist der Zeitpunkt der Darlehensrückzahlung maßgeblich.[7]

Unterhaltsleistungen können grundsätzlich nicht als außergewöhnliche Belastung geltend gemacht werden. Diese sind mit der Familienbeihilfe, dem Familienbonus Plus, dem Kindermehrbetrag, dem Kinderabsetzbetrag oder durch den Unterhaltsabsetzbetrag abgegolten. Unterhaltsleistungen sind nur insoweit abzugsfähig, als sie zur Deckung von Aufwendungen gewährt werden, die **beim Unterhaltsberechtigten selbst eine außergewöhnliche Belastung darstellen würden** (ohne Berücksichtigung eines Selbstbehalts des Unterhaltsberechtigten, Abs 7).

Beispiele:

1. **Krankheitskosten** können nur dann als außergewöhnliche Belastungen berücksichtigt werden, wenn sie mit einer konkreten Heilbehandlung verbunden sind.[8]
2. **Begräbniskosten** sind soweit zu berücksichtigen, als sie im Nachlass nicht gedeckt sind (§ 549 ABGB, § 143 ABGB).[9]
3. **Kurkosten** sind nur dann zu berücksichtigen, wenn der Aufenthalt nicht den Charakter eines Erholungsurlaubs, sondern eines Kuraufenthalts hat. Dabei handelt es sich um ein unter ärztlicher Aufsicht und Betreuung durchgeführtes notwendiges Heilverfahren zur Heilung oder Linderung einer Krankheit mit kurmäßig geregelter Tages- und Freizeitgestaltung.[10]
4. **Die Unterhaltspflicht gegenüber einem Kind** umfasst auch in der Person des Kindes begründeten Sonderbedarf, insbesondere den etwa aus einer Krankheit des Kindes oder einer Behinderung resultierenden individuellen Bedarf.[11]

Vertiefung: Anerkannte außergewöhnliche Belastungen 377

Unabhängig davon (ohne Berücksichtigung eines Selbstbehaltes) gelten bestimmte **Aufwendungen als außergewöhnliche Belastung** (§ 34 Abs 6):

- Aufwendungen zur Beseitigung von **Katastrophenschäden,**

---

7   VwGH 19.10.2016, Ro 2014/15/0005.
8   VwGH 10.2.2016, 2013/15/0254.
9   VwGH 31.5.2011, 2008/15/0009.
10 VwGH 25.4.2002, 2000/15/0139.
11 VwGH 26.7.2017, Ro 2016/13/0026; VwGH 31.3.2017, Ra 2016/13/0053.

- Kosten einer **auswärtigen Berufsausbildung** eines Kindes pauschal mit EUR 110 (§ 34 Abs 8),
- Mehraufwendungen für die **Pflege von nahen Angehörigen,**
- Aufwendungen **durch Behinderung tatsächlich verursachte Kosten** des Steuerpflichtigen oder seiner nahen Angehörigen (Kind, Partner) (§ 35 Abs 5),
- Aufwendungen **als pauschale Freibeträge aufgrund einer Behinderung** des Steuerpflichtigen oder seiner nahen Angehörigen (Kind, Partner) (§ 35 Abs 1 bis 4).

Beispiel:

1. **Auswärtige Berufsausbildung eines Kindes** ist eine außergewöhnliche Belastung, wenn im Einzugsbereich des Wohnorts (grundsätzlich innerhalb von 80 km) keine entsprechende Ausbildungsmöglichkeit besteht.
2. **Verpflegungsmehraufwand** bei krankheitsbedingter Heimunterbringung, soweit der Aufwand die Summe der pflegebedingten Geldleistungen übersteigt.[12]

378 Vertiefung: Wirtschaftliche Leistungsfähigkeit

Außergewöhnliche Belastungen beeinträchtigen die **wirtschaftliche Leistungsfähigkeit** nur dann, wenn sie einen Selbstbehalt (berechnet vom Einkommen) übersteigen. Je höher der Selbstbehalt, desto eher besteht keine wesentliche Beeinträchtigung der wirtschaftlichen Leistungsfähigkeit.

Das **Einkommen** ist dabei vor Abzug der außergewöhnlichen Belastungen zu berücksichtigen. Bei Einkünften aus nichtselbständiger Tätigkeit sind zusätzlich zu den tarifmäßig zu versteuernden Einkünften auch die gesondert besteuerten sonstigen Bezüge (Jahressechstel) hinzuzurechnen (Abs 5).

Der **Selbstbehalt beträgt:**

- 6 % bis EUR 7.300 des Jahreseinkommens,
- 8 % mehr als EUR 7.300 bis EUR 14.600,
- 10 % mehr als EUR 14.600 bis EUR 36.400,
- 12 % mehr als EUR 36.400.

Er **vermindert sich je um einen Prozentpunkt** bei Anspruch des Steuerpflichtigen auf Alleinerzieher- oder Alleinverdienerabsetzbetrag oder wenn der Partner höchstens EUR 6.937 jährlich erzielt oder für jedes Kind (§ 34 Abs 4).

Beispiel:

Eine alleinerziehende Person hat Einkünfte aus nichtselbständiger Arbeit von EUR 42.000, davon EUR 6.000 als begünstigt besteuertes Urlaubsgeld und Weihnachtsremuneration. Der Selbstbehalt würde 10 % betragen, reduziert sich jedoch aufgrund des Alleinerzieherabsetzbetrags mit einem Kind auf 8 %. Bei EUR 42.000 wäre daher der Selbstbehalt EUR 3.360. Sofern außergewöhnliche Belastungen von EUR 4.000 anfallen, die unter den Selbstbehalt fallen, sind nur EUR 640 zu berücksichtigen.

---

12   VwGH 31.5.2017, Ro 2015/13/0023.

5. Einkommensermittlung – Freibetrag (§ 105 EStG)

Ein Freibetrag steht einem **Inhaber von Amtsbescheinigungen und Opferausweisen** zu. Folglich ist ein besonderer Freibetrag von jährlich **EUR 801** bei Berechnung der Einkommensteuer abzuziehen (§ 105).   379

6. Einkommenserhebung – Überblick

380
Die **Erhebung** der Einkommensteuer kann auf **mehrere Arten** erfolgen, und zwar durch **Abzug, Selbstberechnung** oder **Veranlagung** inklusive Vorauszahlung.

Erhebungsformen sind:

- **Lohnsteuer** als Abzugsteuer auf inländische Einkünfte aus nichtselbständiger Arbeit (§§ 47 bis 92),
- **Kapitalertragsteuer** als Abzugsteuer auf inländische Einkünfte aus Kapitalvermögen (§§ 93 bis 97),
- **Steuerabzug** als Abzugsteuer auf bestimmte Einkünfte beschränkt Steuerpflichtiger (§§ 99 bis 101),
- **Immobilienertragsteuer** als Selbstberechnungssteuer auf Einkünfte aus Grundstücksveräußerungen (§§ 30b und 30c),
- **Abzugsteuer** auf Einkünfte aus der Einräumung von Leitungsrechten (§ 107),
- **Veranlagung** inklusive Vorauszahlungen (§§ 39 bis 46, § 102).

Überblick: Erhebungsformen der Ertragsteuer   381

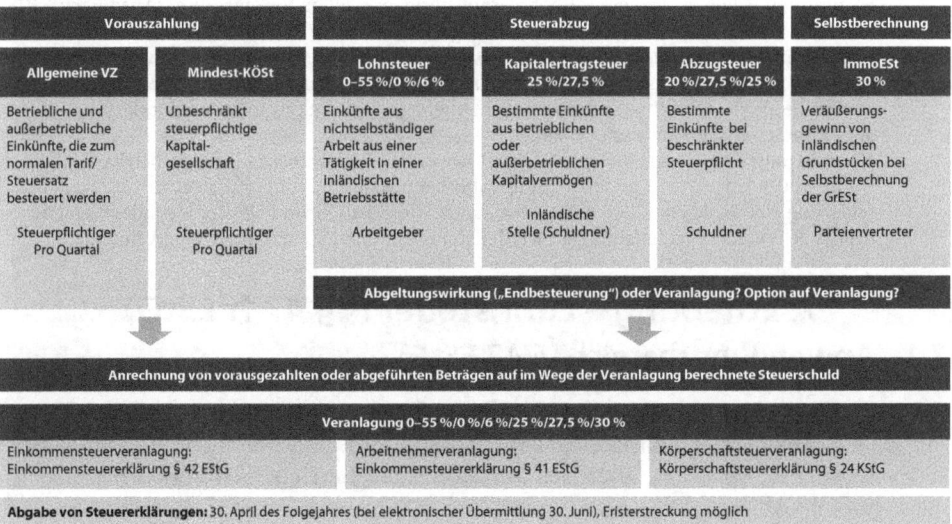

Abbildung 24: Erhebungsform der Ertragsteuer

382 Verhältnis der Veranlagung zu besonderen Erhebungsformen

Die **allgemeine Erhebungsform** ist die Veranlagung inklusive Vorauszahlungen. Diese beruht auf einer vom Steuerpflichtigen eingereichten Steuererklärung. Die besonderen Erhebungsformen dienen vorrangig der Sicherung und der Vereinfachung der Steuererhebung. Es ist zu unterscheiden zwischen:

- **Vorauszahlung** durch besondere Erhebungsform: Die sonstigen Erhebungsformen können der Veranlagung vorausgehen. In diesem Fall ist die bereits abgeführte Steuer auf die im Wege der Veranlagung berechnete Steuerschuld anzurechnen.
- **Abgeltung** durch besondere Erhebungsform: In bestimmten Fällen kann bei sonstigen Erhebungsformen eine nachfolgende Veranlagung auch unterbleiben. In diesem Fall hat die Erhebungsform Abgeltungswirkung (Endbesteuerung). Eine Einbeziehung in die Steuererklärung ist daher nicht mehr erforderlich.

Der **Gesetzgeber ist grundsätzlich frei,** die Steuer im Wege des Abzugs, der Selbstberechnung oder im Wege der Veranlagung vorzusehen. Auch innerhalb der EU sind unterschiedliche Erhebungsformen für Inländer und Ausländer zwar als diskriminierend anzusehen, aber aufgrund der Sicherstellung der Erhebung gerechtfertigt. Dies gilt auch bei Befreiungen und vorläufigem Abzug, wenn die Abzugsteuer im Wege eines Erstattungsverfahrens rückerstattet werden kann.[13] Die **Mitwirkung von Dritten,** wie zum Beispiel Banken oder Parteienvertretern, an der Erhebung als Abzugsverpflichtete oder Abfuhrverpflichtete, die am formellen Steuerschuldverhältnis nicht beteiligt sind, ist bis zu einem gewissen Grad verfassungsrechtlich möglich.[14]

Beispiele:

1. **Lohnsteuer:** Der Steuerpflichtige bezieht Einkünfte aus einem Dienstverhältnis mit einem inländischen Arbeitgeber. Die Steuererhebung erfolgt im Wege des Einbehalts der Lohnsteuer vom Arbeitslohn durch den Arbeitgeber. Eine nachfolgende Veranlagung hat nur in bestimmten Fällen zu erfolgen (Pflichtveranlagung, freiwillige Veranlagung). Ansonsten ist mit der Lohnsteuererhebung die Steuer abgegolten.
2. **Kapitalertragsteuer:** Der Steuerpflichtige erzielt Zinsen aus einem Guthaben bei einer Bank. Die Steuererhebung erfolgt durch Abzug der Kapitalertragsteuer von den Zinsen durch die Bank. Die Zinsen müssen nicht mehr in die Einkommensteuererklärung aufgenommen werden (Endbesteuerung).
3. **Veranlagung:** Der steuerpflichtige Selbständige erzielt Einkünfte aus Gewerbebetrieb. Er hat während des Jahres quartalsweise Vorauszahlungen zu leisten und im Folgejahr eine Steuererklärung einzureichen. Diese dient der Finanzbehörde als Grundlage der Veranlagung. Die bereits geleisteten Vorauszahlungen werden der ermittelten Steuerschuld angerechnet.

7. Erhebung – Lohnsteuer (§§ 47 ff EStG)

7.1. Anwendungsbereich (§ 47 EStG)

383

Die **Erhebung** der Steuer auf Einkünfte aus **nichtselbständiger Arbeit** erfolgt im Wege des **Abzugs der Lohnsteuer vom Arbeitslohn** des Arbeitnehmers durch den Arbeitgeber, sofern grundsätzlich eine **inländische Betriebsstätte** des Arbeitgebers besteht (§ 47 Abs 1).

---

13   EuGH 3.10.2006, C-290/04, *Scorpio*.
14   VfGH 15.3.2000, G 141/99, zur früheren Spekulationsertragsteuer; VfGH 16.6.2011, G 18/11-14.

Zum Vorliegen von **Einkünften aus nichtselbständiger Arbeit** → 93. **Arbeitgeber** ist, wer Arbeitslohn als Einkünfte aus nichtselbständiger Arbeit auszahlt. Bei Auszahlung von Pensionen aus einer früheren Tätigkeit übernimmt die auszahlende Stelle den Einbehalt der Lohnsteuer (§ 47 Abs 3 bis Abs 5). Vom Arbeitgeber geleisteter **Arbeitslohn** liegt auch bei Vorschuss- oder Abschlagszahlungen, sonstige vorläufige Zahlungen auf erst später fällig werdenden Arbeitslohn, Bezüge aus der gesetzlichen Krankenversicherung sowie im Rahmen des Dienstverhältnisses von einem Dritten geleistete Vergütungen vor, wenn der Arbeitgeber weiß oder wissen muss, dass derartige Zahlungen geleistet werden (§ 78). Sonst von Dritten gezahlter Lohn für die nichtselbständige Arbeit unterliegt nicht der Lohnsteuer.

Zum Einbehalt der Lohnsteuer ist grundsätzlich eine **inländische Betriebsstätte** des Arbeitgebers notwendig. Eine Betriebsstätte ist jede vom Arbeitgeber im Inland für die Dauer von mehr als einem Monat unterhaltene feste örtliche Anlage oder Einrichtung, wenn sie der Ausübung der durch den Arbeitnehmer ausgeführten Tätigkeiten dient (§ 81).

Sofern **keine inländische Betriebsstätte** besteht, gilt Folgendes (§ 47 Abs 1):

(a) bei Steuerpflichtigen mit Bezügen und Vorteilen aus ausländischen Pensionskassen **ist** die Einkommensteuer zwingend durch **Lohnsteuerabzug** zu erheben,

(b) die Einkommensteuer **kann** durch **Lohnsteuerabzug** erhoben werden; in diesem Fall sind die Einkünfte als lohnsteuerpflichtig zu behandeln und der Arbeitgeber hat die Pflichten betreffend Lohnkonto, Einbehalt, Abfuhr, Lohnzettel und Auskunft wahrzunehmen; dies ist insbesondere zur Vermeidung von Vorauszahlungen relevant und in Fällen der grenzüberschreitenden Arbeitskräfteüberlassung, weil damit der Einbehalt der Abzugsteuer auf die Vergütung für die Arbeitskräfteüberlassung entfällt.[15]

(c) bei unbeschränkt steuerpflichtigen Arbeitnehmern, die ihren Mittelpunkt der Tätigkeit für mehr als sechs Monate im Kalenderjahr in Österreich haben, hat der Arbeitgeber dem Finanzamt zumindest eine **Lohnbescheinigung** (L17) gemäß § 84a bis Ende Jänner (Papierform) bzw Februar (elektronisch) des Folgejahres zu übermitteln, außer es wird nach (b) freiwillig Lohnsteuer einbehalten.

Auf Anfrage eines Steuerpflichtigen hat das Finanzamt innerhalb von 14 Tagen darüber **Auskunft** zu geben, ob und inwieweit im einzelnen Fall die Vorschriften über die Lohnsteuer anzuwenden sind (§ 90).

Beispiele:

1. **Zahlungen von Dritten:** Provisionen und Bonuszahlungen von Dritten unterliegen nicht der Lohnsteuer, außer der Arbeitgeber weiß oder hätte wissen müssen, dass solche Zahlungen geleistet werden (wie bei Vergütungen von Konzernunternehmen). Zahlungen durch Dritte sind dann lohnsteuerpflichtig, wenn dadurch die Schuld des Arbeitgebers gegenüber dem Arbeitnehmer getilgt wird.[16]
2. **Betriebsstätte:** Es kann sich dabei um eine im Eigentum des Arbeitgebers stehende, eine angemietete oder auch von einem Dritten oder dem Arbeitnehmer selbst bereitgestellte

---

15   BMF 12.6.2014, 010221/0326-VI/8/2014.
16   VwGH 28.5.1998, 96/15/0215.

Räumlichkeit (dessen Wohnung) handeln. Voraussetzung ist, dass sich der Arbeitgeber der Räumlichkeiten bedienen kann und sie für die Betriebsausübung zur Verfügung stehen; dies ist dann der Fall, wenn sie zumindest dem Arbeitnehmer zur Verfügung stehen (Homeoffice in seiner Wohnung).[17] Liegt keine inländische Betriebsstätte vor, dann hat der Arbeitgeber auch keine Pflicht zum Lohnsteuereinbehalt (freiwilliger Einbehalt oder Lohnsteuerbescheinigung).

3. **Sozialversicherung:** Der Steuerpflichtige erhält eine Pension von der Sozialversicherungsanstalt ausgezahlt. Die auszahlende Stelle (Sozialversicherungsanstalt) hat von der Pension Lohnsteuer einzubehalten.

7.2. Ermittlung (§§ 62 ff EStG)

384 Höhe der Einbehaltung

Die **Lohnsteuer ist vom Arbeitgeber** auf Grundlage der Angaben des Arbeitnehmers unter Berücksichtigung bestimmter Werbungskosten, Sonderausgaben und Freibeträge unter Heranziehung des Lohnsteuertarifs und besonderer Steuersätze nach Abzug bestimmter Absetzbeträge **zu berechnen** (§ 62, § 66).

Der Arbeitgeber hat ein **Lohnkonto** für jeden Arbeitnehmer spätestens am 15. Tag des Monats, der dem Beginn des Dienstverhältnisses folgt, zu führen. Das Lohnkonto dient der Dokumentation über Angaben des Arbeitnehmers und sonstige Daten zur Ermittlung und Abfuhr der Lohnsteuer. Das Lohnkonto hat jedenfalls **zu enthalten**: Name des Arbeitnehmers, Sozialversicherungsnummer, Wohnsitz, Informationen über die Inanspruchnahme des Alleinverdiener-/Alleinerzieherabsetzbetrags, des Familienbonus Plus, Informationen und Bestätigung über den Anspruch auf Pendlerpauschale bzw Kosten des Werkverkehrs und den Freibetragsbescheid (§ 76). Nach der **Lohnkontenverordnung** sind im Lohnkonto auch fortlaufend alle Daten einzutragen, die für die Ermittlung der Lohnsteuer erheblich sind, und zusätzlich alle steuerfreien Beträge.

385 Bemessungsgrundlage

Bemessungsgrundlage ist der ausbezahlte Arbeitslohn. Davon sind bestimmte Werbungskosten, Sonderausgaben und Freibeträge abzuziehen (§ 62).

Abzugsposten vom Arbeitslohn:
1. Werbungskostenpauschale,
2. Sonderausgabenpauschale,
3. Pflichtbeiträge zur gesetzlichen Interessenvertretung, Pflichtbeiträge zur Sozialversicherung, entrichtete Wohnbauförderungsbeiträge (jeweils soweit anteilig nicht auf Bezüge entfallend, die dem festen Steuersatz unterliegen) und vom Arbeitgeber einbehaltene Beträge für die freiwillige Mitgliedschaft bei Berufsverbänden und Interessenvertretungen,
4. Pendlerpauschale bzw Kostenbeiträge des Arbeitsnehmers zum Werkverkehr,
5. Rückzahlung von Arbeitslohn an den Arbeitgeber,
6. Freibeträge aufgrund eines Freibetragsbescheids,
7. sonstige Freibeträge.

---

17   EAS 1705; UFS 1.9.2010, RV/1716-W/08.

Das Finanzamt hat auf Antrag des Arbeitnehmers einen **Freibetragsbescheid** mit einer Mitteilung zur Vorlage beim Arbeitgeber zu erlassen (§ 63). Damit können bestimmte, sonst nicht im Wege des Lohnsteuerabzugs berücksichtigte Werbungskosten, Sonderausgaben und außergewöhnliche Belastungen bereits im Wege des Lohnsteuerabzugs berücksichtigt werden (§ 64). Für das laufende Kalenderjahr kann **auf Antrag bis zum 31.10.** jederzeit ein Freibetragsbescheid erlassen werden, wenn zusätzliche, nicht bereits berücksichtigte Werbungskosten von mindestens EUR 900 oder Aufwendungen zur Beseitigung von Katastrophenschäden vorliegen.

Vertiefung: Berechnung der Lohnsteuer nach Tarif   386

Die Lohnsteuer ist jeweils auf Grundlage des **Einkommensteuertarifs auf das hochgerechnete Jahreseinkommen** zu berechnen. Davon sind bereits alle Absetzbeträge (→ 440) mit Ausnahme des Unterhaltsabsetzbetrags abzuziehen. Das Vorliegen der Voraussetzungen für die Absetzbeträge ist dem Arbeitgeber durch den Arbeitnehmer in einer Erklärung zu bestätigen und Änderungen sind zu melden (§ 129). Die auf das Jahr berechnete Lohnsteuer ist dann für den Lohnzahlungszeitraum **anteilig zu berechnen** (§ 66).

Der **Lohnzahlungszeitraum ist** der Kalendermonat bei durchgehender Beschäftigung oder aufrechtem Dienstverhältnis. Der Kalendertag ist dann Lohnzahlungszeitraum, wenn die Beschäftigung während eines Kalendermonats beginnt oder endet oder wenn zur Vermeidung internationaler Doppelbesteuerung ein Teil des Lohns eines Kalendermonats aus der inländischen Steuerbemessungsgrundlage ausgeschieden wird (§ 77).

Das **hochgerechnete Jahreseinkommen** ergibt sich aus der Bemessungsgrundlage eines Lohnzahlungszeitraums multipliziert mit 360 (bei Kalendertagen als Lohnzahlungszeitraum) bzw 12 (bei Kalendermonaten als Lohnzahlungszeitraum). Zur Ermittlung der **für den Lohnzahlungszeitraum anteiligen Lohnsteuer** wird die für das Jahr ermittelte Lohnsteuer durch 360 (bei Kalendertagen als Lohnzahlungszeitraum) bzw 12 (bei Kalendermonaten als Lohnzahlungszeitraum) dividiert (§ 66 Abs 2 und Abs 3).

Der Arbeitgeber kann durch **Lohnsteueraufrollung** die **Lohnsteuer** für die vergangenen Lohnzahlungszeiträume **neu berechnen** (§ 77 Abs 3, 4 und 5). Eine Lohnsteueraufrollung kann im laufenden Kalenderjahr für **tarifmäßig** zu versteuernden Arbeitslohn erfolgen, im letzten Monat im Jahr, für das sonstige Bezüge ausgezahlt werden, für die **sonstigen Bezüge** und bei Bezügen für das Vorjahr, die bis 15.2. für das Vorjahr ausgezahlt werden, für den **gesamten Arbeitslohn**. Eine Lohnaufrollung ist insbesondere dann sinnvoll, wenn die Bemessungsgrundlagen für die Lohnzahlungszeiträume schwanken, Bezüge aufgrund einer Befreiung oder Entlastung aus der Bemessungsgrundlage rückwirkend ausscheiden oder sich sonstige Verhältnisse ändern. Eine Lohnsteueraufrollung hat grundsätzlich zu erfolgen, wenn mehr oder weniger als das Kontrollsechstel begünstigt besteuert wurde (§ 77 Abs 4a).

Beispiel:

Der Dienstnehmer verdient abzüglich Sozialversicherungsbeiträge im Monat EUR 2.000. Der Monatslohn ist auf einen Jahresbetrag hochzurechnen: EUR 24.000. Davon sind das Werbungskostenpauschale und das Sonderausgabenpauschale (vor 2021) abzuziehen (vereinfacht EUR 200). Vom Restbetrag ist die jährliche Einkommensteuer aufgrund des Einkommensteuertarifs zu berechnen (Annahme 15 %): EUR 3.570, und die Absetzbeträge abzuziehen (Annahme EUR 1.000), daher ergibt sich eine Jahressteuerschuld von EUR 2.570. Die monatliche Lohnsteuer ergibt sich dabei aus der Verteilung der Jahressteuerschuld über den monatlichen Lohnzahlungszeitraum (EUR 2.570 / 12): EUR 214.

387 Vertiefung: Berechnung der Lohnsteuer in besonderen Fällen

Bemessungsgrundlage für die mit dem **fixen Steuersatz** zu besteuernden Arbeitslöhne ist der tatsächlich ausbezahlte Arbeitslohn abzüglich bestimmter, vom Arbeitgeber bereits zu berücksichtigender Werbungskosten. Zu den **abzugsfähigen Werbungskosten** vor Anwendung des fixen Steuersatzes zählen anteilig auf die mit dem fixen Steuersatz zu besteuernden Bezüge entfallenden:

- Pflichtbeiträge zur gesetzlichen Interessensvertretung (Arbeiterkammerumlage),
- Pflichtbeiträge zur Sozialversicherung (Kranken-, Unfall-, Pensions- Arbeitslosenversicherung) und entrichtete Wohnbauförderungsbeiträge (§ 67 Abs 12, § 62 Z 3, Z 4 und Z 5).

Bei **unterlassenem Einbehalt und Abfuhr der Lohnsteuer** durch den Arbeitgeber oder bei direkter Inanspruchnahme des Arbeitnehmers aufgrund vorsätzlichen Zusammenwirkens mit dem Arbeitgeber (§ 83 Abs 3) gilt der gezahlte Lohn als vereinbarter Nettolohn (Schwarzlohnzahlung). Die Lohnsteuer ist daher vom hochgerechneten Bruttolohn zu berechnen (§ 62a).

Bei **kurzfristigen Dienstverhältnissen** mit einer Laufzeit von nicht länger als einer Woche ist der Lohnsteuerabzug mit einem Pauschbetrag gestattet (§ 69).

Aufgrund der Verordnung zu **vorübergehend beschäftigten Arbeitnehmern** beträgt der Pauschbetrag bei ausschließlich körperlich tätigen Arbeitnehmern 2 % des Bruttolohns, bei Arbeitnehmern, die statistische Erhebungen für Gebietskörperschaften durchführen, Musikern, Bühnenangehörigen, Artisten und Filmschaffenden abhängig von der Lohnhöhe 2 % bis 15 % bis zu einem maximalen Taglohn von EUR 55.

Bei **Bezügen aus öffentlichen Versorgungseinrichtungen** ist die Lohnsteuer grundsätzlich bei Übersteigen einer bestimmten Höhe mit einem **Pauschalsatz** zu ermitteln und einzubehalten.

Bei **bestimmten Rückzahlungen oder Bezügen** hat die auszahlende Stelle **keine Lohnsteuer** einzubehalten und dem Finanzamt nur einen Lohnzettel mit den maßgeblichen Bemessungsgrundlagen für die Berücksichtigung im Veranlagungsverfahren zu übermitteln.

Beispiele:

1. **Fixer Steuersatz**: Bei einer Bonuszahlung (13./14. Monatsgehalt) von EUR 5.000 sind davon die Sozialversicherungsabgaben (trotz begünstigter Besteuerung) abzuziehen (Annahme: 15 %): EUR 750, ergibt EUR 4.250. Davon ist der Freibetrag von EUR 620 abzuziehen und es verbleiben EUR 3.630, die dem 6-%-Steuersatz unterliegen, daher Steuerschuld EUR 218.
2. **Schwarzlohn**: Arbeitgeber und Arbeitnehmer vereinbaren einen Schwarzlohn von EUR 2.000 pro Monat. Dieser Lohn gilt als Nettolohn, sodass die Sozialversicherungsbeiträge und die Lohnsteuer aufgrund des fiktiven Bruttolohns zu ermitteln sind. Dieser Nettolohn würde sich bei einem Bruttolohn von EUR 3.000 mit Sozialversicherungsbeiträgen von EUR 600 und Lohnsteuer von EUR 400 (vereinfacht) ergeben.

Vertiefung: Beschränkt lohnsteuerpflichtige Arbeitnehmer 388

Bei **beschränkt lohnsteuerpflichtigen Arbeitnehmern** ist zwischen Arbeitnehmern, die der pauschalen Lohnsteuer und jenen, die dem Lohnsteuertarif unterliegen, zu unterscheiden (§ 70).

Der **pauschalen Lohnsteuer** unterliegen unselbständig tätige Schriftsteller, Vortragende, Künstler, Architekten, Sportler, Artisten oder Mitwirkende an Unterhaltungsdarbietungen. Die pauschale Lohnsteuer beträgt **20 % der Bruttoeinnahmen**. Bei in der EU oder EWR ansässigen Arbeitnehmern kann der Arbeitgeber bei erhaltener schriftlicher Mitteilung über die unmittelbar zusammenhängenden Werbungskosten die Lohnsteuer **20 %** und für Einkünften über EUR 20.000 **25 %** (Bruttoeinnahmen minus Werbungskosten) berechnen (§ 70 Abs 2 Z 2).

Der **Lohnsteuertarif** kommt in allen anderen Fällen zur Anwendung. Die Lohnsteuer berechnet sich unter Berücksichtigung des Verkehrsabsetzbetrags und des Pensionistenabsetzbetrags, jedoch ohne Familienbonus Plus, Alleinverdiener- oder Alleinerzieherabsetzbetrag (§ 70 Abs 2 Z 1). Die Lohnsteuer ist daher, abgesehen von dieser Ausnahme, der Nichtberücksichtigung eines Freibetragsbescheids (§ 63 Abs 6), der Nichtberücksichtigung von außergewöhnlichen Belastungen der Lohnsteuerberechnung von unbeschränkt Steuerpflichtigen vergleichbar. Insbesondere wird die Lohnsteuer mit dem grundsätzlich nur unbeschränkt Steuerpflichtigen zustehenden steuerfreien Existenzminimum berechnet (das steuerfreie Existenzminimum wird allerdings bei einer Veranlagung nicht mehr berücksichtigt, § 102 Abs 3).

7.3. Einbehalt und Abfuhr (§§ 78 ff EStG)

Zeitpunkt der Einbehaltung 389

> Der **Arbeitgeber** hat bei jeder Lohnzahlung **Lohnsteuer einzubehalten**. Der Arbeitgeber hat dem Arbeitnehmer spätestens mit der Lohnzahlung für den Lohnzahlungszeitraum eine **Abrechnung** für den im Kalendermonat ausbezahlten Arbeitslohn auszuhändigen (§ 78).

Leistet der Arbeitgeber den Arbeitnehmern den Lohn in ungefähren Teilbeträgen und nimmt der Arbeitgeber eine genaue **Lohnabrechnung** für den Kalendermonat bis zum 15. des Folgemonats vor, so kann die Lohnsteuer auch erst im Wege der Lohnabrechnung einbehalten werden, sofern das Finanzamt dem nicht widerspricht (§ 78 Abs 2). Bei **Liquiditätsproblemen** des Arbeitgebers hat dieser die Lohnsteuer von dem tatsächlich zur Auszahlung gelangenden niedrigeren Betrag zu berechnen und einzubehalten (§ 78 Abs 3). Reicht der Barlohn – weil der Arbeitslohn aus **geldwerten Vorteilen** (Sachbezügen) besteht – für die einzubehaltende Lohnsteuer nicht aus, so hat der Arbeitnehmer dem Arbeitgeber den zur Deckung der Lohnsteuer erforderlichen zusätzlichen Betrag zu zahlen. Soweit der Arbeitgeber dieser Verpflichtung nicht nachkommt, hat der Arbeitgeber einen dem Betrag im Wert entsprechenden Teil des Arbeitslohns (geldwerten Vorteil) zurückzuhalten und daraus die Lohnsteuer für Rechnung des Arbeitnehmers zu decken (§ 78 Abs 4).

Die **Lohnabrechnung an den Arbeitnehmer** hat zu enthalten: die Bruttobezüge, Beitragsgrundlage und Pflichtbeiträge zur gesetzlichen Interessenvertretung und Betriebsratsumlagen, zur Pflichtversicherung in der Sozialversicherung und zur Wohnbauförderung, Bemessungsgrundlage für die Ermittlung der Lohnsteuer, Bemessungsgrundlage für Beiträge zur Mitarbeitervorsorgekasse und den geleisteten Betrag, die Lohnsteuer (§ 78 Abs 5).

390 Abfuhrverpflichtung

Der **Arbeitgeber** hat die Lohnsteuer, die in einem Kalendermonat einzubehalten war, spätestens am 15. des folgenden Monats **an sein Finanzamt abzuführen** (§ 79).

Lohnsteuer von Bezügen (Löhnen), die **regelmäßig wiederkehrend** bis zum 15. Tag eines Kalendermonats für den vorangegangenen Kalendermonat ausbezahlt werden, gilt als Lohnsteuer, die im vorangegangenen Kalendermonat einzubehalten war. Werden **Bezüge für das Vorjahr nach dem 15.1. bis zum 15.2. ausgezahlt**, ist die Lohnsteuer bis zum 15.2. als Lohnsteuer für das Vorjahr abzuführen.

Im **Folgejahr** hat der Arbeitgeber seinem Finanzamt oder der österreichischen Gesundheitskasse alle **Lohnzettel** (L16) eines Kalenderjahres bis Ende Februar bei elektronischer Übermittlung bzw sonst bis Ende Jänner zu übermitteln. Grundlage für die Lohnzettel sind die Informationen im Lohnkonto. Der Arbeitnehmer hat ebenso Anspruch auf Ausstellung eines Lohnzettels für die Veranlagung (§ 84).

Bei **Beendigung des Dienstverhältnisses** ist der Lohnzettel bereits bis Ende des Folgemonats zu übermitteln. Bei **Eröffnung eines Insolvenzverfahrens** über das Vermögen des Arbeitgebers ist ein Lohnzettel bis zum Ende des zweitfolgenden Monats zu übermitteln. In diesen Fällen ist auch dem Arbeitnehmer automatisch ein Lohnzettel zu übermitteln. Bei Zahlungen oder Rückzahlungen, die einem **abgelaufenen Kalenderjahr zuzuordnen** sind (§ 19 Abs 1 Z 2), ist der Lohnzettel bis zum Ende Kalendermonats zu übermitteln, das dem Quartal der Zahlung oder Rückzahlung folgt.

391 Vertiefung: Lohnprüfung, PLAB-Prüfung

Das Finanzamt des Arbeitgebers hat die Einhaltung aller für die ordnungsgemäße Einbehaltung und Abfuhr der Lohnsteuer maßgebenden tatsächlichen und rechtlichen Verhältnisse zu prüfen (**Lohnsteuerprüfung** nach § 86, → 1013). Sofern die genaue Ermittlung der Lohnsteuer mit unverhältnismäßigem Aufwand verbunden ist, kann eine **Nachforderung** in Form eines **Pauschbetrags** festgesetzt werden. Lohnsteuernachforderungen aufgrund der Haftung des Arbeitgebers, für die der Arbeitgeber seine Arbeitnehmer nicht in Anspruch nimmt, sind nicht als Vorteil aus dem Dienstverhältnis anzusehen (§ 86 Abs 2 und 3). Arbeitgeber und Arbeitnehmer sind verpflichtet, an der Prüfung mitzuwirken (Einsichtsrecht § 87, Auskunftsrecht §§ 87 und 88). Die Abgabenbehörden arbeiten dabei mit den Sozialversicherungsbehörden zusammen (§ 89, Amtshilfe, automatischer Informationsaustausch).

Vertiefung: Unrichtige Abfuhr, Nichtentrichtung 392

Unterbleibt die fällige Abfuhr der Lohnsteuer oder erscheint die geleistete Lohnsteuer als **zu gering**, so hat das Finanzamt den Arbeitgeber besonders zu erinnern und, sofern dies keinen Erfolg hat, die Höhe der rückständigen Lohnsteuer zu schätzen und insoweit den Arbeitgeber haftbar zu machen (§ 79). Das Finanzamt der Betriebsstätte kann vom Arbeitgeber bei nicht ordnungsgemäßer Abfuhr eine **Lohnsteueranmeldung** verlangen. Diese ist spätestens am 15. Tag nach Ablauf des Kalendermonats dem Finanzamt der Betriebsstätte zu übersenden. Der Arbeitgeber hat in der Lohnanmeldung unabhängig davon, ob er die einbehaltene Lohnsteuer an das Finanzamt abgeführt hat oder nicht, zu erklären, wie viel Lohnsteuer im Kalendermonat einzubehalten war (§ 80). Die ordnungsgemäße Einbehaltung und Abfuhr der Lohnsteuer durch den Arbeitgeber kann im Wege einer **Lohnsteuerprüfung** überprüft werden (§ 86). Zur **Nettolohnvereinbarung** → 387.

Schuldner und Haftung 393

Steuerschuldner bleibt beim Lohnsteuerabzug der **Arbeitnehmer** (§ 83). Nur die Einbehaltung und Abfuhr erfolgt durch den Arbeitgeber. Der **Arbeitgeber haftet** für die Einbehaltung und Abfuhr der Lohnsteuer (§ 82).

Eine direkte **Inanspruchnahme des Arbeitnehmers** erfolgt grundsätzlich, wenn die Gründe einer Pflichtveranlagung vorliegen, im Wege der Antragsveranlagung oder wenn er und der Arbeitgeber vorsätzlich zusammenwirken, um sich einen gesetzwidrigen Vorteil zu verschaffen, der eine Verkürzung der vorschriftsmäßig zu berechnenden und abzuführenden Lohnsteuer bewirkt. Die Inanspruchnahme des Arbeitgebers als Haftender ist in diesen Fällen nicht ausgeschlossen (§ 83).

Zur Bekämpfung des Betrugs betreffend lohnabhängige Abgaben im Baugewerbe trifft ein **Bauunternehmen als Auftraggeber eine zusätzliche Haftung für die lohnabhängigen Abgaben**, die ein Subunternehmen als beauftragtes Unternehmen abzuführen hat. Die Haftung ist mit 5 % des geleisteten Werklohns beschränkt. Eine vergleichbare Haftung besteht für Beiträge und Umlagen, die an inländische Krankenversicherungsträger abzuführen sind, maximal bis zu einem Betrag von 20 % des Werklohns. Eine Haftung entfällt bei haftungsfreistellenden Subunternehmen (aus der HFU-Liste, § 67b ASVG) oder, wenn das auftraggebende Bauunternehmen gleichzeitig mit Leistung des Werklohns den maximalen Haftungsbetrag von 5 % bzw 20 % an das Dienstleistungszentrum der Wiener Gebietskrankenkasse überweist (§ 82a und § 67a ASVG).

7.4. Abgeltungswirkung und Rückerstattung

Abgeltungswirkung 394

Die Lohnsteuer gilt als **Vorauszahlung** auf die Steuerschuld bei Veranlagung oder sie führt bereits zur **endgültigen Abgeltung** der Einkommensteuer, sofern keine Veranlagung vorzunehmen ist.

Die Einkommensteuer ist mit der Lohnsteuer grundsätzlich **nicht abgegolten**, wenn:

- eine **Pflichtveranlagung** (§ 41 Abs 1) oder
- eine **freiwillige** Arbeitnehmerveranlagung innerhalb von 5 Jahren (§§ 41 Abs 2 Z 1, 102 Abs 1 Z 3),
- eine **automatische** Arbeitnehmerveranlagung (§ 41 Abs 2 Z 1) erfolgt oder
- eine **allgemeine** Steuererklärungspflicht (§ 42) besteht (→ 432).

395 Rückerstattung

Der Abfuhrverpflichtete kann **zu Unrecht einbehaltene Lohnsteuer** bis zum Ablauf des Kalenderjahres ausgleichen oder auf Verlangen des Steuerpflichtigen zurückzahlen (§ 240 Abs 1 BAO).

Bei **unbeschränkt Steuerpflichtigen** erfolgt eine Anrechnung oder Erstattung vom Finanzamt grundsätzlich nur im Wege der **Veranlagung**. Bei **beschränkt Steuerpflichtigen** kann die Lohnsteuer vom Finanzamt neben einer Veranlagung auf Antrag auch **außerhalb einer Veranlagung** erstattet werden, sofern mangels Steuerschuld eine Anrechnung der Steuer nicht möglich ist (§ 240 Abs 3 BAO). Zur Erstattung aufgrund eines **DBA** → 424.

8. Erhebung – Kapitalertragsteuer (§§ 93 ff EStG)

8.1. Anwendungsbereich (§§ 93 f EStG)

396

Die **Kapitalertragsteuer** ist eine besondere **Erhebungsform** bestimmter **inländischer Kapitaleinkünfte** (§ 93).

Bei inländischen betrieblichen und außerbetrieblichen Einkünften aus Kapitalvermögen (§§ 93 Abs 3, 27), die dem **besonderen Steuersatz** unterliegen, wird die Einkommensteuer grundsätzlich durch **Steuerabzug in Höhe von 25 % oder 27,5 %** erhoben (Kapitalertragsteuer, § 93). Sonstige Einkünfte aus Kapitalvermögen, die nicht dem besonderen Steuersatz unterliegen, unterliegen auch nicht der Kapitalertragsteuer. Einige Einkünfte aus Kapitalvermögen sind ausdrücklich von der Kapitalertragsteuer **ausgenommen**.

Es muss sich um **inländische** Einkünfte aus Kapitalvermögen handeln, weil nur **inländische Personen**, die Kapitaleinkünfte auszahlen, zum Steuerabzug verpflichtet werden können. Dabei ist zu unterscheiden zwischen inländischen Schuldnern, inländischen auszahlenden Stellen und inländischen depotführenden Stellen.

397 Inländische Einkünfte aus der Überlassung von Kapitalvermögen

Bei der **Überlassung von Kapitalvermögen** liegen inländische Einkünfte vor, wenn (§ 93 Abs 2 Z 1):

- der **Schuldner** der Kapitalerträge **im Inland ansässig ist** oder
- in sonstigen Fällen die **auszahlende Stelle** im Inland liegt.

Inländische Einkünfte aufgrund eines **im Inland ansässigen Schuldners** liegen nur vor, wenn der Schuldner Wohnsitz, Geschäftsleitung oder Sitz im Inland hat oder eine inländische Zweigstelle eines ausländischen Kreditinstituts ist und folgende Einkünfte auszahlt:

- Einkünfte aus Gewinnanteilen (gewinnauszahlende Körperschaft),
- Zuwendungen von Privatstiftungen (zuwendende Privatstiftung),
- Zinseinkünfte aus Geldeinlagen bei Kreditinstituten und aus sonstigen Geldforderungen gegenüber Kreditinstituten (auszahlendes Kreditinstitut),
- Ausschüttungen aus Investmentfonds und Immobilien-Investmentfonds (auszahlender Fonds).

Auszahlende Stelle ist eine Stelle, die folgende Einkünfte unmittelbar an den Steuerpflichtigen auszahlt bzw gutschreibt:[18]

- Einkünfte aus Kupons von Kapitalerträgen (Kreditinstitut, Wertpapierfirma oder inländischer Emittent),
- Einkünfte aus ausländischen Gewinnanteilen (auszahlendes Kreditinstitut oder Wertpapierfirma),
- bei Kapitalerträgen von einem Dritten, der diese zusätzlich oder an Stelle von anderen geleistete Kapitalerträgen leistet, der Dritte als auszahlende Stelle und
- bei sonstigen Kapitaleinkünften, die durch eine inländische Zweigstelle von EU-Wertpapierdienstleistern ausgezahlt werden (§ 95 Abs 2 Z 1 lit b).

Beispiele:

1. **Gewinnausschüttung einer inländischen GmbH:** Eine inländische GmbH schüttet einen Gewinn aus, von dem die GmbH als inländische Schuldnerin KESt einbehalten muss.
2. **Kapitalanlage bei einer Bank:** Die inländische Bank muss grundsätzlich auf Zinszahlungen aus Anlagen (bankeigene Wertpapiere, Sparbuch, Konto) KESt einbehalten.
3. **Wertpapieremittent:** Der inländische Emittent zahlt Zinsen aus einer Anleihe direkt oder indirekt unter Zwischenschaltung eines inländischen Kreditinstituts an Anleger aus. Bei direkter Auszahlung hat der Emittent KESt auf die Zinsen einzubehalten, bei Zwischenschaltung das Kreditinstitut.
4. **Investmentfonds:** Anteile an einem Investmentfonds werden bei einem Kreditinstitut im Depot verwahrt. Ausschüttungen oder ausschüttungsgleiche Erträge unterliegen bei einem inländischen Kreditinstitut als auszahlende Stelle der KESt.
5. **Ausländische Aktien:** Die depotführende inländische Bank schreibt Dividenden aus ausländischen Aktien am Konto des Steuerpflichtigen gut und hat dabei KESt einzubehalten.

Inländische Einkünfte aus Wertsteigerungen und Derivaten   398

Bei Einkünften aus **realisierten Wertsteigerungen und verbrieften Derivaten** liegen inländische Einkünfte vor, wenn die Abwicklung im Inland erfolgt durch (§ 93 Abs 2 Z 2):

- eine **depotführende** Stelle oder
- eine **auszahlende** Stelle, sofern die ausländische depotführende Stelle mit der auszahlenden Stelle verbunden ist (Betriebsstätte, konzernzugehöriges Unternehmen) und diese in Zusammenarbeit die Realisierung abwickelt und die Erlöse gutschreibt.

---

18   EAS 2774.

Als **inländische depotführende oder auszahlende Stellen** kommen inländische Kreditinstitute, inländische Zweigstellen von EU-Kreditinstituten und von EU-Wertpapierdienstleistern in Betracht.

Bei Einkünften aus **nicht verbrieften Derivaten** liegen inländische Einkünfte vor, wenn die Abwicklung im Inland erfolgt durch (§ 93 Abs 2 Z 4):

- eine **auszahlende** Stelle oder
- eine **Wertpapierfirma**, die sich für den Einbehalt und die Abfuhr einer der Kapitalertragsteuer entsprechenden Steuer eines konzessionierten Zahlungsdienstleisters, eines E-Geldinstituts oder eines zum Abzug einer der Kapitalertragsteuer vergleichbaren Steuer sonst Berechtigten bedient; dies gilt auch für ausländische Wertpapierfirmen bzw Zahlungsdienstleisters mit Ansässigkeit in einem Staat mit umfassender Amtshilfe und einem inländischen steuerlichen Vertreter. Dies ist insbesondere für den freiwilligen Steuerabzug bei unverbrieften Derivaten zur Erlangung des besonderen Steuersatzes und der Endbesteuerungswirkung relevant.

Beispiele:

1. **Verkauf von Aktien:** Erfolgt der Verkauf von Aktien durch ein inländisches Kreditinstitut, auf dessen Depot sich die Aktien befinden, dann hat das inländische Kreditinstitut auf die Einkünfte KESt einzubehalten. Werden dagegen die Aktien nicht über ein Kreditinstitut abgewickelt, sondern über Parteienvereinbarung, und erfolgt lediglich die Depotübertragung durch das Kreditinstitut, dann ist mangels Abwicklung über das Kreditinstitut keine KESt einzubehalten.
2. **Depotfähige Wertpapiere:** Nur bei depotfähigen Wertpapieren können Einkünfte der KESt unterliegen. Liegt kein Wertpapier vor (GmbH-Anteil) oder liegt das Wertpapier nicht auf einem Depot (sondern zB in einem Bankschließfach), unterliegen die Einkünfte aus der Veräußerung auch nicht der KESt.

398/1 Inländische Einkünfte aus Kryptowährungen

Bei Einkünften aus **Kryptowährungen** liegen inländische Einkünfte vor (§ 93 Abs 2 Z 3):

- bei **laufenden Einkünften** aus Kryptowährungen, wenn ein inländischer Schuldner oder inländischer Dienstleister vorliegt, der die Kryptowährungen oder sonstigen Entgelte gutschreibt (lit a).
- Bei Einkünften aus **realisierten Wertsteigerungen von Kryptowährungen**, wenn ein inländischer Dienstleister vorliegt, der die Realisierung abwickelt (lit b).

Als **inländische Dienstleister** kommen in Betracht (i) Dienstleister mit Sitz, Wohnsitz oder Ort der Geschäftsleitung im Inland, welche Dienste zur Sicherung privater kryptografischer Schlüssel anbieten, um Kryptowährungen im Namen eines Kunden zu halten, zu speichern und zu übertragen, (ii) Dienstleister mit Sitz, Wohnsitz oder Ort der Geschäftsleitung im Inland, die den Tausch von Kryptowährungen in gesetzlich anerkannte Zahlungsmittel und umgekehrt anbieten, (iii) die inländische Zweigstelle oder Betriebsstätte von ausländischen Dienstleistern (§ 93 Abs 2 Z 3).

Bei den Anbietern **elektronischer Geldbörsen** soll durch den Zugriff auf den „privatkey" sichergestellt sein, dass sie über den für den Kapitalertragsteuerabzug notwendigen Zugriff auf die Erträge verfügen. Ebenso müssen Dienstleister, die einen Umtausch von Kryptowährungen in Fiatwährung (Echtgeld) vornehmen, entweder Zugriff auf den

„privat-key" oder die Fiatwährung (Echtgeld) haben, um eine Abwicklung der Realisierung vorzunehmen. Besteht kein solcher Zugriff auf den „privat-key" oder die Fiatwährung (Echtgeld), ist mangels Abwicklung der Realisierung auch kein Kapitalertragsteuerabzug vorzunehmen.[19]

Fondsbesteuerung 399

Bei **Investmentfonds und Immobilien-Investmentfonds** erfolgt der Abzug der Kapitalertragsteuer grundsätzlich durch eine **auszahlende Stelle** (inländisches Kreditinstitut) vom ausgeschütteten Betrag oder den ausschüttungsgleichen Erträgen. Daraus ergeben sich folgende **Besonderheiten**:

- Einkünfte **an den Fonds** unterliegen nicht der Kapitalertragsteuer, mit Ausnahme von Gewinnanteilen von inländischen Körperschaften (§ 94 Z 10).
- Einkünfte **der Anteilsinhaber aus dem Fonds** unterliegen nicht dem Kapitalertragsteuerabzug bei Gewinnanteilen von inländischen Körperschaften (Abzug der Kapitalertragsteuer erfolgt bereits bei Ausschüttung an den Fonds, § 94 Z 11) und wenn die Einkünfte nicht der inländischen Besteuerung unterliegen oder eine Befreiung (§ 94) anwendbar ist (§§ 58 und 186 InvFG, § 14 und § 40 ImmoInvFG).

Auslandsbezug 400

Bei **ausländischen, beschränkt steuerpflichtigen Personen** unterbleibt der Abzug der Kapitalertragsteuer in bestimmten Fällen.

Darunter fallen außerbetriebliche Einkünfte, die **nicht der beschränkten Steuerpflicht** unterliegen (§§ 94 Z 13, 98 Abs 1 Z 5).

Anwendungsfälle:
1. Gewinnanteile und Zinsen von ausländischen Schuldnern und ausländischen Emittenten,
2. Zinsen, die von ausländischen Körperschaften erzielt werden,
3. Zinsen, die von Personen erzielt werden, die nachweislich (Ansässigkeitsbescheinigung) in einem Staat mit automatischem Informationsaustausch ansässig sind,
4. Derivate und realisierte Wertsteigerungen.

Bestimmte Einkünfte unterliegen **trotz beschränkter Steuerpflicht** nicht der Kapitalertragsteuer.

Anwendungsfälle:
1. **Einkünfte aus öffentlich begebenen Anteilen eines Immobilienfonds,** soweit sie aus inländischen Immobilien stammen. Die Steuer ist aus Gründen der Verwaltungsvereinfachung nur im Wege der Veranlagung zu erheben, weil in vielen Fällen Einkünfte unter der Veranlagungsgrenze von EUR 2.126 liegen werden (§§ 94 Z 8, 42 Abs 2).
2. **Einkünfte aus der realisierten Wertsteigerung** und gleichgestellten Einkünften aus Kryptowährungen aufgrund der Einschränkung des inländischen Besteuerungsrechts (**Wegzug**). Ein Abzug der Kapitalertragsteuer kann solange nicht erfolgen, als der Abzugspflichtige vom Wegzug nicht informiert wird oder das Depot nicht auch übertragen wird. Der Abzug kann jedoch auch in diesem Fall unterbleiben, wenn der Steuerpflichtige den Steuerbescheid über die Nichtfestsetzung innerhalb der EU oder des EWR vorlegt (§ 94 Z 7).

---

19 EB zu § 95 Abs 2 Z 3 EStG.

401 Sonstige Ausnahmen

In Sonderfällen **unterbleibt** ebenso ein Kapitalertragsteuerabzug.

Anwendungsfälle und Beispiele:

1. Der **Schuldner der Kapitalerträge ist gleichzeitig auch** Gläubiger (§ 94 Z 1).
   Beispiel: Der Wertpapieremittent oder seine Betriebsstätte hält eigene Wertpapiere entweder direkt oder über einen Kapitalanlagefonds.[20]
2. **Kapitaleinkünfte aus Zwischenbankgeschäften**, also wenn Gläubiger und Schuldner der Kapitalerträge jeweils Kreditinstitute sind. Dies gilt jedoch nicht für Gewinnanteile an inländischen Kreditinstituten, sofern der Abzug der Kapitalertragsteuer nicht aufgrund der Mutter-Tochter-Richtlinie oder eines anwendbaren Doppelbesteuerungsabkommens unterbleiben kann (§ 94 Z 3). Kein Abzug der Kapitalertragsteuer hat bei Einkünften ausländischer Betriebsstätten von inländischen Kreditinstituten zu erfolgen (§ 94 Z 4) oder bei Gewinnanteilen ausländischer Körperschaften, wenn die Kapitalerträge von Wertpapieren in einem Depot stammen und der Depotinhaber ein anderes in- oder ausländisches Kreditinstitut ist und die Kapitalerträge an den Depotinhaber ausbezahlt werden (§ 3 Auslands-KESt VO).
   Beispiele: Zwischenbankeinkünfte: Erfasst von der Ausnahme sind vor allem Bankeinlagen von anderen Kreditinstituten, aber auch Ausgleichszahlungen und Leihgebühren zwischen Kreditinstituten (§ 94 Z 3 lit b). Hält dagegen ein Kreditinstitut Anteile an einem anderen Kreditinstitut, dann können Beteiligungserträge nicht nach dieser Bestimmung, sondern nur nach der Ausnahme aufgrund einer bestehenden wesentlichen Beteiligung oder zur Vermeidung der internationalen Doppelbesteuerung ohne Abzug der Kapitalertragsteuer ausgezahlt werden. Die Steuerpflicht und der Abzug der Kapitalertragsteuer für Dividenden aus Portfoliobeteiligungen bleiben daher bestehen.
3. Steuerfreie **Ausgabe von Anteilsrechten** aufgrund einer Kapitalerhöhung aus Gesellschaftsmitteln (§ 94 Z 9).
4. **Steuerfreie Zuwendungen** (§ 3 Abs 1 Z 36) von Stiftungen mit Vermögen bisheriger **Betriebskrankenkassen** (§ 94 Z 14).

8.2. Ermittlung (§§ 93, 27a EStG)

402 Die **Kapitalertragsteuer** beträgt:

- 25 % oder 27,5 % bei natürlichen Personen (§ 93 Abs 1, § 27a Abs 1 → 151),
- 25 % bei Körperschaften (§ 93 Abs 1a).

Die **Besteuerungsgrundlage** entspricht dem Steuersatz und der Bemessungsgrundlage bei der Ermittlung der Einkünfte aus Kapitalvermögen.

Sofern der **Abzugsverpflichtete selbst nicht über ausreichend Informationen** der Bemessungsgrundlage verfügt, stellt das Gesetz Vermutungen auf, die für Zwecke des Kapitalertragsteuerabzugs anzuwenden sind (§ 93 Abs 4 und 4a):

Sind die tatsächlichen **Anschaffungskosten bei realisierten Wertsteigerungen und Derivaten nicht bekannt**, so hat ein Kapitalertragsteuerabzug auf Basis gesetzlich fingierter Anschaffungskosten zu erfolgen (Wert zwischen halbem gemeinem Wert oder halbem Veräußerungserlös und gemeinem Wert oder Veräußerungserlös). Es liegt voll steuerpflichtiges **Neuvermögen** vor (Abs 4, kein Altvermögen → 343). Sind die **tatsächlichen Anschaffungskosten bei Kryptowährungen** nicht bekannt, so sind hinsichtlich

---

20   EStR 2000 Rz 7753.

Anschaffungskosten und Anschaffungszeitpunkt die bekanntgegebenen Daten des Steuerpflichtigen anzusetzen (KryptowährungsVO). Ohne vorliegende Daten ist als Anschaffungszeitpunkt von Neuvermögen auszugehen, daher angeschafft nach dem 28.2.2021 und als Anschaffungskosten vom halben Erlös bzw halben gemeinen Wert auszugehen (Abs 4a).

Für Zwecke des Kapitalertragsteuerabzugs ist **von Folgendem auszugehen** (§ 93 Abs 5):

Der Abzugsverpflichtete hat davon auszugehen, dass kein betriebliches Kapitalvermögen vorliegt. Ausländische Wertpapiere, die ein Forderungsrecht verbriefen, und Anteilscheine an einem ausländischen Immobilienfonds wurden bei ihrer Begebung **öffentlich angeboten** (zur Sicherstellung des Kapitalertragsteuerabzugs, § 27a Abs 2). Der **Zeitpunkt der Meldung** stimmt mit der Einschränkung des inländischen Besteuerungsrechts überein (zur Bestimmung des Zeitpunkts der Ermittlung der Bemessungsgrundlage). Sofern das Vorliegen einer Umgründung iSd UmgrStG durch geeignete Unterlagen nachgewiesen wird (Beschlüsse, Verträge, Notariatsakte), ist davon auszugehen, dass eine steuerneutrale Depotübertragung vorliegt (iSd § 27 Abs 6 Z 2 sechster Teilstrich, sogleich). Bei der besonderen Einkünftezurechnung von Dividenden (§ 32 Abs 4 → 109) sind diese jenem Steuerpflichtigen zuzurechnen, bei dem ein Zufluss erfolgt ist.

Vertiefung: Auswirkungen von Depotentnahmen 403

Entnahmen oder ein Ausscheiden aus dem Depot führen zu einer Veräußerung, teilweise zur Sicherung der Besteuerung im Wege des Kapitalertragsteuerabzugs. Davon bestehen **Ausnahmen** (§ 27 Abs 6 Z 2).

Anwendungsfälle zu den Ausnahmen:
1. die Übertragung erfolgt auf ein anderes Depot des Steuerpflichtigen bei **derselben depotführenden Stelle,**
2. die Übertragung erfolgt auf ein Depot einer **anderen depotführenden Stelle** und der Steuerpflichtige beauftragt die übertragende depotführende Stelle, die Anschaffungskosten mitzuteilen,
3. die Übertragung erfolgt auf ein Depot einer **ausländischen depotführenden Stelle** und der Steuerpflichtige beauftragt die übertragende depotführende Stelle, dem zuständigen Finanzamt innerhalb eines Monats seinen Namen und seine Steuer- oder Sozialversicherungsnummer, die übertragenen Wirtschaftsgüter, deren Anschaffungskosten sowie die übernehmende Stelle mitzuteilen,
4. die Übertragung erfolgt **von einer ausländischen depotführenden Stelle** auf eine andere ausländische depotführende Stelle oder sie erfolgt **unentgeltlich von einer ausländischen depotführenden Stelle** auf ein Depot eines anderen Steuerpflichtigen, wenn der Steuerpflichtige dem zuständigen Finanzamt (über FinanzOnline möglich) innerhalb eines Monats die übertragenen Wirtschaftsgüter, deren Anschaffungskosten sowie jene Stelle und jenen Steuerpflichtigen mitteilt, auf die die Übertragung erfolgt,
5. die Übertragung erfolgt **unentgeltlich von einer inländischen depotführenden Stelle** auf das Depot eines anderen Steuerpflichtigen, wenn gegenüber der depotführenden Stelle die unentgeltliche Übertragung durch Unterlagen (Notariatsakt, Einantwortungsbeschluss, Schenkungsmeldung) nachgewiesen wird oder der Steuerpflichtige die depotführende Stelle beauftragt, dem zuständigen Finanzamt innerhalb eines Monats seinen Namen und seine Steuer- oder Sozialversicherungsnummer, die übertragenen Wirtschaftsgüter, deren Anschaffungskosten und gegebenenfalls die übernehmende Stelle mitzuteilen,

6. bei Übertragung im Zuge von **Umgründungen iSd UmgrStG**, wenn der Steuerpflichtige die depotführende Stelle beauftragt, dem zuständigen Finanzamt innerhalb eines Monats seinen Namen, seine Steuer- oder Sozialversicherungsnummer, die übertragenen Wirtschaftsgüter, deren Anschaffungskosten und gegebenenfalls jene Stelle mitzuteilen, auf die die Übertragung erfolgt.

404 Vertiefung: Auswirkungen von Kapitalmaßnahmen

Zivil- und gesellschaftsrechtliche **Kapitalmaßnahmen** im Zusammenhang mit Wertpapieren können zu Änderungen der Anschaffungskosten oder zu Kapitalerträgen führen, die auch für den Kapitalertragsteuerabzug relevant sind (Kapitalmaßnahmen-VO). Eine Auswirkung auf den Kapitalertragsteuerabzug besteht nur, wenn der Abzugsverpflichtete **vom zugrunde liegenden Vorgang Kenntnis** erlangt. Dabei ist zwischen **steuerrelevanten** und **nicht steuerrelevanten** Maßnahmen zu unterscheiden.

Anwendungsfälle:

1. **nicht steuerrelevante Maßnahmen:** Abwicklungs- und buchungstechnische Vorgänge oder informative oder administrative Stammdatenänderungen wie Erneuerung von Wertpapierurkunden, Gesellschaftshinweise, Eigentümer- und Gesellschaftsversammlungen, Nennwährungsänderungen, Publikumsöffnungen, Zertifizierungshinweise, Wertpapiernummernänderungen (§ 8 VO).
2. **steuerrelevante Maßnahmen** (§ 2 Abs 1 VO): Änderungen des Eigenkapitals der Körperschaft oder Stückelung der Wertpapiere wie (Wandelanleihe)Kapitalerhöhung, Kapitalherabsetzung, Emission von Bezugsrechten auf Aktien, Aktiensplit, Aktienzusammenlegung sowie Aktienumtausch infolge von Unternehmenszusammenschlüssen oder -aufspaltungen sowie Einbuchung von Aktien aufgrund von Unternehmensabspaltungen Z 1), Verschmelzung von Investmentfonds (Z 2) oder Tilgung von Schuldverschreibungen durch Lieferung von Wertpapieren (Z 3 VO).

Auswirkungen steuerrelevanter Kapitalmaßnahmen auf den Abzug ergeben sich wie folgt:

- Sie stellen grundsätzlich **keinen Realisierungsvorgang** dar, außer eine Rückzahlung von Eigenkapital (Liquidation, Kapitalherabsetzung) führt über die Kürzung der Anschaffungskosten hinaus zu einem Veräußerungsgewinn (§ 2 Abs 2 Z 1).
- Bei einem **Tausch von Wertpapieren** treten die eingebuchten Wertpapiere grundsätzlich an die Stelle der ausgebuchten Wertpapiere. Zuzahlungen erhöhen die Anschaffungskosten und Auszahlungen senken die Anschaffungskosten (bei Wandelanleihen nur bis zu 10 % des Gesamtnennbetrags zum Zweck der Rundung, darüber liegen Kapitalerträge vor, §§ 3 und 7).
- Bei einer **Kapitalerhöhung aus Gesellschaftsmitteln** sind die Anschaffungskosten auf die bestehenden und neu eingebuchten Wertpapiere zu verteilen (§ 4). Eingebuchte **Bezugsrechte** sind mit Anschaffungskosten von null anzusetzen (§ 5). Bei **Aktiensplits und Aktienzusammenlegungen** sind die bestehenden Anschaffungskosten auf die danach bestehenden Aktien aufzuteilen (§ 6).

405 Vertiefung: Verlustausgleich durch depotführende Stelle

Bei der Ermittlung der Einkünfte aus Kapitalvermögen hat grundsätzlich ein **Verlustausgleich** zu erfolgen, sofern mehrere Einkünfte aus Kapitalvermögen vorliegen (§ 27

Abs 8 → 345). Eine **depotführende Stelle** hat diesen Verlustausgleich **für sämtliche Depots desselben Steuerpflichtigen** für Zwecke des Kapitalertragsteuerabzugs vorzunehmen (§ 93 Abs 6). Der Abzugsverpflichtete von Einkünften aus Kryptowährungen hat den Verlustausgleich für sämtliche von ihm gutgeschriebenen Kryptowährungen bzw sonstigen Entgelte sowie die von ihm abgewickelten Realisierungen von Kryptowährungen durchzuführen (§ 93 Abs 7).

Dabei sind negative Einkünfte mit positiven Einkünften zu **verrechnen**, wobei es zur Gutschrift einer zuvor einbehaltenen Kapitalertragsteuer kommen kann. **Kein Verlustausgleich durch die depotführende Stelle** findet bei Einkünften aus Depots des Betriebsvermögens statt, aus treuhändigen oder durch mehrere Depotinhaber gehaltenen Depots und bei Einkünften, bei denen die Ermittlung auf fiktiven Anschaffungskosten (→ 402) beruht und im Wege der Veranlagung ausgeglichen werden.

8.3. Einbehalt und Abfuhr (§§ 95 ff EStG)

Zeitpunkt der Einbehaltung 406

Der **Abzugsverpflichtete** hat die Kapitalertragsteuer im **Zeitpunkt des Zuflusses** der Einkünfte an den Steuerpflichtigen **abzuziehen** (§ 95 Abs 3).

Die Einkünfte gelten für den Kapitalertragsteuerabzug wie folgt **als zugeflossen**:

- Bei Erträgen aus der **Kapitalüberlassung** ist bei Ausschüttungen und Zuwendungen von Privatstiftungen der Zeitpunkt des im Beschluss bestimmten Tages der Auszahlung, sonst der Tag nach Beschlussfassung, maßgeblich (§ 95 Abs 3 Z 1). Bei Zinsen aus Geldeinlagen bei Kreditinstituten und sonstigen Gewinnanteilen im Zeitpunkt des Zuflusses. Bei sonstigen Erträgen im Zeitpunkt deren Fälligkeit. Bei Änderung der Abzugspflicht (Beenden oder Begründung der KESt-Pflicht) gelten die bisher zeitanteilig entstandenen, noch nicht erfassten Kapitalerträge zur Abgrenzung des korrekten Kapitalertragsteuerabzugs als zugeflossen (Zuflussfiktion, § 95 Abs 3 Z 2).
- Bei Erträgen aus **realisierten Wertsteigerungen, Derivaten und Kryptowährungen** ist der Zuflusszeitpunkt, der Veräußerungszeitpunkt, der Entnahmezeitpunkt oder der Zeitpunkt des sonstigen Ausscheidens. Der Abzugsverpflichtete kann Wirtschaftsgüter und Derivate so lange zurückbehalten, als die voraussichtlich anfallende Kapitalertragsteuer nicht ersetzt wird (Zurückbehaltungsrecht, § 95 Abs 3 Z 3).
- Im Falle einer **Einbringung bei fiktiver Ausschüttung** des negativen Buchwerts nach § 18 Abs 2 Z 1 UmgrStG gelten besondere Zeitpunkte für die Abfuhr der Kapitalertragsteuer.
- Bei **Umwandlung** einer Körperschaft kann die Befreiung von Gewinnanteilen von der Kapitalertragsteuer entfallen. Kapitalerträge, die nach dem Umwandlungsstichtag anfallen, gelten mit dem Tag der Anmeldung des Umwandlungsbeschlusses zur Eintragung in das Firmenbuch als zugeflossen (§ 9 Abs 9 Z 1 UmgrStG).

407 Schuldner und Haftung

Schuldner der Kapitalertragsteuer ist der Empfänger der Kapitalerträge, also der **Steuerpflichtige**. Der **Abzugsverpflichtete** hat den **Abzug** vorzunehmen und **haftet** für die Einbehaltung und Abfuhr (§ 95).

Für die **Richtigkeit der Meldungen von Fondsbeträgen** haften die Rechtsträger des Fonds und die steuerliche Vertretung zur ungeteilten Hand. Bei Abzug durch **Wertpapierfirmen** haften die Wertpapierfirma, der Zahlungsdienstleister, das E-Geldinstitut sowie ein allenfalls erforderlicher steuerlicher Vertreter zur ungeteilten Hand (§ 95 Abs 1 letzter Satz).

Eine **Direktvorschreibung an den Empfänger** erfolgt ausnahmsweise, wenn (§ 95 Abs 4):

- vorschriftswidrig keine Einbehaltung erfolgt und die Haftung des Abzugsverpflichteten nicht oder nur erschwert durchsetzbar wäre, oder
- der Empfänger weiß, dass der Abzugsverpflichtete die einbehaltene Steuer vorschriftswidrig nicht abgeführt hat und dies dem Finanzamt nicht unverzüglich mitteilt.

Beispiele:
1. **Bei verdeckten Gewinnausschüttungen** kann die Kapitalertragsteuer dem Abzugsverpflichteten (Kapitalgesellschaft) oder dem Gesellschafter nach dem Ermessen der Behörde vorgeschrieben werden.[21]
2. **Eine Haftung ist nicht durchsetzbar**, wenn die Gesellschaft mangels Vermögens vollbeendigt oder gelöscht wird oder eine Zustelladresse fehlt oder fehlerhaft ist. **Eine erschwerte Durchsetzbarkeit** mangels Vermögens ist bei erfolglosen Einbringungsversuchen oder bei Eröffnung des Insolvenzverfahrens gegeben.[22]

408 Abfuhrverpflichtung

Der Abfuhrverpflichtete hat die Kapitalertragsteuer an das zuständige Finanzamt **innerhalb eines bestimmten Zeitraums abzuführen** (§ 96 Abs 1 und 2). Der Abzugsverpflichtete hat dem Finanzamt laufend eine **Anmeldung** zu übermitteln (§ 96 Abs 3) und dem Empfänger der Kapitalerträge eine **Bescheinigung** über die Höhe der Einkünfte, des Steuerbetrages, den Zahlungstag, die Zeit, für welche die Einkünfte gezahlt worden sind, und das Finanzamt, an das die Steuer abgeführt wurde, zu übermitteln (§ 96 Abs 4). Auf Verlangen hat der Abzugsverpflichtete dem Empfänger der Kapitalerträge eine **Steuerbescheinigung (Steuerreporting)** mit umfangreichen Informationen über Einkünfte, Steuerbeträge und den Verlustausgleich zu erteilen (§ 96 Abs 5, ab 2025).

Der **Zeitpunkt** der Abfuhr und der Anmeldung ergibt sich wie folgt (§ 96 Abs 1 und Abs 3):

- Bei **Einkünften aus Gewinnanteilen und Zuwendungen von Privatstiftungen** hat der Schuldner der Kapitalerträge die Kapitalertragsteuer innerhalb einer Woche nach dem Zufluss der Kapitalerträge abzuführen.
- Bei **Einkünften aus Geldforderungen gegen Kreditinstitute** sind Vorauszahlungen zum 15.12. jeden Jahres zu leisten, die 90 % der jährlichen Kapitalertragsteuer entsprechen; der restliche Betrag ist am 30.9. des Folgejahres zu entrichten.

---

21   BFG 3.10.2014, RV/5100083/201; VwGH 28.5.2015, 2014/15/0046; BMF 5.10.2015, BMF-010203/0276-VI/1/2015.
22   EB zur Steuerreform 2015/16; BMF 5.10.2015, BMF-010203/0276-VI/1/2015.

- Bei **Zinsen an beschränkt Steuerpflichtige** sind die im Jahr einbehaltenen Kapitalerträge bis zum 15.2. des Folgejahres zu entrichten.
- Bei **Einkünften aus Kryptowährungen** sind die einbehaltenen Kapitalerträge spätestens bis zum 15.2. des Folgejahres zu entrichten.
- Bei **sonstigen Einkünften** aus der Überlassung von Kapitalvermögen und bei **Einkünften aus realisierten Wertsteigerungen und Derivaten** unter Berücksichtigung des Verlustausgleichs sind einbehaltene Kapitalertragsteuern spätestens am 15. Tag des zweitfolgenden Monats abzuführen.

8.4. Abgeltungswirkung und Rückerstattung (§§ 97, 27a EStG)

Abgeltungswirkung oder Vorauszahlung   409

> Die **Kapitalertragsteuer** gilt als **Vorauszahlung** auf die Steuerschuld bei Veranlagung oder sie führt bereits zur endgültigen Abgeltung der Einkommensteuer (**Endbesteuerung**), sodass eine Veranlagung unterbleiben kann (§ 97).

Grundsätzlich kommt es zur **Endbesteuerung** der Einkünfte durch Einbehalt der Kapitalertragsteuer. von der Abgeltungswirkung durch Endbesteuerung bestehen **Ausnahmen**.

Ausnahmen von der Abgeltungswirkung:

1. Bei Einkünften, bei denen von der **Regelbesteuerungsoption** (§ 27a Abs 5) oder der **Verlustausgleichsoption** (§ 97 Abs 2) im Wege der Antragsveranlagung Gebrauch gemacht wird.
2. Bei Einkünften, bei denen die Kapitalertragsteuer aufgrund eines **DBA** im Wege der **Antragsveranlagung** zu erstatten ist (§ 97 Abs 2).
3. Bei Einkünften aus realisierten **Wertsteigerungen, Derivaten und Kryptowährungen**, die entweder **betriebliche** Einkünfte oder Einkünfte aus **nichtselbständiger Arbeit** darstellen oder bei denen die Berechnung der Kapitalertragsteuer mangels Berücksichtigung der tatsächlichen Verhältnisse nicht korrekt ist (§ 93 Abs 4 letzter Satz und Abs 4a Z 2 letzter Satz).

Rückzahlung oder Rückerstattung   410

Werden gutgeschriebene **Kapitalerträge aus der Überlassung von Kapital nachträglich gekürzt**, ist vom Abzugsverpflichteten die auf die nachträglich gekürzten Kapitalerträge entfallende Kapitalertragsteuer gutzuschreiben. Verluste aus der Einlösung von Wirtschaftsgütern (§ 27 Abs 3) stellen keine nachträgliche Kürzung dar (§ 95 Abs 5). Der Abfuhrverpflichtete kann darüber hinaus **zu Unrecht einbehaltene Kapitalertragsteuern** bis zum Ablauf des Kalenderjahres ausgleichen oder auf Verlangen des Steuerpflichtigen zurückzahlen (§ 240 Abs 1 BAO).

Bei **unbeschränkt** Steuerpflichtigen erfolgt eine Anrechnung oder Erstattung grundsätzlich im Wege der **Veranlagung**. Bei **beschränkt** (ausländischen und inländischen) Steuerpflichtigen kann die Kapitalertragsteuer vom Finanzamt auf Antrag grundsätzlich auch **außerhalb einer Veranlagung** erstattet werden (aufgrund §§ 240 Abs 3 und 240a BAO), weil eine Veranlagung nicht immer vorgesehen ist.

Anträge **beschränkt Steuerpflichtiger** auf Rückzahlung oder Erstattung der Kapitalertragsteuer sind grundsätzlich **erst nach Ablauf des Kalenderjahres der Einbehaltung** zulässig (§ 240a BAO). Damit erfolgt die Rückerstattung wie im Falle der Veranlagung erst im Folgejahr.

9. Erhebung – Immobilienertragsteuer (§§ 30b, 30c EStG)

9.1. Anwendungsbereich

411

Für **Einkünfte aus Grundstücksveräußerungen** erfolgt die Erhebung im Wege der **Immobilienertragsteuer**, im Wege einer **besonderen Vorauszahlung** und nachfolgender **Veranlagung** oder ausschließlich **im Wege der Veranlagung** (§§ 30b, 30c).

Der Immobilienertragsteuer unterliegen betriebliche und außerbetriebliche **Einkünfte aus Grundstücksveräußerungen,** wenn eine **Selbstberechnung der GrESt** durch Parteienvertreter erfolgt (§ 30c Abs 2). **Ausnahmen** von der Selbstberechnung der Immobilienertragsteuer bestehen (§ 30c Abs 4):

- für **steuerfreie** Einkünfte (Hauptwohnsitzbefreiung, Herstellungsbefreiung, Veräußerung aufgrund behördlichen Eingriffs, Zusammenlegungs- und Flurbereinigungsbefreiung),
- wenn bei betrieblichen Grundstücken die **stillen Reserven nach § 12 übertragen** werden, oder
- der Veräußerungserlös in **Rentenform** geleistet wird.

Anstelle der Immobilienertragsteuer ist durch den Steuerpflichtigen selbst eine **besondere Vorauszahlung** zu leisten (§ 30b Abs 4), wenn:

- der **Zufluss verspätet,** und zwar voraussichtlich erst ein Jahr nach dem Veräußerungsgeschäft erfolgt,
- das Grundstück im Wege der **Zwangsversteigerung** (§§ 133 ff EO) veräußert wird, oder
- sonst **keine Selbstberechnung** der GrESt durch Parteienvertreter erfolgt.

Die Erhebung durch Selbstberechnung und besonderer Vorauszahlung gilt auch für inländische und ausländische **beschränkt** Steuerpflichtige (§ 102 Abs 2 Z 4).

Weder eine Immobilienertragsteuer noch eine besondere Vorauszahlung sind zu leisten, sofern Einkünfte bei **betrieblichen Grundstücken nicht mit dem besonderen Steuersatz** zu besteuern sind (Grundstücke im Umlaufvermögen und Grundstücksüberlassung und Veräußerung als Schwerpunkt der gewerblichen Tätigkeit, § 30b Abs 5). Die Erhebung erfolgt durch Veranlagung.

Beispiele:

1. **Immobilienertragsteuer:** Der Steuerpflichtige verkauft ein privates Grundstück, wobei die GrESt im Wege der Selbstberechnung erhoben wird. Gleichzeitig ist auch die Immobilienertragsteuer zu berechnen, sofern nicht eine der Ausnahmen vorliegt.

2. **Vorauszahlung:** Erfolgt die Erhebung der GrESt im Wege der Abgabenerklärung, dann hat anstelle der Immobilienertragsteuer eine besondere Vorauszahlung durch den Steuerpflichtigen selbst zu erfolgen, sofern nicht eine Ausnahme vorliegt.
3. **Keine Immobilienertragsteuer oder besondere Vorauszahlung:** Einlagetatbestände in das Betriebsvermögen desselben Steuerpflichtigen oder Veräußerungen ausländischer Grundstücke. Die Erhebung erfolgt im Wege der Veranlagung.

9.2. Selbstberechnung und Abfuhr, Vorauszahlung

Mitteilung   412

Im Zuge von Abgabenerklärungen (§ 10 GrEStG) oder Selbstberechnungen (§ 11 GrEStG) haben die involvierten Parteienvertreter grundsätzlich eine **Mitteilung an das Finanzamt Österreich** zu erstatten, wenn aus dem Erwerbvorgang Einkünfte erzielt werden. Die Mitteilung (über FinanzOnline) haben die am Veräußerungsgeschäft beteiligten Parteien unter Angabe ihrer Steuernummern und der Höhe des nach den Angaben des Steuerpflichtigen zu entrichtenden Steuerbetrags oder dessen Bemessungsgrundlage für die Immobilienertragsteuer oder besondere Vorauszahlungen zu erstatten (§ 30c Abs 1 und Abs 2 Z 1). Unterbleibt die Selbstberechnung aufgrund einer Ausnahme, ist der Grund in der Mitteilung anzugeben (§ 30c Abs 4 letzter Satz).

Immobilienertragsteuer   413

Im **Anwendungsbereich** der **Immobilienertragsteuer** haben **Parteienvertreter** die Immobilienertragsteuer aufgrund der Angaben des Steuerpflichtigen **selbst zu berechnen** (§ 30c Abs Abs 2 Z 2). Sie können die Immobilienertragsteuer vom Veräußerungspreis einbehalten, den sie grundsätzlich als Treuhänder zur Verwaltung auf ein Treuhandkonto überwiesen bekommen.

Der Immobilienertragsteuer in Höhe von **30 %** (bei Körperschaften der entsprechende Körperschaftsteuersatz) ist die **Bemessungsgrundlage** bei Grundstücksveräußerungen zugrunde zu legen (→ 349). Zur Vereinfachung können bei einer Veräußerung von allgemeinen Grundstücksanteilen (Hausbesorgerwohnung, Parkplätze) um bis zu maximal EUR 150.000 pro Objekt zur Begründung von Wohnungseigentum durch sämtliche Wohnungseigentümer pauschal 40 % des Veräußerungserlöses als Anschaffungskosten angesetzt werden (§ 30b Abs 6).

Die **für die Ermittlung erforderlichen Unterlagen** hat der Steuerpflichtige dem Parteienvertreter vorzulegen und deren Richtigkeit und Vollständigkeit schriftlich zu bestätigen.

Schuldner der Steuer Haftung, Entrichtung   414

Steuerschuldner bleibt bei der Selbstberechnung der Immobilienertragsteuer der **Steuerpflichtige; der Parteienvertreter** entrichtet die Steuer und **haftet** auch dafür. Zusätzlich haften sie für die Richtigkeit der Immobilienertragsteuer dann, wenn diese wider besseres Wissen auf Grundlage der Angaben des Steuerpflichtigen berechnet wird (§ 30c Abs 3).

Die Parteienvertreter haben die selbstberechnete Immobilienertragsteuer spätestens am **15. Tag des auf den Kalendermonat des Zuflusses zweitfolgenden Kalendermonats** abzuführen. Ist der **Zufluss noch nicht erfolgt** und daher die Fälligkeit noch nicht eingetreten, erlischt die Verpflichtung zur Entrichtung nach einem Jahr ab Vornahme der Mitteilung der Einkünfte im Zuge der Selbstberechnung der GrESt (§ 30c Abs 1 und 3).

415 Besondere Vorauszahlung

Im **Anwendungsbereich** der besonderen **Vorauszahlung** hat der Steuerpflichtige selbst den Steuerbetrag zu berechnen und an das zuständige Finanzamt abzuführen. Die besondere Vorauszahlung ist bis spätestens **am 15. Tag des auf den Kalendermonat des Zuflusses zweitfolgenden Kalendermonats abzuführen** (§ 30b Abs 4).

9.3. Abgeltungswirkung und Rückerstattung

416 Abgeltungswirkung oder Vorauszahlung

Mit **Entrichtung** der Immobilienertragsteuer durch die Parteienvertreter gilt die **Einkommensteuer** für Einkünfte aus privaten Grundstücksveräußerungen **als abgegolten** (§ 30b Abs 2; § 102 Abs 1 Z 4). Die Einkommensteuer gilt **nicht als abgegolten:**

- für **betriebliche** Einkünfte,
- wenn die der Selbstberechnung zugrunde liegende **Angaben des Steuerpflichtigen nicht den tatsächlichen Gegebenheiten entsprechen**,
- ein **Antrag auf Veranlagung** mit dem besonderen Steuersatz zur Erstattung der überhöhten Immobilienertragsteuer (Veranlagungsoption, § 30b Abs 3) gestellt wird oder dabei die Regelbesteuerungsoption ausgeübt wird (§ 30a Abs 2), oder
- die Abgeltungswirkung aufgrund einer **späteren Umwidmung** betreffend am 31.3.2012 nicht steuerverfangene Einkünfte entfällt.

Im Falle der **besonderen Vorauszahlung** besteht keine Abgeltungswirkung, sodass eine Veranlagung zu erfolgen hat.

417 Rückzahlung oder Rückerstattung

Der Parteienvertreter kann **zu Unrecht einbehaltene Immobilienertragsteuer** bis zum Ablauf des Kalenderjahres ausgleichen oder auf Verlangen des Steuerpflichtigen zurückzahlen (§ 240 Abs 1 BAO).

Dagegen erfolgt eine Anrechnung oder Erstattung gegenüber dem Finanzamt bei **unbeschränkt Steuerpflichtigen** grundsätzlich nur im Wege der **Veranlagung**. Bei **beschränkt Steuerpflichtigen** sollte die Immobilienertragsteuer vom Finanzamt neben einer Veranlagung (§ 102) auch **außerhalb einer Veranlagung** erstattet werden können, sofern mangels Steuerschuld eine Anrechnung der Steuer nicht möglich ist. Ein Antrag ist auf § 240 Abs 3 BAO zu stützen. Die Frist beträgt in diesem Fall fünf Jahre.

10. Erhebung – Abzugsteuer (§§ 99 ff EStG)

10.1. Anwendungsbereich (§ 99 EStG)

418

Die **Abzugsteuer** ist eine **besondere Erhebungsform** der Einkommensteuer für bestimmte Einkünfte **beschränkt Steuerpflichtiger** (§ 99 Abs 1).

Die Erhebung einer besonderen Steuer bei beschränkt Steuerpflichtigen an der Quelle (Quellensteuer) und im Abzugsweg (Abzugsteuer) dient der **Sicherung des Steueranspruchs**. Diese ist nur für Einkünfte vorgesehen, bei denen die Erhebung der Steuer nicht schon im Wege anderer Abzugsteuern wie der Lohnsteuer, der Immobilienertragsteuer oder der Kapitalertragsteuer erfolgt.

Der Abzugsteuer **unterliegen** (§ 99 Abs 1):

- Einkünfte aus **im Inland ausgeübter oder verwerteter selbständiger Tätigkeit** als Schriftsteller, Vortragender, Künstler, Architekt, Sportler, Artist oder Mitwirkender an Unterhaltungsdarbietungen – unabhängig vom Empfänger (Agenturen, Direktionen, Produktionsgesellschaften, echter Künstlerdurchgriff, Z 1);
- Gewinnanteile einer ausländischen Personengesellschaft (Mitunternehmerschaft) mit Beteiligung an einer inländischen Personengesellschaft (**mehrstöckige Personengesellschaft**), sofern die dahinterstehenden Steuersubjekte der Finanzbehörde oder der inländischen Personengesellschaft nicht offengelegt werden (Z 2);
- betriebliche oder außerbetriebliche Einkünfte aus der **Überlassung von Rechten** (Z 3);
- **Aufsichtsratsvergütungen** (Z 4);
- Einkünfte aus im Inland ausgeübter **kaufmännischer oder technischer Beratung** und bei Einkünften aus der **Gestellung von Arbeitskräften** zur inländischen Arbeitsausübung (Z 5);
- Kapitaleinkünfte aus inländischen Grundstücken aus dem Anteil an einem **nicht öffentlich begebenen Anteil an einem Fonds** (iSd InvFG oder ImmoInvFG) oder **freiwilliger Steuerabzug**, sofern der Fonds die Immobilien nicht unmittelbar hält und nicht bereits ein Steuerabzug erfolgt ist (Z 6) und
- Einkünfte eines **stillen Gesellschafters** an einem inländischen Unternehmen (Z 7).

Beispiele:
1. **Vortragender:** Ein deutscher Professor hält einen Vortrag in Österreich und erhält dafür eine Vergütung, die der Abzugsteuer unterliegt.
2. **Eine ausländische betrieblich tätige Personengesellschaft** hält Anteile an einer inländischen KG. Werden die Gesellschafter der ausländischen KG nicht dem Finanzamt offengelegt, ist auf die Gewinnanteile der inländischen KG die Abzugsteuer einzubehalten.
3. **Lizenzgebühren** für die Rechteüberlassung werden von einer inländischen Kapitalgesellschaft an eine beschränkt steuerpflichtige Person gezahlt. Diese unterliegen der Abzugsteuer.
4. **Aufsichtsrat:** Eine Schweizer natürliche Person ist bei einer inländischen Aktiengesellschaft Aufsichtsratsmitglied, wodurch auf Vergütungen an diese Abzugsteuer einzubehalten ist.
5. **Der ausländische Personalüberlasser** stellt Personal zur inländischen Arbeitsausübung bereit. Die Vergütung dafür unterliegt der Abzugsteuer.

6. **Am Fonds mit inländischen Immobilien** ist ein beschränkt Steuerpflichtiger beteiligt. Die Einkünfte aus den inländischen Immobilien unterliegen der Abzugsteuer.
7. **Stille Gesellschaft:** Ein beschränkt Steuerpflichtiger ist als stiller Gesellschafter an einer inländischen GmbH beteiligt. Die Einkünfte unterliegen der Abzugsteuer.

10.2. Einbehalt und Abfuhr (§§ 100 f EStG)

419 Zeitpunkt und Höhe der Einbehaltung

Der Steuerabzug ist vom **Abzugspflichtigen** grundsätzlich im **Zeitpunkt des Zuflusses** vom ausgezahlten Betrag **zu berechnen und einzubehalten** (§ 100).

Zur Ermittlung aufgrund der **Bruttobesteuerung** mit Option auf Nettobesteuerung und zu den anwendbaren **Steuersätzen** → 155.

Abweichend vom Zuflusszeitpunkt ist folgender Zeitpunkt maßgeblich (§ 100 Abs 4):

- Bei **Gewinnanteilen von nicht offengelegten Gesellschaftern** einer ausländischen Gesellschaft, die an einer inländischen Personengesellschaft beteiligt ist, hat der Steuerabzug am Tag nach Aufstellung des Jahresabschlusses zu erfolgen, in dem die Gewinnanteile ermittelt werden.
- Bei **Kapitaleinkünften aus Fonds** ist die Abzugsteuer innerhalb von sieben Monaten nach Abschluss des Geschäftsjahres einzubehalten.

420 Schuldner der Abzugsteuer, Haftung

Schuldner der Abzugsteuer ist der Empfänger der Einkünfte. **Abzugspflichtiger** ist der Schuldner der Einkünfte. Dieser **haftet** für die Einbehaltung und Abfuhr der Steuerbeträge (§ 100 Abs 2).

Bei **Einkünften aus Urheberrechten** ist anstelle des Schuldners die die Urheberrechte wahrende inländische juristische Person zum Abzug verpflichtet, wenn die Einkünfte aufgrund eines Übereinkommens an diese ausgezahlt werden. Die juristische Person muss vom zuständigen Finanzamt zur Vornahme des Steuerabzugs zugelassen worden sein (§ 99 Abs 3).

Eine **Direktvorschreibung an den Empfänger** der Einkünfte erfolgt, wenn (§ 100 Abs 3):

- der Abzugspflichtige die geschuldeten Beträge nicht vorschriftsmäßig gekürzt hat und die Haftung nicht oder nur erschwert durchsetzbar wäre, oder
- der Empfänger weiß, dass der Abzugspflichtige die einbehaltene Abzugsteuer nicht vorschriftsmäßig abgeführt hat, und er dies dem Finanzamt nicht unverzüglich mitteilt.[23]

---

23   BMF 5.10.2015, BMF-010203/0276-VI/1/2015.

Abfuhrverpflichtung 421

> Der **Abzugspflichtige** hat die innerhalb eines Kalendermonats einbehaltene Abzugs-teuer spätestens **am 15. Tag des folgenden Monats** als „Steuerabzug nach § 99 EStG" an sein Finanzamt **abzuführen** und die einbehaltene Abzugsteuer und die steuer-pflichtigen Beträge **mitzuteilen** (§ 101).

Sind Steuerabzüge für mehrere Gläubiger vorgenommen worden, so ist der Gesamtbetrag **in einer Summe** ohne Bezeichnung der einzelnen Gläubiger abzuführen. Der Schuldner hat grundsätzlich laufende **Aufzeichnungspflichten** gegenüber dem Finanzamt.

10.3. Abgeltungswirkung und Rückerstattung (§ 102 EStG)

Mit dem Steuerabzug gilt die Steuer als abgegolten, **sofern keine Pflichtveranlagung** 422 (§ 102 Abs 1 Z 2 und Z 3) oder **keine Antragsveranlagung** erfolgt (§ 102 Abs 1 Z 3).

Der Abfuhrverpflichtete kann **zu Unrecht einbehaltene Abzugsteuer** bis zum Ablauf des Kalenderjahres ausgleichen oder auf Verlangen des Steuerpflichtigen zurückzahlen (§ 240 Abs 1 BAO).

Der Steuerpflichtige kann die Abzugsteuer vom Finanzamt grundsätzlich **nur durch Ver-anlagung** zurückfordern, weil eine Veranlagung erfolgt oder per Antrag erfolgen kann.

10.4. Besondere Abzugsteuer auf Einkünfte in Zusammenhang mit Leitungsrechten und Hochwasserschutzanlagen (§ 107 EStG)

Einkünfte eines Steuerpflichtigen aus der **Einräumung von Leitungsrechten** an Infra- 423 strukturbetrieben und **Nutzungsrechten an Grund und Boden zum Hochwasserschutz** im öffentlichen Interesse, unabhängig von der Einkunftsart, unterliegen einer Abzug-steuer in Höhe von **10 %** des erhaltenen Betrags (Bruttobesteuerung, ohne Umsatzsteuer) (§ 107).

Ein **Leitungsrecht** ist das Recht, Grund und Boden zur Errichtung und zum Betrieb von Leitungen im öffentlichen Interesse zu nutzen. Ein **Nutzungsrecht** ist das Recht, Grund und Boden für Maßnahmen zur Abwehr von Hochwasserschäden im öffentlichen Inte-resse zu nutzen. Mit der Abzugsteuer gilt die Einkommensteuer als **abgegolten**, außer es wird die **Regelbesteuerungsoption** ausgeübt. Im Fall der Regelbesteuerungsoption kön-nen pauschal 33 % des erhaltenen Betrags berücksichtigt werden (Nettobesteuerung, zur Berücksichtigung von Wertverlusten). **Schuldner** der Abzugsteuer ist der Empfänger. Der Schuldner der Einkünfte (Leitungs- oder Nutzungsberechtigte) ist **Abzugsverpflichte-ter** und **haftet** für die Entrichtung.[24]

---

24 Leitungsrechte-Datenübermittlungsverordnung – Leitungsrechte-DÜV, BGBl II 2018/321.

11. Erhebung – Entlastung bei Doppelbesteuerung

424 Entlastungsarten, Entlastung an der Quelle

Ist auf Einkünfte **eine Abzugsteuer einzubehalten**, aber aufgrund eines Doppelbesteuerungsabkommens oder einer anderen Rechtsvorschrift eine **inländische Besteuerung nur eingeschränkt oder nicht zulässig**, dann erfolgt die Entlastung entweder an der Quelle durch Rückerstattung.

Die Entlastung findet statt:

- an der **Quelle** durch Befreiung oder Anrechnung, oder
- im Wege eines **Rückerstattungsverfahrens** (→ 427).

Bei **beschränkt Steuerpflichtigen** kann die Entlastung von einer Abzugsteuer direkt durch den Abzugsverpflichteten erfolgen (§ 1 DBA-Entlastungs-VO). Es bedarf in diesem Fall des **Nachweises der Abkommensberechtigung** des Steuerpflichtigen:

- im Wege einer **Ansässigkeitsbescheinigung** im Original[25] (ZS-QU1 für natürliche Personen und ZS-QU2 für juristische Personen, § 2 Abs 1 VO);
- sofern die **Einkünfte pro Kalenderjahr EUR 10.000 nicht übersteigen**, ohne inländischen Wohnsitz reicht die **Erklärungen** des Steuerpflichtigen über seine Abkommensberechtigung mit Informationen über die steuerlichen Verhältnisse der Person und der Einkünfte (§ 2 Abs 2 VO);
- bei **ausländischen juristischen Personen** oder als solche im Ausland besteuerte Personengesellschaften ist zusätzlich eine **Erklärung** abzugeben, dass der Einkünfteempfänger eine aktive Tätigkeit (keine Vermögensverwaltung) ausübt, eigene Arbeitskräfte beschäftigt und über eigene Betriebsräumlichkeiten verfügt (Substanzerfordernis zur steuerlichen Zurechnung); der Nachweis kann durch eine innerhalb der letzten drei Jahre erfolgte abkommenskonforme Steuerrückerstattung von der Abgabenbehörde ersetzt werden (§ 3 Abs 2 VO);
- bei **ausländischen Personengesellschaften** (steuerlich transparente Gesellschaften) sind Firmenname und Anschrift der Gesellschaft anzugeben; für die einzelnen Gesellschafter ist eine Ansässigkeitsbescheinigung vorzulegen, bis EUR 10.000 als entlastende Vergütungen pro Gesellschafter ist grundsätzlich deren Name und Anschrift durch den Abfuhrverpflichteten in Evidenz zu nehmen oder auf sonstige Weise die Entlastungsberechtigung glaubhaft zu machen (§ 4 VO);
- bei **Vergütungen für die Gestellung von Arbeitskräften** zur inländischen Arbeitsausübung muss darüber hinaus die Sicherstellung der Besteuerung der Einkünfte aus nichtselbständiger Arbeit erfolgen (→ 425).

Der **Abfuhrverpflichtete** hat das Vorliegen der Voraussetzungen für die Entlastung an der Quelle zu beweisen oder glaubhaft zu machen (§ 1 VO), andernfalls haftet er für den Ausfall.

---

25   EAS 3369.

Vertiefung: Ausnahmen von der Entlastung an der Quelle 425

Eine Entlastung aufgrund der Abkommensberechtigung ist **nicht an der Quelle**, sondern im Wege des **Erstattungsverfahrens** notwendig, wenn (§ 5 VO):

- der Nachweis der Abkommensberechtigung aufgrund der Dokumentationserfordernisse **nicht erbracht** wird (Abs 1 Z 1);
- die **steuerliche Zurechnung** der Einkünfte an den Einkünfteempfänger oder die **Abkommensberechtigung zweifelhaft** ist, aufgrund von Umständen oder weil dieser eine ausländische Stiftung, ein ausländischer Trust, ein ausländischer Investmentfonds oder eine juristische Person ist, deren Ort der tatsächlichen Geschäftsleitung sich nicht im Gründungsstaat befindet (Abs 1 Z 2, 5 und 6);
- bei **Vergütungen aus selbständiger Arbeit** als Schriftsteller, Vortragender, Künstler, Architekt, Sportler, Artist oder Mitwirkender an Unterhaltungsdarbietungen, diese nicht an den Erbringer, sondern an einen Dritten (Produktionsgesellschaft) gezahlt werden und keine Informationen über die Einkünfte und den Erbringer vorliegen. Sofern der an den Erbringer weitergeleitete Betrag bekannt ist, muss die Entlastung an der Quelle für diesen Betrag unterbleiben (echter Künstlerdurchgriff, Abs 1 Z 3, Abs 2);
- bei **Kapitalerträgen** ist Kapitalertragsteuer aus Vollzugsgründen einzubehalten, wenn diese im Zeitpunkt der Fälligkeit oder anlässlich der Veräußerung von Wertpapieren von Kreditinstituten in ihrer Funktion als Verwahrer oder Verwalter von Wertpapieren ausbezahlt werden (Abs 1 Z 7);

Bei **Vergütungen für die Gestellung von Arbeitskräften** zur inländischen Arbeitsausübung darf eine Entlastung an der Quelle nicht erfolgen, wenn neben den Voraussetzungen der DBA-Entlastungsverordnung (→ 424) nicht auch die Besteuerung der Einkünfte aus nichtselbständiger Arbeit der gestellten Arbeitnehmer gesichert ist (VO zur Abzugsteuerentlastung bei Arbeitskräftegestellung). Dies erfolgt entweder (i) durch Einbehalt und Abfuhr von 70 % der Abzugsteuer vom Gestellungsentgelt (§ 1) oder (ii) durch Lohnsteuerabzug bei den überlassenen Arbeitskräften (Abs 2). Dazu ist ein Antrag auf einen Befreiungsbescheid (mit einer elektronischen Vorausmeldung, Abs 3 und 4) beim Finanzamt für Großbetriebe zu stellen. Bei einer konzerninternen Personalüberlassung von Angestellten entfällt die Antragstellung (§ 3 VO).

Entlastung durch Anrechnung 426

Die **Anrechnung von ausländischen Steuern** auf **Auslandsdividenden** kann bereits im Wege des **inländischen Steuerabzugs** erfolgen (Auslands-KESt VO).

Die Entlastung ist wie folgt zulässig:

- Bei **ausländischen Dividenden** kann der Abzugsverpflichtete eine tatsächlich entrichtete ausländische Quellensteuer auf die Kapitalertragsteuer in Höhe von maximal 15 % anrechnen. Dies gilt auch für Dividenden aus (tatsächlichen und fiktiven) Ausschüttungen aus Investmentfonds und Immobilien-Investmentfonds (§ 1 Abs 2, § 2).

● Bei **ausländischen Zinsen** aus Wertpapieren, die ein Forderungsrecht verbriefen, kann dann keine Anrechnung durch einen inländischen Abzugsverpflichteten erfolgen, wenn der Gesamtbetrag des in- und ausländischen Steuerabzugs nach Anwendung des Abkommens unter dem inländischen besonderen Steuersatz von 27,5 % (25 %) sinkt; sofern dies nicht vorliegt, kann bei entsprechendem Nachweis aufgrund einer inländischen Ansässigkeitsbescheinigung des Steuerpflichtigen auch eine Anrechnung durch den inländischen Abzugsverpflichteten erfolgen.[26]

Beispiele:

1. **Auslandsdividenden:** Der unbeschränkt Steuerpflichtige erhält aus ausländischen Aktien auf einem inländischen Depot bei Bank A Dividenden, die im Ausland einer Quellensteuer in Höhe von 20 % unterliegen. Das DBA sieht ein Besteuerungsrecht des Quellenstaats mit 15 % vor. Die Bank kann als Abzugsverpflichtete 15 % der ausländischen Quellensteuer auf die inländische KESt anrechnen, sodass lediglich 12,5 % KESt vom Bruttobetrag abzuziehen sind.
2. **Auslandszinsen:** Der unbeschränkt Steuerpflichtige erhält aus einer ausländischen Anleihe, die er in einem inländischen Depot bei der Bank A hält, Zinsen gutgeschrieben. Aufgrund des DBA mit dem ausländischen Staat darf nur der ausländische Staat eine Steuer in Höhe von 12,5 % erheben (zB bei Befreiung im Ansässigkeitsstaat nach DBA Argentinien oder aufgrund eines fiktiven Anrechnungsbetrags, „matching credit" nach dem DBA Brasilien oder dem DBA Thailand). Weil der Gesamtsteuersatz auf die Zinsen laut DBA weniger als 27,5 % beträgt, hat die inländische Bank A dennoch Kapitalertragsteuer von 27,5 % einzubehalten, die der Steuerpflichtige durch Rückerstattung geltend machen kann.[27]

427 Entlastung durch Rückerstattung

> Eine **Erstattung auf Antrag** erfolgt **bei Einkünften**, bei denen die notwendige Entlastung der Einkünfte aufgrund eines **Doppelbesteuerungsabkommens** von der Abzugsteuer **nicht bereits auf andere Art** erfolgt ist.

Die Rückerstattung erfolgt grundsätzlich im Wege der **Veranlagung**. Nur wenn keine Veranlagung möglich ist, ist ein **antragsgemäßes Rückerstattungsverfahren** durchzuführen (Einkünfte aus Kapitalvermögen beschränkt Steuerpflichtiger mit KESt-Belastung).

Enthält das **Doppelbesteuerungsabkommen** oder eine **Durchführungsvereinbarung** eine **eigene Regelung** der Rückerstattung, dann gilt dies als Rechtsgrundlage für die Erstattung (Art 27 DBA-D). Die Doppelbesteuerungsabkommen sehen für die Erstattung unterschiedliche Fristen vor (zwischen zwei bis vier Jahre nach Ablauf des Kalenderjahres). Enthält das DBA oder eine Durchführungsvereinbarung **keine Regelung**, dann ist der Antrag auf § 240 Abs 3 BAO zu stützen.[28] Die Frist beträgt in diesem Fall fünf Jahre. Bestimmte Doppelbesteuerungsabkommen sehen hier ein formell einzuhaltendes Verfahren vor, das insbesondere auch eine Ansässigkeitsbescheinigung notwendig macht (Liechtenstein, Schweiz). Daher erfolgt die Entlastung von der KESt grundsätzlich aufgrund von § 240 Abs 3 BAO.

---

26 EAS 440; EAS 725.
27 EAS 2636.
28 EAS 1957; EAS 1463; EAS 3351; EAS 2953.

Bei Einbehalt der Abzugsteuer auf **Vergütungen für Arbeitskräfteüberlassung** kann die Rückerstattung bei Lohnsteuerabzug und Übernahme der Arbeitgeberpflichten (§ 82 EStG) durch das ausländische Arbeitskräfteüberlassungsunternehmen der in Österreich steuerpflichtigen Arbeitslöhne erreicht werden (§ 4 VO zur Abzugsteuerentlastung bei Arbeitskräftegestellung).

12. Erhebung – Vorauszahlung und Veranlagung (§§ 39 ff EStG)

12.1. Vorauszahlungen (§ 45 EStG)

428

Die **Erhebung der Einkommensteuer** erfolgt – soweit die Einkommensteuer nicht durch andere Erhebungsformen erfolgt – im Wege von **Vorauszahlungen** (§ 45).

Die Vorauszahlung dient grundsätzlich der **Verringerung des Zinsvorteils** wegen der grundsätzlich erst nach dem Wirtschaftsjahr durch Veranlagung zur ermittelnden Steuerschuld. Eine Vorauszahlung ist grundsätzlich daher insoweit nicht zu leisten, als die Steuer bereits im Wege einer Abzugsteuer oder Selbstberechnung erhoben wird. Für Lohnsteuerpflichtige sind Vorauszahlungen nur bei anderen Einkünften über EUR 730 und bei mehreren lohnsteuerpflichtigen Einkünften zu leisten.

Die Vorauszahlungen sind aufgrund von **Vorauszahlungsbescheiden** zu leisten. Sie sind zu **je einem Viertel am 15.2., 15.5., 15.8. und 15.11.** zu leisten (§ 45 Abs 2). Die vorausgezahlten Beträge werden im folgenden Kalenderjahr im Zuge der Veranlagung auf die Steuerschuld **angerechnet**.

Die Vorauszahlung für das Kalenderjahr **ermittelt** sich wie folgt (§ 45 Abs 1):

- **Ausgangsbasis** ist die Einkommensteuerschuld für das letztveranlagte Kalenderjahr abzüglich der besonderen Vorauszahlung, die Immobilienertragsteuer nach § 30b und die durch Steuerabzug einbehalten Beträge, soweit sie auf veranlagte Einkünfte entfallen (Lohnsteuer, Kapitalertragsteuer).
- Der ermittelte Betrag wird um **4 %** und für jedes weitere Jahr um jeweils weitere **5 %** **erhöht**. Ein niedrigerer Betrag kann pauschal festgesetzt werden, wenn Einkünfte aufgrund gesetzlicher Maßnahmen aus der Besteuerung ausscheiden. Vorauszahlungen mit einem Jahresbetrag von bis zu **EUR 300** sind mit **null** festzusetzen.
- Eine **Änderung der Vorauszahlungen** während des Vorauszahlungszeitraums bewirkt lediglich eine Änderung der nach einem Monat nach Bekanntgabe fällig werdenden Vorauszahlungsbeträge. Der bisher zu niedrige Betrag ist sodann im Wege eines Ausgleichsviertels aufzuholen. Gutschriften wirken dagegen sofort. Vorauszahlungsbescheide nach dem 30.9. sind nur zulässig, wenn dies auf Antrag des Steuerpflichtigen oder aufgrund eines Rechtsmittelverfahrens erfolgt oder eine Vorauszahlung erstmals festgesetzt wird (Betriebseröffnung); erfolgt die Bekanntgabe des Bescheids erst nach dem 15.10., dann ist der Unterschiedsbetrag innerhalb von einem Monat zu entrichten (§ 45 Abs 3 und Abs 4).

Beispiel:

Die Einkommensteuerschuld des letzten Jahres betrug EUR 10.000 (ohne Abzugsteuern und Immobilienertragsteuern). Im Zuge der Veranlagung ergeht am 12.8. gleichzeitig ein Vorauszahlungsbescheid, in dem eine Vorauszahlung von EUR 10.400 (EUR 2.600 pro Quartal) festgesetzt wird (bisher EUR 6.000, EUR 1.500 pro Quartal). Am 15.11. ist sowohl eine Vorauszahlung von EUR 2.600 als auch ein Ausgleichsviertel von EUR 3.300 zu leisten.

12.2. Anwendungsbereich (§ 39 EStG)

429 Veranlagung und Veranlagungszeitraum

> Eine **Veranlagung** gilt als **allgemeine Erhebungsform der Einkommensteuer. Veranlagung** ist die **Ermittlung** der Besteuerungsgrundlage und die **bescheidmäßige Festsetzung.**

Die Ertragsteuer wird **nach Ablauf des Kalenderjahres** (Veranlagungszeitraum) nach dem Einkommen veranlagt, das der Steuerpflichtige in diesem Veranlagungszeitraum bezogen hat (§ 39). Die Veranlagung kommt grundsätzlich dann zur Anwendung, wenn das Einkommen nicht zur Gänze in einer der besonderen Formen (Lohnsteuer, Kapitalertragsteuer, Immobilienertragsteuer) erhoben wurde und die Steuer endgültig war (Abgeltungswirkung).

Veranlagungszeitraum ist grundsätzlich das Kalenderjahr. Bei Wegfall der Steuerpflicht während des Veranlagungszeitraums kann die Veranlagung sofort vorgenommen werden (§ 39 Abs 2).

Besteuerungswahlrechte und Anträge sind in der Steuererklärung auszuüben, wenn dies darin vorgesehen ist (§ 133 BAO). Soweit nichts anderes bestimmt ist, können Wahlrecht und Anträge nach erstmaligem Eintritt der Rechtskraft (Ablauf der Beschwerdefrist) nachträglich ausgeübt oder geändert bzw zurückgezogen werden (wenn ein rechtskräftiger Bescheid dennoch abänderbar ist, zB § 299 BAO, Wiederaufnahme des Verfahrens, → 1055). Eine Änderung allein aufgrund § 295a BAO ist nicht möglich; die Ausübung des Wahlrechtes oder der Antrag selbst stellt kein rückwirkendes Ereignis dar (zu § 295a BAO, → 1059) (§ 39 Abs 4).

Ausübung von Besteuerungswahlrechten und Anträgen

Beispiele für die Anwendung der Generalnorm (§ 39 Abs 4): Antrag auf unbeschränkte Steuerpflicht (§ 1 Abs 4), freiwillige Rechnungslegung nach § 5 Abs 1 (§ 5 Abs 2), Ratenzahlung und Steuernichtfestsetzung (§ 6 Z 6 lit c, § 27 Abs 6 Z 1 lit a), investitionsbedingter Gewinnfreibetrag (§ 10 Abs 7), Investitionsfreibetrag (§ 11 Abs 6), Basispauschalierung (§ 17 Abs 2), Verlustausgleich mit Einkünften aus Vermietung und Verpachtung (§ 30 Abs 7), Dreijahresverteilung bestimmter Einkünfte (§ 37 Abs 4).

Beispiel für Spezialnorm (abweichend von § 39 Abs 4): Dreijahresverteilung künstlerischer und schriftstellerischer Einkünfte ausdrücklich nur bei der erstmaligen Veranlagung möglich (§ 37 Abs 9).

Pflichtveranlagung von Arbeitnehmern 430

Eine **Veranlagung** von **lohnsteuerpflichtigen** Einkünften erfolgt nur, wenn die gesetzlichen **Voraussetzungen** vorliegen (§§ 41, 39 zweiter Satz).

Dabei ist zwischen **Pflichtveranlagung** (§ 41 Abs 1) und **Antragsveranlagung** zu unterscheiden.

Anwendungsfälle zur Pflichtveranlagung:

Pflichtveranlagung besteht, wenn:

1. andere Einkünfte bezogen wurden, deren Gesamtbetrag EUR 730 übersteigt (Z 1).
2. im Kalenderjahr zumindest zeitweise gleichzeitig zwei oder mehrere lohnsteuerpflichtige Einkünfte, die beim Lohnsteuerabzug gesondert versteuert wurden, bezogen wurden (Z 2).
3. im Kalenderjahr besondere Bezüge zugeflossen sind (§ 69 Abs 2, 3, 5, 6, 7, 8, 9; Z 3).
4. ein Freibetragsbescheid für das Kalenderjahr (→ 385) oder ein Freibetrag als Zuzugsbegünstigung (→ 142) bei der Lohnverrechnung berücksichtigt wurde (Z 4).
5. der Alleinverdienerabsetzbetrag, der Alleinerzieherabsetzbetrag, der erhöhte Pensionistenabsetzbetrag, der erhöhte Verkehrsabsetzbetrag oder andere Freibeträge (§ 62 Z 10 und Z 11) berücksichtigt wurden, aber die Voraussetzungen nicht vorlagen (Z 5).
6. ein Pendlerpauschale gemäß § 16 Abs 1 Z 6 berücksichtigt wurde, aber die Voraussetzungen nicht vorlagen oder ein nicht zustehender Betrag berücksichtigt wurde (Z 6).
7. der Arbeitnehmer eine unrichtige Erklärung zum Kinderzuschuss des Arbeitgebers (§ 3 Abs 1 Z 13 lit b 5. Teilstrich) abgegeben hat oder seiner Verpflichtung, Änderungen der Verhältnisse zu melden, nicht nachgekommen ist (Z 7).
8. er Einkünfte im Sinn des § 3 Abs 1 Z 32 (EU-Parlamentarier) bezogen hat (Z 8).
9. er Einkünfte aus Kapitalvermögen (§ 27a Abs 1) oder entsprechende betriebliche Einkünfte erzielt hat, die keinem Kapitalertragsteuerabzug unterliegen (Z 9).
10. Einkünfte aus privaten Grundstücksveräußerungen (§ 30) erzielt wurden, für die keine Immobilienertragsteuer entrichtet wurde, oder keine Abgeltung erfolgt ist (Z 10).
11. der Arbeitnehmer unmittelbar in Anspruch genommen wird (§ 83 Abs 3, → 393, Z 11).
12. ein Familienbonus Plus berücksichtigt wurde, aber die Voraussetzungen nicht vorlagen oder wenn sich ergibt, dass ein zu hoher Betrag berücksichtigt wurde (§ 33 Abs 3a, Z 12).
13. im Kalenderjahr ein Telearbeitspauschale gemäß § 26 Z 9 in einer insgesamt nicht zustehenden Höhe steuerfrei belassen wurde (Z 13).
14. im Kalenderjahr mehr als EUR 3.000 Gewinnbeteiligung gemäß § 3 Abs 1 Z 35 steuerfrei berücksichtigt wurde (Z 14).
15. gemäß § 26 Z 5 lit b ein Öffi-Ticket zur Verfügung gestellt wurde oder Kosten einer solchen Karte übernommen wurden, aber die Voraussetzungen nicht vorlagen oder ein nicht zustehender Betrag unversteuert belassen wurde (Z 15).
16. die Voraussetzungen gemäß § 3 Abs 1 Z 16c (pauschale Reiseaufwandsentschädigungen von Funktionären gemeinnütziger Vereine) oder § 3 Abs 1 Z 38 (Zuschüsse oder sonstige Leistungen aus sozialen Gründen) nicht vorlagen oder ein zu hoher Betrag unversteuert belassen wurde (Z 16).
17. ein geldwerter Vorteil aus einer Start-Up-Mitarbeiterbeteiligung (§ 67a) zugeflossen ist und kein oder ein zu geringer Steuerabzug vom Arbeitslohn erfolgt ist (Z 17).
18. die Voraussetzungen gemäß § 3 Abs 1 Z 42 nicht vorlagen (Freiwilligenpauschale, Z 18).

431 Antragsveranlagung von Arbeitnehmern

Sofern eine **Pflichtveranlagung nicht zu erfolgen** hat, kann der Steuerpflichtige eine **Antragsveranlagung** durchführen lassen, wenn der Antrag innerhalb von **fünf Jahren** ab dem Ende des Veranlagungszeitraums gestellt wird (§ 41 Abs 2).

Der Antrag wird durch Einreichung einer Steuererklärung zur Arbeitnehmerveranlagung gestellt. Der Antrag kann nach Bescheidzustellung bis zur Rechtskraft (Ablauf der Rechtsmittelfrist) **zurückgezogen** werden, womit auch der Bescheid seine Grundlage verliert und ersatzlos aufzuheben ist.[29] Dies ist insbesondere dann empfehlenswert, wenn sich trotz Antragsveranlagung eine Steuernachzahlung ergibt.

Eine **antragslose Veranlagung** von Amts wegen erfolgt, sofern eine Gutschrift von zumindest fünf Euro für den Steuerpflichtigen zu erwarten ist, dieser nicht darauf verzichtet und keine schwerwiegenden Bedenken (Z 7) gegen die antragslose Veranlagung bestehen (§ 41 Abs 2a):

- sofern bei **ausschließlich lohnsteuerpflichtigen** Einkünften bis **Ende Juni** keine Abgabenerklärung für das vorangegangene Kalenderjahr eingereicht wurde und keine höhere Gutschrift aufgrund übermittelter Daten aus Lohnzetteln nach § 84, Freibeträge nach § 35 Abs 8 oder Sonderausgaben § 18 Abs 1 Z 10 und Abs 8 zu erwarten ist (Z 1),
- in sonstigen Fällen bis Ende des dem Veranlagungszeitraum zweitfolgenden Kalenderjahres keine Abgabenerklärung abgegeben wurde und eine Gutschrift zu erwarten ist (Z 2).

Wird **nach antragsloser Veranlagung** innerhalb von fünf Jahren nach dem Ende des Veranlagungszeitraums **eine Abgabenerklärung eingereicht**, dann hat das Finanzamt darüber zu entscheiden und den bisherigen Bescheid aufzuheben (Z 3). Wird Beschwerde gegen den Bescheid erhoben, ist dieser aufzuheben (Z 5). Besteht eine **Steuererklärungspflicht** (→ 430), dann bleibt diese trotz Veranlagung aufrecht (Z 6).

432 Pflichtveranlagung

Eine **Veranlagung** ist aufgrund der **verpflichteten Abgabe einer Steuererklärung** durch den Steuerpflichtigen vorzunehmen (§ 42 Abs 1).

Anwendungsfälle zur verpflichtenden Abgabe einer Steuererklärung:

Eine Pflicht zur Abgabe einer Steuererklärung besteht, wenn

1. der Steuerpflichtige vom Finanzamt dazu **aufgefordert** wird,
2. das Einkommen ganz oder teilweise aus **betrieblichen Einkünften** bestanden hat und der Gewinn aufgrund eines **Betriebsvermögensvergleichs** zu ermitteln war oder ermittelt worden ist,

---

29   BFG 13.2.2018, RV/7106357/2015; vgl VwGH 28.5.1997, 94/13/0273.

3. das Einkommen, in dem **keine lohnsteuerpflichtigen** Einkünfte enthalten sind, **mehr als EUR 12.816** betragen hat (erst ab EUR 13.981 bei Vorliegen der Voraussetzungen des § 41 Abs 1 Z 1, 2, 5, 6, 7, 12, 13, 14, 15, 16, 17 oder 18, → 430),
4. Einkünfte aus Kapitalvermögen mit einem besonderen Steuersatz vorliegen oder entsprechende betriebliche Einkünfte vorliegen, die **keinem Kapitalertragsteuerabzug** unterliegen, es sei denn, eine Regelbesteuerung gemäß § 27a Abs 5 ergäbe keine Steuerpflicht,
5. Einkünfte aus privaten Grundstücksveräußerungen im Sinne des § 30 erzielt werden, für die **keine Immobilienertragsteuer** (§ 30c Abs 2) entrichtet wurde, oder wenn keine Abgeltung (§ 30b Abs 2) gegeben ist.

Antragsveranlagung   433

Sofern **keine Pflichtveranlagung** erfolgt, ist eine **Antragsveranlagung** möglich.

Anwendungsfälle der Antragsveranlagung:

Eine Antragsveranlagung ist möglich:

1. bei Steuerpflichtigen, die **kein Einkommen**, aber Anspruch auf **Alleinverdienerabsetzbetrag oder Alleinerzieherabsetzbetrag** (→ 442) haben und die Erstattung beantragen. Der Antrag kann innerhalb von fünf Jahren nach Ende des Veranlagungszeitraums gestellt werden (§ 40),
2. bei **Einkünften aus Kapitalvermögen** zum Verlustausgleich oder Anrechnung ausländischer Steuern auf die inländische zur Vermeidung der internationalen Doppelbesteuerung innerhalb von fünf Jahren (§ 97 Abs 2) oder zum allgemeinen Steuertarif (§ 30a Abs 2),
3. bei **Einkünften aus privaten Grundstücksveräußerungen** zum besonderen Steuersatz (Veranlagungsoption, § 30b Abs 3) oder bei betrieblichen und außerbetrieblichen Einkünften aus Grundstücksveräußerungen zum allgemeinen Steuertarif (§ 30a Abs 2).

Veranlagung beschränkt Steuerpflichtiger   434

Bei **beschränkt Steuerpflichtigen** besteht eine **Pflichtveranlagung** oder eine **Antragsveranlagung.**

Anwendungsfälle der Pflichtveranlagung:

Eine Pflichtveranlagung besteht (§ 102 Abs 2, § 24 Abs 2 KStG), wenn:

1. Einkünfte erzielt werden, von denen **kein Steuerabzug** vom Arbeitslohn, vom Kapitalertrag oder keine Abzugsteuer vorzunehmen ist (Z 1).
2. **Steuerabzugpflichtige** Einkünfte erzielt werden, die zu den **Betriebseinnahmen** eines inländischen Betriebs, zu den Einkünften aus der Beteiligung an einem Unternehmen als **stiller Gesellschafter** oder zu den Gewinnanteilen an **mehrstöckigen Personengesellschaften** (§ 99 Abs 1 Z 2) gehören (Z 2 lit a).
3. **Lohnsteuerpflichtige Einkünfte** bei sonstigen veranlagungspflichtigen Einkünften über EUR 730 oder zwei oder mehrere lohnsteuerpflichtige Einkunftsquellen vorlagen (Z 2 lit b, Anwendung des Veranlagungsfreibetrages § 41 Abs 3).
4. **Einkünfte aus privaten Grundstücksveräußerungen** (§ 30), für die keine Immobilienertragsteuer (§ 30c) entrichtet wurde, oder wenn keine Abgeltung (§ 30b Abs 2) gegeben ist (Z 4).

Ein beschränkt Steuerpflichtiger hat nur dann eine **Steuererklärung** abzugeben, wenn er dazu **aufgefordert** wird oder die veranlagungspflichtigen Einkünfte **über EUR 2.331** betragen (§ 42 Abs 2).

Eine **Antragsveranlagung** ist auf Antrag innerhalb einer Frist von fünf Jahren ab Ende des Veranlagungszeitraums möglich (§ 102 Abs 1 Z 3).

> **Anwendungsfälle der Antragsveranlagung:**
> Eine Antragsveranlagung ist möglich (§ 102 Abs 2, § 24 Abs 2 KStG) bei:
> 1. Einkünften aus nichtselbständiger Arbeit mit **Lohnsteuerabzug** (§ 70 Abs 2),
> 2. sonstigen Einkünften beschränkt Steuerpflichtiger, die der **Abzugsteuer** unterliegen (§ 99 Abs 1 Z 1, 3, 4, 5 oder 6), eine Pflichtveranlagung aber nicht zu erfolgen hat.

12.3. Veranlagung – Ermittlung der Einkommensteuer (§§ 42 ff EStG)

435 Steuererklärungen

> **Steuererklärungen** sind einzureichen zur **Festsetzung der Steuer** (Veranlagung, § 42) durch den Steuerpflichtigen, zur **Feststellung von Einkünften** (§ 188 BAO → 1043) der einzelnen Beteiligten durch die vertretungsbefugten Personen der Gesellschaft oder Gemeinschaft (§ 43).

Die **Übermittlung** einer Steuererklärung hat **elektronisch** über FinanzOnline zu erfolgen, außer dies ist dem Steuerpflichtigen mangels technischer Voraussetzungen nicht zumutbar. Bei Buchführung sind anlässlich der Einreichung der Steuererklärung Abschriften der **Vermögensübersicht** (Jahresabschluss, Bilanz) und der **Gewinn- und Verlustrechnung** auf elektronischem Weg einzureichen. Ansonsten sind Einnahmen und Ausgaben gruppenweise zu gliedern. Steuervertreter haben bei Mitwirkung an der Erstellung ihren Namen und ihre Anschrift in der Steuererklärung anzugeben (§ 44).

Aus **zeitlicher** Sicht sind Steuererklärungen bis **Ende April**, bei elektronischer Einreichung bis **Ende Juni** einzureichen. Die Fristen können bei Vorliegen außergewöhnlicher Umstände, die eine längere Frist rechtfertigen, mit Verordnung erstreckt werden. Eine Verlängerung der Einreichfrist kann auch in **individuellen** Fällen durch die Abgabenbehörde gewährt werden. Bei fristgerechtem Antrag und Nichtverlängerung ist zumindest eine Nachfrist von einer Woche zu setzen (§ 134 BAO). Bei Parteienvertretern ist bei Einhaltung einer Quote der Einreichungen von Abgabenerklärungen (ausgenommen Arbeitnehmerveranlagungen) innerhalb der Frist eine Verlängerung bis Ende März bzw Juni des zweitfolgenden Jahres möglich (§ 134a BAO; Quotenregelungsverordnung).

436 Grundlagen der Veranlagung

Grundlagen für die Veranlagung ergeben sich aus Steuererklärungen, Feststellungsbescheiden, Lohnzetteln, Meldungen an das Finanzamt (§ 109a, § 109b, § 3 Abs 2, § 30c) und anderen Informationsquellen.

Bestimmte **Sonderausgaben** (freiwillige Weiterversicherung, Kirchenbeiträge, Spenden und Zuwendungen) sind im Wege eines **automatischen Datenaustausches** zwischen der empfangenden Organisation und der Finanzverwaltung zu melden. Der Steuerpflichtige muss die betreffenden Sonderausgaben nicht mehr im Rahmen der Steuererklärung dem Finanzamt bekannt geben, diese werden automatisch in die Veranlagung übernommen und ein dafür bisher erforderlicher Bearbeitungs- und Überprüfungsaufwand entfällt mangels Manipulationsmöglichkeiten (§ 18 Abs 8).

Berechnung der Einkommensteuer 437

Die Einkommensteuer **berechnet sich** aus dem **Einkommen** und den darauf anwendbaren **Steuersätzen**.

Besonders besteuerte Einkünfte sind gesondert zu ermitteln und zu besteuern (besonderer Steuersatz, Hälftesteuersatz), außer es wird die Regelbesteuerungsoption ausgeübt (§ 27a Abs 5, § 30a Abs 2).

Bei der Veranlagung ergeben sich folgende **Besonderheiten**:

- Einkünfte aus **Kapitalvermögen** bis zu **EUR 22** bleiben außer Ansatz (§ 39 Abs 1 letzter Satz).
- Bei Vorliegen **von** Einkünften aus nichtselbständiger Arbeit ist von den nicht lohnsteuerpflichtigen Einkünften (außer Einkünfte aus Kapitalvermögen, die einem besonderen Steuersatz unterliegen) ein **Veranlagungsfreibetrag von EUR 730** abzuziehen. Dieser vermindert sich jeweils um den Betrag der anderen Einkünfte, die EUR 730 übersteigt. Bei anderen Einkünften von EUR 1.460 steht daher kein Freibetrag mehr zu (§ 39 Abs 1 und 5; § 41 Abs 3).
- **Begünstigt besteuerte Bezüge** von Arbeitnehmern bleiben bei der Veranlagung grundsätzlich außer Ansatz. Es erfolgt jedoch eine Neuberechnung von Einkünften innerhalb des Jahressechstels, sofern die sonstigen Einkünfte EUR 2.100 (EUR 2.447 in 2024) übersteigen. Bei pauschaler Lohnsteuer in besonderen Fällen ist ein Siebentel als sonstiger Bezug zu berücksichtigen, der dem festen Steuersatz (grundsätzlich 6 %) unterliegt (§ 41 Abs 4).
- Ein **Durchschnittssteuersatz oder Progressionsvorbehalt** ist ohne Abzug der Absetzbeträge (Abs 3a bis 6) zu ermitteln. Von der unter Anwendung dieses Durchschnittssteuersatzes ermittelten Steuer sind die Absetzbeträge abzuziehen (§ 33 Abs 10).

Bei **beschränkt** Steuerpflichtigen gilt Folgendes:

- bei Einkünften, die der Lohnsteuer mit dem **Pauschalsatz** (§ 70 Abs 2 Z 2) unterliegen, sind diese bei der Veranlagung nicht zu berücksichtigen, außer ein Antrag auf Veranlagung liegt vor (§ 102 Abs 1).
- **Außergewöhnliche Belastungen** (§ 34 und § 35), Begünstigungen für die Verwertung von **Patentrechten** (§ 38) und besondere Bestimmungen über die **Veranlagung lohnsteuerpflichtiger** Einkünfte (§ 41) sind nicht zu berücksichtigen (§ 102 Abs 2 Z 3).
- Die Einkommensteuer ist unter Berücksichtigung eines **reduzierten steuerfreien Existenzminimums** durch Hinzurechnung des steuerpflichtigen Einkommens von EUR 9.567 zu berechnen, § 102 Abs 3). Bei Lohnsteuereinbehalt ohne Veranlagung

steht dagegen das volle steuerfreie Existenzminimum zu (ein Verzicht auf eine Antragsveranlagung ist daher vorteilhaft).

438 Überblick: Berechnung der Einkommensteuer

1. Progressive Besteuerung (0–55%): Gesamtbetrag der Einkünfte	Horizontaler Verlustausgleich Vertikaler Verlustausgleich		Betrag	5. Steuerberechnung	Steuer
Einkünfte aus Land- und Forstwirtschaft	EUR 1.000 (Waldnutzung)		EUR 36.500	0% x EUR 12.816	EUR 0
Einkünfte aus selbständiger Arbeit	EUR 2.000 (Vortragstätigkeit)			20% x EUR 8.002	EUR 1.600
Einkünfte aus Gewerbebetrieb	- EUR 7.000 (Wareneinkauf)			30% x EUR 13.695	EUR 4.108
Einkünfte aus nichtselbständiger Arbeit	EUR 30.000 (Jahresgehalt ohne SZ)			40% x EUR 1.987	EUR 815
Einkünfte aus Kapitalvermögen	[- EUR 5.000 (stille Gesellschaft)]*				**EUR 6.524**
Einkünfte aus Vermietung & Verpachtung	EUR 12.000 (als Nettomiete)			**6. Steuerbetrag**	(Ø 17,9%)
Sonstige Einkünfte	EUR 0			**7. Berechnung der Steuerschuld**	
2. Gesamtbetrag der Einkünfte	**EUR 38.000**		Steuerbetrag		**EUR 6.524**
			Absetzbeträge		
Sonderausgaben	- EUR 1.500 (StB, Kirchenbeitrag)		- Verkehrsabsetzbetrag		- EUR 463
Außergewöhnliche Belastungen	- EUR 0		Anrechnung (bisherige LSt)		- EUR 6.000
Freibeträge	- EUR 0		Vorauszahlung		- EUR 0
3. Steuerpflichtiges Einkommen	**EUR 36.500**		**8. Offene Steuerschuld**		**EUR 61**
4. Gesonderte Besteuerung: Einkünfte	* Nicht ausgleichsfähig		**9. Abzugsteuern / Selbstberechnungssteuern**		
0/6% Einkünfte aus nichtselbständiger Arbeit	EUR 6.000 (Sonderzahlungen)		**EUR 0** (EUR 620) plus **EUR 322** (6% x EUR 5.380)		
25% Einkünfte aus Kapitalvermögen	EUR 1.000 (Bankzinsen)		**EUR 250** (endbesteuert, **Abgeltungswirkung**)		
27,5% Einkünfte aus Kapitalvermögen	[EUR -2.000 (Aktienverkauf)]*		**EUR 0**		
30% Einkünfte aus Grundstücksveräußerung	EUR 100.000 (Grundstücksverkauf)		**EUR 30.000 (Abgeltungswirkung)**		

Abbildung 25: Berechnung der Einkommensteuer

439 Steuerfestsetzung für Sanierungsgewinne (§ 36 EStG)

Eine **besondere Steuerfestsetzung** erfolgt für **Sanierungsgewinne** aus einem Schulderlass (§ 36).

Ein **Schulderlass** führt zu einem steuerpflichtigen Gewinn durch Vermehrung des Betriebsvermögens bei der Gewinnermittlung durch Betriebsvermögensvergleich (nach dem Zuflussprinzip liegt mangels Zufluss noch keine Betriebseinnahme vor). Das Gesetz sieht im Fall eines **gesetzlich geregelten Schulderlasses** eine prozentuelle Beteiligung des Staates vor. Die Befreiung wird als direkte **Steuerminderung** gewährt. Dabei wird die Steuer **mit und ohne Sanierungsgewinn berechnet**. Der Unterschiedsbetrag (Steuerbetrag) wird **um den prozentuellen Schulderlass gekürzt**. Die Steuer wird daher umso mehr gekürzt, je höher der prozentuelle Schulderlass durch die Gläubiger ist.

Ein **gesetzlich geregelter Schulderlass** liegt nur im Falle der Erfüllung eines Sanierungsplans vor (§§ 140 bis 156 IO) oder einer vergleichbaren außergerichtlichen Sanierung (wie nach der Restrukturierungsordnung, ab 2021), bei **natürlichen Personen** darüber hinaus auch bei Erfüllung eines Zahlungsplans (§§ 193 bis 198 IO) und bei Erteilung einer Restschuldbefreiung nach einem Abschöpfungsverfahren (§§ 199 bis 216 IO). Die Finanzverwaltung räumte bisher die Möglichkeit der Abstandnahme von der Abgabenfestsetzung (§ 206 Abs 1 lit b BAO) auch für **außergerichtliche** vergleichbare Sanierungen ein.[30]

---

30 KStR Rz 1538; EStR Rz 7272; einschränkend VwGH 30.6.2010, 2005/13/0034.

Beispiel:

Ein Steuerpflichtiger (Steuersatz 25 %) hat Schulden in Höhe von EUR 100.000 und kein Einkommen im aktuellen Jahr. Zur Sanierung erlassen Gläubiger einen Betrag von EUR 40.000 (60 % Quote). Dieser Betrag würde das Betriebsvermögen erhöhen (Wegfall einer Verbindlichkeit), steuerpflichtiges Einkommen darstellen und eine Steuer von EUR 10.000 anfallen. Die Steuer mit Sanierungsgewinn ergibt EUR 10.000, die Steuer ohne Sanierungsgewinn EUR 0. Der Unterschiedsbetrag ergibt EUR 10.000. Der Staat beteiligt sich de facto an der Sanierung und erlässt daher ebenfalls 40 % (EUR 4.000) der sonst entstehenden Steuerschuld von EUR 10.000. Die Steuerschuld beträgt daher EUR 6.000 anstelle von EUR 10.000.

12.4. Veranlagung – Berücksichtigung von Absetzbeträgen (§ 33 EStG)

Absetzbeträge kürzen die aufgrund der Progression ermittelte Einkommensteuer bei natürlichen Personen. Sie dienen zur **pauschalen Berücksichtigung von persönlichen und wirtschaftlichen Aufwendungen.**

440

Zu den Absetzbeträgen zählen (§ 33 Abs 3 bis 6):

- **Familienbonus Plus** (Abs 3a),
- **Alleinverdienerabsetzbetrag** oder **Alleinerzieherabsetzbetrag** pro Kind (Abs 4 Z 1 und 2),
- **Unterhaltsabsetzbetrag** für nicht im Haushalt lebende Kinder (Abs 4 Z 3),
- **Verkehrsabsetzbetrag** und **Pendlereuro** für Dienstnehmer (Abs 5),
- **Pensionistenabsetzbetrag** für ehemalige Dienstnehmer (Abs 6),
- **Kinderabsetzbetrag** als zusätzlich mit der Familienbeihilfe ausgezahlter Betrag (Abs 3).

Absetzbeträge und Familienbonus Plus werden entweder im Zuge der **Lohnsteuer** oder der **Veranlagung** berücksichtigt. Der Kinderabsetzbetrag wird abweichend davon und unabhängig von der Einkommensteuer im Wege der **Familienbeihilfe** ausgezahlt (§ 33 Abs 3).

Die Absetzbeträge für Kinder (Abs 4) und der Familienbonus Plus setzen Kinder mit ständigem Aufenthalt **in der EU, EWR oder Schweiz** voraus (Abs 4).

Vertiefung: Familienbonus Plus und Kindermehrbetrag

441

Ein besonderer Betrag als **Familienbonus Plus** ist bis zur Höhe einer tatsächlichen Einkommensteuer abzuziehen (§ 33 Abs 3a). Dieser steht für Kinder zu, für die Anspruch auf Familienbeihilfe besteht und die sich ständig in der EU, EWR oder Schweiz aufhalten. Der Familienbonus Plus beträgt pro Monat EUR 166,68 (ab 2022) (EUR 2.000 jährlich) bis zum 18. Lebensjahr und danach pro Monat EUR 58,34 (ab 2024) (EUR 700,08 jährlich).

Ein **Kindermehrbetrag** in Höhe von maximal EUR 700 pro Kind wird gewährt, wenn die Einkommensteuer des Steuerpflichtigen unter EUR 700 liegt und (i) Anspruch auf Alleinverdiener- oder Alleinerzieherabsetzbetrag besteht oder (ii) auch beim (Ehe)Partner mit steuerpflichtigen Aktivbezügen (betrieblich oder aus nichtselbständiger Arbeit) eine Einkommensteuer unter EUR 700 ergibt (in diesem Fall kommt der Kindermehrbetrag dem Familienbeihilfenberechtigten zu). Voraussetzung ist weiters, dass der Steuerpflichtige im Jahr zumindest an 30 Tagen steuerpflichtige Aktivbezüge oder im gesamten Kalenderjahr nur Leistungen aus dem Kinderbetreuungsgeldgesetz, Wochengeld oder Pflegekarenzgeld bezogen hat. Der Kindermehrbetrag wird in Höhe der Differenz von EUR 700 und der tatsächlichen Einkommensteuer erstattet (Abs 7).

442 Vertiefung: Alleinerzieher und Alleinverdiener

Alleinerziehern und Alleinverdienern steht ein jährlicher Absetzbetrag pro Kind zu (Abs 4 Z 1 und 2):

- EUR 572 für das erste Kind,
- EUR 774 für zwei Kinder,
- plus EUR 255 für jedes weitere Kind.

Alleinerzieher sind Steuerpflichtige, die mit mindestens einem Kind mehr als sechs Monate im Kalenderjahr nicht in einer Gemeinschaft mit einem Partner leben. **Alleinverdiener** sind Steuerpflichtige mit mindestens einem **Kind** und in **aufrechter Gemeinschaft mit einem Partner**, wobei der Partner **Einkünfte von höchstens EUR 6.000** im Jahr erzielt (bestimmte steuerfreie Einkünfte sind in diese Grenze einzubeziehen, § 33 Abs 4). Der Alleinverdienerabsetzbetrag steht nur einem der Partner zu. Wenn beide Partner die Voraussetzungen erfüllen (Einkünfte bis EUR 6.937), dann steht der Absetzbetrag dem Partner mit den höheren Einkünften, ansonsten dem haushaltsführenden Partner zu. Die Absetzbeträge werden durch die **Lohnsteuer** oder im Wege der **Veranlagung** berücksichtigt (§ 40, § 41, § 42).

443 Vertiefung: Absetzbetrag für Unterhaltspflichtige

Unterhaltspflichtigen steht ein monatlicher Absetzbetrag pro Kind zu (§ 33 Abs 4 Z 3):

- EUR 35 für das erste Kind,
- plus EUR 52 für ein zweites Kind,
- plus EUR 69 für jedes weitere Kind.

Unterhaltspflichtige sind Steuerpflichtige mit monatlich voll geleisteter **gesetzlicher Unterhaltspflicht** für mindestens ein **Kind** mit Aufenthalt in der EU, EWR oder Schweiz, sofern das Kind **nicht haushaltszugehörig** ist und für das Kind weder ihm noch seinem von ihm nicht dauernd getrennt lebenden (Ehe-)Partner **Familienbeihilfe** gewährt wird (sonst Minderung des Unterhalts durch Familienbeihilfe). Der Unterhaltsabsetzbetrag steht nur einmal zu, auch wenn mehrere Personen die Voraussetzungen erfüllen. Die Geltendmachung erfolgt ausschließlich im Wege der **Veranlagung**.

444 Vertiefung: Verkehrsabsetzbetrag, Pendlereuro

Dienstnehmern steht folgender jährlicher **Verkehrsabsetzbetrag** (Abs 5) zu:

- EUR 436 (Z 1),
- EUR 798 für Pendler mit Pendlerpauschale bei einem Einkommen bis EUR 14.106 und einer einschleifenden Reduzierung auf EUR 463 zwischen einem Einkommen von EUR 14.106 und EUR 15.030 (Z 2),

- plus EUR 752 als Zuschlag bei einem Einkommen bis EUR 18.499 und einer einschleifenden Reduzierung auf EUR 0 zwischen Einkommen von EUR 18.499 und EUR 29.326 (Z 3).

Pendler mit Pendlerpauschale erhalten zusätzlich einen **Pendlereuro** als Absetzbetrag und zwar in Höhe von **zwei EUR pro Kilometer** der einfachen Fahrt zwischen Wohnung und Arbeitsstätte. Verkehrsabsetzbetrag, Pendlereuro als Absetzbetrag und Pendlerpauschale als pauschalierte Werbungskosten gelten **die Fahrten zwischen Wohnung und Arbeitsstätte** pauschal ab.

Vertiefung: Pensionistenabsetzbetrag 445

Anstelle des Verkehrsabsetzbetrags und des Pendlereuros steht für **Pensionisten** ein **Pensionistenabsetzbetrag** für Einkünfte aus früheren Dienstverhältnissen und sonstigen Pensionszahlungen als Einkünfte aus nichtselbständiger Arbeit zu (Abs 6):

- EUR 954. Dieser Betrag reduziert sich einschleifend auf null zwischen zu versteuernden laufenden Pensionseinkünften von EUR 20.233 und EUR 29.482.
- EUR 1.405 (**erhöhter Pensionistenabsetzbetrag**), wenn der Steuerpflichtige für mindestens sechs Monate in eingetragener Lebensgemeinschaft mit einem Partner lebt und keinen Anspruch auf den Alleinverdienerabsetzbetrag hat, wobei der Partner Einkünfte von höchstens EUR 2.545 jährlich erzielen darf. Dieser Betrag reduziert sich einschleifend auf null zwischen zu versteuernden laufenden Pensionseinkünften von EUR 23.043 und EUR 29.482.

Der **Werbungskostenpauschalbetrag** steht nicht bei Einkünften zu, die den Anspruch auf den Pensionistenabsetzbetrag begründen. Der Pensionistenabsetzbetrag wird durch die **Lohnsteuer** oder durch **Veranlagung** berücksichtigt.

12.5. Veranlagung – Ermittlung der Steuerschuld und Erhebung (§ 46 EStG)

Anrechnung von Steuern 446

Auf die **ermittelte Steuerschuld** nach Abzug von Absetzbeträgen sind Vorauszahlungen, sonstige Steuern und Gutschriften **anzurechnen** (§ 46 Abs 1):

Anzurechnen sind:

- festgesetzte **Vorauszahlungen** des Veranlagungszeitraums,
- besondere **Vorauszahlungen** nach § 30b Abs 4 und die **Immobilienertragsteuer**, soweit sie auf veranlagte Einkünfte entfällt,
- die durch **Steuerabzug** einbehaltenen Beträge (Lohnsteuer, Kapitalertragsteuer, Abzugsteuer), soweit sie auf veranlagte Einkünfte entfallen (keine Anrechnung bei Kapitaleinkünften unter EUR 22),
- bei **unbeschränkt Steuerpflichtigen** die durch Steuerabzug vom Arbeitslohn (Lohnsteuer) einbehaltenen Beträge, die auf jenen Teil des Arbeitslohns entfallen, der bei

der Berechnung der Einkommensteuer **zur Vermeidung der Doppelbesteuerung** aus der inländischen Steuerbemessungsgrundlage **auszuscheiden** ist.

- **ausländische Steuern** aufgrund der Anrechnungsmethode in einem Doppelbesteuerungsabkommen oder der Doppelbesteuerungsverordnung bis zum Anrechnungshöchstbetrag. Der Anrechnungshöchstbetrag ergibt sich unter Anwendung des inländischen Durchschnittssteuersatzes (Steuer/Einkommen) auf die ausländischen Einkünfte,[31]

Lohnsteuer, die im Haftungsweg (§ 82) beim Arbeitgeber nachgefordert wurde, ist nur insoweit anzurechnen, als sie dem Arbeitgeber **vom Arbeitnehmer ersetzt** wurde.

447 Ermittlung und Festsetzung der Steuerschuld

> Aus der im **Zuge der Veranlagung ermittelten Steuer** und nach **Abzug der Anrechnungen** bereits geleisteter Steuern ist die Steuerschuld oder das Steuerguthaben **mit Bescheid festzusetzen.**

Eine **offene Steuerschuld** ist grundsätzlich innerhalb von einem Monat nach Zustellung des Bescheids fällig und zu entrichten (§ 210 Abs 1 BAO → 1080). **Guthaben** könnten grundsätzlich – mit bestimmten Einschränkungen – auf Antrag zurückgezahlt werden (§ 215 Abs 4 BAO, → 1085, 1104).

12.6. Besondere Steuergutschriften

448 Negativsteuer

Besondere Steuergutschriften entstehen bei Vorliegen einer **Negativsteuer** (§ 33 Abs 8) aufgrund des **Abzugs der Absetzbeträge**. In diesem Fall ist:

- insoweit der **Alleinverdienerabsetzbetrag** oder der **Alleinerzieherabsetzbetrag** zu erstatten,
- bei Dienstnehmern mit Anspruch auf einen Verkehrsabsetzbetrag **55 % der Sozialversicherungsbeiträge**, **Wohnbauförderungsbeiträge** und **Pflichtbeiträge zu Interessenvertretungen** zu erstatten, höchstens jedoch EUR 463 jährlich, bei Anspruch auf Pendlerpauschale höchstens EUR 579. Bei Steuerpflichtigen mit Anspruch auf Zuschlag zum Verkehrsabsetzbetrag ist der maximale Betrag um EUR 752 zu erhöhen (SV-Bonus).
- bei früheren Dienstnehmern mit Anspruch auf Pensionistenabsetzbetrag **80 % der Sozialversicherungsbeiträge** zu erstatten, höchstens jedoch EUR 637 (abzüglich Ergänzungszulagen, § 3 Abs 1 Z 4 lit f).

Die **Berechnung** erfolgt unter Berücksichtigung steuerfreier Einkünfte aufgrund zwischenstaatlicher oder völkerrechtlicher Vereinbarungen. Kinderabsetzbeträge bleiben außer Ansatz. Die **Erstattung** erfolgt im **Veranlagungsweg** (§ 41) und erfolgt maximal in Höhe der negativen Einkommensteuer. Zur Gutschrift aufgrund des Kindermehrbetrags → 441.

---

31   VwGH 27.6.2017, Ro 2015/13/0019.

Kinderabsetzbetrag und Mehrkindzuschlag 449

Der **Kinderabsetzbetrag** steht bei **Anspruch auf Familienbeihilfe** zu und wird gemeinsam mit der Familienbeihilfe ausgezahlt. Er beträgt monatlich EUR 67,80 (jährlich EUR 813,60) pro Kind, das sich innerhalb der EU, EWR oder der Schweiz aufhält. Auf die Einkommensteuer hat der Kinderabsetzbetrag keine Auswirkung (§ 33 Abs 3).

Der **Mehrkindzuschlag** in Höhe von monatlich EUR 20 für das dritte und jedes weitere Kind wird für Familien mit **mindestens drei Kindern** gewährt, die Anspruch auf **Familienbeihilfe** haben und wenn das **Familieneinkommen** EUR 55.000 nicht übersteigt. Er ist nicht als Absetzbetrag konzipiert, wird aber im Wege der Veranlagung und durch selbständigen Antrag[32] geltend gemacht und in der Folge ausgezahlt (§ 9 FLAG).

Forschungsprämie (§ 108c EStG) 450

Steuerpflichtige, bei Mitunternehmerschaft jedoch die Gesellschaft, können eine **Forschungsprämie** für eigenbetriebliche Forschung und Auftragsforschung in Höhe von jeweils **14 % der prämienbegünstigten Forschungsaufwendungen** geltend machen (§ 108c).

Begünstigt sind:

- **Eigenbetriebliche Forschung und experimentelle Entwicklung** unter Nachweis durch ein Gutachten durch die Forschungsförderungsgesellschaft mbH (FFG) oder die Glaubhaftmachung aufgrund einer bescheidmäßigen Bestätigung nach § 118a BAO nach Erstellung eines Gutachtens der FFG. Auf Antrag kann das Finanzamt auch einen Feststellungsbescheid über die Bemessungsgrundlage erlassen.
- **Auftragsforschung** innerhalb der EU/des EWR durch ein nicht beherrschtes Unternehmen oder Gruppenmitglied als Auftragnehmer bis maximal EUR 1 Mio pro Wirtschaftsjahr (12 Monate, ansonsten aliquot entsprechend der Monate) unter Mitteilung der Inanspruchnahme an den Auftragnehmer bis zum Ende des Wirtschaftsjahres. Weder der Auftragnehmer noch der Auftraggeber können für diese Aufwendungen eine Forschungsprämie für eigenbetriebliche Forschung geltend machen.

Die Forschungsprämie gilt nicht als Betriebseinnahme und kürzt nicht die Anschaffungs- oder Herstellungskosten von Wirtschaftsgütern. Damit in Zusammenhang stehende Ausgaben sind abzugsfähig. Forschungsprämien sind nach Ablauf des Wirtschaftsjahres innerhalb von vier Jahren geltend zu machen (§ 108c). Die Forschungsprämie ist grundsätzlich auf dem Abgabenkonto gutzuschreiben.

Bausparen, Zukunftsvorsorge, Pensionsvorsorge (§§ 108 ff EStG) 451

Als **Bausparprämie** wird einem unbeschränkt Steuerpflichtigen ein Prozentsatz der Beiträge an eine inländische Bausparkasse (bis zu geleisteten Beiträgen von EUR 1.200) jährlich erstattet. Die Geltendmachung erfolgt grundsätzlich durch die Bausparkasse (§ 108).

---

32 Formular E4.

Als **prämienbegünstigte Pensionsvorsorge** wird einem unbeschränkt Steuerpflichtigen ein Prozentsatz der Prämie bis zu einem Betrag von EUR 1.000 an eine inländische Bausparkasse jährlich erstattet (§ 108a).

Als **prämienbegünstigte Zukunftsvorsorge** wird einem unbeschränkt Steuerpflichtigen ein Prozentsatz der Prämie bis zu einem der Höhe nach beschränkten Betrag an eine Zukunftsvorsorgeeinrichtung mit 10-Jahresbindung erstattet (§ 108g).

Kapitel 8

Körperschaftsteuer[1] – Überblick, Subjekt, Objekt

1. Überblick

Die Körperschaftsteuer ist wie die Einkommensteuer ebenso eine **Ertragsteuer** (→ 8 ff). Auch die Körperschaftsteuer knüpft an das Prinzip der **Leistungsfähigkeit** an (dazu → 51). Die Körperschaftsteuer ist im **Körperschaftsteuergesetz** (KStG) geregelt. Dieses verweist aber auf eine Vielzahl von Bestimmungen des Einkommensteuergesetzes (EStG). Allgemeine Grundsätze der Einkommensteuer werden daher auch über diese Verweise für die Körperschaftsteuer übernommen.

452

Steuersubjekt

453

Der **Körperschaftsteuer** unterliegen nur **Körperschaften** als **Steuersubjekte**. Dazu zählen juristische Personen des Privatrechts, Körperschaften des öffentlichen Rechts, Betriebe gewerblicher Art von Körperschaften des öffentlichen Rechts und in Ausnahmefällen auch nichtrechtsfähige Personenvereinigungen, Anstalten, Stiftungen und andere Zweckvermögen.

Steuerobjekt

454

Der Körperschaftsteuer unterliegt das **Einkommen** der Körperschaft.

Körperschaften unterliegen grundsätzlich der **unbeschränkten Steuerpflicht**. Bei Körperschaften kann aufgrund der Rechtsform, des Zwecks und der Tätigkeit der Umfang der Steuerpflicht auf bestimmte Einkünfte **beschränkt** sein. Darüber hinaus kann sich eine Beschränkung des Umfanges der Steuerpflicht wie bei natürlichen Personen durch eine fehlende Ansässigkeit im Inland ergeben.

Grundsätzlich sind nur Einkünfte bei einer Körperschaft zu berücksichtigen, sofern diese unter Zugrundelegung einer wirtschaftlichen Betrachtungsweise der Körperschaft auch **zuzurechnen sind**.

Ermittlung der Steuer

455

Die Steuer ermittelt sich aus dem anwendbaren **Steuersatz** und der **Bemessungsgrundlage**.

Körperschaften unterliegen einem fixen Steuersatz von 23 % (ab 2024). Bemessungsgrundlage ist das Einkommen, das sich aus den Einkünften der Einkunftsarten nach dem EStG zusammensetzt.

Erhebung der Steuer

456

Die **Steuererhebung** erfolgt entweder durch Abzugsteuern, durch Selbstberechnung, durch Vorauszahlungen oder mittels Abgabe einer Steuererklärung und Veranlagung durch das Finanzamt.

---

1 Paragraphenverweise ohne Gesetzesangabe beziehen sich auf das Körperschaftsteuergesetz (KStG).

2. Steuersubjekt – Körperschaften (§ 1 KStG)

457 Steuersubjekte der Körperschaftsteuer und daher körperschaftsteuerpflichtig sind nur **Körperschaften** (§ 1 Abs 1). Personengesellschaften sind keine Körperschaften und unterliegen daher nicht der Körperschaftsteuer.

Für Körperschaften ist das **Körperschaftsteuergesetz** anzuwenden. Das Körperschaftsteuergesetz verweist jedoch regelmäßig auf das Einkommensteuergesetz und dessen Grundsätze. Körperschaften unterliegen grundsätzlich der **Individualbesteuerung**, sodass jede Körperschaft für sich steuerpflichtig ist. Ausnahmen bestehen bei der Gruppenbesteuerung (dazu → 564ff).

458 **Körperschaften** werden als Steuersubjekte eigenständig definiert (§ 1).

Diese sind:

- **Körperschaften des Privatrechts (§ 1 Abs 2 Z 1):** GmbH, FlexCo, AG, Genossenschaften, Vereine, Privatstiftungen, Sparkassen, Versicherungsvereine auf Gegenseitigkeit und die Societas Europaea.
- **Körperschaften des öffentlichen Rechts (§ 1 Abs 3 Z 2):** Gebietskörperschaften (Bund, Länder, Gemeinden), Kirchen, Religionsgemeinschaften, öffentlich-rechtliche Fonds, gesetzliche Interessensvertretungen, Sozialversicherungsträger, rechtsfähige Anstalten, politische Parteien mit Rechtspersönlichkeit und andere Rechtsgebilde, die als solche bezeichnet werden.
- **Betriebe gewerblicher Art (§ 1 Abs 2 Z 2, § 2)** sind zivilrechtlich unselbständige Vermögensteile von Körperschaften des öffentlichen Rechts. Die Körperschaft des öffentlichen Rechts wird dabei steuerlich als einziger Gesellschafter des Betriebs gewerblicher Art behandelt. Sie werden aus wirtschaftlicher Sicht als eigenständige Steuersubjekte behandelt (Selbständigkeitsfiktion).[2]

459 Als **subsidiäre Körperschaftsteuersubjekte (§ 1 Abs 2 Z 3, § 3)** gelten nichtrechtsfähige Personenvereinigungen, Anstalten, Stiftungen und andere Zweckvermögen, wie der **herrenlose Nachlass** (Nachlass ohne Erben) und das **Sammelvermögen**. Rechtsgebilde haben regelmäßig Gesellschafter oder Eigentümer und sind daher nur in Ausnahmefällen Steuersubjekte. Die subsidiäre Steuersubjekteigenschaft soll sicherstellen, dass erzielte Einkünfte einem Steuersubjekt zugerechnet werden können und daher einer möglichen Besteuerung unterliegen. Die Steuersubjekteigenschaft besteht nur so lange, als keine Zurechnung an ein anderes Steuersubjekt, also einer natürlichen Person oder einer Körperschaft möglich ist (§ 3).

460 ### Vertiefung: Einordnung ausländischer Rechtsgebilde

Rechtsgebilde nach ausländischem Recht können ebenso der inländischen Einkommen- oder Körperschaftsteuer unterliegen. Dabei ist aufgrund eines **Typenvergleichs** zu

---

2   VwGH 18.12.2014, 2011/15/0144.

bestimmen, ob ein ausländisches Rechtsgebilde einer inländischen Körperschaft, einer Personengesellschaft oder sonst einer nichtjuristischen Person entspricht (§ 1 Abs 2 Z 1) (§ 1 Abs 3 Z 1 lit a). Für den Typenvergleich ist dabei der rechtliche Aufbau des Rechtsgebildes entscheidend.[3].

Bei **Kapitalgesellschaften** sind die **wichtigsten Merkmale**:

- eigene Rechtspersönlichkeit,
- fixes, starres und ergebnisunabhängiges Gesellschaftskapital,
- Beteiligung von Personen am Gesellschaftskapital und Gewinn,
- Haftungsbeschränkung auf das Gesellschaftsvermögen,
- zentralisierte Willensbildung durch die Gesellschafter.[4]

Weitere Merkmale werden ebenso herangezogen, wie:

- ungehinderte Übertragbarkeit der Gesellschaftsanteile (daher keine Vinkulierung, Zustimmung),
- Erfordernis von Kapital als Gesellschaftereinlage (im Gegensatz zu bloßen Arbeitsleistungen),
- Registereintragungserfordernis oder öffentliche Bestätigung,
- Gewinnverteilungsbeschluss in der Gesellschafterversammlung,
- zentralisierte Geschäftsführung und Vertretung in der Form der Fremd- oder Drittorganschaft.[5]

Beispiele:

Ausländische Kapitalgesellschaften: Private Limited Companies (Ltd) entsprechen GmbH, Public Limited Companies (Plc), Societe anonyme (SA) oder Corporations (Inc) entsprechen der AG.[6] Eine SARL entspricht einer GmbH. Bei einer Limited Liability Company (LLC) oder einer Limited Liability Partnership (LLP) kommt es grundsätzlich auf deren Ausgestaltung an.[7] Die Vergleichbarkeit zu einer AG besteht, wenn das Handeln mit Geschäftsanteilen auf dem öffentlichen Kapitalmarkt möglich ist.[8]

Bei juristischen Personen des Privatrechts **beginnt** die Steuersubjektivität sobald Rechts- **461** grundlage wie Satzung, Gesellschaftsvertrag oder Stiftungsbrief festgestellt ist und sie erstmalig nach außen in Erscheinung treten (zB Eröffnung eines Bankkontos); bei Betrieben gewerblicher Art beginnt diese mit Erfüllen der Definition eines Betriebs gewerblicher Art (§ 4 Abs 1). Die Steuerpflicht **endet** im Zeitpunkt, in dem die Rechtspersönlichkeit untergeht (zivilrechtliches Ende), jedenfalls besteht die Steuerpflicht, soweit noch Vermögen vorhanden ist, Abwicklungsbedarf besteht oder bis zum Übergang des gesamten Vermögens auf einen anderen (wirtschaftliches Ende, § 4 Abs 2).[9]

Hinsichtlich des Umfanges der Steuerpflicht ist zu unterscheiden zwischen **unbeschränkt körperschaftsteuerpflichtigen** Körperschaften, die mit dem Einkommen steuerpflichtig

---

3   VwGH 13.1.2021, Ro 2018/13/0003.
4   VwGH 20.9.2006, 2005/14/0124.
5   EAS 2843, 4.5.2007.
6   VwGH 27.4.2006, 2003/16/0110.
7   EAS 2869; EAS 2843; EAS 2607.
8   VwGH 27.4.2006, 2003/16/0110.
9   VwGH 28.10.2014, 2014/13/0035.

sind (§ 1 Abs 2, § 7 Abs 1), und **beschränkt körperschaftsteuerpflichtigen** Körperschaften, die nur mit bestimmten Einkünften der Körperschaftsteuer unterliegen (§ 1 Abs 3 Z 2 und Z 3, § 21 Abs 2 und 3, dazu ausführlich (→ 465ff), zu unterscheiden. Einkünfte sind bei einer Körperschaft nur insoweit zu berücksichtigen, als diese der Körperschaft auch **zuzurechnen** sind (dazu ausführlich → 480ff). Zur **Individualbesteuerung** im Wege des Trennungsprinzips → 462.

Der **Umfang der Steuerpflicht bei grenzüberschreitenden Sachverhalten** bestimmt sich nach der Ansässigkeit der Körperschaft. Sofern die Körperschaft aufgrund des Sitzes oder des Ortes der Geschäftsleitung (§ 27 BAO) im Inland ansässig ist, unterliegt sie der **unbeschränkten** Steuerpflicht mit allen in- und ausländischen Einkünften (Welteinkommensprinzip, § 1 Abs 2), sonst nur der **beschränkten** Steuerpflicht mit inländischen Einkünften nach § 98 EStG (§ 1 Abs 3 Z 1, § 21 Abs 1 zum Umfang der Steuerpflicht bei grenzüberschreitenden Sachverhalten ausführlich → 485, 123 ff).

462 Ertragsteuerliche Konsequenzen: Trennungsprinzip

> Aufgrund der Eigenschaft als Steuersubjekt (§ 1) sind die Tätigkeit und das Vermögen einer Körperschaft und die daraus erzielten Einkünfte der Körperschaft zuzurechnen und bei ihr zu versteuern (**Trennungsprinzip**).

Das Trennungsprinzip bewirkt, dass jede Körperschaft für sich auch für steuerliche Zwecke als **eigenständiges Rechtssubjekt** behandelt wird. Eine Zurechnung von Einkünften an die dahinterstehenden Gesellschafter, Mitglieder, Anteilsinhaber oder Begünstigten erfolgt erst durch eine tatsächliche Ausschüttung oder Vorteilszuwendung an diese. Das Trennungsprinzip und die Behandlung von Körperschaften als Steuersubjekte führen dazu, dass erzielte Gewinne auf Ebene der Körperschaft und im Falle der Ausschüttung oder Vorteilszuwendung an die Gesellschafter auf zwei Ebenen besteuert werden (**körperschaftliche Doppelbesteuerung**, → 513). Bestimmte Körperschaften unterliegen aufgrund ihrer Rechtsform oder Tätigkeit einem besonderen Besteuerungsregime, um die steuerlichen Konsequenzen des Trennungsprinzips und einer damit verbundenen Doppelbesteuerung zu verhindern. Dazu zählen Pensionskassen, Fonds und Privatstiftungen (§§ 6, 13, zu Fonds → 60).

Beispiel zum Trennungsprinzip:
Erzielt eine Kapitalgesellschaft Einkünfte, dann sind diese Einkünfte auf Ebene der Kapitalgesellschaft körperschaftsteuerpflichtig. Erst eine Ausschüttung an die Gesellschafter bewirkt eine Zurechnung der Einkünfte an diese, die bei den Gesellschaftern ebenso einer Besteuerung unterliegen können.

3. Steuerobjekt – Begriff des Einkommens bei Körperschaften (§ 7 KStG)

3.1. Der steuerliche Einkommensbegriff

463

Der Körperschaftsteuer unterliegt das **Einkommen** als Steuerobjekt (§ 7 Abs 1).

Das Einkommen ist definiert als **Gesamtbetrag der Einkünfte aus den sieben Einkunftsarten** nach Ausgleich mit **Verlusten**, die sich aus den einzelnen Einkunftsarten ergeben, nach Abzug von **Sonderausgaben** (§ 8 Abs 4) und dem **Freibetrag** für begünstigte Zwecke (§ 23). Das Körperschaftsteuergesetz verweist hinsichtlich der Einkünfte aus den Einkunftsarten auf das Einkommensteuergesetz (§ 7 Abs 2; § 2 Abs 3 EStG).

Der für Zwecke der Einkommen- und Körperschaftsteuer gemeinsam definierte Einkommensbegriff (§ 2 Abs 3 EStG) dient als Maßstab der **Leistungsfähigkeit** eines Steuerpflichtigen und als Bemessungsgrundlage der Körperschaftsteuer. Der Einkommensbegriff beinhaltet dabei sowohl ein **wirtschaftliches Element**, das aus der wirtschaftlichen Leistungsfähigkeit im Wege der Berücksichtigung erzielter Einkünfte eines Steuersubjekts besteht, als auch ein **persönliches Element**, das auf eine verminderte persönliche Leistungsfähigkeit des Steuersubjekts Rücksicht nimmt (Sonderausgaben, Freibeträge).

3.2. Einkünfte aus den Einkunftsarten nach EStG

Der **Gesamtbetrag der Einkünfte** als Teil des Einkommensbegriffs besteht aus den **Einkünften der Einkunftsarten nach EStG** (§ 7 Abs 2). Wie bei natürlichen Personen sind auch bei Körperschaften Einkünfte, die sich außerhalb der steuerlich relevanten Einkunftsquellen befinden, nicht erfasst (dazu zählt auch die Liebhaberei). Von der **Liebhaberei** sind allerdings bestimmte Körperschaften ausgenommen: diese Körperschaften können auch Verluste aus einer Liebhaberei mit anderen Einkünften verrechnen. 464

Ausnahmen von der Steuerneutralität einer Liebhabereitätigkeit:

Einkünfte (Verluste) aus einer Liebhabereittätigkeit sind steuerrelevant bei (§ 5 Liebhaberei-VO)

1. Betrieben gewerblicher Art von Körperschaften des öffentlichen Rechts
2. Juristischen Personen des privaten Rechts, an denen unmittelbar oder mittelbar ausschließlich Körperschaften des öffentlichen Rechts beteiligt sind, im Falle von Versorgungsbetrieben (ausgelagerte Versorgungsbetriebe)
3. Körperschaften, Personenvereinigungen oder Vermögensmassen, die der Förderung gemeinnütziger, mildtätiger oder kirchlicher Zwecke dienen (§§ 34 bis 47 BAO), und
4. wirtschaftlichen Geschäftsbetrieben (§ 31 BAO).

4. Steuerobjekt – Umfang der Einkünfte bei Körperschaften (§ 1, § 21 KStG)

4.1. Unbeschränkte Körperschaftsteuerpflicht

Sofern eine Körperschaft nicht unter die **beschränkte** Steuerpflicht fällt (→ 478), unterliegt sie der **unbeschränkten** Körperschaftsteuerpflicht. 465

Der **Umfang der Steuerpflicht** erstreckt sich unter Beachtung der jeweiligen Besonderheiten der Körperschaft **auf das Einkommen**, das die unbeschränkt körperschaftsteuerpflichtige Körperschaft innerhalb eines Kalenderjahres bezogen hat (§ 7 Abs 1). Einkommen ist dabei wie bei natürlichen Personen der Gesamtbetrag der Einkünfte aus den sieben Einkunftsarten nach Ausgleich mit Verlusten, die sich aus den einzelnen Einkunftsarten ergeben, und nach Abzug der Sonderausgaben (§ 7 Abs 2, § 8 Abs 4), und des Freibetrags für begünstigte Zwecke (§ 23). **Einkünfte außerhalb der Einkunftsarten** oder aus sonstigen Betätigungen in der Form einer **Liebhaberei** bleiben bei diesen Körperschaften wie bei natürlichen Personen unberücksichtigt.

Bei **unbeschränkt** körperschaftsteuerpflichtigen Körperschaften sind zu unterscheiden:

- **Rechnungslegungspflichtige Körperschaften**, wonach alle Einkünfte den Einkünften aus Gewerbebetrieb zuzurechnen sind (§ 7 Abs 3 → 466),
- **Privatstiftungen** mit einem besonderen Besteuerungsregime (§ 13 → 467),
- **sonstige unbeschränkt** steuerpflichtige Körperschaften, die nach den allgemeinen Grundsätzen mit dem Gesamtbetrag der Einkünfte der Besteuerung unterliegen und sowohl **betriebliche** als auch **außerbetriebliche** Einkünfte erzielen können (§ 7 Abs 2).

Beispiele:
Sonstige unbeschränkt steuerpflichtige Körperschaften sind nicht gemeinnützige Vereine, nichtrechnungslegungspflichtige Genossenschaften und herrenlose Nachlässe.

4.2. Rechnungslegungspflichtige Körperschaften

466 Bei **rechnungslegungspflichtigen Körperschaften** (§ 7 Abs 3) steht hinter der Erfassung aller Einkünfte **als Einkünfte aus Gewerbebetrieb** der Zweck, die Unternehmensbilanz vereinfachend als Ausgangsbasis für die Einkünfteermittlung heranziehen zu können. Gleichzeitig kann Vermögen, das steuerlich zwar nicht notwendiges Betriebsvermögen darstellt, dennoch aufgrund der Aufnahme in die Bilanz als **gewillkürtes** Betriebsvermögen berücksichtigt werden (§ 5 Abs 1).

Beispiele:
Rechnungslegungspflichtige Körperschaften sind Kapitalgesellschaften, also GmbH, FlexCo und AG (§ 189 UGB), Genossenschaften (§ 22 Genossenschaftsgesetz), große Vereine (§ 22 VereinsG) und vergleichbare unbeschränkt steuerpflichtige ausländische Körperschaften. Erwerbs- und Wirtschaftsgenossenschaften können, auch wenn sie nicht mehr rechnungslegungspflichtig sind, auf Antrag als rechnungslegungspflichtig behandelt werden (§ 7 Abs 3 letzter Absatz).

4.3. Privatstiftungen

467 **Überblick**

Privatstiftungen sind wie folgt einzuordnen:

- **Gemeinnützige, mildtätige, kirchliche** Privatstiftungen als beschränkt steuerpflichtige Körperschaften (→ 472),
- **Offenlegende** und **nicht offenlegende** Privatstiftungen,
- **Betriebliche** Privatstiftungen.

468 **Offenlegende und nicht offenlegende Privatstiftungen**

Offenlegende Privatstiftungen sind Privatstiftungen, die den Offenlegungspflichten gegenüber dem Finanzamt nachkommen. Offenlegende Privatstiftungen können wie sonstige Körperschaften sowohl **betriebliche** als auch **außerbetriebliche Einkünfte** erzielen (§ 13

Abs 1, § 7 Abs 2). Bei der Einkünfteermittlung kommen besondere Bestimmungen zur Anwendung (→ 546).

Nicht offenlegende Privatstiftungen sind Privatstiftungen, die dem Finanzamt Stiftungsdokumente und eventuell bestehende verdeckte Treuhandschaften des Stifters nicht offenlegen (§ 13 Abs 6). Nicht offenlegende Privatstiftungen erzielen ausschließlich **Einkünfte aus Gewerbebetrieb** (§ 13, § 7 Abs 3).

Betriebliche Privatstiftungen 469

Betriebliche Privatstiftungen (§ 4d Abs 1 bis 5 EStG) erzielen ausschließlich **Einkünfte aus Gewerbebetrieb** (§ 13 Abs 1 Z 1, § 7 Abs 3). Für betriebliche Privatstiftungen gelten besondere Einkünfteermittlungsvorschriften (→ 547). Betriebliche Privatstiftungen sind Privatstiftungen, die nach der Stiftungsurkunde und der tatsächlichen Geschäftsführung ausschließlich und unmittelbar einen **besonderen betrieblichen Zweck** verfolgen.

Unternehmenszweckförderungsstiftungen dienen Betriebszwecken des stiftenden Unternehmers oder dem mit diesem verbundenen Konzernunternehmen (§ 4d Abs 1 EStG). **Arbeitnehmerförderungsstiftungen** dienen der Unterstützung von Arbeitnehmern (§ 4d Abs 2 EStG). **Belegschaftsbeteiligungsstiftungen** dienen der Weitergabe von Beteiligungserträgen aus Beteiligungen an Arbeitgebergesellschaften an die Arbeitnehmer (§ 4d Abs 3 EStG). **Mitarbeiterbeteiligungsstiftungen** dienen der gemeinsamen Verwahrung und Verwaltung von Mitarbeiterkapitalbeteiligungen (§ 4d Abs 4 EStG).

4.4. Körperschaften des öffentlichen Rechts und Betriebe gewerblicher Art

Vertiefung: Körperschaften des öffentlichen Rechts 470

Bei **Körperschaften des öffentlichen Rechts** sind **Hoheitsbetriebe** (§ 2 Abs 5) mangels Eigenschaft als Einkunftsquelle nicht steuerbar. Die Körperschaft des öffentlichen Rechts ist daher nur beschränkt steuerpflichtig (§ 1 Abs 3 Z 2). Unterhält eine Körperschaft öffentlichen Rechts auch einen **Betrieb gewerblicher Art**, dann erzielt dieser als eigenes Steuersubjekt Einkünfte aus Gewerbebetrieb (§ 2).

Beispiele für Hoheitsbetriebe:
1. Ein **Hoheitsbetrieb** liegt vor, wenn die Tätigkeit überwiegend der öffentlichen Gewalt dient (§ 2 Abs 5 erster Satz) oder eine nur teilweise davon untrennbare privatwirtschaftliche Tätigkeit vorliegt (wie bei Hochschulinstituten, die auch Auftragsgutachten für die Industrie erstellen; Eisenbahninfrastrukturleistungen der ÖBB).
2. **Bei Abnahmepflicht des Leistungsempfängers** liegt ebenso ein Hoheitsbetrieb vor, wie bei Wasserwerken zur Trinkwasserversorgung, Forschungsanstalten, Wetterwarten, Friedhöfen, Anstalten zur Nahrungsmitteluntersuchung, Desinfektion, Leichenverbrennung, Müllbeseitigung, Straßenreinigung und Abfuhr von Spülwasser und Abfällen (§ 2 Abs 5 zweiter und dritter Satz).

471 Vertiefung: Betriebe gewerblicher Art von Körperschaften des öffentlichen Rechts

Betriebe gewerblicher Art sind Einrichtungen, die:

- wirtschaftlich **selbständig** sind,
- ausschließlich oder überwiegend eine **nachhaltige, privatwirtschaftliche Tätigkeit** (kein Hoheitsbetrieb, der der öffentlichen Gewalt dient, § 2 Abs 5) außerhalb der Land- und Forstwirtschaft ausüben,
- von **wirtschaftlichem Gewicht** (keine Bagatellfälle; § 5 Z 12) und
- der **Erzielung von Einnahmen** oder von anderen wirtschaftlichen Vorteilen (Eigenbedarfsbetrieb zur Kostenersparnis) dienen. Die Absicht der Gewinnerzielung ist nicht erforderlich.

Einrichtungen können zugunsten eines gegenseitigen Verlustausgleichs zu einem **einheitlichen Betrieb** zusammengefasst werden, wenn nach dem Gesamtbild der Verhältnisse objektiv zwischen den verschiedenen Betätigungen eine enge wechselseitige technisch-wirtschaftliche Verflechtung besteht.[10]

> **Beispiele für Betriebe gewerblicher Art:**
> 1. **Kantinenbetrieb** einer Behörde.
> 2. **Privatwirtschaftliche Versorgungsbetriebe** (Wasser, Gas, Elektrizität, Wärme, öffentlicher Verkehr, öffentlicher Rundfunk, Hafenbetrieb), die organisatorisch zusammengefasst sind und unter einer gemeinsamen Leitung stehen, werden als ein Betrieb gewerblicher Art behandelt (§ 2 Abs 3).
> 3. **Beteiligung an einer Personengesellschaft** als Mitunternehmer stellt selbst einen eigenständigen Betrieb gewerblicher Art dar, auch wenn mehrere Mitunternehmeranteile bestehen und diese einheitlich verwaltet werden und wirtschaftlich verflochten sind (§ 2 Abs 2 Z 1).[11]
> 4. **Entgeltliche Überlassung des Betriebs gewerblicher Art** im Wege der Betriebsverpachtung (§ 2 Abs 2 Z 2).
> 5. **Entgeltliche Überlassung von Grundstücken** außerhalb der Land- und Forstwirtschaft durch Personengemeinschaften in den Angelegenheiten der Bodenreform und Siedlungsträger als Körperschaften des öffentlichen Rechts (§ 2 Abs 2 Z 3), wie zum Beispiel für Wohnzwecke, Schilifte, Golfplätze, Strommasten, Mobilfunkanlagen.[12] Die entgeltliche Überlassung von Grundstücken durch andere Körperschaften des öffentlichen Rechts ist dagegen nicht steuerbar.
> 6. **Steuerfrei sind Einkünfte eines Betriebs gewerblicher Art** aufgrund kleiner Veranstaltungen einer Körperschaft öffentlichen Rechts zur Förderung eines ideellen Zwecks (Feste, Bälle, Kränzchen, Feiern, Juxveranstaltungen, Heurigenausschank, Wandertage, Vergnügungs-Sportveranstaltungen, § 5 Z 13).

4.5. Gemeinnützige, mildtätige, kirchliche Körperschaften

472 Vertiefung: Körperschaften mit ideellen Zwecken

Körperschaften mit **gemeinnützigem, mildtätigem oder kirchlichem Zweck** sind nur beschränkt steuerpflichtig (§ 1 Abs 3 Z 3, § 5 Z 6). Die Körperschaft muss sowohl **rechtlich** nach Gesetz, Satzung, Stiftungsbrief oder ihrer sonstigen Rechtsgrundlage als auch

---

10   VwGH 18.12.2014, 2011/15/0144.
11   VwGH 18.12.2014, 2011/15/0144.
12   KStR Rz 126.

tatsächlich durch die Geschäftsführung **unmittelbar** und **ausschließlich** der Förderung gemeinnütziger, mildtätiger oder kirchlicher Zwecke dienen (§ 34 BAO).

Die Befreiung von der unbeschränkten Steuerpflicht gilt sowohl für **inländische** Körperschaften als auch für **EU**-Körperschaften, **EWR**-Körperschaften oder für **sonstige ausländische** Körperschaften mit gemeinnützigen, mildtätigen oder kirchlichen Zwecken **überwiegend im Inland** (§ 21 Abs 1 Z 1). Unter die Befreiung kann neben den Körperschaften eine Personenvereinigung, eine Vermögensmasse und ein Betrieb gewerblicher Art fallen (§ 34 Abs 2 BAO).

Anwendungsfälle ideeller Zwecke:

1. **Gemeinnützigkeit** liegt vor, wenn die Allgemeinheit gefördert wird. Das ist der Fall, wenn die Tätigkeit dem Gemeinwohl auf geistigem, kulturellem, sittlichem oder materiellem Gebiet nützt (Kunst und Wissenschaft, Gesundheit, Fürsorge, Sport, Bildung, Ausbildung und Erziehung, Naturschutz, Kultur, Katastrophenschutz, § 35 BAO). Dies ist nicht gegeben, wenn nur ein rechtlich oder faktisch beschränkter Personenkreis gefördert wird (Familienmitglieder, geschlossene Mitgliederzahl bei Vereinen, beschränkende Voraussetzungen der Mitgliedschaft, § 36 BAO).
2. **Mildtätigkeit** liegt vor, wenn hilfsbedürftige Personen humanitär oder wohltätig unterstützt werden (§ 37 BAO).
3. **Kirchlich** sind Zwecke, durch deren Erfüllung gesetzlich anerkannte Kirchen und Religionsgesellschaften gefördert werden. Die kirchlichen Zwecke umfassen kirchliche Häuser (Kirchen, Bethäuser), kirchliche Veranstaltungen (Gottesdienst, Andachten, Seelsorge), Ausbildung und Unterricht (Priesterschulen, Religionsunterricht), Bestattungen, Besoldung und Versorgung der Kirchenangehörigen und dessen Nachkommen sowohl finanziell (aktives Gehalt, Invalidität, Alter) als auch materiell (Altersheime) und die Verwaltung von Kirchenvermögen (§ 38 BAO).

Vertiefung: Ausschließliche und unmittelbare Förderung 473

Ausschließliche Förderung (§ 39 BAO, fünf Voraussetzungen): Die Körperschaft darf, abgesehen von völlig untergeordneten Nebenzwecken, keine **anderen als die begünstigten Zwecke verfolgen** (Z 1). Die Körperschaft darf **keinen Gewinn erstreben**, die Mitglieder allein aufgrund deren Mitgliedschaft keine Gewinnanteile oder sonstigen Zuwendungen aus Mitteln der Körperschaft erhalten (Z 2). Die Mitglieder dürfen auch bei Ausscheiden oder bei Auflösung oder Aufhebung der Körperschaft **nicht mehr als ihre eingezahlten Kapitalanteile** und den Wert von Sacheinlagen zum Zeitpunkt der Einlage erhalten (Z 3). Die Körperschaft darf **keine Person** durch **zweckfremde Verwaltungsausgaben** oder durch **unverhältnismäßig hohe Vergütungen** (insbesondere Vorstandsgehälter, Aufsichtsratsvergütungen) **begünstigen** (Z 4). Bei Auflösung oder Aufhebung der Körperschaft oder bei Wegfall ihres bisherigen Zwecks darf das **Vermögen** der Körperschaft (mit Ausnahme der Rückzahlung der Einlagen der Mitglieder) **nur für die begünstigten Zwecke verwendet** werden (Z 5). Ausschließliche Förderung liegt auch bei Vermögensausstattung anderer ideeller Körperschaften vor (Abs 2) oder wenn eine ideell tätige Körperschaft auch die Zusammenfassung oder Leitung anderer ideeller Körperschaften übernimmt (Abs 3).

Unmittelbare Förderung (§ 40 BAO): Die Körperschaft muss den begünstigten Zweck **selbst erfüllen**. Dies kann auch durch einen Dritten geschehen, wenn dessen Wirken wie eigenes Wirken der Körperschaft anzusehen ist (Abs 1). Sofern sich eine Körperschaft auf die Zusammenfassung oder **Leitung** von ideell tätigen Körperschaften beschränkt, liegt der begünstigte Zweck vor, wenn alle diese Körperschaften begünstigten Zwecken dienen (Abs 2). Eine unmittelbare Förderung kann auch bei Kooperation einer Körperschaft mit anderen ideell tätigen Körperschaften vorliegen (Abs 3). Für die unmittelbare Förderung schadet es nicht, wenn die Körperschaft **Mittel** bestimmten anderen begünstigten Zwecken **zuwendet** oder teilweise, aber nicht überwiegend, **entgeltliche Leistungen** an andere begünstigte Körperschaften erbringt (§ 40a BAO). Die Mittelzuwendung für die **Vergabe von Stipendien oder Preisen** schadet ebenfalls nicht (§ 40b BAO).

474 **Vertiefung: Satzung, tatsächliche Geschäftsführung, zulässige Betätigung**

Satzung (§ 41 BAO): Die Satzung muss die ausschließliche und unmittelbare Betätigung für einen begünstigten Zweck ausdrücklich vorsehen und diese Betätigung genau umschreiben (Abs 1). Dabei muss auch genau der Verwendungszweck bei Auflösung der Körperschaft umschrieben sein (Abs 2). Bei einer nachträglichen Änderung der Satzung in Bezug auf Abgabenbegünstigungen hat eine Meldung an das Finanzamt binnen einem Monat zu erfolgen (Abs 3). Bei bloß formalen Satzungsmängeln kann eine rückwirkende Satzungsanpassung innerhalb von sechs (Verlängerung auf zwölf) Monaten erfolgen, ohne die Begünstigung zu verlieren (Abs 4, 5).

Tatsächliche Geschäftsführung (§ 42 BAO): Die tatsächliche Geschäftsführung muss auf ausschließliche und unmittelbare Erfüllung des begünstigten Zwecks eingestellt sein und der Satzung entsprechen (Abs 1). Aufgrund strafrechtlicher Verurteilung von Handlungen der Geschäftsführung kann es zum Verlust der Begünstigungen kommen (Abs 2).

Die Erzielung von Einkünften aus einer bloßen **Vermögensverwaltung** (§ 32 BAO) schadet der Begünstigung nicht (§ 47 BAO). Körperschaften, die (zusätzlich) einen (auf Gewinn gerichteten) Gewerbebetrieb oder land- und forstwirtschaftlichen Betrieb unterhalten, fallen insgesamt nicht unter die Begünstigung (**begünstigungsschädlicher Betrieb**, § 44 Abs 1 BAO). Dies gilt auch für einen wirtschaftlichen Geschäftsbetrieb (§ 31 BAO), der nicht der Erfüllung des begünstigten Zwecks dient (§ 45 Abs 3 BAO).

Auf **Antrag** kann das Finanzamt (auch für noch nicht rechtskräftige Veranlagungsjahre rückwirkend) derartige Betriebe mit oder ohne Bedingungen oder Auflagen erlauben, wenn andernfalls die Erreichung des begünstigten Zwecks vereitelt oder wesentlich gefährdet wird (Abs 2). In diesen Fällen kommt die Begünstigung zur Anwendung, der sonst begünstigungsschädliche Betrieb unterliegt grundsätzlich weiterhin der Steuerpflicht, sofern nicht besondere Umstände die gesamte Befreiung rechtfertigen. Eine Genehmigung gilt für begünstigungsschädliche Betriebe **bis zu einem jährlichen Umsatz von EUR 100.000 als erteilt**, sofern die Überschüsse der Betriebe der Förderung der begünstigten Zwecke der Körperschaft dienen. In diesem Fall gilt die Körperschaft als begünstigt, die sonst begünstigungsschädlichen Betriebe sind steuerpflichtig (§ 45a BAO).

475 **Vertiefung: Umfang der Steuerpflicht, unentbehrliche und entbehrliche Hilfsbetriebe**

Körperschaften, die die Kriterien für gemeinnützige, mildtätige oder kirchliche Zwecke **während des ganzen Veranlagungszeitraums** (§ 43 BAO) erfüllen, unterliegen der beschränkten Steuerpflicht. Nachträgliche Änderungen der Satzung führen, sofern die Satzung nach Aufforderung nicht geändert wird (§ 41 Abs 4 BAO), dazu, dass ab der Gründung, höchstens jedoch seit sieben Jahren, diese Voraussetzungen nicht als erfüllt gelten. Dies gilt sinngemäß für schwerwiegende Verletzungen der Vorschriften über die Vermögensbindung im Rahmen der tatsächlichen Geschäftsführung (Abs 2 und 3). Neben den steuerpflichtigen außerbetrieblichen Einkünften aus Grundstücken und Kapitalvermögen (→ 479) sind auch Einkünfte aus einem **entbehrlichen Hilfsbetrieb** steuerpflichtig. Keine Steuerpflicht besteht bei Einkünften aus **unentbehrlichen Hilfsbetrieben** (§ 45 Abs 1 BAO).

Unentbehrliche Hilfsbetriebe sind wirtschaftliche Geschäftsbetriebe, wenn sie (i) zur Erfüllung des Zwecks notwendig sind, (ii) der Zweck nicht anders erreichbar ist und (iii) sie zu Gewerbetreibenden nicht in unnötige Konkurrenz treten – das aus Gründen der Wettbewerbsneutralität (§ 45 Abs 2 BAO).

> **Beispiele:**
>
> Gemeinnützige Krankenanstalten (§ 46 BAO), Sportbetriebe von Sportvereinen, Konzerte von Musik- und Gesangsvereinen, Vorträge wissenschaftlicher Vereine, Schutzhütten von Alpenvereinen und das Behindertenwohnheim eines Behindertenhilfsverbands, jeweils soweit das Angebot nicht in entbehrlicher Weise mit Gewerbetreibenden in Konkurrenz steht (entbehrlich, wenn die Schutzhütte über ein einfaches Angebot von Nächtigung und Versorgung hinaus auch spezielle Leistungen bietet, welche auch von gewerblichen Berggasthöfen in der Nähe angeboten werden). Einnahmen daraus und Spenden, Mitgliedsbeiträge und Subventionen (leistungsunabhängiges Sponsoring) sind steuerneutral.

Entbehrliche Hilfsbetriebe (wirtschaftlicher Geschäftsbetrieb und daher ohne Gewinnerzielungsabsicht) erzielen dagegen steuerbare Einkünfte und führen zu betrieblichen Einkünften aus Gewerbebetrieb oder Land- und Forstwirtschaft; zum Betrieb zugehöriges Vermögen und dessen Einkünfte sind wie Betriebsvermögen und Einkünfte eines auf Gewinnerzielung gerichteten Betriebes zu behandeln (§ 45 Abs 1 BAO).

> **Beispiele:**
>
> Gesellige und gesellschaftliche Veranstaltungen (kleine Vereinsfeste, im Detail § 45 Abs 1a BAO), Marktverkaufsaktionen (Flohmarkt) und der besonders günstige Verkauf von Sportartikeln durch den Sportverein nur an Vereinsmitglieder. Wettbewerbsverzerrende Betätigungen sind entbehrlich und daher steuerpflichtig, wenn beispielsweise eine Rettungsorganisation neben Krankentransport auch Krankentaxi-Fahrten ohne Sanitäter anbietet und mit dieser Leistung mit gewerblichen Mietwagenunternehmen im Wettbewerb steht.

4.6. Körperschaften mit sonstigen Befreiungen von der Körperschaftsteuer

Vertiefung: Sonstige Befreiungen für Körperschaften   476

Körperschaften gelten aufgrund **besonderer Befreiungen** als beschränkt körperschaftsteuerpflichtig (§ 5).

> **Anwendungsfälle:**
>
> 1. **Kreditinstitute mit ausschließlicher Haftungsübernahme** ohne Gewinnerzielungsabsicht, wenn keine materiellen Vorteile an Eigentümer, Anteilsinhaber oder unverhältnismäßige Vergütungen an Verwalter gewährt werden (Z 3).

2. **Sicherungseinrichtungen** der Einlagensicherungsfonds und **Entschädigungseinrichtungen** des Wertpapieraufsichtsgesetzes (Z 4).

3. **Personengemeinschaften** in den Angelegenheiten der **Bodenreform** und bestimmte **Siedlungsträger** (Z 5).

4. **qualifizierte Pensions-, Unterstützungs- und Mitarbeitervorsorgekassen:** Förderung betrieblicher Altersvorsorge; Befreiung auch für ausländische vergleichbare Pensionskassen, Z 7; § 6).

5. **kleine Versicherungsvereine** aus Vereinfachungsgründen (Z 8).

6. **Land- und forstwirtschaftliche Genossenschaften** und Winzergenossenschaften (Z 9).

7. **Gemeinnützige Bauvereinigungen** (Z 10; § 6a).

8. **Kollektivvertragsfähige Berufsvereinigungen** wie ÖGB, gesetzliche Kammern, WKO, außerhalb eines wirtschaftlichen Geschäftsbetriebs (Z 13).

9. **Mittelstandsfinanzierungsgesellschaften** im Umfang des Finanzierungsbereichs hinsichtlich Veräußerungsgewinne, Veräußerungsverluste und sonstige Wertänderungen aus Beteiligungen (Z 14; § 6b).

10. **Privatstiftung zur Förderung der Gesundheit** vormaliger Betriebskrankenkassen (Z 15).

477 Überblick: Umfang der Steuerpflicht in der Ertragsteuer

	Steuerpflichtige Einkunftsquellen	Außerhalb der Steuerpflicht
Natürliche Personen, Privatstiftungen, nicht begünstigte Körperschaften (§ 7 Abs 2 KStG) **zB** nicht gemeinnütziger Verein	Alle sieben Einkunftsarten möglich	Einkünfte außerhalb der sieben Einkunftsarten (Liebhaberei)
Körperschaften mit Pflicht zur Rechnungslegung (§ 7 Abs 3 KStG) Privatstiftung ohne Offenlegung **zB** AG, GmbH, Genossenschaft	Alle Einkünfte aus Gewerbebetrieb	Einkünfte außerhalb der sieben Einkunftsarten (Liebhaberei)
Gemeinnützige Körperschaften (§ 5 Z 6 KStG, §§ 34 ff BAO) **zB** Sportverein, Hilfsorganisation	Entbehrliche Hilfsbetriebe Bestimmte Einkünfte aus KV und GSt-Veräußerung (§ 21 KStG)	Gemeinnützige Tätigkeit Unentbehrlicher Hilfsbetrieb V&V
Körperschaften des öffentlichen Rechts (§ 1 Abs 3 Z 2 KStG) **zB** Bund, Land, Gemeinde, Kirche	Bestimmte Einkünfte aus KV und GSt-Veräußerung (§ 21 KStG)	Hoheitstätigkeit LuF V&V
Betriebe gewerblicher Art von KöR (§ 2 KStG) **zB** privatwirt. Versorgungsbetrieb	Alle Einkünfte aus Gewerbebetrieb	Betrieb gewerblicher Art als kurzfristige Veranstaltung (§ 5 Z 12 KStG)
Sonstige begünstigte Körperschaften (§ 5 KStG) **zB** Pensionskasse, gemein. Bauvereinigung	Nicht begünstigter Umfang Bestimmte Einkünfte aus KV und GSt-Veräußerung (§ 21 KStG)	Individuell begünstigter Umfang (zB bei Pensionskassen das Veranlagungsvermögen)

Abbildung 26: Umfang der Steuerpflicht in der Ertragsteuer

4.7. Beschränkte Körperschaftsteuerpflicht

Bestimmte Körperschaften unterliegen nur einer **beschränkten** Körperschaftsteuerpflicht **478**
(§ 1 Abs 3 Z 2 und 3):

- Körperschaften des **öffentlichen Rechts**, davon sind **Betriebe gewerblicher Art** als eigenständige Steuersubjekte von Körperschaften des öffentlichen Rechts abzugrenzen → 470, 471;
- Körperschaften mit **gemeinnützigem, mildtätigem oder kirchlichem Zweck** → 472;
- Körperschaften, die unter **Körperschaftsteuerbefreiungen** fallen → 476.

Der **Umfang der Steuerpflicht** bei beschränkter Körperschaftsteuerpflicht wird unter Berücksichtigung der jeweiligen Besonderheiten der Körperschaft bestimmt und **erstreckt sich nur auf bestimmte Einkünfte.**

Beschränkt körperschaftsteuerpflichtige Körperschaften sind nur mit folgenden Ein- **479**
künften steuerpflichtig:

- **Betriebliche Einkünfte** aus steuerpflichtigen Betrieben: Darunter fallen insbesondere wirtschaftliche Geschäftsbetriebe (§ 31 BAO). Das sind Betriebe ohne Gewinnerzielungsabsicht (§ 31 BAO), die dennoch steuerbare Einkunftsquellen darstellen (§ 2, § 45 BAO, § 5 L-VO).
- **Außerbetriebliche Einkünfte aus Kapitalvermögen und Grundstücksveräußerungen**, die nicht ausdrücklich befreit sind (§ 21 Abs 2 und 3).

Beispiele:
1. **Einkünfte aus Betrieben gewerblicher Art** als eigenständige Steuersubjekte von Körperschaften des öffentlichen Rechts.
2. **Einkünfte aus entbehrlichen Hilfsbetrieben** von Körperschaften mit ideellen Zwecken.
3. **Einkünfte aus Kapitalvermögen** (Zinseinkünfte, Dividendeneinkünfte, Einkünfte aus Aktienverkäufen, Kryptowährungen) aus der Vermögensverwaltung der Körperschaft, das nicht dem befreiten Betrieb der Körperschaft zuzurechnen ist.
4. **Einkünfte aus der Veräußerung von Grundstücken** aus der Vermögensverwaltung der Körperschaft, das nicht einem befreiten Betrieb der Körperschaft zuzurechnen ist.
5. **Sonstige Einkünfte** wie insbesondere außerbetriebliche Einkünfte aus Vermietung und Verpachtung oder Spekulationsgeschäften unterliegen nicht der beschränkten Steuerpflicht.

Die **Änderung des Umfangs** des steuerfreien oder steuerpflichtigen Vermögens durch Wechsel zwischen dem steuerfreien und dem steuerpflichtigen Bereich (Betrieb) kann zusätzliche Einkünfte aus bisherigen Wertänderungen des betroffenen Vermögens auslösen. Durch die **Realisierung der bisher entstandenen und noch nicht realisierten Wertänderung** ist sichergestellt, dass diese Wertänderungen steuerlich noch den bisherigen Besteuerungsgrundsätzen und spätere Wertänderungen bereits den danach anwendbaren Besteuerungsgrundsätzen unterliegen.

Beispiel:
Wechsel zwischen steuerpflichtigem und steuerbegünstigtem Bereich: Sowohl beim Wechsel von Vermögen aus dem steuerpflichtigen in den steuerbegünstigten Bereich als auch umgekehrt ist grundsätzlich jeweils der Wert des Vermögens im Zeitpunkt des Wechsels zu ermitteln. Wertänderungen während der Zeit der Steuerbegünstigung bleiben so begünstigt besteuert, während Wertänderungen während der Zeit der vollen Steuerpflicht auch entsprechend besteuert bleiben (§ 18 zum Beginn und Ende einer Steuerbefreiung).

5. Steuerobjekt – Zurechnung der Einkünfte bei Körperschaften

5.1. Sachliche Zurechnung

480

Grundsätzlich sind Einkünfte aus einer Einkunftsquelle steuerlich einer natürlichen Person oder einer Körperschaft **zuzurechnen**. Bei Körperschaften gilt, wie bei natürlichen Personen, dass Einkünfte aus einer Einkunftsquelle demjenigen zuzurechnen sind, der **über die Einkunftsquelle wirtschaftlich verfügt**.

Die Zurechnung der Einkünfte an das Steuersubjekt stellt die **Verbindung zwischen Steuerobjekt und Steuersubjekt** dar. Zuzurechnen sind Einkünfte demjenigen, der wirtschaftlich über die drei möglichen Formen der Einkunftsquellen **Tätigkeit, Wirtschaftsgut und Recht** verfügt. Maßgeblich für die Beurteilung der Zurechnung ist nach dem allgemeinen steuerlichen Grundsatz nicht die äußere Erscheinungsform, sondern der **wahre wirtschaftliche Gehalt**. Auf eine bloß rechtliche Verfügung oder auf den Zufluss der Einkünfte kommt es nicht an (zu den allgemeinen Grundsätzen der Zurechnung→ 107ff).

In der **Praxis** kommt der Zurechnung der Einkünfte **erhebliche Bedeutung** zu, weil privatrechtliche Gestaltungen von rechtlichen und wirtschaftlichen Positionen einen weiten Spielraum eröffnen und auch für die **Steuerplanung** eingesetzt werden. Darüber hinaus wird die **wirtschaftliche Zurechnung** von Einkünften durch **Zwischenschaltung** von Gesellschaften oder Stiftungen im In- und Ausland erschwert.

5.2. Zurechnung bei Körperschaften

481

Einkünfte von **Körperschaften** sind aufgrund des Trennungsprinzips der Körperschaft **selbst zuzurechnen**.

Auch bei Körperschaften gilt, dass Einkünfte nur insoweit der Körperschaft zuzurechnen sind, als die Körperschaft **über die Einkunftsquelle wirtschaftlich verfügt**, also die Tätigkeit mit ihr zur Verfügung stehenden Ressourcen erbringt und erbringen kann und die Körperschaft über das Vermögen selbständig verfügt.

Einkünfte bei den Gesellschaftern oder Eigentümern einer Körperschaft liegen erst dann vor, wenn sie Ausschüttungen (Zuwendungen) von der Körperschaft erhalten. Gesellschafter einer Körperschaft können durch Vereinbarungen Einkünfte einer Körperschaft an den Gesellschafter durchleiten um dadurch der zusätzlichen Besteuerung auf Ebene der Körperschaft zu entgehen. Voraussetzung sind auch hier die Kriterien der steuerlichen Anerkennung von Verträgen zwischen Angehörigen.

Beispiel:

Gewinnverlagerung: Eine GmbH erzielt Einkünfte in Höhe von EUR 100.000 mit einer natürlichen Person als Alleingesellschafterin. Die Alleingesellschafterin Frau Tax ist gleichzeitig Geschäftsführerin und schließt mit der GmbH einen Geschäftsführungsvertrag in Höhe von

EUR 20.000. Bei einer Körperschaftsteuer von 23 %, einem Steuersatz bei Ausschüttung an eine natürliche Person von 27,5 % und einem fiktiven progressiven Durchschnittssteuersatz von 30 % ergibt sich bei Ausschüttung eine Gesamtsteuerbelastung ohne Abschluss des Rechtsverhältnisses von EUR 44.175 (EUR 100.000 × 23 %, EUR 77.000 × 27,5 %) und bei Abschluss des Rechtsverhältnisses eine Gesamtsteuerbelastung in Höhe von EUR 41.240 (EUR 80.000 × 23 %, EUR 61.600 × 27,5, EUR 20.000 × 30 %). Durch das Rechtsverhältnis ändert sich die Zurechnung der Einkünfte und bewirkt aufgrund der direkten Weiterleitung an Frau Tax eine niedrigere Gesamtsteuerbelastung in Höhe von EUR 2.935 (ohne Berücksichtigung von Lohnnebenkosten). Ist der Dienstvertrag dem Grunde (tatsächliche Arbeitsleistung) und der Höhe nach (angemessenes Entgelt) fremdüblich, dann ist das Dienstverhältnis steuerlich anzuerkennen.

Fremdunübliche Gestaltungen

482

Aus **fremdunüblichen Gestaltungen** oder Vermögensverlagerungen zwischen Gesellschafter und Körperschaft können sich aufgrund der Zurechnungsregeln folgende **einzuordnende Vermögensverlagerungen mit unterschiedlichen steuerlichen Folgen** ergeben:

- Ist eine Vereinbarung bereits **dem Grunde nach** nicht anzuerkennen, dann sind Zahlungen als gesellschaftlich veranlasst anzusehen. Es liegt entsprechend der Vermögensverlagerung eine Zuwendung zugunsten des Gesellschafters oder der Gesellschaft vor (siehe sogleich).
- Ist eine Vereinbarung **zugunsten des Gesellschafters** der Höhe nach unüblich oder liegt sonst eine gesellschaftlich veranlasste Vermögensverlagerung an den Gesellschafter vor, so ist nur die fremdübliche Ausgestaltung (die fremdüblich veranlasste Vermögensverlagerung) anzuerkennen. Der fremdunübliche Teil führt beim Gesellschafter zu einer **verdeckten Gewinnausschüttung**.
- Ist eine Vereinbarung **zugunsten der Gesellschaft** der Höhe nach unüblich oder liegt sonst eine gesellschaftlich veranlasste Vermögensverlagerung an die Gesellschaft vor, so ist nur die fremdübliche Ausgestaltung (die fremdüblich veranlasste Vermögensverlagerung) anzuerkennen. Der fremdunübliche Teil führt bei der Gesellschaft zu einer **verdeckten Einlage**.

Beispiele:
1. **Ein Verrechnungskonto bei einer Kapitalgesellschaft** als Forderung gegenüber ihrem Gesellschafter als Darlehen ist dem Grunde nach nicht anzuerkennen, wenn weder ein schriftlicher Darlehensvertrag noch sonstige Aufzeichnungen vorliegen und von einer Rückzahlung nicht auszugehen ist.[13] Es liegt eine verdeckte Gewinnausschüttung vor.
2. **Fremdunübliches Entgelt:** Soweit ein Vertrag mit dem Gesellschafter als Geschäftsführer der Höhe nach nicht fremdüblich ist, wird das Dienstverhältnis steuerlich nicht anerkannt. Bei zu hohem (niedrigem) Entgelt des Gesellschafters als Leistungserbringer liegt soweit eine verdeckte Gewinnausschüttung (verdeckte Einlage) vor. Bei zu hohem (niedrigem) Entgelt der Gesellschaft als Leistungserbringerin liegt soweit eine verdeckte Einlage (verdeckte Gewinnausschüttung) vor.
3. Sofern ein **Vorteil dem erweiterten Kreis einer nahestehenden Person zukommt**, ist die Leistung der nahestehenden Person zuzurechnen. Wird daher der Vorteil dem Ehegatten (Begünstigten) des Gesellschafters (zB einer Privatstiftung) eingeräumt, dann liegt eine Leistung an den Gesellschafter vor. Die weitere Leistung des Gesellschafters an dessen nahen Angehörigen ist steuerlich selbständig zu beurteilen (Schenkung, Zuwendung).[14]

---

13   BFG 3.2.2015, RV/5101415/2010.
14   VwGH 11.2.2016, 2012/13/0061.

Wirtschaftsgüter und Rechte sind einer Körperschaft nur insoweit **steuerlich zuzurechnen**, als diese der ideellen oder materiellen Tätigkeit der Körperschaft dienen. Dient das Wirtschaftsgut ausschließlich den Anteilsinhabern, dann ist das Wirtschaftsgut den Anteilsinhabern zuzurechnen, weil die Körperschaft mangels Nutzungsmöglichkeit über das Wirtschaftsgut nicht verfügen kann.

Beispiel:

Grundstück als Privatvermögen der Anteilsinhaber: Kann ein Grundstück ausschließlich privaten Zwecken der Anteilsinhaber dienen, dann ist das Grundstück wirtschaftlich den Anteilsinhabern zuzurechnen, auch wenn die Körperschaft rechtlicher Eigentümer des Grundstücks ist. Aufgrund der ausschließlich privaten Nutzung kann die Körperschaft mangels Nutzung für eigene Zwecke nicht wirtschaftlicher Eigentümer des Grundstücks sein.[15]

483 Zurechnung bei verbundenen Körperschaften

Körperschaften, die Teil eines internationalen Konzerns sind, gelten als eigenständige Steuersubjekte. Tatsächlich stehen diese Körperschaften unter gemeinsamer Kontrolle oder Leitung. Bei Transaktionen zwischen nicht verbundenen Körperschaften sorgt der Markt für eine objektiv richtige Einkünftezurechnung. Innerhalb eines Konzerns können die tatsächlich ermittelten Einkünfte einer Körperschaft von der objektiv richtigen Einkünftezurechnung aufgrund des Leistungsfähigkeitsprinzips abweichen. Bei Konzernen besteht daher ein Anreiz der Vorteilsmaximierung: Einkünfte sollen für steuerliche Zwecke in jene Länder mit der geringsten Besteuerung verschoben werden, Verluste in Länder mit der höchsten Besteuerung. Rechtsgeschäfte zwischen diesen verbundenen Körperschaften werden aber dennoch steuerlich nur anerkannt, soweit diese unter fremdüblichen Bedingungen abgeschlossen werden.

Beispiele:

1. **Gewinnverlagerung:** Eine inländische GmbH erzielt Einkünfte in Höhe von EUR 100.000 und unterliegt dem 23 % Körperschaftsteuersatz. Alleingesellschafterin der GmbH ist eine Schweizer AG. Die Schweizer AG überlegt, EUR 40.000 der inländischen GmbH durch ein Rechtsverhältnis (Lizenzvertrag) direkt an die Schweizer AG mit einem Körperschaftsteuersatz von nur 15 % weiterzuleiten. Sofern der Abschluss des Lizenzvertrags dem Grunde und der Höhe nach fremdüblich abgeschlossen wurde, kann die Gesamtsteuerbelastung von EUR 23.000 (EUR 100.000 × 23 %) auf EUR 19.800 (EUR 60.000 × 25 %, EUR 40.000 × 15 %) gesenkt werden. Ist der Vertrag nicht fremdüblich, dann liegt bei der inländischen GmbH soweit eine verdeckte Gewinnausschüttung (zu hohes Entgelt) oder eine verdeckte Einlage (zu niedriges Entgelt) vor.
2. **Briefkastengesellschaften** (Domizilgesellschaften) sind Gesellschaften, die lediglich am Papier bestehen, aber über keine Substanz verfügen. Aus steuerlicher Sicht werden der Gesellschaft dennoch Vermögen und Einkünfte daraus zugerechnet. Mangels vorhandener Mittel (Büro, qualifizierte Mitarbeiter) scheitert dies aber daran, dass aufgrund der Zurechnungskriterien die Gesellschaft wirtschaftlich nicht in der Lage ist, Vermögen zu verwalten. Daher sind auch Einkünfte daraus nicht der Briefkastengesellschaft zuzurechnen, sondern den wahren wirtschaftlichen Eigentümern. Substanz fehlt dann, wenn die Körperschaft kein eigenes Personal, keine eigenen Geschäftsräumlichkeiten[16] und keinen eigenen Geschäfts-

---

15 VwGH 25.4.2013, 2010/15/0139.
16 VwGH 20.5.2010, 2006/15/0005; vgl. auch VwGH 26.7.2000, 97/14/0070; VwGH 9.12.2004, 2002/14/0074; EAS 2131.

betrieb[17] hat. Zusätzlich bedarf die Gesellschaft einer wirtschaftlich begründeten Funktion. Es müssen neben bloß steuerlichen Gründen daher auch wirtschaftliche Gründe vorliegen, um eine Zurechnung von Einkünften zu rechtfertigen. Durch die Ansässigkeit von Gesellschaften soll auch die Anwendung eines günstigeren Doppelbesteuerungsabkommens (**Treaty Shopping**) oder einer EU-Richtlinie (**Directive Shopping**) erwirkt werden, weil diese auf die Ansässigkeit der Gesellschaft abstellen. Aufgrund des planungsmäßigen Vorgehens wird neben den allgemeinen Zurechnungsgrundsätzen eine Einkünftezurechnung an eine Briefkastengesellschaft und die Berufung auf ein Doppelbesteuerungsabkommen auch mit dem Argument des Missbrauchs nach § 22 BAO[18] oder eines Scheingeschäfts nach § 23 BAO[19] verhindert.

5.3. Änderung der Zurechnung von Einkünften durch Übertragung

Die **Übertragung** von Einkunftsquellen oder Vermögen **auf andere Personen** löst grundsätzlich steuerliche Konsequenzen aus.   484

Die Einlage oder Einbringung von Wirtschaftsgütern und sonstigem Vermögen in eine Körperschaft gilt daher als steuerrelevanter Tausch (§ 6 Z 14 lit a EStG). Bei einer Körperschaft gelten dabei grundsätzlich die gleichen Regeln wie im Einkommensteuergesetz (zur Übertragung von Einkunftsquellen oder Vermögen → 118).

Die Übertragung einer Einkunftsquelle oder von Vermögen liegt in dem Zeitpunkt vor, in dem der Übergang der Verfügungsbefugnis nach den allgemeinen Zurechnungskriterien erfolgt (zum Zeitpunkt der Änderung → 119). Maßgeblich ist der **tatsächliche Übergang**. Rückwirkende Vereinbarungen über den Übergang der Verfügungsbefugnis oder eine steuerliche Einkünftezurechnung sind steuerlich nicht anzuerkennen.[20] Die Änderung der Zurechnung kann frühestens mit der Vereinbarung wirksam werden. Ausnahmen davon bestehen nur bei Umgründungen, die zum Umgründungsstichtag steuerlich rückwirken (UmgrStG, § 6 Z 14 lit b letzter Satz EStG → 119).

6. Steuerobjekt – Umfang bei grenzüberschreitenden Sachverhalten bei Körperschaften

6.1. Unbeschränkte und beschränkte inländische Steuerpflicht

Steuerpflichtige Körperschaften unterliegen entweder der **beschränkten** oder der **unbeschränkten** inländischen Steuerpflicht.   485

---

17 EAS 822, 26.2.1996.
18 VwGH 20.5.2010, 2006/15/0005; VwGH 10.8.2005, 2001/13/0018, „Dublin Docks"; VwGH 22.9.2005, 2001/14/0188.
19 UFS 11.3.2010, RV/0694-W/05; ebenso BMF-VPR 2010 Rn 375 ff.
20 VwGH 1.6.2017, Ro 2015/15/0017.

- Steuerpflichtige unterliegen bei **Ansässigkeit** im Inland der **unbeschränkten Steuerpflicht** mit allen in- und ausländischen Einkünften nach § 2 EStG (Welteinkommensprinzip; § 1 Abs 2 letzter Satz (→ 120), oder
- bei **fehlender Ansässigkeit** im Inland der **beschränkten Steuerpflicht** mit allen aus inländischen Quellen stammenden Einkünften nach § 98 EStG (Territorialitätsprinzip, § 1 Abs 3 Z 1; § 21 Abs 1 Z 1 → 123).

Abweichend von natürlichen Personen sind aufgrund gemeinschaftsrechtlicher Vorschriften (Zins- und Lizenzrichtlinie, Mutter-Tochter-Richtlinie) **innergemeinschaftliche Zinsen und Lizenzzahlungen zwischen verbundenen Unternehmen** (§ 98 Abs 2 iVm § 99a EStG → 525) und bestimmte **innergemeinschaftliche Beteiligungserträge** (→ 516) von der beschränkten Steuerpflicht ausgenommen (§ 98 Abs 1 Z 5 lit a EStG). Darüber hinaus werden auch sonst nicht in § 98 EStG genannte und nicht besteuerte Einkünfte aus einem **umgekehrt hybriden Unternehmen** bei einer im Ausland ansässigen beherrschten Körperschaft der beschränkten Steuerpflicht unterworfen (→ 537).

6.2. Ansässigkeit von Körperschaften

486

Körperschaften gelten im Inland als **ansässig**, wenn sie im Inland ihre **Geschäftsleitung** oder ihren **Sitz** haben (§ 1 Abs 2 erster Satz).

Der **Sitz** einer Körperschaft ist der Ort, der durch Gesetz, Vertrag, Satzung, Stiftungsbrief und dergleichen bestimmt ist (§ 27 Abs 1 BAO). Als **Ort der Geschäftsleitung** ist der Ort anzunehmen, an dem sich der Mittelpunkt der geschäftlichen Oberleitung befindet (§ 27 Abs 2 BAO).

Beispiele:
1. **Inländischer Sitz:** Eine GmbH hat ihren statutarischen Sitz im Inland. Die Geschäfte werden aber vom Ausland aus geleitet. Die GmbH unterliegt aufgrund des inländischen Sitzes dennoch der unbeschränkten Steuerpflicht.
2. **Die ausländische Körperschaft** wird von einem im Inland ansässigen Geschäftsführer geleitet. Ort der tatsächlichen Geschäftsleitung ist in Österreich. Die ausländische Körperschaft unterliegt im Inland der unbeschränkten Steuerpflicht.

6.3. Internationale Doppelbesteuerung bei Körperschaften

487 Körperschaften unterliegen ebenso wie natürliche Personen der **internationalen Doppelbesteuerung**. Auch bei Körperschaften wird die internationale Doppelbesteuerung durch einseitige nationale Maßnahmen oder durch ein anwendbares Doppelbesteuerungsabkommen wie bei natürlichen Personen nach denselben Regeln und Grundsätzen vermieden (→ 127ff).

Im Falle einer **Doppelansässigkeit nach nationalem Recht** wird jedoch bei Körperschaften für die Bestimmung der Ansässigkeit nach DBA zur Vermeidung der Doppelbesteuerung vorwiegend auf den Ort der tatsächlichen Geschäftsleitung abgestellt (in einigen DBA jedoch auf den Ort, an dem sich der Sitz der Körperschaft befindet).

Besonderheiten in DBA ergeben sich für Körperschaften insbesondere hinsichtlich des **eingeschränkten Besteuerungsrechts von 5 % bzw 0 % des Quellenstaates von Dividenden** an wesentlich beteiligte Körperschaften (Schachtelprivileg). Darüber hinaus führt der **Progressionsvorbehalt** bei der Befreiungsmethode aufgrund des in Österreich anwendbaren **fixen Körperschaftsteuersatzes** zu keinem unmittelbaren steuerlichen Effekt.

Beispiele:

Körperschaften: Eine GmbH hat ihren Sitz im Inland, die Geschäftsleitung liegt allerdings im Ausland. Je nach anwendbarem Abkommen gilt die GmbH entweder am Ort der tatsächlichen Geschäftsleitung oder an ihrem Sitz als abkommensrechtlich ansässig.

Die inländische GmbH hat einen Betrieb in Deutschland. Ihr Verkaufslokal befindet sich in der Münchner Innenstadt. Folglich hat die GmbH in Deutschland eine Betriebsstätte. Der Progressionsvorbehalt greift hier nicht, und der Gewinn muss in Deutschland (aufgrund der Betriebsstätte) besteuert werden (in Österreich werden diese von der Steuer ausgenommen).

Exkurs: Gesellschaftsrechtliche Sitzverlegung und grenzüberschreitende Umwandlungen

488

Die **Sitzverlegung** in ein anderes Land ohne Wechsel des Gesellschaftsrechts ist nicht möglich (zB Sitzverlagerung von Großbritannien in die Niederlande). Innerhalb der EU erfordert die Niederlassungsfreiheit nicht die zulässige Verlegung des Verwaltungssitzes in einen anderen Mitgliedstaat unter Beibehaltung des Satzungssitzes (zB Verlegung des Verwaltungssitzes einer ungarischen KG unter Beibehaltung des ungarischen Satzungssitzes nach Italien). Die Sitzverlegung in ein anderes Land, wodurch es zum Wechsel des anwendbaren Gesellschaftsrechts kommt und die Identität der Gesellschaft gewahrt bleibt, ist grundsätzlich ebenso nicht möglich. Eine geplante Richtlinie zur grenzüberschreitenden Sitzverlegung wurde nicht realisiert. Allerdings kann bei den EU-Gesellschaftsformen EWIV, Europäische Gesellschaft und Europäische Genossenschaft eine Sitzverlegung erfolgen. Anstelle der Sitzverlegung ist daher nur die Liquidation der Gesellschaft in einem Staat und die Neugründung einer weiteren Gesellschaft im anderen Staat möglich. Teilweise wurde von Gerichten eine Sitzverlegung ins Ausland unter Berufung auf die Niederlassungsfreiheit gewährt (Sitzverlegung einer Personengesellschaft nach Liechtenstein), teilweise aber auch versagt (Sitzverlegung einer deutschen KG nach Österreich). In Bezug auf die Schweiz kommt die Niederlassungsfreiheit für Gesellschaften nicht zur Anwendung.

Aufgrund dieser Einschränkungen von Sitzverlegungen erfolgt die Sitzverlegung in Form von **formwechselnden Umwandlungen** oder **übertragenden Umgründungen** (Umwandlung nach UmwG, Verschmelzung nach dem AktG oder grenzüberschreitend innerhalb der EU/des EWR aufgrund des EU-Umgründungsgesetzes, beruhend auf der Richtlinie 2019/2121 zur Änderung der Richtlinie 2017/1132/EU).

Von der **gesellschaftsrechtlichen Sitzverlegung** ist die **steuerliche Verlegung der tatsächlichen Geschäftsleitung** zu unterscheiden, die im Wege faktischer Geschäftsführung vom Ausland aus erfolgt.

Kapitel 9

Körperschaftsteuer[1] –
Besteuerung, Einkünfteermittlung

1. Besteuerung, Einkünfteermittlung
bei Körperschaften

1.1. Besteuerung von Körperschaften – Steuersatz (§ 22)

489

Die **Körperschaftsteuer** vom Einkommen beträgt **23 %** (in 2023: 24 %, davor: 25 %) (§ 22).

Bei **Privatstiftungen** ist anstelle der Körperschaftsteuer eine **Zwischensteuer von 23 %** auf:

- außerbetriebliche Kapitaleinkünfte aus **Zinsen, Wertsteigerungen, Derivaten und Kryptowährungen**, die bei natürlichen Personen den besonderen Steuersätzen unterliegen, und
- außerbetriebliche Einkünfte aus **Grundstücksveräußerungen**

anzuwenden (§§ 13, 22).

Die Zwischensteuer **unterbleibt** insoweit, als im selben Kalenderjahr steuerpflichtige Zuwendungen an Begünstigte erfolgen, für die Kapitalertragsteuer einbehalten und abgeführt worden ist (→ 396ff).

Zusätzlich zur Körperschaftsteuer und Zwischensteuer ist ein **weiterer Steuerbetrag** in Höhe von **25%** auf Beträge zu erheben, bei denen der Steuerpflichtige auf Verlangen der Finanzbehörde die Gläubiger oder Empfänger der Beträge nicht genau bezeichnet (**fehlende Empfängerbenennung**). Damit soll eine vermutete Gewinnausschüttung besteuert werden.

Bei **beschränkt steuerpflichtigen** Körperschaften kommt ebenso der Steuersatz von 23 % zur Anwendung. Sofern die Abzugsteuer für beschränkt Steuerpflichtige anzuwenden ist, gelten die Steuersätze von **20 %** (Bruttobesteuerung) und **23 %** (Nettobesteuerung). Für Einkünfte, auf die der besondere Steuersatz von 27,5 % anzuwenden wäre (§ 99 Abs 1 Z 6 und 7), beträgt der Steuersatz **23 %** (Bruttobesteuerung; § 100 Abs 1a). Bei Einkünften aus der **Einräumung eines Leitungsrechts** kommt ein Steuersatz in Höhe von 7,5 % zur Anwendung (§ 24 Abs 7 → 423).

---

1   Paragraphenverweise ohne Gesetzesangabe beziehen sich auf das Körperschaftsteuergesetz (KStG).

1.2. Grundsätze und Besonderheiten der Einkünfteermittlung

490 Die **Einkünfteermittlung** bestimmt sich nach dem Einkommensteuergesetz und dem Körperschaftsteuergesetz (§ 7 Abs 2 zweiter Satz).

Durch den Verweis auf das Einkommensteuergesetz gelten die **Grundsätze der Einkünfteermittlung der Einkommensteuer auch für die Körperschaftsteuer**. Einkunftsquelle ist bei betrieblichen Einkünften der einheitliche **Betrieb**. Bei außerbetrieblichen Einkünften ist dies das einzelne **Rechtsverhältnis** (zum Objekt der Einkünfteermittlung → 156). **Einkünfteermittlungssubjekt** ist die Körperschaft, die jeweils zur Ermittlung der Einkünfte einer Einkunftsquelle verpflichtet ist. Sofern die Körperschaft ihre Einkünfte über eine Personengesellschaft oder einen Fonds (Fondsverwaltungsgesellschaft) erzielt, können auch diese zur Einkünfteermittlung verpflichtet sein (zum Subjekt der Einkünfteermittlung → 157). Sowohl in- als auch ausländische Einkünfte sind nach den inländischen Bestimmungen zu ermitteln (§ 2 Abs 8 EStG).

491 Besondere Einkünfteermittlungsvorschriften bei Körperschaften

Im Vergleich zur Einkommensteuer ergeben sich bei der Körperschaftsteuer **besondere Einkünfteermittlungsvorschriften**:

- **Nettoprinzip:** Das Körperschaftsteuergesetz knüpft hinsichtlich steuerpflichtiger Einnahmen und abzugsfähiger Ausgaben an das Einkommensteuergesetz an. Aufgrund der Besonderheiten von Körperschaften (insbesondere im Hinblick auf das Trennungsprinzip) ergeben sich darüber hinaus spezielle Vorschriften, die bestimmte Einnahmen als steuerfrei behandeln und zusätzliche Ausgaben als nichtabzugsfähig (§ 11 und § 12 → 492ff).
- **Periodenprinzip:** Das Körperschaftsteuergesetz folgt auch hier den Grundsätzen des Einkommensteuergesetzes und sieht nur einige wenige davon abweichende Regeln vor (§ 7 → 495ff).
- **Betriebliche und außerbetriebliche Einkünfteermittlung:** Das Körperschaftsteuergesetz übernimmt die Bestimmungen der betrieblichen (§§ 4 bis 14 EStG) und außerbetrieblichen Einkünfteermittlung (§§ 15 bis 16 EStG → 497ff).
- **Steuerneutrale Vermögensänderungen zwischen Gesellschafter und Körperschaft:** Bei der Ermittlung der Einkünfte sind Einlagen, Einlagenrückzahlungen und Einkommensverwendung bei der Körperschaft steuerneutral und daher insofern aus der Einkünfteermittlung auszuscheiden, als sie von oder an Personen in ihrer Eigenschaft als Gesellschafter, Mitglieder oder in ähnlicher Eigenschaft geleistet werden (§ 8 Abs 1, Abs 2 und Abs 3 → 501ff).
- **Besondere Einkünfteermittlung bei Beteiligungen an anderen Körperschaften:** Bei der Ermittlung der Einkünfte aus Beteiligungen an anderen Körperschaften wird eine körperschaftliche Doppelbesteuerung durch Befreiung der Einkünfte (Beteiligungsertragsbefreiung) oder Anrechnung der entrichteten Körperschaftsteuer vermieden. Eine besondere Einkünfteermittlung gilt auch für Wertänderungen an Beteiligungen an anderen Körperschaften (§ 10 und § 10a → 513ff).

- **Besondere Einkünfteermittlung für Zinsen und Lizenzgebühren** zwischen verbundenen Körperschaften (§ 12 Abs 1 Z 10 und § 98 EStG → 525ff).
- **Besondere Einkünfteermittlungsvorschriften zur Bekämpfung von Steuervermeidung** (→ 529ff) wie insbesondere die Besteuerung von Passiveinkünften von niedrigbesteuerten Körperschaften (§ 10a), Sondervorschriften für hybride Gestaltungen (§ 14) und die Einschränkung des Abzuges von Zinsen durch die Zinsschranke (§ 12a) .
- **Änderung des inländischen Besteuerungsrechts:** Bei der Einkünfteermittlung sind bei Rechtsverhältnissen und Rechtsgeschäften zwischen in- und ausländischen verbundenen Körperschaften fremdübliche Verrechnungspreise anzusetzen, um das inländische Besteuerungsrecht an Einkünften von ausländischen Besteuerungsrechten nach der wirtschaftlichen Leistungsfähigkeit abzugrenzen (§ 6 Z 6 EStG → 540ff).
- **Privatstiftungen** unterliegen besonderen Einkünfteermittlungsvorschriften (§ 13 → 546ff).
- **Einkünfteermittlung bei Beginn und Ende der Steuerpflicht** (§§ 18 ff → 551ff).

1.3. Das Nettoprinzip als Baustein der Ermittlung

Das Nettoprinzip gilt auch bei der Einkünfteermittlung von Körperschaften. Dabei sind **492** ebenso nur **steuerpflichtige Einnahmen** und **abzugsfähige Ausgaben** zu berücksichtigen. Steuerfreie Einnahmen, nichtabzugsfähige Ausgaben und steuerneutrale Vermögensänderungen bleiben außer Ansatz.

Neben den besonderen Vorschriften, die zu steuerfreien Einnahmen und nichtabzugsfähigen Ausgaben führen, enthalten § 11 und § 12 eine Aufzählung von ausdrücklich **abzugsfähigen und nichtabzugsfähigen Ausgaben und Aufwendungen**.

Abzugsfähige Ausgaben und Aufwendungen   493

Nach § 11 gelten bei der Gewinnermittlung auch folgende Aufwendungen als Betriebsausgaben:

- **Gründungskosten und Eigenkapitalzufuhr:** Bei unter § 7 Abs 3 fallenden Körperschaften von ihnen zu tragenden Aufwendungen, soweit sie mit Einlagen und Beiträgen in unmittelbarem wirtschaftlichen Zusammenhang stehen (Abs 1 Z 1 → 512).
- **Bei Versicherungsunternehmen** die Zuführungen zu versicherungstechnischen Rückstellungen und Rücklagen sowie die Gewährung von Prämienrückerstattungen (Gewinnbeteiligungen) nach den §§ 15 bis 17 (Abs 1 Z 3).
- **Zinsen** im Zusammenhang mit der Fremdfinanzierung des Erwerbes von Kapitalanteilen im Sinne des § 10, soweit sie zum Betriebsvermögen zählen (Abs 1 Z 4 → 519).

Bei **befreiten** Körperschaften und teilweiser unbeschränkter Steuerpflicht dürfen Aufwendungen und Ausgaben nur insoweit abgezogen werden, als sie mit **steuerpflichtigen Erträgen und Einnahmen** in unmittelbarem wirtschaftlichem Zusammenhang stehen (Abs 2).

494 Nichtabzugsfähige Ausgaben und Aufwendungen

Nach § 12 dürfen bei den einzelnen Einkünften bestimmte Ausgaben nicht abgezogen werden (**absolutes Abzugsverbot**).

- **Die Aufwendungen für die Erfüllung von Zwecken des Steuerpflichtigen, die durch Stiftung, Satzung oder sonstige Verfassung vorgeschrieben sind** (Abs 1 Z 1 → 512).
- **Unangemessen hohe Aufwendungen und Ausgaben**, die beruflich oder betrieblich veranlasst sind, insbesondere für Luxusgüter (§ 20 Abs 1 Z 2 lit b EStG, dies gilt für Aufwendungen im Zusammenhang mit Personen- und Kombinationskraftwagen, Personenluftfahrzeugen, Sport- und Luxusbooten, Jagden, geknüpften Teppichen, Tapisserien und Antiquitäten (Abs 1 Z 2).
- **Repräsentationsaufwendungen** (§ 20 Abs 1 Z 3 EStG, Abs 1 Z 3).
- **Geldbußen, vergleichbare Zahlungen und strafrechtlich relevante Zuwendungen** (Bestechung, Abs 1 Z 4).
- **Aufwendungen zu gemeinnützigen, mildtätigen oder kirchlichen Zwecken** und andere freiwillige Zuwendungen (Spenden), soweit nicht als Betriebsausgaben oder Sonderausgaben abzugsfähig (Abs 1 Z 5).
- **Ertragsteuern und Personensteuern** sowie Abgaben und Nebenkosten aus Anlass **unentgeltlicher Grundstückübertragung** und die **Umsatzsteuer auf nichtabzugsfähige Aufwendungen** (Abs 1 Z 6).
- **Aufsichtsratsvergütungen** in Höhe von 50 % (Abs 1 Z 7 → 512).
- **Managerbezüge** über EUR 500.000 (§ 20 Abs 1 Z 7 EStG, Abs 1 Z 8 → 259).
- **Zinsen** im Zusammenhang mit der konzerninternen Anschaffung von Kapitalanteilen (Abs 1 Z 9 → 519).
- **Zinsen und Lizenzgebühren** von verbundenen Unternehmen (Abs 1 Z 10 → 527).
- **Barzahlung über EUR 500** von Ausgaben für Bauleistungen (§ 20 Abs 1 Z 9 EStG, Abs 1 Z 11).

Darüber hinaus gilt auch in der Körperschaftsteuer das **relative Abzugsverbot**, wonach Aufwendungen und Ausgaben nicht abgezogen werden dürfen, die nicht steuerpflichtigen (steuerneutralen) Vermögensvermehrungen oder mit Einkünften, die der Bruttobesteuerung unterliegen, in unmittelbarem wirtschaftlichem Zusammenhang stehen (§ 12 Abs 2, Abzugsverbot für Kapitaleinkünfte und Grundstücksveräußerungen nicht anzuwenden auf §-7-Abs-3-Körperschaften).

Besondere Einschränkungen hinsichtlich der Abzugsfähigkeit bestehen auch für **Wertänderungen von Kapitalanteilen** (§ 12 Abs 3 → 521f).

1.4. Das Periodenprinzip als Baustein der Ermittlung

495

Die **Einkünfte** aus einer Einkunftsquelle sind auch bei Körperschaften jeweils **für eine Periode zu ermitteln**. Die nach dem Nettoprinzip ermittelten steuerpflichtigen Einnahmen und abzugsfähigen Ausgaben sind daher einzelnen Perioden zuzuordnen.

Einkünfteermittlungszeitraum ist das Wirtschaftsjahr. Dieses deckt sich grundsätzlich mit dem Kalenderjahr (§ 7 Abs 4). Ein **abweichendes Wirtschaftsjahr** dürfen rechnungslegungspflichtige Körperschaften und buchführende Körperschaften mit einem land- und forstwirtschaftlichen Betrieb betreiben; der Gewinn ist in jenem Kalenderjahr zu berücksichtigen, in dem das Wirtschaftsjahr endet. Zum Rumpfwirtschaftsjahr und zur Umstellung gelten die einkommensteuerlichen Vorschriften nach § 2 Abs 6 und 7 EStG (§ 7 Abs 5 → 183).

Anzuwendende Einkünfteermittlungsarten   496

Die **Gewinnermittlung nach § 5 Abs 1 EStG** ist anwendbar auf alle rechnungslegungspflichtigen Körperschaften mit Einkünften aus Gewerbebetriebe (§ 5 Abs 1 EStG). Darunter fallen **alle § 7 Abs 3-Körperschaften**, somit alle Kapitalgesellschaften, rechnungslegungspflichtige Erwerbs- und Wirtschaftsgenossenschaften (mit antragsgemäßer Fortsetzung bei Wegfall der Rechnungslegungspflicht) und vergleichbare unbeschränkt steuerpflichtige ausländische Körperschaften.

Bei **Betrieben gewerblicher Art** (§ 2), die nach unternehmensrechtlichen oder vergleichbaren Vorschriften rechnungslegungspflichtig sind und deren Umsätze in zwei aufeinanderfolgenden Jahren **EUR 700.000** übersteigen, erfolgt eine Gewinnermittlung nach § 5 Abs 1 EStG (§ 7 Abs 3); für sonstige Betriebe gewerblicher Art kann eine Einnahmen-Ausgaben-Rechnung (§ 4 Abs 3) geführt werden (unabhängig von der Rechnungslegungspflicht der Körperschaft öffentlichen Rechts).

Bei ausländischen Betrieben ist nach der Gewinnermittlungsart zu ermitteln, die anzuwenden wäre, wenn es sich um einen inländischen Betrieb handeln würde; bei abweichenden Wirtschaftsjahr ist dies auch für die inländische Gewinnermittlung maßgeblich. Die Gewinnermittlung für eine Betriebsstätte eines Betriebs richtet sich nach der für den gesamten Betrieb maßgebenden Gewinnermittlung (§ 7 Abs 2 iVm § 2 Abs 8 Z 2 EStG).

Bei ausländischen Körperschaften ist § 5 Abs 1 anzuwenden auf (i) Einkünfte aus einer inländischen Betriebsstätte nach § 5 Abs 1, soweit eine unternehmensrechtliche Rechnungslegungspflicht besteht (§ 21 Abs 1 Z 2 lit b) und (ii) Einkünfte aus inländischen Betriebsstätten und unbewegliches Vermögen bei Körperschaften, die inländischen §-7-Abs-3-Körperschaften vergleichbar sind (§ 21 Abs 1 Z 3).

Sofern keine Gewinnermittlung nach § 5 Abs 1 EStG erforderlich ist, kann eine **Gewinnermittlung nach § 4 Abs 1** freiwillig geführt werden oder notwendig sein, wenn die Buchführungsgrenzen des § 125 BAO überschritten werden (EUR 700.000).

In allen anderen Fällen ist der der **Gewinn nach § 4 Abs 3 EStG** (inklusive der Pauschalierung nach § 17 EStG) oder im außerbetrieblichen Bereich nach dem **Überschuss der Einnahmen über die Werbungskosten** zu ermitteln.

Beispiele:

1. **Kapitalgesellschaften:** GmbH, FlexCo und AG sind aufgrund ihrer Form rechnungslegungspflichtig und erzielen nach § 7 Abs 3 Einkünfte aus Gewerbebetrieb, sodass sie der Gewinnermittlung nach § 5 Abs 1 unterliegen.
2. **Unternehmer mit außerbetrieblichen Einkünften** wie insbesondere im Fall von Einkünften aus Vermietung und Verpachtung, ermitteln ihren Überschuss durch Gegenüberstellung der Einnahmen und der Werbungskosten.
3. **Ein kleiner Verein ohne Rechnungslegungspflicht** kann betriebliche Einnahmen nach der Einnahmen-Ausgaben-Rechnung ermitteln, sofern keine Buchführungspflicht nach § 4 Abs 1 EStG besteht oder Bücher auch nicht freiwillig geführt werden.

1.5. Betriebliche und außerbetriebliche Einkünfteermittlung

497 Betriebliche Einkünfteermittlung bei Körperschaften

Die betriebliche Einkünfteermittlung folgt dem Einkommensteuergesetz (§ 7 Abs 2). Der Gewinn ist daher neben der Berücksichtigung der Besonderheiten der §§ 7 ff nach den **allgemeinen Grundsätzen der §§ 4 ff EStG** zu ermitteln.

Nicht zu berücksichtigen sind aufgrund der ausdrücklichen Anwendung auf natürliche Personen der **Gewinnfreibetrag** (§ 10 EStG) und die **Übertragung stiller Reserven** (§ 12 EStG). Hingegen steht der **Investitionsfreibetrag** auch für betrieblich tätige Körperschaften zu (§ 11 EStG).

Bei **Wechsel der Einkünfteermittlungsart** sind die Bestimmungen zur Einlage und Entnahme anzuwenden (§ 6 Z 4 und 5 EStG, § 7 Abs 3), bei **Wechsel der Gewinnermittlungsart** die Bestimmungen des Einkommensteuergesetzes (§ 4 Abs 10).

Einkünfte aus der **Veräußerung und Aufgabe von Betrieben** (§ 24 EStG) liegen nur bei sonstigen Körperschaften vor; der Freibetrag kommt zur Anwendung.[2] Rechnungslegungspflichtige Körperschaften erzielen keine Veräußerungsgewinne nach § 24 EStG, sodass der Freibetrag zusteht (§ 7 Abs 3).[3] Die Verteilung und der Hälftesteuersatz (§ 37 EStG) stellen dagegen klassische Progressionsbegünstigungen dar und sind auf Körperschaften grundsätzlich nicht anwendbar.

Verluste sind ebenso nach dem Einkommensteuergesetz zu ermitteln. Verluste aus **begünstigt besteuerten betrieblichen Einkunftsarten** innerhalb desselben Betriebs sind bei sonstigen Körperschaften eingeschränkt zu berücksichtigen (§ 6 Z 2 lit c und lit d, **nicht für §-7-Abs-3-Körperschaften** nach § 7 Abs 3). Die Bestimmung über Verluste bei kapitalistischen Mitunternehmern ist nicht anzuwenden (§ 23a EStG). Verluste aus Verlustbeteiligungsmodellen unterliegen den Beschränkungen nach dem EStG, betriebliche Verluste aus passiven Tätigkeiten sind bei Körperschaften zu berücksichtigen (§ 7 Abs 2, Erzielen steuerlicher Vorteile im Vordergrund, § 2 Abs 2a).

Verluste aus **Liebhabereitätigkeiten** und sonstigen **steuerneutralen Tätigkeiten** (Hoheitsbetriebe, befreite Körperschaften im Umfang der Befreiung) sind von vornherein nicht zu berücksichtigen, da sie außerhalb der sieben Einkunftsarten anfallen.

498 Zusätzliche Korrekturen bei Körperschaften

Bei **Körperschaften** können, ausgehend vom unternehmensrechtlichen **Bilanzgewinn** (Bilanzverlust), **zusätzlich folgende Korrekturen oder Ergänzungen** notwendig sein:

- **Zuführung von Rücklagen und Auflösung von Rücklagen** müssen rückkorrigiert werden, weil sie den Bilanzgewinn vermindern bzw erhöhen;
- **Einkünfteverwendung**, die in der Form von erfolgswirksamen Vorgängen erfasst wurden (verdeckte Gewinnausschüttungen), sind zu neutralisieren;
- **Körperschaftsteuer** und sonstige Ertragsteuern sind mangels Steuerwirksamkeit zu neutralisieren;

---

2   VwGH 26.9.1985, 85/14/0090.
3   UFS 8.7.2010, RV/0655-W/06.

- **Beteiligungskorrekturen** in Form von steuerfreien Beteiligungserträgen und sonstigen steuerfreien Wertänderungen, Verteilung von Abschreibungen und Verluste aus Beteiligungen über sieben Jahre;
- **besondere steuerliche Vorschriften** wie die Hinzurechnungsbesteuerung, hybride Gestaltungen oder die Zinsschranke;
- **Nichtabzugsfähige Ausgaben** aus Zinsen und Lizenzgebühren an verbundenen Unternehmen und Vergütungen an Mitglieder des Aufsichtsrats oder Verwaltungsrats sind wieder hinzuzurechnen.

Beispiel:

Der **unternehmensrechtliche Bilanzgewinn** einer GmbH beträgt EUR 375.000. Darin enthalten ist ein gewinnerhöhender (steuerfreier) Beteiligungsertrag (§ 10) von EUR 20.000, eine gewinnmindernde (steuerlich nichtabzugsfähige) Pauschalwertberichtigung von EUR 30.000 und der vorausberechnete (steuerlich nichtabzugsfähige) Körperschaftsteueraufwand von EUR 115.000 (23 % der steuerlichen Bemessungsgrundlage von EUR 500.000). Aufgrund der **Mehr-Weniger-Rechnung** ist dem unternehmensrechtlichen Bilanzgewinn ein Betrag von EUR 125.000 als Saldo aus den Korrekturen (– EUR 20.000 + EUR 30.000 + EUR 115.000) hinzuzurechnen und als **steuerlicher Gewinn** zu versteuern.

Außerbetriebliche Einkünfteermittlung bei Körperschaften   499

Die außerbetriebliche Einkünfteermittlung folgt wie auch die betriebliche Einkünfteermittlung dem Einkommensteuergesetz (§ 7 Abs 2). Die Einkünfte sind als Überschuss der Einnahmen (§ 15 EStG) über die Werbungskosten (§ 16 EStG) zu ermitteln (**Nettoprinzip**). Die zeitliche Zuordnung von Einnahmen und Ausgaben richtet sich nach dem allgemeinen Zu- und Abflussprinzip (**Periodenprinzip**, § 19 EStG). Es gelten auch hier die besonderen Einkünfteermittlungsgrundsätze bei den außerbetrieblichen Einkünften (§§ 27 ff EStG).

Einkünfteermittlung bei beschränkt steuerpflichtigen Körperschaften   500

Die Einkünfteermittlung bei beschränkt steuerpflichtigen Körperschaften mangels Ansässigkeit im Inland folgt dem Einkommensteuergesetz (§ 21 Abs 1 Z 1). Die besonderen **Bestimmungen für Beteiligungen** (§ 10 und § 10a, Beteiligungsertragsbefreiung, internationale Schachtelbeteiligung, niedrigbesteuerte Passiveinkünfte) kommen nicht zur Anwendung (§ 21 Abs 1 Z 1), außer für Einkünfte aus einer im Inland liegenden Betriebsstätte (§ 21 Abs 1 Z 2).

2. Einlagen, Einlagenrückzahlung, Einkünfteverwendung bei Körperschaften (§ 8 KStG)

2.1. Einlagen in Körperschaften

Einlagen in Körperschaften   501

Bei **Körperschaften** bleiben bei der Einkünfteermittlung **Einlagen und Beiträge** jeder Art insoweit **außer Ansatz**, als sie von Personen in ihrer Eigenschaft als Gesellschafter, Mitglieder oder in ähnlicher Eigenschaft geleistet werden (§ 8 Abs 1).

Damit wird erreicht, dass die Einkünfte der Körperschaft durch bloße Einlagen nicht erhöht werden.

Zu den **Einlagen in Körperschaften** zählt das von den mittelbaren oder unmittelbaren Gesellschaftern zur Verfügung gestellte Eigenkapital. Dazu gehören das aufgebrachte Grund-, Stamm- oder Genossenschaftskapital und sonstige Einlagen und Zuwendungen, die in eine Kapitalrücklage einzustellen sind, inklusive sonstiges bereitgestelltes, steuerliches Eigenkapital aufgrund von Substanzgenussrechten oder Partizipationskapital. Nicht nur als Einlagen bezeichnete Vermögenszuflüsse (**offene Einlagen**) bleiben steuerneutral, sondern auch wirtschaftlich im Wege eines nicht fremdüblichen Rechtsgeschäfts geleistete Einlagen (**verdeckte Einlagen**) (§ 4 Abs 12 Z 1 EStG).

Nicht zu den Einlagen zählen Kapitalerhöhungen aus Gewinnvorträgen und Gewinnrücklagen innerhalb von 10 Jahren (§ 32 Abs 1 Z 3 EStG → 508) oder Beträge, die infolge einer Umgründung im Sinne des Umgründungssteuergesetzes die Eigenschaft einer Gewinnrücklage oder eines Bilanzgewinns verloren haben (→ 640). In beiden Fällen handelt es sich um steuerliche Gewinne, die unternehmensrechtlich als Nennkapital oder Kapitalrücklagen ausgewiesen werden (§ 4 Abs 12 Z 2 EStG).

Als **Wert der Einlage** ist grundsätzlich der Wert des eingelegten Wirtschaftsgutes anzusetzen, weil die Einlage als Tausch gilt (§ 6 Z 14 lit b EStG). Der Einlagewert stellt die Anschaffungs- oder Herstellungskosten des eingelegten Wirtschaftsguts dar, die noch nicht zu berücksichtigende Ausgaben darstellen. Buchungstechnisch erhöhen Einlagen das Eigenkapitalkonto, Nennkapital oder Kapitalrücklage.

Beispiel:
Haftungsübernahme zugunsten einer Tochtergesellschaft: Die Zusage einer Einlage aufgrund einer Haftungsübernahme führt zu einer steuerneutralen Verpflichtung der Muttergesellschaft gegenüber ihrer Tochtergesellschaft und kann daher nicht als ausgabenwirksame Rückstellung berücksichtigt werden.

502 Einlagen in Körperschaften: Behandlung beim Gesellschafter

Auf **Ebene des Gesellschafters** oder Eigentümers der Körperschaft liegt eine **Anschaffung** oder im Fall nachträglicher Einlagen eine **Erhöhung der Beteiligung** vor.

Die geleisteten Einlagen entsprechen den Anschaffungskosten der Beteiligung, die noch nicht zu berücksichtigende Ausgaben darstellen.

Beispiele und Einzelfälle:
1. **Offene Einlage:** Der Gesellschafter leistet anlässlich der Gründung bar die Stammeinlage in Höhe von EUR 35.000. Die Einlage ist bei der Gesellschaft steuerneutral und erhöht daher die Einkünfte nicht. Auf Ebene des Gesellschafters liegen Anschaffungskosten in derselben Höhe vor.
2. **Verdeckte Einlage durch Veräußerung:** Der Gesellschafter veräußert der GmbH ein Grundstück um EUR 200.000 mit einem Wert von EUR 300.000. Es liegen tatsächlich zwei Vorgänge vor: Zuerst veräußert der Gesellschafter das Grundstück an die Gesellschaft um EUR 300.000. Die Gesellschaft hat Anschaffungskosten von EUR 300.000 und der Gesell-

schafter Einnahmen von EUR 300.000. Dann leistet er in Höhe von EUR 100.000 eine Einlage in die Gesellschaft. Die Einlage in Höhe von EUR 100.000 ist bei der Gesellschaft steuerneutral und erhöht beim Gesellschafter die Anschaffungskosten der Beteiligung.

3. **Verdeckte Einlage durch verdecktes Eigenkapital:** Der Gesellschafter überlässt der Gesellschaft zu nicht fremdüblichen Bedingungen ein Darlehen, das dem Grunde nach als Eigenkapital zu bewerten ist. Der Darlehensbetrag ist als Einlage zu behandeln.

Vertiefung: Forderungsverzicht, Nutzungseinlagen 503

Bei einem **Forderungsverzicht** auf Seiten des Gesellschafters gegenüber der Gesellschaft ist der nicht mehr werthaltige Teil der Forderung auf Seiten der Körperschaft steuerwirksam (Buchgewinn aus Wegfall der Verbindlichkeit und niedrigerem tatsächlichen Wert der Zuwendung), der werthaltige Teil stellt eine steuerneutrale Einlage dar (steuerneutrale Buchung aus Wegfall der Verbindlichkeit und entsprechendem Wert der Zuwendung).

Beispiel zum Forderungsverzicht:

Der Gesellschafter hat eine Forderung gegenüber der Gesellschaft in Höhe von EUR 100.000. Davon sind 30 % uneinbringlich, also EUR 30.000. Der Gesellschafter verzichtet gegenüber der Gesellschaft auf die Forderung. In Höhe von EUR 30.000 liegt auf Ebene der Gesellschaft eine steuerwirksame Einnahme vor. In Höhe des Rests liegt eine Einlage in die Gesellschaft vor, die die Einkünfte nicht erhöht.

Unentgeltliche Leistungen sowie andere unentgeltliche Nutzungsüberlassungen (**Leistungseinlagen und Nutzungseinlagen**) eines Gesellschafters sind keine Einlagen und daher nicht zu neutralisieren. Sie führen daher über ersparte Ausgaben der Körperschaft zu erhöhten Einkünften.[4]

Beispiele zu Leistungs- und Nutzungseinlagen:

Der Gesellschafter übt unentgeltlich die Geschäftsführung für die GmbH aus und nutzt in seiner Funktion sein Grundstück unentgeltlich. Leistungen und Nutzungen sind auf Ebene der Gesellschaft nicht als Einlagen zu berücksichtigen und erhöhen daher mittelbar die Einkünfte der GmbH durch Ersparnis von Ausgaben. Die Geschäftsführerleistung und Nutzungsüberlassung könnte steuerlich dann zu Ausgaben bei der GmbH führen, wenn diese aufgrund fremdüblicher entgeltlicher Verträge erbracht werden. Die unentgeltlichen Nutzungen und Leistungen erhöhen auch nicht die Anschaffungskosten des leistenden Gesellschafters.

Exkurs: Eigenkapital bei Kapitalgesellschaften 504

Bei **Kapitalgesellschaften** wird das unternehmerische Eigenkapital unterteilt in **Nennkapital** (Stammkapital bei der GmbH und FlexCo, Grundkapital bei der AG), **Kapitalrücklagen** (gebunden und ungebunden), **Gewinnrücklagen** und **Bilanzgewinn** (Bilanzverlust) samt Gewinnvortrag (Verlustvortrag).

Beiträge und Zuschüsse der Gesellschafter erhöhen das Nennkapital oder die Kapitalrücklagen. **Gewinne und Verluste** werden im Bilanzgewinn oder Bilanzverlust ausgewiesen. Gewinne könne aber auch in Gewinnrücklagen eingestellt werden. Der **Bilanzgewinn (Bilanzverlust)** ist dabei nicht mit dem steuerlichen Gewinn gleichzusetzen, sondern stellt den ausschüttbaren Gewinn dar, der sich aus dem Jahresergebnis nach Steuern, den Änderungen bei den Rücklagen und dem Gewinnvortrag (Verlustvortrag) ergibt.

---

4   VwGH 6.7.2011, 2008/13/0234; BFH 26.10.1987, GrS 2/86.

Aus **unternehmensrechtlicher** Sicht (Gläubigerperspektive) liegt Eigenkapital dann vor, wenn folgende Kriterien zusammenfassend erfüllt sind: (i) Nachrangigkeit gegenüber anderen Gläubigern, (ii) Beteiligung am Gewinn und am Verlust bis zur vollen Höhe, (iii) keine Befristung der Kapitalüberlassung.[5]

Aus **steuerlicher** Sicht (Vermögensperspektive) ist die Abgrenzung von Eigenkapital zu Fremdkapital vorrangig anhand der vereinbarten Vermögensrechte vorzunehmen. Die ist deswegen von Bedeutung, weil bei Eigenkapital die Ausschüttung oder Gewinnentnahme steuerneutral erfolgt (Einkünfteverwendung), bei Fremdkapital jedoch eine grundsätzlich abzugsfähige Ausgabe darstellt und den Gewinn des Kapitalnehmers kürzt. Für steuerliche Zwecke kommt es vorrangig auf die vereinbarten Vermögensrechte an, insbesondere die **Beteiligung am Gewinn und am Unternehmenswert** (Liquidationsgewinn) (§ 8 Abs 3 Z 1 zweiter TS).

Beispiel:

Hybridkapital (Genussrechte und sonstige Finanzierungsinstrumente wie partiarische Darlehen) ist steuerlich entweder als Eigenkapital oder als Fremdkapital zu behandeln. Maßgebliches Kriterium sind die vereinbarten Vermögensrechte: Eigenkapital liegt dann vor, wenn eine Beteiligung am Gewinn und am Liquidationsgewinn besteht (§ 8 Abs 3 Z 1; **Substanzgenussrechte**). Sonst handelt es sich um Fremdkapital (**obligationenartiges Genussrecht**). Beteiligung am Liquidationsgewinn ist gegeben, wenn das Genussrecht über die Rückgewähr der Nominale hinaus einen Anteil an den stillen Reserven der Körperschaft einräumt. Der VwGH zieht dabei weitere Kriterien heran und prüft, ob die Summe der Fremdkapitalkriterien oder jene der Eigenkapitalkriterien in Qualität und Quantität überwiegen.[6]

2.2. Einlagenrückzahlung und Einkünftezuwendung

505 **Rückzahlung von Eigenkapital bei Körperschaften (§ 4 Abs 12 EStG)**

Bei **Körperschaften** bleiben **Rückzahlungen von Einlagen außer Ansatz**, die an die Gesellschafter, Mitglieder oder Personen mit ähnlicher Eigenschaft geleistet werden (Einlagenrückzahlung).

Damit wird erreicht, dass die Einkünfte der Körperschaft durch bloße Einlagenrückzahlungen nicht vermindert werden.

Einlagenrückzahlungen sind steuerneutrale Rückzahlungen von Einlagen der Körperschaft an die Gesellschafter. Eine Einlagenrückzahlung kann durch Auflösung und Ausschüttung von Kapitalrücklagen oder durch Kapitalherabsetzung des Nennkapitals und Ausschüttung desselben erfolgen. Buchungstechnisch vermindern Einlagenrückzahlungen bei einer Kapitalherabsetzung das Eigenkapitalkonto, Nennkapital oder sonst die Kapitalrücklage.

Auf **Ebene des Gesellschafters** oder Eigentümers der Körperschaft gilt die Einlagenrückzahlung als Veräußerung der Beteiligung und mindert die Einlagenrückzahlung die Anschaffungskosten der Beteiligung. Erfolgt eine Rückzahlung über die bestehenden

---

5   KSW Fachgutachten zur Bilanzierung von Genussrechten und von Hybridkapital, KFS/RL 13.
6   VwGH 29.3.2006, 2005/14/0018; BFH 19.1.1994, I R 67/92.

Anschaffungskosten hinaus, dann stellt dies eine Veräußerung der Beteiligung dar und führt daher zu Einnahmen aus der Beteiligungsveräußerung. Die geleisteten Einlagen entsprechen den Anschaffungskosten der Beteiligung, die noch nicht zu berücksichtigende Ausgaben darstellen.

Beispiel zur Einlagenrückzahlung:

Die Gesellschaft löst eine Kapitalrücklage auf und schüttet den zur Verfügung stehenden Betrag an die Gesellschafter aus. Bisher wurden noch keine Gewinne erzielt. Die Auszahlung der Kapitalrücklage, die aus früheren Einlagen der Gesellschafter resultiert, ist ein steuerneutraler Vorgang auf Ebene der Gesellschaft. Auf Ebene des Gesellschafters führt die Einlagenrückzahlung zur Minderung der Anschaffungskosten. Übersteigt der Rückzahlungsbetrag die Anschaffungskosten, dann liegen insoweit Einnahmen aus der Beteiligungsveräußerung vor.

Einkünftezuwendung 506

Bei **Körperschaften** bleibt die **Zuwendung der Einkünfte**, die an die Gesellschafter, Mitglieder oder Personen mit ähnlicher Eigenschaft geleistet werden (Einkünftezuwendung), **steuerneutral**.

Damit wird erreicht, dass die Einkünfte der Körperschaft als Bemessungsgrundlage nicht durch deren Zuwendung an die Eigentümer der Körperschaft vermindert werden.

Einkünftezuwendungen sind alle Zuwendungen von Vorteilen an die Eigentümer der Körperschaft, entweder im Wege einer **offenen Ausschüttung** oder einer **verdeckten Ausschüttung** mittels nicht fremdüblicher Rechtsgeschäfte, wie insbesondere Gewinnausschüttungen und sonstige Entnahmen durch Eigentümer. Einkünftezuwendungen liegen nicht nur im Fall von Zuwendungen von Wirtschaftsgütern vor, sondern auch bei Zuwendungen von Leistungen und Nutzungen unter nicht fremdüblichen Bedingungen. Dazu zählen auch Rückvergütungen und Dividendengarantien und Zuwendungen von eigentümerlosen Körperschaften wie Sparkassen, Versicherungsvereine auf Gegenseitigkeit, Vereine, Anstalten, Stiftungen, Fonds, und Betriebe gewerblicher Art. Buchungstechnisch vermindern Einkünftezuwendungen das Eigenkapitalkonto, Gewinn oder Gewinnrücklagen.

Eine **verdeckte Gewinnausschüttung** erfordert eine **objektive Vorteilszuwendung** der Körperschaft durch Bereicherung des Anteilsinhabers zulasten der Körperschaft. Darüber hinaus ist eine **subjektive, auf Vorteilsgewährung gerichtete Willensentscheidung** der Körperschaft notwendig. Die Absicht kann sich auch schlüssig aus den Umständen des Falls ergeben, wie insbesondere bei fehlender Rückforderung durch die Körperschaft nach Kenntniserlangung vom Vorteil.[7] Keine verdeckte Gewinnausschüttung liegt vor, wenn der Leistung eine gleichwertige Gegenleistung gegenübersteht und im Zeitpunkt der Vorteilsgewährung eine eindeutige, wechselseitige Vereinbarung über den Ausgleich vorliegt (**Vorteilsausgleich**).[8] Verdeckte Ausschüttungen können nach Ablauf des jeweiligen Jahres nicht mehr mit steuerlicher Wirkung rückgängig gemacht werden.[9]

---

7   VwGH 14.12.2005, 2002/13/0022, VwGH 19.4.2018, Ra 2017/15/0039.
8   VwGH 22.11.2018, Ra 2018/15/0037.
9   VwGH 31.5.2011, 2008/15/0153.

Auf **Ebene des Gesellschafters** oder Eigentümers der Körperschaft liegen bei Erhalt eines unmittelbaren Vorteils Einnahmen aus der Beteiligung oder Eigentümerstellung vor. Die geleisteten Einlagen entsprechen den Anschaffungskosten der Beteiligung, die noch nicht zu berücksichtigende Ausgaben darstellen.

Beispiele und Einzelfälle:

1. **Offene Ausschüttung:** Die GmbH erzielte im Geschäftsjahr einen Gewinn in Höhe von EUR 100.000 und schüttet diesen aufgrund eines Gesellschafterbeschlusses an die Gesellschafter aus. Die Ausschüttung ist auf Ebene der Gesellschaft steuerneutral und auf Ebene der Gesellschafter liegt eine Einnahme aus der Beteiligung vor.

2. **Verdeckte Ausschüttung durch Verrechnungskonto:** Ist die Rückzahlung eines Betrags, die der Gesellschafter von der Gesellschaft erhalten hat, nicht gewollt oder wegen absehbarer Uneinbringlichkeit beim Gesellschafter aufgrund einer Bonitätsprüfung zB wegen seiner Einkünfte und dem Vermögen (ASVG-Pension und Einfamilienhaus) nicht zu erwarten, so liegt eine verdeckte Gewinnausschüttung in Höhe dieses Betrags auf dem Verrechnungskonto vor.[10] Eine bloß fehlende Fremdüblichkeit hinsichtlich bestimmter Elemente (Schriftform, Verzinsung, Sicherheiten) führt noch nicht zur fehlenden Rückzahlungsabsicht des gesamten Betrags.[11]

3. **Verdeckte Ausschüttung durch zinsloses Darlehen an Gesellschafter:** Ist aufgrund einer ernsthaften Rückzahlungsabsicht von einem Darlehen an den Gesellschafter auszugehen, werden aber Zinsen nicht oder nicht in fremdüblicher Höhe verrechnet, dann ist der Unterschiedsbetrag zwischen tatsächlichen Zinsen und fremdüblichen Zinsen als verdeckte Gewinnausschüttung anzusetzen. Steuerlich sind dabei fremdübliche Zinsen sowohl auf Ebene der Körperschaft (Zinsertrag) als auch auf Ebene des Gesellschafters (Zinsaufwand) anzusetzen und der Zinsertrag dann als verdeckte Gewinnausschüttung zu berücksichtigen.[12]

4. **Verdeckte Ausschüttung durch überhöhtes Geschäftsführergehalt:** Herr Tax ist zu 51 % Gesellschafter der GmbH und deren Geschäftsführer. Er erhält ein Geschäftsführergehalt von EUR 100.000 (fremdüblich wären EUR 60.000). Es sind ihm EUR 60.000 als Einnahmen aus der Geschäftsführertätigkeit zuzurechnen. Der Rest in Höhe von EUR 40.000 ist bei der GmbH wirtschaftlich als steuerneutrale verdeckte Gewinnausschüttung zu behandeln und bei Herrn Tax als Einnahmen aus der Dividendenausschüttung zu berücksichtigen (Einkünfte aus Kapitalvermögen).

5. **Verdeckte Ausschüttungen durch Mehrgewinne** einer Kapitalgesellschaft, die in ihrem Betriebsvermögen keinen Niederschlag gefunden haben (Gewinne aus Schwarzumsätzen),[13] sind als verdeckt zugeflossene Ausschüttungen an die Gesellschafter anzusehen.

507 Vertiefung: Nutzungsentnahmen, Aufwandsübernahme

Unentgeltliche Leistungen sowie andere unentgeltliche Nutzungsüberlassungen der Körperschaft an die Gesellschafter sind ebenso als Vorteile wie Ausschüttungen zu behandeln (**Leistungsentnahmen und Nutzungsentnahmen**). Die Bewertung der Leistungen und Nutzungen erfolgt in Höhe fremdüblicher Entgelte. Darüber hinaus sind auch **übernommene Verpflichtungen oder geleistete Ausgaben** zugunsten der Gesellschafter verdeckte Gewinnausschüttungen. In diesem Fall erfolgt die Bewertung entsprechend der Höhe der Verpflichtung oder der Ausgabe. Der Vermögensabgang an die Gesellschafter ist auf Ebene der Körperschaft steuerneutral und auf Ebene der Gesellschafter liegen Einnahmen aus der Beteiligung vor.

---

10 BFG 6.4.2016, RV/7103150/2013.
11 VwGH 26.2.2015, 2012/15/0177.
12 VwGH 28.1.1998, 95/13/0141.
13 VwGH 28.5.2015, 2014/15/0046.

Beispiele und Einzelfälle:

1. **Nutzungs- und Leistungsentnahme:** Der Gesellschafter nutzt einen Gebäudeteil der GmbH für private Zwecke. Die unentgeltliche Nutzung zugunsten des Gesellschafters stellt eine Nutzungsentnahme dar und ist steuerneutral. Auf Ebene des Gesellschafters liegt eine Einnahme aus der Beteiligung vor. Dasselbe gilt, wenn die Gesellschaft dem Gesellschafter für längere Zeit ein unentgeltliches Darlehen gewährt.
2. **Aufwandsübernahme:** Die Gesellschaft bezahlt Rechnungen oder tätigt Ausgaben zugunsten des Gesellschafters. Der Vorteil ist auf Ebene der Gesellschaft nicht als Ausgabe abzugsfähig und auf Ebene des Gesellschafters liegt eine Einnahme vor. Übernimmt die Körperschaft Kosten der Gesellschafter ohne eigenes betriebliches Interesse, dann stellt die Übernahme der Kosten durch die Körperschaft eine verdeckte Ausschüttung dar.[14]
3. **Gründungskosten** der Körperschaft sind grundsätzlich von den Anteilsinhabern zu tragen. Bis zu einer bestimmten Höhe können aufgrund des Gesellschaftsvertrags Gründungskosten auch von der Gesellschaft getragen werden. Ein über diese Kosten hinausgehender getragener Betrag stellt eine verdeckte Gewinnausschüttung dar.

Vertiefung: Steuerneutrale Kapitalerhöhung aus Gesellschaftsmittel   508

Der **unentgeltliche Erwerb von Anteilsrechten** aufgrund einer **Kapitalerhöhung aus Gesellschaftsmitteln** ist **steuerneutral.** Es liegt eine steuerfreie Ausschüttung des Gewinns mit gleichzeitiger steuerneutraler Einlage in die Körperschaft vor.

Eine steuerbegünstigte Umwandlung von nicht ausgeschütteten Gewinnen einer Kapitalgesellschaft in steuerliches Eigenkapital ist durch eine Kapitalerhöhung aus Gesellschaftsmitteln nach dem **Kapitalberichtigungsgesetz** möglich: Werden Gratisanteile aufgrund einer Kapitalerhöhung aus Gesellschaftsmitteln an die Gesellschafter ausgegeben, würde aufgrund der **Theorie der Doppelmaßnahme** eine (steuerpflichtige) Ausschüttung unter gleichzeitiger Einlage gegen Gewährung von Anteilen vorliegen.[15] Die unentgeltliche Ausgabe von Anteilen aufgrund einer Kapitalerhöhung aus Gesellschaftsmitteln ist steuerfrei (§ 3 Abs 1 Z 29 EStG). Um eine missbräuchliche Kapitalerhöhung zu reinen Steuerzwecken zu verhindern, wird eine Rückzahlung aufgrund einer Kapitalherabsetzung, die innerhalb von zehn Jahren nach einer Kapitalerhöhung aus Gesellschaftsmitteln erfolgt, jedoch als steuerpflichtige Einnahme behandelt (§ 32 Abs 1 Z 3 EStG).

Beispiel:
Eine AG beschließt eine Kapitalerhöhung aus Gesellschaftsmitteln nach dem Kapitalberichtigungsgesetz. Die Gesellschaftsmittel setzten sich aus den Gewinnen der vergangenen Jahre zusammen. Aufgrund der Theorie der Doppelmaßnahme würde es zur Fiktion einer Ausschüttung an die Gesellschafter kommen, die als Einnahme der Gesellschafter steuerpflichtig wäre, mit gleichzeitiger Einlage in die Gesellschaft. Aufgrund der Befreiung sind diese Einnahmen jedoch steuerfrei. Erfolgt nach acht Jahren (also innerhalb von 10 Jahren) eine Kapitalherabsetzung, dann ist die Rückzahlung soweit als steuerpflichtige Einnahme zu behandeln, als diese der ursprünglichen Kapitalerhöhung aus Gesellschaftsmitteln entspricht.

---

14   UFS 4.3.2013, RV/2452-W/10.
15   VwGH 14.5.1980, 1333/79.

509 Vertiefung: Stand der Einlagen und Innenfinanzierung

Ausschüttungen durch die Körperschaft sind für steuerliche Zwecke auf Ebene des Gesellschafters entweder steuerneutrale (aber anschaffungskostenmindernde) **Einlagenrückzahlungen** (→ 505) oder als Einnahmen zu behandelnde **Gewinnausschüttungen** (→ 506).

Für die Abgrenzung ist in einem ersten Schritt der **Stand der Einlagen** und der **Stand der Innenfinanzierung** zu ermitteln.

Zum Zweck der Abgrenzung hat die Körperschaft ein **Evidenzkonto über den Stand der Einlagen**, dessen Erhöhungen durch weitere Einlagen und Zuwendungen und Verminderungen durch Ausschüttungen oder sonstige Verwendungen laufend fortzuführen und in geeigneter Form der jährlichen Steuererklärung anzuschließen.

Gleichzeitig ist ein **Evidenzkonto über die positive Innenfinanzierung** (Gewinne und Verluste der Körperschaft) zu führen. Die Innenfinanzierung erhöht sich um Jahresüberschüsse und vermindert sich um Jahresfehlbeträge (unternehmensrechtliches Ergebnis nach Steuern, vor Kapitalrücklagen, Gewinnrücklagen, Gewinnvortrag/Verlustvortrag) sowie um offene Ausschüttungen. Außer Ansatz bleiben verdeckte Ausschüttungen und verdeckte Einlagen (bereits im unternehmensrechtlichen Ergebnis berücksichtigt) und erhaltene Einlagenrückzahlungen (von Tochtergesellschaften, damit diese systemkonform eine Ebene oberhalb nicht zu Gewinnen führen). Zu Auswirkungen bei Umgründungen → 640.

Beispiele:
1. **Stand der Einlagen:** Die Gesellschafter haben bisher EUR 35.000 als Stammkapital geleistet. Zusätzlich wurde eine Einlage von EUR 20.000 geleistet, die in Höhe von EUR 5.000 als Einlagenrückzahlung wieder ausgeschüttet wurde. Der Stand der Einlagen beträgt EUR 50.000.
2. **Innenfinanzierung:** Im ersten Jahr wurde ein unternehmensrechtlicher Jahresfehlbetrag in Höhe von EUR 10.000 erzielt. Im zweiten Jahr wird ein unternehmensrechtlicher Gewinn von EUR 30.000 erzielt, wovon EUR 5.000 offen ausgeschüttet wurden. Der Stand der Innenfinanzierung beträgt EUR 15.000.

510 Vertiefung: Einlagenrückzahlung oder Gewinnausschüttung

Bei einer **Ausschüttung** ist die **Abgrenzung** wie folgt vorzunehmen:

- **bei positiver Innenfinanzierung und positiven Einlagen** kann soweit eine Gewinnausschüttung oder eine Einlagenrückzahlung erfolgen;
- **ansonsten** abhängig von Stand der Innenfinanzierung und der Einlagen liegt entweder eine Gewinnausschüttung oder Einlagenrückzahlung vor;
- **abschließend** bei fehlender Deckung liegt eine Gewinnausschüttung vor.[16]

---

16   EB zu § 4 Abs 12 EStG; VwGH 11.8.1993, 91/13/0005.

Beispiele:

1. **Eine verdeckte Gewinnausschüttung** ist nach Auffassung der Finanzverwaltung immer als Gewinnausschüttung zu behandeln, auch wenn keine positive Innenfinanzierung vorliegt. Das Wahlrecht auf Behandlung als Einlagenrückzahlung endet mit Ablauf des Kalenderjahres, in dem die Vermögenszuwendung erfolgt (§ 4 Abs 2 lit a Z 2 BAO).[17]
2. **Positiver Stand der Innenfinanzierung und der Einlagen:** Es besteht ein Wahlrecht die Ausschüttung als Gewinnausschüttung oder Einlagenrückzahlung zu behandeln.
3. **Negativer Stand der Innenfinanzierung und positiver Stand der Einlagen:** Eine Ausschüttung ist steuerlich als Einlagenrückzahlung zu beurteilen.

Vertiefung: Substanzänderungen und steuerwirksame Änderungen bei Privatstiftungen 511

Bei Privatstiftungen ist nach der **steuerlichen Einordnung** der Stiftung zwischen eigennützigen und gemeinnützigen Privatstiftungen einerseits und betrieblichen Privatstiftungen andererseits zu unterscheiden:

- Bei **eigennützigen und gemeinnützigen** Privatstiftungen sind Zuwendungen durch die Privatstiftung erst nach Zuwendung aller aktuellen und thesaurierten Gewinne **steuerneutrale** Substanzänderungen (Vorrang der Gewinnausschüttung). Ein Evidenzkonto ist auch für **Privatstiftungen** zu führen. Das Evidenzkonto erhöht sich um Stiftungseingangswerte und vermindert sich durch Substanzauszahlungen (§ 27 Abs 5 Z 8 und Z 9 EStG).
- Bei **betrieblichen** Privatstiftungen sind bei der Privatstiftung Zuwendungen an und von der Privatstiftung **steuerwirksame Einnahmen bzw Ausgaben** (→ 547).

2.3. Ausgaben in Zusammenhang mit Eigenkapitaländerungen

Vertiefung: Ausgaben im Zusammenhang mit Einlagen, Rückzahlungen, Einkünfteverwendung 512

Nach dem allgemeinen Grundsatz sind Ausgaben auf Ebene der Körperschaft **nicht abzugsfähig**, soweit sie mit **steuerneutralen Vermögensänderungen im Zusammenhang stehen** (§ 12 Abs 2), teilweise mit ausnahmsweiser Abzugsfähigkeit:

- Eine § 7 Abs 3 Körperschaft kann zu tragende Ausgaben abziehen, soweit sie **mit Einlagen und Beiträgen in unmittelbarem wirtschaftlichem Zusammenhang** stehen (§ 11 Abs 1 Z 1).
- Körperschaften können **Ausgaben für die Erfüllung ihrer Zwecke nicht abziehen**, die durch Stiftungsurkunde, Satzung oder sonstige Verfassung vorgeschrieben sind (§ 12 Abs 1 Z 1).
- **Aufsichtsratsvergütungen** sind nur zur Hälfte absetzbar, weil diese teilweise nicht betrieblich veranlasst sind, sondern auch im Interesse der Gesellschafter der Überwachung der Geschäftsführung dienen (§ 12 Abs 1 Z 7).

---

17   VwGH 5.2.2021, Ro 2019/13/0027.

Beispiele:

1. **Die Finanzierung von Gewinnausschüttungen** ist betrieblich veranlasst, weil die Gewinnausschüttung als Entgelt für die Kapitalüberlassung des Gesellschafters zu sehen ist. Zinsen für die Finanzierung führen grundsätzlich zu abzugsfähigen Betriebsausgaben bei der Körperschaft.[18]
2. **Die Finanzierung von Einlagenrückzahlungen** stellt eine rein gesellschaftsrechtliche Maßnahme dar und ist nicht betrieblich veranlasst. Zinsen können daher nicht auf Ebene der Körperschaft abgezogen werden (vergleichbar mit Entnahmen bei Betrieben).[19]
3. **Ausgaben der Gründung, Kapitaländerung oder Umgründung** von Kapitalgesellschaften und anderen rechnungslegungspflichtigen Körperschaften (§ 7 Abs 3) können abgezogen werden, auch wenn sie mit steuerneutralen Einlagen im unmittelbaren Zusammenhang stehen. Abzugsfähig sind jedoch nur die Ausgaben, die die Körperschaft auch gesellschaftsrechtlich zu tragen hat (Übernahme der Gründungskosten aus dem Gesellschaftsvertrag), nicht jedoch Ausgaben der Gesellschafter (verdeckte Gewinnausschüttung).
4. **Zuwendungen von Privatstiftungen** an Begünstigte sind als Einkommensverwendung auf Ebene der Privatstiftung nicht abzugsfähig.

3. Einkünfteermittlung bei Beteiligungen (§ 10 KStG)

3.1. Doppelbesteuerung und Beteiligungsertragsbefreiung

513 Problem der körperschaftsteuerlichen Doppelbesteuerung

Aufgrund des **Trennungsprinzips** bei Körperschaften ergibt sich bei Beteiligungen an einer anderen Körperschaft das Problem der **körperschaftlichen Doppelbesteuerung**.

Erzielt eine Körperschaft Einkünfte, dann unterliegen diese Einkünfte auf Ebene der Körperschaft der Besteuerung. Werden die Einkünfte an eine Körperschaft als Gesellschafter ausgeschüttet, dann führt diese Ausschüttung ebenso zu Einkünften auf Ebene der Gesellschafter, die grundsätzlich der Besteuerung unterliegen würden. Dadurch wird eine **körperschaftliche Doppelbesteuerung** ausgelöst.

Beispiel:

Der Gewinn einer Kapitalgesellschaft iHv 100 wird mit 23 % besteuert und der verbleibende Betrag (77) ausgeschüttet. Bei Ausschüttung an eine Körperschaft und Besteuerung bei dieser verbleibt ein Betrag von 59,29 (**Steuerbelastung 40,71 %**). Wird der Gewinn weiter an eine natürliche Person ausgeschüttet, dann fallen 27,5 % der Einkünfte an und es verbleiben vom ursprünglichen Bruttobetrag lediglich 42,98 (**Steuerbelastung 57,01 %**).

Die körperschaftliche Doppelbesteuerung wird durch **Befreiung der Einkünfte aus der Ausschüttung** einer Körperschaft bei der die Einkünfte empfangenden Körperschaft (**Beteiligungsertragsbefreiung**) vermieden.

---

18   VwGH 19.12.2006, 2004/15/0122.
19   VwGH 19.12.2006, 2004/15/0122.

Beispiel:

Der Gewinn einer Kapitalgesellschaft iHv 100 wird mit 23 % besteuert und der verbleibende Betrag (77) ausgeschüttet. Bei Ausschüttung an weitere Körperschaften unterbleibt die Besteuerung aufgrund der Beteiligungsertragsbefreiung. Wird der Gewinn (77) schließlich an eine natürliche Person ausgeschüttet, dann fallen zusätzlich 27,5 % der Einkünfte an und es verbleiben vom ursprünglichen Bruttobetrag 55,83 (**Steuerbelastung 44,18 %**).

Beteiligungserträge   514

> Die **Beteiligungsertragsbefreiung** gilt für Erträge aus der Beteiligung bestimmter Körperschaften.

Von der Befreiung erfasst ist eine Beteiligung:

- einer inländischen Körperschaft oder
- einer inländischen Betriebsstätte an einer EU-Körperschaft oder EWR-Körperschaft (§ 21 Abs 1 Z 2 lit a),
- **an** anderen **Körperschaften** (§ 10 Abs 1 → 515).

Zu den **befreiten Beteiligungserträgen** zählen Erträge aus **steuerlichem Eigenkapital** (→ 181).

Anwendungsfälle:

1. **Gewinnanteile** jeder Art aufgrund einer **Beteiligung** an Kapitalgesellschaften und Erwerbs- und Wirtschaftsgenossenschaften in Form von Gesellschafts- und Genossenschaftsanteilen (Z 1),
2. **Rückvergütungen von Erwerbs- und Wirtschaftsgenossenschaften** und Bezüge aus Anteilen an körperschaftlich organisierten **Personengemeinschaften** (Agrargemeinschaften, Art 12 Abs 1 Z 3 B-VG, Z 2),
3. Gewinnanteile jeder Art aufgrund einer Beteiligung an Körperschaften in Form von **sozietären Genussrechten und vergleichbaren Finanzierungsinstrumenten** (§ 8 Abs 3 Z 1 zweiter Teilstrich, Z 3),
4. Gewinnanteile jeder Art aufgrund von **Partizipationskapital** (§ 8 Abs 3 Z 1 erster Teilstrich, Z 4).

Vertiefung: Erfasste Körperschaften   515

Beteiligungserträge aus **folgenden Körperschaften** sind erfasst (§ 10 Abs 1 Z 5 bis 7):

- **Inländische** Körperschaft,
- **EU-Körperschaft:** Diese liegt vor, wenn sie in der Mutter-Tochter-Richtlinie aufgelistet ist, in einem EU-Staat sowohl nach nationalem als auch nach DBA-Recht steuerlich ansässig ist und dort einer Körperschaftsteuer unterliegt (Art 2 der Mutter-Tochter-Richtlinie 2011/96/EU, Z 5, → 516),
- **Ausländische Körperschaft**, die einer § 7 Abs 3 Körperschaft vergleichbar ist (→ 460) und mit deren Ansässigkeitsstaat eine umfassende Amtshilfe besteht (Amtshilfeabkommen bestehen mit mehr als 70 Staaten, Z 6),
- **Sonstige ausländische Körperschaft** bei Vorliegen einer internationalen Schachtelbeteiligung (Z 7 → 523).

Beispiele:

1. **Inlandsbeteiligung:** Eine inländische AG ist an einer inländischen GmbH beteiligt. Gewinnausschüttungen der GmbH an die AG sind von der Beteiligungsertragsbefreiung umfasst.

2. **Genussrecht:** Eine GmbH ist an einer anderen GmbH im Wege eines Genussrechts beteiligt, das steuerlich Eigenkapital darstellt (Beteiligung am Gewinn und Verlust und am Unternehmenswert). Gewinne aus dem Genussrecht unterliegen ebenso der Beteiligungsertragsbefreiung.

3. **Auslandsbeteiligung:** Eine inländische GmbH hält seit 5 Monaten eine Beteiligung in Höhe von 5 % an einer ausländischen Kapitalgesellschaft. Handelt es sich um eine EU-Körperschaft, dann sind Gewinnausschüttungen an die inländische GmbH bei der GmbH befreit. Handelt es sich nicht um eine EU-Körperschaft, dann ist die Befreiung dann anzuwenden, wenn die ausländische Körperschaft in einem Staat ansässig ist, mit dem Österreich ein Abkommen über eine umfassende Amtshilfe abgeschlossen hat oder eine internationale Schachtelbeteiligung vorliegt (10 % Kapitalanteile, 1 Jahr Haltedauer, vergleichbare Kapitalgesellschaft).

516 Vertiefung: Beteiligungserträge innerhalb der EU

Bei **EU-Körperschaften** wird die Besteuerung von innergemeinschaftlichen Beteiligungserträgen durch die **Mutter-Tochter Richtlinie** vorgegeben. Für Direktinvestitionen befreit diese die auszahlende Körperschaft von der Einbehaltung einer Quellensteuer und beseitigt die Doppelbesteuerung beim Empfänger. Dies geschieht entweder durch Anrechnung der bisher auf die Ausschüttung entfallenden ausländischen Steuern oder durch Befreiung der Erträge. Dieselbe Regelung gilt auch, wenn die Beteiligung durch eine **innergemeinschaftliche Betriebsstätte** gehalten wird.[20] Österreich hat diese Richtlinie für alle Beteiligungen, sowohl für Direktinvestitionen als auch für Portfolioinvestitionen, unabhängig von einer Mindestbehaltedauer umgesetzt (§ 10 Abs 1).

Gleichzeitig sind auch **inländische Beteiligungserträge von EU-Körperschaften** in der Form von Gewinnanteilen (Dividenden) und sonstigen Bezügen **aus Aktien, Anteilen an GmbH und FlexCo und Erwerbs- und Wirtschaftsgenossenschaften** von der Körperschaftsteuer befreit (§ 94 Z 2 iVm § 98 Abs 1 Z 5 lit a), soweit:

- eine unmittelbare oder mittelbare substanzielle Beteiligung besteht (**mindestens 10 % am Grund- oder Stammkapital**) und zwar

- während eines ununterbrochenen Zeitraums von mindestens **einem Jahr.**

Beispiele:

1. **EU-Körperschaft mit inländischen Beteiligungserträgen:** Eine französische SA hält 5 % der Anteile an einer inländischen GmbH. Eine Dividende der inländischen GmbH unterliegt der Besteuerung in Österreich von 23 %. Variante: Die französische SA hält 51 % der Beteiligung an der inländischen GmbH seit mehr als einem Jahr. Sowohl die Beteiligungshöhe von mindestens 10 % als auch die Mindestbehaltedauer von einem Jahr ist erfüllt, sodass die Dividende keiner inländischen Besteuerung unterliegt.

2. **Inländische Betriebsstätte einer EU-Körperschaft:** Eine deutsche AG unterhält im Inland eine Betriebsstätte, der eine Beteiligung an einer italienischen Kapitalgesellschaft steuerlich zuzurechnen ist. Die Beteiligungserträge unterliegen im Inland der Beteiligungsertragsbefreiung.

---

20   EuGH 21.9.1999, C-307/97, *Saint-Gobain.*

Vertiefung: Ausnahme bei Abzugsfähigkeit der Gewinne im Ausland 517

Die Beteiligungsertragsbefreiung ist **nicht anwendbar**, wenn dieser bei der ausländischen Körperschaft **von der ausländischen Steuer abzugsfähig** ist. Der Beteiligungsertrag unterliegt daher im Inland der 23 % Körperschaftsteuer (§ 10 Abs 4).

> **Beispiel:**
>
> Das Finanzinstrument (zB Genussrecht, Vorzugsanteile, stille Gesellschaft) der inländischen GmbH zur ausländischen Kapitalgesellschaft ist für inländische Zwecke als Eigenkapital zu beurteilen, im Ausland jedoch als Fremdkapital. Während im Inland der Beteiligungsertrag steuerfrei wäre, unterliegt dieser im Ausland nicht der Besteuerung und kürzt sogar noch den Gewinn. Zur Vermeidung eines zweifachen Vorteils (Double Dip) erfolgt die Besteuerung im Inland mit 23 % (wie bei Vorliegen eines Zinsertrages von steuerlichem Fremdkapital).

3.2. Erwerb und Berücksichtigung von Wertänderungen

Eine **Beteiligung** an einer Körperschaft ist ein **unkörperliches, nichtabnutzbares Wirtschaftsgut. Anschaffungskosten** im Zeitpunkt des Erwerbs sind daher zu **aktivieren** (→ 209). 518

Der **Erwerb einer Beteiligung** erfolgt entweder originär durch Erwerb einer neuen Beteiligung durch Einlage in eine Körperschaft oder Erwerb einer bestehenden Beteiligung durch Übertragung. In beiden Fällen gilt als Anschaffungskosten der Wert der Leistung zum **Zeitpunkt des** Erwerbs der Beteiligung. Erfolgt eine **Erhöhung der Beteiligung** durch weitere Einlagen, dann erhöhen sich auch die Anschaffungskosten entsprechend.

Die **Absetzung der aktivierten Anschaffungskosten** erfolgt nur im Wege einer aufwandswirksamen **Teilwertabschreibung** bei Wertverlust, wird rückgängig gemacht durch eine ertragswirksame **Zuschreibung** bei Wertaufholung oder bei aufwandswirksamem **Ausscheiden** der Beteiligung aus dem Vermögen (→ 216ff).

Vertiefung: Erwerb durch Fremdfinanzierung 519

> **Zinsen im Zusammenhang mit der Fremdfinanzierung** des Erwerbs von Kapitalanteilen (Beteiligungen) sind trotz der Beteiligungsertragsbefreiung **abzugsfähig**, soweit sie zum Betriebsvermögen zählen (§ 11 Abs 1 Z 4).

Nicht abzugsfähig sind:

- **Geldbeschaffungskosten und Nebenkosten** (§ 11 Abs 1 Z 4),
- **Zinsen aus dem konzerninternen Erwerb** der Kapitalanteile. Dies gilt auch für Kapitalerhöhungen und Zuschüsse im Zusammenhang mit dem Erwerb von Anteilen. Ein **konzerninterner** Erwerb liegt vor, wenn die Kapitalanteile unmittelbar oder mittelbar von einem konzernzugehörigen Unternehmen bzw unmittelbar oder mittelbar von einem einen beherrschenden Einfluss ausübenden Gesellschafter erworben werden (§ 12 Abs 1 Z 9),
- **Niedrigbesteuerte Zinsen aus konzerninternem Fremdkapital** (→ 527, § 12 Abs 1 Z 10).

Sofern **nichtabzugsfähige Zinsen** im Zusammenhang mit dem Erwerb der Beteiligung anfallen, können sie im Zeitpunkt der späteren Veräußerung oder dem sonstigen Ausscheiden der Beteiligung bei der Ermittlung des Veräußerungsgewinns insofern berücksichtigt werden, als sie **die bisherigen steuerfreien Beteiligungserträge aus der Beteiligung übersteigen.**[21]

Beispiel:

Die inländische GmbH finanziert die Anschaffung einer Beteiligung durch einen Bankkredit in Höhe von EUR 1.000.000, worauf im ersten Jahr Zinsen von EUR 30.000 und Geldbeschaffungskosten von EUR 5.000 anfallen. Die Zinsen sind steuerlich abzugsfähig (trotz steuerfreier Gewinnanteile aus der Beteiligung), die Geldbeschaffungskosten dagegen nicht. Erfolgt der Erwerb lediglich von einer Schwestergesellschaft, dann sind aufgrund des konzerninternen Erwerbs auch die Zinsen steuerlich nicht abzugsfähig.

520 Steuerpflicht des Veräußerungsgewinns, Abgrenzung zu Gewinnausschüttungen

Wird die Beteiligung **entgeltlich übertragen oder liquidiert**, dann kommt es dabei zur **Realisierung der bisher noch nicht berücksichtigten Wertänderungen.**

Dem Ausscheiden ist der Wert der Beteiligung gegenüberzustellen, woraus sich ein Veräußerungsgewinn oder Veräußerungsverlust ergibt:

- ein **Veräußerungsverlust** ist **gewinnmindernd** zu berücksichtigen,
- ein **Veräußerungsgewinn** unterliegt der **Besteuerung mit 23 %.**

Für Körperschaften ist es vorteilhafter, **nicht ausgeschüttete Gewinne vor der Veräußerung der Beteiligung ausgeschüttet zu erhalten**, damit eine Entlastung erfolgen kann. Aufgrund der unterschiedlichen Besteuerung ist daher eine **Abgrenzung** zwischen Gewinnausschüttungen einerseits und Wertänderungen und Veräußerungsergebnissen andererseits notwendig.

Beispiele:

1. **Die Beteiligung** mit einem Buchwert von EUR 10.000 (unter Berücksichtigung von Anschaffungskosten, nachträglichen Anschaffungskosten, Teilwertabschreibungen und Zuschreibungen) wird um EUR 30.000 veräußert. Der Veräußerungsgewinn unterliegt der Besteuerung mit 23 %, sodass sich eine Körperschaftsteuerbelastung von EUR 4.600 ergibt.
2. **Vorgezogene Ausschüttung:** Wird vor der Veräußerung eine Dividende in Höhe von EUR 8.000 steuerfrei ausgeschüttet, dann wird sich entsprechend auch der Veräußerungserlös auf EUR 22.000 mindern. Der Veräußerungsgewinn beträgt daher nur mehr EUR 12.000 mit einer Steuerbelastung von EUR 2.760.
3. **Dividendenvorbehalt:** Behält sich der Verkäufer lediglich eine Dividende vor, die nach dem Übergang des wirtschaftlichen Eigentums der Beteiligung beschlossen und ausgeschüttet wird, dann gilt dies wirtschaftlich als Kaufpreis und erhöht den (nicht begünstigten) steuerpflichtigen Veräußerungsgewinn.[22] Erfolgt dagegen der Beschluss bereits vor Übergang des wirtschaftlichen Eigentums an der Beteiligung, auch wenn der Gewinn erst

---

21   VfGH 27.9.2000, B 2031/98, VfGH 25.6.1998, B 125/97, VfGH 7.3.1997, B 2370/94.
22   VwGH 14.12.2005, 2002/13/0053.

danach zufließt, liegt dennoch steuerlich eine Ausschüttung vor. Ein Gewinnverteilungs-beschluss kann zeitlich erst nach Feststellung des Jahresabschlusses erfolgen. Vor Gewinn-verteilungsbeschluss muss die Gewinnausschüttung bereits feststehen („phasengleiche Bilanzierung").[23]

4. **Liquidationsgewinne** sind keine Gewinnausschüttungen, sondern Wertänderungen der Beteiligung. Ausschüttungen von Erträgen aus Perioden vor dem Liquidationszeitraum stellen Ausschüttungen dar und zwar auch dann, wenn die Ausschüttung nach der Liquidationseröffnung erfolgt.[24]

Einschränkung von Teilwertabschreibungen und Verlusten   521

Bei Kapitalanteilen sind **Wertminderungen** in Form von Teilwertabschreibungen oder Veräußerungsverlusten **nur eingeschränkt zu berücksichtigen** (§ 12 Abs 3).

Die Berücksichtigung von Wertminderungen ist wie folgt eingeschränkt:

- Nichtabzugsfähigkeit von **ausschüttungsbedingten Wertminderungen**,
- Nichtberücksichtigung von **einlagebedingten Wertminderungen bei Zwischengesellschaften**,
- Steuerliche Abzugsfähigkeit von sonstigen Wertminderungen **über sieben Jahre verteilt**,
- Nichtabzugsfähigkeit von Wertminderungen **innerhalb einer Gruppe** (§ 9 → 572, 574).

Ausschüttungsbedingte Wertminderungen liegen vor, wenn die Gewinnausschüttung auf thesaurierte Gewinne oder nunmehr realisierte und ausgeschüttete stille Reserven zurückzuführen ist, die bereits bei Erwerb der Beteiligung in den Anschaffungskosten berücksichtigt wurden. Bei anzuwendender Beteiligungsertragsbefreiung soll auch eine damit verbundene Wertminderung nicht berücksichtigt werden. Eine ausschüttungsbedingte Wertminderung wird vermutet und ist vom Steuerpflichtigen zu widerlegen.

Einlagebedingte Wertminderungen bei der Zwischengesellschaft liegen vor, wenn eine Einlage einer innerhalb des Konzerns nicht unmittelbar durch den Gesellschafter, sondern durch eine mittelbar verbundene Gesellschaft auf übergeordneter Ebene erfolgt. In diesem Fall ist die Einlage über jede Zwischengesellschaft durch zu aktivieren, Wertminderungen können jedoch nur auf einer Ebene, und zwar **bei der einlageleistenden Gesellschaft, steuerwirksam berücksichtigt werden**. Bei Zwischenkörperschaften ist die steuerliche Berücksichtigung der Wertminderung in Höhe der Einlage nicht zulässig. Es bleibt bei dem um die Einlage erhöhten Buchwert der Beteiligung. Die Nichtabzugs-fähigkeit soll eine **mehrfache Verlustberücksichtigung** mittels Durchaktivierung einer Einlage bei den Zwischenkörperschaften vermeiden. Eine einlagenbedingte Wertminde-rung bei der Zwischengesellschaft wird vermutet und ist vom Steuerpflichtigen zu wider-legen.

---

23 VwGH 13.9.2006, 2002/13/0129.
24 KStR Rz 1167.

Beispiele:

1. **Ausschüttungsbedingte Wertminderung:** Eine GmbH erwirbt eine Beteiligung um EUR 500.000. Mit dem Kaufpreis abgegolten werden auch nichtausgeschüttete Gewinne in Höhe von EUR 100.000 und ein Grundstück mit einem Verkehrswert von EUR 150.000 und einem Buchwert von EUR 100.000. Es kommt zur Veräußerung des Grundstücks und Aufdeckung der stillen Reserven und zur steuerfreien Ausschüttung des in der Folge zur Verfügung stehenden Gewinns von EUR 150.000. Da die ausgeschütteten Werte durch die Anschaffungskosten direkt abgegolten wurden, sind die Anschaffungskosten nun um diesen Wert auf EUR 350.000 steuerneutral abzuschreiben. Kommt es zur Veräußerung der Beteiligung, dann ist dieser Wert als Buchwert maßgeblich (EUR 350.000).

2. **Einlagebedingte Wertminderung:** Die Muttergesellschaft gewährt einen direkten Zuschuss an die Enkelgesellschaft zur Abdeckung von Verlusten. Der Zuschuss wird im ersten Schritt als an die Tochtergesellschaft gewährt behandelt und im zweiten Schritt bei der Enkelgesellschaft berücksichtigt. Bei der Muttergesellschaft ist der Zuschuss über eine steuerlich wirksame Teilwertabschreibung zu berücksichtigen (Einlage zur Verlustabdeckung, nicht aus anderen Gründen, wie zB späteren Marktänderungen). Bei der Tochtergesellschaft ist die Teilwertabschreibung auf den durchgebuchten Zuschuss nicht zulässig, um eine doppelte Wertminderung eines einzigen Vorgangs auf mehreren Ebenen zu vermeiden.

522 Vertiefung: Verteilung von Wertminderungen über sieben Jahre

Steuerlich abzugsfähige Wertminderungen von Beteiligungen im **Anlagevermögen** sind nicht im Jahr der Teilwertabschreibung in voller Höhe aufwandswirksam zu berücksichtigen, sondern beginnend mit dem Jahr der Teilwertabschreibung **auf sieben Wirtschaftsjahre verteilt steuerlich abzusetzen** (§ 12 Abs 3 Z 2).

Der steuerliche Buchwert ist dabei **sofort steuerneutral um die Teilwertabschreibung zu kürzen** und die Korrektur hat außerbilanziell zu erfolgen. Die Verteilungspflicht gilt unabhängig davon, ob die Beteiligungsertragsbefreiung oder die Anrechnung zur Anwendung kommt. Sie soll eine doppelte Verlustverwertung des Verlusts auf der Ebene der Tochtergesellschaft und die sich daraus ergebende Teilwertabschreibung auf Ebene der Muttergesellschaft mindern.

Nicht abgesetzte Siebentelbeträge können auf Antrag **steuerwirksam gegengerechnet** werden mit:

- im selben Wirtschaftsjahr der Teilwertabschreibung realisierten stillen Reserven einer anderen Beteiligung,
- Zuschreibungen auf die Beteiligung in zukünftigen Wirtschaftsjahren,
- realisierten stillen Reserven dieser Beteiligung.

Durch die Gegenrechnung mit Wertänderung **derselben** Beteiligung kommt es zu einem **Vorziehen der zeitlich am weitesten entfernten Absetzbeträge**, sodass sich der Zeitraum der Verteilung, entsprechend verkürzt. Durch Gegenrechnung mit **anderen** Beteiligungen kommt es zu einer **Reduktion des gesamten zu verteilenden Betrags** und der über die sieben Jahre abzusetzende Betrag verringert sich jeweils.

Beispiele:

1. **Siebentelverteilung:** Eine GmbH schreibt eine Beteiligung aufgrund von marktbedingten Verlusten ihrer Tochtergesellschaft um EUR 70.000 ab, womit sich auch der steuerliche Buchwert um diesen Betrag vermindert. Außerbilanziell ist die Teilwertabschreibung nicht

sofort, sondern im aktuellen Jahr von EUR 10.000 und in den Folgejahren ebenso von EUR 10.000 steuerlich wirksam.

2. **Gegenrechnung mit Wertsteigerungen:** Im selben Jahr der Teilwertabschreibung von EUR 84.000 erfolgt eine Veräußerung einer anderen Beteiligung, die zur Aufdeckung stiller Reserven von EUR 14.000 erfolgt. Die Siebentelbeträge kürzen sich um diesen Betrag durch Gegenrechnung mit der steuerwirksamen Aufdeckung von jährlich EUR 12.000 auf EUR 10.000. Kommt es in einem späteren Jahr zur Zuschreibung der bisher teilwertberichtigten Beteiligung von EUR 25.000, dann sind die zukünftigen Siebentelbeträge insoweit vorzuziehen. Die in den Jahren 6 bis 7 abzusetzenden Siebentelbeträge von je EUR 10.000 werden vollständig gegengerechnet. Im Jahr 5 verbleibt ein Betrag von EUR 5.000. In den Jahren 1 bis 4 ändert sich nichts.

3.3. Begünstigungen internationaler Schachtelbeteiligungen

523

Neben der Steuerbefreiung von Beteiligungserträgen sind **bei internationalen Schachtelbeteiligungen Wertänderungen steuerneutral**, sofern die Körperschaft **nicht in die Steuerwirksamkeit optiert** (§ 10 Abs 3).

Die Steuerbegünstigung für Wertänderungen dient der Stärkung des Holdingstandorts.

Eine **internationale Schachtelbeteiligung** liegt vor, wenn:

- **inländische** rechnungslegungspflichtige Körperschaften (§ 7 Abs 3 Körperschaften), sonstige unbeschränkt steuerpflichtige vergleichbare ausländische Körperschaften oder inländische Betriebsstätten einer EU-Körperschaft oder EWR-Körperschaft (§ 21 Abs 1 Z 2 lit a) beteiligt sind
- an **ausländischen Kapitalgesellschaften oder an ausländischen EU-Körperschaften** und
- eine **Beteiligung in Form von Kapitalanteilen** unmittelbar oder mittelbar von mindestens **10 %** während eines ununterbrochenen Zeitraums von **einem Jahr** besteht; die Frist gilt nicht für Anteile, die aufgrund einer Kapitalerhöhung erworben wurden, soweit sich das Beteiligungsausmaß dadurch nicht erhöht hat.

Die **Steuerneutralität** umfasst abweichend von sonstigen Beteiligungen (→ 520) auch Wertänderungen aus Teilwertabschreibungen, Zuschreibungen und Veräußerungsgewinnen und Veräußerungsverlusten sowie Wertänderungen aufgrund des Untergangs der Beteiligung durch Liquidation oder Insolvenz. **Steuerwirksam** sind jedoch tatsächliche und endgültige Verluste aufgrund des Untergangs der Beteiligung, soweit sie steuerfreie Gewinnanteile jeder Art innerhalb von fünf Wirtschaftsjahren vor der Liquidationseröffnung oder dem Insolvenzeintritt übersteigen.[25]

Beispiele:

1. **Die inländische AG** beteiligt sich an einer ungarischen Kapitalgesellschaft in Höhe von 25,1 %. Ergibt sich eine Teilwertabschreibung nach zumindest einem Jahr, ist diese steuerneutral. Bei späterer Veräußerung ist der dann erzielte Veräußerungsgewinn oder Veräußerungsverlust ebenso steuerneutral.

---

25   VwGH 26.2.2013, 2010/15/0022.

2. **Liquidation:** Die ausländische Körperschaft, an der eine internationale Schachtelbeteiligung durch die inländische GmbH besteht, wird liquidiert. Daraus ergibt sich ein Liquidationsverlust in Höhe von EUR 100.000. In den letzten fünf Jahren vor Liquidationseröffnung wurden steuerfreie Beteiligungserträge in Höhe von EUR 60.000 bezogen. Aufgrund des tatsächlichen und endgültigen Verlusts ist trotz internationaler Schachtelbeteiligung ein Verlust von EUR 40.000 steuerlich aufwandswirksam.

524 **Vertiefung: Option zur Steuerwirksamkeit**

Die Körperschaft kann **im Jahr der Anschaffung** oder des Entstehens einer internationalen Schachtelbeteiligung durch zusätzliche Anschaffung von Anteilen die **Option ausüben**, Wertänderungen der internationalen Schachtelbeteiligung als steuerwirksam zu behandeln.

Die Optionsausübung ist an **streng formelle Voraussetzungen** geknüpft. Sie ist in der Steuererklärung des Jahres der Anschaffung oder Entstehung auszuüben. Sie kann nur innerhalb eines Monats ab Abgabe der Steuererklärung durch Berichtigung nachgeholt oder widerrufen werden.

Die Optionsausübung ist für die Anschaffung oder Entstehung **nur einmal ausübbar** und die Körperschaft sowie andere mittelbar oder unmittelbar verbundene konzernzugehörige Körperschaften sind bei späterer Übertragung oder Umgründung **an die Option gebunden**. Dies gilt selbst dann, wenn die erwerbende konzernzugehörige Körperschaft bereits selbst eine internationale Schachtelbeteiligung hält. Sie erstreckt sich auch auf die Erweiterung der internationalen Schachtelbeteiligung durch zusätzliche Anschaffungen.

Bei **Sitzverlegung** einer Körperschaft, an der die Beteiligung besteht, sind Wertänderungen vor der Sitzverlegung entsprechend abzugrenzen. Entsteht daher eine internationale Schachtelbeteiligung durch Sitzverlegung ins Ausland, dann gilt die Steuerneutralität nur für Wertänderungen ab Sitzverlegung. Geht umgekehrt die internationale Schachtelbeteiligung durch Sitzverlegung ins Inland unter, dann sind Wertänderungen vor Sitzverlegung steuerneutral, sofern nicht ohnehin die Option in die Steuerwirksamkeit ausgeübt wurde.

Beispiel:
Die inländische AG erwirbt eine internationale Schachtelbeteiligung. Wird sie die Beteiligung vorrangig halten, um einen späteren Veräußerungsgewinn zu realisieren, wird sie die Option in die Steuerwirksamkeit nicht ausüben. Wird die Beteiligung dagegen zur langfristigen Erweiterung der ausländischen Geschäftstätigkeit genutzt, dann kann die Option in der Steuererklärung des Anschaffungsjahres ausgeübt werden, um zwischenzeitliche Teilwertabschreibungen steuerlich aufwandswirksam berücksichtigen zu können.

4. Einkünfteermittlung bei konzerninternen Zinsen und Lizenzgebühren

525 Besondere Einkünfteermittlungsvorschriften bestehen für **konzerninterne Zinsen und Lizenzgebühren.**

Diese sind:

- **Steuerbefreiung von konzerninternen Zinsen und Lizenzgebühren**, sofern der Empfänger ein verbundenes Unternehmen ist (§§ 99a, 98 Abs 2 EStG).
- **Nichtabzugsfähigkeit von konzerninternen Zinsen und Lizenzgebühren**, sofern der Empfänger eine verbundene Körperschaft ist und die Einkünfte daraus keiner oder nur einer geringen ausländischen Besteuerung unterliegen (§ 12 Abs 1 Z 10).

Die **Besteuerung grenzüberschreitender, konzerninterner Zinsen und Lizenzgebühren** zwischen verbundenen Unternehmen kann innerhalb der EU zur Einschränkung des Binnenmarkts aufgrund von Verwaltungsaufwand, Zahlungsstromverlusten und in einigen Fällen Doppelbesteuerung führen. Die **Zinsen- und Lizenzgebühren-Richtlinie** sieht daher eine Steuerbefreiung von Zinsen und Lizenzgebühren zwischen verbundenen Unternehmen im Quellenstaat vor (2003/49/EG).

Grenzüberschreitende Zinsen und Lizenzgebühren eignen sich allerdings auch zur **Verlagerung von Gewinnen** einer Körperschaft durch Abzug von den Einkünften in einem Hochsteuerland und Besteuerung dieser im Niedrigsteuerland. Durch die Bereitstellung von Fremdkapital oder Überlassung immaterieller Wirtschaftsgüter können daher Gewinne von einem Steuerpflichtigen auf einen anderen Steuerpflichtigen verlagert werden (Base Erosion and Profit Shifting). Zur Vermeidung der Steuerplanung sehen nationale Vorschriften die **Einschränkung der Abzugsfähigkeit** vor. Diese gehen dabei über den bloßen Ansatz von fremdüblichen Verrechnungspreisen hinaus und reichen von einzelfallbezogenen bis hin zu umfassenden Beschränkungen der Abzugsfähigkeit (Zinsschranke, Earnings Stripping Rules, Thin Capitalization Rules). Aus **europarechtlicher Sicht** kann eine **diskriminierende Beschränkung der Abzugsfähigkeit** gegen die Grundfreiheiten verstoßen: Sind Beschränkungen der Abzugsfähigkeit nur auf grenzüberschreitende Sachverhalte anwendbar, dann verstößt dies gegen die Grundfreiheiten. Die Beschränkung kann aber aus Gründen des Missbrauchs gerechtfertigt sein.[26]

Vertiefung: Steuerbefreiung konzerninterner Zinsen und Lizenzgebühren   526

Konzerninterne Einkünfte aus Zinsen und Lizenzgebühren sind **steuerfrei**.

Die Steuerbefreiung besteht bei Einkünften aus Zinsen und Lizenzgebühren, wenn diese:

- **von** einer **inländischen Körperschaft** geleistet werden oder bei einer inländischen Betriebsstätte einer EU-Körperschaft als Betriebsausgabe abzugsfähig sind, und
- **an** eine **verbundene EU-Körperschaft** oder eine Betriebsstätte innerhalb der EU einer verbundenen EU-Körperschaft als Nutzungsberechtige empfangen wird.

Lizenzgebühren sind Vergütungen, die für die Benutzung und das Benutzungsrecht von Urheberrechten, Patenten, Marken, Mustern und Modellen, Plänen, geheimen Formeln oder Verfahren oder für die Mitteilung gewerblicher, kaufmännischer oder wissenschaftlicher Erfahrungen sowie für die Benutzung oder das Recht auf Benutzung gewerblicher, kaufmännischer oder wissenschaftlicher Ausrüstungen gezahlt werden.

---

26   EuGH 13.3.2007, C-524-04, *Test Claimants in the Thin Cap Group Litigation*.

Zinsen sind Einkünfte aus Forderungen jeder Art (auch wenn die Forderungen durch ein Pfandrecht an Grundstücken gesichert sind), insbesondere Einkünfte aus öffentlichen Anleihen und Obligationen einschließlich der damit verbundenen Aufgelder und der Gewinne aus Losanleihen. Zuschläge für verspätete Zahlungen gelten nicht als Zinsen (§ 99a Abs 1). Zahlungen aus Forderungen, die eine Beteiligung am Gewinn des Schuldners begründen, fallen zwar auch unter den Zinsbegriff, sind aber ausdrücklich von der Befreiung ausgenommen (§ 99a Abs 9 Z 1).

EU-Körperschaften sind in einem EU-Staat steuerlich ansässige Körperschaften, deren Rechtsform in der Zins- und Lizenzrichtlinie (2003/49/EG) aufgelistet ist und die einer Körperschaftsteuer unterliegen (§ 99a Abs 5). **Verbundene Körperschaften** liegen vor, wenn zwischen beiden Körperschaften eine Beteiligung an den Gesellschaftsrechten in Höhe von unmittelbar mindestens 25 % besteht oder beide Körperschaften über eine dritte Körperschaft verbunden sind, die eine unmittelbare Beteiligung in Höhe von mindestens jeweils 25 % an beiden Körperschaften hält. Die Verbindung muss über einen ununterbrochenen Zeitraum von mindestens einem Jahr bestehen (§ 99a Abs 6).

Keine Befreiung steht zu für Transaktionen, bei denen davon auszugehen ist, dass der hauptsächliche oder einer der hauptsächlichen Beweggründe die Steuerhinterziehung, die Steuerumgehung oder der Missbrauch ist. Zinsen und Lizenzgebühren sind nur insoweit von der Befreiung erfasst, als diese der Höhe nach fremdüblich sind (§ 99a Abs 9).

Zur **Einbehaltung und Befreiung von Quellensteuern** → 582, 589.

> **Beispiel:**
> **Eine inländische 100-%-Tochtergesellschaft einer deutschen AG** leistet eine Lizenzzahlung an ihre deutsche AG aufgrund der Überlassung von Markenrechten. Die Einkünfte aus den Lizenzgebühren sind im Inland von der beschränkten Steuerpflicht ausgenommen und steuerfrei.

527 Vertiefung: Nichtabzugsfähigkeit konzerninterner Zinsen und Lizenzgebühren

Konzerninterne Zinsen und Lizenzgebühren sind bei Niedrigbesteuerung im Ausland bei der auszahlenden Körperschaft **nicht abzugsfähig** (§ 12 Abs 1 Z 10).

Die Nichtabzugsfähigkeit besteht bei Zinsen oder Lizenzen, die gezahlt werden:

- **an verbundene** inländische **Körperschaften in Form von juristischen Personen** oder vergleichbaren ausländischen Körperschaften als Nutzungsberechtigte, und
- sie bei dieser **keiner oder einer Steuerbelastung von weniger als 10 %** unterliegen.

Zum **Zins- und Lizenzgebührenbegriff** → 526. Eine **Verbindung** liegt vor, wenn die empfangende Körperschaft unmittelbar oder mittelbar konzernzugehörig ist oder unmittelbar oder mittelbar unter dem beherrschenden Einfluss desselben Gesellschafters steht.

Die **Niedrigbesteuerung** kann sich ergeben aus:

- einer persönlichen oder sachlichen Steuerbefreiung,
- einem Steuersatz von weniger als 10 %,
- einer tatsächlichen Steuerbelastung von weniger als 10 % aufgrund einer auch dafür vorgesehenen Steuerermäßigung oder
- einer Steuerbelastung von weniger als 10 % aufgrund einer Steuerrückerstattung, wobei auch eine Steuerrückerstattung an die Anteilsinhaber zu berücksichtigen ist.

Eine mögliche Steuerermäßigung oder Rückerstattung ist auch bereits zu berücksichtigen, wenn sie **erst in einem späteren Wirtschaftsjahr** in Anspruch genommen wird. Sofern die Inanspruchnahme innerhalb von neun Jahren nach Anfallen der Zinsen und Lizenzgebühren erfolgt, ist dies rückwirkend zu berücksichtigen (§ 295a BAO → 1059).

Kein Abzugsverbot besteht, sofern die Zinsen und Lizenzgebühren aufgrund der Hinzurechnungsbesteuerung (→ 529, oder einer vergleichbaren ausländischen Regelung) nachweislich keiner Niedrigbesteuerung (10-%-Grenze) unterliegen (zur Vermeidung einer Doppelbelastung) oder die Zinsen und Lizenzgebühren aufgrund einer auf die ausländische Körperschaft entfallenden anerkannten nationalen Ergänzungssteuer (→ 539/1) nachweislich keiner Niedrigbesteuerung unterliegen oder die empfangende Körperschaft die unionsrechtlichen Vorschriften für Risikokapitalbeihilfen erfüllt (§ 12 Abs 1 Z 10).

Beispiel:
Eine inländische 100-%-Tochtergesellschaft einer niederländischen Kapitalgesellschaft leistet eine Lizenzzahlung an diese aufgrund der Überlassung von Patentrechten. Die Einkünfte aus den Lizenzgebühren werden in den Niederlanden mit 5 % begünstigt besteuert. Die Lizenzgebühren sind im Inland daher nicht von den Einkünften der inländischen Tochtergesellschaft abzugsfähig.

5. Einkünfteermittlung zur Bekämpfung von Steuervermeidung

5.1. OECD Base Erosion and Profit Shifting Projekt

Vertiefung: OECD BEPS und die Auswirkungen 528

Unternehmen nutzen durch grenzüberschreitende Tätigkeiten **Steuervorteile** aufgrund unterschiedlicher Ausgestaltungen der nationalen Steuersysteme und internationaler Abkommensgrundsätze. Dabei geht es vor allem darum, mittels Gestaltungen steuerpflichtige **Gewinne in Hochsteuerländern zu mindern** (Base Erosion) und **in Niedrigsteuerländer zu verlagern** (Profit Shifting). Wurde eine aggressive, aber legale Steuerplanung in Zeiten des wirtschaftlichen Aufschwungs akzeptiert, verteidigen die Staaten ihre Steueransprüche nun kollektiv über das gemeinsame OECD BEPS Projekt. Das Projekt enthält einen Aktionsplan mit 15 Punkten, um diese Steuervorteile einzudämmen. Die Punkte werden seit 2013 im Detail ausgearbeitet und werden im Ergebnis für die Staaten zwar nicht verbindlich sein, werden aber von einer Vielzahl von Staaten mitgetragen und auch individuell umgesetzt.

Action 1 zielt auf die digitale Wirtschaft ab, die durch bisherige Steuerregeln in Staaten mit hohen Umsätzen keine oder nur wenig Steuern zahlt (Digital Economy). **Action 2** zielt auf die unterschiedliche steuerliche Behandlung ein und derselben Unternehmen und Rechtsgeschäfte in unterschiedlichen Staaten ab, die zur doppelten Nichtbesteuerung von Gewinnen führen können (Hybrid Mismatch). **Action 3** zielt auf Gewinne ausländischer Gesellschaften von inländischen Steuerpflichtigen ab, die mangels Ausschüttung diese Gewinne im Inland nicht versteuert werden (Controlled Foreign Company). **Action 4** limitiert die Abzugsfähigkeit von Zinsen innerhalb eines Konzerns, um Gewinnverlagerungen zu reduzieren (Base Erosion via Interest Deductions). **Action 5** zielt auf Steuerbegünstigungen und steuerbegünstigte Auskunftsbescheide von Staaten ab, **Action 6** soll den Missbrauch von Doppelbesteuerungsabkommen eindämmen, während **Action 7** die künstliche Vermeidung einer Betriebsstätte verhindern soll. Nach den **Actions 8 bis 10** sollen Verrechnungspreisrichtlinien tatsächliche wirtschaftliche Umstände verstärkt abbilden. **Actions 11 bis 15** sollen begleitende Maßnahmen zur Verwirklichung von BEPS bringen, wie die Messung und Überwachung von BEPS, erweiterte Dokumentations- und Offenlegungspflichten für Steuerpflichtige, Streitbeilegungsverfahren zur Vermeidung von Doppelbesteuerung und Rechtsunsicherheit und die Einführung eines Instruments zur gleichzeitigen Änderung einer Vielzahl bestehender Doppelbesteuerungsabkommen zur schnelleren Umsetzung der BEPS-Bestimmungen. Darüber hinaus haben sich eine Vielzahl von Staaten auf eine **besondere internationale Besteuerung von Unternehmensgruppen** geeinigt (→ 539/1).

Die **EU** verpflichtet die Mitgliedstaaten im Wege einer Richtlinie (**ATAD**, Anti-Tax-Avoidance-Directive, 2016/1164/EU), Vorschriften zur **Bekämpfung von Steuervermeidungspraktiken** generell ab 1.1.2019 einzuführen:

- **Begrenzung der Abzugsfähigkeit von Zinszahlungen** auf 30 % des operativen Ergebnisses (EBITDA), umgesetzt und gültig seit 2021 (§ 12a → 538),
- **Besteuerung bei Wegzug** oder Verlagerung von Vermögen ins Ausland (ab 1.1.2020, innerstaatlich umgesetzt und gültig seit 2019, § 6 Z 6 EStG → 144, 296),
- Allgemeine Vorschriften zur **Verhinderung von Missbrauch** (umgesetzt § 22 BAO → 6),
- Vorschriften für **beherrschte ausländische Unternehmen und Hinzurechnungsgewinnbesteuerung** (umgesetzt § 10a, → 529),
- **hybride Gestaltungen** zur Vermeidung von Steuerdiskrepanzen (§ 14, ab 1.1.2020 → 534; vergleichbares Instrument bei hybriden Finanzinstrumenten: § 10 Abs 4 → 517).

Auf internationaler Grundlage (multilateraler Vertrag) ist Österreich verpflichtet, eine **Verrechnungspreisdokumentation** umzusetzen. Dies erfolgte im Wege des Verrechnungspreisdokumentationsgesetzes (BGBl I 2016/117, VPDG).

5.2. Besteuerung von im Ausland niedrigbesteuerten Passiveinkünften (§ 10a KStG)

529 **Ausnahme bei niedrigbesteuerten Passiveinkünften der Beteiligungsgesellschaft**

Sofern eine **ausländische Körperschaft** oder eine **ausländische Betriebsstätte niedrigbesteuerte Passiveinkünfte** erzielt, kommt es zur **Hinzurechnungsbesteuerung** oder zum **Methodenwechsel** zur Anrechnungsmethode.

Es sind daher unter den gesetzlichen Voraussetzungen (§ 10a, Detailregelungen nach Abs 10 in VO-Passiveinkünfte niedrigbesteuerter Körperschaften, BGBl II 2019/21):

- die niedrigbesteuerten Passiveinkünfte der beherrschenden Körperschaft hinzuzurechnen (**Hinzurechnungsbesteuerung**), oder – sofern dies nicht erfolgt –
- bei internationalen Schachtelbeteiligungen und qualifizierten Portfoliobeteiligungen Beteiligungserträge steuerpflichtig und sonst steuerneutrale Wertänderungen steuerwirksam (**Methodenwechsel zur Anrechnung**).

Passiveinkünfte sind Zinsen oder sonstige Einkünfte aus Finanzanlagevermögen, Lizenzgebühren oder sonstige Einkünfte aus geistigem Eigentum, Dividenden und Einkünfte aus der Veräußerung von Anteilen, Einkünfte aus Finanzierungsleasing, Einkünfte aus Tätigkeiten von Versicherungen und Banken und anderen finanziellen Tätigkeiten sowie Einkünfte aus Abrechnungsunternehmen (das sind Unternehmen, die Einkünfte aus dem Verkauf von Waren und der Erbringung von Dienstleistungen erzielen, die von verbundenen Unternehmen erworben und an diese verkauft werden, und keinen oder nur geringen wirtschaftlichen Mehrwert bringen, § 10a Abs 2).

Niedrigbesteuerung liegt vor, wenn die tatsächliche (effektive) Steuerbelastung im Ausland **nicht mehr als 12,5 %** beträgt. Dabei ist das Einkommen der ausländischen Körperschaft nach inländischem Steuerrecht zu ermitteln und der im Ausland tatsächlich entrichteten Steuer (inklusive einer nationalen Ergänzungssteuer, → 539/1) gegenüberzustellen (§ 10a Abs 3). Bei der Einkünfteermittlung der ausländischen sind die besonderen Bestimmungen für Beteiligungen (§ 10) und ein ausländischer Methodenwechsel (§ 10a Abs 5) sinngemäß anzuwenden, inländische Einkünfte mit inländischem Besteuerungsrecht und eine ausländische Hinzurechnung nicht zu berücksichtigen (§ 1 Abs 2 VO). Maßgeblich ist die tatsächlich im Ausland entrichtete Steuer unter rückwirkender Berücksichtigung nachträglicher Änderungen (§ 1 Abs 3 VO). Bloß im Ausland abweichende Regelungen für Abschreibungen (Verteilungsregeln, Ausgleichsposten), Rückstellungen und Verlustverrechnungen führen allein nicht dazu, dass eine Niedrigbesteuerung vorliegt (§ 1 Abs 4 VO). Bei einem negativen Einkommen ist der ausländische nominelle Steuersatz heranzuziehen (§ 1 Abs 5 VO).

Die besondere Besteuerung niedrigbesteuerter Passiveinkünfte ist **nicht anzuwenden** auf ausländische Finanzunternehmen (Art 2 Abs 5 ATAD), wenn nicht mehr als ein Drittel der Passiveinkünfte des Unternehmens aus Transaktionen mit der inländischen beherrschenden Körperschaft oder deren verbundenen Unternehmen stammt (§ 10a Abs 8).

Beispiel:
Eine ausländische Körperschaft erzielt nach ausländischem Steuerrecht steuerpflichtige Einkünfte aus einer aktiven Tätigkeit in Höhe von EUR 40.000 (15 % Steuersatz) und Passiveinkünfte in Höhe von EUR 60.000. Die Einkünfte aus der aktiven Tätigkeit betragen nach inländischem Steuerrecht aufgrund des Nichtabzugs einer Pauschalrückstellung EUR 50.000. Die Passiveinkünfte setzten sich zusammen aus EUR 10.000 steuerpflichtigen Lizenzgebühren (10 % Steuersatz), EUR 20.000 steuerpflichtige Zinsen (10 % Steuersatz) und EUR 30.000 steuerfreien Beteiligungserträgen. Die tatsächlich entrichtete Steuer betrug EUR 9.000. Das nach inländischem Steuerrecht berechnete Einkommen beträgt EUR 80.000 (ohne steuerfreie Betei-

ligungserträge). Dies würde grundsätzlich zu einer effektiven Steuerbelastung von 11,25% führen. Allerdings liegt diese bloß aufgrund der unschädlichen Nichtberücksichtigung der Pauschalrückstellung vor (EUR 9.000 / EUR 70.000 ergibt 12,85 %), womit im Ergebnis dennoch keine Niedrigbesteuerung vorliegt.

530 Hinzurechnung: Anwendungsbereich

Neben dem Vorliegen niedrigbesteuerter Passiveinkünfte sind für die **Hinzurechnungsbesteuerung** folgende **Anwendungsvoraussetzungen** notwendig (§ 10a Abs 4):

- **ausreichend finanzielle Verbindung** der beherrschenden Körperschaft an der beherrschten Körperschaft (Beherrschungstatbestand, § 3 VO),
- **Umfang** der niedrigbesteuerten Passiveinkünfte und **Tätigkeit** der ausländischen Körperschaft oder Betriebsstätte,
- die beherrschende Körperschaft ist eine **inländische Körperschaft** oder eine ausländische Körperschaft mit **inländischer Betriebsstätte**, der die Beteiligung zuzurechnen ist (§ 21 Abs 1).

Eine **ausreichende finanzielle Verbindung** der beherrschenden Körperschaft an der beherrschten Körperschaft liegt vor, wenn diese selbst oder zusammen mit ihren verbundenen Unternehmen unmittelbar oder mittelbar mehr als 50 % der Stimmrechte oder des Kapitals oder Anspruch auf mehr als 50 % der Gewinne der ausländischen Körperschaft hat.

Zur Ermittlung der ausreichenden Stimm-, Kapital- oder Gewinnbeteiligung liegt ein **verbundenes Unternehmen** vor, wenn die Beteiligung zwischen der Körperschaft und dem Unternehmen am Stimmrecht, am Kapitalanteil oder am Gewinn **unmittelbar oder mittelbar zu mindestens 25 %** beträgt, und dabei entweder:

- die beherrschende Körperschaft am Unternehmen beteiligt ist (**untergeordnetes** verbundenes Unternehmen), oder
- das Unternehmen (juristische oder natürliche Person, Personenvereinigung) an der beherrschenden Körperschaft beteiligt ist (**übergeordnetes** verbundenes Unternehmen), wobei auch weitere Unternehmen einzubeziehen sind, sofern die juristische oder natürliche Person oder die Personenvereinigung ausreichend an diesem Unternehmen beteiligt ist.

Der **Umfang** der niedrigbesteuerten Passiveinkünfte beträgt **mehr als ein Drittel der Einkünfte** der ausländischen Körperschaft (§ 2 VO). Die ausländische Körperschaft übt, bezogen auf Personal, Ausstattung, Vermögenswerte und Räumlichkeiten, keine wesentliche wirtschaftliche Tätigkeit aus (**Substanznachweis** des Gegenteils durch die beherrschende Körperschaft möglich, § 4 VO).

Beispiel:

1. Die Muttergesellschaft sitzt in D und hält direkt 100 % an einer österreichischen GmbH und 60 % an einer Kapitalgesellschaft in einer Steueroase. Die österreichische GmbH hält selbst 40 % an der Kapitalgesellschaft in der Steueroase. Damit wird sie mittels übergeordneter Muttergesellschaft (zusammen 100 %) beherrschende Körperschaft.
2. Eine ausländische Kapitalgesellschaft hat ein kleines Büro mit zwei Mitarbeitern und erzielt im Wirtschaftsjahr Gewinne in Höhe von EUR 100.000 bestehend aus EUR 40.000 adminis-

trativen Konzernleistungen und EUR 60.000 Zinsen aus Darlehensgewährung an Konzern-unternehmen (keine wesentliche wirtschaftliche Tätigkeit und Überschreiten der Drittelgrenze).

Hinzurechnung: Zurechnung 531

Der beherrschenden Körperschaft werden die **Passiveinkünfte** der ausländischen be-herrschten Körperschaft als Gewinn **in Höhe der finanziellen Verbindung** (Anteil am Kapital, Stimmrecht oder Gewinn) **hinzugerechnet**. Die Passiveinkünfte werden dabei nach den inländischen Steuervorschriften ermittelt (§ 10a Abs 5, § 5 VO). Die Hinzu-rechnung kommt auch dann zur Anwendung, wenn die Ausschüttung während oder mit Ablauf des Wirtschaftsjahres ausgeschüttet werden, außer die Passiveinkünfte un-terliegen bei Ausschüttung bereits dem Methodenwechsel (§ 7 Z 1 VO).

> **Beispiel:**
> Die ausländische zu 100 % beherrschte Körperschaft erzielt einen Gewinn von EUR 100.000. Davon sind EUR 60.000 niedrigbesteuerte Passiveinkünfte. Diese sind der inländischen beherr-schenden Körperschaft zuzurechnen (dies sollte unabhängig von einer späteren Ausschüttung gelten) und bei ihr der 23%igen Körperschaftsteuer zu unterwerfen.

Methodenwechsel bei qualifizierten Portfoliobeteiligungen 532

Sofern die Hinzurechnungsbesteuerung insbesondere mangels Beherrschungstatbestands für niedrigbesteuerte Passiveinkünfte **nicht zur Anwendung kommt** und bei der auslän-dischen Körperschaft die Erzielung von niedrigbesteuerten Passiveinkünften den **Unter-nehmensschwerpunkt** (§ 6 VO) darstellt, sind:

- **Wertänderungen** von internationalen Schachtelbeteiligungen **steuerwirksam**;
- **Beteiligungserträge** aus internationalen Schachtelbeteiligungen und qualifizierten Portfoliobeteiligungen (mindestens 5-%-Beteiligung) **steuerpflichtig** (§ 10a Abs 7);
- Sofern Passiveinkünfte bereits hinzugerechnet wurden, sind diese soweit von der Be-messungsgrundlage für den Methodenwechsel abzuziehen (§ 7 Z 1 VO).

> **Beispiel:**
> Die inländische GmbH hält eine internationale Schachtelbeteiligung an einer Kapitalgesellschaft, die als Finanzierungsgesellschaft konzerninterne Darlehen vergibt und mit den Zinseinkünften einem Steuersatz von lediglich 10 % unterliegt. Aufgrund des passiven Unternehmensschwer-punkts und der geringen Besteuerung sind Wertänderungen steuerwirksam und anstelle der Beteiligungsertragsbefreiung ist die Anrechnungsmethode anzuwenden.

Vermeidung der Doppelbesteuerung durch Anrechnung 533

Die Vermeidung einer Doppelbesteuerung aufgrund einer tatsächlichen ausländischen Steuerbelastung (Abs 3) erfolgt im Wege der **Anrechnung der ausländischen Steuer auf die inländische Steuer** (§ 10a Abs 9).

Im Falle der **Hinzurechnungsbesteuerung** wird auf Antrag die tatsächliche ausländi-sche Steuerbelastung auf die hinzugerechneten Passiveinkünfte angerechnet. Bei Ver-äußerung der Beteiligung ist der Veräußerungserlös insoweit von der Körperschaft-steuer befreit, als in diesem Gewinn hinzugerechnete Passiveinkünfte enthalten sind. So-fern die Passiveinkünfte bereits bei einer unmittelbar oder mittelbar näher beteiligten beherrschenden Körperschaft im Inland hinzugerechnet werden, unterbleibt die Hinzu-rechnung bei der nur mittelbar beteiligten beherrschenden Körperschaft.

Im Fall des **Methodenwechsels** wird auf Antrag die auf die steuerpflichtigen Gewinnanteile entfallende tatsächliche Steuerbelastung (vorrangig die ausländische Körperschaftsteuer) angerechnet. Die anrechenbare ausländische Steuer erhöht die steuerpflichtigen Gewinnanteile. Übersteigt die anrechenbare ausländische Körperschaftsteuer die Steuerschuld unter Außerachtlassung der Mindeststeuer, kann der Übersteigungsbetrag auf die Steuerschuld in folgenden Jahren auf Antrag angerechnet werden. Über die Höhe des Übersteigungsbetrags ist im Abgabenbescheid abzusprechen.

Beispiel:

Die ausländische Körperschaftsteuer auf den anteilig ausgeschütteten Betrag von EUR 8.800 beträgt 12 % (EUR 1.200). Der ausländische Gewinn vor Körperschaftsteuer betrug daher EUR 10.000. Die inländische Körperschaftsteuer auf diesen Betrag beträgt EUR 2.300 und wird um den Anrechnungsbetrag von EUR 1.200 auf EUR 1.100 gekürzt. Wird bei der inländischen Körperschaft ein Verlust erzielt, dann entsteht insoweit keine inländische Körperschaftsteuer, auf die der ausländische Steuerbetrag angerechnet werden kann. Der Betrag von EUR 1.200 kann daher in zukünftigen Jahren von einer dann entstandenen inländischen Steuerschuld abgezogen werden.

5.3. Besteuerung von hybriden Gestaltungen (§ 14 KStG)

534 **Ausnahme bei niedrigbesteuerten Passiveinkünften der Beteiligungsgesellschaft**

Bei grenzüberschreitenden Sachverhalten auftretende **Steuerdiskrepanzen (Steuervorteile)** aufgrund von **hybriden Gestaltungen** werden **ertragsteuerlich neutralisiert** (§ 14).

Der **Steuervorteil** ergibt sich dabei grundsätzlich durch eine unterschiedliche steuerliche Beurteilung oder Besteuerung in zumindest zwei Staaten, wodurch es zu einem doppelt abzugsfähigen Aufwand (**doppelter Abzug**, Abs 2 Z 2) oder einem abzugsfähigen Aufwand ohne Berücksichtigung eines korrespondierenden Ertrages kommt (**unversteuerter Ertrag**, Abs 2 Z 1).

Die **Neutralisierung** erfolgt durch Verweigerung der Abzugsfähigkeit des Aufwandes oder Besteuerung des Ertrages, sofern der Steuervorteil nicht bereits in einem anderen Staat neutralisiert wurde (Abs 6, 7, 8). Eine nachträgliche Neutralisierung der Gestaltung in einem anderen Staat stellt ein rückwirkendes Ereignis iSd § 295a BAO dar und ermöglicht daher die Änderung des ursprünglichen Steuerbescheides im Inland (Abs 10).

535 **Unversteuerter Ertrag: Anwendung, Neutralisierung**

Eine **Steuerdiskrepanz** (Abs 2) liegt zunächst vor, wenn Aufwand in einem Staat abzugsfähig ist und der korrespondierende Ertrag in keinem anderen Staat erfasst wird (**unversteuerter Ertrag**, Z 1).

Ein **unversteuerter Ertrag** liegt vor bei Gestaltungen zwischen verbundenen Unternehmen (Abs 4), zwischen Stammhaus und Betriebsstätte eines Unternehmens, zwischen zwei oder mehreren Betriebsstätten desselben Unternehmens oder im Rahmen einer strukturierten Gestaltung (Abs 5) (Abs 3 Z 2). Verbundene Unternehmen sind grundsätzlich Körperschaften, die über eine beherrschende Kontrolle oder eine gemeinsame Leitung miteinander verbunden sind (ausführlich Abs 4). Eine strukturierte Gestaltung ist auch zwischen Dritten möglich, wenn die Steuerdiskrepanz in die Bedingungen der Gestaltung eingerechnet ist oder die Gestaltung mit der Absicht der Erzielung einer Steuerdiskrepanz entwickelt wurde. Dies gilt nicht, wenn die Körperschaft nicht am Steuervorteil beteiligt ist und davon ausgehen kann, dass die Körperschaft oder ein verbundenes Unternehmen von der hybriden Gestaltung nichts wusste (Abs 5).

Die **Neutralisierung** (Abs 6) erfolgt grundsätzlich (Z 1) bei inländischem Aufwand durch Verweigerung der Abzugsfähigkeit, (Z 2) bei ausländischem, weiterhin abzugsfähigem Aufwand durch Berücksichtigung der Erträge bei der inländischen Körperschaft (ebenso Abs 8, § 10 Abs 4 → 517).

Beispiele zum unversteuerten Ertrag (Abs 3 Z 1 lit a):

1. **Hybrides Finanzinstrument:** Ein Finanzinstrument wird vom Kapitalgeber-Staat als Eigenkapital (Beteiligungsertragsbefreiung) und vom Kapitalnehmer-Staat als Fremdkapital (abzugsfähige Zinsen) beurteilt. Vorrangig sind die Zinsen nichtabzugsfähig. Sofern Ö der Kapitalgeber-Staat ist und die Zinsen im anderen Staat weiterhin abzugsfähig sind, ist die Beteiligungsertragsbefreiung nicht anwendbar (§ 10 Abs 4).

2. **Hybride Übertragung von Finanzinstrumenten:** Das Wertpapiergeschäft (Pensionsgeschäft, Wertpapierleihe) führt dazu, dass die Einkünfte aus den Wertpapieren (zB steuerfreie Beteiligungserträge) aufgrund unterschiedlicher Beurteilung in den Staaten beiden Vertragspartnern zugerechnet werden. Aufgrund der Überlassung dieser Einkünfte an den anderen hat ein Vertragspartner zusätzlich abzugsfähigen Finanzierungsaufwand. Vorrangig ist der Finanzierungsaufwand nicht abzugsfähig.

3. **Hybrides Unternehmen:** Tochtergesellschaft T, ansässig im Staat T, leistet eine abzugsfähige Zinszahlung an das im Staat M ansässige Mutterunternehmen M. T wird im Staat T als intransparentes Unternehmen eingestuft (abzugsfähige Zinsen), in Staat M allerdings als transparentes Unternehmen und Betriebsstätte von M in T (keine Besteuerung durch Staat M aufgrund der Betriebsstätte in T). Vorrangig ist die Zinszahlung in Staat T nicht abzugsfähig. Bei Abzugsfähigkeit im Ausland (Staat T) besteuert Ö (Staat M) dennoch die Zinseinnahmen.

4. **Hybride (oder unberücksichtigte) Betriebsstätte:** Das im Staat A ansässige Unternehmen A leistet eine abzugsfähige Zinszahlung an ein im Staat B ansässiges Unternehmen B. Das Unternehmen B hat im Staat C eine Betriebsstätte (zumindest aus der Sicht des Staates A). Staat A besteuert die Zinseinnahme nicht wegen Zuordnung der Einnahmen an die im Staat C (vermeintlich) befindliche Betriebsstätte; Staat C erfasst die Zinseinnahme nicht wegen Zuordnung der Einnahmen an das Stammhaus im Staat B (mangels Annahme einer Betriebsstätte). Bei unberücksichtigter Betriebsstätte werden die Zinseinnahmen im Stammhaus (Staat B) besteuert (die Gestaltung neutralisiert), sofern Staat C ein EU-Mitgliedstaat ist (keine Besteuerung bei Drittstaaten mit Befreiungsmethode, Abs 8).

Doppelter Abzug: Anwendung, Neutralisierung 536

Eine Steuerdiskrepanz (Abs 2) liegt überdies vor, wenn derselbe Aufwand in mehr als einem Staat abzugsfähig ist (**doppelter Abzug**, Z 2). Ein **doppelter Abzug** führt aufgrund von steuerlichen Sondervorschriften zum doppelten Abzug eines hybriden Unternehmens, einer Betriebsstätte oder einer doppelt ansässigen Körperschaft (Abs 3 Z 1 lit b). Damit sollen vorrangig divergierende Einkünftezurechnungen aufgrund von Sondervorschriften, wie der Gruppenbesteuerung (→ 564), erfasst werden, nicht jedoch Investitionsbegünstigungen.

Die **Neutralisierung** (Abs 7) erfolgt grundsätzlich (Z 1) durch Verweigerung der Abzugsfähigkeit im Inland bei der (beteiligten) Körperschaft, (Z 2) bei ausländischem, weiterhin abzugsfähigem Aufwand durch Verweigerung der Abzugsfähigkeit bei einem inländischen hybriden Unternehmen oder einer inländischen Betriebsstätte, (Z 3) durch Verweigerung der Abzugsfähigkeit im Inland bei einer doppelt ansässigen Körperschaft, außer bei Ansässigkeit im Inland aufgrund eines DBA mit einem EU-Mitgliedstaat (ebenso Abs 8, § 10 Abs 4 → 517). **Keine Neutralisierung** von Aufwendungen erfolgt sofern diese, die mit steuerlich doppelt berücksichtigten Einkünften im jeweiligen oder in einem späteren Wirtschaftsjahr verrechnet werden.

Beispiele zum doppelten Abzug (Abs 3 Z 1 lit b):

1. **Durch Betriebsstätte:** Unternehmen A (Staat A) hat sowohl eine Betriebsstätte als auch eine Tochtergesellschaft in Staat B. Staat A sieht für Einkünfte aus Staat B die Anrechnungsmethode vor. Betriebsstätte und Tochtergesellschaft bilden eine Unternehmensgruppe. Zinsaufwand der Betriebsstätte wird einerseits bei A, andererseits auch aufgrund der Gruppe bei der Tochtergesellschaft berücksichtigt (doppelter Abzug). Zur Neutralisierung ist vorrangig der Zinsaufwand in A nicht abzugsfähig (Z 1), subsidiär in B (Z 2).
2. **Durch eine doppelt ansässige Körperschaft:** Unternehmen A (Staat A) ist eine doppelt ansässige Körperschaft in A und im Inland mit Ansässigkeit laut DBA in Staat A. Sie hat eine Betriebsstätte im Inland und ist mit dieser Gruppenmitglied des im Inland ansässigen Gruppenträgers Ö. Staat A sieht für Einkünfte aus dem Inland die Anrechnungsmethode vor. A erzielt durch die Betriebsstätte im Inland einen Verlust, der sowohl bei Ö als auch im Staat A verwertet wird (doppelter Abzug). Zur Neutralisierung ist der Zinsaufwand bei A im Inland nichtabzugsfähig (Z 3).

537 Importierte hybride Gestaltung, mehrfache Steuererstattung, Personenvereinigungen

Auch für **hybride Gestaltungen in Drittländern** besteht eine Sonderregel, wenn Körperschaften in die ausländische Gestaltung durch eine inländische Zahlung an die Drittländer involviert sind und diese Zahlung im Ausland mit abzugsfähigen Aufwendungen im Rahmen einer hybriden Gestaltung verrechnet wird (**importierte hybride Gestaltung**). Die Neutralisierung erfolgt, sofern nicht bereits im Drittland erfolgt, durch Verweigerung der Abzugsfähigkeit im Inland (Abs 9).

Besteht die Absicht, durch hybride Übertragung von Finanzinstrumenten **mehrfache Steuererstattungen von Quellensteuern** zu bewirken, dann wird der Vorteil aus der Erstattung im Verhältnis zu den steuerpflichtigen Nettoeinkünften in Zusammenhang mit der Zahlung begrenzt (Abs 11).

Sofern es durch die Behandlung einer inländischen Personenvereinigung als Körperschaft aus Sicht des ausländischen Steuerrechts (**umgekehrte hybride Gestaltung**, Qualifikationskonflikt hinsichtlich der Steuersubjektivität) zu einer Nichtbesteuerung von Einkünften im In- und Ausland kommt, soll die beherrschende Körperschaft der Personenvereinigung (unmittelbar oder mittelbar mehr als 50 % der Stimmrechte oder des Kapitals oder des Gewinnanspruchs) dennoch im Inland **beschränkt steuerpflichtig** sein (auch ungeachtet eines Doppelbesteuerungsabkommens, Abs 12, ab 2022).

Beispiele:

1. **Importierte hybride Gestaltung:** A (Drittstaat A), B (Drittstaat B) und Ö (Inland) sind verbundene Unternehmen. Ö leistet eine Zinszahlung an B. B berücksichtigt die Zahlung als Einnahme, verrechnet diese jedoch mit einer Zinszahlung an A. In A wird die Zahlung allerdings als steuerfreier Beteiligungsertrag behandelt (hybrides Finanzinstrument). Die Zinszahlung ist in Ö nicht abzugsfähig, sofern nicht bereits die Gestaltung in A oder B neutralisiert wurde.

2. **Mehrfache Steuererstattung:** Ö (Inland) vereinbart die kurzfristige Überlassung von Aktien an B (Drittstaat B) mit dem Anspruch von Ö gegenüber B auf Dividenden. Dies erfolgt in der Absicht, eine mehrfache Steuererstattung zu bewirken. Nach dem inländischen Steuerrecht wird Ö als wirtschaftlicher Eigentümer behandelt, nach dem Drittstaat B hingegen B. Sowohl Ö als auch B machen die Quellensteuer auf die Dividende geltend. Nur Ö kann die Quellensteuer geltend machen, weil B unter Berücksichtigung der Dividende und des Abzuges des Aufwandes für die Weiterleitung über keine Einkünfte aus der Zahlung verfügt.

3. **Umgekehrte hybride Gestaltung:** A (in Staat A) hält eine 75%-Beteiligung an einer inländischen KG (in Ö) mit Einkünften ohne Betriebsstätte und sonstigen inländischen Anknüpfungspunkten im Inland. Staat A beurteilt die KG als im Inland steuerpflichtige Körperschaft und besteuert die Einkünfte nicht. Ö besteuert ebenso nicht aufgrund des Durchgriffsprinzips und mangels Betriebsstätte und sonstiger inländischer Anknüpfungspunkte nach § 98 EStG. Die Einkünfte werden auch sonst in keinem Staat besteuert. Ö kann in diesem Fall dennoch besteuern (beschränkte Steuerpflicht nach § 21 Abs 1 Z 1), um die doppelte Nichtbesteuerung zu vermeiden.

5.4. Zinsschranke (§ 12a KStG)

Einschränkung der Abzugsfähigkeit von Zinsen 538

Zinsaufwendungen (gekürzt um steuerpflichtige Zinserträge, Zinsüberhang) sind in einem Wirtschaftsjahr insoweit **nicht abzugsfähig**, als sie **30 % des steuerlichen EBITDA** übersteigen. Eine Abzugsfähigkeit eines Zinsüberhangs besteht jedoch jedenfalls bis zu einem Betrag von **EUR 3 Mio (Freibetrag)** (§ 12a Abs 1).

Ein **Zinsüberhang** liegt vor, soweit abzugsfähige Zinsaufwendungen steuerpflichtige Zinserträge des Wirtschaftsjahres übersteigen. Der Zinsbegriff ist weit zu verstehen und umfasst jede Vergütung für Fremdkapital und dessen Beschaffung (Abs 3). Bestimmte Zinsaufwendungen für langfristige öffentliche Infrastrukturprojekte bleiben unberücksichtigt (Abs 9).

Als **steuerliches EBITDA** (Earnings Before Interest, Taxes, Depreciation and Amortization) gilt der Gesamtbetrag der Einkünfte (Earnings Before Taxes), neutralisiert um steuerliche Abschreibungen und Zuschreibungen (Depreciation and Amortization) sowie den zu berücksichtigenden Zinsüberhang (Interest, Abs 4). Die Berechnung ist in der EBITDA-Ermittlungs-VO geregelt (Abs 8).

Ein Zinsüberhang ist jedoch **zur Gänze abzugsfähig**, wenn die Körperschaft in einen Konzernabschluss vollständig einbezogen wird und dabei lediglich bis zu zwei Prozentpunkte unter der Konzerneigenkapitalquote liegt (**Eigenkapitalquotenvergleich**, Abs 5). Bei **Unternehmensgruppen** nach § 9 ist die Zinsschranke beim Gruppenträger auf das zusammengefasste Ergebnis anwendbar (Abs 7).

539 Auswirkungen der Zinsschranke

Soweit der Zinsüberhang **30 % des steuerlichen EBITDA** und gleichzeitig auch den **Freibetrag von EUR 3 Mio übersteigt,** ist dieser Betrag **nicht abzugsfähig.** Ein nichtabzugsfähiger Zinsüberhang kann auf Antrag in Folgejahre vorgetragen werden (**Zinsvortrag**) und erhöht dadurch die Zinsaufwendungen, nicht aber das steuerliche EBITDA (Abs 6 Z 1, Übergang bei Umgründungen nach der Zinsvortrags-ÜbergangsVO).

Soweit **30 % des steuerlichen EBITDA** durch den Zinsüberhang **nicht erreicht** wird, kann dieses auf Antrag auf die darauffolgenden fünf Wirtschaftsjahre vorgetragen werden (**EBITDA-Vortrag**). Ein in Folgejahren sonst nichtabzugsfähiger Zinsüberhang kann durch einen EBITDA-Vortrag aus Vorjahren abzugsfähig bleiben (Abs 6 Z 2).

> **Beispiel:**
> **Ein Konzernunternehmen** hat Zinsaufwendungen von EUR 12 Mio und steuerpflichtige Zinserträge von EUR 3 Mio im Wirtschaftsjahr und daher einen Zinsüberhang von EUR 9 Mio. Der Gesamtbetrag der Einkünfte beträgt EUR 2 Mio (darin enthalten abgezogene Abschreibungen in Höhe von EUR 6 Mio und den Zinsüberhang in Höhe von EUR 9 Mio). Das steuerliche EBITDA beträgt daher EUR 17 Mio (EUR 2 Mio plus EUR 6 Mio plus EUR 9 Mio), 30% davon EUR 5,1 Mio. Die Differenz zum Zinsüberhang (EUR 3,9 Mio) abzüglich dem Freibetrag von EUR 3 Mio ergibt einen nichtabzugsfähigen Zinsüberhang von EUR 0,9 Mio. Dieser könnte auf Antrag in zukünftige Jahre vorgetragen werden. Sofern jedoch die Eigenkapitalquote des Konzernunternehmens lediglich bis zu 2 Prozentpunkte unter der des Konzerns liegt (zB EKQ 10 % und Konzern-EKQ 12 %), wäre auch dieser Zinsüberhang sofort abzugsfähig.

5.5. Globale Mindestbesteuerung für Unternehmensgruppen

539/1 Zwei-Säulen-Modell zur Besteuerung von Unternehmensgruppen

Aufgrund der Arbeiten der OECD/G20 wurde ein Zwei-Säulen-Modell erarbeitet, das eine besondere globale Besteuerung von Unternehmensgruppen vorsieht. **Säule 1 (Pillar One)** betrifft die **Umverteilung** von Besteuerungsrechten multinationaler Unternehmensgruppen. **Säule 2 (Pillar Two)** sieht die Einführung einer globalen **Mindestbesteuerung** für multinationale Unternehmensgruppen vor.

Die **globale Mindestbesteuerung** (Pillar Two) soll sicherstellen, dass multinationale Unternehmensgruppen mit Konzernumsätzen von mindestens **EUR 750 Mio** weltweit einer effektiven Steuerbelastung von **mindestens 15 %** unterliegen. Sofern in einem Staat der Effektivsteuersatz unterschritten wird, erfolgt die Erhebung einer Mindeststeuer, um die Besteuerung mit 15 % sicherzustellen. Auf Basis dieser Grundsätze wurde die EU-Richtlinie 2022/2523 beschlossen. Diese wurde mit dem **Mindestbesteuerungsgesetz (MinBestG)** in Österreich umgesetzt (ab 2024).

539/2 Grundzüge des Mindestbesteuerungsgesetzes

Die Mindestbesteuerung ist anwendbar auf große Unternehmensgruppen mit Umsätzen ab **EUR 750 Mio** in mindestens zwei der vier vorangegangenen Geschäftsjahre. Darunter fallen internationale, aber auch nur rein im Inland tätige **Unternehmensgruppen**

(§ 3 MinBestG).In einem **ersten Schritt** sind die **Mindeststeuer-Gewinne** sämtlicher in- und ausländischen Geschäftseinheiten einer Unternehmensgruppe nach Maßgabe des unternehmensrechtlichen Jahresüberschusses (in der Regel nach dem Konzernrechnungslegungsstandard der obersten Muttergesellschaft) nach einer Mindeststeuer-Mehr-Weniger-Rechnung zu ermitteln (§§ 14 bis 36 MinBestG).

Weiters sind die angepassten erfassten **Steuern** zu ermitteln (§§ 37 bis 45 MinBestG) und daraus abgeleitet der **Effektivsteuersatz** und der **Ergänzungssteuerbetrag** je Steuerhoheitsgebiet. Der Ergänzungssteuerbetrag für das Steuerhoheitsgebiet ermittelt sich aus der Differenz in Prozentpunkten zwischen Mindeststeuersatz von 15 % und niedrigerem Effektivsteuersatz einerseits, multipliziert mit dem **Übergewinn** andererseits. Der Übergewinn besteht aus dem Nettogewinn (Gewinne abzüglich Verluste) abzüglich einem Substanzfreibetrag (§§ 46 bis 51 MinBestG). Kein Ergänzungssteuerbetrag ist im Falle der Einhaltung von der **Safe-Harbour-Regeln** festzusetzen (§§ 52 bis 57 MinBestG).

Dabei können folgende **Ergänzungssteuern** in Österreich zu erheben sein:

- Eine **nationale Ergänzungssteuer (NES)** ist zu erheben, wenn in Österreich selbst der Effektivsteuersatz unter dem Mindeststeuersatz liegt.
- Eine **Primär-Ergänzungssteuer (PES)** ist zu erheben, wenn bei inländischer Muttergesellschaft im Ausland der Effektivsteuersatz unter dem Mindeststeuersatz liegt.
- Eine **Sekundär-Ergänzungssteuer (SES)** ist zu erheben, wenn lediglich eine abgabepflichtige Geschäftseinheit in Österreich vorliegt und innerhalb der gesamten Unternehmensgruppe teilweise die Effektivsteuersätze unter dem Mindeststeuersatz liegen.

Darüber hinaus besteht die Pflicht zur Einreichung eines **Mindeststeuerberichts** durch eine in Österreich gelegene Geschäftseinheit (§§ 69 bis 73 MinBestG). Die Entstehung der Abgabenanspruchs, die Abgabenschuld, die Haftung und die Einhebung sind in den §§ 76 bis 77 MinBestG geregelt.

6. Verrechnungspreise zwischen verbundenen Unternehmen

6.1. Abgrenzung des inländischen Besteuerungsrechts

Abgrenzung des Besteuerungsrechts bei verbundenen Unternehmen   540

Einkünfte einer Körperschaft sind nicht nur innerstaatlich gegenüber nahestehenden Personen wie Gesellschafter oder konzernzugehörigen Körperschaften abzugrenzen. Eine **Abgrenzung** ist darüber hinaus auch hinsichtlich des **inländischen Besteuerungsrechts** vom ausländischen Besteuerungsrecht vorzunehmen. Die Einkünfteermittlung hat daher auch gegenüber ausländischen verbundenen Körperschaften nach dem **Fremdvergleichsgrundsatz** zu erfolgen.

Die **Abgrenzung des inländischen Besteuerungsrechts** geht über die Abgrenzung der Einkünfteermittlung gegenüber inländischen Gesellschaftern und konzernzugehörigen Körperschaften hinaus. Vorteile aus **Nutzungseinlagen und sonstigen Leistungen** an die Körperschaft werden mangels Wirtschaftsguteigenschaft bei rein inländischen Sachverhalten nicht abgegrenzt, bei grenzüberschreitenden Sachverhalten ist auch hier ein fremdüblicher Wert anzusetzen.

Innerstaatliche Grundlage für die Einkünfteermittlung bei grenzüberschreitenden Leistungsbeziehungen zwischen Körperschaften ist § 6 Z 6. Danach ist der fremdübliche Ansatz von Werten auch bei **Überführung von Wirtschaftsgütern, Verlegung von Betrieben oder Erbringung von sonstigen Leistungen** zwischen der inländischen Kapitalgesellschaft und der damit verbundenen ausländischen Kapitalgesellschaft vorzunehmen. Verbundene Kapitalgesellschaften liegen vor, wenn eine Körperschaft unmittelbar oder mittelbar wesentlich (zu mehr als 25 %) an der anderen Körperschaft beteiligt ist oder die Körperschaften unter gemeinsamer Geschäftsleitung, Kontrolle oder Einfluss stehen und daher aufgrund der Verbindung insgesamt eine fremdübliche Verrechnung von Leistungen von vornherein nicht vorausgesetzt werden kann (→ 287).

541 Fremdübliche Einkünfteermittlung nicht durch DBA eingeschränkt

Eine **einseitige Erhöhung von Einkünften** und deren Besteuerung durch einen Staat zur Sicherstellung seines Besteuerungsrechts aufgrund nicht fremdüblich abgerechneter, grenzüberschreitender Vorgänge wird auch **nicht durch ein Doppelbesteuerungsabkommen eingeschränkt**.

Doppelbesteuerungsabkommen erlauben eine einseitige Erhöhung der Einkünfte unter diesen Umständen soweit, als die Einkünfte aus grenzüberschreitenden Vorgängen an fremdübliche Bedingungen angepasst werden. Wenn verbundene Unternehmen in ihren kaufmännischen oder finanziellen Beziehungen an vereinbarte oder auferlegte Bedingungen gebunden sind, die von jenen abweichen, die unabhängige Unternehmen miteinander vereinbaren würden, so kann die Besteuerung auf der Grundlage der Einkünfteermittlung unter Zugrundelegung fremdüblicher Bedingungen erfolgen.

Verbundene Unternehmen liegen vor, wenn:

- ein Unternehmen eines Staats unmittelbar oder mittelbar an der Geschäftsleitung, der Kontrolle oder dem Kapital eines Unternehmens des anderen Staats beteiligt ist, oder
- dieselben Personen unmittelbar oder mittelbar an der Geschäftsleitung, der Kontrolle oder dem Kapital eines Unternehmens eines Staats und eines Unternehmens des anderen Staats beteiligt sind (Art 9 Abs 1 OECD-MA).

6.2. Ermittlung fremdüblicher Verrechnungspreise

542

Die **objektiv richtige Einkünfteermittlung** aus Leistungsbeziehungen zwischen verbundenen Körperschaften soll für steuerliche Zwecke durch die **Ermittlung von fremdüblichen Verrechnungspreisen** erzielt werden.

Der Grundsatz des Fremdvergleichs ist in den **OECD-Verrechnungspreisgrundsätzen** verankert. Diese sind rechtlich nicht bindend, dienen aber zur Auslegung sowohl des innerstaatlichen als auch des abkommensrechtlichen Fremdvergleichsgrundsatzes.[27] Die Einigung auf **internationale Verrechnungspreisgrundsätze** ist notwendig, um eine Doppelbesteuerung zu vermeiden.

Die Verrechnungspreisgrundsätze zielen darauf ab, Verrechnungspreise zu finden, die **zwischen unabhängigen Unternehmen** vereinbart werden oder worden wären. Zur Ermittlung von fremdüblichen Verrechnungspreisen werden transaktionsbezogene und gewinnbezogene Methoden herangezogen. Zu den **transaktionsbezogenen** Methoden zählen die Preisvergleichsmethode, Wiederverkaufspreismethode und die Kostenaufschlagsmethode; zu den **gewinnbezogenen** die Nettomargenmethode und die Gewinnteilungsmethode. Den Methoden liegt dabei die **betriebswirtschaftliche Formel** zugrunde: Der Preis ermittelt sich durch Ansatz der Anschaffungskosten (Lieferungen von Waren, Betriebsmittel, Rohstoffe), der eigenen Leistungskosten (Produktion, Personal, Verwaltung, Vertrieb) und einem Gewinnaufschlag (Risikoabgeltung plus geschaffener Mehrwert).

Beispiele:
1. **Preisvergleichsmethode:** Der Preis wird herangezogen, der mit einem unabhängigen Unternehmen vereinbart wird (direkter Preisvergleich, Comparable Uncontrolled Price, CUP).
   Beispiel: Dasselbe Produkt wird an Dritte um einen Betrag von EUR 100 veräußert. Der interne Verrechnungspreis beträgt daher ebenso EUR 100.
2. **Wiederverkaufsmethode:** Der Preis wird herangezogen, der sich aus der Weiterveräußerung des unternehmenseigenen Produkts durch ein verbundenes Unternehmen ergibt, abzüglich eines marktüblichen Gewinnabschlags (indirekte Preisermittlung aus Gewinnspannen nachfolgender Geschäfte, Resale Price).
   Beispiel: Der Weiterverkäufer verkauft die Ware um EUR 120 an einen unabhängigen Dritten. Der fremdübliche Preis zwischen verbundenem Verkäufer und Weiterverkäufer ermittelt sich aus den EUR 120 abzüglich einer marktüblichen Gewinnspanne des Weiterverkäufers von EUR 20. Dies ergibt einen fremdüblichen Preis von EUR 100.
3. **Kostenaufschlagsmethode:** Der Preis ermittelt sich aus den Kosten plus einem marktüblichen Gewinnaufschlag des Unternehmens (indirekte Preisermittlung aus den vorgelagerten Kosten, Cost Plus).
   Beispiel: Der Dienstleister ermittelt den fremdüblichen Preis aus seinen Kosten von EUR 70 zuzüglich eines marktüblichen Gewinnaufschlags von EUR 30.
4. **Nettomargenmethode:** Zur Ermittlung werden konzernexterne Gewinnspannen auf Ebene einzelner Geschäftsfälle zur Ermittlung einer angemessenen konzerninternen Gewinnspanne herangezogen (Gewinnvergleich, Net Margin).
   Beispiel: Die Mitbewerber haben eine Gewinnspanne von 20 %. Diese Gewinnspanne ist auf konzerninterne vergleichbare Geschäftsfälle anzuwenden.
5. **Gewinnverteilungsmethode:** Der konzerninterne Gewinn aus der Geschäftsbeziehung zweier Konzernunternehmen wird auf der Grundlage der jeweiligen Funktionen der Unternehmen aufgeteilt (Gewinnverteilung, Profit Split).
   Beispiel: Der Gesamtgewinn des Konzerns beträgt EUR 100.000. Dieser ist entsprechend einer Funktionsanalyse zwischen den beteiligten Konzerngesellschaften aufzuteilen. Auf den Produzenten entfällt EUR 80.000, auf den Vertrieb EUR 20.000.

---

27 VwGH 24.11.1999, 94/13/0233; UFS 14.3.2005, RV/2154-L/02; BMF-Verrechnungspreisrichtlinie, Rz 15 und 18 f; OECD Kommentar zu Artikel 9.

543 Vertiefung: Anwendung der unterschiedlichen Methoden

Die Methoden sind **geschäftsfallbezogen** anzuwenden. Vergleichbare Geschäftsfälle dürfen zu Gruppen zusammengefasst werden. Es ist die Methode zu wählen, die die **größte Sicherheit für die Ermittlung eines fremdüblichen Verrechnungspreises** bietet. Dabei gilt: Geschäftsfallbezogene sind den Gewinnmethoden vorzuziehen, soweit ausreichend Einzeldaten vorliegen.

Die Ermittlung des konkreten fremdüblichen Verrechnungspreises erfolgt auf der Grundlage einer **wirtschaftlichen Analyse** des Unternehmens, dessen Funktionen und Risiken. Zum Vergleich heranzuziehende Faktoren sind Produkteigenschaften, Funktionen, Vertragsbedingungen, Marktgegebenheiten und Geschäftsstrategien. Der Verrechnungspreis ist bei jener Partei zu bestimmen, deren Funktion die geringere Komplexität aufweist. Die Verrechnungspreisanalyse ergibt grundsätzlich eine **Bandbreite** an möglichen fremdüblichen Verrechnungspreisen. Liegt der Verrechnungspreis innerhalb der Bandbreite, dann gilt dieser als fremdüblich, ansonsten ist eine Berichtigung auf den Medianwert vorzunehmen.

Informationsquelle für konzerninterne Zahlen ist das interne und externe Rechnungswesen, konzernexterne Marktdaten können aus Datenbanken bezogen werden. Die Ermittlung der Verrechnungspreise ist in einer **Verrechnungspreisdokumentation** nachvollziehbar zu machen (→ 996).

Beispiele:
1. **Funktionen und Risiken:** Parteien können bloße Routinefunktionen (auslagerbare Leistungen: Lohnfertiger, einfacher Vertrieb, Low Risk Distributor) oder Entrepreneurfunktionen (Hauptleistung mit Unternehmensrisiko) ausüben. Wer die Entrepreneurfunktion ausübt und über die wesentlichen materiellen und immateriellen Wirtschaftsgüter und das qualifizierte Personal verfügt, dem steht für gewöhnlich auch der Residualgewinn (Gewinn nach Abzug der Aufwendungen für die Routinefunktionen) zu. Der Verrechnungspreis ist daher vorrangig aus der Sicht der Parteien zu ermitteln, die die Routinefunktionen ausüben, weil diese einfacher zu bestimmen sind.
2. **Technologieunternehmen:** Das Unternehmen produziert hochentwickelte Elektronikprodukte, wobei Forschung, Entwicklung und Marketing im Industrieland durch die Konzerngesellschaft A und die Produktion im Billiglohnland durch die Konzerngesellschaft B erfolgt. Die Funktionen von B beschränken sich auf die bloße Lohnfertigung ohne zusätzliche Risikotragung. Der Verrechnungspreis für die bloße Lohnfertigung ist bei B zu bestimmen. Der Residualgewinn ist der Konzerngesellschaft A im Industrieland zuzuordnen.

544 Vertiefung: Ermittlung nach Art und Form der Leistungen

Die **Art und Form der Leistung** beeinflusst die Wahl der richtigen Methode.

Beispiele:
1. **Warenlieferungen:** Dabei ist zwischen Produktion und Vertrieb zu unterscheiden. Die Produktion ist mit Unternehmensrisiko behaftet und rechtfertigt daher eine Zuweisung des Residualgewinns. Bei Vertriebsgesellschaften wird zumeist, soweit kein Vergleichspreis vorliegt, die Wiederverkaufspreismethode anzuwenden sein, weil diese einen Gesamtgewinn erwarten lässt.
2. **Dienstleistungen** können aus einfachen Hilfsleistungen (Verwaltung) über die Lohnfertigung bis hin zu komplexem Beratungsaufwand reichen. Bei Routineleistungen ohne Ver-

gleichspreise wird die Kostenaufschlagsmethode anzuwenden sein (zB Gewinnaufschlag von 5 bis 15 %).[28] Bei hochwertigen Leistungen ist ein höherer Gewinnaufschlag anzusetzen. Zusatzleistungen können ohne Gewinnaufschlag verrechnet werden, wenn diese auch unter Dritten vereinbart werden (zB zur Aufrechterhaltung der Geschäftsbeziehung).

3. **Finanzierungsleistungen** (Kapitalüberlassung, Bürgschaften, Patronatserklärungen, Factoring) müssen zu fremdüblichen Zinsen und Provisionen verrechnet werden. Der Zinssatz wird sich grundsätzlich innerhalb des Zinssatzbandes von Banken orientieren. Darüber hinaus muss die Höhe des konzernintern bereitgestellten Fremdkapitals fremdüblich sein (Fremdkapitalquote bis zu 80 %, 4 zu 1). Der übersteigende Fremdkapitalanteil ist als Eigenkapital zu beurteilen, sodass keine Zinsen, sondern eine Gewinnausschüttung vorliegt.

4. **Überlassungen von immateriellen Wirtschaftsgütern** wie Markenrechte, Know-how, Patentrechte oder Gebrauchsmuster sind angemessen zu verrechnen. Die zu verrechnenden Lizenzgebühren sind in einer Bandbreite zwischen den Kosten auf Seiten des Überlassenden und maximal des Gewinns auf Seiten des Berechtigten zu bemessen. Wiederverkäufern von Waren ist nehmen dem Wareneinkaufspreis nicht zusätzlich eine Lizenzgebühr zu verrechnen.

5. **Bei Entsendung von Arbeitskräften** muss unterschieden werden, welches Unternehmen ein Interesse an der Entsendung hat. Wird der Unternehmer zum Vorteil des empfangenden Unternehmens entsendet, dann wird ein fremdübliches Entgelt zu vereinbaren sein, sofern nicht sowieso das empfangende Unternehmen die Kosten übernimmt.[29] Liegt das Interesse vorwiegend am entsendenden Unternehmen, dann wird dies unentgeltlich erfolgen; ein Verrechnungspreis ist nicht festzulegen (Trainee zur Ausbildung, Praktikant). Übernimmt das empfangende Unternehmen die Kosten, dann muss es sich dabei um fremdübliche Kosten handeln, die auch bei sonstigen (nicht konzernintern versendeten) Praktikanten gezahlt werden würden. **Beispiel**: Arbeitnehmer wird an eine Tochtergesellschaft innerhalb des Konzerns entsendet.[30]

6. **Konzernumlage und Cash Pooling:** Bei einer Konzernumlage ist als pauschale Verrechnung von zentral erbrachten Leistungen für den gesamten Konzern grundsätzlich ein Gewinnaufschlag anzusetzen. Es bedarf eines Umlagevertrags, aus dem die wesentlichen Rechte und Pflichten hervorgehen. Eine Doppel- oder Mehrfachverrechnung über Einzelleistungsverrechnung darf nicht erfolgen. Verrechenbar sind nur Kosten, die dem Leistungsempfänger als konkrete Vorteile zukommen (notwendige Kosten, die er sich dadurch erspart), nicht dagegen solche, die den Konzern im Gesamten betreffen (nicht notwendige Leistungen, Kosten der Gesellschafter, Vorteile als Konzernmitglied wie Konzernnamen, Kreditwürdigkeit, Synergieeffekte). Konzernvorteile aus Cash Pooling (Management) Vereinbarungen sind auf die beteiligten Konzerngesellschaften nach Verrechnung der entstehenden Kosten aufzuteilen. Bei Cash Pooling Vereinbarungen übernimmt eine Konzerngesellschaft die zentrale Verwaltung der überschüssigen Barmittelbestände von Konzerngesellschaften und stellt sie bei Barmittelbedarf anderen Konzerngesellschaften zur Verfügung.

7. **Bei Unternehmensänderungen** kann es zu Funktions- und Risikoverlagerungen innerhalb des Konzerns kommen. Wäre eine Abgeltung fremdüblich, hat auch zwischen verbundenen Unternehmen eine Abgeltung zu erfolgen. Eine entschädigungspflichtige Unternehmensänderung kann vorliegen bei Einschränkung der Produktpalette einer inländischen Produktions- und Vertriebsgesellschaft, Änderung einer gewinnbringenden Vertriebsgesellschaft in einen bloßen Kommissionär (durch Übergang immaterieller Werte wie aufgebaute Marktpräsenz), Herabstufung einer Produktionsgesellschaft auf einen Lohnfertiger (durch Übergang von entwickeltem Know-how) oder Übertragung von Vertragsbeziehungen auf andere Konzerngesellschaften.

---

28 Vgl UFS 6.4.2007, RV/4687-W/02.
29 EAS 1858; EAS 2228.
30 VwGH 22.5.2013, 2009/13/0031.

6.3. Gegenberichtigungen bei Verrechnungspreiskorrektur

545

Zur **Vermeidung einer Doppelbesteuerung** der erhöhten Einkünfte durch einen Staat hat **der andere Staat eine dementsprechende Minderung** der zu besteuernden Einkünfte vorzunehmen, soweit dies unter der Annahme fremdüblicher Bedingungen erfolgt (Art 9 Abs 2 OECD-MA).

Die Anpassung hat aber nur zu erfolgen, **soweit dem Fremdvergleichsgrundsatz dem Grunde und der Höhe nach entsprochen** wird (daher zum Beispiel auch nicht bei Missbrauch).[31] Nach österreichischem Recht bedarf es keiner besonderen innerstaatlichen Rechtsgrundlage, weil die korrespondierende Einkünfteberichtigung als das speziellere Gesetz den anderen innerstaatlichen Bestimmungen vorgeht.[32]

Bei der Verrechnungspreisermittlung, bei der Festsetzung und bei Konflikten sollten diese durch ein **Verständigungsverfahren der zuständigen Behörden** der Staaten gelöst werden. Zur Vereinfachung und effektiven Lösung besteht **innerhalb der EU** ein besonderes Instrument zur Lösung von Konflikten bei Verrechnungspreisen zwischen zwei Mitgliedstaaten. Aufgrund des Übereinkommens zur Vermeidung der Doppelbesteuerung für den Fall der Gewinnberichtigung zwischen verbundenen Unternehmen hat ein **Schiedsgericht** zu entscheiden.[33]

Neben der korrespondierenden Einkünfteberichtigung durch den anderen Staat hat auch eine **zweite Berichtigung** aufgrund der tatsächlich erfolgten, zu niedrig oder zu hohen Zahlungen auf nicht fremdüblicher Grundlage zu folgen. Die fremdübliche Leistungsabrechnung hat dabei auch steuerliche Auswirkungen, weil sich aus dem verbleibenden Anspruch einer Partei ein Darlehen, eine Gewinnausschüttung, Zinsen oder Lizenzgebühren ableiten lassen und davon möglicherweise auch eine Abzugsteuer einzubehalten wäre. Diese zweite Berichtigung ist notwendig, um die Situation herzustellen, die bei fremdüblicher Leistungsabwicklung eingetreten wäre.[34]

Beispiel:
Eine nicht fremdübliche, weil zu hohe Leistungsabrechnung wurde durch den Staat des Leistungsempfängers gekürzt, womit der abziehbare Leistungsaufwand verringert und damit auch der steuerpflichtige Gewinn erhöht wurde. Der Staat des Leistungserbringers hat unter der Voraussetzung, dass die Berichtigung des anderen Staats dem Fremdvergleichsgrundsatz entspricht, gleichzeitig die zu hohen Einkünfte des Leistungserbringers zu reduzieren, um eine Doppelbesteuerung zu vermeiden. Eine zweite Berichtigung hat aufgrund der zu hohen Zahlung durch den Leistungsempfänger an den Leistungserbringer zu erfolgen, weil die Zahlung steuerlich als Einlage, Ausschüttung oder Darlehen zu bewerten ist und entsprechende steuerliche Konsequenzen nach sich zieht (zB fremdübliche Zinsverrechnung, Abzugsteuer).

---

31 OECD Kommentar zu Artikel 9 (2); BMF VPR 2010 Rz 6.
32 BMF VPR 2010 Rz 12; VwGH 17.12.1975, 1037/75.
33 Art 4 Abs 1 EU-Schiedsgerichtsabkommen.
34 OECD Kommentar zu Artikel 9 (2).

7. Einkünfteermittlung bei Privatstiftungen (§ 13 KStG)

7.1. Überblick

Bei **Privatstiftungen** unterscheidet sich die Einkünfteermittlung je nach Tätigkeit, wobei zwischen **gemeinnützigen, nicht offenlegenden, offenlegenden** und **betrieblichen** Privatstiftungen zu unterscheiden ist.

546

Bei **gemeinnützigen** Privatstiftungen (→ 472) erfolgt die Einkünfteermittlung entsprechend der vorliegenden Einkunftsart unter Berücksichtigung des eingeschränkten Umfangs der Steuerpflicht (§ 21 Abs 2 und Abs 3). Bei **nicht offenlegenden** Privatstiftungen (→ 468) erfolgt die Einkünfteermittlung ausschließlich nach betrieblichen Grundsätzen (§ 7 Abs 3). Bei **betrieblichen** Privatstiftungen (→ 469) erfolgt die Einkünfteermittlung nach betrieblichen Grundsätzen (§ 7 Abs 3), wobei besondere Bestimmungen im Hinblick auf Zuwendungen an die Privatstiftung anzuwenden sind (§ 13 Abs 1 Z 1 → 547). Bei **offenlegenden** Privatstiftungen (→ 548) gelten besondere Einkünfteermittlungsvorschriften (§ 13 Abs 1 bis 3).

Zu **Zuwendungen von Privatstiftungen bei den Empfängern** als steuerneutrale Vermögensänderungen → 511, Einkünfte aus nichtselbständiger Arbeit (§ 25 Abs 1 Z 2 lit c) → 93 oder Einkünfte aus Kapitalvermögen (§ 27 Abs 5 Z 7 und 8) → 94.

Bei **Wechsel der Einkommensermittlung** von offenlegenden Privatstiftungen zu Privatstiftungen mit Einkünfteermittlung nach § 7 Abs 3 liegen **Einlagen oder Entnahmen** vor (§ 6 Z 4 und 5 EStG, § 13 Abs 1 letzter Satz).

7.2. Besondere Einkünfteermittlung bei betrieblichen Privatstiftungen

Betriebliche Privatstiftungen

547

Bei **betrieblichen Privatstiftungen** gelten folgende Besonderheiten (§ 13 Abs 1 Z 1):

Zuwendungen an die Privatstiftung sind beim Zuwendenden aus dem Betriebsvermögen **Betriebsausgaben**, soweit damit der entsprechende Zweck verfolgt wird. Sofern bei der empfangenden Privatstiftung eine zeitliche Verteilung vorgenommen wird (§ 13 Abs 1 Z 1 lit b, dazu sogleich), sind auch die Betriebsausgaben entsprechend dieser Verteilung abzugsfähig (§ 4 Abs 11 Z 1 EStG; § 4d EStG).

Die **Einkünfteermittlung bei der Privatstiftung** erfolgt ausschließlich **nach betrieblichen Grundsätzen** (§ 7 Abs 3, § 13 Abs 1 Z 1 lit a KStG). Zuwendungen an die betriebliche Privatstiftung sind dabei bei der Stiftung **Betriebseinnahmen**, Zuwendungen durch die betriebliche Privatstiftung **Betriebsausgaben**.

Zuwendungen an Unternehmenszweckförderungsstiftungen, Arbeitnehmerförderungsstiftungen und Belegschaftsbeteiligungsstiftungen (§ 4d Abs 1 bis 3 EStG) können auf das Zuwendungsjahr und die folgenden neun Wirtschaftsjahre gleichmäßig verteilt als Betriebseinnahmen angesetzt werden (**Zehnjahresverteilung**), es sei denn, aus dem Zweck der Zuwendung ergibt sich ein kürzerer Zeitraum (Z 1 lit b).

Zuwendungen an Belegschaftsbeteiligungsstiftungen (§ 4d Abs 3 EStG) sind bei dieser insoweit **steuerfrei**, als sich diese Zuwendungen auf den Zugang (Erwerb) der Beteiligungen oder den für die Anschaffung der Beteiligungen notwendigen Geldbetrag beschränken und für jeden Begünstigten pro Kalenderjahr den Betrag von **EUR 4.500** nicht übersteigen (Z 1 lit c).

Zuwendungen an Mitarbeiterbeteiligungsstiftungen (§ 4d Abs 4 EStG) sind bei dieser **steuerfrei** (Z 1 lit d; steuerfrei auch beim Empfänger bis EUR 4.500 nach § 3 Abs 1 Z 15 lit c EStG, ebenso der Vorteil aus der unentgeltlichen oder verbilligten treuhändigen Verwahrung oder Verwaltung, lit d).

7.3. Besondere Einkünfteermittlung bei offenlegenden Privatstiftungen

548 Offenlegende Privatstiftungen

Bei **offenlegenden Privatstiftungen** ergeben sich folgende Besonderheiten (§ 13 Abs 1 Z 1):

Zuwendungen an die Privatstiftung sind entweder betriebliche oder außerbetriebliche Einkünfte oder steuerneutral. **Die Einkünfteermittlung erfolgt entsprechend der Einkunftsart.** Bei der Ermittlung der Einkünfte aus Land- und Forstwirtschaft kann eine jährliche Bestandsaufnahme des stehenden Holzes unterbleiben (§ 125 Abs 5 BAO). Nur Einkünfte aus Gewerbebetrieb sind nach § 5 Abs 1 zu ermitteln. Für Einkünfte, die der **Zwischensteuer** unterliegen (→ 489), hat eine gesonderte Einkünfteermittlung zu erfolgen. Realisierte stille Reserven aus Beteiligungen können auf eine neu angeschaffte Beteiligung übertragen werden (**Übertragung stiller Reserven** → 550). Die **Beteiligungsertragsbefreiung** gilt sowohl für inländische als auch ausländische Beteiligungserträge (§ 10 Abs 1). Die Begünstigung der steuerneutralen Wertänderungen von **internationalen Schachtelbeteiligungen** steht hingegen nicht zu (Abs 3). § 10a ist bei Vorliegen der Voraussetzungen anwendbar. **Zuwendungen der Privatstiftung** sind bei dieser steuerneutral (→ 506).

549 Vertiefung: Zwischensteuer bei offenlegenden Privatstiftungen

Einkünfte, die der Zwischensteuer unterliegen (§ 22 Abs 2 → 489), sind **gesondert zu ermitteln** und weder bei den Einkünften noch beim Einkommen zu berücksichtigen (§ 13 Abs 3).

Die Ermittlung umfasst daher mit einem besonderen Steuersatz besteuerte außerbetriebliche **Zinsen** (§ 27 Abs 2 Z 2 EStG), Einkünfte aus **realisierten Wertsteigerungen, Derivaten und Kryptowährungen** aus Kapitalvermögen (§ 27 Abs 3, 4 und 4a EStG) und Einkünfte aus privaten Grundstücksveräußerungen (§ 30 EStG). Davon ausgenommen sind aufgedeckte stille Reserven aus der Veräußerung von Beteiligungen, soweit diese übertragen werden.

Die **Summe dieser Einkünfte** ist den **mit Kapitalertragsteuer belasteten Zuwendungen an Begünstigte** als steuerpflichtige Einkünfte (§ 27 Abs 5 Z 7 EStG) gegenüberzustellen, mit folgenden Konsequenzen:

- **Einkünfteüberhang:** Übersteigen die Einkünfte die Zuwendungen, dann unterliegt der Unterschiedsbetrag der **Zwischensteuer.**
- **Zuwendungsüberhang:** Übersteigen die Zuwendungen aufgrund früherer nicht zugewendeter Einkünfte die aktuellen Einkünfte, dann führt dies zu einer **Gutschrift** der bisher auf die nicht zugewendeten Einkünfte entfallenden Zwischensteuer (§ 24 Abs 5).

Findet auf die Zuwendungen eine **Entlastung von der Kapitalertragsteuer aufgrund eines Doppelbesteuerungsabkommens** statt, ist die Summe der Zuwendungen insoweit zu verringern, als sie nicht endgültig mit Kapitalertragsteuer belastet ist. Dies gilt auch, wenn die Entlastung nach Abfuhr der Kapitalertragsteuer stattfindet (Entlastung als rückwirkendes Ereignis, § 295a BAO → 1059).

Beispiele:

1. **Einkünfteüberhang:** Die Privatstiftung erzielt außerbetriebliche Zinseinkünfte von EUR 10.000. Es erfolgt im selben Jahr eine Zuwendung an die inländischen Begünstigten (27,5 % KESt ist anwendbar) in Höhe von EUR 8.000. Die für die Zwischensteuer von 23 % maßgebliche Bemessungsgrundlage beträgt daher EUR 2.000.
2. **Zuwendungsüberhang:** Die Privatstiftung hat im ersten Jahr außerbetriebliche Zinseinkünfte von EUR 10.000 erzielt. Diese wurden mangels Zuwendungen mit Zwischensteuer von EUR 2.300 belastet. Eine Zuwendung (27,5 %) erfolgt erst im zweiten Jahr in Höhe von EUR 8.000. Die mit Zwischensteuer belasteten Einkünfte führt insoweit aufgrund der nun erfolgenden Steuerbelastung der Zuwendung zu einer Gutschrift der Zwischensteuer in Höhe von EUR 1.840 (23 % von EUR 8.000).
3. **Entlastung von der Besteuerung aufgrund eines DBA:** Die Zuwendung von EUR 10.000 wird an eine ausländische natürliche Person geleistet und ist aufgrund des DBA nur mit 15 % im Inland steuerpflichtig (EUR 1.500). Bei voller Steuerbelastung wäre ein Steuerbetrag von EUR 2.750 (27,5 %) angefallen. Die Zuwendung von EUR 10.000 gilt nur im Verhältnis der tatsächlichen Steuerbelastung (EUR 1.500) zur vollen Steuerbelastung (EUR 2.750) als mit Kapitalertragsteuer belastet. Die Summe der Einkünfte ist daher um diesen Betrag (EUR 5.454) zu verringern. Der restliche Betrag der Zuwendung gilt als nicht voll mit Kapitalertragsteuer belastet (EUR 4.546) und gilt nicht als steuerbelastete Zuwendung.

Vertiefung: Übertragung stiller Reserven bei offenlegenden Privatstiftungen   550

Aufgedeckte stille Reserven aus der Veräußerung von Beteiligungen des außerbetrieblichen Vermögens in Höhe von zumindest 1 % innerhalb der letzten fünf Jahre können auf neu angeschaffte Beteiligungen in Höhe von zumindest 10 % übertragen werden (§ 13 Abs 3, **Übertragung stiller Reserven**).

Keine Übertragung stiller Reserven ist:

- zulässig auf Anschaffungen von bestehenden Anteilen von einer Körperschaft, an der die Privatstiftung, der Stifter oder ein Begünstigter allein oder gemeinsam unmittelbar oder mittelbar zu mindestens 20 % beteiligt sind.
- möglich, soweit die aufgedeckten stillen Reserven **aufgrund von kapitalertragsteuerpflichtigen Zuwendungen** nicht der Zwischensteuer unterliegen.

Stille Reserven sind der Unterschiedsbetrag zwischen den Anschaffungskosten und dem Veräußerungserlös. Als **Anschaffungskosten** des erworbenen Anteils gelten die um die übertragenen stillen Reserven gekürzten Beträge. Diese Anschaffungskosten sind in Evidenz zu nehmen.

Erfolgt im Kalenderjahr der Aufdeckung keine Übertragung stiller Reserven, kann dafür ein **steuerfreier Betrag** gebildet werden. Der steuerfreie Betrag kann innerhalb von **zwölf Monaten** ab der Veräußerung der Beteiligung als stille Reserve übertragen werden. Steuerfreie Beträge, die nicht innerhalb dieser Frist übertragen werden, unterliegen der Zwischensteuer (§ 13 Abs 4).

> **Beispiel:**
> **Die Privatstiftung** veräußert eine Beteiligung von 20 %, die sie vor 2 Jahren angeschafft hat. Im Jahr der Veräußerung (zu Beginn des nächsten Jahres) gründet sie eine GmbH als Alleingesellschafterin (100 %). Die aufgedeckten stillen Reserven können auf die Neuanschaffung (als steuerfreier Betrag berücksichtigt und im nächsten Jahr) übertragen werden, wobei die Anschaffungskosten an der Beteiligung entsprechend gekürzt werden.

8. Einkünfteermittlung bei Beginn und Ende der Steuerpflicht (§ 18 ff KStG)

8.1. Beginn und Ende einer Steuerbefreiung (§ 18 KStG)

551 **Wechsel im Umfang der Körperschaftsteuerpflicht**

Wird eine **befreite Körperschaft unbeschränkt steuerpflichtig,** hat sie zu Beginn der Steuerpflicht den gemeinen Wert der bislang nicht steuerbaren Wertänderungen der Wirtschaftsgüter des Betriebsvermögens anzusetzen. Bereits steuerbare Wertänderungen von Wirtschaftsgütern sind fortzuführen. Dies betrifft insbesondere Kapitalvermögen und Grundstücke, weil diese bereits während der Befreiung der beschränkten Steuerpflicht unterlagen (§ 18 Abs 2).

Wird eine **unbeschränkt steuerpflichtige Körperschaft von der Körperschaftsteuer befreit,** hat sie zum Zeitpunkt des Endes der Steuerpflicht den Buchwert der Wirtschaftsgüter des Betriebsvermögens dem gemeinen Wert dieser Wirtschaftsgüter gegenüberzustellen. Der Unterschiedsbetrag führt zu Einkünften, wobei bei nicht unter § 7 Abs 3 fallenden Körperschaften der Freibetrag für Veräußerungsgewinne nach § 24 Abs 4 abzuziehen ist (§ 18 Abs 1).

8.2. Auflösung und Abwicklung (§ 19 KStG)

552 Wird eine **rechnungslegungspflichtige Körperschaft abgewickelt** (liquidiert) oder das gesamte Vermögen ohne Abwicklung auf eine andere Person übertragen, dann sind die bisherigen unrealisierten Wertänderungen zu ermitteln und es kommt zur Aufdeckung der noch nicht berücksichtigten stillen Reserven (**§ 19**). Die Abwicklung einer betrieblich tätigen Körperschaft ist mit der Aufgabe eines Betriebs vergleichbar, sodass auch hier ein **Liquidationsgewinn** zu ermitteln ist. Die Ermittlung des Liquidationsgewinns unterbleibt, wenn die Voraussetzungen des Umgründungssteuergesetzes erfüllt sind.

Die Besonderheit der Ermittlung eines eigenen Liquidationsgewinns bei diesen Körperschaften aufgrund von § 7 Abs 3 liegt darin, dass das steuerrelevante Vermögen **zur Gänze als Betriebsvermögen** gilt. Bei sonstigen Körperschaften erfolgt die Abwicklung von Betriebsvermögen nach den allgemeinen Grundsätzen (§ 19 Abs 7; Betriebsaufgabe nach § 24 EStG).

Beispiele:
1. **Abwicklung** einer rechnungslegungspflichtigen Körperschaft.
2. **Verschmelzung, Umwandlung, Aufspaltung** ohne Abwicklung außerhalb des UmgrStG.

Vertiefung: Ermittlung des Liquidationsgewinns nach § 19 KStG 553

Liquidationsgewinn ist der im Abwicklungszeitraum erzielte Gewinn aus der Gegenüberstellung des Abwicklungs-Endvermögens und des Abwicklungs-Anfangsvermögens.

Der **Abwicklungszeitraum** kann sich auf einen Zeitraum von bis zu fünf Jahren erstrecken. Der Besteuerungszeitraum darf **drei** Jahre, bei Abwicklung im Insolvenzverfahren **fünf** Jahre nicht übersteigen. Dieser Zeitraum ist durch das Finanzamt in berücksichtigungswürdigen Fällen verlängerbar (§ 19 Abs 3). Bei Verschmelzung, Umwandlung und Abspaltung mit Rückwirkungsfiktion kommt es zu keinem Liquidationszeitraum, weil die Werte im Zeitpunkt des Umgründungsstichtages gegenüberzustellen sind.

Abwicklungs-Anfangsvermögen ist das Betriebsvermögen am Schluss des der Auflösung vorangegangenen Wirtschaftsjahres. Wird die Auflösung im Wirtschaftsjahr der Gründung (Errichtung) beschlossen, ist das eingezahlte Kapital heranzuziehen. **Abwicklungs-Endvermögen** ist das zur Verteilung kommende Vermögen.[35] Nicht veräußerte Wirtschaftsgüter sind mit dem gemeinen Wert anzusetzen. Bei Verschmelzung, Umwandlung und Abspaltung ist der Wert der für die Vermögensübertragung gewährten Gegenleistung anzusetzen oder, sofern eine Gegenleistung nicht vorhanden ist, der Teilwert der Wirtschaftsgüter einschließlich selbst geschaffener unkörperlicher Wirtschaftsgüter. Bewertungszeitpunkt ist in diesen Fällen der Umgründungsstichtag.

Vertiefung: Zeitpunkt der Besteuerung 554

Nach **Ablauf dieses Besteuerungszeitraums** erfolgt die Besteuerung des ermittelten Liquidationsgewinns. Der Liquidationsgewinn ist daher nicht wie beim Veräußerungs- oder Aufgabegewinn zeitpunktbezogen, sondern zeitraumbezogen zu ermitteln.

Wenn der Besteuerungszeitraum **bis zum Ende der Abwicklung mehrere Wirtschaftsjahre** umfasst, gleichen sich Gewinne und Verluste, die sich in einem Wirtschaftsjahr ergeben, aus. Darüber hinaus entsteht die Steuerschuld für den Liquidationsgewinn erst nach Ablauf des Besteuerungszeitraums, woraus sich ein Zinsvorteil ergeben kann. Daher sieht das Gesetz auch eine Begrenzung des Besteuerungszeitraums vor. Ist die Abwicklung aufgrund der **Überschreitung der Frist** noch nicht zu Ende, erfolgt die weitere Gewinnermittlung wieder nach dem Wirtschaftsjahr, wobei ein Gewinn als Liquidationsgewinn zählt.

---

35   BMF-Info 2.6.2016, 010200/0013-VI/6/2016.

8.3. Umgründungen (§ 20 KStG)

555 Bei Vermögensübergängen von unbeschränkt steuerpflichtigen Körperschaften aufgrund von **nicht begünstigten Umgründungen** (Verschmelzung, Spaltung, Umwandlung) kommt es **zur Aufdeckung und Besteuerung der stillen Reserven** aufgrund der Liquidationsbesteuerung (§ 19), der Tauschbesteuerung (§ 6 Z 14 EStG) oder der Veräußerungsgewinnbesteuerung (§ 24 Abs 7 EStG) (§ 20 Abs 1, ausführlich → 519). Der Vermögensübergang kann steuerlich grundsätzlich **auf den Umgründungsstichtag rückbezogen** werden (§ 20 Abs 2). Der **Rechtsnachfolger** übernimmt die Teilwerte oder gemeinen Werte, und zwar zum Zeitpunkt des steuerlichen Vermögensübergangs (§ 20 Abs 3).

Kapitel 10

Körperschaftsteuer[1] – Einkommensermittlung, Erhebung

1. Einkommensermittlung – Überblick (§ 7 Abs 2 KStG)

556

Das **Einkommen** ist **Bemessungsgrundlage** der Körperschaftsteuer und ermittelt sich nach dem Einkommensteuergesetz und den Sonderbestimmungen des Körperschaftsteuergesetzes.

Das Einkommen ergibt sich aus dem **Gesamtbetrag der Einkünfte** (§ 2 Abs 3 EStG) nach Ausgleich mit Verlusten (interner, horizontaler und vertikaler Ausgleich), die sich aus den einzelnen Einkunftsarten ergeben und nach Abzug der **Sonderausgaben** (§ 8 Abs 4) und des Freibetrages für begünstigte Zwecke (§ 23).

2. Einkommensermittlung – Sonderausgaben (§ 8 Abs 4 KStG)

2.1. Überblick über die Sonderausgaben bei Körperschaften

557

Sonderausgaben sind Ausgaben, die nicht den Einkünften zuzurechnen sind, daher weder Betriebsausgaben noch Werbungskosten darstellen (§ 8 Abs 4).

Sie können dennoch aus wirtschaftlichen oder sozialen Gründen abgesetzt werden. Sonderausgabentatbestände können auch soziales Handeln im Wege einer körperschaftsteuerlichen Entlastung fördern.[2] Zu den abzugsfähigen Sonderausgaben bei Körperschaften gelten bestimmte Sonderausgaben, die auch bei natürlichen Personen abzugsfähig sind, insbesondere der Verlustabzug.

Sonderausgaben sind in der **Periode** zu berücksichtigen, in der sie abfließen. Es gilt das **Abflussprinzip** mit den Ausnahmen für bestimmte Vorauszahlungen und der Kurze-Zeit-Regel (→ 242, § 19 Abs 2 und 3 EStG).

Bei **Körperschaften** sind folgende **Sonderausgaben abziehbar**:

- Ausgaben im Sinne des § 18 Abs 1 Z 1 und 6 bis 9 EStG
- Der Verlustabzug im Sinne des § 18 Abs 6 EStG

---

1   Paragraphenverweise ohne Gesetzesangabe beziehen sich auf das Körperschaftsteuergesetz (KStG).
2   VfGH 7.10.2014, B 905/2013-13.

2.2. Sonderausgaben bei Körperschaften (§ 8 Abs 4 Z 1 KStG, § 18 Abs 1 EStG)

558
Bei **Körperschaften** können als Sonderausgaben abgezogen werden (§ 8 Abs 4 Z 1; § 18 Abs 1 EStG):

- **Renten und dauernde Lasten** (Z 1),
- **Steuerberatungskosten** (Z 6),
- **Spenden** (Z 7),
- **Zuwendungen zur Ausstattung von gemeinnützigen Privatstiftungen** (Z 8),
- **Freigebige Zuwendungen an die Innovationsstiftung für Bildung** (Z 9),
- **Verlustabzug** (§ 8 Abs 4 Z 2 → 559).

Offenlegende Privatstiftungen können für Einkünfte, die nicht den Gesamtbetrag der Einkünfte erhöhen (Einkünfte, die der Zwischensteuer unterliegen, Übertragung stiller Reserven von Beteiligungen) zusätzliche Spenden (Z 7) und Zuwendungen (Z 8 und Z 9) in begrenzter Höhe **von diesen Einkünften als Sonderausgaben abziehen** (§ 13 Abs 1 Z 4).

Bei **beschränkt steuerpflichtigen** Körperschaften mangels Ansässigkeit können Sonderausgaben abgezogen werden, wenn sie sich auf das Inland beziehen (§ 21 Abs 1 Z 1, § 102 Abs 2 Z 2 EStG).

2.3. Betrieblicher Verlustvortrag als Sonderausgabe (§ 8 Abs 4 Z 2 KStG)

559 Verlustabzug bei Körperschaften

Als Sonderausgabe bei Körperschaften gelten abzugsfähige **Verluste aus betrieblichen Einkunftsquellen**, die in vorangegangenen Wirtschaftsjahren entstanden sind und bisher nicht berücksichtigt wurden (§ 8 Abs 4 Z 2, § 18 Abs 6 EStG).

Dieser Verlustabzug ermöglicht, wie bei natürlichen Personen, eine **periodenübergreifende Berücksichtigung** betrieblicher Verluste. Der Verlustabzug ist zwingend und so bald als möglich und im größtmöglichen Umfang vorzunehmen.[3] Abzugsfähige betriebliche Verluste aus den letzten Jahren können **zeitlich unbegrenzt** berücksichtigt werden. Der Verlustabzug steht nur dann zu, wenn die Verluste durch **ordnungsmäßige Buchführung** oder **Einnahmen-Ausgaben-Rechnung** ermittelt worden sind.

Bei **beschränkt Steuerpflichtigen** steht der Verlustabzug nur für betriebliche Verluste aus einer inländischen Betriebsstätte oder aus unbeweglichem, inländischem Betriebsvermögen zu. Der Verlustabzug kann allerdings nur insoweit berücksichtigt werden, als er die nicht der beschränkten Steuerpflicht unterliegenden Einkünfte überstiegen hat,

---

3   BFG 24.11.2015, RV/5100439/2011.

daher ein Verlustüberhang besteht (§ 102 Abs 2 Z 2). Aufgrund eines DBA mit Gleich-behandlungsgebot (Diskriminierungsverbot → 129) ist die volle Verlustberücksichti-gung allerdings geboten, solange keine doppelte Verlustberücksichtigung erfolgt.

Beispiele:

1. **Außerbetriebliche Verluste**, wie Verluste aus der Vermietung und Verpachtung, können nicht in zukünftige Perioden vorgetragen werden. Stattdessen sind Aufwendungen, die in einem Jahr für mehrere Jahre anfallen, verteilungsfähig → 327, 348.
2. **Beschränkt Steuerpflichtige:** Die ausländische Kapitalgesellschaft hat im Inland eine Be-triebsstätte und erzielt einen Verlust von EUR 30.000. Im Ausland erzielt die Kapitalgesell-schaft einen Gewinn von EUR 20.000. Es ist nur ein Verlust in Höhe von EUR 10.000 als Verlustvortrag zu berücksichtigen. Bei DBA mit Betriebsstättendiskriminierungsverbot steht jedoch der volle Verlustabzug zu (EUR 30.000), wenn der inländische Verlust nach ausländischem Recht nicht verwertbar ist oder zwar verwertet wurde, aber nachträglich eine Nachversteuerung aufgrund von späteren inländischen Gewinnen erfolgt.[4]

Einschränkung des Verlustabzugs bei Körperschaften (75-%-Grenze, § 8 Abs 4 Z 2 lit a und b KStG)

560

> **Körperschaften** können steuerlich bisher nicht berücksichtigte betriebliche Verluste aus Vorjahren nur im **Ausmaß von 75 % des Gesamtbetrags der Einkünfte** abziehen (Verrechnungsgrenze; § 8 Abs 4 Z 2 lit a).

Verluste **über der Verrechnungsgrenze** können **in Folgejahren** unter Beachtung der Grenze abgezogen werden. Vortragsfähige Verluste können jedoch vollständig mit fol-genden im Gesamtbetrag enthaltenen Einkünften gegengerechnet werden (lit b):

- **Sanierungsgewinne** aus dem Schulderlass zur Sanierung (§ 23a Abs 1 → 597),
- **Gewinne**, die während eines Insolvenzverfahrens erzielt werden,
- **Veräußerungsgewinne** aus Betrieben, Teilbetrieben und Mitunternehmeranteilen (→ 307),
- **Liquidationsgewinne** (§ 19 → 552),
- **Einkünfte aus der Nachversteuerung** ausländischer Verluste (§ 2 Abs 8 Z 4; § 9 Abs 6 Z 7 bei ausländischen Gruppenmitgliedern),
- **Betriebliche Einkünfte aufgrund des Verlusts des inländischen Besteuerungs-rechts** bei Wirtschaftsgütern, nicht jedoch aus sonstigen Leistungen (§ 6 Z 6).

Beispiel:

Der Gesamtbetrag der Einkünfte beträgt EUR 100.000. Darin enthalten ist neben dem laufen-den Gewinn aus der betrieblichen Tätigkeit ein Veräußerungsgewinn aufgrund der Veräuße-rung eines Betriebes von EUR 10.000. Aus Vorjahren besteht ein Verlustvortrag in Höhe von EUR 140.000. Die Verrechnungsgrenze beträgt EUR 75.000. Der Veräußerungsgewinn kann zur Gänze mit dem Verlustvortrag gegengerechnet werden. Der verbleibende Verlustvortrag von EUR 130.000 ist in Höhe von EUR 75.000 mit dem restlichen Gewinn von EUR 90.000 ver-rechenbar. Es verbleibt danach ein steuerpflichtiger Gewinn von EUR 15.000 und ein Verlust-vortrag für zukünftige Jahre von EUR 55.000.

---

4   VwGH 28.11.2007, 2007/14/0048, zum DBA Schweiz und Nachversteuerung; VwGH 16.2.2006, 2005/14/0036.

561 Vertiefung: Änderung des Verlustvortrags

Der Verlustvortrag steht grundsätzlich der **Körperschaft** zu, bei der der **Verlust eingetreten** ist (**subjektbezogener** Verlustvortrag).

Die Berücksichtigung des Verlustvortrags soll der verminderten **Leistungsfähigkeit des Steuerpflichtigen Rechnung tragen.** Er steht daher als höchstpersönliches, nicht übertragbares Recht grundsätzlich nur diesem Steuerpflichtigen zu. Änderungen des Verlustvortrags können sich aus Folgendem ergeben:

- **Übertragung** des Verlustvortrags bei ertragsteuerlicher Gesamtrechtsnachfolge.
- **Einschränkung** des Verlustvortrags bei Körperschaften aufgrund eines Mantelkaufs (→ 562).

Die **Übertragung** des Verlustvortrags ist bei **ertragsteuerlicher Gesamtrechtsnachfolge** möglich, sofern gleichzeitig auch das verlustverursachende Vermögen auf den Rechtsnachfolger zum steuerlichen **Buchwert** übergeht (**objektbezogener** Verlustvortrag). Diese liegt nur aufgrund von **begünstigten Umgründungen** nach dem UmgrStG vor (→ 645).

562 Vertiefung: Mantelkauf bei Körperschaften (§ 8 Abs 4 Z 2 lit c KStG)

Ändert sich nach dem Gesamtbild der Verhältnisse die **Identität der Körperschaft** bei zivilrechtlichem Fortbestand, dann sind Verlustvorträge **nicht mehr zu berücksichtigen** (Mantelkauf, § 8 Abs 4 Z 2 lit c).

Hintergrund dieser Regelung ist die Subjektbezogenheit des Verlustabzugs. Durch den Erwerb der Beteiligung an der Körperschaft und dem Trennungsprinzip bleibt der **Verlustvortrag** auf Ebene der Körperschaft **weiterhin bestehen** und verwertbar. Körperschaften mit hohen Verlustvorträgen aufgrund gescheiterter Geschäftsmodelle sind begehrte Kaufobjekte, weil die steuerlich verwertbaren Verlustvorträge die zukünftige Steuerbelastung mindern.

Der **Weiterbestand** der subjektbezogenen Verlustvorträge ist aber insoweit nicht mehr gerechtfertigt, als die wirtschaftliche **Identität der Körperschaft verloren geht.** Dies ist der Fall, wenn innerhalb einer kurzen Frist eine wesentliche Änderung aller folgenden Elemente unter Zugrundelegung des Gesamtbildes der Verhältnisse bewirkt wird:

- **organisatorische Struktur:** Änderung der Mehrheit der Geschäftsführung,
- **wirtschaftliche Struktur:** Einschränkung oder Erweiterung des Vermögens und der Tätigkeit,
- **Gesellschafterstruktur:** Entgeltlicher Beteiligungserwerb.

Ist der Mantelkauftatbestand erfüllt, dann bestehen **Ausnahmen von der Verlustvortragsbeschränkung**, wenn Sanierungsmaßnahmen mit dem Ziel der Erhaltung eines wesentlichen Teils betrieblicher Arbeitsplätze erfolgen (**Sanierungstatbestand**, § 8 Abs 4 Z 2 lit c).

Bei Vorliegen des Mantelkauftatbestands kommt es zur **Einschränkung des Verlustvortrags in zukünftigen Jahren.** Der Verlustvortrag steht im Jahr der wirtschaftlichen

Strukturänderung jedoch insoweit noch zu, als durch die Änderungen **stille Reserven steuerwirksam aufgedeckt** werden.

Beispiele:
1. **Organisatorische Struktur:** Änderung der tatsächlichen Geschäftsführung unabhängig vom formellen Austausch der gesetzlichen Vertreter.
2. **Wirtschaftliche Struktur:** Erweiterung um eine wirtschaftliche Einheit, die eine bestehende Einheit um mindestens 75 % überwiegt, Beendigung einer wirtschaftlichen Einheit unter Schaffung einer neuen Einheit, kurzfristige Erweiterung einer wirtschaftlichen Einheit um das Dreifache, Wechsel oder Erweiterung des Unternehmensgegenstands.[5]
3. **Gesellschafterstruktur:** Die Änderung muss entgeltlich erfolgen. Darunter fällt auch der Kauf zu einem symbolischen Betrag oder eine unentgeltliche Übertragung zu einem wirtschaftlichen Ausgleichsposten (Schuldübernahme auf Gesellschafterebene).[6] Maßgeblich ist die unmittelbare Übertragung des wirtschaftlichen Eigentums der Beteiligung an der Körperschaft (Verkauf, Tausch, Umgründung). Eine mittelbare Übertragung auf übergeordneter Ebene ist nicht ausreichend.[7] Eine Übertragung von 75 % ist ein Indiz für eine wesentliche Änderung der Gesellschafterstruktur.[8]
4. **Berücksichtigung im Jahr des Mantelkaufs:** Wird der Mantelkauftatbestand verwirklicht, dann sind aufgrund eines Verkaufs des Betriebs, der zur Änderung der wirtschaftlichen Struktur führt, aufgedeckte stille Reserven noch mit den bisherigen Verlustvorträgen zu verrechnen. Aktuelle und zukünftige Verluste können weiter abgesetzt werden.[9]

3. Einkommensermittlung – Freibetrag (§ 23 KStG)

Ein Freibetrag steht **einer gemeinnützigen, mildtätigen oder kirchlichen Zwecken** 563 **dienenden Körperschaft** in Höhe des Einkommens zu, höchstens jedoch **EUR 10.000** (§ 23).

Beispiel:
Der **gemeinnützige Sportverein** hat aus einem Sportfest Einkünfte in Höhe von EUR 3.000 erzielt. Aufgrund des Freibetrags erzielt der Verein kein steuerpflichtiges Einkommen.

4. Einkommensermittlung – Gruppenbesteuerung (§ 9 KStG)

4.1. Zweck der Gruppenbesteuerung

Nachteile des Trennungsprinzips   564

Zur **Durchbrechung des Trennungsprinzips** ermöglicht es die **Gruppenbesteuerung,** Einkünfte einer **Unternehmensgruppe** bestehend aus einem Gruppenträger und Gruppenmitgliedern **zusammenzufassen** und **zu verrechnen** (§ 9).

---

5   VwGH 26.7.2006, 2004/14/0151.
6   VwGH 9.7.2008, 2005/13/0045.
7   VwGH 13.9.2017, Ro 2015/13/0007.
8   VwGH 18.12.2008, 2007/15/0090.
9   VwGH 22.12.2005, 2002/15/0079.

Nach **allgemeinen Grundsätzen** ist der Körperschaftsteuer das Einkommen zugrunde zu legen, das die Körperschaft innerhalb eines Kalenderjahres bezogen hat (§ 7). Jede Körperschaft wird daher einzeln besteuert; die Bemessungsgrundlage für die Besteuerung ist daher das Einkommen der jeweiligen Körperschaft (**Grundsatz der Individualbesteuerung**).[10] Dies kann innerhalb einer Gruppe von Unternehmen, die wirtschaftlich miteinander verbunden sind (Konzernunternehmen), zu **Nachteilen** führen, wenn **eine Körperschaft Verluste** erzielt, **andere hingegen Gewinne**. Die verlusterzielende Körperschaft kann die Verluste durch den Verlustvortrag als Sonderausgabe möglicherweise erst in Folgejahren mit eigenen Gewinnen ausgleichen (→ 559), während andere Körperschaften die Gewinne sofort zu versteuern haben.

565 Ausgleich von Gewinnen und Verlusten innerhalb einer Gruppe

Um **Nachteile aus der Individualbesteuerung** bei einer finanziell zusammengehörigen Gruppe von Körperschaften auszugleichen, können finanziell verbundene Körperschaften steuerlich **zu einer Unternehmensgruppe zusammengefasst werden**. Dabei wird das steuerliche Ergebnis eines Gruppenmitglieds einem in der Konzernstruktur höherrangigen Gruppenmitglied zugerechnet und auf Ebene des Gruppenträgers zusammengefasst. Die Zusammenfassung der Ergebnisse der Gruppenmitglieder auf Ebene des Gruppenträgers erlaubt den gleichzeitigen **Ausgleich von Verlusten und Gewinnen** der jeweiligen Gruppenmitglieder und des Gruppenträgers.

> **Beispiel:**
> **Eine AG erwirbt Anteile an einer GmbH** im Wege der Fremdfinanzierung. Die GmbH erzielt einen steuerpflichtigen Gewinn von EUR 100.000. Die AG erzielt aufgrund der Zinsen aus der Fremdfinanzierung Verluste in Höhe EUR 80.000. **Ohne Unternehmensgruppe** fällt bei der GmbH Körperschaftsteuer in Höhe von **EUR 23.000** an (23 %). Die AG kann die Verluste lediglich in zukünftige Perioden vortragen und nur mit eigenen Gewinnen ausgleichen. **Mit Unternehmensgruppe** werden die EUR 100.000 der GmbH der AG als Gruppenträger zugerechnet und mit den Verlusten von EUR 80.000 verrechnet. Es verbleibt daher nur ein steuerpflichtiger Gewinn in Höhe von EUR 20.000 und daher eine Steuerbelastung von **EUR 4.600**.

4.2. Voraussetzungen der Gruppenbildung

566 Für die Bildung einer Gruppe sind folgende **Voraussetzungen** notwendig (§ 9):

- **Zulässige Körperschaften** als Gruppenträger und Gruppenmitglieder,
- **Finanzielle Verbindung** von mehr als 50 % am Kapital und an den Stimmrechten, sowohl unmittelbar als auch mittelbar (über Personengesellschaft oder anderes Gruppenmitglied) während des gesamten Wirtschaftsjahres des Gruppenmitglieds,
- **Schriftlicher Gruppenantrag** an das zuständige Finanzamt,
- **Steuerausgleichsvereinbarung** zwischen den Beteiligten, um die geänderten Steuerbelastungen gesellschaftsrechtlich auszugleichen.

---

10   VwGH 26.11.2014, 2011/13/0008 und 0009.

Vertiefung: Zulässige Körperschaften

> Die Gruppenbildung hat als Voraussetzung, dass zumindest ein **Gruppenträger** und ein **Gruppenmitglied** vorhanden sind. Nicht alle Körperschaften kommen als Gruppenträger oder Gruppenmitglied in Betracht.

Als Gruppenmitglieder und Gruppenträger in Betracht kommen jedenfalls:

- unbeschränkt steuerpflichtige **Kapitalgesellschaften** (AG, GmbH, FlexCo) und rechnungslegungspflichtige Erwerbs- und Wirtschaftsgenossenschaften (§ 7 Abs 3 Körperschaften).

Als Gruppenträger können darüber hinaus fungieren:

- unbeschränkt steuerpflichtige **Versicherungsvereine auf Gegenseitigkeit** iSd VAG,
- unbeschränkt steuerpflichtige **Kreditinstitute** iSd BWG,
- **inländische Zweigniederlassungen von beschränkt steuerpflichtigen, vergleichbaren EU-Körperschaften oder EWR-Kapitalgesellschaften**, die mit der Zweigniederlassung im Firmenbuch eingetragen sind und denen die Beteiligung am Gruppenmitglied zuzurechnen ist,
- **Beteiligungsgemeinschaften** in der Form von Personengesellschaften, Beteiligungssyndikaten oder gemeinsamer Kontrolle ausschließlich ausgehend von den oben genannten Steuerpflichtigen.

Ist eine Körperschaft **in mehreren Staaten unbeschränkt steuerpflichtig**, kann sie nur dann Gruppenträger sein, wenn sie im Inland mit einer Zweigniederlassung im Firmenbuch eingetragen ist und die Beteiligung an Gruppenmitgliedern der Zweigniederlassung zuzurechnen ist.

Als Gruppenmitglieder kommen darüber hinaus in Betracht:

- **beschränkt steuerpflichtige vergleichbare ausländische Körperschaften**, die in der EU oder in einem Staat mit umfassender Amtshilfe ansässig sind und ausschließlich mit inländischen Gruppenmitgliedern oder dem Gruppenträger finanziell verbunden sind.

Gruppenmitglieder können **nicht Mitbeteiligte einer Beteiligungsgemeinschaft** sein.

Beispiele und Einzelfälle:

1. **Inländische Zweigniederlassung als Gruppenträger:** Die deutsche AG hat im Inland eine im Firmenbuch eingetragene Zweigniederlassung, über die steuerlich eine Beteiligung an der inländischen GmbH gehalten wird. Die Zweigniederlassung kann Gruppenträger sein, die inländische GmbH grundsätzlich Gruppenmitglied.
2. **Ausländische Körperschaft als Gruppenmitglied:** Die inländische GmbH als Gruppenträger oder Gruppenmitglied hält eine direkte Beteiligung an der ausländischen EU-Körperschaft.
3. **Steuerbefreite Körperschaften** können nur dann einer Gruppe angehören, wenn sie partiell unbeschränkt steuerpflichtig sind und die Beteiligung dem unbeschränkt steuerpflichtigen Betrieb zuzurechnen ist.

4. **Vorgesellschaften** können aufgrund ihrer Steuersubjekteigenschaft einer Gruppe angehören, wenn sie nachträglich als Körperschaft im Firmenbuch eingetragen werden.

5. **Körperschaften in Liquidation** können nicht Gruppenträger (und wohl auch nicht Gruppenmitglied) sein.[11]

568 Vertiefung: Finanzielle Verbindung

Eine **finanzielle Verbindung** zwischen Gruppenträgern und Gruppenmitgliedern muss in Höhe von **mehr als 50 % unmittelbar oder mittelbar am Nennkapital und an den Stimmrechten** des Gruppenmitglieds **über dessen gesamtes Wirtschaftsjahr** hinweg bestehen (§ 9 Abs 4 und 5).

Eine ausreichende **finanzielle Verbindung** besteht bei:

- **unmittelbarer** Beteiligung am Gruppenmitglied, oder
- **mittelbarer** Beteiligung am Gruppenmitglied allein oder zusammen mit einer unmittelbaren Beteiligung, **über eine Personengesellschaft** entsprechend der Beteiligungsquote am Vermögen und den Stimmrechten oder **über ein Gruppenmitglied**, das selbst die finanzielle Verbindung allein oder gemeinsam mit dem Gruppenträger oder anderen Gruppenmitgliedern aufweist.

Beteiligungsgemeinschaften als Gruppenträger dienen der Herstellung einer ausreichend finanziellen Verbindung oder der Einbeziehung von Minderheitsgesellschaftern in die Gruppe. Dabei muss zumindest ein Hauptbeteiligter **40 %** der Beteiligungskörperschaft und weitere Nebenbeteiligte mindestens **15 %** besitzen. Die **finanzielle Verbindung** erfolgt durch:

- **unmittelbare** Beteiligung oder
- **mittelbare** Beteiligung über eine **Personengesellschaft** allein oder zusammen mit einer unmittelbaren Beteiligung.

Beispiele:

1. **Beteiligung am Nennkapital und Stimmrechtsmehrheit:** Andere Beteiligungen in Form von Partizipations- oder Substanzgenussrechten oder Darlehen als steuerlich verdecktes Eigenkapital, Wandel- oder Gewinnschuldverschreibungen oder Fruchtgenussrechte bleiben unbeachtlich. Es müssen mehr als 50 % der Stimmrechte vorliegen. Beschränkungen der Stimmrechte, wie Stimmrechtsverbote und Stimmrechtsausschlüsse sind zu beachten.

2. **Unmittelbare finanzielle Verbindung:** Inländische GmbH hält 60 % an inländischer GmbH. Gruppenbildung ist möglich.

3. **Mittelbare Beteiligung über Personengesellschaft** (Mitunternehmerschaft): Inländische AG ist an einer Personengesellschaft zu 75 % am Vermögen beteiligt, die selbst Anteile iHv 70 % an einer inländischen GmbH hält. Die Durchrechnung ergibt 52,5 % (70 % × 75 %), sodass eine ausreichende finanzielle Verbindung besteht. Die Beteiligung muss gleichzeitig mit einer Stimmrechtsmehrheit an der Personengesellschaft verbunden sein. Die AG ist zu 10 % unmittelbar an der GmbH beteiligt und zu 50 % über den 60-%-Anteil (40 %) an einer Personengesellschaft. Die Gruppenbildung ist aufgrund der (mangelnden) Stimmrechtsmehrheit an der Personengesellschaft (nicht) möglich.

---

11   VwGH 26.11.2014, 2011/13/0008 und 0009, zu einer in der Insolvenz befindlichen Körperschaft.

4. **Mittelbare Beteiligung über ein Gruppenmitglied:** Die AG ist unmittelbar an GmbH 1 zu 75 % und GmbH 2 zu 25 % beteiligt. GmbH 1 ist zu 50 % an GmbH 2 beteiligt. GmbH 2 kann nur deswegen als Gruppenmitglied einbezogen werden, weil die AG über die Beteiligung an GmbH 1 durchgerechnet zu 37,5 % an GmbH 2 mittelbar beteiligt ist.

5. **Beteiligungsgemeinschaft:** AG hält 50 %, GmbH 1 hält 25 % an GmbH 2. Durch Bildung einer Beteiligungsgemeinschaft kann GmbH 2 in die Gruppe mit der Beteiligungsgemeinschaft AG und GmbH 1 als Gruppenträger einbezogen werden. Eine finanzielle Verbindung kann auch dann hergestellt werden, wenn zwischen AG und GmbH 1 eine Personengesellschaft besteht, die 90 % der Anteile an GmbH 2 hält (durchgerechnet AG 45 %, GmbH 1 22,5 %).

6. **Ausländische Körperschaften:** Die inländische AG ist an der ausländischen Kapitalgesellschaft 1 zu 100 % und an der ausländischen Kapitalgesellschaft 2 zu 10 % unmittelbar beteiligt. Die ausländische Kapitalgesellschaft 1 ist zu 50 % an der ausländischen Kapitalgesellschaft 2 beteiligt. Beide ausländische Kapitalgesellschaften können in die Gruppe aufgenommen werden, weil die ausländische Kapitalgesellschaft 1 zu nicht mehr als 50 % an der ausländischen Kapitalgesellschaft 2 beteiligt ist. Mittelbar über ausländische Körperschaften gehaltene inländische Körperschaften können aufgrund der Niederlassungsfreiheit innerhalb der EU auch Teil der Unternehmensgruppe sein.[12]

Vertiefung: Zeitliches Bestehen der finanziellen Verbindung   569

Die finanzielle Verbindung muss **während des gesamten Wirtschaftsjahres des jeweiligen Gruppenmitglieds** bestehen, um das Gruppenmitglied in die Gruppe einbeziehen zu können.

Der Erwerb zum ersten Tag des Wirtschaftsjahres reicht aus. Steuerlich wirksame rückwirkende Anteilserwerbe und Anteilsübertragungen (**Umgründungsstichtag** bei Umgründungen) sind auch für die Frage der finanziellen Verbindung maßgebend. Bei anderen rückwirkenden Anteilserwerben kann die Gesellschaft im aktuellen Jahr noch nicht einbezogen werden. Eine unterjährig **neu gegründete Gesellschaft** kann bereits im selben Jahr einbezogen werden, weil in diesem Fall die finanzielle Beteiligung im gesamten Rumpfwirtschaftsjahr vorliegt. Bei Beteiligungsgemeinschaften muss die finanzielle Verbindung bei allen Beteiligten am Beginn des Wirtschaftsjahres des Gruppenmitglieds bestehen.

Beispiele:

1. **Anteilserwerb:** Für die finanzielle Verbindung ist der Übergang des wirtschaftlichen Eigentums (nicht rückwirkend vereinbarter Übergang laut Kaufvertrag) am Nennkapital maßgebend. Maßgeblich ist daher der Zeitpunkt des Übergangs des wirtschaftlichen Eigentums spätestens am ersten Tag des Wirtschaftsjahres des Gruppenmitglieds und bei Weiterveräußerung nach dem Ende des Wirtschaftsjahres.

2. **Gründung:** Die GmbH wird am 1.3. gegründet. Aufgrund des Rumpfwirtschaftsjahres beginnt das Wirtschaftsjahr zum 1.3., sodass die GmbH in die Gruppe einbezogen werden kann, wenn die Beteiligung bis Ende des Rumpfwirtschaftsjahres aufrecht bleibt.

3. **Umgründung:** 100 % der Anteile an der GmbH (Stichtag 31.12.) werden am 1.9. rückwirkend zum 31.12. (Wirksamkeit mit 1.1.) in die AG eingebracht. Die GmbH kann in diesem Jahr in die Gruppe einbezogen werden, sofern die Beteiligung bis zum Ende des Wirtschaftsjahres besteht.

---

12   EuGH 27.11.2008, C-418/07, *Papillon*; KStR Rz 1014.

570 Vertiefung: Gruppenantrag

Zur Gruppenbildung ist ein rechtzeitig unterzeichneter **schriftlicher Gruppenantrag an das zuständige Finanzamt** notwendig (§ 9 Abs 8).

Zeitlich muss der Gruppenantrag **vor dem Ablauf jenes Wirtschaftsjahres**, für das die Zurechnung des steuerlich maßgebenden Ergebnisses erstmalig wirksam sein soll, **von jeder einzubeziehenden inländischen Körperschaft unterfertigt werden**. Unterfertigt werden muss der Gruppenantrag von den gesetzlichen Vertretern des Gruppenträgers und aller einzubeziehenden inländischen Körperschaften. Im Gruppenantrag ist zu erklären, dass zwischen den finanziell verbundenen inländischen Körperschaften jeweils eine Regelung über den **Steuerausgleich** vereinbart worden ist. Ausländische Körperschaften sind nicht in den Gruppenantrag einzubeziehen.

Der Gruppenantrag[13] ist **vom Gruppenträger** (bei Beteiligungsgemeinschaften vom Hauptbeteiligten oder im Zweifel von bestimmten Mitbeteiligten) **innerhalb eines Kalendermonats nach der Unterfertigung** des letzten gesetzlichen Vertreters an das zuständige Finanzamt **zu stellen**. Alle übrigen einzubeziehenden inländischen Körperschaften haben dem jeweils für jede Körperschaft zuständigen Finanzamt die Tatsache einer Antragstellung **anzuzeigen**. Das für die Erhebung der Körperschaft des Antragstellers zuständige Finanzamt hat das Vorliegen der Voraussetzungen für das Bestehen der Unternehmensgruppe gegenüber allen den Antrag unterfertigten Körperschaften **mit Bescheid festzustellen**.

Beispiel:

Die AG erwarb rückwirkend zum 1.1. durch eine Umgründung die Anteile an einer GmbH. Der Gruppenantrag ist vom Vorstand der AG und den Geschäftsführern der GmbH in diesem Jahr zu unterfertigen, damit die GmbH wirksam in die Gruppe mit der AG als Gruppenträger aufgenommen werden kann. Erfolgt die letzte Unterfertigung am 31.10., dann hat die AG den Gruppenantrag bis spätestens 30.11. bei ihrem zuständigen Finanzamt zu stellen. Die GmbH hat ihrem Finanzamt die Antragstellung anzuzeigen.

571 Vertiefung: Steuerausgleich

Zwischen den in eine Gruppe einbezogenen Körperschaften ist eine **Steuerausgleichsvereinbarung** abzuschließen, die die steuerlichen Wirkungen der Gruppe wirtschaftlich ausgleicht. Der Ausgleich ist **aus zivil- und gesellschaftsrechtlicher Sicht erforderlich** (§ 9 Abs 8 dritter TS).

Werden **Gewinne** eines Gruppenmitglieds dem Gruppenträger zugerechnet und bei diesem versteuert, dann ist das Gruppenmitglied um die anfallende Körperschaftsteuer entlastet. Sie hat daher zum Ausgleich dem Gruppenträger eine steuerneutrale Ausgleichszahlung zu leisten. Unterbleibt die Ausgleichszahlung, würde eine **Einlage** in das Gruppenmitglied vorliegen. Werden **Verluste** eines Gruppenmitglieds dem Gruppen-

---

13   Formulare G1 bis G4a.

träger zugerechnet und bei diesem berücksichtigt, dann verliert das Gruppenmitglied einen zukünftigen Steuervorteil (Verlustvortrag). Der Gruppenträger hat daher eine steuerneutrale Ausgleichszahlung an das Gruppenmitglied zu leisten. Unterbleibt die Ausgleichszahlung, würde eine gesellschaftsrechtlich **verbotene Einlagenrückgewähr** an den Gruppenträger vorliegen.

Beispiele für Steuerausgleichsvereinbarungen:

1. **Belastungsmethode** (Stand-Alone-Betrachtung): Bei der Gewinnzurechnung erfolgt eine Ausgleichszahlung an den Gruppenträger in Höhe der ohne Gruppe bestehenden Steuer. Bei Verlustzurechnung wird ein Verlustvortrag fingiert, der entweder zukünftige Gewinnzurechnungen kürzt oder erst bei Ausscheiden aus der Gruppe zu einer Ausgleichsleistung an das Gruppenmitglied führt.

2. **Verteilungsmethode** (Verursachungsprinzip): Eine tatsächliche Steuerbelastung auf Ebene des Gruppenträgers erfolgt durch Ausgleichszahlungen der – die Steuerbelastung aufgrund von Gewinnzurechnungen verursachenden – Gruppenmitglieder (auf Basis von Ergebnisevidenzkonten). Verlustzurechnungen verhindern insoweit die Teilnahme an Ausgleichszahlungen an den Gruppenträger. Bei Ausscheiden erfolgt bei noch offenen Verlusten eine Ausgleichsleistung.

3. **Periodenabrechnungsmethode** (Vorteilsausgleichsprinzip): Bei Gewinnzurechnung erfolgt eine anteilige Ausgleichszahlung an den Gruppenträger; bei Verlustzurechnung erfolgt eine sofortige anteilige Ausgleichszahlung an das Gruppenmitglied.

4. **Ergebnisabführungsvertrag** zwischen Gruppenträger und Gruppenmitglied: In diesem Fall ist eine Steuerausgleichsvereinbarung aufgrund der Ergebnisabführung nicht notwendig.

5. **Verzicht auf Steuerausgleich:** Sofern in Ausnahmefällen aus zivil- und gesellschaftsrechtlichen Gründen ein Steuerausgleich nicht notwendig sein sollte, ist der Verzicht zu vereinbaren und zu begründen.

4.3. Ermittlung des Einkommens bei Gruppenbesteuerung

572

Jedes Gruppenmitglied hat das eigene Einkommen zu berechnen. Aufgrund von notwendigen Anpassungen des Einkommens wird das **Ergebnis des Gruppenmitglieds** berechnet.

Anpassungen ergeben sich bei der Berechnung des **Ergebnisses eines Gruppenmitglieds** wie folgt:

- **Wertminderungen** (Teilwertabschreibungen, Veräußerungsverluste) von Beteiligungen an anderen Gruppenmitgliedern sind **nicht abzugsfähig**, weil ein Verlust bereits direkt über die Gruppe zugerechnet wird. Sie vermindern aber den Buchwert der Beteiligung. Zuschreibungen derselben sind ebenso steuerneutral (§ 9 Abs 7 erster Satz).
- **Steuerumlagen** aufgrund der Gruppe sind **steuerneutral** (Abs 6 Z 5).
- **Vorgruppenverluste** als Verlustvorträge vor der Zugehörigkeit der Gruppe und **Außergruppenverluste** aufgrund der umgründungsbedingten Übernahme von Verlustvorträgen nicht der Gruppe zugehörigen Körperschaften bleiben beim jeweiligen Gruppenmitglied und können **bis zur Höhe des eigenen Gewinns** (100 %, ohne Vortragsgrenze) des jeweiligen Gruppenmitglieds verrechnet werden (Abs 6 Z 4). Die Bestimmung soll verhindern, dass erzielte Verluste vor oder außerhalb der Gruppe durch Bildung einer Unternehmensgruppe ausgleichsfähig werden.

- **Firmenwertabschreibung** (für vor dem 1.3.2014 angeschaffte Beteiligungen): Es gelten Übergangsbestimmungen aufgrund des Auslaufens (Abs 7).

Beispiel:

Gruppenmitglied erzielt einen steuerlichen Gewinn von EUR 100.000. Im steuerlichen Gewinn ist auch eine steuerwirksame Teilwertabschreibung (Siebentelbetrag) einer Beteiligung an einem anderen Gruppenmitglied in Höhe von EUR 40.000 enthalten. Aufgrund einer Verlustzurechnung an den Gruppenträger im letzten Jahr ist auch eine Steuerumlageforderung enthalten. Vorgruppenverluste bestehen in Höhe von EUR 80.000. Die Teilwertabschreibung ist steuerneutral, sodass sich der steuerliche Gewinn auf EUR 140.000 erhöht, genauso wie die Steuerumlage. Vom Gewinn kann der Vorgruppenverlustvortrag in voller Höhe abgezogen werden, sodass ein steuerliches Ergebnis des Gruppenmitglieds von EUR 60.000 verbleibt.

573 Zurechnung der Ergebnisse der Gruppenmitglieder

Die **Zurechnung des Ergebnisses** eines Gruppenmitglieds erfolgt an das nächsthöhere Gruppenmitglied, bis die Einkünfte letztendlich dem Gruppenträger zuzurechnen sind.

Die **Ergebniszurechnung erfolgt an** das finanziell ausreichend beteiligte Gruppenmitglied oder den Gruppenträger. **Zeitlich** erfolgt die Zurechnung in dem Wirtschaftsjahr des Gruppenträgers oder Gruppenmitglieds, in das der Bilanzstichtag des Wirtschaftsjahres des Gruppenmitglieds fällt.

Die Zurechnung erfolgt bei:

- **inländischen Gruppenmitgliedern** in voller Höhe eines **Gewinns oder Verlusts**,
- **Beteiligungsgemeinschaften** in Höhe ihrer jeweiligen Beteiligung,
- **ausländischen Gruppenmitgliedern** in Höhe der Beteiligung am **Verlust**.

Bei **ausländischen** Gruppenmitgliedern sind als Ergebnis **inländische steuerpflichtige Einkünfte** (inländische Betriebsstätte oder unbewegliches Vermögen) und sonst nur **ein Verlust** zu berücksichtigen, der sich aus ausländischen Einkunftsquellen im jeweiligen Wirtschaftsjahr ergibt, höchstens jedoch der nach ausländischem Recht ermittelte Verlust zu berücksichtigen. Auf die Zurechnung des Verlustes kann zur Gänze verzichtet werden (zur Vereinfachung). Kann der ausländische Verlust in späteren Jahren mit einem ausländischen Gewinn gegengerechnet werden, dann ist dieser Betrag als Gewinn zuzurechnen (Nachversteuerung, § 9 Abs 6 Z 6 und 7). Zum Ausscheiden des ausländischen Gruppenmitglieds → 577.

Beispiel:

1. **Das inländische Gruppenmitglied** erzielt einen Gewinn von EUR 100.000 (Bilanzstichtag 31.3.01). Der Gruppenträger (Bilanzstichtag 31.12.) hält eine Beteiligung von 60 % am Gruppenmitglied. Der gesamte Gewinn von EUR 100.000 ist dem Gruppenträger im Wirtschaftsjahr 01 zuzurechnen, weil der Bilanzstichtag des Gruppenmitglieds in dieses Jahr fällt. Ist der Gruppenträger eine Beteiligungsgemeinschaft (bei Beteiligungen von 50 % und 25 %), dann erfolgt die Zurechnung des gesamten Gewinns im Beteiligungsverhältnis: EUR 66.666 (2/3) an den Hauptbeteiligten und zu EUR 33.333 (1/3) an den Nebenbeteiligten.

2. **Mittelbare Beteiligung über ein Gruppenmitglied:** AG ist unmittelbar an GmbH 1 zu 75 % beteiligt und GmbH 2 zu 25 %. GmbH 1 ist zu 50 % an GmbH 2 beteiligt. Eine Ergebniszurechnung erfolgt von GmbH 2 direkt an die AG (fehlende finanzielle Verbindung von GmbH 1 an GmbH 2). Wäre GmbH 1 an GmbH 2 zu mehr als 50 % beteiligt, dann würde eine Ergebniszurechnung im ersten Schritt an GmbH 1 erfolgen und von dort an AG weiter.

3. **Ausländische Gruppenmitglieder:** AG ist unmittelbar an der ausländischen Kapitalgesellschaft zu 75 % beteiligt. Der Verlust von EUR 100.000 ist nur in Höhe von 75 % der AG zuzurechnen (daher EUR 75.000). Wird der Verlust in der Folge im Ausland berücksichtigt (zB ausländischer Verlustvortrag), dann entsteht daraus insoweit ein Gewinn, der dem finanziell ausreichend verbundenen inländischen Gruppenmitglied oder dem Gruppenträger zugerechnet wird.

4. **Zeitliche Zurechnung bei abweichenden Wirtschaftsjahren:** AG ist Gruppenträger (Bilanzstichtag 31.12.) und an GmbH 1 (Bilanzstichtag 30.4.) und diese an GmbH 2 (Bilanzstichtag 31.12.) jeweils zu 100 % beteiligt. Das Ergebnis von GmbH 2 ist GmbH 1 im Wirtschaftsjahr 1.5.01 bis 30.4.02 zuzurechnen, weil der Bilanzstichtag von GmbH 2 in dieses Wirtschaftsjahr fällt. Die Ergebnisse von GmbH 1 und GmbH 2 sind der AG im Wirtschaftsjahr 1.1.02 bis 31.12.02 zuzurechnen, weil der Bilanzstichtag von GmbH 1 in dieses Wirtschaftsjahr fällt. Die Umstellung des Wirtschaftsjahres der GmbH 1 zur Vereinheitlichung der Wirtschaftsjahre wäre zulässig. In diesem Fall könnten alle Ergebnisse bereits im Wirtschaftsjahr 01 berücksichtigt werden.

Ermittlung des Ergebnisses beim Gruppenträger 574

Als **Ergebnis des Gruppenträgers** gelten das **Einkommen des Gruppenträgers** und die bisher **zugerechneten Ergebnisse der Gruppenmitglieder**. Vom zusammengefassten Ergebnis sind **Sonderausgaben** des Gruppenträgers abzuziehen.

Im ersten Schritt sind auch **Anpassungen** des Ergebnisses des Gruppenträgers (§ 9) vorzunehmen:

- **Wertminderungen** (Teilwertabschreibungen, Veräußerungsverluste) von Beteiligungen an Gruppenmitgliedern sind **nicht abzugsfähig**, weil ein Verlust bereits direkt über die Gruppe zugerechnet wird. Sie vermindern aber den Buchwert der Beteiligung. Zuschreibungen derselben sind ebenso steuerneutral (Abs 7 erster Satz),
- **Steuerumlagen** aufgrund der Gruppe sind **steuerneutral** (Abs 6 Z 5),
- **Firmenwertabschreibung** (für vor dem 1.3.2014 angeschaffte Beteiligungen): Es gelten Übergangsbestimmungen aufgrund des Auslaufens (Abs 7).

Im zweiten Schritt sind **zuzurechnende Ergebnisse der Gruppenmitglieder** zu berücksichtigen:

- **Ergebnisse inländischer Gruppenmitglieder und steuerpflichtige inländische Einkünfte ausländischer Gruppenmitglieder** sind uneingeschränkt zu berücksichtigen,
- **Verluste ausländischer Gruppenmitglieder** können maximal in Höhe von **75 %** des Ergebnisses des Gruppenträgers und aller Ergebnisse der inländischen Gruppenmitglieder (inländisches Gesamtergebnis) berücksichtigt werden. Verluste, die in einem Jahr nicht berücksichtigt werden können, sind in Folgejahren beim Gruppenträger als vortragsfähige Verluste abzuziehen (Abs 6 Z 6).

Im dritten Schritt sind von den Ergebnissen des Gruppenträgers und der Gruppenmitglieder **die Sonderausgaben des Gruppenträgers** abzuziehen. Dabei sind Verlustvorträge des Gruppenträgers unter Berücksichtigung der Verrechnungsgrenze von 75 % zu berücksichtigen. Dies gilt auch für Vorgruppenverluste und Außergruppenverluste des Gruppenträgers und für den Gruppenmitgliedern bisher zugerechnete, aber auf Ebene des Gruppenträgers noch nicht verwertete Verluste (Z 4). Vorgruppenverluste des Gruppenträgers können nicht verrechnet werden, soweit in diesen Teilwertabschreibungen und Veräußerungsverluste hinsichtlich von Beteiligungen an Körperschaften enthalten sind, die bereits im Zeitpunkt der Abschreibung oder Veräußerung einer anderen Unternehmensgruppe angehört haben; dies gilt auch für noch nicht berücksichtigte Siebentelbeträge (→ 522, Z 4a). Zur Ausnahme der 75-%-Grenze → 560.

Die **Ergebnisse der inländischen Gruppenmitglieder und des Gruppenträgers** oder Hauptbeteiligten einer Beteiligungsgemeinschaft und **inländische steuerpflichtige Einkünfte ausländischer Gruppenmitglieder und Gruppenträger** sind ist im Wege eines **Feststellungsbescheids** festzustellen. Dieser ist **Grundlage für die Festsetzung der Körperschaftsteuer** beim Gruppenträger (§ 24a Abs 1 und 2). Zur Mindestkörperschaftsteuer → 593 und zur Veranlagung → 596.

Beispiel:

AG als Gruppenträger hat einen Gewinn von EUR 500.000 mit Beteiligung in Höhe von 80 % an der inländischen GmbH (Verlust EUR 200.000). Die inländische GmbH ist an der ausländischen Limited (Kapitalgesellschaft) zu 75 % beteiligt (Verlust EUR 400.000). Der Verlust der GmbH wird zu 100 % der AG zugerechnet, der Verlust der Limited über die GmbH nur in Höhe von EUR 300.000 (75 %). Das inländische Gesamtergebnis beträgt EUR 300.000. Die Verlustvortragsgrenze für ausländische Verluste beträgt daher EUR 225.000 (75 % von EUR 300.000). Der ausländische Verlust kann daher nur in Höhe von EUR 225.000 mit dem inländischen Gesamtergebnis von EUR 300.000 verrechnet werden, sodass ein Gewinn in Höhe von EUR 75.000 verbleibt.

4.4. Änderungen der Unternehmensgruppe

575

Aus **nachträglichen Änderungen der Unternehmensgruppe** können sich unterschiedliche steuerliche Konsequenzen ergeben (§ 9 Abs 9).

- **Bei nachträglichem Eintritt von weiteren Gruppenmitgliedern** ist ein gemeinsamer Gruppenantrag mit dem Gruppenträger erforderlich.
- **Vermögensübertragungen** in der Form von Übertragungen von Beteiligungen und Umgründungen innerhalb der Unternehmensgruppe gelten nicht als Änderung der Unternehmensgruppe, sofern die Unternehmensgruppe weiterhin finanziell verbunden bleibt (§ 9 Abs 5 letzter Satz). Umgründungen sind auf ihre Wirkungen auf die Unternehmensgruppe zu würdigen und können zur Erweiterung, Veränderung, Verminderung oder Beendigung der Unternehmensgruppe führen.
- **Bei Ausscheiden von inländischen Gruppenmitgliedern** ist durch diese ihr Ausscheiden aus der Unternehmensgruppe gegenüber dem Finanzamt des Gruppen-

trägers zu erklären. Bei Ausscheiden des letzten Gruppenmitglieds ist die Unternehmensgruppe beendet.

- **Bei Ausscheiden des Gruppenträgers** gilt die Unternehmensgruppe als beendet. Wird der Hauptbeteiligte einer Beteiligungsgruppe alleiniger Gruppenträger und umgekehrt, wird die Gruppe dadurch fortgesetzt.[14]

Jede Änderung ist vom betroffenen Gruppenmitglied und vom betroffenen Gruppenträger dem für die Erhebung der Körperschaftsteuer des Antragstellers zuständigen Finanzamt innerhalb eines Monats **anzuzeigen**. Ein **Feststellungsbescheid** ist in allen Fällen der Änderung gegenüber dem Gruppenträger und dem betroffenen Gruppenmitglied **abzuändern**.

Grundlagen: Nachversteuerung 576

Durch das **Ausscheiden von Gruppenmitgliedern** oder die **Beendigung der Unternehmensgruppe** können **Nachversteuerungstatbestände** ausgelöst werden.

Die Zurechnung der steuerlichen Ergebnisse aufgrund der Unternehmensgruppe muss für einen Zeitraum von **mindestens drei vollen Wirtschaftsjahren**, somit von 36 Monaten, erfolgen:

- Scheidet eine Körperschaft **innerhalb von drei Jahren** nach dem Eintritt aus der Unternehmensgruppe aus, sind jene steuerlich maßgebenden Verhältnisse herzustellen, die sich **ohne Gruppenzugehörigkeit** ergeben hätten.
- Wird die **Unternehmensgruppe innerhalb von drei Jahren beendet**, dann sind die gesamten steuerlichen Wirkungen der Unternehmensgruppe derart rückgängig zu machen, als ob die Unternehmensgruppe nie bestanden hätte.
- **Nach Ablauf von drei Jahren** der Zugehörigkeit zu einer Unternehmensgruppe oder des Bestands der Unternehmensgruppe tritt keine Nachversteuerung mehr ein (§ 9 Abs 10).

Beispiel:

Beendigung und Nachversteuerung: Die AG als Gruppenträger erzielte einen Gewinn von EUR 500.000 mit Beteiligung in Höhe von 100 % an der inländischen GmbH (Verlust EUR 300.000). Teilwertabschreibungen der Beteiligung an der GmbH in Höhe von EUR 70.000 (EUR 10.000 Siebentelbetrag) waren aufgrund der Gruppe steuerneutral. Der Verlust der GmbH kürzte bei der AG den Gewinn, womit nur eine Körperschaftsteuer von EUR 46.000 bei der AG anfiel. Die Gruppe wird nach dem ersten Wirtschaftsjahr ihres Bestehens beendet. Es kommt zur rückwirkenden Besteuerung, so als ob die Gruppe nicht bestanden hätte: Bei der AG vermindert sich der Gewinn auf EUR 490.000 aufgrund der nun steuerwirksamen Teilwertabschreibung, woraus sich eine Körperschaftsteuer von EUR 112.700 und eine Nachzahlung von EUR 66.700 ergibt. Der bisher zugerechnete Verlust der GmbH von EUR 300.000 steht wieder als Verlustvortrag bei der GmbH für zukünftige Jahre zur Verfügung.

---

14   KStR Rz 1028.

577 Vertiefung: Nachversteuerung von Verlusten bei ausländischen Gruppenmitgliedern

Bei Ausscheiden eines ausländischen Gruppenmitglieds ist unabhängig von der Dauer der Gruppenzugehörigkeit im Jahr des Ausscheidens ein Betrag im Ausmaß aller zugerechneten, im Ausland nicht verrechneten Verluste dem Gruppenmitglied oder Gruppenträger, dem das Ergebnis zuvor zugerechnet worden war, nun als Gewinn zuzurechnen. Dies gilt auch, wenn das verlustverursachende Vermögen nicht mehr im selben Ausmaß vorhanden ist. Bei **Untergang** des ausländischen Gruppenmitglieds durch Insolvenz oder Liquidation ist bei **tatsächlichem und endgültigem Vermögensverlust** der zuzurechnende Betrag um die während der Gruppenzugehörigkeit nicht steuerwirksamen Teilwertabschreibung an der Beteiligung des ausländischen Gruppenmitglieds zu kürzen (Verlustverwertung bei finalen Verlusten; § 9 Abs 6 Z 7).

Beispiel:

Bisher wurden Verluste des ausländischen Gruppenmitglieds von EUR 20.000 zugerechnet. Beim inländischen Gruppenmitglied blieb die Teilwertabschreibung in Höhe von EUR 8.000 (Siebentelbeträge) gruppenbedingt bisher steuerneutral (Option zur Steuerwirksamkeit). EUR 5.000 sind bisher bereits im Ausland mit Gewinnen gegengerechnet worden, woraus sich eine Nachversteuerung im Inland ergab. Nach fünf Jahren scheidet das Gruppenmitglied aus der Gruppe wegen Liquidation aus. Es kommt zur Nachversteuerung der noch offenen EUR 15.000. Diese sind jedoch um die bisher gruppenbedingt nicht geltend gemachte Teilwertabschreibung von EUR 8.000 zu kürzen, sodass lediglich EUR 7.000 nachzuversteuern sind.

578 Überblick: Berechnung des Gruppenergebnisses in der Ertragsteuer

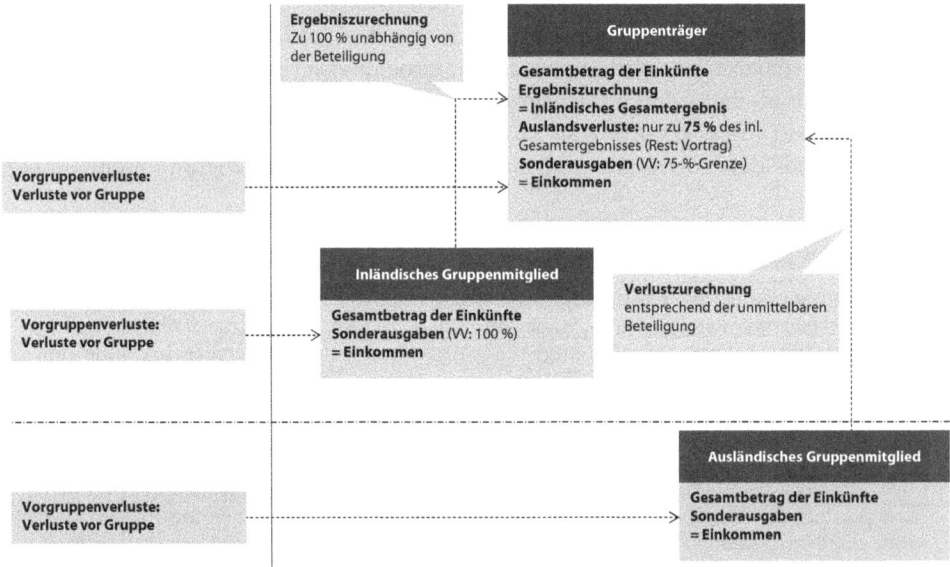

Abbildung 27: Berechnung des Gruppenergebnisses in der Ertragsteuer

5. Erhebung der Körperschaftsteuer – Überblick (§ 24 KStG)

579

Die **Erhebung** der Körperschaftsteuer erfolgt ähnlich wie bei der Einkommensteuer durch **Abzug**, **Selbstberechnung** oder **Veranlagung** inklusive Vorauszahlung.

Die **Erhebungsformen** der Körperschaftsteuer sind (§ 24):

- **Kapitalertragsteuer** als Abzugsteuer auf inländische Einkünfte aus Kapitalvermögen (§§ 93 bis 97 EStG),
- **Steuerabzug** als Abzugsteuer auf bestimmte Einkünfte beschränkt Steuerpflichtiger (§§ 99 bis 101 EStG),
- **Immobilienertragsteuer** als Selbstberechnungssteuer auf Einkünfte aus Grundstücksveräußerungen (§§ 30b und 30c EStG),
- **Abzugsteuer** auf Einkünfte aus der Einräumung von Leitungsrechten (§ 107 EStG, § 24 Abs 7),
- **Veranlagung** inklusive Vorauszahlungen (§§ 39 bis 46, § 102 EStG).

Verhältnis der Veranlagung zu besonderen Erhebungsformen

580

Die **allgemeine Erhebungsform** ist die Veranlagung inklusive Vorauszahlungen (§ 24 Abs 1). Diese beruht auf einer vom Steuerpflichtigen eingereichten Steuererklärung. Die besonderen Erhebungsformen dienen vorrangig der Sicherung und der Vereinfachung der Steuererhebung.

Es ist zu unterscheiden zwischen:

- **Vorauszahlung** durch besondere Erhebungsform: Die sonstigen Erhebungsformen können der Veranlagung vorausgehen. In diesem Fall ist die bereits abgeführte Steuer auf die im Wege der Veranlagung berechnete Steuerschuld anzurechnen. Die gilt bei **unbeschränkt steuerpflichtigen Körperschaften**.
- **Abgeltung** durch besondere Erhebungsform: In bestimmten Fällen kann bei sonstigen Erhebungsformen eine nachfolgende Veranlagung auch unterbleiben. In diesem Fall hat die Erhebungsform Abgeltungswirkung (Endbesteuerung). Eine Einbeziehung in die Steuererklärung ist daher nicht mehr erforderlich. Dies gilt bei **beschränkt steuerpflichtigen Körperschaften** für Einkünfte, die dem Steuerabzug oder der selbstberechneten Immobilienertragsteuer unterliegen, außer es hat eine Veranlagung zu erfolgen (§ 24 Abs 2).

6. Erhebung – Kapitalertragsteuer

581

Die **Kapitalertragsteuer** ist eine besondere **Erhebungsform** bestimmter **inländischer Kapitaleinkünfte** (§ 93 EStG) und kommt auch bei Körperschaften zur Anwendung.

Der Steuersatz beträgt für Körperschaften **23 %** (§ 93 Abs 1a EStG). Bestimmte Körperschaften unterliegen **Befreiungen** von der Kapitalertragsteuer:

- **Bestimmte Beteiligungserträge** von Körperschaften → 582
- **Befreiungserklärungen** von betrieblich tätigen Körperschaften → 583
- Inländische Einkünfte von **beschränkt steuerpflichtigen Körperschaften** → 584
- **Privatstiftungen** → 585

Weitere **Besonderheiten bei Körperschaften** ergeben sich wie folgt:

Bei Körperschaften bestehen besondere **Rückzahlungsbestimmungen**→ 586.

Die Kapitalertragsteuer stellt bei **unbeschränkt** steuerpflichtigen Körperschaften eine **Vorauszahlung** dar. Bei **beschränkt** steuerpflichtigen Körperschaften gilt die Körperschaftsteuer durch die Kapitalertragsteuer als **abgegolten**, falls keine Veranlagung zu erfolgen hat (§ 24 Abs 2).

582 Beteiligungserträge von Körperschaften

Kein Abzug der Kapitalertragsteuer ist auf Beteiligungserträge vorzunehmen, wenn (§ 94 Z 2 EStG):

- die inländische unbeschränkt steuerpflichtige Körperschaft an der Kapitalgesellschaft oder Genossenschaft mindestens zu 10 % mittelbar- oder unmittelbar am Grund- oder Stammkapital beteiligt ist, oder
- eine ausländische EU-Körperschaft die Beteiligung neben diesen Voraussetzungen zusätzlich während eines ununterbrochenen Zeitraums von mindestens einem Jahr gehalten hat.

Die Befreiung für ausländische EU-Körperschaften von der Abzugsteuer beruht auf der **Mutter-Tochter-Richtlinie** (2011/96/EU). Kapitalertragsteuer ist allerdings dann einzubehalten, wenn Verdacht auf Steuerverkürzung oder Missbrauch besteht oder eine offenkundige verdeckte Gewinnausschüttung vorliegt. In diesem Fall kann eine Entlastung im Wege des Steuerrückerstattungsverfahrens herbeigeführt werden. Auf Anfrage des Abfuhrverpflichteten kann das zuständige Finanzamt Auskunft darüber geben, welche Wirkung sich für ihn aus der Abfuhrverpflichtung ergibt (§ 94 Z 2 EStG, VO zu § 94a Abs 2 KESt-Erstattung Mutter-Tochter-Richtlinie-VO).

Missbrauch ist dann nicht anzunehmen, wenn die ausschüttende Gesellschaft über eine schriftliche Erklärung verfügt, wonach die die Beteiligungserträge empfangende Gesellschaft eine Betätigung entfaltet, die über eine bloße Vermögensverwaltung hinausgeht, eigene Arbeitskräfte beschäftigt und über eigene Betriebsräumlichkeiten verfügt und keine Umstände vorliegen, die an der Richtigkeit der Erklärung zweifeln lassen. Eine **offenkundige verdeckte Ausschüttung** liegt dann vor, wenn die ausschüttende Gesellschaft dies hätte erkennen können oder erkannt hat. Die ausschüttende Gesellschaft muss darüber hinaus die **Voraussetzungen der Befreiung nachweisen**. Dazu ist eine Ansässigkeitsbescheinigung des Ansässigkeitsstaates der empfangenen Gesellschaft beizubringen.

Beispiele und Praxisfälle:

1. **Die französische SA** hält 51 % der Beteiligung an der inländischen GmbH seit mehr als einem Jahr. Einer der oben genannten Nachweise kann durch die GmbH nicht erbracht werden. Die GmbH hat daher vorläufig Quellensteuer (Kapitalertragsteuer in Höhe von 23 %) einzubehalten. Diese kann im Erstattungsweg vom Finanzamt zurückerstattet werden, wenn die Voraussetzungen erfüllt sind.
2. **Bei Umwandlung einer Körperschaft** kann die Befreiung von Gewinnanteilen von der Kapitalertragsteuer entfallen. Kapitalerträge, die nach dem Umwandlungsstichtag anfallen, gelten mit dem Tag der Anmeldung des Umwandlungsbeschlusses zur Eintragung in das Firmenbuch als zugeflossen (§ 9 Abs 9 Z 1 UmgrStG).
3. **Die Zwischenschaltung einer Holdinggesellschaft** durch eine operativ tätige Kapitalgesellschaft im selben Staat schadet der Befreiung vom Kapitalertragsteuerabzug nicht.[15] Die Zwischenschaltung einer zyprischen Holdinggesellschaft mit Investoren aus Drittstaaten wurde als Missbrauch eingestuft (Directive Shopping) und eine Befreiung von der Kapitalertragsteuer war daher nicht zulässig.[16]

Befreiung betrieblicher Körperschaften 583

Keine Kapitalertragsteuer ist für bestimmte Einkünfte von Körperschaften oder Personengesellschaften, an denen ausschließlich Körperschaften beteiligt sind, einzubehalten, wenn die Einkünfte einem **in- oder ausländischen Betrieb zuzurechnen** sind. Dies gilt für Gewinnanteile an ausländischen Körperschaften (Abzug durch inländische auszahlende Stelle), für Zinseinkünfte, für Einkünfte aus realisierten Wertsteigerungen, für Einkünfte aus Derivaten und Kryptowährungen. Bei Einkünften, die dem Kapitalertragsteuerabzug von Kreditinstituten unterliegen, ist eine digitale Befreiungserklärung erforderlich (§ 94 Z 5 EStG, ab 2025, vor 2025 ist noch das System der schriftlichen Befreiungserklärung anwendbar).

Die **digitale Befreiungserklärung** (§ 94 Z 15 EStG, ab 2025, davor noch schriftliche Befreiungserklärungen, anwendbar auf Einkünfte nach § 94 Z 5 und Z 12) setzt voraus: Der Empfänger erklärt dem Abzugsverpflichteten unter Nachweis seiner Identität schriftlich oder in digitaler Form, dass die Voraussetzungen der Befreiungsbestimmungen (Z 5 oder Z 12) vorliegen oder nicht mehr vorliegen (Widerruf) und für die digitale Weiterleitung der erforderlichen Daten an das Finanzamt erfolgt die Entbindung vom Bankgeheimnis. Der Abzugsverpflichtete hat dem zuständigen Finanzamt die erforderlichen Daten laufend elektronisch zu übermitteln. Die Befreiung beginnt mit Abgabe der Erklärung gegenüber dem Abzugsverpflichteten und endet mit Widerruf durch den Empfänger oder mit der Zustellung eines Bescheides, in dem festgestellt wird, dass die Befreiungserklärung unrichtig ist. Details werden in einer Verordnung geregelt (Befreiungserklärung-Durchführungsverordnung).

Beispiele:

1. **Zinseinkünfte:** Die GmbH erzielt Einkünfte aus einer Anleihe bei einem inländischen Unternehmen. Durch Abgabe einer Befreiungserklärung beim abzugsverpflichteten Kreditinstitut kann die KESt auf die Zinsen unterbleiben.

---

15   EAS 3234; EAS 3244.
16   VwGH 26.6.2014, 2011/15/0080.

2. **Bei Umwandlung** einer Körperschaft unmittelbar oder mittelbar (durch eine Personengesellschaft) auf eine natürliche Person fällt die Befreiung (rückwirkend) zum Umwandlungsstichtag weg. Es ist eine Widerrufserklärung innerhalb einer Woche nach dem Tag der Anmeldung des Umwandlungsbeschlusses zur Firmenbucheintragung abzugeben. Die Widerrufserklärung ist auf den dem Umwandlungsstichtag folgenden Tag zu beziehen (§ 9 Abs 9 Z 2 UmgrStG).

584 Steuerfreie inländische Einkünfte von Körperschaften

Darüber hinaus hat ein Abzug der Kapitalertragsteuer bei **steuerfreien Einkünften beschränkt steuerpflichtiger inländischer Körperschaften** zu unterbleiben (§ 94 Z 6 EStG).

Anwendungsfälle:

1. steuerfreie Beteiligungserträge (§ 10),
2. Zinseinkünfte, Einkünfte aus realisierten Wertsteigerungen, Einkünfte aus Derivaten und Kryptowährungen im befreiten Bereich von Pensionskassen oder BV-Kassen, Unterstützungskassen, steuerbefreite Arbeitnehmerförderungsstiftungen, Versorgungs- und Unterstützungseinrichtungen von Körperschaften des öffentlichen Rechts, von steuerbefreiten Betrieben wie unentbehrlichen Hilfsbetrieben und aus Sicherungs- bzw Entschädigungseinrichtungen,
3. Einkünfte aus Mittelstandsfinanzierungsgesellschaften (§ 5 Z 14),
4. Kapitalerträge aufgrund von Zuwendungen von Privatstiftungen, aufgrund einer Befreiung, wenn der Empfänger spendenbegünstigt ist (§ 4a), Zuwendungen an gemeinnützige Privatstiftungen (§ 4b) oder an die Innovationsstiftung für Bildung (§ 4c).

585 Privatstiftungen

Einkünfte aus Kapitalvermögen einer **eigennützigen, offenlegenden Privatstiftung** unterliegen grundsätzlich nicht der Kapitalertragsteuer. Dies gilt für Gewinnanteile, Zinsen, Einkünfte aus realisierten Wertsteigerungen von Kapitalvermögen, Einkünfte aus Derivaten und Kryptowährungen. Voraussetzung ist bei abzugsverpflichteten Kreditinstituten die Abgabe einer digitalen Befreiungserklärung (§ 94 Z 15, → 583) (§ 94 Z 12 EStG). Diese Einkünfte unterliegen grundsätzlich der Zwischensteuer bei der Privatstiftung. Die Zwischenbesteuerung unterbleibt nur, wenn die Privatstiftung selbst der Kapitalertragsteuer unterliegende Zuwendungen tätigt und daher selbst Kapitalertragsteuer einbehalten muss (§ 13 Abs 3).

586 Vertiefung: Rückzahlung oder Rückerstattung aufgrund EU-Recht

Eine Quellensteuer kann gegen die **Grundfreiheiten der EU** verstoßen, wenn sie in diskriminierender Weise erhoben wird oder EU-Recht dies vorsieht. Die Rückzahlung oder Rückerstattung erfolgt in diesen Fällen aufgrund besonderer Vorschriften:

• **Mutter-Tochter-Richtlinie:** Aufgrund von § 94 Z 2 EStG und der VO KESt-Erstattung Mutter-Tochtergesellschaften können zur Verhinderung von Steuerverkürzungen und Missbrauch sowie bei verdeckten Ausschüttungen Beteiligungserträge vorläufig dennoch der inländischen Kapitalertragsteuer unterliegen. In diesem Fall hat die Entlastung der Besteuerung auf Antrag der Muttergesellschaft durch ein Erstattungsverfahren aufgrund von **§ 94 Z 2 letzter Satz EStG** zu erfolgen.

- **Diskriminierung mangels Rückzahlungsmöglichkeit:** Eine Quellensteuer auf Beteiligungserträge an ausländische EU-Gesellschaften ist in sonstigen Fällen (Portfoliobeteiligungen) nicht mit dem EU-Recht vereinbar, wenn die tatsächliche Anrechnung der Quellensteuer (auch wenn das DBA eine Anrechnung vorsieht) im Ausland aufgrund eines Gesamtverlusts oder einer Befreiung **nicht erfolgen kann** und daher eine Ungleichbehandlung verbleibt.[17] Ausländische EU-Körperschaften oder EWR-Körperschaften können in diesem Fall einen Antrag auf Erstattung der Kapitalertragsteuer auf Beteiligungserträge stellen. Dies gilt auch für in Drittstaaten mit umfassender Amtshilfe ansässige Gesellschaften, wenn diese weniger als 10 % (Portfoliobeteiligungen) am Abzugsverpflichteten beteiligt sind[18] (Nachweispflicht der Nichtanrechenbarkeit zB mittels ausländischem Steuerbescheid, § 21 Abs 1 Z 1a).

- **Diskriminierung aufgrund inländischer Befreiung und Quellensteuer bei ausländischen Körperschaften:** Eine Diskriminierung liegt auch vor, wenn eine Quellensteuer auf Gewinnanteile an ausländischen Fonds erhoben wird, aber nicht an inländischen Fonds.[19] Im Inland unterliegen Gewinnanteile an Fonds der Besteuerung unabhängig davon, ob diese inländische oder ausländische Fonds sind; maßgebend für die Entlastung der Kapitalertragsteuer ist der Anteilsinhaber des Fondsvermögens.[20] Eine Ungleichbehandlung kann dagegen bei inländischen Pensionsinvestmentfonds und Pensionskassen (steuerfrei) und vergleichbaren ausländischen Pensionsinvestmentfonds und Pensionskassen (Kapitalertragsteuer) bestehen. In diesen Fällen ist eine Erstattung notwendig (nach § 187 InvFG und § 6 Abs 1).[21]

Beispiele:

1. **EuGH „Denkavit":** Eine niederländische Muttergesellschaft hält 50 % der Anteile an einer französischen Tochtergesellschaft. Ausschüttungen von Dividenden an inländische Muttergesellschaften sind befreit, Ausschüttungen an ausländische Muttergesellschaften unterlagen vor der Mutter-Tochter-Richtlinie hingegen einer 25%igen Quellensteuer; das DBA zwischen den Staaten reduziert die Quellensteuer auf 5 %. Der Ansässigkeitsstaat sieht eine Anrechnung ausländischer Steuern bis zur inländischen Steuerbelastung auf die Dividenden vor. Aufgrund der Dividendenbefreiung im Ansässigkeitsstaat kann die verbleibende Quellensteuer von 5 % nicht angerechnet werden. Daraus ergibt sich im Ergebnis eine Diskriminierung hinsichtlich der einbehaltenen Quellensteuer (im Inland wäre eine Rückerstattung möglich gewesen).[22]

2. **EuGH „Amurta" und „Aberdeen":** Dasselbe gilt für einen 14-%-Anteilsbesitz einer portugiesischen Muttergesellschaft an einer französischen Tochtergesellschaft[23] und für eine luxemburgische Fondsgesellschaft SICAV als 100%ige Muttergesellschaft einer finnischen Tochtergesellschaft.[24]

---

17 EuGH 14.12.2006, C-170/05, *Denkavit* (Niederlassungsfreiheit), und C-379/05, *Amurta* (Kapitalverkehrsfreiheit); UFS 26.5.2011, RV/0548-W/06; VwGH 23.9.2010, 2008/15/0086.

18 VwGH 11.9.2020, Ra 2020/13/0006 (Kapitalverkehrsfreiheit bei Portfoliobeteiligungen).

19 EuGH 10.5.2012, C-338/11 bis C-347/11, *Santander Asset Management*.

20 Vgl auch EAS 2947.

21 EAS 3126; EAS 3013.

22 EuGH 14.12.2006, C-170/05, *Denkavit*.

23 EuGH 8.11.2007, C-379/05, *Amurta*.

24 EuGH 18.6.2009, C-303/07, *Aberdeen Property Fininvest Alpha Oy*.

7. Erhebung – Immobilienertragsteuer

587

Für **Einkünfte aus Grundstücksveräußerungen** erfolgt die Erhebung im Wege der **Immobilienertragsteuer**, im Wege einer **besonderen Vorauszahlung** und nachfolgender **Veranlagung** oder ausschließlich **im Wege der Veranlagung** (§§ 30b, 30c EStG, § 24).

Auch für Körperschaften wird die Körperschaftsteuer durch die Immobilienertragsteuer oder besondere Vorauszahlung erhoben. Es finden die Bestimmungen zur Immobilienertragsteuer Anwendung. Der Steuersatz beträgt **23 %** (§ 30b Abs 1a, Abs 4 EStG).

Die Erhebung im Wege der Immobilienertragsteuer und der besonderen Vorauszahlung, inklusive damit verbundener Mitteilungspflichten, gelten **nicht für Körperschaften iSd § 7 Abs 3 und für Privatstiftungen** (§ 24 Abs 3 Z 4). Bei diesen Körperschaften erfolgt die Erhebung der Körperschaftsteuer ausschließlich im Wege der Veranlagung.

Die Körperschaftsteuer gilt mit der Immobilienertragsteuer grundsätzlich als **abgegolten**, falls keine Veranlagung zu erfolgen hat oder erfolgt (§ 24 Abs 2).

8. Erhebung – Abzugsteuer

8.1. Anwendungsbereich

588

Die **Abzugsteuer** ist eine **besondere Erhebungsform** der Einkommensteuer für bestimmte Einkünfte **beschränkt Steuerpflichtiger** (§ 99 Abs 1 EStG, § 24).

Die Bestimmungen zur **Abzugsteuer** (§§ 99 ff EStG) kommen auch bei beschränkt steuerpflichtigen **Körperschaften** zur Anwendung. Eine Ausnahme von der Abzugsteuer besteht aufgrund der **Befreiung von Lizenzgebühren** zwischen verbundenen Unternehmen innerhalb der EU (→ 526). Der Steuersatz beträgt grundsätzlich 20 % (Bruttobesteuerung), bei der Nettobesteuerung, Einkünften aus Immobilienfonds und stillen Beteiligungen jedoch 23 % (§ 100 Abs 1, Abs 1a EStG). Die Körperschaftsteuer gilt damit als **abgegolten**, sofern keine Veranlagung zu erfolgen hat oder erfolgt (§ 24 Abs 2).

589 Vertiefung: Ausnahme von der Abzugsteuer

Aufgrund der **EU-Zinsen- und Lizenzgebührenrichtlinie** unterbleibt die Besteuerung und Erhebung einer Abzugsteuer von grenzüberschreitenden konzerninternen Zahlungen von Lizenzgebühren zur Beseitigung steuerlicher Hindernisse innerhalb der EU (§ 99a EStG→ 526).

Zur Geltendmachung der Befreiung von der Abzugsteuer ist bereits im Zeitpunkt der Zahlung eine **Bestätigung** des Empfängers und der Abgabenbehörde über das Vorliegen der Voraussetzungen des anderen Mitgliedstaats notwendig. Diese gilt zwei Jahre ab der Ausstellung (§ 99a Abs 7 EStG).

Erfolgt der **Einbehalt der Abzugsteuer auf Lizenzvergütungen**, weil die Mindestbehaltefrist der **Zinsen- und Lizenzgebühren-Richtlinie** noch nicht erfüllt wurde oder eine Bestätigung über die Anwendungsvoraussetzungen noch nicht vorliegt, dann kann der Nutzungsberechtigte die Betriebsstätte einer EU-Körperschaft oder die EU-Körperschaft eine **Erstattung der Abzugsteuer** beim zuständigen Finanzamt binnen **fünf Jahren** ab dem Zeitpunkt der Zinsen- und Lizenzgebührenzahlung beantragen. Bei Zutreffen der Voraussetzung der Verbindung wird die zu viel einbehaltene Abzugsteuer innerhalb eines Jahres nach dem ordnungsgemäßen Einlangen des Antrags erstattet. Erfolgt die Erstattung nicht innerhalb dieser Frist, dann ist der Anspruch zu verzinsen (§ 99a Abs 8 EStG).

8.2. Besondere Abzugsteuer auf Einkünfte aus der Einräumung von Leitungsrechten und Nutzungsrechten zum Hochwasserschutz

Einkünfte eine im Inland beschränkt oder unbeschränkt steuerpflichtigen Körperschaft **590** aus der **Einräumung von Leitungsrechten** an Infrastrukturbetrieben und **Nutzungsrechten an Grund und Boden zum Hochwasserschutz**, unabhängig von der Einkunftsart, unterliegen einer Abzugsteuer in Höhe von **7,5 %** (ab 2023, davor 8,25 %) des erhaltenen Betrags (Bruttobesteuerung, ohne Umsatzsteuer, § 107 EStG; § 24 Abs 7; → 423).

Mit der Abzugsteuer gilt die Körperschaftsteuer als **abgegolten**, außer es wird die **Regelbesteuerungsoption** ausgeübt. Im Fall der Regelbesteuerungsoption können pauschal 33 % des erhaltenen Betrags berücksichtigt werden (Nettobesteuerung, zur Berücksichtigung von Wertverlusten). **Schuldner** der Abzugsteuer ist der Empfänger. Der Schuldner der Einkünfte (Leitungsberechtigter, Nutzungsberechtigter) ist **Abzugsverpflichteter** und **haftet** für die Entrichtung, außer eine Anmeldung und der Abzug ist aufgrund der Angaben der Körperschaft unterblieben und dies ist nicht offenbar unrichtig. Der Körperschaft ist die Abzugsteuer vorzuschreiben, wenn ein Abzug zu Unrecht unterblieben ist (§ 24 Abs 7).[25]

9. Erhebung – Vorauszahlung und Veranlagung

9.1. Vorauszahlungen

Die **Erhebung der Körperschaftsteuer** erfolgt im Wege von **Vorauszahlungen** **591** (§ 45 EStG, § 24).

Körperschaften haben **allgemeine Vorauszahlungen** entsprechend dem Einkommensteuergesetz und eine besondere Vorauszahlung für unbeschränkt steuerpflichtige Körperschaften zu leisten (**Mindestkörperschaftsteuer**, § 24 Abs 4 → 592).

Die Vorauszahlungen sind aufgrund von **Vorauszahlungsbescheiden** zu leisten. Sie sind zu **je einem Viertel** am **15.2., 15.5., 15.8. und 15.11.** zu leisten (§ 45 Abs 2 EStG). Die vorausgezahlten Beträge werden im folgenden Kalenderjahr im Zuge der Veranlagung auf die Steuerschuld **angerechnet**. Die Vorauszahlung für das Kalenderjahr ermit-

---

25   Leitungsrechte-Datenübermittlungsverordnung – Leitungsrechte-DÜV, BGBl II 2018/321.

telt sich nach dem Einkommensteuergesetz (§ 45 Abs 1 EStG → 428). Zusätzlich dazu ist bei Privatstiftungen auch eine Körperschaftsteuerschuld aus der **Zwischensteuer** bei Privatstiftungen zur Festsetzung der Vorauszahlungen zu berücksichtigen (§ 24 Abs 3 Z 2, § 22 Abs 2).

592 Mindeststeuer bei inländischen Körperschaften

Für **unbeschränkt steuerpflichtige Kapitalgesellschaften** ist zumindest eine **Mindestkörperschaftsteuer** als Vorauszahlung zu leisten (§ 24 Abs 4).

Die Mindestkörperschaftsteuer für jedes volle Kalendervierteljahr **ermittelt** sich wie folgt:

- Für **Kapitalgesellschaften** beträgt diese 5 % des gesetzlichen Mindestkapitals, somit bei einer **GmbH und FlexCo EUR 125** (EUR 500 pro Jahr) und bei einer **AG EUR 875** (EUR 3.500 pro Jahr).
- Für **Kreditinstitute und Versicherungsgesellschaften** beträgt diese **EUR 1.363** (EUR 5.452 pro Jahr).

Die Mindestkörperschaftsteuer ist im Wege der Vorauszahlung zu leisten, sofern die **allgemeine Vorauszahlung unter der Mindestkörperschaftsteuer** liegt (niedrige Gewinne oder Verlust). Die Mindestkörperschaftsteuer ist auf die tatsächliche Körperschaftsteuer des aktuellen Jahres oder späterer Jahre **wie eine Vorauszahlung anrechenbar** (→ 598). Dabei sind zuerst laufende Mindestkörperschaftsteuer-Vorauszahlungen zu verrechnen, dann Mindestkörperschaftsteuer aus Vorjahren und schließlich andere Vorauszahlungen. Übersteigt die Mindestkörperschaftsteuer die tatsächliche Körperschaftsteuer, kann diese **nicht erstattet** werden.

Beispiele:
1. **Verlustjahr:** In Jahr 1 einer GmbH (Gründung 1.2.) entsteht ein Verlust in Höhe von EUR 1.000. Eine Mindestkörperschaftsteuer von EUR 375 ist zu leisten, die durch die Vorauszahlung abgegolten wird (daher nicht für das erste Quartal). Diese ist im Folgejahr als Vorauszahlung zu berücksichtigen.
2. **Gewinnjahr und Verrechnung:** In Jahr 2 entsteht ein Gewinn von EUR 3.000. An Mindestkörperschaftsteuer wurden zusätzlich EUR 500 geleistet. Die Steuerschuld beträgt EUR 690 und übersteigt somit die Mindestkörperschaftsteuer (sonst würde jedenfalls die Mindestkörperschaftsteuer dieses Jahr als Steuerschuld entstehen). Zuerst sind EUR 500 des aktuellen Jahres zu verrechnen. Der restliche Betrag von EUR 190 kann mit der Mindestkörperschaftsteuer des Vorjahres verrechnet werden, sodass weiterhin EUR 185 für zukünftige Jahre zur Verfügung stehen.

593 Vertiefung: Besonderheiten bei der Mindeststeuer

Besonderheiten ergeben sich bei **Umgründungen** (→ 659) und **Unternehmensgruppen**: Zur Ermittlung der Entrichtung der Mindestkörperschaftsteuer durch den Gruppenträger ist das Gesamteinkommen der unbeschränkt steuerpflichtigen Kapitalgesellschaften heranzuziehen. Ist dieses ausreichend positiv, sodass sich eine Körperschaftsteuer über der Mindestkörperschaftsteuer ergibt, ist die tatsächliche Körperschaftsteuer heranzuziehen, sonst fällt zumindest die Mindestkörperschaftsteuer an. Vorgruppen-Mindestkörperschaftsteuern sind dem finanziell ausreichend beteiligten Gruppenmitglied oder dem Gruppenträger zuzurechnen, soweit diese beim Gruppenmitglied selbst anrechenbar wären (§ 24a Abs 4).

Beispiel:
Unternehmensgruppe: Das Gesamteinkommen einer AG und einer GmbH als Gruppe beträgt EUR 20.000 (EUR 4.600 KSt). Die Mindestkörperschaftsteuer beträgt EUR 5.750 (AG und GmbH). Der Gruppenträger hat daher die Differenz von EUR 1.150 als Mindestkörperschaftsteuer zu entrichten.

9.2. Veranlagung

Veranlagung und Veranlagungszeitraum   594

> Eine **Veranlagung** gilt als **allgemeine Erhebungsform der Körperschaftsteuer. Veranlagung** ist die **Ermittlung** der Besteuerungsgrundlage und die **bescheidmäßige Festsetzung**.

Das Körperschaftsteuergesetz verweist dazu auf die Bestimmungen zur Einkommensteuer (§ 24 Abs 2 Z 1). Körperschaften **sind grundsätzlich zu veranlagen** (§ 24 Abs 1).

Die Ertragsteuer wird **nach Ablauf des Kalenderjahres** (Veranlagungszeitraum) nach dem Einkommen veranlagt, das der Steuerpflichtige in diesem Veranlagungszeitraum bezogen hat (§ 39 EStG). Die Veranlagung kommt grundsätzlich dann zur Anwendung, wenn das Einkommen nicht zur Gänze in einer der besonderen Formen (Kapitalertragsteuer, Immobilienertragsteuer) erhoben wurde und die Steuer endgültig war (Abgeltungswirkung).

Veranlagungszeitraum ist grundsätzlich das Kalenderjahr. Bei Wegfall der Steuerpflicht während des Veranlagungszeitraums kann die Veranlagung sofort vorgenommen werden (§ 39 Abs 2 EStG). Ein längerer Veranlagungszeitraum von bis zu oder – auf Antrag – über **drei Jahren** ergibt sich bei Liquidation oder Insolvenz einer Körperschaft (§ 19). Zu Besteuerungswahlrechten und Anträgen (§ 39 Abs 4 EStG) → 429.

Veranlagung   595

> Eine **Veranlagung** ist aufgrund der **verpflichtenden Abgabe einer Steuererklärung** durch den Steuerpflichtigen vorzunehmen (§ 42 Abs 1 EStG).

Körperschaften sind grundsätzlich immer zur Abgabe einer Steuererklärung verpflichtet, wenn steuerpflichtige Einkünfte vorliegen, die zu einer Körperschaftsteuer führen; dies führt auch gleichzeitig zur Veranlagung (§ 24 Abs 1, 2 und 3).

Bei **beschränkt steuerpflichtigen Körperschaften** hat eine Veranlagung zu erfolgen, wenn weder Kapitalertragsteuer noch eine Abzugsteuer einbehalten wurde. Auf Antrag kann eine Veranlagung erfolgen bei Einbehalt der Abzugsteuer auf Einkünfte nach § 99 Abs 1 Z 1 EStG (selbständige Tätigkeit von Sportlern, Künstlern etc).

596 Steuererklärungen

Steuererklärungen sind einzureichen zur **Festsetzung der Steuer** (Veranlagung, § 42 EStG) durch den Steuerpflichtigen, zur **Feststellung von Einkünften** (§ 188 BAO → 1043) der einzelnen Beteiligten durch die vertretungsbefugten Personen der Gesellschaft oder Gemeinschaft (§ 43 EStG) und zur **Feststellung der Ergebnisse eines Gruppenmitglieds oder des Gruppenträgers** durch die jeweilige Person (§ 24a).

Die **Übermittlung** einer Steuerklärung hat **elektronisch** über FinanzOnline zu erfolgen, außer dies ist dem Steuerpflichtigen mangels technischer Voraussetzungen nicht zumutbar (§ 24 Abs 3 Z 1).

597 Berechnung der Steuerschuld, Sanierungsgewinn

Die Steuerschuld berechnet sich aus dem **Einkommen** unter Anwendung des Körperschaftsteuersatzes von **23 %**.

Eine **besondere Steuerfestsetzung** erfolgt für **Sanierungsgewinne** aus einem Schulderlass (§ 23a).

Ein **Schulderlass** zur Sanierung führt zu einem steuerpflichtigen Gewinn durch Vermehrung des Betriebsvermögens bei der Gewinnermittlung durch Betriebsvermögensvergleich (nach dem Zuflussprinzip liegt mangels Zufluss noch keine Betriebseinnahme vor). Das Gesetz sieht im Fall der **Erfüllung eines Sanierungsplans** (§§ 140 bis 156 IO) oder einer vergleichbaren außergerichtlichen Sanierung (wie nach der Restrukturierungsordnung, ab 2021) eine prozentuelle Beteiligung des Staates vor. Die Befreiung wird als direkte **Steuerminderung** gewährt. Dabei wird die Steuer **mit und ohne Sanierungsgewinn berechnet**. Der Unterschiedsbetrag (Steuerbetrag) wird **um den prozentuellen Schulderlass gekürzt**. Die Steuer wird daher umso mehr gekürzt, je höher der prozentuelle Schulderlass durch die Gläubiger ist. Die Finanzverwaltung räumte bisher die Möglichkeit der Abstandnahme von der Abgabenfestsetzung (§ 206 Abs 1 lit b BAO) auch für **außergerichtliche** vergleichbare Sanierungen ein.[26]

598 Anrechnung von Steuern

Auf die **ermittelte Steuerschuld** nach Abzug von Absetzbeträgen sind Vorauszahlungen, sonstige Steuern und Gutschriften **anzurechnen** (§ 46 Abs 1 EStG):

Anzurechnen sind:

- festgesetzte **Vorauszahlungen** des Veranlagungszeitraums,
- besondere **Vorauszahlungen** nach § 30b Abs 4 EStG und die **Immobilienertragsteuer**, soweit sie auf veranlagte Einkünfte entfällt,

---

26   KStR Rz 1538; EStR Rz 7272; einschränkend VwGH 30.6.2010, 2005/13/0034.

- die durch **Steuerabzug** einbehaltenen Beträge (Kapitalertragsteuer, Abzugsteuer), soweit sie auf veranlagte Einkünfte entfallen,
- **ausländische Steuern** aufgrund der Anrechnungsmethode in einem Doppelbesteuerungsabkommen oder der Doppelbesteuerungsverordnung bis zum Anrechnungshöchstbetrag. Der Anrechnungshöchstbetrag ergibt sich unter Anwendung des inländischen Durchschnittssteuersatzes (Steuer/Einkommen) auf die ausländischen Einkünfte,[27]
- **Gutschriften von Zwischensteuern** aufgrund der Zuwendung von Privatstiftungen (§ 24 Abs 5).

Eine **Mindeststeuer für Körperschaften** ist auf die Körperschaftsteuerschuld anrechenbar. Übersteigt die vorausgezahlte Mindeststeuer die Körperschaftsteuerschuld, so ist der übersteigende Betrag nicht auszuzahlen, sondern als Vorauszahlung für die Körperschaftsteuerschuld künftiger Wirtschaftsjahre zu behandeln (§ 24 Abs 4 Z 4).

Ermittlung und Festsetzung der Steuerschuld   599

Aus der im **Zuge der Veranlagung ermittelten Steuer** und nach **Abzug der Anrechnungen** bereits geleisteter Steuern ist die Steuerschuld oder das Steuerguthaben **mit Bescheid festzusetzen.**

Eine **offene Steuerschuld** ist grundsätzlich innerhalb von einem Monat nach Zustellung des Bescheids fällig und zu entrichten (§ 210 Abs 1 BAO → 1080). **Guthaben** könnten grundsätzlich – mit bestimmten Einschränkungen – auf Antrag zurückgezahlt werden (§ 215 Abs 4 BAO → 1085, 1104).

9.3. Besondere Steuergutschriften – Forschungsprämie

Forschungsprämie   600

Nicht befreite Körperschaften, bei Mitunternehmerschaft jedoch die Gesellschaft, können eine **Forschungsprämie** für eigenbetriebliche Forschung und Auftragsforschung in Höhe von jeweils **14 % der prämienbegünstigten Forschungsaufwendungen** geltend machen (§ 108c EStG, § 24 Abs 6 → 450).

Die Forschungsprämie gilt nicht als Betriebseinnahme und kürzt nicht die Anschaffungs- oder Herstellungskosten von Wirtschaftsgütern. Damit in Zusammenhang stehende Ausgaben sind abzugsfähig. Forschungsprämien sind nach Ablauf des Wirtschaftsjahres bis zur Rechtskraft des Ertragsteuerbescheids oder Feststellungsbescheids geltend zu machen (E108c). Die Forschungsprämie ist auf dem Abgabenkonto gutzuschreiben.

---

27   VwGH 27.6.2017, Ro 2015/13/0019.

Kapitel 11

Umgründungen[1]

1. Zielsetzung steuerlich begünstigter Umgründungen

601

> Die **Änderung unternehmerischer Strukturen** führt aufgrund der notwendigen Übertragung von Vermögen zu **steuerlichen Belastungen.** Zur Ermöglichung der Änderung von Unternehmensstrukturen sehen Sondervorschriften im UmgrStG **Begünstigungen für bestimmte Formen von Umgründungen** vor.

Im ertragsteuerlichen Bereich kommt es bei begünstigten Umgründungen **zur steuerlichen Gesamtrechtsnachfolge.** Dabei geht das Vermögen – abweichend von den allgemeinen ertragsteuerlichen Grundsätzen – im Wege der **Buchwertfortführung** auf den Rechtsnachfolger über, ohne dass es zur Aufdeckung der stillen Reserven kommt. Damit verbunden ist auch der **objektbezogene Übergang der Verlustvorträge** auf den Rechtsnachfolger (→ 645). Zum Überblick über **sonstige steuerliche Begünstigungen**, die im Rahmen von begünstigten Umgründungen gewährt werden → 602, 32.

Die **Gründe** dafür liegen darin, dass eine Besteuerung vorrangig aus wirtschaftlichen Gründen unterbleiben kann, sofern die Steuerpflichtigen weiterhin ihre **betriebliche Tätigkeit fortsetzen** und die stillen Reserven auch in Zukunft der Besteuerung unterliegen. Die Ausnahme von der Aufdeckung der stillen Reserven ist kein endgültiger Verzicht auf die Besteuerung, sondern lediglich ein Hinausschieben. Die Begünstigung ist gerechtfertigt, um **wirtschaftlich sinnvolle Umgründungen nicht aus steuerlichen Gründen zu verhindern.** Umgründungen sind daher wirtschaftlich betrachtet nur ein Formwechsel der Unternehmensorganisation.[2]

---

1 Paragraphenverweise ohne Gesetzesangabe beziehen sich auf das Umgründungssteuergesetz (UmgrStG).
2 EB zum UmgrStG.

602 Überblick: Steuerliche Begünstigungen bei Umgründungen

Steuerliche Begünstigungen von Umgründungen				
Allgemeine ertragsteuerliche Konsequenzen		**Umsatzsteuer**	**GebG**	**Grunderwerbsteuer**
Aufdeckung und Besteuerung der stillen Reserven der übertragenen Wirtschaftsgüter Veräußerungs- oder Aufgabegewinnbesteuerung (Tauschbesteuerung), Liquidationsbesteuerung	**Subjektbezogener Verlustvortrag als Sonderausgabe:** Verlustvortrag verbleibt bei Rechtsvorgänger	**Steuerbarer Umsatz möglich,** sofern Tatbestand erfüllt wird	**Zessionsgebühr** bei Übertragung durch Einzelrechtsnachf.	**Verkehrswert als Bemessungsgrundlage,** bei Übertragung von inländischen Grundstücken im Zuge der Umgründung
Ertragsteuerliche Begünstigungen des UmgrStG		**Umsatzsteuer**	**GebG**	**Grunderwerbsteuer**
Aufschub der Besteuerung stiller Reserven durch Fortführung der Buchwerte der übertragenen Wirtschaftsgüter, **außer** Besteuerungsrecht Österreichs wird eingeschränkt (**Aufwertungszwang**) oder Buchwertfortführung wäre wegen Anrechnungsmethode nachteilig (**Aufwertungswahlrecht**) Rückwirkende Ergebniszurechnung bis maximal 9 Monate möglich	**Objektbezogener Verlustvortrag**	**Umgründung gilt als nicht steuerbar**	**Keine Zessionsgebühr** (Mindestbestand)	**0,5% des Grundstückswerts**

Abbildung 28: Steuerliche Begünstigungen bei Umgründungen

2. Anwendungsbereich des Umgründungssteuergesetzes

2.1. Umgründungsarten und allgemeine Voraussetzungen

603 Umgründungsarten

Umgründungen im Sinne des Umgründungssteuergesetzes sind Vorgänge, bei denen es grundsätzlich zu einer **Übertragung der betrieblichen Einkunftsquelle** kommt, aber **dennoch die bisherige betriebliche Tätigkeit fortgesetzt wird** – durch Beteiligung am übernehmenden Rechtsträger oder sonstiger Änderung der bisherigen Beteiligung an der betrieblichen Einkunftsquelle.

Begünstigte Umgründungen des Umgründungssteuergesetzes sind:

- **Verschmelzung** von zwei Körperschaften (**Art I** § 1 bis § 6),
- **Umwandlung** einer Körperschaft auf den Hauptgesellschafter oder eine Personengesellschaft (**Art II** § 7 bis § 11),
- **Einbringung** einer betrieblichen Einkunftsquelle in eine Körperschaft (**Art III** § 12 bis § 22),
- **Zusammenschluss** von betrieblichen Einkunftsquellen mehrerer Steuerpflichtiger zu einer Personengesellschaft (**Art IV** § 23 bis § 26),
- **Realteilung** von betrieblichen Einkunftsquellen einer Personengesellschaft auf mehrere Steuerpflichtige (**Art V** § 27 bis § 31),

- **Spaltung** einer betrieblichen Einkunftsquelle einer Körperschaft auf eine andere Körperschaft (**Art VI**, § 32 bis § 38, die Steuerspaltung kommt in der Praxis kaum vor, § 38a bis § 38f).

Verschmelzung, Umwandlung und Spaltung beruhen auf **gesellschaftsrechtlichen** Änderungen von Körperschaften, wobei die Übertragung von der Eintragung ins Firmenbuch abhängt. **Einbringung** (mit Ausnahme bestimmter Ausgliederungen), **Zusammenschluss und Realteilung** sind **rein steuerliche Vorgänge**, die an die tatsächliche Übertragung der betrieblichen Einkunftsquelle anknüpfen. Die steuerneutrale Behandlung macht eine rechtzeitige Meldung an das Finanzamt notwendig.

Auf EU-/EWR-Ebene möglich sind **grenzüberschreitende Umgründungen** in Bezug auf grenzüberschreitende **Umwandlungen** (Kapitalgesellschaft in einem Mitgliedstaat wird unter Beibehaltung der Rechtspersönlichkeit zu einer Kapitalgesellschaft in einem anderen Mitgliedstaat), **Verschmelzungen** (Kapitalgesellschaft in einem Mitgliedstaat wird auf eine Kapitalgesellschaft in einem anderen Mitgliedstaat verschmolzen) und **Spaltungen** von Kapitalgesellschaften (Kapitalgesellschaft in einem Mitgliedstaat überträgt Teilvermögen auf eine andere Kapitalgesellschaft in einem anderen Mitgliedstaat) (EU-Umgründungsgesetz).

Übertragung der betrieblichen Einkunftsquelle   604

Eine begünstigte Umgründung liegt nur vor, wenn eine **betriebliche Einkunftsquelle übertragen** wird.

Die Umgründungsarten setzen steuerlich die tatsächliche Übertragung von **Betrieben**, **Teilbetrieben** (→ 82), **Mitunternehmeranteilen** (→ 87) oder **qualifizierten Kapitalanteilen** voraus (§ 2 und § 7 Abs 1 iVm § 7 Abs 3 KStG; § 12 Abs 2).

Qualifizierte Kapitalanteile gelten bei Einbringungen und Spaltungen als begünstigtes Vermögen. Diese sind Anteile an Kapitalgesellschaften oder Genossenschaften, wenn sie zumindest 25 % des Nennkapitals oder des Gesamtwerts aller Anteile vermitteln oder wenn mit der Einbringung oder Spaltung die Mehrheit der Stimmrechte vermittelt oder erweitert wird. Zum Kapitalanteil zählt auch bei vertraglicher Einbeziehung das am Umgründungsstichtag ausstehende, ausschließlich zur Anschaffung des Anteils aufgenommene Fremdkapital. Verbindlichkeiten in unmittelbarem Zusammenhang mit einer Einlage in die Körperschaft müssen gemeinsam mit dem Kapitalanteil übertragen werden, wenn die Einlage innerhalb von zwei Jahren vor dem Umgründungsstichtag erfolgt ist. Die Einbeziehung erfolgt zur Vermeidung von Gestaltungen durch künstliche Trennung von Aktiva und Passiva (§ 12 Abs 2 Z 3 und EB).

Ein **Teilbetrieb** liegt bei Realteilungen und Spaltungen auch dann vor, wenn vom Übernehmenden übertragene Vermögensteile als Betrieb geführt werden können, vorausgesetzt dass:

- bei **Forstbetrieben** die Flächen real geteilt werden;

- bei Betrieben mit **Klienten- und Kundenstock** als wesentliche Grundlage die Übertragung jenes Teils des Klienten- oder Kundenstocks erfolgt, der vom übernehmenden Anteilsinhaber bereits vor der Übertragung dauerhaft betreut worden ist (§ 27 Abs 3; § 32 Abs 3, Teilbetriebsfiktion).

Beispiele:

1. **Qualifizierter Kapitalanteil:** Die Einbringung oder Abspaltung von 30 % des Anteils an einer Kapitalgesellschaft ist begünstigt. Dies gilt auch, wenn lediglich 5 % übertragen werden, aber damit die bisherige Beteiligung auf über 50 % erhöht wird. Zusätzlich kann auch das Bankdarlehen, mit dem der übertragene Anteil angeschafft wurde, übertragen werden. Erfolgte vor einem Jahr eine Zuschussgewährung an die Kapitalgesellschaft und wurde diese fremdfinanziert, dann muss diese Verbindlichkeit mitübertragen werden.
2. **Teilbetriebsfiktion:** Die Partner einer Steuerberatungskanzlei möchten zukünftig getrennte Wege gehen und können durch Übernahme ihres jeweiligen Klientenstocks eine Trennung ertragsteuerneutral durch Realteilung (Personengesellschaft) oder Spaltung (Kapitalgesellschaft) bewirken.

605 Rechtsnachfolge, Rückwirkung, positiver Verkehrswert

Nach gesellschaftsrechtlichen Grundsätzen handelt es sich bei Verschmelzungen, Umwandlungen und Spaltungen um eine zivilrechtliche **Gesamtrechtsnachfolge**, wogegen Einbringungen, Zusammenschlüsse und Realteilungen zivilrechtlich eine **Einzelrechtsnachfolge** bewirken. Ertragsteuerlich wird bei begünstigten Umgründungen eine Gesamtrechtsnachfolge angenommen.

Das Vermögen kann für ertragsteuerliche Zwecke **rückwirkend zum Umgründungsstichtag** übertragen werden. Die Einkünfteermittlung ist daher so vorzunehmen, also ob die Übertragung mit Ablauf des Umgründungsstichtages erfolgt ist (→ 620).

Das übertragene Vermögen muss am Umgründungsstichtag oder am Tag des Abschlusses des Umgründungsvertrags einen **positiven Verkehrswert** aufweisen. Der Übertragende hat im Zweifel die Höhe des positiven Verkehrswerts durch ein begründetes Sachverständigengutachten nachzuweisen (§ 12 Abs 1, § 23 Abs 1, § 27 Abs 1).[3]

606 Fortsetzung der betrieblichen Tätigkeit

Zur **Fortsetzung der betrieblichen Tätigkeit** ist als **Gegenleistung** für die Übertragung des Vermögens eine **Beteiligung an der übertragenen betrieblichen Einkunftsquelle** zu gewähren.

Bei den **gesellschaftsrechtlich geregelten Umgründungen** wird die Fortsetzung durch das **Gesellschaftsrecht** sichergestellt, das den Anteilsinhabern der übertragenden Körperschaft ausschließlich eine Beteiligung am übertragenden Vermögen oder der übernehmenden Körperschaft gewährt. Bei den **rein steuerlich geregelten Umgründungen** bestimmt das Umgründungssteuergesetz die notwendigen Voraussetzungen der zu gewährenden Gegenleistung.

---

3   OGH 25.11.1999, 6 Ob 163/99k; OGH 11.11.1999, 6 Ob 4/99b.

Bei **Verschmelzung und Spaltung** erhalten die Anteilsinhaber der übertragenden Körperschaft Anteile an der übernehmenden Körperschaft (§ 219 AktG, § 1 Abs 2 SpaltG). Bei der **Einbringung** erhält der Einbringende Anteile am Übernehmenden (§ 19). Bei sonstigen Umgründungen entfällt eine oder besteht keine Beteiligungsebene: Bei der **Umwandlung** entfällt die Beteiligung an der übertragenden Körperschaft und der wesentliche Teil der Anteilsinhaber übernimmt direkt die betriebliche Einkunftsquelle (§ 1 UmwG). Bei **Zusammenschluss und Realteilung** ändern sich die direkten Beteiligungsverhältnisse an der betrieblichen Einkunftsquelle (§ 23, § 27).

Nur in eingeschränktem Ausmaß können darüber hinaus **Zuzahlungen** geleistet werden und kann in besonderen Fällen (Konzernumgründungen) die Übertragung **ohne Gegenleistung** erfolgen.

2.2. Exkurs: Gesellschaftsrechtliche Grundlagen von Umgründungen

Vertiefung: Gesellschaftsrecht und Umgründungen — 607

Die privatrechtliche **Übertragung des Vermögens oder von Vermögensteilen einer Kapitalgesellschaft** kann grundsätzlich im Wege der Einzelrechtsnachfolge aufgrund der Liquidation und Vermögensverteilung an die Gesellschafter oder gegen angemessene Abfindung erfolgen (zur Unternehmensübertragung. Soll die Kapitalgesellschaft in der Folge nicht weiter bestehen, so ist die Gesellschaft aufzulösen und im Wege der Liquidation abzuwickeln (zur Beendigung). Um eine Vermögensübertragung zu erleichtern, kann im Gesellschaftsrecht die Vermögensübertragung im Wege einer Verschmelzung, einer Umwandlung oder einer Aufspaltung erfolgen. Alle drei Rechtsvorgänge haben gemeinsam, dass eine Auflösung der übertragenden Körperschaft ohne Liquidation und die Übertragung des Vermögens, der Schulden und der Rechtsverhältnisse dieser Kapitalgesellschaft im Wege der Gesamtrechtsnachfolge erlaubt sind und sie zum Gläubigerschutz eigene, erleichterte Vorschriften enthalten. Darüber hinaus können durch Abspaltung Vermögensteile im Weg der Gesamtrechtsnachfolge auf einen übernehmenden Rechtsträger übertragen werden, ohne dass die übertragende Kapitalgesellschaft aufgelöst wird. Aus unternehmensrechtlicher Sicht unterstützt der Gesetzgeber Umgründungen auch durch die mögliche bilanzielle Buchwertfortführung (§ 202 UGB).

Vertiefung: Die einzelnen Umgründungsarten aus gesellschaftsrechtlicher Sicht — 608

Bei **Verschmelzungen** erfolgt die Übertragung des Vermögens einer Kapitalgesellschaft ohne Liquidation derselben auf eine übernehmende Kapitalgesellschaft. Die Gesellschafter der übertragenden Kapitalgesellschaft erwerben anstelle ihrer Anteile an der übertragenden Kapitalgesellschaft grundsätzlich Anteile an der übernehmenden Kapitalgesellschaft. Verschmelzungen können nach dem AktG erfolgen. Bei **Umwandlungen** erfolgt die Übertragung des Vermögens einer Kapitalgesellschaft entweder auf den Hauptgesellschafter oder auf eine rechtsfähige Personengesellschaft. Die Gesellschafter der übertragenden Kapitalgesellschaft erwerben daher anstelle ihrer Anteile entweder das Vermögen der Gesellschaft selbst oder Anteile an der rechtsfähigen Personengesellschaft. Umwandlungen erfolgen nach dem UmwG. Verschmelzende Umwandlungen auf einen Hauptgesellschafter in Form einer inländischen oder EU-Kapitalgesellschaft sind nicht zulässig, weil für diesen Vorgang Verschmelzungen vorgesehen sind (§ 2 Abs 1 UmwG). Bei **Spaltungen** wird entweder unter Auflösung ohne Liquidation der übertragenden Kapitalgesellschaft das Vermögen auf andere Kapitalgesellschaften übertragen oder Vermögensteile werden unter Fortbestand der übertragenden Kapitalgesellschaft auf andere Kapitalgesellschaften übertragen. Die Gesellschafter der übertragenden Kapitalgesellschaft erhalten anstelle ihrer Anteile an der übertragenden Kapitalgesellschaft grundsätzlich Anteile an der übernehmenden Kapitalgesellschaft.

Das **EU-Umgründungsgesetz** regelt grenzüberschreitende Verschmelzungen, Spaltungen (inklusive Ausgliederungen als besondere Form einer Einbringung) und Umwandlungen innerhalb der EU und des EWR.

Neben den gesellschaftsrechtlichen Umgründungsarten gibt es **für steuerliche Zwecke weitere Umgründungsarten**, die gesellschaftsrechtlich bloße Einlage- und Entnahmevorgänge im Weg der Einzelrechtsnachfolge darstellen. Zu den steuerlichen Umgründungsarten zählen im Umgründungssteuergesetz neben der Verschmelzung, der Spaltung und der Umwandlung auch die **Einbringung, der Zusammenschluss und die Realteilung**. Die Umgründungsarten unterliegen, soweit sie in den Anwendungsbereich des Umgründungssteuergesetzes fallen, begünstigten steuerlichen Regelungen.

609 Überblick: Umgründungsarten

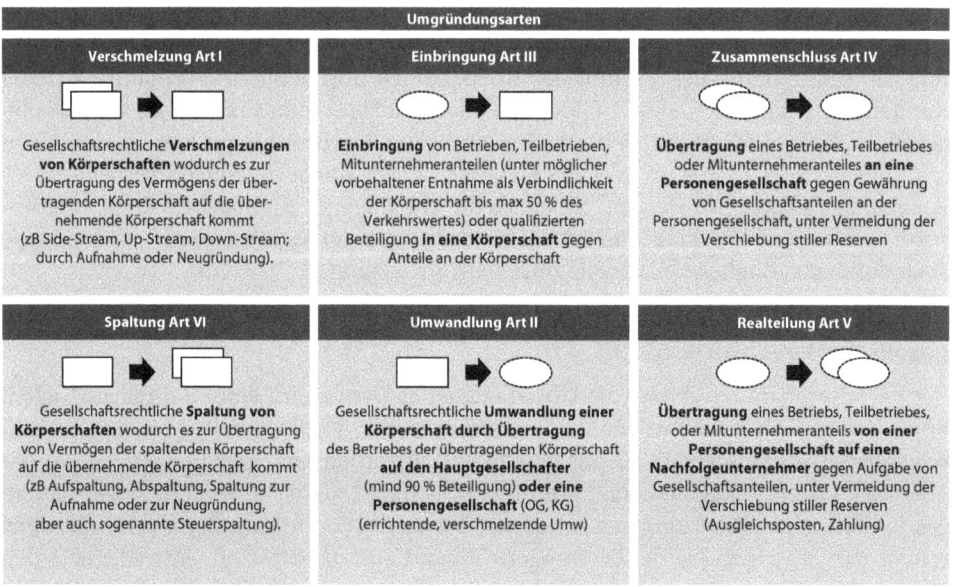

Abbildung 29: Umgründungsarten

Vertiefung: Die einzelnen Schritte einer Umgründung   610

Die gesellschaftsrechtlichen Umgründungsarten haben grundsätzlich gemeinsam, dass sie (i) auf einem **privatrechtlichen Umgründungsvertrag** zwischen übertragender Körperschaft und Rechtsnachfolger beruhen, (ii) Bilanzerstellungs-, Berichts- und Prüfpflichten der **gesellschaftlichen Organe** bestehen, aufgrund derer (iii) die **Gesellschafter in der Gesellschafterversammlung** durch Beschluss die Umgründung beschließen und Möglichkeiten zum Schutz ihrer Rechte bestehen, (iv) **Gläubigerinteressen** durch spezielle Gläubigerschutzvorschriften und externe Prüfungen geschützt werden und (v) im Zuge der firmenbuchgerichtlichen Anmeldung der Umgründung die Einhaltung dieser Vorschriften und Durchführung dieser Schritte durch das **Firmenbuchgericht**, das die Umgründung in der Folge in das Firmenbuch zivilrechtlich wirksam einträgt, geprüft werden (Gesamtrechtsnachfolge, Erlöschen der übertragenden Körperschaft, Erwerb von Anteilen am Rechtsnachfolger).

Dagegen gelten bereits mit dem im Umgründungsvertrag vereinbarten **Umgründungsstichtag** Handlungen der übertragenden Körperschaft als auf Rechnung der übernehmenden Rechtsnachfolger vorgenommen. Die Zurechnung der Handlungen mittels Festlegung des Umgründungsstichtages kann dabei auch bis zu **neun Monate rückwirkend vor Anmeldung zum Firmenbuch** erfolgen. Der Grund dafür liegt in der Vereinfachung, weil zum Umgründungsstichtag zur Ergebnisabgrenzung eine Schlussbilanz der übertragenden Körperschaft aufzustellen ist und dazu die bereits vorhandene Schlussbilanz des vergangenen Wirtschaftsjahres herangezogen werden kann.

Vertiefung: Gesellschaftsrechtlicher Gläubigerschutz   611

Bei Umgründungen von Körperschaften wie insbesondere bei Verschmelzungen, Umwandlungen und Spaltungen, ist die **gesellschaftsrechtliche Zulässigkeit Anwendungsvoraussetzung** für das Umgründungssteuergesetz. Vorrangig wird auf die Eintragung der Umgründung ins Firmenbuch abgestellt. Neben Verschmelzungen, Spaltungen und Umwandlungen sind daneben auch Vorgänge, bei denen ein Betrieb oder Teilbetrieb, nicht aber ein Kapitalanteil,[4] übertragen wird, deklarativ in das Firmenbuch einzutragen (§ 3 Z 15 FBG). Dabei hat das Firmenbuchgericht den Antrag auf Umgründung sowohl in verfahrensrechtlicher als auch in materieller Hinsicht zu prüfen (§ 15 FBG, § 2 Abs 2 Z 5 AußerstreitG). Die materielle Prüfung beinhaltet die Klärung, ob zwingende unternehmensrechtliche Normen verletzt wurden. Neben Gesellschafterbeschlüssen und den umgründungsrechtlichen Voraussetzungen sind auch sonstige gesellschaftsrechtliche Bestimmungen, wie insbesondere der Gläubigerschutz, zu prüfen. Die Prüfung umfasst dagegen nicht die steuerlichen Voraussetzungen nach dem Umgründungssteuergesetz.

Das **Durchgriffsprinzip** und das **Trennungsprinzip** sind maßgebliche Prinzipien des Steuerrechts und bestimmen die Zurechnung der Einkünfte. Sie sind aber keine rein steuerlichen Prinzipien, sondern sind insbesondere im Gesellschaftsrecht verankert. Das gesellschaftsrechtliche Trennungsprinzip besagt, dass für die Verbindlichkeiten der Gesellschaft nur das Gesellschaftsvermögen haftet (§ 61 Abs 2 GmbHG). Ein Durchgriff auf das Vermögen der Gesellschafter findet nicht statt.

---

4   OGH 10.1.2005, 6 Ob 314/04a.

Gesellschaftsrechtlich kann allerdings das **Trennungsprinzip durchbrochen** und können die Gesellschafter ausnahmsweise für Verbindlichkeiten der Gesellschaft in Anspruch genommen werden. Dies ist dann der Fall, wenn (1) der Gesellschafter als faktischer Geschäftsführer auftritt und auf die Leitung der Gesellschaft maßgebenden Einfluss nimmt; (2) eine qualifizierte, die Gläubiger gefährdende Unterkapitalisierung der Gesellschaft vorliegt; (3) wenn die Organisationsfreiheit missbraucht wird und (4) das Prinzip der Trennung von Vermögen der Gesellschaft und der Gesellschafter verletzt wird (Sphärenvermischung).[5]

Der **Gläubigerschutz** besteht insbesondere aus Kapitalaufbringungs- und Kapitalerhaltungsregeln. Zu den Kapitalaufbringungsregeln gehören zwingende Gründungsbestimmungen bei Bareinlagen und Sacheinlagen, somit die Erklärung über die freie Verfügung über das eingebrachte Vermögen – bei Bareinlagen unter Beibringung einer Bankbestätigung – und zusätzlich bei der Sacheinlage einen internen Gründungsbericht und eine externe Gründungsprüfung zur Gewährleistung eines ausreichenden Einbringungswerts. Darüber hinaus darf das Vermögen nicht gleichzeitig durch unangemessene Gründungskosten geschmälert werden. Dies soll gewährleisten, dass der gesellschaftsrechtlich festgelegte und auch im Jahresabschluss ausgewiesene Wert des Vermögens auch tatsächlich aufgebracht wurde und zumindest im Gründungszeitpunkt zugunsten der Gläubiger vorhanden ist. Zu den nachfolgenden Kapitalerhaltungsvorschriften gehören das Verbot der Einlagenrückgewähr und das Verbot des Erwerbs eigener Anteile. In beiden Fällen besteht die Gefahr, dass Vermögen den Gläubigern der Gesellschaft zugunsten der Gesellschafter entzogen wird.

Das sich daraus ergebende **Verbot der Einlagenrückgewähr** umfasst das gesamte Vermögen der Kapitalgesellschaft und hindert grundsätzlich jede vermögensmindernde – offene oder verdeckte – Leistung der Gesellschaft an ihre unmittelbaren oder mittelbaren Gesellschafter zulasten des eigenen Vermögens.[6] Davon ausgenommen sind drittübliche Austauschgeschäfte („betriebliche Rechtfertigung")[7] und die Ausschüttung von ordnungsgemäß festgestellten und zur Verteilung freigegebenen Bilanzgewinnen – unter Berücksichtigung von gebundenen Rücklagen und Gewinnausschüttungssperren. Eine verbotene Einlagenrückgewähr liegt zum Beispiel dann vor, wenn die Zielgesellschaft zugunsten der Übernahmegesellschaft einen Kredit aufnimmt[8] oder Sicherheiten einräumt.[9] Bei gesellschaftsrechtlichen Vermögensübertragungen an die Gesellschaft ist eine Voraussetzung, dass das Vermögen einen positiven Verkehrswert hat und daher keine wertmäßige Überschuldung aufweist.[10] Kommt es zu einer Einlagenrückgewähr, dann kann diese grundsätzlich durch einen ausgleichenden Gesellschafterzuschuss, eine ordnungsgemäße Gewinnausschüttung oder durch eine Kapitalherabsetzung vermieden werden. Rechtsfolge der verbotenen Einlagenrückgewähr ist die absolute Nichtigkeit der dagegen verstoßenden Rechtsgeschäfte aufgrund von § 879 Abs 1 ABGB und ein Rück-

---

5   OGH 29.4.2004, 6 Ob 313/03b.
6   OGH 23.10.2003, 6 Ob 196/03x.
7   OGH 1.12.2005, 6 Ob 271/05d, zu einem gemeinsamen Konto des Gesellschafters und der Gesellschaft.
8   OGH 17.7.2013, 3 Ob 50/13v.
9   OGH 25.6.1996, 4 Ob 2078/96h.
10   OGH 11.11.1999, 6 Ob 4/99b.

gewährungsanspruch gegenüber dem Gesellschafter (mangels fehlenden Titels). Norm-adressaten sind die Gesellschaft und Gesellschafter; Dritte sind nur bei Kollision oder grober Fahrlässigkeit (Interessenabwägung zugunsten der Gesellschaft und ihrer Gläubiger) rückgabepflichtig.[11]

2.3. Anwendungsvoraussetzungen einzelner Umgründungsarten

Vertiefung: Verschmelzung   612

Eine **Verschmelzung** beruht auf gesellschaftsrechtlichen Vorschriften (§ 219 AktG, EU-Umgründungsgesetz), nach denen:

- das **Vermögen einer Körperschaft auf eine andere Körperschaft übertragen** wird und die übertragende Körperschaft dabei unter Ausschluss der Abwicklung unter-geht;
- die Anteilsinhaber der übertragenden Körperschaft grundsätzlich **Anteile an der übernehmenden Körperschaft** aufgrund einer Kapitalerhöhung erhalten. Die Ge-währung von Anteilen an verbundenen Körperschaften (Konzerngesellschaften) kann in einigen Fällen unterbleiben oder hat zu unterbleiben. Bare Zuzahlungen für das übernommene Vermögen durch den Übernehmenden sind maximal iHv 10 % des Grundkapitals der erworbenen Anteile möglich (§ 224 AktG).

Die Verschmelzung iSd AktG setzt **gesellschaftsrechtlich** unter anderem voraus:

- einen notariell beglaubigten Verschmelzungsvertrag (§ 220, § 222),
- Gesellschafterversammlungsbeschlüsse (§ 221) und
- die Schlussbilanz der übertragenden Körperschaft (§ 220 Abs 3).

Die Verschmelzung ist zum Firmenbuch anzumelden (§ 225) und bei Vorliegen der Eintragungsvoraussetzungen einzutragen (§ 225a). Die Verschmelzung kann rein inlän-disch, rein ausländisch oder grenzüberschreitend (EU-Verschmelzungsgesetz) erfolgen (§ 1 Abs 1). Eine zu erstellende steuerliche Verschmelzungsbilanz ist nicht Anwen-dungsvoraussetzung (§ 2 Abs 5). Zur fehlenden Einschränkung des inländischen Besteue-rungsrechts als weitere Voraussetzung → 651.

> **Beispiel:**
> 1. **Up-stream- und Down-stream-Verschmelzung:** Die AG ist zu 100 % an der GmbH betei-ligt. Die GmbH soll nun auf die AG verschmolzen werden (up-stream). Sobald die Ver-schmelzung im Firmenbuch eingetragen ist, geht das Vermögen der GmbH auf die AG über. Eine Anteilsgewährung an die Gesellschafter der GmbH hat zu unterbleiben, weil die AG Alleingesellschafterin der GmbH ist. Wird die AG auf die GmbH verschmolzen (down-stream), dann sind die Anteile an der GmbH an die Gesellschafter der AG auszukehren.
> 2. **Side-stream-Verschmelzung:** Die AG hält 100 % an GmbH 1 und GmbH 2. GmbH 1 wird auf GmbH 2 verschmolzen. Die AG kann auf die Anteilsgewährung verzichten.

---

11   OGH 25.6.1996, 4 Ob 2078/96h.

613 Vertiefung: Umwandlung

Eine **Umwandlung** beruht auf gesellschaftsrechtlichen Vorschriften (UmwG, EU-Umgründungsgesetz), nach denen:

- das **Unternehmen einer Kapitalgesellschaft übertragen wird** auf den Hauptgesellschafter (verschmelzende Umwandlung, § 2) oder eine Personengesellschaft (errichtende Umwandlung, § 5) unter Ausschluss der Abwicklung (§ 1 UmwG); zusätzliche Voraussetzung ist aus steuerlicher Sicht, dass am Umwandlungsstichtag und am Tag des Umwandlungsbeschlusses ein Betrieb vorhanden ist (§ 7).
- der Hauptgesellschafter **als Gegenleistung das Unternehmen** der Kapitalgesellschaft (§ 2) **übernimmt** oder die Gesellschafter der Kapitalgesellschaft in Höhe von zumindest 90 % des Nennkapitals der Kapitalgesellschaft **an der Personengesellschaft beteiligt werden** (§ 5).

Die Umwandlung nach dem UmwG setzt **gesellschaftsrechtlich** unter anderem voraus:

- einen notariell beglaubigten Umwandlungsvertrag (§ 2 Abs 3 Z 2),
- einen notariell beurkundeten Umwandlungsbeschluss (§ 2 Abs 4) und
- die Schlussbilanz der umzuwandelnden Körperschaft (§ 3 Abs 1 Z 6).

Die Umwandlung ist zum Firmenbuch anzumelden und bei Vorliegen der Eintragungsvoraussetzungen einzutragen (§ 3). Die Umwandlung kann rein inländisch, rein ausländisch oder grenzüberschreitend erfolgen. Eine zu erstellende steuerliche Verschmelzungsbilanz ist keine Anwendungsvoraussetzung (§ 8 Abs 5). Zur fehlenden Einschränkung des inländischen Besteuerungsrechts als weitere Voraussetzung → 651.

Beispiele:
1. **Errichtende Umwandlung:** Zwei natürliche Personen sind zu jeweils 50 % an der GmbH beteiligt. Die GmbH soll nun in eine KG umgewandelt werden, wobei eine neue GmbH als Komplementärin mit 0 % Beteiligung hinzutritt. Die natürlichen Personen erwerben als Kommanditisten jeweils 50 % der Anteile an der KG.
2. **Verschmelzende Umwandlung:** Eine natürliche Person erwirbt 100 % der Anteile an einer GmbH. Die GmbH wird in der Folge mit der natürlichen Person als Hauptgesellschafter umgewandelt unter gleichzeitiger Übertragung eines Betriebs.

614 Vertiefung: Einbringung

Eine **Einbringung** beruht auf steuerlichen Vorschriften (§ 12, dazu zählen auch Ausgliederungen iSd EU-Umgründungsgesetzes, § 12 Abs 4), nach denen:

- Betriebe, Teilbetriebe, Mitunternehmeranteile und qualifizierte Kapitalanteile mit einem positiven Verkehrswert **in eine übernehmende Kapitalgesellschaft oder Genossenschaft tatsächlich übertragen** werden.
- der Einbringende als Gegenleistung **ausschließlich Anteile an der übernehmenden Körperschaft erwerben** darf. Eine Anteilsgewährung kann bei Einbringungen zwischen verbundenen Steuerpflichtigen unterbleiben. Eine Zuzahlung von bis zu 10 % des Nennbetrags der erhaltenen Anteile ist nur zur Rundung auf volle Beteiligungsprozentsätze möglich (§ 19).

Als Einbringungen sind auch **Ausgliederungen** zu behandeln (besondere Form einer grenzüberschreitenden Spaltung iSd EU-Umgründungsgesetzes; § 12 Abs 4).

Darüber hinaus sind als **steuerliche Anwendungsvoraussetzungen** erforderlich:

- ein schriftlicher Einbringungsvertrag (Sacheinlagevertrag; § 12 Abs 1),
- eine steuerliche Bilanz des gesamten Betriebs zum Einbringungsstichtag, sofern nicht qualifizierte Kapitalanteile übertragen werden (§ 12 Abs 2) und
- eine steuerliche Einbringungsbilanz der übertragenen betrieblichen Einkunftsquelle zum Einbringungsstichtag (§ 15); diese kann durch eine Beschreibung im Einbringungsvertrag ersetzt werden.

Beispiele:

1. **Ein Einzelunternehmer** möchte seinen Betrieb in Zukunft in einer GmbH fortführen. Die Übertragung erfolgt durch Einbringung unter Erhalt seines Geschäftsanteils von 100 % an der GmbH.
2. **Alle Mitunternehmer einer OG** bringen ihre Mitunternehmeranteile in eine GmbH gegen Anteile an der GmbH ein. Es kommt aufgrund der Vereinigung der Anteile in der Hand der GmbH zur Anwachsung und Auflösung der OG ohne Liquidation (§ 142 UGB).

Vertiefung: Zusammenschluss   615

Ein **Zusammenschluss** beruht auf steuerlichen Vorschriften (§ 23), nach denen:

- Betriebe, Teilbetriebe und Mitunternehmeranteile mit einem positiven Verkehrswert **auf eine Mitunternehmerschaft tatsächlich übertragen** werden.
- der Übertragende als Gegenleistung **ausschließlich Gesellschafterrechte an der Mitunternehmerschaft erwerben** darf (§ 23 Abs 1); bei bestehenden Gesellschafterrechten muss sich grundsätzlich das fixe Kapitalkonto erhöhen.

Darüber hinaus sind als **steuerliche Anwendungsvoraussetzungen** erforderlich:

- ein schriftlicher Zusammenschlussvertrag (Gesellschaftsvertrag; § 23 Abs 1),
- eine steuerliche Bilanz des gesamten Betriebs zum Zusammenschlussstichtag (§§ 23 Abs 2, 12 Abs 2) und
- eine steuerliche Zusammenschlussbilanz der übertragenen betrieblichen Einkunftsquelle zum Zusammenschlussstichtag (§ 24 Abs 1 Z 1); diese kann durch eine Beschreibung im Zusammenschlussvertrag ersetzt werden.

Beispiele:

1. **Ein Einzelunternehmer** möchte seinen Betrieb in Zukunft gemeinsam mit einem Investor in Form einer OG fortführen. Sowohl der Einzelunternehmer als auch der Investor erbringen die Einlage (Betrieb, Barmittel) und erhalten als Gegenleistung eine Beteiligung an der OG.
2. **Atypisch stille Gesellschaft:** Der Steuerpflichtige möchte sich am Unternehmen der GmbH als atypisch stiller Gesellschafter (Beteiligung am Gewinn und Unternehmenswert) beteiligen. Es liegt ein Zusammenschluss der GmbH mit dem Steuerpflichtigen zur Begründung einer atypisch stillen Gesellschaft vor. Die GmbH überträgt aus ertragsteuerlicher Sicht ihren Betrieb, der Steuerpflichtige leistet seine Bareinlage, beides gegen Gewähr von Anteilen an der atypisch stillen Gesellschaft.

616 Vertiefung: Realteilung

Eine **Realteilung** beruht auf steuerlichen Vorschriften (§ 27), nach denen:

- Betriebe, Teilbetriebe (inklusive fiktiver Teilbetriebe) und Mitunternehmeranteile mit einem positiven Verkehrswert von einer Mitunternehmerschaft **auf Nachfolgeunternehmer**, denen das Vermögen zur Gänze oder teilweise zuzurechnen war, **tatsächlich übertragen** werden. Bei Weiterbestand muss der Mitunternehmerschaft weiterhin begünstigtes Vermögen verbleiben (§ 27 Abs 1).
- Die Übertragung erfolgt zum **Ausgleich untergehender Gesellschaftsrechte** ohne oder ohne wesentliche Ausgleichszahlung. Im Hinblick auf Wertverhältnisse des übertragenen Vermögens können Ausgleichszahlungen erforderlich sein, die ein Drittel des Werts des empfangenden Vermögens des Zahlungsempfängers nicht übersteigen (§ 29 Abs 2).

Darüber hinaus sind als **steuerliche Anwendungsvoraussetzungen** erforderlich:

- ein schriftlicher Teilungsvertrag (Gesellschaftsvertrag; § 27 Abs 1),
- eine steuerliche Bilanz des gesamten Betriebs zum Teilungsstichtag (§ 27 Abs 2, § 12 Abs 2) und
- eine steuerliche Teilungsbilanz der übertragenen betrieblichen Einkunftsquelle zum Teilungsstichtag (§ 28 Abs 1, § 15); diese kann durch eine Beschreibung im Teilungsvertrag ersetzt werden.

Beispiele:
1. **Nicht verhältniswahrende, entflechtende Aufteilung:** Gesellschafter A und Gesellschafter B sind zu je 50 % an der betrieblich tätigen OG beteiligt. Die OG wird aufgelöst, Gesellschafter A erhält einen Teilbetrieb und Gesellschafter B den anderen Teilbetrieb.
2. **Verhältniswahrende Abteilung:** Gesellschafter A und Gesellschafter B sind zu je 50 % an der betrieblich tätigen OG mit Teilbetrieb 1 und Teilbetrieb 2 beteiligt und übertragen nun den Teilbetrieb 2 auf die betrieblich tätige KG, an der sie ebenso zu je 50 % beteiligt sind.
3. **Ausgleichszahlung:** Der Wert des Mitunternehmeranteils beträgt EUR 400.000, der an den Mitunternehmer übertragene Betrieb hat einen Wert von EUR 350.000. Zum Ausgleich wird eine Zahlung von EUR 50.000 vereinbart. Die Ausgleichszahlung beträgt weniger als ein Drittel des übertragenen Vermögenswerts und deshalb schadet sie der begünstigten Realteilung nicht.

617 Vertiefung: Spaltung

Eine **Spaltung** beruht auf gesellschaftsrechtlichen Vorschriften (SpaltG, GenSpaltG, EU-Umgründungsgesetz), nach denen:

- Betriebe, Teilbetriebe (inklusive fiktiver Teilbetriebe), Mitunternehmeranteile und Kapitalanteile **auf die übernehmende Körperschaft tatsächlich übertragen** werden.
- die Anteilsinhaber der übertragenden Körperschaft grundsätzlich **Anteile an der übernehmenden Körperschaft** aufgrund einer Kapitalerhöhung erhalten. Die Gewährung von Anteilen an verbundenen Körperschaften (Konzerngesellschaften) kann in einigen Fällen unterbleiben oder hat zu unterbleiben (§ 224 AktG). Bare Zuzahlungen für das übernommene Vermögen durch die beteiligten Gesellschaften

sind maximal bis zu 10 % des Grundkapitals der erworbenen Anteile möglich (§ 2 Abs 1 Z 3 SpaltG).

Die Spaltung setzt **gesellschaftsrechtlich** (SpaltG) unter anderem voraus:

- einen Spaltungsplan oder notariell beurkundeten Spaltungs- und Übernahmevertrag (§§ 2, 17 Z 1),
- Gesellschafterversammlungsbeschlüsse (§ 8),
- die Schlussbilanz der übertragenden Körperschaft (§ 2 Abs 1 Z 12) und
- die Spaltungsbilanz bei der Abspaltung zum Ausweis des übertragenen Vermögens (§ 2 Abs 1 Z 12).

Die Spaltung ist zum Firmenbuch anzumelden (§ 12 SpaltG) und bei Vorliegen der Eintragungsvoraussetzungen einzutragen (§ 14 SpaltG). Die Spaltung kann rein inländisch, rein ausländisch oder grenzüberschreitend erfolgen (§ 32 Abs 2). Eine zu erstellende steuerliche Übertragungsbilanz für das übertragene Vermögen und eine steuerliche Restbilanz für das nach der Spaltung verbleibende Vermögen sind keine Anwendungsvoraussetzungen (§ 33 Abs 6). Besondere Vorschriften bestehen für die Spaltung von Genossenschaften nach dem GenSpaltG. Zur fehlenden Einschränkung des inländischen Besteuerungsrechts als weitere Voraussetzung → 651.

Beispiele:
1. **Abspaltung eines Kapitalanteils:** Die GmbH spaltet einen qualifizierten Kapitalanteil an die AG ab. Die AG hat den Anteilsinhabern der GmbH grundsätzlich Anteile zu gewähren. Ist die AG Alleingesellschafterin der GmbH (Up-stream-Abspaltung), dann hat eine Anteilsgewährung zu unterbleiben. Ist die GmbH Alleingesellschafterin der AG (Downstream-Abspaltung), dann können die Gesellschafter der GmbH auf die Anteilsgewähr verzichten.
2. **Verhältniswahrende und nichtverhältniswahrende Spaltung:** An der GmbH ist A zu 25 % und B zu 75 % beteiligt. Bei verhältniswahrender Abspaltung eines Betriebs der GmbH sind A und B an der Nachfolgegesellschaft ebenso zu 25 % und 75 % beteiligt. Bei nichtverhältniswahrender Spaltung besteht das Verhältnis an den Gesellschaften nicht mehr im Verhältnis 25 % zu 75 %. Es könnte daher A zu 100 % an der GmbH und B zu 100 % an der Nachfolgegesellschaft beteiligt sein.

3. Umgründungen außerhalb des Umgründungssteuergesetzes

618

Vorgänge, die die **Voraussetzungen einer begünstigten Umgründung nicht erfüllen,** lösen die allgemeinen steuerlichen Konsequenzen aus.

Die steuerlichen Begünstigungen sind auch zu versagen, wenn die Umgründungsmaßnahmen der **Umgehung oder Minderung einer Abgabenpflicht** dienen (**Missbrauch,** § 22 BAO) oder – bei grenzüberschreitenden Umgründungen innerhalb der EU – wenn die Umgründungsmaßnahmen die Steuerhinterziehung oder -umgehung als hauptsächlichen Beweggrund oder als einen der hauptsächlichen Beweggründe haben (§ 44, Artikel 15 der Fusionsrichtlinie 2009/133/EG).

Beispiele:

1. **Nicht begünstigtes Vermögen:** Es wird ein vermietetes Grundstück oder sonst einzelne Wirtschaftsgüter in eine GmbH gegen Gewährung von Anteilen eingebracht oder abgespalten.
2. **Entgeltliche Übertragung:** Ein Betrieb wird in eine GmbH eingebracht und der Einbringende erhält neben Anteilen an der GmbH auch eine Barzahlung für die Einbringung.
3. **Fehlen formeller Voraussetzungen:** Ein Gesellschafter tritt einer OG bei. Es besteht zum Eintrittszeitpunkt weder eine Bilanz des Betriebs noch wird eine Zusammenschlussbilanz erstellt und der Zusammenschluss wird auch nicht beim Finanzamt angemeldet.
4. **Missbrauch:** Die Umgründungsschritte führen wirtschaftlich zum Ausgangspunkt zurück (Einbringung und Umwandlung, Zusammenschluss und Realteilung) und die einzige Erklärung ist die Inanspruchnahme steuerlicher Begünstigungen. Die zivilrechtlich erfolgte Umgründung ist zwar als solche anzuerkennen, die Abgaben sind aber unter Außerachtlassung der Begünstigungen zu erheben.[12]

619 Aufdeckung der stillen Reserven

Die **Übertragung von betrieblichen Einkunftsquellen** oder einzelnen Wirtschaftsgütern auf ein anderes Steuersubjekt führt grundsätzlich zur Berücksichtigung der bisherigen Wertänderungen des Vermögens. Es kommt daher zur **Aufdeckung der stillen Reserven des Vermögens**.

- **Tausch:** Einlage oder Einbringung von Vermögen in eine Körperschaft gelten als Tausch. Die Grundsätze sind auch auf Abspaltungen anzuwenden. Als Tausch gilt grundsätzlich auch die Einlage von außerbetrieblichen Wirtschaftsgütern in eine Personengesellschaft, soweit das Wirtschaftsgut quotenmäßig an einen anderen Gesellschafter übergeht und gleichzeitig quotenmäßig Anteile an den Wirtschaftsgütern der Personengesellschaft erworben werden (→ 285). Es liegt jeweils eine Anschaffung und eine Veräußerung vor. Als Veräußerungspreis des hingegebenen Wirtschaftsguts und als Anschaffungskosten des erworbenen Wirtschaftsguts gilt jeweils der gemeine Wert des hingegebenen Wirtschaftsguts oder der Teilwert der Wirtschaftsgüter einschließlich selbst geschaffener Wirtschaftsgüter. Zeitlich erfolgt die Übertragung für Zwecke der Einkünfteermittlung im Zeitpunkt des Übergangs des wirtschaftlichen Eigentums. Die Einbringung von Betrieben, Teilbetrieben, Mitunternehmeranteilen oder qualifizierten Kapitalanteilen in Körperschaften erfolgt zum Umgründungsstichtag nach den Grundsätzen des Umgründungssteuergesetzes (→ 614). Die gilt auch für die Abspaltung bei Körperschaften (§ 6 Z 14, § 20 Abs 1 Z 2 und Abs 2 Z 2 KStG).
- **Veräußerung der betrieblichen Einkunftsquelle:** Die Veräußerung führt zur Ermittlung des Veräußerungsgewinns. Dabei ist der Wert der für die Vermögensübertragung gewährten Gegenleistung oder bei mangelnder Gegenleistung der Teilwert der Wirtschaftsgüter einschließlich selbst geschaffener Wirtschaftsgüter anzusetzen. Bei gesellschaftsrechtlicher Übertragung von Betrieben, Teilbetrieben und Mitunternehmeranteilen ist der Veräußerungsgewinn zum Umgründungsstichtag zu ermitteln. Bei natürlichen Personen ist bei Zusammenschlüssen, Realteilungen und sonstigen Übertragungen der Übergang des wirtschaftlichen Eigentums maßgeblich (§ 24 Abs 7, § 20 Abs 1 Z 3 und Abs 2 Z 2 KStG, § 32 Abs 3 EStG).

---

12   VwGH 17.11.2004, 99/14/0254.

- **Liquidation:** Bei Verschmelzungen, Umwandlungen, Aufspaltungen und vergleichbaren Vermögensübertragungen ist der Liquidationsgewinn zu ermitteln. Dabei ist der Wert der für die Vermögensübertragung gewährten Gegenleistung oder bei mangelnder Gegenleistung der Teilwert der Wirtschaftsgüter einschließlich selbst geschaffener Wirtschaftsgüter anzusetzen. Der Wert ist dabei grundsätzlich nach dem Stand im Zeitpunkt der tatsächlichen Vermögensübertragung, jedenfalls aber nicht vor der Eintragung im Firmenbuch, zu ermitteln. Bei Verschmelzungen, Umwandlungen und Aufspaltungen ist der Umgründungsstichtag maßgeblich (§ 20 Abs 1 Z 1 und Abs 2 KStG).

Der **Verlustvortrag** des Übertragenden verbleibt bei diesem oder geht bei Abwicklung des Übertragenden unter. Am Verlustvortrag des Übernehmenden ändert sich nichts, soweit nicht ein Mantelkauf vorliegt (subjektbezogener Verlustvortrag → 375).

Beispiele:

1. **Tausch:** Der Steuerpflichtige bringt Vermögen (Buchwert: EUR 20.000, Verkehrswert: EUR 100.000) in eine GmbH gegen Gewährung von Anteilen ein. Als Tauschwert und als Anschaffungskosten der Anteile gilt der Wert des hingegebenen Vermögens (EUR 100.000). Es liegt ein steuerwirksamer Tausch vor und es kommt zur Aufdeckung und Besteuerung der stillen Reserven (EUR 80.000).
2. **Veräußerung:** Der Steuerpflichtige bringt Betriebsvermögen (Buchwert: EUR 20.000, Verkehrswert: EUR 120.000) in eine OG gegen Gewährung von 60 % der Anteile an dieser ein. Es werden die stillen Reserven, die auf den übertragenen Teil entfallen (40 % von EUR 100.000), aufgedeckt und sind zu versteuern (§ 24 Abs 7, § 32 Abs 3 EStG).
3. **Liquidation:** Die Umwandlung einer GmbH mit Übertragung von Vermögen (Buchwert: EUR 20.000, Verkehrswert: EUR 100.000) führt zur Aufdeckung der stillen Reserven (Liquidationsbesteuerung). Auf Ebene der Gesellschafter liegt eine steuerwirksame Veräußerung der Anteile (durch Untergang) an der GmbH vor.

4. Ertragsteuerlicher Vermögensübergang zum Umgründungsstichtag

Umgründungsstichtag   620

> Bei Umgründungen gilt für die ertragsteuerliche Einkünfteermittlung, abweichend vom tatsächlichen Übergang des wirtschaftlichen Eigentums, der **Übergang des Vermögens im Zeitpunkt des Umgründungsstichtages.**

Umgründungsstichtag ist jener Tag, an dem die Handlungen der übertragenden Gesellschaften als auf Rechnung der übernehmenden Gesellschaft vorgenommen gelten (§ 220 Abs 1 Z 5 AktG, § 2 Abs 3 UmwG, § 2 Abs 1 Z 7 SpaltG)[13] oder – für rein steuerliche Umgründungen – das Vermögen mit steuerlicher Wirkung auf den Übernehmenden übergeht (§ 13, § 24 Abs 1 Z 1, § 28).

---

13   OGH 11.1.2000, 5 Ob 23/99i.

Der Umgründungsstichtag **regelt die Ergebnisabgrenzung** zwischen dem Übertragenden und dem Übernehmenden und somit den **Zeitpunkt des wirtschaftlichen Übergangs von Chancen und Risiken.** Er ist Stichtag für die Schlussbilanz des Übertragenden (§ 2 Abs 2 SpaltG; § 220 Abs 3 AktG). Der Rechtsnachfolger muss zum Umgründungsstichtag zivilrechtlich noch nicht bestehen.[14] Von der wirtschaftlichen Zurechnung der Handlungen ist die zivilrechtliche und sachenrechtliche Übertragung des Vermögens und der Schulden zu unterscheiden. Diese erfolgt bei gesellschaftsrechtlichen Übertragungen erst mit Eintragung in das Firmenbuch (§ 14 Abs 2 SpaltG; § 225a Abs 3 AktG; § 2 Abs 2 UmwG), bei sonstigen Übertragungen gemäß zivilrechtlicher Vereinbarung und tatsächlicher Eigentumsübertragung.

Nicht von der Rückwirkung erfasst ist die **ertragsteuerliche Beurteilung von Tätigkeiten von Personen** gegenüber den an der Umgründung Beteiligten. Eine geänderte steuerliche Beurteilung aufgrund der Umgründung tritt erst **mit tatsächlicher Übertragung** ein (§ 6 Abs 1, § 11 Abs 1, § 22 Abs 2, § 26 Abs 2, § 38 Abs 1). Übernehmende treten hinsichtlich der **lohnsteuerlichen Verhältnisse** in die Rechtstellung des bisherigen Arbeitgebers ein, soweit bei den übernommenen Arbeitnehmern auch arbeitsrechtlich die entsprechenden Folgerungen gezogen werden (§ 41).

621 Rückbeziehung des Umgründungsstichtages

Der Umgründungsstichtag kann **bis zu neun Monate** vor Anmeldung zum Firmenbuch oder Abschluss des Umgründungsvertrags **rückbezogen werden.**

Der Grund liegt in der Vereinfachung, weil **zum Umgründungsstichtag eine Bilanz des Übertragenden aufzustellen** ist. Liegt eine Bilanz innerhalb der neun Monate vor, kann diese als Schlussbilanz herangezogen werden (§ 33 Abs 3 AktG; § 202 Abs 2 UGB; § 220 Abs 3 AktG). Bei Verschmelzungen und Spaltungen kann dennoch eine Zwischenbilanz als Grundlage des Gesellschafterbeschlusses aufzustellen sein, wenn der letzte Jahresabschluss bereits sechs Monate vor der Aufstellung des Umgründungsvertrags aufgestellt wurde (§ 7 Abs 2 Z 3 und Abs 3 und 3a SpaltG; § 221a Abs 2 Z 3 und Abs 3 und 4). Die **Anmeldung** muss spätestens am letzten Tag der Neunmonatsfrist beim zuständigen Firmenbuchgericht einlangen.[15]

Für **Einbringungen, Zusammenschlüsse und Realteilungen** gelten besondere Voraussetzungen:

- **Zurechnung:** Diese können nur zu einem bestimmten Stichtag erfolgen, ab dem **das übertragende Vermögen dem Übertragenden zuzurechnen** ist. Bei Mitunternehmerschaften muss auch den einzelnen Mitunternehmern das Vermögen bereits am Umgründungsstichtag zuzurechnen sein (§§ 13 Abs 2, 24 Abs 1, 28).
- **Frist:** Innerhalb von **neun Monaten nach Ablauf des Umgründungsstichtages** hat die Meldung der Umgründung samt den Umgründungsdokumenten und Bilanzen

---

14   VwGH 16.12.2015, 2012/15/0216.
15   OGH 17.7.1997, 6 Ob 124/97x.

beim zuständigen Finanzamt des Übernehmenden zu erfolgen (elektronische Meldung über ein Formular, VO-Ermächtigung zur Detailregelung). Wird die Übertragung durch Eintragung ins Firmenbuch bewirkt (Sachgründung, Kapitalerhöhung, Gesellschaftereintritt, Löschung der Personengesellschaft und Ausscheiden eines Gesellschafters), dann ist die Anmeldung der Umgründung beim Firmenbuchgericht maßgeblich (§ 13 Abs 1, § 24 Abs 1, § 28).

- **Ersatzstichtag:** Ist das übertragende Vermögen dem Übertragenden zum Umgründungsstichtag **nicht zuzurechnen** oder erfolgt die Anmeldung oder Meldung **nicht rechtzeitig**, gilt als Ersatzstichtag der Tag des Abschlusses des Umgründungsvertrags, sofern die Umgründung dem zuständigen Finanzamt des Übernehmenden innerhalb von neun Monaten ab dem Ersatzstichtag gemeldet wird und zu diesem Tag die steuerlichen Voraussetzungen der Umgründung vorliegen (§ 13 Abs 1 und 2).

Beispiel:

Die Einbringung erfolgt rückwirkend zum 31.12. durch Abschluss eines Sacheinlagevertrags zum 1.9. Der eingebrachte Betrieb muss zum 31.12. bereits dem Einbringenden zuzurechnen sein. Der Einbringende darf den Betrieb daher nicht erst danach erworben haben. Eine vorausgegangene rückwirkende Umgründung ist aber möglich. Die Meldung an das Finanzamt (Firmenbuchanmeldung) muss bis zum 30.9. erfolgen. Sofern die Meldung nicht erfolgt ist oder das Vermögen dem Einbringenden zum 31.12. nicht zuzurechnen war, kann der Ersatzstichtag (1.9.) in Anspruch genommen werden. Voraussetzung ist das Vorliegen aller Bedingungen (Bilanzen, positiver Verkehrswert) zum 1.9. und die Meldung bis zum 1.6. des Folgejahres. Werden diese Voraussetzungen nicht erfüllt, dann fehlt es an den Anwendungsvoraussetzungen der Einbringung und es liegt eine Umgründung außerhalb des Umgründungssteuergesetzes vor.

Vertiefung: Wirkung des Umgründungsstichtages 622

Die **Wirkungen des Umgründungsstichtages** treten **mit Ablauf des Umgründungsstichtages** ein. Bei mehrfachen Umgründungen desselben Vermögens sind nachfolgende Umgründungsschritte daher jeweils erst **mit Ablauf des Tages nach dem Umgründungsstichtag wirksam**. Gleichzeitig wäre ein objektbezogener Verlustabzug erst im Folgejahr möglich und nicht bereits in diesem Jahr (→ 646).

Sollen **mehrfache Umgründungen** ganz oder teilweise dasselbe Vermögen betreffen und zu ein und demselben Umgründungsstichtag erfolgen, ist dazu ein **Umgründungsplan** aufzustellen. Damit gelten alle Umgründungen mit Ablauf des gemeinsamen Umgründungsstichtages als bewirkt. Der Umgründungsplan enthält eine Beschreibung des zu übertragenden Vermögens, die geplanten Umgründungsschritte, die Beteiligten, den Ablauf und den Umgründungsstichtag. Er ist von sämtlichen an den Umgründungen Beteiligten abzuschließen, spätestens am Tag der Beschlussfassung der ersten Umgründung zu fassen und alle Umgründungsverträge haben auf diesen Plan Bezug nehmen (§ 39).

Beispiel:

Die A-GmbH als Gesellschafter der KG will durch Realteilung zum 31.12. einen Betrieb übernehmen und den übernommenen Betrieb ebenfalls zum 31.12. in die B-GmbH einbringen. Die B-GmbH soll mit der C-OG zusammengeschlossen werden. Ohne Umgründungsplan wäre die Realteilung mit 1.1. wirksam geworden, die Einbringung hätte erst am 1.1. erfolgen können und wäre am 2.1. wirksam geworden und der Zusammenschluss hätte erst am 2.1. erfolgen können und wäre am 3.1. wirksam geworden. Ein Verlustabzug wäre erst im Folgejahr möglich. Durch einen Umgründungsplan können alle Umgründungen am 31.12. erfolgen und werden mit 1.1. wirksam, sodass keine Rumpfwirtschaftstage (mit Bilanzaufstellung) notwendig werden. Der Verlustvortrag ist bereits in diesem Veranlagungsjahr (beginnend mit 1.1.) zum Abzug zugelassen.[16]

623 Vertiefung: Meldung der Umgründung

Wer Vermögen durch eine Umgründung überträgt oder übernimmt, hat die Umgründung innerhalb von neun Monaten dem zuständigen Finanzamt unter Verwendung des dafür vorgesehenen amtlichen Formulars elektronisch über FinanzOnline **anzuzeigen** (unabhängig von der Meldepflicht nach § 13). Abweichend davon kann von einer Anzeige in elektronischer Form abgesehen werden, wenn der übertragende oder der übernehmende Rechtsträger nicht über eine inländische Steuernummer verfügt. (§ 43 Abs 1). Diese Meldung ist lediglich Ordnungsvorschrift und keine Anwendungsvoraussetzung.

Beispiel:
1. **Verschmelzung:** Die Verschmelzung wurde durch Firmenbuchanmeldung innerhalb von neun Monaten bewirkt. Sowohl die übertragende als auch die übernehmende Körperschaft haben die Umgründung dem jeweils zuständigen Finanzamt anzuzeigen.
2. **Einbringung:** Die Meldung der Einbringung in eine GmbH an das zuständige Finanzamt ist Anwendungsvoraussetzung für die Einbringung, sofern keine Firmenbuchanmeldung erfolgen muss (Sachgründung, Kapitalerhöhung). Die Einbringung ist auch vom Einbringenden an sein Finanzamt innerhalb der Neunmonatsfrist zu melden.

5. Einkünfteermittlung des übertragenden Vermögens beim Übertragenden

5.1. Buchwertansatz zum Umgründungsstichtag

624 Buchansatz

Bei der Einkünfteermittlung ist für das mit dem Umgründungsstichtag endende Wirtschaftsjahr das übertragende **Betriebsvermögen mit den steuerlichen Buchwerten anzusetzen** (Buchwertfortführung).

Bei **Zusammenschlüssen und Realteilungen** innerhalb einer begünstigten Umgründung ist der Ansatz mit den steuerlichen Buchwerten nur zulässig, wenn für die weitere Gewinnermittlung die Vorsorge getroffen wird, dass es bei den an der Umgründung beteiligten Steuerpflichtigen durch die Umgründung zu keiner endgültigen Verschiebung der Steuerbelastung kommt. Zu den **Vorsorgemöglichkeiten** → 634, 637. Ist **keine Buchwertfortführung** mangels ausreichender Vorsorge möglich, ist der Veräußerungsgewinn (Aufdeckung stiller Reserven) zu ermitteln und im Umfang der auf andere Steuerpflichtige übertragenen Quote (Fremdquote) anzusetzen (§§ 24 Abs 2, § 24 Abs 7 letzter Satz EStG, § 29 Abs 1 Z 2).

---

16   EB zu § 39 UmgrStG.

Zum Wahlrecht auf **Aufdeckung** der bisherigen Wertänderungen von **Altgrundstücken** bei **Einbringung, Zusammenschlüssen und Realteilungen** → 632.

Zu **Ausnahmen von der Buchwertfortführung** bei Änderung des inländischen Besteuerungsrechts → 650.

Beispiele:

1. **Einbringung:** In der Bilanz des einzubringenden Betriebs ist das Anlagevermögen mit EUR 20.000 (Verkehrswert: EUR 100.000) und das Umlaufvermögen mit EUR 10.000 ausgewiesen. Es kommt zur Buchwertfortführung, sodass in der Bilanz die Buchwerte fortgeführt werden. Der Verkehrswert kommt trotz Übertragung des Betriebs nicht zum Ansatz.
2. **Zusammenschluss:** Erfolgt ein Zusammenschluss von zwei Betrieben von Steuerpflichtigen, kommt es zur Aufdeckung stiller Reserven des Vermögens. Im Zusammenschlussvertrag muss daher Vorsorge getroffen werden, dass es nicht zur Verschiebung der stillen Reserven der jeweiligen Zusammenschlusspartner kommt.

Ermittlung zum Umgründungsstichtag 625

> Die Einkünfte des Übertragenden sind so **zu ermitteln**, als ob der **Vermögensübergang mit Ablauf des Umgründungsstichtages erfolgt** wäre.

Einkünfte zwischen dem Umgründungsstichtag und dem Abschluss des Umgründungsvertrags sind daher rückwirkend bereits dem Übernehmer ertragsteuerlich zuzurechnen (**rückwirkende Einkünftezurechnung**). Die einzelnen Bestimmungen sehen jedoch Möglichkeiten vor, das Vermögen zum Umgründungsstichtag durch steuerneutrale Vermögensvorgänge (Einlagen, Entnahmen, Einlagenrückzahlungen, Gewinnausschüttungen) **rückwirkend zu ändern**.

Zum Umgründungsstichtag ist eine **Schlussbilanz** aufzustellen, die als Grundlage der Ergebnisabgrenzung der Umgründung dient. Darüber hinaus ist eine **Umgründungsbilanz** aufzustellen, in der die steuerlichen Werte und das sich daraus ergebende Umgründungskapital unter Berücksichtigung der nachträglich rückbezogenen Vermögensänderungen auszuweisen sind. Bei bisheriger Gewinnermittlung nach § 4 Abs 3 ist gleichzeitig ein Wechsel der Gewinnermittlung vorzunehmen bzw durch Zu- und Abschläge eine richtige Totalgewinnbesteuerung herzustellen.[17]

Beispiel:

Einbringungsbilanz: Darstellung in der Bilanz

Der Steuerpflichtige bringt seinen Betrieb in eine GmbH zu den steuerlichen Buchwerten ein. Der Steuerpflichtige hat im Einbringungsvertrag eine unbare Entnahme von EUR 50.000 als rückwirkende Änderung des Vermögens zum Einbringungsstichtag vorbehalten. Die unbare Entnahme ist rückwirkend bereits in der Einbringungsbilanz auszuweisen.

Aktiva (in EUR)		Passiva (in EUR)	
Anlagevermögen (Buchwert)	100.000	Eigenkapital (Buchwert)	100.000
Umlaufvermögen (Buchwert)	200.000	Unbare Entnahme § 16/5/2	50.000
		Verbindlichkeiten (Buchwert)	150.000

---

17 VwGH 25.7.2013, 2011/15/0046.

5.2. Rückwirkende Berücksichtigung von Vermögensänderungen oder Rechtsverhältnissen

626 Vertiefung: Änderungen bei Einbringung, Zusammenschluss, Realteilung

Bei **Einbringungen, Zusammenschlüssen und Realteilungen** von Betrieben, Teilbetrieben und Mitunternehmeranteilen kann das zum Umgründungsstichtag bestehende und zu übertragende Vermögen **rückwirkend geändert** werden, soweit die Anwendungsvoraussetzungen nicht verletzt werden (Übertragung eines Betriebs, Teilbetriebs, positiver Verkehrswert; § 16 Abs 5):

- **Rückwirkung tatsächlicher Einlagen und Entnahmen** nach dem Umgründungsstichtag bereits zum Umgründungsstichtag (Z 1),
- **Rückwirkung fiktiver Entnahmen** zum Umgründungsstichtag begrenzt mit 50 % des positiven Verkehrswerts abzüglich späterer Vermögensänderungen, soweit diese insgesamt zu einem niedrigen Verkehrswert führen (unbare Entnahmen, Z 2),
- **Rückwirkung von Entnahmen von Anlagevermögen** einschließlich damit zusammenhängendem Fremdkapital und **Einlage von Verbindlichkeiten** (Z 3),
- **Rückwirkende Verschiebung von Wirtschaftsgütern** einschließlich damit zusammenhängendem Fremdkapital zwischen dem übertragenden und einem verbleibenden Betrieb des Steuerpflichtigen (Z 4),
- **Rückwirkung von steuerneutralen Vermögensänderungen** der übertragenden Körperschaft in der Form von Gewinnausschüttungen, Einlagen und Einlagenrückzahlungen (Z 5).

Bei **bebautem Grund** ist auch die alleinige Übertragung des Gebäudes durch ein **Baurecht** möglich.

Beispiele:
1. **Tatsächliche Einlage:** Nach dem Umgründungsstichtag erfolgt eine Einlage, um einen positiven Verkehrswert zu erreichen. In der Umgründungsbilanz kann die später erfolgte Einlage bereits als Forderung gegen den Einlegenden und eigenkapitalerhöhend ausgewiesen werden.
2. **Unbare Entnahme:** Der Verkehrswert beträgt zum Umgründungsstichtag EUR 100.000. Durch nachträgliche Entnahme sinkt dieser auf EUR 80.000. Maximal EUR 40.000 können als unbare Entnahme rückwirkend in der Umgründungsbilanz als eigenkapitalvermindernde Verbindlichkeit ausgewiesen werden.
3. **Entnahme von Anlagevermögen:** Der Einbringende möchte sich ein Betriebsgrundstück zurückbehalten, das fremdfinanziert wurde. In der Einbringungsbilanz sind das Grundstück und die damit zusammenhängende Verbindlichkeit nicht mehr auszuweisen.

627 Vertiefung: Änderung bei Verschmelzung, Umwandlung, Spaltung

Bei **Verschmelzung, Umwandlung und Aufspaltung** sind steuerneutrale Vermögensänderungen zwischen dem Umgründungsstichtag und dem Abschluss des Umgründungsvertrags im Wege von Einlagen, Einlagenrückzahlungen und Gewinnausschüttungen aufgrund von Beschlüssen nach dem Umgründungsstichtag weiterhin dem Übertragenden zuzurechnen (§ 2 Abs 4; § 8 Abs 4; § 33 Abs 4). Bei **Abspaltungen** können steuerneutrale Vermögensänderungen berücksichtigt werden (§ 16 Abs 5 Z 5). Darüber hinaus können bei **Aufspaltungen und Abspaltungen** Wirtschaftsgüter zwischen den Betrieben verschoben werden (§§ 16 Abs 5 Z 4, 33 Abs 5).

Beispiele:
1. **Gewinnausschüttung:** Nach dem Umwandlungsstichtag erfolgt eine offene Gewinnausschüttung. Diese ist rückwirkend durch Einstellung einer Verbindlichkeit eigenkapitalmindernd in der Umwandlungsbilanz zu berücksichtigen.
2. **Einlage und Abspaltung:** Nach dem Spaltungsstichtag erfolgt eine Einlage zur Stärkung des Eigenkapitals. Die Einlage kann rückwirkend in der Übertragungsbilanz eigenkapitalerhöhend berücksichtigt werden.
3. **Verschiebetechnik:** Bei der Aufspaltung von zwei Betrieben soll ein Betriebsgrundstück des einen Betriebs rückwirkend in den anderen Betrieb verschoben werden. Das Grundstück ist rückwirkend zum Spaltungsstichtag eigenkapitalmindernd nicht mehr im ersten Betrieb, sondern eigenkapitalerhöhend im zweiten Betrieb auszuweisen.

Vertiefung: Rückwirkende Rechtsverhältnisse 628

Bei **Einbringungen und Spaltungen** können Rechtsbeziehungen des Übertragenden zur übernehmenden Körperschaft bezogen auf das eingebrachte Vermögen – entgegen dem allgemeinen steuerlichen Grundsatz – auf den dem Umgründungsstichtag folgenden Tag rückbezogen werden, wenn spätestens am Tag des Abschlusses des Umgründungsvertrages nachweislich eine Entgeltvereinbarung getroffen wird (§ 18 Abs 3 erster Satz, § 34 Abs 1 letzter Satz). Bei **Einbringungen** sind abweichend davon jedoch Rechtsbeziehungen einer einbringenden natürlichen Person zur übernehmenden Körperschaft im Zusammenhang mit deren Beschäftigung ab Vertragsabschluss, frühestens jedoch für Zeiträume steuerwirksam, die nach dem Abschluss des Einbringungsvertrages beginnen. Im Falle der Einbringung durch eine Gesellschaft, bei der die Gesellschafter als Mitunternehmer anzusehen sind, gilt dies auch für die Mitunternehmer (§ 18 Abs 3).

Beispiel:
Rückwirkendes Rechtsverhältnis: Der Einbringende behält sich eine unbare Entnahme im Einbringungsvertrag vor. Diese kann bereits ab dem Einbringungsstichtag fremdüblich verzinst vereinbart werden.

6. Einkünfteermittlung des übertragenden Vermögens beim Übernehmenden

6.1. Buchwertfortführung

Buchwertfortführung beim Übernehmenden 629

Der **Übernehmer** hat die zum Umgründungsstichtag **steuerlichen Werte fortzuführen** (Buchwertfortführung). Die **Einkünfte** des Übernehmenden sind so **zu ermitteln**, als ob der **Vermögensübergang mit Beginn des auf den Umgründungsstichtag folgenden Tages erfolgt** wäre.

Bei Buchwertfortführung ist für die Einkünfteermittlung eine **steuerliche Gesamtrechts-nachfolge** zu unterstellen. **Buchgewinne und Buchverluste** bleiben bei der Einkünfte-ermittlung außer Ansatz. Veränderungen des Vermögens aus der **Vereinigung von Aktiva und Passiva** (Confusio) sind im dem Umgründungsstichtag folgenden Wirt-schaftsjahr zu berücksichtigen.

Beispiele:

1. **Gesamtrechtsnachfolge:** Bilanzierungswahlrechte und sonstige steuerliche Wahlrechte und Absetzungen müssen fortgeführt werden.
2. **Buchgewinne und Buchverluste:** Eine AG hält 100 % an einer GmbH. Die GmbH wird up-stream auf die AG verschmolzen. Aufgrund der Verschmelzung kommt es zum Entfall der Beteiligung (Buchwert EUR 35.000) der AG an der GmbH und zur Übernahme des Vermö-gens der GmbH zu Buchwerten von EUR 20.000. Es kommt zu einem steuerneutralen Buchverlust von EUR 15.000.
3. **Vereinigung von Aktiva und Passiva:** Eine Tochtergesellschaft wird up-stream auf die Mutter-gesellschaft verschmolzen. Die Muttergesellschaft hatte der Tochtergesellschaft ein Gesellschaf-terdarlehen von EUR 100.000 gewährt und aufgrund der konkreten Gefährdung der Einbring-lichkeit auf EUR 60.000 abgeschrieben. Es kommt zu einem steuerwirksamen Vereinigungs-gewinn von EUR 40.000 (Rückgängigmachen der steuermindernden Teilwertabschreibung).

630 Vertiefung: Bilanzrechtlicher Ansatz

Aus der Sicht der **Unternehmensbilanz** führt die Einlage von Vermögen in ein Unter-nehmen grundsätzlich zum **Ansatz des beizulegenden Werts** (Verkehrswert). Werden Betriebe oder Teilbetriebe eingelegt, dann ist für den Unterschiedsbetrag des Unterneh-menswerts und des Werts der einzelnen Vermögensgegenstände ein **Firmenwert** anzu-setzen (§§ 202 Abs 1, 203 Abs 5 UGB).

Bei **Umgründungen** kann abweichend davon – wie in der Steuerbilanz – der unterneh-mensrechtliche **Buchwert fortgeführt** werden. Übersteigt die Gegenleistung (Gesamt-ausgabebetrag der neuen Anteile, Buchwerte eigener oder untergehender Anteile und baren Zuzahlungen) die fortgeführten Werte, so darf der Unterschiedsbetrag unter die Posten des Anlagevermögens aufgenommen werden: Als **Umgründungsmehrwert** – soweit eine Zuordnung zu den einzelnen Aktiva und Passiva des übertragenden Vermö-gens möglich ist –, ansonsten als **Firmenwert**.

Beispiel:

Umgründung: Darstellung in der unternehmensrechtlichen Bilanz

Der Steuerpflichtige bringt seinen Betrieb (Buchwert EUR 10.000, Verkehrswert EUR 100.000) in die GmbH ein (Buchwert EUR 50.000, Verbindlichkeiten EUR 15.000, Verkehrswert EUR 100.000) und erhält aufgrund der durchzuführenden Kapitalerhöhung von EUR 35.000 einen 50-%-Anteil an der GmbH (Verkehrswert EUR 200.000 nach Einbringung). Dies führt bei Aufwertung zu einer Kapitalrücklage in Höhe von EUR 65.000 und bei Buchwertfortführung zu einem Buchverlust von EUR 25.000, der als Umgründungsmehrwert auf der Aktivseite auszuweisen ist.

Aufwertung bei der GmbH nach Einbringung:

Aktiva (in EUR)		Passiva (in EUR)	
Anlagevermögen	100.000	Eigenkapital	70.000
Umlaufvermögen	50.000	Kapitalrücklage	65.000
		(Ausschüttungssp § 235 UGB)	
		Verbindlichkeiten	15.000

Buchwertfortführung bei der GmbH nach Einbringung:

Aktiva (in EUR)		Passiva (in EUR)	
Anlagevermögen	10.000	Eigenkapital	70.000
Umlaufvermögen	50.000	Verbindlichkeiten	15.000
Umgründungsmehrwert	25.000		

6.2. Besondere ertragsteuerliche Folgen beim Übernehmenden

Vertiefung: Internationale Schachtelbeteiligung 631

Ändert sich eine **internationale Schachtelbeteiligung** (→ 523) aufgrund einer Umgründung, ergeben sich grundsätzlich folgende Konsequenzen (§§ 3 Abs 4, 9 Abs 4, 18 Abs 4, 24 Abs 3, 30 Abs 3, 34 Abs 3):

- **Entsteht** eine internationale Schachtelbeteiligung oder wird ihr Ausmaß erweitert, bleiben bisher nicht steuerbegünstigte Wertänderungen (Buchwert und höherer Teilwert) weiterhin **nicht steuerbegünstigt.**
- **Bei Untergang** einer internationalen Schachtelbeteiligung bleiben bisher steuerneutrale Wertänderungen (mangels Optionsausübung) durch Aufwertung auf den höheren Teilwert zum Umgründungsstichtag **steuerneutral.**

Dies gilt auch bei Änderungen internationaler Schachtelbeteiligungen auf Ebene der **Anteilsinhaber** (§ 5 Abs 7, § 16 Abs 1a, § 20 Abs 7, § 36 Abs 5).

Beispiele:
1. **Entstehung:** Der Steuerpflichtige bringt einen qualifizierten Kapitalanteil in die GmbH ein. Dadurch entsteht eine internationale Schachtelbeteiligung (ohne Option zur Steuerwirksamkeit). Kommt es später zur Veräußerung, ist die anteilige Wertänderung ab Einbringungsstichtag steuerneutral, die anteilige Wertänderung vor dem Einbringungsstichtag hingegen weiterhin steuerwirksam.
2. **Untergang:** Die GmbH wird auf den Hauptgesellschafter, eine natürliche Person, umgewandelt. Dabei geht eine internationale Schachtelbeteiligung unter. Die Beteiligung ist auf den Teilwert zum Umwandlungsstichtag steuerneutral aufzuwerten.

Vertiefung: Altgrundstücke 632

Bei **Einbringung, Zusammenschlüssen und Realteilungen** besteht bei **Altgrundstücken** (→ 350) ein Wahlrecht hinsichtlich der pauschalen Einkünfteermittlung nach § 30 Abs 4 EStG (soweit anwendbar):

- **Aufdeckung** der bisherigen Wertänderungen aufgrund des Ansatzes mit dem Teilwert unter Anwendung der pauschalen Einkünfteermittlung für Altgrundstücke (§ 16 Abs 6; § 24 Abs 3, § 29 Abs 1 Z 2a).
- **Buchwertfortführung mit Evidenthaltung** der bisherigen Wertänderungen und bei späterer Veräußerung Besteuerung dieser Wertänderungen unter Anwendung der pauschalen Einkünfteermittlung (§ 18 Abs 5, § 25 Abs 5, § 30 Abs 4).

Beispiel:

Ein Altgrundstück (Grund und Boden) mit Anschaffungskosten von EUR 20.000 im Jahr 2000 und Teilwert von EUR 120.000 wird in eine KG eingebracht. Der Einbringende hat das Wahlrecht auf **Aufwertung** und Besteuerung der bisherigen Wertänderungen – pauschal ermittelt mit EUR 14.000 (Anschaffungskosten: 86 % des Teilwerts) – ausgeübt. Alternativ dazu kann eine **Buchwertfortführung** erfolgen und die bisherige Wertänderung beim Übernehmenden evident gehalten werden. Bei einer späteren Veräußerung kann die Wertsteigerung bis EUR 120.000 insoweit nach der pauschalen Einkünfteermittlung ermittelt werden.

633 Vertiefung: Besondere Folgen bei der Umwandlung

Bei **Umwandlungen** können sich aufgrund der Übertragung des Vermögens einer Kapitalgesellschaft auf natürliche Personen oder sonstige Körperschaften **steuerliche Besonderheiten** ergeben:

- **Aufgrund eines Wechsels der Gewinnermittlungsart** (→ 302) sich ergebende Gewinne (Übergangsgewinne und sonstige Gewinne) sind in dem auf den Umwandlungsstichtag folgenden Wirtschaftsjahr oder auf Antrag (gemeinsam mit Confusio-Gewinnen) über die folgenden drei Wirtschaftsjahre verteilt zu berücksichtigen (§ 9 Abs 3). Übergangsverluste sind nach der allgemeinen Regel auf sieben Jahre verteilt abzusetzen (§ 4 Abs 10).
- **Ein fiktiver Zu- und Abfluss von Einnahmen und Ausgaben** ist beim Anteilsinhaber aufgrund von Forderungen und Verbindlichkeiten aus Leistungsbeziehungen zwischen dem Anteilsinhaber und der umgewandelten Körperschaft spätestens mit dem Tag der Anmeldung zum Firmenbuch anzunehmen, sofern die Einkünfteermittlung nach dem **Zu- und Abflussprinzips** (§ 19 EStG) erfolgt (§ 9 Abs 5).

Beispiele:

1. **Wechsel der Gewinnermittlungsart:** Der Übernehmende ermittelt den Gewinn nach § 4 Abs 3. Neben der Ermittlung eines Übergangsergebnisses ist auch gewillkürtes Betriebsvermögen auszuscheiden (Entnahmetatbestand).
2. **Fiktiver Zu- und Abfluss aus Leistungsbeziehungen:** Der Gesellschafter-Geschäftsführer der umzuwandelnden GmbH hat am Tag der Firmenbuchanmeldung eine offene Gehaltsforderung gegen die GmbH. Diese gilt an diesem Tag als zugeflossen.

6.3. Vorsorge gegen Steuerlastverschiebung bei Zusammenschluss und Realteilung

634 Vertiefung: Vorsorge gegen Steuerlastverschiebung bei Zusammenschluss und Realteilung

Bei **Zusammenschluss** und **Realteilung** (→ 637) ist die **Vorsorge gegen eine Steuerlastverschiebung** Voraussetzung für die Buchwertfortführung. Es muss für die weitere Gewinnermittlung derart **Vorsorge** getroffen werden, dass ein Betrag in Höhe der bis zum Umgründungsstichtag entstandenen **stillen Reserven und des Firmenwerts** weiterhin **bei dem Steuerpflichtigen versteuert wird**, bei dem er auch entstanden ist. Ausgleichszahlungen zwischen den Steuerpflichtigen sind nicht ausreichend.

Bei einem **Zusammenschluss** (§ 24 Abs 2, EB zu § 24) kann die Vorsorge erfolgen:

- beim **Verkehrswertzusammenschluss** aufgrund der Ermittlung der Beteiligungsverhältnisse vom Verkehrswert durch **Ergänzungsbilanzen** (Aufwertung, Quotenverschiebung Buchwerte),
- beim **Kapitalkonten- oder Buchwertzusammenschluss** aufgrund der Ermittlung der Beteiligungsverhältnisse vom Buchwert durch besondere **Gewinnverteilungsregeln** (Gewinnvorab, nicht jedoch zu fixen Jahresbeträgen, Liquidationsvorab jeweils mit Ersatzausgleich, Reservenvorbehalt).

Beispiel:

Ein Steuerpflichtiger A bringt seinen Betrieb in eine KG ein (Buchwert EUR 100.000, Verkehrswert EUR 300.000, stille Reserven EUR 200.000), während ein anderer (B) eine Bareinlage von EUR 100.000 leistet (stille Reserven EUR 0). Würde nun ein Wirtschaftsgut der KG mit stillen Reserven von EUR 120.000 verkauft, würde der Gewinn im vereinbarten Beteiligungsverhältnis auf A und B entfallen. B müsste stille Reserven, die nicht bei ihm entstanden sind, versteuern. A wäre von den stillen Reserven insoweit entlastet. Es ist für eine Buchwertfortführung sicherzustellen, dass im Fall des Verkaufs ein Wert in Höhe der stillen Reserven nur bei A zu besteuern ist. Abhängig von den vereinbarten zukünftigen Beteiligungsverhältnissen (zu Verkehrswerten oder abweichenden Buchwerten) sind mehrere Methoden möglich.

Vertiefung: Zusammenschluss zu Verkehrswerten 635

Beim **Verkehrswertzusammenschluss** kann das Vermögen in der Bilanz:

- **aufgewertet** und die stillen Reserven in Form von Ergänzungsbilanzen bei den Gesellschaftern berücksichtigt (Aufwertung) werden, oder
- zu **Buchwerten** angesetzt werden und die Korrektur der davon abweichenden Beteiligungsverhältnisse entsprechend den Verkehrswerten durch Ergänzungsbilanzen (Quotenverschiebung) erfolgen.

Fortgesetztes Beispiel:

Bei einem Zusammenschluss zu **Verkehrswerten** (Festlegung der fixen Kapitalkonten im Verhältnis der Verkehrswerte von 75 % und 25 %) ist durch Ergänzungsbilanzen die Zuordnung der stillen Reserven und des Firmenwerts sicherzustellen. Am Verkauf sind A und B verhältnismäßig beteiligt. Allerdings erzielt nur A einen Veräußerungsgewinn (B mit höheren Anschaffungskosten).

Option 1: Aufwertung in der KG-Bilanz

Aktiva (in EUR)		Passiva (in EUR)	
Anlagevermögen (Verkehrsw)	400.000	Kapitalkonto A (Verkehrsw)	300.000
		Kapitalkonto B (Verkehrsw)	100.000

Ergänzungsbilanz A (zur Verminderung auf steuerliche Buchwerte von A, stille Reserven):

Aktiva (in EUR)		Passiva (in EUR)	
Minderkapital	200.000	Minderwert Aktiva	200.000

Option 2: Buchwertfortführung in der KG-Bilanz mit Quotenverschiebung

Aktiva (in EUR)		Passiva (in EUR)	
Anlagevermögen (Buchwert)	200.000	Kapitalkonto A (75 %)	150.000
		Kapitalkonto B (25 %)	50.000

Ergänzungsbilanz A (zur Minderung auf steuerliche Buchwerte von A):

Aktiva (in EUR)		Passiva (in EUR)	
Minderkapital	50.000	Minderwert Aktiva	50.000

Ergänzungsbilanz B (zur Anpassung an Einlagewerte von B):

Aktiva (in EUR)		Passiva (in EUR)	
Mehrwert Aktiva	50.000	Mehrkapital B	50.000

636 Vertiefung: Zusammenschluss zu Buchwerten

Beim **Buchwert- oder Kapitalkontenzusammenschluss** wird das Vermögen in der Bilanz zu Buchwerten angesetzt. Die Kapitalkonten werden im Verhältnis der vereinbarten zukünftigen Beteiligung der Gesellschafter gebildet. Der Ausgleich zum Verkehrswert (den stillen Reserven) erfolgt durch Gewinnvorab, Liquidationsvorab oder eine Kombination beider und einen Ersatzausgleich bei vorzeitiger Beendigung oder durch einen Vorbehalt der stillen Reserven und des Firmenwerts durch den Übertragenden. Ergänzungsbilanzen sind nicht erforderlich.

Fortgesetztes Beispiel:

Bei einem Zusammenschluss zu **Buchwerten oder Kapitalkonten** (Festlegung der fixen Kapitalkonten im Verhältnis der vereinbarten Beteiligung, zB von jeweils 50 %) ist durch Gewinnverteilungsvorschriften zugunsten von A die Zuordnung der stillen Reserven und des Firmenwerts sicherzustellen. Ergänzungsbilanzen sind nicht erforderlich. Gewinne sind vorab bis zum Erreichen der stillen Reserven von EUR 200.000 ausschließlich A zuzurechnen und bei ihm zu versteuern. Bei vorzeitiger Beendigung der Mitunternehmerschaft ist ein Ersatzausgleich in der noch offenen Höhe zu leisten (Gewinnvorab mit Ersatzausgleich). B kauft sich durch Gewinnverzicht in den Betrieb ein.

Aufwertung bei der GmbH nach Einbringung:

Aktiva (in EUR)		Passiva (in EUR)	
Anlagevermögen	200.000	Kapitalkonto A (50 %)	100.000
		(bevorzugte Gewinnverteilung in Höhe der stillen Reserven)	
		Kapitalkonto B (50 %)	100.000

637 Vertiefung: Vorsorge gegen Steuerlastverschiebung bei Realteilung

Bei der **Realteilung** erfolgt die Vorsorge durch den Ansatz und Fortführung von **Ausgleichsposten**, die über **fünfzehn** Jahren abzusetzen oder aufzulösen sind. Bei Veräußerung oder Aufgabe des Betriebs des Übernehmenden ist ein bei ihm vorhandener Ausgleichsposten sofort abzusetzen oder aufzulösen. Bei **Grundstücken und Kapitalvermögen**, deren Wertänderungen einem besonderen Steuersatz unterliegen, sind eigene Ausgleichsposten zu bilden, die bei Absetzung oder Auflösung zu entsprechenden (besonders besteuerten) positiven oder negativen Einkünften führen (§ 29 Abs 1 Z 2 und Z 2a).

Beispiel:

Bei **Realteilung** von Vermögen durch die Steuerpflichtigen ist sicherzustellen, dass bei Übernahme von Vermögensteilen gemeinsam entstandene stille Reserven aufgrund der bisherigen

Beteiligungsverhältnisse nicht nur dem Übernehmenden (A) ausschließlich zuzuordnen sind. Sind A EUR 85.000 (85 %) und B EUR 15.000 (15 %) stille Reserven zuzurechnen und übernimmt A den Vermögensteil, dem diese stillen Reserven zuzurechnen sind, dann ist durch einen **Ausgleichsposten** die Aufdeckung dieser stillen Reserven aufgrund der Realteilung zu vermeiden.

A ist ein aktiver Ausgleichsposten von EUR 15.000 und bei B ein passiver Ausgleichsposten von EUR 15.000 zu bilden. Bei A ist zur Reduzierung der zugeordneten stillen Reserven der aktive Ausgleichsposten gewinnmindernd von EUR 1.000 jährlich abzusetzen. Bei B ist zur Erhöhung der zuzuordnenden stillen Reserven der passive Ausgleichsposten gewinnerhöhend von EUR 1.000 jährlich aufzulösen.

7. Einkünfteermittlung auf Beteiligungsebene

7.1. Steuerneutrale Fortsetzung auf Beteiligungsebene

Fortsetzung der betrieblichen Tätigkeit der Beteiligten   638

Zur **Fortsetzung der betrieblichen Tätigkeit** – wenn auch in anderer Form – ist **als Gegenleistung** für die Übertragung des Vermögens eine **Beteiligung** an der übertragenen betrieblichen Einkunftsquelle zu gewähren.

Die **Gegenleistung** für die Übertragung des Vermögens muss grundsätzlich **ausschließlich** in der Beteiligung an der betrieblichen Einkunftsquelle bestehen.

- **Andere Formen** der Gegenleistungen, wie Barmittel oder Forderungen als Abfindung, führen zu einem steuerwirksamen Tausch oder einer Veräußerung (§ 6 Abs 3, § 11 Abs 2, § 38 Abs 2).
- **Zusätzliche Zuzahlungen in eingeschränktem Ausmaß** durch den Übernehmenden sind zulässig. Bei Verschmelzungen und Spaltungen können Zuzahlungen bis zu 10 % der Gegenleistung in Wert des Anteils am Nennkapital (§ 224 AktG, § 2 Abs 1 Z 3 SpaltG). Bei Einbringungen kann der Übernehmende zum Zweck der Rundung auf volle Prozentsätze bare Zuzahlungen bis zu 10 % des Gesamtnennbetrags der neuen Anteile leisten (§ 19 Abs 2 Z 3). Bei der Realteilung können erforderliche Ausgleichszahlungen aufgrund der Wertverhältnisse des übertragenden Vermögens bis zu einem Drittel des Werts des empfangenen Vermögens geleistet werden (§ 29 Abs 2).
- **Keine Gegenleistung** ist bei bereits verbundenen Steuerpflichtigen erforderlich oder zulässig (§ 224 AktG). Bei Einbringungen ist keine Gegenleistung erforderlich, soweit der Einbringende Alleingesellschafter der übernehmenden Körperschaft ist oder bei Einbringung durch eine Körperschaft an dieser und der übernehmenden Körperschaft unmittelbar oder mittelbar dieselben Beteiligungsverhältnisse bestehen (§ 19 Abs 1 Z 5). Bei Einbringungen kann die Gegenleistung auch unterbleiben, wenn alle an der übernehmenden Körperschaft mittelbar oder unmittelbar Beteiligten Mitunternehmeranteile oder qualifizierte Kapitalanteile einbringen, an denen sie insgesamt im Verhältnis zueinander im selben Ausmaß wie an der übernehmenden Gesellschaft substanzbeteiligt sind (§ 19 Abs 1 Z 6)

Nicht verhältniswahrende Beteiligung:

- Bei **nicht den Wertverhältnissen entsprechenden Beteiligungsverhältnissen** nach der Umgründung wird eine unentgeltliche Zuwendung angenommen. Die Höhe ergibt sich aus dem Unterschiedsbetrag der Beteiligungsverhältnisse und der Wertverhältnisse. Steuerliche Konsequenzen sind ein Buchwertübergang entsprechend den zugewendeten Anteilen, mögliche Betriebseinnahmen bei betrieblicher Zuwendung Dritter und Schenkungsmeldung (→ 994) (§ 6 Abs 2, § 22 Abs 1, § 26 Abs 1 Z 1, § 31 Abs 1 Z 1, § 38 Abs 4).
- Bei **Spaltungen** können die Anteilsinhaber der spaltenden Körperschaft einen Anteilstausch vereinbaren, sodass diese an der spaltenden Körperschaft und der übernehmenden Körperschaft nicht mehr im selben Verhältnis beteiligt sind. Dabei kann ein Anteilsinhaber für die Anteile Zuzahlungen bis zu einem Drittel des gemeinen Werts der Gegenleistung des Zahlungsempfängers leisten (**nicht verhältniswahrende Spaltung**, § 37).

639 Tauschneutralität

> Der **Tausch von Anteilen** oder die Einbringung von Vermögen **gelten nicht als Tausch**. Es kommt zur **Fortführung der Buchwerte** (Anschaffungskosten) auch auf Beteiligungsebene.

Zu einem **Tausch von Anteilen** an der übertragenden Körperschaft gegen Anteile an der übernehmenden Körperschaft kommt es bei **Verschmelzungen und Spaltungen** (§§ 5, 36 und 37). Bei **Einbringungen** stellt die Einbringung grundsätzlich einen Tausch dar (§§ 20, 6 Z 14 lit b EStG). In diesen Fällen kommen nicht die steuerlichen Tauschgrundsätze und die Aufdeckung der bisherigen Wertänderungen zur Anwendung, sondern es kommt zur **Fortführung der Buchwerte** (Anschaffungskosten). Der **Erwerb von Anteilen** an der übernehmenden Körperschaft gilt mit Beginn des dem Umgründungsstichtag folgenden Tages als bewirkt.

7.2. Besondere ertragsteuerliche Folgen auf Beteiligungsebene

640 Vertiefung: Einlagenstand durch Umgründungen

Der für die zukünftige Einkünfteermittlung maßgebende **Einlagenstand** bei Körperschaften (§ 4 Abs 12 EStG) **ermittelt sich wie folgt**:

- **Nicht zu den Einlagen** zählen Beträge, die durch eine Umgründung die Eigenschaft einer Gewinnrücklage oder eines Bilanzgewinns verloren haben (§ 4 Abs 12 Z 2).
- Bei **Verschmelzungen, Umwandlungen und Aufspaltungen** sind im Zeitraum zwischen Umgründungsstichtag und dem Tag des Umgründungsbeschlusses oder -vertrags getätigte Einlagen in die übertragende Körperschaft und Einlagenrückzahlungen durch die übertragende Körperschaft zum Umgründungsstichtag im Evidenzkonto der übertragenden Körperschaft zu erfassen (§ 4 Abs 12 Z 3).
- Gewinne, die durch **Umgründungen** (→ 630) unter **Ansatz des beizulegenden Werts** entstanden sind (Aufwertung), erhöhen die Innenfinanzierung erst im Zeitpunkt der zulässigen unternehmensrechtlichen Ausschüttung (§ 202 Abs 1 und § 235 UGB; § 4 Abs 12 Z 4).

- Sonstige **Buchgewinne und Buchverluste** (Umgründungsmehrwert, Firmenwert) bleiben unberücksichtigt. Confusio-Gewinne und Confusio-Verluste aus der Vereinigung von Forderungen und Verbindlichkeiten der beteiligten Parteien sind selbst steuerwirksam und daher zu diesem Zeitpunkt auch bei der Ermittlung der Innenfinanzierung zu berücksichtigen.
- Weitere Auswirkungen von Umgründungen auf die Innenfinanzierung sind in der **Innenfinanzierungsverordnung** enthalten.

Beispiele:

Umgründung und Innenfinanzierung: Aufgrund einer Umgründung erfolgte unternehmensrechtlich eine Aufwertung, woraus sich ein bisher nicht ausschüttbarer Gewinn von EUR 40.000 ergibt. Dieser erhöht den Stand der Innenfinanzierung erst bei zulässiger unternehmensrechtlicher Ausschüttung somit (soweit die Aufwertung durch unternehmensrechtliche Abschreibungen oder Buchwertabgänge) verringert wird.

Vertiefung: Fiktive Gewinnausschüttung bei bestimmten Umgründungen   641

Verschmelzungen, Umwandlungen und Einbringungen können zu **fiktiven Gewinnausschüttungen** führen:

- Bei **Verschmelzungen** von ausländischen Körperschaften auf daran beteiligte übernehmende Körperschaften oder konzernzugehörige Körperschaften ist eine **fiktive Gewinnausschüttung** des Verschmelzungskapitals abzüglich vorhandener Einlagen (§ 4 Abs 12) anzuwenden, sofern die Beteiligungserträge der Anrechnungsmethode unterliegen würden (für Gewinne vor 2019, danach besondere Hinzurechnungsbesteuerung). Damit wird sichergestellt, dass die Besteuerung der Beteiligungserträge bei der übernehmenden Körperschaft durch Verschmelzung unterbleibt (§ 3 Abs 1 Z 3).
- Soweit sich bei **Einbringung** durch sämtliche Änderungen ein **negativer Buchwert** des einzubringenden Vermögens ergibt, gelten die rückwirkenden Entnahmen (Z 1 und Z 2) mit dem Tag der Firmenbuchanmeldung oder Finanzamtsmeldung als an den Einbringenden ausgeschüttet (**fiktive Ausschüttung**, § 18 Abs 2). Die fiktive Ausschüttung erhöht die Anschaffungskosten der Beteiligung beim Einbringenden (§ 20 Abs 2 Z 4).
- Bei **Umwandlungen** gilt am Tag der Firmenbuchanmeldung der Umwandlung eine Gewinnausschüttung als bewirkt. Das Gewinnkapital ist das Umwandlungskapital abzüglich dem Einlagenstand nach § 4 Abs 12 EStG zuzüglich eines negativen Buchwerts von innerhalb von 10 Jahren übernommenen Vermögens, soweit der negative Buchwert nicht bereits bei der vorangegangenen Einbringung als ausgeschüttet gilt (§§ 18 Abs 2; 9 Abs 6).

Beispiele:

1. **Negativer Buchwert bei Einbringung:** Durch eine unbare Entnahme von EUR 10.000 reduziert sich der Buchwert des Vermögens auf EUR –8.000. Der Betrag von EUR 8.000 gilt als ausgeschüttet.
2. **Umwandlung:** Das steuerliche Umwandlungskapital beträgt EUR 100.000. Darin enthalten sind Einlagen von EUR 35.000. Vor zwei Jahren wurde ein Betrieb mit einem negativen Buchwert von EUR –20.000 eingebracht, der nicht der fiktiven Ausschüttung unterlag. Ein Betrag von EUR 85.000 gilt als zum Anmeldungstag ausgeschüttet.

7.3. Ermittlung der Anschaffungskosten der Beteiligung

642 Vertiefung: Anschaffungskosten bei Verschmelzung

Bei der **Verschmelzung** ergeben sich die **Anschaffungskosten** auf Beteiligungsebene wie folgt:

- **Bei neu erworbenen Anteilen** ergeben sich die Anschaffungskosten (Buchwerte) aus den Anschaffungskosten (Buchwerten) der aufgegebenen Anteile an der übertragenden Körperschaft. Zuzahlungen aufgrund gesellschaftsrechtlicher Vorschriften kürzen die Anschaffungskosten (Buchwerte). Der Anschaffungszeitpunkt der aufgegebenen Anteile wird fortgeführt (§ 5 Abs 1 und 2).
- **Unterbleibt die Gewährung** aufgrund schon bestehender Beteiligungsverhältnisse, sind die Anschaffungskosten (Buchwerte) der aufgegebenen Anteile den Anschaffungskosten (Buchwerten) den Anteilen an der übernehmenden Körperschaft zuzurechnen (§ 5 Abs 5). Bei Verzicht auf Anteile bleiben Buchgewinne und Buchverluste steuerneutral (§§ 5 Abs 6, 3 Abs 2).

    Beispiel:
    Verschmelzung: Die Anteilsinhaber der verschmolzenen Körperschaft geben Anteile an dieser auf und erhalten Anteile an der übernehmenden Körperschaft. Die Anschaffungskosten der Anteile an der verschmolzenen Körperschaft gelten als Anschaffungskosten der neuen Anteile.

643 Vertiefung: Anschaffungskosten bei Spaltung

Bei der **Spaltung** ergeben sich die **Anschaffungskosten** auf Beteiligungsebene wie folgt:

- **Bei Aufspaltung zur Neugründung** haben die Anteilsinhaber die Anschaffungskosten (Buchwert) der Anteile an der spaltenden Körperschaft, abzüglich erhaltener Zuzahlungen der beteiligten Körperschaften, fortzuführen und den gewährten Anteilen entsprechend ihren Wertverhältnissen zuzuordnen (§ 36 Abs 2 Z 1).
- **Bei Abspaltung zur Neugründung** ist der Buchwert der abspaltenden Körperschaft abzuschreiben und auf den Buchwert der übernehmenden Körperschaft zuzuschreiben, und zwar im Verhältnis des abgespalteten Vermögens zum Gesamtvermögen der abspaltenden Körperschaft. Buchgewinne und Buchverluste bei der abspaltenden Körperschaft bleiben außer Ansatz (§§ 36 Abs 2 Z 2, 20 Abs 4 Z 3).
- **Bei Spaltung zur Aufnahme** sind die Anschaffungskosten (Buchwerte) wie bei der Neugründung zu bestimmen und danach ein Anteilstausch wie bei der Verschmelzung vorzunehmen (§ 36 Abs 4). Bei Up-stream-Spaltungen sind die Anschaffungskosten (Buchwerte) der Anteile an der spaltenden Körperschaft im Ausmaß des abgespalteten Vermögens am Gesamtvermögen der abspaltenden Körperschaft zu reduzieren. Buchgewinne und Buchverluste bleiben außer Ansatz (§ 34 Abs 2). Bei Down-stream-Spaltungen sind die Anschaffungskosten (Buchwerte) des abspaltenden Vermögens den Anschaffungskosten (Buchwerten) der Anteile an der übernehmenden Körperschaft zuzuschreiben oder abzuschreiben. Buchgewinne und Buchverluste bleiben außer Ansatz (§ 20 Abs 4 Z 1).
- **Bei der nicht verhältniswahrenden Spaltung** erfolgt nach Ermittlung der entsprechenden Anschaffungskosten ein Anteilstausch zwischen den Anteilsinhabern der

spaltenden Körperschaft. Die Anschaffungskosten (Buchwerte) sind fortzuführen und den Anteilen der Wertverhältnisse zuzuordnen. Mögliche Zuzahlungen gelten beim Empfänger als Veräußerungsentgelt und beim Leistenden als Anschaffung (§ 37).

Beispiel:
Abspaltung: Die Anschaffungskosten der alten Anteile (EUR 1.000) an der abspaltenden Körperschaft sind anteilig auf die neuen Anteile an der übernehmenden Körperschaft im Verhältnis der Verkehrswerte (EUR 5.000 und EUR 15.000) aufzuteilen (Anschaffungskosten alte Anteile: EUR 250, neue Anteile: EUR 750).

Vertiefung: Anschaffungskosten bei Einbringung   644

Bei der **Einbringung** ergeben sich die **Anschaffungskosten** auf Beteiligungsebene wie folgt:

- **Bei neu erworbenen Anteilen** ergeben sich die Anschaffungskosten (Buchwerte) aus den Anschaffungskosten (Buchwerten) des eingebrachten Vermögens. Mögliche Zuzahlungen kürzen die Anschaffungskosten (Buchwerte). Fiktive Ausschüttungen aufgrund der Einbringung eines negativen Buchwerts (§ 18 Abs 2 Z 1 → 641) erhöhen ab Eintritt der Fälligkeit die Anschaffungskosten (Buchwerte; § 20 Abs 2).
- **Unterbleibt die Gewährung** aufgrund schon bestehender Beteiligungsverhältnisse, gilt Folgendes: Bei Down-stream-Einbringungen sind die Anschaffungskosten (Buchwerte) des eingebrachten Vermögens den Anschaffungskosten (Buchwerten) der Anteile an der übernehmenden Körperschaft zuzuschreiben oder abzuschreiben (§ 20 Abs 4 Z 1). Bei Up-stream-Einbringungen ist der Buchwert im Verhältnis des eingebrachten Vermögens zum Gesamtvermögen der einbringenden Körperschaft zu mindern. Buchgewinne und Buchverluste bleiben außer Ansatz. Gewinne oder Verluste aus der Vereinigung von Aktiva oder Passiva sind steuerwirksam (§ 20 Abs 4 Z 2, § 3 Abs 2 und Abs 3). Bei Side-stream-Einbringungen ist der Buchwert der einbringenden Körperschaft abzuschreiben und auf den Buchwert der übernehmenden Körperschaft zuzuschreiben, und zwar im Verhältnis des eingebrachten Vermögens zum Gesamtvermögen der einbringenden Körperschaft. Buchgewinne und Buchverluste bei der einbringenden Körperschaft bleiben außer Ansatz (§ 20 Abs 4 Z 3).
- **Bei Abtretung von Anteilen** bestehender Gesellschafter sind die Anschaffungskosten (Buchwerte) weiterzuführen. Nicht den Wertverhältnissen entsprechende Beteiligungsverhältnisse gelten als unentgeltlich zugewendet (→ 606, §§ 20 Abs 3, 6 Abs 2).
- **Bei Wechsel der Gewinnermittlungsart** sind die Anschaffungskosten (Buchwerte) von Anteilen aufgrund der Änderung des Betriebsvermögens entsprechend zu erhöhen oder zu vermindern (§ 20 Abs 8).

Zur **Änderung internationaler Schachtelbeteiligungen** aufgrund der Umgründung → 631.

Beispiel:
Einbringung: Der eingebrachte Betrieb hat einen Buchwert von EUR 1.000. Dieser Wert gilt sowohl als Anschaffungskosten der übernehmenden Kapitalgesellschaft als auch als Anschaffungskosten der neuen Anteile des Einbringenden an dieser.

8. Auswirkungen auf den Verlustvortrag

8.1. Übertragung des Verlustvortrages

645 Vertiefung: Übertragung von Verlusten bei Umgründungen

Bei Umgründungen, die dem **Umgründungssteuergesetz** unterliegen, erfolgt bei Buchwertfortführung die **Übertragung von Verlustvorträgen** auf den Rechtsnachfolger, sofern auch das verlustverursachende Vermögen übertragen wird (**objektbezogener Verlustvortrag**).

Bei folgenden **Umgründungsarten** ist der objektbezogene Verlustvortrag vorgesehen:

- **Verschmelzungen** (§ 4),
- **Umwandlungen** (§ 10),
- **Einbringungen** (§ 21),
- **Spaltungen** (§ 35).

Die **Übertragung von Verlustvorträgen des Übertragenden** setzt voraus (§ 4 Z 1 lit a und c):

- Entstehung der Verluste bis zum Umgründungsstichtag,
- Buchwertfortführung (anstelle von Aufdeckung stiller Reserven),
- Zurechnung der Verluste zum übertragenen Vermögen (und nicht zum verbleibenden),
- Tatsächliches Vorhandensein des übertragenen Vermögens am Umgründungsstichtag im vergleichbaren Ausmaß wie im Zeitpunkt der Verlustentstehung.

Sind diese **Voraussetzungen nicht gegeben**, verbleiben Verlustvorträge weiterhin **beim Übertragenden** (Einbringung, Abspaltung) oder **gehen unter** (Verschmelzung, Umwandlung).

Beispiele:
1. **Ein Betrieb eines Einzelunternehmers** mit einem Verlustvortrag vor dem Umgründungsstichtag wird in eine GmbH im Wege der Buchwertfortführung eingebracht. Der verlustverursachende Betrieb besteht in derselben Form wie im Zeitpunkt der Verlustverursachung. Der Verlustvortrag geht auf die GmbH über.
2. **Vergleichbarkeit:** Keine Vergleichbarkeit ist gegeben, wenn eine Minderung von mehr als 75 %[18] bzw 90 %[19] von betriebswirtschaftlichen Kennzahlen (Umsatz, Vermögen, Substanz, Arbeitnehmer, Auftragsvolumen, Bilanzsumme) jeweils gegenüber dem Jahr der Entstehung eines noch nicht verrechneten Verlusts eingetreten ist.[20]

646 Vertiefung: Übertragende Verlustvorträge

Vom Übertragenden übergehende Verluste sind dem Übernehmenden grundsätzlich zuzurechnen.

- **Bei der Umwandlung** sind die Verluste verhältnismäßig auf die Übernehmenden entsprechend ihrer Beteiligung im Zeitpunkt der Eintragung des Umwandlungs-

---

18   UmgrStR Rz 222.
19   UFS 24.6.2013, RV/1067-l/06.
20   VwGH 18.7.2001, 99/13/0194; BFG 24.11.2015, RV/5100439/2011.

beschlusses in das Firmenbuch aufzuteilen. Zur Vermeidung eines Einkaufs in Verlustanteile bleiben für die Verhältnisrechnung Beteiligungen außer Ansatz, die im Wege der Einzelrechtsnachfolge erworben werden (Ausnahmen bei Gesamtrechtsnachfolge, gesetzliches Bezugsrecht, vorbereitende Anteilserwerbe von § 7 Abs 3 Körperschaften, § 10 Abs 1 lit c).

- **Bei der Einbringung** gehen auch Wartetastenverluste nach § 23a (kapitalistische Mitunternehmer) über und sind weiter als solche nur beschränkt ausgleichsfähig (§ 21 Z 3).
- **Zeitliche Geltendmachung:** Der übertragende Verlustvortrag kann immer nur erstmals ab dem folgenden Veranlagungszeitraum nach dem Umgründungsstichtag geltend gemacht werden.

Beispiel:

1. **Umwandlung und quotenmäßiger Übergang:** Die GmbH hat Verlustvorträge in Höhe von EUR 1.000 mit Gesellschafter A (70 %), Gesellschafter B (20 %) und Gesellschafter C (10 %). C scheidet gegen Barabfindung bei Umwandlung aus. Der Verlust ist auf A und B im Verhältnis 7/9 und 2/9 aufzuteilen.
2. **Verlustkürzung:** Gesellschafter A erwirbt entgeltlich 100 % der Anteile an der GmbH mit Verlustvorträgen von EUR 10.000. In den nächsten zwei Jahren entstehen weitere Verluste von EUR 20.000. Bei Umwandlung der GmbH kann B die Verluste in Höhe von EUR 10.000 nicht abziehen.[21]

8.2. Einschränkung des Verlustvortrages

Vertiefung: Verlustvorträge des Übernehmenden   647

Aufgrund des objektbezogenen Übergangs des Verlustvortrags erfolgt eine **Prüfung des Verlustvortrags auch beim Übernehmenden**. Bei begünstigten Umgründungen steht daher die Möglichkeit des objektbezogenen Verlustvortrags des Übertragenden immer dem Risiko des **Verlusts bestehender Verlustvorträge beim Übernehmenden** gegenüber.

Vor dem Umgründungsstichtag entstandene eigene Verlustvorträge des Übernehmenden:

- **Bestehende Abzugsfähigkeit**, soweit das verlustverursachende Vermögen am Umgründungsstichtag tatsächlich in vergleichbarem Ausmaß wie im Zeitpunkt der Verlustentstehung noch vorhanden ist (Z 1 lit b und c).
- **Bei der Umwandlung** sind auch eigene Verlustvorträge der Körperschaft zu berücksichtigen, die am Nennkapital der umgewandelten Körperschaft am Tag der Eintragung der Umwandlung im Firmenbuch mindestens zu 25 % beteiligt ist (§ 10 Z 2).

Beispiel:

1. **Die übernehmende Körperschaft** hat Verlustvorträge, aber der verlustverursachende Betrieb besteht nicht mehr in der ursprünglichen Größe. Die eigenen Verlustvorträge gehen

---

21   Vgl VwGH 27.2.2014, 2010/15/0015.

aufgrund der Umgründung unter und können nicht mit späteren Gewinnen nach der Umgründung verrechnet werden.

2. **Umwandlung:** Die Körperschaft mit Verlustvorträgen ist zu 50 % an der umzuwandelnden GmbH beteiligt. Das verlustverursachende Vermögen besteht nicht mehr im selben Ausmaß, sodass die eigenen Verlustvorträge der übernehmenden Körperschaft untergehen.

648 Vertiefung: Keine umgründungsbedingte doppelte Verlustverwertung

Bei Umgründungen direkt oder indirekt verbundener Unternehmen sind zur **Vermeidung einer doppelten Verlustverwertung** die Verlustvorträge der Untergesellschaft im Ausmaß der bisher aufgrund dieser Verluste vorgenommenen, grundsätzlich abzugsfähigen Teilwertabschreibungen durch die Obergesellschaft zu kürzen.

Die Kürzung erfolgt unabhängig davon, ob die Teilwertabschreibung im Wege der **Siebentel-Absetzung** bereits steuerwirksam geworden ist. Eine **noch offene Siebentel-Absetzung** kann beim Rechtsnachfolger sofort aufgrund der Kürzung des Verlustvortrags berücksichtigt werden. Die Kürzung erfolgt bei Verschmelzung auf die Mutter (up-stream) im Folgejahr des Umgründungsstichtages (Kürzung des zeitlich verzögert übertragenen Verlusts), bei Verschmelzung auf die Tochter (down-stream) im Jahr des Umgründungsstichtages (Kürzung des eigenen Verlustvortrags, § 4 Z 1 lit d).

> **Beispiel:**
> **Die Tochtergesellschaft mit Verlustvortrag von EUR 40.000** wird auf die Muttergesellschaft mit vorgenommener Teilwertabschreibung auf die Beteiligung von EUR 28.000 zum 31.12. up-stream verschmolzen. Der Verlustvortrag ist im Folgejahr auf EUR 12.000 zu kürzen. Noch offene Siebentel-Absetzungen können um die aktuelle Absetzung plus den Kürzungsbetrag sofort abgesetzt werden.

649 Vertiefung: Mantelkauf bei Umgründungen

Ein Mantelkauf ist **aus der Sicht aller an der Umgründung beteiligten Personen zu beurteilen**. Wesentliche Änderungen in der Struktur sind daher auch dann zu berücksichtigen, wenn in der Gesamtbetrachtung ein Teil beim Übertragenden und ein Teil beim Übernehmenden erfolgt.

Neben der Ausnahme für den Sanierungstatbestand (§ 8 Abs 4 Z 1 lit c) bleibt der Verlustvortrag auch dann erhalten, wenn die Änderungen zum Zweck der **Verbesserung oder Rationalisierung der betrieblichen Struktur** im Unternehmenskonzept des Übernehmenden erfolgt (§ 4 Z 2).

> **Beispiel:**
> **Eine AG mit Verlustvorträgen** erwirbt 100 % an der GmbH mit Gewinnen und tauscht die Geschäftsführung aus (Änderung der organisatorischen und Gesellschafter-Struktur). Die AG bringt in der Folge ihren verlustverursachenden Betrieb in die GmbH ein und stellt wenig später diesen ein (Änderung der wirtschaftlichen Struktur). Die Verlustvorträge gehen zwar auf die GmbH über, aufgrund der nachträglichen Betriebseinstellung kommt es jedoch gesamthaft betrachtet bei der übertragenden und der übernehmenden Körperschaft zu einem Mantelkauf.

9. Grenzüberschreitende Umgründungen

9.1. Ertragsteuerliche Auswirkungen grenzüberschreitender Umgründungen

Grenzüberschreitende Sachverhalte 650

Die **Begünstigungen** des Umgründungssteuergesetzes kommen grundsätzlich **auch bei grenzüberschreitenden Sachverhalten** zur Anwendung. Allerdings sind die Begünstigungen (Buchwertfortführung) insoweit eingeschränkt, als durch die Umgründung das **inländische Besteuerungsrecht eingeschränkt** wird.

Dabei ist bezüglich der **Änderung** des inländischen Besteuerungsrechts zu unterscheiden zwischen:

- der **Einschränkung** des inländischen Besteuerungsrechts an Vermögen und
- der **Entstehung** des inländischen Besteuerungsrechts an Vermögen.

Darüber hinaus ist es entscheidend, ob die Änderung hinsichtlich des **übertragenden Vermögens** oder auf **Ebene der Anteilsinhaber** erfolgt.

Grenzüberschreitende Umgründungen, die gegenüber rein inländischen Sachverhalten **einer höheren Steuerbelastung** unterliegen, können innerhalb der EU die Grundfreiheiten des Binnenmarkts einschränken. Die **Fusionsrichtlinie** vermeidet ertragsteuerliche Belastungen unter gleichzeitiger Wahrung der finanziellen Interessen der Mitgliedstaaten für bestimmte grenzüberschreitende Umgründungen innerhalb der EU (2009/133/EG).

Beispiele:
1. **Keine Änderung des Besteuerungsrechts:** Eine deutsche AG bringt ihren inländischen Betrieb in eine österreichische Tochter-GmbH ein. Das Besteuerungsrecht an der übertragenen Einkunftsquelle ändert sich nicht, sodass es zur Buchwertfortführung kommt. Die deutsche GmbH mit einer inländischen Betriebsstätte wird auf die österreichische GmbH verschmolzen. Die stillen Reserven in der inländischen Betriebsstätte unterliegen weiterhin dem inländischen Besteuerungsrecht (Betriebsstättenprinzip). Zwei ausländische Kapitalgesellschaften übertragen eine inländische Betriebsstätte im Wege einer Auslandsspaltung.
2. **Einschränkung:** Die österreichische GmbH mit einem Kapitalanteil an einer österreichischen AG wird auf eine deutsche GmbH verschmolzen. Die stillen Reserven im Kapitalanteil unterliegen nicht mehr der inländischen Besteuerung. Wird die inländische M-GmbH auf ihre inländische Tochter T-GmbH verschmolzen, dann führt dies im Falle ausländischer Anteilsinhaber der M-GmbH zum Entfall der Beteiligung der M-GmbH an T-GmbH. Eine Einschränkung des Besteuerungsrechts liegt auch vor, wenn ein ausländischer Anteilsinhaber aufgrund der Verschmelzung eigene Anteile einer inländischen übernehmenden Körperschaft erhält.
3. **Entstehung:** Eine ausländische Kapitalgesellschaft mit Kapitalanteilen wird aufgrund des EU-Verschmelzungsgesetzes auf eine inländische Kapitalgesellschaft verschmolzen.

9.2. Ertragsteuerliche Folgen der Einschränkung des Besteuerungsrechts

651 Einschränkung des Besteuerungsrechts

Die **Einschränkung des inländischen Besteuerungsrechts** kann zur **Nichtanwendung** der Umgründungsvorschriften oder zur **Besteuerung** der bisherigen Wertänderungen (Aufdeckung stiller Reserven) führen.

Es ist daher zu unterscheiden:

- **Bei gesellschaftsrechtlicher Anknüpfung** (Verschmelzung, Umwandlung, Spaltung) ist **Anwendungsvoraussetzung** des Umgründungssteuergesetzes, dass ein inländisches Besteuerungsrecht am übertragenen Vermögen **nicht eingeschränkt** wird. Die Begünstigungen des Umgründungssteuergesetzes kommt daher insoweit zur Anwendung, als das inländische Besteuerungsrecht am übertragenen Vermögen nicht eingeschränkt wird (**Teilanwendung** des Umgründungssteuergesetzes, §§ 1 Abs 2, 7 Abs 2, 32 Abs 1a).
- **Bei wirtschaftlicher Anknüpfung des Anwendungsbereichs** (Einbringung, Zusammenschluss, Realteilung) ist die allgemeine Anwendung des Umgründungssteuergesetzes nicht ausgeschlossen (**keine Anwendungsvoraussetzung**). Die Einschränkung des inländischen Besteuerungsrechts führt lediglich dazu, dass eine Buchwertfortführung nicht zulässig ist und es zu einer **Aufdeckung der bisherigen Wertänderungen** kommt (Aufdeckung stiller Reserven, § 16 und § 17, §§ 24 Abs 1, 29 Abs 1).

652 Vertiefung: Verschmelzung, Umwandlung, Spaltung

Bei **Verschmelzungen, Umwandlungen und Spaltungen** sind bei Einschränkung des inländischen Besteuerungsrechts die umgründungssteuerlichen Begünstigungen nicht anzuwenden (**Nichtanwendung**). Es kommen daher insoweit die allgemeinen steuerlichen Konsequenzen zur Anwendung (§ 20, Liquidationsbesteuerung, → 619). Für Vermögen, bei dem das inländische Besteuerungsrecht nicht eingeschränkt wird, ist auch das Umgründungssteuerrecht insoweit anzuwenden (**Teilanwendung**). Werden bei **Spaltungen** rückwirkende Verschiebungen von Wirtschaftsgütern vorgenommen und diesbezüglich das Besteuerungsrecht eingeschränkt, bleibt es dennoch bei der Anwendung des Art IV; jedoch kommen auf die Wirtschaftsgüter die allgemeinen Bestimmungen über die grenzüberschreitende Überführung von Wirtschaftsgütern zur Anwendung (§ 33 Abs 5, § 6 Z 6 EStG, → 290).

Bei Anwendung der allgemeinen steuerlichen Konsequenzen und der **Entstehung der Steuerschuld** aufgrund der Umgründung ist das **Ratenzahlungskonzept auf Antrag** anzuwenden (→ 296):

- bei **Verschmelzung** auf EU-Körperschaften oder EWR-Körperschaften (§ 1 Abs 2) ,
- bei **Umwandlung** und Verlust des Besteuerungsrechts gegenüber einem EU-Staat oder EWR-Mitgliedstaat (§ 7 Abs 2) oder
- bei **Spaltungen** auf EU-Körperschaften oder EWR-Körperschaften (§ 32 Abs 1a).

Beispiele:

1. **Verschmelzung inländischen Vermögens:** Eine inländische GmbH wird aufgrund des EU-Verschmelzungsgesetzes auf eine ausländische AG verschmolzen, wodurch das Besteuerungsrecht an nicht betriebsstättenzugehörigen Kapitalanteilen eingeschränkt wird, nicht jedoch an einer inländischen Betriebsstätte. Nur die Übertragung der inländischen Betriebsstätte fällt in den Teilanwendungsbereich; die Kapitalanteile unterliegen der Liquidationsbesteuerung (auch die umsatzsteuerlichen und verkehrsteuerlichen Begünstigungen stehen nur für die inländische Betriebsstätte zu).
2. **Verschmelzung ausländischen Vermögens:** Eine österreichische GmbH mit italienischer Betriebsstätte wird auf eine deutsche GmbH verschmolzen. Nach dem DBA Österreich–Italien, das die Anrechnungsmethode vorsieht, verliert Österreich damit das Besteuerungsrecht an den stillen Reserven der italienischen Betriebsstätte, sodass damit eine Realisierung der stillen Reserven im Inland verbunden ist.
3. **Umwandlung:** Die inländische GmbH mit einer inländischen Betriebsstätte wird auf ihren ausländischen Hauptgesellschafter umgewandelt. Die stillen Reserven in der inländischen Betriebsstätte unterliegen weiterhin dem inländischen Besteuerungsrecht, sodass das Umgründungssteuergesetz darauf anwendbar ist. Wird auch nicht betriebsstättenzugehöriges Vermögen übertragen, erfolgt dies außerhalb des Anwendungsbereichs.
4. **Spaltung:** Die inländische GmbH spaltet einen Kapitalanteil an eine ausländische AG ab. Die stillen Reserven des Kapitalanteils unterliegen nicht mehr der inländischen Besteuerung, sodass insofern das Umgründungssteuergesetz nicht anzuwenden ist. Es liegt ein steuerpflichtiger Tausch vor.

Vertiefung: Verschmelzung, Umwandlung, Spaltung auf Beteiligungsebene 653

Sofern das inländische Besteuerungsrecht an den bestehenden oder neuen **Anteilen eingeschränkt** wird, kommt es zum Ansatz mit dem **gemeinen Wert** (Teilwert). Das **Ratenzahlungskonzept** kann innerhalb der EU oder des EWR angewendet werden (§ 6 Z 6 lit c bis d → 296; § 5 Abs 1 Z 4 (down-stream) und Z 5; § 9 Abs 1 Z 2; § 36 Abs 3).

Dagegen liegt bei **Verschmelzungen und Spaltungen** eine **Buchwertfortführung** (steuerneutraler Tausch) **auf Anteilsebene** vor, wenn zwar das Besteuerungsrecht am übertragenen Vermögen eingeschränkt wird, der Anteilstausch aber bei Anteilsinhabern erfolgt, die in der EU oder im EWR ansässig sind (§ 5 Abs 1 Z 3; (§ 36 Abs 1a). Bei **Verschmelzungen** und **Spaltungen** ohne Gewährung von Gegenleistungen (Side-stream-Vorgänge im Konzern, nicht jedoch up-stream) mit Einschränkung des Besteuerungsrechtes an den Anteilen an der übertragenden Körperschaft entsteht erst **bei späterer Übertragung** der Anteile an der übernehmenden Körperschaft beim Anteilsinhaber der übertragenden Körperschaft eine **Steuerschuld** in Höhe der Wertänderung der untergegangenen Anteile am Umgründungsstichtag (§ 5 Abs 1 Z 6, § 36 Abs 3 Z 3, § 37 Abs 2).

Beispiele:

1. **Verschmelzung mit begünstigtem Anteilstausch:** Die inländische GmbH wird auf die ausländische AG verschmolzen. Das Besteuerungsrecht an den im Vermögen der GmbH befindlichen Kapitalanteilen geht verloren (Verschmelzung außerhalb des Anwendungsbereichs des Umgründungssteuergesetzes). Dennoch können die inländischen Anteilsinhaber der GmbH, die Anteile an der ausländischen AG erhalten, die Anschaffungskosten (Buchwerte) auf Beteiligungsebene fortführen.
2. **Verschmelzung mit Anteilstausch:** Die inländische AG mit ausländischen Anteilsinhabern wird auf ihre Tochtergesellschaft, eine inländische GmbH, down- stream verschmolzen. Die

Anteile der Tochtergesellschaft werden an die ausländischen Anteilsinhaber durchgeschleust. Es kommt zuvor zur Aufwertung der Anteile auf Ebene der übernehmenden Körperschaft.

3. **Inländische Umwandlung:** Die inländische GmbH wird auf ihren inländischen Hauptgesellschafter umgewandelt. Die stillen Reserven in den untergehenden Anteilen unterliegen weiterhin dem inländischen Besteuerungsrecht (Ansässigkeitsprinzip). Daher kommt es zur Buchwertfortführung.

4. **Ausländische Umwandlung:** Die deutsche GmbH mit inländischen Anteilsinhabern und deutscher Betriebsstätte wird in eine deutsche Personengesellschaft umgewandelt. Das inländische Besteuerungsrecht an den Anteilen der GmbH geht verloren, sodass es innerhalb des Umgründungssteuergesetzes zu einem steuerbaren Tauschvorgang kommt.

5. **Spaltung:** Die ausländischen Anteilsinhaber an der abspaltenden GmbH bekommen eigene Aktien der übernehmenden inländischen AG, womit das Besteuerungsrecht an diesen eingeschränkt wird.

6. **Verschmelzung ohne Gegenleistung**: Die inländische AG hält Anteile an der inländischen Mutter-GmbH. Die inländische Mutter-GmbH wird auf die von einer ausländischen Schwestergesellschaft neu gegründeten inländischen Tochter-GmbH ohne Gegenleistung verschmolzen. Österreich verliert das Besteuerungsrecht an den Anteilen an der verschmolzenen inländischen Mutter-GmbH ohne Entstrickungsbesteuerung. Verkauft nun die ausländische Schwestergesellschaft die Anteile an der inländischen übernehmenden Tochter-GmbH, kommt es bei der inländischen AG zu einer Besteuerung der stillen Reserven der untergegangenen Anteile zum Verschmelzungsstichtag.

654 Vertiefung: Bewertung bei Einbringung

Bei **Einbringungen** ergeben sich steuerliche Konsequenzen im ersten Schritt danach, ob das inländische Besteuerungsrecht an der **erhaltenen Gegenleistung** (Beteiligung) **eingeschränkt** wird (§ 16 Abs 2):

Ist das Besteuerungsrecht an der erhaltenen Gegenleistung **gegenüber Drittstaaten eingeschränkt**, kommt der **steuerwirksame Tauschgrundsatz** zur Anwendung, wonach das übertragene Vermögen mit dem **gemeinen Wert** (Teilwert) anzusetzen ist, es daher zur Aufdeckung der bisherigen Wertänderung kommt und die erhaltene Gegenleistung mit diesem Wert als angeschafft gilt (§ 16 Abs 2 Z 2, § 17; § 20 Abs 2; § 6 Z 14 EStG).

> **Beispiel:**
> **Einbringung bei Drittstaatseinbringenden**: Eine Schweizer AG bringt ihren inländischen Betrieb in eine österreichische Tochter-GmbH ein. Trotz fehlender Änderung des Besteuerungsrechts auf Ebene der übertragenen Einkunftsquelle kommt es aufgrund der Einschränkung des Besteuerungsrechts auf Ebene der Gegenleistungsanteile zur Realisierung auch auf Ebene der übertragenen Einkunftsquelle.

Ist das Besteuerungsrecht **nicht eingeschränkt oder gegenüber einem EU-Staat oder EWR-Staat ganz oder teilweise eingeschränkt** (Einbringender innerhalb der EU oder eines EWR-Staates steuerlich ansässig), dann ist zu unterscheiden:

- Bei **Anteilstausch** aufgrund der **Einbringung von qualifizierten Kapitalanteilen durch eine unbeschränkt steuerpflichtige Körperschaft** in eine EU/EWR-Gesellschaft mit gleichzeitiger Gewährung von Kapitalanteilen als Gegenleistung kommt es zur Buchwertfortführung (§ 16 Abs 1a, Fusionsrichtlinie).

- Bei **Einbringung von inländischen Betrieben, Teilbetrieben und Mitunternehmeranteilen durch natürliche Personen** ist das Vermögen mit dem Teilwert anzusetzen, auch wenn nur das Besteuerungsrecht an der Gegenleistung eingeschränkt wird (teilweise Einschränkung, § 16 Abs 2 Z 1, § 16 Abs 1 zweiter Satz, § 17 Abs 1). Auf die dadurch realisierten Einkünfte ist der besondere Steuersatz von 27,5 % anzuwenden (§§ 16 Abs 1, 27a Abs 1 Z 2 EStG).

- Wird sonst das inländische Besteuerungsrecht **am übertragenen Vermögen** ganz oder teilweise eingeschränkt, dann ist das Vermögen mit dem **gemeinen Wert** (Teilwert) **anzusetzen** (§ 6 Z 6 lit a, **keine Buchwertfortführung**, § 16 Abs 1 zweiter Satz, § 17 Abs 1; § 20).
- In allen übrigen Fällen wird das inländische Besteuerungsrecht **am übertragenen Vermögen nicht eingeschränkt** und es kommt zur Buchwertfortführung (§ 16 Abs 1 erster Satz; § 20).

Beispiele:

1. **Anteilstausch durch EU-Körperschaft:** Die österreichische M-GmbH bringt einen qualifizierten Kapitalanteil an der inländischen T-GmbH in die deutsche AG gegen Anteile an dieser ein. Es kommt zur Buchwertfortführung.
2. **Anteilstausch durch natürliche Person:** Die inländische natürliche Person bringt einen qualifizierten Kapitalanteil an der inländischen T-GmbH in die deutsche AG gegen Anteile an dieser ein. Es kommt zur Einschränkung des Besteuerungsrechts an den eingebrachten Anteilen und daher zum Ansatz des Teilwertes (gemeinen Wertes) und Besteuerung mit der Möglichkeit der Nichtfestsetzung (→ 655).
3. **Betriebseinbringung mit teilweiser Einschränkung:** Die in Deutschland ansässige natürliche Person bringt ihren österreichischen Betrieb in die deutsche GmbH gegen Anteile an dieser ein. Es kommt dabei zur teilweisen Einschränkung des Besteuerungsrechts, weil bisher die stillen Reserven der Progression unterlagen und jetzt eine Besteuerung nur mehr auf Ebene der Körperschaft iHv 23 % möglich ist. Dies führt zur Besteuerung der aufgedeckten stillen Reserven mit 27,5 % (§ 16 Abs 1 vierter Satz, § 27a Abs 1 Z 2 EStG mit der Möglichkeit der Ratenzahlung (→ 655).

Bei **Einbringung von Vermögen durch eine Mitunternehmerschaft** hat die Bewertung des übertragenen Vermögens in der Einbringungsbilanz **einheitlich** zu erfolgen. Sofern Mitunternehmer in Drittstaaten ansässig sind (steuerwirksamer Tausch) oder von der Aufwertungsoption (→ 657) Gebrauch machen, kommt es in der Einbringungsbilanz bei Nichteinschränkung des inländischen Besteuerungsrechts am eingebrachten Vermögen **dennoch zur Buchwertfortführung**. Der Unterschiedsbetrag aus der außerbilanziellen Aufwertung ist bei der übernehmenden Körperschaft wie ein Firmenwert zu behandeln und ab dem folgenden Wirtschaftsjahr außerbilanziell abzusetzen (§ 16 Abs 4).

Vertiefung: Einbringung, Ratenzahlung und Nichtfestsetzung   655

Hinsichtlich des **Ratenzahlungskonzepts** (§ 16 Abs 1) und des **Nichtfestsetzungskonzepts** (§ 17 Abs 1a) bei Besteuerung aufgrund der Einschränkung des Besteuerungsrechts gegen einen EU-Staat oder EWR-Staat gilt Folgendes:

- Das **Ratenzahlungskonzept** kommt bei ausgelöster Steuerschuld auf Antrag zur Anwendung (§§ 16 Abs 1 zweiter Satz, 17 Abs 1 zweiter Satz, § 6 Z 6 lit c bis d EStG → 296). Es sind offene Raten auch dann **fällig** zu stellen, wenn danach die Gegenleistung durch den Einbringenden veräußert wird oder auf sonstige Weise ausscheidet. Bei **teilweiser Einschränkung** mit Anwendung des besonderen Steuersatzes iHv

§ 27,5% sind offene Raten nur dann **fällig** zu stellen, wenn in weiterer Folge die Gegenleistung durch den Einbringenden veräußert wird oder auf sonstige Weise ausscheidet (§ 16 Abs 1 letzter Satz).

- Das **Nichtfestsetzungskonzept** kommt dagegen auf Antrag zur Anwendung bei Aufdeckung stiller Reserven im Falle der Einbringung durch natürliche Personen von nicht zu einem inländischen Betriebsvermögen gehörenden Anteilen oder von qualifizierten Anteilen aus dem Betriebsvermögen (**Anteilstausch**, § 16 Abs 1a) (→ 344, § 27 Abs 6 Z 1 lit a bis c, § 27a Abs 3 Z 2 lit b letzter Satz). Zur Festsetzung kommt es im Fall der tatsächlichen Veräußerung, des sonstigen Ausscheidens oder des steuerneutralen umgründungsbedingten Untergangs der Gegenleistung; als tatsächliche Veräußerung der Gegenleistung ohne Option auf Nichtfestsetzung gilt auch, wenn die eingebrachten Kapitalanteile von der übernehmenden Gesellschaft veräußert werden oder sonst aus deren Betriebsvermögen ausscheiden und in diesem Zusammenhang ein Wegzug oder eine unentgeltliche Übertragung der Gegenleistung durch den Steuerpflichtigen erfolgt (§ 17 Abs 1a). Kommt es zur Festsetzung der Steuerschuld, dann erhöhen sich rückwirkend die Anschaffungskosten oder Buchwerte entsprechend (§ 20 Abs 2 Z 5).

656 Vertiefung: Zusammenschluss, Realteilung

Bei **Zusammenschlüssen und Realteilungen** ist bei Einschränkung des inländischen Besteuerungsrechts am übertragenen Vermögen das Vermögen mit dem **gemeinen Wert oder Teilwert anzusetzen** (§ 6 Z 6 lit a, **keine Buchwertfortführung**, § 24 Abs 1 Z 3, § 29 Abs 1 Z 3).

Auf eine **ausgelöste Steuerschuld** ist das **Ratenzahlungskonzept** anzuwenden, sofern die Einschränkung gegen einen EU-Staat oder EWR-Staat erfolgt (§ 24 Abs 1 Z 3, § 29 Abs 1 Z 3, § 6 Z 6 lit c bis d → 296).

657 Vertiefung: Aufwertungsoption

Sofern eine Umgründung **im Ausland zur Gewinnverwirklichung** führt und im Inland die internationale Doppelbesteuerung mittels **Anrechnungsmethode** vermieden wird, kann das Vermögen grundsätzlich mit dem **gemeinen Wert** (Teilwert) angesetzt werden (Aufwertungsoption, § 2 Abs 2; § 8 Abs 2, § 16 Abs 3, § 17 Abs 1, § 24 Abs 1 Z 4, § 29 Abs 1 Z 4, § 33 Abs 2). Mit der Aufwertungsoption kann eine internationale Doppelbesteuerung aufgrund unterschiedlicher Gewinnverwirklichungszeitpunkte vermieden werden.

Beispiele:
1. **Verschmelzung:** Eine französische SA mit einer inländischen Betriebsstätte wird auf eine deutsche GmbH verschmolzen, wobei die stillen Reserven der inländischen Betriebsstätte in Frankreich als realisiert gelten. Das DBA F-Ö sieht die Anrechnungsmethode vor. Anlässlich der Besteuerung in Frankreich könnte im Fall der Buchwertfortführung keine österreichische Steuer angerechnet werden. Eine spätere Besteuerung im Inland verhindert die Anrechnung der französischen Steuer. Durch die Aufwertungsoption in Österreich bei Realisierung in Frankreich kann zeitgleich die französische Steuer angerechnet werden.
2. **Umwandlung:** Die italienische SA mit einer inländischen Betriebsstätte wird auf den Hauptgesellschafter, eine inländische natürliche Person, umgewandelt. Italien nimmt die

Umwandlung zum Anlass, die stillen Reserven der inländischen Betriebsstätte zu besteuern. Zur Vermeidung unterschiedlicher Besteuerungszeitpunkte können auch die stillen Reserven in der inländischen Betriebsstätte aufgedeckt und versteuert werden.

9.3. Ertragsteuerliche Folgen der Entstehung des Besteuerungsrechtes

Entstehung des inländischen Besteuerungsrechts 658

> Die **Entstehung** des inländischen Besteuerungsrechts an Vermögen führt zum **Ansatz des gemeinen Werts oder Teilwerts** im Zeitpunkt des Umgründungsstichtages.

Entsteht das inländische Besteuerungsrecht **am übertragenen Vermögen**, dann kommt es zum **Ansatz des gemeinen Werts** (höheren Teilwerts) des Vermögens (§ 3 Abs 1 Z 2, § 9 Abs 1 Z 3, § 17 Abs 2, § 18; § 25 Abs 1 Z 2, § 30 Abs 1 Z 2; § 34 Abs 1a). Damit bleiben Wertänderungen, die vom inländischen Besteuerungsrecht bisher nicht erfasst wurden, weiterhin unberücksichtigt.

Sofern Vermögen **bereits davor dem inländischen Besteuerungsrecht unterlag**, aber die Steuer aufgrund einer Übertragung innerhalb der EU oder des EWR beim Übernehmenden oder einer konzernzugehörigen Körperschaft nicht festgesetzt worden oder nicht entstanden wurde (§ 16 Abs 1a), sind die **fortgeschriebenen Buchwerte**, höchstens aber die gemeinen Werte, anzusetzen. Die spätere Veräußerung oder das sonstige Ausscheiden gilt nicht als rückwirkendes Ereignis (§ 295a BAO). Wertsteigerungen im EU-/EWR-Raum sind vom Veräußerungserlös (gemeinen Wert) abzuziehen (§ 3 Abs 1 Z 2; § 9 Abs 1 Z 3; § 18 Abs 1 Z 3; § 25 Abs 1 Z 2; § 30 Abs 1 Z 2; § 34 Abs 1a).

Entsteht bei **Umwandlungen** das inländische Besteuerungsrecht am übertragenen Vermögen, kommt es zwar nicht zur Aufwertung, aber die bis zur Umwandlung entstandenen stillen Reserven unterliegen bei einer späteren Realisierung der Wertänderung des Betriebs durch eine natürliche Person lediglich einer Besteuerung mit 25 % (in 2023: 24 %, ab 2024: 23 %) (anstelle der progressiven Besteuerung), soweit dieser Betrag im späteren Veräußerungsgewinn gedeckt ist. Damit sollen die übertragenen stillen Reserven nur in Höhe der Körperschaftsteuer besteuert werden (§ 9 Abs 2 Z 3). Dagegen werden bis zum Umwandlungsstichtag bereits realisierte und noch nicht ausgeschüttete stille Reserven im Wege der fiktiven Ausschüttung erfasst (→ 641).

Bei **Einbringung** ist bei **außerbetrieblichen Kapitalanteilen** der gemeine Wert anzusetzen, außer es wird im Einbringungsvertrag der Ansatz der niedrigeren Anschaffungskosten oder Buchwerte festgelegt (§ 17 Abs 2 Z 1).

Beispiele:
1. **Verschmelzung:** Eine französische SA mit italienischer Betriebsstätte wird auf eine inländische GmbH verschmolzen. Nach dem DBA I-Ö, das die Anrechnungsmethode vorsieht, entsteht damit das Besteuerungsrecht an den stillen Reserven der italienischen Betriebsstätte, sodass damit eine Aufwertung im Inland verbunden ist.

2. **Inländische Umwandlung und 25-%-Steuersatz:** Die inländische GmbH mit einer deutschen natürlichen Person als Anteilsinhaber wird auf eine inländische Personengesellschaft (mit der natürlichen Person als Hauptgesellschafter) umgewandelt. Mangels Aufwertung auf Ebene des Anteilsinhabers würde bei Veräußerung des Mitunternehmeranteils (Betriebs) der Veräußerungsgewinn der progressiven Besteuerung unterliegen. Zur Abmilderung kommt bei einem später erzielten Veräußerungsgewinn bis zum Unterschiedsbetrag zwischen Buchwert und gemeinem Wert (stille Reserven) des Vermögens der Körperschaft zum Umwandlungsstichtag nur der 25-%-Steuersatz (Körperschaftsteuersatz) zur Anwendung.

3. **Ausländische Umwandlung:** Eine französische SA mit inländischen Anteilsinhabern wird in eine französische Personengesellschaft umgewandelt. Die in der SA enthaltenen Kapitalanteile sind keiner Betriebsstätte zuzurechnen. Dadurch entsteht ein inländisches Besteuerungsrecht an den Kapitalanteilen. Die Kapitalanteile sind daher für steuerliche Zwecke auf den gemeinen Wert aufzuwerten.

4. **Einbringung:** Die ausländische natürliche Person bringt Kapitalanteile in eine inländische GmbH ein und erhält dafür als Gegenleistung Anteile an dieser. Grundsätzlich ist der gemeine Wert der eingebrachten Anteile anzusetzen, außer im Einbringungsvertrag werden niedrigere Anschaffungskosten (Buchwert) festgelegt.

5. **Spaltung:** Eine deutsche GmbH spaltet einen Kapitalanteil an eine inländische AG ab. Die stillen Reserven des Kapitalanteils unterliegen ab nun der inländischen Besteuerung, sodass eine Aufwertung auf den Teilwert im Zeitpunkt des Spaltungsstichtages zu erfolgen hat.

10. Sonstige abgabenrechtliche Folgen von Umgründungen

659 Ertragsteuerliche Folgen

Im **ertragsteuerlichen** Bereich können sich weitere Folgen ergeben:

- **Unternehmensgruppe:** Umgründungen innerhalb der Unternehmensgruppe gelten nicht als Änderung der Unternehmensgruppe, sofern die Unternehmensgruppe weiterhin finanziell verbunden bleibt (§ 9 Abs 5 letzter Satz KStG). Umgründungen sind auf ihre Wirkungen auf die Unternehmensgruppe zu würdigen und können zur Erweiterung, Veränderung, Verminderung oder Beendigung der Unternehmensgruppe führen.

- **Lohnsteuer und Einkunftsart aufgrund einer Tätigkeit:** Für Zwecke der Lohnsteuer besteht keine Rückwirkung. Der bisherige Arbeitgeber (Übertragende) bleibt daher bis zur zivilrechtlichen Änderung (Löschung, Eintragung Firmenbuch, Meldung Finanzamt) weiterhin Arbeitgeber für Zwecke der Lohnsteuer (§ 6 Abs 1, § 11 Abs 1, § 38 Abs 1). Ändert sich die Einkunftsart aufgrund einer Tätigkeit durch die Umgründung (§ 25 in § 22 Z 2 EStG und umgekehrt), so tritt diese Änderung auch erst zum späteren zivilrechtlichen Zeitpunkt ein (§ 22 Abs 2, § 26 Abs 2, § 38 Abs 1). Der Übernehmer tritt in die lohnsteuerliche Rechtsstellung des Übertragenden ein, sofern die Arbeitsverhältnisse übergehen (§ 41).

- **Mindestkörperschaftsteuer:** Nicht verrechnete Mindestkörperschaftsteuern bei Umgründungen gehen bei Verschmelzung, Umwandlung und Aufspaltung grundsätzlich auf den Rechtsnachfolger über. Kein Übergang erfolgt bei Einbringung, Zusammenschluss und Realteilung, weil sich am Steuersubjekt nichts ändert. Bei einer Umwandlung kann die Mindestkörperschaftsteuer auf die Übernehmenden aufgeteilt und grundsätzlich auf Ertragsteuern der Übernehmenden angerechnet werden. Die Aufteilung erfolgt bei Firmenbucheintragung zum bestehenden Beteiligungsverhältnis. Bei natürlichen Personen kann die Steuer als Vorauszahlung angerechnet werden, sofern der Betrieb am Ende des Jahres der Anrechnung noch vorhanden ist. Eine Anrechnung kann jedenfalls auf die Einkommensteuer auf einen Veräußerungsgewinn des Betriebs erfolgen (§ 9 Abs 8). Rückwirkung bei Umgründungen führt auch bereits zum rückwirkenden Entstehen oder Entfall der Mindestkörperschaftsteuerpflicht. Bei bloß formwechselnden Umwandlungen ist die anwendbare Mindestkörperschaftsteuer zu Beginn des Kalendervierteljahres maßgeblich (§ 24 Abs 4 Z 1 KStG).

Sonstige abgabenrechtliche Folgen 660

Im sonstigen abgabenrechtlichen Bereich können sich weitere Folgen ergeben:

- **Umsatzsteuer:** Umgründungen innerhalb des Anwendungsbereiches des Umgründungssteuergesetzes gelten als nichtsteuerbare Umsätze im Sinne des Umsatzsteuerrechts; der Übernehmer tritt unmittelbar in die Rechtsstellung des Erwerbers ein (§ 6 Abs 4, § 11 Abs 3, § 22 Abs 3, § 26 Abs 1, § 31 Abs 1, § 38 Abs 3).
- **Grunderwerbsteuer:** Erwerbsvorgänge aufgrund von begünstigten Umgründungen unterliegen der begünstigten Besteuerung von 0,5% des Grundstückswertes (§ 6 Abs 4, § 11 Abs 4, § 22 Abs 5, § 26 Abs 4, § 31 Abs 3, § 38 Abs 5).
- **Rechtsgeschäftsgebühren:** Einbringungen (und dafür gewährte Gegenleistungen), Zusammenschlüsse und Realteilungen sind von den Zessionsgebühren befreit, wenn das zu übertragende Vermögen am Tag des Abschlusses des Umgründungsvertrags länger als zwei Jahre als Vermögen des Übertragenden besteht (§ 22 Abs 4, § 26 Abs 4, § 31 Abs 2). Bei Vertragsübernahmen aufgrund der Einzelrechtsnachfolge sind diese von den Rechtsgeschäftsgebühren befreit (§ 42).

Kapitel 12

Umsatzsteuer[1] – Überblick, Subjekt, Objekt

1. Überblick

Der **Umsatzsteuer** unterliegen nur **steuerpflichtige Lieferungen und sonstige Leistungen**, die ein Unternehmer **im Inland gegen Entgelt im Rahmen seines Unternehmens** ausführt.

661

Die Umsatzsteuer ist eine **indirekte Steuer**, weil der ausführende Unternehmer zwar Steuerschuldner ist, aber nicht gleichzeitig mit der Steuer auch wirtschaftlich belastet wird.

Der Unternehmer als Steuersubjekt

662

Steuersubjekt der Umsatzsteuer sind **Unternehmer.** Unternehmer ist, wer eine wirtschaftliche Tätigkeit, sei es gewerblich oder sonst beruflich, selbständig ausübt.

Steuerobjekt: Im Inland gegen Entgelt ausgeführter Umsatz

663

Steuerobjekt der Umsatzsteuer sind grundsätzlich **inländische unternehmerische Umsätze**, also Leistungen, die ein Unternehmer im Rahmen seines Unternehmens gegen Entgelt im Inland ausführt. Ausländische Umsätze sind in Österreich nicht steuerbar.

Die **Umsatzsteuer** wird nicht nur auf Leistungen an Verbraucher erhoben, sondern bereits in der **Liefer- und Leistungskette zwischen Unternehmern** davor. Damit leistungsempfangende Unternehmer nicht endgültig mit Umsatzsteuer belastet werden, können sie sich die Umsatzsteuer auf Vorleistungen grundsätzlich als **Vorsteuer** vom Finanzamt rückerstatten lassen.

Bestimmte Leistungen von Unternehmern sind aus unterschiedlichen Gründen **von der Umsatzsteuer befreit**. Die Umsatzsteuerbefreiung dieser Leistungen führt daher zur Abgrenzung des **umsatzsteuerpflichtigen Unternehmensbereichs** vom **umsatzsteuerbefreiten Unternehmensbereich**. Während für Vorleistungen an den umsatzsteuerpflichtigen Unternehmensbereich der Vorsteuerabzug zusteht, kann die Vorsteuer auf Vorleistungen für den umsatzsteuerbefreiten Unternehmensbereich nicht geltend gemacht werden. Man spricht daher auch von **unechten Umsatzsteuerbefreiungen**. Bestimmte Umsätze sind generell **von der Umsatzsteuer befreit, mit Vorsteuerabzug** auf Vorleistungen. Diese Umsätze werden daher als **echte Steuerbefreiungen** bezeichnet. Darunter fallen insbesondere internationale Beförderungsleistungen und Leistungen an internationale Organisationen und völkerrechtliche Vertretungen.

---

1   Paragraphenverweise ohne Gesetzesangabe beziehen sich auf das Umsatzsteuergesetz (UStG) bzw dessen Anhang.

664 Ermittlung der Steuer

Die Umsatzsteuer **ermittelt** sich grundsätzlich aus dem **Entgelt** des Umsatzes und dem anwendbaren **Steuersatz** (**10 %, 13 %** oder **20 %**).

Für umsatzsteuerpflichtige Leistungen, innergemeinschaftliche Erwerbe, den Eigenverbrauch und die Einfuhr ist die jeweilige **Bemessungsgrundlage** der Umsatzsteuer festzustellen.

Auf die für den steuerpflichtigen Umsatz ermittelte Bemessungsgrundlage ist der **maßgebliche Steuersatz** anzuwenden. Dieser beträgt in Österreich grundsätzlich **20 %**. Bestimmte Lieferungen und Leistungen unterliegen begünstigten Steuersätzen von **13 %** oder **10 %**.

Unternehmer können grundsätzlich die an sie in einer Rechnung ausgewiesene Umsatzsteuer aus inländischen Lieferungen **als Vorsteuer gegenüber dem Finanzamt geltend machen**.

665 Erhebung der Umsatzsteuer: Voranmeldung und Veranlagung

Die **Erhebung der Umsatzsteuer** erfolgt im Wege der Selbsterklärung durch Voranmeldungen und Vorauszahlungen in monatlichen oder vierteljährlichen **Voranmeldungszeiträumen** eines Kalenderjahres.

Nach Ablauf eines Kalenderjahres wird die Umsatzsteuer im Wege der jährlichen **Veranlagung** durch Umsatzsteuererklärungen und Festsetzung von offenen Schulden oder Gutschriften durch **Bescheid** nach Ablauf des Kalenderjahres festgesetzt.

2. Steuersubjekt – Unternehmer (§ 2 UStG)

666
Steuersubjekt ist der Unternehmer. **Unternehmer** ist, wer eine gewerbliche oder berufliche Tätigkeit selbständig ausübt (§ 2 Abs 1). Nur Umsätze von Unternehmern unterliegen daher grundsätzlich der Umsatzsteuer (§ 1 Abs 1).

Die Unternehmereigenschaft **beginnt** bereits mit Vorbereitungshandlungen und **endet** mit den letzten Abwicklungshandlungen des Unternehmens. Ein Unternehmer liegt dabei nur vor, wenn dieser nach außen hin in Erscheinung tritt. Somit gilt für die Unternehmereigenschaft die **Maßgeblichkeit des Außenverhältnisses**.

Als Unternehmer kommen **alle natürlichen und juristischen Personen und sonstige Personenvereinigungen** in Betracht, welche die Unternehmereigenschaft erfüllen. Das sind sowohl rechtsfähige Personengesellschaften, wie die OG, KG, EWIV aber auch nicht rechtsfähige Personengemeinschaften wie eine GesbR oder eine Miteigentumsgemeinschaft. Eine Unternehmereigenschaft allein aufgrund der Rechtsform besteht nicht. Unternehmereigenschaft liegt auch unabhängig davon vor, ob es sich um einen

inländischen Unternehmer, also mit österreichischer Staatsbürgerschaft, Wohnsitz oder Sitz im Inland, oder um einen **ausländischen Unternehmer** handelt bzw ob der Unternehmer im Inland eine inländische Betriebsstätte unterhält.

Eine Ausnahme gilt für **Lieferungen neuer Fahrzeuge innerhalb der EU** nach Österreich, wonach auch **Nichtunternehmer,** also insbesondere private Personen, als Unternehmer behandelt werden, um neue Fahrzeuge mit der inländischen Umsatzsteuer zu belasten (Art 2).

Überblick: Steuersubjekt in der Umsatzsteuer 667

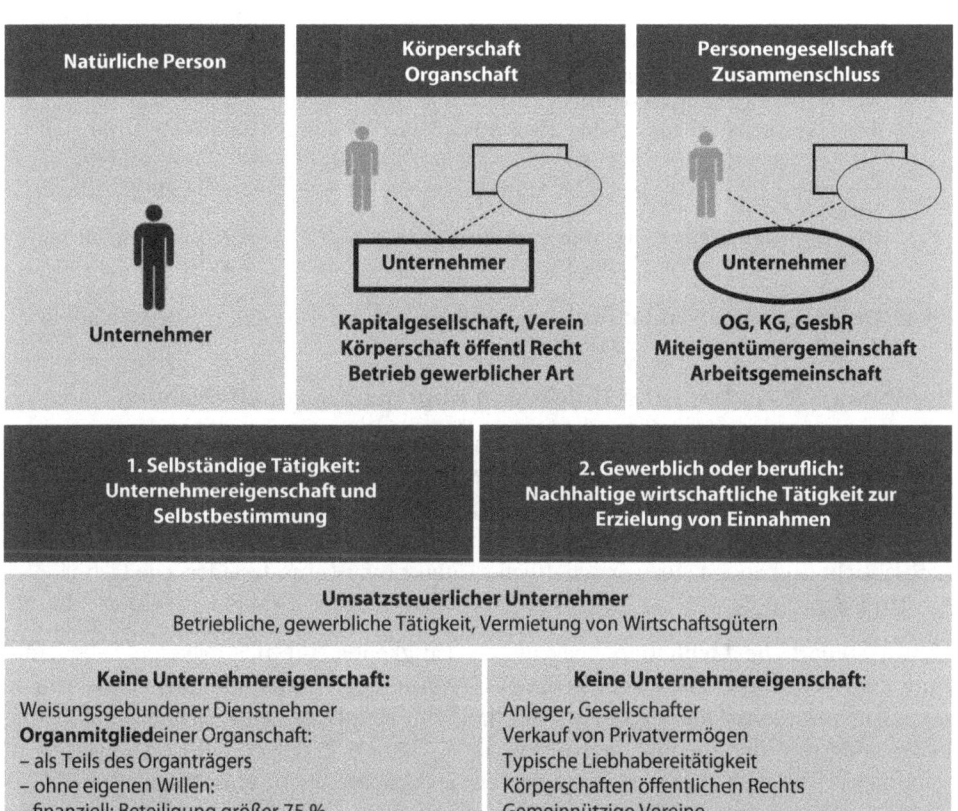

Abbildung 30: Steuersubjekt in der Umsatzsteuer

Vertiefung: Wirtschaftliche Tätigkeit 668

Als erstes Element der Unternehmereigenschaft gilt die **Ausübung einer wirtschaftlichen Tätigkeit,** die auch als gewerblich oder beruflich definiert wird. Eine derartige Tätigkeit ist jede **nachhaltige Tätigkeit** zur **Erzielung von Einnahmen** (§ 2 Abs 1).

Eine **wirtschaftliche Tätigkeit** liegt unabhängig davon vor, ob die Leistungen am Markt oder nur einem beschränkten Personenkreis angeboten werden. Auch Leistungen einer Personenvereinigung ausschließlich gegenüber ihren Mitgliedern begründen bereits eine wirtschaftliche Tätigkeit. **Nachhaltigkeit** liegt bei Wiederholungsabsicht vor, bei tatsächlicher Wiederholung einer Tätigkeit oder bei Ausübung einer Tätigkeit auf längere Dauer. **Einnahmenerzielung** liegt auch bei bloßer Kostendeckung vor. Eine Gewinnerzielungsabsicht ist anders als im Ertragsteuerrecht nicht notwendig.

Beispiele und Einzelfälle:

1. **Das bloße Halten oder Verwalten von Vermögen** begründet mangels wirtschaftlicher Tätigkeit keine Unternehmereigenschaft, wie insbesondere die Tätigkeit eines Gesellschafters, also auch einer passiven Holdinggesellschaft.[2] Auch ein bloßer Treuhänder übt keine wirtschaftliche Tätigkeit aus.[3]

2. **Aktive Beteiligungsgesellschaften:** Übt eine Holdinggesellschaft die Geschäftsführung anderer Gesellschaften aus, erbringt sie sonstige Konzernleistungen an diese oder wird das Kapitalvermögen sonst unmittelbar für eine sonstige ausgeübte wirtschaftliche Tätigkeit des Unternehmers gehalten (zB Wertpapierhandel), dann stellt dies eine wirtschaftliche Tätigkeit dar.[4]

3. **Die Vermietung einer Eigentumswohnung** kann bereits Unternehmereigenschaft begründen, sofern die Vermietung fremdüblich erfolgt und daher eine wirtschaftliche Tätigkeit ausgeübt wird.

4. **Der gelegentliche Verkauf von Privatvermögen** stellt keine gewerbliche oder berufliche Tätigkeit dar und führt nicht zur Unternehmereigenschaft.

669 Vertiefung: Wirtschaftliche Tätigkeit in Abgrenzung zur Liebhaberei

Nicht als wirtschaftliche Tätigkeiten gelten private und gemeinnützige Tätigkeiten, die auf einer persönlichen Neigung oder der Gemeinnützigkeit beruhen, auch wenn sie gelegentlich zu Einnahmen führen. Für die Abgrenzung ist entscheidend, ob die Tätigkeit auf Einnahmenerzielung ausgerichtet ist oder nicht. Ohne nachhaltige Einnahmenerzielungsabsicht liegt auch keine wirtschaftliche Tätigkeit vor (umsatzsteuerliche Liebhaberei, § 2 Abs 5 Z 2).[5]

Umsatzsteuerliche Liebhaberei begründen Tätigkeiten, die der privaten Lebensführung nahestehen und auf Dauer gesehen Gewinne oder Einnahmenüberschüsse nicht erwarten lassen und daher nicht als wirtschaftliche Tätigkeiten einzuordnen sind (Tätigkeiten aufgrund der Liebhabereivermutung, § 2 Abs 5 Z 2; § 6 L-VO). Mangels wirtschaftlicher Tätigkeit sind die Leistungen der Liebhaberei nicht umsatzsteuerbar.

Anwendungsfälle und Beispiele:

1. **Umsatzsteuerliche Liebhaberei: Bewirtschaftung von Wirtschaftsgütern**, die sich in besonderem Maße für die Nutzung im Rahmen der Lebensführung eignen, also Wirtschaftsgüter zur Ausübung von Sport und Freizeit und Luxuswirtschaftsgüter, **typischen Hobbytätigkeiten**, oder **Bewirtschaftung von Wohnräumen**, wie Eigenheime, Eigentumswohnungen und Mietwohngrundstücke mit qualifizierten Nutzungsrechten (§ 1 Abs 2 L-VO).

---

2   EuGH 27.9.2001, C-16/00, *Cibo Participations*; EuGH 6.9.2012, C-496/11, *Portugal Telecom SGPS SA*.
3   EuGH 20.6.1996, C-155/94, *Wellcome Trust*.
4   EuGH 27.9.2001, C-16/00, *Cibo Participations*; EuGH 6.9.2012, C-496/11, *Portugal Telecom SGPS SA*.
5   VwGH 25.4.2013, 2010/15/0107.

2. **Die Vermietung einer Eigentumswohnung** stellt dann Liebhaberei dar, wenn die Vermietung nicht unter marktkonformen Bedingungen erfolgt und daher eine wirtschaftliche Tätigkeit nicht vorliegt.[6]

3. **Gemeinnützige Vereine** können Unternehmer sein, soweit sie eine wirtschaftliche Tätigkeit ausüben. Ein Sportverein kann durch die Erzielung von Einnahmen aufgrund von Ablösezahlungen für Fußballspieler bereits eine wirtschaftliche Tätigkeit ausüben, sofern zumindest Wiederholungsabsicht besteht.[7]

4. **Bei von vornherein unentgeltlichen Tätigkeiten** fehlt es an der Einnahmenerzielungsabsicht.

Vertiefung: Wirtschaftliche Tätigkeit und Hoheitsverwaltung 670

Keine wirtschaftliche Tätigkeit ist die **Hoheitsverwaltung** von Körperschaften des öffentlichen Rechts (§ 2 Abs 3) oder die Tätigkeit von **Funktionären** in ihrer öffentlich-rechtlichen Funktion (§ 2 Abs 5 Z 1). Körperschaften des öffentlichen Rechts sind nur im Rahmen ihrer **Betriebe gewerblicher Art** und ihrer **land- und forstwirtschaftlichen Betriebe** gewerblich oder beruflich tätig. Nur Umsätze aus diesen Betrieben können der Umsatzsteuer unterliegen.

Beispiele zur wirtschaftlichen Tätigkeit öffentlicher Rechtsträger:

1. **Versorgungsbetriebe von Bund, Ländern und Gemeinden** können Unternehmereigenschaft begründen, wie Wasserwerke, Schlachthöfe, Anstalten zur Müllbeseitigung und zur Abfuhr von Spülwasser und Abfällen.

2. **Vermietung und Verpachtung von Grundstücken** durch öffentlich-rechtliche Körperschaften kann ebenso umsatzsteuerlich Unternehmereigenschaft begründen (§ 2 Abs 3).

3. **Träger der Sozialversicherung** und ihrer Verbände und **sonstige soziale Einrichtungen** gelten ebenso als wirtschaftlich tätig und begründen Unternehmereigenschaft, auch wenn die Leistungen vorwiegend umsatzsteuerbefreit sind.

4. **Tätigkeit des Bundes**, soweit sie in der Duldung der Benützung oder der Übertragung der Eisenbahninfrastruktur besteht, gilt als wirtschaftliche Tätigkeit (§ 2 Abs 4).

Vertiefung: Selbständige Ausübung 671

Als zweites Element der Unternehmereigenschaft muss die wirtschaftliche Tätigkeit **selbständig ausgeübt** werden. Mangels Selbständigkeit fehlt die Unternehmereigenschaft insbesondere dann, wenn bei natürlichen Personen die Tätigkeit lediglich aufgrund eines **Dienstverhältnisses** erbracht wird oder juristische Personen lediglich untergeordnete **Organgesellschaften** sind (§ 2 Abs 2).

Umsatzsteuerliche Konsequenz der Unselbständigkeit ist, dass Leistungen zwischen einem Unternehmer und der natürlichen Person aufgrund eines Dienstverhältnisses oder ihm untergeordnete Organgesellschaften umsatzsteuerneutral sind, weil sie innerhalb eines Unternehmens erfolgen. Inländische Leistungen zwischen den einzelnen Rechtssubjekten innerhalb einer **Unternehmenseinheit** unterliegen daher nicht der Umsatzsteuer. Bei grenzüberschreitenden Leistungen und Warenbewegungen können dennoch umsatzsteuerbare Vorgänge vorliegen, weil es dabei zu einem Wechsel des Umsatzsteuersystems kommt.

---

6   VwGH 30.4.2015, 2014/15/0015.
7   VwGH 10.1.1958, 2228/56.

Natürliche Personen üben eine Tätigkeit nicht selbständig aus, wenn diese einzeln oder zusammengeschlossen einem Unternehmen derart eingegliedert sind, dass sie den Weisungen des Unternehmers aufgrund eines Dienstverhältnisses zu folgen verpflichtet sind (§ 2 Abs 2 Z 1). Hierbei ist das Fehlen eines Unternehmerrisikos von Bedeutung, insbesondere hinsichtlich des Vergütungsrisikos bei Nichterbringung der Leistung.[8]

Beispiele zur Selbständigkeit natürlicher Personen:

1. **Ein Dienstnehmer**, der gegenüber einem Unternehmer seine Arbeitsleistung erbringt, ist selbst mangels Selbständigkeit nicht Unternehmer. Daher ist diese Arbeitsleistung auch nicht umsatzsteuerbar.
2. **Freie Dienstverträge und Werkverträge** begründen mangels Weisungsunterworfenheit und Eingliederung in ein Unternehmen Unternehmereigenschaft.
3. **Der Geschäftsführer oder Vorstand** einer juristischen Person oder Personenvereinigung ist grundsätzlich im Wege eines Dienstverhältnisses angestellt und daher nichtselbständig tätig. Dies gilt auch, wenn er tatsächlich aufgrund einer wesentlichen Beteiligung oder sonstiger Umstände seine Funktion als Alleingesellschafter ohne Weisung ausüben kann.[9] In diesen Fällen nimmt die Finanzverwaltung unter Berufung auf ältere VwGH-Entscheidungen Unternehmereigenschaft an.[10]

672 Vertiefung: Selbständige Ausübung und Organschaft

Juristische Personen gelten als selbständig, sofern sie eine wirtschaftliche Tätigkeit selbständig ausüben. Keine Selbständigkeit kommt **Organgesellschaften** zu, die dem Willen eines Unternehmers derart untergeordnet sind, dass sie keinen eigenen Willen haben (§ 2 Abs 2 Z 2). Dies ist dann der Fall, wenn sie nach dem **Gesamtbild** der tatsächlichen Verhältnisse:

- **finanziell,** also bei kapitalmäßiger und stimmenmäßiger Beherrschung von grundsätzlich mehr als 75 %,
- **wirtschaftlich,** durch betriebswirtschaftlich aufeinander abgestimmte Tätigkeiten, und
- **organisatorisch**, durch personelle Besetzung oder Übernahme organisatorischer Aufgaben, in ein Unternehmen eingegliedert sind.

Die Organschaft ist auf **Innenleistungen zwischen im Inland gelegenen Unternehmensteilen beschränkt**. Die inländischen Unternehmensteile sind als Unternehmen zu behandeln. Sofern der Organträger seine Geschäftsleitung im Ausland hat, gilt der wirtschaftlich bedeutendste Unternehmensteil im Inland als Unternehmer (§ 2 Abs 2).

Beispiele zur Selbständigkeit von juristischen Personen und Unternehmensteilen:

1. Eine **Muttergesellschaft** ist Produktionsunternehmen und hält 100 % an der Tochtergesellschaft, die für den Vertrieb zuständig ist. Die Muttergesellschaft entsendet ihren Geschäftsführer in die **Tochtergesellschaft**, der die Geschäftsführung dort übernimmt. **Innenumsätze** zwischen der inländischen Muttergesellschaft und der inländischen Tochtergesellschaft, die gemeinsam eine Organschaft begründen, sind **nicht umsatzsteuerbar**, weil die Lieferung innerhalb desselben Unternehmens erbracht wird.

---

8   EuGH 18.10.2007, C-355/06, *van der Steen.*
9   EuGH 18.10.2007, C-355/06, *van der Steen*; VwGH 26.1.2017, Ro 2016/15/0003.
10   UStR 2000 Rz 184.

2. **Grenzüberschreitende Leistungen zwischen ausländischer Muttergesellschaft und inländischer Organgesellschaft** sind umsatzsteuerbar, weil sich die Wirkung der Organschaft nur auf Leistungen innerhalb der inländischen Unternehmensteile bezieht.
3. **Eine Zweigniederlassung oder Betriebsstätte** ist mangels Rechtsfähigkeit und Selbständigkeit nicht selbst Unternehmer, sondern Teil des Unternehmens der Hauptniederlassung.[11]

Betriebe gewerblicher Art sind rechtlich zwar unselbständige Teile der Körperschaft öffentlichen Rechts, aber für umsatzsteuerliche Zwecke als selbständige Unternehmen anzusehen (§ 2 Abs 3).

Vertiefung: UID-Nummer (Art 28 BMR) 673

Unternehmer mit **inländischen Umsätzen und Vorsteuerabzug** erhalten vom Finanzamt von Amts wegen eine **Umsatzsteuer-Identifikationsnummer** (**UID-Nummer**) zugeteilt (Art 28 Abs 1). Dies gilt auch für Unternehmer, die innergemeinschaftliche Erwerbe bewirken oder die Sonderregelung gemäß § 25b oder Art 25a in Anspruch nehmen. Unternehmer, die **nicht vorsteuerabzugsberechtigt** sind oder bei denen die Besteuerung im Wege der land- und forstwirtschaftlichen Pauschalierung erfolgt, und nichtunternehmerische juristische Personen erhalten auf Antrag eine UID-Nummer zugeteilt, **wenn sie diese** für innergemeinschaftliche Lieferungen, innergemeinschaftliche Erwerbe oder sonstige innergemeinschaftliche Leistungen, bei denen die Steuerschuld auf den Empfänger übergeht, **benötigen**.

Für jedes Mitgliedsland ist eine eigene Nummer vorgesehen. Für Österreich setzt sich diese aus folgenden Bestandteilen zusammen: ATU 12345678. Ein Unternehmer erhält **nur eine UID-Nummer für sein Unternehmen**, auch wenn dieses mehrere Betriebe unterhält. Auf Antrag wird auch bei **Organschaften** für jede juristische Person eine UID-Nummer ausgestellt. Eine Änderung der Umstände im Hinblick auf die Erteilung einer UID-Nummer hat der Unternehmer dem Finanzamt innerhalb eines Monats mitzuteilen.

Die UID-Nummer dient der **Identifizierung eines Unternehmers** innerhalb der EU. Der ausführende Unternehmer hat dabei eine vom Vertragspartner an ihn übermittelte UID-Nummer zu überprüfen, um festzustellen, ob er die Leistung auch als an einen Unternehmer für sein Unternehmen ausgeführt behandeln kann.

Die **Gültigkeit der Umsatzsteueridentifikationsnummer** ist vom leistungserbringenden Unternehmer in zwei unterschiedlichen Bestätigungsstufen zu prüfen (Art 28 Abs 2):

- **Stufe 1** bestätigt lediglich die Existenz der UID-Nummer, also ob die UID-Nummer gültig oder ungültig ist.
- **Stufe 2** bestätigt auch den Namen und die Anschrift des Unternehmers, die insbesondere bei Erstkontakt, in Zweifelsfällen, bei Gelegenheitskunden und in Abholfällen zu prüfen wäre.

Mit der **Verwendung oder Prüfung der UID-Nummer** sind **Rechtsfolgen** verbunden.

---

11 EuGH 17.9.2014, C-7/13, *Skandia America Corp. USA, filial Sverige.*

Beispiele:

1. Bei Verwendung der UID-Nummer gilt die Leistung als für das Unternehmen des Empfängers ausgeführt (→ 714).
2. Die Prüfung der UID-Nummer des Empfängers ist notwendig, um eine Lieferung als steuerfreie innergemeinschaftliche Lieferung zu deklarieren (→ 739).
3. Durch Verwendung der UID-Nummer durch den Empfänger verzichtet dieser auf die Ausnahme vom Bestimmungslandprinzip für Schwellenerwerber (→ 745).
4. Der Vorsteuerabzug erfordert den Ausweis der UID-Nummer des leistenden Unternehmers und in bestimmten Fällen auch des empfangenden Unternehmers auf der Rechnung (→ 777).
5. Nichtunternehmerische juristische Personen mit UID-Nummer gelten als Unternehmer für Zwecke der Bestimmung des Leistungsorts und als qualifizierte Empfänger bei Leistungen mit Übergang der Steuerschuld (→ 714, 751).

3. Steuerobjekt – Das Umsatzsteuersystem und dessen Funktionsweise

3.1. Grundprinzipien der Umsatzsteuer

674

Die **Umsatzsteuer** ist eine **Steuer auf inländische Umsätze**, also entgeltliche Leistungen, die im Inland von Unternehmern im Rahmen des Unternehmens erbracht werden (§ 1 Abs 1 Z 1).

Die Umsatzsteuer zielt darauf ab, endgültigen Verbrauch der Leistung zu belasten. Sie wird allerdings nicht nur bei inländischen Leistungen an Verbraucher erhoben, sondern bereits in der **gesamten Leistungskette bis zur Erbringung der endgültigen Leistung gegenüber dem Verbraucher.** Daher unterliegen auch inländische Umsätze zwischen Unternehmern innerhalb deren Unternehmen der Umsatzsteuer. Deswegen ist allerdings eine **Entlastung innerhalb der Unternehmerkette** notwendig.

Die Entlastung auf Unternehmerebene erfolgt durch Abzug der Umsatzsteuer auf Vorleistungen als **Vorsteuer** durch den empfangenden Unternehmer.

Die Umsatzsteuer auf Leistungen und der Vorsteuerabzug auf Vorleistungen bilden daher die wesentlichen Teile des Umsatzsteuersystems. Die **vorübergehende Belastung** mit Umsatzsteuer, die **Entlastung** durch den Vorsteuerabzug innerhalb der Unternehmerkette und die **endgültige Belastung** des Verbrauchers mit Umsatzsteuer erfolgt daher in folgenden Schritten:

675 **Umsätze mit anderen Unternehmern**

Schritt 1: Ein Unternehmer erbringt im Inland eine Leistung gegen Entgelt an einen anderen Unternehmer für dessen Unternehmen. Der inländische Umsatz unterliegt der Umsatzsteuer (§ 1 Abs 1 Z 1) und der ausführende Unternehmer hat darüber eine umsatzsteuerliche Rechnung auszustellen (§ 11).

Beispiel zu Schritt 1:

Unternehmer L leistet an Unternehmer U um EUR 50 netto, die der Umsatzsteuer in Höhe von 20 % unterliegen. Unternehmer L hat daher eine Rechnung an Unternehmer U auszustellen, in der er den Nettobetrag von EUR 50 + EUR 10 (20 % Umsatzsteuer), daher EUR 60 als Bruttobetrag ausweist. Unternehmer U begleicht die Rechnung in Höhe von EUR 60 gegenüber Unternehmer L.

Schritt 2: Der ausführende Unternehmer führt die auf den Umsatz entfallende Umsatzsteuer an das Finanzamt ab. Der empfangende Unternehmer kann sich diese Umsatzsteuer vom Finanzamt als Vorsteuer rückerstatten lassen, weil er die Leistung für sein Unternehmen bezogen hat (§ 12).

Beispiel zu Schritt 2:

Unternehmer L hat gegenüber dem Finanzamt eine Umsatzsteuerschuld in Höhe der Umsatzsteuer von EUR 10. Unternehmer U kann sich die in Rechnung gestellte Umsatzsteuer in Höhe von EUR 10 als Vorsteuer vom Finanzamt zurückholen und hat daher eine Umsatzsteuerforderung gegenüber dem Finanzamt. Die geleistete Umsatzsteuer an den Unternehmer L ist daher bei ihm kein Kostenfaktor.

Umsätze mit Verbrauchern 676

Schritt 3: Der empfangende Unternehmer erbringt einen inländischen Umsatz an einen Verbraucher. Der inländische Umsatz unterliegt der Umsatzsteuer (§ 1 Abs 1 Z 1) und der Unternehmer hat darüber eine umsatzsteuerliche Rechnung auszustellen (§ 11).

Beispiel zu Schritt 3:

Der Unternehmer U erbringt eine Leistung an einen Verbraucher um EUR 100 netto, die der Umsatzsteuer in Höhe von 20 % unterliegt. Unternehmer U hat daher eine Rechnung an den Verbraucher auszustellen, in der er den Nettobetrag von EUR 100 + EUR 20 (20 % Umsatzsteuer), daher EUR 120 als Bruttobetrag ausweist. Der Verbraucher begleicht die Rechnung in Höhe von EUR 120 gegenüber Unternehmer U.

Schritt 4: Der Unternehmer führt die auf den Umsatz entfallende Umsatzsteuer an das Finanzamt ab. Der empfangende Verbraucher kann die Umsatzsteuer vom Finanzamt mangels Unternehmereigenschaft nicht als Vorsteuer rückerstatten lassen, weil er die Leistung nicht für sein Unternehmen bezogen hat (§ 12). Er bleibt damit im Ergebnis mit der Umsatzsteuer belastet.

Beispiel zu Schritt 4:

Unternehmer U hat gegenüber dem Finanzamt eine Umsatzsteuerschuld in Höhe der Umsatzsteuer von EUR 20. Der Verbraucher kann sich die in Rechnung gestellte Umsatzsteuer mangels Unternehmereigenschaft nicht vom Finanzamt zurückholen. Der Verbraucher bleibt daher mit der Umsatzsteuer endgültig belastet.

Voranmeldung und Entrichtung der Umsatzsteuer 677

Schritt 5: Der Unternehmer hat regelmäßig seine Umsatzsteuerforderungen aus erhaltenen Vorleistungen und seine Umsatzsteuerschulden aus ausgeführten Umsätzen für jede Periode zu ermitteln und gegenüber dem Finanzamt zu erklären. Den Unterschiedsbetrag hat der Unternehmer entweder im Fall einer verbleibenden Umsatzsteuerschuld an das Finanzamt abzuführen oder im Fall eines Vorsteuerüberhangs gegenüber dem Finanzamt geltend zu machen (Steuergutschrift). Der Unterschiedsbetrag entspricht dabei grundsätzlich dem vom Unternehmen geschaffenen Mehrwert innerhalb einer Periode, daher auch Mehrwertsteuer.

Beispiel zu Schritt 5:

Der Unternehmer U hat in der abgelaufenen Periode einen Vorsteueranspruch gegenüber dem Finanzamt von EUR 10 aus der empfangenen Vorleistung vom Unternehmer L und gleichzeitig eine Umsatzsteuerschuld in Höhe von EUR 20 gegenüber dem Finanzamt. Dies ist dem Finanzamt im Weg einer Voranmeldung offenzulegen. Der Unternehmer U ermittelt eine verbleibende Umsatzsteuerschuld nach Saldierung der Ansprüche in Höhe von EUR 10 und führt diesen Betrag an das Finanzamt ab. Dies entspricht grundsätzlich dem Umsatzsteuerbetrag auf seinen geschaffenen Mehrwert innerhalb dieser Periode, der sich zusammensetzt aus Kosten der Vorleistung von EUR 50 und Veräußerungserlös von EUR 100, somit einem geschaffenen Mehrwert von EUR 50.

678 Überblick: Umsatzsteuersystem

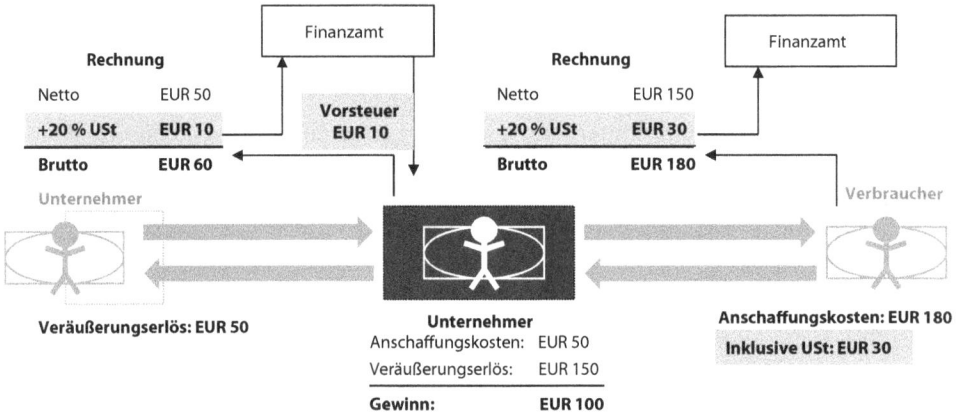

Abbildung 31: Umsatzsteuersystem

3.2. Umsatzsteuer und Vorsteuer als Teile des Umsatzsteuersystems

679 Allgemeine Elemente des steuerbaren Umsatzes (§ 1 UStG)

Der Umsatzsteuer unterliegen nur **steuerpflichtige Lieferungen und sonstige Leistungen**, die ein Unternehmer **im Inland gegen Entgelt im Rahmen seines Unternehmens** ausführt (§ 1 Abs 1 Z 1).

Die Elemente sind daher im Einzelnen:

- **Entgeltlichkeit:** Die Lieferungen und sonstigen Leistungen müssen gegen Entgelt ausgeführt werden. Unentgeltliche Leistungen sind grundsätzlich nicht umsatzsteuerbar.
- **Im Rahmen seines Unternehmens:** Die Leistung muss durch den Unternehmer im Rahmen seines Unternehmens ausgeführt werden. Leistungen aus dem nichtunternehmerischen Bereich sind generell nicht umsatzsteuerbar. Die Abgrenzung führt zur Unterscheidung zwischen nichtunternehmerischen Bereich und zum unternehmerischen Bereich eines Unternehmers.

- **Im Inland ausgeführt:** Die Leistung muss im Inland ausgeführt werden; Auslandsleistungen, also Leistungen mit ausländischem Leistungsort, unterliegen daher nicht der inländischen Umsatzsteuer.

Sind diese vorgenannten Elemente erfüllt, dann liegt eine **umsatzsteuerbare Leistung** vor. Über umsatzsteuerbare Leistungen hat der ausführende Unternehmer grundsätzlich eine **umsatzsteuerliche Rechnung** auszustellen (§ 11).

Steuerpflichtiger Umsatz: Unterliegt darüber hinaus auch die umsatzsteuerbare Leistung keiner Befreiung (§ 6), dann liegt eine umsatzsteuerpflichtige Leistung vor und es fällt Umsatzsteuer an. Bestimmte umsatzsteuerbare Umsätze unterliegen Befreiungen, sodass in diesen Fällen keine Umsatzsteuer anfällt.

Vertiefung: Besondere Elemente des steuerbaren Umsatzes   680

Zusätzlich können auch folgende **Ersatztatbestände** aus systematischen Gründen Umsatzsteuer auslösen:

- **Eigenverbrauch (§ 1 Abs 1 Z 2, § 3 Abs 2, § 3a Abs 1a):** Leistungen aus dem Unternehmen an den nichtunternehmerischen Bereich des Unternehmers unterliegen als einer entgeltlichen Leistung gleichgestellte Leistungen grundsätzlich ebenso der Umsatzsteuer. Damit sollen auch Leistungen aus dem Unternehmen der Umsatzsteuer unterworfen werden, bei denen der Unternehmer oder seine Arbeitnehmer selbst als Verbraucher auftreten.
- **Wechsel des Umsatzsteuersystems:** Kommt es aufgrund von grenzüberschreitenden Warenbewegungen zum Wechsel des Umsatzsteuersystems, kann dies zu einer Entlastung der Umsatzsteuer im Ursprungsland (§ 7, Art 7) und zu einer Belastung mit Umsatzsteuer des Bestimmungslands führen, wodurch auch ohne inländischen Umsatz ein umsatzsteuerbarer Vorgang vorliegen kann (Einfuhrumsatzsteuer, § 1 Abs 1 Z 3, steuerpflichtiger innergemeinschaftlicher Erwerb, Art 1).

Vertiefung: Umgründungen   681

Leistungen im Zusammenhang mit **begünstigten Umgründungen im Sinne des Umgründungssteuergesetzes** gelten nicht als umsatzsteuerbar, auch wenn sie als durch einen Unternehmer gegen Entgelt im Rahmen eines Unternehmens im Inland ausgeführt gelten. Die Leistungen unterliegen daher nicht der Umsatzsteuer.

Unter die Begünstigungen des Umgründungssteuergesetzes können Leistungen im Zusammenhang mit **Verschmelzungen** (§ 6 Abs 4 UmgrStG), **Umwandlungen** (§ 11 Abs 3 UmgrStG), **Einbringungen** (§ 22 Abs 3 UmgrStG), **Zusammenschlüssen** (§ 26 Abs 1 Z 2 UmgrStG), **Realteilungen** (§ 31 Abs 1 Z 2 UmgrStG) und **Spaltungen** (§ 38 Abs 3 UmgrStG) fallen.

Beispiel zu nicht umsatzsteuerbaren Umgründungen:

Einbringung eines Betriebs: Ein Unternehmer bringt seinen inländischen Betrieb in eine unternehmerisch tätige GmbH gegen Anteile an dieser ein. Aus der Sicht des einbringenden Unternehmers liegt ein umsatzsteuerbarer und grundsätzlich auch umsatzsteuerpflichtiger Vorgang vor. Sofern jedoch das UmgrStG zur Anwendung kommt, gilt die entgeltliche Übertragung des Betriebs von Gesetz wegen nicht als umsatzsteuerbarer Vorgang.

682 Allgemeine Elemente des Vorsteuerabzugs (§ 12 UStG)

Unternehmer, die **umsatzsteuerpflichtige Leistungen als Vorleistungen für ihr Unternehmen** zugunsten des **umsatzsteuerpflichtigen Unternehmensbereichs** beziehen, können die Umsatzsteuer auf diese Leistungen **als Vorsteuer** gegenüber dem Finanzamt **geltend machen** (§ 12).

- **Umsatzsteuerpflichtiger Umsatz:** Die empfangene Leistung muss der inländischen Umsatzsteuer unterliegen. Ausländische Umsätze, die einer ausländischen Umsatzsteuer unterliegen, können im Inland nicht als Vorsteuer geltend gemacht werden.
- **Für sein Unternehmen:** Die Leistung muss durch den Unternehmer für sein Unternehmen ausgeführt werden. Leistungen, die an den Unternehmer für seinen nichtunternehmerischen Bereich ausgeführt werden, schließen den Vorsteuerabzug aus.
- **An den umsatzsteuerpflichtigen Unternehmensbereich:** Die Leistung muss zugunsten des umsatzsteuerpflichtigen Unternehmensbereichs des Unternehmers ausgeführt werden. Leistungen an den umsatzsteuerbefreiten Unternehmensbereich rechtfertigen grundsätzlich keinen Vorsteuerabzug (unechte Steuerbefreiungen, § 12 Abs 3 Z 1 und 2). Für steuerbefreite Leistungen, die dem umsatzsteuerpflichtigen Unternehmensbereich zuzuordnen sind, steht jedoch der Vorsteuerabzug zu (echte Steuerbefreiungen, § 12 Abs 3 lit a).

683 Vertiefung: Besondere Elemente des Vorsteuerabzugs

Sofern die allgemeinen Elemente erfüllt werden, steht grundsätzlich ein **Vorsteuerabzug** zu. Folgende Besonderheiten sind hinsichtlich des Vorsteuerabzugs jedoch zu beachten:

- **Rechnung als Voraussetzung für umsatzsteuerpflichtige Leistungen:** Ein Vorsteuerabzug steht nur dann zu, wenn eine umsatzsteuerliche Rechnung vorliegt, in der der Ausweis der Umsatzsteuer korrekt erfolgt (§ 12 Abs 1 Z 1).
- **Vorsteuerabzug bei Wechsel des Umsatzsteuersystems:** Sofern eine Umsatzsteuer auf grenzüberschreitende Warenbewegungen aufgrund des Wechsels des Umsatzsteuersystems anfällt (Einfuhrumsatzsteuer, § 12 Abs 1 Z 2, steuerpflichtiger innergemeinschaftlicher Erwerb, Art 12), kann diese Umsatzsteuer als Vorsteuer geltend gemacht werden, sofern die oben genannten Elemente erfüllt werden.
- **Vorsteuerberichtigung:** Kommt es zu einer Änderung der Verwendung einer bezogenen Leistung, dann kann dies eine vollständige oder teilweise Vorsteuerberichtigung zugunsten oder zulasten des Unternehmers nach sich ziehen (§ 12 Abs 10 bis 13).
- **Kein Vorsteuerabzug bei Umsatzsteuerbetrug:** Kein Vorsteuerabzug steht zu, wenn der Umsatz an den Unternehmer Teil eines Umsatzsteuerbetrugs ist. Der Unternehmer hat daher bestimmte Sorgfaltspflichten einzuhalten, um den Vorsteuerabzug zu erhalten (§ 12 Abs 14).

4. Steuerobjekt – Lieferungen und sonstige Leistungen gegen Entgelt (§ 1 UStG)

4.1. Leistungsaustausch

Entgeltlichkeit erfordert Leistungsaustausch 684

> Grundsätzlich sind nur **entgeltliche Leistungen** umsatzsteuerbar (§ 1 Abs 1 Z 1). Die Leistung muss daher im Austausch mit einer Gegenleistung stehen (**Leistungsaustausch**).

Dies setzt zumindest zwei Beteiligte und eine **innere Verknüpfung zwischen Leistung und Gegenleistung** voraus. Die Höhe der Gegenleistung ist ohne Bedeutung, solange nicht gänzliche Unentgeltlichkeit vorliegt. Leistungen, die nicht im Austausch mit einer Gegenleistung stehen, sind nicht umsatzsteuerbar.

Leistungen unterliegen nur dann der Umsatzsteuer, wenn diese **gegen Entgelt** von Unternehmern erbracht werden. Leistungen ohne Gegenleistung unterliegen nicht der Umsatzsteuer. Nur **von Unternehmern im Rahmen ihres Unternehmens** ausgeführte Umsätze unterliegen daher der Umsatzsteuer (§ 1 Abs 1 Z 1). Außerhalb eines Unternehmens erbrachte Umsätze unterliegen nicht der Umsatzsteuer. Werden unternehmerische Vorleistungen für das Unternehmen oder unternehmerische Leistungen in der Folge für nichtunternehmerische Zwecke verwendet, dann löst auch dieser **Eigenverbrauch** (§§ 3 Abs 2, 3a Abs 1a) grundsätzlich Umsatzsteuer aus.

Leistungen werden dabei in **Lieferungen**, bei denen die Verfügungsmacht über einen Gegenstand auf den Empfänger übergeht (§ 3), und in **sonstige Leistungen** (§ 3a), die in anderen Leistungen, wie insbesondere Dienstleistungen oder Überlassungsleistungen bestehen, unterteilt. Beide Leistungsarten unterliegen unterschiedlichen umsatzsteuerlichen Bestimmungen, sodass die Ermittlung, ob eine Lieferung oder eine sonstige Leistung vorliegt, wesentlich ist. Enthält eine Leistung sowohl Elemente einer Lieferung als auch Elemente einer sonstigen Leistung, dann ist die **Leistung einheitlich** entweder als Lieferung oder als sonstige Leistung zu behandeln, abhängig von der überwiegenden wirtschaftlichen Bedeutung.

Auf welcher rechtlichen Grundlage der Leistungsaustausch erfolgt ist nicht entscheidend. Auch ein Leistungsaustausch, der aufgrund gesetzlicher oder behördlicher Anordnung bewirkt wird oder kraft gesetzlicher Vorschrift als bewirkt gilt, kann Umsatzsteuer auslösen (§ 1 Abs 1 Z 1). Dazu zählen öffentliche Versteigerungen im Wege eines verwaltungsbehördlichen oder gerichtlichen Exekutionsverfahrens und Enteignungsentschädigungen. Auch ein Leistungsaustausch auf gesellschaftsrechtlicher Grundlage (Verschmelzung, Spaltung, Umwandlung, Sacheinlage, Abfindung bei Ausscheiden) kann umsatzsteuerbar sein. Ein Leistungsaustausch liegt auch dann vor, wenn das zugrunde liegende Rechtsgeschäft nichtig oder anfechtbar ist, solange die beteiligten Personen das wirtschaftliche Ergebnis (den Leistungsaustausch) eintreten und bestehen lassen (§ 23 Abs 3 BAO).

Beispiele für das Vorliegen oder Nichtvorliegen eines Leistungsaustausches:

1. **Unentgeltliche Rechtsgeschäfte** wie Schenkung, Leihe und Erbschaft beinhalten keinen Leistungsaustausch. Sie können daher nur Umsatzsteuer auslösen, wenn sie den Tatbestand eines Eigenverbrauchs erfüllen, also wenn Leistungen des Unternehmens für nichtunternehmerische Zwecke verwendet werden.

2. **Schadenersatz:** Im Umsatzsteuerrecht wird zwischen echtem Schadenersatz, also Leistung zum Ausgleich eines verursachten Schadens, und unechtem Schadenersatz, als Leistung aufgrund einer erhaltenen Gegenleistung, unterschieden. Ersatzleistungen, welche als echter Schadenersatz zu qualifizieren sind, stellen kein Entgelt für eine Leistung dar und führen demnach auch nicht zu einem Leistungsaustausch. Bei unechtem Schadenersatz liegt hingegen ein Leistungsaustausch vor.

3. **Zum echten Schadenersatz** zählen Vertragsstrafen (auch für Schwarzfahren, Schwarzparken),[12] Reuegelder, Stornogebühren und Ersatzleistungen von Versicherungen sowie der Prozesskostenersatz.[13] Zum **unechten Schaden** zählt die Vereinbarung eines Entgelts für die Nutzung eines Grundstücks und dessen dadurch ausgelöste Wertminderung.

4. **Mitgliedsbeiträge:** Echte Mitgliedsbeiträge dienen der Erfüllung des Gemeinschaftszwecks und stehen nicht in einem direkten Leistungsaustausch. Unechte Mitgliedsbeiträge führen zu einem direkten Gegenleistungsanspruch und sind daher umsatzsteuerbar.

5. **Subventionen** stellen als echte Subventionen keinen Leistungsaustausch dar, sofern sie nicht für die Erbringung einer direkten Gegenleistung gezahlt werden (unechte Subventionen).

6. **Der Erwerb von Gutscheinen,** wie zum Beispiel Geschenkgutscheine für Warenleistungen, stellt noch keinen umsatzsteuerbaren Leistungsaustausch dar.

7. **Vergleich:** Ein Vergleich ist entsprechend der darin vereinbarten Leistungen zu untersuchen. Es kann daher ein Leistungsaustausch, eine Änderung eines bestehenden Rechtsgeschäfts oder ein echter Schadenersatz vereinbart werden.[14]

8. **Vertragsaufhebung:** Wird bei einem Dauerschuldverhältnis, wie zB einen Mietvertrag, von der einen Seite ein Entgelt für die sofortige Beendigung bezahlt, dann ist von einem Verzicht auf die Rechte gegen Entgelt auszugehen.[15]

9. **Einlagen gegen Anteilsgewährung:** Auf Seiten des Gesellschafters stellen Bareinlagen gegen Anteilsgewährung keinen Leistungsaustausch dar. Sacheinlagen gegen Anteilsgewährung sind grundsätzlich steuerbar. Auf Seiten der Gesellschaft ist die Gewährung neuer Anteile kein Leistungsaustausch und daher nicht umsatzsteuerbar. Vermögensübertragungen bei Umgründungen iSd UmgrStG sind dagegen nicht steuerbar.

10. **Übertragung und Rückübertragung von Anteilen:** Auf Seiten des Übertragenden ist die Übertragung und Rückübertragung von Anteilen gegen Entgelt oder Abfindung grundsätzlich umsatzsteuerbar. In aller Regel kommt allerdings die unechte Steuerbefreiung für Umsätze mit Wertpapieren oder Gesellschaftsanteilen zur Anwendung. Erfolgt das Entgelt oder die Abfindung in Sachwerten, dann stellt dies auf Seiten des Erwerbers oder Abfindenden einen umsatzsteuerbaren Vorgang dar.

11. **Sacheinlagen** eines Unternehmers gegen Gesellschaftsanteile sind grundsätzlich umsatzsteuerbar. Umwandlungen können ebenso einen umsatzsteuerbaren Vorgang auslösen.

12. **Vorteile für Dienstnehmer:** Bei Vorteilszuwendungen an Dienstnehmer handelt es sich aufgrund des Dienstverhältnisses um einen nicht umsatzsteuerbaren Leistungsaustausch, wenn der Vorteil im unmittelbaren Zusammenhang mit der erbrachten Arbeitsleistung anzusehen ist (tauschähnlicher Vorgang).[16] Wendet dagegen der Unternehmer dem Dienstnehmer etwas außerhalb dieses Leistungsaustausches zu, dann kann ein umsatzsteuerbarer

---

12   VwGH 12.11.1990, 88/15/0081; BFG 16.3.2016, RV/4100400/2011.
13   VwGH 23.4.1992, 91/15/0138; BFG 16.3.2016, RV/4100400/2011.
14   UFS 28.6.2010, RV/0294-W/10.
15   UFS 21.1.2008, RV/0729-G/06.
16   VwGH 28.11.2007, 2004/15/0158, zu einem für Privatfahrten genutzten PKW; EuGH 16.10.1997, C-258/95, *Fillibeck*.

Eigenverbrauch vorliegen (zum Bedarf des Personals, unentgeltliche Zuwendung (→ 704). Bei Leistungen im Interesse des Arbeitgebers ohne verbrauchsfähigen Nutzen für den Dienstnehmer liegt weder ein Leistungsaustausch noch eine Vorteilszuwendung (Eigenverbrauch) vor.[17]

4.2. Abgrenzung der Lieferung von einer sonstigen Leistung (§ 3, § 3a UStG)

Lieferung   685

> Für Zwecke der Umsatzsteuer werden **Leistungen** in **Lieferungen** (§ 3) und **sonstige Leistungen** (§ 3a) unterteilt. **Lieferungen** sind Leistungen, durch die ein Unternehmer einen Abnehmer oder in dessen Auftrag einen Dritten befähigt, **im eigenen Namen über einen Gegenstand zu verfügen** (§ 3 Abs 1).

Dazu zählen **Veräußerungsgeschäfte und Tauschgeschäfte** (§ 3 Abs 10). Die Verfügungsmacht kann vom Unternehmer selbst oder in dessen Auftrag von einem Dritten verschafft werden (§ 3 Abs 1). Die Unterscheidung zwischen Lieferungen und sonstigen Leistungen ist bedeutsam für die Frage, ob die Leistung im Inland ausgeführt wurde, eine Steuerbefreiung zur Anwendung kommt oder welcher Steuersatz anwendbar ist.

Lieferbare Gegenstände sind sowohl körperliche als auch unkörperliche Gegenstände, die wie körperliche Gegenstände behandelt werden. Dazu gehören die Lieferung von Gas, Elektrizität, Wasser, Wärme, Kälte, Dampf, Wasserkraft[18] oder Tiere. Nicht als Lieferung zu beurteilen sind – mit Ausnahme der erwähnten – alle Übertragungen sonstiger unkörperlicher Gegenstände und Werte (zu Kundenstock, Firmenwert und Verträgen als sonstige Leistungen → 686). **Verschaffung der Verfügungsmacht** bedeutet den Übergang der tatsächlichen Herrschaft über den Gegenstand aufgrund eines übereinstimmenden Willensentschlusses des Liefernden und des Empfängers.

Beispiele für Lieferungen:

1. **Finanzierungsleasing:** Zielt das Rechtsgeschäft auf den Übergang der Verfügungsmacht ab, dann liegt eine Lieferung vor, auch wenn das zivilrechtliche Eigentum erst später übergeht.
2. **Zuschlag bei Zwangsversteigerung:** Mit dem Zuschlag geht die Verfügungsmacht über, sodass eine Lieferung vorliegt.
3. **Kauf unter Eigentumsvorbehalt:** Dabei geht bereits die Verfügungsmacht über und eine Leistung liegt vor. Der spätere Übergang des zivilrechtlichen Eigentums hat keine Bedeutung.
4. **Kauf auf Probe:** Ein Kauf auf Probe ist mit der Genehmigung bedingt, sodass die Verfügungsmacht erst mit der Genehmigung übergeht und dann eine Lieferung vorliegt.
5. **Sicherungsübereignung:** Bei der Sicherungsübereignung soll nur das zivilrechtliche Eigentum, nicht aber die Verfügungsmacht übergehen, sodass keine Lieferung vorliegt.
6. **Verkaufskommission:** Werden Waren zum Weiterverkauf bereitgestellt, dann findet die Lieferung des Kommittenten erst mit Lieferung des Kommissionärs statt (§ 3 Abs 3 → 688).

---

17 EuGH 16.10.1997, C-258/95, *Fillibeck*.
18 Ausdrücklich aufgrund Art 15 Mehrwertsteuersystemrichtlinie.

686 Sonstige Leistung (§ 3a UStG)

Sonstige Leistungen sind Leistungen, die nicht in einer Lieferung bestehen (§ 3a Abs 1 erster Satz).

Eine sonstige Leistung kann auch in einem Unterlassen oder im Dulden einer Handlung oder eines Zustands bestehen (§ 3a Abs 1 letzter Satz). Sonstige Leistungen sind insbesondere Dienstleistungen und Nutzungsüberlassungen. Als **sonstige Leistungen** gelten die Überlassung von Wirtschaftsgütern und Rechten, der Verzicht auf ein Recht, Vermittlung von Leistungen und Besorgung von Leistungen, Beförderungsleistungen, Dienstleistungen, Datenverarbeitung, Telekommunikationsleistungen, elektronische Leistungen, Geld- und Finanzdienstleistungen, Beherbergungsleistungen, Bauleistungen, Werkleistungen, Personaldienstleistungen, Beratungsleistungen, Rundfunk- und Fernsehdienstleistungen. Besteht das Entgelt für eine sonstige Leistung in einer Lieferung oder sonstigen Leistung, dann liegt eine **tauschähnliche** sonstige Leistung vor (§ 3a Abs 2).

Beispiele:
1. Der **Verkauf von E-Books** stellt eine elektronische Dienstleistung dar.[19]
2. **Nutzungsüberlassungen** (Miete, Pacht, Dienstbarkeit) sind sonstige Leistungen.[20]
3. Der **Verzicht** auf Ansprüche und Rechte gegen Entgelt, wie insbesondere auf vertraglich eingeräumte Rechte, Vorkaufsrechte, Nachbarrechte, Durchführung eines Projekts, Belastungs- und Veräußerungsverbot oder Unterlassung einer Besitzstörungsklage sind grundsätzlich entgeltliche Leistungen.[21]
4. Die **Einräumung eines Darlehens** ist als Überlassung des Darlehensbetrags eine Duldungsleistung und daher eine sonstige Leistung.[22]
5. **Ablösezahlungen** für Spieler bei Sportvereinen stellen einen Verzicht zugunsten des neuen Vereins und daher eine sonstige Leistung dar.[23]
6. **Kundenstock, Firmenwert, Vertragsverhältnisse:** Mangels Einräumung der Verfügungsmacht an einem körperlichen Gegenstand zählen ein Kundenstock,[24] ein Firmenwert und die Übertragung von Verträgen[25] nicht zu lieferbaren Gegenständen – teilweise entgegen der Auffassung der Finanzverwaltung[26] und der älteren Rechtsprechung[27]; es liegt bei Übertragung eine sonstige Leistung vor.

687 Einheitlichkeit der Leistung

Besteht eine **wirtschaftlich einheitliche Leistung** sowohl aus Elementen einer Lieferung als auch einer sonstigen Leistung, dann ist die Leistung entweder **einheitlich als Lieferung oder als sonstige Leistung** zu beurteilen (**Grundsatz der Einheitlichkeit der Leistung**).

---

19   EuGH 5.3.2015, C-479/13.
20   VwGH 3.2.2017, Ra 2016/15/0012.
21   Vgl VwGH 25.6.2008, 2008/15/0132 zu Leistungen nach dem EStG; BFG 16.3.2016, RV/4100400/2011.
22   VwGH 6.11.1980, 215/78.
23   VwGH 10.1.1958, 2228/56.
24   BFG 31.3.2016, RV/5100368/2016, BFG 28.2.2014, RV/2100756/2012, zum Kundenstock.
25   EuGH 22.10.2009, C-242/08, Swiss Re, zu Lebensversicherungsverträgen.
26   UStR Rz 342 zum Firmenwert, Rz 422 und 991 zum Kundenstock.
27   VwGH 29.3.2007, 2004/15/0017, VwGH 27.1.1994, 93/15/0156, zum Kundenstock unter alter Rechtslage.

Sie darf nicht in ihre Bestandteile zerlegt werden. Es kommt dabei darauf an, ob die Leistung nach ihrer **überwiegenden wirtschaftlichen Bedeutung** als Erwerb eines Gegenstands (dann Lieferung) oder als ein Tun, Dulden oder Unterlassen (dann sonstige Leistung) anzusehen ist. Dies ist nach der **Verkehrsauffassung** und nach der **Absicht der Parteien** zu ermitteln.

Eine **Ausnahme** vom Grundsatz der Einheitlichkeit der Leistung besteht bei **Geschäftsveräußerungen im Ganzen,** bei denen die einzelnen Lieferungen und sonstigen Leistungen aus umsatzsteuerlicher Sicht selbständig zu beurteilen sind (§ 4 Abs 7).

Beispiele:

1. **Leasing:** Beim Finanzierungsleasing liegt eine Lieferung, beim Operating Leasing liegt eine sonstige Leistung in Form einer Nutzungsüberlassung vor.
2. Ein **Restaurantumsatz** ist als sonstige Leistung zu behandeln.
3. Eine **Lehrtätigkeit** mit Bereitstellung von Skripten ist insgesamt eine sonstige Leistung.
4. **Werklieferung:** Eine Werklieferung liegt bei Bearbeitung und Verarbeitung von vom Auftraggeber beigestellten Gegenständen vor, wenn der Leistende zumindest einen Hauptstoff selbst beibringt (§ 3 Abs 4).
5. Eine **Werkleistung** liegt vor, wenn die beigestellten Gegenstände gegenüber der Dienstleistung in den Hintergrund treten (§ 3a Abs 3).
6. **Unselbständige Nebenleistungen** wie Transport, Verpackung oder Versicherung, teilen die umsatzsteuerliche Behandlung der Hauptleistung. Sie sind von untergeordneter Bedeutung und haben den Zweck, die Hauptleistung zu ergänzen, zu erleichtern, zu ermöglichen oder abzurunden. Sie haben gegenüber der Hauptleistung eine dienende Funktion.
7. **Zeitschriftenabos inklusive Vignette** sind als zwei selbständige Hauptleistungen anzusehen.[28]

4.3. Zurechnung von Leistungen

Zurechnung von Leistungen   688

Leistungserbringer ist jener Unternehmer, der sie **im eigenen Namen** erbringt. Dies gilt unabhängig davon, ob der Unternehmer das unternehmerische Risiko aus dem Geschäft trägt, ob er also auf eigene oder fremde Rechnung tätig wird. Als **Leistungsempfänger** gilt derjenige, der aus dem Rechtsgeschäft zivilrechtlich berechtigt und verpflichtet ist.[29] Dies ist grundsätzlich der Auftraggeber, auch wenn ein Dritter dadurch begünstigt wird.

Entscheidend ist daher das Auftreten nach außen (**Maßgeblichkeit des Außenverhältnisses**). Somit ist bei der Vertretung die tatsächliche Offenlegung gegenüber dem Leistungsempfänger maßgeblich.

Beispiele:

1. **Auftreten im eigenen Namen:** Wird der Unternehmer im eigenen Namen tätig, weil eine Vertretung nicht besteht oder weil er die Vertretung nicht offenlegt (verdeckte Stellvertretung), dann gilt er selbst für umsatzsteuerliche Zwecke als Leistender oder Empfänger.

---

28   BFG 8.3.2016, RV/6100408/2011.
29   VwGH 8.5.2003, 99/15/0036.

2. **Auftreten im fremden Namen als Vertreter:** Wird eine Person im fremden Namen als Vertreter tätig, wenn sie also ihre Vertretung offenlegt (offene Stellvertretung), dann ist der Vertretene direkt Leistender oder Empfänger. **Beispiel:** Der Vertreter gibt im Verkaufsgespräch bekannt, dass er die Ware für ein bestimmtes Unternehmen, für welches er arbeitet, verkauft. Die Lieferung kommt zwischen dem Kunden und diesem Unternehmen zustande.

3. **Umgehungsgeschäft (Scheingeschäfte):** Wird ein Rechtsgeschäft nur deswegen abgeschlossen, um ein anderes Rechtsgeschäft ausschließlich zur Erlangung eines Steuervorteils zu verdecken (missbräuchliche Praxis), dann ist die Leistung entsprechend dem verdeckten Rechtsgeschäft zuzurechnen. Wird daher ein Unternehmer mit Vorsteuerabzug anstelle eines Unternehmers ohne Vorsteuerabzug bloß zivilrechtlich als Leistungsempfänger vorgeschoben, nur um den Vorsteuerabzug geltend machen zu können, ist die Leistung direkt dem Unternehmer ohne Vorsteuerabzug zuzurechnen.[30]

Dabei ist weiters zu unterscheiden, ob die Leistung **im eigenen Namen erbracht** wird oder bloß **vermittelt** wird. Die Leistung wird im eigenen Namen erbracht beim **Kommissionsgeschäft** (Lieferkommission, Leistungskommission) und beim **Reihengeschäft**, wobei jeweils besondere umsatzsteuerliche Regelungen gelten. Beim **Vermittlungsgeschäft** tritt ein Dritter auf, der die Hauptleistung zwischen den Vertragspartner als zusätzliche sonstige Leistung vermittelt.

Kommissionsgeschäft (Lieferkommission, § 3 Abs 3): Kommissionär ist, wer es übernimmt, Waren oder Wertpapiere auf Rechnung eines anderen (Kommittent) im eigenen Namen zu kaufen oder zu verkaufen. Beim Kommissionsgeschäft liegt zwischen dem Kommittenten und dem Kommissionär eine Leistung vor, zwischen dem Kommissionär und dem Abnehmer eine zweite Leistung. Bei der Verkaufskommission gilt die Lieferung des Kommittenten erst mit der Lieferung durch den Kommissionär als ausgeführt.

Besorgungsleistung (Leistungskommission, § 3a Abs 4): Eine Besorgung liegt vor, wenn ein Unternehmer auf Rechnung eines anderen im eigenen Namen Leistungen durch einen Dritten erbringen lässt oder wenn ein Unternehmer auf Rechnung eines anderen im eigenen Namen Leistungen an Dritte erbringt. Das wirtschaftliche Risiko der besorgten Leistung liegt nicht beim Besorgenden (daher auf fremde Rechnung). Besorgt ein Unternehmer eine sonstige Leistung, dann sind die für die besorgte Leistung geltenden Rechtsvorschriften auf die Besorgungsleistung entsprechend anzuwenden (Steuerbefreiung, Umsatzort, Steuersatz).

Reihengeschäft (§ 3 Abs 15): Beim Reihengeschäft schließen mehrere Unternehmer über ein und denselben Gegenstand ein Lieferungsgeschäft ab. Die physische Lieferung der Ware erfolgt allerdings nicht entlang der Unternehmerkette, sondern auf verkürztem Weg (zB erster Unternehmer liefert direkt an Letztabnehmer, zweiter Unternehmer holt Waren vom ersten Unternehmer ab und liefert an Letztabnehmer). Es liegen zeitlich hintereinander mehrere Lieferungen vor, die jeweils im eigenen Namen erbracht werden. Maßgeblich ist dies für die Bestimmung des Lieferorts, wobei bewegte und ruhende Lieferungen zu unterscheiden sind (→ 712).

---

30   EuGH 21.2.2006, C-255/02, *Halifax*; BFG 30.9.2014, RV/3100282/2012.

Vermittlungsgeschäft (vgl § 3a Abs 8): Eine Vermittlung liegt vor, wenn ein Unternehmer durch Herstellung einer unmittelbaren Rechtsbeziehung zwischen dem Leistenden und dem Leistungsempfänger einen Leistungsaustausch zwischen diesen Personen herbeiführt. Der Vermittler wird im fremden Namen und auf fremde Rechnung tätig. Vermittelt ein Unternehmer ein Geschäft, dann ist diese Vermittlung als sonstige Leistung anzusehen. Die Vermittlungsleistung wird grundsätzlich an dem Ort erbracht, an dem der vermittelte Umsatz ausgeführt wird.

1. **Kommissionsgeschäft:** Der Fahrradhersteller bietet einem Fahrradgeschäft Fahrräder an, die auf Kommission zu verkaufen sind. Erst wenn das Fahrradgeschäft tatsächlich Fahrräder verkauft, liegen zwei Lieferungen vor, und zwar die Lieferung vom Hersteller an den Händler und vom Händler an den Kunden.
2. **Besorgungsleistung:** Der Fahrradhändler übernimmt die Wartung des Fahrrades im eigenen Namen, beauftragt allerdings eine Reparaturwerkstätte mit der Ausführung zum selben Preis. Es liegen zwei Leistungen vor, und zwar die Besorgungsleistung durch den Fahrradhändler an den Kunden und die besorgte Leistung der Wartung von der Werkstätte an den Fahrradhändler. Die Besorgungsleistung ist entsprechend der Besteuerung der besorgten Leistung zu versteuern.
3. **Vermittlungsleistung:** Verkauft das Fahrradgeschäft offenkundig im Namen des Herstellers Ausstellungsstücke, dann liegt nur eine Lieferung zwischen Hersteller und Kunde vor (Vermittlungsgeschäft).

Besonderheiten bestehen bei Drittstaaten-E-Commerce-Lieferungen (§ 3 Abs 3a): Bestimmte Lieferungen mit Drittstaatsbezug, die durch Unternehmer elektronisch unterstützt werden (Art 5b E-Commerce-DVO), werden **abweichend von den allgemeinen Grundsätzen einem unterstützenden Unternehmer zugerechnet** (obwohl dieser die Lieferung nicht im eigenen Namen erbringt).

Die Lieferung erfolgt an den unterstützenden Unternehmer und dieser liefert an den Empfänger (zur Sicherung des Steueranspruchs und Verwaltungsvereinfachung). Voraussetzung ist die **Unterstützung im Wege des E-Commerce über eine elektronische Schnittstelle** (Marktplatz, Plattform, Portal oder Ähnlichem). Die trifft einerseits (Z 1) auf den Einfuhr-Versandhandel (dazu → 727) bei Warenwert von nicht mehr als EUR 150 zu (darüber hat eine vollständige Zollanmeldung zu erfolgen), andererseits (Z 2) auf Lieferungen durch Drittstaats-Unternehmer ohne innergemeinschaftliche Betriebsstätte innerhalb der EU an Nichtunternehmer (echt steuerfreie Lieferung durch Drittstaats-Unternehmer, Art 6 Abs 4).

Beispiel:
Ein chinesischer Händler verkauft Waren über einen Onlinemarktplatz an einen inländischen Nichtunternehmer entweder (Z 1) im Wert von EUR 90 im Inland oder (Z 2) die Ware wird zuvor vom chinesischen Händler in Deutschland eingekauft, zwischengelagert und danach ins Inland verbracht. Es besteht jeweils eine Lieferung an den Betreiber des Onlinemarktplatzes (steuerfrei im Fall Z 2) und danach von diesem an den Nichtunternehmer.

689 Überblick: Umsatzsteuerliche Leistung gegen Entgelt

Abbildung 32: Umsatzsteuerliche Leistung gegen Entgelt

5. Steuerobjekt – Leistung im Rahmen des Unternehmens (§ 1 UStG)

5.1. Unternehmensbegriff

690 Im Rahmen des Unternehmens

Erhaltene Umsätze müssen **für das Unternehmen des Unternehmers erbracht** werden, damit dieser grundsätzlich einen **Vorsteuerabzug** geltend machen kann (§ 12 Abs 1 Z 1).

Erbrachte Umsätze müssen ebenso **im Rahmen seines Unternehmens ausgeführt** werden, damit ein umsatzsteuerbarer Umsatz vorliegt (§ 1 Abs 1 Z 1).

Dies dient der **Abgrenzung** des unternehmerischen vom nichtunternehmerischen Bereich. Leistungen, die nicht für den unternehmerischen Bereich ausgeführt werden, berechtigen nicht zum **Vorsteuerabzug**. Leistungen, die aus dem nichtunternehmerischen Bereich stammen, sind **nicht umsatzsteuerbar**.

691 Umfang des Unternehmens (§ 2 UStG)

Als **Unternehmen** ist die gesamte gewerbliche oder berufliche Tätigkeit eines Unternehmers zu verstehen (§ 2 Abs 1 zweiter Satz).

Mehrere Tätigkeiten sind daher im Unternehmen zusammengefasst, sodass die Verwendung von Gegenständen und Leistungen von einer Tätigkeit für eine andere Tätigkeit keine umsatzsteuerbare Leistung darstellt. Die umsatzsteuerbaren Leistungen eines Unternehmers umfassen sowohl Grundgeschäfte, Hilfsgeschäfte, Nebengeschäfte als auch die Geschäftsveräußerung oder Abwicklung.

Grundgeschäfte sind jene Geschäfte, die im Rahmen der eigentlichen, ordentlichen Geschäftstätigkeit entstehen. Grundgeschäfte sind grundsätzlich steuerbar und nach den allgemeinen Bestimmungen zu versteuern.

Beispiele für Grundgeschäfte:
Der Handelsunternehmer verkauft Waren, der Architekt plant ein Gebäude, der Rechtsanwalt berät einen Klienten in rechtlichen Fragen.

Nebengeschäfte gehören einem anderen Berufsbild oder Tätigkeitszweig als die Grundgeschäfte an, kommen aber im Randbereich derselben vor, ohne einen notwendigen Zusammenhang mit ihnen aufzuweisen. Nebengeschäfte sind grundsätzlich steuerbar und nach den allgemeinen Bestimmungen zu versteuern.

Beispiele für Nebengeschäfte:
Ein Rechtsanwalt vermittelt gelegentlich Büroeinheiten für seine Klienten, die Schätzungstätigkeit eines Kunsthändlers.

Hilfsgeschäfte sind jene Geschäfte, die zwar im Rahmen des Unternehmens, aber nicht im Rahmen der ordentlichen Geschäftstätigkeit anfallen und daher keine Grundgeschäfte oder Nebengeschäfte sind. Hilfsgeschäfte sind grundsätzlich steuerbar. Sie teilen nicht das umsatzsteuerliche Schicksal des Grundgeschäfts. Bei der Berechnung von Umsatzgrenzen sind diese häufig nicht zu berücksichtigen (vgl §§ 6 Abs 1 Z 27; 12 Abs 1 Z 1 lit a).

Beispiele für Hilfsgeschäfte:
Ein Reiseunternehmer verkauft einen Bus, ein Rechtsanwalt veräußert eine Büroeinrichtung, ein Notar veräußert einen Teil seines Kundenstocks.

Eine Geschäftsveräußerung (§ 4 Abs 7) als besondere Form der Hilfsgeschäfte liegt vor, wenn ein Unternehmen oder ein in der Gliederung eines Unternehmens gesondert geführter Betrieb im Ganzen veräußert wird. Bei einer Geschäftsveräußerung werden die einzelnen Leistungen als Einzelleistungen und nicht als einheitliche Leistung besteuert. Die Besteuerung erfolgt zwingend im Wege der Sollbesteuerung (→ 754).

Beispiele für Geschäftsveräußerung:
Ein Unternehmer verkauft einen Betrieb. Eine Kapitalgesellschaft mit Betrieb wird in eine Personengesellschaft umgewandelt.

5.2. Zuordnung zum Unternehmen

Bezüglich4 der Gegenstände und sonstigen Leistungen, die **nur teilweise unternehmens-** 692 **rechtlichen Zwecken** dienen, hat eine Zuordnung zum unternehmerischen oder zum nichtunternehmerischen Bereich des Unternehmers zu erfolgen.

Die Lieferung oder Einfuhr (→ 725) von Gegenständen und sonstigen Leistungen gelten zur Gänze als für das Unternehmen ausgeführt, wenn sie für Zwecke des Unternehmens erfolgen und wenn sie **zu mindestens 10 % unternehmerischen Zwecken dienen**. Der **Unternehmer kann** in diesem Fall **eine andere Zuordnung** vornehmen und entweder nur den tatsächlich für unternehmerische Zwecke genutzten Teil oder den Gegenstand bzw die sonstige Leistung zur Gänze dem nichtunternehmerischen Bereich zuordnen (§ 12 Abs 2 Z 1). Das Wahlrecht muss im Zeitpunkt der Inanspruchnahme des Gegenstands oder der sonstigen Leistung erfolgen und kann später nicht mehr zugunsten des unternehmerischen Bereichs erweitert werden (wohl aber zugunsten des nichtunternehmerischen Bereichs).

Dient ein Gegenstand oder die sonstige Leistung **nicht zumindest zu 10 % unternehmerischen Zwecken**, dann erfolgt eine Zuordnung zum nichtunternehmerischen Bereich.

Von **Bedeutung** ist die Zuordnung insbesondere für einen möglichen Vorsteuerabzug (§ 12) und eine spätere Umsatzsteuerpflicht (sofern diese dem USt-pflichtigen Unternehmensbereich anteilig zuzuordnen sind). Soweit der Gegenstand **für Zwecke des nichtunternehmerischen Bereichs verwendet** wird, findet in diesem Umfang ein Verwendungseigenverbrauch (§ 3a Abs 1a) statt, der einen möglichen Vorteil aus dem erhöhten Vorsteuerabzug ausgleicht (→ 706).

Beispiele:
1. **Gegenstände dienen zu 60 % dem Unternehmen:** Zuordnung zu 100 % dem Unternehmen oder auf Antrag zu 60 % dem Unternehmen.
2. **Gegenstände dienen nur zu 5 % dem Unternehmen:** Zuordnung zu 100 % dem nichtunternehmerischen Bereich.

693 Leistungen für nichtunternehmerische Zwecke

Bestimmte Ausgaben gelten, auch wenn sie **tatsächlich unternehmerischen Zwecken dienen**, von Gesetz wegen als dem **nichtunternehmerischen Bereich** zugehörig (§ 12 Abs 2 Z 2).

Konsequenz der Zuordnung derartiger Ausgaben zum nichtunternehmerischen Bereich ist, dass der **Vorsteuerabzug** für derartige Ausgaben insoweit nicht zusteht und eine spätere Veräußerung (Eigenverbrauch) dieser Gegenstände **nicht der Umsatzsteuer unterliegt**. Stellt sich die Verwendung der Ausgaben anteilig oder erst nachträglich als dem nichtunternehmerischen Bereich zuordenbar heraus, liegt ein Eigenverbrauch vor.

Ausgaben für Lieferungen, sonstige Leistungen und Einfuhren, deren Entgelte **überwiegend keine abzugsfähigen Ausgaben für Ertragsteuerzwecke** darstellen, gelten als nicht dem unternehmerischen Bereich zugehörig (§ 12 Abs 2 Z 2 lit a).

Ausgaben in Zusammenhang mit der **Anschaffung (Herstellung), Miete oder den Betrieb von PKW, Kombinationskraftwagen oder Krafträdern** sind zwar unternehmerisch, wenn sie für unternehmerische Zwecke verwendet werden. Es steht jedoch ausschließlich für Zwecke des Vorsteuerabzuges als **nicht für das Unternehmen als angeschafft** (§ 12 Abs 2 Z 2 lit b → 784).

Beispiele:

1. **Privat veranlasste oder mitveranlasste Ausgaben** für den Haushalt des Unternehmers oder seiner Familienangehörigen sowie Aufwendungen für die Lebensführung, selbst wenn sie der unternehmerischen Stellung des Unternehmers und der Förderung des Unternehmens dienen.
2. **Unangemessen hohe unternehmerisch veranlasste Ausgaben**, die auch die Lebensführung des Unternehmers berühren, soweit sie **nicht überwiegend** angemessen sind, sowie unangemessen hohe Reisekosten.
3. **Ausgaben für ein Arbeitszimmer**, sofern nicht nahezu ausschließlich unternehmerisch genutzt.
4. **Repräsentationsausgaben**, sofern nicht der Werbezweck und die unternehmerische Veranlassung überwiegen (Bewirtung von Geschäftsfreunden).
5. **Sonstige nichtabzugsfähige Aufwendungen:** Illegale Geld- und Sachzuwendungen, bei Körperschaften zusätzlich Ausgaben für die vorgegebene Erfüllung von Zwecken der Körperschaft und Spendenausgaben.

Überblick: Unternehmensbereich im Umsatzsteuerrecht 694

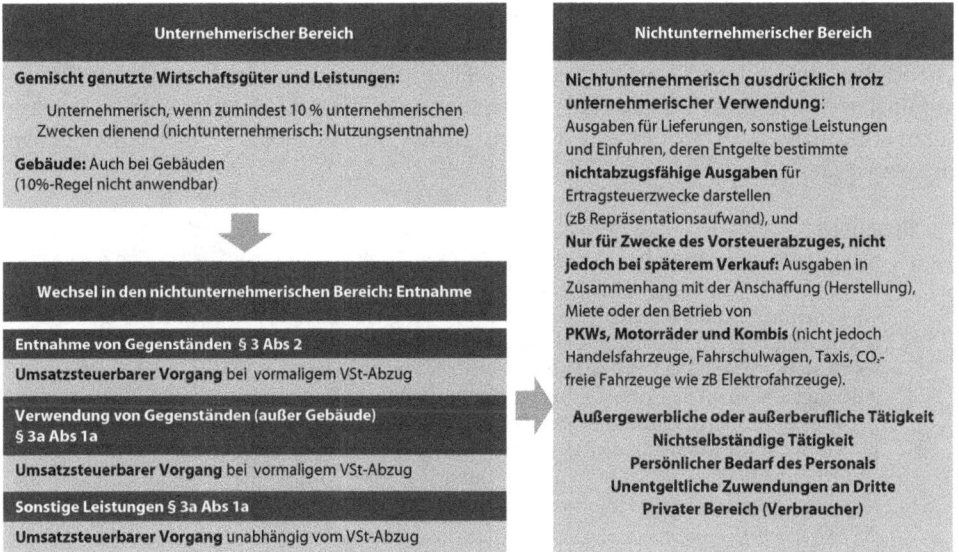

Abbildung 33: Unternehmensbereich im Umsatzsteuerrecht

Vertiefung: Besonderheiten bei Grundstücken 695

Grundstücke gelten bei gemischter Nutzung grundsätzlich ebenso als zur Gänze zum Unternehmen gehörig.

Der Unternehmer hat jedoch wie bei anderen Leistungen auch hier die Wahl, das Grundstück nur anteilig im Ausmaß der tatsächlichen unternehmerischen Nutzung als unternehmerisch zu beurteilen (§ 12 Abs 2 Z 1).

Für die **Bestimmung der Nutzungsverhältnisse** von Grundstücken ist jeweils für die einzelnen Gebäudeteile und Räume zu ermitteln, ob deren Nutzung überwiegend unternehmerischen oder nichtunternehmerischen Zwecken dient.

Die **Zuordnung** von Grundstücken zum Unternehmen hat **auf den Vorsteuerabzug weniger Einfluss**, da die anteilige nichtunternehmerische Nutzung nicht erst durch spätere Berücksichtigung eines **Verwendungseigenverbrauchs,** sondern bereits durch das Unterbleiben des Vorsteuerabzugs berücksichtigt wird (§§ 12 Abs 3 Z 4, 3a Abs 1a Z 1). Bei einer nachträglichen Änderung der Verhältnisse ist eine Vorsteuerberichtigung durchzuführen (§ 12 Abs 10 bis 13). Eine nachträgliche Vorsteuerberichtigung zugunsten des Unternehmensanteils kann allerdings nur soweit vorgenommen werden, als das Grundstück von Beginn an dem Unternehmen zugeordnet wurde. Der Teil, der von Beginn an nicht dem Unternehmen zugeordnet wurde, bleibt auch für die Zukunft umsatzsteuerlich irrelevant.

Bei einer **unternehmerischen Nutzung unter 10 %** ist zumindest der tatsächlich unternehmerisch genutzte Teil dem Unternehmen zuzuordnen.

Nach EU-Recht sollte die 10-%-Grenze **für Grundstücke insgesamt nicht anwendbar** sein und auch hier das Grundstück vollständig dem Unternehmen zuzuordnen sein.[31] Auch hier würde dem Unternehmer aber auch das Wahlrecht auf Zuordnung entsprechend den tatsächlichen Verhältnissen zustehen. Eine spätere Änderung der Nutzung zugunsten des Unternehmensanteils sollte aber auch positive Vorsteuerberichtigungen nicht ausschließen.[32] Dabei müsste das Grundstück zur Gänze dem Unternehmen zugeordnet werden.

Beispiele:
1. **Nutzung 70 % zu 30 %:** Ein Grundstück wird hinsichtlich der Gebäudeteile zu 70 % überwiegend unternehmerisch und zu 30 % überwiegend nichtunternehmerisch genutzt. Der Unternehmer kann im ersten Jahr der Verwendung entweder 100 % als unternehmerisch deklarieren oder 70 % unternehmerisch und 30 % nichtunternehmerisch. Der Vorsteuerabzug steht maximal nur für den unternehmerischen, umsatzsteuerpflichtigen Teil zu.
2. **Nutzung 5 % zu 95 %:** Ein Grundstück wird hinsichtlich der Gebäudeteile zu 5 % überwiegend unternehmerisch und zu 95 % überwiegend nichtunternehmerisch genutzt. Der Unternehmer kann jedenfalls den tatsächlich unternehmerisch genutzten Teil von 5 % dem Unternehmen zuordnen.[33] Mangels nunmehriger Anwendung der 10-%-Grenze sollte allerdings auch in diesem Fall das Grundstück vollständig dem Unternehmen zugeordnet werden können.

6. Steuerobjekt – Steuerfreie Leistungen (§ 6 UStG)
6.1. Unechte Steuerbefreiungen

696

Bestimmte Umsätze sind **von der Umsatzsteuer befreit** (§ 6 Abs 1). Diese befreiten Umsätze sind dem **umsatzsteuerbefreiten Unternehmensbereich** zuzuordnen.

Daher steht auf Vorleistungen zur Ausführung dieser Leistungen auch kein Vorsteuerabzug zu (§ 12 Abs 3 Z 1 bis 3). Es handelt sich dabei mangels Vorsteuerabzug um **un-**

---

31   VwGH 28.6.2012, 2009/15/0217; VwGH 19.3.2013, 2010/15/0085.
32   Art 168a MwStSyst-RL
33   Vgl VwGH 28.6.2012, 2009/15/0217.

echte Umsatzsteuerbefreiungen (§ 6 Abs 1 Z 7–28). Zu diesen Befreiungen zählen insbesondere:

- Umsätze von Kleinunternehmern mit jährlichen Umsätzen bis EUR 42.000,
- Finanzdienstleistungen und ähnliche Umsätze,
- Grundstücksumsätze,
- Sozial- und Gesundheitsleistungen,
- Bildungsleistungen und
- sonstige befreite Umsätze.

Gründe für die Befreiung sind insbesondere die Vereinfachung für Kleinunternehmer, soziale Gründe sowie die Vermeidung der Doppelbesteuerung bei Grundstückstransaktionen und Versicherungsleistungen.

Vertiefung: Kleinunternehmer, Finanzleistungen, Grundstücksumsätze   697

Steuerfreie Umsätze von Kleinunternehmern (§ 6 Abs 1 Z 27): Als steuerfreie Leistungen eines Kleinunternehmers gelten Leistungen eines Unternehmers, der im Inland oder in einem anderen Mitgliedstaat sein Unternehmen betreibt (eine Betriebsstätte ist irrelevant) und dessen Umsätze aus Lieferungen und sonstigen Leistungen inklusive Eigenverbrauch im Inland **EUR 42.000** im vorangegangenen Kalenderjahr nicht, und im laufenden Jahr noch nicht übersteigen (als Umsatz unabhängig von Befreiung oder Steuerpflicht). Es besteht eine **Option zur Steuerpflicht** (→ 699).

Betreibt der Unternehmer sein Unternehmen **in einem anderen Mitgliedstaat**, gelten zusätzlich folgende Voraussetzungen: (i) der unionsweite Jahresumsatz übersteigt den Schwellenwert von **EUR 100.000** im vorangegangenen Kalenderjahr nicht und im laufenden Jahr noch nicht und (ii) der Unternehmer hat in einem anderen Mitgliedstaat die Inanspruchnahme der Befreiung im Rahmen eines Verfahrens im Sinne des **Art 6a** beantragt.

Art 6a sieht ein **Verfahren zur Sonderregelung für EU-Kleinunternehmer bei innergemeinschaftlichen Umsätzen** vor. Möchte der Unternehmer die EU-Kleinunternehmerbefreiung anwenden, dann hat im ersten Schritt eine Vorabmitteilung zu erfolgen (Abs 2) und danach ist eine **Kleinunternehmer-Identifikationsnummer** zu erteilen (Abs 3). Es bestehen Berichtpflichten über Änderungen (Abs 4) und quartalsweise Meldepflichten (binnen eines Monats nach Ende des Quartals) hinsichtlich der befreiten Umsätze (Abs 5). Das Verfahren kann unter gewissen Voraussetzungen beendet oder der Unternehmer davon ausgeschlossen werden (Abs 6), wobei bei Meldepflichtverletzung die Steuer festzusetzen ist (Abs 7). Die Abwicklung erfolgt für inländische Unternehmer über ein **Portal beim BMF** (Abs 1).

Betreibt der Unternehmer sein Unternehmen in einem anderen Mitgliedstaat, ist die Steuerbefreiung **ab dem Tag der Mitteilung der Kleinunternehmer-Identifikationsnummer** im Rahmen des Verfahrens im Sinne des Art 6a anwendbar bzw falls eine Kleinunternehmer-Identifikationsnummer bereits vorhanden ist, ab dem Tag, an dem der andere Mitgliedstaat die Kleinunternehmer-Identifikationsnummer hinsichtlich der Steuerbefreiung im Inland bestätigt.

Wird die Kleinunternehmergrenze oder – im Falle eines Unternehmers, der sein Unternehmen in einem anderen Mitgliedstaat betreibt – der Schwellenwert für den unionsweiten Jahresumsatz **überschritten**, ist die Steuerbefreiung **ab diesem Zeitpunkt nicht mehr anwendbar**. Bei Überschreiten der Kleinunternehmergrenze um nicht mehr als 10 % kann die Steuerbefreiung jedoch noch bis zum Ende des Kalenderjahres in Anspruch genommen werden.

Beispiel und Erläuterungen:

Der Kleinunternehmer führt Umsätze im Inland aus. Diese sind umsatzsteuerfrei. Für angeschaffte Gegenstände und Dienstleistungen, die der Umsatzsteuer unterliegen und zur Ausführung dieser Umsätze dienen, kann sich der Kleinunternehmer die Vorsteuer vom Finanzamt nicht erstatten lassen. Die Vorsteuer wird daher zum Kostenfaktor. Die Befreiung ist dann nachteilig, wenn an vorsteuerabzugsberechtigte Unternehmer geleistet wird. In diesem Fall empfiehlt sich, eine Option in die Steuerpflicht auszuüben.

1. **Kleinunternehmer im Inland**[34]: Der Unternehmer betreibt sein Unternehmen im Inland und ist als Kleinunternehmer gemäß § 6 Abs 1 Z 27 von der Steuer befreit. Im Jahr 1 erzielte er von Jänner bis Oktober Umsätze iHv EUR 41.800. Im November verkauft er eine weitere Ware um EUR 500. Bis Ablauf des Kalenderjahres erzielt er noch Umsätze im Dezember iHv insgesamt EUR 200 und somit einen Jahresumsatz iHv 42.500 Euro. Der Unternehmer kann die Steuerbefreiung für alle im Jahr 1 erzielten Umsätze in Anspruch nehmen. Für im Jahr 2 ausgeführte Umsätze kann er die Befreiung in § 6 Abs 1 Z 27 nicht mehr anwenden. Verkauft er jedoch im November Waren von EUR 7.000, kann er ab diesem Umsatz bis zum Jahresende die Befreiung nicht mehr anwenden.

2. **EU-Kleinunternehmer (Unternehmer mit Sitz in anderen Mitgliedstaat)**[35]: Ein Versandhändler betreibt sein Unternehmen in Deutschland. Im Vorjahr erzielte er dort Umsätze durch den Verkauf von Waren iHv EUR 40.000 sowie zusätzlich EUR 5.000 durch innergemeinschaftliche Versandhandelslieferungen nach Österreich. Im laufenden Jahr erzielte er bereits einen Umsatz iHv EUR 50.000 in Deutschland und iHv EUR 10.000 in Österreich. Der unionsweite Jahresumsatz des Unternehmers beträgt im Vorjahr EUR 45.000 und im laufenden Jahr EUR 60.000. Da weder der unionsweite Jahresumsatz noch die nationale Umsatzgrenze überschritten werden, kann der Unternehmer die Kleinunternehmerbefreiung in Österreich in Anspruch nehmen. Hierzu muss der Unternehmer die Inanspruchnahme der Befreiung über das in Deutschland hiefür vorgesehene Verfahren beantragen. Werden zusätzliche Umsätze in die Niederlande im laufenden Jahr von EUR 50.000 erzielt, ist die EU-Kleinunternehmerregelung (und daher auch die inländische Kleinunternehmerregelung) nicht mehr anwendbar.

3. **Kleinunternehmer-ID und Bestätigung**[36]: Ein Unternehmer betreibt sein Unternehmen in Deutschland und überschreitet nicht die Umsatzgrenzen für die Inanspruchnahme der Kleinunternehmerbefreiung in Österreich. Der Unternehmer beantragt über das Portal in Deutschland die Inanspruchnahme einer Kleinunternehmerbefreiung für Frankreich. Daraufhin erteilt Deutschland dem Unternehmer nach dem dort geltenden Recht eine Kleinunternehmer-ID mit dem Suffix „-EX". Im nächsten Jahr möchte er auch in Österreich die Kleinunternehmerbefreiung in Anspruch nehmen. Nach der Beantragung für Österreich im deutschen Portal bestätigt Deutschland gegenüber dem Unternehmer die Gültigkeit der Kleinunternehmer-ID hinsichtlich der österreichischen Befreiung. Die Befreiung ist ab dem Zeitpunkt anwendbar, ab dem Deutschland dem Unternehmer die Kleinunternehmer-ID hinsichtlich der österreichischen Befreiung bestätigt.

---

34 Vgl EB zu § 6 Abs 1 Z 27 UStG neu.
35 Vgl EB zu § 6 Abs 1 Z 27 UStG neu.
36 Vgl EB zu § 6 Abs 1 Z 27 UStG neu.

Steuerfreie Finanzleistungen: Darunter fallen Leistungen iZm Anlagegold, Geld-, Banken-, Wertpapier-, Fondsverwaltungs-, Gesellschaftsanteilsleistungen (Z 8), Versicherungs- und Pensionskassenleistungen (Z 9 lit c), Umsätze von Bausparkassen- und Versicherungsvertretern (Z 13) und Umsätze von Zusammenschlüssen von Banken, Versicherungen und Pensionskassen (Z 28), allerdings europarechtlich nicht gedeckt[37]).

Beispiele:

1. **Bankgeschäfte:** Unter die Befreiung fallen typische Bankgeschäfte wie die Gewährung und Vermittlung von Krediten, die Umsätze mit gesetzlichen Zahlungsmitteln und deren Vermittlung, Umsätze und Vermittlung dieser Umsätze im Einlagengeschäft sowie Kontokorrentverkehr einschließlich Zahlungs- und Überweisungsverkehr, das Inkasso von Handelspapieren, der Umsatz mit Geldforderungen und dessen Vermittlung (ausgenommen Leistungen des Erwerbers zur Einziehung der Forderungen) die Übernahme von Verbindlichkeiten, von Bürgschaften und sonstigen Sicherheiten.
2. **Wertpapiere, Beteiligungen und Fonds:** Dazu zählen Umsätze wie die Veräußerung von Wertpapieren und deren Vermittlung (mit Ausnahme der Verwahrung und Verwaltung von Wertpapieren), die Umsätze und die Vermittlung von Anteilen an Gesellschaften und anderen Vereinigungen sowie die Verwaltung von Sondervermögen.
3. **Versicherung und Pensionsgeschäft:** Umsätze aus Versicherungsverhältnissen und Pensionskassengeschäften. Daher sind auch Versicherungsprämien grundsätzlich nicht umsatzsteuerpflichtig, können aber der Versicherungssteuer unterliegen. Auch die Vermittlung von Versicherungen und die Nebentätigkeiten wie Inkasso, Kundenbetreuung und Beratung sind steuerfrei, nicht jedoch eine als Haupttätigkeit zu qualifizierende Schadensregulierung und Schadensbegutachtungstätigkeit.[38]

Als steuerfreie Grundstücksumsätze gelten die Lieferung von Grundstücken (Z 9 lit a) und die Vermietung und Verpachtung von Grundstücken inklusive Geschäfts- und anderen Räumlichkeiten (Z 16). Für Grundstücksumsätze und die steuerfreie Vermietung und Verpachtung von Grundstücken besteht eine Option in die Steuerpflicht (§ 6 Abs 2 → 699).

Beispiele für steuerfreie Grundstücksumsätze:

1. Verkauf eines Grundstücks (Grund und Boden, Gebäude, Baurecht), sofern es sich nicht um die eigenständige Übertragung von Realservituten und Realrechten handelt.
2. Vermietung von Superädifikaten, Büroräumlichkeiten oder Verkaufslokalen (Option).
3. Leistungen von Wohnungseigentumsgemeinschaften zur Erhaltung, Verwaltung oder zum Betrieb der gemeinsamen Teile und Anlagen der Liegenschaft, die nicht für Wohnzwecke oder das Abstellen von Fahrzeugen aller Art verwendet werden (Z 17).
4. Verlustbringende Vermietung von Eigentumswohnungen (Liebhaberei).[39]

Beispiele für steuerpflichtige Grundstücksumsätze:

1. Vermietung zu Wohnzwecken (Wohnungen, Wohnhäuser oder sonstige Wohnräume, Beherbergungs- und Campingplatzvermietung), außer der steuerfreien verlustbringenden Vermietung.[40]
2. Kurzfristige Vermietung von Grundstücken von ununterbrochen nicht mehr als 14 Tagen, sofern der Unternehmer das Grundstück für vorsteuerabzugsberechtigte Umsätze verwen-

---

37 EuGH 21.9.2017, C-326/15, *DNB Banka*, EuGH 21.9.2017, C-605/15, *Aviva*, EuGH 21.9.2017, C-616/15, *Kommission/Deutschland*.
38 EuGH 20.11.2003, C-8/01, *Assurander-Societetet*.
39 VwGH 30.4.2015, 2014/15/0015.
40 VwGH 30.4.2015, 2014/15/0015.

det, kurzfristige Vermietungen oder zur Befriedigung eines Wohnbedürfnisses (zur Verwaltungsvereinfachung, zB Hotelbetreiber vermietet Seminarräume).
3. Überlassung von Maschinen und sonstigen Vorrichtungen einer Betriebsanlage.
4. Vermietung eines Garagenplatzes für ein Auto.

698 Vertiefung: Leistungen im öffentlichen Interesse, sonstige befreite Umsätze

Steuerfreie Sozial- und Gesundheitsleistungen sind Leistungen der Sozialversicherungs- und Fürsorgeträger (Z 7), von Jugend-, Erziehungs-, Ausbildungs- und Erholungsheimen (Z 23), Leistungen von Kranken- und Pflegeanstalten, Altersheimen, Kuranstalten von Körperschaften öffentlichen Rechts (Z 18) oder gemeinnützigen Körperschaften (Z 25), Leistungen von Ärzten, Zahntechnikern (Z 19, Z 20), sowie Lieferungen von menschlichem Blut und Organen (Z 21), Krankenbeförderungsleistungen (Z 22) und Umsätze der Pflege- und Tagesmütter (Z 15).

> **Beispiele:**
> 1. **Arztleistungen** sind steuerfrei.
> 2. **Krankenhausleistungen** sind steuerfrei.

Steuerfreie Bildungsleistungen sind Umsätze von privaten Schulen und sonstigen Einrichtungen zur Vermittlung von Kenntnissen allgemeinbildender und berufsbildender Art oder der Berufsausübung, wenn deren Zielsetzung mit jener von öffentlichen Schulen vergleichbar ist (Z 11 lit a).[41] Ebenso Umsätze von Privatlehrern an öffentlichen oder privaten Schulen iZm befreiten Tätigkeiten (Z 11 lit b), Vorträgen, Kursen, Filmvorführungen von Körperschaften öffentlichen Rechts (Z 12).

> **Beispiele:**
> 1. **Die berufsbildende Unterrichtsleistung an einer Privatschule** ist steuerfrei.
> 2. **Die Unterrichtstätigkeit an einer Universität oder Fachhochschule** ist steuerfrei.
> 3. **Kurse an der Volkshochschule** sind steuerbefreit.
> 4. **Kurse für Freizeitaktivitäten** wie Tanzkurse oder Schikurse sind nicht befreit.

Sonstige befreite Leistungen sind Leistungen von Aufsichtsräten (Z 9 lit b), Wetten und Ausspielungen (Z 9 lit d), Universaldienstleistungen der Post (Z 10 lit b), Umsätze von Blinden (Z 10 lit a), Leistungen von gemeinnützigen Sportvereinigungen zur Ausübung von Körpersport (Z 14), Kultur- und Unterhaltungsleistungen durch Gebietskörperschaften und gemeinnützigen Körperschaften (Theater, Musik, Gesang, Konzerte, Museen, Gärten, Parks, Z 24). Befreit ist auch die Lieferung und Entnahme von Gegenständen, für die aufgrund der Zuordnung zum USt-befreiten Bereich kein Vorsteuerabzug zustand (insb Hilfsgeschäfte, Z 26).

> **Beispiele:**
> 1. **Die Vergütung für Aufsichtsratsmitglieder** einer AG für ihre Überwachungstätigkeit ist steuerfrei, nicht jedoch für sonstige Beratungstätigkeiten.
> 2. **Glücksspielumsätze** wie zum Beispiel durch Casinos oder Glücksspielautomaten sind steuerfrei. Wetten und Ausspielungen können der Wettgebühr oder der Glücksspielabgabe unterliegen.

---

41 UStBLV, BGBl II 2018/214, zum Vorliegen der vergleichbaren Zielsetzung.

3. **Die Brief- und Paketzustellung durch die Post** ist steuerfrei, sofern bestimmte Gewichts-grenzen nicht überschritten werden (als generell übernommene Universaldienstleistungen[42]).
4. **Die Veräußerung von Anlagegütern** einer aufgrund der Befreiung nicht vorsteuerabzugs-berechtigten Bank oder mangels Vorsteuerabzugs bei Anschaffung von PKW, Kombis und Kraftfahrrädern (→ 784) ist ebenso umsatzsteuerfrei.
5. **Die Vorstellung einer Theatergruppe** in der Form eines gemeinnützigen Vereins ist steuerfrei.

Option zur Steuerpflicht   699

> Bei bestimmten befreiten Leistungen kann eine **Option zur Umsatzsteuer und zum Vorsteuerabzug** ausgeübt werden (§ 6 Abs 2 und 3).

Damit wird sichergestellt, dass die Umsatzsteuer auf Vorleistungen als Vorsteuer abgezogen werden kann. Gleichzeitig unterliegen die ausgeführten Umsätze der Umsatzsteuer.

Eine **Option** besteht für folgende befreite Leistungen:

- **Kleinunternehmer** aufgrund einer schriftlichen Erklärung (bei EU-Kleinunternehmern über das Portal im anderen Mitgliedstaat) bis zur Rechtskraft des Bescheids mit Wirkung vom Beginn eines Kalenderjahres mit Bindung für eine Dauer von zumindest fünf Jahren; ein Widerruf kann für inländische Unternehmer danach jeweils nur im ersten Kalendermonat für ein Kalenderjahr mit Wirkung von Beginn des Kalenderjahres erfolgen.
- **Schuldübernahmen, Bürgschaften und andere Sicherheiten und deren Vermittlung** im Zusammenhang mit Kreditkartenleistungen.
- **Kreditgewährung** auf den Preis für eine Lieferung oder sonstige Leistung.
- **Lieferung von Anlagegold** durch Hersteller oder gewerbliche Goldlieferanten und deren Vermittlung durch einen Unternehmer (§ 24a).
- **Grundstückslieferungen**, bei denen die Leistung als umsatzsteuerpflichtig behandelt wird.
- **Vermietung und Verpachtung von Grundstücken** an Empfänger, wenn dieser Unternehmer ist und das Grundstück (den Gebäudeteil) nahezu ausschließlich für Umsätze mit Vorsteuerabzug verwendet, daher für seinen umsatzsteuerpflichtigen Unternehmensbereich; eine Optionsausübung unabhängig von der Empfängereigenschaft ist möglich für zum 31.8.2012 bereits bestehende Bestandverhältnisse (Altverträge) oder für Unternehmer als Bauherren bei Gebäudeerrichtung vor dem 31.8.2012 (Bauherrenprivileg zur Verhinderung wirtschaftlicher Nachteile durch die Rechtsänderung).

Zuordnung von Vorleistungen   700

> **Vorleistungen zur Ausführung steuerpflichtiger Umsätze** sind dem umsatzsteuer-pflichtigen Bereich zuzuordnen. Vorleistungen **zur Ausführung steuerfreier Umsätze** sind dem umsatzsteuerbefreiten Bereich zuzuordnen (vgl § 12 Abs 4).

Die Zuordnung ist für den Vorsteuerabzug und für die weitere Verwendung der Vorleistung im Hinblick auf einen umsatzsteuerbaren Tatbestand notwendig.

---

42   EuGH 23.4.2009, C-357/07, *TNT Post UK*.

Beispiel zur Zuordnung zu umsatzsteuerpflichtigen und umsatzsteuerfreien Umsätzen:

Der Handelsunternehmer führt steuerpflichtige Lieferungen und sonstige Leistungen im Inland aus. Die Anschaffung der Waren ist dem steuerpflichtigen Bereich zuzuordnen, wofür auch der Vorsteuerabzug zusteht. Er schafft darüber hinaus ein Betriebsgrundstück an, das er für die steuerfreie Vermietung verwendet. Die Umsatzsteuer auf die Anschaffung kann er sich nicht als Vorsteuer abziehen lassen, da die Anschaffung mit steuerfreien Vermietungsumsätzen im Zusammenhang steht.

701 Vertiefung: Zukünftiger Wechsel innerhalb der Unternehmensbereiche

Sofern sich die **Verwendung** der Vorleistung innerhalb der beiden Unternehmensbereiche in den zukünftigen Jahren **ändert**, also zum umsatzsteuerbefreiten Bereich oder zum umsatzsteuerpflichtigen Bereich oder umgekehrt, kann dies eine **Vorsteuerberichtigung** auslösen (§ 12 Abs 10 bis 13, zur Berechnung → 788).

- Bei Änderung der Verwendung bei einem Gegenstand des **Anlagevermögens** ab der erstmaligen Verwendung innerhalb der folgenden 5 Jahre bei sonstigen Gegenständen oder der folgenden 20 Jahre bei Grundstücken, einschließlich aktivierungspflichtiger Großreparaturen, hat eine anteilige Berichtigung des Vorsteuerabzugs für jedes Jahr der Änderung zu erfolgen (§ 12 Abs 10).
- Bei Änderung der Verwendung bei einem Gegenstand des **Umlaufvermögens** oder bei sonstigen Vorleistungen in zukünftigen Kalenderjahren hat eine Berichtigung des Vorsteuerabzugs im Jahr der Änderung zu erfolgen (§ 12 Abs 11).

702 Überblick: Umsatzsteuerbefreiung

Abbildung 34: Umsatzsteuerbefreiung

6.2. Echte Steuerbefreiungen

Von den oben genannten Steuerbefreiungen ohne Vorsteuerabzug sind **Umsätze** zu un- **703** terscheiden, die dem **umsatzsteuerpflichtigen Unternehmensbereich** zuzuordnen sind und für die der Vorsteuerabzug zusteht, die aber dennoch von der Umsatzsteuer befreit sind (**echte Steuerbefreiung, § 6 Abs 1 Z 1–6**). Diese stehen zumeist mit grenzüberschreitenden Sachverhalten in Zusammenhang. Unterliegen die Umsätze jedoch gleichzeitig einer unechten und einer echten Befreiung, dann geht die unechte Befreiung vor (kein Vorsteuerabzug).[43]

Anwendungsfälle:

1. Ausfuhrlieferung eines Gegenstands aus dem Inland in einen Drittstaat (§ 7),
2. Lohnveredlung (Bearbeitung oder Verarbeitung) an einem Gegenstand der Ausfuhr (§ 8),
3. Umsätze als Vorleistungen für die Seeschifffahrt und die Luftfahrt (§ 9),
4. Grenzüberschreitende Beförderung von Gegenständen und Personen und von sonstigen Leistungen, die sich auf die Einfuhr, Ausfuhr oder Durchfuhr beziehen (§ 6 Abs 1 Z 3),
5. Lieferung von Gold an Zentralbanken (§ 6 Abs 1 Z 4),
6. Vermittlung steuerfreier Auslandsleistungen (§ 6 Abs 1 Z 5),
7. Spenden von Lebensmitteln (Anlage 1) sowie von nichtalkoholischen Getränken an durch Bescheid begünstigte Einrichtungen (§ 4a Abs 1 erster TS EStG) für begünstigte Zwecke (§ 4a Abs 2 Z 2 EStG) (§ 6 Abs 1 Z 5a),
7. bestimmte Lieferungen und sonstige Leistungen an diplomatische und konsularische Vertretungen, ausländische Streitkräfte und internationale Organisationen (§ 6 Abs 1 Z 6 lit c, d).

7. Steuerobjekt – Eigenverbrauch bei Wechsel aus dem Unternehmensbereich

Unentgeltliche Verwendung außerhalb des Unternehmens 704

Gelangen unternehmerisch genutzte Gegenstände oder Leistungen im Inland **unentgeltlich** aus dem Unternehmensbereich, dann löst dies einen **Ersatztatbestand der Umsatzsteuer** aus, der grundsätzlich zu einem umsatzsteuerbaren Vorgang führt (**Eigenverbrauchstatbestände**).

Unentgeltliche Leistungen vom unternehmerischen an den nichtunternehmerischen Bereich des Unternehmers oder seiner Arbeitnehmer und unentgeltliche Leistungen aus unternehmerischen Gründen lösen Umsatzsteuer aus, weil der Empfänger den Vorteil nicht ohne Umsatzsteuerbelastung erhalten soll. Stand für den Gegenstand oder die Leistung bereits bei deren Anschaffung oder Herstellung kein Vorsteuerabzug zu, dann bedarf es auch keiner Umsatzsteuerbelastung des Eigenverbrauchs. Zum **Eigenverbrauch** zählen:

- **die Entnahme** eines unternehmerischen Gegenstands bei vormaligem Vorsteuerabzug als steuerbare Lieferung (Entnahmeeigenverbrauch, § 3 Abs 2),

---

43 EuGH 7.12.2006, C-240/05, *Eurodental*; VwGH 27.8.2008, 2006/15/0127, unechte Steuerbefreiung nach § 6 Abs 1 Z 26 geht steuerfreier Ausfuhrlieferung vor.

- **die Verwendung** eines unternehmerischen Gegenstands bei vormaligem Vorsteuerabzug als steuerbare sonstige Leistung (Verwendungseigenverbrauch, § 3a Abs 1a Z 1),
- **die Erbringung von Dienstleistungen** aus unternehmerischen Ressourcen als steuerbare sonstige Leistung (Dienstleistungseigenverbrauch, § 3a Abs 1a Z 2) und
- **der Aufwand** aus unternehmerischen Ressourcen bei vormaligem Vorsteuerabzug als steuerbarer **Eigenverbrauch** (Aufwandseigenverbrauch, § 1 Abs 1 Z 2).

705 Vertiefung: Eigenverbrauch durch Entnahme

Der Eigenverbrauch durch **Entnahme unternehmerischer Gegenstände** ist einer Lieferung gleichgestellt und steuerbar (§ 3 Abs 2).

Eigenverbrauch durch Entnahme liegt vor, wenn ein geldwerter Gegenstand unentgeltlich entnommen wird und zwar:

- **aus privaten Gründen**, oder
- **für den persönlichen Bedarf des Personals des Unternehmers**, ausgenommen bloße Aufmerksamkeiten, außerdem
- **jede andere unentgeltliche Zuwendung aus unternehmerischen Gründen**, ausgenommen geringwertige Geschenke oder Warenmuster für Zwecke des Unternehmens.

Ein umsatzsteuerpflichtiger Entnahmeeigenverbrauch liegt dabei nur vor, wenn eine **Vorsteuerabzugsberechtigung** für den Gegenstand oder seine Bestandteile bestanden hat (§ 3 Abs 2).

Beispiele:

1. **Private Entnahme:** Die Entnahme eines Gegenstands als Geschenk für die Ehegattin löst einen Entnahmeeigenverbrauch aus, ebenso die unentgeltliche Übertragung (Schenkung) des gesamten Betriebs an den erwachsenen Sohn. Die unentgeltliche Übertragung eines Betriebs oder Teilbetriebs kann eine Entnahmebesteuerung zur Konsequenz haben. Keine Entnahme liegt allein aufgrund des Übergangs an den Erben vor, weil dieser steuerlicher Gesamtrechtsnachfolger wird (§ 19 BAO).[44]
2. **Zuwendung an Arbeitnehmer:** Keinen Eigenverbrauch stellt die Bereitstellung von Getränken für die Arbeitnehmer am Arbeitsplatz (bloße Aufmerksamkeit/Annehmlichkeit), die Bereitstellung von typischer Berufskleidung (überwiegendes Interesse des Unternehmers) und sofern der Vorteil als Entgelt für die Tätigkeit anzusehen ist (→ 684).
3. **Gewinnspiel oder Werbezweck:** Die unentgeltliche Zuwendung des Unternehmers anlässlich eines Gewinnspiels oder zu Werbezwecken unterliegt ebenfalls der Eigenverbrauchsbesteuerung. Die Zuwendung von Warenmuster (Probierpackungen) fällt nicht darunter.
4. **Die vollständige Entnahme eines Grundstücks** für private Zwecke löst nur dann einen Entnahmeeigenverbrauch aus, wenn und soweit der Erwerb des Grundstücks zum Vorsteuerabzug berechtigt hat.

706 Vertiefung: Eigenverbrauch durch Verwendung unternehmerischer Gegenstände

Eigenverbrauch durch **Verwendung von unternehmerischen Gegenständen** ist einer sonstigen Leistung gleichgestellt und steuerbar (§ 3a Abs 1a Z 1).

---

44   UStR Rz 204; vgl BFH 13.1.2010, V R 24/07.

Die **Verwendung** unternehmerischer Gegenstände liegt vor, wenn ein Gegenstand unentgeltlich verwendet wird:

- für private Zwecke, oder
- für den persönlichen Bedarf des Unternehmenspersonals, ausgenommen bloße Aufmerksamkeiten.

Ein **Eigenverbrauch durch Verwendung von unternehmerischen Grundstücken** scheidet aus, weil Grundstücke von vornherein nur anteilig entsprechend ihrer unternehmerischen Nutzung dem Unternehmen zuzuordnen sind. Ändern sich die Umstände nachträglich, dann ist dies durch eine Vorsteuerberichtigung auszugleichen (zur Berechnung unten).

Ein Verwendungseigenverbrauch liegt nur vor, wenn eine **Vorsteuerabzugsberechtigung** für den Gegenstand oder seine Bestandteile bestanden hat (§ 3a Abs 1a Z 1).

Beispiele:

1. **Private Verwendung:** Der Unternehmer verwendet seinen gänzlich zum Unternehmen zugeordneten, vorsteuerabzugsberechtigten Computer auch für private Zwecke (anteiliger Verwendungseigenverbrauch).
2. **Verwendung zu unternehmerischen Zwecken:** Überlässt der Unternehmer einem Kunden einen Anhänger nur für das Wochenende unentgeltlich, dann liegt darin kein Verwendungseigenverbrauch vor.

Vertiefung: Verwendung von Grundstücken für nichtunternehmerische Zwecke   707

Ein Vorsteuerabzug ist bei Grundstücken für den nichtunternehmerisch genutzten Teil von vornherein ausgeschlossen, sodass **ein Verwendungseigenverbrauch bei Grundstücken nicht vorliegen kann** (§ 3a Abs 1a letzter Satz).

Grundstücke werden zwar bei unternehmerischer Nutzung ganz oder teilweise dem Unternehmen zugeordnet (dazu bereits oben), ein **Vorsteuerabzug** erfolgt allerdings **nur soweit**, als das Grundstück zu **umsatzsteuerpflichtigen Umsätzen** verwendet wird (§ 12 Abs 3 Z 4).

Kommt es in der Folge zu einer **Änderung der Verwendung** zugunsten oder zulasten des umsatzsteuerpflichtigen Unternehmensanteils, dann hat eine entsprechende jährliche **Vorsteuerberichtigung** zu erfolgen (maximal soweit das Grundstück von Beginn an dem Unternehmen zugeordnet wurde). Die Vorsteuerberichtigung führt dazu, dass innerhalb von **20 Jahren** seit der Anschaffung des Grundstücks die darauf zeitanteilig entfallende Vorsteuer entsprechend der jährlichen Verwendung angepasst wird (§ 12 Abs 10 bis 13).

Beispiele:

1. **Gebäude, das zu 100 % dem Unternehmen zugeordnet ist:** Die dem Unternehmen zu 100 % zugeordneten Räume werden seit dem Erwerb im Ausmaß von 20 % an der Gesamtnutzfläche als private Stauräume verwendet. Vorsteuerabzug stand bei Erwerb in Höhe von 80 % zu. Mangels Vorsteuerabzug löst die private Verwendung daher auch keinen Verwendungseigenverbrauch aus.
2. **Vorsteuerberichtigung anstelle von Verwendungseigenverbrauch:** Ein Architekt errichtet ein Haus, das zu 60 % für unternehmerische, umsatzsteuerpflichtige Umsätze als Anlagevermögen und zu 40 % privat genutzt wird. Das Grundstück wird zur Gänze dem Unternehmen zugeordnet. Ein Vorsteuerabzug steht nur zu 60 % zu (Anschaffungskosten: EUR 100.000; Vorsteuer: EUR 20.000, davon 60 %: EUR 12.000). Im folgenden Jahr ändert sich die Verwen-

dung zugunsten des privaten Teils und die Verwendung erfolgt nun im Verhältnis 50 % zu 50 %. Ein anteiliger Verwendungseigenverbrauch scheidet auch hier aus. Stattdessen hat die Änderung der Verwendung im Wege einer negativen Vorsteuerberichtigung anteilig für dieses Jahr, daher zu 1/20 des auf 10 % der gesamten Vorsteuer entfallenden Vorsteuerbetrags, zu erfolgen (10 % des gesamten Vorsteuerbetrags: EUR 2.000; Berichtigung: EUR 100).

708 Vertiefung: Eigenverbrauch von unternehmerischen Dienstleistungen

Eigenverbrauch von **Dienstleistungen aus unternehmerischen Ressourcen** ist einer sonstigen Leistung gleichgestellt und steuerbar (§ 3a Abs 1a Z 2).

Umsatzsteuerbar ist die **unentgeltliche Erbringung von originär erstellten sonstigen Leistungen** aus dem Unternehmensbereich. Diese liegt vor, wenn eine kostenverursachende Dienstleistung unentgeltlich erbracht wird:

- für Zwecke außerhalb des Unternehmens, oder
- für den persönlichen Bedarf des Unternehmenspersonals, ausgenommen bloße Aufmerksamkeiten.

Ein Dienstleistungseigenverbrauch ist eine **originär erstellte Leistung** des Unternehmens und jedenfalls steuerbar, unabhängig davon, ob für Vorleistungen ein Vorsteuerabzug zusteht (§ 3a Abs 1a Z 2).

Beispiele:

1. **Die unentgeltliche Beförderung** der Arbeitnehmer zwischen Arbeitsstätte und Wohnort stellt keinen Eigenverbrauch dar, weil die Leistung nicht den persönlichen Bedarf des Unternehmenspersonals abdeckt, sondern im überwiegenden Interesse des Unternehmers liegt. Dies gilt auch für Gesundheitsleistungen zugunsten der Arbeitnehmer.
2. **Die Zurverfügungstellung eines „Jobtickets"** an den Arbeitnehmer löst einen Dienstleistungseigenverbrauch aus (Vorteil auch für reine Privatfahrten).
3. **Die Bereitstellung eines Chauffeurs** mit Firmen-PKW für den Geschäftsführer für private Zwecke stellt ebenso einen Eigenverbrauch einer Beförderungsleistung dar.
4. **Die Reinigung der privaten Wohnung** durch Reinigungskräfte eines Unternehmens stellt einen Eigenverbrauch dar, außer es erfolgt eine getrennte Abrechnung für den privaten Teil.
5. **Die Eigenleistung des Unternehmers** für private Zwecke löst dagegen mangels Kosten keinen Eigenverbrauch aus.

709 Vertiefung: Eigenverbrauch von Aufwand

Eigenverbrauch von **Aufwand aus unternehmerischen Ressourcen** ist ein eigenständiger umsatzsteuerbarer Tatbestand (§ 1 Abs 1 Z 2).

Der Aufwandseigenverbrauch ist **subsidiär** zu den anderen Eigenverbrauchstatbeständen und hat daher auch nur einen sehr eingeschränkten Anwendungsbereich. Ein **Eigenverbrauch von Aufwand** liegt vor, bei Aufwand:

- der ursprünglich für das Unternehmen geleistet wurde, nunmehr aber dem nichtunternehmerischen Bereich zuzuordnen ist, oder
- der nur teilweise zum Vorsteuerabzug berechtigt, weil ertragsteuerlich nichtabzugsfähige Ausgaben vorliegen. Überwiegend ertragsteuerlich nichtabzugsfähige Ausgaben gelten grundsätzlich bereits als nicht für das Unternehmen verausgabt. Daher bleibt der Anwendungsbereich lediglich auf Ausgaben beschränkt, die sich nicht überwiegend aus ertragsteuerlich nichtabzugsfähigen Ausgaben zusammensetzen.

Ein Eigenverbrauch liegt nur vor, wenn eine **Vorsteuerabzugsberechtigung** für den Aufwand bestanden hat (§ 1 Abs 1 Z 2 letzter Satz).

Beispiele:
1. **Anschaffung** eines dem Unternehmensbereich zuzuordnenden Gegenstands aufgrund überwiegend ertragsteuerlich abzugsfähiger (angemessener) Ausgaben, wobei der ertragsteuerlich nichtabzugsfähige (nicht angemessene) Teil als Aufwandseigenverbrauch umsatzsteuerbar ist. Der Unternehmer schafft einen Perserteppich an (Anschaffungskosten EUR 10.000, angemessene Kosten EUR 7.500). Der Perserteppich ist dem Unternehmen zuzuordnen (75-%-Angemessenheit). Der nicht angemessene Teil (EUR 2.500) ist Aufwandseigenverbrauch und berechtigt nicht zum Vorsteuerabzug.
2. **In einer Werkskantine** wird ein Geschäftspartner bewirtet; die betriebliche Veranlassung überwiegt nicht und die Bewirtung dient auch nicht der Werbung – es liegt daher Aufwandseigenverbrauch vor.

Überblick: Umsatzsteuersystem bei inländischen Sachverhalten 710

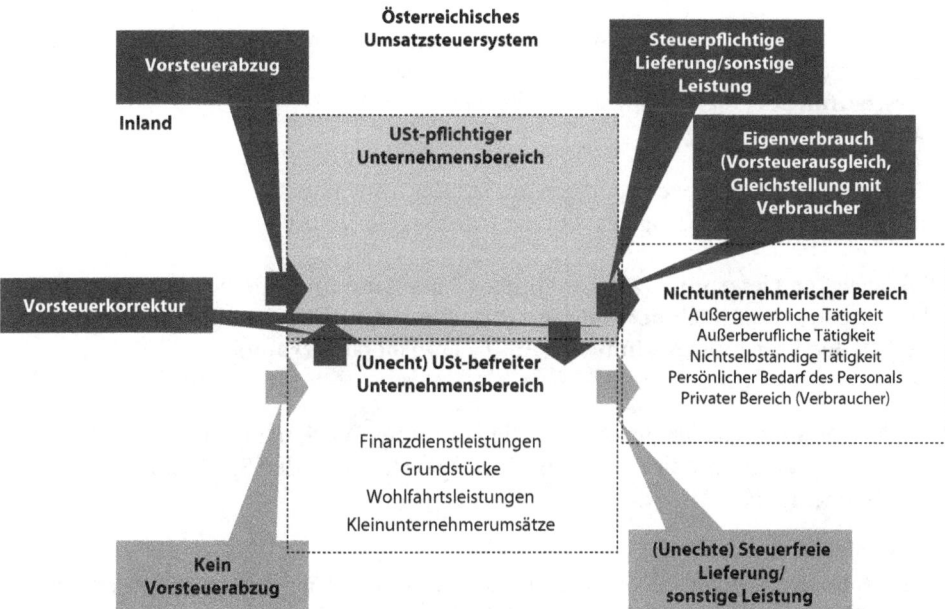

Abbildung 35: Umsatzsteuersystem bei inländischen Sachverhalten

8. Steuerobjekt – Inländischer Umsatz (§ 1 UStG)

8.1. Im Inland ausgeführter Umsatz

711

Damit ein **inländischer Bezug** gegeben ist, der es rechtfertigt, einen Umsatz der Umsatzsteuer zu unterwerfen, muss die Lieferung oder die sonstige Leistung **im Inland ausgeführt** werden (§ 1 Abs 1 Z 1 und Abs 2).

Das Erfordernis gilt sowohl für den Vorsteuerabzug als auch für die Umsatzsteuerpflicht. Ob eine Lieferung oder eine sonstige Leistung im Inland ausgeführt wird, ergibt sich aus gesetzlichen Bestimmungen, die den **Ort der Lieferung** (§ 3 Abs 7 ff) und den **Ort der sonstigen Leistung** (§ 3a Abs 5 ff) explizit regeln. Der Ort kann unter anderem von der Art der Lieferung oder sonstigen Leistung, vom Unternehmer oder aber auch vom Empfänger oder dessen Eigenschaft abhängen.

Inland ist das Bundesgebiet. **Ausland** ist das Gebiet, das nicht Inland ist. Wird ein Umsatz im Inland ausgeführt, so kommt es grundsätzlich nicht darauf an, ob der Unternehmer österreichischer Staatsbürger ist, seinen Wohnsitz oder seinen Sitz im Inland hat, im Inland eine Betriebsstätte unterhält, die Rechnung ausstellt oder die Zahlung empfängt (§ 1 Abs 2).

8.2. Lieferort (§ 3 UStG)

712 Allgemeiner Ort der Lieferung

Bei **ruhender Lieferung** – also wenn der Gegenstand im Zuge der Lieferung nicht transportiert wird – gilt als Lieferort der Ort, an dem sich der Gegenstand **zur Zeit der Verschaffung der Verfügungsmacht befindet** (§ 3 Abs 7).

Wird der zu liefernde Gegenstand erst am Ort des Abnehmers hergestellt, dann geht erst mit Übergabe die Verfügungsmacht über (**Montagelieferung**).

Bei **bewegter Lieferung** – also wenn der Gegenstand im Zuge der Lieferung durch den Lieferer oder Abnehmer befördert oder versendet wird – ist der Lieferort der **Ort, an dem der Transport beginnt** (§ 3 Abs 8, **Transportlieferung**).

Eine **Versendung** erfolgt durch einen Frachtführer, Verfrachter oder Spediteur. Die Versendung beginnt mit der Übergabe des Gegenstands an den Spediteur, Frachtführer oder Verfrachter (§ 3 Abs 8).

Beispiele:

1. **Ruhende Lieferung:** Der liefernde Unternehmer A schließt mit dem Unternehmer B in der Schweiz einen Vertrag, mit dem gleichzeitig der Übergang der Verfügungsmacht über eine Ware vereinbart wird, die sich zu diesem Zeitpunkt in einem Lager in Bregenz (Ö) befindet. Eine Beförderung oder Versendung ist nicht vorgesehen. Die (ruhende) Lieferung gilt

im Inland als ausgeführt (Umsatzsteuerpflicht). Befindet sich die Ware dagegen zu diesem Zeitpunkt im Ausland, dann gilt die Lieferung nicht als im Inland ausgeführt.

2. **Herstellung eines Bauwerks im Wege der Werklieferung oder Lieferung samt Montage einer Maschine:** Als Lieferort gilt der Ort, an dem die Abnahme des Liefergegenstands und damit auch gleichzeitig der Übergang der Verfügungsmacht erfolgt.

3. **Bewegte Lieferung:** Der sofortige Übergang der Verfügungsmacht wird nicht vereinbart. Vielmehr soll die Ware vom liefernden Unternehmer A mittels Spediteur in die Schweiz verbracht werden. Die (bewegte) Lieferung beginnt mit Übergabe des Gegenstands an den Spediteur; Lieferort ist daher grundsätzlich das Inland (allerdings mögliche steuerfreie Ausfuhrlieferung, → 731).

Bei einem **Reihengeschäft**[45] (§ 3 Abs 15) liegen mehrere Lieferungen in der Unternehmerkette vor, der Gegenstand wird aber nur einmal von einem Lieferer oder Abnehmer (Unternehmer oder Verbraucher) physisch befördert oder versendet (auf eigene Rechnung durch einen außenstehenden Dritten). Diese Lieferung ist grundsätzlich auch eine bewegte Lieferung (Z 1 lit a, b, d).

Eine **Ausnahme** besteht nur dann, wenn der Zwischenhändler, der den Gegenstand befördert (versendet), dem Lieferer keine UID aus dem Mitgliedstaat, aus dem er den Gegenstand befördert (versendet), mitteilt; in diesem Fall ist die bewegte Lieferung die an den befördernden (versendenden) Zwischenhändler (Z 6, Z 1 lit c).

Lieferungen **vor der bewegten Lieferung** gelten dort als ausgeführt, wo die Beförderung (Versendung) beginnt (Z 3). Lieferungen **nach der bewegten Lieferung** gelten dort als ausgeführt, wo die Beförderung (Versendung) endet (Z 4). Bei der E-Commerce-Lieferung gilt als bewegte Lieferung die Lieferung durch den Unternehmer, dem die E-Commerce-Lieferung zugerechnet wird (Z 2, § 3 Abs 3a → 688).

Beispiele:

1. **Erster Lieferer:** Der Schweizer Unternehmer CH verkauft Waren an Ö1 und dieser an Ö2. Ö1 befördert die Waren direkt von CH an Ö2. Die bewegte Lieferung ist CH an Ö1, weil Ö1 dem CH keine Schweizer UID mitteilt.

2. **Zwischenhändler:** Ö1 verkauft Waren an Ö2, dieser an den deutschen Unternehmer D. D trägt die Beförderungskosten und beauftragt Ö2 mit der Durchführung; Ö2 beauftragt einen Spediteur, der die Waren von Ö1 zu D befördert. Die Beförderung ist aufgrund der Beauftragung Ö2 zuzurechnen (Ö2 als Zwischenhändler). Tritt Ö2 gegenüber Ö1 mit seiner inländischen UID auf, dann ist die Lieferung zwischen Ö2 und D die bewegte Lieferung. Tritt Ö2 gegenüber Ö1 nicht mit der inländischen UID auf, dann gilt Ö1 an Ö2 als bewegte Lieferung.

Zu besonderen Bestimmungen bei **grenzüberschreitenden Warenbewegungen** mit **Drittstaaten** → 723 und mit **EU-Staaten** → 736.

Besonderer Ort der Lieferung 713

Besondere Lieferorte gelten für Gegenstände, für die die Grundregeln nur schwer anwendbar wären.

---

45 UFS 11.6.2012, RV/0305-W/07; VwGH 3.4.2019, Ra 2018/15/0125; VwGH 29.6.2016, 2013/15/0114.

- Bei **On-Board-Verkauf während einer Personenbeförderung** innerhalb der Gemeinschaft durch Schiff, Flugzeug oder Eisenbahn gilt der **Abgangsort** innerhalb der Gemeinschaft als Lieferort (§ 3 Abs 11 und 12).
- Bei Lieferung von **Gas, Elektrizität, Wärme und Kälte über Netze an Unternehmer zur Weiterlieferung** gilt der **Abnahmeort** (Unternehmen oder Betriebsstätte; § 3 Abs 13), in allen anderen Fällen gilt der **Verbraucher- oder Nutzungsort** als Lieferort (§ 3 Abs 14).

8.3. Leistungsort (§ 3a UStG)

714 Allgemeiner Ort der sonstigen Leistung

Nach der Grundregel gelten sonstige Leistungen **an Unternehmer** oder nichtunternehmerische juristische Personen mit USt-Identifikationsnummer (UID) am **als Ort des Empfängers ausgeführt** (§ 3a Abs 5 Z 1 und 2 iVm Abs 6). **Empfängerort** ist entweder der Ort des Unternehmens oder dessen Betriebsstätte.

Als leistungsempfangende **Betriebsstätte** (feste Niederlassung) gilt ein Ort, der einen hinreichenden Grad an Beständigkeit sowie eine Struktur aufweist, die es Unternehmern von der personellen und technischen Ausstattung her ermöglicht, Dienstleistungen für ihre wirtschaftliche Tätigkeit zu empfangen und zu verwenden.[46] Dazu zählen auch eine Computerausstattung, Server und Computerprogramme.[47] Für eine Betriebsstätte ist allerdings zwingend Personal notwendig, das zum eigenständigen Handeln befähigt ist; bloß administratives Personal ohne wesentliche Entscheidungsbefugnis oder eine bloß technische Ausstattung allein reicht nicht (Windrad, vermietetes Gebäude, Computerausstattung).[48] Eine Tochtergesellschaft in einem Staat allein begründet für sich noch keine feste Niederlassung für die Muttergesellschaft.[49]

Bei sonstigen Leistungen **an sonstige juristische Personen und Nichtunternehmer** gilt der **Ort des leistenden Unternehmers** als Leistungsort (§ 3a Abs 5 Z 3 iVm Abs 7). Leistungsort ist daher der Ort, an dem der leistende Unternehmer oder dessen leistende Betriebsstätte ansässig ist.

Während Leistungen zwischen Unternehmern und von Unternehmern an nichtunternehmerische juristische Personen mit UID-Nummer als **B2B**-Leistungen bezeichnet werden, also Business to Business, werden Leistungen an sonstige Empfänger als **B2C**-Leistungen bezeichnet, also Business to Consumer. Innerhalb der EU kann der Status des Empfängers mittels UID-Nummer nachgewiesen werden; bei Drittstaaten könnte die in diesen Staaten verwendete aktive Umsatzsteuernummer als Nachweis der Unternehmereigenschaft dienen (zB Schweiz, Großbritannien, Norwegen).

---

46   Art 11 EU-DVO; EuGH 16.10.2014, C-605/12, *Welmory*.
47   EuGH 16.10.2014, C-605/12, *Welmory*.
48   Vgl BFG 20.12.2019, RE/710002/2019, EuGH 3.6.2021, C-931/19, *Titanium Ld*.
49   EuGH 7.5.2020, C-547/18, *Dong Yang*.

Beispiele:

1. **B2B:** Beratungsleistung eines deutschen Rechtsanwalts an einen österreichischen Unternehmer oder einen österreichischen Verein (Holdinggesellschaft) mit UID; dies löst österreichische Umsatzsteuer aus. Erfolgt die Beratungsleistung eines österreichischen Rechtsanwalts zugunsten der deutschen Betriebsstätte des österreichischen Unternehmens, dann löst dies deutsche Umsatzsteuer aus.

2. **B2C:** Beratungsleistungen des deutschen Rechtsanwalts an eine österreichische Privatperson oder an einen Verein ohne UID-Nummer führt zur Anwendung der deutschen Umsatzsteuer. Beratungsleistungen des österreichischen Rechtsanwalts an einen deutschen Privaten löst österreichische Umsatzsteuer aus.

Von diesen Grundsätzen gibt es **bestimmte Ausnahmeregelungen**. Diese sollen sicherstellen, dass die Leistung aufgrund einer besonderen **Ortsgebundenheit** am Tätigkeits-, Leistungs- oder Verbraucherort steuerpflichtig ist (§ 3a Abs 8 ff).

Besonderer Ort der ortsgebundenen sonstigen Leistung für B2B und B2C   715

> Bei einigen Leistungen, bei denen es hauptsächlich auf den Ort der Leistung ankommt (ortsgebundene sonstige Leistungen), ist der **Tätigkeitsort** Leistungsort, **unabhängig davon, an wen geleistet wird** (B2B und B2C).

- Bei **Grundstücksleistungen** ist der Belegenheitsort Leistungsort (§ 3a Abs 9).
- Bei **Veranstaltungsleistungen** auf dem Gebiet der Kultur, der Künste, des Sports, der Wissenschaft, des Unterrichts, der Unterhaltung und bei ähnlichen Veranstaltungen wie Ausstellungen und Messen ist der Veranstaltungsort Leistungsort (§ 3a Abs 11 lit a und Abs 11a).
- Bei **Personenbeförderungsleistungen** ist die Beförderungsstrecke Leistungsort (§ 3a Abs 10).
- Bei der **kurzfristigen Vermietung von Beförderungsmitteln** ist der Ort der Bereitstellung Leistungsort (§ 3a Abs 12 Z 1). Ist danach Leistungsort ein Drittland, dann verlagert sich der Leistungsort ins Inland, wenn das Beförderungsmittel im Inland genutzt wird.
- **Besorgungsleistungen** gelten als am Ort der besorgten Leistung erbracht (§ 3a Abs 4).
- **Restaurant- und Verpflegungsdienstleistungen** gelten als am Tätigkeitsort erbracht (§ 3a Abs 11 lit d).

Beispiele:

1. **Grundstücksleistungen:** Dazu gehören die Veräußerung, Vermietung oder Verpachtung von Grundstücken, Leistungen von Grundstücksmaklern oder Grundstückssachverständigen, Beherbergungsleistungen, die Rechtseinräumung an Grundstücken, Koordinierungs- und Vorbereitungsleistungen von Bauleistungen, zB durch Architekten und Bauaufsichtsbüros. Ein französischer Architekt plant ein Museum in Graz (österreichische USt). Ein Hotelgast übernachtet im Hotel Sacher in Wien (österreichische USt).

2. **Veranstaltungsleistung:** Eine Karte für die Wiener Staatsoper, die ein deutscher Unternehmer zu Geschäftszwecken oder ein Privater erwirbt, unterliegt der österreichischen Umsatzsteuer. Eine Teilnahmegebühr, sowohl für Unternehmer als auch für Nichtunternehmer, für eine Konferenz, die von einem Schweizer Unternehmen in Graz veranstaltet wird, unterliegt der österreichischen Umsatzsteuer.

3. **Personenbeförderungsleistung:** Bei einer Busfahrt von Wien nach Prag unterliegt nur der inländische Streckenteil der österreichischen Umsatzsteuer.
4. **Kurzfristige Vermietung von Beförderungsmitteln:** Kurzfristig ist die Vermietung bis zu 30 Tagen, bei Wasserfahrzeugen gilt ein Zeitraum bis zu 90 Tagen als kurzfristig. Ein Italiener, der in Österreich ein Mietauto für 10 Tage mietet, muss österreichische Umsatzsteuer zahlen (Leistungsort: Bereitstellungsort)
5. **Besorgungsleistung:** Der Bauunternehmer A besorgt für den Bauherrn B die Leistung des Handwerkers C. Der Leistungsort der Besorgung (A-B) ist entsprechend dem Ort der besorgten Leistung (C-A) bestimmt (Belegenheitsort aufgrund einer Grundstücksleistung).
6. **Restaurant- und Verpflegungsdienstleistungen:** Ort der Restaurantleistung in einem Restaurant in Innsbruck ist Österreich. Cateringservice für eine Hochzeitsfeier in Salzburg durch ein deutsches Unternehmen für ein Schweizer Brautpaar ist ebenso Österreich.

716 Besonderer Ort für ortsgebundenen sonstigen Leistung bei B2C

Bei einigen Leistungen, bei denen es hauptsächlich auf den Ort der Leistung ankommt (ortsgebundene sonstige Leistungen), ist der **Tätigkeitsort** Leistungsort, **wenn an einen Verbraucher geleistet wird** (B2C).

- Bei **Vermittlungsleistungen** gilt der Ort des vermittelten Umsatzes als Leistungsort (§ 3a Abs 8).
- Bei der **Güterbeförderung** ist die Strecke der Beförderung Leistungsort (§ 3a Abs 10). Bei rein **innergemeinschaftlichen** Güterbeförderungen ist Leistungsort hingegen der Beginn der Beförderung (Art 3a Abs 1).
- **Restaurant-/Verpflegungsdienstleistungen an Bord eines Schiffes, Luftfahrzeugs oder Eisenbahn bei innergemeinschaftlicher Personenbeförderung** gelten als am Abgangsort erbracht (Art 3a Abs 3).
- Bei **Nebenleistungen zu einer Beförderung** ist der Tätigkeitsort entscheidend (§ 3a Abs 11 lit b).
- **Arbeiten an und Begutachtung von beweglichen körperlichen Gegenständen** gelten als am Tätigkeitsort ausgeführt (§ 3a Abs 11 lit c).

Beispiele:
1. **Vermittlungsleistung:** Ein slowenischer Fußballspieler (Nichtunternehmer) beauftragt einen kroatischen Vermittler, der ihn an einen österreichischen Verein vermitteln soll. Der Ort der Vermittlungsleistung ist der Ort der Tätigkeit des Fußballspielers beim österreichischen Verein (vermittelter Umsatz, B2C).
2. **Güterbeförderung:** Ein Kasten wird im Auftrag eines Privaten durch einen Spediteur von Innsbruck nach Basel gebracht. Die Strecke, die im Inland zurückgelegt wird, gilt als anteiliger Leistungsort (österreichische Umsatzsteuer). Wird dagegen der Kasten von Österreich nach Deutschland transportiert, dann gilt für die gesamte Strecke der Lieferort Österreich (Beginn der Beförderung).
3. **On-Board-Verpflegung innerhalb der EU:** Die Verpflegung im Zug von Salzburg nach München unterliegt der österreichischen Umsatzsteuer (Abgangsort).
4. **Nebenleistung zur Beförderung:** Dazu zählen Umschlag, Lagerung und ähnliche Leistungen, die mit einer Beförderung üblicherweise verbunden sind, sofern die Nebenleistungen nicht unselbständige Nebenleistungen einer Güterbeförderungsleistung sind (zu Nebenleistungen → 687). Der Leistungsort für das Entladen eines Zuges in Salzburg von Gegenständen einer Privatperson durch ein deutsches Unternehmen ist der Tätigkeitsort Öster-

reich (B2C). Wird das Entladen dagegen für einen tschechischen Unternehmer vorgenommen, ist der Leistungsort Tschechien (Empfängerort bei B2B).

5. **Arbeiten an beweglichen körperlichen Gegenständen:** Ort der Reparatur eines Autos einer Privatperson in einer ungarischen Werkstätte ist Ungarn. Hingegen ist der Ort der Reparatur eines LKWs eines österreichischen Unternehmens in einer ungarischen Werkstätte Österreich.

Besonderer Ort für verbrauchsgebundene sonstige Leistung bei B2C   717

Bei bestimmten verbrauchsgebundenen sonstigen Leistungen ist der **Verbrauchsort** entscheidend, **wenn an einen Verbraucher geleistet wird** (B2C).

- Bei der **langfristigen Vermietung von Beförderungsmitteln** ist der Wohnsitz, Sitz oder gewöhnliche Aufenthalt des Empfängers Leistungsort; wenn bei Sportbooten jedoch der Unternehmer am Bereitstellungsort sein Unternehmen betreibt, gilt als Leistungsort der Bereitstellungsort (§ 3a Abs 12 Z 2). Ist der Leistungsort ein Drittland, dann verlagert sich der Leistungsort ins Inland, wenn das Beförderungsmittel im Inland genutzt wird.
- **Telekommunikationsleistungen, Rundfunk- und Fernsehdienstleistungen und elektronisch erbrachte Dienstleistungen (lit a) sowie kulturelle, künstlerische, wissenschaftliche, unterrichtende, sportliche, unterhaltende oder ähnliche Leistungen, wenn sie per Streaming übertragen oder auf andere Weise virtuell verfügbar gemacht werden (lit b),** gelten als am Ansässigkeitsort, Wohnsitz, Sitz oder am gewöhnlichen Aufenthalt des Empfängers erbracht (§ 3a Abs 13; Ausnahme für geringe (EUR 10.000) innergemeinschaftliche Umsätze iSd lit a nach Art 3a Abs 5).

Beispiele:

1. **Langfristige Vermietung von Beförderungsmitteln:** Der Private least ein Fahrzeug (Operating Leasing, Miete) für ein Jahr. Ein österreichischer Privater mietet für sechs Monate ein Sportboot im Hafen von Venedig von einem österreichischen Anbieter (keine Betriebsstätte in Italien). Leistungsort ist in beiden Fällen der Ansässigkeitsort des Empfängers.
2. **Telekommunikationsleistungen, Rundfunk- und Fernsehdienstleistungen, elektronisch erbrachte Dienstleistungen und Streaming/virtuelles Verfügbarmachen:** Für die Handynutzung einer in Österreich ansässigen Privatperson in Griechenland (Roaming) muss österreichische Umsatzsteuer bezahlt werden. Bei Bereitstellung von Fernsehprogrammen gegen Entgelt (Pay TV) durch ein amerikanisches Unternehmen an einen österreichischen Privaten ist Leistungsort Österreich. Dazu zählt zB die Bereitstellung digitaler Produkte und Webhosting. Bei Erstellung einer Website durch ein norwegisches Unternehmen für einen in Österreich ansässigen Privaten ist Leistungsort Österreich. Der Leistungsort eines interaktiven Online-Sprachkurses an einen Verbraucher befindet sich an dessen Wohnsitz.

- Bestimmte verbrauchsgebundene Leistungen **an Nichtunternehmer mit Ansässigkeit in Drittstaaten,** auch als **Katalogleistungen** bezeichnet, gelten als am Wohnsitz, Sitz oder gewöhnlichen Aufenthalt des Empfängers erbracht (§ 3a Abs 14).
- Bei im Inland genutzten oder ausgewerteten Katalogleistungen **an juristische Personen des öffentlichen Rechts als Nichtunternehmer** (B2C) mit Leistungsort im Drittland verlagert sich der Leistungsort dennoch ins Inland (§ 3a Abs 15).

Beispiele:

1. **Katalogleistungen** sind Leistungen iZm Rechten, Werbung, Öffentlichkeitsarbeit, freiberufliche Leistungen, Beratungsleistungen, Datenverarbeitung, Informationsüberlassung, Finanzdienstleistungen, Personalgestellung, Vermietung beweglicher körperlicher Gegenstände (außer Beförderungsmittel), Leistungen iZm Energienetzen.

2. **Bei einer Beratungsleistung** eines Schweizer Rechtsanwalts an eine österreichische Gemeinde (juristische Person des öffentlichen Rechts als Nichtunternehmer) gilt als Leistungsort der Ort der Ansässigkeit des Empfängers.

718 Überblick: Umsatzsteuerlicher Leistungsort

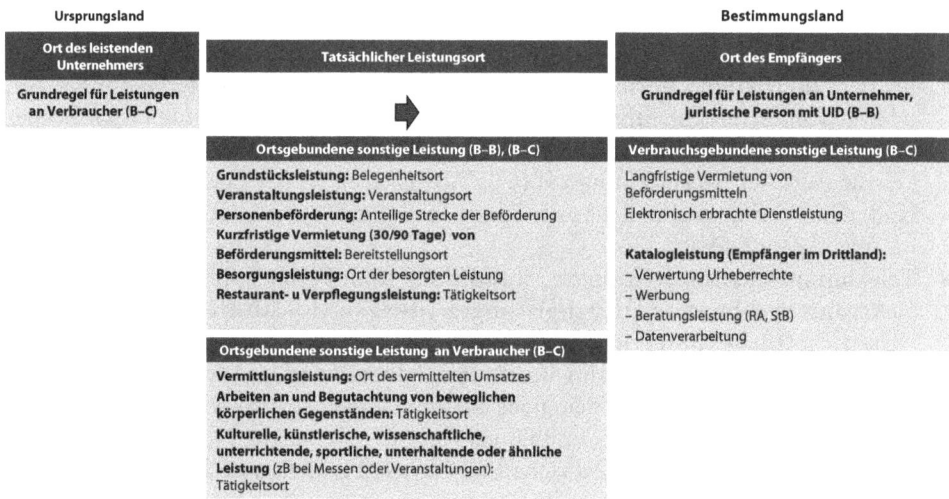

Abbildung 36: Umsatzsteuerlicher Leistungsort

9. Steuerobjekt – Grenzüberschreitende Warenbewegungen

9.1. Bestimmungsland oder Ursprungsland

719 Für **grenzüberschreitende Warenbewegungen** gelten besondere Bestimmungen, weil dadurch Waren vom Umsatzsteuersystem eines Staats in das Umsatzsteuersystem eines anderen Staats gelangen. Für die Besteuerung einer grenzüberschreitenden Warenbewegung ist zur **Vermeidung einer doppelten Belastung** der Ware mit Umsatzsteuer im Bestimmungsstaat und im Ursprungsstaat entweder das Bestimmungslandprinzip oder das Ursprungslandprinzip anzuwenden.

720 Bestimmungslandprinzip

Nach dem **Bestimmungslandprinzip** erfolgt die Besteuerung in dem Land, in das die Ware gelangt.

Zur Umsetzung ist daher eine von der allgemeinen Regel abweichende Regel notwendig, wonach für bewegte Lieferungen die Lieferung als dort ausgeführt gilt, wo die Beförderung oder Versendung endet. Als Konsequenz kommt dabei der **Steuersatz des Bestimmungslandes** zur Anwendung. Die Umsetzung des Bestimmungslandprinzips bedarf einer Entlastung der Ware von der Umsatzsteuer des Ursprungslandes (steuerfreie Ausfuhrlieferung, § 7, steuerfreie innergemeinschaftliche Lieferung, Art 7) und eine Belastung der Ware mit der Umsatzsteuer des Bestimmungslandes (steuerpflichtige Einfuhr, § 1 Abs 1 Z 3, steuerpflichtiger innergemeinschaftlicher Erwerb, Art 1).

Die Umsetzung des Bestimmungslandprinzips ist grundsätzlich mit einem **weiteren Verfahren** verbunden, sofern nicht sichergestellt werden kann, dass der Entlastung der Umsatzsteuer des Ursprungslandes die Belastung der Umsatzsteuer des Bestimmungslandes folgt. Das Bestimmungslandprinzip hat jedoch für empfangende Unternehmer des Bestimmungslandes den Vorteil, dass die Vorsteuer von den Steuerbehörden im Bestimmungsland rückerstattet wird. Mit der Anwendung des Steuersatzes des Bestimmungslandes ist auch sichergestellt, dass abweichende Steuersätze im Ursprungsland zu **keinen Wettbewerbsverzerrungen** führen. Schließlich entspricht das Bestimmungslandprinzip auch dem Gedanken der Umsatzsteuer als Verbrauchsteuer, weil der Steuersatz des Verbrauchsorts (Bestimmungsland) zur Anwendung kommt. Aus diesen Gründen kommt bei grenzüberschreitenden Warenbewegungen grundsätzlich das Bestimmungslandprinzip zur Anwendung, sofern die Entlastung im Ursprungsland und die gleichzeitige Belastung im Bestimmungsland sichergestellt werden kann.

Ursprungslandprinzip 721

Nach dem **Ursprungslandprinzip** erfolgt die Besteuerung in dem Land, aus dem die Ware abgeht.

Dies entspricht der allgemeinen Regel für bewegte Lieferungen, wonach die Lieferung als dort ausgeführt gilt, wo die Beförderung oder Versendung beginnt. Als Konsequenz kommt dabei der **Steuersatz des Ursprungslandes** zur Anwendung. Die Umsetzung des Ursprungslandprinzips ist für Lieferungen von Unternehmern an Verbraucher die einfachere Form. Für Lieferungen zwischen Unternehmern ist dagegen das Ursprungslandprinzip mit einem gewissen Aufwand verbunden, weil sich der empfangende Unternehmer des Bestimmungslandes die Vorsteuer von den Steuerbehörden im Ursprungsland rückerstatten lassen muss.

Darüber hinaus kann das Ursprungslandprinzip zu **Wettbewerbsverzerrungen** führen, sofern der Steuersatz des Bestimmungslandes vom Steuersatz des Ursprungslandes abweicht. Schließlich widerspricht das Ursprungslandprinzip auch dem Gedanken der Umsatzsteuer als Verbrauchsteuer, weil nicht der Steuersatz des Verbrauchsorts (Bestimmungsland) zur Anwendung kommt, sondern der des Ursprungslandes. Dennoch ist das Ursprungslandprinzip in bestimmten Fällen anzuwenden und zwar insbesondere dann, wenn Entlastung im Ursprungsland und die gleichzeitige Belastung im Bestimmungsland nicht sichergestellt werden kann. Das Ursprungslandprinzip ist daher auf bestimmte Warenlieferungen und Warenbewegungen an und durch Private innerhalb der EU und bestimmte zollfreie Waren und Waren im persönlichen Reisegepäck bei Warenbewegungen zwischen dem Inland und Drittländern anzuwenden.

722 **Überblick: Umsatzsteuerlicher Lieferort**

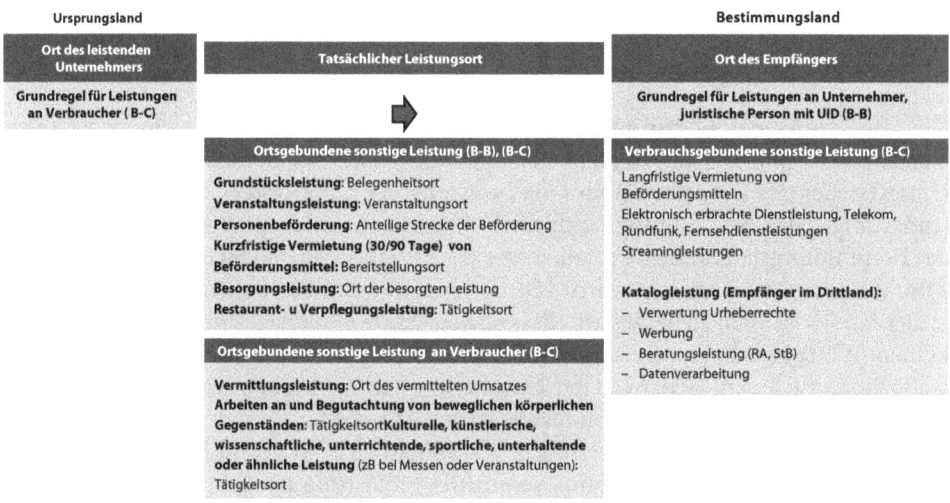

Abbildung 37: Umsatzsteuerlicher Lieferort

9.2. Warenbewegungen mit Drittstaaten

723 Für **Warenbewegungen zwischen dem Inland und Drittländern** gilt generell das Bestimmungslandprinzip.

Die Waren des Ursprungslandes sind grundsätzlich mit Umsatzsteuer dieses Staats belastet. Nach dem Bestimmungslandprinzip soll die Ware allerdings dort der Umsatzsteuer unterliegen, wo auch der Verbrauch stattfindet. Um das Bestimmungslandprinzip sicherzustellen, ist eine grenzüberschreitende Warenbewegung im Exportland von der Umsatzsteuer ausgenommen (**steuerfreie Ausfuhrlieferung, § 7**) und im Importland der Umsatzsteuer zu unterwerfen (**Einfuhrumsatzsteuer, § 1 Abs 1 Z 3**).

Drittstaaten sind alle Staaten, die nicht EU-Mitgliedstaaten (vgl § 1 Abs 3) sind, also zum Beispiel Schweiz, Großbritannien, Norwegen, USA, Japan oder Russland. Für **grenzüberschreitende Warenbewegungen innerhalb der EU** gelten aufgrund des gemeinsamen Binnenmarkts der Mitgliedstaaten und des freien Warenverkehrs besondere Bestimmungen (→ 736).

724 **Vertiefung: Zollabgaben**

Warenbewegungen mit Drittstaaten können auch Zollabgaben unterliegen. Zölle sind **Einfuhr- oder Ausfuhrabgaben** im Sinne des Zollrechts der EU. **Zollschuld** ist die Verpflichtung einer Person, für den aufgrund der geltenden zollrechtlichen Vorschriften für eine bestimmte Ware vorgesehenen Betrag der Einfuhr- oder Ausfuhrabgaben zu entrichten.

Einfuhr aus einem Drittland 725

> Die **Einfuhr eines Gegenstands aus dem Drittlandsgebiet** ins Inland unterliegt der inländischen Umsatzsteuer (Einfuhrumsatzsteuer, § 1 Abs 1 Z 3).

Eine **Einfuhr** liegt nur dann vor, wenn ein Gegenstand aus einem Drittlandsgebiet ins Inland gelangt und **zum freien Verkehr abgefertigt** wird. Wird der Gegenstand dagegen noch nicht zum freien Verkehr angemeldet und vorerst in ein inländisches zollfreies Lager gebracht, dann liegt noch keine Einfuhr vor. Wird der Gegenstand danach zum freien Verkehr angemeldet oder sonst entwendet, dann wird auch der Tatbestand der Einfuhr erfüllt.[50] Als Einfuhr gelten daher grundsätzlich alle Warenbewegungen, deren Bestimmungsort das Importland oder ein anderes Land ist und wenn die Waren nicht bloß zur vorübergehenden Verwendung ins Importland verbracht werden. Dies gilt sowohl für Warenbewegungen aufgrund einer Lieferung oder bei bloßem Verbringen von Waren einer Person und unabhängig davon, ob es sich um Unternehmer oder Nichtunternehmer (Verbraucher) handelt. Die **Erhebung der Einfuhrumsatzsteuer** erfolgt bei Grenzübertritt durch die Zollbehörden des Importlandes. Die Bestimmungen über die Einfuhrumsatzsteuer orientieren sich dabei an den EU-Zollvorschriften (§ 26 Abs 1). Für Unternehmer kann die Erhebung der Einfuhrumsatzsteuer aber ausnahmsweise auch durch das Finanzamt erfolgen (§ 26 Abs 3).

Von der **Einfuhrumsatzsteuer befreit** (§ 6 Abs 4 und 5) sind bestimmte Gegenstände, die auch nach Zollrecht befreit sind, die nicht gewerbliche Einfuhr von Waren im persönlichen Reisegepäck unter der gesetzlich festgelegten Höchstmenge oder den Höchstwerten sowie bestimmte Gegenstände, die unecht steuerbefreit sind, wie Wertpapiere, Zahlungsmittel, Wertzeichen, Gas über Erdgasnetz, Elektrizität, Wärme und Kälte über Wärme- und Kältenetze, Anlagegold und Zahnersatz. Seit 1.7.2021 besteht keine Befreiung mehr für Warenwerte bis EUR 22 (Kleinsendungen).

Beispiel:
Verbringung von Waren über die Grenze: Der Unternehmer verbringt Waren von seinem Hauptsitz in der Schweiz in seine Betriebsstätte in Vorarlberg. Er passiert die Grenze und führt dabei die Einfuhrumsatzsteuer ab. Der Private erwirbt in den USA eine Surfausrüstung und nimmt sie nach Österreich im Reisegepäck mit. Am Flughafen ist diese den Zollbehörden gegenüber zu erklären und Einfuhrumsatzsteuer abzuführen.

Lieferung iZm der Einfuhr 726

Ist mit der Einfuhr gleichzeitig **eine bewegte Lieferung verbunden**, dann kann dies grundsätzlich einen weiteren umsatzsteuerlichen Tatbestand auslösen.[51]

---

50   EuGH 11.7.2013, C-273/12, *Harry Winston SARL.*
51   VwGH 10.7.2008, 2007/16/0025.

Der Lieferort liegt dann **im Inland**, wenn der Lieferer oder sein Beauftragter Schuldner der bei der Einfuhr zu entrichtenden Einfuhrumsatzsteuer ist (§ 3 Abs 9). Damit wird dem Lieferer die Möglichkeit eingeräumt, die Einfuhrumsatzsteuer als Vorsteuer geltend zu machen.

Der Lieferort liegt hingegen **im Ausland**, wenn der Lieferer oder sein Beauftragter nicht Schuldner der bei Einfuhr zu entrichtenden Umsatzsteuer ist.

Befindet sich der Gegenstand bei Lieferung bereits **in einem inländischen zollfreien Lager**, dann gilt diese Lieferung als Inlandslieferung.[52]

> **Beispiel:**
>
> **Versendung der Waren aufgrund einer Lieferung:** Der norwegische Unternehmer versendet einen Motorschlitten an eine Privatperson nach Österreich (Einfuhr). Der norwegische Unternehmer übernimmt die Zollanmeldung und hat dabei auch die österreichische Einfuhrumsatzsteuer zu entrichten. Er kann sich diese allerdings als Vorsteuer im Inland erstatten lassen. Gleichzeitig hat er dem österreichischen Privaten den Motorschlitten mit österreichischer Umsatzsteuer in Rechnung zu stellen, weil aufgrund der Zollanmeldung Lieferort für die Lieferung des Motorschlittens Österreich ist (bewegte Lieferung). Führt dagegen der Private die Zollanmeldung durch, dann ist im Inland nur Einfuhrumsatzsteuer zu entrichten, weil die Lieferung des Motorschlittens als im Ausland aufgeführt gilt.
>
> **Dropshipping:** Der österreichische Onlinehändler B verkauft Waren an den Verbraucher C. Da B die Waren nicht auf Lager hat, kauft er beim chinesischen Großhändler A ein. A versendet die Ware direkt zu C. Die Lieferung von A an B ist die bewegte Lieferung (§ 3 Abs 15 zum Reihengeschäft), der Beginn der Lieferung liegt im Ausland (§ 3 Abs 8). Sofern A die Zollanmeldung durchführt, ist er Schuldner der EUSt und es liegt im Inland eine Lieferung vor (§ 3 Abs 9). Aufgrund des Reihengeschäftes liegt der zweite Lieferort von B an C ebenso in Österreich (§ 3 Abs 15).

727 Einfuhr-Versandhandel (§ 3 Abs 8a)

Beim **Einfuhr-Versandhandel** gilt die Lieferung als ausgeführt, wo die **Beförderung oder Versendung endet**, wenn (lit a) der Gegenstand in einem anderen Mitgliedstaat als jenem eingeführt wird, in dem die Beförderung oder Versendung endet, oder (lit b) der Unternehmer über die Sonderregelung Umsatzsteuer-Einfuhr-(Import)-One-Stop-Shop die Steuer erklärt und abführt, womit gleichzeitig die Einfuhr steuerfrei gestellt werden kann (§ 25b, § 6 Abs 4 Z 9 (→ 803) (§ 3 Abs 8a). Diese Bestimmung ist nicht anzuwenden, wenn ein Fall der Differenzbesteuerung vorliegt (§ 24 Abs 13a (→ 764).

Ein **Einfuhr-Versandhandel** (§ 3 Abs 8a) liegt vor bei Lieferungen an Nichtunternehmer (die keine juristische Personen sind) oder nicht zum Vorsteuerabzug berechtigte Unternehmer (Art 3 Abs 4), bei denen Gegenstände durch den Lieferer (oder auf dessen Rechnung) **vom Drittland in die EU versandt oder befördert** werden, einschließlich jene, an deren Beförderung oder Versendung der Lieferer indirekt beteiligt ist. Dies gilt nicht für die Lieferung neuer Fahrzeuge. Bei verbrauchsteuerpflichtigen Waren gilt dies nur für Lieferungen an Nichtunternehmer, die keine juristischen Personen sind.

> **Beispiel Einfuhr-Versandhandel:**
>
> Der deutsche Händler importiert Waren aus China über Deutschland und lässt sie direkt an einen inländischen Verbraucher versenden. Die Lieferung unterliegt im Inland der Steuerpflicht.

---

52 EuGH 8.11.2012, C-165/11, *Profitube spol s.r.o.*

Vertiefung: Zollverfahren zur Einfuhr 728

Einfuhr bedeutet die Verbringung von Waren in ein Zollgebiet. Das Zollverfahren heißt **Überführung in den freien Verkehr,** das zu erfüllen ist, damit Drittlandswaren in der Gemeinschaft genauso frei befördert werden können wie in der Gemeinschaft hergestellte Waren (Gemeinschaftswaren) aufgrund des freien Warenverkehrs innerhalb der EU. Zollrechtlich bedeutet die Überführung in den zollrechtlich freien Verkehr einen Statuswechsel: Nichtgemeinschaftswaren werden Gemeinschaftswaren; dafür sind alle Einfuhrformalitäten zu erfüllen. Zollrechtlicher Status ist der Status von Waren als Unionswaren oder Nicht-Unionswaren. Einfuhrwaren werden durch **Zollanmeldung** in das Verfahren überführt (vgl § 26 Abs 2). Die Überführung in den freien Verkehr hat folgende Konsequenzen:

- **Anwendung handelspolitischer Maßnahmen,** wie die Forderung von Einfuhrgenehmigungen für kontingentierte Waren und die Erfüllung der übrigen Förmlichkeiten, die für die Einfuhr solcher Waren vorgesehen sind, wie die Vorlage eines Gesundheitszeugnisses für bestimmte Tiere.
- **Erhebung der Einfuhrabgaben,** sofern diese nach dem gemeinsamen Zolltarif geschuldet sind und keine Zollbefreiung vorgesehen ist.

Sonderverfahren zur Begünstigung oder Vereinfachung des Zollverfahrens sind die vorübergehende Verwendung, das zollrechtliche Versandverfahren, die aktive und passive Veredlung, das Zolllagerverfahren und Freizonen.

Vertiefung: Einfuhrabgaben bei Überführung in den freien Verkehr 729

Aufgrund der **Überführung in den freien Verkehr** hat der Zollschuldner die Einfuhrabgaben zu begleichen, die nach dem Zolltarif geschuldet sind, sofern keine Zollbefreiung vorliegt. **Zollschuldner** ist eine zur Erfüllung der Zollschuld verpflichtete Person. Dies ist grundsätzlich der Anmelder oder dessen Vertreter. **Einfuhrabgaben** sind die für die Einfuhr von Waren zu entrichtenden Abgaben wie **Zölle, Mehrwertsteuern** sowie **Verbrauchsteuern.**

Der **Zeitpunkt der Annahme der Zollanmeldung** zur Überführung in den zollrechtlich freien Verkehr ist grundsätzlich dafür ausschlaggebend, welcher Tag für die Berechnung von Einfuhrabgaben zugrunde gelegt wird. Wichtig sind dabei Beschaffenheit, Zollwert und Menge der Waren sowie der jeweilige Zoll und/oder Steuersatz. In bestimmten Fällen, in denen Waren vor ihrer Überführung in den zollrechtlich freien Verkehr einer anderen zollrechtlichen Bestimmung zugeführt wurden, kann auch ein früherer Tag zugrunde gelegt werden.

Vertiefung: Einfuhrabgaben in Sonderverfahren 730

- **Unter der vorübergehenden Verwendung** können Nicht-Unionswaren in die EU gebracht werden, wenn sie unter bestimmten Bedingungen in der Union verwendet werden und anschließend in demselben Zustand wie bei der Einfuhr wieder ausgeführt werden. Die vorübergehende Verwendung löst keine Einfuhrabgaben aus.
- **Das zollrechtliche Versandverfahren** ist ein Zollverfahren zur Erleichterung der Warenbeförderung zwischen zwei Orten in einem Zollgebiet, über ein anderes Zoll-

gebiet oder zwischen zwei oder mehreren Zollgebieten. Es ermöglicht die Aussetzung der Zölle, der Steuern und der handelspolitischen Maßnahmen, die bei der Einfuhr anwendbar wären. Dadurch wird es möglich, die Verzollung am Bestimmungsort statt am Ort des Eingangs in das Zollgebiet vorzunehmen. Das zollrechtliche Versandverfahren ist insbesondere von Bedeutung, wenn ein Zollgebiet verschiedene Steuergebiete enthält: die Waren können vom Ort des Eingangs in die Union bis zum Ort der Verzollung befördert werden, wo sowohl die zollrechtlichen als auch die steuerlichen Verpflichtungen berücksichtigt werden.

- **In der aktiven Veredlung** können von Wirtschaftsbeteiligten in die Gemeinschaft eingeführte Rohstoffe oder Halbwaren, die zur Wiederausfuhr bestimmt sind, in der Gemeinschaft Veredlungsvorgängen unterzogen werden; entweder ohne dass Einfuhrabgaben auf die verwendeten Waren erhoben werden oder diese bei der Ausfuhr rückerstattet werden.

- **Die passive Veredlung** ist das Gegenstück zur aktiven Veredlung. Bei diesem Verfahren können Gemeinschaftswaren in Drittländern Veredlungsvorgängen unterzogen werden. Bei der Wiedereinfuhr der für den zollrechtlich freien Verkehr bestimmten Waren werden lediglich auf den außerhalb des Zollgebiets der Gemeinschaft entstandenen Mehrwert Einfuhrabgaben erhoben. Ohne ein solches Verfahren müssten sowohl die Einfuhrabgaben auf die in der Gemeinschaft hergestellten Waren als auch die Einfuhrabgaben auf den außerhalb der Gemeinschaft entstandenen Mehrwert entrichtet werden.

- **Im Zolllagerverfahren** kann der Eigentümer über eingeführte Nichtgemeinschaftswaren in der Gemeinschaft verfügen und selbst über den Zeitpunkt entscheiden, zu dem er die Zollabgaben entrichtet oder die Waren wieder ausführt.

- **Freizonen** sind besondere Bereiche innerhalb des Zollgebiets der Gemeinschaft. In Freizonen verbrachte Waren sind von Einfuhrzöllen, Mehrwertsteuer und anderen Einfuhrabgaben befreit. Sowohl Gemeinschaftswaren als auch Nichtgemeinschaftswaren können in Freizonen verbracht werden. In der Freizone gelagerte Nichtgemeinschaftswaren werden als noch nicht in das Zollgebiet der Gemeinschaft eingeführt betrachtet, wohingegen bestimmte in Freizonen gelagerte Gemeinschaftswaren als bereits ausgeführt betrachtet werden können.

731 Ausfuhr in ein Drittland

Die **Ausfuhrlieferung** eines Gegenstands aus dem Inland in einen Drittstaat ist von der inländischen Umsatzsteuer befreit (§ 6 Abs 1 Z 1).

Eine **steuerfreie Ausfuhrlieferung nach § 7** liegt vor, wenn:

- der Unternehmer den Gegenstand der Lieferung in das Drittlandsgebiet befördert oder versendet hat (Abs 1 Z 1, Eigenexport), oder
- er das Umsatzgeschäft mit einem ausländischen Abnehmer abgeschlossen hat und der Abnehmer den Gegenstand der Lieferung in das Drittland befördert oder versendet hat (Abs 1 Z 2, Fremdexport).

Ein **ausländischer Abnehmer** ist ein Abnehmer, der keinen Wohnsitz (Sitz) im Inland hat oder eine ausländische Zweigniederlassung eines inländischen Unternehmers, wenn die Zweigniederlassung das Umsatzgeschäft im eigenen Namen abgeschlossen hat (§ 7 Abs 2).

Bei einem **Touristenexport** (§ 7 Abs 1 Z 3), also wenn ein Verbraucher, der den Gegenstand für nichtunternehmerische Zwecke erwirbt und im persönlichen Reisegepäck ausführt, ist eine steuerfreie Ausfuhrlieferung grundsätzlich nur dann anzunehmen, wenn die Person nicht in der EU ansässig ist, der Gegenstand vor Ablauf des dritten Kalendermonats nach dem Liefermonat ausgeführt wird und der Gesamtbetrag der Rechnungen über Lieferungen EUR 75 übersteigt. Als Ort der Ansässigkeit gilt der Wohnsitz oder gewöhnliche Aufenthalt, der im Reisepass oder in sonstigen Grenzübertrittsdokumenten eingetragen ist.

Gegenstände der **unmittelbaren Ausrüstung oder Versorgung des Beförderungsmittels** sind nicht steuerfrei, wenn der Abnehmer den Gegenstand für nichtunternehmerische Zwecke ins Drittland befördert (§ 7 Abs 3, Kfz-Ausstattung und Ersatzteile wie Reservereifen in Halterung, Schonbezüge auf Sitze, Treibstoffe, Motoröl, Bremsflüssigkeit, Frostschutzmittel).

Beispiele:
1. **Steuerfreie Ausfuhrlieferung:** Der Unternehmer versendet Schiausrüstung an einen Abnehmer in die Schweiz oder er verkauft die Schiausrüstung an einen ausländischen Abnehmer und dieser bringt die Schiausrüstung selbst in die Schweiz (steuerfreie Ausfuhrlieferung).
2. **Steuerfreier Ausfuhrlieferung als Touristenexport:** Ein norwegischer Privater kauft Sachertorten in Wien im Jänner und führt sie in seinem persönlichen Reisegepäck nach Norwegen aus. Weist er seine Ansässigkeit in Norwegen durch seinen Reisepass nach, führt er die Gegenstände bis spätestens April aus und übersteigt der Rechnungsbetrag EUR 75, dann gilt die Ausfuhrlieferung als steuerfrei.

Lohnveredlung an Gegenständen der Ausfuhr 732

Wird vor der Ausfuhr der Gegenstand bearbeitet, verarbeitet oder eine Werkleistung bewirkt (**Lohnveredlung**), dann ist diese Leistung ebenfalls von der inländischen Umsatzsteuer befreit (§ 6 Abs 1 Z 1).

Eine **steuerfreie Lohnveredlung nach § 8** liegt vor, wenn der Unternehmer einen Gegenstand, den der Auftraggeber unter anderem zum Zweck der Lohnveredlung in das Gemeinschaftsgebiet eingeführt oder im Gemeinschaftsgebiet erworben hat, bearbeitet oder verarbeitet oder eine sonstige Werkleistung bewirkt und:

- der Unternehmer den bearbeiteten oder verarbeiteten Gegenstand vom Inland in das Drittlandsgebiet befördert oder versendet hat (Z 1, Eigenexport), oder
- er das der Lohnveredlung zugrunde liegende Umsatzgeschäft mit einem ausländischen Auftraggeber abgeschlossen hat und der Auftraggeber den bearbeiteten oder verarbeiteten Gegenstand vom Inland in das Drittlandsgebiet befördert oder versendet hat (Z 2, Fremdexport).

Ein **ausländischer Auftraggeber** ist ein Auftraggeber, der keinen Wohnsitz (Sitz) im Inland hat oder eine ausländische Zweigniederlassung eines inländischen Unternehmers, wenn die Zweigniederlassung das Umsatzgeschäft im eigenen Namen abgeschlossen hat (Abs 2).

Beispiele für steuerfreie Lohnveredlung:

Ein japanischer Unternehmer kauft Schi in Innsbruck und lässt die Bindungen von einem anderen Unternehmer vor Ausfuhr montieren (steuerfreie Lohnveredlung).

733 Vertiefung: Zollverfahren zur Ausfuhr

Ausfuhr bedeutet die Verbringung von Gemeinschaftswaren aus dem Zollgebiet der Gemeinschaft in einen Drittstaat. Zollrechtlich gesehen ändern ausgeführte Gemeinschaftswaren ihren Status und werden zu Nichtgemeinschaftswaren. Bei Nichtgemeinschaftswaren wird dieser Vorgang Wiederausfuhr genannt. Das Ausfuhrverfahren aufgrund einer Anmeldung an der zuständigen Zollstelle umfasst die Erledigung aller Ausfuhrformalitäten und die Vorlage einer Ausfuhrgenehmigung mit folgenden Konsequenzen:

- **Anwendung handelspolitischer Maßnahmen** wie Ausfuhrbeschränkungen,
- **Zahlung von Ausfuhrerstattungen** für landwirtschaftliche Erzeugnisse (Subvention) und
- **Bestätigung der Ausfuhr** durch die Ausgangszollstelle für abgabenrechtliche Zwecke.

734 Vertiefung: Ausfuhrabgaben

Aufgrund der **Ausfuhr** hat der Zollschuldner die Ausfuhrabgaben zu begleichen, die nach dem Zolltarif geschuldet werden, sofern keine Zollbefreiung vorliegt. **Ausfuhrabgaben** sind die für die Ausfuhr von Waren zu entrichtenden Abgaben.

Das Interesse der **EU** liegt grundsätzlich darin, Waren in Drittländer zu exportieren und dadurch Einnahmen zu erzielen. **Ausfuhrabgaben** werden daher **nur selten** festgesetzt. Dies insbesondere dann, wenn Weltmarktpreise für ein auf dem EU-Markt knappes Gut höher sind, als die Preise auf dem EU-Markt, um den Export dieses Guts unattraktiver zu machen.

Hinsichtlich der Ausfuhr von **verbrauchsteuerpflichtigen Waren** aus dem EU-Verbrauchsteuergebiet gibt es die Möglichkeit, verbrauchsteuerpflichtige Waren unter Aussetzung der Steuer unmittelbar oder über andere EU-Mitgliedstaaten aus dem Steuergebiet in ein Drittland auszuführen. Diese Waren dürfen unter **Steueraussetzung**, auch über Drittländer oder Drittgebiete, aus Steuerlagern im Steuergebiet oder von registrierten Versendern vom Ort der Einfuhr im Steuergebiet zu einem Ort befördert werden, an dem die Erzeugnisse das Verbrauchsteuergebiet der EU verlassen. Die Beförderung unter Steueraussetzung beginnt, wenn die Erzeugnisse das Steuerlager verlassen oder am Ort der Einfuhr in den zollrechtlich freien Verkehr überführt worden sind. Sie endet, wenn die Erzeugnisse das Verbrauchsteuergebiet der EU verlassen. Eine Erstattung von Verbrauchsteuern für bereits versteuerte Ware, ausgenommen kaffeehaltige Waren und Tabakwaren, ist bei der Ausfuhr in ein Drittland gesetzlich nicht vorgesehen.

Vertiefung: Nachweis der Steuerfreiheit **735**

Zum **Nachweis** des Vorliegens der Voraussetzungen der steuerfreien Ausfuhrlieferung und der steuerfreien Lohnveredlung sind erhöhte Anforderungen an die Dokumentation gestellt und dazu ein **Buchnachweis** (§ 7 Abs a letzter Satz) und ein **Ausfuhrnachweis** vorgesehen (§ 7 Abs 4 bis 7, § 8 Abs 3).

Der **Buchnachweis** über das Vorliegen der Voraussetzungen ist durch den Vermerk in Büchern oder Aufzeichnungen in oder außerhalb der Buchhaltung mit den dazugehörigen Belegen wie Rechnung und Lieferschein zu führen. Zusätzlich ist ein **Ausfuhrnachweis** (§ 7 Abs 4) zu erbringen, der bestätigt, dass der Gegenstand tatsächlich ausgeführt wurde. Der Ausfuhrnachweis kann auch rückwirkend innerhalb von sechs Monaten nach der Lieferung erbracht werden. Der Unternehmer kann einheitlich alle Fälle des Touristenexports bis zum Vorliegen des Ausfuhrnachweises als steuerpflichtig behandeln. Sofern der Ausfuhrnachweis einlangt, erfolgt die Berichtigung in der aktuellen Voranmeldung (und nicht in der, in der die Lieferung erfolgte).

Bei der **Versendung eines Gegenstands in ein Drittland** ist ein **Ausfuhrnachweis** durch geeignete Versendungsbelege, wie beispielsweise Frachtbriefe, Postaufgabebescheinigungen, Konnossemente oder eine von einem im Gemeinschaftsgebiet ansässigen Spediteur ausgestellte Ausfuhrbescheinigung zu erbringen (§ 7 Abs 5). Bei **Beförderung oder Abholung** erfolgt der Nachweis durch eine mit der zollamtlichen Ausgangsbestätigung versehene schriftliche Anmeldung in der Ausfuhr oder eine Ausfuhranzeige oder durch eine vom liefernden Unternehmer ausgestellte und mit der zollamtlichen Ausgangsbestätigung versehene Ausfuhrbescheinigung, wenn eine schriftliche oder elektronische Anmeldung nach den zollrechtlichen Vorschriften nicht erforderlich ist. Beim **Touristenexport** ist der Ausfuhrnachweis durch eine mit der zollamtlichen Ausgangsbestätigung versehene Ausfuhrbescheinigung zu führen (§ 7 Abs 6).

9.3. Warenbewegungen mit EU-Staaten (BMR)

736

Für **grenzüberschreitende Warenbewegungen innerhalb der EU** gelten eigene Bestimmungen, weil es aufgrund des gemeinsamen Binnenmarkts zwischen den Mitgliedstaaten und der Warenverkehrsfreiheit mit der gemeinsamen Zollunion keine Zollgrenzen mehr gibt.

Die Umsatzsteuer ist in den Mitgliedstaaten weitgehend durch die Mehrwertsteuersystem-Richtlinie (RL 2006/112/EG) harmonisiert und damit gelten grundsätzlich in allen Mitgliedstaaten gleiche Regeln. Bezüglich des Handels im gemeinsamen Binnenmarkt werden die Bestimmungen des UStG durch die entsprechenden Artikel der sogenannten **Binnenmarktregelung** (BMR) geändert oder ergänzt. Fehlt ein entsprechender Artikel, besteht kein Regelungsbedarf. Die BMR findet sich im Anhang des UStG zu § 29 Abs 8.

Zur endgültigen Umsetzung des Binnenmarkts war geplant, in Zukunft ein **einheitliches und gemeinsames Umsatzsteuersystem** aller Staaten zu schaffen. Damit wären grenzüberschreitende Warenbewegungen zwischen den Mitgliedstaaten wie Warenbewegungen innerhalb eines Mitgliedstaats zu behandeln. Der Lieferort sollte sich daher auch bei innergemeinschaftlichen Warenbewegungen wie nach innerstaatlichem Recht für Beförderungen oder Versendungen von Gegenständen nach dem **Ursprungslandprinzip** bestimmen, also nach dem Ort, an dem die Beförderung oder Versendung beginnt. Die Umsetzung scheiterte bisher (und möglicherweise auch in Zukunft) an der politischen Einigung.

Zwar gilt derzeit das Ursprungslandprinzip weiterhin als allgemeine Regel. In den überwiegenden Fällen grenzüberschreitender innergemeinschaftlicher Warenbewegungen kommt allerdings weiterhin das **Bestimmungslandprinzip** zur Anwendung, weil es aufgrund der bestehenden unterschiedlichen Steuersätze zu Wettbewerbsverzerrungen kommen könnte. Des Weiteren ist der Vorsteuerabzug durch den empfangenden Unternehmer leichter vorzunehmen und die Umsetzung des Bestimmungslandprinzips durch Entlastung im Ursprungsland und Belastung im Bestimmungsland praktikabler.

Beispiele zu den Nachteilen des Ursprungslandprinzips:

1. **Wettbewerbsverzerrung:** Der Unternehmer verkauft Fernseher an seine Kunden. Sofern er diese direkt aus Luxemburg nach Österreich verkauft, würden sie nur der 15 % Luxemburger Umsatzsteuer unterliegen. Bei Verkauf aus Österreich würden diese dagegen der 20 % österreichischen Umsatzsteuer unterliegen. Aufgrund des niedrigeren Steuersatzes wäre es daher für leistende Unternehmer von Vorteil, ihren Sitz in ein Land mit niedriger Umsatzsteuer zu verlegen. Private und nicht vorsteuerabzugsberechtigte Unternehmer würden Waren vorrangig aus Mitgliedsländern mit niedriger Umsatzsteuer beziehen.
2. **Vorsteuerabzug:** Der österreichische Unternehmer kauft vom Luxemburger Unternehmen Fernseher ein. Die Luxemburger Vorsteuer müsste sich der österreichische Unternehmer von den Luxemburger Steuerbehörden rückerstatten lassen und sich dabei in Luxemburg registrieren, was mit einem zusätzlichen Verwaltungsaufwand verbunden wäre.

737 Ursprungslandprinzip als allgemeine Regel

Bei **ruhender Lieferung** gilt als Lieferort der Ort, an dem sich der Gegenstand zur Zeit der Verschaffung der Verfügungsmacht befindet (§ 3 Abs 7). Bei **bewegter Lieferung** ist der Lieferort der Ort, an dem der Transport beginnt (§ 3 Abs 8). Grenzüberschreitende Warenbewegungen innerhalb der EU lösen daher grundsätzlich keine besonderen umsatzsteuerlichen Konsequenzen aus.

Diese allgemeinen Regeln gelten allerdings nur, wenn **nicht die folgenden Sonderregeln für den Binnenmarkt** anzuwenden sind. Aus praktischer Sicht schränken die Sonderregeln den Anwendungsbereich erheblich ein, sodass die allgemeine Regel tatsächlich nur in wenigen Fällen zur Anwendung kommt.

738 Bestimmungslandprinzip bei Lieferung oder Verbringung innerhalb der Unternehmerkette

Bei grenzüberschreitenden **Lieferungen oder Verbringungen** von Waren innerhalb der **Unternehmerkette** gilt das Bestimmungslandprinzip.

Die Umsetzung des Bestimmungslandprinzips erfolgt in zwei Schritten, und zwar durch Steuerbefreiung im Ursprungsland durch Annahme einer **steuerfreien innergemeinschaftlichen Lieferung (Art 7)** und Steuerpflicht im Bestimmungsland durch Annahme eines **steuerpflichtigen innergemeinschaftlichen Erwerbs (Art 1).**

Mangels Grenzen und Grenzbehörden, an denen – wie bei Drittstaaten – der Wechsel in das inländische Umsatzsteuersystem entsprechend dem Bestimmungslandprinzip stattfinden kann, sind nunmehr die **Unternehmer** bei innergemeinschaftlichen Warenbewegungen oder Lieferungen an andere Unternehmer oder an bestimmte juristische Personen gemeinsam mit diesen dazu **verpflichtet, das Bestimmungslandprinzip innerhalb der Gemeinschaft umzusetzen.** Die zu erfolgende Entlastung von der Umsatzsteuer des Ursprungslandes und der Belastung mit Umsatzsteuer des Bestimmungslandes ist dabei mehr als bei grenzüberschreitenden Warenbewegungen mit Drittstaaten der Betrugsgefahr ausgesetzt. Dieser erhöhten Betrugsgefahr wird durch Verwendung einer eigens für umsatzsteuerliche Zwecke zugeteilten UID-Nummer zur Überprüfung der Identität und der Registrierung des Unternehmers in einem Mitgliedstaat entgegengewirkt (Art 28). Darüber hinaus sind die Unternehmen zu einer laufenden Meldung der grenzüberschreitenden Warenbewegungen innerhalb der EU an die Finanzbehörden verpflichtet, um die Entlastung und damit verbundene korrespondierende Belastung kontrollieren zu können (**Zusammenfassende Meldung – Art 21 Abs 3 → 813).**

Vertiefung: Steuerfreie innergemeinschaftliche Lieferung und Verbringung   739

Eine **innergemeinschaftliche Lieferung** ist **steuerfrei** (Art 7 Abs 1).

Diese liegt vor, wenn:

- der Unternehmer oder der Abnehmer den Gegenstand der Lieferung in einen anderen Mitgliedstaat befördert oder versendet (Z 1),
- der Abnehmer als Unternehmer den Gegenstand für sein Unternehmen erwirbt oder als juristische Person den Gegenstand für nichtunternehmerische Zwecke erwirbt (Z 2),
- der Erwerb beim Abnehmer in einem anderen Mitgliedstaat als innergemeinschaftlicher Erwerb steuerbar ist (Z 3),
- der Abnehmer dem Unternehmer die in einem anderen Mitgliedstaat erteilte UID mitgeteilt hat (Z 4), und
- der Unternehmer seiner Verpflichtung zur Übermittlung der Zusammenfassenden Meldung (→ 813) nachgekommen ist (Z 5).

Eine **innergemeinschaftliche Verbringung (Art 7 Abs 2 Z 1)** wird auch als innergemein- 740 schaftliche Lieferung behandelt. Eine innergemeinschaftliche Verbringung liegt vor, wenn ein Unternehmer einen Gegenstand seines Unternehmens **aus dem Inland in einen anderen Mitgliedstaat zu seiner eigenen Verfügung verbringt,** außer es liegt eine bloß vorübergehende Verwendung vor.

Eine **vorübergehende Verwendung nach Art 3 Abs 1 Z 1** liegt vor, wenn der Gegenstand:

- in der Folge zu einer Leistungsausführung verwendet wird und dabei nicht im anderen Mitgliedstaat der Besteuerung unterliegt,
- zur Bearbeitung oder Begutachtung kurzfristig in den anderen Mitgliedstaat gelangt und dann wieder zurück verbracht wird,
- nur vorübergehend zur Ausführung einer sonstigen Leistung im anderen Mitgliedstaat verwendet wird und der Unternehmer im Inland ansässig ist,
- während höchstens 24 Monaten entsprechend zollrechtlichen Vorschriften verwendet wird, oder
- zur Ausführung einer Lieferung von Gas über Erdgasnetze, von Elektrizität oder von Wärme oder Kälte über Wärme- oder Kältenetze verwendet wird und sich der Lieferort aufgrund der Sonderbestimmung des § 3 Abs 13 oder 14 bestimmt.

Fallen die **Bedingungen** für eine vorübergehende Verwendung **weg, gilt** die **Verbringung** zu diesem Zeitpunkt **als erfolgt.**

Das **Verbringen eines Gegenstandes** im Rahmen einer **Konsignationslagerregelung** gilt nicht als Lieferung gegen Entgelt. Die inländische Konsignationslagerregelung für den innergemeinschaftlichen Erwerb im Inland ist sinngemäß anzuwenden (Art 3 Abs 2, Art 1a (→ 742). Die Lieferung an den geplanten Erwerber innerhalb der 12-Monatsfrist gilt als innergemeinschaftliche Lieferung (Art 7 Abs 1 Z 1).

741 Das **Vorliegen der Voraussetzungen** einer steuerfreien innergemeinschaftlichen Lieferung oder Verbringung bedarf eines **Buchnachweises (Art 7 Abs 3).**

Die Voraussetzungen des Buchnachweises sind in einer speziellen VO zu Art 7 (BGBl 1996/401) ausgeführt (Nachweis und Buchnachweis). Hat der Unternehmer eine Lieferung als steuerfrei behandelt, obwohl **die Voraussetzungen einer steuerfreien innergemeinschaftlichen Lieferung nicht vorliegen,** so ist die Lieferung dennoch als steuerfrei anzusehen, wenn die Inanspruchnahme der Steuerbefreiung auf unrichtigen Angaben des Abnehmers beruht und der Unternehmer die Unrichtigkeit dieser Angaben auch bei Beachtung der Sorgfalt eines ordentlichen Kaufmanns nicht erkennen konnte. In diesem Fall schuldet der Abnehmer die entgangene Steuer. In Abholfällen hat der Unternehmer die Identität des Abholenden festzuhalten (Art 7 Abs 4).

Beispiele:
1. **Der österreichische Unternehmer** A (kein Kleinunternehmer) liefert Flatscreen-TVs nach Deutschland an einen deutschen Unternehmer D (dieser verwendet seine deutsche UID). Die Lieferung stellt eine innergemeinschaftliche Lieferung dar, sodass die Lieferung von der österreichischen Umsatzsteuer befreit ist. Die Lieferung unterliegt in Deutschland der deutschen Umsatzsteuer (steuerpflichtiger innergemeinschaftlicher Erwerb).
2. **A lässt einen Gegenstand im Bestimmungsland vor Lieferung bearbeiten:** Es liegt keine innergemeinschaftliche Lieferung vor, da für diese die Beförderung oder Versendung des gelieferten Gegenstands Voraussetzung ist. Bei Be-/Verarbeitung durch den Lieferer liegt der Liefergegenstand jedoch erst nach Abschluss der Be-/Verarbeitung vor. Der Ort der Lieferung liegt daher im Bestimmungsland. Eine spätere Lieferung innerhalb des Bestimmungslandes stellt eine umsatzsteuerpflichtige Lieferung dar.[53]

---

53   EuGH 2.10.2014, C-446/13, *Fonderie 2A.*

3. **Keine Steuerbefreiung** für innergemeinschaftliche Lieferungen steht zu, wenn der Vorgang Teil einer Umsatzsteuerhinterziehung ist und der Beteiligte dies wusste oder wissen hätte müssen.[54] An den Nachweis werden besondere Anforderungen gestellt.[55]

Vertiefung: Steuerpflichtiger innergemeinschaftlicher Erwerb (Art 1)   742

> Ein **innergemeinschaftlicher Erwerb** im Inland gegen Entgelt ist **steuerpflichtig (Art 1)**.

Dieser liegt vor, wenn:

- ein Gegenstand bei einer Lieferung an den Abnehmer (Erwerber) aus einem Mitgliedstaat in einen anderen Mitgliedstaat gelangt,
- der Erwerber als Unternehmer den Gegenstand für sein Unternehmen erwirbt oder als juristische Person den Gegenstand für nichtunternehmerische Zwecke erwirbt, und
- die Lieferung durch den Unternehmer gegen Entgelt im Rahmen seines Unternehmens ausgeführt wird und im Mitgliedstaat des Lieferers nicht der Kleinunternehmerbefreiung unterliegt.

Eine **innergemeinschaftliche Verbringung** wird auch als steuerpflichtiger innergemein-   743 schaftlicher Erwerb behandelt. Eine innergemeinschaftliche Verbringung liegt vor, wenn ein Unternehmer einen Gegenstand seines Unternehmens aus einem anderen Mitgliedstaat **ins Inland zu seiner Verfügung verbringt**, außer es liegt eine bloß **vorübergehende Verwendung** vor (Art 1 Abs 3 Z 1).

Eine innergemeinschaftlich Verbringung liegt nicht vor bei Vorliegen der Voraussetzungen der **Konsignationslagerregelung** (Art 1a). Diese Regelung erlaubt es, Waren vorerst unversteuert und ohne Registrierung in einen anderen Mitgliedstaat zu verbringen, um einem geplanten Erwerber den Erwerb innerhalb einer **Frist von 12 Monaten** zu ermöglichen. **Voraussetzung** (Art 1a Abs 1) dafür ist, dass der Unternehmer im Inland weder sein Unternehmen betreibt noch eine Betriebsstätte hat, eine bestehende Vereinbarung zwischen Unternehmer und Erwerber zum Erwerb des Eigentums an den Waren vorliegt, die Kenntnis der UID des Erwerbers zum Zeitpunkt des Beginns der Beförderung (Versendung) ins Inland gegeben ist sowie die Aufnahme in die Zusammenfassende Meldung (Art 21 Abs 3) und die Eintragung in ein Register (Abs 6).

Wird der Gegenstand **innerhalb der 12-Monatsfrist** an den geplanten Erwerber geliefert, liegt ein innergemeinschaftlicher Erwerb im Inland vor (Art 1a Abs 2). Bei Wegfall der Voraussetzungen innerhalb der Frist (Abs 5, Entfall Voraussetzung nach Abs 1, Lieferung an Dritten, Beförderung in ein anderes Land, Fehlen, Zerstörung) oder jedenfalls **nach Ablauf der Frist** (Abs 3) liegt eine innergemeinschaftliche Verbringung vor. Innerhalb der Frist kann (Z 1) der Gegenstand in den Mitgliedstaat rückversendet werden oder (Z 2) der geplante Erwerber durch einen anderen Erwerber ersetzt werden, ohne eine innergemeinschaftliche Verbringung auszulösen (Abs 4).

---

54   EuGH 18.12.2014, C-131/13, *Schoenimport.*
55   EuGH 9.10.2014, C-492/13, *Traum EOOD.*

744 Zur Umsetzung des Bestimmungslandprinzips gilt der innergemeinschaftliche Erwerb als in dem Mitgliedstaat bewirkt, in dem sich der Gegenstand **am Ende der Beförderung oder Versendung befindet (Art 3 Abs 8)**. Der innergemeinschaftliche Erwerb unterliegt daher nur dann der **inländischen Umsatzsteuer**, wenn sich der Gegenstand am Ende der Beförderung oder Versendung im Inland befindet.

Verwendet der Erwerber gegenüber dem Lieferer eine ihm von einem anderen Mitgliedstaat erteilte **UID-Nummer**, so gilt der Erwerb zusätzlich solange in diesem anderen Mitgliedstaat als bewirkt, bis der Erwerber nachweist, dass der Erwerb im Bestimmungsland besteuert worden ist. Ein Vorsteuerabzug besteht in diesem Fall nicht (Art 3 Abs 8).[56]

Vereinfachungsbestimmungen gelten für **Dreiecksgeschäfte** (Art 25). Ein Dreiecksgeschäft liegt bei Reihengeschäften (§ 3 Abs 15, → 712) vor, wenn drei oder mehr Unternehmer (Lieferer, Zwischenerwerber, Empfänger) in verschiedenen EU-Mitgliedstaaten über denselben Gegenstand Umsatzgeschäfte abschließen und der Gegenstand direkt durch den Lieferer oder einen Zwischenerwerber an den Empfänger befördert oder versendet wird. Darüber hinaus müssen weitere, strenge Voraussetzungen erfüllt werden. Dreiecksgeschäfte sind daher besondere grenzüberschreitende Reihengeschäfte. Ein Zwischenerwerber (Empfänger der bewegten Lieferung) würde grundsätzlich im Mitgliedstaat, in dem die Beförderung endet, einen innergemeinschaftlichen Erwerb bewirken. Dazu müsste sich der Zwischenerwerber in diesem Mitgliedstaat registrieren. Verwendet er allerdings die UID-Nummer seines Ansässigkeitsstaates, dann gilt der Erwerb zusätzlich als in seinem Ansässigkeitsstaat bewirkt, jedoch ohne Vorsteuerabzug (Art 3 Abs 8). Aufgrund der **Vereinfachungsregel** für Dreiecksgeschäfte bleiben innergemeinschaftliche Zwischenerwerbe sind im Ansässigkeitsstaat steuerfrei und der Zwischenerwerber oder Empfänger mit UID des Bestimmungsstaates wird zum Schuldner der Umsatzsteuer auf die dort bewirkte ruhende Lieferung. Um die Vereinfachung zu erlangen, bestehen besondere Anforderungen an den Rechnungsausweis, Nachweispflichten und Offenlegungspflichten im Rahmen der Zusammenfassenden Meldung.

Beispiele:

1. **Innergemeinschaftliche Lieferung:** Ein slowakischer Unternehmer versendet Flatscreen-TVs nach Österreich an einen österreichischen Unternehmer (dieser verwendet seine österreichische UID). Die Lieferung stellt aus der Sicht des österreichischen Unternehmers einen innergemeinschaftlichen Erwerb dar und unterliegt daher der österreichischen Umsatzsteuer. Die Lieferung ist in der Slowakei eine steuerfreie innergemeinschaftliche Lieferung.

2. **Innergemeinschaftliches Verbringen:** Ein slowakischer Unternehmer transportiert (verbringt) Flatscreen-TVs nach Österreich in seine österreichische Betriebsstätte. Das Verbringen stellt eine innergemeinschaftliche Lieferung in der Slowakei dar und einen innergemeinschaftlichen Erwerb in Österreich. Der innergemeinschaftliche Erwerb in Österreich unterliegt daher der österreichischen Umsatzsteuer. Das Verbringen aus der Slowakei ist umsatzsteuerbefreit.

3. **Dreiecksgeschäft**[57] **– Beispiel 1:** Der in Österreich ansässige Unternehmer Ö4 bestellt beim in Deutschland ansässigen Unternehmer D3 dort nicht vorrätige Werkzeugteile. D3 gibt die Bestellung weiter an den in Frankreich ansässigen Unternehmer F2 mit der Bitte, sie

---

56 EuGH 22.4.2010, C-536/08, *Facet BV* und C-539/08, *Facet Trading BV*.
57 EB zu Art 25.

direkt zu Ö4 nach Österreich auszuliefern. Weil auch F2 die Werkzeugteile nicht auf Lager hat, bestellt er sie beim in Spanien ansässigen Unternehmer SP1 und befördert sie auf seine Rechnung an Ö4. F tritt mit seiner spanischen UID Nummer auf, alle anderen Unternehmer jeweils unter der UID Nummer ihres Landes. Zwischen SP1, F2, D3 und Ö4 liegt ein Reihengeschäft vor. Da F2 als Zwischenhändler mit seiner spanischen UID Nummer auftritt, wird die Beförderung gemäß § 3 Abs 15 Z 1 seiner Lieferung an D3 zugeordnet, womit D3 einen innergemeinschaftlichen Erwerb in Österreich verwirklicht. Liegen die Voraussetzungen des Art 25 Abs 3 vor, ist dieser innergemeinschaftliche Erwerb von D3 in Österreich steuerfrei und die Steuerschuld für die Lieferung von D3 an Ö4 geht auf Ö4 über. **Beispiel 2:** Wie Beispiel 1, nur tritt D3 mit seiner österreichischen UID Nummer auf und alle anderen Unternehmer jeweils unter der UID Nummer ihres Landes. Zwischen SP1, F2, D3 und Ö4 liegt ein Reihengeschäft vor. Da F2 als Zwischenhändler nicht mit einer UID-Nummer des Abgangsmitgliedstaates auftritt, wird die Beförderung gemäß § 3 Abs 15 Z 1 der Lieferung von SP1 an ihn zugeordnet, womit F2 einen innergemeinschaftlichen Erwerb in Österreich verwirklicht. Liegen die Voraussetzung des Art 25 Abs 3 vor, ist dieser innergemeinschaftliche Erwerb von F2 in Österreich steuerfrei und die Steuerschuld für die Lieferung von F2 an D3 geht auf D3 über.

Ursprungslandprinzip: Ausnahmen für Schwellenerwerber 745

Abweichend vom Bestimmungslandprinzip kommt im Falle von **Schwellenerwerbern** das **Ursprungslandprinzip** zur Anwendung (Art 1 Abs 4 und 5).

Ein innergemeinschaftlicher Erwerb und daher die Voraussetzungen einer innergemeinschaftlichen Lieferung **liegen nicht vor** bei Erwerbern, denen kein Vorsteuerabzug zukommt und dessen Gesamtentgelte der innergemeinschaftlichen Erwerbe und Verbringungen unter der Erwerbsschwelle von EUR 11.000 liegen (**Schwellenerwerber**), außer der Erwerber verzichtet auf diese Ausnahme.

Ein **Schwellenerwerber** ist:

- ein Unternehmer, der nur steuerfreie Umsätze ausführt, die zum Ausschluss vom Vorsteuerabzug führen,
- ein pauschalierter Land- und Forstwirt, oder
- eine juristische Person, die nicht Unternehmer ist oder die den Gegenstand nicht für ihr Unternehmen erwirbt.

Das **Ursprungslandprinzip** kommt für Schwellenerwerber deswegen zur Anwendung, weil eine aufwendige Erstattung der Vorsteuer im Ursprungsland mangels Vorsteuerabzug nicht notwendig ist und gleichzeitig aufgrund der niedrigen Erwerbsschwelle keine Wettbewerbsverzerrung zu erwarten ist.

Für die **Erwerbsschwelle von EUR 11.000** ist der Gesamtbetrag der Entgelte für innergemeinschaftliche Erwerbe und Verbringungen heranzuziehen. Entgelte für den Erwerb neuer Fahrzeuge und verbrauchsteuerpflichtige Waren sind nicht einzubeziehen. Die Erwerbsschwelle gilt nicht als überschritten, wenn der Gesamtbetrag im vorangegangenen Kalenderjahr nicht und im laufenden Jahr noch nicht überschritten wurde. Ab dem Entgelt für den Erwerb, mit dem im laufenden Jahr die Erwerbsschwelle überstiegen wird, unterliegt der Erwerb der Besteuerung.

Liegen die **Voraussetzungen nicht vor** oder wird ein **Verzicht** auf die Bestimmung für Schwellenerwerber ausgeübt (Art 1 Abs 5), kommt das Bestimmungslandprinzip zur Anwendung, wobei eine steuerfreie innergemeinschaftliche Lieferung (Art 7) und ein steuerpflichtiger innergemeinschaftlicher Erwerb (Art 1 Abs 1) im Bestimmungsland vorliegen.

Ein **Verzicht** ist gegenüber dem Finanzamt innerhalb der Frist zur Abgabe der Voranmeldung für den Voranmeldungszeitraum eines Kalenderjahres, in dem erstmals ein Erwerb getätigt worden ist, schriftlich zu erklären. Als Verzicht gilt auch die Verwendung einer erteilten UID-Nummer gegenüber dem Lieferer beim Erwerb von Gegenständen aus der übrigen EU. Der Verzicht bindet den Erwerber mindestens für zwei Jahre und kann nur mit Wirkung vom Beginn eines Kalenderjahres an widerrufen werden. Der Widerruf ist innerhalb der Frist zur Abgabe der Voranmeldung für den Voranmeldungszeitraum dieses Kalenderjahres, in dem erstmals ein Erwerb getätigt worden ist, gegenüber dem Finanzamt schriftlich zu erklären (Art 1 Abs 5).

Beispiele:

1. **Schwellenerwerber-Ausnahme:** Der Luxemburger Unternehmer D liefert Flatscreen-TVs nach Österreich an einen österreichischen Kleinunternehmer A (dieser verwendet keine österreichische UID). Der Kleinunternehmer A hat weder im laufenden noch im vorangegangenen Jahr die Erwerbsschwelle für innergemeinschaftliche Erwerbe von EUR 11.000 überschritten. Die Lieferung stellt daher keinen innergemeinschaftlichen Erwerb dar. Als allgemeiner Lieferort gilt daher der Ort, an dem die Versendung/Beförderung beginnt (daher Luxemburg). Die Lieferung unterliegt daher der Luxemburgischen Umsatzsteuer. Würde der Kleinunternehmer die österreichische UID-Nummer verwenden, läge ein innergemeinschaftlicher Erwerb vor.

2. **Verzicht auf Schwellenerwerber-Ausnahme:** Ein slowakisches Unternehmen versendet Flatscreen-TVs nach Österreich an einen österreichischen Unternehmer (dieser verwendet seine österreichische UID). Die Lieferung stellt aus der Sicht des österreichischen Unternehmers einen innergemeinschaftlichen Erwerb dar und unterliegt daher der österreichischen Umsatzsteuer. Die Lieferung ist in der Slowakei eine steuerfreie innergemeinschaftliche Lieferung.

746 Bestimmungslandprinzip: Innergemeinschaftlicher Versandhandel

Allgemein gilt für Lieferungen das **Ursprungslandprinzip als Grundregel**. Abweichend davon kommt **beim Versandhandel** das **Bestimmungslandprinzip** zur Anwendung (Art 3 Abs 3 bis 6).

Zur Umsetzung des Bestimmungslandprinzips gilt beim innergemeinschaftlichen Versandhandel die Lieferung dort als ausgeführt, wo die **Beförderung oder Versendung an den Abnehmer endet (Art 3 Abs 3)**. Das Bestimmungslandprinzip wird angewendet, um **Wettbewerbsverzerrungen** zu **verhindern**. Im Ergebnis bedeutet dies, dass der Unternehmer jeweils die ausländische Umsatzsteuer berechnen und abführen muss. Zur einfachen Umsetzung kann die Erhebung im Wege des EU-OSS erfolgen (→ 803).

Ein innergemeinschaftlicher Versandhandel liegt vor bei Lieferungen von Gegenständen durch Versendung oder Beförderung von einem Mitgliedstaat in einen anderen

Mitgliedstaat durch den Lieferer (oder auf dessen Rechnung), einschließlich jener anderen Beförderung oder Versendung, an der der Lieferer indirekt beteiligt ist (Art 3 Abs 3, Art 5a E-Commerce-DVO). Unter die Versandhandelsregelung fallende **Abnehmer** sind (Art 3 Abs 4):

- **Private** und
- **Schwellenerwerber**, also Unternehmer, die unecht steuerfreie Umsätze ausführen, die unter die Kleinunternehmerregelung fallen sowie pauschalierte Land- und Forstwirte und juristische Personen, die nicht Unternehmer sind oder die den Gegenstand nicht für ihr Unternehmen erwerben und gleichzeitig weder die Erwerbsschwelle überschreiten noch auf die Anwendung verzichten. Im Fall der Beendigung der Beförderung oder Versendung in einen Mitgliedstaat ist die von diesem Mitgliedstaat festgesetzte Erwerbsschwelle maßgeblich.

Von der innergemeinschaftlichen Versandhandelsregel (Bestimmungslandprinzip) besteht eine **Ausnahme für bestimmte Unternehmer mit geringen innergemeinschaftlichen Umsätzen** (Ursprungslandprinzip). Voraussetzung dafür ist, dass der Unternehmer sein Unternehmen in einem Mitgliedstaat betreibt und außerhalb keine Betriebsstätte hat und die Gegenstände in einen anderen Mitgliedstaat geliefert werden. Die Umsätze gelten dann als gering, wenn die innergemeinschaftlichen Versandhandelsumsätze und die elektronisch erbrachten sonstigen Leistungen sowie Telekommunikations-, Rundfunk- und Fernsehdienstleistungen an Nichtunternehmer eines anderen Mitgliedstaates den Betrag von **EUR 10.000** im vorangegangenen Jahr und im aktuellen Jahr noch nicht überstiegen haben; wird die Umsatzgrenze im aktuellen Jahr überschritten, dann liegt ab dem Umsatz, mit dem die Umsatzgrenze überschritten wird, ein Versandhandelsumsatz vor (Art 3 Abs 5). In diesen Fällen kann daher auch ein inländischer Kleinunternehmer in andere Mitgliedstaaten steuerfrei im Wege des Versandhandels liefern. Der Unternehmer kann **auf diese Ausnahme verzichten**. Dies kann beispielsweise sinnvoll sein, wenn der Steuersatz im Bestimmungsland günstiger als im Ursprungsland ist oder um zu erreichen, dass alle Lieferungen dem gleichen Steuersatz unterliegen. Ein Verzicht ist gegenüber dem Finanzamt innerhalb der Frist zur Abgabe der Voranmeldung für den Voranmeldungszeitraum eines Kalenderjahres, in dem erstmals eine Versandhandelslieferung getätigt worden ist, schriftlich zu erklären. Der Verzicht bindet den Lieferer mindestens für zwei Jahre und kann nur mit Wirkung vom Beginn eines Kalenderjahres an widerrufen werden. Der Widerruf ist innerhalb der Frist zur Abgabe der Voranmeldung für den Voranmeldungszeitraum des Kalenderjahres, in dem erstmals eine Versandhandelslieferung getätigt worden ist, gegenüber dem Finanzamt schriftlich zu erklären. Ein Verzicht kann für jeden Bestimmungsmitgliedstaat gesondert abgegeben werden (Art 3 Abs 6).

Beispiele:

1. **Versandhandel:** Ein luxemburgische Onlinehändler liefert Waren an inländische Abnehmer (Nichtunternehmer, steuerbefreite Kleinunternehmer). Dabei wurde die Umsatzschwelle von EUR 10.000 im letzten Jahr überschritten. Die Lieferung ist im Bestimmungsland (Österreich) steuerpflichtig und der Onlinehändler hat dem inländischen Abnehmer grundsätzlich eine Rechnung mit inländischer Umsatzsteuer auszustellen.

2. **Ausnahme vom Versandhandel:** Ein inländischer Kleinunternehmer ohne ausländische Betriebsstätte versendet Waren an Privatkunden nach Deutschland. Im vorangegangenen Jahr und im aktuellen Jahr wurde die maßgebliche Umsatzschwelle von EUR 10.000 nicht bzw noch nicht überstiegen. Die Lieferungen sind im Inland steuerbar (Ursprungslandprinzip), unterliegen aber der Kleinunternehmerbefreiung. Handelt es sich nicht um einen steuerbefreiten Kleinunternehmer, dann unterliegt die Lieferung im Inland der Steuerpflicht. Der Unternehmer kann aber auch auf die Ausnahme verzichten, womit die Lieferung im Bestimmungsland steuerpflichtig wird (bei niedrigerem Steuersatz im Ausland).

747 Vertiefung: Bestimmungslandprinzip bei Fahrzeuglieferung und Waren, die einer Verbrauchsteuer unterliegen

Bei **innergemeinschaftlichen Fahrzeuglieferungen** gilt zur Vermeidung von Wettbewerbsverzerrungen der Erwerb eines neuen Fahrzeugs durch einen Nichtunternehmer (Privater) als steuerfreie innergemeinschaftliche Lieferung und steuerpflichtiger innergemeinschaftlicher Erwerb. Die Besteuerung neuer Fahrzeuge erfolgt daher regelmäßig nach dem **Bestimmungslandprinzip** (Art 1 Abs 7 und Art 2). Das bloße Überführen durch Private löst keine Umsatzsteuer aus.

Neue Fahrzeuge sind Landfahrzeuge (PKW, LKW), Wasserfahrzeuge (Länge von mehr als 7,5 Meter, zB Yacht) und Luftfahrzeuge (Flugzeuge, Sportflugzeuge, Helikopter). Diese Fahrzeuge müssen zur Personen- oder Güterbeförderung bestimmt sein (Art 1 Abs 8). **Umsatzsteuer:** Lieferungen aus anderen Mitgliedstaaten von neuen Fahrzeugen nach Österreich unterliegen ebenfalls der inländischen 20%igen Umsatzsteuer unabhängig davon, ob ein Unternehmer oder Verbraucher liefert und an wen geliefert wird (Art 2, bei Lieferung an Verbraucher: Fahrzeugeinzelbesteuerung, Art 21 Abs 2). Lieferungen an Abnehmer in einem anderen Mitgliedstaat sind im Inland steuerfrei (innergemeinschaftliche Lieferung im Inland, innergemeinschaftlicher Erwerb im anderen Mitgliedstaat).

Bei innergemeinschaftlichen Bewegungen **von verbrauchsteuerpflichtigen Waren** kommt die Ausnahme für **Schwellenerwerber nicht zur Anwendung** (Art 1 Abs 6). Es liegt daher jedenfalls eine innergemeinschaftliche Lieferung/ein innergemeinschaftlicher Erwerb (Verbringung) vor.

Verbrauchsteuerpflichtige Waren sind Alkohol und alkoholische Getränke, Tabakwaren sowie Energieerzeugnisse (außer Gas, das über innergemeinschaftliche oder damit verbundene Netze geliefert wird, Art 1 Abs 6).

748 Ursprungslandprinzip als allgemeine Regel

Bei **allen übrigen Warenbewegungen**, die von den bisherigen Sonderbestimmungen nicht erfasst werden, kommt das **Ursprungslandprinzip** zur Anwendung.

Beispiele:

Abholung durch einen Privaten: Ein österreichischer Privater fährt in die Slowakei und erwirbt einen Flatscreen-TV in einem Supermarkt. Lieferort ist die Slowakei, also kommt slowakische Umsatzsteuer zur Anwendung. Die Verbringung über die Grenze löst keine Umsatzsteuer in Österreich aus.

Überblick: Umsatzsteuersystem bei grenzüberschreitenden Sachverhalten   749

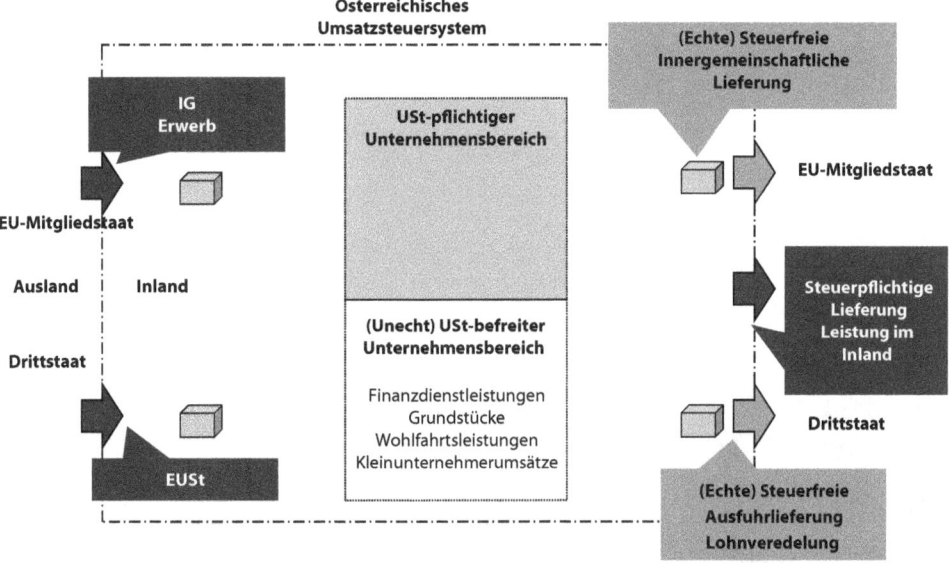

Abbildung 38: Umsatzsteuersystem bei grenzüberschreitenden Sachverhalten

Kapitel 13

Umsatzsteuer[1] – Ermittlung, Erhebung

1. Ermittlung der Umsatzsteuer

1.1. Ermittlung des Steuerschuldners (§ 19 UStG)

Schuldner der Umsatzsteuer ist grundsätzlich **der leistende Unternehmer.** Dies gilt auch für alle Eigenverbrauchstatbestände (§ 19 Abs 1).

750

Ausnahmen davon bestehen wie folgt:

- In gesetzlich aufgezählten Fällen geht die **Steuerschuld auf den Empfänger über** („Reverse-Charge", § 19 Abs 1 bis 1e).
- Bei **innergemeinschaftlichen** Lieferungen und Erwerben ist Steuerschuldner der Erwerber (Art 19 Abs 1).
- Bei der **Einfuhrumsatzsteuer** ist Schuldner der Importeur (§ 26).
- Zum **unberechtigten oder unrichtigen Steuerausweis** → 780.

Beispiel:

Allgemeine Regel: Der österreichische Unternehmer A liefert an den Privaten einen Kühlschrank. Der Unternehmer ist Steuerschuldner. Dies gilt auch bei Entnahme.

Übergang der Steuerschuld

751

Beim **Übergang der Steuerschuld (Reverse-Charge)** schuldet nicht der leistende Unternehmer, sondern der **Leistungsempfänger** die Umsatzsteuer.

Dieser hat die Umsatzsteuer nicht an den leistenden Unternehmer, sondern direkt an sein zuständiges Finanzamt zu übermitteln. Der Empfänger kann dabei, sofern ihm der Vorsteuerabzug zusteht, diesen gleichzeitig mit der Umsatzsteuerschuld gegenrechnen. Der leistende Unternehmer **haftet** jedoch bei Auslandsleistungen für die Steuer (§ 19 Abs 1 letzter Satz). Der Anwendungsbereich erfasst zwei Fälle:

Der erste Fall betrifft **Auslandsleistungen**, das sind **sonstige Leistungen und Werklieferungen,** die von ausländischen Leistenden an qualifizierte Empfänger erbracht werden (§ 19 Abs 1). Der Übergang der Steuerschuld besteht hier vorrangig, um die Steuererhebung zu erleichtern. **Ausgenommen**, dh der Leistungserbringer schuldet die Umsatzsteuer, sind die Vermietung von Grundstücken, die entgeltliche Duldung der Benützung von Bundesstraßen und sonstige Leistungen iZm mit Eintrittsberechtigungen nach § 3a Abs 11a.

---

1   Paragraphenverweise ohne Gesetzesangabe beziehen sich auf das Umsatzsteuergesetz (UStG) bzw dessen Anhang.

Ausländische Leistende sind Unternehmer, die im Inland weder ihr Unternehmen betreiben noch eine an der Leistungserbringung beteiligte Betriebsstätte haben. **Qualifizierte Empfänger** sind Unternehmer oder juristische Personen des Privatrechts mit UID-Nummer oder juristische Personen des öffentlichen Rechts (§ 19 Abs 1 zweiter Absatz). Darüber hinaus kann es auch aufgrund von **Dreiecksgeschäften** zu einem Übergang der Steuerschuld auf den Empfänger kommen (Art 25). Ist der Empfänger Verbraucher, kommt das Ursprungslandprinzip zur Anwendung.

Der zweite Fall betrifft **bestimmte, im Gesetz aufgezählte Umsätze**, grundsätzlich unabhängig davon, ob sie von inländischen oder ausländischen Unternehmen erbracht werden.

Das in der Praxis wichtigste Beispiel ist der **Übergang der Steuerschuld bei Bauleistungen**: Hier schuldet der Empfänger (Generalunternehmer) die Umsatzsteuer, wenn dieser Unternehmer ist und seinerseits mit der Erbringung von Bauleistungen beauftragt ist. Er hat den Leistenden (den Subunternehmer) auf diesen Umstand hinzuweisen. **Bauleistungen** sind alle Leistungen, die der Herstellung, Instandsetzung, Instandhaltung, Reinigung, Änderung oder Beseitigung von Bauwerken dienen oder die Überlassung von Arbeitskräften zur Erbringung von Bauleistungen (§ 19 Abs 1a). Der Übergang der Steuerschuld soll der Bekämpfung von Umsatzsteuerbetrug bei Bauleistungen durch Vorsteuerabzug beim Generalunternehmer ohne Umsatzsteuerentrichtung durch den Subunternehmer dienen.

In bestimmten Fällen dient der Übergang der Steuerschuld **der vereinfachten Abwicklung,** weil die Entrichtung der Umsatzsteuer dem Empfänger der Leistung eher zuzumuten ist: Lieferung sicherungsübereigneter Gegenstände an den Sicherungsnehmer, Lieferung des Vorbehaltskäufers an den Vorbehaltseigentümer und bei Lieferungen von Grundstücken im Zwangsversteigerungsverfahren. Zu einem Übergang der Umsatzsteuerschuld kommt es in diesen Fällen nur dann, wenn der Empfänger Unternehmer oder juristische Person des öffentlichen Rechts ist (§ 19 Abs 1b).

Zu einem Übergang der Steuerschuld kommt es auch bei Lieferungen **von Energie über Netze durch ausländische Unternehmer** an im Inland zur Umsatzsteuer erfasste Personen, bei Übertragungen von **Treibhausgaszertifikaten an Unternehmer,** bei Lieferungen von **Mobilfunkgeräten und integrierten Schaltkreisen**, wenn das Gesamtentgelt mindestens EUR 5.000 beträgt, bei Lieferungen von **Abfallstoffen** und sonstigen damit zusammenhängenden Leistungen sowie bei Lieferungen von **Bruchgold** (§ 19 Abs 1c bis Abs 1e und dazu ergangene Verordnungen).

Beispiele:
1. **Auslandsleistung:** Der ausländische Unternehmer D berät einen österreichischen Unternehmer. Der österreichische Empfänger ist Steuerschuldner.
2. **Ansässigkeit:** Für die Ansässigkeit sind der wirtschaftliche Sitz und eine Niederlassung eines Unternehmers maßgebend, subsidiär dessen Wohnsitz oder gewöhnlicher Aufenthaltsort.[2]

---

2   EuGH 6.10.2011, C-421/10, *Stoppelkamp*; EuGH 28.7.2007, C-73/96, *Planzer Luxembourg Sarl*; BFG 29.3.2016, RV/3100689/2014.

3. **Bauleistung:** Der Generalunternehmer beauftragt den Subunternehmer zur Ausführung von Bauleistungen. Die Umsatzsteuer hinsichtlich der Leistung von Subunternehmern an Generalunternehmer wird vom Generalunternehmer als Empfänger geschuldet.
4. **Lieferung von Sicherungseigentum:** Eine Bank finanziert dem Unternehmer die Anschaffung einer Maschine, die ihr sicherungsübereignet wird. Mangels Liquidität des Unternehmers veräußert die Bank die Maschine. In diesem Zeitpunkt liegt eine Lieferung der Maschine vom Unternehmer an die Bank vor. Empfänger ist dabei die Bank, die gleichzeitig die darauf entfallende Umsatzsteuer schuldet.

Innergemeinschaftliche Warenbewegungen 752

Bei **innergemeinschaftlichen Erwerben** ist der **Erwerber** Steuerschuldner. Bei innergemeinschaftlichem **Verbringen** ist der **Verbringende** Steuerschuldner (Art 19 Abs 1 Z 1).

Bei Lieferungen, die aufgrund des **Vertrauensschutzes** als steuerfreie innergemeinschaftliche Lieferungen gelten, ist der **Abnehmer** Steuerschuldner (Art 19 Abs 1 Z 2). Der **Vertrauensschutz** ist dann gegeben, wenn der Unternehmer eine Lieferung trotz Fehlens der Voraussetzungen als steuerfreie innergemeinschaftliche Lieferung behandelt hat, weil dieser auf die unrichtigen Angaben des Abnehmers vertraut hat und die Unrichtigkeit dieser Angaben auch bei Beachtung der Sorgfalt eines ordentlichen Kaufmanns **nicht erkennen konnte**. In Abholfällen hat der leistende Unternehmer jedenfalls die Identität des Abholenden festzuhalten (Art 7 Abs 4).

Beispiel:
Innergemeinschaftlicher Erwerb: Der deutsche Unternehmer D liefert einen Kühlschrank an einen österreichischen Unternehmer. Der österreichische Erwerber ist Steuerschuldner des innergemeinschaftlichen Erwerbs.

1.2. Zeitpunkt des Entstehens der Steuerschuld (§ 19 UStG)

Der **Zeitpunkt der Entstehung der Steuerschuld** hängt grundsätzlich davon ab, ob ein 753 Unternehmer die Umsatzsteuer nach vereinbarten Entgelten (**Sollbesteuerung, § 19 Abs 2 Z 1 lit a**) oder nach vereinnahmten Entgelten (**Istbesteuerung, §§ 19 Abs 2 Z 1 lit b, 17**) ermittelt.

Davon **abweichende** Bestimmungen gelten im Falle des Übergangs der Steuerschuld, beim Eigenverbrauch und der Einfuhrumsatzsteuer sowie bei innergemeinschaftlichen Warenbewegungen und Drittstaaten-E-Commerce-Lieferungen (§ 19 Abs 2 Z 1 lit b, Z 1a und Z 2, Art 19 Abs 2).

Die Entstehung der Steuerschuld ist für die Frage relevant, wann die Umsatzsteuer fällig wird und an das Finanzamt abzuführen ist sowie wann der vorsteuerabzugsberechtigte Empfänger den Vorsteuerabzug vornehmen kann. Die zwei Methoden entsprechen den in der Ertragsteuer angewendeten **Prinzipien der wirtschaftlichen Realisation** (Sollbesteuerung, § 19 Abs 2 Z 1 lit a) und des **Zu- und Abflusses** (Istbesteuerung, § 19 Abs 2 Z 1 lit b). Die Istbesteuerung hat grundsätzlich den Vorteil, dass auch die Umsatzsteuer erst in dem Zeitpunkt abgeführt werden muss, in dem der Unternehmer das Entgelt inklusive Umsatzsteuer vom Empfänger der Leistung erhalten hat. Er braucht die Umsatzsteuer daher nicht vorzufinanzieren.

754 Ermittlung der anzuwendenden Methode (§ 19, § 17 UStG)

Als **allgemeine Methode** ist grundsätzlich die **Sollbesteuerung** anzuwenden. Die vereinfachte **Istbesteuerung** ist jedoch in bestimmten Fällen vorgesehen.

Die **Istbesteuerung** (§ 17) ist vorgesehen:

- für Unternehmer mit Umsätzen ausschließlich aus **freiberuflicher** Tätigkeit unabhängig von der Umsatzhöhe (Abs 1),
- für Unternehmer mit Umsätzen aus **sonstiger selbständiger Arbeit** oder mit **außerbetrieblichen** Einkünften, bei denen in einem der beiden vorangegangenen Kalenderjahren der Gesamtumsatz **unter EUR 110.000** lag (Abs 2),
- für **nicht buchführungspflichtige** Unternehmer mit land- und forstwirtschaftlichen oder gewerblichen Einkünften (Abs 2, §§ 21 und 23 EStG),
- zwingend bei Umsätzen von **Versorgungsunternehmen** (Abs 1).

Die **Sollbesteuerung** ist in sonstigen Fällen anwendbar oder wenn der Unternehmer auf die Istbesteuerung zugunsten der Sollbesteuerung mit Antrag gegenüber dem Finanzamt verzichtet (§ 17 Abs 1 letzter Satz und Abs 2).

Ein **Verzicht** auf die Istbesteuerung ist nicht möglich bei Umsätzen von Versorgungsunternehmen (§ 17 Abs 1). Die Besteuerung einer **Geschäftsveräußerung** im Ganzen hat zwingend nach der Sollbesteuerung zu erfolgen (§ 17 Abs 7).

Wechselt ein Unternehmer die Besteuerungsmethode, dann ist sicherzustellen, dass ein Umsatz dadurch nicht doppelt besteuert oder gar nicht besteuert wird (§ 17 Abs 4).

Beispiele:

1. **Freiberufliche Tätigkeit:** Neben natürlichen Personen und Personengesellschaften mit freiberuflicher Tätigkeit kann auch eine Rechtsanwalts-GmbH die Istbesteuerung anwenden, und zwar unabhängig von der Höhe der erzielten Umsätze und der Rechnungslegungspflicht.
2. **Sonstige selbständige Arbeit und außerbetriebliche Einkünfte:** Bei Umsätzen als wesentlicher Gesellschafter-Geschäftsführer, Hausverwalter, Aufsichtsratsmitglied oder bei Umsätzen aus der Vermietung und Verpachtung kann die Istbesteuerung angewendet werden, wenn der Gesamtumsatz regelmäßig unter EUR 110.000 liegt.
3. **Fehlende Buchführungspflicht:** Werden die Einkünfte aus Land- und Forstwirtschaft für Zwecke der Ertragsteuern nach der Einnahmen-Ausgaben-Rechnung ermittelt oder werden Bücher lediglich freiwillig geführt, dann kommt die Istbesteuerung zur Anwendung.
4. **Verzicht auf die Istbesteuerung in den oben genannten Fällen:** Die Rechtsanwalts-GmbH verzichtet auf die Istbesteuerung, weil sie auch ihre ertragsteuerlichen Einkünfte nach dem Betriebsvermögensvergleich ermittelt.
5. **Versorgungsunternehmen:** Umsätze von Gas-, Wasser-, Elektrizitäts- oder Heizwerken, Anstalten zur Müllbeseitigung sowie Abfuhr von Spülwasser und Abfällen unterliegen zwingend der Istbesteuerung.
6. **Geschäftsveräußerung:** Ein freiberuflich Tätiger verkauft seine Kanzlei und muss die auf die Veräußerung entfallende Umsatzsteuer zwingend nach der Sollbesteuerung ermitteln.

Überblick: Sollbesteuerung oder Istbesteuerung in der Umsatzsteuer 755

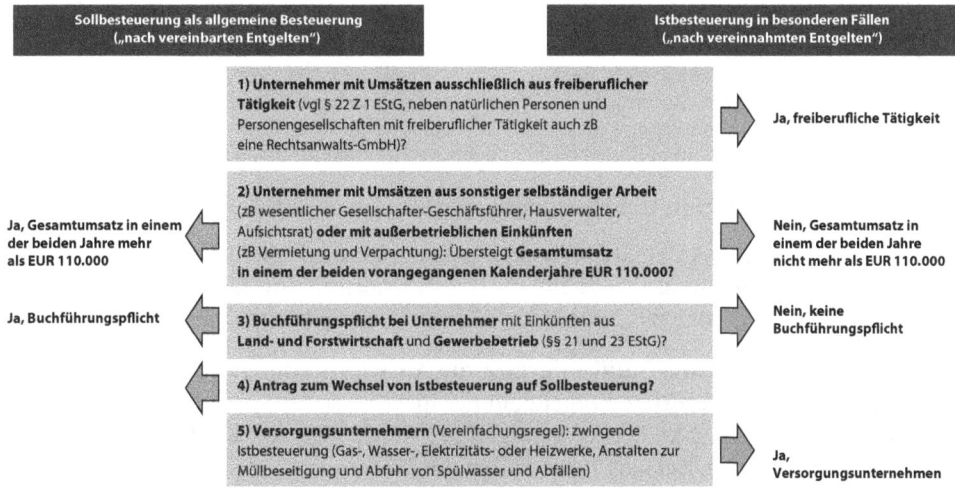

Abbildung 39: Sollbesteuerung oder Istbesteuerung in der Umsatzsteuer

Sollbesteuerung 756

> Bei der **Sollbesteuerung** entsteht die Steuerschuld grundsätzlich mit Ablauf des Kalendermonates, in dem die Lieferungen oder sonstigen Leistungen **ausgeführt** werden, also nach vereinbarten Entgelten (§ 19 Abs 2 Z 1 lit a).

Ausnahmen bestehen jedoch bei verspäteter Rechnungsausstellung und Anzahlungen. Bei **verspäteter Rechnungsausstellung** verschiebt sich der Zeitpunkt um einen Monat, wenn die Rechnungsausstellung erst nach Ablauf des Kalendermonats erfolgt, in dem die Lieferung oder sonstige Leistung erbracht worden ist. Erfolgt eine **Anzahlung** bereits vor Leistungserbringung, dann entsteht die Steuerschuld immer bereits mit Erhalt der Anzahlung (**Mindest-Istbesteuerung**, § 19 Abs 2 Z 1 lit a).

Beispiele:

1. **Leistungszeitpunkt:** Erfolgt die Leistung im März und die Rechnungslegung im März, dann entsteht die Steuerschuld Ende März.
2. **Verspätete Rechnungslegung:** Bei Leistungserbringung im März und Rechnungslegung im April oder später entsteht die Steuerschuld jedenfalls Ende April.
3. **Anzahlung:** Erfolgt eine Anzahlung im Jänner, die Leistungserbringung im März und die endgültige Rechnungslegung im April, dann entsteht die Steuerschuld für die Anzahlung Ende Jänner und die Steuerschuld für den Restbetrag im April.

Istbesteuerung 757

> Bei der **Istbesteuerung,** also der Besteuerung nach vereinnahmten Entgelten, entsteht die Steuerschuld grundsätzlich mit Ablauf des Kalendermonats, in dem die **Entgelte vereinnahmt** worden sind (§ 19 Abs 2 Z 1 lit b).

Beispiele:

1. **Gleichzeitige Zahlung:** Bei Leistungserbringung im März und gleichzeitiger Bezahlung entsteht die Steuerschuld für den Empfänger Ende März.
2. **Spätere Zahlung:** Bei Leistungserbringung im März und Bezahlung im Mai entsteht die Steuerschuld Ende Mai.
3. **Anzahlung:** Erfolgt eine Anzahlung im Jänner, die Leistungserbringung im März und die endgültige Rechnungslegung im April mit Bezahlung im Mai, dann entsteht die Steuerschuld für die Anzahlung Ende Jänner und die Steuerschuld für den Restbetrag im Mai.

758 Vertiefung: Ausnahmen bei Übergang der Steuerschuld

Im Falle des **Übergangs der Steuerschuld** gelten aus Vereinfachungsgründen sowohl **für die Sollbesteuerung als auch für die Istbesteuerung** Sonderbestimmungen, um eine Prüfung der Methode des Leistenden nicht notwendig zu machen.

Beim Übergang der Steuerschuld aufgrund von Auslandsleistungen entsteht die Steuerschuld für noch nicht geleistete Entgelte immer mit Ablauf des Kalendermonats, in dem die Lieferung oder sonstige Leistung ausgeführt worden ist. Auf die Rechnungslegung kommt es hier nicht an. **Bei sonstigen Fällen des Übergangs der Steuerschuld** entsteht die Steuerschuld für noch nicht geleistete Entgelte mit Ablauf des Kalendermonats, in dem die Lieferung oder sonstige Leistung ausgeführt worden ist. Der Zeitpunkt verschiebt sich bei verspäteter Rechnungsausstellung um einen Monat, wenn also die Rechnungsausstellung erst nach Ablauf des Kalendermonats erfolgt, in dem die Leistung erbracht worden ist (§ 19 Abs 2).

Beispiele:

1. **Übergang der Steuerschuld – Auslandsleistungen:** Bei Leistungserbringung im März und Rechnungslegung im April entsteht die Steuerschuld Ende März.
2. **Übergang der Steuerschuld – Sonstige Fälle:** Bei Leistungserbringung im März und Rechnungslegung im April entsteht die Steuerschuld Ende April.

759 Vertiefung: Sonstiger Zeitpunkt der Entstehung der Steuerschuld

Bei **innergemeinschaftlichen Erwerben** entsteht die Steuerschuld mit Ausstellung der Rechnung, spätestens jedoch am 15. Tag des dem Erwerb folgenden Kalendermonats (Art 19 Abs 2 Z 1). Bei innergemeinschaftlichem Erwerb von **neuen Fahrzeugen** entsteht die Steuerschuld am Tag des Erwerbs (Art 19 Abs 2 Z 2). Im Fall der **Annahme einer steuerbefreiten innergemeinschaftlichen Lieferung** entsteht die Steuerschuld aufgrund des Vertrauensgrundsatzes in dem Zeitpunkt, in dem die Lieferung ausgeführt wird (Art 19 Abs 2 Z 3).

Bei **Drittstaaten-E-Commerce-Lieferungen** (§ 3 Abs 3a) entsteht die Steuerschuld mit Ablauf des Kalendermonats, in dem die Zahlung angenommen wurde (§ 19 Abs 2 Z 1a).

Im Falle des **Eigenverbrauchs** entsteht die Steuerschuld regelmäßig in dem Zeitpunkt, in dem die Aufwendungen getätigt, die Gegenstände entnommen oder die Leistungen ausgeführt werden (§ 19 Abs 2 Z 2). Die **Einfuhrumsatzsteuer** entsteht grundsätzlich mit Einfuhr (§ 26 Abs 1).

Überblick: Zeitpunkt der Entstehung der Umsatzsteuerschuld 760

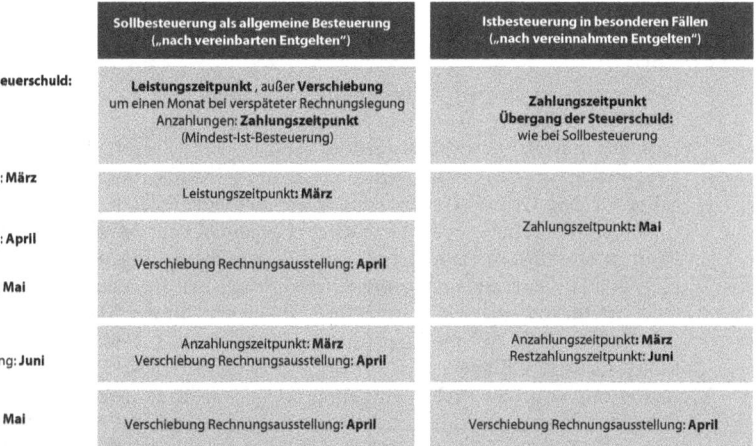

Abbildung 40: Zeitpunkt der Entstehung der Umsatzsteuerschuld

1.3. Ermittlung der Bemessungsgrundlage (§ 4 UStG, Art 4 BMR)

Lieferungen und sonstige Leistungen gegen Entgelt 761

Bemessungsgrundlage für **entgeltliche** Lieferungen und sonstige Leistungen und den innergemeinschaftlichen Erwerb ist grundsätzlich das **Entgelt** (§ 4, Art 4).

Entgelt ist alles, was der Empfänger einer Lieferung oder sonstigen Leistung aufzuwenden hat, um die Lieferung oder sonstige Leistung zu erhalten (Solleinnahme). **Zum Entgelt gehören** Gebühren für Rechtsgeschäfte und andere Vertragserrichtungskosten, die der Empfänger zu ersetzen hat, der Ersatz von Aufwendungen des Leistenden, freiwillige Aufwendungen des Empfängers an den Unternehmer, um die Leistung zu erhalten, Entgelt, das von anderen Personen als dem Empfänger an den Unternehmer geleistet wird (Entgelte Dritter). **Zum Entgelt gehören nicht** durchlaufende Posten, also Beträge, die der Unternehmer im Namen und für Rechnung eines anderen vereinnahmt und verausgabt und die Umsatzsteuer selbst (§ 4 Abs 1 bis 3).

Beim **Tausch** und bei **tauschähnlichen Umsätzen** und bei **Hingabe an Zahlung statt** gilt der Wert jedes Umsatzes als Entgelt für den anderen Umsatz (§ 4 Abs 6). Bei der **Geschäftsveräußerung** (Veräußerung eines Unternehmens oder eines Betriebs) gilt als Bemessungsgrundlage das Entgelt, das den einzelnen, übertragenen Gegenständen und Rechten (Besitzposten) zuzuordnen ist (§ 4 Abs 7).

Werte in anderer Währung sind in Euro umzurechnen, entweder nach dem durch das BMF festgesetzten Durchschnittskurses für den Zeitraum der Entstehung der Steuerschuld, nach dem letzten von der EZB veröffentlichten Umrechnungskurs oder nach dem Tageskurs, wenn die einzelnen Beträge durch Bankmitteilungen oder Kurszettel belegt werden (§ 20 Abs 6).

Beispiele:

1. **Weiterverrechnung von Aufwendungen:** Aufwendungen aus Leistungen, die der ausführende Unternehmer im eigenen Namen und auf eigene Rechnung bezogen hat und dem Empfänger weiterverrechnet werden, gehören zum Entgelt. Bei einer Wohnraummiete zählt auch die an den Mieter **weiterverrechnete Grundsteuer** zu den steuerpflichtigen Entgeltteilen. Die Grundsteuer ist kein durchlaufender Posten, sondern weiterverrechneter Aufwand, weil Schuldner der Grundsteuer gegenüber der Abgabenbehörde der Eigentümer (Vermieter) selbst ist.[3] Sind die Aufwendungen aus Leistungen jedoch im Namen des Empfängers vom Leistenden aufgrund einer vertraglichen Beziehung zwischen ihnen bezogen (zB **Gerichtskosten**, die lediglich vom Rechtsanwalt für den Mandanten ausgelegt werden), dann stellen diese Aufwendungen beim Unternehmer nur durchlaufende Posten dar und zählen nicht zum Entgelt.

2. **Aufteilung von pauschalen Entgelten:** Liegen mehrere Leistungen vor und sind unterschiedliche Steuerkonsequenzen mit ihnen verbunden (Steuersätze), dann ist ein Pauschalpreis grundsätzlich nach dem Marktwert der Leistungen aufzuteilen,[4] zB bei Zeitschriftenabo inklusive Vignette.[5]

762 Normalwert als Ersatz für nicht fremdübliche Entgelte

Anstelle des Entgelts ist der **Normalwert** die Bemessungsgrundlage für bestimmte Leistungen, bei denen das Entgelt aus nichtunternehmerischen Motiven **nicht angemessen** ist und vom Normalwert abweicht (§ 4 Abs 1 bis 7 und 9, Art 4 Abs 3).

Dies kann auf familiäre oder freundschaftliche **Nahebeziehungen**, auf gesellschaftsrechtliche Verflechtungen, Arbeitsverhältnisse, Konzernverbindungen oder Mitgliedschaften zurückzuführen sein. **Normalwert** ist der gesamte Betrag, den ein Empfänger einer Lieferung oder sonstigen Leistung auf derselben Absatzstufe, auf der die Lieferung oder sonstige Leistung erfolgt, an einen unabhängigen Lieferer oder Leistungserbringer zahlen müsste, um den betreffenden Gegenstand oder sonstige Leistungen zu diesem Zeitpunkt und den Bedingungen des freien Wettbewerbs zu erhalten (marktüblicher Vergleichswert). Sofern dieser nicht ermittelt werden kann, ist er auf der Grundlage des Einkaufspreises plus Nebenkosten, Selbstkosten oder sonstigen Kosten zu ermitteln (§ 4 Abs 9).

Der **Normalwert** gilt als **Bemessungsgrundlage** der Umsatzsteuer für folgende Fälle, um umsatzsteuerliche Vorteile wegen des nicht fremdüblichen Entgelts zu verhindern:

- **Vermeidung des Vorteils mangels Vorsteuerabzug:** Das Entgelt ist niedriger als der Normalwert und der Empfänger der Lieferung oder sonstigen Leistung ist nicht oder nicht zum vollen Vorsteuerabzug berechtigt.

---

3   VwGH 24.2.2011, 2007/15/0129.
4   VwGH 16.12.2009, 2008/15/0075; EuGH 22.10.1998, C-308/96, *Madgett und Baldwin*.
5   BFG 8.3.2016, RV/6100408/2011.

- **Vermeidung der Verlagerung des Entgelts auf den USt-pflichtigen Unternehmensbereich zugunsten eines erhöhten Vorsteuerabzugs:** Das Entgelt ist niedriger als der Normalwert, der Unternehmer ist nicht oder nicht zum vollen Vorsteuerabzug berechtigt und der Umsatz wird aus dem USt-steuerfreien Bereich ausgeführt (außer Kleinunternehmer).
- **Vermeidung von Verschiebungen zwischen dem USt-pflichtigen und USt-befreiten Unternehmensbereich:** Das Entgelt ist höher als der Normalwert und der Unternehmer ist nicht oder nicht zum vollen Vorsteuerabzug berechtigt.

Der Normalwert **gilt nicht** als Bemessungsgrundlage für gänzlich unentgeltliche Leistungen. Stattdessen kommt die Eigenverbrauchsbesteuerung zur Anwendung. Dagegen hat bei Grundstücken eine Vorsteuerberichtigung zu erfolgen.

Beispiel zum Normalwert:
Der Unternehmer erstellt für das Unternehmen seines nicht vorsteuerabzugsberechtigten Bruders eine Website um EUR 500, obwohl ein marktüblicher Preis von EUR 2.000 angemessen wäre. Bemessungsgrundlage für Zwecke der Umsatzsteuer sind dennoch EUR 2.000. Somit muss der Unternehmer bei einem Steuersatz von 20 % EUR 400 an das Finanzamt abführen. Würde der Unternehmer die Website gratis erstellen, dann würde eine umsatzsteuerpflichtige Leistungsentnahme mit Bemessungsgrundlage in Höhe der angefallenen Kosten (ohne Unternehmerlohn) vorliegen.

Eigenverbrauch, innergemeinschaftliches Verbringen, Einfuhr 763

Bei **Ersatztatbeständen** der Umsatzsteuer, also Eigenverbrauch, innergemeinschaftliches Verbringen und Einfuhr, wird mangels Entgelts ein **Ersatzwert für die Bemessung der Umsatzsteuer** vorgegeben, der sich grundsätzlich an einem fiktiven Entgelt auf Einkaufsseite statt auf Verkaufsseite orientiert (§ 4 Abs 8, Art 4 Abs 2).

Im Ergebnis wird vorrangig der Vorteil aus dem Vorsteuerabzug rückgängig gemacht.

Bei einer **innergemeinschaftlichen Verbringung** und dem **Entnahmeeigenverbrauch** ist als Bemessungsgrundlage der Einkaufspreis zuzüglich der mit dem Einkauf verbundenen Nebenkosten anzusetzen. Fehlt ein Einkaufspreis, dann sind die Selbstkosten im Zeitpunkt des Umsatzes heranzuziehen (§ 4 Abs 8 lit a, Art 4 Abs 2).

Die Bemessungsgrundlage für den **Verwendungseigenverbrauch** (Verwendung von Gegenständen) und für den Dienstleistungseigenverbrauch (Erbringung sonstiger Leistungen) entspricht den für die Ausführung dieser Leistungen anfallenden Kosten (§ 4 Abs 8 lit b). Der Unternehmerlohn selbst zählt nicht zu den Kosten. Die Bemessungsgrundlage für den **Aufwandseigenverbrauch** (nichtabzugsfähige Ausgaben) entspricht den nichtabzugsfähigen Kosten (§ 4 Abs 8 lit c). Bei der **Einfuhr** ist der Zollwert maßgebend; dieser entspricht grundsätzlich dem Verkehrswert inklusive Nebenkosten. Wurde der Gegenstand zuvor lediglich zur Veredlung ausgeführt, dann gilt als Bemessungsgrundlage nur das Veredlungsentgelt oder die Wertsteigerung (§ 5).

764 Differenzbesteuerung (§ 24 UStG, Art 24 BMR) bei Wiederverkäufen

Abweichend vom Entgelt als Bemessungsgrundlage erfolgt eine **Differenzbesteuerung** bei Umsätzen aus dem Handel mit Gebrauchsgegenständen (§ 4 Abs 4, § 24; Art 24 zu den Besonderheiten bei innergemeinschaftlichen Warenbewegungen).

Bemessungsgrundlage ist dabei nur der Unterschiedsbetrag zwischen Verkaufspreis und Einkaufspreis. Damit verbunden ist gleichzeitig auch der **Verlust des Vorsteuerabzugs** durch einen vorsteuerabzugsberechtigten Erwerber. Ein **Verzicht** auf die Differenzbesteuerung ist für jede einzelne Lieferung **möglich** (§ 24).

Die **Differenzbesteuerung** ist anzuwenden (Abs 1):

- auf Lieferungen von beweglichen körperlichen Gegenständen, mit Ausnahme von Edelsteinen und Edelmetallen,
- wenn der Verkäufer unternehmerisch tätiger Wiederverkäufer ist und gleichzeitig
- der Erwerb des Gegenstands durch den Verkäufer nicht (vollständig) umsatzsteuerpflichtig war.

Zur Vereinfachung kann **die Differenzbesteuerung durch Ausübung der Option** durch den Unternehmer **auch angewendet werden auf Kunstgegenstände, die** (Abs 2):

- vom Händler selbst eingeführt wurden,
- vom Urheber oder von dessen Rechtsnachfolger geliefert wurden oder
- nicht von einem Wiederverkäufer an ihn geliefert wurden.

Die **Optionsausübung** hat der Unternehmer gegenüber dem Finanzamt schriftlich zu erklären, und zwar innerhalb der Frist zur Abgabe der Voranmeldung für den Voranmeldungszeitraum des Kalenderjahres, in dem erstmals eine derartige Lieferung getätigt worden ist. Die Erklärung bindet den Unternehmer für mindestens zwei Kalenderjahre. Die Erklärung kann nur mit Wirkung vom Beginn eines Kalenderjahres widerrufen werden. Der Widerruf ist innerhalb der Frist zur Abgabe der Voranmeldung für den Voranmeldungszeitraum des Kalenderjahres, in dem erstmals eine derartige Lieferung getätigt worden ist, gegenüber dem Finanzamt schriftlich zu erklären (Abs 3).

Bemessungsgrundlage ist bei Lieferungen der Unterschiedsbetrag zwischen Verkaufspreis und Einkaufspreis, bei Entnahmen der Unterschiedsbetrag aus Einkaufspreis plus Nebenkosten oder Selbstkosten und Einkaufspreis.

Bei selbst eingeführten Gegenständen entspricht der Einkaufspreis dem Zollwert plus Einfuhrumsatzsteuer (§ 24 Abs 4).

Aus Vereinfachungsgründen kann der Unternehmer die **Gesamtdifferenz** ermitteln, also den Gesamtbetrag als Unterschiedsbetrag aus allen Verkaufspreisen plus Entnahmewerte und allen Einkaufspreisen eines Veranlagungszeitraums oder Voranmeldungszeitraums. Es dürfen dabei nur Gegenstände berücksichtigt werden, deren Einkaufspreis EUR 220 nicht übersteigt. In diesem Fall ist ein Verzicht auf die Differenzbesteuerung nicht möglich (Abs 5).

Sonstige Abweichungen von den allgemeinen Regeln bestehen bei der Rechnungs-legung und dem anwendbaren Steuersatz. In der Rechnung ist auf die Anwendung der Differenzbesteuerung hinzuweisen (Abs 7). Ein Ausweis der Umsatzsteuer hat zu unter-bleiben. Bei der Differenzbesteuerung kommt immer der **Steuersatz von 20 %** zur An-wendung (Abs 6). Der Erwerber hat **keinen Vorsteuerabzug** (Abs 8). Bei der Option zur Differenzbesteuerung hat auch der Wiederverkäufer keinen Vorsteuerabzug auf die empfangenen oder eingeführten Gegenstände (Abs 9). Im Falle eines Verzichts auf die Differenzbesteuerung steht ein Vorsteuerabzug erst im Zeitpunkt des Weiterverkaufs oder der Entnahme zu (Abs 10). Eine Ausfuhrlieferung bleibt auch unter Anwendung der Differenzbesteuerung steuerfrei (Abs 6). Für die Differenzbesteuerung sind getrennte Aufzeichnungen über die maßgeblichen Elemente der Bemessungsgrundlage zu führen (Abs 11).

Beispiele:

1. **Unternehmerisch tätige Wiederverkäufer** sind gewerbliche Händler, „Second-Hand"-Händler, Antiquitätenhändler und Unternehmer im Handel mit Gebrauchsgegenständen wie Gebrauchtwagenhändler und Händler, die im eigenen Namen Gegenstände öffentlich versteigern.
2. **Fehlende Umsatzsteuerpflicht** liegt vor bei Erwerb von Privaten innerhalb der EU oder bei vorangehender Anwendung der Differenzbesteuerung.
3. **Berechnung der Bemessungsgrundlage:** Bei einem Einkauf um EUR 100 und einem Ver-kauf um EUR 160 brutto inklusive Umsatzsteuer ist im Verkaufspreis die Umsatzsteuer von 20 % schon enthalten. Der Unterschiedsbetrag von EUR 60 setzt sich daher aus der Be-messungsgrundlage von EUR 50 und der darauf entfallenden Umsatzsteuer von EUR 10 (20 % von EUR 50) zusammen.

Differenzbesteuerung bei Reiseleistungen (§ 23 UStG)   765

Eine **besondere Besteuerung** im Wege einer **Differenzbesteuerung** erfolgt bei **Reise-leistungen**, wenn der Unternehmer im eigenen Namen auftritt und Reisevorleistungen in Anspruch nimmt (§ 23).

Hauptanwendungsbereich sind Pauschalreisen, die von Reisebüros angeboten werden. Die Bemessungsgrundlage ermittelt sich dabei aus der Differenz zwischen dem Preis der Reisevorleistungen und dem Preis der Reiseleistung. Die Umsatzsteuer ist nicht Teil der Bemessungsgrundlage (§ 23 Abs 7).

Für diese Reiseleistungen gelten **besondere umsatzsteuerliche Bestimmungen**. Die Rei-seleistungen sind als eine einheitliche sonstige Leistung anzusehen (Abs 2). Ort der Leis-tung ist der Ort, an dem der Unternehmer ansässig ist oder seine Betriebsstätte hat, von der aus er die Leistung erbringt (Abs 3). **Reisevorleistungen** sind Lieferungen und sons-tige Leistungen Dritter, die den Reisenden unmittelbar zugutekommen (Abs 4), wie Hotel, Transport oder Verpflegung. Die Leistung ist steuerfrei, soweit die Reisevorleistungen im Drittland bewirkt werden (Abs 5). Die Voraussetzungen müssen vom Unternehmer buchmäßig nachgewiesen werden (Abs 6). Ein **Vorsteuerabzug** auf Reisevorleistungen steht dem Unternehmen nicht zu (Abs 8). Aus den **Aufzeichnungen** müssen die Beträge zur Ermittlung der Bemessungsgrundlage sowie die Bemessungsgrundlage selbst je nach steuerfreien und steuerpflichtigen Reiseleistungen nachvollziehbar sein (Abs 9).

1.4. Ermittlung des Steuersatzes (§ 10 UStG)

766 Der **Normalsteuersatz** beträgt für die Umsatzsteuer **20 %.** Daneben bestehen **begünstigte Steuersätze** in Höhe von **10 %** und **13 %,** die jeweils auf im Gesetz aufgezählte Umsätze anzuwenden sind (§ 10).

767 Vertiefung: 10 % Steuersatz

Der **begünstigte Steuersatz von 10 %** ist anzuwenden auf (Abs 2):

- Die **Lieferung und Einfuhr** der in der **Anlage 1** zum UStG aufgezählten Gegenstände, wie Nahrungsmittel, Wasser, Milch und Milcherzeugnisse, Papierwaren, Druckwerke, Bücher, Zeitungen und Zeitschriften, Noten, Wandkarten (auch in Form von elektronischen Publikationen, E-Zeitungen, E-Books, Hörbücher), Arzneimittel, Waren der monatlichen Damenhygiene.
- **Restaurantumsätze,** soweit diese aus begünstigten Speisen und Getränken nach der Anlage 1 im Rahmen einer sonstigen Leistung bestehen sowie die Verabreichung eines ortsüblichen Frühstücks im Rahmen von Beherbergungsleistungen.
- **Beherbergungs- und Campingleistungen.**
- **Die Vermietung von Papierwaren** wie Druckwerke, Bücher, Zeitungen und Zeitschriften, Noten, Wandkarten.
- **Wohnleistungen** wie Vermietung (Nutzungsüberlassung) von Grundstücken für Wohnzwecke, Leistungen von einer Wohnungseigentumsgemeinschaft zugunsten der zu Wohnzwecken dienenden Teile und Anlagen, Benutzungsverträge bei Studentenwohnheimen. Dem 10 % Steuersatz unterliegen die Nettomiete, die Betriebskosten und die weiterverrechnete Grundsteuer. Entgeltteile, die für die Zurverfügungstellung von **Wärme** (weiterverrechnete Heizkosten für Gas, Strom), eine **Parkmöglichkeit** (Parkplatz, Garage, anteilige Grundsteuer, sofern nicht geringfügig) oder **bewegliche Gegenstände** in den Wohnungen (mitvermietete Möbel) geleistet werden, unterliegen dagegen dem 20 % Steuersatz (eventuelle Herausrechnung notwendig).
- **Sozialleistungen** wie Leistungen von Jugendheimen, bestimmte Sozialleistungen von Kranken-, Alters-, Blinden-, Kur- und Pflegeanstalten sowie bestimmte Leistungen aus dem abgabenbegünstigten Bereich von Körperschaften, die gemeinnützigen, mildtätigen oder kirchlichen Zwecken dienen.
- **Rundfunk- und Kabelfernsehleistungen.**
- **Personenbeförderung** durch öffentliche Verkehrsmittel.
- **Versorgungsleistungen** durch Unternehmen zur Müllbeseitigung sowie zur Abfuhr von Spülwasser und Abfällen.
- **Reparaturdienstleistungen** (einschließlich Ausbesserung und Änderung) betreffend Fahrräder, Schuhe, Lederwaren, Kleidung oder Haushaltswäsche.

Beispiele:

1. Ein **Ticket** für die Beförderung mit den Wiener Linien unterliegt als Personenbeförderung dem begünstigten Steuersatz von 10 %.
2. Die **Miete** einer Wohnung unterliegt dem reduzierten Steuersatz von 10 %.
3. Bei **Menüpreisen** für Speisen und Getränke gilt der begünstigte Steuersatz nur für Speisen. Es ist daher eine Aufteilung im Verhältnis der Einzelverkaufspreise vorzunehmen.[6]

Vertiefung: 13 % Steuersatz

768

Der **begünstigte Steuersatz von 13 %** ist anzuwenden auf (Abs 3):

- Die **Lieferung und Einfuhr** bestimmter in der **Anlage 2** zum UStG aufgezählten Gegenstände, wie lebende Tiere, Pflanzen und Pflanzenteile, Rückstände der Lebensmittelindustrie, zubereitetes Futter, Düngemittel, Brennholz und Holzabfälle.
- Die **Einfuhr** von bestimmten in der **Anlage 2** zum UStG aufgezählten Gegenständen, wie Kunstgegenstände, Brief- und Wertmarken, Sammlungsstücke und Sammlungen sowie Antiquitäten.
- **Unterhaltungsleistungen und künstlerische Leistungen** wie Umsätze aus der Tätigkeit als Künstler, Lieferungen von Kunstgegenständen vom Urheber, dessen Rechtsnachfolger oder bestimmten Unternehmern, Theater-, Musik- und Museumsleistungen, Filmvorführungen, Zirkusvorführungen, Umsätze der Schwimmbäder und Heilbehandlungen sowie Eintrittsberechtigungen zu sportlichen Veranstaltungen.
- **Landwirtschaftliche Leistungen** wie die Zucht bestimmter Tiere und Anzucht von Pflanzen.
- **Personenbeförderung** im inländischen Luftverkehr.
- **Leistungen von Heimen** für Personen bis 27 Jahre.
- **Ab-Hof-Verkauf von Wein** aus frischen Weintrauben und anderen gegorenen Getränken aus Stoffen des Eigenanbaus, die innerhalb eines landwirtschaftlichen Betriebs im Inland erzeugt wurden, soweit der Erzeuger die Getränke im Rahmen seines landwirtschaftlichen Betriebs liefert; der Erzeuger im Wege einer Betriebsübertragung den Betrieb an den Ehegatten oder Familienangehörigen übergibt, wobei auch diese als Erzeuger gelten. Der besondere Steuersatz gilt jedoch nicht, wenn die Getränke aus zugekauften Stoffen oder innerhalb der Betriebsräume und Gastgärten, wie insbesondere in Buschenschänken oder Heurigen, ausgeschenkt wird.

Vertiefung: 20% Steuersatz

769

Der **Normalsteuersatz** beträgt für die Umsatzsteuer **20 %** und kommt dann zur Anwendung, wenn kein begünstigter Steuersatz vorgesehen ist (Abs 1).

Für die Gebiete **Jungholz und Mittelberg** gilt aufgrund deren besonderer Lage ein **Normalsteuersatz von 19 %**, der dem deutschen USt-Satz entspricht. Dieser Steuersatz ist anzuwenden auf Umsätze von Unternehmern, die einen Wohnsitz (Sitz), gewöhnlichen Aufenthalt oder eine Betriebsstätte in diesem Gebiet haben (§ 10 Abs 4).

---

6   VwGH 20.12.2016, 2014/15/0039.

Beispiele für die Anwendung des Normalsteuersatzes:

Ein **Firmenwert,** der im Zuge einer Geschäftsveräußerung übertragen wird; Umsätze iZm **Differenzbesteuerung**; steuerbefreite Umsätze bei Ausübung einer **Option zur Steuerpflicht** nach § 6 Abs 2.

770 Vertiefung: Pauschalierung von Land- und Forstwirten (§ 22 UStG)

Bei nicht buchführungspflichtigen Unternehmern, die Umsätze im Rahmen eines **land- und forstwirtschaftlichen Betriebs bis zu EUR 600.000** ausführen, erfolgt eine pauschale Besteuerung. Umsätze an Nichtunternehmer werden mit **10 %** besteuert, soweit nicht der begünstigte Steuersatz von 13 % zur Anwendung kommt, während Umsätze an Unternehmer jedenfalls mit **13 %** besteuert werden. Die Vorsteuern sind pauschal mit denselben Beträgen festzusetzten, sodass sich weder eine Umsatzsteuerschuld noch eine Vorsteuergutschrift ergeben kann (§ 22 Abs 1).

Auf nicht begünstigt besteuerte Getränke und alkoholische Flüssigkeiten fällt darüber hinaus eine **Zusatzsteuer** von **10 %** an Nichtunternehmer und **7 %** an Unternehmer außerhalb der Pauschalbesteuerung an. Im Ergebnis unterliegen diese Umsätze daher einem Steuersatz von 20 %. In Höhe der Zusatzsteuer steht kein Vorsteuerabzug zu, sodass sich daraus regelmäßig eine **Umsatzsteuerschuld** ergibt (Abs 2).

Als **land- und forstwirtschaftlicher Betrieb** ist ein Betrieb anzusehen, dessen Hauptzweck auf die Land- und Forstwirtschaft gerichtet ist. Als Landwirtschaft gelten insbesondere der Acker-, Garten-, Gemüse-, Obst- und Weinbau, die Wiesen- und Weidewirtschaft einschließlich der Wanderschäferei, die Fischzucht einschließlich der Teichwirtschaft und die Binnenfischerei, die Imkerei sowie Tierzucht- und Tierhaltungsbetriebe. Die Übertragung eines pauschalierten land- und forstwirtschaftlichen Betriebes gilt nicht als steuerbarer Umsatz (Abs 3). Nebenbetriebe gehören zum land- und forstwirtschaftlichen Betrieb, sofern sie dem Betrieb dienen (Abs 4, wie Verarbeitungsbetriebe, Schotterabbau oder Privatzimmervermietung). Die Pauschalierung kann auch **auf land- und forstwirtschaftliche Betriebe einer Körperschaft des öffentlichen Rechts** anzuwenden sein, wenn die Umsätze EUR 600.000 in den vorangegangenen drei Kalenderjahren nicht überstiegen haben (Abs 7).

Der Unternehmer kann bis zum Ablauf des Veranlagungszeitraums gegenüber dem Finanzamt schriftlich für dieses Jahr oder bereits für das vorangegangene Jahr (mit gleichzeitiger Einreichung der Steuererklärung) **auf die Pauschalierung verzichten**. Die Erklärung bindet den Unternehmer für fünf Jahre. Ein **Widerruf** kann innerhalb des ersten Monats eines Kalenderjahres für dieses Kalenderjahr erfolgen (Abs 6).

2. Ermittlung unter Berücksichtigung der Rechnungsausstellung (§ 11 UStG)

771 Führt ein **Unternehmer** umsatzsteuerbare Umsätze aus, ist er grundsätzlich **berechtigt**, Rechnungen auszustellen. Bei Leistungen an andere Unternehmer und nichtunternehmerische juristische Personen und besonderen Leistungen an Verbraucher ist er jedoch **verpflichtet**, eine Rechnung auszustellen (§ 11 Abs 1 Z 1 und 2).

Eine korrekte umsatzsteuerliche **Rechnungsausstellung** ist **Voraussetzung für** den **Vorsteuerabzug** (§ 12 Abs 1 Z 1) und erfüllt eine Informations-, Dokumentations- und Kontrollfunktion.

Umsatzsteuerliche Rechnungen müssen dabei einen gesetzlich vorgeschriebenen **Mindestinhalt** und eine bestimmte **Form** aufweisen. Allein der unrichtige Ausweis einer Umsatzsteuer auf einer Rechnung kann eine zusätzliche Umsatzsteuerschuld begründen. Von der umsatzsteuerlichen Rechnungsausstellungspflicht ist die privatrechtliche Rechnungsausstellungspflicht zu unterscheiden.

Vertiefung: Pflicht zur Rechnungsausstellung bei Inlandsleistungen 772

Bei steuerbaren Leistungen besteht eine **Pflicht zur umsatzsteuerlichen Rechnungsausstellung** durch den ausführenden Unternehmer, sofern der Empfänger ein anderer Unternehmer oder eine nichtunternehmerische juristische Person ist (§ 11 Abs 1 Z 1).

Bei **Leistungen an sonstige Nichtunternehmer** besteht grundsätzlich keine Verpflichtung zur Rechnungsausstellung. Eine Pflicht zur Rechnungsausstellung an sonstige Nichtunternehmer besteht allerdings zur Vermeidung von Umsatzsteuerbetrug bei steuerpflichtigen Werklieferungen oder Werkleistungen im Zusammenhang mit einem Grundstück (§ 11 Abs 1 Z 2) und in bestimmten Fällen des Einfuhr-Versandhandels und des innergemeinschaftlichen Versandhandels (§ 11 Abs 1 Z 2a, § 3 Abs 8a, Art 11 Abs 1 Z 4).

Die Pflicht zur Ausstellung einer Rechnung besteht grundsätzlich bei **Leistungserbringung** bzw innerhalb von sechs Monaten danach (§ 11 Abs 1 Z 1 letzter Satz). Bei **Inlandsleistungen durch ausländische Unternehmer mit Übergang der Steuerschuld** hat die Rechnungslegung spätestens am 15. des Kalendermonats zu erfolgen, der auf den Kalendermonat der Leistungserbringung folgt (§ 11 Abs 1 Z 2). Bei **Anzahlungen**, also Zahlungen vor Leistungserbringung, hat der das Entgelt vereinnahmende Unternehmer bereits eine umsatzsteuerliche Rechnung über die Anzahlung auszustellen. Wird eine **Endrechnung** gelegt, so sind in ihr die vor Ausführung der Leistung vereinnahmten Teilentgelte und die auf sie entfallenden Steuerbeträge abzusetzen, wenn über die Teilentgelte umsatzsteuerliche Rechnungen ausgestellt wurden (§ 11 Abs 1 Z 4).

Vertiefung: Pflicht zur Rechnungsausstellung bei bestimmten innergemein- 773 schaftlichen Leistungen

Eine **Pflicht zur umsatzsteuerlichen Rechnungsausstellung** des leistenden Unternehmers besteht bei innergemeinschaftlichen (i) steuerfreien Lieferungen, (ii) steuerfreien Fahrzeuglieferungen, (iii) steuerpflichtigem Versandhandel und (iv) steuerpflichtigen Beförderungen von Gegenständen (Art 11).

Die Rechnung für **steuerfreie innergemeinschaftliche Lieferungen und Fahrzeuglieferungen** ist spätestens am **15. Tag des Kalendermonats** auszustellen, der auf den Kalendermonat der Lieferung bzw des Erwerbs folgt.

Eine **Pflicht** zur umsatzsteuerlichen Rechnungsausstellung besteht auch im Falle des **Übergangs der Steuerschuld bei einer innergemeinschaftlichen Auslandsleistung,** also wenn ein Unternehmer Leistungen aus dem Inland erbringt, der Leistungsort in der EU liegt und die Steuerschuld auf den Leistungsempfänger als Unternehmer oder nicht-unternehmerische juristische Person übergeht (§ 11 Abs 1a).

In diesem Fall ist die Rechnung mit Hinweis auf den Übergang der Steuerschuld **ohne USt** auszustellen. Gleichzeitig besteht umgekehrt keine inländische Pflicht durch einen EU-Unternehmer zur Rechnungslegung, wenn im Fall des Übergangs der Steuerschuld eine innergemeinschaftliche Inlandsleistung vorliegt.

Aus dem Inland leistet ein Unternehmer für diese Zwecke dann, wenn der leistende Unternehmer sein Unternehmen vom Inland aus betreibt oder sich die Betriebsstätte, von der aus die Leistung erbracht wird, im Inland befindet. Ein **Übergang der Steuerschuld aufgrund innergemeinschaftlicher Leistungen** liegt vor, wenn eine sonstige Leistung von einem Unternehmer innerhalb der EU an einen anderen Unternehmer oder an eine nichtunternehmerische juristische Person innerhalb der EU erbracht wird oder wenn die Lieferung von Energie über ein Energienetz innerhalb der EU erfolgt. Die **Pflicht zur Rechnungsausstellung** nach inländischem Recht besteht in diesen Fällen, damit ein aus dem Inland leistender Unternehmer keine umsatzsteuerliche Rechnung entsprechend den ihm nicht vertrauten Kriterien des anderen Mitgliedstaats erstellen muss. Eine inländische Rechnungsausstellungspflicht für diese Leistungen besteht daher dann nicht, wenn der leistende Unternehmer in diesem Mitgliedstaat sein Unternehmen betreibt oder eine an der Leistungserbringung beteiligte Betriebsstätte hat oder wenn der Empfänger die Leistung mittels Gutschrift abrechnet. Die Rechnung ist **bis spätestens 15. des Kalendermonats** auszustellen, der auf den Kalendermonat der Leistungsausführung folgt (§ 11 Abs 1a).

774 Vertiefung: Pflicht zur Rechnungsausstellung bei Auslandsleistungen mit Drittstaaten

Eine **Pflicht zur umsatzsteuerlichen Rechnungsausstellung** besteht auch, wenn der Unternehmer **vom Inland aus eine Auslandsleistung** an einen Unternehmer oder eine nichtunternehmerische juristische Person im Drittstaat ausführt(§ 11 Abs 1 Z 2 letzter Absatz). Eine Pflicht besteht auch für Drittlandsunternehmer im Fall von **Einfuhr-Versandhandelsumsätzen** (→ 727), sofern diese nicht in einem anderen Mitgliedstaat deklariert werden oder das Ende der Beförderung oder Versendung im Inland liegt (Z 2a).

Aus dem Inland leistet ein Unternehmer dann, wenn der leistende Unternehmer sein Unternehmen vom Inland aus betreibt oder sich die Betriebsstätte, von der aus die Leistung erbracht wird, im Inland befindet (Z 2 letzter Absatz). **Umsatzsteuerliche Verpflichtungen** können in diesen Fällen allerdings zusätzlich auch im Drittstaat bestehen.

775 Begriff der umsatzsteuerlichen Rechnung

Als **umsatzsteuerliche Rechnung** gilt jede Urkunde, mit der ein Unternehmer über eine Leistung abrechnet, gleichgültig, wie diese Urkunde im Geschäftsverkehr bezeichnet wird.

Die notwendigen Angaben können auch in anderen Belegen enthalten sein, auf die in der Rechnung hingewiesen wird. Unter bestimmten Voraussetzungen gilt auch eine elektronische Rechnung als umsatzsteuerliche Rechnung (§ 11 Abs 2).

Als umsatzsteuerliche Rechnungen gelten:

- **Rechnungen**, die vom ausführenden Unternehmer ausgestellt werden;
- **Gutschriften**, die vom Leistungsempfänger an den ausführenden Unternehmer ausgestellt werden, wenn diese ausdrücklich als solche bezeichnet werden und der ausführende Unternehmer der Rechnungslegung durch Gutschrift zustimmt und nachträglich nicht widerspricht (Abs 7 und 8);
- **Fahrausweise** zur Personenbeförderung und Belege im Reisegepäckverkehr, wenn bestimmte Mindestinformationen (→ 777) enthalten sind (Abs 9 bis 11).

Elektronische Rechnungen (§ 11 Abs 2 zweiter Absatz) sind elektronisch erstellte oder eingescannte Rechnungen, die in einem elektronischen Format wie PDF oder Textdatei, aber auch in einem strukturierten Datenformat wie xml, festgehalten und mittels Fax, E-Mail, als E-Mail-Anhang oder Web-Download empfangen werden. Elektronische Rechnungen gelten als umsatzsteuerliche Rechnungen, sofern:

- der Empfänger dieser Art der Rechnungsausstellung zustimmt,
- die Echtheit ihrer Herkunft (Identität des Ausstellers),
- die Unversehrtheit ihres Inhalts (keine Änderung des notwendigen Rechnungsinhalts) und
- ihre Lesbarkeit gewährleistet sind.

Diese Kriterien müssen **vom Unternehmer** durch innerbetriebliche Kontrollsysteme (wie der manuellen Kontrolle der Rechnung und der Leistung samt damit verbundener Zahlung), durch eine qualifizierte elektronische Signatur auf der Rechnung, oder elektronische Datenaustauschsysteme (wie das Unternehmensserviceportal, PEPPOL oder einem sonstigen anerkannten EDI) **gewährleistet** werden.

Beispiele:

1. **Umsatzsteuerliche Rechnungen** können auch in Form eines Vertrags oder sonstigen Belegen vorliegen, sofern sie den gesetzlichen Mindestinhalt beinhalten. Auch Verträge über Zielschuldverhältnisse, wie ein Einbringungsvertrag, in dem auch gleichzeitig eine Abrechnung der Leistung vorgenommen wird, können als Rechnungen in Betracht kommen.[7] Bei Dauerschuldverträgen, wie Leasingverträgen, müssen hingegen die tatsächlich erbrachten Dauerleistungen nachträglich im Wege einer Abrechnung noch konkretisiert werden.[8]
2. **Gutschriften** werden vom Leistungsempfänger insbesondere dann erstellt, wenn der Empfänger die erhaltene Leistung oder den Preis berechnet, wie dies häufig bei Leistungen an Verlage geschieht. Dies ist dann der Fall, wenn der Autor einen Artikel für eine Zeitung schreibt und dafür ein Honorar erhält, wobei die Honorarnote von der Zeitung ausgestellt wird.

Vertiefung: Mindestinhalt   776

Rechnungen müssen, um als umsatzsteuerliche Rechnungen angesehen werden zu können, **gesetzlich vorgeschriebene Mindestinhalte** aufweisen (§ 11 Abs 1 Z 3).

---

7   BFG 8.4.2015, RV/7102978/2010.
8   VwGH 29.1.2015, 2012/15/0007.

Für Kleinbetragsrechnungen, das sind Rechnungen, deren Bruttogesamtbctrag EUR 400 nicht übersteigt, genügt ein reduzierter Mindestinhalt (§ 11 Abs 6).

Unbedingter Mindestinhalt von Kleinbetragsrechnungen sind (Abs 6):

- das Ausstellungsdatum,
- Name und Anschrift des leistenden Unternehmers oder ein sonstiges eindeutiges Identifikationsmerkmal,
- der Leistungsgegenstand, also insbesondere die Menge und handelsübliche Bezeichnung der Gegenstände oder Art und Umfang der Leistung oder ein sonstiges eindeutiges Identifikationsmerkmal,
- der Leistungstag, der Leistungszeitraum oder, sofern innerhalb eines Monats abschnittsweise abgerechnet wird, der Abrechnungszeitraum,
- das Entgelt für die Leistung und im Fall einer Steuerbefreiung ein Hinweis auf die Befreiung und den Steuerbetrag in einer Summe, sowie
- der Steuersatz.

777 Vertiefung: Ergänzender Inhalt bei Rechnungen über EUR 400

Bei einem **Gesamtrechnungsbetrag über EUR 400 (sofern nicht die Kleinunternehmerbefreiung anwendbar ist), bei innergemeinschaftlichen Auslandsleistungen im Fall des Übergangs der Steuerschuld, bei steuerfreien innergemeinschaftlichen Lieferungen und bei im Inland ausgeführtem Versandhandel** sind zusätzlich folgende Angaben erforderlich (§ 11 Abs 1 Z 3):

- Name und Anschrift des Empfängers oder ein sonstiges eindeutiges Identifikationsmerkmal,
- bei Unternehmereigenschaft des Empfängers dessen inländische UID-Nummer, sofern der Rechnungsgesamtbetrag EUR 10.000 übersteigt und der leistende Unternehmer im Inland ansässig ist oder eine inländische Betriebsstätte hat,
- der auf das Entgelt entfallende Steuerbetrag in EUR, umgerechnet in EUR oder, sofern der Betrag noch nicht feststeht, die Umrechnungsmethode, wobei bei allen Methoden ein getrennter Ausweis des Entgelts und der Steuerbeträge bei Anwendung unterschiedlicher Steuersätze zu erfolgen hat,
- die fortlaufende Nummer, die zur Identifizierung einmalig vergeben wird,
- die inländische UID-Nummer des leistenden Unternehmers, sofern die Leistung im Inland erbracht wird und hinsichtlich der Leistung ein Vorsteuerabzug zusteht.

Fahrausweise und Belege für das Reisegepäck für die Beförderung im Personenverkehr müssen das Ausstellungsdatum, den Namen und die Anschrift des Beförderungsunternehmens, das Entgelt und den Steuerbetrag in einer Summe sowie den Steuersatz ausweisen. Bei grenzüberschreitendem Personenverkehr müssen Belege zusätzlich eine Bescheinigung vom Aussteller enthalten, welcher Anteil des Entgelts auf die inländische Strecke entfällt und welcher Steuersatz darauf anzuwenden ist (§ 11 Abs 9, 10 und 11).

Überblick: Umsatzsteuerlicher Mindestinhalt einer Rechnung 778

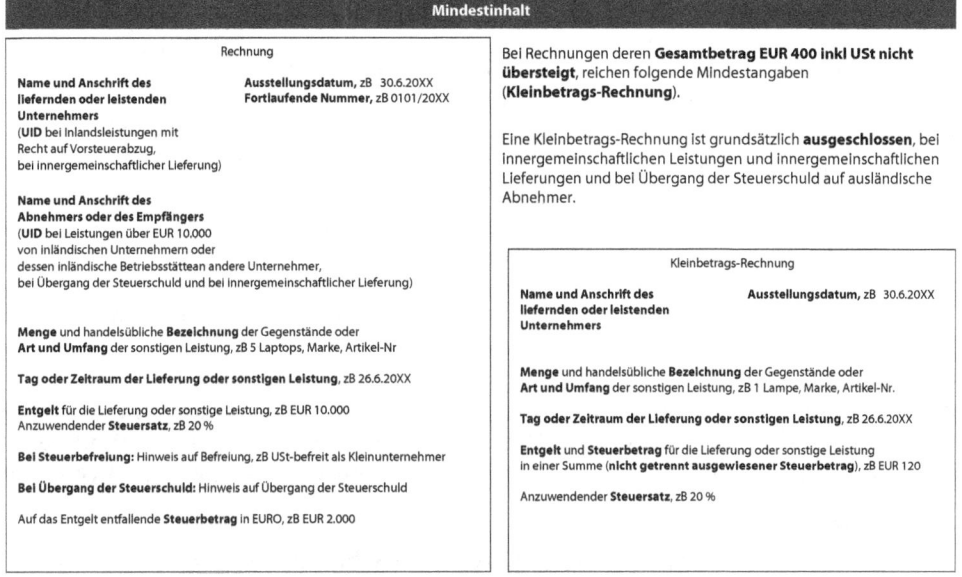

Abbildung 41: Umsatzsteuerlicher Mindestinhalt einer Rechnung

Vertiefung: Ausweis der UID-Nummer 779

Bei Rechnungen und Gutschriften von Leistungen mit **Übergang der Steuerschuld** ist immer auch die UID-Nummer des Leistungsempfängers anzugeben und auf die Steuerschuld des Leistungsempfängers hinzuweisen (§ 11 Abs 1a). Bei Rechnungen über **steuerfreie innergemeinschaftliche Lieferungen** ist auf die Befreiung hinzuweisen und sowohl die UID-Nummer des leistenden Unternehmers als auch die des Empfängers anzugeben (Art 11 Abs 2). Bei **innergemeinschaftlichen Lieferungen neuer Fahrzeuge an Private** sind die Voraussetzungen in der Rechnung auszuweisen (Art 11 Abs 3). Beim **innergemeinschaftlichen Versandhandel** und bei der **innergemeinschaftlichen Beförderung eines Gegenstands** mit Leistungsort Inland hat die Rechnungsausstellung mit gesondertem Steuerausweis zu erfolgen (Art 11 Abs 1), sodass die Anwendung des inländischen Steuersatzes dem Empfänger offengelegt wird.

Unrichtiger und unberechtigter Steuerausweis 780

Im Fall eines (der Höhe nach) **unrichtigen Steuerausweises** in einer Rechnung über eine Leistung durch einen Unternehmer ist zu unterscheiden: Weist ein Unternehmer in einer Rechnung eine **zu hohe Umsatzsteuer** aus, dann schuldet der Unternehmer die ausgewiesene Umsatzsteuer. Die Steuerschuld entsteht nicht, wenn (i) der Unternehmer die Rechnung berichtigt oder (ii) keine Gefährdung des Steueraufkommens vorliegt, weil die Leistung an einen Endverbraucher ohne Vorsteuerabzug erfolgt (§ 11 Abs 12). Ein Vorsteuerabzug steht in diesen Fällen nur in der Höhe des richtigen Umsatzsteuerbetrags zu (§ 12 Abs 1 Z 1 lit a). Im Falle einer **zu niedrigen Steuerschuld** wird dennoch der höhere richtige Umsatzsteuerbetrag geschuldet. Der Vorsteuerabzug steht hier hingegen nur in Höhe des niedrigeren ausgewiesenen Umsatzsteuerbetrags zu (§ 11 Abs 12).

Im Fall eines (bereits dem Grunde nach) **unberechtigten Steuerausweises**, also wenn der Rechnung mit Steuerausweis tatsächlich keine entgeltliche Leistung durch einen Unternehmer als Rechnungsaussteller zugrunde liegt, dann schuldet der Rechnungsaussteller den gesondert ausgewiesenen Steuerbetrag (§ 11 Abs 14). Mangels zugrundeliegender steuerpflichtiger Leistung kann ein empfangender Unternehmer jedoch **keine Vorsteuer** geltend machen (§ 11 Abs 12). Bei unberechtigtem Umsatzsteuerausweis ist **Steuerschuldner** der Rechnungsaussteller (§ 19 Abs 1).

Werden über einen steuerpflichtigen Umsatz **mehrere Rechnungen ausgestellt**, dann schuldet der Rechnungsaussteller die in den Rechnungen ausgewiesenen Umsatzsteuerbeträge. Soll eine Rechnung nochmalig ausgestellt werden, dann muss diese ausdrücklich als Duplikat oder als Abschrift gekennzeichnet sein. Dies gilt auch, wenn eine Rechnung berichtigt werden soll. Zur Vermeidung einer Steuerschuld aufgrund Rechnungsausstellung ist in der berichtigten Rechnung auf die ursprüngliche Rechnung hinzuweisen.

Im Falle der **unrichtigen oder unberechtigten Rechnungsausstellung** entsteht die Steuerschuld mit Ablauf des Kalendermonats, in dem die Rechnung ausgestellt wurde (§ 19 Abs 3).

> **Beispiel:**
> **Unberechtigter Umsatzsteuerausweis:** Der Private P verkauft seinen privat genutzten PKW und weist auf der von ihm ausgestellten Rechnung Umsatzsteuer aus; der Private schuldet aufgrund der Rechnungsausstellung die Umsatzsteuer. Der Unternehmer A stellt eine Rechnung mit Umsatzsteuer aus, tatsächlich wurde die Leistung aber von B erbracht; A schuldet die Steuer aufgrund der Rechnung, B schuldet aufgrund der Leistungserbringung.

781 Rechnungsberichtigung

Eine **falsche umsatzsteuerliche Rechnung** kann grundsätzlich **berichtigt** werden. Nur der Rechnungsaussteller selbst kann die Rechnung berichtigen. Durch Berichtigung der Rechnung können sowohl im Falle eines unrichtigen Steuerausweises als auch im Falle eines unberechtigten Steuerausweises die umsatzsteuerlichen Konsequenzen verhindert oder rückgängig gemacht werden.

Eine Rechnungsberichtigung mit gleichzeitiger Änderung der Umsatzsteuer und Vorsteuer ist nur möglich, sofern es **tatsächlich zu keinem Steuerausfall** kommt. **Ändert sich hingegen nachträglich die Bemessungsgrundlage** einer Leistung, eines Eigenverbrauchs oder einer Einfuhr, dann ist eine Rechnungsberichtigung nicht erforderlich, außer das Entgelt mindert sich wegen des Abzugs von Wechselvorzinsen (§ 11 Abs 13). **Im Fall der Rechnungsberichtigung** sind gleichzeitig auch der geschuldete Steuerbetrag und die Vorsteuer entsprechend der berichtigten Rechnung im Monat der Berichtigung zu korrigieren (zur Änderung der Bemessungsgrundlage → 795).

3. Ermittlung der Vorsteuer (§ 12 UStG)

3.1. Grundlagen des Vorsteuerabzugs

Allgemeine Voraussetzung für den Vorsteuerabzug ist eine von einem anderen Unternehmer in einer umsatzsteuerlichen Rechnung (§ 11) an den Unternehmer gesondert und richtig ausgewiesene Umsatzsteuer für Leistungen, die im Inland für seinen umsatzsteuerpflichtigen Unternehmensbereich ausgeführt worden sind (§ 12).

782

Werden diese **Voraussetzungen nicht erfüllt**, dann steht auch ein Vorsteuerabzug nicht zu. Vorsteuerabzugsberechtigt ist dabei nur der umsatzsteuerliche Leistungsempfänger, unabhängig davon, wer das Entgelt bezahlt oder wirtschaftlich trägt.[9]

Ein Vorsteuerabzug steht auch für entrichtete **Einfuhrumsatzsteuern (§ 12 Abs 1 Z 2)**, für Umsatzsteuern auf Leistungen bei **Übergang der Steuerschuld (§ 12 Abs 1 Z 3)** und für Umsatzsteuern bei **innergemeinschaftlichem Erwerb (Art 12)** zu, soweit die Leistung für den umsatzsteuerpflichtigen Unternehmensbereich des Empfängers eingeführt, erworben oder innerhalb des Unternehmens verbracht wurde. Bei Reihengeschäften und Werklieferungen durch Drittstaatsunternehmer ins Inland geht das Recht zum Vorsteuerabzug in bestimmten Fällen auf den letzten Abnehmer im Inland über (VO BGBl II 2003/584).

Kein Vorsteuerabzug steht generell zu, wenn die Leistung an einen Unternehmer ausgeführt wird, der wusste oder wissen musste, dass der betreffende Umsatz im Zusammenhang mit **Umsatzsteuerhinterziehung** oder sonstigen, die Umsatzsteuer betreffenden Finanzvergehen steht. Dies gilt sowohl für vorgelagerte als auch für nachgelagerte Umsätze (§ 12 Abs 14). Dies gilt auch bei innergemeinschaftlichen Erwerben (Art 6 Abs 1).[10]

Beispiele für Fälle, in denen kein Vorsteuerabzug zusteht:
1. Ein Vorsteuerabzug steht auch dann nicht zu, wenn eine ausgestellte **Rechnung nicht** den umsatzsteuerlichen **Mindestinhalt** aufweist.[11] Der EuGH knüpft dabei weniger an formale Voraussetzungen an, sondern lässt den Vorsteuerabzug auch zu, wenn zumindest die materiellen Voraussetzungen nachgewiesen werden (Betonung der bloßen Dokumentations- und Beweisfunktion der Rechnung).
2. **Die Leistung muss für und die Rechnung auf den Unternehmer** als zivilrechtlichen Leistungsempfänger **ausgestellt werden**. Kein Vorsteuerabzug steht dem Unternehmer zu, wenn Leistungsempfänger eine dritte, wenn auch nahestehende Person (zB Gesellschafter) ist.[12] Ausnahmen davon sind Reisekosten nach § 13 (wonach bei Nächtigungen die Rechnungen auch auf den Reisenden ausgestellt sein können) sowie unfreie Versendung (§ 12 Abs 2 Z 3), wonach der Empfänger der Sendung auch als Empfänger der Leistung gilt, wenn diesem die Rechnung über die Beförderung oder deren Besorgung zukommt.

---

9   VwGH 7.4.1976, 0588/76.
10   EuGH 18.12.2014, C-131/13, *Schoenimport*.
11   VwGH 29.1.2015, 2012/15/0007.
12   VwGH 8.5.2003, 99/15/0036; UFS 9.7.2010, RV/2462-W/09.

3. Kein Vorsteuerabzug der Umsatzsteuer auf innergemeinschaftlichen Erwerb, wenn der Vorgang Teil einer **Umsatzsteuerhinterziehung** ist und der Beteiligte dies wusste oder hätte wissen müssen.[13]
4. Bei **unberechtigtem Steuerausweis** steht ein Vorsteuerabzug nicht zu.

783 Zuordnung zum unternehmerischen Bereich als Grundvoraussetzung

Der **Vorsteuerabzug setzt voraus,** dass die Leistung, der Erwerb oder die Einfuhr als für den **unternehmerischen Bereich** des Unternehmers ausgeführt gilt (§ 12 Abs 1 Z 2).

Kein Vorsteuerabzug steht daher für Vorgänge zugunsten des nichtunternehmerischen Bereichs zu. Eine **Zuordnung** zugunsten des Unternehmensbereichs erfolgt bereits dann, wenn die Leistung, der Erwerb oder die Einfuhr zumindest zu 10 % unternehmerischen Zwecken dienen (§ 12 Abs 2 Z 1 lit a).

Jedenfalls **kein Vorsteuerabzug** steht zu, wenn die 10-%-Grenze nicht erreicht wird oder die Leistung, der Erwerb oder die Einfuhr aus sonstigen Gründen nicht dem Unternehmensbereich zuzuordnen ist.

Ist die Leistung, der Erwerb oder die Einfuhr **dem unternehmerischen Bereich ganz oder zumindest teilweise** (jedoch mindestens zu 10 %) **zugeordnet,** ist ein Vorsteuerabzug in voller Höhe möglich. Dies gilt auch für den Teil, der nicht unternehmerischen Zwecken dient (§ 12 Abs 2 Z 1 lit a).

Der Unternehmer hat allerdings das **Wahlrecht,** die Leistung oder die Einfuhr nur im Ausmaß der **tatsächlichen unternehmerischen Nutzung** als für das Unternehmen ausgeführt zu behandeln. Der Unternehmer hat diese Zuordnung bis zum Ablauf des Veranlagungszeitraums dem Finanzamt schriftlich mitzuteilen. In diesem Fall scheidet der Vorsteuerabzug anteilig für den nichtunternehmerisch genutzten Teil aus (§ 12 Abs 2 Z 1 lit b).

Sofern der leistende Unternehmer einen **Eigenverbrauchstatbestand** durch Entnahme, Verwendung oder sonstige Leistung **an einen anderen Unternehmer** zugunsten dessen Unternehmens erbringt (verdeckte Einlage, verdeckte Ausschüttung), kann er zugunsten des Vorsteuerabzugs des empfangenden Unternehmers den dafür **geschuldeten Steuerbetrag gesondert in Rechnung stellen.** Dies gilt auch dann, wenn aufgrund eines Entgeltes unter dem Normalwert, der Normalwert als Bemessungsgrundlage heranzuziehen ist (§ 12 Abs 15).

784 Ausgaben in Zusammenhang mit der **Anschaffung (Herstellung), Miete oder den Betrieb von PKW, Kombinationskraftwagen oder Krafträdern** sind zwar unternehmerisch, wenn sie für unternehmerische Zwecke verwendet werden. Allein **für Zwecke des Vorsteuerabzuges** gelten sie allerdings als **nicht für das Unternehmen angeschafft** (§ 12 Abs 2 Z 2 lit b).[14] Es steht kein Vorsteuerabzug zu; ein Entnahmeeigenverbrauch

---

13   EuGH 9.10.2014, C-492/13, *Traum EOOD.*
14   VwGH 25.11.2010, 2007/15/0274; VwGH 27.8.2008, 2006/15/0127.

oder Verwendungseigenverbrauch kann daher nicht vorliegen (→ 705, 706). Kommt es in der Folge zur Veräußerung, dann ist diese aufgrund der unternehmerischen Zugehörigkeit zwar Lieferung im Rahmen des Unternehmens, allerdings aufgrund des vorangegangenen Vorsteuerabzuges steuerbefreit (§ 6 Abs 1 Z 26[15] → 689).

Beispiele:

1. **Nichtunternehmerische Ausgaben für Zwecke des Vorsteuerabzugs** sind alle Ausgaben für PKW und Kombinationskraftwagen. Vom Abzugsverbot sind Anschaffungskosten, Leasingkosten oder Mietkosten sowie Ausgaben erfasst, die mit dem Betrieb in Zusammenhang stehen, beispielsweise Treibstoff, Schmierstoff, Wartung, Pflege, Reparatur, Maut, Bahnverladung und Garagierung.

2. **Ausdrücklich für Zwecke des Vorsteuerabzugs als unternehmerische Ausgaben** gelten dagegen für das Unternehmen angeschaffte LKW, Kastenwagen, Pritschenwagen und Kleinautobusse, die in der VO über die steuerliche Einstufung von Kraftwagen ausgewiesen werden. Als unternehmerisch gelten auch Fahrschulkraftfahrzeuge, Vorführkraftfahrzeuge, Fahrzeuge zur gewerblichen Weiterveräußerung, Fahrzeuge zur gewerblichen Personenbeförderung oder zur Vermietung, sowie ertragsteuerlich angemessene Ausgaben im Zusammenhang mit PKW, Kombis und Krafträder mit einem CO_2-Emissionswert von 0 Gramm pro Kilometer, wie Elektrofahrzeuge, Elektrofahrräder (§ 12 Abs 2 Z 2a).

Ermittlung der abziehbaren Vorsteuern   785

> Soweit Leistungen, Erwerbe und die Einfuhr **unternehmerischen Zwecken dienen**, steht grundsätzlich der gesamte darauf entfallende **Vorsteuerabzug** zu (§ 12 Abs 2 Z 1).

Dies gilt auch für jenen Teil, der nichtunternehmerischen Zwecken dient. Die Berichtigung des Vorsteuerabzugs erfolgt in diesen Fällen durch Annahme einer umsatzsteuerbaren Entnahme.

Beispiel:

Ein Unternehmer verwendet einen Laptop zu 70 % unternehmerisch und zu 30 % privat. Grundsätzlich hat der Unternehmer die Möglichkeit, den Laptop zur Gänze dem Unternehmensbereich zuzuordnen (100 % Vorsteuerabzug, 30 % Eigenverbrauch).

Zur Abgrenzung des **umsatzsteuerbefreiten Unternehmensbereichs ohne Vorsteuerabzug** sind Vorsteuern auf Leistungen, Erwerbe und die Einfuhr insofern nicht zum Vorsteuerabzug berechtigt, als sie diesem Unternehmensbereich zuzuordnen sind (§ 12 Abs 4, Art 12 Abs 5 für Kleinunternehmer).

Der umsatzsteuerbefreite Unternehmensbereich ohne Vorsteuerabzug (**unechte Steuerbefreiungen** → 696), umfasst steuerfreie Leistungen von Kleinunternehmern, Finanzdienstleistungen, Sozial- und Gesundheitsleistungen, Bildungsleistungen und sonstige befreite Leistungen (§ 6 Abs 1 Z 7–28).

---

15   VwGH 27.8.2008, 2006/15/0127.

Beispiel:

Die **Umsatzsteuer auf Beratungsleistungen** im Zusammenhang mit der steuerfreien **Veräußerung von Gesellschaftsanteilen** berechtigt den Veräußerer nicht zum Vorsteuerabzug. Dagegen kann die Umsatzsteuer auf Beratungsleistungen im Zusammenhang mit dem **Erwerb von Gesellschaftsanteilen** den Erwerber zum Vorsteuerabzug berechtigten, sofern der Erwerb mit der wirtschaftlichen Gesamttätigkeit im Zusammenhang steht (und nicht unmittelbar steuerfreien Leistungen des Erwerbers zuzurechnen ist).[16]

Davon abzugrenzen sind umsatzsteuerbefreite Leistungen mit Vorsteuerabzug (**echte Steuerbefreiungen** → 703). Für diese Leistungen steht der Vorsteuerabzug zu, weil es sich um besondere internationale Steuerbefreiungen handelt (§ 12 Abs 3, § 6 Abs 1 Z 1–6).

786 Vertiefung: Aufteilungsgebot

Ein **Aufteilungsgebot** besteht, wenn der Unternehmer neben Umsätzen, die zum Ausschluss vom Vorsteuerabzug führen, auch Umsätze bewirkt, bei denen ein solcher Ausschluss nicht eintritt. Der Unternehmer hat die Vorsteuerbeträge in abziehbare und nichtabziehbare Vorsteuerbeträge aufzuteilen (§ 12 Abs 4). Das Finanzamt kann auf Antrag auch unter Auflagen gestatten, dass die Aufteilung für jeden gesondert geführten Betrieb des Unternehmens separat vorgenommen wird (§ 12 Abs 7 und 8).

Anstelle der Aufteilung nach Ausschluss vom Vorsteuerabzug kann der Unternehmer auch eine Aufteilung rein **nach dem Verhältnis umsatzsteuerfreier und umsatzsteuerpflichtiger Umsätze** vornehmen (ohne Einbeziehung von Einfuhren) und daher sind (Abs 5):

- entweder die Vorsteuerbeträge nach dem Verhältnis der zum Ausschluss vom Vorsteuerabzug führenden Umsätze zu den übrigen Umsätzen in nicht abziehbare und abziehbare Vorsteuerbeträge aufzuteilen (reiner Umsatzschlüssel), oder
- nur jene Vorsteuerbeträge nach dem Verhältnis der Umsätze aufzuteilen, die den zum Ausschluss vom Vorsteuerabzug führenden Umsätzen oder den übrigen Umsätzen nicht ausschließlich zuzurechnen sind (Mischmethode).

Diese Aufteilung kann nur erfolgen, wenn dadurch **kein ungerechtfertigter Steuervorteil** entsteht. Dies ist der Fall, wenn die Vorsteuer um mehr als 5 % oder um mehr als EUR 750 höher ist als die Vorsteuer nach dem allgemeinen Aufteilungsgebot. Bei Unterschiedsbeträgen bis 75 EUR kann diese Aufteilung nach dem Umsatzverhältnis beibehalten werden (Abs 5).

Eine **Erleichterung** erhält § 15, wonach bestimmte Umsätze aus steuerfreien Hilfsgeschäften, insbesondere Zessionen von Forderungen, Bankeinlagen, Lieferungen von gesetzlichen Zahlungsmitteln sowie Grundstücksumsätze, nicht in den Umsatzschlüssel einzubeziehen sind, damit nicht das Verhältnis zwischen steuerfreien und steuerpflichtigen Umsätzen aus den Haupt- und Nebengeschäften verfälscht wird.

---

16   EuGH 8.11.2018, C-502/17, *C&D Foods*; EuGH 29.10.2009, C-29/08, *SKF*.

Beispiel:

Eine Bank führt neben steuerfreien Leistungen auch steuerpflichtige Leistungen aus. Eine neu angeschaffte EDV-Anlage ist zu 70 % den steuerfreien Leistungen zuzuordnen und zu 30 % den steuerpflichtigen Leistungen. Der Vorsteuerabzug der EDV-Anlage steht daher nur zu 30 % zu (steuerpflichtiger Unternehmensbereich), während der Vorsteuerabzug in Höhe von 70 % nicht zusteht (steuerbefreiter Unternehmensbereich).

Zeitpunkt des Vorsteuerabzuges

787

Der **Zeitpunkt des Vorsteuerabzugs** wird grundsätzlich durch die **Methode der zeitlichen Entstehung der Umsatzsteuerschuld** bestimmt.

Unternehmer, die der **Sollbesteuerung** unterliegen, **Versorgungsbetriebe** und **Großunternehmen mit Istbesteuerung** können den Vorsteuerabzug geltend machen, sobald eine umsatzsteuerliche Rechnung vorliegt und entweder eine Anzahlung für eine später zu erfolgende Leistung bereits geleistet wurde oder die Leistung bereits ausgeführt wurde. Ein **Großunternehmen** liegt vor, wenn es umsatzsteuerbare Leistungen über EUR 2 Mio im letzten Veranlagungszeitraum erzielte (ohne Einbeziehung von Hilfsgeschäften und Geschäftsveräußerungen, § 12 Abs 1 Z 1).

Sonstige Unternehmer, die der **Istbesteuerung** unterliegen, können den Vorsteuerabzug erst vornehmen, wenn eine umsatzsteuerliche Rechnung vorliegt und die Zahlung oder Anzahlung geleistet wurde. Findet dagegen eine Überrechnung des gesamten Vorsteuerabzugs vom Abgabenkonto des Empfängers auf das Abgabenkonto des Leistenden statt, dann ist der Vorsteuerabzug auch bereits nach Ausführung der Leistung, aber vor Zahlung möglich (§ 12 Abs 1 Z 1).

Wechselt ein Unternehmer die Besteuerungsmethode, dann ist sicherzustellen, dass ein Vorsteuerbetrag nicht doppelt oder gar nicht berücksichtigt wird.

Berichtigung der Vorsteuer

788

Bei **Änderung der Verwendung** eines Gegenstands des **Anlagevermögens** hat ab der erstmaligen Verwendung innerhalb von **5 Jahren** oder **20 Jahren** bei Grundstücken (einschließlich aktivierungspflichtiger Großreparaturen) oder 10 Jahren (bei nachträglichen Übertragungen in das Wohnungseigentum nach dem WGG) eine anteilige Berichtigung des im Jahr der erstmaligen Verwendung vorgenommenen Vorsteuerabzugs für jedes Jahr der Änderung zu erfolgen (§ 12 Abs 10; besondere Auswirkungen bei Grundstücken vor 1.4.2012 mit Berichtigungszeitraum innerhalb von 10 Jahren und aufgrund der Änderung des Grundstücksbegriffes in 2017).

Der Vorsteuerbetrag ist dabei gedanklich auf den gesetzlich vorgegebenen **Berichtigungszeitraum** von 5 oder 20 Jahren zu verteilen und anteilig entsprechend der Änderung zu berichtigen. Die Vorsteuerberichtigung erfolgt im Jahr der Änderung und in den folgenden Jahren jeweils **im Ausmaß des Jahresbetrags**. Eine Aliquotierung für Monate, Wochen oder Tage steht nicht zu.[17] Keine Berichtigung hat zu erfolgen, wenn der Jahresbetrag für einen Gegenstand **EUR 60 nicht übersteigt** (§ 12 Abs 13).

---

17   BFG 29.2.2016, RV/3100142/2010.

Beispiele:

1. **Eine Maschine wird** für EUR 10.000 **angeschafft** und zu 30 % zur Ausführung steuerpflichtiger und zu 70 % zur Ausführung steuerfreier Umsätze verwendet (anteiliger Vorsteuerabzug: EUR 3.000; 10.000 × 30 %). In den zwei Folgejahren wird die Maschine zu 100 % für steuerfreie Umsätze verwendet (Vorsteuerberichtigung pro Folgejahr: – EUR 600; EUR 3.000/5). Wird die Maschine im vierten Jahr steuerpflichtig veräußert, dann sind die verbleibenden anteiligen Vorsteuerbeträge zu korrigieren (Vorsteuerberichtigung für Restjahre: + EUR 1.200, EUR 600 pro Jahr).
2. **Der Unternehmer veräußert ein inländisches Grundstück (Anlagevermögen)**, auf dem sich ein selbst hergestelltes Betriebsgebäude befindet, aufgrund der Befreiung ohne Umsatzsteuer. Vorsteuern, die auf das Grundstück oder auf Herstellungskosten des Betriebsgebäudes entfallen, konnten nicht abgezogen werden (kein Vorsteuerabzug). Wurde dennoch ein Vorsteuerabzug vorgenommen, ist dieser nun zulasten des Unternehmers zu berichtigen.
3. **Der Unternehmer vermietet ein Geschäftslokal (Anlagevermögen)** im Inland ohne Umsatzsteuer. Vorsteuern, die auf die Anschaffung des Grundstücks oder für Aufwendungen zur Herstellung des Geschäftslokals entfallen sind, waren nicht abzugsfähig. Wurde ein Vorsteuerabzug vorgenommen, ist dieser nun zulasten des Unternehmers zu berichtigen.
4. **Verwendet der Unternehmer das hergestellte Betriebsgebäude in der Folge** nur mehr zu 30 % für unternehmerische Zwecke (20 % für steuerfreie Leistungen, 10 % für steuerpflichtige Leistungen), dann ist eine anteilige Vorsteuerberichtigung zulasten des Unternehmers vorzunehmen (–). Erhöht sich dagegen der umsatzsteuerpflichtige gegenüber dem umsatzsteuerbefreiten Bereich (zB von 40 % auf 50 %), dann ist eine anteilige Vorsteuerberichtigung zugunsten des Unternehmers maximal bis zur erstmaligen (anteiligen) Zuordnung des Gebäudes zum Unternehmen vorzunehmen. Wurde das Gebäude von Beginn an zu 100 % dem Unternehmen zugeordnet, kann dies, wenn der umsatzsteuerpflichtige Anteil auf über 50 % steigt, auch zur anteiligen Vorsteuerberichtigung zugunsten des Unternehmers führen (+).

Bei **Änderung der Verwendung** eines Gegenstands des **Umlaufvermögens** oder bei **sonstigen Vorleistungen** in zukünftigen Kalenderjahren hat eine Berichtigung des Vorsteuerabzugs im Jahr der Änderung zu erfolgen (§ 12 Abs 11).

Eine Vorsteuerberichtigung hat auch zu erfolgen, wenn der Unternehmer seine **Methode der Besteuerung ändert** und dies zur Änderung des Vorsteuerabzugs führt.

Beispiele:

1. Darunter fällt der **Wechsel** vom oder zum nichtvorsteuerabzugsberechtigten **Kleinunternehmer** oder die sonstige **Optionsausübung** zugunsten einer Befreiung oder deren Widerruf sowie der Wechsel von oder aus einer **Pauschalierung**.
2. **Der Kleinunternehmer** hat Waren zur steuerfreien Veräußerung angeschafft (kein Vorsteuerabzug für Vorsteuern von EUR 600). Im zweitfolgenden Jahr verzichtet der Kleinunternehmer auf die Kleinunternehmerbefreiung. Die Waren werden in diesem Jahr umsatzsteuerpflichtig veräußert. Aufgrund der Änderung der Verhältnisse im Hinblick auf die Waren kann nunmehr die Vorsteuer für diese Waren über die Berichtigung der Vorsteuer geltend gemacht werden (+ EUR 600).

Überblick: Zeitpunkt des Vorsteuerabzugs, Vorsteuerberichtigung   789

	Sollbesteuerung als allgemeine Besteuerung („nach vereinbarten Entgelten")	Istbesteuerung in besonderen Fällen („nach vereinnahmten Entgelten")
Zeitpunkt der Entstehung der Steuerschuld:	Leistungszeitpunkt, außer Verschiebung um einen Monat bei verspäteter Rechnungslegung Anzahlungen: Zahlungszeitpunkt (Mindest-Ist-Besteuerung)	Zahlungszeitpunkt Übergang der Steuerschuld: wie bei Sollbesteuerung
Zeitpunkt des Vorsteuerabzuges:	Leistung und Rechnung Anzahlung und Rechnung	Zahlung und Rechnung* Anzahlung und Rechnung

* Zahlung nicht notwendig für Versorgungsunternehmer und Unternehmer mit Umsätzen über EUR 2 Mio und für Überrechnung der Umsatzsteuer auf das Abgabenkonto des Leistungserbringers

Änderung der Verhältnisse: Vorsteuerberichtigung		
Wechsel zwischen steuerpflichtigem und steuerbefreitem Unternehmensbereich oder Bei Gebäuden: Wechsel zwischen unternehmerischem und nichtunternehmerischem Bereich	Verwendetes Anlagevermögen: Zeitanteilige Berichtigung über einen Zeitraum von – 5 Jahren – 20 Jahren bei Grundstücken und Gebäuden Bagatellgrenze: bei Vorsteuer auf AV in Höhe von EUR 60 pro Jahr keine Berichtigung	Umlaufvermögen und sonstiges Vermögen: Berichtigung zeitlich unbefristet

Abbildung 42: Zeitpunkt des Vorsteuerabzugs, Vorsteuerberichtigung

3.2. Besondere Ermittlung des Vorsteuerabzugs

Ermittlung der abziehbaren Vorsteuern bei Grundstücken   790

Eine **besondere Ermittlung des Vorsteuerabzugs** ist für Leistungen, den Erwerb und die Einfuhr im Zusammenhang mit **Grundstücken** vorgesehen.

Wird ein Grundstück teilweise zu nichtunternehmerischen Zwecken verwendet, dann ist nur jener Teil der Vorsteuer abzugsfähig, der auf den unternehmerischen, für umsatzsteuerpflichtige Leistungen bezogenen Teil entfällt (§ 12 Abs 3 Z 4).

Aufgrund dieses eingeschränkten Vorsteuerabzugs gegenüber anderen, unternehmerisch genutzten Gegenständen löst die **anteilige Verwendung eines Grundstücks zu nichtunternehmerischen Zwecken** auch **keinen umsatzsteuerbaren Eigenverbrauch** aus (§ 3a Abs 1a letzter Satz).

Beispiele:

1. **Grundstücke** zur Erzielung umsatzsteuerpflichtiger Vermietungsleistungen oder umsatzsteuerpflichtiger Veräußerung mit Beschränkung des Vorsteuerabzugs auf die tatsächliche unternehmerische Verwendung (auch wenn 100 % dem Unternehmen zugeordnet).
2. **Der Unternehmer erwirbt ein Gebäude**, das zu 50 % für private Zwecke und zu 50 % unternehmerisch verwendet und dementsprechend dem Unternehmen zugeordnet wird. Von den unternehmerisch genutzten 50 % werden 40 % für umsatzsteuerpflichtige Leistungen und 10 % für umsatzsteuerbefreite Leistungen verwendet. Vorsteuerabzug steht in Höhe von 40 % zu (unternehmerischer, umsatzsteuerpflichtiger Bereich). Auch wenn das Gebäude vorerst zu 100 % dem unternehmerischen Bereich zugeordnet wird, besteht dennoch nur ein Vorsteuerabzug in Höhe von 40 %.

791 **Pauschalierung der Vorsteuer nach allgemeinen oder besonderen Durchschnittssätzen (§ 14 UStG)**

> **Bestimmte Unternehmer** können den **Vorsteuerabzug** auch vereinfacht **nach Durchschnittssätzen** ermitteln (§ 14).

Der Vorsteuerabzug ist dabei nach einem **allgemeinen Durchschnittssatz von 1,8 % der Gesamtumsätze** aus selbständigen oder gewerblichen Tätigkeiten zulässig. Der allgemeine Durchschnittssatz von 1,8 % der Gesamtumsätze aus selbständigen oder gewerblichen Tätigkeiten kann für Unternehmer mit einem Umsatz bis maximal EUR 220.000 in Anspruch genommen werden, die keine Bücher führen müssen. Hilfsgeschäfte werden nicht in die Berechnung des Vorsteuerbetrags einbezogen. Der maximale abziehbare Vorsteuerbetrag beträgt EUR 3.960. Die Pauschalierung mit dem Durchschnittssatz ist für jeden Betrieb gesondert möglich (§ 14 Abs 1 Z 1).

Die **Geltendmachung** der Vorsteuerpauschalierung kann bis zur Rechtskraft des Bescheids Veranlagungsbescheids gegenüber dem Finanzamt schriftlich erklärt werden. Die Vorsteuerpauschalierung bindet den Unternehmer für zwei Kalenderjahre (Abs 4). Ein **Widerruf** der Pauschalierung kann nur mit Wirkung vom Beginn eines Kalenderjahres an widerrufen werden. Der Widerruf ist bis zur Rechtskraft des dieses Kalenderjahr betreffenden Bescheids gegenüber dem Finanzamt schriftlich zu erklären (Abs 5).

Zusätzlich zu diesem pauschalen Vorsteuerbetrag können die **tatsächlichen Vorsteuern abgezogen** werden für (§ 14 Abs 1 Z 1):

- die Lieferung oder Einfuhr von abnutzbarem Anlagevermögen über EUR 1.100 Anschaffungskosten und die Lieferung von Grundstücken des Anlagevermögens,
- sonstige Leistungen im Zusammenhang mit der Herstellung von abnutzbaren Wirtschaftsgütern des Anlagevermögens über EUR 1.100 Herstellungskosten, und
- Lieferungen und Einfuhr von Waren, Rohstoffen, Halberzeugnissen, Hilfsstoffen und Zutaten, die direkt oder nach Verarbeitung zur gewerblichen Weiterveräußerung bestimmt sind, sowie Fremdlöhne, soweit diese unmittelbar in Leistungen eingehen, die den Betriebsgegenstand bilden.

Besondere Durchschnittssätze bestehen aufgrund von Verordnungen unter anderem für Drogisten, Handelsvertreter, Gaststätten, Beherbergungen und Künstler unter besonderen Voraussetzungen (§ 14 Abs 1 Z 2).

Ein **Widerruf** zugunsten der anderen Pauschalierungsmethode, also vom allgemeinen auf den besonderen Durchschnittssatz oder umgekehrt, bindet den Unternehmer wieder für **zwei Kalenderjahre**. Ein Widerruf zugunsten der Ermittlung der Vorsteuerbeträge nach allgemeinen Vorschriften bindet den Unternehmer für **fünf Kalenderjahre**, bevor von einer Pauschalierung wieder Gebrauch gemacht werden kann (§ 14 Abs 5).

Vertiefung: Vorsteuerabzug bei besonderen Umsätzen 792

Bei der **Pauschalierung von land- und forstwirtschaftlichen Umsätzen** ist in Höhe des Umsatzsteuerbetrags von 10 % oder 12 % der Bemessungsgrundlage der Vorsteuerbetrag in derselben Höhe festzusetzen. Im Ergebnis entsteht für diese Umsätze daher weder eine Umsatzsteuerschuld noch eine Vorsteuergutschrift. **Kein Vorsteuerabzug** steht dagegen für Umsatzsteuerbeträge aufgrund eines zusätzlichen Steuerbetrags auf bestimmte Getränke und alkoholische Flüssigkeiten, aufgrund eines unberechtigten oder unrichtigen Umsatzsteuerausweises in Rechnungen, aufgrund einer Vorsteuerberichtigung oder aufgrund einer Änderung der Bemessungsgrundlage zu (§ 22).

Bei der **Differenzbesteuerung** steht weder dem Wiederverkäufer für Vorleistungen zur Ausfuhr differenzbesteuerter Umsätze noch dem Empfänger für differenzbesteuerte Umsätze das Recht auf Vorsteuerabzug zu (§ 24 Abs 8 und 9). Bei der **Differenzbesteuerung von Reiseleistungen** steht dem Unternehmer kein Vorsteuerabzug zu (§ 23 Abs 8).

Der **Vorsteuerabzug von betrieblichen Reisekosten** ist grundsätzlich auf die ertragsteuerlich abzugsfähigen Mehraufwendungen für Verpflegung beschränkt und für Aufwendungen für Nächtigungen inklusive Frühstück kann die Vorsteuer entweder aus den ertragsteuerlichen Pauschalbeträgen errechnet oder in tatsächlicher Höhe durch eine Rechnung geltend gemacht werden. Dies gilt auch, wenn der Unternehmer die betrieblichen Reisekosten eines Arbeitnehmers ersetzt oder unmittelbar selbst trägt. In diesem Fall ist die Vorsteuer, die auf den als Tagesgelder steuerfreien Teil entfällt, abzugsfähig. Zeit, Ziel, Zweck und Person sowie die Kosten der Reise müssen aufgrund eines Belegs nachgewiesen werden (§ 13).

Vertiefung: Vorsteuer und Schadenersatz 793

Im **zivilrechtlichen oder strafrechtlichen Verfahren über privatrechtliche Ansprüche** bleibt ein möglicher Vorsteuerabzug des Geschädigten vorerst unberücksichtigt. Als Schadenersatzanspruch ist daher der Bruttobetrag heranzuziehen.

Ein Vorteil des unternehmerischen Empfängers des Schadensersatzes durch den Vorsteuerabzug ist erst in einem zweiten Schritt durch eine Rückerstattung an den Leistenden rückgängig zu machen (Artikel XII UStG 1972). Der ersatzberechtigte Unternehmer ist verpflichtet, dem Ersatzpflichtigen Auskunft über den Vorsteuerabzug zu geben und ihm in die darauf bezüglichen Belege Einsicht zu gewähren.

Vertiefung: Überrechnung von Vorsteuern auf den Leistungserbringer 794

Ein Guthaben aus dem Vorsteuerabzug eines Leistungsempfängers gegenüber dem Finanzamt kann **auf das Abgabenkonto des leistungserbringenden Unternehmers überrechnet** werden, der die Umsatzsteuer an das Finanzamt abführen muss (§ 215 Abs 4 BAO).

Der **Antrag auf Überrechnung** ist gegenüber dem Finanzamt vom leistungsempfangenden Unternehmer zu stellen und der leistende Unternehmer hat der Überrechnung auf sein Abgabenkonto zuzustimmen.

Der leistungsempfangende Unternehmer schuldet in diesem Fall vereinbarungsgemäß nur das Entgelt ohne Umsatzsteuer und erspart sich die zusätzliche Finanzierung des Umsatzsteuerbetrags. Die Überrechnung wird in der Praxis insbesondere bei hohen Entgeltsummen, wie im Falle von Unternehmenskaufverträgen, im Kaufvertrag vereinbart.

Die **Überrechnung des Vorsteuerguthabens** setzt die Entstehung des Vorsteueranspruchs vor oder zugleich mit der Entstehung der Umsatzsteuerschuld voraus. Um eine Überrechnung des Vorsteuerguthabens auch Unternehmern zu ermöglichen, die ihren Vorsteuerabzug nach der Istbesteuerung vornehmen, können diese im Falle der vollständigen Überrechnung bereits die Vorsteuer im Zeitpunkt der Rechnungslegung und Lieferung geltend machen. Damit wird auch ihnen eine Überrechnung des dadurch bereits früher entstehenden Vorsteueranspruchs ermöglicht (EB zu § 12 Abs 1 Z 1).

Beispiele:

1. **Sollbesteuerung:** Der Unternehmer erbringt eine Leistung in Höhe von EUR 100.000 netto plus 20 % Umsatzsteuer an einen vorsteuerabzugsberechtigten Unternehmer und legt gleichzeitig die Rechnung darüber. Anstelle der Bezahlung des Bruttobetrags vereinbaren die beiden Unternehmer die Bezahlung des Nettobetrags samt Überrechnung des Vorsteueranspruchs an den leistenden Unternehmer. Der Vorsteueranspruch des empfangenden Unternehmers gegenüber seinem Finanzamt entsteht mit Leistung und Rechnungslegung. Er stellt daher beim Finanzamt den Antrag, die Vorsteuergutschrift auf das Abgabenkonto des leistenden Unternehmers zu überrechnen. Gleichzeitig kann der leistende Unternehmer die erhaltene Gutschrift für die Begleichung der gleichzeitig entstandenen Umsatzsteuerschuld verwenden.

2. **Istbesteuerung:** Der Vorsteueranspruch eines Unternehmers mit Istbesteuerung würde grundsätzlich erst mit Bezahlung des Entgelts entstehen. Die Umsatzsteuerschuld für einen der Sollbesteuerung unterliegenden leistenden Unternehmer entsteht aber bereits mit Lieferung und Rechnungslegung. Damit wäre eine Überrechnung zugunsten des leistenden Unternehmers zur Begleichung seiner Umsatzsteuerschuld nicht möglich. Im Falle der Überrechnung kann auch der leistungsempfangende Unternehmer den Vorsteueranspruch bereits vor Bezahlung geltend machen, sodass auch in diesem Fall eine Überrechnung möglich wird.

4. Ermittlung bei nachträglicher Änderung eines Umsatzes (§ 16 UStG)

795 Änderung der Bemessungsgrundlage

Eine **Änderung der Bemessungsgrundlage** (§ 16) einer Leistung oder eines Eigenverbrauchs im selben Voranmeldungszeitraum, in dem die Steuerschuld entsteht, ist in diesem Voranmeldungszeitraum zu berücksichtigen.

Ist die Steuerschuld jedoch bereits in einem vorangegangenen Voranmeldungszeitraum entstanden, dann hat im Zeitpunkt der Änderung eine **nachträgliche Änderung der Bemessungsgrundlage** für eine steuerpflichtige Lieferung, sonstige Leistung oder einen Eigenverbrauch zu erfolgen.

Eine **nachträgliche Änderung** (Abs 3) wird bewirkt durch Änderung der Bemessungs-grundlage:

- auf Grundlage einer Vereinbarung oder einer verwaltungsbehördlichen oder gericht-lichen Entscheidung,
- weil das Entgelt für eine steuerpflichtige Leistung uneinbringlich geworden ist,
- weil das Entgelt trotz erwarteter Uneinbringlichkeit dennoch nachträglich eingeht,
- wenn für eine vereinbarte Leistung ein Entgelt entrichtet wurde, die Leistung aber nicht ausgeführt wird oder
- wenn eine steuerpflichtige Leistung nicht ausgeführt worden ist.

Berichtigung der Umsatzsteuer und der Vorsteuer 796

Die **Berichtigung erfolgt durch Anpassung** (Abs 1)

- der geschuldeten Umsatzsteuer vom Schuldner der Umsatzsteuer und
- des vom Empfänger in Anspruch genommenen Vorsteuerbetrags.

Eine Berichtigung der Vorsteuer hat auch bei Änderung der Bemessungsgrundlage der **Einfuhrumsatzsteuer** zu erfolgen. Eine Anpassung der Rechnung hat grundsätzlich nicht zu erfolgen.

Eine gleichzeitige **Anpassung der Rechnung** hat nur dann zu erfolgen, wenn sich das Entgelt wegen des Abzugs von Wechselvorzinsen vermindert hat (§ 11 Abs 13). Eine **ergänzende Belegerteilungspflicht** besteht für den Unternehmer gegenüber dem Empfänger, wenn Entgelte für unterschiedlich besteuerte Leistungen eines bestimmten Zeitabschnitts gemeinsam geändert werden. Der Beleg hat die Änderung der Entgelte der unterschiedlich besteuerten Umsätze auszuweisen (§ 16 Abs 5).

Eine **Berichtigung der Vorsteuer** kann auch **durch einen Dritten** im Wege der Zah-lung an das Finanzamt erfolgen. Dies ist praktisch insbesondere bei Zentralregulierern wie Einkaufsgenossenschaften der Fall, die den Abrechnungsverkehr zwischen Abneh-mern und Lieferanten durchführen und nachträglich einen Skontoabzug vornehmen, welcher beim Lieferer eine Entgeltsminderung darstellt. In diesem Fall ist der Dritte Schuldner der Steuer (§ 16 Abs 2).

Beispiele:
1. **Minderung des Entgelts** durch Preisnachlass bei Gewährleistung, Skonti, Rabatten, oder Erstattung von Pfandgeld.
2. **Erhöhung des Entgelts** aufgrund einer unrichtigen Abrechnung oder aufgrund einer Wertsicherungsklausel.
3. **Uneinbringlichkeit des Entgelts** durch Insolvenz des Leistungsempfängers.
4. **Nichtausführung oder Rückgängigmachung der Leistung** aufgrund eines Vertragsrück-tritts oder einer vereinbarten Auflösung und Rückabwicklung des Vertrags.
5. **Berechnungsbeispiel Bruttoentgelt:** Mindert sich das Entgelt inklusive 20 % Umsatzsteuer von ursprünglich EUR 240 auf EUR 180 inklusive Umsatzsteuer, dann ist die nicht geschul-dete Umsatzsteuer in Höhe von EUR 10 (Bruttopreis EUR 60/1,2 = Nettopreis EUR 50; die Differenz ist die USt von EUR 10) in dem Zeitraum, in dem die Minderung eintritt, zu berich-tigen und führt zu einem Anspruch gegenüber dem Finanzamt. Hat der Empfänger Vor-steuer geltend gemacht, dann ist nun die Vorsteuer in Höhe von EUR 10 zu berichtigen.

6. **Berechnungsbeispiel Nettoentgelt:** Mindert sich das Entgelt exklusive Umsatzsteuer von ursprünglichen EUR 200 auf EUR 150, dann sind auch die Umsatzsteuer und eine geltend gemachte Vorsteuer zu berichtigen. Der zu berichtigende Betrag ergibt EUR 10 (Nettopreis EUR 50 × 1,2 = Bruttopreis EUR 60; die Differenz ist die USt von EUR 10).

5. Erhebung der Umsatzsteuer (§ 21 UStG, Art 21 BMR)

5.1. Erhebung durch Voranmeldung, Vorauszahlung und Veranlagung

797 Erhebung der Umsatzsteuer (§ 21 UStG)

Die **Erhebung der Umsatzsteuer** erfolgt im Wege der Selbsterklärung durch **Voranmeldungen** und **Vorauszahlungen** für einzelne **Voranmeldungszeiträume** eines Kalenderjahres.

Für das gesamte Kalenderjahr erfolgt nach dessen Ablauf eine **Veranlagung mittels Umsatzsteuererklärungen** in Bescheidform, womit offene Schulden oder Gutschriften festgesetzt werden.

Die Übermittlung der **Voranmeldungen und** der **Umsatzsteuererklärung** hat grundsätzlich elektronisch über **FinanzOnline** zu erfolgen. Von den Voranmeldungen und Umsatzsteuererklärungen sind neben Unternehmern, die im Inland Umsätze ausführen, auch **nichtunternehmerische juristische Personen** betroffen, auf welche die Steuerschuld übergeht (§ 21 Abs 10) sowie Personen, die Umsatzsteuer aufgrund von **Falschangaben bei innergemeinschaftlichen Erwerben** (Art 21 Abs 1) oder **unberechtigtem Steuerausweis** schulden (§ 21 Abs 10a). Darüber hinaus bestehen besondere Regelungen für ausländische Unternehmer, die lediglich einen **Antrag auf Rückerstattung der Vorsteuern** auf Inlandsumsätze stellen (§ 21 Abs 9) oder für inländische Unternehmer mit Antrag auf Rückerstattung der Vorsteuern aus anderen Mitgliedstaaten (§ 21 Abs 11). Ein besonderes Verfahren ist auch bei innergemeinschaftlichen Fahrzeuglieferungen im Wege einer **Fahrzeugeinzelbesteuerung** vorgesehen (Art 21 Abs 2) und bei Unternehmern aus Drittstaaten, die **elektronische Leistungen** innerhalb der EU anbieten.

798 Pflicht zur Voranmeldung

Während des Kalenderjahres hat der Unternehmer jeweils spätestens am **15. Tag des auf den Voranmeldungszeitraum zweitfolgenden Kalendermonats** eine **Voranmeldung**[18] bei seinem Finanzamt einzureichen.

Diese Voranmeldung führt entweder zu einer Steuerschuld oder zu einer Steuergutschrift. Im Falle einer Steuerschuld hat der Unternehmer gleichzeitig die Steuerschuld als Vorauszahlung bis zu diesem **Fälligkeitstag** zu begleichen. Im Falle einer Steuergut-

---

18   Formular U30.

schrift ist der Betrag dem Steuerpflichtigen grundsätzlich auf seinem Abgabenkonto gutzuschreiben (§ 21 Abs 1).

Das Finanzamt hat die Steuer **bescheidmäßig festzusetzen**, wenn der Unternehmer die Selbstberechnung nicht durchführt oder die Voranmeldung nicht richtig ist. Eine Festsetzung kann nur bis zur Erlassung eines den Voranmeldungszeitraum beinhaltenden Veranlagungsbescheids erfolgen. Die Festsetzung ändert grundsätzlich nichts an der Fälligkeit der Steuerschuld oder Wirksamkeit einer Gutschrift (§ 21 Abs 3).

Aus Vereinfachungsgründen kann bei Unternehmern mit geringen Inlandsumsätzen die **Einreichung einer Voranmeldung beim Finanzamt entfallen**, sofern der Unternehmer seinen umsatzsteuerlichen Pflichten sonst nachkommt (§ 21 Abs 1).

Die Erleichterung gilt aufgrund einer Verordnung für Unternehmer mit **inländischen (steuerpflichtigen oder echt befreiten) Umsätzen bis zu EUR 42.000** im vorangegangenen Kalenderjahr (zu Pflichten von EU-Kleinunternehmern → 697). Zu den **umsatzsteuerlichen Pflichten** zählen insbesondere die interne Aufstellung der Besteuerungsgrundlagen und die rechtzeitige Entrichtung einer errechneten Vorauszahlung am Fälligkeitstag. Eine Voranmeldung ist jedenfalls dann erforderlich, wenn der Unternehmer eine Vorsteuergutschrift geltend machen möchte.

Zeitraum der Voranmeldung 799

Voranmeldungszeitraum ist grundsätzlich jeder **Kalendermonat**. Die Ermittlung der Umsatzsteuer und Vorsteuer hat in diesem Fall für jedes Kalendermonat zu erfolgen.

Zur Vereinfachung gilt das **Kalendervierteljahr** als Voranmeldungszeitraum für Unternehmer, deren Umsätze im vorangegangenen Kalenderjahr EUR 100.000 nicht überstiegen haben (Abs 2). Die Ermittlung der Umsatzsteuer und Vorsteuer hat in diesem Fall nur für jedes Kalendervierteljahr zu erfolgen.

Zur **Ermittlung der Umsatzschwelle** sind Umsätze aus inländischen Lieferungen, Leistungen und Eigenverbrauch heranzuziehen. Voranmeldungen sind grundsätzlich fällig am **15.5.** (1. Quartal), **15.8.** (2. Quartal), **15.11.** (3. Quartal) und **15.2. des Folgejahres** (4. Quartal). Der Unternehmer hat jedoch die **Option**, durch rechtzeitige Abgabe einer Voranmeldung für den ersten Kalendermonat eines Voranmeldungszeitraums den Kalendermonat als Voranmeldungszeitraum zu behandeln (Abs 2).

Ermittlung der Steuerschuld oder Steuergutschrift für einen Voranmeldungs- 800 zeitraum

Zur **Ermittlung der Umsatzsteuerschuld oder Vorsteuergutschrift** eines Voranmeldungszeitraums hat der Unternehmer die entstandenen Umsatzsteuern und die abzugsberechtigten Vorsteuern für jeden Voranmeldungszeitraum einzeln zu ermitteln und zu summieren.

Daraus ergibt sich insgesamt für einen Voranmeldungszeitraum eine **Umsatzsteuerschuld**, sofern die Umsatzsteuerbeträge die Vorsteuerbeträge übersteigen, oder eine **Vorsteuergutschrift**, sofern die Vorsteuerbeträge die Umsatzsteuerbeträge übersteigen.

Die **Umsatzsteuerbeträge** ergeben sich aus der Summe der Bemessungsgrundlagen unter Anwendung der Steuersätze für:

- ausgeführte Lieferungen, sonstige Leistungen und Eigenverbrauch, für die der Unternehmer die Umsatzsteuer schuldet,
- empfangene Lieferungen, Dreiecksgeschäfte und sonstige Leistungen, für die der Unternehmer aufgrund des Übergangs der Steuerschuld die Umsatzsteuer schuldet,
- Umsatzsteuer aus unrichtig oder unberechtigt ausgewiesenen Umsatzsteuerbeträgen,
- erhöhte Umsatzsteuer aus der nachträglichen Änderung der Bemessungsgrundlage, und
- Umsatzsteuerbeträge aus steuerpflichtigen innergemeinschaftlichen Erwerben.

Die **Vorsteuerbeträge** ergeben sich aus der Summe abzugsfähiger Vorsteuern:

- aus Rechnungen an den Unternehmer, für deren Umsatzsteuer er nicht Schuldner ist,
- aus Einfuhrumsatzsteuern,
- aus innergemeinschaftlichen Erwerben,
- aus Lieferungen und sonstigen Leistungen im Fall des Übergangs der Steuerschuld,
- aus innergemeinschaftlichen Lieferungen neuer Fahrzeuge,
- aus positiven und negativen Beträgen aus Vorsteuerberichtigungen aufgrund einer Verwendungsänderung, und
- aus Vorsteuerberichtigungen aus der nachträglichen Änderung der Bemessungsgrundlage.

Zur notwendigen **Einreichung einer Zusammenfassenden Meldung** bei erbrachten innergemeinschaftlichen steuerfreien Lieferungen oder Umsätzen, für die Steuerschuld auf den Empfänger übergeht → 813.

801 Veranlagung: Grundlagen

Der Unternehmer hat **nach Ablauf des Kalenderjahres** eine **Umsatzsteuererklärung**[19] für die in diesem Jahr endenden Veranlagungszeiträume beim zuständigen Finanzamt einzureichen.

Die Einreichung hat generell bis Ende April zu erfolgen oder im Falle einer elektronischen Einreichung über FinanzOnline bis Ende Juni (§ 134 BAO). Der Unternehmer ist daraufhin zur Steuer zu **veranlagen** und das Finanzamt hat einen **Bescheid** auszustellen (§ 21 Abs 4).

Veranlagungszeitraum ist das Kalenderjahr. Bestimmte Unternehmer können ein für Ertragsteuerzwecke zulässiges, vom Kalenderjahr abweichendes Wirtschaftsjahr als Ver-

---

19   Formular U1.

anlagungszeitraum wählen. Voraussetzungen dafür sind im Wesentlichen (i) eine schriftliche Erklärung gegenüber dem Finanzamt, (ii) das Wirtschaftsjahr muss mit dem Kalendermonat enden, (iii) der Voranmeldungszeitraum darf nicht ein Kalendervierteljahr sein und (iv) die Umsätze dürfen nicht der Istbesteuerung unterliegen (§ 20 Abs 1). Wird das Unternehmen nur während eines Teils des Kalenderjahres ausgeübt, so gilt dieser Teil als Veranlagungszeitraum. Mehrere Veranlagungszeiträume in einem Kalenderjahr kann es insbesondere dann geben, wenn der Unternehmer zwischen dem Kalenderjahr als Veranlagungszeitraum und einem abweichenden Wirtschaftsjahr als Veranlagungszeitraum wechselt (§ 20 Abs 3).

In der **Umsatzsteuererklärung** sind alle Umsatzsteuer- und Vorsteuerbeträge aller Voranmeldungszeiträume des letzten Kalenderjahres auszuweisen. Grundsätzlich sollten diese den bereits eingereichten Voranmeldungen entsprechen, sodass der nachfolgende Bescheid insgesamt keine weitere Umsatzsteuerschuld oder Vorsteuergutschrift ausweisen sollte. Weichen jedoch Umsatzsteuerbeträge oder Vorsteuerbeträge der Umsatzsteuererklärung von jenen der Voranmeldungen ab, dann kann sich daraus eine Umsatzsteuerschuld oder eine Vorsteuergutschrift ergeben, welche mit dem nachfolgenden Bescheid festgesetzt wird. Im Falle einer Festsetzung eines Steuerbetrags ist dieser innerhalb eines Monats nach Zustellung des Bescheids fällig (§ 210 Abs 2 BAO).

Veranlagung: Ausnahmen von der Veranlagung   802

> Aus **Vereinfachungsgründen** können die Einreichung einer **Umsatzsteuererklärung** und die Durchführung einer **Veranlagung entfallen**.

Ausländische Unternehmer ohne inländische Betriebsstätte und ohne Inlandsumsätze oder mit Inlandsumsätzen, bei denen die Steuerschuld aufgrund eines ausländischen Unternehmers oder bei Bauleistungen auf den Empfänger übergegangen ist und sie dabei zum vollen Vorsteuerabzug berechtigt sind, werden nur auf Antrag zur Umsatzsteuer veranlagt (§ 21 Abs 4). Darüber hinaus sind steuerbefreite **Kleinunternehmer**, deren Inlandsumsätze im Veranlagungszeitraum EUR 35.000 nicht übersteigen und die sonst keine Umsatzsteuer zu entrichten haben, von der Abgabe der Umsatzsteuererklärung befreit. Eine Veranlagung entfällt. Hilfsgeschäfte und Umsätze aus Geschäftsveräußerung sind in die Umsatzgrenze nicht einzurechnen (§ 21 Abs 6).

Vertiefung: Besondere Erhebungsformen   803

Für **Unternehmer**, die grundsätzlich von einem Staat ihr Unternehmen betreiben und in anderen Mitgliedstaaten, in denen sie weder ihr Unternehmen betreiben noch eine Betriebsstätte haben, bestimmte Lieferungen und sonstige Leistungen erbringen, können die in diesen Mitgliedstaaten von ihnen zu entrichtende Umsatzsteuern auf Antrag im Wege eines vereinfachten Verfahrens (**One-Stop-Shop, OSS**) in nur einem Mitgliedstaat entrichten (§ 25a, Art 25a).

Davon sind Unternehmer betroffen, die in anderen Mitgliedstaaten folgende Umsätze erbringen:

- sonstige Leistungen an Nichtunternehmer (Art 25 a Abs 1 Z 1),
- Lieferungen des innergemeinschaftlichen Versandhandels (Abs 1 Z 2 lit a) oder
- Lieferungen durch elektronische Schnittstellen (Drittstaaten-E-Commerce Lieferung), bei denen die Beförderung oder Versendung im selben Mitgliedstaat beginnt und endet (Abs 1 Z 2 lit b).

Der Unternehmer hat sich in einem Mitgliedstaat zu **registrieren**. In der Folge hat er pro Kalendervierteljahr (Erklärungszeitraum) für derartige Umsätze in der EU im Mitgliedstaat der Registrierung eine Steuererklärung bis zum letzten Tag des auf den Erklärungszeitraum folgenden Monats elektronisch über ein Portal einzureichen und die Umsatzsteuerschuld zu begleichen.

Die **Einfuhrumsatzsteuer** wird entweder im Wege der **umfassenden Zollanmeldung** durch die Zollbehörden oder auf Antrag in der Zollanmeldung durch einen im Inland zur Umsatzsteuer erfassten Unternehmer **vom Finanzamt** erhoben (§ 26).

Beim **Einfuhr-Versandhandel** (§ 3 Abs 8a) für Waren bis EUR 150 erfolgt die Steuererhebung auf Antrag ebenso im Wege eines vereinfachten Verfahrens in nur einem Mitgliedstaat (§ 25b, **Umsatzsteuer-Einfuhr [Import]-One-Stop-Shop, IOSS**). Der Unternehmer hat sich in einem Mitgliedstaat zu registrieren. In der Folge hat er pro Kalendermonat (Erklärungszeitraum) für alle Zahlungen für derartige Umsätze in der EU im Mitgliedstaat der Registrierung eine Steuererklärung bis zum letzten Tag des auf den Erklärungszeitraum folgenden Monats elektronisch über ein Portal einzureichen und die Umsatzsteuerschuld zu begleichen.

Sofern bei nichtverbrauchsteuerpflichtigen Waren bis EUR 150 das Verfahren IOSS (§ 25b) nicht zur Anwendung kommt, kann der Zollgesteller (Anmelder) und Schuldner der Einfuhrumsatzsteuer eine **vereinfachte Zollanmeldung** für den Abnehmer durchführen. In diesem Fall wird er zum Abfuhrverpflichteten der auf diese Waren entfallenden Umsatzsteuer von pauschal 20 %, die er monatlich auf elektronischem Wege zu erklären und bis spätestens 15. des Folgemonats zu entrichten hat (Sonderregelung bei Einfuhren nach § 26a).

Bei **innergemeinschaftlichen Erwerben neuer Fahrzeuge** durch Nichtunternehmer ist die Steuer im Wege der **Fahrzeugeinzelbesteuerung** zu erheben. Der Erwerber hat spätestens bis zum Ablauf des Monats, nach dem die Steuerschuld entstanden ist, am Fälligkeitstag eine **Steuererklärung**[20] abzugeben, in der er die zu entrichtende Steuer selbst berechnet (Steueranmeldung). Gibt der Erwerber die Steuererklärung nicht ab oder erweist sich die Selbstberechnung als nicht richtig, so kann das Finanzamt die **Steuer festsetzen**. Die Steuer ist spätestens am **Fälligkeitstag** zu entrichten (Art 21 Abs 2).

Die **Einfuhrumsatzsteuer** wird entweder im Wege der Zollanmeldung[21] durch die Zollbehörden oder auf Antrag in der Zollanmeldung durch einen im Inland zur Umsatzsteuer erfassten Unternehmer vom zuständigen Finanzamt erhoben (§ 26).

---

20   Formular U10 oder NOVA2.
21   Formular Za58A.

Überblick: Steuererhebung in der Umsatzsteuer   804

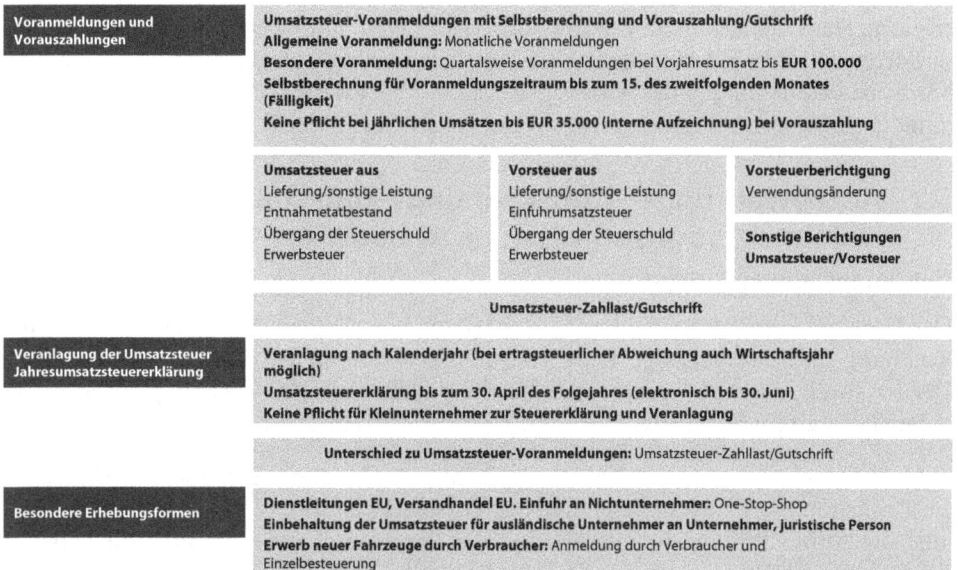

Abbildung 43: Steuererhebung in der Umsatzsteuer

Vertiefung: Antrag auf Erstattung von Vorsteuern   805

Ausländische Unternehmer ohne Betriebsstätte im Inland haben einen Antrag auf Erstattung der **inländischen Vorsteuer** grundsätzlich zu stellen, sofern diese nicht im Wege der Voranmeldung geltend zu machen ist (VO BGBl 1995/279).

Eine Erstattung der Vorsteuern an Unternehmer ist nur möglich, soweit eine Vorsteuerabzugsberechtigung auch im Ansässigkeitsstaat zusteht (§ 21 Abs 9).

Der **Erstattungszeitraum** für einen Antrag beträgt zwischen drei Monaten und einem Kalenderjahr. Der Zeitraum kann nur dann kürzer als drei Monate sein, wenn es sich um den restlichen Zeitraum eines Kalenderjahres handelt. Der **Erstattungsbetrag** muss dabei mindestens EUR 50 betragen oder, sofern es sich nicht um das gesamte Kalenderjahr oder den letzten Zeitraum des Kalenderjahres handelt, EUR 400.

Für Unternehmer aus andern EU-Staaten wird die Erstattung über ein eigenes Verfahren im Weg der elektronischen Übermittlung über ein Portal des Ansässigkeitsstaats beantragt. Der Antrag muss bis zum 30.9. des Folgejahres gestellt werden, in dem der Erstattungsanspruch entstanden ist. Über das Portal kann auch ein Bescheid zugestellt werden. Eine Säumnisabgeltung hat durch den Mitgliedstaat zu erfolgen, wenn innerhalb von 4 Monaten und 10 Werktagen nach Eingang des Vorsteuer-Erstattungsantrags keine Zahlung des zu erstattenden Betrags erfolgt ist (VO BGBl 1995/279). **Für inländische Unternehmer** mit Vorsteuererstattung aus anderen EU-Staaten kann der Antrag über FinanzOnline elektronisch eingebracht werden.

Für Unternehmer aus Drittstaaten hat auf Antrag[22] beim Finanzamt Graz Stadt bis zum 30.6. des Folgejahres, in dem der Erstattungsanspruch entstanden ist, die Erstattung zu erfolgen. Dem Erstattungsantrag sind die Rechnungen und Belege über die Einfuhrumsatzsteuer im Original beizulegen. Zusätzlich muss der Unternehmer durch eine behördliche Bescheinigung des Ansässigkeitsstaats[23] nachweisen, dass er als Unternehmer unter einer Steuernummer eingetragen ist (VO BGBl 1995/279).

5.2. Aufbewahrungs-, Aufzeichnungs- und sonstige Dokumentationspflichten (§ 18 UStG, Art 18 BMR)

806 Dokumentationspflichten

Der Unternehmer hat bei Rechnungsausstellung eine Durchschrift oder Abschrift der Rechnung und dazugehörige Belege anzufertigen und **sieben Jahre aufzubewahren**. Der Nachweis, dass die Voraussetzungen einer elektronischen Rechnung vorliegen, ist sieben Jahre zu gewährleisten.

Jeder Unternehmer ist grundsätzlich verpflichtet, **Aufzeichnungen** über alle Umstände zur Berechnung der Umsatzsteuer und der Vorsteuer zu führen (§ 18, Art 18). Die Erfüllung der Aufzeichnungspflichten wird in der Praxis in aller Regel durch die laufende Buchführung mittels voreingestellten Buchführungsprogrammen erfüllt. Lediglich bei kleineren Unternehmen, die nicht laufend Bücher führen, stellt sich daher vorwiegend das Problem der Erfüllung dieser Pflichten. Für bestimmte Unternehmer bestehen Erleichterungen von den Aufzeichnungspflichten. Die Pflicht besteht auch für Personen, die zu Unrecht einen Umsatzsteuerbetrag ausweisen (§ 11 Abs 14).

Die **Aufzeichnungspflichten umfassen** im Wesentlichen die fortlaufende Aufzeichnung der Lieferungen und sonstigen Leistungen unter Angabe des Tages, der Entgelte samt Verteilung auf Steuersätze, steuerpflichtige und steuerfreie Umsätze und Entgelte für Leistungen, die zum Übergang der Steuerschuld führen, die Bemessungsgrundlage innergemeinschaftlicher Erwerbe, sonstige Bemessungsgrundlagen für Eigenverbrauch und Einfuhr, sonstige geschuldete Steuerbeträge aufgrund unrichtigem oder unberechtigtem Steuerausweis, Vorsteuerbeträge, sofern eine Aufteilung hinsichtlich ihrer Abzugsfähigkeit zu erfolgen hat und Aufzeichnungen über die Verbringung innergemeinschaftlicher Gegenstände zur vorübergehenden Verwendung und Gegenstände, die der Unternehmer zu Ausführungen von Arbeiten an diesen Gegenständen oder zur Begutachtung erhält (§ 18 Abs 2 und Abs 5, Art 18).

Für bestimmte **E-Commerce-Lieferungen und sonstige Leistungen** bestehen besondere Aufzeichnungspflichten, bei Überschreiten von EUR 1 Mio pro Jahr sind diese Aufzeichnungen bis zum 31.1. des Folgejahres elektronisch zu übermitteln (§ 18 Abs 11 und 12).

Zahlungsdienstleister (zB Banken, E-Geld-Institute, Österreichische Post AG, Kreditkartenanbieter, Kartensystemanbieter) sind verpflichtet, in Bezug auf **grenzüber-**

---

22 Formular U5.
23 Formular U70.

schreitende Zahlungen hinreichend detaillierte Aufzeichnungen über Zahlungsempfänger und Zahlungen in Bezug auf die von ihnen in jedem Kalendervierteljahr erbrachten Zahlungsdienste zu führen, aufzubewahren und zu übermitteln. Dies gilt für Zahlungsdienstleister, deren Herkunfts- oder Aufnahmemitgliedstaat Österreich ist (§ 18a, ab 2024).

Aufzeichnungen und Unterlagen sind grundsätzlich **sieben Jahre** lang aufzubewahren (§ 132 BAO). Aufzeichnungen und Unterlagen für Grundstücksumsätze sind dagegen **zweiundzwanzig Jahre** aufzubewahren, bei nachträglichen Übertragungen in das Wohnungseigentum nach dem WGG zwölf Jahre (§ 18 Abs 10).

Vertiefung: Nachweispflichten   807

Hängt die Besteuerung von einem **buchmäßigen Nachweis** ab, sind die diesem Nachweis dienenden Bücher und Aufzeichnungen im Inland zu führen und mit den dazugehörigen Unterlagen im Inland aufzubewahren. Die nachzuweisenden Voraussetzungen müssen daraus leicht nachprüfbar zu ersehen sein (§ 18 Abs 8). Zusätzlich ist ein **Ausfuhrnachweis** (→ 735) bei Ausfuhrlieferungen und **Lohnveredlungen** (→ 732) beizubringen (§ 7 Abs 4 bis Abs 7; § 8 Abs 3). Ein **buchmäßiger Nachweis** ist insbesondere für steuerfreie Ausfuhrlieferungen, die steuerfreie Lohnveredlung an Gegenständen der Ausfuhr, steuerfreie innergemeinschaftliche Lieferungen und sonstige steuerfreie, grenzüberschreitende Umsätze notwendig, um die Steuerbefreiung in Anspruch nehmen zu können (§ 7 Abs 1 und § 8 Abs 1, Art 7 Abs 3).

Vertiefung: Aufzeichnungs- und Nachweispflichten als formelle Voraussetzungen   808

Formelle Voraussetzungen, wie Aufzeichnungs-, Erklärungs- oder Nachweispflichten, dienen dem Nachweis, ob steuerbare, steuerfreie oder steuerpflichtige Umsätze vorliegen und ein Vorsteuerabzug zusteht. Die Erfüllung dieser Pflichten ist aber nicht zwingende Voraussetzung dafür, dass ein Umsatz als steuerfreier Umsatz behandelt wird oder ein Vorsteuerabzug zulässig ist. Werden die Voraussetzungen dafür auf andere Weise erfüllt, dann steht der Behandlung als steuerfreien Umsatz oder der Vorsteuerabzugsberechtigung nichts im Weg.[24]

Maßgeblich ist daher der **Nachweis des Vorliegens der materiellen Voraussetzungen**, unabhängig davon, ob alle gesetzlich vorgeschriebenen formellen Nachweispflichten eingehalten werden.[25] Der EuGH lässt bei einer nachgewiesenen tatsächlichen Ausfuhrlieferung die Steuerfreiheit auch dann zu, wenn die gesetzlichen Nachweise nicht erbracht worden sind, wobei in diesem Fall die Drei-Monats-Grenze nach Ausfuhr der Lieferung überschritten wurde.[26]

---

24   EuGH 11.12.2014, C-590/13, *Idexx*.
25   VwGH 20.12.2012, 2009/15/0146; EuGH 27.9.2007, C-146/05, *Albert Collée*.
26   EuGH 19.12.2013, C-563/12, *BDV Hungary Trading Kft*.

5.3. Sicherung des Steueranspruchs bei grenzüberschreitenden Sachverhalten (§ 27 UStG)

809 Mittel zur Sicherung des Steueranspruchs

Zur **Sicherung des Steueranspruches** können vor allem bei grenzüberschreitenden Leistungen neben dem leistenden Unternehmer andere Personen in Anspruch genommen werden. Dies erfolgt durch Übergang der Steuerschuld (→ 751), Zurechnung bei Drittstaat-E-Commerce-Lieferungen (§ 3 Abs 3a → 688), Steuereinbehalt (→ 810), Bestellung inländischer Fiskalvertreter (→ 811) und aufgrund innergemeinschaftlicher Regelungen (→ 812).

Zusätzlich **haften Personen** für die Steuer, wenn sie nicht mit ausreichender Sorgfalt davon ausgehen können, dass der Steuerpflichtige seinen abgabenrechtlichen Pflichten nachkommt (§ 27 Abs 1 mit VO-Ermächtigung).

> **Haftungsbestände nach § 27 Abs 1:**
> 1. Unternehmer mit Aufzeichnungspflichten für Leistungen im Wege des E-Commerce (§ 18 Abs 11).
> 2. Unternehmer mit Beteiligung an einem innergemeinschaftlichen Versandhandel oder einem Einfuhr-Versandhandel.
> 3. Unternehmer mit Beteiligung an einer sonstigen Leistung an einen Nichtunternehmer im Wege des E-Commerce.

810 Steuereinbehalt auf Leistungen ausländischer Unternehmer

Erbringt ein **ausländischer Unternehmer** ohne inländische Betriebsstätte im Inland steuerpflichtige Lieferungen oder sonstige Leistungen, hat ein **qualifizierter Leistungsempfänger** – sofern er nicht bereits die Umsatzsteuer schuldet – die Umsatzsteuer für diese Leistung **einzubehalten** und im Namen und auf Rechnung des leistenden Unternehmers **an das für diesen zuständige Finanzamt abzuführen**.

Die Bestimmung dient der **einfacheren Erhebung** der Umsatzsteuer an der Quelle und verhindert, dass das Finanzamt die Steuer von einem ausländischen Unternehmer einbringen muss. Ein **qualifizierter Empfänger** ist entweder ein Unternehmer, der die Leistung für sein Unternehmen empfängt oder eine juristische Person des öffentlichen Rechts. Der **Empfänger haftet** für einen möglichen Steuerausfall aus der Nichteinbehaltung. Bestimmte Leistungen und Empfänger sind davon ausgenommen (§ 27 Abs 4).

811 Inländischer Fiskalvertreter

Erbringt ein **Unternehmer aus einem Drittstaat** ohne inländische Betriebsstätte im Inland steuerpflichtige Leistungen, hat er einen **inländischen Fiskalvertreter** als Bevollmächtigten und gleichzeitig Zustellungsbevollmächtigten zur Erfüllung der umsatzsteuerlichen Pflichten zu bestellen. Keine Pflicht besteht, wenn lediglich inländische Umsätze ausgeführt werden, für die bereits der qualifizierte Empfänger die Umsatzsteuer einbehält und abführt oder wenn mit dem Drittstaat ein Amtshilfeabkommen zur Betreibung von Steuerforderungen besteht. **Alle anderen Unternehmer** können einen inländischen Fiskalvertreter zur Erfüllung der umsatzsteuerlichen Pflichten bestellen (§ 27 Abs 7). Drittstaatsunternehmer, die das vereinfachte Verfahren OSS (Art 25a) anwenden

(→ 803), haben vorrangig im Mitgliedstaat der Registrierung nach dessen Vorschriften und subsidiär im Bestimmungsland einen Fiskalvertreter zu bestellen (Abs 9).

Inländische Fiskalvertreter können sein: Inländische Steuerberater, Rechtsanwälte, Notare, Wirtschaftsprüfer, Spediteure mit Mitgliedschaft bei der WKÖ oder auch jeder andere Unternehmer mit Zustimmung des Finanzamts. Der inländische Fiskalvertreter muss dem Finanzamt mitgeteilt werden (§ 27 "Abs 8).

Innergemeinschaftliche Vermeidung von Umsatzsteuerbetrug 812

Mangels Bestehen von Zollgrenzen innerhalb der EU muss bei grenzüberschreitenden Leistungen der **Wechsel der Umsatzsteuersysteme** durch die Unternehmer selbst gewährleistet werden. Dieser Wechsel wird durch regelmäßig zu erstattende **Zusammenfassende Meldungen** festgehalten und durch gegenseitige Identifizierung der Unternehmer im Wege der **UID-Nummer** nachvollziehbar gemacht.

Die **korrekte Durchführung** der Befreiung und Besteuerung innergemeinschaftlicher Lieferungen und Erwerbe und von sonstigen grenzüberschreitenden Leistungen innerhalb der EU mit Übergang der Steuerschuld **hängt von den teilnehmenden Unternehmern** ab. Bei innergemeinschaftlichen Erwerben und im Falle der Steuerschuld des Empfängers hat der Erwerber und Empfänger selbst die Umsatzsteuer zu berechnen und zu entrichten. Durch dieses System kann eine Person Waren umsatzsteuerfrei erwerben, womit es **anfälliger für Umsatzsteuerbetrug** ist.

Zusammenfassende Meldung (Art 21 BMR) 813

Zur Dokumentation und Kontrolle grenzüberschreitender **Vorgänge innerhalb der EU** hat der Unternehmer (§ 2) und Organgesellschaften mit eigener UID (§ 2 Abs 2 Z 2) regelmäßig eine **Zusammenfassende Meldung** (Art 21 Abs 3 BMR) beim Finanzamt zu erstatten. Die Zusammenfassende Meldung umfasst vom Unternehmer ausgeführte

- **innergemeinschaftliche Warenlieferungen** und Verbringungen (Art 7 Abs 1 BMR, außer Fahrzeuglieferungen an Nichtunternehmer ohne UID) und
- **innergemeinschaftliche Konsignationslagerverbringungen** (Art 3 Abs 2 BMR), und
- **grenzüberschreitende Werklieferungen und sonstige Leistungen, für die der Empfänger die Steuer schuldet** (§ 19 Abs 1, Art 196 der Richtlinie).

Die Zusammenfassende Meldung ist elektronisch über FinanzOnline (Art 21 Abs 10 BMR) zu erstatten. Zeitlich hat die Meldung bis zum Ende des Folgemonats zu erfolgen, in dessen Meldezeitraum (entsprechend der monatlichen oder quartalsweisen Umsatzsteuervoranmeldepflicht) die Leistung ausgeführt wurde. Maßgeblich für die Meldung ist der Zeitpunkt der tatsächlichen Ausführung. Verzögert sich bei einer innergemeinschaftlichen Warenlieferung die Rechnungsausstellung, dann gilt als Ausführungszeitpunkt spätestens das Folgemonat (Art 21 Abs 7 BMR).

Der **Inhalt** der Zusammenfassenden Meldung umfasst (Art 21 Abs 6 BMR)

- die **UID** des Erwerbers (bei Verbringung die des Unternehmers im Bestimmungsland) bzw des Leistungsempfängers; bei Konsignationslagerverbringungen die UID des geplanten Erwerbers;

- die **Summe der Bemessungsgrundlagen** pro Erwerber (bzw der Verbringungen) bzw pro Leistungsempfängers.

Bei **verspäteter Meldung** (gilt als Steuererklärung) kann ein **Verspätungszuschlag** bis zu 1% der Summe der Bemessungsgrundlagen aller zu meldenden Leistungen, maximal EUR 2.200 (Art 21 Abs 9 BMR, § 135 BAO (→ 1003). Bei **unrichtiger oder unvollständiger** Meldung besteht eine **Berichtigungspflicht** innerhalb eines Monats ab dessen Erkennen (Art 21 Abs 8 BMR).

Kapitel 14

Grunderwerbsteuer[1]

1. Überblick

Die Grunderwerbsteuer ist eine **Verkehrsteuer** auf den unmittelbaren oder mittelbaren 814
Erwerb von Grundstücken. Sie knüpft grundsätzlich an **zivilrechtliche Vorgänge** an.
Die wirtschaftliche Betrachtungsweise tritt in den Hintergrund.

Steuersubjekt 815

Steuersubjekte sind aufgrund der zivilrechtlichen Anknüpfung **rechtsfähige** Personen.

Steuerobjekt 816

Steuerobjekte sind Rechtsvorgänge über inländische Grundstücke, wenn diese entgeltlich oder unentgeltlich übertragen oder wenn sonstige vergleichbare Rechtsvorgänge verwirklicht werden.

Darüber hinaus sollen **Ersatztatbestände** die Umgehung der GrESt verhindern, wie insbesondere die Einräumung der rechtlichen oder wirtschaftlichen Verwertungsmöglichkeit, substanzielle Gesellschafteränderungen bei grundstückshaltenden Personengesellschaften oder die substantielle Vereinigung von Anteilen an einer grundstückshaltenden Gesellschaft. Für bestimmte Grunderwerbsteuertatbestände sind **Steuerbefreiungen** vorgesehen.

Steuerermittlung 817

Die **Ermittlung** erfolgt durch Bestimmung der Bemessungsgrundlage und des Steuersatzes.

Die **Bemessungsgrundlage** ermittelt sich aus dem Einheitswert oder dem Grundstückswert oder aus der Gegenleistung, sofern eine solche besteht. Der normale Steuersatz beträgt 3,5 %, begünstigte Steuersätze sind 0,5 % und 2 %. Für unentgeltliche Zuwendungen besteht ein Staffeltarif von 0,5 % bis 3,5 %.

Steuererhebung 818

Steuerschuldner sind grundsätzlich die am Erwerbsvorgang beteiligten Personen. Die Erhebung der GrESt erfolgt entweder mittels **Abgabenerklärung** oder mittels **Selbstberechnung**, wobei dies zwingend, von einigen Ausnahmen abgesehen, durch Parteienvertreter erfolgen muss.

---

1   Paragraphenverweise ohne Gesetzesangabe beziehen sich auf das Grunderwerbsteuergesetz (GrEStG).

Das GrEStG sieht für die Rückgängigmachung des Rechtsvorgangs oder für die Minderung der Gegenleistung auch **eine Nichtfestsetzung oder eine Abänderung der Steuer** für bereits entstandene Steuerschuld vor.

2. Steuersubjekt (§ 9 GrEStG)

819 **Steuersubjekt** kann jede **rechtsfähige Person** oder **rechtsfähige Personenvereinigung** sein.

Zu den Steuersubjekten zählen **natürliche und juristische Personen**, aber auch **rechtsfähige Personengesellschaften.** Nur Rechtsträger im zivilrechtlichen Sinn können Steuersubjekte sein. Nicht zu den rechtsfähigen Personenvereinigungen zählen stille Gesellschaften und die GesbR. Rechtsträger sind in diesem Fall die hinter der stillen Gesellschaft oder der GesbR stehenden rechtsfähigen Gesellschafter.

3. Steuerobjekt (§§ 1 ff GrEStG)

3.1. Steuerobjekt – Haupttatbestände der Grunderwerbsteuer (§ 1 GrEStG)

820 Der Grunderwerbsteuer unterliegen nur Rechtsvorgänge über **im Inland belegene Grundstücke.**

Gemeinsames Merkmal der Erwerbsvorgänge (§ 1) ist der **Rechtsträgerwechsel** im Hinblick auf ein Grundstück. Ein Rechtsvorgang muss darauf gerichtet sein oder darin bestehen, ein Grundstück von einem Rechtsträger auf einen anderen Rechtsträger übergehen zu lassen.[2] Dazu zählen:

- **Grundtatbestand** des zivilrechtlichen Erwerbs eines Grundstücks,
- **Nebentatbestand** durch Zwischenerwerbe,
- **Ersatztatbestände**, die dem zivilrechtlichen Erwerb gleichgestellt werden (wirtschaftliche Verwertungsbefugnis, indirekter Erwerb über eine Gesellschaft).

821 **Vertiefung: Grundstücksbegriff (§ 2 GrEStG)**

Grundstücke sind (§ 2):

- Grundstücke und deren Zugehör im Sinne des bürgerlichen Rechts (Abs 1),
- Baurechte und
- Gebäude auf fremdem Grund (Superädifikate nach § 435 ABGB; Abs 2).[3]

---

2   VwGH 30.6.2005, 2004/16/0250.
3   VwGH 19.3.2003, 2002/16/0083.

Beispiele zum Zugehör und Grundstücksbegriff:

1. Zum **Zugehör** gehört alles, was mit dem Grundstück in fortdauernder Verbindung gesetzt wird. Dazu gehören nicht nur der Zuwachs (Gras, Bäume, Früchte) bis zu dessen Absonderung, sondern auch die Nebensachen, ohne welche das Grundstück nicht gebraucht werden kann. Auch Sachen, die auf dem Grundstück stets verbleiben sollen (Gebäude), damit fest verbunden sind und die zum anhaltenden Gebrauch eines Ganzen bestimmt sind, zählen zum Zugehör.
2. Zum Grundstück **zählen nicht** Maschinen und sonstige Vorrichtungen aller Art, die zu einer Betriebsanlage gehören und die Gewinnungsbewilligungen nach dem Berggesetz sowie Apothekengerechtigkeiten (§ 2 Abs 1 Z 1 und 2).

Bezieht sich ein Rechtsvorgang auf **mehrere Grundstücke**, die zu einer **wirtschaftlichen Einheit** gehören, so werden diese Grundstücke als ein Grundstück behandelt. Bezieht sich hingegen ein Rechtsvorgang auf **einen oder mehrere Teile eines Grundstücks**, so werden diese Teile als ein Grundstück behandelt (Abs 3). Dies kann Auswirkungen auf die Anwendung von Befreiungen haben.

Haupttatbestand: Erwerb eines Grundstücks

822

Der Grunderwerbsteuer unterliegt ein Kaufvertrag oder ein anderes **Rechtsgeschäft**, das den **Anspruch auf Übereignung** begründet (§ 1 Abs 1 Z 1).

Beispiele:

1. **Einseitige und zweiseitige Rechtsgeschäfte:**[4] Kaufvertrag, Tauschvertrag, Schenkungsvertrag, Umgründungsvertrag,[5] Einbringung- oder Sacheinlagevertrag,[6] Grundstückabtretungsvertrag,[7] Vertrag zur Einräumung oder Aufhebung eines Superädifikats,[8] Vertrag zur Begründung eines Baurechts oder dessen Auflösung,[9] Vergleich,[10] Realteilungsvertrag.[11]
2. **Kaufoption, Kaufanbot:** Erwerbsvorgang ist erst mit Ausübung oder Annahme verwirklicht.[12]
3. **Eintragung des Grundstücks im Grundbuch:** ist nicht notwendig,[13] es kommt einzig und allein auf den mündlichen, schriftlichen oder konkludenten Abschluss des Rechtsgeschäfts an.

Der Grunderwerbsteuer unterliegt der **Erwerb des Eigentums**, wenn **kein den Anspruch auf Übereignung begründendes Rechtsgeschäft** vorausgegangen ist (Z 2).

Beispiele:

1. **Gesetzliche Erwerbe** aufgrund des Erbrechts, gesetzliche Übertragung des Gebäudes bei Beendigung des Baurechts,[14] aufgrund einer Anwachsung (§ 142 UGB),[15] durch Enteignung.[16]
2. **Gerichtliche Eigentumserwerbe** wie Zuschlag im Zwangsversteigerungsverfahren.[17]

---

4   VwGH 29.8.2013, 2012/16/0159.
5   UmgrStR 2002 Rz 331; VwGH 27.9.1995, 94/16/0142; UmgrStR 2002 Rz 615.
6   VwGH 8.9.2010, 2009/16/0017; VwGH 17.9.1992, 91/16/0085; VwGH 20.6.1990, 89/16/0101.
7   VwGH 30.5.1994, 89/16/0019.
8   VwGH 19.3.2003, 2002/16/0083.
9   VwGH 17.12.2019, Ra 2018/16/0195.
10   VwGH 23.11.2006, 2006/16/0017.
11   VfGH 10.3.1993, B371/92.
12   VwGH 26.6.2014, 2012/16/0139; VwGH 13.12.2012, 2010/16/0072; VwGH 24.9.2009, 2007/16/0172.
13   VwGH 13.12.2012, 2010/16/0072.
14   VwGH 19.3.2003, 2002/16/0083.
15   VwGH 21.12.2000, 2000/16/0563; BFG 4.12.2014, RV/3100941/2014.
16   VwGH 7.3.1991, 90/16/0002.
17   VwGH 17.2.1994, 89/16/0007.

Der Grunderwerbsteuer unterliegt ein Rechtstitel (Rechtsgeschäft, Gesetz, Gericht), der den Anspruch auf **Abtretung eines bereits bestehenden Übereignungsanspruchs** begründet (Z 3 und Z 5).

Beispiele:

1. **Erwerb durch Abtretung eines Rechts aus einem Anwartschaftsvertrag** zur Nutzung einer Wohnung und der Übertragung der Liegenschaftsanteile.[18]
2. **Abtretung der Rechte** des Käufers aus dem Grundstückskaufvertrag.[19]
3. **Erbschaftskaufvertrag und Erbschaftsschenkungsvertrag**, wobei das Erbrecht bestehend aus inländischen Grundstücken abgetreten wird.[20]

823 Nebentatbestand: Zwischenerwerb

Der Grunderwerbsteuer unterliegt ein Rechtstitel, der den **Anspruch auf Abtretung der Rechte** aus einem **Kaufanbot** oder eines anderen Anbots zum Abschluss eines Vertrags, aufgrund dessen die Übereignung verlangt werden kann, begründet (Z 4 und Z 5). Voraussetzung ist, dass es tatsächlich zur Übertragung eines Grundstücks durch diesen Rechtstitel kommt.

Zweck der Bestimmung ist es, **Zwischenerwerbe** ebenfalls der Grunderwerbsteuer zu unterwerfen. Bei Verwirklichung existieren regelmäßig zwei Grunderwerbsteuertatbestände: Der Erwerb des Übereignungsanspruchs vom Verkäufer an den Erwerber einerseits und der Erwerb des Anspruchs auf Abtretung der Rechte vom Anspruchsberechtigten an den Erwerber andererseits.[21]

Beispiel:
Übertragung einer Kaufoption (Anbot), wobei die Kaufoption (Anbot) von einer Person (A) zB als Leasingnehmer an eine andere Person (B) übertragen wird und von ihr ausgeübt wird; mit Ausübung (Annahme) liegt ein Erwerb eines Grundstücks vom Verkäufer an B (§ 1 Abs 1 Z 1) und ein Erwerb der Kaufoption (Anbot) von A an B vor (§ 1 Abs 1 Z 4).[22]

3.2. Ersatztatbestände der Grunderwerbsteuer

824 Erwerb eines Verwertungsanspruchs

Der Grunderwerbsteuer unterliegen Rechtsvorgänge, die es ohne Begründung eines Anspruchs auf Übereignung einem anderen **rechtlich oder wirtschaftlich ermöglichen**, ein inländisches Grundstück **auf eigene Rechnung zu verwerten** (§ 1 Abs 2).

Die Bestimmung soll Umgehungsgeschäfte erfassen, die zwar nicht zivilrechtliche Ansprüche auf Übereignung vorsehen, bei denen aber die **rechtliche oder wirtschaftliche Verfügungsmacht** über das Grundstück eingeräumt wird (Ersatztatbestand). Der Ge-

---

18   VwGH 19.9.1968, 0274/68.
19   VwGH 24.9.2009, 2007/16/0097.
20   VwGH 30.8.1995, 94/16/0233.
21   VwGH 26.6.2014, 2012/16/0139.
22   VwGH 26.6.2014, 2012/16/0139; VwGH 18.11.1982, 0261/80; VwGH 19.4.1995, 89/16/0156; VwGH 27.6.1991, 90/16/0169; VfGH 16.12.1998, G137/98.

setzgeber stellt hierbei nicht auf bestimmte Typen von Rechtsvorgängen ab, die den Übergang des Eigentums bewirken, sondern auf **beliebige Rechtsformen**, mit denen Verwertungsbefugnisse eingeräumt werden können. Es kommt dabei auf die Umstände des Einzelfalls an. Sie lässt die wirtschaftliche Betrachtungsweise anstelle der sonst formalrechtlichen Anknüpfung der Grunderwerbsteuertatbestände zu.[23]

Der Tatbestand erfasst Vorgänge, die es ausschließlich dem Berechtigten erlauben, den Wert des Grundstücks auf eigene Rechnung zu verwerten.[24] Voraussetzung ist:

- eine **Bindung des Eigentümers** dergestalt, dass ausschließlich der Berechtigte die Verfügungsmacht über die Liegenschaft ausüben kann, und
- **die Verwertungsmöglichkeit seitens des Berechtigten**, also die Verfügungsmacht über die Substanz des Grundstücks.[25] Der Berechtigte muss dabei zumindest wirtschaftlich ein gewisses Risiko tragen, daher das Risiko der Tragung der Veräußerungskosten[26] oder des Ergebnisses der Veräußerung (Teilnahme am Mehrerlös).[27]

Beispiele:

1. **Erwerb über einen Treuhänder** durch den Treugeber, der damit schuldrechtlich die Verwertungsbefugnis erwirbt.[28]
2. **Alleinvermittlerauftrag**[29] oder **Kaufoption (verbindliches Kaufanbot)**[30] mit Recht auf Käufernennung und/oder Beteiligung am Kaufpreis oder auf Provision.
3. **Bauherrenvertrag**, wonach sich der Initiator (Bauträger) vom Grundstückseigentümer eine Verwertungsbefugnis am Grundstück einräumen lässt, indem er sich das Grundstück „fest an die Hand geben lässt" oder wirtschaftlich tatsächlich über das Grundstück verfügen kann und in der Folge die Erwerber zum Grundstückserwerb zulässt.[31]
4. **Übergabevertrag**, bei welchem dem Übergeber (oder dem Übernehmer) lediglich das zivilrechtliche Eigentum am Grundstück zukommen soll, der Übernehmer (bzw Übergeber) aber alle Verbindlichkeiten und Erhaltungspflichten übernimmt und zu dessen Gunsten auch ein Veräußerungs- und Belastungsverbot eingeräumt wird.[32]
5. **Vereinbarung der Einlage „quoad sortem"**, wonach der Gesellschafter weiterhin zivilrechtlicher Eigentümer des Grundstücks bleibt, aber die Gesellschaft über das Grundstück so verfügen kann, als stünde das Grundstück im zivilrechtlichen Eigentum (im Gesellschaftsvermögen) der Gesellschaft.[33]
6. **Kein Verwertungsrecht** besteht bei Einräumung der bloßen Nutzungsmöglichkeit[34] oder bloßer Beteiligung am Mehrerlös.[35]

---

23 VwGH 18.3.2013, 2011/16/0087.
24 VwGH 18.3.2013, 2011/16/0087.
25 VfGH 7.3.1986, B 251/80.
26 VwGH 25.9.1997, 97/16/0329.
27 VwGH 24.1.2001, 98/16/0125; VwGH 30.4.1999, 97/16/0503.
28 VwGH 28.11.1991, 88/16/0166; VwGH 28.11.1991, 88/16/0166; VwGH 7.3.1991, 90/16/0021.
29 Vgl VwGH 25.9.1997, 97/16/0329.
30 UFS 23.6.2004, RV/0113-L/02; UFS 4.5.2009, RV/0297-S/08; UFS 23.4.2008, RV/0476-F/07; UFS 17.11.2008, RV/0101-F/07.
31 Vgl VwGH 19.4.1995, 89/16/0156; VwGH 27.6.1991, 90/16/0169; VfGH 16.12.1998, G137/98.
32 VwGH 30.6.2005, 2004/16/0250; VwGH 18.3.2013, 2011/16/0087.
33 UFS 25.3.2004, RV/0476-I/02.
34 VwGH 29.6.2006, 2006/16/0004; VwGH 18.3.2013, 2011/16/0087; VfGH 7.3.1986, B251/80.
35 VwGH 25.11.1999, 99/16/0043.

825 Gesellschafterwechsel bei Personengesellschaft

Gehört zum unmittelbaren Vermögen einer rechtsfähigen Personengesellschaft ein inländisches Grundstück, dann unterliegt die unmittelbare **Änderung des Gesellschafterbestands** innerhalb von **fünf Jahren** im Ausmaß von **mindestens 95 % der Anteile am Gesellschaftsvermögen** zugunsten neuer Gesellschafter der Grunderwerbsteuer (§ 1 Abs 2a).

Die Bestimmung soll der GrESt auch die **Umgehung der Grunderwerbsteuer** mittels indirekten (mittelbaren) Erwerbs eines inländischen Grundstücks über den Erwerb der wesentlichen Anteile an der grundstückshaltenden Personengesellschaft durch neue Gesellschafter unterwerfen.[36] Der Tatbestand knüpft an zivilrechtliche Vorgänge an (formalrechtliche Anknüpfung); treuhändig gehaltene Gesellschaftsanteile werden aber den Treugeber zugerechnet (§ 1 Abs 2a letzter Satz). Am 31.12.2015 bereits treuhändig gehaltene Anteile werden allerdings weiterhin dem Treuhänder zugerechnet, wobei erst die Rückübertragung an den Treugeber zu einer Zurechnungsänderung führt; dadurch kann ein Gesellschafterwechsel begründet werden (§ 18 Abs 2p).

Der **Fünfjahreszeitraum** ab einer Änderung des Gesellschafterbestands zugunsten eines neuen Gesellschafters ist immer rückwirkend zu berechnen. Wird der Tatbestand ausgelöst, gelten alle Neugesellschafter als Altgesellschafter, sodass der Tatbestand erst bei weiteren Änderungen von 95 % ausgelöst wird. Im Fünfjahreszeitraum sind rückwirkend Änderungen des Gesellschafterbestands zugunsten neuer Gesellschafter jedoch erst ab dem 1.1.2016 zu berücksichtigen (ab der erstmaligen Anwendung der Bestimmung, § 18 Abs 2p). Gesellschafterwechsel zu Zeitpunkten, zu denen die Personengesellschaft über keine inländischen Grundstücke verfügt, bleiben außer Betracht.[37] Maßgeblich ist die **Beteiligung am Gesellschaftsvermögen**: daher gelten Arbeitsgesellschafter ohne Beteiligung am Gesellschaftsvermögen nicht als Gesellschafter für Zwecke eines Gesellschafterwechsels. Ein Grundstück gehört nur dann zum Vermögen der Gesellschaft, wenn sie dieses zivilrechtlich (Abs 1) oder wirtschaftlich (Verwertungsanspruch, Abs 2) erworben hat (Abs 2a letzter Satz).

Beispiele:

1. **Alt- und Neugesellschafter:** A hält 20 %, B 30 % und C 50 % am Gesellschaftsvermögen. Am 1.1.01 überträgt A seinen Anteil (20 %) auf B, C überträgt seinen Anteil am 30.6.04 an D. Es liegt noch kein steuerpflichtiger Vorgang vor, weil lediglich 50 % auf einen neuen Gesellschafter übergegangen sind. Am 1.1.09 überträgt B seinen Anteil (50 %) auf E. Damit kommt es rückblickend über die letzten fünf Jahre zu einer Änderung des Gesellschafterbestands in Höhe von 100 % zugunsten von D und E. Hätte B zumindest bis zum 1.7.09 mit der Übertragung auf E gewartet, wäre aufgrund dieser Übertragung noch keine GrESt angefallen.

2. **Treuhand:** A hält 90 %, sein Treuhänder T 10 % der Anteile am Gesellschaftsvermögen einer KG. A verkauft seinen Anteil von 90 % an den neuen B; der Treuhänder T soll die 10 % nunmehr für B halten. Ein Gesellschafterwechsel liegt vor, weil die Anteile des Treuhänders den Treugebern zuzurechnen sind.

---

36   Vgl VwGH 18.4.2012, 2009/16/0247.
37   BMF-Info 13.5.2016, 010206/0058-VI/5/2016.

3. **Eine mittelbare Änderung des Gesellschafterbestands** einer grundstückhaltenden Personengesellschaft durch Erwerb von Anteilen an einen Gesellschafter in der Form einer Kapitalgesellschaft (Erwerb von Anteilen an der GmbH als Komplementär einer GmbH & Co KG) ist nicht als Änderung des Gesellschafterbestands anzusehen.

4. **Der Erwerb aller Anteile an der Personengesellschaft** führt zivilrechtlich zur Anwachsung nach § 142 UGB und löst einen direkten Erwerb der Grundstücke von der Personengesellschaft durch den letzten Gesellschafter aus (§ 1 Abs 1 Z 2)[38]; es liegt kein Gesellschafterwechsel vor.

Anteilsvereinigung   826

Gehört zum Vermögen einer Gesellschaft unmittelbar ein inländisches Grundstück, dann unterliegt ein Rechtsvorgang der GrESt, der zur **Vereinigung von mindestens 95 % der Anteile** am Gesellschaftsvermögen oder an der Gesellschaft **in einer Hand** sachenrechtlich oder schuldrechtlich führt (§ 1 Abs 3).

Die Bestimmung ist **Ersatztatbestand** und soll auch die **Umgehung der Grunderwerbsteuer** mittels indirektem Erwerb eines inländischen Grundstücks über den Erwerb der wesentlichen Anteile an der grundstückhaltenden Gesellschaft der GrESt unterwerfen.[39] Ein Grundstück gehört nur dann zum Vermögen der Gesellschaft, wenn sie dieses zivilrechtlich (Abs 1) oder wirtschaftlich (Verwertungsanspruch, Abs 2) erworben hat (§ 1 Abs 3 letzter Satz).

Die Bestimmung knüpft an zivilrechtliche Vorgänge an (formalrechtliche Anknüpfung); treuhändig gehaltene Gesellschaftsanteile werden dem Treugeber zugerechnet (§ 1 Abs 3 vorletzter Satz). Am 31.12.2015 bereits treuhändig gehaltene Anteile werden jedoch weiterhin dem Treuhänder zugerechnet, wobei erst die Rückübertragung an den Treugeber zu einer Zurechnungsänderung führt; dadurch kann eine Anteilsvereinigung begründet werden (§ 18 Abs 2p).

Beispiel zur Treuhandkonstruktion:
A hält 90 % der Anteile und B 10 %. B überträgt seine Anteile an C, der die Anteile treuhändig für A hält. Die Übertragung an C löst bereits den Tatbestand der Anteilsvereinigung aus, weil durch die Treuhand alle Anteile in der Hand von A vereinigt werden (90 % direkt und 10 % über Treuhänder).

Keine Anteilsvereinigung liegt bei einer nach dem 31.12.2015 erstmaligen Änderung der Anteilshöhe zwischen 95 % und 100 % vor, sofern zum 31.12.2015 die Anteile von 95 % oder mehr bereits in der Hand einer Person oder einer Unternehmensgruppe gehalten wurden (§ 18 Abs 2p, **Übergangsbestimmung** zur Vermeidung einer doppelten Nichtbesteuerung). Eine erstmalige Verringerung unter 100 % (bei Anteilsvereinigung nach alter Rechtslage bereits verwirklichter Anteilsvereinigung[40]) oder eine erstmalige Änderung unter 95 % löst diesen Tatbestand nicht aus.

---

38   BFG 16.10.2014, RV/6100226/2008.
39   VwGH 18.4.2012, 2009/16/0247.
40   BMF-Info 13.5.2016, 010206/0058-VI/5/2016.

Beispiele:

1. **Erwerb von zumindest 95 % der Anteile**[41] **oder Erwerb weiterer Anteile, die zu einer Anteilsvereinigung von zumindest 95 % führen,** an einer Gesellschaft durch eine Person mittels Rechtsgeschäfts, wie insbesondere Abtretungs- und Kaufvertrag, Schenkungsvertrag, und Erwerb im Erbweg.[42] Dies gilt auch bei Kapitalerhöhungen[43] oder Kapitalabsetzung mit Einziehung von Anteilen[44] und den Erwerb zusätzlicher Anteile.

2. **Anteilserwerb als Vorbereitungshandlung oder Anteilsdurchschleusung** einer Umgründung kann auch eine Anteilsvereinigung darstellen, sofern ein eigenständiger Rechtsvorgang vorliegt.[45]

3. **Eigene, durch die Gesellschaft gehaltene Anteile** werden bei Ermittlung der 95-%-Grenze berücksichtigt. Hält die Gesellschaft selbst 10 % eigene Anteile und werden die restlichen 90 % erworben, dann wird dadurch der Tatbestand nicht ausgelöst.[46]

4. **Übergangsbestimmung:** Die nach dem 31.12.2015 erstmalige Änderung der Anteilshöhe von 96 % auf 98 % löst eine Anteilsvereinigung aus. Dagegen löst die Verminderung der Anteilshöhe von 100 % (bereits erfolgte Anteilsvereinigung nach alter Rechtslage) auf 98 % oder von 98 % auf 92 % (unter 95 %) keine Anteilsvereinigung aus.

827 Anteilsvereinigung: In einer Hand oder einer Unternehmensgruppe

In einer Hand vereinigt sind die Anteile dann, wenn diese in der Hand **eines Erwerbers** allein oder in der Hand **einer Unternehmensgruppe,** also durch Gruppenmitglieder und den Gruppenträger (§ 9 KStG), vereinigt werden. Die Vereinigung in einer Hand allein als auch die Vereinigung in der Hand einer Unternehmensgruppe gelten als zwei Tatbestände innerhalb der Anteilsvereinigung. Maßgeblich ist die **ertragsteuerliche Wirksamkeit der Unternehmensgruppe.** Eine vor dem Anteilserwerb rückwirkende Gruppenbildung kann daher den Tatbestand der Anteilsvereinigung nachträglich auslösen.[47]

Beispiele:

1. **Anteilsvereinigung durch Unternehmensgruppe:** Gruppenträger A hält 30 % der Anteile an einer grundstückshaltenden Kapitalgesellschaft. Die restlichen 70 % werden vom Gruppenmitglied B erworben. Durch den Erwerb von 100 % der Anteile an einer grundstückshaltenden Kapitalgesellschaft in der Hand einer Unternehmensgruppe wird der Tatbestand der Anteilsvereinigung ausgelöst.

2. **Anteilsvereinigung innerhalb der Unternehmensgruppe:** Gruppenträger A hält 30 % der Anteile an einer grundstückhaltenden Kapitalgesellschaft und überträgt den Anteil an das Gruppenmitglied B, das die restlichen 70 % hält. Es kommt dabei zu einer Anteilsvereinigung in der Hand eines Erwerbers.

828 Anteilsvereinigung: Personengesellschaften

Bei **Personengesellschaften** ist die **Anteilsvereinigung** gegenüber dem wesentlichen Gesellschafterwechsel **subsidiär** und kommt daher nur dann zur Anwendung, wenn der Tatbestand des wesentlichen Gesellschafterwechsels nicht erfüllt wird (§ 1 Abs 3).

---

41 VwGH 17.9.1992, 91/16/0085.
42 VwGH 18.4.2012, 2009/16/0247.
43 BMF-Info 13.5.2016, 010206/0058-VI/5/2016.
44 VwGH 28.9.1998, 98/16/0052.
45 VwGH 28.9.1998, 98/16/0052; VwGH 16.12.2014, 2013/16/0188; UmgrStR 2002 Rz 340.
46 BMF-Info 13.5.2016, 010206/0058-VI/5/2016.
47 BMF-Info 13.5.2016, 010206/0058-VI/5/2016.

Beispiele:

1. **Änderung des Gesellschafterbestands:** Gesellschafter A (95 %) überträgt seinen Anteil auf einen neuen Gesellschafter B. Es liegt eine Änderung des Gesellschafterbestands zugunsten eines neuen Gesellschafters vor. Eine Anteilsvereinigung würde zwar auch vorliegen, der Tatbestand der Änderung des Gesellschafterbestands hat aber Vorrang.
2. **Anteilsvereinigung:** A (95 %) überträgt einen Anteil von 90 % auf den anderen Gesellschafter B (5 %). Es liegt keine Änderung des Gesellschafterbestands mangels Übertragung auf einen neuen Gesellschafter vor. Stattdessen liegt eine Anteilsvereinigung bei B vor.

Mehrfache Rechtsvorgänge, die einen oder mehrere Tatbestände erfüllen   829

Werden gleichzeitig oder zeitlich hintereinander **mehrere Tatbestände** erfüllt, dann kann dies mehrfach Grunderwerbsteuer auslösen. Eine Entlastung findet in bestimmten Fällen statt, wonach die Erhebung der GrESt in Höhe der bereits versteuerten Bemessungsgrundlage unterbleibt (→ 840).

Beispiel:

1. **Treuhand:** Der Treuhänder erwirbt für den Treugeber ein Grundstück (Erwerb der Verwertungsbefugnis) und überträgt in der Folge auch das zivilrechtliche Eigentum an den Treugeber (Erwerb durch Rechtsgeschäft).
2. **Umgründung:** Der gleichzeitige Abschluss eines Realteilungsvertrags und eines Zusammenschlussvertrags, womit ein Grundstück von der Gesellschaft an den Gesellschafter und von diesem an eine neue Gesellschaft übertragen wird, löst zweimalig Grunderwerbsteuer aus.[48]

3.3. Befreiungen (§ 3 GrEStG)

830

Bestimmte Übertragungen sind von der GrESt ausgenommen (§ 3). Steuerbefreiungen bestehen vorwiegend aus **öffentlichen**, aus **betrieblichen** und aus **privaten** Gründen.

Vertiefung: Befreiungen aus öffentlichen Gründen   831

- **Bagatellerwerbe:** Erwerb eines Grundstücks mit einem steuerlich maßgebenden Wert bis zu EUR 1.100 (§ 3 Abs 1 Z 1 lit a) oder Erwerb eines Grundstücks gemäß § 13 des Liegenschaftsteilungsgesetzes mit einem steuerlich maßgebenden Wert bis zu EUR 2.000 (§ 3 Abs 1 Z 1 lit b).
- Unentgeltliche Erwerbe durch **Rechtsträger mit gemeinnützigen oder vergleichbaren Zwecken** (§ 3 Abs 1 Z 3).
- **Grundstückserwerbe im Wege eines Zusammenlegungs- oder Flurbereinigungsverfahrens** (§ 3 Abs 1 Z 4).[49]
- **Erwerb aufgrund behördlicher Maßnahmen zur besseren Gestaltung von Bauland** (§ 3 Abs 1 Z 5).[50]

---

48   VwGH 27.5.1999, 98/16/0304.
49   VwGH 8.5.2008, 2007/16/0019.
50   VwGH 27.11.2008, 2007/16/0139.

- **Erwerb durch einen fremden Staat** für Zwecke seiner ausländischen Vertretungsbehörden, soweit Gegenseitigkeit gewährleistet ist (§ 3 Abs 1 Z 6).
- **Erwerb infolge eines behördlichen Eingriffs** oder zur Vermeidung eines solchen nachweisbar unmittelbar drohenden Eingriffs (§ 3 Abs 1 Z 8).
- **Zuwendungen öffentlich-rechtlicher Körperschaften** (§ 3 Abs 1 Z 9).
- **Steuerbefreiung aufgrund steuerlicher Sonderregelungen für die Ausgliederung** von Aufgaben von Körperschaften des öffentlichen Rechts (Art 43 Budgetbegleitgesetz 2001).[51]
- **Flächenteilung von Grundstücken von Miteigentümern** unter Beibehaltung der anteilsmäßigen Quote am Miteigentum (§ 3 Abs 2). Durch die Befreiung soll jene Härte beseitigt werden, die darin liegt, dass bei letztlich gleichbleibender Berechtigung – statt Quoteneigentum nunmehr Flächeneigentum – Steuer anfällt.[52]

832 Vertiefung: Befreiungen aus betrieblichen Gründen

- **Neugründung:** Nichterhebung der GrESt bei Neugründungen nach dem NeuFöG.
- **Betriebsnachfolge:** Bestimmte unentgeltliche oder teilentgeltliche Erwerbe betrieblicher Grundstücke durch eine natürliche Person im Zuge einer Übergabe eines Betriebs, Teilbetriebs oder Mitunternehmeranteils, wenn der Übergeber erwerbsunfähig ist oder das 55. Lebensjahr vollendet hat, in Höhe eines Freibetrags.
  - land- und forstwirtschaftliche Grundstücke mit Freibetrag bis EUR 365.000 (§ 3 Abs 1 Z 2),
  - sonstige betriebliche Grundstücke mit Freibetrag bis EUR 900.000 (§ 3 Abs 1 Z 2a).

833 Vertiefung: Befreiungen aus privaten Gründen

- **Grundstückserwerbe durch den Ehegatten oder eingetragenen Partner** unmittelbar zum Zweck der gleichteiligen Anschaffung oder Errichtung einer Wohnstätte zur Befriedigung eines dringenden Wohnbedürfnisses der beiden, soweit die Wohnfläche 150 m² nicht übersteigt (§ 3 Abs 1 Z 7); Erwerb im Todesfall einer Wohnstätte oder eines Anteils an dieser durch den Ehegatten oder eingetragenen Partner, wenn das Grundstück dem Erwerber im Zeitpunkt des Todes als Hauptwohnsitz gedient hat, bis zur Wohnnutzfläche von 150m² (§ 3 Abs 1 Z 7a).

4. Ermittlung der Steuer (§§ 4 ff GrEStG)

4.1. Bemessungsgrundlage (§§ 4 ff GrEStG)

834

Als **Bemessungsgrundlage** für einen grunderwerbsteuerbaren Tatbestand gilt der Wert des Grundstückes.

---

51   BGBl I 2000/142 idF BGBl I 2002/84.
52   VfGH 10.3.1993, B 371/92.

Dabei können unterschiedliche Werte anzuwenden sein:

- der **Wert der Gegenleistung** (§ 5),
- der **Grundstückswert** (§ 4),
- der **Einheitswert** (§ 6).

Die Bewertung erfolgt dabei nach den Grundsätzen des **Bewertungsgesetzes**. Zeitlich maßgeblicher Wert ist der im Zeitpunkt der Entstehung der Steuerschuld.[53]

Einheitswert (§§ 4, 6 GrEStG)   835

> Der **Einheitswert** ist Bemessungsgrundlage bei bestimmten begünstigten Erwerbsvorgängen von **land- und forstwirtschaftlichen Grundstücken** (§ 4 Abs 2).

Anwendungsfälle:

1. Übertragung eines Grundstückes **innerhalb der Familie** (§ 26a Abs 1 Z 1 GGG) unter Lebenden oder von Todes wegen (Z 1 und Z 2). Ein **Erwerb von Todes wegen** liegt bei Erwerb durch Erbanfall, durch Vermächtnis oder durch Erfüllung des Pflichtteilsanspruchs mit Vereinbarung an Erfüllung statt vor Beendigung des Verlassenschaftsverfahrens vor (Z 2).
2. Bei wesentlicher Änderung des Gesellschafterbestands (§ 1 Abs 2a) oder Anteilsvereinigung (§ 1 Abs 3 Z 3).
3. Bei Grundstückserwerb aufgrund einer **Umgründung** nach dem Umgründungssteuergesetz (Z 4).

Maßgebend ist der **Einheitswert**, der auf den dem Erwerbsvorgang unmittelbar **vorausgegangenen Feststellungszeitpunkt** festgestellt ist. Ein besonderer Einheitswert ist für den Zeitpunkt des Erwerbsvorgangs (Stichtag) zu ermitteln, zu dem sich die **Verhältnisse wesentlich geändert** haben und eine Wertvorschreibung, eine Artfortschreibung oder eine Nachfeststellung zu erfolgen hätte (§ 6).

Grundstückswert (§ 4 GrEStG)   836

> Der **Grundstückswert** ist Bemessungsgrundlage in bestimmten Fällen, in denen grundsätzlich kein direkter Kauf eines Grundstücks zwischen Fremden erfolgt (§ 4 Abs 1).

Anwendungsfälle:

1. der **Wert der Gegenleistung** ist **niedriger** als der Grundstückswert,
2. Erwerb **innerhalb der Familie** unter Lebenden oder generell **von Todes wegen**,
3. bei Änderung des **Gesellschafterbestands** (§ 1 Abs 2a) oder **Anteilsvereinigung** (§ 1 Abs 3),
4. bei **Umgründungen** nach dem Umgründungssteuergesetz: Das sind Verschmelzung (§ 6 Abs 6 UmgrStG),[54] Umwandlung (§ 11 Abs 5 UmgrStG),[55] Einbringung (§ 22 Abs 5 UmgrStG), Zusammenschluss (§ 26 Abs 4 UmgrStG),[56] Realteilung (unter der Bedingung, dass die Grundstü-

---

53   VwGH 8.9.2010, 2009/16/0017.
54   UmgrStR 2002 Rz 336.
55   VwGH 24.11.1994, 94/16/0253; UmgrStR 2002 Rz 618.
56   VwGH 27.5.1999, 98/16/0304; UmgrStR 2002 Rz 1490.

cke nicht innerhalb der letzten drei Jahre Gegenstand eines nach dem UmgrStG begünstigten Erwerbsvorgangs waren; § 31 Abs 3 UmgrStG)[57] und Spaltung (§ 38 Abs 6 UmgrStG). Der Grundstückswert gilt für alle Erwerbsvorgänge aufgrund einer Umgründung iSd Umgründungssteuergesetzes unabhängig davon, ob sie unmittelbar durch den Umgründungsvorgang verwirklicht werden (Übertragung aufgrund der Verschmelzung) oder nur mittelbar (Übertragung von Sonderbetriebsvermögen bei Übertragung eines Mitunternehmeranteils, Anwachsung nach § 142 UGB).

837 Grundstückswert: Ermittlung

Der **Grundstückswert ermittelt sich** wahlweise entweder (§ 4 Abs 1):

- als Summe des hochgerechneten (anteiligen) dreifachen Bodenwerts (§ 53 Abs 2 BewG) und des (anteiligen) Werts des Gebäudes (**Pauschalwertmodell**), oder
- in Höhe eines von einem geeigneten **Immobilienpreisspiegel** abgeleiteten Werts. Die Ermittlung ist in der Grundstückswertverordnung geregelt, oder
- in Höhe des **gemeinen Werts** des Grundstücks (zum Baurecht → 839 Beispiel Baurecht).

Erfolgt der Nachweis des gemeinen Werts durch Vorlage eines **Schätzungsgutachtens**, das von einem allgemein beeideten und gerichtlich zertifizierten Immobiliensachverständigen erstellt wurde, hat der von diesem festgestellte Wert die Vermutung der Richtigkeit für sich (§ 4 Abs 1 letzter Absatz).

Beispiel für die Berechnung des Grundstückswerts:

Bodenwert und Gebäudewert: Dreifacher **Bodenwert** (aus Einheitswertbescheid, Abfrage über FinanzOnline) × Quadratmeter × Hochrechnungsfaktor (zwischen 1 und 12,5 laut Anlage zur Grundstückswertverordnung) plus **Gebäudewert**, ermittelt aus Nutzfläche x Baukostenfaktor (Prozentsatz von 25–100 % je nach Nutzungsart von EUR 1.270 – 1.670 je nach Bundesland) x Zustandsfaktor (Prozentsatz von 30 % – 100 % aufgrund des Zustands) (§ 2 Grundstückswertverordnung; Online-Berechnung auf BMF-Webseite).

Immobilienpreisspiegel: 71,25 % des Werts aus den zuletzt veröffentlichten Immobiliendurchschnittspreisen der Statistik Austria, vorausgesetzt das Grundstück passt in eine der Kategorien der Tabelle (Baugrundstück, Häuser, Wohnungen) (§ 3 Grundstückswertverordnung).

80 m² Altbauwohnung in Wien, 1. Bezirk:

3× EUR 200/m² (Bodenwert) × 80m² × 3 (HF) plus 80m² × EUR 1.470 (BKF) × 80 % (ZStF) = **EUR 238.080** als Grundstückwert.

EUR 5.901 /m² × 80 m² × 71,25 % = **EUR 336.357** als Grundstückswert.

838 Gegenleistung: Anwendungsbereich, Umfang und Zustand

Sofern eine **Gegenleistung** vorhanden und keine besondere Bemessungsgrundlage anzuwenden ist (Grundstückswert oder Einheitswert) ist der Wert der Gegenleistung **Bemessungsgrundlage** der Grunderwerbsteuer (§ 4 Abs 1; § 5).

Maßgebend für die Bemessung der Gegenleistung ist dabei der **Umfang oder Zustand, in dem das Grundstück erworben werden soll,** nicht dagegen, in welchem Zustand es

---

57   VwGH 27.5.1999, 98/16/0304; UmgrStR 2002 Rz 1634.

sich befindet.[58] Dabei ist vorrangig auf den Parteiwillen der beteiligten Personen abzustellen. Zivilrechtlich selbständige Rechtsgeschäfte können dabei wirtschaftlich einen einheitlichen Erwerbsvorgang für Zwecke der GrESt darstellen, unabhängig davon, ob sie mit dem Veräußerer oder einem Dritten abgeschlossen werden.[59]

Beispiele:

1. **Erwerb eines Grundstücks im unbebauten Zustand,** wenn der Erwerber selbst als Bauherr auftritt; zur Gegenleistung zählt nur das Entgelt für das unbebaute Grundstück. Der Erwerber ist Bauherr, wenn er (kumulativ) (i) auf die bauliche Gestaltung des Gebäudes Einfluss nehmen kann, (ii) das Baurisiko trägt, dh den bauausführenden Unternehmen gegenüber unmittelbar berechtigt und verpflichtet ist und (iii) das finanzielle Risiko tragen muss, dh dass er nicht bloß einen Fixpreis zu zahlen hat, sondern alle Kostensteigerungen übernehmen muss, aber auch berechtigt ist, von den Bauausführenden Rechnungslegung zu verlangen.[60]
2. **Erwerb eines Grundstücks im bebauten Zustand,** entweder bei bereits fertiggestellter Bebauung oder bei geplantem Bau, wenn der Erwerber selbst nicht Bauherr ist und der Werkvertrag mit dem Grunderwerbsvertrag in einem engen sachlichen Zusammenhang steht; zur Gegenleistung zählt neben dem Entgelt für das unbebaute Grundstück auch das prognostizierte oder feststehende Entgelt[61] für die geplante Bebauung (**Bauherrenmodell**). Der Erwerb im bebauten Zustand ist dann anzunehmen, wenn der Verkäufer des unbebauten Grundstücks (i) durch Zusammenwirken mit einem Dritten (Organisator) (ii) gleichzeitig einen Werkvertrag mit dem Erwerber über die Errichtung eines Gebäudes abschließt und (iii) der Grundstückskaufvertrag und der Gebäudeerrichtungswerkvertrag – rechtlich oder wirtschaftlich – in einem engen sachlichen Zusammenhang stehen (einheitliches Vertragskonzept, gerichtet auf den Erwerb eines bebauten Grundstücks).[62]
3. **Bei Erwerb eines aufgeschlossenen Grundstücks** sind die noch zu leistenden Aufschließungskosten in die Bemessungsgrundlage einzubeziehen.[63]
4. **Bei Erwerb eines Gesamtvermögens (Unternehmen) oder eines Grundstücks mit Zubehör** ist die Gegenleistung für das sonstige Vermögen, das nicht zum Grundstück zählt (wie zum Beispiel Zugehör einer Betriebsanlage), auszuscheiden.[64] Bei einer Gegenleistung für das gesamte Vermögen ist der Anteil zu berechnen, der auf die darin befindlichen Grundstücke entfällt, im Verhältnis des Werts des Gesamtvermögens zum Wert der darin befindlichen Grundstücke.[65]

Gegenleistung: Ermittlung (§ 5 GrEStG) 839

Der **Begriff der Gegenleistung** ist ein dem Grunderwerbsteuerrecht **eigentümlicher Begriff,** der über den bürgerlich-rechtlichen Begriff der Gegenleistung hinausgeht. Er ist vielmehr im **wirtschaftlichen Sinn** (§ 21 BAO) zu verstehen. Gegenleistung ist **jede geldwerte entgeltliche Leistung, die für den Erwerb des Grundstücks zu zahlen ist.**[66]

Dabei ist unter einer **Leistung** vorrangig das Verhalten des Schuldners zu verstehen, welches dieser aufgrund des Schuldverhältnisses zu setzen verpflichtet ist und das der

---

58 VwGH 29.8.2013, 2012/16/0159; VwGH 25.8.2005, 2005/16/0104; VwGH 24.5.1971, 1251/69.
59 VwGH 30.1.2014, 2013/16/0078.
60 VwGH 29.7.2004, 2004/16/0053; VwGH 30.1.2014, 2013/16/0078.
61 VwGH 30.1.2014, 2013/16/0078.
62 VwGH 19.4.1995, 89/16/0156; VwGH 30.1.2014, 2013/16/0078; VwGH 8.9.2010, 2008/16/0014.
63 VwGH 25.2.1993, 91/16/0031.
64 VwGH 29.8.2013, 2012/16/0159.
65 VwGH 11.9.2014, 2012/16/0108.
66 VwGH 11.9.2014, 2012/16/0108; VwGH 29.8.2013, 2012/16/0159.

Befriedigung der Interessen des Gläubigers dienen soll.[67] Stehen Leistungen in unmittelbarem, tatsächlichem und wirtschaftlichem „inneren" Zusammenhang mit dem Erwerb des Grundstücks, dann sind diese als Gegenleistung im Sinne des GrEStG anzusehen.[68] Zur Gegenleistung gehören auch Leistungen, die der Erwerber dem Veräußerer neben der vereinbarten Gegenleistung zusätzlich gewährt (§ 5 Abs 2 Z 1) und Belastungen auf dem Grundstück, die bereits kraft Gesetz übergehen (ausgenommen dauernde Lasten; § 5 Abs 2 Z 2), auch wenn der Übergang der Belastung nicht ausdrücklich vereinbart wurden.

Beispiele:

1. **Bei einem Kauf** besteht die Gegenleistung aus dem Kaufpreis einschließlich der vom Käufer übernommenen sonstigen Leistungen und der dem Verkäufer vorbehaltenen Nutzungen (§ 5 Abs 1 Z 1). Dazu zählen vorbehaltene Wohnrechte und Fruchtgenussrechte.[69]
2. **Abtretung eines Übereignungsanspruchs:** Übernahme der Verpflichtung aus dem Rechtsgeschäft, das den Übereignungsanspruch begründet hat, einschließlich der besonderen Leistungen, zu denen sich der Übernehmer dem Abtretenden gegenüber verpflichtet (Leistungen, die der Abtretende dem Übernehmer gegenüber übernimmt, sind abzusetzen) (§ 5 Abs 1 Z 6).
3. **Leistungen von Dritten für den Erwerb und an Dritte für den Verzicht** sind hinzuzurechnen (§ 5 Abs 3 Z 1 und Z 2). Dazu zählt die Förderung durch Gebietskörperschaften[70] oder der Gesamterlös bei einer Verlosung.[71]
4. **Die Übernahme einer Schuld, Kosten des Veräußerers oder Belastungen,** insbesondere aufgrund eines hypothekarisch belasteten Grundstücks mit Schuldübernahme, stellt eine Gegenleistung zum Erwerb des Grundstücks dar.[72] Zu den Belastungen zählen Wohn- und Ausgedingerechte,[73] aber auch als vorbehaltene Nutzung die Belastung mit einem Mieter, soweit die Mietvorauszahlung dem Veräußerer verbleibt.[74] Die Übernahme der GrESt im Innenverhältnis ist ohne Einfluss auf die Gegenleistung (§ 5 Abs 4).[75]
5. **Tausch:** Gegenleistung stellt das eigene in Tausch gegebene Grundstück zum gemeinen Wert dar (§ 4 Abs 2 Z 4).[76]
6. **Scheidungsvergleich:** individuelle Gegenleistung für Grundstück oder Ermittlung ist der Grundstückswert.[77]
7. **Baurecht:** Bei einem Baurecht ist Gegenleistung der Bauzins (Einmalerlag oder jährlicher Zins). Bei einem jährlichen Bauzins ist dieser aus dem Barwert der zukünftigen Baurechtszahlungen zu bestimmen, maximal jedoch vom 18fachen des jährlichen Baurechtszinses (§ 15 BewG).[78] Sofern die Gegenleistung geringer ist als der Grundstückswert (zB familiäre oder wirtschaftliche Gründe), ist auf den Grundstückswert des Baurechtes abzustellen (§ 4 Abs 1).[79] Nach der Grundstückswertverordnung ist dennoch bei einem Baurecht über

---

67 VwGH 24.2.2005, 2004/16/0200.
68 VwGH 29.8.2013, 2012/16/0160; VwGH 25.2.1993, 91/16/0031.
69 VwGH 4.12.2003, 2003/16/0091.
70 VwGH 29.9.2010, 2009/16/0054.
71 VwGH 29.8.2013, 2012/16/0159.
72 VwGH 11.9.2014, 2012/16/0108; VwGH 20.6.1990, 89/16/0101; VwGH 25.2.1993, 91/16/0031.
73 VwGH 26.6.2014, 2010/16/0296; VwGH 21.11.2012, 2012/16/0112.
74 VwGH 8.9.2010, 2008/16/0120.
75 VwGH 29.8.2013, 2012/16/0159.
76 VwGH 25.10.2006, 2006/16/0018; VwGH 26.3.1981, 3502/78.
77 VwGH 25.10.2006, 2006/16/0018; VwGH 7.10.1993, 92/16/0149; VwGH 26.1.1989, 88/16/0107.
78 BFG 25.9.2014, RV/7102583/2013; VwGH 11.9.2018, Ra 2017/16/0005.
79 Vgl VwGH 11.9.2018, Ra 2017/16/0005 zur alten Rechtslage betreffend gemeiner Wert des Baurechts (nicht des Grundstückes).

50 Jahre der Grundwert des Grundstückes heranzuziehen; bei einem Baurecht unter 50 Jahre sind für jedes Jahr 2 % vom Grundwert des Grundstückes anzusetzen (§ 2 Abs 4 VO).[80] Als Alternative dazu wäre der Grundstückswert des Baurechts durch ein Schätzungsgutachten über dessen gemeinen Wert zu bestimmen (§ 4 Abs 1 letzter Absatz).

8. **Verwertungsbefugnis (§ 1 Abs 2):** Mindestverkaufspreis oder Globalverkaufspreis ohne Verkaufsprovision oder gewährtem Mehrerlös[81]; bei Treuhand: Verpflichtung des Treuhänders gegenüber dem Dritten.[82]

9. **Anwachsung (§ 142 UGB):** (i) die anteilig übernommenen Schulden, (ii) eine Abfindung bzw sonstige Leistungen an den ausgeschiedenen Gesellschafter und (iii) der Wert des bisherigen Gesellschafteranteils des übernehmenden Gesellschafters.[83]

10. **Bei gesellschaftsrechtlichen Vorgängen zwischen Gesellschafter und Gesellschaft** liegt im Falle eines Tausches eine Gegenleistung vor. Bei Einlage ist die Gegenleistung der gemeine Wert der erhaltenen oder erhöhten Gesellschaftsrechte (erhöhtes Kapitalkonto) als anteiliger Wert am Gesellschaftsvermögen nach Einlage.[84] Bei Entnahme ist die Gegenleistung der Wert der aufgegebenen Gesellschaftsrechte oder das dadurch reduzierte Kapitalkonto.[85] Entsteht ein Gewinnanspruch und wird dieser durch Übertragung eines Grundstückes erfüllt, dann erfolgt die Übertragung an Erfüllung statt und der Gewinnanspruch ist Gegenleistung für das Grundstück.[86] Eine Gegenleistung fehlt, wenn es zu einer Einlage kommt, aber die Gesellschaftsrechte sich nicht erhöhen und auch sonst keine Gegenleistung vorgesehen ist (Erhöhung der Kapitalrücklage); in diesem Fall ist der Grundstückswert des Grundstücks heranzuziehen.[87]

Differenzbesteuerung bei mehreren Rechtsvorgängen   840

Zur **Vermeidung einer Doppelbelastung aufgrund bestimmter mehrfacher Rechtsvorgänge** wird die Steuer jedoch nur insoweit erhoben, als die Bemessungsgrundlage für den späteren Rechtsvorgang den Betrag übersteigt, von dem beim vorangegangenen Rechtsvorgang die Steuer berechnet worden ist (**Differenzbesteuerung**, § 1 Abs 4 und 5). Voraussetzung ist nach der Rechtsprechung grundsätzlich, dass **Grundstücksidentität** und **Parteienidentität** besteht.[88]

Eine **Verminderung der Bemessungsgrundlage** kommt in Betracht, wenn:

- auf einen Erwerb der wirtschaftlichen Verfügungsbefugnis (Abs 2) oder einer Anteilsvereinigung (Abs 3) der zivilrechtliche Erwerb des Grundstücks (Abs 1) folgt (Abs 4 erster Satz);
- auf einen zivilrechtlichen Erwerb des Grundstücks (Abs 1) der Erwerb der wirtschaftlichen Verwertungsbefugnis (Abs 2) folgt (Abs 4 zweiter Satz);

---

80   Ebenso BFG 18.4.2019, RV/3100679/2017, Revision unter Ro 2019/16/0005 anhängig.
81   VwGH 25.9.1997, 97/16/0329.
82   VwGH 7.3.1991, 90/16/0021.
83   VwGH 29.1.2009, 2008/16/0126; BFG 4.12.2014, RV/3100941/2014; BFG 16.10.2014, RV/6100226/2008; VwGH 23.1.1986, 84/16/0155, ÖStZB 1986, 436; VwGH 23.2.1989, 88/16/0105, ÖStZB 1989, 417; UFS 22.1.2007, RV/0222-F/06; UFS 10.5.2011, RV/2941-W/07.
84   VwGH 24.2.2005, 2004/16/0200; VwGH 16.11.1995, 94/16/0068; VwGH 20.6.1990, 89/16/0101; VwGH 17.2.1994, 92/16/0152.
85   VwGH 24.5.2012, 2009/16/0321.
86   VwGH 24.5.2012, 2009/16/0321, zu einer OG; VwGH 25.11.2015, Ro 2015/16/0034, zu einer GmbH, wobei im maßgeblichen Beschluss das Grundstück als Sachausschüttung erwähnt, aber noch keinem Gesellschafter zugeordnet wurde.
87   Vgl VwGH 24.2.2005, 2004/16/0200, zum gemeinen Wert als „Vorläufer" des Grundstückswertes.
88   VwGH 27.5.1999, 98/16/0304.

- auf eine Anteilsvereinigung (Abs 3) oder einen Gesellschafterwechsel (Abs 2a) eine Anteilsvereinigung (Abs 3) oder ein Gesellschafterwechsel (Abs 2a) erfolgt und beide Vorgänge innerhalb der ertragsteuerlich gleichen Unternehmensgruppe erfolgen (Abs 5).

Beispiele:
1. **Bei Übergabe mit Vorbehalt der Nutzung und der wirtschaftlichen Verwertungsbefugnis** geht das zivilrechtliche Eigentum über. Gehen in der Folge auch das Nutzungsrecht und die Verwertungsbefugnis auf den zivilrechtlichen Eigentümer über (Rechtsverzicht oder von Todes wegen), kommt es zum Übergang der wirtschaftlichen Verfügungsbefugnis, womit die Begünstigung über die Verminderung der Bemessungsgrundlage anzuwenden ist.
2. **Bei einer Realteilung der alten KG und einem Zusammenschluss mit einer neuen KG** liegen zwei Grunderwerbsteuertatbestände vor, die nicht zwischen denselben Personen erfolgen und daher nicht begünstigt sind.[89]
3. **Bei einer Anteilsvereinigung und einer nachfolgenden Umgründung** auf den Gesellschafter scheidet eine Anrechnung mangels Parteienidentität aus.[90] Dagegen lässt die Finanzverwaltung bei Anteilsvereinigung und Up-Stream Verschmelzung eine Anrechnung zu.[91]
4. **Anteilsvereinigung bei Übertragung von Anteilen innerhalb einer Unternehmensgruppe:** Werden die Anteile eines Gruppenmitglieds teilweise auf ein anderes Gruppenmitglied übertragen, sodass die 95-%-Grenze unterschritten wird, wird dadurch gleichzeitig eine Anteilsvereinigung in der Hand einer Unternehmensgruppe ausgelöst. Die Verminderung der Bemessungsgrundlage ist anwendbar.

4.2. Steuersatz (§ 7 GrEStG)

841 Die Grunderwerbsteuer kennt abhängig vom Erwerbsvorgang **unterschiedliche Steuersätze** (§ 7 Abs 1).

Dabei ist zu unterscheiden zwischen:

- **Stufentarif von 0,5 % bis 3,5 %** für unentgeltliche Erwerbe zum Grundstückswert (Z 2 lit a und b),
- **Steuersatz von 2 %** für Übertragungen land- und forstwirtschaftlicher Grundstücke in der Familie (Z 2 lit d),
- **Steuersatz von 0,5 %** für begünstigte Umgründungen, Änderungen des Gesellschafterbestands und Anteilsvereinigungen zum Grundstückswert (Z 2 lit c);
- **Steuersatz von 3,5 %** für sonstige Erwerbe (Z 3).

Beispiele zu besonderen Erwerbsvorgängen und anwendbarem Steuersatz:
Bei Erwerb im Wege der Anwachsung erfolgt die Übertragung eines Grundstücks der Personengesellschaft direkt von der Personengesellschaft, sodass immer der normale Steuersatz anzuwenden ist.

---

89 VwGH 27.5.1999, 98/16/0304.
90 UFS 26.9.2007, RV/0172-L/06 zur Umwandlung.
91 UmgrStR 2002 Rz 346.

Überblick: Ermittlung der Grunderwerbsteuer 842

Besondere Übertragungsformen:	Land- und Forstwirtschaft	Sonstige Grundstücke	
Übertragung innerhalb der Familie (§ 26a GGG)	2 % × EW	0,5 % bis 3,5 % (Stufentarif) × GstW	
Sonstige Übertragung von Todes wegen, § 14/1/1WEG	0,5 % bis 3,5 % (Stufentarif) × GstW	0,5 % bis 3,5 % (Stufentarif) × GstW	
Anteilsvereinigung Gesellschafterwechsel PersG Umgründungen iSd UmgrStG	3,5 % × EW	0,5 % × GstW	
Sonstige Übertragungen:	**Unentgeltlich (bis 30 % GstW)**	**Teilentgeltlich (30 % bis 70 % GstW)**	**Entgeltlich (ab 70 % GstW)**
Sonstige Erwerber Beispiele Kaufverträge zwischen Fremden Schenkungen zwischen Personen außerhalb der Familie	0,5 % bis 3,5 % (Stufentarif) × GstW	Unentgeltlicher Teil: 0,5 % bis 3,5 % (Stufentarif) × nicht abgegolteter GstW Entgeltlicher Teil: 3,5 % × durch GL abgegolteter GstW	3,5% × GL (oder höherem GstW)
Privatrechtliche Stiftung als Erwerber (Stiftungseingangssteueräquivalent)	**+2,5 % × Differenz** von niedriger GL und höherem GstW	**+2,5 % × Differenz** von niedriger GL und höherem GstW	

Abbildung 44: Ermittlung der Grunderwerbsteuer

Stufentarif: Anwendung 843

Der **Stufentarif** ist bei gleichzeitiger Anwendung des Grundstückswerts anwendbar auf unentgeltliche und teilentgeltliche Erwerbe. Als **unentgeltlicher Erwerb gilt** (Z 1):

- wenn die Gegenleistung **nicht mehr als 30 %** des Grundstückswerts beträgt (lit a).
- wenn die Gegenleistung **mehr als 30 %, aber nicht mehr als 70 % des Grundstückswerts** beträgt (teilentgeltliche Erwerbe), soweit der Grundstückswert nicht durch ein Entgelt abgedeckt wird; der restliche Teil gilt als entgeltlich; beträgt die Gegenleistung mehr als 70 % des Grundstückswerts, liegt zur Gänze ein entgeltlicher Erwerb vor (lit a). Liegt zwar eine Gegenleistung vor, ist ihre Höhe aber nicht zu ermitteln (zu bewerten), dann gilt der Erwerbsvorgang als teilentgeltlich und es eine Gegenleistung von 50 % wird angenommen (lit d).
- immer bei Erwerben **von Todes wegen**, also durch Erbanfall, durch Vermächtnis, durch Erfüllung eines Pflichtteilsanspruchs, wenn die Leistung an Erfüllung statt vor Beendigung des Verlassenschaftsverfahrens vereinbart wird, oder bei Übergang des Anteils des Wohnungseigentums im Todesfall des Partners (§ 14 Abs 1 Z 1 WEG) (lit b).
- immer bei Erwerb unter Lebenden innerhalb der **Familie** (lit c).

Beispiele:

1. **Teilentgeltlicher Erwerb:** A schenkt B ein Grundstück mit einem Grundstückswert von EUR 200.000 gegen Übernahme der darauf lastenden Schulden von EUR 80.000. Da die Gegenleistung 40 % des Grundstückswerts beträgt, ist die Bemessungsgrundlage in einen unentgeltlichen Teil (60 %, daher EUR 120.000) und einen entgeltlichen Teil (40 %, daher EUR 80.000) aufzuteilen. Der unentgeltliche Teil unterliegt dem Stufentarif, der entgeltliche Teil dem allgemeinen Steuersatz von 3,5 %.[92]

---

92   EB zur Steuerreform 2015/16.

2. **Erwerbe im Familienverband:** Erwerbe im Familienverband gelten immer als unentgeltliche Erwerbe, auch wenn sie entgeltlich sind. Daher ist immer der Stufentarif anzuwenden.
3. **Bei Erwerb aufgrund der Scheidung, Aufhebung oder Nichtigerklärung einer Ehe** oder eingetragenen Partnerschaft kommt der begünstigte Steuersatz nur dann zur Anwendung, wenn das Grundstück gemeinsames Gebrauchsvermögen oder gemeinsame Ersparnisse darstellt. Bei sonstigen Grundstücken, wie betrieblichen Grundstücken, kommt der normale Steuersatz dann zur Anwendung, wenn die Übertragung aufgrund des Scheidungsvergleichs mit Eintritt der Scheidung, Aufhebung oder Nichtigerklärung bedingt ist, weil in diesem Fall die Übertragung nicht mehr zwischen Ehegatten oder eingetragenen Partnern erfolgt.[93]
4. **Sachzuwendungen durch Privatstiftungen** an Begünstigte ohne Rechtsanspruch erfolgen ohne Gegenleistung.

844 Stufentarif: Ermittlung

Der Stufentarif **beträgt** (§ 7 Abs 1 Z 2 lit a):

- **0,5 %** für die ersten EUR 250.000,
- **2 %** für die nächsten EUR 150.000, und
- **3,5 %** darüber hinaus.

Der **anzuwendende Steuersatz** ermittelt sich aus der Gesamtbemessungsgrundlage der unentgeltlichen und teilentgeltlichen Erwerbe, die dem Stufentarif unterliegen, von einer Person an den Erwerber (vertikale Zusammenrechnung) sowie Erwerbe einer wirtschaftlichen Einheit oder Teile dieser durch zwei oder mehrere Erwerbsvorgänge durch den Erwerber (horizontale Zusammenrechnung) innerhalb der **letzten fünf Jahre** rückwirkend ab dem Entstehen der Steuerschuld.

Bei unentgeltlichen Übertragungen **land- und forstwirtschaftlicher Grundstücke zum Einheitswert** kommt stattdessen immer der Steuersatz von **2 %** (vom Einheitswert) zur Anwendung (Z 2 lit b).

Beispiele:
1. **Ermittlung des Steuersatzes und Fünf-Jahres-Zeitraum:** Im Jahr 01 schenkt A dem B ein Grundstück mit einem Grundstückswert von EUR 300.000. A stirbt im Jahr 04 und hinterlässt B ein weiteres Grundstück mit einem Grundstückswert in Höhe von EUR 500.000 (vertikale Zusammenrechnung). Der Erwerb im Jahr 01 unterliegt für die ersten EUR 250.000 dem Steuersatz von 0,5 % und für die nächsten EUR 50.000 dem Steuersatz von 2 %, daher insgesamt EUR 2.250. Der Erwerb im Jahr 04 erfolgt in Höhe der restlichen EUR 100.000 mit dem Steuersatz von 2 % und der Rest von EUR 400.000 wird mit dem Steuersatz von 3,5 % besteuert, somit EUR 16.000.
2. **Übertragung einer wirtschaftlichen Einheit durch zwei Personen** (horizontale Zusammenrechnung): Übertragen zwei Personen ein Grundstück als wirtschaftliche Einheit, das ihnen je zur Hälfte gehört, auf eine Person (zB ihr Kind), dann gilt dies als ein Erwerbsvorgang und daher sind die Erwerbe zur Ermittlung des Steuersatzes zusammenzurechnen.[94]

845 Vertiefung: Stufentarif bei begünstigter Betriebsnachfolge

Mit einem Freibetrag steuerbegünstigte Erwerbe von nicht land- und forstwirtschaftlichen Grundstücken aufgrund einer **Betriebsnachfolge** unterliegen mit dem unentgelt-

---

93   VwGH 26.6.2014, 2010/16/0296.
94   EB zur Steuerreform 2015/16.

lichen Teil dem **Stufentarif** und sind auch in die Gesamtbemessungsgrundlage einzubeziehen. Die Steuer wird jedoch der Höhe nach begrenzt mit 0,5 % des Grundstückswerts vor Abzug des Freibetrags. Eine Nacherhebung hat ohne Begrenzung zu erfolgen. Der entgeltliche Teil unterliegt dem allgemeinen Steuersatz von 3,5 % (§ 7 Abs 1 Z 2 lit a).

Beispiele:

1. **Ermittlung und Deckelung:** Ein Betriebsgrundstück mit einem Grundstückswert von EUR 2 Mio mit Übernahme der Schulden von EUR 0,8 Mio wird im Wege der Betriebsnachfolge begünstigt innerhalb der Familie übertragen. Die Übertragung innerhalb des Familienverbands gilt zur Gänze als unentgeltlich. Nach Abzug des Freibetrags von EUR 0,9 Mio verbleibt eine Bemessungsgrundlage von EUR 1,1 Mio. Der Stufentarif würde zu einer Belastung von EUR 28.750 führen. Aufgrund der Deckelung mit 0,5 % des Grundstückswerts von EUR 2 Mio kommt es hingegen nur zu einer Belastung von EUR 10.000.[95]
2. **Nacherhebung:** Hat eine Nacherhebung (ohne Berücksichtigung des Freibetrags zu erfolgen, dann ist die Steuer zum Stufentarif ohne Deckelung zu ermitteln und die Differenz zur bereits bezahlten Steuer nachzuzahlen.[96]

Vertiefung: Äquivalent zur Stiftungseingangssteuer 846

Bei **unentgeltlichen oder teilentgeltlichen Erwerben durch eine privatrechtliche Stiftung** oder durch eine damit vergleichbare Vermögensmasse **erhöht sich im Falle der Steuerpflicht die Steuer um 2,5 % des Unterschiedsbetrags** zwischen dem Grundstückswert und einer allfälligen Gegenleistung (Stiftungseingangssteueräquivalent; § 7 Abs 2). Gleichzeitig ist die Zuwendung von inländischen Grundstücken von der Stiftungseingangssteuer befreit (§ 1 Abs 6 Z 5 StiftEG).

Beispiel:

A überträgt der Privatstiftung ein Grundstück mit einem Grundstückswert von EUR 100.000 gegen Übernahme der darauf lastenden Schulden von EUR 40.000 (3,5 %). Die darauf anfallende GrESt wird erhöht um das Stiftungseingangssteueräquivalent von 2,5 % von EUR 60.000 (Bemessungsgrundlage für den zum Stufentarif begünstigten Teil).

4.3. Steuerschuldner und Steuerschuld (§§ 8, 9 GrEStG)

Steuerschuldner (§ 9 GrEStG) 847

Steuerschuldner sind grundsätzlich die am Erwerbsvorgang beteiligten Personen (§ 9 Z 4).

Bei einem Kaufvertrag ist dies der Verkäufer und der Käufer des Grundstücks. **Ausnahmen:**

- Erwerb **kraft Gesetz**: bisherige Eigentümer und Erwerber (Z 1),
- Erwerb von Todes wegen, Schenkungen auf den Todesfall, Enteignungsverfahren und beim Zuschlag im Zwangsversteigerungsverfahren: Erwerber (Z 2),

---

95 EB zur Steuerreform 2015/16.
96 EB zur Steuerreform 2015/16.

- Erwerb mittels übertragenem **Kaufanbot**: annehmende Person und unmittelbarer Überträger der Kaufoption (Z 2a),
- **Gesellschafterwechsel** bei Personengesellschaft: Personengesellschaft (Z 3 lit a),
- **Anteilsvereinigung**: Erwerber (Z 3 lit b), bei Anteilsvereinigung in der Hand einer Unternehmensgruppe: am Erwerbsvorgang beteiligten Personen (Z 3 lit c).

848 **Entstehung der Steuerschuld (§ 8 GrEStG)**

Die **Steuerschuld entsteht** im Zeitpunkt der Verwirklichung eines steuerpflichtigen Erwerbsvorgangs (§ 8 Abs 1).

Maßgeblich ist der **Abschluss** (die Unterzeichnung) des Rechtsgeschäfts oder des Erwerbs kraft Gesetz. Auf den Zeitpunkt der Grundbuchseintragung kommt es nicht an.

Ausnahmen:

- **Bedingungen (Genehmigungen)**: Ist die Wirksamkeit des Erwerbsvorgangs von einer aufschiebenden Bedingung[97] oder einer Behördengenehmigung abhängig (insbesondere Grundverkehrsbehörde), dann entsteht die Schuld erst mit Eintritt der Bedingung oder der Genehmigung (§ 8 Abs 2). Eine das Verfügungsgeschäft betreffende Bedingung schlägt dabei auf das Verpflichtungsgeschäft durch.[98] Dagegen lässt eine auflösende Bedingung die Steuerschuld sofort entstehen.[99]
- **Erwerb von Todes wegen**: Für Erwerbe aufgrund einer Schenkung auf den Todesfall entsteht die Steuerschuld mit dem Tod des Geschenkgebers (§ 8 Abs 3). Bei Erwerb durch Erbanfall entsteht die Steuerschuld mit der Rechtskraft des Beschlusses über die Einantwortung und bei Erwerben durch Vermächtnis mit Bestätigung des Verlassenschaftsgerichts (§ 182 Abs 3 AußStrG; § 8 Abs 4).
- **Anteilsvereinigung**: Wird eine Anteilsvereinigung aufgrund einer rückwirkenden Gruppenbildung ausgelöst, dann entsteht die Steuerschuld mit Rechtskraft des Gruppenbescheids.[100]

5. Erhebung der Steuer (§§ 10 ff GrEStG)

5.1. Abgabenerklärung oder Selbstberechnung

849 Die Grunderwerbsteuer ist zu **erheben** mittels:

- **Abgabenerklärung** und Feststellung der Steuerschuld mittels Bescheid (§ 10) oder optional durch
- **Selbstberechnung** (in der Praxis häufiger, §§ 11 bis 13).

---

97   VwGH 26.6.2014, 2010/16/0296.
98   VwGH 26.6.2014, 2010/16/0296; VwGH 25.11.2010, 2010/16/0060.
99   Vgl VwGH 9.8.2001, 2000/16/0085, ÖStZB 2002, 414.
100 BMF-Info 13.5.2016, 010206/0058-VI/5/2016, 1.3.4.

Der **Vorteil der Selbstberechnung** liegt darin, dass gleichzeitig auch das Grundbuchsgesuch noch vor Anmeldung und Zahlung der GrESt erfolgen kann, weil die Erklärung der Selbstberechnung durch den Parteienvertreter die sonst erforderliche Unbedenklichkeitsbescheinigung nach § 160 BAO für die Eintragung ins Grundbuch ersetzt (§ 12).[101] Mit der Selbstberechnung erfolgt gleichzeitig die Verpflichtung des Parteienvertreters zur Mitteilung und Selbstberechnung der **Immobilienertragsteuer;** bei Abgabenerklärung erfolgt dagegen eine bloße Meldung.

Eine Selbstberechnung ist **dann nicht möglich,** wenn:

- die Nichtfestsetzung oder Abänderung nach § 17 geltend gemacht wird → 854,
- die Bemessungsgrundlage nicht eindeutig feststeht,
- bei nachträglichen Leistungen für den Erwerb des Grundstücks (§ 10 Abs 3), oder
- eine ratenweise Festsetzung bei begünstigten Erwerbern vorgenommen werden soll → 853.

Abgabenerklärung und Selbstberechnung sind jeweils durch einen **Parteienvertreter** durchzuführen (Rechtsanwalt oder Notar; § 11) und **elektronisch über FinanzOnline** einzureichen. Eine Übermittlung der Abgabenerklärung durch den Steuerschuldner selbst ist nur bei einer Befreiung nach § 3 Abs 1 Z 4 (Zusammenlegung und Flurbereinigung) und § 3 Abs 1 Z 5 (bessere Gestaltung von Bauland) zulässig und hat auch in diesem Fall elektronisch zu erfolgen.[102] Zuständig ist das **Finanzamt Österreich** → 982.

Vertiefung: Abgabenerklärung (§ 10 GrEStG)   850

Die **Abgabenerklärung** hat bis zum **15. Tag des auf den Kalendermonat, in dem die Steuerschuld entstanden ist bzw wäre, zweitfolgenden Monats** zu erfolgen (bei einem Europäischem Nachlasszeugnis aufgrund eines ausländischen Nachlassverfahrens bis zum 15. Tag des zweitfolgenden Monats nach dessen Ausstellung, Abs 1a). Ausgefertigte Schriften über den Erwerbsvorgang (zB Urkunde, Beschluss) sind der Abgabenerklärung in Abschrift anzuschließen. Die Steuerschuld ist **ein Monat nach Zustellung des Bescheids fällig** (§ 210 BAO). Zur Abgabenerklärung sind die Steuerschuldner, sowie Notare, Rechtsanwälte und sonstige Bevollmächtigte, soweit sie beim Erwerb oder der Errichtung der Vertragsurkunde mitgewirkt haben, verpflichtet. Werden **nachträglich Leistungen** für den Erwerb des Grundstücks erbracht, dann sind diese bis zum 15. Tag des auf den Monat, in dem die Steuerschuld entstanden ist, zweitfolgenden Monats der Leistung zu erklären (§ 10 Abs 3).

Vertiefung: Selbstberechnung (§§ 11 ff GrEStG)   851

Die **Selbstberechnung** hat bis zum **15. Tag des auf den Monat, in dem die Steuerschuld entstanden ist, zweitfolgenden Monats zu erfolgen.** Nach der Selbstberechnung ist **bis zum 15. Tag des auf den Monat, in dem die Steuerschuld entstanden ist, zweitfolgenden Monats** der Selbstberechnung eine elektronische **Anmeldung** über die selbstberechneten Rechtsvorgänge einzureichen und die Steuer zu entrichten (Anmeldungszeitraum und Fälligkeitstag; GrESt-SelbstberechnungsVO).

---

101   BMF 21.12.2012, 010206/0222-VI/5/2012.
102   Zur Pflicht der Vorlage durch Parteienvertreter BFG 18.9.2014, RS/7100139/2014, RS/7100024/2014; BMF 21.12.2012, 010206/0222-VI/5/2012.

Beispiel zur Selbstberechnung:

Der Kaufvertrag wird am 25.4. abgeschlossen. Bis zum 15.6. kann eine Selbstberechnung erfolgen. Die Selbstberechnung findet am 10.6. statt. Die Anmeldung und Entrichtung hat bis zum 15.8. zu erfolgen.

Bei der Selbstberechnung hat der Steuerschuldner dem Parteienvertreter die **Grundlagen für die Selbstberechnung**, insbesondere die Daten zur Ermittlung des Grundstückswerts und frühere Erwerbe, anzugeben und deren Richtigkeit und Vollständigkeit schriftlich zu bestätigen. Entsprechen die der Selbstberechnung zugrunde liegenden Angaben nicht den tatsächlichen Gegebenheiten, besteht weiterhin die Verpflichtung des Steuerschuldners, eine Abgabenerklärung einzureichen. Die **Parteienvertreter haften** für die Entrichtung der selbstberechneten Steuer.

852 Überblick: Ablauf eines Grundstückserwerbs

Vertragserrichtung und Unterzeichnung	Abgabenberechnung und Entrichtung
1. Grundbuchsauszug mit aktuellem Status erstellen (Pfandrecht, Rechte Dritter etc)	1. Übermittlung der Informationen durch die Parteien und Bestätigung der Berechnungsgrundlagen für die Immobilienertragsteuer durch den Verkäufer gegenüber dem Parteienvertreter; Berechnung der Abgaben
2. Vertragsentwurf erstellen, Kreditvertragsentwurf	
3. Treuhandauftrag mit Verkäufer und Käufer, gleichzeitig mit Bank für Eintragung der Neuhypothek	2. Überweisung GrESt und Eintragungsgebühr auf Konto (Anderkonto, Hinweis in Vertrag bei Nichtüberweisung: keine Selbstberechnung nach §11 GrEStG, sondern Abgabenerklärung nach §10 und bloße FA-Meldung)
4. Unterzeichnung des Kaufvertrages mit Aufsandungserklärung des Eigentümers	

Grundbucheintragung/Kaufpreisentrichtung	
1. Anmerkung der Rangordnung für Eigentumserwerb und Pfandrecht an RA-Treuhänder (§ 57a Abs 4 GBG)	3. Abzug und Abfuhr der Immobilienertragsteuer vom erlegten Kaufpreis (Wohnsitz-FA des Verkäufers als Begünstige)
2. Überweisung Kaufpreis auf Treuhandkonto (vor oder nach Unterzeichnung)	4. Ermitteln, ob Steuernummer für Verkäufer vorhanden ist, sonst anfordern
3. Verwendung des Kaufpreises zur Lastenfreistellung mit Löschungserklärung (für Altgläubiger)	5. Entrichtung der Abgaben über FinanzOnline, Erfassungsnummer generieren, dann Vermerk auf Urkunde "Selbstberechnung" und "Erfassungsnummer" anbringen
4. Löschung der Althypothek	
5. Innerhalb eines Monats nach Erwerb Kündigungsmöglichkeit bei Versicherer der Liegenschaft/ Leistungsbefreiung (§ 70 f VersVG)	6. Einscannen und Hochladen der Urkunde mit Vermerk Selbstberechnung und Erfassungsnummer in Urkundenarchiv; Freigabe für Finanzamt (BMF und BMJ) aktivieren; Erhalt des Zugriffscodes
6. Antrag beim Grundbuchgericht auf Einverleibung des Eigentums und der Neuhypothek	7. Selbstberechnung oder Abgabenerklärung über FinanzOnline mit Zugriffscode; Erhalt der Vorgangsnummer – für Grundbuchgericht wichtig zur Identifizierung der Selbstberechnung, Vorgangsnummer in Grundbuchgesuch aufnehmen
7. Eintragung des Eigentums und der Neuhypothek binnen 1 bis 2 Monaten	
8. Nach Eintragung: Auszahlung an Verkäufer	

Abbildung 45: Ablauf eines Grundstückserwerbs

853 Vertiefung: Verteilung der Festsetzung bis zu fünf Jahren bei begünstigen Rechtsvorgängen

Auf Antrag kann die Grunderwerbsteuer bei **begünstigten Rechtsvorgängen** statt in einem Betrag **in höchstens fünf Jahresbeträgen** festgesetzt werden, soweit der Erwerbsvorgang im Wege der **Abgabenerklärung** angezeigt und daher durch Bescheid festgesetzt wird (§ 7 Abs 3). Eine Verteilung ist für folgende **begünstigte Rechtsvorgänge** möglich:

- unentgeltlicher Teil von Grundstückserwerben, für die der Grundstückswert als Bemessungsgrundlage gilt;
- unentgeltlicher Erwerb von Grundstücken bei Betriebsnachfolge (außer es handelt sich um land- und forstwirtschaftliche Grundstücke); und

- begünstigte Umgründungen, Änderungen des Gesellschafterbestands und Anteils-vereinigungen (außer es handelt sich um land- und forstwirtschaftliche Grund-stücke).

Der **einzelne Jahresbetrag** ist in der Weise zu ermitteln, dass bei einer Verteilung auf zwei, drei, vier oder fünf Jahre der Gesamtbetrag um vier, sechs, acht oder zehn Prozent zu erhöhen und in zwei, drei, vier oder fünf gleiche Teile aufzuteilen ist. Der erste Teil wird mit Ablauf eines Monats nach Zustellung des Steuerbescheids fällig. Die Fälligkeit der Jahresbeträge für die auf die Zustellung des Steuerbescheids folgenden Kalender-jahre tritt jeweils **am 31.3.** jedes folgenden Kalenderjahres ein (§ 7 Abs 3).

Beispiel zur ratenweisen Festsetzung:

Am 1.6. erfolgt eine Übertragung eines gewerblich genutzten Grundstücks aufgrund einer nach dem Umgründungssteuergesetz begünstigten Umgründung. Die Steuer dafür beträgt EUR 10.000. Der Steuerpflichtige stellt einen Antrag zur Verteilung auf 3 (5) Jahre gemeinsam mit Einreichung der Abgabenerklärung. Im Bescheid schreibt die Behörde die Steuer in Höhe von EUR 10.600 (EUR 11.000), also plus 6 % (10 %) vor, setzt sie aber jährlich mit EUR 3.533 (EUR 2.200) fest. Der erste Betrag wird mit Ablauf des Monats der Bescheidzustellung fällig, die folgenden Beträge jeweils am 31.3. der Folgejahre.

5.2. Nichtfestsetzung oder Abänderung der Steuer (§ 17 GrEStG)

854

In bestimmten Fällen kann auf **Antrag** die Steuer **nicht festgesetzt** (Abs 1), **herabgesetzt** (Abs 3) oder **abgeändert** (Abs 4) werden (§ 17).

Der Antrag muss **bis zum Ablauf des fünften Kalenderjahres**, in dem das maßgebliche Ereignis eintritt, beim zuständigen Finanzamt eingebracht werden. Bis zu einem Jahr nach Wirksamwerden der Festsetzung kann eine Herabsetzung oder Abänderung jeden-falls noch erfolgen (§ 17 Abs 5).

Die Steuerfreiheit rückgängig gemachter Erwerbsvorgänge entspricht der materiellen Zielsetzung des Grunderwerbsteuergesetzes, **den Grundverkehr und nicht bloße (zu Verträgen verdichtete) Absichten zu besteuern.** Ist der Erwerbsvorgang fehlgeschlagen und wird er wieder rückgängig gemacht, erweist sich seine vorangegangene Besteuerung als unbegründet.[103] Bei den Ansprüchen daraus handelt es sich um selbständige, gegen-läufige Ansprüche aus dem Steuerschuldverhältnis, die den ursprünglichen Steuer-anspruch unberührt lassen.[104]

Nichtfestsetzung oder Änderung

855

Die Steuer wird bei **Rückgängigmachung** auf Antrag nicht festgesetzt bzw abgeändert aufgrund:

- der Ausübung eines vorbehaltenen Rücktrittsrechts oder eines Wiederkaufsrechts innerhalb von drei Jahren seit der Entstehung der Steuerschuld (§ 17 Abs 1 Z 1),

---

103   VfGH 20.6.1986, 10926/1986.
104   VwGH 26.5.2011, 2011/16/0001.

- eines Rechtsanspruchs, weil Vertragsbestimmungen nicht erfüllt werden (§ 17 Abs 1 Z 2),
- der Ungültigkeit des Rechtsgeschäfts, wenn das wirschaftliche Ergebnis des ungültigen Rechtsgeschäfts beseitigt wird (§ 17 Abs 1 Z 3),
- aufgrund eines Rechtsanspruchs auf Herausgabe eines geschenkten oder von Todes wegen erworbenen Grundstücks (§ 17 Abs 1 Z 4).

Eine **Rückgängigmachung** liegt nur vor, wenn der Verkäufer jene Verfügungsmacht über das Grundstück, das er vor Vertragsabschluss innehatte, wiedererlangt hat.[105] Die Rückgängigmachung würde aber selbst wieder einen Tatbestand der Grunderwerbsteuer erfüllen. Es ist dabei nicht erforderlich, dass die Rückgängigmachung zwischen denselben Personen erfolgt.[106]

Ist zur Durchführung einer Rückgängigmachung zwischen dem seinerzeitigen Veräußerer und dem seinerzeitigen Erwerber ein **weiterer Rechtsvorgang** erforderlich, der selbst einen Erwerbsvorgang nach § 1 darstellt, so sind auch auf diesen Rechtsvorgang die Bestimmungen des § 17 Abs 1 Z 1, 2 und 4 sinngemäß anzuwenden (§ 17 Abs 2). Allerdings muss für diese Begünstigung die Rückgängigmachung zwischen den seinerzeitigen Vertragsparteien erfolgen (**Parteienidentität**).[107]

Beispiele:

1. **Bei einem Kaufvertrag, der nicht erfüllt wird, weil der Veräußerer stirbt** und der Erbe ohne Kenntnis an einen Dritten veräußert hat, kann die auf den Kaufvertrag entrichtete Steuer rückerstattet werden. Die Auflösungsvereinbarung als bloße Rückgängigmachung eines bloß obligatorischen Übereignungsanspruches löst selbst keine Grunderwerbsteuer aus.[108]
2. **Wird die Auflösung eines Kaufvertrags vereinbart, aber gleichzeitig die weitere Veräußerung durch den Verkäufer an einen Dritten vorgenommen**, dann erlangt der Verkäufer aufgrund der gleichzeitig erfolgten neuerlichen Veräußerung nicht die Möglichkeit, über das Grundstück anderweitig frei zu verfügen. Daher ist die Rückerstattung nicht zulässig.[109]
3. **Ein gesetzliches Rücktrittsrecht** erfüllt die Voraussetzungen nicht, weil die Tatbestände von einem vereinbarten Rücktritt ausgehen. Das Recht des Rücktritts des Insolvenzverwalters nach § 21 IO führt nur zum Unterbleiben der Erfüllung, nicht aber zur Rückgängigmachung.[110]

856 Änderung der Gegenleistung

Wird der Rechtsvorgang zwar nicht rückgängig gemacht, aber zumindest die **Gegenleistung für das Grundstück herabgesetzt** (§ 17 Abs 3), so wird die Steuer auf Antrag der Herabsetzung entsprechend festgesetzt, wenn entweder:

- die Herabsetzung **innerhalb von drei Jahren** seit der Entstehung der Steuerschuld stattfindet (Beschränkung der Zeit nach, Z 1), oder

---

105 VwGH 30.6.2005, 2005/16/0094; VwGH 26.1.2006, 2005/16/0261; VwGH 26.5.2011, 2011/16/0001.
106 VwGH 26.5.2011, 2011/16/0001.
107 VwGH 26.5.2011, 2011/16/0001.
108 VwGH 26.5.2011, 2011/16/0001.
109 VwGH 8.9.2010, 2008/16/0141.
110 VwGH 27.11.2008, 2007/16/0143.

- die Herabsetzung (Minderung) **aufgrund der §§ 932 und 933 ABGB** (Gewährleistungsrechte und Verjährungsfrist) vollzogen wird (Beschränkung dem Grunde nach, Z 2).

Werden für den Erwerb nachträglich **zusätzliche Leistungen** erbracht (erhöhte Leistung, Leistung für Verzicht auf Erwerb durch Dritte, Leistung durch Dritte), dann erhöhen diese die Bemessungsgrundlage und sind im Wege einer Abgabenerklärung offenzulegen (§ 10 Abs 3).

Kapitel 15

Rechtsgeschäftsgebühren[1]

1. Überblick

Rechtsgeschäftsgebühren entstehen durch **Abschluss von gebührenpflichtigen Rechts-** 857
geschäften. Grundsätzlich können Rechtsgeschäftsgebühren durch Gestaltungsformen
auf legalem Wege **vermieden** werden. Die Ermittlung und Erhebung erfolgt in der Regel
durch **Mitwirkung des Gebührenpflichtigen**. Davon unterscheiden sich die Verwal-
tungsgebühren und Gerichtsgebühren, weil diese nur im Fall der Inanspruchnahme der
Behörden oder Gerichte anfallen und nur schwer vermeidbar sind. Die Ermittlung und
Erhebung der Gebühr erfolgt zumeist durch die Behörden selbst.

Gebührensubjekt 858

Der Rechtsgeschäftsgebühr unterliegen **zivilrechtsfähige Personen**, somit natürliche
Personen, juristische Personen und rechtsfähige Personengesellschaften.

Gebührenobjekt 859

Der Rechtsgeschäftsgebühr unterliegen nur **bestimmte** zivilrechtlich zustande gekommene und durchsetzbare **Rechtsgeschäfte**, wenn über sie eine **Urkunde** errichtet wurde,
die als Beweis über das abgeschlossene Rechtsgeschäft dienen kann. Darüber hinaus
muss ein **Inlandsbezug** vorliegen. Voraussetzung sind daher drei Punkte:

- **Gebührenpflichtiges, zivilrechtlich gültiges Rechtsgeschäft,**
- **Urkundenprinzip: Beweiskräftige Urkunde über das Rechtsgeschäft,**
- **Inlandsbezug.**

Die **Vermeidung** der Rechtsgeschäftsgebühr erfolgt aufgrund der vorrangig formellen
Anknüpfung auf einfache Weise. Ein Missbrauch kann im Vermeidungsfall aufgrund
der Anknüpfung an formelle Voraussetzungen nicht vorliegen.[2]

Dies erfolgt durch:

- **Vermeidung eines gebührenpflichtigen Rechtsgeschäfts** durch gezielte Anwendung von Befreiungen oder Anwendung von steuerfreien wirtschaftlich vergleichbaren Rechtsgeschäften.
- **Vermeidung einer beweiskräftigen Urkunde** durch Videoaufzeichnung, mündliche
  Annahme oder Anwaltskorrespondenz.
- **Vermeidung eines Inlandsbezugs** durch Erstellung der Urkunde im Ausland über
  eine ausländische Sache und Vereinbarung eines ausländischen Erfüllungsorts.

---

1 Paragraphenverweise ohne Gesetzesangabe beziehen sich auf das Gebührengesetz (GebG).
2 VwGH 6.11.1980, 2511/78, zur Auslandsbeurkundung.

860 Ermittlung der Gebühr

Die Gebühr ermittelt sich aus einem **Gebührensatz** (bis 2 %) und der **Bemessungsgrundlage**.

Die **Bemessungsgrundlage** hängt dabei von der Art des Rechtsgeschäfts ab und knüpft an den Wert des Vertrags (Entgelt, Dauer), die zu besichernde Verbindlichkeit oder zu bezahlende Schuld, den Wert des Vermögens oder ähnliche Wertmaßstäbe an.

861 Erhebung der Gebühr

Die Erhebung der Gebühr erfolgt im Wege einer **Gebührenanzeige** und bescheidmäßigen Gebührenvorschreibung oder einer **Selbstberechnung** und Entrichtung der Gebühr.

862 Überblick: Bausteine der Rechtsgeschäftsgebühr

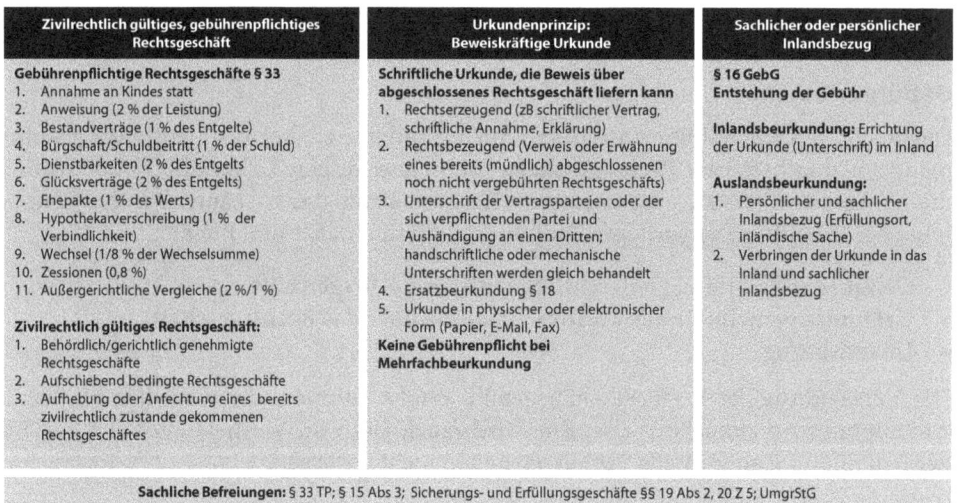

Abbildung 46: Bausteine der Rechtsgeschäftsgebühr

2. Gebührensubjekt, Gebührenobjekt

2.1. Gebührensubjekt

863

Der Rechtsgeschäftsgebühr unterliegen in Anknüpfung an zivilrechtliche Rechtsgeschäfte nur **rechtsfähige Personen**, somit natürliche Personen, juristische Personen und rechtsfähige Personengesellschaften.

2.2. Gebührenpflichtige Rechtsgeschäfte (§ 33 GebG)

Der Rechtsgeschäftsgebühr unterliegen ausschließlich die in § 33 **aufgezählten, zivil-** **864** **rechtlich gültig zustande gekommenen Rechtsgeschäfte.** Diese sind:

- Annahmeverträge zur Annahme an Kindes statt (TP 1),
- Anweisungen (TP 4),
- Bestandverträge (TP 5),
- Bürgschaftserklärungen und Schuldbeitritte (TP 7),
- Dienstbarkeiten (TP 9),
- Ehepakte (TP 11),
- Glücksverträge (TP 17),
- Hypothekarverschreibungen als Hypothekarbestellungserklärungen (TP 18),
- Außergerichtliche Vergleiche (TP 20),
- Zessionen (TP 21),
- Wechsel und kaufmännische Verpflichtungsscheine (TP 22).

Die Gebührentatbestände des § 33 verweisen allgemein auf Rechtsgeschäfte des **Zivilrechts**. Für die Abgrenzung unterschiedlich geregelter gebührenpflichtiger Rechtsgeschäfte voneinander ist daher deren **zivilrechtliche Einordnung** maßgebend. Enthält **ein einheitlicher Vertrag Elemente verschiedener Vertragstypen**, ist er gebührenrechtlich nach seinem überwiegenden rechtlichen oder wirtschaftlichen Zweck zu beurteilen (Einheitstheorie anstelle der Zerlegungstheorie). Für die Rechtsnatur eines Vertrags ist die nach § 914 ABGB ermittelte Absicht der Parteien hinsichtlich der Wirkungen des Vertrags maßgebend. Dabei kommt es vor allem auf den von den Parteien bei Abschluss des Vertrags verfolgten, objektiv erkennbaren Zweck des Vertrags an.[3] Bei **Rechtsgeschäften, die ausländischem Recht unterliegen**, ist für gebührenrechtliche Zwecke die Einordnung nach inländischem Zivilrecht erforderlich. Dies erweist sich in der Praxis nicht immer als einfach.

Befreiungen   **865**

Unter bestimmten Voraussetzungen sind **in § 33 aufgezählte Rechtsgeschäfte gebührenfrei**. Neben speziellen Befreiungen in den jeweiligen Tarifposten bestehen folgende, für die Praxis relevante allgemeine Befreiungen:

- Die Rechtsgeschäftsgebühr ist **subsidiär gegenüber anderen Steuerarten.** Wenn ein Rechtsgeschäft unter das Grunderwerbsteuergesetz, das Kapitalverkehrsteuergesetz (Gesellschaftsteuer und Wertpapiersteuer), das Versicherungssteuergesetz oder das Stiftungseingangssteuergesetz fällt, dann ist dieses Rechtsgeschäft **von der Gebührenpflicht ausgenommen** (§ 15 Abs 3).
- Unterliegt das Hauptgeschäft grundsätzlich der Gebührenpflicht oder einer anderen Verkehrsteuer, dann sind **Nebengeschäfte** zwischen denselben Parteien (Parteienidentität), die in derselben Urkunde (Urkundenidentität) zur Sicherung oder Erfüllung des Hauptgeschäfts vereinbart werden, **gebührenfrei** (§ 19 Abs 2).

---

3   VwGH 24.6.2010, 2010/16/0053.

- Gebührenfrei sind **Sicherungs- und Erfüllungsgeschäfte** – ausgenommen Wechsel – zu Darlehens-, Kredit-, Haftungs- und Garantiekreditverträgen sowie zu Factoring-geschäften (§ 1 Abs 1 Z 16 BWG) getroffene Vereinbarungen über die Gewährung eines Rahmens für die Inanspruchnahme von Anzahlungen[4] (§ 20 Z 5).
- **Zessionen und Vertragsübernahmen** anlässlich eines Umgründungsvorganges nach Artikel III bis V und Artikel VI (Vertragsübernahme bei Spaltung) des UmgrStG sind unter bestimmten Voraussetzungen von der Rechtsgebühr befreit (§ 22 Abs 4, § 26 Abs 3, § 31 Abs 2, § 42 UmgrStG).
- Rechtsgeschäfte (Dienstbarkeiten, Bestandverträge) über die **Einräumung von Leitungsrechten** (§ 35 Abs 7; § 107 EStG).

Beispiele:

1. **Subsidiarität:** Wird im Zuge der Übertragung einer Liegenschaft eine Dienstbarkeit (Fruchtgenussrecht) als Gegenleistung zurückbehalten, dann ist das Fruchtgenussrecht von der Rechtsgeschäftsgebühr nach § 15 Abs 3 befreit, weil die Liegenschaftsübertragung (inklusive Fruchtgenussrecht als Bemessungsgrundlage) bereits dem GrEStG unterliegt.[5]
2. **Sicherungsgeschäft zu Hauptgeschäft bei Urkundenidentität:** Wird in derselben Urkunde ein grunderwerbsteuerpflichtiges Grundstück verkauft und gleichzeitig eine Hypothekarverschreibung des Käufers zur Sicherung des Kaufpreises darin beurkundet, dann ist die Hypothekarverschreibung gebührenfrei.
3. **Sicherungs- und Erfüllungsgeschäft zu Finanzierungsgeschäften:** Die Sicherung eines Kreditvertrags durch eine Hypothekarverschreibung oder Bürgschaft ist gebührenfrei.
4. **Umgründungssteuergesetz:** Die Zession von Rechten im Zuge einer Einbringung ist gebührenfrei, sofern die Rechte zumindest zwei Jahre dem Einbringenden zuzurechnen waren.

2.3. Zivilrechtlich gültiges Rechtsgeschäft

866 **Konsens, Bedingungen**

Ein Rechtsgeschäft ist erst dann gebührenpflichtig, wenn es auch **zivilrechtlich zustande gekommen ist** und die Vertragsparteien daher die direkte Erfüllung der Verpflichtungen geltend machen können.

Es bedarf **verbindlicher, übereinstimmender Willenserklärungen** in den Hauptpunkten. Nicht übereinstimmende Willenserklärungen in Nebenpunkten hindern die Gebührenentstehung nicht.[6]

- Eine noch erforderliche **Bedingung oder Genehmigung** einer der am Rechtsgeschäft Beteiligten hindert für gebührenrechtliche Zwecke die Gebührenschuld nicht (§ 17 Abs 4; Bedingungsfeindlichkeit der Gebühr).
- Auch eine bloß zur Beweiskraft, nicht jedoch zur Rechtswirksamkeit notwendige, aber unterlassene **Förmlichkeit** (§ 17 Abs 3) hindert die Gebührenschuld nicht.[7]

---

4   BFG 15.12.2015, RV/7100302/2011.
5   UFS 12.5.2011, RV/0114-I/11.
6   VwGH 26.6.1996, 93/16/0077, zu einem nur geringfügig abweichenden Vergleichsvertrag.
7   VwGH 26.6.1996, 93/16/0077.

Beispiele:

1. **Angebote** begründen noch kein Rechtsgeschäft; es bedarf der Annahme.
2. **Option:** Eine einseitig eingeräumte Option begründet noch kein Rechtsgeschäft. Bei einem Optionsvertrag (beidseitige Willenserklärung) liegt bereits ein gebührenpflichtiger Vorgang vor, weil das rechtliche Wirksamwerden nur mehr von einer Parteienbedingung (Ausübung des Rechts) abhängt.[8]
3. **Vorverträge** und Rahmenverträge[9] begründen noch keine Gebührenpflicht, weil damit nur ein Recht oder der Rahmen auf den späteren Abschluss eines gebührenpflichtigen Rechtsgeschäfts geschaffen wird.
4. **Punktationen:** Ein unterfertigter Aufsatz über die Hauptpunkte begründet bereits die Rechte und Verbindlichkeiten, die darin ausgedrückt sind, auch wenn erst noch eine formelle Urkunde darüber errichtet werden soll.
5. **Parteienbedingungen oder Vorbehalte über Nebenpunkte** hindern die Gebührenentstehung nicht.[10]
6. **Verlängerung durch Option oder fehlende Kündigung** bei Verträgen auf bestimmte Dauer ist eine Bedingung, die für gebührenrechtliche Zwecke unbeachtlich ist. Es wird für Gebührenzwecke angenommen, dass die Option ausgeübt wird oder die Kündigung unterbleibt (das ist insbesondere für die Bemessung bei Bestands- und Dienstbarkeitsverträgen entscheidend, die von der Vertragsdauer abhängt).[11]

Gesetzliche Bedingungen, Nichtigkeit 867

- Gilt ein Rechtsgeschäft aufgrund **gesetzlich zwingender Vorschriften** als **zivilrechtlich nicht gültig**, dann entsteht die Gebühr nicht. Davon zu unterscheiden ist die nachträgliche Aufhebung des Rechtsgeschäfts, das die Gebührenschuld unberührt lässt (§ 17 Abs 5).
- Bedarf ein Rechtsgeschäft bei sonstiger Nichtigkeit der **Bestätigung oder Genehmigung der Behörde oder eines Dritten** oder einer bestimmten **Förmlichkeit**, so ist das Rechtsgeschäft erst mit der Genehmigung oder Bestätigung (§ 16 Abs 6) bzw mit der Nachholung der Förmlichkeit gebührenpflichtig. Bei Anwendung ausländischen Rechts auf ein Rechtsgeschäft ist für dessen Rechtsgültigkeit das ausländische Recht maßgebend.[12]
- Fehlt es an der **Vertretungsmacht** einer Partei, dann führt auch dies grundsätzlich zur zivilrechtlichen Unwirksamkeit des Rechtsgeschäfts.[13] Die fehlende Vertretungsmacht kann jedoch durch nachträgliche Genehmigung oder Vorteilszuwendung (§ 29) geheilt werden.[14]

Beispiele:

1. Fehlende **Genehmigung** durch Pflegschaftsgericht oder Grundverkehrsbehörde hindert bis zur Genehmigung die Entstehung der Steuerschuld.[15]
2. **Der Widerruf der gerichtlichen Bewilligung bei Annahmeverträgen** (§ 200 Abs 1 ABGB) erfolgt mit rückwirkender Kraft (ex tunc), womit auch die Gebührenschuld von vornherein als nicht entstanden gilt.[16]

---

8   VwGH 24.6.2010, 2010/16/0053; BFG 24.7.2017, RV/3100167/2017.
9   VwGH 18.8.1994, 94/16/0044.
10 VwGH 26.6.1996, 93/16/0077.
11 VwGH 12.9.2017, Ra 2015/16/0061.
12 VwGH 3.12.1975, 0001/75, zur pflegschaftlichen Genehmigung nach deutschem Recht.
13 VwGH 5.11.2009, 2008/16/0071.
14 VwGH 6.10.1994, 94/16/0101.
15 VwGH 29.1.1996, 93/16/0058.
16 Vgl GebR 2007 Rz 647.

3. **Ein Urteil eines Zivilgerichts**, dass das Rechtsgeschäft nicht gültig zustande gekommen ist, hindert auch die Entstehung der Gebührenschuld.[17] Eine Anfechtung wegen Irrtum führt grundsätzlich nur im Falle einer Ex-tunc-Wirkung zu einer rückwirkenden Ungültigkeit des Rechtsgeschäfts.[18]
4. **Notariatsakt:** Ehepakte sind nur gültig und lösen Gebühr aus, wenn über sie einen Notariatsakt errichtet werden.
5. **Fehlende Vertretungsmacht:** Erfolgt lediglich ein Gesellschafterbeschluss über eine Zession, ohne dass die vertretungsbefugten Geschäftsführer daran beteiligt waren, fehlt es an der Vertretung und die Gebühr entsteht nicht.[19]

868 Rechtsgeschäft: Abgrenzung zu gesetzlichen Rechtsfolgen

Nur **Rechtsgeschäfte** unterliegen der Gebührenpflicht (vgl § 15 Abs 1). **Gesetzliche** Rechtsfolgen sind daher **nicht gebührenpflichtig**. Werden diese Rechtsfolgen von den Parteien festgehalten und nicht gleichzeitig auch rechtsgeschäftlich abgesichert, dann fehlt es am gebührenpflichtigen Rechtsgeschäft.

Beispiele für gesetzliche Rechtsfolgen:

1. **Notwendige Zession oder Legalzession:** Wer die Schuld eines Dritten bezahlt, erwirbt grundsätzlich die Forderung vom Gläubiger von Gesetzes wegen. Erfolgt dies als Haftender, dann liegt eine Legalzession vor (§ 1358 ABGB), sofern dies nicht der Fall ist, dann eine notwendige Zession (§ 1422 ABGB).
2. **Erwerberhaftung:** Wer ein Vermögen oder Unternehmen erwirbt, kann für Schulden von Gesetz wegen haften (§ 1409 ABGB).
3. **Unternehmensübergang:** Wer ein Unternehmen fortführt, erwirbt grundsätzlich die Rechte und Pflichten des Veräußerers von Gesetzes wegen (§ 38 UGB).
4. **Bestandvertragsübernahme:** Bei Unternehmensveräußerung durch den Hauptmieter tritt der Erwerber von Gesetzes wegen anstelle des Hauptmieters in das Mietverhältnis ein (§ 12a MRG).
5. **Gesetzliche Gesamtrechtsnachfolge** nach dem Erbrecht oder Gesellschaftsrecht.

2.4. Urkundenprinzip (§§ 15, 17 GebG)

869

Rechtsgeschäfte sind grundsätzlich nur dann gebührenpflichtig, wenn **über sie eine Urkunde errichtet werden** (§ 15 Abs 1).

Die Rechtsgeschäftsgebühr ist daher eine **Dokumentensteuer**. Es bedarf einer Urkunde, die ein gebührenpflichtiges und rechtlich zustande gekommenes Rechtsgeschäft bezeugt.[20] Keine Urkunde ist notwendig bei Wetten → 956.

Beispiel:
Mündlich abgeschlossenes Rechtsgeschäft: Wird ein gebührenpflichtiges Rechtsgeschäft ausschließlich mündlich abgeschlossen und zeitgleich oder danach keine Urkunde darüber errichtet, dann löst dies mangels Beurkundung auch keine Rechtsgeschäftsgebühr aus.

---

17   BFG 6.10.2014, RV/6100082/2013.
18   BFG 22.3.2017, RV/7100586/2015.
19   VwGH 5.11.2009, 2008/16/0071; VwGH 29.7.2004, 2004/16/0055.
20   VwGH 26.6.1996, 93/16/0077.

Urkunde: Form und Inhalt 870

Eine **Urkunde** ist ein Schriftstück, das nach seinem Inhalt objektiv dazu geeignet ist, über das Rechtsgeschäft Beweis zu erbringen.[21] Die Urkunde kann in jeder Form bestehen und zwar sowohl auf Papier als auch als elektronisches Dokument (PDF, E-Mail), das an einem Bildschirm angezeigt werden kann, unabhängig davon, ob es ausgedruckt wird.[22] Für die Gebührenfestsetzung ist ausschließlich der **Inhalt** der über das Rechtsgeschäft errichteten Urkunde maßgebend (§ 17 Abs 1).

Zum Inhalt der Urkunde zählt auch der Inhalt von Schriften, der durch Bezugnahme zum rechtsgeschäftlichen Inhalt gemacht wird. Sofern der Inhalt der **Urkunde nicht deutlich** ist, wird zugunsten des Fiskus bis zum Gegenbeweis vermutet, dass die Gebührenschuld entsteht oder die höhere Gebühr anwendbar ist (**Fiskalklausel**, § 17 Abs 2). Der Gebührenpflichtige kann jedoch beweisen, ob ein Rechtsgeschäft überhaupt besteht oder welchen Inhalt das Rechtsgeschäft hat (§ 17 Abs 2 letzter Satz). Hat eine Urkunde **mehrere Leistungen und Nebenleistungen** zum Inhalt, dann ergibt sich die Gebühr aus der Summe der Gebühren für alle einzelnen Leistungen (§ 19 Abs 1). Werden in einer Urkunde dagegen **mehrere unabhängige Rechtsgeschäfte** abgeschlossen, ist die Gebühr für jedes einzelne Rechtsgeschäft zu entrichten (§ 19 Abs 2).

Urkunde: Beweiskraft 871

Der gebührenrechtlich maßgebende Inhalt muss **Beweis** über ein abgeschlossenes Rechtsgeschäft liefern. Eine Vertragspartei muss in der Lage sein, den Beweis des ihr zustehenden Anspruchs zu führen.[23] Die Urkunde muss grundsätzlich **alle wesentlichen Merkmale des Rechtsgeschäfts** enthalten. Ein Verweis auf andere Schriftstücke reicht aus.[24] Es müssen nicht sämtliche Voraussetzungen des Rechtsgeschäfts beurkundet werden, die zur Gültigkeit oder Wirksamkeit erforderlich sind. Maßgeblich sind die jeweiligen Parteien und die Art des Rechtsgeschäfts.[25] Die Bemessungsgrundlage der Gebühr muss sich nicht direkt aus der Urkunde ergeben.[26] Die nicht beurkundeten Umstände müssen in diesem Fall in einem Ermittlungsverfahren bestimmt werden.[27]

> **Beispiele:**
> In einem beidseitig unterschriebenen Vergleich wird die Zession festgehalten; ein Abtretungspreis wird nicht angeführt. Dies reicht aus, um von einer gebührenpflichtigen Beurkundung einer Zession auszugehen.[28]

Die Beurkundung eines **zukünftig erst abzuschließenden Rechtsgeschäfts** gilt nicht als Beurkundung des Rechtsgeschäfts selbst.

---

21 VwGH 9.5.1974, 1913/73.
22 VwGH 16.12.2010, 2009/16/0271.
23 VwGH 11.3.2010, 2009/16/0029.
24 VwGH 22.4.1985, 84/15/0176.
25 GebR Rz 431.
26 VwGH 25.1.2007, 2006/16/0163.
27 VwGH 27.5.1999, 97/16/0300.
28 VwGH16.3.1995, 93/16/0012.

Beispiel:

Erfolgt nur ein schriftliches Anbot oder eine Rahmenvereinbarung über ein zukünftig abzuschließendes Rechtsgeschäft, so ist das schriftliche Anbot noch nicht als Beurkundung des Rechtsgeschäfts anzusehen. Bloße Absprachen vor dem Angebot führen noch nicht zur Annahme eines abgeschlossenen Rechtsgeschäfts.

Ein eigenständiges Rechtsgeschäft wird allein dadurch **noch nicht bezeugt**, wenn in einer Urkunde lediglich die **gesetzlichen Rechtsfolgen** wiedergegeben werden. Wird hingegen neben der gesetzlichen Rechtsfolge auch eine rechtsgeschäftliche Willenseinigung beurkundet, dann liegt zusätzlich ein beurkundetes Rechtsgeschäft vor.

Beispiele:

1. **In einem Unternehmenskaufvertrag** wird die Übertragung des Unternehmens und aller Vermögenswerte gemäß § 38 UGB beurkundet. Ausdrücklich wird auch die Übertragung von Forderungen „gemäß § 38 UGB" vereinbart. Der VwGH sah darin keine gesonderte Vereinbarung einer Zession, sondern eine bloß klarstellende Formulierung der gesetzlichen Rechtsfolgen.[29]
2. **Legalzession und notwendige Zession:** Der Forderungsübergang wird in diesen Fällen unmittelbar durch das Gesetz angeordnet. Ein Rechtsgeschäft liegt nicht vor.[30]

872 Urkunde: Arten der Beurkundung

Das Rechtsgeschäft kann **durch die Urkunde begründet** oder **ein bereits abgeschlossenes Rechtsgeschäft nachträglich beurkundet** werden. Im Gebührenrecht wird zur Bezeugung des Rechtsgeschäfts somit unterschieden zwischen:

- **Rechtserzeugenden Urkunden**, die zivilrechtlich erstmalig das Rechtsgeschäft begründen; und
- **Rechtsbezeugenden Urkunden** als Beurkundungen über ein zuvor abgeschlossenes gebührenpflichtiges Rechtsgeschäft.

Wechsel und kaufmännische Verpflichtungsscheine unterliegen selbst als Urkunden der Gebühr. Eine rechtsbezeugende Urkunde oder Ersatzbeurkundung ist in diesen Fällen nicht gebührenauslösend (vgl § 16 Abs 3).

Beispiele:

1. **Rechtserzeugende** Urkunden sind jedenfalls der schriftliche Vertrag oder ein an den Offerenten zugegangenes schriftliches Annahmeschreiben eines Angebots (§ 15 Abs 2).
2. **Rechtsbezeugende Urkunden** sind die schriftliche Beurkundung der mündlichen Annahme eines Angebots,[31] der mündlichen Einigung[32] oder die Schuldnerverständigung über Zessionen.[33]
3. Die **beiläufige Erwähnung** eines früher mündlich abgeschlossenen Rechtsgeschäfts in einer Urkunde reicht aus, um Beweis für das Rechtsgeschäft zu liefern. Ob die Erwähnung zum Beweiszweck erfolgt oder nicht ist unerheblich.[34] In einem vom Verpächter unterschriebe-

---

29 VwGH 11.9.2014, 2013/16/0221.
30 VwGH 11.9.2014, 2013/16/0221; VwGH 5.11.2009, 2008/16/0071.
31 VwGH 11.3.2010, 2009/16/0029; vgl VfGH 13.10.1992, G 10/92.
32 VwGH 10.6.1991, 90/15/0026.
33 VwGH 19.12.1966, 2171/65.
34 VwGH 25.1.2007, 2006/16/0163.

nen Angebot zum Abschluss eines Pachtvertrags hält der Verpächter in der Präambel fest: „Die F GmbH ist bereits seit dem 1.12.2001 aufgrund eines mündlichen Pachtvertrags Pächter…" Diese Erwähnung mit Unterschrift des Verpächters reicht, um von einer rechtsbezeugenden Beurkundung des mündlich abgeschlossenen Pachtvertrags auszugehen.[35]

4. **Gesellschafterbeschluss als Urkunde:** Auch der Inhalt eines Gesellschafterbeschlusses kann gebührenrechtlich ein Rechtsgeschäft beurkunden (zu einer beschlossenen Sachdividende in Form einer Zession).[36]

Urkunde: Unterschrift 873

Die **Beweiskraft** erfordert neben der Erwähnung des Rechtsgeschäfts auch die **Unterschrift** zumindest einer der Vertragsparteien (vgl § 16 Abs 1). Eine **Schrift ohne jegliche Unterschrift** ist keine Urkunde und taugt auch nicht zum Beweis eines Rechtsgeschäfts.[37]

Beispiele zur beweiskräftigen Unterschrift:

1. Eine **Unterschrift** kann als handschriftliche Unterzeichnung erfolgen oder vom Unterzeichner selbst oder in seinem Auftrag oder mit seinem Einverständnis mechanisch oder in jeder anderen technisch möglichen Weise hergestellt oder mit Namenszeichnung vollzogen werden (§ 18 Abs 1).

2. Eine **Übertragung der original unterschriebenen Urkunde per Fax** reicht bereits für die Beweiskraft.

3. Zur Beweiskraft genügt es auch, wenn die Urkunde mit einer **sicheren digitalen Signatur** iSd Signaturgesetzes versehen ist.[38] Unklar ist, ob auch eine **E-Mail** ohne sichere digitale Signatur ausreicht, um eine Rechtsgeschäftsgebühr auszulösen. Bereits eine **Kanzleistampiglie** und ein **formularmäßig vorgedruckter Firmenwortlaut** stellen eine mechanische Unterschrift dar.[39] Daher kann auch die **automatisch hinzugefügte Signatur** durch ein E-Mail-Programm eine Unterschrift sein.

Urkunde: Außenwirkung 874

Darüber hinaus ist die **Außenwirkung der Urkunde** neben der Unterschrift einer Partei erforderlich.

Außenwirkung erlangt die Urkunde dann, wenn **beide Parteien die Urkunde unterzeichnen** oder – sofern nur ein Verpflichteter unterschreibt – durch **Aushändigung oder Übersendung** der Urkunde an den anderen Vertragsteil oder an dessen Vertreter im Zeitpunkt des Erlangens der Verfügungsmacht. In diesem Fall ist zumindest eine Partei imstande, den sich aus der Urkunde ergebenden Anspruch zu beweisen. Die Gebühr entsteht daher bereits dann, wenn eine Vertragspartei die Urkunde unterzeichnet hat und diese Urkunde der anderen Partei ausgehändigt wird.[40] Bei zweiseitig verbindlichen Rechtsgeschäften reicht die Aushändigung oder Übersendung an Dritte (vgl § 16 Abs 1).

Beispiele:

1. **Bei der Anwaltskorrespondenz** berichtet der zum Abschluss bevollmächtigte Rechtsanwalt schriftlich bloß intern an seinen eigenen Klienten über den erfolgten mündlichen Abschluss

---

35 VwGH 25.1.2007, 2006/16/0163.
36 VwGH 5.11.2009, 2008/16/0071.
37 VwGH 25.1.2007, 2006/16/0163.
38 VwGH 16.12.2010, 2009/16/0271.
39 VwGH 15.6.1956, 595/56.
40 VwGH 25.1.2007, 2006/16/0163.

eines Rechtsgeschäfts.[41] Mangels Aushändigung einer unterschriebenen Urkunde an die andere Partei oder einen Dritten und mangels Vorliegens eines Gedenkprotokolls unterliegt ein zwischen zwei Vertretern der Vertragsparteien (zB Rechtsanwalt) mündlich abgeschlossener Vertrag, über den jeder Vertreter seinem eigenen Machtgeber Abschluss und Inhalt des Rechtsgeschäfts schriftlich mitteilt, nicht der Gebührenpflicht.[42] Außenwirkung liegt aber dann vor, wenn der Rechtsanwalt als Machthaber einer Vertragspartei der anderen Vertragspartei oder deren Machthaber gegenüber in einem Schreiben den Inhalt des Vertrags festlegt.[43]

2. **Gesprächsnotiz durch Vertreter:** Erstellt der steuerliche Vertreter eine interne Gesprächsnotiz über einen mündlich abgeschlossenen Vertrag, dann unterliegt dieser nicht der Gebührenpflicht. Wird die Gesprächsnotiz jedoch einer Behörde, wie zum Beispiel dem Finanzamt, zum Nachweis der Ausgaben vorgelegt, dann löst dies Gebührenpflicht aus.[44]

3. **Interne Aktenvermerke oder interne Mitteilungen** sind dagegen nicht gebührenpflichtig, weil sie nicht mit Wissen des anderen Vertragsteils erstellt wurden, solange sie nicht der anderen Vertragspartei oder einem Dritten ausgehändigt oder von einem Dritten handschriftlich unterzeichnet werden (Gedenkprotokoll).

875 Ersatzbeurkundung (§ 18 GebG)

Neben Urkunden mit **Unterschrift** zumindest einer der Parteien und **Außenwirkung** lösen auch sogenannte **Ersatzbeurkundungen** die Gebührenpflicht aus. Rechtsbezeugende Urkunden sind auch **Ersatzbeurkundungen** von gebührenpflichtigen Rechtsgeschäften. Dazu zählen Verhandlungsniederschriften, Gedenkprotokolle, Erklärungen und Punktationen (§ 18).

Beispiele:

1. **Eine Verhandlungsniederschrift** ist eine während der Verhandlung im gemeinsamen Wissen erfasste Niederschrift (Protokoll), entweder über einen Vertrag, der nur von einem Vertragsteil unterzeichnet wurde, oder über eine einseitige Erklärung, wenn die Niederschrift nur vom Erklärungsempfänger unterzeichnet wird. Bei Verhandlungsniederschriften reicht die Unterschrift eines Vertragsteils ohne Aushändigung aus (§ 18 Abs 2).

2. **Ein Gedenkprotokoll** ist eine Niederschrift, in dem ein oder mehrere Dritte durch Beisetzung ihrer Unterschrift beurkunden, dass (i) andere Personen in ihrer Gegenwart ein Rechtsgeschäft geschlossen oder (ii) ihnen die Vertragsteile über den erfolgten Abschluss eines Rechtsgeschäfts Mitteilung gemacht haben (§ 18 Abs 3). Handelt es sich bei den Dritten nicht um die Aussteller der Urkunde (zB Unterschrift als bloße Zeugen), dann ist die handschriftliche Unterzeichnung der Dritten notwendig, weil § 18 Abs 1 nur auf den Aussteller der Urkunde anwendbar ist.[45] Darunter fällt die Erwähnung des zwischen den Vertragsparteien mündlich abgeschlossenen Rechtsgeschäfts in einem Begleitschreiben mit beigefügter, nicht unterschriebener Vertragsdurchschrift eines Rechtsanwalts.[46]

3. Unter **Erklärungen** sind Protokolle oder Eingaben (zB ein von der Partei mit unterfertigter Aktenvermerk) vor Gericht oder anderen Behörden zu verstehen, in denen ein noch nicht gebührenpflichtiges Rechtsgeschäft mit Beweiskraft[47] beurkundet wird (§ 18 Abs 4).[48]

---

41   VwGH 26.6.1996, 93/16/0077.
42   VwGH 22.9.1954, 3274/52; VwGH 26.6.1996, 93/16/0077.
43   VwGH 22.9.1954, 3274/52.
44   Vgl UFS 21.2.2006, RV/0739-L/05.
45   Vgl VwGH 29.5.1968, 0363/67.
46   VwGH 22.4.1985, 84/15/0176.
47   VwGH 23.6.1983, 82/15/0059, zu einer bloß einseitigen Erklärung; ebenso in einer Klagschrift oder aufgrund eines Versäumnisurteils; bloße Feststellungen.
48   VwGH 18.11.1993, 93/16/0014, zu einem vor dem Bezirksgericht abgeschlossenen und im unterschriebenen Protokoll festgehaltenen Abtretungsvertrag.

4. Eine **Punktation** ist ein Aufsatz über die Hauptpunkte, wenn die förmliche Urkunde noch nicht errichtet wurde. Diese begründet bereits die darin ausgedrückten Rechte und Pflichten (§ 885 ABGB). Dasselbe gilt für **Entwürfe** und **Aufsätze** von zweiseitig verbindlichen Rechtsgeschäften, wenn sie von beiden vertragsschließenden Teilen oder bloß von einem Teil unterzeichnet sind und sich in Händen des anderen Teiles befinden (§ 18 Abs 5).

2.5. Inlandsbezug (§ 16 GebG)

876

Die Gebühren können nur auf **Rechtsgeschäfte** entfallen, die einen **Inlandsbezug** aufweisen.

Zur Entstehung der Gebührenschuld ist dazu notwendig:

- Inlandsbeurkundung (§ 16 Abs 1),
- Auslandsbeurkundung mit Inlandsbezug (§ 16 Abs 2 Z 1),
- Auslandsbeurkundung mit Inlandsverbringung (§ 16 Abs 2 Z 2).

Inlandsbeurkundung

877

Gebührenpflichtige Rechtsgeschäfte lösen dann eine Rechtsgeschäftsgebühr aus, wenn darüber **im Inland** eine **Urkunde errichtet wird (Inlandsbeurkundung)**; damit ist bereits ein ausreichender Inlandsbezug hergestellt (§ 16 Abs 1).

Auslandsbeurkundung: Sachlicher Inlandsbezug

878

Wird die **Urkunde im Ausland errichtet (Auslandsbeurkundung)**, dann bedarf es jedenfalls eines **sachlichen Inlandsbezugs**: das Rechtsgeschäft betrifft entweder:

- eine **im Inland befindliche Sache** (§ 16 Abs 2 Z 1 lit a), oder
- eine Partei ist aufgrund des Rechtsgeschäfts **im Inland zu einer Leistung berechtigt oder verpflichtet** (§ 16 Abs 2 Z 1 lit b).

Eine **im Inland befindliche Sache** liegt bei allen körperlichen, beweglichen oder unbeweglichen Sachen vor. Unkörperliche Sachen sind nach Auffassung der Finanzverwaltung nur dann im Inland gelegen, wenn sie in ein öffentliches Buch eingetragen sind. Hier besteht mangels klarer Rechtsprechung erhöhte Rechtsunsicherheit.

Ein **Leistungsrecht oder eine Leistungspflicht im Inland (inländischer Erfüllungsort)** liegt vor, wenn die Leistung im Inland zu erfüllen ist oder die Leistung im Inland erfüllt werden kann. Gemeint ist hierbei grundsätzlich die Erfüllung einer der Hauptleistungspflichten oder wesentlichen Nebenleistungspflichten. Bei Inländern wird eine inländische Leistungsverpflichtung bereits aus den gesetzlichen Bestimmungen abzuleiten sein (Sitz oder Betriebsstätte des Schuldners aufgrund der Hol- oder Schickschuld), sofern nicht vertraglich ausschließlich der Erfüllungsort im Ausland bedungen ist. Eine nachträgliche mündliche Änderung zugunsten eines inländischen Erfüllungsorts schadet nicht, sofern dies nicht beurkundet wird.

879 Auslandsurkunden: Persönlicher Inlandsbezug oder Inlandsverbringung

Sofern bei Auslandsurkunden **mit sachlichem Inlandsbezug:**

- **alle Parteien Inlandsparteien** sind (**persönlicher Inlandsbezug**), entsteht die Gebührenschuld grundsätzlich bereits mit Errichtung der Urkunde. Inlandsparteien sind Parteien, die einen Wohnsitz oder gewöhnlichen Aufenthalt (§ 26 BAO), Geschäftsleitung oder Sitz (§ 27 BAO) oder eine inländische Betriebsstätte (§ 29 BAO) haben (§ 16 Abs 2 Z 1).
- **nicht alle Parteien Inlandsparteien** sind, entsteht die Gebühr erst im Zeitpunkt der Verbringung der Urkunde oder deren beglaubigter Abschrift ins Inland (**Inlandsverbringung**). Die Gebührenschuld entsteht auch bei Fehlen eines sachlichen Inlandsbezugs jedenfalls dann, wenn **im Inland** aufgrund des Rechtsgeschäfts **eine rechtserhebliche Handlung vorgenommen** wird oder von der Urkunde (Abschrift) **ein amtlicher Gebrauch** gemacht wird (§ 16 Abs 2 Z 2). Die **Verwendung** einer im Ausland errichteten Urkunde bei einem inländischen Gericht (Schiedsgericht) aufgrund einer bloßen **Gerichtsstandsvereinbarung** löst allein noch keine Gebührenschuld aus (Befreiungstatbestand nach § 20 Z 6).

Ein **besonderer Inlandsbezug** wird bei Wetten (→ 956) und Wechsel hergestellt. Bei **Wechsel** entsteht die Gebühr durch Übergabe an den Wechselnehmer im Inland oder an einen Indossatar oder wenn der Wechsel im Inland mit einem Indossament oder mit einem Akzept versehen wird oder im Inland zum amtlichen Gebrauch gelangt (§ 16 Abs 3).

3. Ermittlung der Gebühr

3.1. Allgemeine Grundsätze und Überblick

880 Die Tarifposten knüpfen zur Bestimmung der Höhe der Gebühren **an den Wert des Rechtsgeschäfts oder an das vereinbarte Entgelt** an.

Die Bemessungsgrundlage ist **nach wirtschaftlichen Grundsätzen** zu ermitteln, sodass bei der Bemessungsgrundlage des Entgelts oder des Kaufpreises auch andere Vorteile wie übernommene Schulden dazu zählen.[49] Sofern in den Tarifposten keine besonderen Bewertungsvorschriften bestehen, gelten die Vorschriften des **Bewertungsgesetzes**. Dabei sind allerdings bedingte Leistungen und Lasten als unbedingte, betagte Leistungen und Lasten als sofort fällig zu behandeln. Die wiederkehrenden Leistungen sind ohne Abzug von Zwischenzinsen unter Berücksichtigung von Zinseszinsen nach § 15 Abs 1 BewG und ohne Berichtigung nach § 16 Abs 3 BewG zu ermitteln (wenn wiederkehrende Leistungen weniger als die Hälfte betragen; § 26).

Sofern der Vertragspartner eine **Wahl zwischen mehreren Rechten oder Verbindlichkeiten** hat, ist die Gebühr nach dem höheren Geldwert der zur Wahl stehenden Leistung zu entrichten (§ 22). Sind in einer Urkunde **schätzbare und unschätzbare Leistungen** vereinbart, dann bleiben die unschätzbaren Leistungen außer Anschlag (§ 23).

---

49   VwGH 22.5.1997, 96/16/0046.

Gebührensatz und Bemessungsgrundlage 881

Die **Gebührensätze** (Hundertsatz) **und Bemessungsgrundlagen** der einzelnen Tarif-posten stellen sich zusammenfassend wie folgt dar:

- Annahmeverträge: **1 %** vom Wert des **Vermögens** des Annehmenden, 0,33 % bei weiteren Annahmeverträgen,
- Anweisungen: **2 %** vom Wert der **Leistung**,
- Bestandverträge: **1 %** vom Wert des **Vertrags**, 2 % bei Jagdpachtverträgen,
- Bürgschaftserklärungen und Schuldbeitritte: **1 %** der **Verbindlichkeit**,
- Dienstbarkeiten: **2 %** vom Wert des **Entgelts**,
- Ehepakte: **1 %** vom Wert des **Ehepaktes**,
- Glücksverträge: **2 %** vom **Wetteinsatz, Kaufpreis** oder Wert der **Rente oder Sache**,
- Hypothekarverschreibungen: **1 %** der **Verbindlichkeit**,
- Außergerichtliche Vergleiche: **2 %** vom Gesamtwert der **Leistungen**, 1 % bei Gerichts-anhängigkeit,
- Zessionen: **0,8 %** des **Entgelts**,
- Wechsel: **0,125 %** der **Wechselsumme**, 0,0625 %, wenn zahlbar im Ausland.

Entstehung der Gebührenschuld 882

Die Gebührenschuld **entsteht** in dem Zeitpunkt, in dem alle Voraussetzungen vorliegen (§ 16):

- **Gebührenpflichtiges, zivilrechtlich gültiges Rechtsgeschäft**,
- **Beweiskräftige Urkunde** (Unterzeichnung, Außenwirkung),
- **Inlandsbezug**.

Abweichende Voraussetzungen ergeben sich beim Wechsel (→ 879) und bei Wetten (→ 956).

3.2. Annahme (TP 1), Anweisung (TP 4), Bestand (TP 5), Bürgschaft (TP 7)

TP 1 Annahmeverträge 883

Gebührenpflichtige **Annahmeverträge** sind Verträge über die **Annahme an Kindes statt** (§ 191 ABGB, Adoption), wenn der Wert des Vermögens des Annehmenden (oder der annehmenden Ehegatten) 22.000 Euro übersteigt. Die Höhe der Gebühr beträgt **1 %** des **Werts des Vermögens** des Annehmenden (oder der annehmenden Ehegatten). Für jedes **weitere Kind ermäßigt** sich die Gebühr auf **ein Drittel des Vermögenswerts**; daher beträgt die Gebühr de facto **0,33 %** des Werts des Vermögens.

Befreit sind Adoptionsverträge von Minderjährigen, Stiefkindern und von eigenen un-ehelichen Kindern, womit die Gebührenpflicht einen sehr engen Anwendungsbereich hat. Zur **zivilrechtlichen Gültigkeit** bedarf es eines schriftlichen Vertrags und der ge-richtlichen Bewilligung (§ 192 ABGB).[50]

---

50   VwGH 29.1.1996, 93/16/0058.

Beispiel:

Ein Ehepaar adoptiert ihre zwei großjährigen Neffen. Es liegen aufgrund der zwei Neffen auch zwei gebührenpflichtige Annahmeverträge vor (das Ehepaar tritt als Rechtsgemeinschaft nach § 7 auf).[51] Die Gebühr entsteht mit Bewilligung der Adoption. Die Höhe der Gebühr ergibt sich aus dem Vermögen des Ehepaares (Aktiva minus Passiva) mit einem Wert zu diesem Zeitpunkt von EUR 150.000. Für den ersten Neffen ist eine Gebühr von EUR 1.500 fällig (1 % von EUR 150.000); für den zweiten Neffen fällt eine Gebühr von EUR 500 an (1 % von einem Drittel von EUR 150.000).[52]

884 **TP 4 Anweisungen**

Gebührenpflichtige Anweisungen sind Anweisungen zwischen Privaten, wenn der Anweisende einem Dritten (Angewiesener) erklärt, eine Leistung an eine andere Person (Anweisungsempfänger) zu erbringen. Die **Höhe der Gebühr** beträgt **2 % der Leistung** (des Nominalwerts bei Geldbeträgen).

Die Anweisung ist **eigenständig definiert** und entspricht nicht der Anweisung nach § 1400 ABGB. Ein **Wechsel** als Sonderfall der Anweisung ist nach TP 22 gebührenpflichtig. Nur ein unvollständiger Wechsel kann eine Anweisung darstellen. **Gebührenbefreit** sind amtliche Anweisungen oder Anweisungen von oder auf Unternehmen, womit die gebührenpflichtige Anweisung auf Anweisungen zwischen Privaten reduziert wird und daher in der Praxis kaum Relevanz hat.

Beispiel:

Anweisung von Frau Anweisende an Herrn Angewiesener: „Herr Angewiesener, bitte leisten Sie EUR 1.000 an Herrn Empfänger auf meine Rechnung. Unterschrift Frau Anweisende"[53]

885 **TP 5 Bestandverträge**

Gebührenpflichtige Bestandverträge sind Miete und Pacht (§§ 1090 ff ABGB) und sonstige Verträge, wodurch jemand den Gebrauch einer unverbrauchbaren Sache auf eine gewisse Zeit und gegen einen bestimmten Preis erhält (Abs 1). **Gebührenfrei** sind (Abs 4):

- Verträge über die Miete von Wohnräumen (Z 1),
- urheberrechtliche und leistungsschutzrechtliche Nutzungsverträge sowie Patent- und Musterlizenzverträge (Z 2),
- Bestandverträge bis zu einem gebührenrechtlichen Wert von EUR 150 (Z 3), und
- Aufforderungsschreiben, mit denen die Entrichtung eines Erhaltungs- und Verbesserungsbeitrags gemäß § 45 MRG begehrt wird (Z 4).

Beispiele:

1. **Gebührenpflichtige Verträge** sind der Miet- oder Pachtvertrag, Jagdpachtvertrag, Fischereipachtvertrag, Leasingvertrag ohne fixe Kaufvereinbarung, Safevertrag, Garagierungsvertrag als vorrangiger Nutzungsvertrag, Abbauvertrag als Nutzungsvertrag, wenn das Entgelt von der Dauer und nicht vom Umfang des Abbaumaterials abhängt, Nutzungsvertrag über Wohnungsüberlassungen mit Bauträgern oder Wohnungsgenossenschaften und Mietdienstvertrag mit der Nutzungsüberlassung als wesentliches Element.[54]

---

51   VwGH 28.4.1994, 93/16/0190.
52   GebR 2007 Rz 651.
53   Vgl GebR 2007 Rz 654.
54   GebR Rz 667.

2. **Keine gebührenpflichtigen Verträge** sind Know-how-Verträge, sofern das Wissen nicht rechtlich geschützt werden kann und daher keine unverbrauchbare Sache vorliegt, Depotverträge und sonstige Verwahrungsverträge.[55]

TP 5 Bestandverträge: Gebührenermittlung 886

Die **Höhe** der Gebühr beträgt allgemein **1 % des Werts des Vertrags** (Abs 1 Z 1). Jagdpachtverträge unterliegen einer erhöhten Gebühr von 2 % des Werts (Abs 1 Z 2).

Der **Wert des Vertrags** ermittelt sich aus allen für die Überlassung des Gebrauchs vereinbarten **einmaligen und wiederkehrenden Leistungen** samt dem Entgelt für Nebenleistungen (Betriebskosten, Investitionsverpflichtungen, Versicherungsabschluss) an den Bestandgeber oder einen Dritten (beim Versicherungsvertrag an den Versicherer). Dies gilt auch dann, wenn sie unter vertraglich bestimmten Voraussetzungen auf andere Leistungen angerechnet werden können (späterer Kaufpreis der Bestandsache) (Abs 2).

Einmalige Leistungen sind solche, die unabhängig von der Vertragsdauer zu bezahlen sind. **Wiederkehrende Leistungen** hängen dagegen von der Vertragsdauer ab und sind nur anteilig entsprechend ihrem Jahreswert einzubeziehen, auch wenn sie nur einmalig zu bezahlen sind und im Falle einer vorzeitigen Vertragsauflösung ein anteiliger Anspruch auf Rückerstattung besteht. Aufgrund des Dauerschuldcharakters des Bestandvertrags bedarf es einer Regelung zur Ermittlung der wiederkehrenden Leistungen, die sich an der **erwarteten Vertragsdauer** richtet:

- Bei **unbestimmter** Dauer: dreifacher Jahreswert (Abs 3 erster Satzteil).
- Bei **bestimmter** Dauer: entsprechend der Vertragsdauer vervielfachter Jahreswert, höchsten jedoch bis zum 18-fachen des Jahreswerts (Abs 3 zweiter Satzteil).

Die Frage, ob ein **Vertrag auf bestimmte oder unbestimmte Dauer vorliegt**, ist danach zu ermitteln, ob nach dem erklärten Vertragswillen beide Vertragsteile durch eine bestimmte Zeit an den Vertrag gebunden sein wollen oder nicht. Dies gilt unabhängig davon, ob der Vertrag auf bestimmte oder unbestimmte Zeit lautet und wie lange der Vertrag tatsächlich besteht.[56] Maßgeblich ist daher, ob der Vertrag zumindest von einer Vertragspartei vorzeitig gekündigt oder aufgelöst werden kann, und zwar mit Wirkung für beide Vertragsparteien. Ist dies der Fall, gilt die Vertragsdauer als ungewiss, sodass von einer unbestimmten Dauer auszugehen ist.[57]

Bei längerer Vertragsdauer ist die gebührenrechtliche **Einordnung als Vertrag mit unbestimmter Dauer günstiger**, weil diese mit dem dreifachen Jahreswert beschränkt ist. Darüber hinaus wird dadurch auch eine gebührenrechtliche Einordnung eines Vertrags mit zwei Vertragsperioden vermieden. Dies ist der Fall, wenn der Vertrag auf bestimmte Zeit als abgeschlossen gilt und danach eine weitere Periode auf bestimmte oder unbestimmte Dauer folgen soll. In diesem Fall ist für jede Vertragsperiode die Gebühr zu ermitteln und für die gesamte Vertragsdauer zu kumulieren. Je nach Ausgestaltung kann der Bestandvertrag daher teilweise als Vertrag mit bestimmter und teilweise mit unbestimmter Dauer gelten und in mehrere Abschnitte zu zerlegen sein.[58]

---

55   GebR Rz 668.
56   VwGH 16.10.2014, 2011/16/0169; VwGH 28.2.2002, 2001/16/0606; VwGH 26.4.2018, Ra 2018/16/0040.
57   VwGH 27.1.2000, 99/16/0017; VwGH 26.4.2018, Ra 2018/16/0040.
58   VwGH 16.10.2014, 2011/16/0169.

Beispiel:

V schließt mit M einen schriftlichen Mietvertrag über ein Geschäftslokal ab, wobei als monatliches Entgelt EUR 1.000 (inklusive Umsatzsteuer und Betriebskosten), daher jährlich EUR 12.000 und ein einmaliger nicht rückzahlbarer Baukostenzuschuss in Höhe von EUR 10.000 vereinbart wird.

1. **Beidseitiger Kündigungsverzicht:** Der Vertrag wird auf unbestimmte Zeit abgeschlossen, wobei jedoch beide Parteien auf eine Kündigung in den ersten fünf Jahren verzichten (alternativ: nur M einen Kündigungsverzicht abgibt, V nur aus den Gründen des § 30 Abs 2 MRG den Vertrag kündigen kann).[59] Der Vertrag gilt für die ersten fünf Jahre als auf bestimmte Dauer abgeschlossen, gefolgt von einer unbestimmten Vertragsdauer. Bemessungsgrundlage ist die einmalige Leistung von EUR 10.000 plus der fünffache Jahreswert (EUR 60.000) für die bestimmte Vertragsdauer plus der dreifache Jahreswert (EUR 36.000) für die unbestimmte Vertragsdauer. Die Gebühr ergibt sich in Höhe von 1 % des Gesamtwerts von EUR 106.000, daher EUR 1.060.
2. **Einseitiger Kündigungsverzicht:** Der Vertrag wird auf unbestimmte Zeit abgeschlossen, M gibt einen einseitigen Kündigungsverzicht für 5 Jahre ab (alternativ: beide geben einen Kündigungsverzicht ab, M hat aber ein Präsentationsrecht[60]). Der Vertrag gilt auf unbestimmte Dauer abgeschlossen. Die Gebühr beträgt EUR 460 (EUR 36.000 plus EUR 10.000, davon 1 %).

887 TP 7 Bürgschaftserklärungen

Gebührenpflichtige Bürgschaftserklärungen sind akzessorische Verpflichtungen für zivilrechtlich bestehende Schulden Dritter wie Bürgschaftserklärungen und Schuldbeitritte (§ 1347 ABGB). Die **Höhe der Gebühr** beträgt **1 % des Werts der verbürgten Verbindlichkeit** (Abs 1).

Gebührenfrei sind (Abs 2) Bürgschaftserklärungen zu gebührenfreien Wohnmietverträgen (Z 3), von Kreditinstituten an Körperschaften des öffentlichen Rechtes sowie an Eisenbahnunternehmungen, die dem öffentlichen Verkehr dienen (Z 2) und Bürgschaftserklärungen, die zur Sicherung allgemeiner Interessen (im Strafverfahren), außer dem öffentlichen Dienst oder einem Vertragsverhältnis, gegeben werden müssen (Z 1).

Beispiele:

1. **Keine als Bürgschaftserklärungen gebührenpflichtigen Rechtsgeschäfte** sind die nicht akzessorischen Garantieverträge, privative Schuldübernahmen, die nur gegenüber dem Schuldner bestehen, Erfüllungsübernahmen, die keine Rechte des Gläubigers begründen,[61] die Gesamtschuldnerschaft bei Rechtsbegründung und die nicht akzessorischen Wechsel- oder Scheckbürgschaften.
2. **Nicht akzessorische Haftungsübernahmen** wie Garantien liegen vor, wenn der Anspruch aus der Garantie selbständig und daher unabhängig von der Hauptschuld besteht. Dies ist der Fall, wenn der Garant „auf alle Einwendungen aus der Hauptschuld verzichtet" und die Zahlung „auf erstes Anfordern" und „ohne Prüfung des Rechtsgrundes" zu leisten ist und auch „nicht vom Ausfall des Hauptschuldners" abhängt. Bei teilweisem Einwendungsverzicht wird eine Bürgschaft angenommen.[62]
3. **Patronatserklärungen**[63] führen nur dann zu einer Gebührenpflicht, wenn eine direkte, auch subsidiäre Verpflichtung gegenüber dem Empfänger eingegangen wird, nicht hingegen, wenn bloß eine Ausstattungsverpflichtung des Hauptschuldners (Tochtergesellschaft) besteht oder eine abstrakte Garantie vorliegt.[64]

---

59 VwGH 19.9.2017, 2017/16/0111; VwGH 26.4.2018, Ra 2018/16/0040.
60 VwGH 29.6.2017, Ro 2015/16/0032.
61 GebR Rz 761.
62 VwGH 16.12.1991, 90/15/0142.
63 Vgl OGH 11.7.1985, 7 Ob 572/85; 24.2.2000, 6 Ob 334/99g.
64 Vgl VwGH 22.5.1997, 96/16/0046.

3.3. Dienstbarkeit (TP 9), Ehepakt (TP 11), Glücksvertrag (TP 17)

TP 9 Dienstbarkeiten   888

Gebührenpflichtige Dienstbarkeiten sind entgeltliche Rechtsgeschäfte, durch die jemandem der Titel zum Erwerb einer Dienstbarkeit eingeräumt wird oder die Einräumung vom Verpflichteten bestätigt wird. Die **Höhe der Gebühr** beträgt **2 % des vereinbarten Entgelts,** worunter alle wertmäßigen Vorteile wie auch übernommenen Schulden zu verstehen sind. Bei unbestimmter Dauer beträgt das Entgelt das Neunfache des Jahreswerts (§ 15 BewG).

Beispiele:

1. **Gebührenpflichtige Dienstbarkeiten** sind Grunddienstbarkeiten wie ein Wegerecht oder ein Leitungsrecht, ein Deponierungsrecht[65] und persönliche Dienstbarkeiten wie ein Fruchtgenussrecht, ein Gebrauchsrecht oder ein Wohnrecht.
2. **Abgrenzung zu Bestandsverträgen:** Die Gebrauchsüberlassung einer Wohnung gegen Entgelt stellt grundsätzlich einen Mietvertrag und keine Einräumung einer Dienstbarkeit dar. Die Vereinbarung der Nutzung einer Wohnung zur gewinnbringenden Vermietung an Dritte stellt grundsätzlich ein Fruchtgenussrecht dar, weil dem Berechtigte das Recht auf volle Nutzung der Sache zusteht und nicht nur ein Recht zum eigenen Gebrauch.[66]

TP 11 Ehepakte   889

Gebührenpflichtige Ehepakte regeln den vermögensrechtlichen Güterstand (§ 1217 ABGB, Ehepakte) in der Ehe oder eingetragenen Partnerschaft. Die Höhe der Gebühr beträgt **1 % des Werts** (Abs 1) des beweglichen in- und ausländischen Vermögens nach Abzug der wirtschaftlich damit zusammenhängenden Schulden (Abs 2, § 1233 ABGB). **Zivilrechtlich gültig** zustande kommt der Ehepakt nur durch Errichtung eines Notariatsakts. Werden unbewegliche Sachen (Grundstücke) übertragen, unterliegt der Vorgang dem GrEStG.

Beispiel:

Die Gebühr fällt dabei für die aufgrund der **Gütergemeinschaft** zu erfolgende Vermögensübertragung an oder für die Vereinbarung einer **Zugewinngemeinschaft,** wonach erst bei Ende der Ehe jeder Ehegatte einen Teilungsanspruch auf das während der Ehe durch einen Ehegatten erworbene Vermögen hat.[67] In der Praxis ist die Vereinbarung einer Gütergemeinschaft allerdings wenig verbreitet. In Ehepakte werden viel eher Scheidungsfolgevereinbarungen im Fall der Auflösung der Ehe aufgenommen. Diese können als außergerichtliche Vergleiche nach § 33 (TP 20) gebührenpflichtig sein.[68]

TP 17 Glücksverträge   890

Gebührenpflichtige Glücksverträge (Abs 1) sind Wettgeschäfte, Hoffnungskäufe beweglicher Sachen und Leibrentenverträge zur Übertragung beweglicher Sachen, wodurch die Hoffnung eines noch ungewissen Vorteils versprochen und angenommen wird (vgl § 1267 ABGB).[69]

---

65   VwGH 13.12.2012, 2010/16/0023.
66   VwGH 5.3.1990, 89/15/0014.
67   OGH 15.1.1997, 7 Ob 2390/96p.
68   VwGH 25.11.1999, 99/16/0021; VwGH 23.1.2003, 2002/16/0169.
69   VwGH 19.3.1990, 89/15/0085.

- **Wettgeschäfte** (Z 1) unterliegen einer Wettgebühr in Höhe von **2 % des Wetteinsatzes**. Für Wettgeschäfte gelten von den Rechtsgeschäftsgebühren abweichende Prinzipien (kein Urkundenprinzip, Gebührenentstehung mit Bezahlung des Wetteinsatzes). Wettgeschäfte werden bei den **Gebühren für Glücksspiele** näher erläutert.
- **Hoffnungskäufe** (Z 2) sind Hoffnungskäufe beweglicher Sachen, also der Kauf künftiger Nutzungen einer beweglichen Sache in Pausch und Bogen (§ 1276 ABGB). Sie unterliegen einer Gebühr in Höhe von **2 % des Kaufpreises**.
- **Leibrentenverträge** (Z 3) sind Verträge zur Übertragung beweglicher Sachen gegen einen auf die Lebensdauer einer gewissen Person bestimmten jährliche Betrag (Leibrente; vgl § 1284 ABGB), die nicht von Versicherungsanstalten abgeschlossen werden. Leibrentenverträge unterliegen der Gebühr in Höhe von **2 % des Werts der Leibrente** (Barwert, § 16 BewG), zumindest jedoch 2 % vom Wert der Sache.

Gebührenfrei (Abs 4) sind Treffer der von inländischen Gebietskörperschaften begebenen Anleihen, die mit einer Verlosung verbunden sind (Z 1), und Differenzgeschäfte (Z 2), das sind Derivatgeschäfte als Glücksverträge über die zukünftige Wertänderung von Waren oder Wertpapieren, die durch Zahlung der Differenz und nicht durch Lieferung der Waren oder Wertpapiere erfüllt werden.

Beispiele und Einzelfälle:

1. **Hoffnungskauf** ist insbesondere der Erbschaftskauf als Unterart, wenn dieser ohne Inventarerrichtung erfolgt.[70] Übernommene Schulden neben dem zivilrechtlich vereinbarten Kaufpreis zählen zum wirtschaftlichen Kaufpreis als Bemessungsgrundlage.[71]
2. **Leibrentenvertrag** kann auch die Übertragung eines Unternehmens gegen Einräumung einer Leibrente sein.[72] Der auf unbewegliche Sachen entfallende verhältnismäßige Rentenwert ist auszuscheiden.[73]

3.4. Hypothekarverschreibung (TP 18), Vergleiche (TP 20)

891 **TP 18 Hypothekarverschreibungen**

Eine **Hypothekarverschreibung** ist der zwischen Pfandgeber und Pfandnehmer abgeschlossene **rechtsgeschäftliche Pfandbestellungsvertrag** über die Bestellung einer Hypothek zur Sicherstellung einer eigenen oder fremden Verbindlichkeit. Die Höhe der Gebühr beträgt **1 % des Werts der Verbindlichkeit** (Abs 1), inklusive Nebenverbindlichkeiten (Zinsen, Nebengebühren, Kautionen). Zivilrechtlich gültig ist eine Hypothekarverschreibung nur, wenn diese eine gültige Forderung absichern soll, auch wenn die Forderung nur bedingt oder erst in Zukunft entsteht (Höchstbetragshypothek).

Beispiele und Einzelfälle:

1. **Gebührenpflichtig** ist nur der Pfandbestellungsvertrag. Der spätere Pfandrechtsvertrag als Verfügungsgeschäft, die Eintragungsfähigkeit der errichteten Urkunde im Grundbuch und

---

70 VwGH 19.3.1990, 89/15/0085.
71 VwGH 19.3.1990, 89/15/0085; VwGH 22.5.1997, 96/16/0046.
72 VwGH 21.9.1955, 0306/53; VwGH 9.6.1989, 87/15/0111; VwGH 17.3.1986, 84/15/0124; VwGH 29.3.1977, 2081/75; VwGH 16.10.1989, 88/15/0156.
73 VwGH 7.10.1985, 85/15/0071.

die tatsächliche Eintragung sind dagegen nicht entscheidend.[74] Auch die Einverleibungsbe-
willigung ist nicht gebührenpflichtig.[75]

2. **Hypothek als Pfand über unbewegliche Sachen:** Eine Hypothek kann nur als Pfand über
eine unbewegliche Sache bestellt werden (Grundpfand). Unbewegliche Sachen sind Grundstücke mitsamt ihren Bestandteilen, Früchten, Zubehör und auch das Baurecht.[76] Ein
Superädifikat zählt dagegen zu den beweglichen Sachen.[77]

3. **Bewertung bei ungewisser Verbindlichkeit:** Sofern die Verbindlichkeit unbestimmt ist
und der Wert nicht annähernd festgesetzt werden kann, ist der bisher nicht bereits einer
hypothekarischen Sicherstellung unterliegende Wert der Hypothek heranzuziehen (Abs 2).
Bei Höchstbetragshypotheken bestimmt sich die Gebühr in diesem Fall nach dem Höchstbetrag.

TP 20 außergerichtliche Vergleiche   892

Gebührenpflichtige Vergleiche sind außergerichtliche Vergleiche (Abs 1). Ein Vergleich ist ein Neuerungsvertrag, durch den streitige oder zweifelhafte Rechte aufgrund
gegenseitigen Nachgebens zwischen den Parteien geregelt werden (§ 1380 ABGB). **Vergleiche** über bereits **anhängige Rechtsstreitigkeiten** unterliegen der Gebühr in Höhe
von **1 %** des Gesamtwerts der von jeder Partei übernommenen Leistungen (lit a). Ist die
Rechtsstreitigkeit **noch nicht anhängig**, dann beträgt der Gebührensatz **2 %** (lit b).

Ein Vergleich ist somit die unter beiderseitigem Nachgeben einverständliche neue Festlegung subjektiv **streitiger oder zweifelhafter Rechte**. Die Unsicherheit kann sich sowohl auf gegenwärtige als auch auf künftige Rechts- und Tatfragen beziehen. Jeder Vertrag, dem insbesondere **Klarstellungsfunktion** oder **Streitvorbeugungsfunktion** über
zweifelhafte Rechte oder **Streitbeilegungs- und Bereinigungsfunktion** über strittige
Rechte zukommt, ist als Vergleich anzusehen.

Leistungen sind soweit zu berücksichtigen, als sie auf einem positiven Tun beruhen; der
Wert eines Verzichts ist dagegen nicht zu berücksichtigen. Die **Streitanhängigkeit** ist
im streitigen Verfahren bei Einbringung der Klage oder im außerstreitigen Verfahren
mit Antrag auf Einleitung oder bei amtswegiger Verfahrenseinleitung gegeben.

Gebührenbefreit (Abs 2) sind Vergleiche:

- über **Unterhaltsansprüche Minderjähriger** (Z 1),
- mit Versicherungsunternehmen über Ansprüche aus **Kranken- und Schadensversi-
cherungsverträgen** (Z 2),
- mit einem **Sozialhilfeträger** (Länder Sozialfonds) **über Ersatzansprüche** (Z 3),
- mit dem BMF **über Ansprüche aus Haftungen** nach dem Ausfuhrförderungsgesetz
1981 (Z 4),
- über Verbraucherstreitigkeiten, die vor einer AS-Stelle gemäß § 4 des Alternative-
Streitbeilegungs-Gesetzes geschlossen werden (Z 5).

---

74   VfGH 4.3.1982, B 204/78.
75   Vgl den aufgehobenen § 33 TP 12.
76   Vgl § 6 BauRG.
77   Vgl § 297 iVm § 435 ABGB.

Beispiele und Einzelfälle:

1. **Vergleiche über zweifelhafte oder streitige Rechte** liegen bei Vertragsformulierungen vor wie „sämtliche wie immer geartete gegenseitige Forderungen und Verbindlichkeiten werden endgültig bereinigt und verglichen". Vergleiche sind Verträge, die Ansprüche aus Rechtsverhältnissen mangels konkreter Vereinbarungen abschließend regeln (Abfindungsanspruch von ausgeschiedenen Gesellschaftern oder Scheidungsfolgevereinbarungen, § 55a Abs 2 EheG).[78]

2. **Keine Vergleiche sind Auflösungsvereinbarungen** über zweifelsfreie und unstrittige Rechtsverhältnisse, die Neugestaltung bestehender wechselseitiger Rechte und Pflichten[79] und die einseitige Anerkennung von Rechten oder ein unentgeltlicher Rechtsverzicht.[80]

3. **Gerichtliche Vergleiche** (vor dem ordentlichen Gericht nach § 1 JN abgeschlossene Vergleiche, prätorische Vergleiche) unterliegen nicht der Rechtsgeschäftsgebühr, sondern der Gerichtsgebühr als Pauschalgebühr (§ 32 TP 1 GGG). Vergleiche vor Schiedsgerichten (§§ 577 ff ZPO) unterliegen dagegen der Rechtsgeschäftsgebühr.[81] Wird in einem gerichtlichen Vergleich ein gebührenpflichtiges Rechtsgeschäft (Zession) vereinbart, dann löst dies zusätzlich Rechtsgeschäftsgebühr aus.[82]

3.5. Zession (TP 21), Wechsel (TP 22)

893 TP 21 Zessionen

Gebührenpflichtige Zessionen sind Zessionen und Abtretungen von Schuldforderungen oder anderen Rechten nach § 1392 ABGB. Gebührenpflicht besteht nur, wenn die Abtretung auf einem **entgeltlichen** Verpflichtungsgeschäft beruht. Die Zessionsgebühr beträgt **0,8 % des Entgelts** (Abs 1).

Ein **Zessionsvertrag** ist das Verfügungsgeschäft aufgrund eines Verpflichtungsgeschäfts, die Vereinbarung des Altgläubigers und des Neugläubigers über die Abtretung eines Rechts und der Annahme durch den Neugläubiger, womit ein Wechsel in der Person des Gläubigers eintritt.[83] Das **Entgelt** ist bei entgeltlicher Übertragung die Gegenleistung, bei Abtretung an Zahlung statt und bei Abtretung zahlungshalber ist die Höhe der damit abgegoltenen Zahlung maßgeblich, bei Sicherungszession die Höhe des besicherten Anspruchs, maximal der Wert des abgetretenen Rechts.

Von der Zessionsgebühr sind **befreit** (Abs 2):

- Zessionen von Forderungen **zwischen Kreditinstituten** (§ 1 BWG), der **Österreichischen Nationalbank**, der **Bausparkassen sowie Forderungen gegen Gebietskörperschaften zwischen den genannten Instituten** einerseits und Versicherungsunternehmen oder Pensionskassen im Sinne des Pensionskassengesetzes andererseits (Z 2).
- Forderungszessionen zur **Erfüllung eines Factoringvertrags** (§ 1 Abs 1 Z 16 BWG, Z 3).
- Zessionen an **Verbriefungsspezialgesellschaften** (§ 2 Z 60 BWG; zur Förderung der Verbriefung von Forderungen und der Refinanzierung von Unternehmen, Z 7).

---

78   VwGH 25.11.1999, 99/16/0021; VwGH 26.6.1996, 93/16/0077; VwGH 29.7.2004, 2003/16/0117.
79   VwGH 21.3.2012, 2011/16/0122.
80   VwGH 21.3.2012, 2011/16/0122.
81   VwGH 18.3.2013, 2011/16/0214.
82   VwGH 22.5.1996, 95/16/0021, VwGH 6.10.1994, 93/16/0091; VwGH 25.3.2004, 2001/16/0040.
83   VwGH 18.8.1994, 94/16/0044.

- **Übertragung von Gesellschaftsrechten und -pflichten** (GmbH/FlexCo-Anteile, Aktien, Geschäftsanteile einer Genossenschaft, Gesellschafter einer Personengesellschaft wie OG, KG, GesbR, stille Gesellschaft, Z 6).
- Forderungen **gegen Gebietskörperschaften** (Z 2), Zessionen **an Gebietskörperschaften zur Sicherung rückständiger öffentlicher Abgaben** (Z 1), Zessionen der Exporteure von Forderungen aus Ausfuhrgeschäften (soweit eine Haftung nach dem Ausfuhrförderungsgesetz 1981 übernommen wurde, Z 4), Zessionen von Forderungen für die das BMF im Namen des Bundes eine Haftung übernommen hat, an den Bund nach Eintritt des Haftungsfalls (Z 5).
- **Schuldnerbestätigungen** an Kreditinstitute, dass die Abtretung der Forderung und der neue Gläubiger mitgeteilt wurde, sowie die Anerkennung der Richtigkeit (Liquidität; § 20 Z 4).
- Zessionen als **Erfüllungs- und Sicherungsgeschäft** (§ 19 Abs 2, § 20 Z 5 → 865).

Beispiele und Einzelfälle:
1. **Zessionen** sind die rechtsgeschäftliche Abtretung von Forderungsrechten, Bestandrechten, Patent-, Marken- und Musterrechten, Dienstbarkeiten und Pflichtteilsrechten, aber auch die rechtlich zustande gekommene Sicherungszession. Ein Rechtsverzicht führt nicht zu einem Übergang und unterliegt daher nicht der Zessionsgebühr.[84] Eine Mantelzession als Vereinbarung über die künftige Abtretung ist lediglich eine Art Vorvertrag und löst daher noch keine Gebührenpflicht aus.
2. **Gesetzliche Zession:** Das Festhalten der bloß gesetzlichen Zession, wie die Forderungseinlösung nach § 1422 ABGB, die Legalzession nach § 1358 ABGB oder eine Abtretung gemäß § 38 UGB[85] ist mangels Rechtsgeschäfts nicht gebührenpflichtig, außer es liegt über die Rechtsabtretung auch eine rechtsgeschäftliche Willensübereinkunft vor.[86]
3. **Übertragungen nach dem Sachenrecht** unterliegen nicht der Zessionsgebühr: Nicht erfasst werden daher Rechte und Sachen, die nach sachenrechtlichen Regeln übertragen werden, zum Beispiel verbriefte Rechte, die mit der Übergabe des Wertpapiers übertragen werden, oder dingliche Rechte (Fruchtgenussrechte[87]; §§ 426 ff ABGB).
4. **Mangels Entgeltlichkeit** unterliegt die reine Inkassozession nicht der Gebührenpflicht.

TP 22 Wechsel   894

Wechsel und **Anweisungen auf einen Unternehmer und Verpflichtungsscheine eines Unternehmers, wenn sie an Order lauten** und **über eine Geldleistung** ausgestellt sind (Abs 5; § 363 UGB) unterliegen der Wechselgebühr in Höhe von **0,125 %** der Wechselsumme (Abs 1). Für im Ausland ausgestellte und ausschließlich im Ausland zahlbare Wechsel ermäßigt sich die Gebühr auf 0,0625 %; wird dieser nachträglich im Inland zahlbar gemacht oder gelangt er im Inland zum amtlichen Gebrauch, dann ist die Gebühr um bis zu 0,125 % zu ergänzen (Abs 4).

Wechselrechtliche Zusätze sind grundsätzlich gebührenfrei (Wechselbürgschaft, Aval), beigesetzte Hypothekarverschreibungen sind nach TP 18 gebührenpflichtig (Abs 3). **Gebührenfrei** sind bestimmte Finanzwechsel im Zusammenhang mit Förderungskrediten (Abs 7).

---

84   VwGH 11.9.2014, 2012/16/0023.
85   VwGH 11.9.2014, 2013/16/0221.
86   VwGH 23.1.1989, 87/15/0141; VwGH 11.9.2014, 2013/16/0221.
87   UFS 19.2.2004, RV/0999-L/02.

Beispiele und Einzelfälle:

1. **Wechselarten**: Wechsel unterliegen der Gebühr unabhängig davon, ob der Wechsel einer bestimmten Zahlungsfrist unterliegt, auf Sicht oder auf eine bestimmte Zeit nach Sicht ausgestellt wurde. Der Wechsel muss vollständig sein; ein unvollständiger Wechsel (Blankowechsel) ist erst mit dessen Vervollständigung gebührenpflichtig (§ 16 Abs 3).

2. **Ausländische Finanzinstrumente** (Promissory Notes) müssen daraufhin überprüft werden, ob sie im Inland als Wechsel oder unternehmerischer Verpflichtungsschein zu beurteilen wären.[88]

3. **Vervielfältigungen** (Secunda, Tertia) sowie alle girierten Wechselkopien unterliegen derselben Gebühr wie das erste Exemplar. Jede **schriftliche Prolongation** unterliegt ebenfalls derselben Gebühr wie der Wechsel (TP 22 Abs 2).

895 Überblick: Übertragung und Nutzung von Vermögen im Steuerrecht

	Übertragungsvertrag		Gebrauchs- oder Nutzungsvertrag			
	Kauf (§§1053 ff ABGB)	**Schenkung** (§§ 938 ff ABGB)	**Dienstbarkeit** (§§ 472 ff ABGB)	**Nutzung von Rechten** (MSchG, UrhG, etc)	**Bestand** (§§1090 ff ABGB)	**Leihe** (§§ 971 ff ABGB)
Ertragsteuer (Abgrenzung)	**Übertragung des wirtschaftlichen Eigentums** am WG durch Übertragung der Chancen und Risiken mit dem Ziel der ausschließlichen Nutzung durch den Übernehmer (Schenkungsvertrag, Kaufvertrag, Finanzierungsleasing als Ratenkauf, Bilanzierung beim Leasingnehmer)		Recht gegenüber des Eigentümers zur **Duldung oder Unterlassung** im Hinblick auf eine Sache	**Vorübergehende Nutzungsüberlassung** an WG und Rechten ohne Übergang des wirtschaftlichen Eigentums, Nutzung durch den Überlasser ist nicht endgültig eingeschränkt (Operating Lease, Bilanzierung beim Leasinggeber)		
Ertragsteuer (Konsequenz)	**Veräußerungsvorgang**: betriebliche oder außerbetriebliche Einkünfte **Anschaffungsvorgang**	Grundsätzlich **steuerneutraler** Vorgang (außer zB Entnahme)	**Nutzungsüberlassung**: betriebliche oder außerbetriebliche Einkünfte (Vermietung & Verpachtung, sonstige Leistung) **Laufender Aufwand**: abzugsfähig, sofern zur Erzielung von steuerpflichtigen Einkünften verwendet, sonst nichtabzugsfähig			Grundsätzlich **steuerneutraler** Vorgang (außer zB Entnahme)
Umsatzsteuer	**Lieferung** (mögliche Befreiungen, zB Grundstücke)	**Nichtsteuerbare Lieferung** (außer Eigenverbrauch)	**Sonstige Leistung** (mögliche Befreiungen, zB Grundstücke)			**Keine umsatzsteuerbare Leistung** (außer Eigenverbrauch)
GrESt (Grundstück)	**Zivilrechtlicher** Anspruch oder Übereignung oder Einräumung der **wirtschaftlichen Verfügungsmacht**		**Bloße Nutzungsüberlassung nicht grunderwerbsteuerbar** (Belastung des Grundstückes bei grunderwerbsteuerpflichtiger Übertragung durch Nutzungsüberlassung ist nicht vom Grundstückswerts abzuziehen bzw Wert ist dem Kaufpreis hinzuzufügen).			
Gebühren	Entgeltliche Übertragung von Rechten unterliegt der **Zessionsgebühr**, Hoffnungskäufe und Leibrentenverträge über bewegliche Sachen (**Gebühr für Glücksverträge**)	**Keine Gebühr**	Entgeltlicher Erwerb einer Dienstbarkeit: **Gebühr für Dienstbarkeiten** (Befreiung, sofern Wert gleichzeitig GrESt unterliegt)	**Befreiung** für urheberrechtliche und leistungsschutzrechtliche Nutzungs- oder Lizenzverträge von der Gebühr für **Bestandverträge**	**Gebühr** für **Bestandverträge**	**Keine Gebühr** mangels Entgeltlichkeit

Abbildung 47: Übertragung und Nutzung von Vermögen im Steuerrecht

3.6. Nachträgliche Änderung – Zusatz, Nachtrag (§ 21 GebG), Novation (§ 24 GebG), Vertragsübernahme

896 Keine rückwirkende Änderung, Zusätze, Nachträge

Ein **einmal gültig zustande gekommenes und beurkundetes Rechtsgeschäft** bleibt gebührenpflichtig, auch wenn die **Urkunde nachträglich vernichtet** wird, das **Rechtsgeschäft aufgehoben** wird oder die **Ausführung unterbleibt** (§ 17 Abs 5).

---

88 VwGH 7.12.2000, 97/16/0506; UFS 11.3.2009, RV/0238-W/04.

Werden einer gebührenpflichtigen Urkunde **Zusätze oder Nachträge** (durch die Vertragspartei oder den Gesamtrechtsnachfolger, nicht jedoch den Einzelrechtsnachfolger) angefügt, die die darin beurkundeten Rechte oder Verbindlichkeiten ihrer Art oder ihrem Umfang nach ändern, oder wird die Geltungsdauer des Rechtsgeschäfts geändert, dann führt der Zusatz oder Nachtrag lediglich im Umfang der vereinbarten Änderung oder Verlängerung als selbständiges Rechtsgeschäft zur Gebührenpflicht (§ 21). Wird durch die Änderung **erst ein Inlandsbezug hergestellt**, wie im Falle einer Änderung des Erfüllungsorts oder durch Verbringung einer Auslandsurkunde ins Inland, dann unterliegt das gesamte Rechtsgeschäft erstmalig der Gebührenschuld (§ 16 Abs 2).

Beispiele:

1. **Aufhebung eines Rechtsgeschäfts** (Adoption, § 201 ABGB) mit Wirkung ex nunc führt nicht zur Aufhebung der Gebührenschuld.[89]
2. **Erhöhung des Entgelts:** Wird das Entgelt eines bestehenden Bestandvertrags erhöht, dann ist die Gebühr in Höhe der Änderung nach zu erheben. Eine ursprünglich vereinbarte Wertindexanpassung löst keine Nachvergebührung aus.[90]

Novation und Vertragsübernahme   897

Änderungen, die sich auf die **Gesamtheit eines Vertrags** beziehen, sind nicht in die einzelnen Elemente (Zession, Schuldbeitritt) zu zerlegen (**Zerlegungstheorie**), sondern als Ganzes zu würdigen (**Einheitstheorie**). Im Falle eines gebührenrechtlichen **Neuabschlusses eines Rechtsgeschäfts** ist zu prüfen, ob das neu abgeschlossene Rechtsgeschäft der Gebühr unterliegt.

Beispiele:

1. **Neuerungsvertrag:** Im Falle eines Neuerungsvertrags (Novation) zwischen denselben Vertragsparteien wird der Vertrag durch die inhaltliche Umänderung nicht fortgesetzt, sondern gebührenrechtlich ein neues Rechtsgeschäft begründet (§ 24).
2. **Vertragsbeitritt:** Im Falle eines Vertragsbeitritts, daher mit Beitritt zu einem bestehenden Vertrags mit allen Rechten und Pflichten unter gleichzeitiger Zustimmung aller Beteiligten in einer Urkunde, wird gebührenrechtlich ein neues Rechtsgeschäft zwischen dem neuen Vertragspartner und der Gegenseite begründet.[91] Der Vertragsbeitritt zu einem bestehenden Bestandvertrag durch einen neuen Bestandnehmer unterliegt als neues Rechtsgeschäft grundsätzlich der Bestandvertragsgebühr.[92]
3. **Vertragsübernahme:** Im Fall einer Vertragsübernahme, daher mit Übertragung und Fortführung aller Rechte und Pflichten aus einer Vertragsstellung vom alten Vertragspartner auf einen neuen Partner unter gleichzeitiger Zustimmung aller Beteiligten in einer Urkunde, wird ein neues Rechtsgeschäft zwischen dem Übernehmer und dem Vertragspartner, der seine Rechtstellung fortsetzt, begründet.[93] Vertragsübernahme eines Bestandvertrags unter gleichzeitiger Dreiparteineinigung führt zur Begründung eines neuen Bestandverhältnisses und löst daher Bestandvertragsgebühr aus.[94]

---

89   GebR 2007 Rz 647.
90   VwGH 18.10.1984, 83/15/0125.
91   UFS 9.2.2010, RV/0433-I/09; VwGH 18.9.1980, 51/79.
92   UFS 9.2.2010, RV/0433-I/09; VwGH 18.9.1980, 51/79.
93   VwGH 17.3.2005, 2004/16/0254; VwGH 11.9.2014, 2012/16/0023.
94   VwGH 17.3.2005, 2004/16/0254.

4. **Übertragung bestehender Rechte und Pflichten:** Kein Neuabschluss liegt vor, wenn eine Vertragspartei bereits bei Abschluss des Rechtsgeschäftes ihre Zustimmung erteilt hat, dass der andere Vertragspartner seine Rechte, Pflichten oder die gesamte Vertragsstellung an einen Dritten übertragen kann. In diesem Fall ist eine zivilrechtliche gültige Übertragung (Zession, Schuldbeitritt, Schuldübernahme) daraufhin zu überprüfen, ob diese einen gebührenrechtlichen Tatbestand begründet (Zession, Schuldbeitritt). Die Abtretung von Mietrechten durch den Vormieter an den Nachmieter unter zuvor erteilter Zustimmung des Vermieters, wodurch das Bestandverhältnis übertragen wird, stellt eine gebührenpflichtige Zession dar.[95] Die einseitige Übertragung von Rechten und Pflichten einer Vertragsposition auf einen Dritten unter der Bedingung, dass der andere Vertragspartner zustimmt, stellt mangels zivilrechtlich gültig zustande gekommener Übertragung keinen gebührenrechtlich relevanten Vorgang dar.[96]

3.7. Gebührenermittlung – Gebührenschuldner (§ 28 GebG) und Haftung (§ 30 GebG)

898 Gebührenschuldner (§ 28)

Der **Gebührenschuldner** ermittelt sich wie folgt (§ 28 Abs 1):

- Bei **zweiseitig verbindlichen** Rechtsgeschäften sind Gebührenschuldner regelmäßig die Vertragsteile. Wird die Urkunde nur von einem Vertragsteil unterzeichnet und einem Dritten ausgehändigt, dann ist auch der Dritte Gebührenschuldner (Z 1).
- Bei **einseitig verbindlichen** Rechtsgeschäften ist derjenige Gebührenschuldner, in dessen Interesse die Urkunde ausgestellt wird (Z 2). Bei Bürgschaftserklärungen und Hypothekarverschreibungen ist daher der begünstigte Gläubiger Schuldner.
- Bei **Beurkundung durch Gedenkprotokolle** ist Schuldner derjenige, der als Vertragsteil beurkundet wurde oder Mitteilung über den Abschluss gemacht hat Z 3).
- Bei **Geschäftsführung ohne Auftrag** und dennoch gültig zustande gekommenem Rechtsgeschäft ist der Geschäftsführer zur Gebührenentrichtung verpflichtet, außer derjenige, in dessen Namen das Rechtsgeschäft abgeschlossen wurde, genehmigt das Geschäft oder erlangt dadurch einen Vorteil (§ 29).
- Bei **Wechsel** sind der Aussteller, der Akzeptant (Bezogener) und jeder Inhaber eines Wechsels zur ungeteilten Hand verpflichtet (§ 28 Abs 2).
- Zu **Wetten** → 956.

899 Gesamtschuldner

Mehrere Gebührenschuldner sind **zur ungeteilten Hand** verpflichtet (§ 28 Abs 6, Gesamtschuldner). **Persönliche Befreiungen** bestehen für Gebietskörperschaften im Rahmen ihres öffentlich-rechtlichen Wirkungskreises, deren Bund zusätzlich mit von ihm betriebenen Unternehmen, und öffentlich-rechtliche Fonds mit Deckungspflicht und Vertreter anderer Staaten (§ 2). In diesem Fall haben die nicht befreiten Gebührenschuldner die Gebühr zu entrichten (§ 28 Abs 5).

---

95   VwGH 11.9.2014, 2012/16/0023; VwGH 26.11.1982, 3243/80.
96   VwGH 11.9.2014, 2012/16/0023.

4. Erhebung der Gebühr

900

Die **Erhebung** der Gebühr erfolgt entweder im Wege einer Anzeige mit bescheidmäßiger Festsetzung oder durch Selbstberechnung.

Für **gebührenpflichtige Rechtsgeschäfte** besteht entweder:

- eine **Anzeigepflicht**, aufgrund der das Finanzamt die Rechtsgeschäftsgebühr mit Bescheid (oder mündlich) festzusetzen hat (§ 31), oder
- eine Pflicht zur **Selbstberechnung** der Gebühr.

Zur Gebührenentrichtung bei **Wetten** → 956.

Anzeigepflicht (§ 31 GebG)

901

Gebührenpflichtige Rechtsgeschäfte sind grundsätzlich bis zum **15. des zweitfolgenden Monats** nach dem Monat der Entstehung der Gebührenschuld **beim Finanzamt Österreich anzuzeigen**.

Der Anzeige ist eine Abschrift oder eine Gleichschrift der die Gebührenpflicht begründenden Urkunde anzuschließen. Sofern die Urkunde nicht in der Amtssprache, also grundsätzlich Deutsch, verfasst ist, ist auch eine Übersetzung durch einen allgemein beeideten und gerichtlich zertifizierten Dolmetscher einzureichen. Ist die gebührenpflichtige Urkunde ein Annahmeschreiben, ist ein diesbezügliches Angebotsschreiben anzuschließen. Das Finanzamt hat auf der Urkunde die erfolgte Anzeige zu bestätigen (§ 31 Abs 1).

Zur Gebührenanzeige verpflichtet sind (§ 31 Abs 2):

- die **am Rechtsgeschäft beteiligten Personen,**
- der **Urkundenverfasser,**
- jeder, der die Urkunde als **Bevollmächtigter** oder ein Gedenkprotokoll als **Zeuge** unterzeichnet oder eine im Ausland errichtete Urkunde (oder deren beglaubigte Abschrift) im Zeitpunkt des Entstehens der Gebührenschuld **in Händen hat.**

Die **Anzeigepflicht entfällt** für die übrigen Personen, wenn eine Person eine ordnungsgemäße Anzeige oder Selbstberechnung durchführt (Abs 2). Zur Haftung bei nicht ordnungsgemäßer Anzeige → 903.

Selbstberechnung (§ 3 GebG)

902

Eine **Selbstberechnung** erfolgt in folgenden Fällen:

- **Pflicht bei Bestandverträgen** (§ 33 TP 5 Abs 5) für inländische Vermieter, die Gebühr selbst zu berechnen und zu entrichten. Ausnahmen bestehen aufgrund einer Verordnung zur Selbstberechnung bei ungewisser Gebührenschuld dem Grunde und der Höhe nach.
- **Antragsgemäße Bewilligung** (§ 3 Abs 4) für einen Gebührenschuldner, der in seinem Betrieb laufend eine Vielzahl gleichartiger Rechtsgeschäfte abschließt und Gewähr für die ordnungsgemäße Vergebührung bietet. Am Jahresende folgt eine bescheidmäßige Festsetzung durch das Finanzamt.

- **Antragsgemäße Bewilligung für Bestandnehmer** bei Bestandverträgen (§ 33 TP 5 Abs 5), zu deren Geschäftätigkeit laufend der Abschluss von Bestandverträgen gehört (insb Anbieter von Außenwerbung, Sendemastenbetreiber und laufende Anmietungen von Privaten, die die Gebühr nicht selbst berechnen) und die Gewähr für die ordnungsgemäße Einhaltung der Gebührenvorschriften bieten; in diesem Fall entfällt die Pflicht zur Selbstberechnung durch die Bestandgeber.
- **Befugnis für Parteienvertreter** (§ 3 Abs 4a) zur Selbstberechnung durch Rechtsanwälte, Notare oder Wirtschaftstreuhänder, auch für die Bestandvertragsgebühr (§ 33 TP 5 Abs 5 Z 4).

Die Selbstberechnung hat **innerhalb der Frist der Gebührenanzeige** zu erfolgen (15. des auf die Gebührenentstehung zweitfolgenden Monats). Bei Selbstberechnung durch **Parteienvertreter** schiebt sich die **Fälligkeit** auf den 15. des zweitfolgenden Monats nach Selbstberechnung hinaus. Auf der Urkunde ist ein Selbstberechnungsvermerk anzubringen. Eine ordnungsgemäße Selbstberechnung ersetzt die Gebührenanzeige (§ 3 Abs 4 und 4a).

903 Einhebung (§ 30 GebG)

Das Finanzamt hat nach Billigkeit und Zweckmäßigkeit (§ 20 BAO) die Wahl, **welchen der Gesamtschuldner** es heranzieht. Vorrangig wird es sich an Vereinbarungen der Parteien halten, wer die Gebühr im Innenverhältnis trägt, außer es bestehen gute Gründe, davon abzuweichen (gefährdete Einbringlichkeit durch Insolvenz oder bei Auslandsparteien).

Für die Rechtsgeschäftsgebühr **haften** neben den Gebührenschuldnern:

- die übrigen **am Rechtsgeschäft beteiligten** Personen, die nicht Gebührenschuldner sind (§ 30),
- bei nicht ordnungsgemäßer Anzeige die **zur Anzeige verpflichteten** Personen (§ 30),
- **Parteienvertreter** für die Entrichtung selbst berechneter Gebühren (§ 3 Abs 4a).

904 Vertiefung: Gebührenerhöhung (§ 9 GebG)

Das **Finanzstrafgesetz** ist auf Stempel- und Rechtsgebühren mit Ausnahme der Wettgebühren (§ 33 TP 17 Abs 1 Z 1) nicht anwendbar (§ 2 Abs 2 FinStrG). Eine Abgabenhinterziehung, fahrlässige Abgabenverkürzung oder Finanzordnungswidrigkeit kann bei Gebühren daher nicht vorliegen. Das Gebührenrecht sieht dagegen eigene Bestimmungen für die Verletzung von Gebührenvorschriften vor.

Bei **Rechtsgeschäftsgebühren** kann die Behörde eine Erhöhung bis zum Ausmaß der verkürzten Gebühr (100 %) erheben (außer bei Wettgebühren wegen der Anwendung des FinStrG). Bei der Festsetzung der Gebührenerhöhung durch das Finanzamt ist unter Beachtung der Billigkeit und Zweckmäßigkeit (§ 20 BAO) insbesondere **auf drei Elemente Bedacht zu nehmen**: Zumutbarkeit des Erkennens, Verspätung der Anzeige und Anzahl der Pflichtverletzungen (§ 9 Abs 2 letzter Satz).

Beispiele zu den drei Elementen:

1. **Zumutbarkeit des Erkennens** bei Kreditinstituten,[97] Rechtsanwälten[98] und sonstigen Schuldnern, die gebührenpflichtige Rechtsgeschäfte als Massengeschäfte abwickeln.[99]
2. **Verspätung** bleibt unberücksichtigt, wenn geringfügig (zwei Tage),[100] unterlassene Gebührenanzeige ist erschwerend zu berücksichtigen.[101]
3. **Wiederholte Verletzungen** führen zu einer höheren Gebührenerhöhung.
4. **Gebührenerhöhungen** liegen in vielen Fällen zwischen 30 % und 80 %.

Überblick: Gebührenarten

905

	Rechtsgeschäftsgebühren	Verwaltungsgebühren		Gerichtsgebühren
Rechtliche Grundlagen	Gebührengesetz III. Abschnitt (§§ 15 ff GebG, § 33 TP)	Gebührengesetz II. Abschnitt (§§ 10 ff GebG, § 14 TP)	Gesetze und VO über Verwaltungsgebühren (Bund, Länder) Konsulargebührengesetz	Gerichtsgebührengesetz Gerichtskommissionstarifgesetz
Objekt	Beurkundete Rechtsgeschäfte	Gebühren für Schriften und Amtshandlungen	Schriften und Amtshandlungen	Inanspruchnahme von Gerichten
Tarifposten	Annahmeverträge Anweisungen Bestandverträge Bürgschaftserklärungen Dienstbarkeiten Ehepakte Glücksverträge Hypothekarverschreibungen Vergleiche Zessionen Wechsel	Abschriften, Amtliche Ausfertigungen, Auszüge Beilagen, Eingaben Protokolle (Niederschriften) Einreise- und Aufenthaltstitel Reisedokumente Schriften bei Schutzrechten Waffendokumente Unterschriftsbeglaubigungen Zeugnisse Zulassungsscheine uÄ Führerscheine Eheschließung Eingetragene Partnerschaft	Verleihungen von Berechtigungen und Bewilligungen im Privatinteresse aufgrund eines Verwaltungsverfahrens auf Bundes-, Landes-, Gemeindeebene	Zivilprozess Exekutionsverfahren Insolvenz– Reorganisation Außerstreitverfahren – Pflegschaft, Unterhalt – Verlassenschaft – Grundbuch – Firmenbuch – Beglaubigung, Beurkundung – Sonstige Verfahren – Rechtsmittel Strafverfahren Privatanklage Rechtsmittel Verwaltungsverfahren Justizverwaltung Handlungen von Notaren als Gerichtskommissionäre bei Verlassenschaftsverfahren

Abbildung 48: Gebührenarten

---

97   VwGH 15.3.2001, 2000/16/0115.
98   VwGH 18.12.1995, 95/16/0127.
99   VwGH 24.6.1991, 90/15/0057.
100   VwGH 13.5.1965, 1628/64; GebR 126.
101   UFS 30.8.2010, RV/0304-I/10.

Kapitel 16

Abgaben auf Löhne, Erwerbstätigkeit, Vermögen, Rechtsverkehr und Verbrauch

1. Lohnabgaben, Lohnnebenkosten

Überblick: Lohnabgaben

906

Abgaben des Dienstnehmers		Laufende Zahlungen	Sonderzahlungen
Nettolohn abzüglich Lohnsteuer		**EUR 2.149,50**	**EUR 2.338,63**
Lohnsteuer vom Nettolohn:	0-55% (Tarif)	EUR 308,40	EUR 149,27 (ohne FB)
Nettolohn vor Lohnsteuer		**EUR 2.457,90**	**EUR 2.487,90**
Krankenversicherung:	3,87 %*	EUR 116,10	EUR 116,10
Pensionsversicherung:	10,25 %*	EUR 307,50	EUR 307,50
Arbeitslosenversicherung:	2,95 %*	EUR 88,50	EUR 88,50
Wohnbauförderungsbeitrag:	0,5 %	EUR 15	EUR 0 (befreit)
Arbeiterkammerumlage:	0,5 %*	EUR 15	EUR 0 (befreit)
Bruttolohn: 100%		**EUR 3.000**	**EUR 3.000**

Abgaben des Dienstgebers		Laufende Zahlungen	Sonderzahlungen
DG Beitrag (FLAF):	3,7 %	EUR 111	EUR 111
Zuschlag DB (KammerU):	0,36 %–0,44 %, je nach BL	EUR 10,80	EUR 10,80
Kommunalsteuer:	3 %	EUR 90	EUR 90
Wiener DG Beitrag (U-Bahn):	EUR 2/Woche in Wien	EUR 8	EUR 0
Krankenversicherung:	3,78 %*	EUR 113,40	EUR 113,40
Unfallversicherung:	1,1 %*	EUR 33	EUR 33
Pensionsversicherung:	12,55 %*	EUR 376,50	EUR 376,50
Arbeitslosenversicherung:	2,95 %*	EUR 88,50	EUR 88,50
Zuschlag nach IESG:	0,10 %*	EUR 3	EUR 3
Wohnbauförderungsbeitrag:	0,5 %*	EUR 15	EUR 0 (befreit)
BV-Beitrag:	1,53 %	EUR 45,90	EUR 45,90
		EUR 895,10	**EUR 872,10**
		29,83 % von Bruttolohn	**29,07 % von Bruttolohn**

Werte für 2024 eines Angestellten in Wien
*Monatliche Höchstbeitragsgrundlage: EUR 6.060
*Jährliche Höchstbeitragsgrundlage Sonderzahlungen: EUR 12.120
Service Entgelt: E-Card EUR 13,35 (für 2024)

Abbildung 49: Lohnabgaben

1.1. Kommunalsteuer

907

Unternehmer unterliegen der Kommunalsteuer für in einer inländischen unternehmerischen **Betriebsstätte** tätige **Dienstnehmer** in Höhe von **3 % der Summe der Arbeitslöhne** (vgl § 1 KommStG).

Steuersubjekt (§ 3 KommStG)

908

Der Kommunalsteuer unterliegt der **umsatzsteuerliche Unternehmer** (§§ 3, 2 UStG → 666). Abweichend vom Umsatzsteuerrecht gelten als Unternehmer stets und in vollem Umfang rechnungslegungspflichtige Körperschaften (§ 7 Abs 3 KStG → 466), Stif-

Perl, Steuerrecht für die Praxis⁷, Linde

601

tungen sowie ertragsteuerliche Mitunternehmerschaften und sonstige Personengesellschaften. **Körperschaften des öffentlichen Rechts** sind nur im Rahmen der Betriebe gewerblicher Art (→ 471) und ihrer land- und forstwirtschaftlichen Betriebe gewerblich oder beruflich tätig.

909 Steuerobjekt (§ 2 KommStG)

Der **Dienstnehmerbegriff** (§ 2) ist weit zu verstehen. Es sollen damit alle Personen erfasst werden, die in einer inländischen Betriebsstätte rechtlich oder wirtschaftlich gesehen zumindest eine dienstnehmerähnliche Tätigkeit ausüben. Dienstnehmer sind Personen, die:

- in einem **ertragsteuerlichen Dienstverhältnis** stehen, an Kapitalgesellschaften wesentlich beteiligte Personen iSd § 22 Z 2 EStG und **freie Dienstnehmer** nach dem ASVG (§ 4 Abs 4 ASVG),
- aufgrund einer **grenzüberschreitenden Arbeitsüberlassung** zur Tätigkeit in einer inländischen Betriebsstätte überlassen werden und
- die seitens einer Körperschaft des öffentlichen Rechts **zur Dienstleistung zugewiesen** werden.

Der **Betriebsstättenbegriff** ist gegenüber dem der BAO erweitert.[1] Als Betriebsstätte gilt jede feste örtliche Anlage oder Einrichtung, die mittelbar oder unmittelbar der Ausübung der unternehmerischen Tätigkeit dient. Bei Arbeitskräfteüberlassung wird erst nach Ablauf von sechs Kalendermonaten in der Betriebsstätte des Beschäftigers eine Betriebsstätte des Arbeitskräfte überlassenden Unternehmens begründet (§ 4).

Von der **Kommunalsteuer befreit** sind insbesondere mildtätige oder gemeinnützige Körperschaften, Personenvereinigungen oder Vermögensmassen auf dem Gebiet der Gesundheitspflege, Fürsorge für Kinder, Jugend, Familien, Kranke, Behinderte, Blinde und Alte (§ 8).

910 Ermittlung (§ 5, § 9 KommStG)

Bemessungsgrundlage ist die Summe der **Arbeitslöhne**, die an die Dienstnehmer der Betriebsstätte gewährt werden und mit der unternehmerischen Tätigkeit zusammenhängen (§ 5). Der Steuersatz beträgt **3 % der Bemessungsgrundlage** (§ 9).

Arbeitslöhne (§ 5 Abs 1) sind Bezüge, Gehälter und sonstige Vergütungen der steuerlichen Dienstnehmer oder freien Dienstnehmer, im Falle der Arbeitskräftegestellung 70 % des Gestellungsentgelts und bei Dienstzuweisung öffentlich-rechtlicher Körperschaften der Ersatz der Aktivbezüge. Zum Arbeitslohn **gehören nicht** (§ 5 Abs 2) Ruhe- und Versorgungsbezüge sowie Gehälter und sonstige Vergütungen von wesentlich beteiligten Dienstnehmern, Abfertigungen und sonstige Zahlungen nach Dienstbeendigung, steuerfreie Bezüge von Entwicklungshelfern von Entwicklungsorganisationen und steuerfreie geldwerte Vorteile des Arbeitgebers (§ 3 Abs 1 Z 11 und 13 bis 21 EStG) und 60 % der laufenden Bezüge bei steuerfreier Auslandsentsendung (§ 3 Abs 1 Z 10 EStG),

---

1   VwGH 13.9.2006, 2002/13/0051.

mit einem fixen Steuersatz besteuerte geldwerte Vorteile von Start-Up-Mitarbeiterbeteiligungen (§ 67a EStG) sowie Arbeitslöhne an begünstigte Dienstnehmer iSd Behinderteneinstellungsgesetzes. Ist die **Feststellung der mit der unternehmerischen Tätigkeit** zusammenhängenden Arbeitslöhne mit einem unverhältnismäßigen Aufwand verbunden, dann kann die Gemeinde mit dem Steuerschuldner eine Vereinbarung über die Höhe der Bemessungsgrundlage treffen (§ 5 Abs 3). Übersteigt bei Unternehmern die Bemessungsgrundlage im Kalendermonat nicht EUR 1.460 (Geringfügigkeitsgrenze), werden von ihr EUR 1.095 abgezogen (**Freibetrag,** § 9 zweiter Satz).

Erhebung 911

Das Unternehmen unterliegt der Kommunalsteuer **in jeder Gemeinde, in der eine Betriebsstätte unterhalten wird** (§ 7). Bei **Arbeitsüberlassung** von Personen einer inländischen Betriebsstätte an einen Beschäftiger **für mehr als sechs Monate** ist die Gemeinde, in der sich die Unternehmensleitung des Beschäftigers befindet, für Zeiträume nach Ablauf der sechs Monate erhebungsberechtigt. Bei **Arbeitsunterbrechung** von mehr als einem Monat beginnt die Sechsmonatsfrist nach Wiederaufnahme neu zu laufen und es bleibt die bisherige Gemeinde beim Beschäftigerwechsel für den Monat des Wechsels und bei mehr als einmonatiger Arbeitsunterbrechung für die Kalendermonate der Arbeitsunterbrechung erhebungsberechtigt (Abs 1).

Erstreckt sich **eine Betriebsstätte auf mehrere Gemeinden,** dann ist die Bemessungsgrundlage vom Unternehmer **auf die beteiligten Gemeinden zu zerlegen,** und zwar aufgrund einer Einigung der Gemeinden oder im Wege eines Zerlegungs- oder Zuteilungsbescheids des Finanzamts. Zuständig ist das für die Erhebung der Lohnsteuer zuständige Finanzamt (§ 13). Kommunalsteuerbescheide der Gemeinde, die von einem Zerlegungs- oder Zuteilungsbescheid abzuleiten sind, sind durch die Gemeinde von Amts wegen anzupassen oder aufzuheben (§ 10).

Die Kommunalsteuer ist vom Unternehmer für jeden Kalendermonat selbst zu berechnen und **bis zum 15. des darauffolgenden Monats (Fälligkeitstag)** an die jeweilige Gemeinde zu entrichten (§ 11). Werden Personen von einer inländischen Betriebsstätte eines Unternehmens **zur Arbeitsleistung überlassen,** ist der überlassende Unternehmer Steuerschuldner. Wird das Unternehmen **für Rechnung mehrerer Personen betrieben,** sind diese Personen und der Unternehmer Gesamtschuldner; dies gilt auch für ertragsteuerliche Mitunternehmer. Erweist sich die Berechnung des Unternehmers als **nicht richtig** oder wird die selbstberechnete Kommunalsteuer **nicht oder nicht vollständig entrichtet,** hat die Gemeinde einen **Kommunalsteuerbescheid** zu erlassen. Kein Bescheid ist zu erlassen, wenn der Steuerschuldner nachträglich die Selbstberechnung berichtigt (§ 11 Abs 3). Für die Kommunalsteuer **haften** die Vertreter (§§ 80 ff BAO) und faktischen Geschäftsführer bei Verschulden neben den durch sie vertretenen Abgabenpflichtigen für die Kommunalsteuer (§ 6a). Eine **Steuererklärung** ist nach Ablauf jeden Kalenderjahres bis Ende März oder im Falle der Schließung der einzigen Betriebsstätte in der Gemeinde binnen eines Monats ab Schließung abzugeben (§ 11 Abs 4). Zur Kommunalsteuerprüfung (§ 14) → 1013.

1.2. Dienstgeberbeiträge

912 Dienstgeberbeitrag (§§ 41 ff FLAG)

> **Dienstgeber** unterliegen dem Dienstgeberbeitrag in Höhe von **3,7 % der Summe der Arbeitslöhne** der im Inland beschäftigten Dienstnehmer (§§ 41 bis 43 FLAG, 3,9 % für 2023 und 2024, sofern lohngestaltenden Vorschriften nicht 3,7 % vorsehen).

Der Dienstgeberbeitrag auf Arbeitslöhne und ein Beitrag von land- und forstwirtschaftlichen Betrieben (→ 935) werden zur **Finanzierung des Familienlastenausgleichsfonds** eingehoben. Der Familienlastenausgleichsfonds dient zum Ausgleich von Lasten von Familien grundsätzlich im Wege von Leistungen wie der Familienbeihilfe, Schulfahrtbeihilfe und Schülerfreifahrten, Freifahrten und Fahrtenbeihilfe für Lehrlinge, unentgeltliche Schulbücher, Kleinkindbeihilfe aus Anlass einer Geburt, Familienhärteausgleich, Mutter-Kind-Pass-Bonus, Härteausgleich für Familienhospizkarenz und Unterhaltsvorschuss nach dem Unterhaltsvorschussgesetz.

913 Subjekt, Objekt und Erhebung

Dienstnehmer (§ 41 Abs 2) sind entsprechend der Kommunalsteuer Personen, die:

- in einem **ertragsteuerlichen Dienstverhältnis** stehen (§ 47 Abs 2 EStG),
- **freie Dienstnehmer** nach dem ASVG sind (§ 4 Abs 4 ASVG), sowie
- an Kapitalgesellschaften wesentlich beteiligte Personen iSd **§ 22 Z 2 EStG** sind.

Dienstgeber ist derjenige, der wirtschaftlich die Kosten trägt und dem das Weisungsrecht zukommt. Unternehmereigenschaft ist anders – als für die Kommunalsteuer – nicht notwendig.

Als im Inland beschäftigt gilt ein Dienstnehmer dann, wenn er im Inland tätig ist (§ 41 Abs 1). Eine kurzfristige Entsendung ins Ausland schadet nicht. Eine inländische Betriebsstätte des Dienstgebers ist, anders als für die Kommunalsteuer, nicht erforderlich, sodass auch kurzfristig ins Inland entsandte Dienstnehmer dem Beitrag unterliegen. Kurzfristig im Inland tätige Dienstnehmer aus der EU, dem EWR oder der Schweiz sind von der Beitragspflicht jedoch befreit, wenn sie im anderen Staat dessen Sozialversicherungssystem unterliegen. Bei grenzüberschreitenden Tätigkeiten mit Drittstaaten kann der zuständige Bundesminister Arbeitslöhne von der Beitragspflicht ausnehmen (§ 42a).

Die **Erhebung** erfolgt durch den Dienstgeber im Wege der Selbstberechnung für jeden Monat bis spätestens zum 15. Tag des nachfolgenden Monats an das für die Lohnsteuer zuständige Finanzamt. Hat der Dienstgeber im Bundesgebiet keine Betriebsstätte ist der Beitrag an das Finanzamt zu leisten, in dessen Bereich der Dienstnehmer überwiegend beschäftigt ist (§ 43). Zur Lohnsteuerprüfung → 1013.

914 Vertiefung: Zuschlag zum DB als Umlage der Wirtschaftskammer

Neben der Grundumlage und der Kammerumlage 1 der **Wirtschaftskammer** (→ 925) hat ein Wirtschaftskammermitglied einen **Zuschlag zum DB** auf Arbeitslöhne und Gehälter bis **0,15 %** (**aktuell 0,12 %**) für die Bundeskammer und maximal **0,29 %** für die Landeskammer von der **Bemessungsgrundlage des Dienstgeberbeitrags** zu entrichten (§ 122 Abs 8 und 9 WKG). Zur Lohnsteuerprüfung → 1013.

Vertiefung: Dienstgeberabgabe in Wien (U-Bahn-Abgabe)   915

Zur **Finanzierung des U-Bahn-Baus** haben **Dienstgeber** für einen in **Wien** beschäftigten Dienstnehmer einen Dienstgeberbeitrag in Höhe von **EUR 2 pro angefangener Arbeitswoche** zu bezahlen. Eine Pauschalierung ist möglich. Die **Erhebung** erfolgt durch den Dienstgeber im Wege der monatlichen Selbstberechnung und ist an die Gemeinde Wien (Magistrat) zu entrichten. Für das Kalenderjahr ist bis zum 31.3. des Folgejahres eine Jahreserklärung einzureichen (vgl. Wiener Gesetz über die Einhebung einer Dienstgeberabgabe).

Überblick: Besteuerung von Dienstleistungsformen   916

Formen der Dienstleistung und steuerliche Konsequenzen bei einer natürlichen Person	Arbeitsgesellschafter Mitunternehmer — Unternehmer Unternehmerrisiko, Unternehmerinitiative	Werkvertrag Geschuldetes Werk (§ 1152 ABGB) Gleichordnung Keine Eingliederung Keine Weisungsgebundenheit Keine persönliche Abhängigkeit	Freier Dienstnehmer Geschuldete Arbeitskraft (§ 4 Abs 4 ASVG, § 1164a ABGB) Abgeschwächte Gleichordnung: Persönliche Leistungserbringung Keine eigenen Betriebsmittel	Dienstnehmer Geschuldete Arbeitskraft Unterordnung: Eingliederung in Organisation Weisungsgebundenheit Persönliche Abhängigkeit
Beispiele	Mitunternehmer an einer Personengesellschaft	Geschäftsführer, Vorstand Geschuldetes Werk, ohne Unterordnung / Eingliederung / Weisungsgebundenheit **oder** sofern nicht wesentlich (25 %) beteiligt (Selbständige Arbeit)	Geschäftsführer, Vorstand Geschuldetes Werk, ohne Unterordnung / Eingliederung / Weisungsgebundenheit **oder** sofern nicht wesentlich (25 %) beteiligt (Selbständige Arbeit)	Geschäftsführer, Vorstand mit Unterordnung / Eingliederung / Weisungsgebundenheit (sofern **nicht wesentlich [25 %] beteiligt**)
Einkunftsart	**Betriebliche Einkünfte** als Mitunternehmer	**Betriebliche Einkünfte** aus Tätigkeit	Einkünfte aus **selbständiger** Tätigkeit	Einkünfte aus **nichtselbständiger** Tätigkeit
Besteuerung	Progressiver Tarif Gewinnfreibetrag § 10	Progressiver Tarif Gewinnfreibetrag § 10	Progressiver Tarif Gewinnfreibetrag § 10	Progressiver Tarif Begünstigte Besteuerung: 0 %/6 %
Abzugsfähigkeit beim Vertragspartner	Einkommensverwendung **nicht absetzbar**	Als Ausgaben **absetzbar**	Als Ausgaben **absetzbar** (als „Managerbezüge" beschränkt)	Als Ausgaben **absetzbar** (als „Managerbezüge" beschränkt)
Umsatzsteuer	**Nicht steuerbar** (Gesellschaftsverhältnis)	**Steuerbar** und **steuerpflichtig** (außer Kleinunternehmer)	**Steuerbar** und **steuerpflichtig** (außer Kleinunternehmer)	**Nicht steuerbar** (unselbständig)
Sozialversicherung	**GSVG / FSVG**	**GSVG / FSVG**	**ASVG § 4 Abs 4**	**ASVG § 4 Abs 2**
Dienstgeberbeitrag Kommunalsteuer	**Nein**	**Nein**	**Ja**	**Ja**

Abbildung 50: Besteuerung von Dienstleistungsformen

1.3. Exkurs: Sozialversicherungsbeiträge unselbständig Erwerbstätiger[2]

Subjekt, Objekt   917

Im Inland beschäftigte **Dienstnehmer und Dienstgeber** als Beitragsschuldner unterliegen **Sozialversicherungsbeiträge** aufgrund eines sozialversicherungspflichtigen Dienstverhältnisses.

---

2   Paragraphenverweise ohne Gesetzesangabe beziehen sich auf das Allgemeine Sozialversicherungsgesetz (ASVG).

Objekt der Sozialversicherungsbeiträge ist ein sozialversicherungspflichtiges **Dienstverhältnis**. **Dienstnehmer** ist, wer in einem Verhältnis persönlicher und wirtschaftlicher Abhängigkeit gegen Entgelt beschäftigt wird; dazu zählen jedenfalls **ertragsteuerliche Dienstnehmer** (§ 47 EStG) (§ 4 Abs 2). Den Dienstnehmern gleichgestellt sind Personen im **freien Dienstverhältnis** aufgrund einer entgeltlichen, im Wesentlichen persönlich erbrachten Tätigkeit im Dauerschuldverhältnis ohne eigene wesentliche Betriebsmittel für einen Dienstgeber, wenn nicht bereits nach anderen Vorschriften Sozialversicherungspflicht besteht (§ 4 Abs 4). Ein sozialversicherungspflichtiges Dienstverhältnis setzt voraus, dass der **Beschäftigungsort im Inland** liegt (§ 3).

Maßgeblich ist der **Umfang** der Pflichtversicherung. Je nach Dienstverhältnis kann eine **Vollversicherung** (Kranken-, Pensions- und Unfallversicherung, § 4) oder eine **Teilversicherung** in nur einer oder zwei der Sparten vorliegen (§§ 5 bis 8). Eine Ausnahme von der Vollversicherung (nur Unfallversicherung) besteht für **geringfügig Beschäftigte**, bei denen das monatliche Entgelt einen bestimmten Betrag (EUR 500,91 für 2023, jährliche Anpassung) nicht übersteigt (§ 5 Abs 2 ASVG). Daneben besteht die Möglichkeit der freiwilligen **Selbst-, Höher- oder Weiterversicherung** mit abweichenden Beiträgen (§§ 12 bis 20). Zum Beginn und Ende der Pflichtversicherung §§ 9 und 10.

918 Ermittlung

Die Sozialversicherungsbeiträge ermitteln sich aus dem **Beitragssatz** (§§ 51 bis 54) und der **Beitragsgrundlage** (§§ 44 bis 50):

Die **Beitragssätze** (§§ 51, 53a, 54), gesamt und verteilt auf Dienstnehmer (DN) und Dienstgeber (DG), betragen in der

- Krankenversicherung: **7,65 %** (DN-Anteil: 3,87 %, DG-Anteil 3,78 %),
- Unfallversicherung: **1,10 %** (nur DG-Anteil, dafür DG-Haftungsprivileg, § 333 ASVG),
- Pensionsversicherung: **22,8 %** (DN-Anteil: 10,25 %, DG-Anteil 12,55 %).

Beitragsgrundlage ist der im Beitragszeitraum (Kalendermonat) gebührende Arbeitsverdienst bzw für Dienstnehmer das Entgelt (**Anspruchslohnprinzip**, § 44 Abs 1 und Z 1). Als Entgelt (§ 49) gelten alle Geld- und Sachbezüge (bewertet nach § 50, mit Sonderbestimmungen für Start-Up-Mitarbeiterbeteiligungen, § 50a) aus der Tätigkeit (vom Dienstgeber oder Dritten). Dazu zählen sowohl laufende Bezüge als auch Sonderzahlungen (Abs 2). **Nicht als Entgelt** (Abs 3) gelten bestimmte Bezüge, die auch nach einkommensteuerlichen Grundsätzen nicht zu steuerpflichtigen Einnahmen führen (Aufwandsersatz nach § 26 EStG, steuerfreie Sachbezüge nach § 3 EStG) oder besonders besteuert werden (Abfertigungen, Schmutzzulagen). Die Beitragsgrundlage ist dabei auf die **Höchstbeitragsgrundlage** beschränkt (EUR 6.060 für 2024 monatlich, EUR 12.120 jährlich für Sonderzahlungen, entspricht dem Jahressechstel, § 45, angepasst aufgrund § 108).

Besonderheiten bei geringfügigen Beschäftigungsverhältnissen: Eine besondere **Dienstgeberabgabe** als Pauschalbetrag zur Kranken- und Pensionsversicherung in Höhe von **19,40 %** als jährliche Zahlung ist anzuwenden auf das Entgelt für geringfügig Beschäftigte, sofern die Summe des monatlichen Entgelts das Eineinhalbfache der Grenze geringfügig Beschäftigter übersteigt (EUR 777,66 für 2024, § 1 Dienstgeberabgabegesetz).

Geringfügig Beschäftigte haben bei Vollversicherung aufgrund mehrerer Dienstverhältnisse auf die geringfügigen Beschäftigungen einen **pauschalierten Dienstnehmerbeitrag** von **14,12 %** zu leisten (§ 53a Abs 3).

Erhebung   919

Die **Erhebung** (§§ 54a bis 70b) erfolgt grundsätzlich durch den **Dienstgeber** (§ 35) als Beitragsschuldner, der sowohl den eigenen Anteil als auch den Dienstnehmeranteil zu ermitteln (**Selbstberechnung**) und an den Krankenversicherungsträger (Österreichische Gesundheitskasse) abzuführen hat (§ 58 Abs 2 und 4). Der Dienstgeber ist berechtigt, den Dienstnehmeranteil von dessen Entgelt abzuziehen (§ 60). Beiträge sind am Ende des Beitragsmonats **fällig** (§ 58 Abs 1) und können bis zum **15. des Folgemonats entrichtet** werden, ohne Verzugszinsen auszulösen (§ 59 Abs 1). Geringfügig Beschäftigte, die aufgrund mehrerer Dienstverhältnisse vollversichert werden, erhalten die zusätzlichen Beiträge aufgrund der Meldungen der Dienstgeber im Wege einer Beitragsrechnung im Folgejahr vorgeschrieben (§ 58 Abs 1 und 2).

Es bestehen umfangreiche **Meldepflichten** (§§ 33 bis 41). Dienstnehmer sind bereits bei Beginn des Dienstverhältnisses **anzumelden** (Grundlagenmeldung, weitere Angaben mit monatlicher Beitragsgrundlagenmeldung) und bei Ende des Dienstverhältnisses **abzumelden** (§ 33). Die monatliche Beitragsgrundlage ist jeweils bis zum 15. des Folgemonats zu melden (§ 34). Die Krankenversicherungsträger (§ 23) haben die Umstände der Versicherungspflicht zu prüfen (**Sozialversicherungsprüfung**, § 41a). Es bestehen Auskunftspflichten des Dienstgebers und des Dienstnehmers gegenüber den Sozialversicherungsbehörden (§§ 42 und 43); gleichzeitig besteht eine rechtliche Auskunftspflicht des Versicherungsträgers im Hinblick auf Meldungen, Versicherung oder Beiträge gegenüber diesen (§ 43a). Bei **Nichteinhaltung** von sozialversicherungsrechtlichen Pflichten des Dienstgebers oder Dienstnehmers können Verzugszinsen (§ 59 Abs 1), Strafen (§ 111), Beitragszuschläge (§ 113) und Säumniszuschläge (§ 114) anfallen.

Sonstige Sozialversicherungsbeiträge und Umlagen   920

Neben den Sozialversicherungsbeiträgen für Kranken-, Pensions- und Unfallversicherung sind weitere **Sozialversicherungsbeiträge und Umlagen** auf (freie) Dienstverhältnisse unter grundsätzlicher Anwendung der sozialversicherungsrechtlichen Beitragsgrundlage anwendbar.

Beispiele:

- **5,9 % Arbeitslosenversicherungsbeitrag:** DG-Anteil 2,95 %, DN-Anteil 2,95 % mit reduziertem DN-Anteil bei niedrigem Einkommen, nicht bei geringfügig Beschäftigtem (§§ 2 und 2a AMPFG), zur Finanzierung der Arbeitslosenversicherung.
- **0,10 % Zuschlag zur Arbeitslosenversicherung nach dem IESG:** ausschließlich Dienstgeberbeitrag, nicht bei geringfügig Beschäftigten (§ 12 IESG, IESG-Zuschlagsverordnung), zur Finanzierung des Insolvenz-Entgelt-Ausfallsfonds.
- **0,50 % Arbeiterkammerumlage:** ausschließlich Dienstnehmerbeitrag, nicht bei geringfügig Beschäftigten und nicht auf Sonderzahlungen (§ 61 Arbeiterkammergesetz), zur Finanzierung der Arbeiterkammer.
- **1 % Wohnbauförderungsbeitrag:** DG-Anteil 0,50 %, DN-Anteil 0,50 %, nicht anwendbar auf geringfügig Beschäftigte, freie Dienstnehmer und Sonderzahlungen (Wohnbauförde-

rungsbeitragsgesetz, Höhe durch Landesgesetzgeber änderbar), zur Finanzierung des geförderten Wohnbaus.
- **1,53 % Betriebliche Mitarbeitervorsorgekasse:** ausschließlich Dienstgeberbeitrag (keine Geringfügigkeitsgrenze, keine Höchstbeitragsgrundlagengrenze, erster Monat beitragsfrei, § 6 BMSVG), zur Finanzierung der Mitarbeitervorsorgekasse (Abfertigung neu).

2. Abgaben auf selbständig Erwerbstätiger und Erwerbszweige

2.1. Sozialversicherungsbeiträge selbständig Erwerbstätiger[3]

921 Subjekt, Objekt

Im Inland **selbständig erwerbstätige Personen** unterliegen **Sozialversicherungsbeiträge** aufgrund einer sozialversicherungspflichtigen Tätigkeit (§ 1).

Objekt der Sozialversicherungsbeiträge ist eine **sozialversicherungspflichtige Tätigkeit** (§ 2 GSVG). Darunter fallen Mitglieder der Wirtschaftskammer (Z 1, **Gewerbetreibende**), unbeschränkt haftende Gesellschafter einer OG oder KG, sofern die Gesellschaft Mitglied der Wirtschaftskammer ist (Z 2, **Gewerbegesellschafter**), Geschäftsführer einer GmbH, die Mitglied der Wirtschaftskammer ist, sofern nicht bereits eine Pflichtversicherung aufgrund eines Dienstvertrages besteht (Z 3, **Gewerbegesellschafter**) und selbständig Erwerbstätige, die Einkünfte aus § 22 oder § 23 EStG erzielen und nicht bereits eine Pflichtversicherung nach anderen Vorschriften besteht (**Neue Selbständige**, Z 4). Freiberuflich tätige Ärzte und Zahnärzte, selbständige Apotheker, Ziviltechniker und Patentanwälte unterliegen dagegen der Sozialversicherung nach dem **FSVG**.

Maßgeblich ist der **Umfang** der Pflichtversicherung. Die **Vollversicherung** umfasst die Kranken- und Pensionsversicherung nach GSVG und die Unfallversicherung nach ASVG (§§ 2, 8 Abs 1 Z 3 ASVG). Bestimmte Tätigkeiten unterliegen der **Teilversicherung** oder sind von der Versicherungspflicht ausgenommen (§§ 3 bis 5).

Eine **Ausnahme von der Pflichtversicherung** besteht für **geringfügig erwerbstätige Selbständige**. Gewerbetreibende (§ 2 Abs 1 Z 1) als Kleingewerbetreibende können einen Antrag auf Ausnahme von der Kranken- und Pensionspflichtversicherung stellen, wenn voraussichtlich (i) die Umsätze aus sämtlichen unternehmerischen Tätigkeiten den Umsatz von EUR 35.000 (§ 6 Abs 1 Z 27 UStG) nicht überschreiten, (ii) die Jahreseinkünfte die Geringfügigkeitsgrenze nicht übersteigen (12 × EUR 518,44, daher für 2024 EUR 6.221,28, jährliche Anpassung, § 25 Abs 4, § 5 Abs 2 ASVG) und (iii) entweder in den letzten 60 Kalendermonaten eine Pflichtversicherung nach dem GSVG für nicht mehr als zwölf Monate bestand, das Regelpensionsalter erreicht wurde oder das 57. Lebensjahr vollendet und in den letzten fünf Jahren die Umsatz- und Einkunftsgrenze nicht überstiegen wurde (§ 4 Abs 1 Z 7). **Neue Selbständige** (§ 2 Abs 1 Z 4) sind von Gesetzes wegen von der Pflichtversicherung insgesamt ausgenommen, wenn die Jahreseinkünfte die Geringfügigkeitsgrenze nicht übersteigen (§ 4 Abs 1 Z 5; 12 × EUR 518,44 für 2024, jährliche Anpassung, §§ 25 Abs 4, 5 Abs 2 ASVG) Darüber hinaus sind **bestimmte Be-**

---

3   Paragraphenverweise ohne Gesetzesangabe beziehen sich auf das Gewerbliche Sozialversicherungsgesetz (GSVG).

rufsgruppen (Wirtschaftsprüfer, Steuerberater, Tierärzte, Wohnsitzärzte, Rechtsanwälte, Notare), deren gesetzliche berufliche Vertretung (Kammer) vergleichbare Vorsorgeeinrichtungen haben, von der GSVG-Pflichtversicherung teilweise oder ganz ausgenommen (Opting-Out, § 5).

Es besteht die Möglichkeit der freiwilligen **Selbst-, Zusatz-, Höher- oder Weiterversicherung** mit abweichenden Beiträgen (§§ 8 bis 13a, für Selbständige im Opting-Out; freiwilliges Opting-In §§ 14a bis 14h). Zum Beginn und Ende der Pflichtversicherung §§ 6 und 7.

Ermittlung 922

Die Sozialversicherungsbeiträge ermitteln sich aus dem **Beitragssatz** (§§ 27 bis 33) und der Beitragsgrundlage (§§ 25 bis 26a).

Die **Beitragssätze** (§ 27) betragen in der

- Krankenversicherung: **6,80 %,**
- Pensionsversicherung: **22,8 %** (davon 18,5 % durch Selbständigen, der Rest über das Steueraufkommen).

Für die **Unfallversicherung** ist dagegen ein fixer Betrag zu leisten (§ 74 Abs 1 ASVG, in 2024 monatlich EUR 11,35).

Beitragsgrundlage sind die Einkünfte des Pflichtversicherten im Kalenderjahr, die im Durchschnitt auf einen Kalendermonat (Beitragsmonat) entfallen. Dazu zählen bei einem Geschäftsführer einer GmbH die Einkünfte als Geschäftsführer und die Einkünfte (Ausschüttungen, Datenaustausch über die Kapitalertragsteueranmeldung) des zu einem Geschäftsführer bestellten Gesellschafters der GmbH (§ 25 Abs 1). Die Einkünfte sind um vorgeschriebene Pflichtbeiträge zur Sozialversicherung zu erhöhen. Sind in den Einkünften Veräußerungsgewinne enthalten, dann können diese auf Antrag aus der Beitragsgrundlage ausgeschieden werden, soweit ein Betrag in das Sachanlagevermögen reinvestiert wird. Sind in den Einkünften Sanierungsgewinne enthalten, dann kann auf Antrag die Beitragsgrundlage um diesen Betrag vermindert werden (Abs 2). Die Beitragsgrundlage ist auf die **Höchstbeitragsgrundlage** beschränkt (EUR 7.070 monatlich für 2024, § 25 Abs 5, § 48, 35-Fache der täglichen ASVG-Höchstbeitragsgrundlage) und entspricht zumindest der Geringfügigkeitsgrenze (**Mindestbeitragsgrundlage,** Abs 4, § 5 Abs 2 ASVG, EUR 518,44 für 2024 monatlich, jährliche Anpassung). Gewerbetreibende und Gewerbegesellschafter ermitteln die Beitragsgrundlage für die Krankenversicherung in den ersten zwei Kalenderjahren nach der Mindestbeitragsgrundlage (§ 25a Abs 4). **Selbständige Geringverdiener** (bis EUR 2.900 monatlicher Beitragsgrundlage) werden durch jährliche Gutschriften von Krankenversicherungsbeiträgen mittels gestaffelter Pauschalbeträge (von EUR 90 bis EUR 315) finanziell entlastet (§ 27f, ab 1.7.2022).

Erhebung 923

Die **Erhebung** (§ 35) erfolgt grundsätzlich durch quartalsweise Vorschreibung der Sozialversicherungsbeiträge durch den Versicherungsträger (Sozialversicherungsanstalt der Selbständigen, SVS). Beiträge sind mit Ablauf des zweiten Monats des betreffenden

Quartals **fällig** (§ 35 Abs 2) und können bis zum **15. des Folgemonats entrichtet** werden (plus drei Tage), ohne Verzugszinsen auszulösen (§ 35 Abs 5). Die Beiträge können auch in monatlichen Teilbeträgen entrichtet werden (§ 25a Abs 5a).

Dabei erfolgt für ein Kalenderjahr grundsätzlich eine **vorläufige** Beitragsfestsetzung aufgrund der (aufgewerteten) Beitragsgrundlage des drittvorangegangenen Kalenderjahres (zB 2024 auf Basis 2021; in den ersten drei Jahren kommt die Mindestbeitragsgrundlage zur Anwendung, § 25a Abs 1 Z 1). Auf Antrag kann die vorläufige Beitragsgrundlage in bestimmten Fällen herauf- oder herabgesetzt werden (§ 35a Abs 5, zur vorzeitigen Geltendmachung als abzugsfähige Betriebsausgaben bzw Anpassung an verminderte Einkünfte). Mit rechtskräftigem Einkommensteuerbescheid erfolgt dann die **Nachbemessung** und **endgültige** Beitragsfestsetzung (§ 25 Abs 6). **Nachbelastungen** aufgrund höherer Beitragsgrundlagen sind im Folgejahr der endgültigen Beitragsfestsetzung quartalsweise jeweils mit Ablauf des zweiten Monats eines Quartals fällig und bis zum 15. des Folgemonats (plus drei Tage) zu entrichten. Bei erstmaligem Eintritt in die Pflichtversicherung kann die Nachbelastung für die ersten drei Jahre jeweils auf drei Jahre verteilt entrichtet werden (§ 35 Abs 3).

Es bestehen **Anzeige- und Meldepflichten** gegenüber dem Versicherungsträger, die grundsätzlich innerhalb eines Monats ab Eintreten der Umstände zu erbringen sind (§§ 18 bis 21). Bei **Nichteinhaltung** von sozialversicherungsrechtlichen Pflichten können Verwaltungsstrafen (§ 23), Zuschläge (§ 35 Abs 6, 9,3 % der Beiträge bei unterlassener Meldung der Pflichtversicherung) und Verzugszinsen (§ 35 Abs 5) verhängt werden.

924 Sonstige Sozialversicherungsbeiträge

Neben den Sozialversicherungsbeiträgen für Kranken-, Pensions- und Unfallversicherung können weitere **Sozialversicherungsbeiträge** auf selbständige Erwerbstätige unter grundsätzlicher Anwendung der sozialversicherungsrechtlichen Beitragsgrundlage anwendbar sein.

Beispiele:
- **1,53 % Selbständigenvorsorge:** verpflichtend bei GSVG-Pflichtversicherung in der Krankenversicherung oder sonst auf freiwilliger Basis, immer auf Basis der vorläufigen Beitragsgrundlage (§§ 49 ff BMSVG), zur Finanzierung der Selbständigenvorsorge.
- **5,9 % freiwillige Arbeitslosenversicherungsbeitrag:** 2,95 % bzw 5,9 % je nach Wahl der Beitragsgrundlage abhängig von der Höchstbeitragsgrundlage (§ 3 Abs 1 AlVG, § 2 Abs 1 AMPFG), zur Finanzierung der Arbeitslosenversicherung.

2.2. Kammerabgaben

925 Abgaben der gesetzlichen Kammern

Wirtschaftskammermitglieder haben eine **Grundumlage** zur Finanzierung der Fachorganisationen mit unterschiedlichen Bemessungsgrundlagen und **Kammerumlagen** zur Finanzierung der Wirtschaftskammern zu entrichten. Die **Kammerumlage 1** kommt für Mitglieder mit einem Umsatz von mehr als EUR 150.000 zur Anwendung. Sie berechnet sich aus dem Hebesatz von **höchstens 0,32 % der umsatzsteuerlichen Vorsteuerbeträge** des Mitglieds. Eine besondere Ermittlung erfolgt für Kreditinstitute und Versicherungsunternehmen. Die Erhebung erfolgt durch quartalsweise Selbstberechnung an das zuständige Finanzamt (§ 122 Abs 1 bis 7 WKG). Zur **Kammerumlage 2** auf Löhne und Gehälter als Lohnabgaben → 914.

Mitglieder von **Kammern der freien Berufe als gesetzliche Interessenvertretung** unterliegen den entsprechenden **Kammerabgaben** in Höhe von Fixbeträgen oder abhängig von Leistungskennzahlen. Dazu zählen die Rechtsanwaltskammer, die Kammer der Steuerberater und Wirtschaftsprüfer, die Notariatskammer, die Ärztekammer, Kammer der Ziviltechniker, Apothekerkammer, Tierärztekammer oder Dentistenkammer.

2.3. Stabilitätsabgabe von Kreditinstituten

Der **Stabilitätsabgabe** (Bankenabgabe) unterliegt der Betrieb von Kreditinstituten. Kreditinstitute im Sinne dieses Bundesgesetzes sind solche, die über eine Konzession nach dem Bankwesengesetz verfügen und Zweigstellen von ausländischen Kreditinstituten, die gemäß Bankwesengesetz berechtigt sind, Dienstleistungen im Wege einer Zweigstelle in Österreich anzubieten (§ 1). **926**

Der Stabilitätsabgabe unterliegt das **Risikokapital** von Kreditinstituten, das sich aus der Bilanzsumme abzüglich bestimmter Eigenkapital- und Fremdkapitalposten ergibt. Sie errechnet sich in Höhe eines **Prozentsatzes vom Risikokapital** als Bemessungsgrundlage, und zwar 0,024 % für die Bemessungsgrundlage zwischen EUR 300 Mio und EUR 20 Mrd und 0,029 % für einen darüber hinausgehenden Betrag. Für die Stabilitätsabgabe bestehen Höchst- und Mindestgrenzen auf der Grundlage von bestimmten Bilanzwerten (§ 2 bis § 5). Abgabenschuldner ist das Kreditinstitut. Die Abgabe entsteht generell mit Beginn jedes Jahres (§ 6).

Die **Erhebung** der Stabilitätsabgabe erfolgt im Wege der quartalsweisen Selbstberechnung. Bis zum 31.10. jedes Jahres, für das eine Stabilitätsabgabe zu berechnen ist, ist eine Abgabenerklärung abzugeben (§ 7).

3. Abgaben auf Grundstücke und Grundstücksrechte
3.1. Überblick

Abgaben auf inländische **Grundstücke** und **Grundstücksrechte**: **927**

- Grundbesitz unterliegt der **Grundsteuer** (Grundsteuergesetz).
- Unbebaute Grundstücke einschließlich unbebauter Betriebsgrundstücke unterliegen zusätzlich der **Bodenwertabgabe** (Bodenwertabgabegesetz).
- Land- und forstwirtschaftliche Betriebe und unbebaute, nachhaltig land- und forstwirtschaftlich genutzte Grundstücke unterliegen der **Abgabe von land- und forstwirtschaftlichen Betrieben** (Bundesgesetz über eine Abgabe von land- und forstwirtschaftlichen Betrieben) **sowie abgabenrechtlichen, sozialversicherungspflichtigen und kammerrechtlichen Beiträgen.**
- Zweitwohnsitze, Ferienwohnungen, Jagd- und Fischereirechte und naturschutzrechtliche Bewilligungen können entsprechenden **Landes- und Gemeindeabgaben** unterliegen.

3.2. Grundsteuer

928

Der **Eigentümer** oder sonst Berechtigte eines **inländischen Grundbesitzes** unterliegt der jährlichen Grundsteuer bis zu **1 % des Einheitswerts**.

Historisch basiert die **Grundsteuer** auf den Vorschriften des Grundsteuergesetzes 1936 samt Nebengesetzen und Verordnungen, die in der Folge durch das Grundsteuergesetz 1955 konsolidiert wurden.[4] Die Kompetenzen waren und sind geteilt; das Finanzamt Österreich ist für die Ermittlung, Festsetzung und Zerlegung sowohl der Einheitswerte als auch der Steuermessbeträge zuständig, während die Gemeinden die Berechnung, Festsetzung und Einhebung durchführen.

929 Steuersubjekt, Steuerobjekt

Der Grundsteuer unterliegt der **Eigentümer** des Grundbesitzes oder, im Falle eines grundstückgleichen Rechts, der **Berechtigte** (§ 9).

Steuergegenstand der Grundsteuer ist der **inländische Grundbesitz** (§ 1). Dazu zählen **land- und forstwirtschaftliches Vermögen** (landwirtschaftliches, forstwirtschaftliches, Weinbauvermögen, gärtnerisches und übriges Vermögen), sonstiges **Grundvermögen** (Grund und Boden, Bestandteile und Zubehör, grundstücksgleiche Rechte und Baurechte, Gebäude auf fremdem Grund), und **Betriebsgrundstücke** von sonstigem Betriebsvermögen (die sonst als land- und forstwirtschaftliches Vermögen oder Grundvermögen zu beurteilen wären).

Von der Grundsteuer **befreit** ist Grundbesitz, der öffentlichen oder gemeinnützigen oder ähnlichen Zwecken dient (§ 2; § 6 und § 7). Bei Miteigentum muss ein persönlicher Befreiungsgrund bei allen Miteigentümern vorliegen (§ 2a). Grundbesitz zu Wohnzwecken (§ 3) und zu land- und forstwirtschaftlichen Zwecken ist grundsätzlich nicht befreit (§ 8). Die Benutzung muss unmittelbar für die Steuerbefreiung erfolgen (§ 4) und zumindest zwölf Monate bestehen (§ 5).

930 Ermittlung der Grundsteuer: Steuermessbetrag

Der **Jahresbetrag** der Grundsteuer **ermittelt** sich aus dem:

- **Steuermessbetrag** als Ergebnis aus dem Einheitswert unter Anwendung der Steuermesszahl (0 % bis 0,2 %) und des
- **Hebesatzes** (0 % bis 500 %).

Der **Steuermessbetrag** ermittelt sich aus dem Einheitswert (§ 12) multipliziert mit der Steuermesszahl (§ 19). Die Steuermesszahl beträgt allgemein **0,2 %**, der sich für den anfänglichen Teil des Einheitswerts reduziert auf:

- **0,16 %** für die ersten EUR 3.650 bei land- und forstwirtschaftlichen Betrieben,
- **0,05 %** für die ersten EUR 3.650 und **0,1 %** für die folgenden EUR 7.300 bei Einfamilienhäusern,

---

4   EB zu GrStG 1955.

- **0,1 %** für die ersten EUR 3.650 und **0,15 %** für die folgenden EUR 3.650 bei Mietwohngrundstücken und bei gemischtgenutzten Grundstücken,
- **0,1 %** für die ersten EUR 3.650 bei den übrigen Grundstücken.

Der Einheitswert ist **festzustellen** und darauf aufbauend der Steuermessbetrag **festzusetzen** (§ 20, Hauptveranlagung) – in beiden Fällen per Bescheid durch das Finanzamt. Erstreckt sich der Grundbesitz über mehrere Gemeinden, sind Einheitswert und Steuermessbetrag im Wege der **Zerlegung** auf die beteiligten Gemeinden aufzuteilen (§ 13 bis § 17; § 24 bis § 26). Bei Änderung der Einheitswerte hat eine Fortschreibungsveranlagung oder Nachveranlagung des Steuermessbetrags zu erfolgen (§ 21, § 22).

Ermittlung der Grundsteuer: Hebesatz und Jahresbetrag 931

Der **Jahresbetrag** ermittelt sich aus dem Steuermessbetrag unter Anwendung des von den Gemeinden jeweils festgelegten **Hebesatzes**. Dieser beträgt bis zu 500 % (~95 % der Gemeinden haben einen Satz von 500 %). Ein Hebesatz ist dabei jeweils einheitlich für alle land- und forstwirtschaftlichen Betriebe (Grundsteuer A) und für alle sonstige Grundstücke (Grundsteuer B) festzulegen (§ 27).

> **Beispiel:**
> **Der Einheitswert für ein Einfamilienhaus**, das sich auf zwei Gemeinden erstreckt (Gemeinde A 70 %, Gemeinde B 30 % laut Zerteilungsbescheid), beträgt EUR 10.000. Der bescheidmäßig festzusetzende **Steuermessbetrag** ergibt sich aus 0,05 % von EUR 3.650 plus 0,1 % von EUR 6.350, daher in Höhe von EUR 25,60 (EUR 18,25 plus EUR 6,35). Dieser ist auf die Gemeinden im Verhältnis Gemeinde A 70 % (EUR 17,92) und Gemeinde B 30 % (EUR 7,68) zu verteilen. Bei einem **Hebesatz** von 500 % (Grundsteuer B) ergibt sich eine **Jahresgrundsteuer** für die Gemeinde A von EUR 89,60 und für Gemeinde B von EUR 38,40.

Erhebung 932

Abgabenschuldner sind Eigentümer oder Berechtigte. Bei mehreren Eigentümern oder Berechtigten sind diese Gesamtschuldner. Daneben **haften** persönlich der Fruchtnießer oder bei land- und forstwirtschaftlichen Betrieben auch der Eigentümer der Betriebsmittel und Gebäude für die auf diese entfallende Grundsteuer, sofern dieser nicht Eigentümer des Grund und Bodens ist (§ 10). Auf dem Grundbesitz haftet darüber hinaus ein gesetzliches Pfandrecht für die Grundsteuer samt Nebengebühren (§ 11). Die Abgabenschuld **entsteht** mit Beginn des Kalenderjahres (§ 28a). Es gelten besondere Verjährungsregeln (§ 28b).

Der Jahresbetrag ist durch die Gemeinde **mit Grundsteuerbescheid festzusetzen** und gilt für die folgenden Jahre, soweit kein neuer Bescheid zu erlassen ist (§ 28). Er wirkt auch gegen den Rechtsnachfolger (§ 28c GrStG). Die Grundsteuer wird am 15.2., 15.5., 15.8. und 15.11. zu je einem Viertel ihres Jahresbetrags **fällig**. Übersteigt der Jahresbetrag EUR 75 nicht, dann ist die Grundsteuer mit ihrem Jahresbetrag am 15.5. fällig. Ein Steuerbescheid kann im Laufe eines Kalenderjahres durch einen neuen Steuerbescheid auch rückwirkend geändert werden (§ 29). In den folgenden Jahren sind zu denselben Fälligkeitsterminen **Vorauszahlungen** aufgrund des zuletzt festgesetzten Jahresbetrags zu entrichten (§ 30).

Beispiel:

Der Jahresbetrag beträgt EUR 100 und ist in der Höhe von einem Viertel, also von **EUR 25** jeweils am 15.2., am 15.5., am 15.8. und am 15.11. an die Gemeinde zu übermitteln. Würde der Jahresbetrag nur EUR 50 betragen, dann wäre dieser in voller Höhe am 15.5. zu entrichten.

3.3. Bodenwertabgabe auf unbebaute Grundstücke

933 Die **Bodenwertabgabe** wurde im Interesse der Beschaffung von Bauland mit dem Bodenwertabgabegesetz 1960 als zusätzliche zur Grundsteuer erhobene Abgabe vom Bodenwert auf **unbebauten Grundbesitz** geschaffen. Unbebaute Grundstücke mit einem **Einheitswert bis EUR 14.600** sind **befreit** (§ 3). Soweit der Einheitswert EUR 14.600 übersteigt, fällt die Bodenwertabgabe in Höhe von **1 % des Einheitswerts** an (§ 4). Hinsichtlich der **Erhebung** gelten grundsätzlich die Bestimmungen zur Grundsteuer. Zuständig ist allerdings das Finanzamt Österreich (§ 7).

3.4. Abgabe von land- und forstwirtschaftlichen Betrieben

934 Die **Abgabe von land- und forstwirtschaftlichen Betrieben** wird als **Zuschlag zur Grundsteuer** ausgestaltet (§ 1). Zweck der Abgabe war es, die vom Verfassungsgerichtshof aufgehobenen sozialversicherungsrechtlichen Beiträge zum landwirtschaftlichen Zuschuss-Rentenversicherungsgesetz als Vorläufer der Pensionsversicherung nach dem BSVG zu ersetzen.[5] Der **Jahresbetrag ermittelt** sich in Höhe von **600 % des Steuermessbetrags** (§ 2 und § 3). Hinsichtlich der **Erhebung** gelten grundsätzlich die Bestimmungen zur Grundsteuer. Zuständig ist das Finanzamt Österreich (§ 6).

935 Vertiefung: Beiträge von land- und forstwirtschaftlichen Betrieben

Zu den **Beiträgen von land- und forstwirtschaftlichen Betrieben** zählen:

- Beiträge von land- und forstwirtschaftlichen Betrieben nach § 44 FLAG,
- Beiträge zur Unfallversicherung nach dem BSVG,
- die Kammerumlage an die jeweiligen Landeswirtschaftskammern nach dem Landesgesetz und Beträge nach landesgesetzlichen Bestimmungen.

Der Beitrag von land- und forstwirtschaftlichen Betrieben nach § 44 FLAG dient der **Finanzierung des Familienlastenausgleichsfonds. Schuldner** sind die Grundstückseigentümer. **Objekt** sind land- und forstwirtschaftlich genutzte Grundstücke. Der Beitrag erfolgt in Höhe von **125 % des Grundsteuermessbetrags**. Bei allen unbebauten Grundstücken, die nachhaltig land- und forstwirtschaftlich genutzt werden, ist ein besonderer Messbetrag zu ermitteln, der sich nach den Vorschriften des GStG ergeben würde, wenn das Grundstück als land- und forstwirtschaftliches Vermögen iSd BewG bewertet worden wäre. Die **Erhebung** erfolgt über das Finanzamt Österreich. Die Bestimmungen des GrStG finden sinngemäß Anwendung (§ 44 FLAG).

---

5   VfGH 16.1.1960, G 4/59.

3.5. Landes- und Gemeindeabgaben auf Grundstücke und Grundstücksrechte

Auf Grundstücke und Grundstücksrechte bestehen **Landes- und Gemeindeabgaben.**   936

Beispiele:

1. Gemeinden können eine **Gebrauchsabgabe für die (bewilligte) Benützung des öffentlichen Gemeindegrundes** in Wege einer einmaligen oder jährlichen Abgabe erheben, soweit der Gebrauch über den Widmungszweck des öffentlichen Grundes hinausgeht (zB Schanigarten, Überhang von Schildern über öffentlichen Grund, auch als Luftsteuer bezeichnet).
2. Gemeinden können eine Abgabe auf **Zweitwohnsitze** durch Beschluss erheben. Die Rahmenbedingungen regeln Landesgesetze. Die Abgabe besteht grundsätzlich in einem Fixbetrag je Größe pro Monat (Jahr). **Ferienwohnungen** können im Wege einer Tourismusabgabe besteuert werden.
3. Länder können **Jagd- und Fischereiabgaben** erheben. Die Abgabe bezieht sich auf den Besitz und die Pachtung von Jagd- und Fischereirechten sowie die Innehabung von Jagd- und Fischereikarten.
4. Auf die Bewilligung von Vorhaben aus **naturschutzrechtlicher** Sicht erheben Länder eine **Abgabe**, wie insbesondere im Falle des Abbaus von Rohstoffen und der Errichtung oder des Ausbaus von bestimmten Anlagen.
5. Länder können eine **Leerstandsabgabe** zum Zweck der Vermeidung der Nicht- oder Mindernutzung von Wohnungen erheben.

4. Abgaben auf den Rechtsverkehr

4.1. Stiftungseingangssteuer

937

Der **Stiftungseingangssteuer** unterliegen **unentgeltliche Zuwendungen** an eine privatrechtliche Stiftung oder an damit vergleichbare Vermögensmassen. Die Steuer beträgt generell **2,5 % vom Wert der Zuwendung** (Stiftungseingangssteuergesetz).

Nach **Aufhebung der Erbschafts- und Schenkungssteuer** durch den VfGH ersetzt die Stiftungseingangssteuer die bisher für unentgeltliche Vermögensübertragungen auf Stiftungen und stiftungsähnliche Rechtsgebilde geltende Eingangssteuer. Unentgeltliche Zuwendungen an öffentlich-rechtliche Stiftungen und vergleichbare Vermögensmassen sind nicht erfasst.[6]

Steuerobjekt   938

Der **Stiftungseingangssteuer** unterliegen **unentgeltliche Zuwendungen** an eine privatrechtliche Stiftung oder an damit vergleichbare Vermögensmassen (§ 1 Abs 1). **Steuerpflicht** besteht nur, wenn der Zuwendende oder die Stiftung oder die vergleichbare Vermögensmasse (der Erwerber) im Zeitpunkt der Zuwendung einen Wohnsitz, den gewöhnlichen Aufenthalt, den Sitz oder den Ort der Geschäftsleitung im Inland haben (**persönlicher Inlandsbezug**, § 1 Abs 2).

Für bestimmte Zuwendungen bestehen **Steuerbefreiungen** (§ 1 Abs 6).

---

6   EB zu StiftEG; StiftR Rz 308.

Anwendungsfälle:

1. **Zuwendungen an gemeinnützige** oder vergleichbare Stiftungen (Vermögensmassen),
2. **Subventionen** durch öffentlich-rechtliche Körperschaften,
3. **Zuwendungen von Todes wegen von begünstigt besteuertem Kapitalvermögen iSd § 27 EStG**, wenn auf Einkünfte ein besonderer Steuersatz von 25 % anzuwenden ist, wie Sparguthaben, Bankeinlagen, öffentlich begebende Forderungswertpapiere (Anleihen, Schuldverschreibungen, verbriefte Derivate), mit Ausnahme von Anteilen an in- und ausländischen Kapitalgesellschaften,
4. **Zuwendungen an betriebliche Privatstiftungen** (§ 4d EStG),
5. **Zuwendungen inländischer Grundstücke** (wegen erhöhter Belastung mit GrESt).

Ermittlung

Der **Steuersatz** beträgt (§ 2):

- grundsätzlich **2,5 %**,
- einen **erhöhten Steuersatz von 25 %** bei fehlender Vergleichbarkeit mit einer Privatstiftung oder einer gemeinnützigen Stiftung, wenn keine Offenlegung der Stiftungsdokumente gegenüber dem zuständigen Finanzamt erfolgt, keine gesetzliche Verpflichtung zur Mitteilung der Begünstigten besteht, keine Eintragung der Stiftung oder der vergleichbaren Vermögensmasse unter Vorlage der Stiftungsurkunde (Statut) in das Firmenbuch oder ein vergleichbares ausländisches öffentliches Register vorliegt oder keine umfassende Amts- und Vollstreckungshilfe mit dem Ansässigkeitsstaat der Stiftung oder der vergleichbaren Vermögensmasse besteht,
- einen **besonderen Steuersatz von 5 % oder 7,5 %** unter dem Anwendungsbereich des Abkommens mit Liechtenstein.

Bemessungsgrundlage ist der **Nettowert des zugewendeten Vermögens**, daher der Vermögenswert nach Abzug von Schulden und Lasten, die in wirtschaftlicher Beziehung zum zugewendeten Vermögen stehen. Für die Wertermittlung ist der **Zeitpunkt** des Entstehens der Steuerschuld maßgeblich. Die Bewertung richtet sich nach dem **Bewertungsgesetz** (§ 1 Abs 5).

939 Steuerschuldner, Haftung, Entstehung der Steuerschuld

Steuerschuldner (§ 1 Abs 3) ist die **inländische Stiftung** (Vermögensmasse) als Erwerber, oder bei **ausländischen Stiftungen** (Vermögensmassen) bei Zuwendungen unter Lebenden der Zuwendende. Für die Steuer **haftet** der jeweils andere bzw der Nachlass bei Erwerben von Todes wegen (§ 1 Abs 3). Die Steuerschuld **entsteht** im Zeitpunkt der Zuwendung, sofern dies vor Entstehung der Stiftung (Vermögensmasse) erfolgt, bei Entstehung der Stiftung (Vermögensmasse) (§ 1 Abs 4).

940 Erhebung der Steuer

Der Steuerschuldner hat die Steuer selbst zu berechnen (**Selbstberechnung**) und bis zum **15. Tag des zweifolgenden Monats (Fälligkeit)** nach Entstehen der Steuerschuld zu entrichten. Gleichzeitig ist bis zum Fälligkeitstag eine **Steuererklärung** (wenn zumutbar) elektronisch einzureichen, ansonsten in Papierform auf amtlichem Vordruck (§ 3).

4.2. Versicherungssteuer

Versicherungsnehmer unterliegen der **Versicherungssteuer** in Höhe eines Prozentsatzes **des Versicherungsentgelts** aufgrund eines Versicherungsverhältnisses mit Inlandsbezug.

Steuerobjekt

Ein **Inlandsbezug** besteht in folgenden Fällen: Inländischem Lageort unbeweglicher Sachen, inländischer Zulassung oder Registrierung von Fahrzeugen, inländischem Zustandekommen einer Reise- oder Ferienrisikoversicherung und – in anderen Fällen – wenn der Versicherungsnehmer als natürliche Person einen inländischen Wohnsitz oder gewöhnlichen Aufenthalt hat und bei sonstigen Personen das Unternehmen, die Betriebsstätte oder Einrichtung, auf das sich die Versicherung bezieht, im Inland liegt (§ 1 Abs 2).

Bestimmte Versicherungsverhältnisse sind von der Steuer **ausgenommen** (§ 4 Abs 1).

Anwendungsfälle:

1. Gesetzliche Sozialversicherungen sowie gleichgestellte Sozialversicherungen (Z 2, 3 und 8),
2. Bestimmte Viehversicherungen und bäuerliche Brandschutzversicherungen (Z 4 bis 6),
3. Rückversicherungen (Z 7),
4. Exportrisikoversicherungen und Transportversicherungen mit Auslandsbezug (Z 9 und 10),
5. Verfügungen über Abfertigungen (§ 17 BMSVG) zugunsten einer Pensionszusatzversicherung oder an eine Pensionskassenvorsorge, Versicherungen im Rahmen der prämienbegünstigten Zukunftsvorsorge und Verfügungen über diese Ansprüche (§ 108g bis § 108i EStG; Z 11),
6. Versicherungsentgelt an ausländische Versicherer durch diplomatische oder konsularische Vertretung (Abs 2),
7. Kraftfahrzeuge für besondere Zwecke, aufgrund besonderer Ausstattungsmerkmale oder eines Antriebs mit CO_2-Emissionswert von 0 g/km (Abs 3).

Ermittlung

Der **Steuersatz** beträgt (§ 6):

- **11 %** im Allgemeinen (Abs 1 Z 4).
- **4 %** bei Lebens- und Invaliditätsversicherungen **ohne** Kapitalanlagecharakter, Nachversteuerung mit **7 %** bei Umwandlung in eine Versicherung **mit** Kapitalanlagecharakter (Abs 1 Z 1; Abs 1a).
- **2,5 %** bei begünstigten Pensionsversicherungen (inklusive Übertragungen an Pensionskassen oder betrieblichen Kollektivversicherungen), 4 % bei Übertragungen an Pensionskassen bei beschränkten Personengruppen (Abs 1 Z 2 und Z 5).
- **1 %** bei Krankenversicherungen (Abs 1 Z 3).

Bemessungsgrundlage ist das Versicherungsentgelt, also jede Leistung für die Begründung und Durchführung des Versicherungsverhältnisses an den Versicherer (§ 3).

Besondere Ermittlungsvorschriften bestehen für die **Hagelversicherung**: 0,02 % der Versicherungssumme pro Jahr (§ 5 Abs 1 Z 2; § 6 Abs 2) und **motorbezogene Versicherungssteuer:** Versicherungsentgelt plus ein monatlicher fixer Betrag, abhängig von der

Motorleistung/Hubraum und den CO_2-Emissionswerten bei PKW und Krafträdern (§ 5 Abs 1 Z 3; § 6 Abs 3).

944 Erhebung

Steuerschuldner ist der Versicherungsnehmer; der **Versicherer** oder auch ein Bevollmächtigter haften für die Steuer (§ 7). Der **Versicherer** hat die Steuer für Rechnung des Versicherungsnehmers mittels **Selbstberechnung** bis zum **15. des zweitfolgenden Monats** nach Prämieneinnahme zu entrichten (monatlicher Anmeldungszeitraum, § 7 Abs 1, § 8). Für den Monat **November** hat die Selbstberechnung und Entrichtung bereits zum 15. Dezember zu erfolgen, ansonsten ist eine **Sondervorauszahlung** in Höhe von einem Zwölftel der Summe der Steuer vom November des Vorjahres bis Oktober des aktuellen Jahres bis zum 15. Dezember zu leisten. Diese ist auf den Anmeldungszeitraum November anzurechnen (§ 8 Abs 1a). Bei Rückzahlung des Entgelts wird die Steuer auf Antrag erstattet (§ 9). Bis zum 30.4. des Folgejahres hat der Versicherer eine Jahressteuererklärung einzureichen (§ 8 Abs 2).

945 Vertiefung: Feuerschutzsteuer

Versicherer unterliegen in Höhe von 8 % des **erhaltenen Entgelts aus inländischen Feuerversicherungen** der Feuerschutzsteuer (§ 1, § 4 Feuerschutzsteuergesetz). Der Versicherer als Steuerschuldner kann die Steuer bis zu 4 % des Versicherungsentgelts an den Versicherungsnehmer weiterverrechnen (§ 5). Die **Erhebung** erfolgt durch monatliche Selbstberechnung zum jeweils 15. des zweiten Folgemonats durch Abfuhr an das Finanzamt (§ 6). Bei Rückzahlung des Entgelts kann die Steuer auf Antrag erstattet werden (§ 9).

4.3. Werbeabgabe

946

Personen, die **im Inland** eine **Werbeleistung erbringen**, unterliegen einer Werbeabgabe in Höhe von **5 % des umsatzsteuerlichen Entgelts** (Werbeabgabegesetz).

Im **Inland** wird eine Werbeleistung auch dann erbracht, wenn eine zum Empfang in Österreich bestimmte Werbeleistung in Hörfunk und Fernsehen vom Ausland aus verbreitet wird (§§ 1, 2).

Anwendungsfälle:
1. **Als Werbeleistung** gilt die Veröffentlichung von Werbeeinschaltungen in Druckwerken im Sinne des Mediengesetzes, die Veröffentlichung von Werbeeinschaltungen in Hörfunk und Fernsehen, und die Duldung der Benützung von Flächen und Räumen zur Verbreitung von Werbebotschaften (§ 1 Abs 2).
2. **Befreit** sind die mediale Unterstützung durch den Konzessionär des Glücksspiels (§ 17 Abs 7 GSpG, § 1 Abs 3), Werbeleistungen an internationale Organisationen mit Sitz in Österreich aufgrund einer VO, und Werbeleistungen, wenn diese im Jahr weniger als EUR 10.000 betragen (Bagatellschwelle als Freigrenze, § 4 Abs 4).

Abgabenschuldner ist der Werbeleistende als Auftragnehmer. Ist der Werbeleistende ein Unternehmer ohne Sitz, Geschäftsleitung oder Betriebsstätte im Inland, so **haftet**

der inländische Auftraggeber oder sonst derjenige, in dessen Interesse der Auftrag durchgeführt wird. Die **Erhebung** der Abgabe erfolgt im Wege der **monatlichen Selbstberechnung** und Entrichtung bis zum 15. des zweitfolgenden Monats nach erbrachter Werbeleistung, sobald die Summe der Entgelte EUR 10.000 erreicht, und einer elektronischen **Jahreserklärung (Veranlagung)** bis 31.3. des Folgejahres, sofern die jährliche Werbeleistung zumindest EUR 10.000 beträgt (§ 4).

4.4. Digitalsteuer

947

Onlinewerbeleister, die im Inland eine **Onlinewerbeleistung** erbringen, unterliegen einer **Digitalsteuer** in Höhe von **5 % des Entgelts** abzüglich eventueller Vorleistungen anderer Onlinewerbeleister (Digitalsteuergesetz 2020; § 2 Abs 1 DiStG).

Onlinewerbeleister sind Unternehmen oder eine Gruppe von Unternehmen, die (Z 1) Onlinewerbeleistungen gegen Entgelt erbringen oder dazu beitragen und die (Z 2) (lit a) einen Umsatz von zumindest **weltweit EUR 750 Mio** und (lit b) im Inland einen Umsatz von zumindest **EUR 25 Mio** aus der Durchführung von Onlinewerbeleistungen erzielen (§ 2 Abs 1 DiStG). Im **Inland** wird eine Onlinewerbeleistung erbracht, wenn sie auf dem Gerät eines Nutzers mit inländischer IP-Adresse empfangen wird und sich ihrem Inhalt und ihrer Gestaltung nach (auch) an inländische Nutzer richtet (§ 1).

Anwendungsfälle:

Als steuerpflichtige Onlinewerbeleistungen gelten Werbeeinschaltungen auf einer digitalen Schnittstelle, insbesondere in Form von Bannerwerbung, Suchmaschinenwerbung und vergleichbaren Werbeleistungen (durch VO festzulegen), nicht jedoch Werbeleistungen, die bereits der Werbeabgabe unterliegen (§ 1 Abs 2), durch Internetgrößen wie Facebook, Google oder Amazon.

Steuerschuldner ist der Onlinewerbeleister (Auftragnehmer), der Anspruch auf ein Entgelt für die Durchführung einer Onlinewerbeleistung hat (§ 4). Ist der Werbeleistende ein Unternehmer ohne Sitz, Geschäftsleitung oder Betriebsstätte im Inland, so **haftet** der inländische Auftraggeber oder derjenige, in dessen Interesse der Auftrag durchgeführt wird. Die **Erhebung** der Steuer erfolgt im Wege der monatlichen Selbstberechnung und Entrichtung bis zum 15. des zweitfolgenden Monats nach erbrachter Werbeleistung. Drei Monate nach Ablauf des Wirtschaftsjahres hat der Steuerschuldner eine Jahressteuererklärung für das vorangegangene Jahr zu übermitteln. Die Erhebung obliegt dem Umsatzsteuer-Finanzamt des Steuerschuldners (§ 5). Zur Umsetzung DiStG 2020-UmsetzungsV.

4.5. Sonstige Landes- und Gemeindeabgaben

Hundeabgabe: Grundsätzlich wird für das **Halten von Hunden** eine **Abgabe** eingefor- 950
dert. Die Höhe und die Bestimmungen bzw Fristen für die Hundeabgabe sind in jedem Bundesland anders geregelt. Es gibt Befreiungen, Begünstigungen und Ausnahmen von der Abgabenpflicht für bestimmte Hunde.

Abgaben auf freiwillige Versteigerungen: Gemeinden können Abgaben auf freiwillige öffentliche Versteigerungen[7] (Feilbietungen) beweglicher und unbeweglicher Sachen erheben. Abgabenpflichtiger ist derjenige, der die Versteigerung vornimmt. Die Abgabe berechnet sich vom Prozentsatz des bei der Versteigerung erzielten Erlöses. Die Erhebung erfolgt grundsätzlich im Wege einer Steuererklärung.

4.6. Abgabe von Zuwendungen an Parteien

951 Zuwendungen von **Berufs- und Wirtschaftsverbänden** und anderen Interessenvertretungen mit freiwilliger Mitgliedschaft **an politische Parteien** sowie an nahestehende Organisationen unterliegen einer **Abgabe von 15 % des zugewendeten Betrags**.

4.7. Glücksspielabgaben[8]

952 **Gebühren und Abgaben auf Glücksspiele**

Glücksspiele unterliegen unterschiedlichen Abgabenformen:

- **Konzessionsgebühr** und **Konzessionsabgabe**,
- **Glücksspielabgabe** (§ 57, § 58 und § 59),
- **Wettgebühr** für Wetten nach dem Gebührengesetz (§ 33 TP 17 Abs 1 Z 1).

Ein **Beitrag zur Finanzierung einer Stelle für Spielerschutz** ist in Höhe von **0,1 %** von der Bemessungsgrundlage der Spielbankenabgabe und der Abgabe auf Bundesautomaten- und Video-Lotterie-Terminals (VLT) zu leisten (§ 1 Abs 4 GSpG).

Glücksspiele sind Spiele, bei denen die Entscheidung über das Spielergebnis ausschließlich oder vorwiegend vom Zufall abhängt (§ 1 Abs 1). Das Recht zur Durchführung von Glücksspielen ist grundsätzlich dem Bund vorbehalten (Glücksspielmonopol, § 3). Dieser überträgt das Recht im Wege von Konzessionen für Lotterien (§ 14), Spielbanken (§ 21) und Lotterien ohne Erwerbszweck (§ 36). Bestimmte Glücksspiele sind aufgrund des Umfangs oder der Art des ausgeführten Glücksspiels vom Glücksspielmonopol ausgenommen (§ 4). Glücksspielautomaten bedürfen grundsätzlich einer landesrechtlichen Bewilligung (§ 5).

953 **Konzessionsabgaben**

Für Konzessionserteilungen (Lotterien, Spielbanken) sind Gebühren zu entrichten, und zwar für **Konzessionsanträge EUR 10.000** und für die **Konzessionserteilung EUR 100.000** (§ 59a). Laufende Abgaben für Konzessionen bestehen in der Form der **Spielbankenabgabe** in Höhe von **30 %** der Jahresbruttospieleinnahmen (§ 28) und der **Konzessionsabgabe** zwischen **2 % und 40 %** der Jahresbruttospieleinnahmen (§ 17). Landesgesetze sehen **Wettterminalabgaben** für das Aufstellen von Spielapparaten und Wettterminals vor. Die Abgabe besteht in Form eines **Fixbetrages pro Monat** (Wien EUR 350/Steiermark EUR 1.100 monatlich pro Terminal). Die Erhebung erfolgt im Wege der Selbstberechnung und Abfuhr an die Gemeinde.

---

7   VwGH 17.9.2001, 2001/17/0037, zu nichtöffentlichen Internetversteigerungen.
8   Paragraphenverweise ohne Gesetzesangabe beziehen sich auf das Glücksspielgesetz (GSpG).

Glücksspielabgabe 954

Glücksspiele in der Form von Ausspielungen unterliegen **Glücksspielabgaben**.

Anwendungsfälle:

1. **Ausspielungen:** 16 % des Einsatzes oder im Falle einer turnierförmigen Ausspielung der möglichen vermögenswerten Leistung (§ 57 Abs 1).

2. **Glücksspielautomaten** ohne landesrechtliche Bewilligung und elektronische Lotterien über Video-Lotterie-Terminals ohne Lotteriekonzession: **30 %** der um die Umsatzsteuer gekürzten Jahresbruttospieleinnahmen (§ 57 Abs 4); mit der entsprechenden Konzession oder Bewilligung beträgt die Glücksspielabgabe lediglich **10 %** (Bundesautomaten und VLT-Abgabe). Länder sehen Zuschläge zur Bundesautomaten und VLT-Abgabe vor (§ 57 Abs 4).

3. **Elektronische Lotterien** ohne Lotteriekonzession (Internetglücksspiele): **40 %** der Jahresbruttospieleinnahmen, sofern sie nicht der Konzessionsabgabe unterliegen (§ 57 Abs 2).

4. **Befreit** sind konzessionierte Spielbanken, landesrechtlich bewilligte Glücksspielautomaten und vom Monopol ausgenommene Ausspielungen (§ 57 Abs 6).

Ausspielungen sind Glücksspiele mit Beteiligung eines Unternehmers, wobei aufgrund einer vermögenswerten Leistung (Einsatz) die Teilnahme am Glücksspiel mit der Aussicht auf eine vermögenswerte Leistung (Gewinn) gestattet wird (§ 2 Abs 1). Unternehmer ist dabei, wer selbständig eine nachhaltige Tätigkeit zur Erzielung von Einnahmen aus der Durchführung von Glücksspielen ausübt, auch wenn Gewinnerzielungsabsicht fehlt. Die Ausspielungen sind nur aufgrund der **Teilnahme im Inland** abgabenpflichtig. **Jahresbruttospieleinnahmen** sind die Einsätze abzüglich der ausgezahlten Gewinne eines Kalenderjahres.

Ermäßigte Glücksspielabgabe 955

Einer **ermäßigten Glücksspielabgabe** unterliegen Glücksspiele in der Form von **Verlosungen** von Vermögensgegenständen gegen Entgelt, die keine Ausspielungen sind und sich an die Öffentlichkeit wenden, **Lotterien ohne Erwerbszweck** (§ 58 Abs 1) und **Gewinnspiele** (Preisausschreiben) ohne vermögenswerte Leistung (Einsatz), wenn sich das Gewinnspiel (auch) an die inländische Öffentlichkeit richtet (§ 58 Abs 3).

Die **Höhe** der Glücksspielabgabe beträgt **12 % aller erzielbaren Einsätze** (§ 58 Abs 1). Für Lotterien ohne Erwerbszweck ist sie **auf 5 % ermäßigt**, wenn das gesamte Reinerträgnis der Veranstaltung ausschließlich für gemeinnützige, mildtätige oder kirchliche Zwecke verwendet wird (§ 58 Abs 2). Bei Gewinnspielen ist sie **auf 5 %** der in Aussicht gestellten vermögenswerten Leistungen **ermäßigt** (Gewinn); die Steuerpflicht entfällt, wenn die Steuer den Betrag von EUR 500 im Kalenderjahr nicht überschreitet (§ 58 Abs 3).

Wettgebühr nach dem Gebührengesetz 956

Für **Wettgeschäfte** besteht eine Gebührenpflicht nach dem Gebührengesetz in Höhe von **2 % vom Wetteinsatz;** wenn die Wetteinsätze verschieden sind vom höheren Wetteinsatz.

Gebührenpflichtig sind danach im Inland abgeschlossene Wetten, wenn zumindest eine der am Rechtsgeschäft mitwirkenden Personen **Unternehmer** iSd § 2 Abs 2 GebG ist. Eine Beurkundung ist nicht erforderlich. Wetten unterliegen nicht dem Glücksspielgesetz, weil der Ausgang – anders als bei Glücksspielen – nicht vorwiegend vom Zufall abhängt. Der Wettende bringt seine Kenntnisse betreffend die Umstände der sportlichen Veranstaltung ein und diese überwiegen das Zufallselement.[9]

Im **Inland** als abgeschlossen gelten auch Wetten, wenn sie vom Inland ins Ausland vermittelt werden oder wenn die Teilnahme am Wettgeschäft vom Inland aus erfolgt. Als Vermittlung gilt die Annahme und die Weiterleitung von Wetteinsätzen sowie eine sonstige Mitwirkung am Zustandekommen (§ 33 TP 17 Abs 2; § 28 Abs 3 letzter Satz GebG). Bei Wetten von ausländischen Unternehmern über das Internet gilt grundsätzlich eine registrierte inländische Adresse des Users oder eine inländische IP als Indiz dafür, dass die Teilnahme vom Inland aus erfolgt.[10]

Gebührenschuldner zur ungeteilten Hand sind diejenigen, die gewerbsmäßig Wetten abschließen oder vermitteln (§ 28 Abs 3 GebG). Die **Gebührenschuld** entsteht mit Bezahlung des Wetteinsatzes (§ 16 Abs 5 GebG).

Die Wettgebühr ist ohne behördliche Festsetzung von den Gebührenschuldnern bis zum 20. des dem Entstehen der Gebührenschuld folgenden Monats unmittelbar zu **entrichten** und eine elektronische Abrechnung darüber zu übermitteln (**Selbstbemessung**; § 33 TP 17 Abs 3 GebG). Wettgebühren unterliegen dem Finanzstrafgesetz; eine Gebührenerhöhung ist nicht möglich (§ 2 Abs 2 FinStrG; § 9 Abs 2 GebG).

4.8. Unterhaltungs- und Tourismusabgaben

957 Vergnügungssteuer

Als Gemeindeabgaben werden von Gemeinden aufgrund des freien Beschlussrechts **Lustbarkeitsabgaben** (Vergnügungssteuer) erhoben. Die Lustbarkeitsabgabe wird grundsätzlich auf Veranstaltungen und Spielapparate oder Spielautomaten in der Gemeinde erhoben. Bei Veranstaltungen wird die Abgabe im Wege eines **Prozentsatzes des Eintrittsgeldes** ermittelt. Sie ist in den Landesgesetzen geregelt. In diesen Rahmengesetzen ermächtigt jedes Bundesland seine Gemeinden, Vergnügungssteuern einzuheben. Sowohl die Definition des Begriffs als auch die Festlegung des Steuersatzes und die Entscheidung darüber, ob die Abgabe überhaupt eingehoben wird, liegen im Ermessen der Gemeinden.

958 Tourismusabgaben

Tourismusabgaben oder Fremdenverkehrsabgaben bestehen in Ländern und Gemeinden in unterschiedlichen Formen.

    Anwendungsfälle:
1. **Ortstaxe** (Nächtigungs- oder Tourismusabgabe, Kurtaxe in Kurorten) in Höhe eines **fixen Betrags pro Person und Nacht** (zwischen EUR 0,50 bis EUR 4, unterschiedlich für Beherbergungsbetriebe, Hütten oder Campingplätze), mit Ausnahme von Wien (3,20 % des Entgelts). Schuldner ist der Gast. Die Einhebung und Abfuhr erfolgt monats- oder quartalsweise durch den Inhaber oder Unterkunft mit anschließender Jahreserklärung.

---

9   VwGH 16.10.2014, 2013/16/0239.
10   VwGH 20.11.2014, 2013/16/0085.

2. **Tourismusbeitrag** (Interessentenbeitrag in Tourismusregionen) als Beitrag zur Finanzierung von Tourismusausgaben in Höhe eines **Prozentsatzes** des Umsatzes (0 % bis 0,4 %) eines selbständig Erwerbstätigen, abhängig vom Interesse des Erwerbstätigen am Tourismus.

5. Verbrauchsabgaben

5.1. Überblick

Verbrauchsteuern knüpfen an den **Verbrauch oder die Verwendung bestimmter** 959 **Waren** an. Dazu gehören Energieabgaben wie die Elektrizitätsabgabe, Erdgasabgabe und Kohleabgabe, Mineralölsteuer, Alkoholsteuer, Biersteuer, Schaumweinsteuer, Tabaksteuer.

Verbrauchsteuern sind innerhalb der EU zu einem bestimmten Grad **harmonisiert,** um zugunsten eines gemeinsamen Binnenmarkts Wettbewerbsverzerrungen zu vermeiden. Für Verbrauchsteuern gilt allgemein die **Verbrauchsteuersystem-Richtlinie** Richtlinie (EU) 2020/262, die **Energieabgaben-Richtlinie** 2003/96/EG, die **Alkoholabgaben-Richtlinie** 92/83/EWG und 92/84/EWG, und die **Tabakwarenabgaben-Richtlinie** 2011/64/EU. Die Richtlinien geben den Rahmen der Besteuerung und Mindeststeuersätze vor.

Tatbestand und Aussetzung   960

Die Verbrauchsteuern werden **ausgelöst** entweder mit der **Lieferung oder Verwendung** der Waren, oder bereits mit der **Herstellung oder Verbringung** ins Inland, wobei die Besteuerung in diesem Fall durch Verbringung in ein Steuerlager vorläufig aufgeschoben oder innerhalb eines Steueraussetzungsverfahrens ausgesetzt werden kann.

Voraussetzung für die **Steueraussetzung** ist die Verbringung der Waren zwischen einem Steuerlager und einem registrierten Empfänger oder einem weiteren Steuerlager in der EU. Grundprinzip ist, dass alle Sendungen dieser Waren, für die noch keine Verbrauchsteuern gezahlt wurden, nur zwischen autorisierten Wirtschaftsbeteiligten stattfinden. Die Beförderung verbrauchsteuerpflichtiger Waren innerhalb der EU erfolgt unter Steueraussetzung im Excise Movement and Control System (EMCS) mit einem elektronischen Verwaltungsdokument (e-VD; Richtlinie [EU] 2020/262).

Die Identifizierung von Wirtschaftsbeteiligten innerhalb der EU für **zollrechtliche und verbrauchsteuerpflichtige** Zwecke erfolgt durch die **EORI**-Nummer (Economic Operators Registration and Identification; Verordnung [EG] 952/2013). Diese ist durch den Wirtschaftsbeteiligten über das Internet zu beantragen.

5.2. Energieabgaben

Elektrizitätsabgabe, Erdgasabgabe, Kohleabgabe   961

Energie unterliegt **Verbrauchsabgaben**, wenn diese im Inland an den Verbraucher **geliefert** wird oder durch Lieferer oder Hersteller **selbst verbraucht** wird. Dies gilt für folgende Energie(träger): **Elektrische Energie** unterliegt der Elektrizitätsabgabe (§ 1 ElektrizitätsabgabeG), **Erdgas** unterliegt der Erdgasabgabe (§ 1 ErdgasabgabeG), **Kohle** unterliegt der Kohleabgabe (§ 1 KohleabgabeG).

Abgabenschuldner ist der Lieferer oder der Eigenverbraucher. Der Netzbetreiber hat bei elektrischer Energie oder Erdgas als Haftender die Abgabe auf Rechnung des Schuldners zu entrichten; bei Kohlelieferung durch einen ausländischen Lieferer haftet der inländische Empfänger (§ 3 ElektrizitätsAbgG; § 4 ErdgasAbgG; § 4 KohleAbgG). Die Abgabe ist **selbst zu berechnen** und beim Umsatzsteuerfinanzamt anzumelden. Nach Ablauf des Wirtschaftsjahres findet eine **Veranlagung** statt.

962 Mineralölsteuer

Der **Mineralölsteuer** unterliegen **Mineralöle**, die im Inland hergestellt oder ins Inland gebracht werden, soweit sie als Kraftstoff oder Heizstoff oder zur Herstellung von Kraftstoff oder Heizstoff verwendet werden, **Kraftstoffe**, die als Treibstoffe verwendet werden und **Heizstoffe**, die zum Verheizen verwendet werden.

Für Mineralöle **entsteht** die Steuer sofort mit Herstellung oder Inlandsverbringung. Die sofortige Besteuerung kann aufgrund einer Steuerbefreiung nur durch einen **Freischein** (§ 12 bis § 18) oder aufgrund eines **Steueraussetzungsverfahrens** (§ 25 bis § 36) mittels Verbringung in ein Steuerlager (Herstellungsbetriebe oder Mineralöllager) oder kontrollierter Beförderung unterblieben. Bei Kraftstoffen und Heizstoffen entsteht die Steuerschuld mit erstmaliger Abgabe zur Verwendung oder tatsächlicher Verwendung (§ 21). **Abgabenschuldner** ist grundsätzlich der Inhaber des Steuerlagers, der Lieferer oder der Betriebsinhaber, der Kraftstoffe oder Heizstoffe abgibt oder der Verwender (§ 22). Die Erhebung erfolgt grundsätzlich mittels monatlicher Anmeldung und Entrichtung (Selbstberechnung; § 23). Die Herstellung in einem Betrieb oder die Lagerung bedarf einer Bewilligung.

963 Vertiefung: Vergütung von Energieabgaben

Abgaben auf elektrische Energie, Erdgas, Kohle und Mineralöl sind bestimmten energieintensiven Betrieben jährlich zu **vergüten**. Energieintensiv sind Betriebe, soweit die Energieabgaben 0,5 % des Nettoproduktionswerts (erzielte Umsätze abzüglich bezogener Vorleistungen) übersteigen – unter Berücksichtigung eines Selbstbehalts. Nur Betriebe, deren Schwerpunkt nachweislich in der Herstellung körperlicher Wirtschaftsgüter besteht, haben einen Vergütungsanspruch. Die Vergütung erfolgt über **Antrag** der vergütungsberechtigten Person pro Wirtschaftsjahr (§ 1 bis § 3 Energieabgabenvergütungsgesetz).

5.3. Alkohol- und Tabaksteuern

964 **Verbrauchsteuern** auf Alkohol und alkoholhaltige Produkte und Tabakwaren: Der **Alkoholsteuer** unterliegen Alkohol und alkoholhaltige Waren, die in Österreich hergestellt oder nach Österreich eingebracht werden (Alkoholsteuergesetz). Der **Biersteuer** unterliegen Bier, Zwischenerzeugnisse, Schaumwein und Wein, das bzw der im Steuergebiet hergestellt oder in das Steuergebiet eingebracht wird (Biersteuergesetz). Der **Tabaksteuer** unterliegen Tabakwaren, die im Steuergebiet hergestellt oder in das Steuergebiet eingebracht werden (Tabaksteuergesetz).

Für die Herstellung dieser Produkte in Betrieben sind **Bewilligungen** notwendig, die grundsätzlich vom Zollamt erteilt werden. Diese Produkte unterliegen der **amtlichen Aufsicht**.

5.4. Abgaben auf die Verwendung von Fahrzeugen

Kraftfahrzeugsteuer 965

Die Verwendung von Kraftfahrzeugen mit einem maximal zulässigen Gesamtgewicht von **mehr als 3,5 Tonnen** unterliegt der **Kraftfahrzeugsteuer** (Kraftfahrzeugsteuergesetz; § 1). Kraftfahrzeuge bis 3,5 Tonnen unterliegen dagegen der motorbezogenen Versicherungssteuer (§ 6 Abs 3 VersStG → 943). Die **Ermittlung** erfolgt über einen monatlichen Eurobetrag, dessen Höhe sich aus der Motorleistung/Hubraum und dem CO_2-Emissionswert ergibt (§ 5). **Abgabenschuldner** ist der Zulassungsbesitzer (§ 3).

Die **Erhebung** erfolgt im Wege der Selbstberechnung jeweils für ein **Kalendervierteljahr** zum 15. des auf das Kalendervierteljahr der Verwendung zweitfolgenden Monats. Der Beginn der Steuerpflicht ist dem Finanzamt anzuzeigen. Für jedes Kalenderjahr hat bis zum 31.3. des Folgejahres der Abgabenschuldner eine **Jahressteuererklärung** abzugeben (§ 6).

Normverbrauchsabgabe 966

Die Lieferung an bzw der innergemeinschaftliche Erwerb durch den Endabnehmer oder die erstmalige inländische Zulassung zum Verkehr von Krafträdern und Kraftwagen zur Personen- oder Güterbeförderung bis 3,5 Tonnen zur Verwendung im Inland unterliegen der **Normverbrauchsabgabe** (§ 1 Normverbrauchsabgabegesetz).

Die Abgabe ermittelt sich in Höhe eines **Prozentsatzes** des **Marktwertes** (Entgelt oder gemeiner Wert) (§ 5 und § 6). Die Höhe des Prozentsatzes ist abhängig vom CO_2-Emissionswert. **Abgabenschuldner** ist der liefernde Unternehmer, der Erwerber oder derjenige, für den das Fahrzeug zugelassen wird (§ 4).

Die Erhebung erfolgt durch **Selbstberechnung** bis zum 15. des auf die Abgabenentstehung zweitfolgenden Monats (§ 11). Nachträgliche Änderungen können zu einer Berichtigung oder Vergütung der Abgabe führen (§§ 8; 12, 12a).

Flugabgabe 967

Der **Flugabgabe** unterliegt der Abflug eines Passagiers von einem österreichischen Flughafen mit einem motorisierten Luftfahrzeug. Es soll der verbrauchsteuerfreie Luftverkehr besteuert werden, wobei der Schadstoffausstoß je Fluglänge unterschiedlich besteuert werden soll. Jeder Luftfahrzeughalter hat für in Österreich abfliegende Passagiere die Flugabgabe beim Finanzamt zu entrichten; der Flugplatzhalter haftet für die Abgabe (§ 1 bis § 16 Flugabgabegesetz).

Kapitel 17

Abgabenverfahren[1] – Überblick, Beteiligte, Ermittlungsverfahren

1. Überblick

Zweck des Abgabenverfahrens ist es in einem **förmlichen, rechtsstaatlichen Verwaltungsverfahren** (i) den Sachverhalt zu **ermitteln**, der den Tatbestand einer Abgabe erfüllen könnte, (ii) über das Vorliegen eines Abgabenanspruchs und dessen Höhe zu **entscheiden** und (iii) diesen entsprechend **einzuheben**.   968

Verfahren, Parteien und Abgabenbehörde als Beteiligte   969

> Das Abgabenverfahren ist in der **Bundesabgabenordnung (BAO)** geregelt. In Sonderfällen kommt das **Allgemeine Verwaltungsgesetz (AVG)** zur Anwendung oder die **Landesabgabenordnungen (LAO)**, die jedoch seit der Erweiterung des Geltungsbereichs der BAO kaum mehr von praktischer Relevanz sind.

Parteien sind (i) Abgabenschuldner, (ii) Beschwerdeführer, aber auch (iii) alle Personen, auf die sich die Tätigkeit einer Abgabenbehörde bezieht (§ 78). Sie haben bestimmte Rechte und Pflichten im Abgabenverfahren. Eine wichtige Position nehmen gesetzliche Vertreter der Parteien ein, die ebenso Rechte und Pflichten im Abgabenverfahren haben.

Abgabenbehörden sind mit der Erhebung der Abgaben betraut und haben dafür spezielle Befugnisse. Ihre konkrete Zuständigkeit bestimmt sich nach örtlichen und sachlichen Kriterien.

Ermittlung des Sachverhalts   970

Das **Ermittlungsverfahren** beruht auf **Informationen durch Steuerpflichtige und andere Beteiligte** über die zur Feststellung der formellen Steuerschuld maßgebenden Umstände. Die Ermittlung enthält Vorschriften, wer als **Beteiligter** des Ermittlungsverfahrens gilt, auf welchen **Grundsätzen das Ermittlungsverfahren** durchzuführen ist und welche **Rechte und Pflichten** die Beteiligten vor und im Ermittlungsverfahren haben. Kommt der Steuerpflichtige seinen Pflichten im Ermittlungsverfahren nicht nach, kann dies **finanzstrafrechtliche Konsequenzen** nach sich ziehen.

Feststellung der Abgaben   971

Am Ende des Ermittlungsverfahrens kommt es zur **Feststellung der formellen Steuerschuld.** Sollte der Steuerpflichtige der Auffassung sein, dass die festgestellte formelle Steuerschuld von der materiellen Steuerschuld abweicht, steht ihm das Recht zu, dies in einem **Rechtsschutzverfahren** überprüfen zu lassen. Die Feststellung der formellen Steuerschuld kann nachträglich **abgeändert, zurückgenommen oder aufgehoben** werden.

---

1   Paragraphenverweise ohne Gesetzesangabe beziehen sich auf die Bundesabgabenordnung (BAO).

972 Einhebung

Abschließend ist die festgestellte Steuerschuld in einem **Einhebungsverfahren** zu begleichen. Zu unterscheiden ist hierbei die **Entstehung** von der **Fälligkeit** und **Vollstreckbarkeit** der Abgaben, welche mittels **Exekution** durchsetzbar ist. Durch **Sicherheiten** und **Haftende** kann die Einhebung zusätzlich abgesichert werden.

2. Abgabenverfahren, Parteien und Abgabenbehörde

2.1. Abgabenverfahren nach der Bundesabgabenordnung

973

Das Abgabenverfahren ist in der **Bundesabgabenordnung** (BAO) geregelt. Das Abgabenverfahren nach der BAO gilt für alle **öffentlichen Abgaben** (§ 3), soweit diese Abgaben durch Abgabenbehörden des Bundes, der Länder oder der Gemeinden zu erheben sind (§ 1 Abs 1).

Spezielle **zollverfahrensrechtliche** Bestimmungen für Eingangs- und Ausgangsabgaben, geregelt im Zollrechtsdurchführungsgesetz auf der Grundlage des Zollkodex, gehen der BAO vor. Das Verfahren für vormals auf **Landes- und Gemeindeabgaben** in Landesabgabenordnungen (LAO) geregelte Verfahren ist nun ebenso mit einzelnen Besonderheiten (vgl ua § 3a) in der Bundesabgabenordnung einheitlich geregelt (§ 1 Abs 1). Die BAO gilt auch für **Beiträge an öffentliche Fonds oder an Körperschaften des öffentlichen Rechts**, die nicht Gebietskörperschaften sind, soweit diese Beiträge **durch Abgabenbehörden des Bundes** zu erheben sind (§ 1 Abs 2). Auf sonstige Abgaben ist grundsätzlich das Allgemeine Verwaltungsverfahrensgesetz (AVG) anwendbar.

> **Beispiele:**
> **Zollverfahren:** Zollabgaben, Einfuhrumsatzsteuer (§ 26 UStG), Mineralölsteuer.
> **BAO:** Dienstgeberbeitrag (FLAF) und Zuschlag zum Dienstgeberbeitrag (Kammerumlage – KU).
> **AVG:** Verwaltungsabgaben der Gebietskörperschaften, Feststellung Mitgliedschaft Wirtschaftskammer für die Kammerumlage.

2.2. Parteien im Verfahren (§§ 77 ff BAO)

974 Partei (§ 78 BAO)

Rechte und Pflichten im Abgabenverfahren kommen nur Personen zu, die Parteien des Verfahrens sind. Der Begriff der **Partei** im Abgabenverfahren ist weit zu verstehen (§ 78).

Er umfasst:

- den **Abgabepflichtigen**;
- Personen, die aufgrund abgabenrechtlicher Vorschriften die Abgabenbehörde **in Anspruch nehmen** oder auf die sich die **Tätigkeit der Abgabenbehörden bezieht** (Generalklausel);

- im **Beschwerdeverfahren** auch jeden, der eine Beschwerde einbringt (Beschwerdeführer), einem Beschwerdeverfahren beigetreten ist oder ohne Beschwerdeführer zu sein, einen Vorlageantrag stellt.

Beispiele für Parteien:

Partei ist, wer einen Antrag auf Ausstellung einer Unbedenklichkeitsbescheinigung stellt, einen Antrag auf Rückzahlung von Guthaben stellt, Auskunftspersonen im Auskunftsverfahren, Zeugen und Sachverständige.

Keine Parteistellung erlangen Personen, die zivilrechtlich im Innenverhältnis eine Abgabe tragen und daher bloß wirtschaftlich am Ergebnis interessiert sind.

Abgabepflichtige (§ 77 BAO) 975

Abgabepflichtiger ist grundsätzlich, wer nach den Abgabenvorschriften als **Abgabenschuldner** (Abs 1) oder als **Haftender** (Abs 2) in Betracht kommt (§ 77).

Wer **Abgabenschuldner** ist ergibt sich aus der jeweiligen Steuerart. Als **Haftende** kommen dagegen Personen in Betracht, die abgabenrechtliche oder berufsrechtliche Pflichten verletzen, oder aus anderen Gründen für die Abgabenschuld einzustehen haben (→ 1091).

Beispiele für Haftende:

Rechtliche Vertreter (Geschäftsführer), faktische Machthaber, steuerliche Vertreter (Steuerberater, Rechtsanwälte), rechtskräftig verurteilte Finanzstraftäter und Beteiligte, Gesellschafter von abgabepflichtigen Personenvereinigungen, juristische Personen als Organgesellschaft, Vermögensverwalter, gesetzliche Vertreter und Erwerber von Unternehmen, wesentlich beteiligte Gesellschafter, Abzugsverpflichtete.

Rechte und Pflichten der Parteien 976

Der Abgabepflichtige und sonstige Parteien haben grundsätzlich **Pflichten** im Ermittlungsverfahren, die der Abgabenerhebung dienen. Zur Gewährleistung eines fairen Verfahrens haben sie auch **Rechte** gegenüber den Abgabenbehörden.

- Akteneinsicht (§ 90),
- Rechtsbelehrung im Sinne der Manuduktionspflicht (§ 113),
- Parteiengehör (§ 115 Abs 2, § 183 Abs 4),
- Stellung von Beweisanträgen (§ 183),
- Ablehnungsrecht gegenüber Sachverständigen (§ 179),
- Ermöglichung einer Mängelbehebung (statt sofortige Zurückweisung; § 85 Abs 2),
- Antrag auf Rechtsschutz (§ 246) oder Bescheidänderung (§§ 293 ff),
- Verfahrenshilfe (§ 292).

Rechtliche Vertreter der Parteien (§§ 80 ff BAO) 977

Vertreter nehmen abgabenrechtliche **Rechte und Pflichten** für den Vertretenen wahr. Sie haben insbesondere dafür zu sorgen, dass die Abgaben aus den Mitteln, die sie verwalten, entrichtet werden (§§ 80 ff). Sie haften für die Verletzung ihrer Pflichten für die Abgaben der Vertretenen (§ 9).

Dies gilt für **gesetzliche Vertreter** von **natürlichen oder juristischen Personen** (§ 80 Abs 1). Vertreter einer aufgelösten GmbH oder FlexCo nach Beendigung der Liquidation ist, wer zur Aufbewahrung der Bücher und Schriften der aufgelösten Gesellschaft verpflichtet ist oder zuletzt verpflichtet war (Abs 3). Soweit die **Vermögensverwaltung** anderen Personen zusteht, haben diese dieselben Rechte und Pflichten (Abs 2). Bei **nichtrechtsfähigen Personenvereinigungen** (Personengemeinschaften) hat die abgabenrechtliche Vertretung durch die Geschäftsführung oder, wenn eine solche nicht vorhanden ist, durch die Gesellschafter (Mitglieder) zu erfolgen (§ 81 Abs 1). Bei mehreren Personen ist eine Person als abgabenrechtlich vertretungsbefugte Person namhaft zu machen (Abs 2). Parteien und rechtliche Vertreter können sich durch andere Personen vertreten lassen, sofern nicht ihr persönliches Erscheinen ausdrücklich gefordert ist (§ 83).

978 Machthaber

Faktische Machthaber, wie zum Beispiel Gesellschafter einer GmbH, die tatsächlich Einfluss auf die Geschäfte der GmbH ausüben, ohne tatsächlich Geschäftsführer zu sein, haben ihren Einfluss auf die Erfüllung der Pflichten der Abgabenpflichtigen oder der rechtlichen Vertreter dahingehend auszuüben, dass diese Pflichten erfüllt werden. Sie haften bei Verletzung ihrer Pflichten für die Abgaben der dem Machthaber unterworfenen Person (§ 9a → 1092).

979 Steuerliche Vertreter

Steuerliche Vertreter, wie Steuerberater, Rechtsanwälte und Notare unterstützen die Abgabepflichtigen bei der Erfüllung ihrer abgabenrechtlichen Pflichten und vertreten sie in steuerlichen Belangen gegenüber den Abgabenbehörden. Sie haben bei Ausübung von Handlungen ihre Berufspflichten zu beachten. Sie haften bei Verletzung der Berufspflichten (§ 9 Abs 2 → 1092).

Sofern Parteien **nicht durch berufsmäßige Parteienvertreter** vertreten sind, hat die Abgabenbehörde die Partei auf Verlangen die zur Vornahme ihrer Verfahrenshandlungen nötigen Anleitungen zu geben und sie über die mit ihren Handlungen und Unterlassungen unmittelbar verbundenen Rechtsfolgen zu belehren (§ 113, Rechtsbelehrung, **Manuduktionspflicht**).

Daneben übernehmen **Fiskalvertreter** für ausländische Abgabenpflichtige inländische Abgabenpflichten (§ 7 Abs 1a VersStG, § 27 Abs 7 UStG).

Überblick : Partei und Abgabenbehörde im Abgabenverfahren   980

Partei und ihre Vertretung	Zuständige Behörde
Abgabepflichtiger: Abgabeschuldner und Haftende **Rechtliche Vertreter (§ 80 ff BAO)** haben abgabenrechtliche Pflichten für den Vertretenen zu erfüllen (gesetzliche Vertreter, Geschäftsführer, Vorstand); bei Personengesellschaft: GF, Gesellschafter, Bevollmächtigter	**Finanzamt Österreich** **Finanzamt für Großbetriebe** **Zollamt Österreich** **Amt für Betrugsbekämpfung** **Prüfdienst für Lohnabgaben und Beiträge**
Stellung der Parteien im Abgabenverfahren	Stellung der Behörde im Abgabenverfahren
Der Abgabepflichtige hat eine **vollständige und wahrheitsgemäße Offenlegungspflicht** gegenüber den Abgabenbehörden (§ 119 BAO), bestehend aus **Anzeigepflichten** zB § 120 BAO, § 121a BAO **Buchführungs- und Aufzeichnungspflichten** zB §§ 124 ff BAO, inklusive Aufbewahrungspflichten **Erklärungspflichten, Berichtigungspflichten** zB § 133 ff BAO, § 139 BAO **Hilfeleistungs- und Auskunftspflichten** zB § 141 ff, §§ 138 BAO **Kosten:** Grds Tragung der eigenen Kosten (§ 313 BAO)	Abgabenbehörde hat **Ermittlungs-, Erforschungs- und Erhebungspflicht** im Hinblick auf Abgaben: 1. Amtswegigkeit (§ 115 Abs 1 BAO) 2. Einräumung des Parteiengehörs (§115 Abs 2 BAO) 3. freie Wahl der Beweismittel und freie Beweiswürdigung (§§ 166f BAO) **Umfangreiche Ermittlungsbefugnisse** (§§143 ff BAO) **Vorfragenbeurteilung** (§ 116 BAO) **Ermessensgrundsatz** (§ 20 BAO) **Abgabenrechtliche Geheimhaltung** (§48a BAO) **Mitteilungspflichten** ggü anderen Behörden (§48b BAO) **Kosten:** Grds Tragung der eigenen Kosten (§ 312 BAO)

Abbildung 51: Partei und Abgabenbehörde im Abgabenverfahren

2.3. Zuständige Behörde (§§ 49 ff BAO)

981

Abgabenbehörden sind die mit der Erhebung der Abgaben betrauten Behörden der Abgabenverwaltung der Gebietskörperschaften Bund, Länder und Gemeinden (§ 50). Die Bundesfinanzverwaltung besteht aus den Abgabenbehörden des Bundes, dem Amt für Betrugsbekämpfung, den Zentralen Services und dem Prüfdienst für lohnabhängige Abgaben und Beiträge (§ 49).

Die **Abgabenbehörden des Bundes** bestehen aus (§ 49)

- dem **Bundesminister für Finanzen** (BMF, Z 1 lit a, § 55);
- dem **Finanzamt Österreich** (Z 1 lit b erster Teilstrich) bestehend aus Vorstand, Bereichsleiter und Fachbereichsleiter (§ 56) mit Standorten im ganzen Bundesgebiet und mit allgemeiner Zuständigkeit zur Erhebung der Abgaben (§ 60);
- dem **Finanzamt für Großbetriebe** (Z 1 lit b zweiter Teilstrich) bestehend aus Vorstand und Fachbereichsleiter (§ 56) mit Standorten im ganzen Bundesgebiet und mit besonderer Zuständigkeit zur Erhebung der Abgaben für Großbetriebe, Stiftungen, Fonds (§ 61);
- dem **Zollamt Österreich** (Z 1 lit c) bestehend aus Vorstand, Bereichsleiter und Fachbereichsleiter sowie Zollstellen (§ 62) mit der Zuständigkeit für Zoll- und Verbrauchsteuern (§ 63) und als Finanzstrafbehörde in Zollrechtssachen (→ 1171).

Das **Amt für Betrugsbekämpfung** (Z 2) ist im Amt für Betrugsbekämpfung-Gesetz (ABBG) näher geregelt, umfasst die Vollziehung des Finanzstrafgesetzes als Finanzstrafbehörde (→ 1171) und ist Verwaltungsbehörde, in der die Finanzpolizei, die Steuerfahndung und eine Zentralstelle Internationale Zusammenarbeit zusammengefasst sind (§ 2, § 3 ABBG).

Die **Zentralen Services** (Z 4) sind zuständig für die Sicherstellung einer einheitlichen Rechtsauslegung und Vollziehung, die Prüfung der Abgabenbehörden des Bundes und des Amtes für Betrugsbekämpfung, die EDV-technischen Lösungen für die Budgetgebarung, die Aus- und Weiterbildung der Bediensteten, die Unterstützung im Bereich Datenverarbeitung und die Wahrnehmung der Aufgaben in Shared-Service-Funktion für die gesamte Bundesfinanzverwaltung (zB IT und Personal) (§ 64).

Dem **Prüfdienst für Lohnabgaben und Beiträge** (Z 4, PLB) obliegt die Durchführung der Prüfung lohnabhängiger Abgaben und Beiträge (§ 4 PLABG) im Auftrag des Finanzamtes der Betriebsstätte des Arbeitgebers (→ 1013).

982 Finanzamt Österreich, Finanzamt für Großbetriebe

> Dem **Finanzamt Österreich** obliegen alle Aufgaben, die nicht den anderen Abgabenbehörden zugewiesen sind (umfassende Zuständigkeit, § 60).

Zuständigkeit des Finanzamts Österreich:

1. **Zuständigkeit** für Ertragsteuern und Umsatzsteuer, außer von Großbetrieben, Gebühren nach dem Gebührengesetz, Konsulargebührengesetz, Gerichtsgebührengesetz, Abgaben im Zusammenhang mit Grundbesitz (Grunderwerbsteuer, Einheitsbewertung, Bodenschätzung, Beiträge abhängig vom Grundsteuermessbetrag), Glücksspielabgaben, Versicherungs- und Feuerschutzsteuer, Flugabgabe.
2. **Sonderzuständigkeit** (Abs 2): (Z 1) Vorsteuerrückerstattung inländischer Unternehmer in anderen Mitgliedstaaten, (Z 2) Umsatzsteuer für ausländische Unternehmer ohne Betriebsstätte oder der Nutzung inländischen Grundbesitzes, (Z 3) Rückerstattung der Kühlgeräteentsorgungsbeiträge, (Z 4) Erhebung der Kraftfahrzeugsteuer bei widerrechtlicher Verwendung eines Kraftfahrzeuges, (Z 5) Anzeigen nach § 120 Abs 1 und Erteilung einer UID für bestimmte Körperschaften noch ohne Steuernummer (§ 61 Abs 1 Z 5 bis 8), (Z 6) Lohnsteuereinbehalt bei Arbeitgebern ohne inländische Betriebsstätte und Lohnbescheinigungen, und die Schenkungsmeldung (§ 121a).

Dem **Finanzamt für Großbetriebe** (§ 61) obliegen hinsichtlich bestimmter Steuerpflichtiger (Abs 1, persönliche Zuständigkeit) bestimmte Abgaben (Abs 2 und 3, sachliche Zuständigkeit). Darüber hinaus besteht eine Sonderzuständigkeit für bestimmte Abgaben (Abs 4).

Zuständigkeit des Finanzamts für Großbetriebe:

1. **Persönliche Zuständigkeit** (Großbetriebe, Abs 1): (Z 1) inländischer Gewerbebetrieb, Betriebsstätte, Geschäftsbetrieb mit Umsatzerlösen von mehr als EUR 10 Mio in den beiden zuletzt bekannt gegebenen Umsatzerlösen in Steuererklärungen, Abs 5; Grenze ist bei insolvenzbedingten Fällen und im Falle der Liquidation unbeachtlich), (Z 2) Körperschaften des öffentlichen Rechts mit Umsatzerlösen von mehr als EUR 10 Mio, (Z 3) Geschäftseinheiten einer berichtspflichtigen multinationalen Unternehmensgruppe iSd Verrechnungspreisdokumentation, (Z 4) Nationalbank, (Z 5) Unternehmen unter Aufsicht der FMA, (Z 6) Privatstiftungen und vergleichbare ausländische Einrichtungen sowie der Stiftungseingangssteuer unterliegende Vermögensmassen, (Z 7) Stiftungen und Fonds, (Z 8) gemeinnützige Bauvereinigungen, (Z 9) Abgabenpflichtige als Teil einer Unternehmensgruppe, inklusive den die finanzielle Verbindung vermittelnden Personengesellschaften, sofern der Gruppenträger oder ein Gruppenmitglied in die Zuständigkeit des Finanzamts

für Großbetriebe fällt oder seinen Sitz nicht in Österreich hat, (Z 10) Abgabenpflichtige als Teil einer umsatzsteuerlichen Organschaft, wenn der Organträger oder zumindest ein Organ in die Zuständigkeit des Finanzamts für Großbetriebe fällt, (Z 11) Abgabenpflichtige in der begleitenden Kontrolle (→ 1015), (Z 12) Geschäftseinheiten einer Unternehmensgruppe, Joint Venture oder Geschäftseinheiten eines Joint Ventures iSd Mindestbesteuerungsgesetzes.

2. **Sachliche Zuständigkeit** für Steuerpflichtige nach Abs 1 (Abs 2): Ertragsteuern und Umsatzsteuer für Großbetriebe (inklusive Abzugssteuern und Vorschreibung der Kapitalertragsteuer an die Empfänger und Kontrolle der Pflichten der Zahlungsdienstleister iSd § 18a UStG, Abs 3), Stiftungseingangssteuer, Stabilitätsabgabe.

3. **Sonderzuständigkeit** (Abs 4): (Z 1) völkerrechtliche Rückzahlung von Abgaben, (Z 2) Rückzahlung/Erstattung von Kapitalertragsteuer auf Ausschüttungen oder bei beschränkter Steuerpflicht, (Z 3) Rückzahlung von Körperschaftsteuer bei befreiten ausländischen Pensionskassen, (Z 4) Angelegenheiten von Mittelstandsfinanzierungsgesellschaften, (Z 5) Angelegenheiten betreffend Bausparen, prämienbegünstigte Pensionsvorsorge, prämienbegünstigte Zukunftsvorsorge (Z 7) die Führung eines vom Steuerpflichtigen beantragten Verständigungsverfahrens oder eines Schiedsverfahrens.

Die Zuständigkeit **geht auf das** jeweils **andere Finanzamt über**, sobald das Finanzamt von den Voraussetzungen der Zuständigkeit Kenntnis erlangt (§ 58, zB Überschreiten der Umsatzschwelle). Die Zuständigkeit kann von einem Finanzamt auf das andere Finanzamt von Amts wegen oder auf Antrag **übertragen** werden (§ 57). Der Steuerpflichtige ist davon in beiden Fällen zu verständigen. Für das **Beschwerdeverfahren** bleibt das Finanzamt, das den Bescheid erlassen hat, weiterhin zuständig (§ 59).

Zollamt Österreich

983

Dem **Zollamt Österreich** obliegen Aufgaben im Bereich des Zolls und der Verbrauchsteuern (zoll- und verbrauchsteuerliche Zuständigkeit, § 63). Zur Zuständigkeit als Finanzstrafbehörde→ 1015.

Zuständigkeit des Zollamts Österreich:

(Z 1) Vollziehung des Zollrechts, (Z 2) Vollziehung der Gemeinsamen Marktordnungsorganisation (soweit nicht andere Behörden zuständig sind), (Z 3) Erhebung der Verbrauchsteuern, (Z 4) Erhebung der Einfuhrumsatzsteuer (§ 26 Abs 3 UStG), (Z 5) Vollziehung der Überwachung von Barmitteln, (Z 6) die Erhebung der Kraftfahrzeugsteuer im grenzüberschreitenden Verkehr für ein in einem ausländischen Zulassungsverfahren zugelassenes Kraftfahrzeug, (Z 7) Vollziehung des Tabak- und Nichtraucherschutzgesetzes (§ 2a, § 7 TNRSG), (Z 8) Vollziehung des Tabakmonopolgesetzes, (Z 9) Erhebung des Altlastenbeitrages, (Z 10 und 11) in Bereichen des Emissionszertifikatehandels.

Amt für Betrugsbekämpfung (ABB)

984

Das Amt für Betrugsbekämpfung ist für die Vollziehung des Finanzstrafgesetzes und als Verwaltungsbehörde für die abgabenrechtliche Betrugsbekämpfung zuständig (§ 1 ABBG) und mit Befugnissen der Abgabenbehörde ausgestattet (§ 4 ABBG).

Aufgaben des Amtes für Betrugsbekämpfung (§ 3 ABBG):

1. **Finanzstrafsachen:** Durchführung von Finanzstrafverfahren, Aufgaben der Kriminalpolizei im gerichtlichen Finanzstrafverfahren und Privatbeteiligtenstellung, Vollziehung der finanzstrafrechtlichen Geld- und Freiheitsstrafen, internationale Amts- und Rechtshilfe im finanzbehördlichen Finanzstrafverfahren.

2. **Finanzpolizei:** Wahrnehmung abgabenrechtlicher Aufsichtsmaßnahmen, Durchführung von Ermittlungshandlungen für die Finanzämter, Durchführung von Abgabensicherungsmaßnahmen, Durchführung von Maßnahmen zur Sicherung und Einbringung nach finanzstrafrechtlichen Geldstrafen, Vollziehung sonstiger Aufgaben des Amtes für Betrugsbekämpfung, Vollziehung des Ausländerbeschäftigungsgesetzes und Lohn- und Sozialdumping-Bekämpfungsgesetzes (Zentrale Koordinationsstelle), Vollziehung betreffend ausländische Kraftfahrzeuge ohne Zulassung (Kraftfahrzeuggesetz), Aufgaben des Sozialbetrugsbekämpfungsgesetzes, Erhebung bestimmer verwaltungsbehördlicher Delikte, Durchführung von vereinfachten Verfahren iZm Finanzordnungswidrigkeiten der Registrierkasse oder Belegerteilungspflicht.

3. **Steuerfahndung:** Ermittlungsmaßnahmen und Beweisaufnahmen im Finanzstrafverfahren, Wahrnehmung der Rechte und Pflichten im Dienste der Strafrechtspflege, Auswertung und Analyse von Beweismitteln und Daten sowie forensische Datensicherung, Vornahme von oder Mitwirkung an finanzstrafrechtlichen Prüfungsmaßnahmen, Privatbeteiligtenvertreter, Erledigung von finanzstrafrechtlichen Amts- und Rechtshilfeansuchen, Ermittlungs- und Prüfungshandlungen für die Finanzämter und Durchführung von Abgabensicherungsmaßnahmen bei Gefahr im Verzug.

4. **Zentralstelle internationale Zusammenarbeit:** Durchführung internationaler Amts- und Rechtshilfe in Abgabensachen (Central Liaison Office) und Finanzstrafrechtssachen (Competence Center for International Cooperation in Fiscal Criminal Investigations), Aufgaben im Rahmen von EUROFISC und sonstiger internationaler Amts- und Rechtshilfe.

985 Vertiefung: Verfahren bei Unzuständigkeit

Die Abgabenbehörden haben ihre **Zuständigkeit von Amts wegen wahrzunehmen** (§ 53).

Anwendungsfälle:

Fehlerhaftes Anbringen (§ 53): Langen Anbringen ein, zu deren Behandlung Behörden oder Gerichte **nicht zuständig** sind, so haben sie diese ohne unnötigen Aufschub auf Gefahr des Einschreiters (insbesondere bei Fristende) an die zuständige Stelle weiterzuleiten oder den Einschreiter an diese zu verweisen. Sofern ein Anbringen innerhalb offener Frist an die zuständige Einrichtung gerichtet ist und beim Finanzamt Österreich einlangt, ist dies fristwahrend (§ 54a).

Fehlerhafte Entscheidung: Trifft eine Behörde eine Entscheidung, für die sie sachlich nicht zuständig ist, ist diese ersatzlos aufzuheben.[2]

986 Vertiefung: Befangenheit von Organen der Abgabenbehörden

Organe der Abgabenbehörden (und der Verwaltungsgerichte) haben sich der Ausübung ihres Amts **wegen Befangenheit zu enthalten** und ihre Vertretung zu veranlassen (§ 76).

Anwendungsfälle:

Bei eigenen Abgabenangelegenheiten oder jenen eines Angehörigen, wenn sie als Vertreter einer Partei bestellt sind oder waren, wenn sonstige wichtige Gründe vorliegen, die geeignet sind, ihre volle Unbefangenheit in Zweifel zu ziehen, oder im Beschwerdeverfahren bei Mitwirkung an der angefochtenen Entscheidung, bei Weisungserteilung im betreffenden Verfahren oder Beitritt im Beschwerdeverfahren (§ 76 Abs 1).

Kann bei **Gefahr im Verzug** die Vertretung durch ein anderes Organ nicht sogleich bewirkt werden, hat das befangene Organ unaufschiebbare Amtshandlungen selbst vorzu-

---

2   VwGH 21.5.2001, 2001/17/0043.

nehmen. Dies ist nicht zulässig in eigenen Abgabenangelegenheiten oder jenen eines Angehörigen (Abs 2).

Die Befangenheit eines Organs der Abgabenbehörde kann **nicht durch den Abgaben-pflichtigen** geltend gemacht werden.[3] Abgabenpflichtige haben nur ein Recht auf Ablehnung von Sachverständigen (§ 179) und im Beschwerdeverfahren von Einzelrichtern oder Mitgliedern von Senaten (§ 268). Ist daher ein Organ der Abgabenbehörde befangen, ohne sich von der Entscheidungsfindung zu enthalten, kann der Abgabepflichtige eine unbefangene Entscheidung nur im Wege einer Beschwerde erreichen.

2.4. Aufgaben der Abgabenbehörden und der Abgabepflichtigen

Grundsätze für die Abgabenbehörde (§§ 114 ff BAO)   987

Die Abgabenbörden haben darauf zu achten, dass **alle Abgabepflichtigen nach den Abgabevorschriften erfasst und gleichmäßig behandelt werden**, sowie darüber zu wachen, dass **Abgabeneinnahmen nicht zu Unrecht verkürzt** werden. Sie haben alles, was für die Bemessung der Abgaben wichtig ist, sorgfältig zu erheben und die Nachrichten darüber zu sammeln, fortlaufend zu ergänzen und auszutauschen (§ 114 Abs 1).

Verfahrensrechtlich haben die Abgabenbehörden abgabepflichtige Fälle zu erforschen (**Erforschungsgrundsatz**) und von Amts wegen die tatsächlichen und rechtlichen Verhältnisse zu ermitteln, die für die Abgabepflicht und die Erhebung der Abgaben wesentlich sind (**Amtswegigkeitsgrundsatz**). Die Abgabenbehörde hat den Parteien Gelegenheit zur Geltendmachung ihrer Rechte und rechtlichen Interessen zu geben (**Parteiengehör**, § 115 Abs 1 und 2). Die Abgabenbehörden haben nicht durch berufsmäßige Parteienvertreter vertretene Parteien auf Verlangen die zur Vornahme ihrer Verfahrenshandlungen nötigen Anleitungen zu geben und sie über die mit ihren Handlungen oder Unterlassungen unmittelbar verbundenen Rechtsfolgen zu belehren (**Manuduktionspflicht**, § 113).

Inhaltlich haben die Abgabebehörden Angaben der Abgabepflichtigen und amtsbekannte Umstände ebenso zugunsten der Abgabepflichtigen zu prüfen und zu würdigen (**Objektivitätsgrundsatz**). Bis zur Entscheidung durch die Abgabenbehörde sind auch die nach Ablauf einer Frist vorgebrachten Angaben über tatsächliche oder rechtliche Verhältnisse zu prüfen und zu würdigen (§ 115 Abs 3 und 4). Auch nach der Entscheidung hervorkommende Verhältnisse können in bestimmten Fällen noch berücksichtigt werden und zwar entweder durch Abänderung, Rechtsschutz oder Wiederaufnahme des Verfahrens (**Richtigkeitsgrundsatz**).

Grundsätze für den Abgabenpflichtigen (§ 119 BAO)   988

Die Abgabenbehörde verfügt jedoch **nicht über ausreichende Informationen**, um die Abgaben ohne Mithilfe des Abgabenpflichtigen und sonstiger Personen in der richtigen Höhe festzusetzen. Der Abgabepflichtige hat daher eine **allgemeine Offenlegungs- und Wahrheitspflicht** gegenüber der Abgabenbehörde (§ 119).

---

3   VwGH 30.1.2014, 2013/15/0294.

Der Abgabepflichtige hat danach die für den Bestand und Umfang einer Abgabpflicht oder für die Erlangung abgabenrechtlicher Begünstigungen bedeutsamen Umstände **nach Maßgabe der Abgabenvorschriften offenzulegen**. Die Offenlegung muss **vollständig und wahrheitsgemäß** erfolgen (§ 119 Abs 1). Die Offenlegungs- und Wahrheitspflicht gilt auch für Personen, die zur Einbehaltung und Abfuhr von Abgaben oder zur Zahlung gegen Verrechnung mit der Abgabenbehörde verpflichtet sind (§ 140).

989 Überblick: Informationsaustausch im Abgabenverfahren

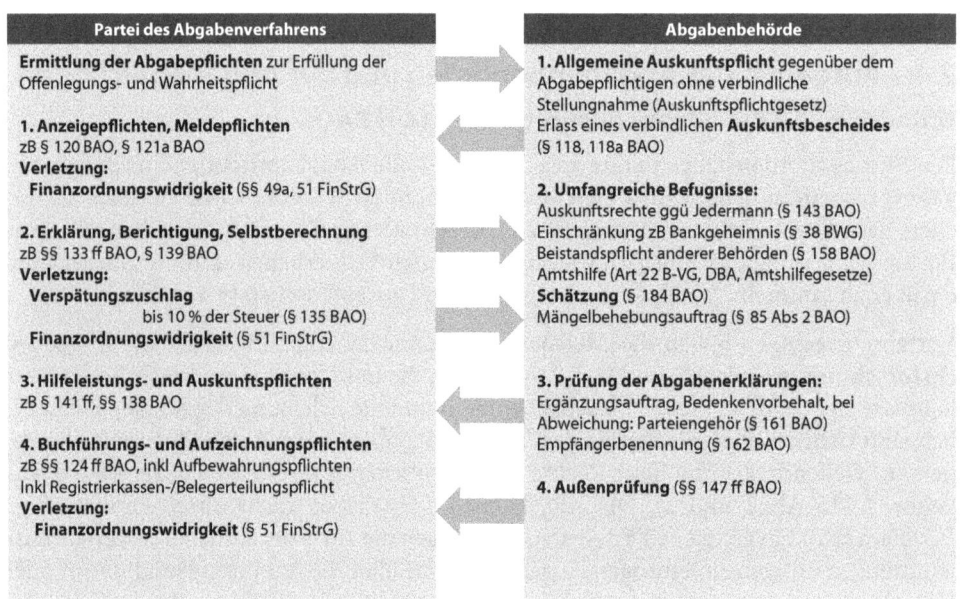

Abbildung 52: Informationsaustausch im Abgabenverfahren

3. Ermittlungsverfahren – Pflichten des Abgabepflichtigen

3.1. Offenlegungs- und Wahrheitspflichten

990

Die Offenlegungs- und Wahrheitspflicht wird **konkretisiert durch Pflichten des Abgabepflichtigen und anderer Parteien**, die der Abgabenbehörde dienen sollen, um ihren Aufgaben nachzukommen.

- Erforschungspflicht der Abgabpflichten,
- Anzeige und Mitteilung,
- Buchführungs- und Aufzeichnungspflichten,
- Rechnungs- und Belegerteilung,
- Einreichung einer Abgabenerklärung und Selbstberechnung.

3.2. Erforschung der Abgabepflichten

Erforschungspflicht durch den Abgabepflichtigen 991

> Der Abgabepflichtige hat grundsätzlich, sofern er selbst nicht über das notwendige Wissen verfügt, **Erkundigungen über die richtige abgabenrechtliche Behandlung** des Sachverhalts anzustellen.

Dies dient dazu, seiner **Offenlegungs- und Wahrheitspflicht** nachzukommen. Wer als Unternehmer tätig wird, hat die damit verbundenen **abgabenrechtlichen Verpflichtungen zu beachten.** Will der Abgabepflichtige diese Aufgaben nicht selbst wahrnehmen oder ist er dazu, etwa aufgrund fehlender Sachkenntnisse oder beruflicher Beanspruchung, nicht im Stande, kann er die Besorgung der steuerlichen Angelegenheiten auch **anderen Personen anvertrauen.** Der Abgabepflichtige ist angehalten, bei der Auswahl dieser Personen sorgsam vorzugehen und sie auch entsprechend zu beaufsichtigen.[4] Eine unrichtige Gesetzesauslegung aufgrund einer nachvollziehbaren (plausiblen) Rechtsansicht ist nicht entschuldbar, wenn keine Erkundigungen angestellt wurden. Erkundigungen haben an geeigneter Stelle zu erfolgen, worunter im Zweifel die zuständige Behörde zu verstehen ist.[5]

Dabei bestehen gegen den Abgabenbehörden in einigen Fällen **gesetzliche Auskunftspflichten.**

Beispiele:
1. **Verbindlicher Auskunftsbescheid** nach § 118 und § 118a (Forschungsbestätigung) (→ 992).
2. **Allgemeine Auskünfte nach dem Auskunftspflichtgesetz:** Die Organe des Bundes sowie die Organe der durch die Bundesgesetzgebung zu regelnden Selbstverwaltung haben über Angelegenheiten ihres Wirkungsbereichs Auskünfte zu erteilen, soweit eine gesetzliche Verschwiegenheitspflicht dem nicht entgegensteht. Konkrete Rechtsauskünfte aufgrund eines Sachverhalts gegenüber dem Steuerpflichtigen aufgrund eines Auskunftsverlangens sind für die Behörden im Rahmen des Grundsatzes von Treu und Glauben soweit bindend, als diese Auskunft nicht rechtswidrig ist. Sie sind grundsätzlich innerhalb von acht Wochen zu erteilen.
3. **Lohnsteuer:** Eine spezielle Auskunftspflicht des Finanzamts des Arbeitgebers besteht zur Frage, ob ein Sachverhalt der Lohnsteuer unterliegt (§ 90 EStG). Darüber hinaus kann auf Antrag ein Feststellungsbescheid in der Sozialversicherung über die Versicherungszuordnung ergehen. Dieser Feststellungsbescheid hat auch Bindungswirkung hinsichtlich der Einkunftsart im Steuerrecht (§ 412e ASVG, § 86 Abs 1a EStG).
4. **Internationale Steuerfälle:** Im BMF ist ein Express-Antwort-Service (EAS) eingerichtet, das dazu dient dem Anfragenden eine möglichst rasche Auskunft über die Haltung des BMF zu Zweifelsfragen zu geben, die im Zusammenhang mit der Anwendung des internationalen Steuerrechts auftreten. Die Auskünfte sind nicht verbindlich.
5. **Besteuerung von Schachtelbeteiligungen:** Auskunft über die Wirkungen der Steuerfestsetzung nach § 10 Abs 4 KStG (§ 5 VO Schachtelbeteiligung).
6. **Haftung des Abzugsverpflichteten für KESt:** Auskunft über die Haftung für KESt hinsichtlich der Auswirkungen aufgrund der Mutter-Tochter-Richtlinie (§ 5 VO KESt-Erstattung M-T-RL).
7. **Zoll- und Ursprungsauskünfte:** Verbindliche Zolltarifauskunft (VZTA).

---

4   VwGH 22.9.2000, 96/15/0200.
5   VwGH 19.12.2001, 2001/13/0064.

992 **Vertiefung: Antrag auf Auskunftsbescheid nach §§ 118 und 118a**

Der Steuerpflichtige kann einen **verbindlichen Auskunftsbescheid** (Advance Ruling) über die abgabenrechtliche Beurteilung von noch nicht verwirklichten Sachverhalten beantragen,[6] wenn daran im Hinblick auf die erheblichen abgabenrechtlichen Auswirkungen ein besonderes Interesse besteht (Abs 1). Gegenstand des Auskunftsbescheids können nur **Rechtsfragen im Zusammenhang mit Umgründungen, Unternehmensgruppen,** dem **internationalen Steuerrecht** (inklusive Verrechnungspreisen), der **Umsatzsteuer** und dem Vorliegen von **Missbrauch** sein (Abs 2).[7]

Für die Bearbeitung eines Antrags ist von den beteiligten Parteien als Gesamtschuldner ein **Verwaltungskostenbeitrag** zu entrichten, der von der Umsatzhöhe des letzten Abschlussstichtages der beteiligten Parteien abhängt und von **EUR 1.500 bis EUR 20.000** beträgt. Ein verringerter Verwaltungskostenbeitrag von **EUR 500** fällt an, wenn der Antrag zurückgewiesen, vor Beginn der Bearbeitung zurückgenommen oder aufgrund fehlender Mängelbehebung innerhalb angemessener Frist als zurückgenommen erklärt wird (Abs 10 und 11).

Der **Antrag** ist über FinanzOnline einzubringen, sofern der Antragsteller eine inländische Steuernummer hat, sonst schriftlich an das zuständige Finanzamt zu stellen (Abs 1 und 4). **Antragsbefugt** sind dazu Abgabepflichtige, nichtrechtsfähige Personenvereinigungen oder Personengemeinschaften für Feststellungen nach §§ 185 ff und Personen mit eigenem berechtigtem Interesse im Falle von rechtlich noch nicht existenten juristischen Personen oder nichtrechtsfähigen Personenvereinigungen (Abs 3).

Zuständige Behörde ist das Finanzamt, das für die Erhebung der betreffenden Abgabe oder für die Erlassung des betreffenden Feststellungsbescheids zuständig ist oder das sonst bei Verwirklichung des dem Antrag zugrunde gelegten Sachverhalts voraussichtlich zuständig wäre. Bei Zuständigkeit mehrerer Finanzämter ist das Finanzamt zuständig, das als erstes Kenntnis vom Antrag erlangt (Abs 5).

§ 118 gilt sinngemäß für bescheidmäßige Bestätigungen (**Forschungsbestätigung nach § 118a**) über das Vorliegen der Voraussetzungen für das Vorliegen von eigenbetrieblicher Forschung und experimenteller Entwicklungen (Abs 1). Der Verwaltungskostenbeitrag beträgt EUR 1.000, bei Zurückweisung oder Zurücknahme EUR 200 (Abs 2).

Der Anspruch auf bindende Wirkung besteht für den Antragsteller und seinen Gesamtrechtsnachfolger, für Gesellschafter von nichtrechtsfähigen Personengesellschaften, für Auskunftsbescheide der nichtrechtsfähigen Personengesellschaft und ihrer Gesamtrechtsnachfolger und auf Antrag innerhalb eines Monats ab Beginn der rechtlichen Existenz für rechtsfähige juristische Personen und nichtrechtsfähige Personenvereinigungen (Personengemeinschaften) (Abs 7).

Der **Auskunftsbescheid hat zu enthalten** (i) den der abgabenrechtlichen Beurteilung zugrunde gelegten Sachverhalt, (ii) die abgabenrechtliche Beurteilung, (iii) die der Beurteilung zugrunde gelegten Abgabenvorschriften, die Abgaben oder Feststellungen und

---

6   UFS 20.4.2012, RV/2633-W/11.
7   Allgemein dazu BMF 2.3.2011, 010103/0035-VI/2011 und BMF 23.12.2014, 010221/0787-VI/8/2014.

die Zeiträume, für die er wirken soll, und (iv) den Umfang der Berichtspflichten, insbesondere darüber, ob und wann der dem Auskunftsbescheid zugrunde gelegte Sachverhalt verwirklicht wurde bzw welche Abweichungen vom dem Auskunftsbescheid zugrunde gelegten Sachverhalt erfolgt sind (Abs 6).

Die Behörde hat tunlichst innerhalb von **zwei Monaten** den Auskunftsbescheid zu erlassen (Abs 5a). Die **abgabenrechtliche Bindung besteht nicht**, soweit sie sich zum Nachteil der Partei als nicht richtig erweist. Der Rechtsanspruch erlischt wegen Rechtsänderung, also insoweit sich in Folge der Aufhebung oder Änderung der dem Auskunftsbescheid zugrunde gelegten Abgabenvorschriften die abgabenrechtliche Beurteilung ändert (Abs 8). Eine **Aufhebung oder Änderung des Bescheids** ist unter gewissen Voraussetzungen möglich, wenn sich der Spruch als nicht richtig erweist (Abs 9 → 1060).

Vertiefung: Antrag auf multilaterale Risikobewertung nach § 118b   992/1

Auf Antrag kann für einen Unternehmer mit Sitz in Österreich ein **multilaterales Verfahren zur Bewertung grenzüberschreitender ertragsteuerlicher Risiken** eingeleitet werden. Das Finanzamt für Großbetriebe nimmt dabei als leitende oder mitwirkende Steuerverwaltung gemeinsam mit ausländischen Steuerverwaltungen am Verfahren teil. Ergebnis ist ein Risikobewertungsbericht. Der Vorteil für das Unternehmen liegt in der Erlangung einer gewissen Besteuerungs- und Planungssicherheit während des Treffens wirtschaftlicher Entscheidungen (und nicht erst nachgelagert) ohne rechtliche Verbindlichkeit. Insbesondere haben die Aussagen im Risikobewertungsbericht keinerlei präjudizielle Wirkung für eine spätere Bescheiderlassung oder ein späteres Verständigungsverfahren[8] (§ 118b).

3.3. Anzeige und Mitteilung

Anzeigepflichten (§§ 120 ff BAO)   993

Abgabepflichtige haben bestimmte Sachverhalte den Abgabenbehörden **anzuzeigen** oder **zu melden** (§§ 120 ff), und zwar unabhängig von einer Abgabenschuld.

Beispiele für Anzeige und Meldepflichten in der BAO:
1. **Begründung, Änderung oder Beendigung der persönlichen Abgabepflicht** hinsichtlich ESt, KSt, USt und Vermögensabgaben; dies gilt auch für Landes- und Gemeindeabgaben (§ 120 Abs 1 und § 120a). Anzeigepflicht wegen Änderung der persönlichen Abgabepflicht besteht insbesondere beim Wechsel zwischen ertragsteuerlich unbeschränkter und beschränkter Steuerpflicht oder Erlangung bzw Beendigung der umsatzsteuerlichen Unternehmereigenschaft.
2. **Begründung oder Aufgabe eines Betriebs oder einer selbständigen Erwerbstätigkeit** (§ 120 Abs 2). **Anzeige wegen Begründung oder Aufgabe eines Betriebs** ist insbesondere für die Ertragsteuer relevant und gilt daher auch bei Wechsel zwischen Liebhaberei und relevanter Einkunftsquelle.

---

8   EB zu § 118b BAO.

3. **Eintritt eines rückwirkenden Ereignisses** aufgrund der Erwähnung in einem davor ergangenen vorläufigen Bescheid, der vom ungewissen Eintritt des Ereignisses abhängt (§ 120 Abs 3). **Anzeige des Eintritts eines rückwirkenden Ereignisses** ist zB dann notwendig, wenn die Steuer oder Gebühr auf einer nicht endgültig feststehenden Bemessungsgrundlage (Umsatz, Abrechnung) zu berechnen ist (Abrechnung Bauträger in der GrESt, umsatzabhängige Pacht für die Rechtsgeschäftsgebühr).

Diese drei Anzeigepflichten sind **binnen einem Monat** ab Eintritt des anmeldungspflichtigen Ereignisses zu erstatten (§ 121). Eine besondere Anzeigepflicht besteht bereits **vor der Betriebseröffnung** insbesondere für Verbrauchsteuern bzw **vor der anderweitigen Verwendung** von sonst abgabenbegünstigten Erzeugnissen und Waren (§ 122).

1. **Schenkungsmeldpflicht** (§ 121a → 994),
2. **Sonstige Meldepflichten** in Abgabenvorschriften (§ 123).

994 Vertiefung: Schenkungsmeldung (§ 121a BAO)

Bestimmte Schenkungen und Zuwendungen unter Lebenden, die sonst nicht Gerichten oder Behörden offengelegt werden, sind bei Beteiligung inländischer Personen dem Finanzamt Österreich anzuzeigen (**Schenkungsmeldepflicht**, § 121a).

Zur **abgabenbehördlichen Nachverfolgung von wesentlichen Vermögensverschiebungen** wurde nach Aufhebung der Erbschafts- und Schenkungssteuer durch den VfGH eine gesetzliche Meldeverpflichtung eingeführt. Die Meldepflicht soll insbesondere die Vortäuschung unentgeltlicher Zuwendungen vermeiden, mit denen ungeklärte Vermögenszuwächse (mögliche nicht versteuerte Einkünfte) begründet wurden. Damit soll die Aufdeckung von Abgabenhinterziehungen erleichtert werden.[9]

Anwendungsfälle, Beispiele und Ausnahmen für die Meldepflicht:

Meldepflichtig (Abs 1) sind Schenkungen und Zuwendungen, wenn einer der Beteiligten im Zeitpunkt des Erwerbs einen Wohnsitz, den gewöhnlichen Aufenthalt, den Sitz oder die Geschäftsleitung im Inland hatte (**inländische Person**). **Meldepflichtiges Vermögen** ist bewegliches Vermögen:

1. Bargeld und Kapitalforderungen,
2. Anteile an Kapitalgesellschaften und Personenvereinigungen (Personengemeinschaften) ohne eigene Rechtspersönlichkeit, Beteiligungen als stiller Gesellschafter,
3. Betriebe (Teilbetriebe),
4. Sonstiges körperliches und unkörperliches Vermögen (Fahrzeug, Schmuck, Rechte).

Nicht meldepflichtig (Abs 2) ist dagegen ua folgendes Vermögen:

1. in- und ausländische Grundstücke (GrEStG),
2. Zuwendungen nach dem Stiftungseingangssteuergesetz (StEStG),
3. übliche Gelegenheitsgeschenke bis zu EUR 1.000 (Freibetrag),
4. Hausrat einschließlich Wäsche und Kleidungsstücken,
5. Erbstücke im Familienbesitz mit kulturellem Wert,
6. Schenkungen unter Ehegatten zur Anschaffung oder Errichtung einer Wohnstätte,
7. Gewinne aus öffentlichen, unentgeltlichen Ausspielungen,
8. Spenden, öffentliche Subventionen,
9. Zuwendungen zur Schadensbeseitigung bei Katastrophen, und

---

9   EB zu § 121a BAO.

10. **Erwerbe von einem Angehörigen** sind befreit, wenn der gemeine Wert innerhalb eines Jahres (nicht zwingend innerhalb desselben Kalenderjahrs) EUR 50.000 nicht übersteigt.
11. **Erwerbe von einer anderen Person** sind befreit, wenn der gemeine Wert innerhalb von fünf Jahren (nicht zwingend innerhalb derselben Kalenderjahre) EUR 15.000 nicht übersteigt.

Wird die Betragsgrenze in den zwei letztgenannten Fällen überstiegen, dann sind alle von der Zusammenrechnung erfassten Erwerbe anzuführen.

Die Meldepflicht **betrifft zur ungeteilten Hand** die Beteiligten sowie Rechtsanwälte und Notare, die beim Erwerb oder bei Errichtung der Vertragsurkunde über den Erwerb mitgewirkt haben oder die zur Erstattung der Anzeige beauftragt sind (Abs 3). Die Anzeige hat **binnen dreier Monate** ab Erwerb oder erstmaligem Überschreiten der Erwerbsgrenze zu erfolgen (Abs 4). Die Anzeige ist, sofern zumutbar **elektronisch**, sonst in Papierform zu übermitteln (Abs 5).

Unterbleibt eine verpflichtende Anzeige, dann trägt der Abgabenpflichtige im Abgabenverfahren die **Beweislast** für das Vorliegen einer Schenkung (Abs 8, zum Beweis generell → 1029). Wer die Anzeige vorsätzlich unterlässt, der begeht eine **Finanzordnungswidrigkeit**, welche mit einer Geldstrafe bis zu 10 % des gemeinen Werts des durch die nicht angezeigten Vorgänge übertragenen Vermögens geahndet wird. Eine Selbstanzeige ist nur innerhalb eines Jahres ab Ende der dreimonatigen Anzeigefrist zulässig (§ 49a FinStrG → 1135).

Vertiefung: Sonstige Anzeige und Meldepflichten in Abgabenvorschriften   995

Anzeige- und Meldepflichten kommen auch **in sonstigen Abgabenvorschriften** vor (vgl § 123).

Beispiele:

1. **Lohnausweis bzw Lohnbescheinigung**[10] durch Arbeitnehmer, deren Einkünfte im Inland steuerpflichtig sind, deren Arbeitgeber aber keine Lohnsteuer einbehält.
2. **Mitteilungspflicht nach § 109a EStG:** Für Zwecke des Ertragsteuerrechts haben Unternehmer und Körperschaften des öffentlichen und des privaten Rechts als Empfänger von Dienstleistungen außerhalb eines Dienstverhältnisses Mitteilungspflichten über das Auftragsverhältnis, sofern Leistungserbringer natürliche Personen und Personenvereinigungen (Personengemeinschaften) ohne eigene Rechtspersönlichkeit sind.
3. **Mitteilungspflicht nach § 109b EStG:** Unternehmer und Körperschaften des öffentlichen und des privaten Rechts haben als Empfänger von bestimmten Dienstleistungen Mitteilungspflichten, sofern für diese Leistungen Zahlungen ins Ausland getätigt werden. Die vorsätzliche Verletzung ist mit einem eigenen Tatbestand der Finanzordnungswidrigkeit bedroht (§ 49a Abs 3 FinStrG → 1118).
4. **Meldepflicht begünstigter Rechtsträger für pauschale Reiseaufwandsentschädigungen** an Sportler, Betreuer oder Schiedsrichter bis Ende Februar des Folgejahres (§ 3 Abs 1 Z 16c EStG).
5. **Übermittlungspflicht für länderbezogene Berichte** nach dem Verrechnungspreisdokumentationsgesetz, womit Informationen über grenzüberschreitend tätige Konzerne an die Finanzbehörden weitergeleitet werden. Die vorsätzliche Verletzung ist mit einem eigenen Tatbestand der Finanzordnungswidrigkeit bedroht (§ 49b FinStrG → 1118).

---

10   BMF Formular L17.

6. **Meldung von Kapitalabflüssen** über EUR 50.000 durch Kreditinstitute nach dem Kapital-abfluss-Meldegesetz (§§ 2 ff Kapitalabfluss-Meldegesetz).

7. **Meldungen** nach dem Investmentfondsgesetz und dem Immobilieninvestmentfonds-gesetz (§ 186 Abs 2 Z 2 InvFG, § 40 Abs 2 Z 1 Immo-InvFG).

8. **Offenlegung der Stiftungsurkunde und Stiftungszusatzurkunde** bei Privatstiftungen (§ 13 Abs 6 KStG).

9. **Meldungen bei Umgründungen** nach den einzelnen Umgründungen oder nach § 43 UmgrStG.

10. **Meldepflicht grenzüberschreitender Gestaltungen** im Bereich der Besteuerung, wonach bestimmte (oftmals aggressive) grenzüberschreitende Gestaltungen vom Steuerpflichtigen oder Intermediären an die Finanzbehörde zu melden sind, sofern sie ein Risiko der Steuer-vermeidung, der Umgehung der Meldepflicht des Gemeinsamen Meldestandards oder der Verhinderung der Identifizierung des wirtschaftlichen Eigentümers aufweisen (EU-Mel-depflichtgesetz).

11. **Meldepflicht von digitalen Plattformbetreibern** betreffend relevanter Tätigkeiten mel-depflichtiger Anbieter in den Bereichen Vermietung und Verpachtung von Immobilien, persönlich erbrachte Dienstleistungen, Verkauf von Waren und Vermietung jeglicher Verkehrsmittel. Diese soll Steuerbetrug, Steuerhinterziehung und Steuervermeidung durch nicht offengelegte Einkünfte, die über die Online-Plattformen (Website, App) bezo-gen werden, verhindern (Digitale Plattformen-Meldepflichtgesetz).

3.4. Buchführung und Aufzeichnungspflicht (§§ 124 ff BAO)

996 Pflicht zur Führung von Büchern und Aufzeichnungen

Abgabepflichtige und Abzugspflichtige haben grundsätzlich **Bücher und Aufzeich-nungen** über abgabenrelevante Sachverhalte zu führen. Sie dienen der Überprüfung der Erfüllung der Abgabepflichten durch die Abgabenbehörde (§§ 124 ff).

Die **Buchführungs- und Aufzeichnungspflicht** nach UGB oder anderen gesetzlichen Vorschriften gilt auch für steuerliche Zwecke (§ 124). Darüber hinaus sind bei Über-schreiten bestimmter Kriterien **rein für steuerliche Zwecke** auch land- und forstwirt-schaftliche Betriebe oder wirtschaftliche Geschäftsbetriebe jedenfalls zur Buchführung verpflichtet (§ 124).

Abgabepflichtige **ohne Buchführungspflicht** haben insbesondere für Zwecke der Er-tragsteuer Betriebseinnahmen und Betriebsausgaben aufzuzeichnen und am Ende des Jahres zusammenzurechnen (**Einnahmen-Ausgaben-Rechnung**). Dies gilt auch für die Ermittlung der nicht endbesteuerten Einkünfte aus Kapitalvermögen, der Einkünfte aus Vermietung und Verpachtung und der sonstigen Einkünfte. Empfänger von freigebigen Zuwendungen (§ 4a EStG) haben über diese Aufzeichnungen zu führen; Bestätigungen der Kasseneingänge von freigebigen Zuwendungen stellen Belege im Sinne des § 132 dar (§ 126). Gewerbliche Unternehmer ohne Buchführungspflicht haben darüber hinaus ein **Wareneingangsbuch** zu führen (§§ 127 und 128). Sonstige Buchführungs- und Auf-zeichnungspflichten können sich aus anderen Bestimmungen ergeben (§ 130).

Buchführungs- und Aufzeichnungspflichten ergeben sich aufgrund **für einzelne Ab-gabenarten**.

Beispiele:

1. **Führung eines Lohnkontos nach § 76 EStG:** Arbeitgeber haben ein Lohnkonto für jeden Arbeitnehmer zu führen.

2. **Umsatzsteuerliche Aufzeichnungspflichten und buchmäßiger Nachweis nach § 18 UStG:** Unternehmer sind dazu verpflichtet, zur Feststellung der Umsatzsteuer und der Grundlagen ihrer Berechnungen Aufzeichnungen zu führen.

3. **Verrechnungspreisdokumentation:** Es besteht die Pflicht, Aufzeichnungen zu führen, damit die Ermittlung der fremdüblichen Verrechnungspreise dokumentiert wird. Dies gilt sowohl für laufende Transaktionen als auch für Unternehmensänderungen.[11] Darüber hinaus besteht das Erfordernis der Erstellung einer standardisierten Verrechnungspreisdokumentation samt Berichtspflicht für Konzerne innerhalb der EU nach dem Verrechnungspreisdokumentationsgesetz.

Vertiefung: Formelle Anforderungen   997

Die **formellen Anforderungen** orientieren sich am **Zweck der Führung von Büchern und Aufzeichnungen**, die die Erforschung der für die Erhebung der Abgaben wesentlichen tatsächlichen und rechtlichen Verhältnisse ohne Erschwernis ermöglichen. Bücher und Aufzeichnungen sind so zu führen, dass sie einem **sachverständigen Dritten** innerhalb angemessener Zeit einen **Überblick über die Geschäftsvorfälle** vermitteln können. Die **einzelnen Geschäftsvorfälle** sollen sich in ihrer Entstehung und Abwicklung verfolgen lassen (§ 131 Abs 1 zweiter Absatz).

Die Bücher und Aufzeichnungen sind in einer **lebenden Sprache** zu führen und auf Verlangen der Abgabenbehörde hat der Abgabepflichtige eine **beglaubigte Übersetzung** beizubringen. Für die abgabenbehördliche Prüfung hat auf Kosten des Abgabepflichtigen eine Übersetzung zu erfolgen – es genügt die Beistellung eines geeigneten Dolmetschers (§ 131 Abs 1 Z 1). Bücher und Aufzeichnungen dürfen auch **im Ausland geführt werden**. Sie müssen auf Verlangen der Abgabenbehörde innerhalb festzusetzender Frist ins Inland verbracht werden. Grundaufzeichnungen sind nach Verbringung im Inland aufzubewahren, sofern sie nicht einem ausländischen Betrieb, einer ausländischen Betriebsstätte oder ausländischem Grundbesitz zuzuordnen sind (§ 131 Abs 1 erster Absatz).

Die Eintragungen sollen **der Zeitfolge nach geordnet, vollständig, richtig, unveränderbar und zeitgerecht** vorgenommen werden (Abs 1 Z 2). Bei Buchführung sind alle Bareingänge und Barausgänge in den Grundaufzeichnungen täglich einzeln festzuhalten (lit a). Bei sonstiger Aufzeichnungspflicht von Einnahmen und Ausgaben sind alle Bargeschäfte einzeln festzuhalten (lit b) (**Einzelaufzeichnungspflicht**). Für die Umsatz- und Ertragsteuer, ausgenommen Abzugsteuern, ist es zeitgerecht, wenn die Eintragung der Grundaufzeichnungen in die Bücher und Aufzeichnungen innerhalb eines Monats und 15 Tage nach dem relevanten Kalendermonat erfolgt (oder für die Umsatzsteuer das Kalendervierteljahr, sofern dies Voranmeldezeitraum ist) (Abs 1 Z 2). Zur Führung von Büchern und Aufzeichnungen können auch Datenträger verwendet werden (Abs 3).

Daneben bestehen **Ausnahmen** von der Einzelaufzeichnungspflicht in Form einer **vereinfachten Losungsermittlung** (Abs 4). In diesen Fällen entfällt auch die **Registrierkassen- und Belegerteilungspflicht** (→ 998, 1001). Details finden sich in der Barumsatzverordnung 2015.

---

11   BMF-VPR 2010, Rz 133.

Anwendungsfälle:

1. Umsätze im Freien,
2. Hütten-, Buschenschank- und Kantinenumsätze jeweils bis zu einem Jahresumsatz von EUR 30.000,
3. Umsätze von wirtschaftlichen Geschäftsbetrieben von abgabenrechtlich begünstigten Körperschaften, und
4. Umsätze von Warenausgabe- und Dienstleistungsautomaten bis EUR 20 Einzelumsatz.

998 Registrierkassenpflicht (§ 131b BAO)

Betriebe haben alle **Bareinnahmen** zum Zweck der Losungsermittlung mit elektronischer **Registrierkasse**, Kassensystem oder sonstigem elektronischen Aufzeichnungssystem **einzeln zu erfassen**.

Diese ist durch eine technische Sicherheitseinrichtung gegen Manipulation zu schützen (§ 131b).

Der **Manipulationsschutz** hat kryptographisch, durch Siegel oder Signatur auf den einzelnen Belegen zu erfolgen (Signatur- oder Siegelerstellungseinheit, Abs 2). Details werden in der Registrierkassensicherheitsverordnung geregelt (aufgrund Abs 5). Jede Registrierkasse muss über ein **Datenerfassungsprotokoll** und einen Drucker zur Erstellung oder eine Vorrichtung zur elektronischen Übermittlung von **Zahlungsbelegen** verfügen. Bei größeren Unternehmern kann das Finanzamt auf Antrag durch Feststellungsbescheid bestätigen, dass anstelle der Signatur- oder Siegelerstellungseinheit ein vorhandenes manipulationssicheres, geschlossenes Gesamtsystem als elektronisches Aufzeichnungssystem verwendet werden kann (Abs 4).

Kleinbetriebe sind von der Registrierkassenpflicht ausgenommen. Ein Kleinbetrieb liegt vor, wenn der Jahresumsatz **EUR 15.000** oder die Barumsätze **EUR 7.500** nicht überschreiten (vgl Abs 1 Z 2).

Barumsätze sind Umsätze, bei denen die Gegenleistung (Entgelt) durch Barzahlung erfolgt. Als **Barzahlung** gilt auch die Zahlung mit Bankomat- oder Kreditkarte oder durch andere vergleichbare elektronische Zahlungsformen, die Hingabe von Barschecks sowie vom Unternehmer ausgegebene und von ihm an Geldes statt angenommene Gutscheine, Bons, Geschenkmünzen und dergleichen. Bezahlung mittels Einzugsermächtigung oder Überweisung gilt nicht als Barzahlung (Abs 1 Z 3).

Beginn der Registrierkassenpflicht tritt mit Beginn des viertfolgenden Monats nach Ablauf des Voranmeldungszeitraums ein, in dem die Kleinbetriebsgrenzen erstmals überschritten wurden. **Ende der Registrierkassenpflicht** tritt mit dem nächstfolgenden Kalenderjahr ein, wenn in einem Folgejahr die Kleinbetriebsgrenzen nicht überschritten werden und aufgrund besonderer Umstände absehbar ist, dass diese Grenzen auch künftig nicht überschritten werden (Abs 3). Einzelheiten zur Registrierkasse finden sich in der **Registrierkassenverordnung** (aufgrund Abs 5).

Daneben bestehen **Ausnahmen und Erleichterungen von der Registrierkassenpflicht** (Abs 5, VO). Details finden sich in der **Barumsatzverordnung**.

Anwendungsfälle:

1. Ausnahme im Falle der vereinfachten Losungsermittlung (→ 997),
2. Ausnahme für Fahrausweisautomaten der Personenbeförderung (bei vollständiger Erfassung der Fahrausweise),
3. Ausnahme für Umsätze von Onlineshops (bei denen eine Bargeldzahlung nicht unmittelbar an den Leistungserbringer erfolgt und auf einer Vereinbarung über eine Online-Plattform beruht),
4. **Erleichterungen** bestehen für Unternehmer, die ihre Umsätze **außerhalb einer Betriebsstätte** erbringen. Die Umsätze müssen in diesem Fall nicht sofort erfasst werden, sondern erst nach Rückkehr in die Betriebsstätte ohne unnötigen Aufschub. Sie müssen jedoch bei Barzahlung einen Beleg ausfolgen und hiervon eine Durchschrift aufbewahren. Diese Erleichterung gilt nicht für Taxi und Mietwagen-Umsätze.

Eine besondere **Finanzordnungswidrigkeit** begeht, wer vorsätzlich abgabenrechtlich automatisationsunterstützt geführte Bücher, Aufzeichnungen oder Aufzeichnungssysteme verfälscht durch Gestaltung oder Einsatz eines Programms, mit dessen Hilfe Daten verändert, gelöscht oder unterdrückt werden können (§ 51a FinStrG → 1118).

Aufbewahrungspflicht (§ 132 BAO)   999

Bücher, Aufzeichnungen, Belege und Rechnungen unterliegen einer **Aufbewahrungspflicht**. Diese sind grundsätzlich **sieben** Jahre lang ab dem Ende des relevanten Kalenderjahres aufzubewahren. In der Praxis empfiehlt sich zum Nachweis eine längere Aufbewahrung. Darüber hinaus sind sie **solange** aufzubewahren, als sie für die Abgabenerhebung betreffende **anhängige Verfahren** von Bedeutung sind (§ 132). Aufzeichnungen und Unterlagen betreffend umsatzsteuerliche Grundstücksumsätze sind **zweiundzwanzig** Jahre aufzubewahren (§ 18 Abs 10 UStG).

3.5. Rechnungslegung und Belegerteilung

In Gesetzen finden sich **Rechnungs- und Belegerteilungspflichten**, die Umsätze oder Zahlungen dokumentieren sollen.   1000

Beispiele:
Rechnungen werden für empfangene Lieferungen oder sonstige Leistungen erstellt und sind insbesondere für Zwecke der Umsatzsteuer relevant. Sie sind teilweise freiwillig, sonst verpflichtend zu erstellen (§ 11 UStG). **Belege** sind Bestätigungen für eine erfolgte Barzahlung aufgrund einer Lieferung oder sonstigen Leistung (§ 132a).

Die Verletzung von Rechnungs- und Belegerteilungspflichten bzw deren Aufbewahrung stellt eine **Finanzordnungswidrigkeit** iSd § 51 lit d FinStrG dar → 1116.

Belegerteilungspflicht (§ 132a BAO)   1001

Unternehmer haben dem die Barzahlung Leistenden einen **Beleg** über empfangene Barzahlungen für Lieferungen und sonstige Leistungen **zu erteilen** (§ 132a).

Belege können in Papierform oder elektronisch ausgestellt werden. Ein elektronischer Beleg muss unmittelbar nach Zahlung für den Zugriff durch den die Barzahlung Leistenden verfügbar sein (Abs 1). Zum Begriff der Barzahlung → 998. Die Pflicht kann bei **Organschaften** (→ 672) auch durch eine Organgesellschaft, bei **Unternehmereinheiten** auch durch eine dazugehörende Personengesellschaft (Personengemeinschaft) erfüllt werden (Abs 2). Bei **Registrierkassenpflicht** wird der Beleg grundsätzlich im Wege der Registrierkasse erstellt (vgl Abs 8). Vom erteilten Beleg ist eine Durchschrift oder Zweitschrift anzufertigen und durch den Unternehmer in Papierform oder elektronisch aufzubewahren (Abs 6).

Belege haben folgende **Mindestangaben** zu enthalten, inklusive vorhandener Unterlagen (Abs 3):

- Bezeichnung des leistenden Unternehmers oder der belegerteilenden Person (Z 1),
- Fortlaufende Nummer zur eindeutigen Identifizierung des Geschäftsvorfalls (Z 2),
- Tag der Belegausstellung (Z 3),
- Menge und Bezeichnung der gelieferten Gegenstände oder Art und Umfang der Leistung (Z 4),
- Betrag der Barzahlung oder zumindest Angabe über die Ermittlungsgrundlage (Z 5).

Der **Leistungsempfänger** oder der anstelle dessen die Barzahlung leistende Dritte hat den Beleg entgegenzunehmen und ihn bis außerhalb der Geschäftsräumlichkeiten mitzunehmen (Abs 5). Sofern er dem nicht nachkommt, ist keine Strafe dafür vorgesehen. Er hat allerdings eine Mitwirkungspflicht bei Kontrollen und kann bei fehlender Mitwirkung eine Finanzordnungswidrigkeit begehen (§ 51 Abs 1 lit e FinStrG).

3.6. Einreichung der Grundlagen für die Abgabenberechnung (§§ 133 ff BAO)

1002
Abgabenpflichtige und Abfuhrpflichtige haben die **Grundlagen der Abgabenberechnung** der Abgabenbehörde mitzuteilen.

Dies erfolgt entweder im Wege von **Anzeigen, Anmeldungen** oder **Abgabenerklärungen** (vgl § 133).

Wer zur Einreichung von Anzeigen, Anmeldungen oder Abgabenerklärungen verpflichtet ist, bestimmen die Abgabenvorschriften (Abs 1). Dabei ist zu unterscheiden zwischen **Abgabenerklärungen** (§ 133) und sonstigen Anbringen (§ 85) wie Anzeigen und Anmeldungen, weil für Abgabenerklärungen besondere Bestimmungen anzuwenden sind.

Wer eine Abgabenerklärung oder ein sonstiges Anbringen **vorsätzlich nicht einreicht**, begeht eine **Finanzordnungswidrigkeit** iSd § 51 Abs 1 lit a FinStrG, sofern er dadurch keinen anderen finanzstrafrechtlichen Tatbestand erfüllt → 1116.

1003 **Abgabenerklärungen**

Abgabenerklärungen sind besondere Anbringen für die bei verspäteter Einreichung ein Verspätungszuschlag verhängt werden kann (§ 135).

Beispiele:

1. **Einkommen- und Körperschaftsteuer:** Einkommensteuererklärung (§ 42) und Steuererklärung bei Feststellung von Einkünften (§ 43), Körperschaftsteuererklärung (§ 24 Abs 3).
2. **Umsatzsteuer:** Voranmeldung (§ 21 Abs 1), Umsatzsteuererklärung (§ 21 Abs 4), Zusammenfassende Meldung (Art 21 Abs 3 bis 10).
3. **Grunderwerbsteuer:** Abgabenerklärung (§ 10), Anmeldung bei Selbstberechnung (§ 13 Abs 1).
4. **Stiftungseingangssteuer:** Steuererklärung (§ 3 Abs 2).
5. **Kommunalsteuer:** Jahreserklärung (§ 11 Abs 4).

Abgabenbehörden können Personen **auffordern**, eine Abgabenerklärung einzureichen. Die bloße Zusendung von Vordrucken gilt auch als verpflichtende Aufforderung (§ 133 Abs 1).

Wird die Frist zur Einreichung einer **Abgabenerklärung** vom Abgabepflichtigen nicht gewahrt, kann die Abgabenbehörde einen Zuschlag bis zu **10 %** der festgesetzten oder selbstberechneten Abgabe (**Verspätungszuschlag**) auferlegen, wenn die Verspätung **nicht entschuldbar** ist. Verspätungszuschläge unter EUR 50 sind nicht festzusetzen (§ 135).

Sonstige Anbringen zur Ermittlung der Abgabenberechnung 1004

Daneben bestehen **sonstige Anbringen** (vgl § 85) zur Ermittlung der Abgabenberechnung.

Beispiele:

1. **Einkommen- und Körperschaftsteuer:** Anmeldung der LSt (§ 80), Übermittlung der Lohnzettel (§ 84), KESt (§ 96 Abs 3), Mitteilung der Immobilienertragsteuer (§ 30c), Mitteilung der Abzugsteuer (§ 101).
2. **Rechtsgeschäftsgebühren:** Gebührenanzeige nach § 31 und Übersendungen und Anmeldung bei Selbstberechnung nach § 3 Abs 4 und § 33 TP 5 Abs 5.

Vertiefung: Nachträgliche Anzeigepflicht (§§ 138 ff BAO) 1005

Abgabepflichtige trifft eine **nachträgliche unverzügliche Anzeigepflicht**, sofern sie noch innerhalb der Verjährungsfrist (→ 1152) einen Fehler in einer Abgabenerklärung oder einem sonstigen Anbringen entdecken, wenn dies zu einer **Verkürzung von Abgaben** geführt hat oder führen kann (§ 138). Dies gilt gleichermaßen für Personen, die zur Einbehaltung und Abfuhr von Abgaben verpflichtet sind (§ 139).

Vertiefung: Anzeige bei unrichtigen Steuererklärungen des Vorgängers 1006

Bei einem **Wechsel in der Person des steuerlich Verantwortlichen** haben diese gegenüber der Abgabenbehörde innerhalb von **drei Monaten** ab Kenntnis **anzuzeigen**, dass **Erklärungen**, die der Abgabepflichtige zur Festsetzung von Abgaben abzugeben hatte, unrichtig oder unvollständig sind oder dass es der Abgabepflichtige pflichtwidrig unterlassen hat, solche Erklärungen abzugeben (§ 15, zur Haftung → 1096).

Anwendungsfälle:

Vermögensverwalter bei Wegfall eines Abgabepflichtigen (Abs 1), Erwerber eines Unternehmens oder Betriebs und Vertreter bei Wechsel des gesetzlichen Vertreters (Abs 2).

3.7. Anbringen, Fristen und Wiedereinsetzung

1007 Anbringen (§§ 85 ff BAO)

„**Anbringen**" ist die Bezeichnung für die formelle Geltendmachung von Rechten und die Erfüllung von Verpflichtungen gegenüber den Abgabenbehörden (§ 85).

Diese sind grundsätzlich **schriftlich** einzureichen (Eingaben, Abs 1). Dies gilt insbesondere für Erklärungen, Anträge, Beantwortungen von Bedenkenvorbehalten und Rechtsmittel. Anbringen werden häufig – sofern zulässig – elektronisch über FinanzOnline eingereicht (§ 86a, FinanzOnline-VO). Anbringen per E-Mail sind unzulässig.[12] Die Eingabe per Telefax ist teilweise zulässig (Telefax-VO), nicht aber im Wege von E-Fax-Systemen. Abgabenerklärungen sind auf den amtlichen Vordrucken abzugeben, außer diese werden elektronisch eingebracht (§ 133 Abs 2). Diese Einschränkungen gelten nicht für die Übermittlung sonstiger Dokumente oder für informelle Kommunikation, wobei diese in der Praxis im Wege von E-Mails oder per Telefon erfolgt. Auf Verlangen ist eine beglaubigte Übersetzung von beigelegter Unterlagen beizubringen (§ 85 Abs 5). Eine Datenübermittlung hat für lohnsteuerliche Meldungen nach § 3 Abs 2, Lohnzettel (§§ 84, 69), Mitteilungen nach § 109a und § 109b elektronisch über ELDA zu erfolgen (VO zur elektronischen Übermittlung von Daten der Lohnzettel).

Mündliche Anbringen sind zulässig, wenn dies die Abgabenvorschriften vorsehen, es für die Abwicklung des Abgabenverfahrens zweckmäßig ist oder wenn die Schriftform dem Einschreiter persönlich nicht zugemutet werden kann (Abs 3). Diese sind von den Behörden ordnungsgemäß zu dokumentieren (§ 87 Abs 1).

Im Wege eines **Online-Identifikationsverfahrens** kann zur Registrierung oder im Zusammenhang mit dem Zugang zu FinanzOnline per Verordnung eine Online-Identifikation erfolgen (§ 86a Abs 3).

Nicht zulässige Formen von Anbringen sind für die Behörde unbeachtlich. Bei sonstigen **Mängeln** des Anbringens (Formgebrechen, fehlende Unterschrift bei schriftlichen Anbringen oder per Telefax, fehlende Vollmacht oder inhaltliche Mängel wie Fehlen gesetzlich geforderter inhaltliche Angaben) hat die Behörde dem Abgabepflichtigen einen **Berichtigungsauftrag** zu erteilen und dafür eine angemessene Frist zu setzen. Kommt der Abgabepflichtige der Frist nach, gilt das Anbringen als ursprünglich richtig eingebracht, sonst als zurückgenommen (§ 85 Abs 2).

1008 Vertiefung: Fristen im Abgabenverfahren (§§ 108 ff BAO)

Die Geltendmachung von Rechten und die Erfüllung von Pflichten sind im Abgabenverfahren an **Fristen** geknüpft (§§ 108 ff).

---

12   VwGH 27.9.2012, 2012/16/0082.

Fristen **aufgrund von Erledigungen** beginnen mit dem Tag der Zustellung der Erledigung (§ 109). Fristen, die **nach Tagen berechnet** werden, beginnen mit dem auf das maßgebliche Ereignis folgenden Tag zu laufen (§ 108 Abs 1). Bei Fristen, die **nach Monaten, Wochen oder Jahren** bestimmt sind, endet diese am letzten Tag der Woche oder des Monats, welcher seinem Namen oder seiner Zahl nach dem ersten Tag der Frist entspricht (Abs 2). Samstage, Sonntage und Feiertage hindern den Lauf der Frist nicht, führen aber zu einer entsprechenden Verlängerung, wenn der letzte Tag der Frist darauf fällt (Abs 3, dies gilt auch für die Fälligkeit von Abgaben § 210 Abs 3 → 1080). **Rechtzeitig ist ein Anbringen**, wenn es am letzten Tag der Frist postalisch oder elektronisch eingebracht wird (Abs 4).

Beispiel zu Fristenläufen:

1. **Monatsfrist** (1 Monat): Zustellung des Bescheids am 5.11.: Frist beginnt mit dem 5.11. und endet am 5.12. Sofern der 5.12. ein Sonntag ist, endet die Frist am 6.12. Die Beschwerde müsste am 5.12. (wenn Sonntag, dann 6.12.) am Postamt aufgegeben oder per FinanzOnline eingereicht werden.
2. **Wochenfrist** (6 Wochen): Zustellung des BFG-Erkenntnisses am **Montag**, den 30.1., mit Fristende nach 6 Wochen am **Montag**, dem 13.3.[13]

Die Abgabenbehörde kann **selbst festgesetzte** Fristen verlängern und von Bedingungen abhängig machen (zB Sicherheitsleistungen → 1089). **Gesetzliche** Fristen können ohne ausdrückliche Bestimmung nicht verlängert werden. Gegen die Ablehnung eines Antrags auf Fristverlängerung kann ein eigenständiges Rechtsmittel nicht erhoben werden (§ 110).

Beispiele für wichtige gesetzliche Fristverlängerungen:

1. **Fristen für Abgabenerklärungen** können durch die Abgabenbehörde **im Einzelfall** aufgrund begründeten Antrags erstreckt werden. Wird ein Antrag abgewiesen, ist eine Nachfrist von mindestens einer Woche zu setzen (§ 134 Abs 2).
2. Fristen für Abgabenerklärungen über die **Einkommen-, Körperschaft- und Umsatzsteuer** sowie die **Feststellung der Einkünfte** iSd § 188 (Ende April bzw bei elektronischer Einreichung Ende Juni) können **allgemein** vom BMF erstreckt werden (§ 134 Abs 1), darunter fällt auch die **Quotenregelung** bei steuerlicher Vertretung (§ 134a BAO, → 435) .
3. Die **Beschwerdefrist** kann auf begründeten Antrag, erforderlichenfalls auch wiederholt, verlängert werden (§ 245 Abs 3 → 1066). Keine Verlängerung besteht für VwGH-Revisionen oder VfGH-Beschwerden.

Wiedereinsetzung in den vorigen Stand im Abgabenverfahren (§§ 308 ff BAO) 1009

Bei Versäumung einer Frist (§§ 108 bis 110) oder einer mündlichen Verhandlung ist der Partei auf Antrag eine **Wiedereinsetzung** in den vorigen Stand zu gewähren (§§ 308 ff). Im Fall der Wiedereinsetzung tritt das Verfahren **in die Lage vor Eintritt der Versäumung** zurück (§ 310 Abs 3).

Dazu ist erforderlich, dass die Partei glaubhaft macht, durch ein **unvorhersehbares oder unabwendbares Ereignis** an der rechtzeitigen Vornahme der notwendigen Handlung gehindert worden zu sein. Ein minderer Grad des Verschuldens schadet nicht (§ 308 Abs 1). Der Antrag muss binnen **drei Monaten** nach Wegfall des Hindernisses, jedoch innerhalb

---

13 VwGH 11.5.2017, Ra 2017/04/0035.

von **5 Jahren** nach Ablauf der Frist oder Verhandlung, bei der zuständigen Behörde oder dem Gericht eingebracht werden (§ 309). Bereits davor oder spätestens mit dem Antrag auf Wiedereinsetzung ist die versäumte Handlung nachzuholen (§ 308 Abs 3).

4. Ermittlungsverfahren – Befugnisse der Abgabenbehörde

4.1. Befugnisse gegenüber Abgabepflichtigen und sonstigen Parteien

1010 Die **wesentlichen Befugnisse** sind (§ 54):

1. Prüfung der Abgabenerklärungen § 161,
2. Nachschau § 144, Betretungsrecht § 146a und Identitätsfeststellung § 146b,
3. Außenprüfungen § 147,
4. Vorladungen § 91,
5. Recht auf Auskunft und Mitwirkung § 143,
6. Zwangs-, Ordnungs- und Mutwillensstrafen § 111.

1011 Prüfung der Abgabenerklärung (§§ 161 ff BAO)

Die Abgabenbehörde hat die Abgabenerklärung zu prüfen und, soweit notwendig, einen **Ergänzungsauftrag** zu erlassen (§ 161 Abs 1).

Soweit die Behörde **Bedenken** gegen den Abgabenbescheid hat, ist sie angehalten, **Ermittlungen** durchzuführen und den Abgabepflichtigen unter Bekanntgabe der Bedenken zur Aufklärung ihrer Zweifel mittels **Bedenkenvorbehalt** aufzufordern (§ 161 Abs 2). Bei ihren Ermittlungen hat die Behörde tunlichst zuerst den Abgabepflichtigen **selbst zu befragen.** Sofern Werte in Abgabenerklärungen vom Regelfall abweichen, hat der Abgabepflichtige auf Verlangen der Abgabenbehörde die maßgebenden Tatsachen dafür anzuführen (§ 136). Zur Beseitigung von Zweifeln haben die Abgabepflichtigen und Abfuhrpflichtigen den Inhalt ihres Anbringens zu **erläutern** und zu **ergänzen** (§ 138). Nur wenn weiterhin Zweifel bestehen, sind auch seine **Bücher** anzufordern oder schließlich, sofern die Verhandlungen mit dem Abgabepflichtigen nicht zum Ziel führen oder keinen Erfolg versprechen, **Auskünfte von anderen Personen** einzuholen oder diese zur Vorlage von Büchern aufzufordern (§§ 164 f). Auf Verlangen sind Abschriften über die Bücher einzureichen oder auch die Bücher und sonstige Dokumente vorzulegen (§ 137). **Absetzungen** sind nur anzuerkennen, sofern der Abgabepflichtige auch den Empfänger der genannten Beträge bekannt gibt (**Empfängerbenennung**; § 162).

1012 Nachschau, Betretungsrecht, Identitätsfeststellung

Die Abgabenbehörde kann **Nachschau** für Zwecke der Abgabenerhebung bei Personen halten, die nach abgabenrechtlichen Vorschriften Bücher oder Aufzeichnungen zu führen haben (§ 144). Eine Nachschau dient als beaufsichtigende Maßnahme lediglich der **äußeren Kontrolle**.[14]

Nachschau kann auch bei einer **anderen Person** gehalten werden, wenn Grund zur Annahme besteht, dass gegen diese Person ein Abgabenanspruch gegeben ist, der auf andere Weise nicht festgestellt werden kann. In Ausübung der Nachschau dürfen Organe der Abgabenbehörde Gebäude, Grundstücke und Betriebe betreten und besichtigen (**Betretungs- und Besichtigungsrecht**), die Vorlage der nach den Abgabenvorschriften zu führenden Bücher und Aufzeichnungen sowie sonstiger für die Abgabenerhebung maßgeblicher Unterlagen verlangen und in diese Einsicht nehmen (**Offenlegungspflicht,** § 144).

Eine Nachschau kann für Zwecke der Erhebung von **Verbrauchsteuern und Eingangs- und Ausgangsabgaben** auch bei Gebäuden, Grundstücken, Betrieben, Transportmitteln und Transportverhältnissen erfolgen, wenn allein die **Vermutung** besteht, dass sich dort verbrauchsteuerpflichtige, eingangs- oder ausgangsabgabenpflichtige, aber diesen Abgaben nicht unterzogene Gegenstände oder daraus hergestellte Waren befinden. Eine Nachschau ist auch zulässig, wenn Gegenstände durch die Verbrauchsteuervorschriften unter amtliche Aufsicht gestellt sind (§ 145).

Die **Nachschau beginnt** mit dem unaufgeforderten Ausweis der mit der Vornahme beauftragten Organe über deren Person und deren Berechtigung. **Am Ende** ist über das Ergebnis der Nachschau eine Niederschrift aufzunehmen und der Partei eine Abschrift auszufolgen (§ 146).

Den Organen des Zollamts (im grenzüberschreitenden Warenverkehr) oder des Finanzamtes ist die **Besichtigung** von in Transportmitteln oder Transportbehältern beförderten, abgeholten oder verbrachten Gegenständen sowie die **Einsichtnahme** in die diese Gegenstände begleitenden Geschäftspapiere, wie Frachtbriefe, Lieferscheine, Rechnungen und dergleichen, zu gestatten (§ 27 Abs 5 UStG).

Die Abgabenbehörden sind zur Wahrnehmung ihrer Aufgaben berechtigt, Grundstücke und Baulichkeiten, Betriebsstätten, Betriebsräume und Arbeitsstätten zu **betreten** und Wege zu **befahren**, wenn Grund zur Annahme besteht, dass dort Zuwiderhandlungen gegen die von ihnen zu vollziehenden Rechtsvorschriften begangen werden (**Betretungsrecht**, § 146a).

Sie sind auch berechtigt, **Identitätsfeststellungen** durchzuführen, wenn Grund zur Annahme besteht, dass dort Zuwiderhandlungen gegen die von ihnen zu vollziehenden Rechtsvorschriften begangen werden. Sie sind weiters berechtigt Fahrzeuge und sonstige Beförderungsmittel **anzuhalten** und diese samt mitgeführter Güter zu **überprüfen** und zur **Auskunft** von jedermann zu verlangen (**Identitätsfeststellungsrecht**, § 146b).

Außenprüfung (§§ 147 ff BAO) 1013

Die Abgabenbehörde kann eine **Außenprüfung im Betrieb des Abgabepflichtigen** jederzeit im Hinblick auf alle für die Erhebung von Abgaben bedeutsamen, tatsächlichen und rechtlichen Verhältnisse durchführen.

---

14   VwGH 5.7.1999, 98/16/0145.

Eine Außenprüfung kann nur **bei Personen** erfolgen, die zur Führung von Büchern oder Aufzeichnungen oder Zahlung gegen Verrechnung mit der Abgabenbehörde verpflichtet sind (§§ 147 ff). Zur begleitenden Kontrolle (§§ 153a ff) als Alternative → 1015.

Eine Außenprüfung dient als **konkrete Prüfung** der objektiven Feststellung des Sachverhalts, um dadurch die Grundlage für eine gesetzmäßige Besteuerung zu schaffen.[15] Die Prüfung erfolgt für einen bestimmten **Zeitraum** und für bestimmte **Abgabenarten** (vgl § 148 Abs 2). Für einen Zeitraum, für den eine **Außenprüfung bereits vorgenommen** wurde, darf ein neuerlicher Prüfungsauftrag ohne Zustimmung des Abgabepflichtigen grundsätzlich nicht erteilt werden. Keine Zustimmung ist erforderlich bei Prüfungen von bisher nicht geprüften Abgabenarten einer geprüften Periode, zur Prüfung, ob die Voraussetzungen einer Wiederaufnahme des Verfahrens (§ 303) gegeben sind oder eingeschränkt im Beschwerdeverfahren auf Veranlassung des Verwaltungsgerichts für die Prüfung der Begründung der Bescheidbeschwerde oder neuer Tatsachen und Beweise oder zur Durchführung von erforderlichen Ermittlungen nach Aufhebung und Zurückverweisung der Sache oder aufgrund eines Amts- oder Rechtshilfeersuchens oder einer grenzüberschreitenden Zusammenarbeit nach dem EU-Recht (Abs 3, 3a). Im Zuge einer Außenprüfung kann eine **Nachschau** (→ 1012) hinsichtlich aktueller Veranlagungszeiträume erfolgen.

Beispiel zu Außenprüfungen:

1. **Allgemeine Prüfung** von Büchern und Aufzeichnungen, grundsätzlich für die letzten 3 Jahre.
2. **Großbetriebsprüfungen** als Außenprüfung von Großbetrieben.
3. **Prüfung lohnabhängiger Abgaben und Beiträge (PLAB)** durch den Prüfdienst für Lohnabgaben und Beiträge im Auftrag eines Finanzamtes (PLABG). Diese umfasst die Lohnsteuerprüfung (LSt, DB, DZ nach § 86 EStG). Zusätzlich wird das Organ auch für die Sozialversicherung in Bezug auf die Sozialversicherungsprüfung (§ 41a ASVG) und die Kommunalsteuerprüfung (§ 14 KommStG) tätig (§ 5 PLABG).
4. **Umsatzsteuer-Sonderprüfung**.
5. **Prüfung von Gebühren, Verkehrsteuern, Glücksspielabgaben und Flugabgabe**.
6. **Liquiditätsprüfung** zum Zweck der Feststellung der Zahlungsfähigkeit eines Abgabepflichtigen (§ 147 Abs 2).

1014 Vertiefung: Ablauf der Außenprüfung

Außenprüfungen sind grundsätzlich eine Woche vorher **anzukündigen**, sofern hierdurch der Prüfungszweck nicht vereitelt wird (§ 148 Abs 5). Eine Verschiebung ist nur aus berücksichtigungswürdigen Gründen zulässig. Die **Prüfung beginnt** mit dem unaufgeforderten Ausweis über ihre Person und des Auftrags auf Vornahme der Prüfung (Prüfungsauftrag). Dieser hat den Gegenstand (Abgabenart und Zeitraum) zu umschreiben (vgl § 148 Abs 2). Gegen den Prüfungsauftrag ist ein abgesondertes Rechtsmittel nicht zulässig (vgl § 148 Abs 4). Der **Beginn der Amtshandlung** ist grundsätzlich auch der letzte Zeitpunkt einer rechtzeitigen Selbstanzeige für vorsätzlich begangene Finanzvergehen (§ 29 FinStrG).

---

15   VwGH 5.7.1999, 98/16/0145.

Nach **Beendigung** der Außenprüfung ist über deren Ergebnis eine Besprechung abzuhalten (**Schlussbesprechung**). Zu dieser sind der Abgabepflichtige und, wenn bei der Abgabenbehörde ein Vertreter ausgewiesen ist, auch dieser unter Setzung einer angemessenen Frist vorzuladen. Diese kann entfallen, sofern es zu keinen Änderungen von Bescheiden oder Erklärungen kommt, der Abgabepflichtige und dessen Vertreter auf diese in einer eigenhändig unterfertigten Erklärung verzichten oder nicht erscheint. Über die Schlussbesprechung ist eine **Niederschrift** aufzunehmen (§ 149 Abs 1 und 2). In der Praxis dient die Schlussbesprechung auch dazu, informelles, unverbindliches Einvernehmen zwischen Abgabepflichtigem und den Abgabenbehörden über die zusätzlich festzusetzenden Abgaben herzustellen, unter Umständen auch durch Verzicht auf eine Bescheidbeschwerde. Über das **Ergebnis der Außenprüfung** ist ein schriftlicher Bericht zu erstatten, der dem Abgabepflichtigen im Wege einer Abschrift zu übermitteln ist (**Prüfungsbericht nach § 150**). Aufgrund des Ergebnisses einer Außenprüfung kann die Abgabenbehörde – zumeist im Wege einer Wiederaufnahme (§ 303 Abs 1 lit b: neu hervorgekommene Tatsachen und Beweismittel) – **Bescheide ändern oder aufheben** → 1055 und 1061.

Vertiefung: Begleitende Kontrolle 1015

Anstelle einer Außenprüfung kann ein inländisches Unternehmen als Steuerpflichtiger eine **laufende begleitende Kontrolle** durch die Abgabenbehörde beantragen. Das Unternehmen hat dabei eine erhöhte Offenlegungspflicht gegenüber der Abgabenbehörde und führt ein eigenes Steuerkontrollsystem.[16] Die begleitende Kontrolle zielt insbesondere darauf ab, Großunternehmen und Konzerne eine einheitliche Selbstkontrolle und Prüfung in enger Zusammenarbeit mit der Abgabenbehörde zu ermöglichen (§ 153a bis § 153g).

Vertiefung: Begleitung einer Unternehmensübertragung 1015/1

Eine natürliche Person, die innerhalb von zwei Jahren einen Betrieb, Teilbetrieb oder MU-Anteil an einen Angehörigen übergeben möchte, kann eine Begleitung der Unternehmensübertragung beantragen. Während der Begleitung der Unternehmensübertragung besteht eine erhöhte Offenlegungspflicht und ein laufender Kontakt zwischen dem voraussichtlichen Erwerber und den Organen des Finanzamtes Österreich. Im Zuge dieses Prozesses werden einerseits bislang noch ungeprüfte Zeiträume des übergebenden Unternehmers geprüft, andererseits besteht die Möglichkeit, Auskunft über bereits verwirklichte oder noch nicht verwirklichte Sachverhalte zu erhalten. Nach Beendigung der Begleitung einer Unternehmensübertragung sind die von dieser umfassten (Teil-)Betriebe für die jeweils umfassten Zeiträume von einer Außenprüfung auszunehmen (§ 153h bis § 153l).

Vertiefung: Maßnahmen der Überwachung 1016

Verbrauchsteuerpflichtige Gegenstände unterliegen in bestimmten Fällen **besonderen Überwachungsmaßnahmen** (§ 155). Dies ist dann der Fall, wenn Tatsachen vorliegen, die die verbrauchsteuerrechtliche Unzuverlässigkeit des Betriebsinhabers oder des verantwortlichen Betriebsleiters dartun, oder wenn im Betrieb ein Verstoß gegen die Verbrauchsteuervorschriften begangen wurde, der strafrechtlich als Finanzvergehen (außer einer Finanzordnungswidrigkeit) festgestellt worden ist.

---

16   Zum Steuerkontrollsystem SKS-Prüfungsverordnung – SKS-PV, BGBl II 2018/340.

1017 Vertiefung: Vorladungen

Die Abgabenbehörde ist berechtigt Personen, deren Erscheinen notwendig ist, **vorzuladen**. In der Vorladung ist neben Ort und Zeit auch der Gegenstand der Vernehmung sowie die gewünschte Funktion des Vorgeladenen anzugeben. Weiters ist auf mitzubringende Beweismittel und Behelfe hinzuweisen sowie auf drohende Rechtsfolgen bei Nichterscheinen des Geladenen (Zwangsstrafe, zwangsweise Vorführung; § 91).

1018 Auskunft (§ 143 BAO)

Die Abgabenbehörde ist ermächtigt, über alle für die Erhebung der Abgaben relevanten Tatsachen **Auskunft zu verlangen**.

Über die allgemeine Offenlegungs- und Wahrheitspflicht hinaus hat die Abgabenbehörde gegenüber Abgabenpflichtigen oder auch sonstigen Personen (Auskunftspersonen) **Recht auf Auskunft** (§ 143).

Die Auskunft ist **wahrheitsgemäß** nach bestem Wissen und Gewissen zu erteilen. Die Verpflichtung zur Auskunftserteilung schließt die Verbindlichkeit in sich, **Urkunden und andere schriftliche Unterlagen**, die für die Festsetzung der Abgabenansprüche von Bedeutung sind, vorzulegen oder die Einsichtnahme in diese zu gestatten (§ 143 Abs 2). Unternehmer sind verpflichtet, über empfangene und erteilte Lieferungen Auskunft zu geben (§ 27 Abs 6 UStG). Die allgemeine Auskunftspflicht über maßgebliche Tatsachen gilt auch gegenüber den Organen des Amts für Betrugsbekämpfung (§ 4 ABBG). Auf **Auskunftspersonen** kommen die besonderen Bestimmungen über Zeugen zur Anwendung, wobei auch die Auskunft von bestimmten Personen eingeschränkt sein kann (§ 143 Abs 3 → 1031).

1019 Mitwirkung, Reichweite der Befugnisse

Der **Abgabepflichtige** hat grundsätzlich **an der Erhebung des Sachverhalts mitzuwirken**. Die Mitwirkungspflicht ist insbesondere bei Auslandssachverhalten erhöht (§ 115 Abs 1 letzter Satz).

Damit korrespondiert die Pflicht zur **Hilfeleistung** Abgabenpflichtiger bei Amtshandlungen, wie Nachschau, Außenprüfung und Augenschein. Die Abgabepflichtigen haben den Organen der Abgabenbehörde die Vornahme der zur Durchführung der Abgabengesetze notwendigen Amtshandlungen zu ermöglichen (§ 141).

Sie haben zu dulden, dass Organe der Abgabenbehörde zu diesem Zweck ihre Grundstücke, Geschäfts- und Betriebsräumlichkeiten innerhalb der üblichen Geschäfts- und Arbeitszeit betreten (**Betretungsrecht**), haben diesen Organen die erforderlichen Auskünfte zu erteilen (**Auskunftsrecht**) und einen zur Durchführung der Amtshandlungen geeigneten Raum sowie die notwendigen Hilfsmittel unentgeltlich beizustellen (**Beistellungsrecht**). Die Verpflichtung trifft auch Haftungspflichtige, denen die Entrichtung und Einbehaltung von Abgaben obliegt, sowie Personen, die zur Zahlung gegen Verrechnung mit der Abgabenbehörde verpflichtet sind (§ 141 Abs 1 und 2).

Inhaber von Betrieben, die nach den **Verbrauchsteuervorschriften** der amtlichen Aufsicht unterliegen, haben die dem Überwachungszweck dienenden Einrichtungen unentgeltlich beizustellen. Sie haben zu gestatten, dass verbrauchsteuerpflichtige Gegenstände und Stoffe, die zu deren Herstellung bestimmt sind, sowie Waren, die verbrauchsteuerpflichtige Gegenstände enthalten oder enthalten können, als Proben unentgeltlich entnommen werden (§ 142).

Die Abgabenbehörde hat im Abgabenverfahren, anders als im Finanzstrafverfahren, **kein Recht** auf Durchführung einer **Hausdurchsuchung** oder auf grundsätzliche **Beschlagnahme** von Gegenständen.

Eine Verwahrung oder ein Verschluss ist allerdings für verbrauchsteuerpflichtige Gegenstände (§ 154 und § 156) und im Falle der Sachhaftung hinsichtlich der haftenden beweglichen Sache (§ 225 → 1091) möglich.

Vertiefung: Zwangsstrafen, Ordnungsstrafen, Mutwillensstrafen 1020

Die Abgabenbehörde ist berechtigt, durch **Strafen** ihre Befugnisse durchzusetzen und für einen ordnungsgemäßen Ablauf des Verfahrens zu sorgen (§§ 111 bis 112a).

Mögliche Strafen und Beispiele:

1. **Zwangsstrafen:** Abgabenbehörden sind berechtigt, Zwangsstrafen anzuordnen, sofern eine Leistungserbringung nur durch eine Handlung der Person selbst erfolgen kann. Jede Strafe ist zuvor schriftlich, unter Setzung einer Leistungsfrist, anzudrohen, außer bei Gefahr in Verzug. Die einzelne Strafe beträgt maximal **EUR 5.000**, kann jedoch mehrmals auferlegt werden (§ 111).
   Beispiel: Aufforderung zur Einreichung einer Steuererklärung, elektronische Übermittlung von Anbringen und Unterlagen bei bestehender Verpflichtung.
2. **Ordnungsstrafen:** Zur Aufrechterhaltung der Ordnung und zur Wahrung des Anstands kann ein eine Amtshandlung leitendes Organ einer Abgabenbehörde eine Person ermahnen. Bei Erfolglosigkeit kann mit vorangegangener Androhung das Wort entzogen, ihre Entfernung verfügt, die Bestellung eines Vertreters aufgetragen oder eine Ordnungsstrafe bis **EUR 700** verhängt werden. Gegen einen einem Disziplinarrecht unterstehenden Parteienvertreter ist statt der Ordnungsstrafe eine Anzeige an die Disziplinarbehörde zu erstatten (Wirtschaftstreuhänder, Rechtsanwälte; § 112).
   Beispiel: Störung einer Amtshandlung oder beleidigende Äußerungen in mündlicher oder schriftlicher Form (Eingaben).
3. **Mutwillensstrafen:** Gegen offenbar mutwillige Inanspruchnahme der Abgabenbehörde oder zur Verfahrensverschleppung gemachte unrichtige Angaben kann die Abgabenbehörde eine Mutwillensstrafe bis zu EUR 700 verhängen (§ 112a).
   Beispiele: Mutwillig nimmt die Behörde in Anspruch, wer sich im Bewusstsein der Grund- und Aussichtslosigkeit, der Nutz- und Zwecklosigkeit seines Anbringens an die Behörde wendet, sowie wer lediglich aus Freude an der Behelligung der Behörde handelt,[17] durch Stellung von wiederholt unbegründeten Fristverlängerungsanträgen[18] oder sinnlosen Auskunftsersuchen.[19]

---

17   VwGH 4.9.1973, 1665/72.
18   UFS 28.6.2005, RV/1097-L/04.
19   VwGH 28.6.2006, 2002/13/0133.

4.2. Befugnisse gegenüber öffentlichen Einrichtungen

1021 Behörde im Ermittlungsverfahren

Die Abgabenbehörde hat neben den Befugnissen gegenüber Abgabepflichtigen und sonstigen Personen auch die Möglichkeit zur **Erhebung und Prüfung des Sachverhalts** zur Abgabenerhebung, **Informationen von öffentlichen Einrichtungen** im In- und Ausland anzufragen. Dabei kann es auch zur Durchbrechung von Amtsgeheimnissen oder sonstigen Verschwiegenheitspflichten kommen.

1. Recht auf Information von inländischen öffentlichen Einrichtungen durch **inländische Amtshilfe**.
2. Recht auf **Auskunft über Finanzinformationen**.
3. Recht auf Information von ausländischen öffentlichen Einrichtungen durch **grenzüberschreitende Amtshilfe**.

1022 Vertiefung: Inländische Amtshilfe

> Abgabenbehörden sind für Zwecke der Abgabenerhebung zur **Amtshilfe durch Dienststellen der Körperschaften des öffentlichen Rechts** berechtigt (§§ 158 und 159; Art 22 B-VG).

Abgabenbehörden sind auch berechtigt, in **elektronische Bücher und Register** einzusehen.

Aufgrund der **Amtshilfe** sind Dienststellen der Körperschaften des öffentlichen Rechts verpflichtet, auf Ersuchsschreiben zu antworten. Auf die gesetzliche Verpflichtung zur Verschwiegenheit kann sich eine Dienststelle nur dann berufen, wenn die **Verschwiegenheit** gegenüber den Abgabenbehörden ausdrücklich auferlegt ist (§ 158 Abs 1 und 2). Das Brief-, Post- und Fernmeldegeheimnis darf jedoch nicht durchbrochen werden.

Möglichkeiten und Anwendungsfälle der Amtshilfe und Einsicht in Register:

1. **Abgabenbehörden:** Vorrangig arbeiten die einzelnen Dienststellen der Abgabenbehörden zusammen, um Informationen zu sammeln und auszutauschen (über Kontrollmitteilungen). Amtshilfe ist auch zwischen Bund, Ländern und Gemeinden möglich, insbesondere auch zur Erhebung von Landes- und Gemeindeabgaben (betreffend E-Commerce-Aufzeichnungen nach § 18 Abs 11 und 12 UStG über Nächtigungen, § 48b Abs 2a).
2. **Gerichte** haben Abschriften über Urteile, Beschlüsse und sonstige Aktenstücke nach Anordnung durch das Justizministerium zu übermitteln. Kriminalpolizei, Staatsanwaltschaften und Gerichte sind ermächtigt, nach der Strafprozessordnung ermittelte personenbezogene Daten, die für solche Verfahren von Bedeutung sind, an die Abgabenbehörde zu übermitteln, wenn Grund zur Annahme besteht, dass Abgabenvorschriften verletzt sein könnten (§ 158).
3. **Notare** müssen Informationen über ihren gesetzlichen Wirkungskreis als Gerichtskommissäre sowie über Notariatsakte erteilen und können sich dabei nicht auf die Verschwiegenheitspflicht berufen (§ 159).
4. **Sozialversicherung:** Eine enge Zusammenarbeit findet insbesondere mit den Sozialversicherungsträgern statt, die sowohl Amtshilfe zu leisten haben als auch zwischen Abgabenbehörden und Sozialversicherungsträgern bestimmte Informationen automatisch austauschen (§ 48b; § 89 EStG).

5. **Einsichtnahme in öffentliche Register** wie Grundbuch, Firmenbuch, Gewerberegister, Vereinsregister, Zulassungsregister für Kfz, Unternehmensregister, Zentrales Melderegister, das Wirtschaftliche-Eigentümer-Register und das Kontenregister (§ 158 Abs 4).

Vertiefung: Kreditinstitute, Bankgeheimnis und Informationspflicht   1023

Auskünften von Kreditinstituten steht grundsätzlich das **Bankgeheimnis** nach § 38 BWG entgegen.

Diverse Gesetze sehen **besondere Rechte auf Auskunft durch Kreditinstitute** jedoch ausdrücklich vor und führen somit zu einer Durchbrechung des Bankgeheimnisses.

Zu den abgabenrechtlichen Möglichkeiten zählen insbesondere Informationen aus:

1. dem **Kontenregister- und Konteneinschaugesetz** samt Durchführungsverordnung und Erlass[20] und ein zeitlich bis 2023 befristetes **Kapitalabfluss-Meldegesetz**, sowie
2. dem grenzüberschreitenden **Gemeinsamer-Meldestandard-Gesetz** für den internationalen Informationsaustausch über Finanzkonten (→ 1025).

Ein **Kontenregister wird vom** Bundesminister für Finanzen geführt (§ 1). Das Kontenregister beinhaltet Informationen über die Existenz von Konten, Schließfächern und Depots des gesamten Bundesgebiets von natürlichen Personen und sonstigen Rechtsträgern (§ 2). Die Daten sind durch die Kreditinstitute laufend elektronisch zu übermitteln (§ 3). Der Abgabepflichtige hat ein Recht aus Auskunft über den Inhalt (über FinanzOnline, § 4 Abs 4).

Eine **Einsicht in das Kontenregister** steht Abgabenbehörden des Bundes und dem Bundesfinanzgericht zu, wenn die Einsicht im Interesse der Abgabenerhebung zweckmäßig und angemessen ist (§ 4 Abs 1). Außerhalb einer Außenprüfung sind im Verfahren zur **Veranlagung** der Ertragsteuern und der Umsatzsteuer Auskünfte nur zulässig, wenn die Abgabenbehörde Bedenken gegen die Richtigkeit der Abgabenerklärung hat, ein Ermittlungsverfahren einleitet (zB Bedenkenvorbehalt) und der Abgabenpflichtige vorher Gelegenheit zur Stellungnahme hatte (Abs 5). Über eine durchgeführte Einsicht ist der Abgabepflichtige über FinanzOnline zu informieren (Abs 6).

Die Abgabenbehörde kann darüber hinaus nach Zustimmung des BFG (§ 9) von Kreditinstituten **Auskunft über Tatsachen einer Geschäftsverbindung** verlangen (**Konteneinschau**, § 8). Gegen den **Beschluss** des BFG kann **Rekurs** eingelegt werden, womit ein Verwertungsverbot der erlangten Informationen verbunden ist (§ 9 Abs 4). Zur Bewilligung der Konteneinschau ist erforderlich, dass (i) begründete Zweifel an der Richtigkeit der Angaben des Abgabepflichtigen bestehen (ii) zu erwarten ist, dass die Auskunft geeignet ist, die Zweifel aufzuklären und (iii) zu erwarten ist, dass der mit der Auskunftserteilung verbundene Eingriff in die schutzwürdigen Geheimhaltungsinteressen des Kunden des Kreditinstituts nicht außer Verhältnis zu dem Zweck der Ermittlungsmaßnahme steht (§ 8 Abs 1). Außerhalb einer Außenprüfung sind im Verfahren zur Veranlagung der Ertragsteuern und der Umsatzsteuer Auskunftsverlangen nicht zulässig, es

---

20   BMF 3.5.2016, 280000/0071-IV/3/2016.

sei denn, dass – nach Ausräumung von Zweifeln durch einen Ergänzungsauftrag – die Abgabenbehörde Bedenken gegen die Richtigkeit der Abgabenerklärung hat, Ermittlungen (Bedenkenvorbehalt) einleitet und der Abgabepflichtige vorher Gelegenheit zur Stellungnahme hatte (§ 8 Abs 3).

1024 Vertiefung: Problem bei Ermittlung grenzüberschreitender Sachverhalte

Bei ausländischen Abgabenpflichtigen oder grenzüberschreitenden Sachverhalten ist die **Informationserlangung erschwert**.

Abgabenpflichtige versuchen daher zur Umgehung und Abgabenhinterziehung über ausländische Rechtsträger und Konten erzielte Einkünfte und vorhandenes Vermögen zu verschleiern.

Dazu zählen etwa eine **fehlende Offenlegungspflicht der Eigentümer** ausländischer Konten, Depots, Gesellschaften oder Trusts. Zusätzlich wird häufig ein **Treuhänder zwischengeschaltet**, der im eigenen Namen zugunsten des Steuerpflichtigen ausländisches Vermögen verwaltet. In der Praxis werden **Strohmänner** als rechtliche Eigentümer vorgeschoben, um die wahren wirtschaftlichen Eigentümer zu verbergen. Diese Strohmänner können oftmals aus rechtlichen oder aus wirtschaftlichen Gründen nicht belangt werden (zB vermögenslose Personen). Aufgrund der Nachfrage nach intransparenten Strukturen besteht ein eigener Industriezweig, Staaten werben mit Steuervorteilen unter der Möglichkeit einfacher und kostengünstiger Gründungen ausländischer Gesellschaften. Auch ein gesetzliches **Bankgeheimnis** (Österreich, § 38 BWG; Schweiz) hindert die Steuerbehörden bei der Zurechnung von Einkünften.

1025 Vertiefung: Europarechtliche und internationale Zusammenarbeit

Zur **Steigerung der Information** bestehen Möglichkeiten aufgrund innerstaatlicher, unionsrechtlicher und internationaler Instrumente, die in letzter Zeit verstärkt wurden, insbesondere im Wege von Amtshilfe und Informationsaustausch.

Beispiele:

1. **Innerstaatlich** besteht bei ausländischen Sachverhalten eine erhöhte Mitwirkungspflicht und spezielle Mitteilungs- und Offenlegungspflichten (§ 109b EStG zur Mitteilung bei Auslandszahlungen, Verrechnungspreisdokumentation, Wirtschaftlicher-Eigentümer-Registergesetz, EU-Meldepflichtgesetz, Digitale Plattformen-Meldepflichtgesetz).
2. **EU-Amtshilferichtlinie** (2011/16/EU, Directive on Administrative Cooperation, DAC): Auf EU-Ebene besteht die EU-Amtshilferichtlinie, die in Österreich durch das EG-Amtshilfegesetz umgesetzt wurde. Die Richtlinie beinhaltet Folgendes: Das Verfahren zum allgemeinen Informationsaustausch und den Austausch über Einkünfte und Vermögen von in anderen Staaten ansässigen Personen aus nichtselbständiger Arbeit, Aufsichtsratsvergütungen, Ruhegehältern und Einkünften aus unbeweglichem Vermögen (EU-Amtshilfegesetz, AEOI, **DAC 1**), den automatischen Austausch von Kontoinformationen (Gemeinsamer Meldestandard-Gesetz, CRS, **DAC 2**), inklusive Austausch über grenzüberschreitende Vorbescheide und Vorabverständigungen über die Verrechnungspreisgestaltung (EU-Amtshilfegesetz, **DAC 3**), länderbezogene Berichte über Verrechnungspreise (**DAC 4**, Verrechnungspreisdokumentationsgesetz), Zugriff auf Datenbanken über wirtschaftliche Eigentümer (**DAC 5**, Wirtschaftliche Eigentümer Registergesetz), verpflichtende Meldungen von aggressiven Steuergestal-

tungen und deren Umsetzung durch Steuerpflichtige oder deren steuerliche Berater (**DAC 6**, EU-Meldepflichtgesetz) und umfangreiche Dokumentations- und Meldepflichten für in- und außerhalb der EU ansässige Betreiber digitaler Plattformen (**DAC 7**, Digitale Plattformen-Meldepflichtgesetz). Geplant ist nunmehr ein Informationsaustausch zu Kryptowährungen und Steuervorbescheide für natürliche Personen (DAC 8). Der EuGH beruft sich regelmäßig auf diese Möglichkeit und lehnt daher eine Rechtfertigung der Verletzung von Grundrechten bloß mangels Informationen ab.[21]

3. **EU-Mehrwertsteuer-VO** (904/2010) über die Zusammenarbeit der Verwaltungsbehörden und die Betrugsbekämpfung auf dem Gebiet der Mehrwertsteuer mit einem vorgesehenen Informationsaustausch und Unterstützung bei der Durchsetzung der Umsatzsteuer.

4. **Doppelbesteuerungsabkommen** beschränkt oder allgemein für Steuern jeder Art anzuwenden. Dabei ist der Informationsaustausch im jeweiligen DBA (OECD-MA Art 26) verankert, oder er basiert auf einem eigenen Abkommen (Tax Information Exchange Agreement, TIEA).

5. **Amtshilfeübereinkommen:** Übereinkommen über die Amtshilfe in Steuersachen über den Informationsaustausch, die Unterstützung bei der Betreibung von Steuerforderungen und die Zustellung von Schriftstücken (Regierungsübereinkommen 29.10.2014).

Die **innerstaatliche Umsetzung** internationaler Verpflichtungen erfolgt durch das Amtshilfedurchführungsgesetz; dieses durchbricht das österreichische Bankgeheimnis (§ 38 Abs 5 BWG). Der automatische Informationsaustausch über Finanzkonten wird durch das Gemeinsamer-Meldestandard-Gesetz geregelt.

Teilweise stellen begünstigende materielle Steuervorschriften auf das **Vorliegen eines Amtshilfe- oder Amts- und Vollstreckungshilfeabkommens** mit dem ausländischen Staat ab, um die Zurechnung nachprüfbar und Steueransprüche durchsetzbar zu machen (vgl § 10 Abs 1 Z 6 KStG; § 2 Abs 8 Z 4 EStG).

4.3. Grundlagen der Entscheidungsfindung

Wesentliche Grundlagen der Entscheidungsfindung sind: 1026

1. **Vorfragenbeurteilung** (§ 116),
2. **Beweise und Beweisaufnahme** (§ 183),
3. **Schätzung** der Abgabengrundlagen (§ 184),
4. **Dokumentation,**
5. **Verwertung** erlangter Information und **abgabenrechtliche Geheimhaltung** (§ 48a).

Vorfragenbeurteilung (§ 116 BAO)   1027

Abgabenbehörden sind grundsätzlich berechtigt, im Ermittlungsverfahren auftauchende **rechtliche Vorfragen**, die als Hauptfragen von anderen Verwaltungsbehörden oder von Gerichten zu entscheiden wären, **selbständig zu beurteilen** (§ 116).

Grundsätzlich besteht eine **Bindung** an den Spruch der Entscheidungen von Gerichten (§ 116 Abs 1) und Verwaltungsbehörden, nicht jedoch an die Entscheidungsgründe. Bindung entfaltet auch ein Feststellungsbescheid in der Sozialversicherung über die Versicherungszuordnung von Arbeitsverhältnissen (§ 86 Abs 1a EStG). **Keine Bindung** besteht bei Entscheidungen eines streitigen Zivilverfahrens, weil in diesem Fall die Ermitt-

---

21   Vgl EuGH 14.2.1995, C-279/93, *Schumacker*, Rn 45.

lung des Sachverhalts nicht von Amts wegen zu erfolgen hat (§ 116 Abs 2). Die nachträgliche Entscheidung eines Gerichts oder einer Verwaltungsbehörde ist ausdrücklich ein **Wiederaufnahmegrund** (§ 303 Abs 1 lit c → 1061).

1028 Ermessen (§ 20 BAO)

Entscheidungen, die die Abgabenbehörde nach ihrem Ermessen zu treffen haben (**Ermessensentscheidungen**) sind im Rahmen des Gesetzes nach Billigkeit und Zweckmäßigkeit unter Berücksichtigung aller in Betracht kommender Umstände zu treffen (§ 20 → 38).

1029 Beweis und Beweisaufnahme

Die Abgabenbehörde hat unter sorgfältiger Berücksichtigung der Ergebnisse des Abgabenverfahrens **nach freier Überzeugung** zu beurteilen, ob eine Tatsache als erwiesen anzunehmen ist oder nicht (§ 167 Abs 2).

Offenkundige Tatsachen und Tatsachen, für die das Gesetz eine **Vermutung** aufstellt, bedürfen keines Beweises (§ 167 Abs 1). Ein Indizienbeweis, also ein Beweis, der auf Schlüssen von einer Tatsache auf die andere Tatsache beruht, kann vollen Beweis liefern.[22] Vorschriftenkonforme Bücher und Aufzeichnungen haben die Vermutung ordnungsgemäßer Buchführung für sich und sind somit den Abgaben zugrunde zu legen, sofern kein begründeter Anlass zum Zweifel gegeben ist (§ 163). Nach § 17 GebG wird bis zum Gegenbeweis der Tatbestand vermutet, der die Gebührenschuld begründet oder die höhere Gebühr zur Folge hat, wenn aus der Urkunde die Art oder Beschaffenheit eines Rechtsgeschäfts oder andere für die Festsetzung der Gebühren bedeutsame Umstände nicht deutlich zu entnehmen sind. Im Fall **von Zweifel** der Abgabenbehörde haben Abgabepflichtige und Abfuhrpflichtige die Richtigkeit ihres Anbringens **zu beweisen**. Kann ihnen ein Beweis nach den Umständen nicht zugemutet werden, so genügt die Glaubhaftmachung (§ 138). **Niederschriften** liefern Beweis über den Gegenstand und den Verlauf der betreffenden Amtshandlung, sofern dagegen nicht Einwendungen erhoben wurden (§ 88).

1030 Beweismittel: Allgemeines

Als **Beweismittel** im Abgabenverfahren kommt alles in Betracht, was zur Feststellung des maßgebenden Sachverhalts **geeignet** und nach Lage des einzelnen Falls **zweckdienlich** ist (§ 166).

Aufgrund des aus rechtstaatlichen Gründen notwendigen **Verbots von geheimen Beweismitteln** kommen nur Umstände in Betracht, die der Partei bekannt gegeben werden dürfen. Somit scheiden Zeugen aus, deren Identität geheim zu halten ist oder, wenn die abgabenrechtliche Geheimhaltungspflicht dem entgegensteht. Ein **Verwertungsverbot** besteht bei (unrechtmäßig erlangten) Beweismitteln grundsätzlich nicht. Ein

---

22   VwGH 20.11.2014, 2013/16/0085.

Verwertungsverbot von erlangten Informationen besteht jedoch bei unrechtmäßiger Konteneinschau (§ 9 Abs 5 KontRegG).

Beweismittel: Zeugen, Sachverständige, Urkunden und Augenschein   1031

Als **Zeuge** (§ 170 bis § 176) kann grundsätzlich jedermann verpflichtet werden, vor den Abgabenbehörden über alle ihm bekannten, für ein Abgabenverfahren maßgebenden Tatsachen auszusagen. Dazu zählt auch die Pflicht Dokumente vorzulegen, die sich auf bestimmte Tatsachen beziehen, oder verwahrte Wertsachen des Abgabepflichtigen vorzulegen oder Einsicht in verschlossene Behältnisse zu gewähren. Neben (in der Praxis weniger bedeutsamen) **Vernehmungsverboten** (§ 170) können Zeugen, unter Glaubhaftmachung besonderer Gründe, die **Aussage verweigern** (§ 171 Abs 1).

Aussageverweigerungsgründe:
1. allgemein als **Angehöriger** des Abgabepflichtigen (lit a),
2. über Fragen, die dem Zeugen oder seinem Angehörigen die **Gefahr** einer strafgerichtlichen, finanzstrafbehördlichen oder sonstigen abgabenstrafbehördlichen **Verfolgung** zuziehen würde (lit b),
3. über Fragen, die er nicht beantworten könnte, ohne eine ihm obliegende gesetzliche **Verschwiegenheitspflicht**, von der er nicht entbunden wurde, oder ein Kunst-, Betriebs- oder Geschäftsgeheimnis zu offenbaren (lit c), und
4. **berufsmäßige Parteienvertreter und deren Angestellte** über Informationen, die ihnen in ihrer Eigenschaft als Vertreter der Partei über diese zur Kenntnis gelangt sind (Abs 2).

Die **Vernehmung hat formell** mit Hinweis auf die Zeugenrechte und der strafrechtlichen Konsequenz bei Falschaussage zu erfolgen. Aussagen können schriftlich oder mit Vorladung auch mündlich gemacht werden (§ 174). Bei unentschuldigtem Nichterscheinen kann der Zeuge schadenersatzpflichtig werden. Zeugen haben einen Anspruch auf **Zeugengebühren** (Fahrt- und Aufenthaltskosten, Entschädigung für Zeitversäumnis), die binnen zweier Wochen geltend zu machen sind (§ 176).

Als **Sachverständige** (§§ 177 ff) sind die öffentlich bestellten Sachverständigen für Gutachten der erforderlichen Art heranzuziehen, sofern die Aufnahme eines Beweises durch sie notwendig ist. Es können in besonderen Fällen auch andere Personen herangezogen werden (§ 177). Sachverständige können aus denselben Aussageverweigerungsgründen wie Zeugen **vom Amt enthoben** werden oder sich für **befangen** erklären wie Organe der Abgabenbehörde (§ 76), aber auch von den Parteien selbst wegen Zweifel an der Unbefangenheit oder der Fachkunde **abgelehnt** werden (§§ 178 und 179). Dem Sachverständigen stehen **Sachverständigengebühren** zu (Fahrt- und Aufenthaltskosten, Entschädigung für Zeitversäumnis, Entlohnung für Mühewaltung), die binnen zweier Wochen geltend zu machen sind (§ 181).

Urkunden werden unterschieden in öffentliche (von öffentlichen Stellen ausgestellte) und private Urkunden, wobei öffentliche Urkunden den vollen Beweis über deren Inhalt liefern, private Urkunden über den Aussteller der Urkunde, sofern die Urkunde unterschrieben ist (§ 168). Ein **Augenschein** kann zur Aufklärung vorgenommen werden, nötigenfalls mit Zuziehung von Sachverständigen. Die Abgabenbehörde hat darüber zu wachen, dass der Augenschein nicht zur Verletzung eines Kunst-, Betriebs- oder Geschäftsgeheimnisses missbraucht wird (§ 182).

1032 Beweisaufnahme

Beweise sind amtswegig oder auf Antrag aufzunehmen (**Beweisaufnahme, § 183**).

Es besteht **kein Unmittelbarkeitsgrundsatz**, nach dem die Beweisaufnahme zwingend vor der Abgabenbehörde im Abgabenverfahren stattfinden muss. Die Abgabenbehörde kann die Beweisaufnahme auch im Wege der Amtshilfe durch andere Abgabenbehörden durchführen lassen (Abs 2). **Von den Parteien beantragte Beweise** sind aufzunehmen, soweit es sich nicht um offenkundige Tatsachen handelt oder eine gesetzliche Vermutung besteht. Von der Aufnahme ist abzusehen, wenn die unter Beweis zu stellenden Tatsachen als richtig anerkannt werden oder unerheblich sind, der Antrag offenkundig der Verfahrensverschleppung dient oder die Aufnahme unverhältnismäßige Kosten verursachen würde (außer die Partei übernimmt diese und leistet Sicherheit) (Abs 3).

1033 Schätzung: Anwendungsbereich (§ 184 BAO)

Kann **mangels ausreichender Information** die Abgabenbehörde die Grundlagen für die Abgabenerhebung nicht ermitteln oder berechnen, dann hat sie diese zu **schätzen** (§ 184).

Dabei sind **alle Umstände zu berücksichtigen**, die für die Schätzung von Bedeutung sind (Abs 1 letzter Satz). Eine Schätzung kann nur hinsichtlich der Ermittlung der Bemessungsgrundlage selbst erfolgen, nicht hingegen hinsichtlich des Steuersubjekts oder des Steuerobjekts.[23] Ziel der Schätzung ist es, die **wahre Bemessungsgrundlage** zu ermitteln.

Anwendungsfälle:

1. **Beschränkung auf Schätzung der Bemessungsgrundlage:** Die Höhe der Einkünfte können als Bemessungsgrundlage geschätzt werden. Bei einem Würstelstand kann aufgrund der festgestellten Einkunftsart die Höhe der Einkünfte auf der Grundlage der verkauften Würstel geschätzt werden.[24] Die anzuwendende Einkunftsart des Steuerpflichtigen kann nicht geschätzt werden, sondern muss festgestellt werden.[25] Ob Wetten im Inland abgeschlossen worden sind, für die Wettgebühr festgestellt werden muss, kann nicht geschätzt werden, weil es sich dabei um die Feststellung des Steuerobjekts handelt.[26]
2. **Nicht ausreichende Aufklärung:** Eine Schätzung kann erfolgen, wenn der Abgabenpflichtige über seine Angaben **keine ausreichende Aufklärung** zu geben vermag oder weitere Auskünfte über Umstände verweigert, die für die Ermittlung der Grundlagen wesentlich sind (Abs 2).
3. **Fehlende oder unrichtige Bücher oder Aufzeichnungen:** Eine Schätzung kann erfolgen, wenn der Abgabenpflichtige Bücher und Aufzeichnungen, die er nach den Abgabenvorschriften zu führen hat, **nicht vorlegt** oder, wenn die Bücher oder Aufzeichnungen **sachlich unrichtig** sind oder solche formelle Mängel aufweisen, die geeignet sind, die sachliche Richtigkeit der Bücher und Aufzeichnungen in Zweifel zu ziehen (Abs 3).

---

23   VwGH 20.11.2014, 2013/16/0085.
24   VwGH 20.11.2014, 2013/16/0085.
25   VwGH 20.11.2014, 2013/16/0085.
26   VwGH 20.11.2014, 2013/16/0085.

Schätzung: Umfang und Methoden 1034

Der **Umfang** der Schätzung kann von einer **Teilschätzung**, also der Schätzung eines Teils der Bemessungsgrundlage (Einnahme, Ausgabe, Umsatz) bis zu einer **Vollschätzung** (Schätzung der Bemessungsgrundlage) reichen. Die **Methode** steht der Abgabenbehörde grundsätzlich frei. Es soll jedoch die geeignetste Methode gewählt werden.

Beispiele für Schätzungsmethoden:
1. **Der äußere Betriebsvergleich:** Durchschnittswerte branchengleicher oder branchenähnlicher Betriebe werden herangezogen und mit den Ergebnissen des Betriebs verglichen.
2. **Der innere Betriebsvergleich:** Die Ergebnisse des Betriebs aus früheren oder späteren Jahren werden herangezogen.
3. **Die kalkulatorische Schätzung:** Die Werte einer Komponente des Betriebs werden in ein Verhältnis zum gesuchten Wert gesetzt, sodass daher zum Beispiel der Umsatz des Betriebs aufgrund des vorhandenen Personals geschätzt wird.
4. **Die Vergleichsrechnung auf Basis des Lebensaufwands und des Vermögenszuwachses:** Die notwendigen Umsätze und Einkünfte werden den konkreten Kosten des Lebensaufwands und des Vermögenszuwachses gegenübergestellt.

Die Schätzung hat grundsätzlich auch einen **Sicherheitszuschlag in Höhe eines Prozentsatzes** zu enthalten, sofern nicht ausgeschlossen werden kann, dass zusätzliche Vorgänge nicht aufgezeichnet wurden, die nicht nachgewiesen werden konnten (Sicherheits- und Risikozuschlag).

Vertiefung: Niederschriften, Aktenvermerke, Akteneinsicht 1035

Die Abgabenbehörde hat **das Verfahren zu dokumentieren** und zwar in Form von Niederschriften (§§ 87 und 88) und Aktenvermerken (§ 89).

Mündliche Anbringen sind stets mit ihrem wesentlichen Inhalt in einer **Niederschrift** (§ 87) festzuhalten (Abs 1). Gleiches gilt für Vernehmungen von Auskunftspersonen, Zeugen und Sachverständigen sowie für die Durchführung eines Augenscheins (Abs 2). Niederschriften sind der vernommenen Person oder den beigezogenen Personen vorzulegen und von diesen eigenhändig zu unterschreiben (Abs 4). Um volle Beweiskraft einer unrichtigen Niederschrift zu vermeiden, ist dagegen Einwendung zu erheben (vgl § 88). Über sonstige amtliche Wahrnehmungen und Mitteilungen ist erforderlichenfalls ein kurzer **Aktenvermerk** zu erlassen, sofern keine Notwendigkeit einer detaillierteren Niederschrift besteht (§ 89). Niederschriften und Aktenvermerke sind grundsätzlich mit Datum und Unterschrift des Amtsorgans zu bestätigen (§§ 87 Abs 2, 89 Abs 3). Abgabenbehörden haben Nachrichten über die Erhebung zu sammeln, fortlaufend zu ergänzen und auszutauschen (§ 114 Abs 1, **Erstellung von Kontrollmitteilungen**). Dies erfolgt im Wege einer elektronischen Dokumentation, die Daten betreffend die Identität des Abgabepflichtigen und die Klassifizierung seiner Tätigkeit enthält (**Dokumentationsregister**, Abs 2). Abgabenbehörden können Anbringen und andere das Verfahren betreffende Unterlagen elektronisch erfassen (Abs 3).

Parteien und sonstige vernommene Personen haben grundsätzlich ein **Recht auf Abschriften von Niederschriften** (§ 87 Abs 8). Parteien haben Einsicht und Abschrift des Akteninhalts zu gewähren (**Akteneinsicht**, § 90).

Die Akteneinsicht ist **relevant** zur Geltendmachung oder Verteidigung ihrer abgabenrechtlichen Interessen oder zur Erfüllung abgabenrechtlicher Pflichten (Abs 1). **Von der Akteneinsicht ausgenommen** sind Beratungsprotokolle, Amtsvorträge, Erledigungsentwürfe und sonstige Schriftstücke (Mitteilungen anderer Behörden, Meldungen, Berichte), deren Einsichtnahme eine Schädigung berechtigter Interessen dritter Personen herbeiführen würde (Abs 2). Akteneinsicht erfolgt grundsätzlich **bei der Abgabenbehörde**. Es besteht kein Rechtsanspruch auf Erstellung von Abschriften durch die Abgabenbehörde. Anträge auf **elektronische Akteneinsicht** sowie die damit zusammenhängenden Erledigungen sind ausschließlich über FinanzOnline abzuwickeln. Vom Antrag auf Akteneinsicht (Vollmachterteilung) durch einen steuerlichen Vertreter ist der Steuerpflichtige zu verständigen; bei fehlender Vertretungsbefugnis oder Zweifel ist dem steuerlichen Vertreter die Akteneinsicht zu verwehren (§ 90a, § 4 FinanzOnline-VO).

1036 Vertiefung: Parteiengehör

Den Parteien ist im Abgabenverfahren generell Gelegenheit zur Geltendmachung ihrer Rechte und rechtlichen Interessen zu geben (**Parteiengehör**, § 115 Abs 2).

Plant die Abgabenbehörde eine **Abweichung** von der eingereichten Abgabenerklärung, so ist der Abgabenpflichtige zuvor zu den wesentlichen Punkten der Abweichung zu hören (§ 161). Den Parteien ist **vor Erlassung des abschließenden Sachbescheids** Gelegenheit zu geben, von den durchgeführten Beweisen und vom **Ergebnis der Beweisaufnahme** Kenntnis zu nehmen und sich zu äußern (§ 183 Abs 4). Eine wesentliche Verletzung des Parteiengehörs im Abgabenverfahren stellt eine **Verletzung von Verfahrensvorschriften** dar. Diese Verletzung kann im Rechtsmittelverfahren saniert werden.[27]

1037 Abgabenrechtliche Geheimhaltungspflicht (§ 48 BAO)

In Abgabenverfahren, Monopolverfahren oder Finanzstrafverfahren besteht die Verpflichtung zur **abgabenrechtlichen Geheimhaltung** der erlangten Informationen (§ 48a).

Die Geheimhaltungspflicht des § 48a wird damit **begründet**, dass der öffentlich-rechtlichen Verpflichtung der Partei, ihre Verhältnisse vollständig und wahrheitsgemäß offenzulegen, die Verpflichtung der Abgabenbehörde gegenüberstehen muss, das durch die Erklärungen gewonnene Wissen als Geheimnis zu wahren. Die Wahrung des Steuergeheimnisses bildet damit eine unabdingbare Voraussetzung für die Erfüllung der behördlichen Aufgaben der Abgabenerhebung und schafft im Vertrauensbereich die Grundlage

---

27   VwGH 28.10.2009, 2008/15/0302.

für den geordneten und vorausgesetzten Ablauf des Verfahrens. Das Steuergeheimnis ist ein qualifiziertes Amtsgeheimnis.[28]

Die abgabenrechtliche Geheimhaltungspflicht gilt auch für **Monopolverfahren** und **Finanzstrafverfahren** und die entsprechenden **Rechtsmittelverfahren**. In Verfahren mit öffentlicher, mündlicher Verhandlung ist im Falle der Erörterung von Umständen, die der abgabenrechtlichen Geheimhaltung unterliegen, die **Öffentlichkeit auszuschließen**.

Der abgabenrechtlichen Geheimhaltungspflicht unterliegen der Öffentlichkeit unbekannte Verhältnisse oder Umstände einer Partei, die ein **Beamter** (Abs 2) oder eine **sonstige Person** (Abs 3) über eine Partei ausschließlich **im Abgabenverfahren** in Erfahrung gebracht hat. Von der Geheimhaltungspflicht nicht betroffen ist der jeweilige Abgabenpflichtige selbst. Die **Verletzung** der abgabenrechtlichen Geheimhaltungspflicht durch unbefugte Offenbarung oder Verwertung ist als Verletzung des Amtsgeheimnisses oder Berufsgeheimnisses **gerichtlich strafbar** (§§ 251 f FinStrG → 1127) und kann zivilrechtlich zu **Schadenersatz und Unterlassungsansprüchen** der in ihren Rechten verletzten Partei führen.[29]

Keine Verletzung der Geheimhaltungspflicht liegt vor, wenn die Offenbarung und Verwertung der Durchführung des Verfahrens dient, wenn sie aufgrund einer gesetzlichen Verpflichtung erfolgt oder im zwingenden öffentlichen Interesse gelegen ist oder wenn ein schutzwürdiges Interesse offensichtlich nicht vorliegt oder ihr diejenigen zustimmen, deren Interessen an der Geheimhaltung verletzt werden könnten (Abs 4).

Von Rechten und Pflichten aufgrund des allgemeinen **Datenschutzrechts** (DSGVO) bestehen besondere Ausnahmen für Daten, die eine Abgabenbehörde für Zwecke des Abgabenverfahrens verarbeitet (§§ 48d bis 48i).

---

28   OGH 25.9.2001, 4 Ob 206/01z.
29   OGH 25.9.2001, 4 Ob 206/01z.

Kapitel 18

Abgabenverfahren[1] – Erledigungen und Einhebungsverfahren

1. Erledigungen im Abgabenverfahren

1.1. Grundsätze der Erledigungen durch die Abgabenbehörde

Erledigungen einer Abgabenbehörde erfolgen in zwei Formen: **Bescheid** oder **Beurkundung (Bescheinigung)**.

- Erledigungen sind als **Bescheid** zu erlassen, wenn sie für einzelne Personen Rechte oder Pflichten begründen, abändern oder aufheben, oder abgabenrechtlich bedeutsame Tatsachen feststellen, oder über das Bestehen oder Nichtbestehen eines Rechtsverhältnisses absprechen (§ 92).
- Sonstige Erledigungen sind **Beurkundungen oder Bescheinigungen**, auf die die oben genannten Voraussetzungen nicht zutreffen.

Beispiele zu Erledigungen in Bescheidform:

1. **In Bescheidform** ergehen verfahrensrechtliche Bescheide (Wiederaufnahme, Beweisaufnahme), Auskunftsbescheid nach § 118 und § 118a, Ladungsbescheid (§ 92), Festsetzung von Zuschlägen und Strafen, Festsetzung von Abgaben (Abgabenbescheid, § 198), Feststellung von Umständen (Feststellungsbescheid, § 185 bis § 193), Mess-, Zerlegungs-, Zuteilungsbescheide (§§ 194 bis 197), Abrechnungsbescheid (§ 216), Inanspruchnahme von Haftungen (Haftungsbescheid, § 224), Beschlagnahme von Gegenständen (Beschlagnahmebescheid, § 225).
2. **Nicht in Bescheidform** ergehen Auskünfte nach dem Auskunftspflichtgesetz oder nach § 90 EStG, einfache Ladungen, Verfahrensrechtliche Mitteilungen (Mahnungen, Erinnerungen, Kontomitteilungen, Quittungen), Ansässigkeitsbescheinigung, Unbedenklichkeitsbescheinigung (§ 160), Rückstandsbescheinigung (§ 229a) und Rückstandsausweis. Die Festsetzung von Landes- und Gemeindeabgaben bis EUR 300 kann durch formlose Zahlungsaufforderung erfolgen, außer die Abgabe wird in der Folge nicht fristgerecht entrichtet oder der Abgabepflichtige beantragt die Erlassung eines Bescheides (§ 198a, § 203a BAO).

Formelle und inhaltliche Anforderungen (§§ 92 ff BAO)

Bescheide bedürfen der **Schriftform**, wenn nicht die Abgabenvorschriften die mündliche Form vorschreiben oder gestatten (§ 92 Abs 2). Verfügungen, die nur das Verfahren betreffen, können **schriftlich oder mündlich** erlassen werden (§ 94). Sonstige Erledigungen können mündlich ergehen, soweit nicht eine Partei eine schriftliche Erledigung verlangt (§ 95).

Jeder Bescheid hat folgende **Elemente** (§ 93) zu beinhalten:

- **Bezeichnung** als Bescheid (Abs 2),

---

1 Paragraphenverweise ohne Gesetzesangabe beziehen sich auf die Bundesabgabenordnung (BAO).

- **Spruch** des Bescheids (Abs 2),
- **Adressat** des Bescheids (Abs 2),
- **Begründung**, wenn dem Bescheid ein Anbringen zugrunde liegt, dem nicht voll-inhaltlich Rechnung getragen wird, oder wenn er von Amts wegen erlassen wird (Abs 3 lit a),
- **Rechtsmittelbelehrung** über ein zulässiges Rechtsmittel, innerhalb welcher Frist und bei welcher Behörde das Rechtsmittel einzubringen ist, ferner, dass das Rechts-mittel begründet werden muss und dass ihm keine aufschiebende Wirkung zu-kommt (Abs 3 lit b). Bei Fehlen dieser Voraussetzungen wird die Rechtsmittelfrist nicht in Lauf gesetzt (Abs 4). Bei kürzerer oder längerer angegebener Frist als die ge-setzliche ist die jeweils längere Frist maßgebend (Abs 5). Bei falscher Behörden-bezeichnung kann das Rechtsmittel jedenfalls bei der Abgabenbehörde eingebracht werden, die den Bescheid erlassen hat (Abs 6).

Alle **schriftlichen Ausfertigungen** müssen die **Bezeichnung der Behörde** enthalten so-wie mit **Datum** und, mit Ausnahme elektronischer Ausfertigungen (Amtssignatur), einer **Genehmigung** (Unterschrift, Beglaubigung) versehen werden (§ 96).

1040 Inhaltliche verfassungsrechtliche und europarechtliche Anforderungen

Das **Verhalten der Behörde** kann in die Verfassungssphäre eingreifen. Dies ist dann der Fall, wenn die Behörde **Willkür übt** oder die Norm in **denkunmöglicher Weise anwen-det**. Normen sind, soweit möglich, **verfassungskonform auszulegen**.

Aus dem **Gleichheitssatz** wird gleichzeitig abgeleitet, dass **willkürliche** Bescheide der Behörde verfassungsrechtliche Rechte verletzen.[2]

Rechtsprechung zur Willkür:
1. **Willkür:** Gehäufte Verkennung der Rechtslage, Unterlassen jeglicher Ermittlungstätigkeit in einem entscheidenden Punkt oder das Unterlassen eines ordnungsgemäßen Ermitt-lungsverfahrens überhaupt, Ignorieren des Parteienvorbringens und ein leichtfertiges Ab-gehen vom Inhalt der Akten oder das Außerachtlassen des konkreten Sachverhalts.[3]
2. **Keine Willkür:** Bei bloß unrichtiger Entscheidung, sofern die Behörde bemüht war, richtig zu entscheiden, indem sie Gründe und Gegengründe gegeneinander abgewogen hat.[4]

Darüber hinaus werden **Grundrechte** auch dann verletzt, wenn die Behörde das Gesetz **in denkunmöglicher Weise angewendet** hätte.[5] Die Behörden haben darüber hinaus bei Anwendung der Normen diese soweit wie möglich in **verfassungskonformer Weise auszulegen**, um diesen nicht einen verfassungswidrigen Inhalt zu unterstellen.[6] Das-selbe gilt für eine **europarechtskonforme Auslegung.** Aus dem Gleichheitssatz wird der **Vertrauensgrundsatz** abgeleitet, wonach das Vertrauen in die Rechtsordnung unter be-stimmten Voraussetzungen geschützt ist.

---

2   VfGH 22.11.2012, B424/12.
3   VfGH 25.11.1983, B378/77.
4   VfGH 25.11.1983, B378/77.
5   VfGH 25.11.1983, B378/77.
6   VfGH 13.6.2012, B748/11.

Rechtsprechung zum Vertrauensschutz:

Verletzung von Treu und Glauben durch Bescheid: Weicht die Steuerbehörde von einer über mehrere Jahre vertretenen Rechtsauffassung, an die sich die Steuerpflichtigen in der Folge gehalten haben, ohne triftige Gründe ab, dann liegt eine Verletzung von Treu und Glauben vor und der Bescheid ist mit Willkür belastet.[7]

Wirksamkeit durch Zustellung (§§ 97 ff BAO) 1041

Erledigungen werden dadurch **wirksam**, dass sie demjenigen **bekanntgegeben** werden, für den sie ihrem Inhalt nach bestimmt sind. Die Bekanntgabe erfolgt grundsätzlich durch **Zustellung** schriftlicher Erledigungen oder durch **Verkündigung** mündlicher Erledigungen (§ 97).

Zustellungen von Erledigungen sind generell nach dem **Zustellgesetz** vorzunehmen. Der 3. Abschnitt über elektronische Zustellungen ist nur in bestimmten Fällen anwendbar (§§ 98 Abs 1, 100). Die Möglichkeit der **elektronischen Zustellung** wird in der Finanz-Online-VO geregelt (§ 97 Abs 3, §§ 5a und 5b FinanzOnline-VO). Elektronisch zugestellte Dokumente (über FinanzOnline) gelten als zugestellt, wenn sie in den **elektronischen Verfügungsbereich** des Empfängers gelangt sind (§ 98 Abs 2).

Abgabenpflichtige können **Zustellbevollmächtigte** bestellen (§ 9 ZustellG). Die Bestellung ist jedoch unwirksam, wenn sie ausdrücklich auf nur einige dem Vollmachtgeber zugedachte Erledigungen eingeschränkt ist, die im Zuge eines Verfahrens ergehen, oder ausdrücklich nur auf einige jener Abgaben eingeschränkt ist, deren Gebarung gemäß § 213 zusammengefasst verbucht wird. In bestimmten Fällen (Vorladungen, Abgabeneinhebung) wird direkt an den Abgabepflichtigen zugestellt (§ 103).

Abgabepflichtige müssen jede **Änderung der Abgabestelle** unverzüglich den Abgabenbehörden nennen, sofern von ihnen Abgaben – ausgenommen durch Einbehaltung im Abzugsweg zu entrichtende – wiederkehrend zu erheben sind (§ 104, § 8 ZustellG). Dies gilt auch für einen Zustellbevollmächtigten (§ 9 ZustellG).

In der Praxis erfolgt die Zustellung **ohne Zustellnachweis** oder **über FinanzOnline** (besondere Zustellungsformen in § 102). Im Zweifel hat die Behörde die Tatsache und den Zeitpunkt des Einlangens einer Zustellung **von Amts wegen festzustellen**. Die Zustellung gilt als nicht bewirkt, wenn sich ergibt, dass der Empfänger wegen Abwesenheit von der Abgabestelle nicht rechtzeitig vom Zustellvorgang Kenntnis erlangen konnte, doch wird die Zustellung mit dem der Rückkehr an die Abgabestelle folgenden Tag wirksam (§ 98 Abs 2).

Ist eine schriftliche Ausfertigung **an mehrere Personen gerichtet**, die dieselbe abgabenrechtliche Leistung schulden oder die gemeinsam zu einer Abgabe heranzuziehen sind, und haben diese der Abgabenbehörde keinen gemeinsamen Zustellbevollmächtigten bekannt gegeben, so gilt mit der Zustellung einer einzigen Ausfertigung **an eine dieser Personen** die **Zustellung an alle als vollzogen**, wenn auf diese Rechtsfolge in der Aus-

---

7 VfGH 5.10.1989, G228/89.

fertigung hingewiesen wird. Dies gilt auch für schriftliche Ausfertigungen, die in einem Feststellungsverfahren an eine **Personenvereinigung** (Personengemeinschaft) **ohne eigene Rechtspersönlichkeit** gerichtet sind, und einer vertretungsbefugten Person zugestellt werden (§ 101).

1.2. Feststellung von Umständen und Besteuerungsgrundlagen

1042 Gesonderte Feststellung (§ 185 BAO)

> Als **Grundlage für die Festsetzung** von Abgaben sind für bestimmte Abgabenarten **gesonderte Feststellungen** von der Abgabenfestsetzung vorzunehmen (§ 185).

Gesonderte Feststellungen ergehen in Bescheidform und sind **selbständig anfechtbar** (§ 190 Abs 2). In einem Feststellungsbescheid enthaltene Feststellungen, die für Abgabenbescheide, andere Feststellungsbescheide oder Messbescheide von Bedeutung sind, werden **diesen Bescheiden zugrunde gelegt**, auch wenn der Feststellungsbescheid noch nicht rechtskräftig geworden ist (§ 192). Eine Anfechtung der Feststellung kann nur durch Anfechtung des Feststellungsbescheids selbst erfolgen, nicht jedoch im Bescheid, dem die Feststellung zugrunde liegt (§ 252).

1043 Gesonderte Feststellung von Einkünften (§ 188 BAO)

Bei Mitunternehmerschaften und Miteigentumsgemeinschaften sind gesonderte Feststellungen als **Grundlage für die ertragsteuerliche Einkünfteermittlung** vorzunehmen (§ 188).

Festgestellt werden die Einkünfte (Gewinn oder Überschuss):

- aus **Land- und Forstwirtschaft** mit inländischem unbeweglichen Vermögen,
- aus **Gewerbebetrieb** mit Geschäftsleitung, Sitz oder Betriebsstätte im Inland,
- aus **selbständiger Arbeit** mit Geschäftsleitung, Sitz oder Betriebsstätte im Inland,
- aus **Vermietung und Verpachtung** inländischen unbeweglichen Vermögens (ohne Wohnungseigentum),

wenn an den Einkünften **derselben Einkunftsart mehrere Personen beteiligt** sind (Abs 1). Gegenstand ist auch die Verteilung des festgestellten Betrags auf die Teilhaber (Abs 3). Liegt der Zweck der Mitunternehmerschaft in der Erfüllung eines einzigen Werkvertrags oder Werklieferungsvertrags, dann ist eine Feststellung nur dann durchzuführen, wenn der vereinbarte Auftragswert netto EUR 700.000 übersteigt (Abs 4 lit d).

Der Feststellungsbescheid **ergeht** an die Mitunternehmerschaft oder Miteigentumsgemeinschaft. Er **wirkt** gegen alle, denen im Spruch des Bescheids Einkünfte zugerechnet oder nicht zugerechnet werden (§ 191 Abs 3 und Abs 4).

1044 Feststellungen bei der Gruppenbesteuerung (§ 24a KStG)

Das **Ergebnis jedes** unbeschränkt steuerpflichtigen **Gruppenmitglieds** wie auch des **Gruppenträgers** ist für Zwecke der körperschaftlichen Gruppenbesteuerung **festzustel-**

len. Der Feststellungsbescheid ist Grundlage für die Festsetzung der Körperschaftsteuer beim Gruppenträger. Der Feststellungsbescheid **ergeht** an das jeweilige Gruppenmitglied, den Gruppenträger und, im Falle einer dem Gruppenmitglied übergeordneten Beteiligungsgemeinschaft, den Minderbeteiligten (§ 24a KStG).

Gesonderte Feststellung des Einheitswerts (§ 186 BAO) 1045

Einheitswerte als Grundlage für die GrESt, GrSt und zur Bestimmung der Buchführungspflicht und Pauschalierung sind für wirtschaftliche Einheiten oder Untereinheiten grundsätzlich **gesondert festzustellen** (§ 186).

Gesonderte Feststellungen sind **einheitlich** zu treffen, wenn an dem Gegenstand der Feststellung **mehrere Personen** beteiligt sind. Mit der Feststellung des Einheitswerts werden Feststellungen über die Art des Gegenstands und der Zurechnung desselben verbunden und bei Beteiligung mehrerer die Aufteilung des Betrags auf diese. Die Gemeinden können für Zwecke der GrSt elektronisch Einsicht in die Berechnungsgrundlage des Einheitswerts nehmen (§ 186).

Der Feststellungsbescheid **ergeht** an denjenigen, dem die wirtschaftliche Einheit oder Untereinheit zugerechnet wird, wenn jedoch am Gegenstand mehrere beteiligt sind an die Personenvereinigung oder Personengemeinschaft. Einheitliche Feststellungsbescheide **wirken** gegen alle, die am Gegenstand beteiligt sind. Feststellungsbescheide wirken auch gegenüber dem Rechtsnachfolger des Gegenstands oder des Besitzes (§ 191 Abs 1, 3 und 4).

Änderungen des Werts, der Art oder der Zurechnung werden amtswegig oder auf Antrag in Form von **Fortschreibungsbescheiden** vorgenommen (§ 193).

Vertiefung: Steuermessbescheide, Zerlegungsbescheide und 1046
Zuteilungsbescheide

Steuermessbescheide sind Grundlagenbescheide für Abgabenbescheide, Zerlegungsbescheide und Zuteilungsbescheide. Steuermessbescheide ergehen für Zwecke der GrSt und sonstige land- und forstwirtschaftliche Abgaben, die auf den **Grundsteuermessbetrag** (§ 18 GrStG) abstellen, der durch Anwendung der Steuermesszahl (§ 19 GrStG) auf den Einheitswert ermittelt wird. Der Inhalt ist der erhebungsberechtigten Gemeinde mitzuteilen. Er wirkt auch gegenüber dem Rechtsnachfolger (§ 194).

Einheitswerte und Steuermessbeträge sind im Wege von **Zerlegungsbescheiden** zu zerlegen, sofern dies angeordnet ist, wie insbesondere für Zwecke der GrSt. Die Zerlegung der Bemessungsgrundlage der Kommunalsteuer auf mehrere Gemeinden hat ebenso im Wege eines Zerlegungsbescheids zu erfolgen (§ 10 Abs 4 KommStG). Die Zuteilung eines Steuermessbetrags zu einer Gemeinde erfolgt bei Streit darüber im Wege von **Zuteilungsbescheiden** (§ 197). Dies gilt auch für die Bemessungsgrundlage der Kommunalsteuer (§ 10 Abs 5 KommStG).

1047 Vertiefung: Ausstellung einer Bescheinigung über die Ansässigkeit

Mit einer **Ansässigkeitsbescheinigung** (Ansässigkeitsbestätigung) bestätigen die österreichischen oder die ausländischen Behörden, dass ein Steuerpflichtiger in diesem Staat für steuerliche Zwecke als ansässig gilt. Eine Ansässigkeitsbescheinigung ist auszustellen, wenn der Steuerpflichtige ein rechtliches Interesse an der Ausstellung hat. Die Ansässigkeitsbescheinigung ist zur Feststellung erforderlich, ob ein Doppelbesteuerungsabkommen zur Anwendung gelangt und daher die Befreiungen nach diesem Abkommen durch den anderen Staat zu gewähren ist.[8] Sie ist für einen Steuerpflichtigen beim für die Ertragsteuer zuständigen Finanzamt zu beantragen.

Beispiele zur Ansässigkeitsbescheinigung:
1. Befreiung von der Besteuerung im Tätigkeitsstaat eines Arbeitnehmers aufgrund der 183-Tage-Regel; (Teil-)Befreiung von der Besteuerung im Quellenstaat eines Investors für Zinsen oder Dividenden.
2. Die Ausstellung einer österreichischen Ansässigkeitsbescheinigung wird verweigert bei einer österreichischen Briefkastengesellschaft.[9]
3. Sofern ein DBA-Staat überbeglaubigte Ansässigkeitsbescheinigungen benötigt (zB Russland), ist diese an das BMF zu richten und wird vom Außenministerium überbeglaubigt.

1.3. Festsetzung von Abgaben (§§ 198 ff BAO)

1048

Abgaben werden entweder im Wege eines Abgabenbescheids von der Abgabenbehörde festgesetzt (**Festsetzungsbescheid, § 198**) oder im Wege einer **Selbstberechnung (§ 201)** durch den Abgabepflichtigen oder Abfuhrpflichtigen selbst ermittelt.

Bei bestimmten Abgabenarten kann der **Abgabepflichtige wählen**, ob er anstelle der Festsetzung durch die Behörde die Selbstberechnung in Anspruch nimmt.

Beispiele zur Festsetzung und Selbstberechnung:
1. **Erledigung mit Festsetzungsbescheid:** Befreiung von der Besteuerung im Tätigkeitsstaat eines Arbeitnehmers aufgrund der 183-Tage-Regel; (Teil-)Befreiung von der Besteuerung im Quellenstaat eines Investors für Zinsen oder Dividenden. Einkommensteuer und Körperschaftsteuer durch Steuererklärung, Umsatzsteuer aufgrund der Jahressteuererklärung, Grunderwerbsteuer aufgrund einer Abgabenerklärung, sofern keine Selbstberechnung erfolgt, Rechtsgeschäftsgebühren durch Anzeige, sofern keine Selbstberechnung erfolgt, Grundsteuer, Abgabe von land- und forstwirtschaftlichen Betrieben, Bodenwertabgabe.
2. **Selbstberechnung:** Erhebungsformen der Einkommen- und Körperschaftsteuer: KESt, LSt, Abzugsteuer, ImmoESt, Umsatzsteuervoranmeldung für den Monat oder das Quartal, Grunderwerbsteuer bei Selbstberechnung durch Parteienvertreter, Rechtsgeschäftsgebühren bei Selbstberechnung, Lohnabgaben wie Dienstgeberbeitrag, Zuschlag zum Dienstgeberbeitrag, Kommunalsteuer, Versicherungssteuer, Feuerschutzsteuer, Stiftungseingangssteuer.

1049 Festsetzung der Abgabe (§ 198 BAO)

Im Falle der Festsetzung der Abgabe haben **Abgabenbescheide** im Spruch die Art und Höhe der Abgaben, den Zeitpunkt ihrer Fälligkeit, sofern diese erst eintritt, und die Grundlagen der Abgabenfestsetzung (Bemessungsgrundlagen) zu enthalten (§ 198 Abs 2).

---

8   VwGH 18.10.2006, 2003/13/0052; Erlass BMF 23.8.2004, 04 0101/31-IV/4/04.
9   KStR 2013 Rz 4.

Bei **Gesamtschuldnerschaft** steht es im **Ermessen** der Abgabenbehörde, ob sie einzelne Schuldner in Anspruch nimmt oder ob gegen alle Gesamtschuldner ein einheitlicher Bescheid ergeht (§ 199). Die Tragung der Abgabe im Innenverhältnis muss bei der Ausübung des Ermessens berücksichtigt werden. Die Abgabenbehörde ist aber nicht in allen Fällen an die Abmachungen im Innenverhältnis gebunden.[10] Bei Gesamtschuldnern kann es daher dazu kommen, dass – verfassungsrechtlich und nach BAO zulässig – nur einem Gesamtschuldner der Bescheid zugestellt wird, der den Bescheid jedoch nicht anficht. Einem anderen Gesamtschuldner kommt in diesem Fall keine Beschwerdemöglichkeit zu, auch wenn er im Innenverhältnis zivilrechtlich zur Tragung der Abgabe verpflichtet ist. Für diesen Fall sollte sich ein im Innenverhältnis die Abgabe tragender Schuldner durch Bestimmungen absichern, die den anderen Vertragsteilen eine Verständigungspflicht bei bescheidmäßiger Inanspruchnahme oder die Pflicht zur Erhebung eines Rechtsmittels bei Aufforderung auferlegen.[11]

Festsetzungsbescheide sind grundsätzlich **endgültig**. Die Abgabenbehörde kann auch einen **vorläufigen** Bescheid erlassen, sofern die Abgabenpflicht zwar noch ungewiss, aber wahrscheinlich ist oder nur ihrem Umfang nach noch ungewiss ist; dies gilt auch im Falle einer noch ausstehenden Entscheidung einer Rechtsfrage in einem bereits anhängigen Beschwerdeverfahren, welches die gleiche Partei betrifft (§ 200).

Auch Nichtfestsetzungsbescheide oder Nichtveranlagungsbescheide können vorläufig ergehen (Abs 4). Wenn die **Ungewissheit beseitigt** oder das Rechtsmittel rechtskräftig ist, ist die vorläufige Abgabenfestsetzung durch eine endgültige Festsetzung zu ersetzen (Abs 2). Der Abgabepflichtige hat die Beseitigung der Ungewissheit der Abgabenbehörde **anzuzeigen** (§ 120 Abs 3). Die Ersetzung eines vorläufigen durch einen anderen vorläufigen Bescheid ist im Fall der teilweisen Beseitigung der Ungewissheit zulässig (§ 200 Abs 1). Gibt die Beseitigung der Ungewissheit oder der rechtskräftigen Entscheidung des Rechtsmittels keinen Grund zu einer Berichtigung der vorläufigen Festsetzung, so ist durch Bescheid der vorläufige zum endgültigen Bescheid zu erklären (§ 200 Abs 2).

Selbstberechnung (§ 201 BAO) 1050

> Im Falle der **Selbstberechnung** hat der Abgabenpflichtige oder Abfuhrverpflichtete die Abgabe ohne nachfolgende Festsetzung durch die Abgabenbehörde selbst zu berechnen. In bestimmten Fällen ist die Abgabe dennoch **von der Abgabenbehörde festzusetzen** (§ 201).

Eine erstmalige Festsetzung erfolgt grundsätzlich, wenn der Abgabepflichtige oder Abfuhrpflichtige, obwohl er dazu verpflichtet ist, der Abgabenbehörde **keinen selbst berechneten Betrag bekannt gibt** oder wenn sich die bekanntgegebene Selbstberechnung als **nicht richtig erweist** (Abs 1). Eine Festsetzung von Selbstberechnungsabgaben ist, wie auch die Änderung eines Bescheids, nur in bestimmten Grenzen zulässig (Abs 2).

---

10   VfGH 7.3.1984, B399/82 ua.
11   VfGH 7.3.1984, B399/82 ua.

Eine Festsetzung **kann** erfolgen, wenn **kein selbstberechneter Betrag bekannt gegeben** wird, von Amts wegen und auf Antrag **innerhalb eines Jahres** ab Bekanntgabe des selbstberechneten Betrags, oder wenn rechtskraftdurchbrechende **Voraussetzungen** einer Wiederaufnahme des Verfahrens, einer Bescheidänderung aufgrund der Übernahme offensichtlicher Unrichtigkeiten aus Abgabenerklärungen (§ 293b) oder aufgrund des Eintritts eines rückwirkenden Ereignisses (§ 295a) vorliegen (§ 201 Abs 2).

Eine Festsetzung **hat** zu erfolgen, wenn der Antrag auf Festsetzung **binnen einer Frist von einem Monat** (Beschwerdefrist) ab Bekanntgabe des selbst berechneten Betrags eingebracht ist oder wenn die Voraussetzungen für eine **Änderung** aufgrund der Änderung eines Grundlagenbescheids (§ 295) vorliegen (§ 201 Abs 3).

1051 Abstandnahme von der Abgabenfestsetzung (§ 206 BAO)

Die Abgabenbehörde kann von der Festsetzung von Abgaben ganz oder teilweise **Abstand nehmen**, soweit der Abgabepflichtige sich in einem unverschuldeten, katastrophenbedingten **Notstand** befindet, die Abgabe **uneinbringlich** scheint oder die Abgabe **unverhältnismäßig zum Verwaltungsaufwand** ist. Der Abgabenanspruch erlischt dadurch nicht. Persönliche Haftungen bleiben weiterhin aufrecht (§ 206).

> **Beispiel:**
> Abstandnahme von der Abgabenfestsetzung in außergerichtlichen Sanierungsfällen, die nicht in den Anwendungsbereich des § 23a KStG fallen, aber unter vergleichbaren Voraussetzungen zustande kommen → 439.

1052 Verjährung der Festsetzung (§§ 207 ff BAO)

Die Festsetzung einer Abgabe unterliegt der **Verjährung (Festsetzungsverjährung, §§ 207 bis 209a)**. Die Verjährungsfrist beträgt grundsätzlich **fünf** Jahre (§ 207 Abs 2).

Sie beginnt mit Ablauf des Jahres, in dem der Abgabenanspruch entstanden ist (§ 208). Von der Festsetzungsverjährung ist die Einhebungsverjährung zu unterscheiden (→ 1103). Für bestimmte Ansprüche bestehen abweichend davon **besondere Verjährungszeiträume** (§ 207 Abs 2, 3, 4 und 5, § 208).

Beispiele zu besonderen Verjährungszeiträumen:
1. Bei **Verbrauchsteuern**, festen Stempelgebühren für Schriften und Amtshandlungen und Gebühren vor den Höchstgerichten (§ 17a VfGG, § 24a VwGH) beträgt die Verjährungsfrist **drei** Jahre.
2. Der **Ersatz** zu Unrecht geleisteter oder die **Rückzahlung** zu Unrecht bezogener Beihilfen, die **Rückforderung** zu Unrecht zuerkannter Erstattungen, Vergütungen oder Abgeltungen von Abgaben verjährt in **fünf** Jahren. Die Frist beginnt mit Ablauf des Jahres der Leistung.
3. Bei **hinterzogenen** Abgaben, sonstigen vorsätzlich verkürzten Abgaben (Rechtsgeschäftsgebühren, Kommunalsteuer) und vorsätzlich erschlichener Beihilfen oder Abgaben beträgt die Verjährungsfrist **zehn** Jahre.
4. **Verspätungszuschläge, Anspruchszinsen, Säumniszuschläge oder Abgabenerhöhungen** verjähren zeitgleich mit der Abgabe selbst.

5. **Zwangs-, Ordnungs- und Mutwillensstrafen** verjähren nach **einem** Jahr. Die Frist beginnt mit Ablauf des Jahres der Entstehung.
6. Bei **vorläufiger Abgabenfestsetzung** beginnt die Verjährung mit Ablauf des Jahres, in dem die Ungewissheit beseitigt wurde und in den Fällen des **rückwirkenden Ereignisses** mit Ablauf des Jahres, in dem das Ereignis eintritt.
7. Bei der **Erbschafts- und Schenkungssteuer** aufgrund des Erwerbs von Todes wegen beginnt die Verjährung frühestens mit Ablauf des Jahres, in dem die Abgabenbehörde vom Erwerb Kenntnis erlangt.

Die Frist **verlängert** sich jeweils um **ein** Jahr, sofern die Behörde innerhalb der (auch verlängerten) Verjährungsfrist **nach Außen erkennbare Amtshandlungen** zur Geltendmachung des Abgabenanspruchs oder zur Feststellung des Abgabepflichtigen setzt. Verfolgungshandlungen nach dem Finanzstrafrecht oder dem Verwaltungsstrafrecht gelten als solche Amtshandlungen (§ 209 Abs 1).

Vertiefung: Verjährung der Festsetzung, Absolute Verjährungsfrist, Ausnahmen (§§ 209 f BAO)

1053

> Die **absolute** Verjährungsfrist beträgt grundsätzlich **zehn** Jahre ab Entstehung des Abgabenanspruchs (§ 209 Abs 3).

Wurde über die entstandene Ertragsteuerschuld zwar abgesprochen, aber die Steuerschuld nicht festgesetzt (Wegzugsbesteuerung), dann verjährt das Recht aufgrund eines rückwirkenden Ereignisses innerhalb von **zehn** Jahren nach Eintritt des rückwirkenden Ereignisses (§ 209 Abs 5). Bei vorläufigem Abgabenbescheid mit Beseitigung der Ungewissheit verlängert sich die Frist auf **fünfzehn** Jahre nach Entstehung des Abgabenanspruchs (§ 209 Abs 4). Schenkungs- und Erbschaftsteuer aufgrund des Erwerbs von Todes wegen verjähren **zehn** Jahre **nach Anzeige** (§ 209 Abs 3).

Nach Ablauf der Verjährungsfrist darf in einem an die Stelle eines früheren Bescheids tretenden Abgabenbescheid vom früheren Bescheid nicht abgewichen werden (§ 209a Abs 3).

Allerdings kann **nach Ablauf der relativen oder absoluten Verjährungsfrist** eine Abgabe noch durch eine **Beschwerdevorentscheidung** oder ein **Erkenntnis** festgesetzt werden (§ 209a Abs 1). Eine Abgabenfestsetzung nach Ablauf der Verjährungsfrist kann ebenso noch ergehen, wenn eine Beschwerde, die unmittelbar oder mittelbar auf die Abgabenfestsetzung Auswirkung hat oder ein sonstiger Antrag auf Entscheidung **vor Ablauf der Verjährungsfrist eingebracht** wurde. Eine Festsetzung kann auch noch aufgrund von Anträgen auf **Aufhebung unrichtiger Bescheide** (§ 299) innerhalb von einem Jahr nach Bekanntgabe des Bescheids oder auf **Wiederaufnahme des Verfahrens** (§ 303) innerhalb von drei Jahren erfolgen (§ 209a Abs 2). Ein aufgrund eines Erkenntnisses **aufgehobener Bescheid** kann innerhalb eines Jahres **ersetzt** werden (§ 209a Abs 5). Eine **Zurücknahme** einer Beschwerde oder eines Vorlageantrags nach Ablauf der absoluten Verjährungsfrist hindert im Fall von hinterzogenen Abgaben die Abgabenbehörde nicht daran, die Abgaben innerhalb von einem Jahr nach Zurückziehung festzusetzen (§ 209a Abs 6).

1.4. Verletzung der Entscheidungspflicht: Säumnisbeschwerde (§§ 284 ff BAO)

1054

Abgabenbehörden haben über Anbringen der Parteien **ohne unnötigen Aufschub** zu entscheiden (§ 85a). Anträge, bei denen ein Bescheid zu ergehen hat, können mit **Säumnisbeschwerde** bekämpft werden.

Eine Verfahrenspartei kann Säumnisbeschwerde an das Verwaltungsgericht erheben, sofern ihr nicht innerhalb von **sechs Monaten** ab Einlangen ihres Antrags der Bescheid bekannt gegeben wird (§ 284).

Beschwerdelegitimiert ist jede Partei, der gegenüber der Bescheid zu ergehen hat. Für sonstige Anbringen oder Anträge ohne Erledigung in Bescheidform (Unbedenklichkeitsbescheinigung, Rückstandsausweis) steht keine Säumnisbeschwerde zu.[12] Es folgt eine **sechsmonatige Äußerungsfrist** für die betroffene Abgabenbehörde. Die Zuständigkeit zur Entscheidung geht erst auf das Verwaltungsgericht über, sofern sich die Behörde hinsichtlich der Säumnisbeschwerde **nicht fristgerecht äußert** oder die Beschwerde **abweist**. Säumnisbeschwerden sind mit Erkenntnis abzuweisen, sofern die Verspätung nicht auf überwiegendes Verschulden der Abgabenbehörde zurückzuführen ist (§§ 284 bis 286).

2. Berichtigung, Änderung und Aufhebung von Bescheiden

2.1. Überblick

1055 Die Berichtigung, Änderung und Aufhebung von Bescheiden entweder von Amts wegen oder auf Antrag durch die **Abgabenbehörde** selbst (§§ 293 bis 304) oder im Wege einer Beschwerde gegen den Bescheid an das **Verwaltungsgericht** möglich (§§ 243 bis 292).

Welche Wege vom Abgabepflichtigen oder Abfuhrpflichtigen eingeschlagen werden, **hängt von dem Bescheid zugrundeliegenden Mangel** ab. Bloße einfache Fehler oder notwendige Änderungen können auf Antrag oder von Amts wegen berichtigt oder geändert werden (§§ 293 ff).

Sofern jedoch ein Bescheid von der Partei als unrichtig beurteilt wird, weil die Abgabenbehörde eine **abweichende Rechtsauffassung** vertritt oder einen **abweichenden Sachverhalt** annimmt, ist der Bescheid innerhalb eines Monats nach der Zustellung grundsätzlich im Wege des **Beschwerdeverfahrens** anzufechten (§§ 243 ff). Sobald das Beschwerdeverfahren, und eventuell ein darauffolgendes höchstgerichtliches Verfahren, abgeschlossen ist oder innerhalb der Beschwerdefrist keine Beschwerde erhoben wird, gilt das Abgabenverfahren als beendet und der Bescheid tritt in **Rechtskraft**.

Auch **nach Rechtskraft** können Bescheide noch durch die Abgabenbehörde **innerhalb der Verjährungsfrist** berichtigt oder geändert werden (§§ 302 und 303). Diese gegen-

---

12   VwGH 15.11.1990, 89/16/0211; BFG 5.9.2017, RS/2100038/2017.

über dem Allgemeinen Verwaltungsverfahren **weiten Möglichkeiten** der Berichtigung, Änderung oder Aufhebung von Bescheiden trotz Rechtskraft dient dem **Prinzip der Rechtmäßigkeit**, dem Vorrang vor dem Prinzip der Rechtssicherheit zukommt.[13]

2.2. Berichtigung, Änderung oder Aufhebung durch die Abgabenbehörde (§§ 293 ff BAO)

Änderung   1056

> In bestimmten Fällen sind – außer bei einer Beschwerde gegen den Bescheid an das Verwaltungsgericht – **Änderungen** von Bescheiden zulässig. Dabei ist zwischen vier Kategorien zu unterscheiden:

* Berichtigung aufgrund **fehlerhafter** Bescheide (§§ 293, 293a, 293b),
* Änderung aufgrund **geänderter** Grundlagenbescheide (§ 295) oder Umstände (§ 295a),
* Aufhebung aufgrund eines **unrichtigen** Spruchs (§ 299),
* Aufhebung aufgrund der **Wiederaufnahme** des Verfahrens (§§ 303 ff).

Berichtigungen, Änderungen und Aufhebungen aufgrund einer Wiederaufnahme sind grundsätzlich innerhalb der **Verjährungsfrist** zulässig. Die Aufhebung eines Bescheids aufgrund eines unrichtigen Spruchs ist grundsätzlich nur innerhalb einer **Einjahresfrist** ab Zustellung des Bescheids zulässig (§ 302). Ab **Beginn des Verfahrens vor dem Verwaltungsgericht** ist eine Berichtigung oder Änderung nicht mehr zulässig, die Aufhebung aufgrund eines unrichtigen Spruchs nur in bestimmten Fällen (§ 300 → 1060). Darüber hinaus kann in bestimmten Fällen eine **Wiederaufnahme des Verfahrens** (§ 303) auch noch bis zu drei Jahre nach Ablauf der Verjährungsfrist erfolgen (§ 304), um die Rechtmäßigkeit eines Bescheids herzustellen.

Hinsichtlich der Wirkung der Berichtigung, Änderung oder Aufhebung ist zu unterscheiden, ob der Bescheid **als Ganzes** berichtigt oder geändert werden kann[14] oder in gesetzlichen Ausnahmefällen („insoweit") nur der zu berichtigende oder zu ändernde Aspekt (sog **Teilrechtskraft** des nicht zu berichtigenden oder ändernden Teils[15]).

Eine Änderung oder Zurücknahme eines Bescheides, der **Begünstigungen, Berechtigungen oder die Befreiung von Pflichten betrifft**, – ausgenommen Feststellungs- oder Festsetzungsbescheide – durch die Abgabenbehörde ist nur in folgenden Fällen möglich (§ 294):

* aufgrund des **Vorbehalts** eines Widerrufs oder Bedingungen,
* aufgrund der **Änderung maßgeblicher tatsächlicher Verhältnisse** oder, wenn Verhältnisse aufgrund **unrichtiger oder irreführender Angaben** zu Unrecht angenommen worden sind,

---

13   VwGH 24.10.2000, 95/14/0085.
14   VwGH 11.6.1991, 90/14/0270.
15   VwGH 19.9.2013, 2011/15/0107, zur Berichtigung nach § 293b.

- mit **rückwirkender** Kraft ohne Zustimmung der betroffenen Partei nur, wenn der Bescheid durch wissentlich unwahre Angaben oder durch eine strafbare Handlung herbeigeführt worden ist.

Beispiele zu Änderung oder Zurücknahme von begünstigenden Bescheiden:
Gewährung von Zahlungserleichterungen, Aussetzung der Einhebung, Löschungen, Nachsichten, Entlassungen aus der Gesamtschuld

1057 Vertiefung: Berichtigung aufgrund fehlerhafter Bescheide (§ 293, § 293a, § 293b)

Die Abgabenbehörde kann in einem Bescheid unterlaufene **Schreib- und Rechenfehler** oder andere offenbar auf einem ähnlichen Versehen beruhende tatsächliche Unrichtigkeiten berichtigen. Die Berichtigung erfolgt auf Antrag oder von Amts wegen (§ 293).

Die Berichtigung soll eine **Divergenz** zwischen tatsächlichem **Bescheidwillen** und **formeller Erklärung** des Bescheidwillens beseitigen.[16] Eine Berichtigung ist ausnahmsweise auch über die Verjährungsfrist hinaus innerhalb eines Jahres nach Rechtskraft des zu berichtigenden Bescheids zulässig oder, wenn der Antrag auf Berichtigung innerhalb dieses Jahres eingebracht wird, auch nach Ablauf dieses Jahres (§ 302 Abs 2).

Beispiel:
Anstelle einer Fristverlängerung antragsgemäß bis 31.1. wird die Frist aufgrund eines Schreibfehlers des Finanzbeamten nur bis 1.1. bewilligt. Der Bescheid kann berichtigt werden.

Verletzt die **Angabe der Einkunftsart** in der Begründung eines Abgabenbescheids rechtliche Interessen der Partei, so kann sie auf Antrag der Partei berichtigt werden (§ 293a).

Eine Begründung, in welche auch die Einkunftsart aufzunehmen ist, kann nicht angefochten werden.[17] Das Sozialversicherungsrecht knüpft allerdings an die Einkommensteuerbescheide an, sodass eine falsche Angabe der Einkunftsart Auswirkungen auf die sozialversicherungsrechtliche Einordnung haben kann.[18] Mit der Berichtigungsmöglichkeit kann dieses Rechtschutzdefizit beseitigt werden.[19]

Die Abgabenbehörde kann einen Bescheid **insoweit** berichtigen, als seine Rechtswidrigkeit auf der **Übernahme offensichtlicher Unrichtigkeiten** aus Abgabenerklärungen beruht (§ 293b).

---

16   VwGH 23.5.2013, 2010/15/0076.
17   VwGH 28.11.2007, 2006/14/0057.
18   VwGH 24.1.2006, 2003/08/0231.
19   EB zu § 293a BAO.

Die Änderung ist auf Antrag oder von Amts wegen möglich. Die Berichtigungsmöglichkeit wurde aufgrund der vermehrten Erledigung im Wege des Massenverfahrens eingeführt, wobei eine Änderung nach Bescheiderlassung nur mehr eingeschränkt zulässig war. Die Berichtigung ist zulässig, sofern die Unrichtigkeiten ohne weitere Erhebungen erkennbar gewesen wären.[20] Eine Berichtigung kann nur im Hinblick auf die Übernahme offensichtlicher Unrichtigkeiten erfolgen; zusätzliche Änderungen im Zuge dessen (andere Ausübung von Wahlrechten, Nachholung von Ausgaben) ist nicht möglich (Teilrechtskraft).[21]

Beispiele:
1. **Aktenwidrige Sachverhaltsannahmen:** Ein zustehender Verlustabzug wurde weder in der Steuererklärung noch von Amts wegen berücksichtigt.[22]
2. **Widersprechende Angaben in der Steuererklärung** (zB Vordruck und Beilage): Aus den Beilagen ergibt sich eine Sonderausgabe, die jedoch im Vordruck nicht eingetragen wurde. In der Steuererklärung wurden bei den Einkünften die Einnahmen und nicht der Gewinn eingetragen. Der Gewinn wurde versehentlich statt in Höhe von EUR 100.000 mit EUR 10.000 ausgewiesen.[23]

Vertiefung: Änderung aufgrund geänderter Grundlagenbescheide (§ 295)   1058

Ein **von einem Grundlagenbescheid abgeleiteter Bescheid** ist im Falle der nachträglichen Abänderung, Aufhebung oder Erlassung des Grundlagenbescheids von Amts wegen durch einen neuen Bescheid **zu ersetzen oder aufzuheben** (§ 295).

Ein **Grundlagenbescheid** kann ein Feststellungsbescheid, ein Abgabenbescheid, ein Messbescheid, ein Zerlegungsbescheid oder ein Zuteilungsbescheid sein (Abs 2).

Der Zweck der Änderung besteht darin, abgeleitete Bescheide mit den aktuellen Inhalten der zugrunde liegenden Feststellungsbescheide in Einklang zu bringen.[24] Ein von einem anderen Bescheid **sonst abhängiger Bescheid** ist auch zu ändern, wenn der Spruch dieses Bescheids anders hätte lauten müssen oder dieser Bescheid nicht hätte ergehen dürfen, wäre bei seiner Erlassung ein anderer Bescheid bereits abgeändert, aufgehoben oder erlassen gewesen (Abs 3). Eine Aufhebung oder Abänderung von abhängigen Bescheiden, die sich auf mit Beschwerde bekämpfte Nichtbescheide beziehen, kann auf Antrag innerhalb eines Jahres ab Rechtskraft der Zurückweisung erfolgen (Abs 4). Ein Abgabenbescheid, in dem der Abgabenbetrag aufgrund eines Steuermessbetrags unter Anwendung eines Hundertsatzes (Hebesatzes) berechnet wurde, ist im Fall einer nachträglichen Änderung des Hebesatzes von Amts wegen durch einen neuen Abgabenbescheid zu ersetzen (§ 298).

Beispiele:
Die nachträgliche Änderung eines **Feststellungsbescheids** über Einkünfte aus einer Mitunternehmerschaft führt zur Änderung des davon abgeleiteten Einkommensteuerbescheids.
Eine nachträgliche Änderung des **Abgabenbescheids** führt zur Änderung des davon abgeleiteten Bescheids über den Verspätungszuschlag.

---

20   EB zu § 293b BAO.
21   VwGH 19.9.2013, 2011/15/0107.
22   EB zu § 293b BAO.
23   EB zu § 293b BAO.
24   VwGH 26.2.2015, 2012/15/0127.

1059 **Vertiefung: Änderung aufgrund rückwirkender Ereignisse (§ 295a)**

Ein Bescheid kann **insoweit abgeändert** werden, als ein **rückwirkendes Ereignis** eintritt, das sich auf den Abgabenanspruch auswirkt (§ 295a).

Die Änderung ist auf Antrag einer Partei oder von Amts wegen möglich. Es handelt sich um ein tatsächliches oder rechtliches (sachverhaltsänderndes) **Ereignis, das abgabenrechtliche Wirkung für die Vergangenheit** hat und sich auf den Bestand oder Umfang eines Abgabenanspruches auswirkt. Der abgabenrelevante Sachverhalt muss sich in die Vergangenheit in der Weise auswirken, dass anstelle **des zuvor verwirklichten Sachverhalts** nunmehr **ein veränderter Sachverhalt der Besteuerung zugrunde zu legen** ist.[25]

§ 295a ist eine rein **verfahrensrechtliche** Bestimmung und hat keine Auswirkung auf den Tatbestand materieller Abgabengesetze.[26] Vielmehr ist **den materiellen Abgabengesetzen zu entnehmen**, ob einem nachträglich eingetretenen Ereignis abgabenrechtliche Wirkung für die Vergangenheit zukommt. Generell gilt, dass eine bereits entstandene Steuerschuld nicht rückwirkend beseitigt werden kann, außer die materiellen Abgabengesetze sehen die Berücksichtigung nachträglicher Ereignisse explizit oder implizit vor. Die Änderung darf sich nur auf das rückwirkende Ereignis beschränken (Teilrechtskraft des Bescheides).

Beispiele:
1. Eine Änderung der **Rechtsauffassung** der Finanzverwaltung oder eine **Rechtsprechungsänderung** ist kein rückwirkendes Ereignis.[27]
2. **Die Vergangenheit erhellende Informationen**, die Aufschluss über bereits zum Zeitpunkt der Bescheiderlassung vorhandene Umstände geben, sind keine rückwirkenden Ereignisse. Wertaufhellende Umstände für Zwecke einer Rückstellungsbildung erlauben daher keine Berücksichtigung im Wege des § 295a.[28] Daher ist auch ein Mangel in einer Prognoserechnung kein rückwirkendes Ereignis.[29] Erhellende Informationen sind dagegen Gründe für eine Wiederaufnahme.
3. **Die nachträgliche Bezahlung von auf die festgesetzte Steuerschuld anzurechnender ausländischer Steuer** ist ein rückwirkendes Ereignis.[30]
4. **Enthält das materielle Recht selbst eine Möglichkeit zur Berücksichtigung**, dann kommt eine Abänderung nach § 295a nicht in Betracht (Nachversteuerung bei bestimmter Haltedauer oder Verlustberücksichtigung im Ausland, nachträgliche Berücksichtigung bei laufend zu erhebenden Steuern). Im Ertragsteuerrecht kommt dabei insbesondere die nachträgliche Möglichkeit der Berücksichtigung in Betracht, sodass eine nachträglich uneinbringlich gewordene Forderung auf einen Übergangsgewinn aufgrund von § 24 und § 32 EStG keine Auswirkungen hat.[31] Der nachträgliche Ersatz von außergewöhnlichen Aufwendungen kann dann ein rückwirkendes Ereignis darstellen, wenn das materielle Abgabenrecht keine Nachversteuerung in diesem Fall vorsieht.[32] Im Umsatzsteuerrecht kommt die nach-

---

25   VwGH 28.2.2012, 2009/15/0192.
26   VwGH 24.9.2014, 2010/13/0062.
27   VwGH 27.2.2014, 2013/15/0134; VwGH 25.6.2008, 2006/15/0085.
28   VwGH 24.9.2014, 2010/13/0062.
29   VwGH 28.2.2012, 2009/15/0192.
30   VwGH 29.3.2007, 2006/16/0098; EB zu § 295a BAO.
31   VwGH 4.2.2009, 2006/15/0151.
32   VwGH 29.3.2007, 2006/16/0098; EB zu § 295a BAO.

trägliche Berücksichtigung einer Rückgängigmachung von Umsätzen bei Änderung der Bemessungsgrundlage (§ 16 UStG) oder bei Vorsteuerabzug durch Rechnungsänderung in Betracht (§ 20 Abs 2 UStG).[33]

5. **Die nachträgliche (andere) Ausübung von Besteuerungswahlrechten und Anträgen** im ertragsteuerlichen Veranlagungsverfahren stellt grundsätzlich kein rückwirkendes Ereignis dar, das allein eine Abänderung des Bescheides zulässt (§ 37 Abs 4 EStG, → 429).

Vertiefung: Aufhebung wegen Unrichtigkeit des Spruchs (§ 299)   1060

Die Abgabenbehörde kann auf Antrag einer Partei oder von Amts wegen einen Bescheid **bis zum Ablauf eines Jahres** nach dessen Bekanntgabe aufheben, wenn der sich **Spruch des Bescheids als nicht richtig** erweist (§ 299).

Eine Aufhebung ist auch dann zulässig, wenn der **Antrag vor Ablauf der Jahresfrist eingebracht** wird (§ 302 Abs 2 lit b). Ab **Beginn des Verfahrens vor dem Verwaltungsgericht** ist eine Aufhebung wegen eines unrichtigen Spruchs nur dann zulässig, wenn der Beschwerdeführer dem zustimmt und die Behörde innerhalb einer vom Verwaltungsgericht mit Beschluss gesetzten Frist die Aufhebung vornimmt (§ 300 Abs 1). Der **Antrag** hat die Bezeichnung des Bescheids und die Gründe für die behauptete Unrichtigkeit zu enthalten. Der ersetzende Bescheid ist mit dem aufhebenden Bescheid zu verbinden. Das Verfahren tritt wieder in die Lage zurück, in das es sich vor Aufhebung befunden hat (§ 299).

Ein **Auskunftsbescheid** kann von Amts wegen oder auf Antrag der Partei aufgehoben oder abgeändert werden, wenn sich der **Spruch als nicht richtig** erweist (§ 118 Abs 9 → 992). Mit **rückwirkender Kraft** darf eine Änderung oder Aufhebung nur dann erfolgen, wenn (i) die Voraussetzungen einer Berichtigung nach § 293 vorliegen (ii) die Unrichtigkeit des Auskunftsbescheids offensichtlich ist (iii) der Bescheid von einem nachträglich erlassenen Bescheid zur Beilegung von DBA-Streitigkeiten (§ 48 Abs 2) abgeleitet ist (iv) der Auskunftsbescheid durch eine strafbare Tat herbeigeführt worden ist oder (v) die Aufhebung oder Änderung auf Antrag der Partei, mit Beschwerdevorentscheidung, mit Beschluss oder mit Erkenntnis erfolgt.

Wiederaufnahme des Verfahrens (§§ 303 ff BAO)   1061

Ein durch Bescheid **abgeschlossenes Verfahren** kann auf Antrag einer Partei oder von Amts wegen **wiederaufgenommen werden**. Voraussetzung ist, dass die Kenntnis der Umstände, die zur Wiederaufnahme berechtigen, allein oder in Verbindung mit sonstigen Verfahrensergebnissen **einen im Spruch anders lautenden Bescheid herbeigeführt hätte** (§§ 303 ff).

Die Wiederaufnahme ist zulässig, wenn (i) der Bescheid **durch eine gerichtlich strafbare Tat herbeigeführt oder sonst wie erschlichen** worden ist oder (ii) **Tatsachen oder Beweismittel neu hervorgekommen** sind (iii) der Bescheid von Vorfragen abhängig war und nachträglich über die **Vorfrage** von der Verwaltungsbehörde oder dem Gericht

---

33   VwGH 2.9.2009, 2008/15/0065.

in wesentlichen Punkten anders entschieden wurde (§ 303 Abs 1) oder (iv) aufgrund verfassungskonformer Auslegung des § 303 eine durch eine Wiederaufnahme **andere rechtliche Würdigung des Sachverhalts Auswirkungen auf die Bescheide der Folgejahre** hat.[34]

Ein **Antrag auf Wiederaufnahme** hat die Bezeichnung des wiederaufzunehmenden Verfahrens und die Bezeichnung der Umstände zu enthalten (§ 303 Abs 2). **Nach Verjährung** ist die Wiederaufnahme nur zulässig, wenn der Antrag vor Eintritt der Verjährung eingebracht wird oder innerhalb von drei Jahren ab Eintritt der Rechtskraft des das Verfahren abschließenden Bescheides beantragt oder durchgeführt wird (§ 304). Mit dem die **Wiederaufnahme bewilligenden oder verfügenden Bescheid** ist gleichzeitig der frühere Bescheid aufzuheben und mit der aufgrund der Wiederaufnahme zu ergehenden **Sachentscheidung** zu verbinden. Wird in weiterer Folge der **bewilligende oder verfügende Wiederaufnahmebescheid aufgehoben**, tritt das Verfahren in die Lage vor Wiederaufnahme zurück (§ 307).

Beispiel:

Häufigster Wiederaufnahmegrund sind die im Zuge einer **Außenprüfung** festgestellten neu hervorgekommenen Tatsachen und Beweismittel, die zu einer Abgabenerhöhung führen.

2.3. Änderung eines Bescheids aufgrund eines Rechtsmittels – Überblick

1062 Gegen **Bescheide der Abgabenbehörden** sind grundsätzlich **Beschwerden** (Bescheidbeschwerden) an die **Verwaltungsgerichte** zulässig (§ 234).

Verwaltungsgerichte erkennen darüber hinaus über Beschwerden gegen die Ausübung unmittelbarer verwaltungsbehördlicher Befehls- und Zwangsgewalt wegen Rechtsverletzung (**Maßnahmenbeschwerde**, § 283) und wegen der Verletzung der Entscheidungspflicht (**Säumnisbeschwerde**, § 284, § 130 B-VG). Das **Bundesfinanzgericht** erkennt über Beschwerden gegen die Abgabenbehörden des Bundes (§ 1 Abs 1 BFGG, Art 129 B-VG). Das **Landesverwaltungsgericht** erkennt über Beschwerden im Falle der Zuständigkeit der Abgabenbehörden der Länder und Gemeinden (KommSt, Grundsteuer).

Gegen Erkenntnisse des Verwaltungsgerichts ist die Revision an den **Verwaltungsgerichtshof** (→ 1073) und die Beschwerde an den **Verfassungsgerichtshof** (→ 1074) möglich.

1063 Vertiefung: Rechtsschutz

Aus **formeller** Sicht muss eine Steuernorm im Stufenbau der Rechtsordnung der jeweiligen höherrangigen Norm entsprechen. Für das Steuerrecht sind dies die Steuergesetze zu den einzelnen Steuerarten und die allgemeinen Steuergesetze. **Richtlinien der Finanzbehörden (Erlässe)** stellen bloße Auslegungsbehelfe von Gesetzen und Verordnungen im Interesse einer einheitlichen Vorgangsweise der Finanzbehörden dar. Sie sind primär an die Finanzbehörden gerichtet und sind keine verbindliche Rechtsquelle wie Gesetze oder

---

34 VfGH 6.12.1990, B 783/89, zur Aktivierung von Wirtschaftsgütern mit nachfolgender AfA.

Verordnungen. Der Verwaltungsgerichtshof deklariert die Richtlinien regelmäßig als nicht beachtliche Rechtsquelle, weil es an einer für Verordnungen erforderlichen Kundmachung im Bundesgesetzblatt fehlt. Der Steuerpflichtige kann daraus keine Rechte und Pflichten ableiten.[35]

Zusagen, Auskünfte und Feststellungen der Steuerbehörden müssen sich ebenfalls innerhalb der Gesetze und Verordnungen bewegen. Aufgrund des Grundsatzes von Treu und Glauben kann ein besonderes Vertrauensverhältnis begründet werden. Der Steuerpflichtige kann unter ganz bestimmten Umständen auf die darin enthaltenen Informationen vertrauen.[36] Besonderes gilt für Auskunftsbescheide (§ 118). Auf Auskunftsbescheide kann sich der Steuerpflichtige bis zu deren Änderung verlassen, außer es liegen besondere Gründe vor, die das Vertrauen als nicht gerechtfertigt erscheinen lassen.

Ist der Steuerpflichtige der Auffassung, dass die formell festgestellte Steuerschuld nicht der gesetzlichen vorgegebenen materiellen Steuerschuld entspricht, kann dies durch eine **Entscheidung eines unabhängigen Gerichts** geprüft werden. Entscheidungen über eine Berufung gegen einen Bescheid ergehen durch ein Verwaltungsgericht und beinhalten eine Überprüfung des Ermittlungsverfahrens der Behörde im Hinblick auf den festgestellten Sachverhalt und die rechtliche Entscheidung. Diese Entscheidung kann grundsätzlich sowohl durch die Abgabenbehörde als auch durch den Steuerpflichtigen beim **Verfassungsgerichtshof** auf Verfassungskonformität oder beim **Verwaltungsgerichtshof** auf Gesetzeskonformität überprüft werden. Des Weiteren kann ein Vorabentscheidungsverfahren vor dem **EuGH** eingeleitet werden, wenn die Auslegung von EU-Recht durch nationale Gerichte infrage steht. Derartige Entscheidungen enthalten wichtige Anhaltspunkte, wie Steuergesetze und Verordnungen anzuwenden und zu interpretieren sind.

Kosten, Ersatz, Gebühren und Verfahrenshilfe im Abgabenverfahren 1064

Generell gilt im Abgabenverfahren und im Beschwerdeverfahren der allgemeine Grundsatz, dass die **Kosten von jeder Partei selbst zu tragen** sind (§§ 312 und 313).

Kosten sind für die Tätigkeit der Abgabenbehörden und der Verwaltungsgerichte von Amts wegen zu tragen (§ 312) und die **Parteien** haben ihre eigenen Kosten, inklusive Vertreterkosten, **selbst zu bestreiten** (§ 313). Eine Kostentragungspflicht der Partei besteht im Verbrauchsteuer- und Monopolverfahren für bestimmte Tätigkeiten der Abgabenbehörde (§ 314 und § 315). Parteien können zur vorläufigen Auslage der Kosten im Verfahren vor dem Verwaltungsgericht (§ 292), dem VwGH (§ 61 VwGG) und dem VfGH (§ 35 VfGG) **Verfahrenshilfe** in Anspruch nehmen.

Eingaben in Abgabensachen, sowohl an die Abgabenbehörde als auch an die Verwaltungsgerichte (Beschwerdeverfahren), sind generell **von der Eingabegebühr befreit** (§ 14 TP 6 Abs 5 Z 4 und Z 4a GebG). Pauschale **Eingabegebühren** (EUR 240) bestehen im Verfahren vor dem **VwGH** (§ 24a VwGG) und dem **VfGH** (§ 17a VfGG).

---

35   VwGH 22.2.2007, 2002/14/0140.
36   VwGH 15.9.2011, 2011/15/0126.

Die unterlegene Partei hat der obsiegenden Partei grundsätzlich vor dem VwGH einen **pauschalierten Aufwandsersatz** (§ 47 VwGG, VwGH-Aufwandsersatz-VO) und vor dem VfGH **Prozesskostenersatz** zu leisten (§ 27, § 35, § 65a, § 88 VfGG).

2.4. Beschwerdeverfahren – Grundsätze, Voraussetzungen, Beschwerdeinhalt

1065 Die wichtigsten **Grundsätze** des Beschwerdeverfahrens im Überblick sind:

- **Beschwerdefrist:** Die Frist zur Einbringung der Beschwerde beträgt **einen Monat** ab Zustellung des Bescheids mit möglicher antragsbedingter Verlängerung (§ 245).
- **Keine aufschiebende Wirkung:** Durch die Einbringung einer Beschwerde wird die Wirksamkeit des angefochtenen Bescheids nicht gehemmt (§ 254). Die festgesetzte Abgabe kann daher weiterhin, auch zwangsweise, eingehoben werden. Zu diesem Zweck kann eine Aussetzung der Einhebung beantragt werden (§ 212a → 1082).
- **Beschwerdevorentscheidung:** Der Entscheidung des Verwaltungsgerichts kann ein Vorverfahren mit neuerlicher Entscheidung der Abgabenbehörde vorausgehen (§ 262). In diesem Fall ist binnen einem Monat ab Zustellung der Beschwerdevorentscheidung ein Vorlageantrag zur Entscheidung des Verwaltungsgerichts zu stellen (§ 264).
- **Verwaltungsgerichtliches Verfahren:** Das Verwaltungsgericht leitet das Verfahren mit Befugnissen und Obliegenheiten der Abgabenbehörde im Ermittlungsverfahren und Ladungsrecht. Das Verfahren sieht in bestimmten Fällen eine mündliche Verhandlung vor, von der die Öffentlichkeit ausgeschlossen werden kann (§ 274).
- **Kein Neuerungsverbot:** Neue Tatsachen, Beweise und Anträge sind in jeder Lage des Verfahrens zu berücksichtigen (§ 270).
- **Entscheidung:** Das Verwaltungsgericht entscheidet entweder durch Einzelrichter oder im Senat (§ 272) mit Beschluss bei verfahrensrechtlichen Mängeln oder mit Erkenntnis in der Sache selbst (§§ 278, 279).

1066 Vertiefung: Voraussetzungen bei sonstiger Zurückweisung

Die Beschwerde muss **zulässig** sein (subjektive und objektive Beschwerdeberechtigung) und **fristgerecht** bei sonstiger **Zurückweisung** eingebracht werden (§ 260).

Subjektiv beschwerdeberechtigt (aktivlegitimiert) ist nur derjenige, an den der anzufechtende Bescheid ergangen ist (Beschwerdeführer, §§ 246, 248).

Bei Feststellungsbescheiden und Grundsteuermessbescheiden ist auch derjenige berechtigt, gegen den der Bescheid wirkt. Ein zur Haftung herangezogener Haftungspflichtiger kann auch gegen den Bescheid über den Abgabenanspruch Bescheidbeschwerde einbringen.

Ein **Beitritt** zur Beschwerde bis zur rechtskräftigen Entscheidung ist für denjenigen möglich, der als Gesamtschuldner oder Haftungspflichtiger in Betracht kommt (§ 257 bis § 259). Dieser hat die gleichen Rechte wie der Beschwerdeführer, um seine eigenen rechtlichen Interessen durchzusetzen (Vermeidung der Schuld oder Haftung). Verfahrensrechtlich ist der Beitritt gegenüber der Abgabenbehörde zu erklären. Die Beitrittserklärung ist durch Beschluss zurückzuweisen, wenn die Entscheidung bereits rechtskräftig ist oder wenn der Beitritt von einem Unbefugten beansprucht wird.

Objektive Beschwerdeberechtigung liegt nur im Falle einer bekämpfbaren Erledigung in Bescheidform vor.

Kein Bescheid liegt vor, wenn die Erledigung an keine (existente) Rechtsperson gerichtet ist, ein Bescheidadressat fehlt oder der Bescheid mangels Zustellung nicht existent wird. **Nicht bekämpfbar** sind ausdrücklich das Verfahren betreffende Verfügungen und Prüfungsaufträge bei Außenprüfungen. Wurde der Bescheid **ersatzlos aufgehoben**, dann wird die Bescheidbeschwerde ebenso unzulässig. Wird der Bescheid hingegen **durch einen anderen Bescheid ersetzt**, dann gilt die Beschwerde als gegen den späteren Bescheid gerichtet. In diesem Fall kann ein Antrag auf (i) Senatsentscheidung oder (ii) mündliche Verhandlung innerhalb eines Monats nach Bekanntgabe des Bescheids nachgeholt werden, sofern dies nicht bereits erfolgt ist.

Liegt ein **wirksamer Rechtsmittelverzicht** vor, dann ist die Beschwerde ebenso unzulässig (§ 255). Auf die Einbringung einer Bescheidbeschwerde kann verzichtet werden. Der Verzicht ist schriftlich oder mündlich zu erklären. Ein Rechtsmittelverzicht wird in der Praxis häufig nach Außenprüfungen in der Niederschrift im Zusammenhang mit einer aus Sicht des Steuerpflichtigen annehmbaren Entscheidung der Abgabenbehörde abgegeben, um darüber hinausgehende Abgabenansprüche zu vermeiden.

Bescheide müssen gesondert anfechtbar sein: Ausdrücklich nicht gesondert anfechtbar sind ua die Verweigerung auf Akteneinsicht (§ 90), Vorladung (§ 91), Ablehnung auf Fristverlängerung (§ 110), Androhung einer Zwangsstrafe (§ 111), Prüfungsauftrag (§ 148), Ablehnung eines Beweisaufnahmeantrags (§ 183), verfahrensrechtliche Verfügungen (§ 244).

Eine **fristgerechte Beschwerde** muss **innerhalb eines Monats ab Zustellung** eingebracht werden. Die Beschwerdefrist ist verlängerbar (§ 245).

Die Frist **beginnt** grundsätzlich mit Bekanntgabe des Bescheids. Innerhalb dieser Zeit kann ein Antrag gestellt werden (i) auf Mitteilung der einem Bescheid ganz oder teilweise fehlenden Begründung oder (ii) auf, auch wiederholte, Verlängerung der Beschwerdefrist von der Abgabenbehörde aus berücksichtigungswürdigen Gründen. Durch diese Anträge und Anträge auf Verlängerung einer Mängelbehebungsfrist wird der Lauf der Beschwerdefrist **gehemmt**. Die Hemmung beginnt mit dem Tag der Einbringung und endet mit der Zustellung der Mitteilung oder Entscheidung (§ 245).

Vertiefung: Beschwerdebegehren und Beschwerdeinhalt 1067

Das **Beschwerdebegehren** muss **aufrecht** sein, daher darf der **Bescheid weder zurückgenommen noch** durch Bescheidänderung **erloschen** sein, sonst ist die Beschwerde für gegenstandslos zu erklären (§ 261).

Das Beschwerdebegehren gilt nicht als aufrecht, wenn die Beschwerde **als zurückgenommen** gilt, die Beschwerde **tatsächlich zurückgenommen** wird (§ 256) oder das Beschwerdebegehren durch **Bescheidänderung** erlischt (§ 261). Eine Beschwerde kann bis zur Entscheidung durch den Beschwerdeführer und mit Zustimmung aller Beigetretenen **zurückgenommen** werden.

Die **Bescheidbeschwerde** hat **zu enthalten (§ 250):**

- die Bezeichnung des Bescheids, gegen den sie sich richtet,
- die Erklärung, in welchen Punkten der Bescheid angefochten wird,
- die Erklärung, welche Änderungen beantragt werden,
- eine Begründung.

Fehlt ein Inhaltserfordernis, eine Unterschrift, eine schriftliche Vollmacht oder liegt sonst ein Formgebrechen oder Vollmachtsmangel vor, so hat ein **Mängelbehebungsauftrag** zu ergehen. Wenn nach erfolgtem Mängelbehebungsauftrag die darin bestimmte Frist ohne Verbesserung abgelaufen ist, gilt die Beschwerde **als zurückgenommen** (§ 85 Abs 2, § 272 Abs 4, § 274 Abs 5).

In einer Beschwerde sind grundsätzlich auch bereits bestimmte **Anträge** zu stellen.

> **Beispiele:**
> Antrag auf Änderung und Aufhebung des Bescheids, Senatsentscheidung anstelle von Einzelrichter, Abhaltung einer mündlichen Verhandlung, Ausschluss der Öffentlichkeit von der mündlichen Verhandlung, Aussetzung der Einhebung der Abgabe mangels aufschiebender Wirkung.

2.5. Beschwerdeverfahren – Verfahrensablauf

1068 **Vorentscheidung durch die Abgabenbehörde**

> Die **Bescheidbeschwerde** ist bei der Abgabenbehörde **einzubringen**, die den **angefochtenen Bescheid erlassen** hat (§ 249).

Die Abgabenbehörde hat entweder die Beschwerde an das Verwaltungsgericht **direkt vorzulegen** oder nach zusätzlichen Ermittlungen im Wege einer **Beschwerdevorentscheidung** selbst in Form eines Bescheids zu entscheiden (§§ 262, 265).

Eine Vorlage **ohne Beschwerdevorentscheidung** erfolgt (§ 262):

- auf **Antrag** ausschließlich in der Bescheidbeschwerde, sofern die **Abgabenbehörde innerhalb von drei Monaten** die Beschwerde dem Verwaltungsgericht **vorlegt**. Damit bedarf es de facto eines Konsens der Abgabenbehörde und des Beschwerdeführers. Dies ist insbesondere dann relevant, wenn die Auffassung des Beschwerdeführers von den Richtlinien des BMF abweicht, weil eine positive Beschwerdevorentscheidung nicht zu erwarten ist.
- sofern die Beschwerde lediglich die **Rechtswidrigkeit von Rechtsnormen** behauptet.
- bei Anfechtung eines Bescheids des **Bundesministers für Finanzen**.
- bei Beschwerden gegen bestimmte Entscheidungen im **Bereich der EU-Streitbeilegung**.

Die **Beschwerdevorentscheidung** kann in der Form eines Bescheids (§ 263):

- die Beschwerde **zurückweisen,**
- diesen als zurückgenommen oder gegenstandslos **erklären,** oder
- den Bescheid nach jeder Richtung abändern, aufheben oder die Beschwerde als unbegründet **abweisen.**

Gegen die **Beschwerdevorentscheidung** kann **innerhalb eines Monats ab Zustellung** der Antrag auf Entscheidung über die Beschwerde durch das Verwaltungsgericht gestellt werden (**Vorlageantrag, § 264**). Es empfehlen sich zusätzliche Ausführungen aufgrund der von der Abgabenbehörde vorgebrachten Begründung einer eventuellen Abweisung. Durch den Vorlageantrag gilt die Bescheidbeschwerde wiederum als unerledigt. Die Beschwerdevorentscheidung bleibt aber in Wirkung, solange nicht die Beschwerdevorentscheidung im Rechtsmittelverfahren aufgehoben wird (§ 264 Abs 3).

Vorlage der Beschwerde 1069

Die **Abgabenbehörde** hat die **Bescheidbeschwerde** mitsamt den dazugehörigen Akten und dem Aktenverzeichnis ohne unnötigen Aufschub **dem Verwaltungsgericht vorzulegen.** Die Abgabenbehörde hat die **Parteien** über die Vorlage unter Anschluss des Vorlageberichts und des Aktenverzeichnisses **zu verständigen** (§§ 265, 266). Die Zuständigkeit geht in diesem Zeitpunkt auf das Verwaltungsgericht über (§ 300). Die Abgabenbehörde ist vor dem Verwaltungsgericht Amtspartei. Sowohl die Parteien als auch die Amtspartei sind ab diesem Zeitpunkt verpflichtet, das Verwaltungsgericht über **Änderungen** aller für die Entscheidung über die Beschwerde bedeutsamen tatsächlichen und rechtlichen Verhältnisse unverzüglich zu **verständigen** (§ 265 Abs 5 und 6). Das Verwaltungsgericht hat die Beschwerde zu einem **gemeinsamen Verfahren** zu verbinden, sofern ein Bescheid von mehreren Beschwerdeführern angefochten wird oder gegen einen Bescheid mehrere Bescheidbeschwerden eingebracht werden (§ 267).

Zuständigkeit (§ 272) 1070

Das Verfahren obliegt einem **Einzelrichter** oder einem **Senat** (§ 272).

Ein **Senat** besteht grundsätzlich aus vier Richtern: zwei Berufsrichter und zwei fachkundige Laienrichter (§ 12 BFGG). Ein Senat ist zuständig, wenn (§ 272 Abs 2):

- dies durch Bundesgesetz oder Landesgesetz ausdrücklich vorgesehen ist,
- dies auf Antrag in der Beschwerde, im Vorlageantrag, in der Beitrittserklärung oder bei einem Bescheid anstelle des angefochtenen Bescheids innerhalb eines Monats nach Bekanntgabe verlangt wird, oder
- dies der Einzelrichter bis zur Entscheidung mit Begründung verlangt, weil der Entscheidung grundsätzliche Bedeutung zukommt oder ein gemeinsames Verfahren mit Senatszuständigkeit zweckmäßig ist.

Der **Berichterstatter** wird bis zu einer mündlichen Verhandlung für den Senat tätig. Dieser erlässt Mängelbehebungsaufträge und Gegenstandsloserklärungen sowie die Verfügung über eine Aussetzung der Entscheidung (§ 272 Abs 4). Zu den Verhandlungen der Senate kann ein **Schriftführer** beigezogen werden. An der Verhandlung, Beratung und Abstimmung haben **alle Mitglieder des Senats** teilzunehmen. Mitglieder mit Befangenheitsgründen haben den Senatsvorsitzenden darüber zu verständigen (§ 273). Der **Senatsvorsitzende** bestimmt Ort und Zeit der Verhandlungen (§ 274 Abs 4).

Die Parteien können **Einzelrichter oder Senatsmitglieder ablehnen**, wenn Befangenheitsgründe vorliegen oder anzunehmen ist, dass die Bekanntgabe der zu erörternden Tatsachen an diese Person die Wettbewerbsfähigkeit der Partei gefährden könnte. Die Anträge sind beim Verwaltungsgericht einzubringen und die Gründe dafür glaubhaft zu machen (§ 268).

1071 Ermittlung und Verhandlung

> **Einzelrichter** und der **Berichterstatter** des Senats haben die **Obliegenheiten und Befugnisse**, die den Abgabenbehörden auferlegt und eingeräumt sind (§ 269).

Sie können das zur Feststellung des maßgebenden Sachverhalts erforderliche **Ermittlungsverfahren** durch eine von ihnen selbst zu bestimmende Abgabenbehörde durchführen oder ergänzen lassen. Der Einzelrichter bzw der Berichterstatter für den Senat kann die Parteien zur **Erörterung** der Sach- oder Rechtslage sowie zur Beilegung des Rechtsstreits laden. Über das Ergebnis ist eine **Niederschrift** anzufertigen. Neue Tatsachen, Beweise und Anträge, die der Abgabenbehörde oder dem Verwaltungsgericht im Laufe des Beschwerdeverfahrens zur Kenntnis gelangen, sind zu berücksichtigen (**kein Neuerungsverbot, § 270**). Dies gilt auch, wenn das Beschwerdebegehren dadurch geändert oder ergänzt wird. **Fehler** der Parteien können daher im Verfahren **noch saniert** werden.

> Über die Beschwerde kann eine **mündlich öffentliche Verhandlung** stattfinden (§ 274).

Eine mündliche Verhandlung **hat stattzufinden** (§ 274), wenn:

- diese **beantragt** wird, und zwar entweder in der Beschwerde, im Vorlageantrag, in der Beitrittserklärung oder bei einem Bescheid anstelle des angefochtenen Bescheids innerhalb eines Monats nach Bekanntgabe; **außer der Einzelrichter oder Senat sieht davon ab**, weil die Beschwerde zurückzuweisen ist, als zurückgenommen oder als gegenstandslos zu erklären ist, oder wenn eine Aufhebung oder Zurückverweisung der Sache an die Abgabenbehörde erfolgt;
- der Einzelrichter, der Berichterstatter oder Senatsvorsitzende es für **erforderlich** hält; oder
- der Senat dies **auf Antrag eines Mitglieds beschließt**.

Im Falle einer mündlichen Verhandlung sind **die Parteien zu laden** und darauf hinzuweisen, dass ihr Fernbleiben der Durchführung der Verhandlung nicht entgegensteht (§ 274 Abs 4).

Die **Öffentlichkeit ist auszuschließen** (§ 275 Abs 3):

- wenn es **eine Partei verlangt**,
- **von Amts wegen** oder **auf Antrag** der Abgabenbehörde, eines Zeugen, einer Auskunftsperson oder eines Sachverständigen, soweit unter die **abgabenrechtliche Geheimhaltungspflicht** oder unter andere Geheimhaltungspflichten fallende Umstände erörtert werden oder soweit die Öffentlichkeit in der Verhandlung die **Interessen der Abgabenerhebung beeinträchtigen** würde.

Der Senatsvorsitzende oder der Einzelrichter **eröffnet, leitet, vertagt und schließt** die mündliche Verhandlung (§§ 275, 274 Abs 4).

Er hat dafür zu sorgen, dass die Sache **vollständig erörtert** wird, erforderlichenfalls in Rede und Gegenrede. Er hat das Wort zu erteilen und kann es bei Missbrauch entziehen. Der Berichterstatter hat die Sache **vorzutragen** und über die Ergebnisse etwa bereits durchgeführter Beweisaufnahmen oder vorangegangener mündlicher Verhandlungen zu **berichten**. Dann hat der Senat erforderlichenfalls weitere **Beweisaufnahmen** vorzunehmen und die **Parteien zu hören**. Das letzte Wort kommt den Parteien zu (§ 275 Abs 1 und 2). Außer den Mitgliedern des Senats sind auch die Parteien berechtigt an Personen, die einvernommen werden, **Fragen zu stellen**. Der Senatsvorsitzende kann Fragen, die nicht der Klärung des Sachverhalts dienen, **zurückweisen** (§ 275 Abs 6). Über den Verlauf der mündlichen Verhandlung und deren Details ist eine **Niederschrift** aufzunehmen und vom Senatsvorsitzenden und Schriftführer zu unterfertigen (§ 275 Abs 7). Jedwede **Aufnahmen** sind unzulässig mit Ausnahme von Tonaufnahmen, soweit sie für die Abfassung der Niederschrift gestattet sind (§ 275 Abs 5).

Ist zu einer **gleichen oder ähnlichen Rechtsfrage** bereits ein anderes Verfahren anhängig, oder **hängt das laufende Verfahren von der Entscheidung eines anderen Verfahrens ab**, so kann die Entscheidung ausgesetzt werden, es sei denn, überwiegende Interessen der betroffenen Partei stehen dem entgegen. Das Verfahren ist nach rechtskräftiger Entscheidung des anderen Verfahrens von Amts wegen fortzusetzen (§ 271, **Aussetzung der Entscheidung**).

Entscheidung durch das Verwaltungsgericht 1072

Das Verwaltungsgericht entscheidet in bestimmten Fällen mit **Beschluss** (§ 278).

- **Zurückweisung** bei Fehlen der formellen Voraussetzungen (unzulässig, nicht rechtzeitig),
- **Erklärung** als zurückgenommen oder als gegenstandslos,
- **Aufhebung** des Bescheids oder der Beschwerdevorentscheidung durch Zurückweisung der Sache an die Abgabenbehörde, wenn Ermittlungen unterlassen wurden, die für die Erledigung wesentlich waren,
- **Vorlage einer Frage an den EuGH** zur Vorabentscheidung (§ 290).

Das Verwaltungsgericht entscheidet sonst mit **Erkenntnis** in der Sache hinsichtlich des Spruchs und der Begründung anstelle der Abgabenbehörde immer selbst (§ 279).

- **Abänderung** der Entscheidung der Abgabenbehörde in jeder Richtung,
- **Aufhebung** der Entscheidung der Abgabenbehörde,
- **Abweisung** der Beschwerde als unbegründet.

Die Abgabenbehörden sind an die im Beschluss oder im Erkenntnis maßgebliche, dort dargelegte Rechtsanschauung gebunden. Sie sind verpflichtet, in dem betreffenden Fall mit den ihnen zu Gebote stehenden rechtlichen Mitteln unverzüglich den der Rechtsanschauung des Verwaltungsgerichts **entsprechenden Rechtszustand herzustellen** (§ 282). Das Verwaltungsgericht kann eigene Erkenntnisse oder Beschlüsse im Falle der Revision vor dem VfGH oder Beschwerde vor dem VfGH in bestimmten Fällen **aufheben** (§ 289).

Das Verwaltungsgericht ist grundsätzlich verpflichtet, über Anträge und Beschwerden ohne unnötigen Aufschub **innerhalb von sechs Monaten** nach deren Einlagen zu entscheiden (§ 291). Kommt das Verwaltungsgericht der Entscheidungspflicht nicht nach, kann ein **Antrag auf Fristsetzung** wegen Verletzung der Entscheidungspflicht vor dem VwGH gestellt werden (Art 133 Abs 1 Z 2 B-VG).

2.6. Revision an VwGH und Beschwerde an VfGH

1073 Revision an den VwGH

Der **Verwaltungsgerichtshof** erkennt über **Revisionen** gegen ein Erkenntnis des Verwaltungsgerichts wegen Rechtswidrigkeit und **Anträge auf Fristsetzung** wegen Verletzung der Entscheidungspflicht durch das Verwaltungsgericht (Art 133 Abs 1 B-VG).

Rechtswidrigkeit umfasst den Inhalt, die Verletzung von Verfahrensvorschriften (Aktenwidrigkeit, Ergänzungsbedarf, wesentliche Verletzung, die zu einer anderslautenden Entscheidung geführt hätte) oder die Zuständigkeit (§ 42 VwGG). Keine Rechtswidrigkeit liegt vor, soweit das Verwaltungsgericht Ermessen im Sinne des Gesetzes geübt hat. Die **Revision ist zulässig**, wenn sie von der Lösung einer Rechtsfrage abhängt, der grundsätzliche Bedeutung zukommt (wesentliche Rechtsfrage), insbesondere weil das Erkenntnis von der Rechtsprechung des Verwaltungsgerichtshofs abweicht, eine solche Rechtsprechung fehlt oder die zu lösende Rechtsfrage in der bisherigen Rechtsprechung des Verwaltungsgerichtshofs nicht einheitlich beantwortet wurde. Ob eine **ordentliche Revision** zulässig ist, hat das Verwaltungsgericht in seiner Entscheidung auszusprechen (§ 280, § 25a VwGG). Hat das Verwaltungsgericht im Erkenntnis ausgesprochen, dass die Revision nicht zulässig ist, kann dennoch eine **außerordentliche Revision** eingebracht werden, die gesondert die Gründe zu enthalten hat, aus denen entgegen dem Ausspruch des Verwaltungsgerichts die Revision für zulässig erachtet wird (§ 28 VwGG).

Die **Revisionsfrist** gegen ein Erkenntnis eines Verwaltungsgerichts beträgt **sechs Wochen** ab Zustellung (§ 26 VwGG). Eine aufschiebende Wirkung kann nur auf Antrag zuerkannt werden (§ 30 VwGG). Anders als vor dem Verwaltungsgericht herrscht vor dem VwGH ein striktes Neuerungsverbot.

Bei **Säumigkeit** des Verwaltungsgerichts kann ein **Fristsetzungsantrag** an den VwGH gestellt werden. Antragslegitimiert sind alle Personen, die im Verfahren vor dem Verwaltungsgericht eine Parteistellung behaupten, welche sie zur Geltendmachung der Entscheidungspflicht berechtigen würde. (Art 133 Abs 7 B-VG). Der VwGH setzt in diesem Fall dem Verwaltungsgericht eine angemessene Frist (§ 38 VwGG). Kommt das Verwaltungsgericht dem nicht nach, ist die Entscheidung zwar nicht durchsetzbar, dies kann jedoch amtshaftungs-, disziplinar- und strafrechtliche Konsequenzen nach sich ziehen.[37]

VfGH: Beschwerdeverfahren   1074

> Der **Verfassungsgerichtshof** erkennt über Beschwerden gegen das Erkenntnis des Verwaltungsgerichts wegen **Rechtsverletzung aus verfassungsrechtlicher Sicht** (Art 144 B-VG).

Der Beschwerdeführer muss dabei behaupten, durch das Erkenntnis in seinen Rechten verletzt zu sein, und zwar in einem **verfassungsrechtlich gewährleisteten Recht** oder wegen **Anwendung einer rechtswidrigen generellen Norm** (einer gesetzwidrigen Verordnung, einer gesetzwidrigen Kundmachung über die Wiederverlautbarung eines Gesetzes oder eines Staatsvertrags, eines verfassungswidrigen Gesetzes oder eines rechtswidrigen Staatsvertrags).

Ein **verfassungsgesetzlich gewährleistetes Recht** wird durch ein Erkenntnis unter anderem dann verletzt, wenn das angefochtene Erkenntnis auf einer dem verfassungsgesetzlich gewährten Recht widersprechenden Rechtsgrundlage beruht oder rechtsgrundlos erfolgt oder wenn die Behörde der angewandten Rechtsvorschrift fälschlich einen gleichheitswidrigen Inhalt unterstellt hat,[38] wenn sie das Gesetz denkunmöglich angewendet hat (also wenn die Behörde einen so schweren Fehler begangen hat, dass dieser mit Gesetzlosigkeit auf eine Stufe zu stellen wäre[39]) oder Willkür geübt hat.[40] Die **Beschwerdefrist** zur Erhebung einer Beschwerde gegen ein Erkenntnis des Bundesfinanzgerichts beträgt **sechs Wochen** ab Zustellung (§ 82 VfGG). Eine aufschiebende Wirkung kann nur auf Antrag zuerkannt werden (§ 85 VfGG). Bei **Abweisung** durch den Verfassungsgerichtshof hat dieser auf Antrag davor oder spätestens innerhalb von zwei Wochen des Beschwerdeführers ab Zustellung die Beschwerde zur Entscheidung **an den Verwaltungsgerichtshof abzutreten** (§ 87 Abs 1 VfGG).

---

37   VwGH 12.9.2017, Fr 2017/09/0009.
38   VfGH 24.9.2003, B 706/00.
39   VfGH 7.3.1986, B 251/80.
40   VfGH 29.11.1988, B 81/88.

1075 VfGH: Normprüfungsverfahren

Der **Verfassungsgerichtshof** erkennt im **Normprüfungsverfahren** über die Gesetzwidrigkeit von Verordnungen, die Verfassungswidrigkeit von Gesetzen und die Rechtswidrigkeit von Staatsverträgen.

Das Normprüfungsverfahren wird eingeleitet **auf Antrag eines Gerichts, von Amts wegen** (zB aufgrund einer Bescheidbeschwerde), wenn der VfGH das Gesetz in einer bei ihm anhängigen Rechtssache anzuwenden hätte oder **auf Antrag einer Person**, die unmittelbar durch diese Rechtswidrigkeit in ihren Rechten verletzt zu sein behauptet, wenn das Gesetz ohne Fällung einer gerichtlichen Entscheidung oder ohne Erlassung eines Bescheids für diese Person wirksam geworden ist (Art 139 bis 140a B-VG).

Als Konsequenz des **Ausspruchs der Rechtswidrigkeit** einer Norm sind alle Gerichte und Verwaltungsbehörden an den Spruch gebunden. Die Entscheidung kann die Norm rückwirkend, sofort oder für die Zukunft mit einer Reparaturfrist aufheben. **Bei sofortiger Aufhebung** ist das Gesetz jedoch auf **vor der Aufhebung verwirklichte Tatbestände mit Ausnahme des Anlassfalls** (Aufgreiferprämie) weiterhin anzuwenden (Art 140 Abs 7 B-VG). Dem konkreten Anlassfall sind dabei nach ständiger Rechtsprechung des VfGH jene Fälle gleichzuhalten, die im Zeitpunkt des Beginns der mündlichen Verhandlung über eine für das anhängige Verfahren präjudizielle Norm bereits beim VfGH anhängig sind.[41] Abgabepflichtige, die ebenso von der rechtswidrigen Norm direkt betroffen sind, haben daher ein Interesse, selbst ihren Fall rechtzeitig **zu einem Anlassfall im Gesetzesprüfungsverfahren zu machen**, um ebenso in den Genuss der Aufgreiferprämie zu kommen.

Wurde dagegen EU-Recht nicht korrekt oder nicht fristgerecht in nationales Recht umgesetzt, so steht einer dadurch beschwerten Partei eine **Staatshaftungsklage** zur Verfügung (Art 137 B-VG).

---

41   VfGH 10.12.1986, G167/86 ua.

Überblick: Rechtsmittel im Abgabenverfahren 1076

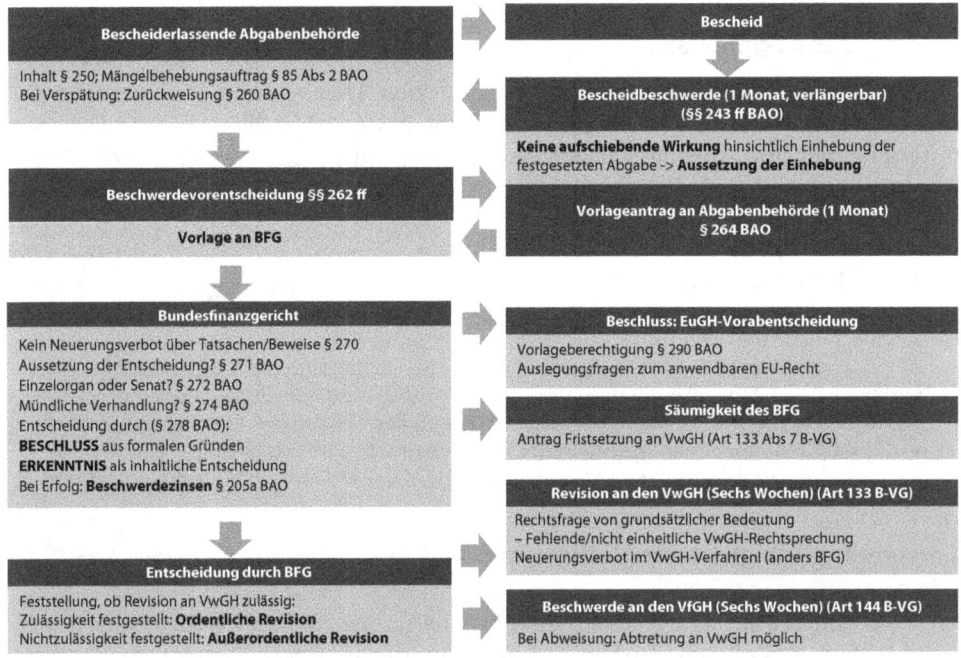

Abbildung 53: Rechtsmittel im Abgabenverfahren

3. Einhebungsverfahren

3.1. Grundsätze der Einhebung

Abgabenschuldner 1077

> Der **Abgabenschuldner** ergibt sich aus den Abgabenvorschriften. Das ist die Person, die die Abgabe schuldet. Daneben **haften** auch andere Personen für die Abgabe.

Wer Abgabenschuldner ist bestimmt sich grundsätzlich danach, wer nach den Abgabenvorschriften **Steuersubjekt** ist. Neben dem Steuersubjekt des Abgabenschuldners kommen auch andere Personen in Betracht, die aus sachlichen oder persönlichen Gründen für eine Abgabe zur **Haftung** herangezogen werden können.

Personen, die denselben abgabenrechtlichen Betrag schulden, sind **Gesamtschuldner**. Jede Person schuldet dabei den gesamten Betrag als Mitschuldner zur ungeteilten Hand (§ 891 ABGB). Personen, die gemeinsam zu einer Abgabe heranzuziehen sind, sind ebenfalls Gesamtschuldner. Dies gilt insbesondere auch für Gesellschafter (Mitglieder) einer nach bürgerlichem Recht nicht rechtsfähigen Personenvereinigung (Personengemeinschaft) hinsichtlich der die Personenvereinigung (Personengemeinschaft) abgabepflichtig ist (§ 6). Personen, die nach den Abgabenvorschriften für eine Abgabe haften (→ 1091), werden durch Geltendmachung der Haftung zu Gesamtschuldnern (§ 7).

1078 Umfang des Abgabenanspruchs

Der Abgabenanspruch setzt sich zusammen aus den **Abgaben** und den **sonstigen Ansprüchen** auf Geldleistungen einschließlich **Nebenansprüchen** aller Art (§ 3). Davon zu unterscheiden sind **Ansprüche nach dem Finanzstrafgesetz** wie Geldstrafen, Wertersatz, Zwangs- und Ordnungsstrafen, Kosten für das Strafverfahren und des Strafvollzugs.

> **Beispiele für Nebenansprüche:**
> Abgabenerhöhungen nach § 9 GebG, § 29 Abs 6 FinStrG, § 30a FinStrG, der Verspätungszuschlag, die Beschwerdezinsen, die Anspruchszinsen und die Umsatzsteuerzinsen, die im Abgabenverfahren laufenden Kosten und die in diesem Verfahren festgesetzten Zwangs-, Ordnungs- und Mutwillensstrafen, Verwaltungskostenbeiträge im Auskunftsverfahren sowie Kosten der Ersatzvornahme, die Nebengebühren der Abgaben im Einhebungsverfahren wie Mahngebühren, Stundungszinsen, Aussetzungszinsen, Säumniszuschläge und die Kosten (Gebühren und Auslagenersätze iSd § 26 AbgEO) des Vollstreckungs- und Sicherungsverfahrens.

1079 Entstehung, Fälligkeit und Vollstreckbarkeit

> Für die **Einhebung** sind vier Zeitpunkte zu unterscheiden: **Entstehung, Festsetzung und Fälligkeit, Vollstreckbarkeit** und **Einbringung** des Abgabenanspruchs.

Der Abgabenanspruch **entsteht**, sobald der Tatbestand verwirklicht ist, an den das Gesetz die Abgabenpflicht knüpft (§ 4). Der Zeitpunkt der Entstehung leitet sich daher aus den einzelnen Abgabengesetzen ab. Die Zeitpunkte der **Festsetzung** (§ 198) und der **Fälligkeit** (§ 210) einer Abgabe sind ohne Einfluss auf die Entstehung des Abgabenanspruchs (§ 4). Der Fälligkeit folgt die **Vollstreckbarkeit** (§ 226). Ab der Vollstreckbarkeit ist der Abgabenanspruch auch zwangsweise **einbringbar** (§ 229).

3.2. Fälligkeit der Abgabe (§ 210 BAO)

1080 Zeitpunkt der Fälligkeit

> Abgaben werden grundsätzlich **mit Ablauf eines Monats nach Bekanntgabe des Abgabenbescheids fällig**, sofern in Abgabevorschriften keine besonderen Regelungen festgelegt werden (§ 210).

Wird ein Bescheid **aufgehoben**, der zu einer **Gutschrift** führte, dann ist eine dadurch entstehende Abgabenschuld am Tag der Aufhebung fällig. Für die Entrichtung steht eine Nachfrist von einem Monat zu, die zwar nicht die Fälligkeit, aber die Einhebung verschiebt (Abs 2).

Beispiel:

Der Einkommensteuerbescheid für die Einkommensteuer des vorangegangenen Kalenderjahres wird am 30.8. zugestellt. Am 30.9. ist die Steuerschuld fällig.

Die **Monatsfrist** gilt ua auch für Zwangs-, Ordnungs- und Mutwillensstrafen, Verspätungszuschläge, Anspruchs-, Stundungs- und Aussetzungszinsen, Säumniszuschläge auf Bundesabgaben.

Bei **Selbstbemessung** und gleichzeitiger Abfuhr oder bei **bescheidmäßig festgesetzten Steuern mit gesetzlich fixen Fälligkeitsterminen** bestimmen die jeweiligen besonderen Steuervorschriften oder der Bescheid die Fälligkeit. Werden Abgaben später als einen Monat vor ihrer Fälligkeit festgesetzt, so steht dem Abgabenschuldner eine Nachfrist von einem Monat ab Bescheidzustellung zu (Abs 4).

Beispiele:

1. **Vorauszahlungen der Einkommen- und Körperschaftsteuer** sind jeweils am 15.2., 15.5., 15.8. und 15.11. zu leisten; bei Bescheidbekanntgabe über Änderungen nach dem 15.10. ist der Unterschiedsbetrag innerhalb eines Monats nach Bekanntgabe des Bescheids zu entrichten (§ 45 EStG). Die Immobilienertragsteuer oder eine alternativ dazu zu leistende besondere Vorauszahlung ist spätestens am 15. Tag des auf den Kalendermonat des Zuflusses zweitfolgenden Kalendermonats zu leisten (§ 30b EStG). Die Lohnsteuer ist bis zum 15. Tag nach Ablauf des Kalendermonats des Einbehalts (§ 79 EStG) abzuführen. Die Kapitalertragsteuer (§ 96 EStG) sowie der Quellensteuerabzug bei ausländischen Steuerpflichtigen (§ 100 EStG) sind spätestens am 15. Tag nach Ablauf des Kalendermonats abzuführen, in dem die Quellensteuer anfällt.
2. **Vorauszahlungen an Umsatzsteuer** sind spätestens am 15. Tag des auf den Voranmeldungszeitraum zweitfolgenden Kalendermonats fällig (§ 21 UStG).
3. **Rechtsgeschäftsgebühren** bei Selbstberechnungen sind bis zum 15. Tag des dem Entstehen der Gebührenschuld zweitfolgenden Monats zu entrichten. Wettgebühren sind am 20. Tag des dem Entstehen der Gebührenschuld folgenden Kalendermonats fällig.
4. Die **Grunderwerbsteuer** und die **Stiftungseingangssteuer** sind im Falle der Selbstberechnung spätestens am 15. Tag des auf den Kalendermonat zweitfolgenden Kalendermonats zu entrichten.
5. Die **Kommunalsteuer** ist bei Selbstberechnung spätestens am 15. Tag des auf die Entstehung der Steuer folgenden Monats (an die Gemeinde!) zu entrichten.

Zahlungsaufschub durch Stundung oder Ratenzahlung (§ 212 BAO)   1081

Der Steuerpflichtige kann eine **Stundung** (konkreter Abgaben) oder **Ratenzahlung** (aller fälliger oder bescheidmäßig festgesetzter und innerhalb der Laufzeit fällig werdender Abgaben) bei der Abgabenbehörde beantragen, wenn die sofortige (vollständige) Entrichtung der Steuer für den Steuerpflichtigen mit erheblichen Härten verbunden wäre (kurzfristiger Liquiditätsengpass). Voraussetzung ist, dass die Einbringlichkeit der Abgaben durch den Aufschub nicht gefährdet wird. Eine Gefährdung ist nicht anzunehmen, wenn der Abgabepflichtige glaubhaft macht, dass er durch die Gewährung der Zahlungserleichterung in die Lage versetzt wird, die vom Ansuchen umfassten Abgaben innerhalb angemessener Frist (12 Monate[42]) entrichten zu können (§ 212).

In diesem Fall sind **Stundungszinsen in Höhe von 4,5 %** über dem Basiszinssatz pro Jahr zu entrichten. Stundungszinsen bilden den wirtschaftlichen Ausgleich für den Zins-

---

42 EB zu § 212 idF BGBl I 2023/110.

verlust, den der Abgabengläubiger dadurch erleidet, dass er die geschuldete Abgaben-leistung nicht bereits am Tag der Fälligkeit erhält.[43] Sofern nachträglich die Abgabe ver-mindert wird, sind auch die Stundungszinsen rückwirkend zu vermindern. Stundungs-zinsen bis EUR 50 sind nicht festzusetzen. Bei Ansuchen oder Widerruf einer Zahlungserleichterung steht dem Abgabepflichtigen grundsätzlich eine Nachfrist von einem Monat ab Zustellung des Bescheids zu.

1082 **Vertiefung: Aussetzung der Einhebung (§ 212a) oder Beschwerdezinsen (§ 205a)**

Die **Einbringung einer Bescheidbeschwerde** beim Verwaltungsgericht ändert nichts an der Fälligkeit und der Einhebung der festgesetzten Abgabe. Der Abgabepflichtige hat nach Bescheiderlass, dem kein oder ein abweichendes Anbringen des Abgabepflichtigen zugrunde liegt, außer der Stundung oder der Ratenzahlung folgende Möglichkeiten:

- **Rückerstattung** der Abgabenschuldigkeit inklusive Beschwerdezinsen bei Beschwerde-erfolg (§ 205a), oder
- **Aussetzung der Einhebung** der Abgabe bei der Behörde mit Aussetzungszinsen (§ 212a).

Beispiel:

Der Einkommensteuerbescheid für die Einkommensteuer des vorangegangenen Kalender-jahres wird am 30.8. zugestellt und ist am 30.9. fällig. Dies gilt auch dann, wenn der Steuer-pflichtige am 14.9. eine Bescheidbeschwerde an die zuständige Abgabenbehörde einreicht. Der Abgabepflichtige kann eine vorläufige Aussetzung der Einhebung oder nach Entrichtung bei Obsiegen Beschwerdezinsen beantragen. Dies ist nicht möglich, wenn der Bescheid erklärungs-gemäß erging und der Abgabepflichtige dennoch Beschwerde erheben will.

Entrichtet der Abgabepflichtige die Abgabenschuld und führt der Erfolg der Bescheid-beschwerde zu einer Herabsetzung der Abgabenschuld, dann sind dem Abgabepflichti-gen auf Antrag **Beschwerdezinsen** für den überhöhten Betrag für den Zeitraum ab Ent-richtung bis zur Zustellung des Bescheids oder Erkenntnisses festzusetzen. Der Zinssatz beträgt **2 % über dem Basiszinssatz** (§ 205a).

Sofern keine Entrichtung erfolgt, kann die **Aussetzung der Einhebung** (§ 212a) auf An-trag bis zur Entscheidung über die Bescheidbeschwerde (Abs 3) bewilligt werden, wenn die Einhebung unmittelbar oder mittelbar von der Erledigung einer Bescheidbeschwerde abhängt (Abs 1). Die Aussetzung ist nicht zu bewilligen, soweit die Beschwerde wenig erfolgversprechend erscheint, wenn das Verhalten des Steuerpflichtigen auf eine Gefähr-dung der Einbringlichkeit gerichtet ist, oder soweit mit der Bescheidbeschwerde ein Punkt angefochten wird, in dem der Bescheid nicht von einem Anbringen des Abgabe-pflichtigen abweicht (Abs 2). Für die Aussetzung sind **Aussetzungszinsen in Höhe von 2 % über dem Basiszinssatz** zu entrichten (Abs 9). Die Wirkung des Zahlungsaufschubes endet mit der Verfügung über den Ablauf der Aussetzung oder mit Widerruf (Abs 5) und führt zu einer Nachfrist von einem Monat ab Bescheidzustellung (Abs 7). Die Aussetzung hat Vorrang vor einer sonst gewährten Zahlungserleichterung (Abs 5).

---

43   VwGH 26.11.2014, 2012/13/0114.

Säumniszuschlag (§ 217)   1083

> Wird eine Abgabe **nicht spätestens am Fälligkeitstag entrichtet**, so sind **Säumnis-zuschläge** zu entrichten (§ 217).

Der erste Säumniszuschlag beträgt **2 %** des nicht zeitgerecht entrichteten Steuerbetrags (Abs 2). Zwei weitere Zuschläge in Höhe von jeweils 1 % können nach Vollstreckbarkeit verhängt werden (Abs 2 → 1099). **Kein Säumniszuschlag** ist festzusetzen für Nebengebühren (Abs 1), für (i) Beträge bis EUR 50 (Abs 10) (ii) bei Aussetzung der Einhebung (§ 212a, Abs 4), (iii) bis zum Ende des Zahlungsaufschubs (§ 212, Abs 4), (iv) wenn die Säumnis nicht mehr als fünf Tage beträgt und andere gemeinsam zu verbuchende Abgaben der letzten sechs Monate immer zeitgerecht entrichtet wurden (Abs 5). Der Abgabepflichtige kann einen Antrag auf Herabsetzung oder Nichtfestsetzung des Säumniszuschlags stellen, wenn ihn an der Säumnis kein grobes Verschulden trifft. Bei nachträglicher Herabsetzung von Abgabenschulden sind auch die davon abgeleiteten Säumniszuschläge rückwirkend zu mindern (Abs 7, 8 und 9).

Kein Säumniszuschlag ist zu erheben, sofern nach Entstehen der Abgabenschuld, aber noch vor deren Fälligkeit, das **Insolvenzverfahren eröffnet** wird. In diesem Fall handelt es sich um eine **Insolvenzforderung** und die insolvenzrechtlichen Grundsätze gehen vor. Dagegen können Abgabenschulden, die erst nach der Insolvenzeröffnung entstehen, als **Masseforderungen** auch Säumniszuschläge auslösen. Masseforderungen entstehen in Abgrenzung zu Insolvenzforderungen in sachlicher und zeitlicher Hinsicht während des Insolvenzverfahrens.[44]

Anspruchszinsen (§ 205) und Umsatzsteuerzinsen (§ 205c)   1084

Zinsen vor Fälligkeit der Abgabenschuld aufgrund einer späten Festsetzung entstehen grundsätzlich nicht. Aufgrund der erst **nach Festsetzung fällig werdenden Einkommen- und Körperschaftsteuer** unterliegen Differenzbeträge an Einkommen- und Körperschaftsteuer ab 1.10. des Folgejahres nach Entstehen des Abgabenanspruchs bis zum Zeitpunkt der Bekanntgabe des Abgabenbescheids einer besonderen Verzinsung (**Anspruchszinsen, § 205**).

Die Anspruchszinsen betragen pro Jahr **2 % über dem Basiszinssatz**. Anspruchszinsen, die den Betrag von EUR 50 nicht erreichen, sind nicht festzusetzen. Anspruchszinsen sind für einen Zeitraum von höchstens 48 Monaten festzusetzen (Abs 2). Differenzbeträge sind Unterschiedsbeträge aus dem Abgabenbescheid nach Gegenüberstellung von Vorauszahlungen und bisher festgesetzten Abgaben. Bei einer geänderten Steuerfestsetzung ist nicht zugleich ein ursprünglich ergangener Zinsenbescheid abzuändern, sondern es ergeht amtswegig ein neuer Zinsenbescheid[45] (insb für die EUR-50-Grenze relevant). Freiwillige Anzahlungen durch den Abgabepflichtigen werden nur bei Ermitt-

---

44   OGH 24.8.2011, 3 Ob 103/11k; VwGH 23.11.1994, 91/13/0259.
45   VwGH 28.5.2009, 2006/15/0316.

lung von Nachforderungszinsen berücksichtigt (Abs 4, auch neben einem Verspätungs-zuschlag möglich[46]). Daraus ergeben sich:

- **Gutschriftzinsen** zu Gunsten des Abgabepflichtigen (Abs 5), oder
- **Nachforderungszinsen** zu Lasten des Abgabepflichtigen (Abs 4).

Mit **Umsatzsteuerzinsen** zu verzinsen sind Gutschriften und Nachforderungen ab dem 91. Tag bis zum Eintritt des verspäteten Ereignisses. Bei Gutschriften beginnt der Zins-lauf ab dem 91. Tag ab Einlagen der Umsatzsteuervoranmeldung oder der Umsatzsteuer-Bei Nachforderungen beginnt der Zinslauf ab dem 91. Tag ab Fälligkeit bis zur verspätet eingereichten Voranmeldung oder Bekanntgabe des Bescheides oder Erkenntnisses. Eine Nachforderung ist auch zu verzinsen ab dem 1. Oktober des Folgejahres bis zur Be-kanntgabe des Bescheides bzw Erkenntnisses. Umsatzsteuerzinsen können sich auch aus nachträglichen Bescheidänderungen ergeben. Die Umsatzsteuerzinsen betragen pro Jahr **2 % über dem Basiszinssatz**. Umsatzzinsen unter EUR 50 sind nicht festzusetzen (§ 205c).

1085 Entrichtung und Tilgung von Abgaben, Abgabenkonto

Für den Abgabepflichtigen bestehen ein oder mehrere **Abgabenkonten**, die auf die Ab-gaben (Lastschriften), Zahlungen und sonstige Gutschriften zu verbuchen sind. Lau-fende Abgaben sind gemeinsam zu verbuchen, sonstige Abgaben sind einzeln zu verbuchen (§ 213). Die **Entrichtung** der Abgaben erfolgt durch:

- **Verrechnung** von Zahlungen oder sonstigen Gutschriften (§ 211),
- **Verwendung** von Guthaben (§ 215).

Zahlungen erfolgen in bar, mit Erlagschein, per Überweisung (Electronic-Banking) oder Einziehungsauftrag (SEPA-Lastschriftverfahren VO, möglich für Einkommensteuer-vorauszahlungen). Eine Überweisung innerhalb von drei Tagen nach Fälligkeit, ohne Samstage, Sonntage und gesetzliche Feiertage, führt noch nicht zum Eintritt von Ver-spätungsfolgen (Respirofrist, § 211 Abs 2). **Sonstige Gutschriften** ergeben sich aus Än-derung oder Aufhebung von Abgabenfestsetzungen oder Abschreibungen von Abgaben. Eine Entrichtung ist auch durch Aufrechnung oder Zession möglich.

Zahlungen und sonstige Gutschriften sind mit einer Abgabe bei zusammengefasster Verbuchung entsprechend ihrem Verwendungszweck (**Verrechnungsweisung**) oder ihrem Zusammenhang zu verrechnen, ansonsten mit der schwerfälligsten (ältesten) Abgabenschuld. Bereits wirksame Zahlungserleichterungen sind zu berücksichtigen, eine Verrechnung mit ausgesetzten Abgabenschulden ist nur auf Verlangen des Abgabe-pflichtigen zulässig (§§ 214, 212a).

Ein aufgrund der Gebarung sich ergebendes **Guthaben** ist zur Tilgung fälliger Abgaben-schulden zu verwenden (§ 215). Ein verbleibendes Guthaben ist grundsätzlich zurückzu-zahlen (§ 239) oder auf Antrag zugunsten eines anderen Abgabepflichtigen umzubuchen oder zu überrechnen (§ 215 Abs 4).

46   VwGH 13.9.2018, Ro 2016/15/0005.

Auf Antrag kann der Abgabepflichtige einen **Abrechnungsbescheid** über die Richtigkeit der Verbuchung auf dem Abgabenkonto sowie darüber erhalten, ob und inwieweit eine Zahlungsverpflichtung durch Erfüllung eines bestimmten Tilgungstatbestands erloschen ist (§ 216).

Abgabepflichtige können indirekte Abgaben, die **wirtschaftlich von einem anderen zu tragen sind** und auch getragen werden, **nicht** als Gutschrift auf dem Abgabenkonto, Rückzahlung (§ 239), Umbuchung oder Überrechnung von Guthaben und die Verwendung von Tilgung von Abgabenschulden geltend machen, wenn dies zu einer **ungerechtfertigten Bereicherung** des Abgabepflichtigen führen würde (§ 239a).

Beispiel:
Wird die Umsatzsteuer vom leistenden Unternehmer geschuldet und vom Empfänger getragen, dann kann der leistende Unternehmer die zu vermindernde Umsatzsteuer im Falle einer Abänderung des Umsatzsteuerbescheids nicht geltend machen, solange er auch nicht dem Empfänger die verminderte Umsatzsteuer rückerstattet.

Vertiefung: Finanzordnungswidrigkeit

1086

Vorsätzlich verspätete Zahlungen von Selbstbemessungsabgaben begründen eine **Finanzordnungswidrigkeit** (§ 49 FinStrG → 1117). Dies ist für die USt relevant. Ebenso begründen ungerechtfertigte Zahlungserleichterungen eine Finanzordnungswidrigkeit (§ 50 FinStrG → 1118).

Bei wissentlicher Verkürzung der Abgabenbeträge durch Nichteinreichung einer Abgabenerklärung bei Selbstberechnung handelt es sich hingegen um finanzstrafrechtlich zu verfolgende **Abgabenhinterziehung** oder **Abgabenbetrug** (USt-Voranmeldung, LSt, DB, DBZ → 1119).

3.3. Sicherung des Abgabenanspruchs

1087

Die Einbringung des Abgabenanspruchs kann **gesichert** werden durch:

- Unbedenklichkeitsbescheinigung (§ 160),
- Sicherheitsleistungen (§ 222),
- Sicherstellungen bis zur Vollstreckbarkeit (§ 232),
- Geltendmachung von persönlichen (§ 224) und sachlichen Haftungen (§ 225).

Vertiefung: Bescheinigung der Unbedenklichkeit (§ 160 BAO)

1088

Bestimmte Vorgänge können zivilrechtlich nur dann wirksam vorgenommen werden, wenn eine **Unbedenklichkeitsbescheinigung** des Finanzamts oder eine vergleichbare Erklärung vorliegt. Der Inhalt beschränkt sich darauf, dass die maßgebenden Abgaben entrichtet sind, Sicherheit geleistet wird oder Abgabenfreiheit gegeben ist.[47]

Dazu zählen **Eintragungen in das Grundbuch** (Grunderwerbsteuer, Stiftungseingangssteuer) und **Löschungen im Firmenbuch** von AG, GmbH, FlexCo, Genossenschaften

---

47   § 160 Abs 4 letzter Satz BAO; Verf 34a.

und Privatstiftungen (§ 160). Für Kapitalgesellschaften gehen § 40 FBG (amtswegige Löschung) § 160 Abs 3 vor. Neben den gesetzlich vorgesehenen Unbedenklichkeitsbescheinigungen kann im Ermessen der Behörde eine **sonstige Unbedenklichkeitsbescheinigung für Dritte** (zB für internationale Ausschreibungen) ausgestellt werden.

1089 Vertiefung: Sicherheitsleistung (§ 222)

Zur **Sicherung des Abgabenanspruchs** sehen die Abgabenvorschriften eine **Sicherheitsleistung** vor (§ 222). Der Abgabepflichtige kann selbst Sicherheiten anbieten, um Nachteile abzuwenden oder Vorteile zu erhalten.

> **Beispiele:**
> **Als derartige Sicherheiten gelten:** der Erlag von Geld oder inländischen Wertpapieren, sowie subsidiär eine Hypothek an einem inländischen Grundstück, eine Bankgarantie, zahlungsfähige inländische Bürgen, Verpfändung von Bankdepots oder Abtretungen von Forderungen gegen zahlungsfähige inländische Schuldner.
> **Sicherheiten sind zu leisten** zur Ausstellung einer Unbedenklichkeitsbescheinigung (§ 160 Abs 4), insbesondere im Falle der Ratenzahlung der GrESt (keine vollständige Entrichtung) zur Eintragung des Grundstücks im Grundbuch; Abgabenexekutionsordnungen (§ 50) zum Verkauf aus freier Hand; aufgrund von Verbrauchsteuergesetzen oder zur Verlängerung von Fristen (§ 110).

1090 Vertiefung: Sicherstellung (§§ 232 f)

Die Abgabenbehörde kann an den Abgabepflichtigen einen **Sicherstellungsauftrag** (§ 232) erlassen, um einer **Gefährdung oder wesentlichen Erschwerung der Einbringung** der Abgabe zu begegnen, und zwar:

- ab **Entstehen** des Abgabenanspruchs dem Grunde nach **bis zum Eintritt der Vollstreckbarkeit** (Abs 1), oder
- ab **Anhängigkeit eines Strafverfahrens** über ein vorsätzliches Finanzvergehen oder eine vorsätzliche Verletzung von Abgabenvorschriften der Länder und Gemeinden hinsichtlich des voraussichtlich verkürzten Abgabenbetrags (Abs 3).

Der Abgabepflichtige kann diesen Auftrag durch **Erlag** eines von der Abgabebehörde zu bestimmenden Betrags vermeiden (Abs 1). Der Sicherstellungsauftrag ist Grundlage und Titel für das finanzbehördliche und gerichtliche Sicherungsverfahren (§ 233).

> **Beispiele für Sicherstellungen:**
> Drohendes Insolvenzverfahren, Exekutionsführung von dritter Seite, Auswanderungsabsicht, Vermögensverschiebung ins Ausland oder an Verwandte, dringender Verdacht einer Abgabenhinterziehung.[48]

1091 Geltendmachung der Haftung, Konsequenzen (§ 224 BAO)

Persönliche Haftungen für Abgabenschulden sind in den Abgabenvorschriften geregelt. Die persönliche Haftung wird durch Erlassung von **Haftungsbescheiden** geltend gemacht (§ 224).

---

48   VwGH 7.2.1990, 89/13/0047.

Dadurch wird der Haftende zum Gesamtschuldner (§ 7). In diesem ist der **Haftungspflichtige** unter Hinweis auf den gesetzlichen Haftungstatbestand **aufzufordern**, die Abgabenschuld, für die er haftet, binnen einer Frist von **einem Monat** zu entrichten (§ 224 Abs 1). Man unterscheidet die Haftung für die Entrichtung der Steuer (dem Grunde nach) von der Haftung für die Richtigkeit der Steuer (der Höhe nach). Persönliche Haftungen erstrecken sich auch auf Nebenansprüche. Unabhängig von der abgabenrechtlichen Haftung besteht eine allgemeine **zivilrechtliche Haftung** nach § 38 UGB, § 1409 ABGB oder § 15 SpaltG. Diese ist nicht mittels Haftungsbescheid, sondern auf zivilrechtlichem Weg über die ordentlichen Gerichte geltend zu machen.

Neben persönlichen Haftungen bestehen auch **sachliche Haftungen** von Gegenständen, die auch gleichzeitig geltend gemacht werden können (§ 7 Abs 2). Haftungen an beweglichen Gegenständen werden durch Beschlagnahmebescheide geltend gemacht, unbewegliche Sachen nach der Exekutionsordnung (§ 225).

> **Beispiele:**
> **Persönlicher Haftungstatbestand:** Vertreterhaftung bei Pflichtverletzung, Täterhaftung bei finanzstrafrechtlicher Verurteilung, Zurechnungshaftung aufgrund der Zurechnung von Vermögen, inklusive Erwerberhaftung, Haftung als Abfuhrverpflichteter oder sonst mit abgabenrechtlichen Pflichten Betrauter.
>
> **Sachlicher Haftungstatbestand:** Sachliche Haftungen bestehen generell für Gegenstände, die einer Verbrauchsteuer unterliegen, für die darauf ruhenden Abgaben (§ 17).

Vertiefung: Vertreterhaftung (§§ 9 f BAO)   1092

Rechtliche Vertreter haften neben den durch sie vertretenen Abgabepflichtigen für die diese treffenden Abgaben insoweit, als die Abgaben infolge **schuldhafter Verletzung** der den Vertretern auferlegten Pflichten **nicht eingebracht** werden können (§ 9 Abs 1).

Besondere Haftungen bestehen daneben für folgende Personen:

- **Faktische Machthaber,** die auf Abgabepflichtige und rechtliche Vertreter tatsächlich Einfluss nehmen, haften für Abgaben insoweit, als sie diesen Einfluss nicht dahingehend ausüben, dass diese Personen ihre Abgabenpflichten erfüllen und die Abgaben infolge ihrer Einflussnahme nicht eingebracht werden können (§ 9a).
- **Steuerliche Vertreter** (Notare, Rechtsanwälte, Wirtschaftstreuhänder) haften wegen Handlungen in Ausübung ihres Berufs bei der Beratung in Abgabensachen im Falle der Verletzung von Berufspflichten, soweit die Abgaben infolge schuldhafter Verletzung nicht eingebracht werden können. Die Verletzung der Berufspflichten ist auf Anzeige der Abgabenbehörde im Disziplinarverfahren festzustellen (§ 9 Abs 2).

> **Beispiele:**
> 1. **Geschäftsführer/Vorstand:** Als Vertreter der Gesellschaft haften sie für schuldhaft nicht entrichtete Abgabenschulden der Gesellschaft.
> 2. **Vertretung eines Vereins:** Vertreter eines Vereins sind die nach außen zur Vertretung befugten Personen. Ein intern verantwortlicher Kassier kann nicht zur Haftung herangezogen werden.[49]

---

49   BFG 4.4.2016, RV/2100191/2016.

1093 Vertiefung: Täterhaftung (§ 11)

Finanzstrafrechtlich verurteilte Täter und Tatbeteiligte haften bei vorsätzlichen Finanzvergehen und vorsätzlicher Verletzung von Abgabenvorschriften für die dadurch bewirkte Abgabenverkürzung (§ 11).

> **Beispiel:**
>
> Die Abgabenverkürzung aufgrund der Rechnungsmanipulation durch einen Angestellten zur Erreichung einer Vorsteuererstattung führt zur Haftung des Angestellten für die Abgabenschuld seines Arbeitgebers. Die Haftung wird insbesondere dann relevant, wenn der Arbeitgeber insolvent ist.

1094 Vertiefung: Zurechnungshaftung (§§ 13 ff)

Personen haften aufgrund der **Zurechnung von Vermögen** für bestimmte Abgaben.

> **Beispiele:**
>
> 1. **Gesellschafter von abgabepflichtigen Personenvereinigungen** ohne eigene Rechtspersönlichkeit haften für Abgaben der Personenvereinigung im Umfang der zivilrechtlichen Haftung (§ 12). Mit Beendigung der Personenvereinigung gehen die Pflichten auf die Gesellschafter über (§ 19 Abs 2).
> 2. **Juristische Personen als Organgesellschaft** haften soweit die Abgaben des beherrschenden Unternehmens sich auf den Betrieb der Organgesellschaft gründen (§ 13).
> 3. **Erwerber von Unternehmen** haften für bestimmte, vor dem Erwerb entstandene Abgaben und Steuerabzugsbeträge (§ 14).
> 4. **Wesentlich beteiligte Gesellschafter** haften persönlich, jedoch beschränkt mit den in ihrem Eigentum befindlichen Wirtschaftsgütern für Abgaben, die sich auf den Betrieb der Körperschaft gründen, wenn diese Wirtschaftsgüter dem Betrieb der Körperschaft dienen (§ 16).
> 5. **Bei Gesamtrechtsnachfolge** gehen die Pflichten des Rechtsvorgängers auch auf den Rechtsnachfolger über. Daher können insoweit auch Haftungen übergehen (§ 19).

Darüber hinaus haften Personen aufgrund der **Beteiligung an Rechtsgeschäften oder Umsätzen**.

> **Beispiel:**
>
> Im Falle des Übergangs der Steuerschuld auf den Leistungsempfänger haftet der leistende Unternehmer weiterhin für die Umsatzsteuer (§ 19 UStG). Die übrigen am Rechtsgeschäft beteiligten Personen haften für die Rechtsgeschäftsgebühr (§ 30 GebG).

1095 Vertiefung: Erwerberhaftung (§ 14)

Als Teil der Zurechnungshaftung haften **Erwerber** eines im **Unternehmens** oder eines im Rahmen eines Unternehmens gesondert geführten **Betriebs** für bestimmte Abgaben (§ 14).

Die **Haftung umfasst:**

- entstandene **Betriebsabgaben** seit Beginn des letzten Kalenderjahres vor Übereignung (Abs 1 lit a),
- fällige **Steuerabzugsbeträge** seit dem Beginn des letzten Kalenderjahres vor der Übereignung (Abs 1 lit b).

Die Haftung ist **beschränkt** mit den Schulden, die der Erwerber im Zeitpunkt der Übereignung kannte oder kennen musste, und mit der Höhe des übertragenen Vermögens ohne Abzug von Schulden, abzüglich bereits entrichteter Abgabenschulden (Abs 1). **Keine Haftung** besteht bei Erwerb im Zuge eines Vollstreckungsverfahrens oder bei Erwerb aufgrund der Insolvenz aus der Insolvenzmasse oder bei Erwerb von einer während der Überwachung im Sanierungsverfahren bezeichneten Person als Treuhänder der Gläubiger (Abs 2). **Zweck der Haftung** ist es, das Unternehmen bzw den Betrieb als Haftungsfonds für Abgabenschulden weiterhin zur Verfügung zu haben.[50]

Anwendungsfälle und Beispiele:

1. **Erwerb:** Unter Erwerb ist die Übertragung der wirtschaftlichen Verfügungsmacht zu verstehen, wie diese insbesondere zivilrechtlich durch Kauf, Schenkung, Tausch, Legat oder Sacheinlage erfolgt. Es muss ein lebensfähiges oder lebendes Unternehmen bzw Betrieb, und dabei nur die wesentlichen Grundlagen, übergehen, unabhängig davon, ob der Erwerber das Unternehmen bzw den Betrieb fortführt.
2. **Betriebsabgaben** sind Umsatzsteuer, Kommunalsteuer und Normverbrauchsabgabe, nicht jedoch Einfuhrumsatzsteuer, Einkommen- und Körperschaftsteuer, Dienstgeberbeitrag und sonstige Steuern, die weder ein Unternehmen noch einen Betrieb voraussetzen.
3. **Steuerabzugsbeträge** sind Lohnsteuer, Kapitalertragsteuer, Abzugsteuer beschränkt Steuerpflichtiger nach § 99 EStG und Umsatzsteuerabzug für ausländische Unternehmer nach § 27 Abs 4 UStG.
4. **Zeitraum:** Die Haftung ist bei Übereignung zum 30.9. eines Jahres beschränkt auf die Abgaben, die im Vorjahr und in der Periode 1.1. bis 30.9. entstehen bzw fällig werden.
5. **Kenntnis der Abgabenschulden:** Der Maßstab der Sorgfalt orientiert sich an der allgemein üblichen Sorgfaltsanwendung bei Unternehmenserwerben nach § 1409 ABGB. Dies erfordert aktives Tun, also die Einsichtnahme in die Bücher, die Befragung des Veräußerers und die Prüfung von Unterlagen wie Buchungsmitteilungen und Auszügen aus dem Abgabenkonto. Leichte Fahrlässigkeit schadet bereits.

Der **Erwerber** kann auch nach **zivilrechtlichen** Bestimmungen zur **Erwerberhaftung** herangezogen werden. Eine Erwerberhaftung ist insbesondere in § 1409 ABGB und § 38 UGB vorgesehen. Darüber hinaus haften Erwerber **bei unrichtigen und unvollständigen Erklärungen des Rechtsvorgängers**, sofern sie dies nicht innerhalb von drei Monaten ab Kenntnis anzeigen (→ 1006).

Vertiefung: Personen mit besonderen Abfuhr-, Anzeige- und Meldepflichten   1096

Neben den Abgabepflichtigen **haften** Personen bei Pflichtverletzungen aufgrund besonderer **Abzugspflichten, Anzeigepflichten** oder **Meldepflichten**.

Abgabenvorschriften betrauen bestimmte Personen mit der Verpflichtung, Abgaben von Abgabepflichtigen einzubehalten und an das zuständige Finanzamt **abzuführen**. Abzugsverpflichtete **haften** für die ordnungsgemäße Berechnung, den Einbehalt und die Entrichtung der Abzugsteuern.

Beispiele:

ImmoESt durch den Parteienvertreter (§ 30c Abs 3 EStG), **LSt** durch den Arbeitgeber (§§ 82, 82a EStG), **KESt** durch den Schuldner, die auszahlende oder depotführende Stelle (§ 95 Abs 1 EStG), **AbzSt** durch den Schuldner der Einkünfte (§ 100 Abs 2 EStG), **USt** durch den Leistungsempfänger (§ 27 Abs 4 UStG), **Gebühren** durch zur Selbstberechnung Verpflichtete (§ 3 Abs 4a und § 33 TP 5 Abs 5 GebG), **GrESt** bei Selbstberechnung durch den Parteienvertreter (§ 13 Abs 4 GrEStG), **Versicherungssteuer** durch Versicherer (§ 7 Abs 1 VersStG).

---

50   Vgl VwGH 15.11.2005, 2004/14/0046.

Darüber hinaus **haften** Personen, sofern sie bestimmten **Anzeige- oder Meldepflichten** nicht nachkommen. Allgemein haften **Vermögensverwalter von Vermögen, gesetzliche Vertreter und Erwerber von Unternehmen** für vorenthaltene Abgaben aufgrund nicht eingereichter oder unrichtiger Abgabenerklärungen vor Übernahme ihrer Funktion bzw Erwerb des Unternehmens, sofern sie innerhalb von drei Monaten ab Kenntnis davon der Abgabenbehörde **keine Anzeige** erstatten (§ 15 → 1006).

> **Beispiele:**
> Haftung aufgrund einer **nicht ordnungsgemäßen Gebührenanzeige** durch Urkundenverfasser und jeden, der eine Urkunde als Bevollmächtigter oder ein Gedenkprotokoll als Zeuge unterzeichnet oder eine im Ausland errichtete Urkunde (deren beglaubigte Abschrift) im Zeitpunkt des Entstehens der Gebührenschuld in Händen hat (§ 30 GebG).

3.4. Vollstreckbarkeit von Abgabenansprüchen

1097 Vollstreckbarkeit und Mahnung

Die den Abgabenbehörden bekannten Abgabenansprüche, die **nicht spätestens am Fälligkeitstag entrichtet** werden, sind **vollstreckbar** und einzumahnen (§ 227) und zwar in Höhe des:

- von der Abgabenbehörde **festgesetzten Ausmaßes**,
- **selbst berechneten und der Abgabenbehörde bekannt gegebenen Betrags**, solange die Voraussetzungen für die Selbstberechnung einer Abgabe durch den Abgabepflichtigen oder Abfuhrpflichtigen ohne abgabebehördliche Festsetzung gegeben sind (§ 226).

Werden daher Selbstberechnungsabgaben **zu niedrig berechnet und bekannt gegeben**, dann werden darüber hinausgehende Abgabenbeträge erst aufgrund späterer Berichtigung der Selbstberechnung oder Festsetzung durch die Abgabenbehörde vollstreckbar.

Die **Mahnung** (§ 227) wird entweder durch eine rechtzeitige Verständigung (Buchungsmitteilung, Lastschriftanzeige) ersetzt, im Wege eines Mahnschreibens, in dem der Abgabepflichtige aufgefordert wird, binnen zwei Wochen die Abgabe zu entrichten (Mahnklausel), vollzogen oder entfällt in bestimmten Fällen, weil die Kenntnis der Abgabenschuld vorausgesetzt oder als nicht notwendig angesehen wird (Selbstberechnung, bei Ablehnung oder Gewährung von Zahlungserleichterung, Nebengebühren; § 227). Sie hat auch zu erfolgen, wenn eine Abgabenschuld aufgrund einer Umbuchung, einer Rückzahlung oder einer unrichtigen Verbuchung rückgängig gemacht wurde, kann aber durch eine rechtzeitige Verständigung ersetzt werden (§ 228).

1098 Rückstandsausweis und Bescheinigung (§ 229)

Als Grundlage für die spätere Einbringung ist über die vollstreckbar gewordenen Abgabenschulden ein **Rückstandsausweis** (§ 229) auszustellen. Der Rückstandsausweis ist Exekutionstitel für das finanzbehördliche und gerichtliche Vollstreckungsverfahren (§ 229 letzter Satz). Innerhalb der EU kann die Vollstreckung auch grenzüberschreitend aufgrund des EU-Vollstreckungsamtshilfegesetzes erfolgen. Auf Antrag des Abgabepflichtigen hat das zuständige Finanzamt eine Bescheinigung über die Höhe des vollstreckbar aushaftenden Rückstands auszustellen (**Rückstandsbescheinigung**). Diese Bescheinigung dient insbesondere als notwendiger Nachweis im Vergabeverfahren. Der Antrag kann über FinanzOnline gestellt werden (§ 229a).

Säumniszuschläge (§ 217) 1099

Ein **zweiter Säumniszuschlag** von 1 % ist zu entrichten, soweit **nach drei Monaten** ab dem Zeitpunkt der Vollstreckbarkeit keine Zahlung erfolgt. Ein **dritter Säumniszuschlag** nach **weiteren drei Monaten** ist in Höhe von 1 % der bis zu diesem Zeitpunkt ausständigen Zahlung zu entrichten (§ 217 Abs 3 → 1083).

3.5. Einbringung von Abgaben

Vollstreckung 1100

> **Vollstreckbar gewordene Abgabenschulden** sind von der Abgabenbehörde **zwangsweise einzubringen.**

Keine Einbringung erfolgt, soweit die Einbringung:

- gehemmt (§ 230),
- ausgesetzt (§ 231), oder
- aufgeschoben ist (§ 85 VfGG oder § 30 VwGG).

Abgabenbeträge unter EUR 20 sind nicht zu vollstrecken (§ 242). Abgaben können grundsätzlich im **abgabenbehördlichen** (Abgabenexekutionsordnung) oder **gerichtlichen** (Exekutionsordnung) Vollstreckungsverfahren eingebracht werden. Einige Exekutionsarten sind nur im gerichtlichen Vollstreckungsverfahren möglich (§ 3 AbgEO).

Hemmung und Aussetzung der Einbringung 1101

Während einer **Mahn- oder Zahlungsfrist** dürfen Einziehungsmaßnahmen weder eingesetzt noch fortgeführt werden. Auch ein Ansuchen auf **Zahlungserleichterung** (§ 212) hemmt grundsätzlich bis zu seiner Erledigung die Einbringung (§ 230).

Die Einbringung fälliger Abgaben kann ausgesetzt werden, wenn sie **vorübergehend nicht erfolgversprechend oder nicht verhältnismäßig** zum betriebenen Aufwand ist, jedoch noch die Möglichkeit einer späteren Einbringlichkeit der Abgaben besteht. Eine Aussetzung hemmt nicht die Verjährungsfrist. Die Einbringung ist innerhalb der Verjährungsfrist bei Wegfallen der Gründe wieder aufzunehmen (§ 231).

Abschreibung und Entlassung aus der Gesamtschuld (§§ 235 ff) 1102

Ist **endgültig** nicht mehr mit der Einbringung einer bereits fälligen Abgabenschuldigkeit zu rechnen, so kann diese von Amts wegen **gelöscht** werden (§ 235). **Auf Antrag** des Abgabepflichtigen kann die Schuld ganz oder teilweise **nachgesehen** werden, wenn die Entrichtung bereits fälliger oder bezahlter Abgaben nach der Lage des Falls **unbillig** erscheint (§ 236, VO zur Unbilligkeit der Einhebung nach § 236). In beiden Fällen der Abschreibung (Löschung, Nachsicht) erlischt der Abgabenanspruch. Er kann jedoch durch **Widerrufung** wieder aufleben und ist dann innerhalb eines Monats zu entrichten.

Auf Antrag eines Gesamtschuldners kann dieser ganz oder teilweise **von seiner Abgaben-schuld entlassen** werden, sofern dies der Billigkeit entspricht. Der Anspruch bleibt gegen-über den übrigen Gesamtschuldnern unverändert aufrecht. Ein Widerruf der Entlassung ist möglich, wobei die Zahlung dann innerhalb eines Monats zu erfolgen hat (§ 237).

Beispiele:

Abschreibungen erfolgen auch nach der Insolvenzverordnung im Sanierungsverfahren bei Schuldbefreiung.

Nachsicht: Die Unbilligkeit kann persönlicher oder sachlicher Natur sein. Eine persönliche Unbilligkeit liegt bei sonstiger Existenzgefährdung oder außergewöhnlichen wirtschaftlichen Auswirkungen (Abgabenentrichtung nur durch Notverkäufe) vor. Eine sachliche Unbilligkeit liegt bei außergewöhnlicher, atypischer Belastung vor, und zwar zum Beispiel dann, wenn auf-grund von begründetem Vertrauen auf die Rechtslage für die Verwirklichung des die Abgaben-pflicht auslösenden Sachverhalts bedeutsame Maßnahmen gesetzt wurden (VO zur Unbillig-keit der Einhebung nach § 236).

1103 Verjährung der Einhebung und Einbringung (§ 238)

Das Recht eine Abgabe einzuheben **verjährt** mit Ablauf des **fünftfolgenden Jahres nach deren Fälligkeit** (**Einhebungsverjährung**), keinesfalls jedoch früher, als das Recht zur Festsetzung der Abgabe (Festsetzungsverjährung → 1052). Jede nach außen erkennbare Amtshandlung zur Eintreibung der Abgabe unterbricht allerdings die Verjährungsfrist. Mit Ablauf des betroffenen Jahres beginnt die Frist sodann von neuem zu laufen (§ 238).

3.6. Rückzahlung von Guthaben und Abgaben

1104 Rückzahlung von Guthaben (§ 239)

Guthaben auf dem Abgabenkonto können auf Antrag oder von Amts wegen **ausgezahlt** werden (§ 239). Die Abgabenbehörde kann in ihrem Ermessen die Rückzahlung von Guthaben bis zur Höhe von bereits festgesetzten, innerhalb von drei Monaten nach dem Rückzahlungsantrag fälligen Abgaben verweigern (Abs 2).[51] Rückzahlungen oder Erstat-tungen **ohne Rechtsgrund** können von der Abgabenbehörde wieder **rückgefordert** werden (§ 241a).

1105 Rückzahlung von Abgaben (§ 240)

Zu **Unrecht einbehaltene Abzugsteuern** sind **vom Abfuhrpflichtigen** innerhalb des laufenden Kalenderjahres auszugleichen oder auf Verlangen des Abgabepflichtigen zurückzuzahlen (§ 240 Abs 1).

Der Abgabepflichtige kann die **Rückzahlung** des zu Unrecht einbehaltenen Betrags **von der Abgabenbehörde** verlangen, sofern die Rückzahlung oder ein Ausgleich nicht durch den Abfuhrpflichtigen erfolgt, ein Ausgleich durch Veranlagung erfolgt oder zu erfolgen hätte (§ 240 Abs 3).

---

51   VwGH 26.6.2001, 97/14/0166.

Der Antrag ist bis zum Ablauf des **fünftfolgenden** Jahres nach der unrechtmäßigen Einbehaltung zu stellen (§ 240). Anträge **beschränkt** Steuerpflichtiger auf Rückzahlung (Zurückzahlung) oder Erstattung (Rückerstattung) der von Abfuhrpflichtigen einbehaltenen LSt, Abzugsteuer, oder KESt (für unbeschränkt Steuerpflichtige erfolgt eine Veranlagung) sind erst **nach Ablauf des Jahres der Einbehaltung** nach elektronischer Vorausmeldung durch den Steuerpflichtigen unter Beilage dieser und einer Ansässigkeitsbescheinigung zulässig, wenn sich diese auf bestimmte Rechtsgrundlagen stützen (§ 240a, VO zur Vorausmeldung).

Anwendungsfälle:

§ 240 Abs 3 (zu Unrecht einbehaltene Abzugsteuern), § 94 Z 2 (Entlastung aufgrund der Mutter-Tochter-Richtlinie) oder Z 10 EStG (Fonds), § 98, § 99 EStG, § 21 Abs 1 Z 1a KStG (Rückerstattung von KESt auf Dividenden ohne Anrechnungsmöglichkeit bei EU/EWR-Körperschaften), ein entsprechendes Doppelbesteuerungsabkommen, oder die Rückzahlung aufgrund der Steuerbefreiung von ausländischen Pensionskassen nach § 6 Abs 1 KStG erfolgen soll (§ 240a).

Kapitel 19

Finanzstrafrecht[1] – Materielles Finanzstrafrecht

1. Überblick

1106

Das Finanzstrafrecht ordnet verwaltungsrechtliche oder gerichtliche Strafen für **steuerliche Pflichtverletzungen von Steuerpflichtigen** an, die fahrlässig oder vorsätzlich begangen wurden. Die Strafen bestehen entweder aus Geld- oder in Freiheitsstrafen.

Finanzstrafsubjekt

1107

Finanzvergehen begehen **natürliche Personen** als **schuldhaft**, vorsätzlich oder grob fahrlässig handelnde unmittelbare Täter, Bestimmungstäter oder Beteiligungstäter (subjektive Tatseite). Neben dem Täter kann auch ein **Verband** zusätzlich für Straftaten von Mitarbeitern oder Entscheidungsträgern verantwortlich gemacht werden.

Finanzstrafobjekt

1108

Finanzvergehen sind sowohl die **als Finanzstraftatbestand im FinStrG** aufgezählten, mit Strafe bedrohten Taten (objektive Tatseite) natürlicher Personen als auch andere ausdrücklich mit Strafe bedrohten Taten, wenn sie in einem Bundesgesetz **als Finanzvergehen** oder **als Finanzordnungswidrigkeit bezeichnet** sind.

Die Handlung muss sich auf eine durch das FinStrG erfasste **Abgabe** beziehen, im **Zeitpunkt** ihrer Begehung strafbar sein und im **Inland** begangen worden sein. Die Strafbarkeit kann durch den Rücktritt vom Versuch, durch Verjährung, durch Bezahlung eines Verkürzungszuschlags oder durch Selbstanzeige eingeschränkt werden.

Ermittlung der Strafe

1109

Finanzvergehen sind durch **Geldstrafen und Freiheitsstrafen** aufgrund eines gesetzlich vorgegebenen **Strafrahmens** der jeweiligen Tat zu ahnden.

Daneben kann auf Verfall, Wertersatz oder Entzug von Berechtigungen erkannt werden. Grundlage für die Strafbemessung ist die **Schuld** des Täters. In bestimmten Fällen reicht eine **Verwarnung**. Strafen können **bedingt** nachgesehen werden.

---

1   Paragraphenverweise ohne Gesetzesangabe beziehen sich auf das Finanzstrafgesetz (FinStrG).

1110 Verhängung und Durchsetzung der Strafe

Die Verhängung der Strafe erfolgt ausschließlich aufgrund eines förmlichen, rechts-staatlichen, verwaltungsbehördlichen oder gerichtlichen **Finanzstrafverfahrens**.

Dieses besteht aus der Einleitung, dem Ermittlungsverfahren, der Entscheidung und dem Vollzug.

Bei Uneinbringlichkeit einer Geldstrafe ist auf eine **Ersatzfreiheitsstrafe** zu erkennen. Darüber hinaus **haften** Dritte für Geldstrafen oder Wertersätze in bestimmten Fällen.

2. Finanzstrafsubjekt

1111 Täterbegriff

Finanzvergehen begehen **natürliche Personen** als gleichrangige Täter (§ 11).

Täter können sein:

- der **unmittelbare** Täter aufgrund seiner Eigenschaft als Abgabepflichtiger oder Abfuhr-pflichtiger oder diesbezüglich tatsächlicher Machthaber oder Beauftragter;
- der **Bestimmungstäter** als derjenige, der einen anderen dazu bestimmt, es auszufüh-ren; oder
- der **Beteiligungstäter** als derjenige, der sonst zu einer Ausführung beiträgt (Wissen reicht nicht).

Für den Täter als Vertreter oder Dienstnehmer **haftet** bei Uneinbringlichkeit der Ver-tretene oder Dienstgeber bei Verschulden für Geldstrafen oder Wertersätze (→ 1155), außer über diesen wird selbst als Verband eine Verbandsgeldbuße verhängt (→ 1113).

Einzelfälle:

1. **Unmittelbare Täter** sind natürliche Personen als Abgabenschuldner, Geschäftsführer und sonstige Vertreter von juristischen Personen oder Personenvereinigungen,[2] Personen, die zur Einhebung und Abfuhr von Abgaben verpflichtet sind, wie insbesondere Abzugsverpflichtete (für die KESt), aber auch Personen, die faktisch die Angelegenheiten für diese Personen wahrnehmen oder damit beauftragt sind und die daher in ihren Aufgabenbereich fallen.[3]
2. **Bestimmungstäter** ist, wer vorsätzlich einen anderen zur Ausführung einer strafbaren Handlung veranlasst, den Tatentschluss im anderen weckt und somit den Anstoß zur Tat gibt. Eine Bestimmung kann im Besonderen durch Bitten, Befehlen, Anheimstellen, Raten, Überreden, Auffordern, Bedrängen, Loben, Versprechen, Bedrohen, Täuschen etc erfol-gen. Der Ausführungstäter muss dagegen weder vorsätzlich noch fahrlässig handeln.[4] Es muss auch keine unmittelbare Verbindung zwischen Bestimmungs- und Ausführungstäter bestehen; eine Mittelsperson reicht aus.[5] Ein Mitarbeiter, der Gelder des Unternehmens veruntreut, ist nicht bereits durch die dadurch gleichzeitig bewirkten nicht entrichteten Abgaben für das Unternehmen Bestimmungstäter.[6]

---

2   VwGH 28.5.2009, 2007/16/0161.
3   VwGH 25.5.2016, 2013/15/0174.
4   VwGH 25.5.2016, 2013/15/0174.
5   VwGH 6.10.1994, 94/16/0133.
6   VwGH 25.5.2016, 2013/15/0174.

3. **Beitragstäter** ist, wer sonst zur Ausführung einer strafbaren Handlung eines anderen beiträgt, indem er dessen Tatbildverwirklichung ermöglicht, erleichtert, absichert oder sonstwie fördert. Der Tatbeitrag kann durch physische oder psychische Unterstützung, somit durch Tat oder durch Rat geleistet werden, worunter etwa ein Bestärken im Tatbeschluss fällt.[7] Der sonstige Beitrag zur Tat muss zu dieser in ihrer individuellen Erscheinungsform in einer kausalen Beziehung stehen; jede, auch die geringste Hilfe, welche die Tat fördert und bis zur Vollendung wirksam bleibt, ist ein ausreichender Tatbeitrag:[8] Erstellung falscher Buchungen, Einreichen der Steuererklärung, zB durch Angestellte oder Steuerberater.

Tätereigenschaft: Schuld, Vorsatz und Fahrlässigkeit   1112

> **Strafbar** ist nur, wer **schuldhaft** handelt. Wer zur Zeit der Tat nicht **zurechnungsfähig** ist, handelt nicht schuldhaft.

Zur Begehung eines Finanzvergehens muss dem Täter hinsichtlich der **inneren oder subjektiven Tatseite** entsprechend dem Finanzvergehen entweder Vorsatz oder (grobe) Fahrlässigkeit vorzuwerfen sein.

Vorsätzlich handelt, wer einen Sachverhalt verwirklichen will, der einem gesetzlichen Tatbild entspricht; dazu genügt es, dass der Täter diese Verwirklichung ernstlich für möglich hält und sich mit ihr abfindet (§ 8 Abs 1).

Fahrlässig handelt, wer die Sorgfalt außer Acht lässt, zu der er nach den Umständen verpflichtet und nach seinen geistigen und körperlichen Verhältnissen befähigt und die ihm zuzumuten ist und deshalb nicht erkennt, dass er einen Sachverhalt verwirklichen könnte, der einem gesetzlichen Tatbestand entspricht. Fahrlässig handelt auch, wer es für möglich hält, dass er einen solchen Sachverhalt verwirkliche, ihn aber nicht herbeiführen will (§ 8 Abs 2). **Grob fahrlässig** handelt, wer ungewöhnlich und auffallend sorgfaltswidrig handelt, sodass der Eintritt eines dem gesetzlichen Tatbild entsprechenden Sachverhalts als geradezu wahrscheinlich vorhersehbar war.

Für eine die **Zurechnungsfähigkeit ausschließende selbstverschuldete Berauschung** ist eine Geldstrafe bis zu EUR 2.000 vorgesehen (§ 52). Dem Täter wird weder Vorsatz noch Fahrlässigkeit zugerechnet, wenn ihm bei einer Tat ein **entschuldbarer Irrtum** (Rechts- und Tatirrtum) unterlief, der ihn das Vergehen oder das darin liegende Unrecht nicht erkennen ließ. Ist er Irrtum **unentschuldbar**, so ist dem Täter grobe Fahrlässigkeit zuzurechnen. Dem Täter wird Fahrlässigkeit auch dann nicht zugerechnet, wen ihm bei der Tat eine **entschuldbare Fehlleistung** unterlief (§ 9). Eine Tat ist nicht strafbar, wenn sie durch Notstand entschuldigt oder, obgleich sie dem Tatbild eines Finanzvergehens entspricht, vom Gesetz geboten oder erlaubt ist (§ 10).

Schuldformen:

1. **Vorsatz** umfasst qualifizierten Vorsatz der Wissentlichkeit (für gewiss halten), Absichtlichkeit, direkten Vorsatz und bedingten Vorsatz (für möglich halten und in Kauf nehmen).

---

7   VwGH 30.3.1998, 97/16/0307.
8   VwGH 18.12.1997, 97/16/0083.

2. **Fahrlässigkeit:** Heranziehung einer ungeeigneten Person zur Erfüllung steuerlicher Verpflichtungen.
3. **Nicht entschuldbarer Irrtum** ist eine nicht offengelegte, nicht vertretbare Rechtsansicht, wenn die Finanzbehörde eine andere Rechtsauffassung vertritt.
4. **Entschuldbarer Irrtum** kann vorliegen, wenn sich der Abgabepflichtige bei einem befugten Parteienvertreter oder der Abgabenbehörde erkundigt und eine falsche Auskunft erhalten hat, es sei denn, dass er Zweifel an der Richtigkeit der Auskunft hätte haben müssen.[9]
5. **Notstand:** Kein Notstand bei Weisung des Dienstgebers.[10]

1113 Verantwortlichkeit von Verbänden

Neben dem Täter kann auch der **Verband** zusätzlich für Straftaten von Mitarbeitern oder Entscheidungsträgern verantwortlich gemacht werden.

Verbände sind juristische Personen sowie eingetragene Personengesellschaften und Europäische wirtschaftliche Interessenvereinigungen (§§ 1 Abs 2, 28a). Ein Verband ist für eine Straftat verantwortlich:

- wenn die Tat **zu seinen Gunsten** begangen worden ist, **oder**
- durch die Tat Pflichten verletzt worden sind, die den Verband treffen.

Für Straftaten eines **Entscheidungsträgers** ist der Verband verantwortlich, wenn der Entscheidungsträger als solcher die Tat rechtswidrig und schuldhaft begangen hat (§ 3). Für Straftaten eines **Mitarbeiters** ist der Verband verantwortlich bei:

- **rechtswidrigem und schuldhaftem Verhalten der Mitarbeiter:** Wenn Mitarbeiter den Sachverhalt, der dem gesetzlichen Tatbild entspricht, rechtswidrig verwirklicht haben; der Verband ist für eine Straftat, die vorsätzliches Handeln voraussetzt, nur verantwortlich, wenn ein Mitarbeiter vorsätzlich gehandelt hat; für eine Straftat, die fahrlässiges Handeln voraussetzt, nur, wenn Mitarbeiter die nach den Umständen gebotene Sorgfalt außer Acht gelassen haben; **und**
- **Verletzung der Überwachungs- und Kontrollpflicht durch Entscheidungsträger:** Die Begehung der Tat wurde dadurch ermöglicht oder wesentlich erleichtert, dass Entscheidungsträger die nach den Umständen gebotene und zumutbare Sorgfalt außer Acht gelassen haben, insbesondere indem sie wesentliche technische, organisatorische oder personelle Maßnahmen zur Verhinderung solcher Taten unterlassen haben.

3. Finanzstrafobjekt – Allgemeine Voraussetzungen

1114 Finanzstraftatbestand: Finanzvergehen

Finanzvergehen sind sowohl die **als Finanzstraftatbestand im FinStrG** aufgezählten, mit Strafe bedrohten Taten natürlicher Personen als auch andere ausdrücklich mit Strafe bedrohten Taten, wenn sie in einem Bundesgesetz **als Finanzvergehen** oder **als Finanzordnungswidrigkeit bezeichnet** sind.

---

9   VwGH 19.11.1998, 96/15/0153.
10   VwGH 29.9.1967, 570/67.

Zu den Finanzvergehen zählen:

- **Finanzordnungswidrigkeiten** für geringfügige Finanzvergehen (§ 49 bis § 51a),
- **Abgabenverkürzung:** Abgabenhinterziehung (§ 33), grob fahrlässige Abgabenverkürzung (§ 34),
- **Zoll- und Verbrauchsteuerdelikte:** Schmuggel und Hinterziehung von Zollabgaben (§ 35), Verzollungsumgehung, grob fahrlässige Verkürzung von Zollabgaben (§ 36), Abgabenhehlerei (§ 37), verbotene Herstellung von Tabakwaren (§ 43), vorsätzliche Eingriffe in Monopolrechte (§ 44), fahrlässige Eingriffe in Monopolrechte (§ 45), Monopolhehlerei (§ 46), Verletzung der Verschlusssicherheit (§ 48), Herbeiführung unrichtiger Präferenznachweise (§ 48a), Verletzung von Verpflichtungen im Bargeldverkehr (§ 48b),
- **Qualifizierte Finanzvergehen** (Verbrechen): Abgabenbetrug (§ 39), Gewerbsmäßigkeit (§ 38), Banden- und Gewaltbegehung (§ 38a),
- **Sonstige Finanzvergehen**.

Der Tatbestand eines Finanzvergehens besteht dabei aus einer **subjektiven (inneren) Tatseite** (Vorsatz, Fahrlässigkeit) und einer **objektiven (äußeren) Tatseite** (Tathandlung, Tatmodalität). Sowohl die subjektive als auch die objektive Tatseite müssen erfüllt sein, um ein Finanzvergehen annehmen zu können.

Beispiele:
1. **Allgemeine Abgabenhinterziehung (§ 33 Abs 1):** Vorsätzliche (subjektive Tatseite) Abgabenverkürzung (objektive Tathandlung) unter vorsätzlicher (subjektive Tatseite) Verletzung einer abgabenrechtlichen Anzeige-, Offenlegungs- oder Wahrheitspflicht (objektive Tatmodalität).
2. **Abgabenhinterziehung (UVA, § 33 Abs 2 lit a):** Wissentliche (subjektive Tatseite) Abgabenverkürzung (objektive Tathandlung) unter vorsätzlicher (subjektive Tatseite) Verletzung der Verpflichtung zur Abgabe von Voranmeldungen (objektive Tatmodalität).[11]

Die Strafdrohungen für vorsätzliche Finanzvergehen gelten nicht nur für die vollendete Tat, sondern auch für den **Versuch** und für jede Beteiligung an einem Versuch. Die Tat ist versucht, sobald der Täter seinen Entschluss, sie auszuführen oder einen anderen dazu zu bestimmen, durch eine der Ausführung unmittelbar vorangehende Handlung betätigt. Der Versuch und die Beteiligung daran sind nicht strafbar, wenn die Vollendung der Tat nach der Art der Handlung oder des Gegenstands, an dem die Tat begangen werden sollte, unter keinen Umständen möglich war.

Beispiel:
Die Abgabenhinterziehung wird durch den Erlass eines zu niedrigen Abgabenbescheids **vollendet**. Wird zwar in der Einkommensteuer die Bemessungsgrundlage vorsätzlich zu gering angegeben, um einen niedrigen Abgabenbescheid zu bewirken, setzt aber die Behörde die Abgaben **nicht erklärungskonform** fest, dann liegt ein strafbarer **Versuch** vor, der jedoch bei der Strafbemessung als mildernd zu werten ist.

---

11   VwGH 22.10.2015, Ro 2015/16/0029; BFG 11.9.2014, RV/1300015/2013.

1115 Allgemeine Voraussetzungen

Dem Finanzstrafgesetz unterliegen nur Finanzvergehen über bestimmte **Abgaben**, sofern die Handlung **zeitlich** gesehen als Finanzvergehen strafbar war und das Finanzvergehen im **Inland** begangen wurde (§§ 4, 5).

Abgaben im Sinne des Finanzstrafgesetzes sind Abgaben und Beiträge, die bei Erhebung im Inland von Abgabenbehörden des Bundes zu erheben sind, die Grundsteuer, in einem anderen Mitgliedstaat der EU zu erhebende EUSt oder in der EU harmonisierte Verbrauchsteuern, Umsatzsteuern anderer EU-Staaten bei grenzüberschreitendem Umsatzsteuerbetrug (§ 40) und Verfolgung im Inland sowie die Wettgebühr. **Nicht** dem Finanzstrafgesetz unterliegen Stempel- und Rechtsgebühren sowie Konsulargebühren.

Zeitlich darf eine Strafe wegen eines Finanzvergehens nur verhängt werden, wenn die Tat schon zur Zeit ihrer Begehung mit Strafe bedroht war (**Rückwirkungsverbot**). Die Strafe richtet sich nach dem zur Zeit der Tat geltenden Recht, es sei denn, dass das zur Zeit der Entscheidung des Gerichts erster Instanz oder der Finanzstrafbehörde geltende Recht in seiner Gesamtauswirkung für den Täter günstiger wäre (**Günstigkeitsvergleich**, § 4 Abs 2).

Ein Finanzvergehen ist nur strafbar, wenn es **im Inland begangen** worden ist. Ein Finanzvergehen wurde im Inland begangen, wenn der Täter im Inland gehandelt hat oder handeln hätte sollen oder wenn der dem Tatbild entsprechende Erfolg im Inland eingetreten ist oder nach der Vorstellung des Täters hätte eintreten sollen. Wird das Finanzvergehen nicht im Inland, aber im Zollgebiet der EU begangen und im Inland entdeckt oder wird es von einem österreichischen Staatsangehörigen im Ausland begangen oder gegenüber einem aufgrund eines zwischenstaatlichen Vertrags im Ausland einschreitenden Organ einer Abgabenbehörde begangen, so gilt es als im Inland begangen (§ 5).

4. Finanzstrafobjekt – Tatbestände

4.1. Finanzstraftatbestände – Finanzordnungswidrigkeiten

1116 Verletzung von allgemeinen Abgabenpflichten

> **Finanzordnungswidrigkeiten** sind **vorsätzliche Verletzungen von Abgabenpflichten**, ohne damit ein anderes Finanzvergehen zu erfüllen.

Allgemeiner Tatbestand ist die **Finanzordnungswidrigkeit nach § 51** mit einer Geldstrafe bis zu **EUR 5.000** bei:

- **Verletzung der abgaben- oder tabakmonopolrechtlichen** Anzeige-, Offenlegungs- oder Wahrheitspflicht, Verwendungspflicht, Pflicht zur Führung oder Aufbewahrung von Büchern oder sonstigen Aufzeichnungen oder zur Einrichtung technischer Sicherheitsvorkehrungen, Pflicht zur Ausstellung oder Aufbewahrung von Belegen,
- **Verletzung der Gewährungs- oder Mitwirkungspflicht** bei Aufsichts- oder Kontrollverfahren,

- **Verletzung der zollrechtlichen Gestellungspflicht,**
- **Verletzung eines abgabenrechtlichen Verbots** zur Leistung oder Entgegennahme von Barzahlungen.

Beispiele:

Offenlegungs- und Wahrheitspflichten der BAO, Anzeigepflichten nach § 120 BAO, keine Abgabe einer Steuererklärung; Buchführungspflicht nach §§ 124 ff BAO, § 18 UStG; Rechnungsausstellung; zB bei Außenprüfungen oder Nachschau.

Verletzung von Pflichten bei Selbstberechnung   1117

Eine **Finanzordnungswidrigkeit nach § 49** mit einer angedrohten Geldstrafe bis zur **Hälfte** des nicht oder verspätet entrichteten oder abgeführten Abgabenbetrags oder der geltend gemachten Abgabengutschrift liegt vor bei:

- **Verspäteter oder unterlassener Zahlung von Selbstberechnungsabgaben**, insbesondere Umsatzsteuervorauszahlungen und Lohnabgaben, bei Verspätung der Zahlung von mindestens fünf Tagen nach Fälligkeit, sofern die Beträge innerhalb der Frist dem Finanzamt nicht offengelegt werden (Strafausschließungsgrund),[12]
- **Abgabe unrichtiger Umsatzsteuervoranmeldungen** zur Geltendmachung ungerechtfertigter Abgabengutschriften.

Beispiele:

Umsatzsteuer und **Lohnabgaben** (Lohnsteuer, DB, DZ) werden dem Finanzamt statt am 15. des Monats erst am 22. gemeldet und überwiesen und die Verspätung erfolgte bedingt vorsätzlich. Bei wissentlich zu niedriger Entrichtung liegt dagegen eine Abgabenhinterziehung vor (§ 33 Abs 2 → 1119).

Verletzung von sonstigen Pflichten   1118

Daneben bestehen **spezielle Finanzordnungswidrigkeiten,** die besondere Pflichtverletzungen erfassen.

Anwendungsfälle:

1. **Verletzung der Anzeigepflicht einer Schenkung** nach § 121a BAO mit Geldstrafe bis 10 % des gemeinen Werts des nicht angezeigten übertragenen Vermögens (§ 49a Abs 1).
2. **Verletzung der Mitteilungspflicht von Auslandszahlungen** nach § 109b EStG mit Geldstrafe bis zu 10 % des mitzuteilenden Betrags, höchstens jedoch bis zu EUR 20.000 (§ 49a Abs 3).
3. **Verletzung der Übermittlung des länderbezogenen Berichts** nach § 8 des Gesetzes über die standardisierte Verrechnungspreisdokumentation, bei nicht fristgerechter Übermittlung oder nicht oder unrichtiger Übermittlung der Informationen nach den Anlagen, mit Geldstrafe bis zu EUR 50.000 oder (ausnahmsweise auch) bei grober Fahrlässigkeit bis zu EUR 25.000 (§ 49b).
4. **Verletzung der Meldepflicht nach dem EU-Meldepflichtgesetz** mit Geldstrafe bis zu EUR 50.000 oder (ausnahmsweise auch) bei grober Fahrlässigkeit bis zu EUR 25.000 (§ 49c).
5. **Verletzung der umsatzsteuerlichen Aufzeichnungs- und Übermittlungspflichten bei Umsätzen im Wege von E-Commerce** (§ 18 Abs 11 und 12 UStG) mit Geldstrafe bis zu

---

12   VwGH 5.4.2011, 2011/16/0080.

EUR 50.000 oder (ausnahmsweise auch) bei grober Fahrlässigkeit bis zu EUR 25.000 (§ 49d).

6. **Verletzung der umsatzsteuerlichen Pflichten der Zahlungsdienstleister** (§ 18a UStG) mit Geldstrafe bis zu EUR 50.000 oder (ausnahmsweise auch) bei grober Fahrlässigkeit bis zu EUR 25.000 (§ 49e).

7. **Erwirkung einer ungerechtfertigten Zahlungserleichterung** für die Entrichtung von Abgaben unter Verletzung der abgabenrechtlichen Offenlegungs- oder Wahrheitspflicht mit Geldstrafe bis zu EUR 5.000 (§ 50).

8. **Verfälschung von abgaben- oder tabakmonopolrechtlich zu führenden Büchern, Aufzeichnungen oder Aufzeichnungssysteme**, die automationsunterstützt geführt werden, durch Gestaltung oder Einsatz eines Programms, mit dessen Hilfe Daten verändert, gelöscht oder unterdrückt werden können mit Geldstrafe bis EUR 25.000 (§ 51a).

9. **Verfälschung, Herstellung oder Verwendung falscher oder unrichtiger Belege** für abgaben- oder monopolrechtlich zu führende Bücher oder Aufzeichnungen mit dem Vorsatz, einen Geschäftsvorgang vorzutäuschen oder dessen wahren Gehalt zu verschleiern, kann mit Geldstrafe bis EUR 100.000 geahndet werden (§ 51b).

10. **Verletzung von sonstigen Vorschriften**, die als Finanzordnungswidrigkeit in anderen Gesetzen geahndet werden (§ 11 Mineralölsteuergesetz, § 7 Produktpirateriegesetz, § 31 Digitale Plattformen-Meldepflichtgesetz).

11. **Verletzung der Pflicht zur Einreichung des Mindeststeuerberichts** nach den §§ 69 bis 73 MinBestG mit Geldstrafe bei Vorsatz bis EUR 100.000 und bei grober Fahrlässigkeit bis EUR 50.000 (§ 75 MinBestG).

4.2. Finanzstraftatbestände – Abgabenhinterziehung, Abgabenverkürzung

1119 Abgabenhinterziehung

Der **Abgabenhinterziehung** macht sich schuldig, wer **vorsätzlich** unter **Verletzung** einer **abgabenrechtlichen Anzeige-, Offenlegungs- oder Wahrheitspflicht** eine **Abgabenverkürzung bewirkt** (§ 33 Abs 1).

Beispiele:

1. **Einkommensteuer:** In der Einkommensteuererklärung werden Einkünfte absichtlich zu niedrig ausgewiesen, wodurch es zu einer zu niedrigen Steuervorschreibung kommt. Dies gilt auch für die Anmeldung der KESt oder die Mitteilungspflicht für die Abzugsteuer.

2. **Bei der Umsatzsteuerjahreserklärung und Pflicht zur Abgabe von Lohnanmeldungen** (§ 80 EStG, daher keine Lohnabgabenselbstberechnung) und zumindest bedingt vorsätzlicher Verkürzung der Abgaben durch unterlassene oder falsche Erklärungen liegt eine Abgabenhinterziehung (§ 33 Abs 1) vor.

Einer besonderen Form der Abgabenhinterziehung macht sich schuldig, wer vorsätzlich folgende **Verkürzungen** bewirkt und dies nicht nur für möglich, sondern **für gewiss hält** (§ 33 Abs 2):

- **Umsatzsteuer** (Vorauszahlungen, Gutschriften) unter Verletzung der Abgabe von Umsatzsteuervoranmeldungen.

- **Lohnabgaben** (Lohnsteuer, Dienstgeberbeitrag oder Zuschläge zum Dienstgeberbeitrag) unter Verletzung der Führung eines Lohnkontos.

Beispiele:

1. **Umsatzsteuer** wird in der Voranmeldung wissentlich zu niedrig berechnet und abgeführt. Bei bedingtem Vorsatz kann keine Abgabenhinterziehung, sondern nur eine Finanzordnungswidrigkeit (§ 49 → 1117) vorliegen. Wird in der Folge auch eine falsche Umsatzsteuerjahreserklärung zumindest bedingt vorsätzlich abgegeben, dann ist ausschließlich der allgemeine Tatbestand der Abgabenhinterziehung erfüllt (§ 33 Abs 1), der den Sondertatbestand nach § 33 Abs 2 konsumiert.

2. **Lohnabgaben** (Lohnsteuer, DB, DZ) werden wissentlich zu niedrig selbstberechnet und daher das Lohnkonto falsch geführt (aufgrund von Schwarzzahlungen[13]). Bei bedingtem Vorsatz kann keine Abgabenhinterziehung, sondern nur eine Finanzordnungswidrigkeit vorliegen (→ 1117).

Darüber hinaus macht sich schuldig, wer vorsätzlich eine Abgabenverkürzung bewirkt, indem er anstelle der begünstigten Verwendung Sachen **für nichtbegünstigte Zwecke verwendet** und dies nicht den Abgabenbehörden **anzeigt** (§ 33 Abs 4).

Eine Abgabenverkürzung ist zu folgenden Zeitpunkten **bewirkt und vollendet** (§ 33 Abs 3):

- bei bescheidmäßig festzusetzenden Abgaben und Abgabengutschriften bei **Bekanntgabe** des Bescheids (Erkenntnisses) oder, bei Verletzung der Erklärungspflicht, mit **Ablauf der Erklärungsfrist**;
- bei Selbstberechnungsabgaben durch **Nichtentrichtung** (Nichtabfuhr) oder bei Gutschriften durch deren **Geltendmachung**;
- sonst bei unrechtmäßiger Erstattung oder Vergütung von Abgabenansprüchen oder Abgeltung außergewöhnlicher Belastungen;
- wenn sonst im Erhebungsverfahren auf einen Abgabenanspruch zu Unrecht verzichtet oder eine Abgabenschuld zu Unrecht nachgesehen wurde.

Abgabenhinterziehung wird mit einer **Geldstrafe** bis zum **Zweifachen** des für den Strafrahmen maßgeblichen Verkürzungsbetrags (der ungerechtfertigten Gutschrift) geahndet. Daneben kann auf eine **Freiheitsstrafe** bis zu **vier** Jahren erkannt werden (§ 33 Abs 5). Bei Verbrauchsteuern ist auch auf Verfall zu erkennen (§ 33 Abs 6).

Grob fahrlässige Abgabenverkürzung   1120

Der **grob fahrlässigen Abgabenverkürzung** macht sich schuldig, wer **grob fahrlässig** unter Verletzung einer abgabenrechtlichen Anzeige-, Offenlegungs- oder Wahrheitspflicht eine **Abgabenverkürzung** bewirkt (§ 34 Abs 1).

Der Tatbestand erfasst die grob fahrlässige Begehung des **allgemeinen Delikts der Abgabenhinterziehung** nach § 33 Abs 1 und der zweckwidrigen Verwendung nach § 33 Abs 4, nicht jedoch die Begehung der besonderen Form für die Umsatzsteuervoranmeldung und der Lohnabgaben. Grob fahrlässige Abgabenverkürzung wird mit einer **Geldstrafe** bis zum **Einfachen** des für den Strafrahmen maßgeblichen Verkürzungsbetrags (der ungerechtfertigten Gutschrift) geahndet.

---

13   OGH 18.3.1982, 13 Os 30/98.

Beispiele:

1. **Einkommensteuer:** In der Einkommensteuererklärung werden Einkünfte grob fahrlässig zu niedrig ausgewiesen, wodurch es zu einer zu niedrigen Steuervorschreibung kommt.
2. Bei der **Umsatzsteuerjahreserklärung** und **Pflicht zur Abgabe von Lohnanmeldungen** (§ 80 EStG, daher keine Lohnabgabenselbstberechnung) kann eine grob fahrlässige Abgabenverkürzung verwirklicht werden.
3. Wird lediglich **Umsatzsteuer** in der Voranmeldung oder **Lohnabgaben** durch Selbstberechnung grob fahrlässig zu niedrig berechnet, dann ist dies nicht strafbar (auch die Finanzordnungswidrigkeit nach § 49 verlangt bedingten Vorsatz).

4.3. Finanzstraftatbestände – Zoll- und Verbrauchsteuerdelikte

1121 Zolldelikte

Für **Zollabgaben** bestehen vergleichbare Tatbestände wie für sonstige Abgaben.

- **Schmuggel** ist das vorsätzliche, vorschriftswidrige Verbringen von zollpflichtigen Waren in das oder aus dem Zollgebiet der Union bzw Entzug aus der zollamtlichen Überwachung (§ 35 Abs 1). **Verzollungsumgehung** ist dessen grob fahrlässige Begehung (§ 36 Abs 1).
- **Hinterziehung von Eingangs- und Ausgangsabgaben** ist als eine sonstige vorsätzliche Verkürzung von Eingangs- und Ausgangswaren zu ahnden (§ 35 Abs 2 und 3). **Grob fahrlässige Verkürzung von Eingangs- und Ausgangsabgaben** ist die grob fahrlässige Begehung (§ 36 Abs 2).

Bei **Vorsatzdelikten** beträgt die **Geldstrafe** grundsätzlich bis zum **Zweifachen** des Verkürzungsbetrags. Daneben kann eine **Freiheitsstrafe** von bis zu **zwei** Jahren (bis zu **vier** Jahren bei Übersteigen des strafbestimmenden Wertbetrags von EUR 100.000) erkannt werden. Auch auf Verfall ist zu erkennen (§ 35 Abs 4). Bei **Fahrlässigkeitsdelikten** beträgt die Geldstrafe bis zum **Einfachen** des Verkürzungsbetrags (§ 36 Abs 3).

1122 Verbrauchsteuern, Zoll-, Abgaben- und Monopolverfahren

Sonstige Finanzvergehen sind:

- **Verbrauchsteuerrechtliche** Finanzvergehen: Verbotene Herstellung von Tabakwaren (§ 43) und Alkohol nach § 91 Alkoholsteuergesetz, § 42 Tabakmonopolgesetz, § 11 Mineralölsteuergesetz.
- **Zollrechtliche** Finanzvergehen nach § 7 Produktpiraterigesetz, § 8 Artenhandelsgesetz, § 7 Ausfuhrerstattungsgesetz, § 85 Außenwirtschaftsgesetz, § 29 Marktordnungsgesetz, § 5 Tierschutzproduktverbotsgesetz, Verletzung von Verpflichtungen im Bargeldverkehr (§ 48b), Herbeiführung unrichtiger Präferenznachweise (§ 48a).
- **Tabakmonopolrechtliche** Finanzvergehen: Vorsätzliche und grob fahrlässige Eingriffe in Monopolrechte (§ 44 und § 45), Monopolhehlerei (§ 46).
- **Verfahrensrechtliche** Finanzvergehen: Verletzung der Verschlusssicherheit (§ 48).

Abgabenhehlerei

Der **Abgabenhehlerei** macht sich schuldig, wer vorsätzlich eine Sache oder ein Erzeugnis aus einer Sache, hinsichtlich welcher ein Schmuggel, eine Verzollungsumgehung, eine Verkürzung von Verbrauchsteuern oder von Eingangs- oder Ausgangsabgaben begangen wurde, kauft, zum Pfand nimmt oder sonst an sich bringt, verheimlicht oder verhandelt oder den Täter dieser Finanzvergehen nach der Tat dabei unterstützt, die Sache oder das Erzeugnis zu verheimlichen oder zu verhandeln (§ 37 Abs 1).

Bei **Vorsatzdelikten** beträgt die **Geldstrafe** grundsätzlich bis zum **Zweifachen** des Verkürzungsbetrags. Daneben kann eine **Freiheitsstrafe** bis zu **zwei** Jahren (bis zu **vier** Jahren bei Übersteigen des strafbestimmenden Wertbetrages von EUR 100.000) erkannt werden (§ 37 Abs 2). Bei **grober Fahrlässigkeit** beträgt die Geldstrafe bis zum Einfachen des Verkürzungsbetrags (§ 37 Abs 3).

Überblick: Finanzstraftatbestände

Abbildung 54: Finanzstraftatbestände

4.4. Finanzstraftatbestände – Qualifizierte Finanzvergehen – Verbrechen

Abgabenbetrug

Abgabenbetrug begeht, wer ausschließlich **durch das Gericht zu ahndende vorsätzliche Finanzvergehen** (Abgabenhinterziehung, Schmuggel, Hinterziehung von Zollabgaben oder Abgabenhehlerei) qualifiziert begeht (§ 39).

Abgabenbetrug liegt vor durch das Gericht zu ahndende vorsätzliche Finanzvergehen **unter Verwendung:**

- **falscher oder verfälschter Beweismittel** (Urkunden, Daten) mit Ausnahme unrichtiger, nach abgaben-, monopol- oder zollrechtlichen Vorschriften zu erstellenden Abgabenerklärungen, Anmeldungen, Anzeigen, Aufzeichnungen und Gewinnermittlungen,

- **von Scheinhandlungen** (Scheingeschäften, § 23 BAO),
- **von veränderten, automatisationsunterstützt erstellten Büchern oder Aufzeichnungen** nach abgaben- oder monopolrechtlichen Vorschriften mittels der Gestaltung oder Einsatz eines Programms, mit dessen Hilfe Daten verändert, gelöscht oder unterdrückt werden können (§ 39 Abs 1).

Abgabenbetrug begeht auch, wer eine **durch das Gericht zu ahndende Abgabenhinterziehung** dadurch begeht, dass er **Vorsteuerbeträge** geltend macht, denen **keine Lieferungen oder sonstige Leistungen** zugrunde liegen, um dadurch eine Abgabenverkürzung zu bewirken (§ 39 Abs 2).

Der **Strafrahmen** für den Abgabenbetrug ist abgestuft entsprechend dem Wertbetrag (§ 39 Abs 3):

- **über EUR 500.000:** Freiheitsstrafe von **einem bis zehn** Jahren, bei Freiheitsstrafen bis acht Jahre kann daneben eine Geldstrafe bis zu EUR 2,5 Mio verhängt werden; Verbände sind mit Verbandsgeldbuße bis EUR 8 Mio zu bestrafen;
- **sonst:** Freiheitsstrafe **bis fünf Jahren**, neben einer vier Jahre nicht übersteigenden Freiheitsstrafe kann eine Geldstrafe bis EUR 1,5 Mio verhängt werden; Verbände sind mit Verbandsgeldbuße bis EUR 5 Mio Euro zu bestrafen.

Beispiele:
1. **Verwendung** und nicht bloß Herstellung gefälschter oder verfälschter Rechnungen, Verträge, Quittungen, Zahlungsbelege, nicht aber etwa bereits unrichtige Abgabenerklärungen.
2. **Scheinhandlungen** (Scheingeschäfte) sind ein als Schenkung deklarierter Kauf oder die Vortäuschung von Rechtsbeziehungen, die tatsächlich nicht bestehen. Keine Scheingeschäfte sind danach solche, die zwar eine unübliche Vorgangsweise darstellen, aber ernstlich gewollt und durchgeführt werden, wie Treuhandverträge und Umgehungsgeschäfte.[14]

Höhere Strafrahmen sind nachrangig zum Abgabenbetrug vorgesehen bei Begehung (§ 38a):

- als **Mitglied einer Bande** von Abgabenhinterziehung, Schmuggel, Hinterziehung von Zollabgaben oder Abgabenhehlerei;
- unter **Gewaltanwendung** bei Schmuggel.

1126 Vertiefung: Grenzüberschreitender Umsatzsteuerbetrug

Eines **grenzüberschreitenden Umsatzsteuerbetrugs** macht sich bei qualifizierter Begehung (§ 40) schuldig, wer vorsätzlich ein grenzüberschreitendes Betrugssystem, in welchem Lieferungen oder sonstige Leistungen ganz oder zum Teil ausgeführt oder vorgetäuscht werden, schafft oder sich daran beteiligt.

Eine **qualifizierte Begehung** liegt vor, wenn der Täter (lit a) falsche, unrichtige oder unvollständige Umsatzsteuererklärungen oder Unterlagen verwendet oder vorlegt, oder (lit b) umsatzsteuerrelevante Informationen unter Verletzung einer gesetzlichen Verpflichtung verschweigt, oder (lit c) unter Einreichung von richtigen Umsatzsteuererklärungen betrügerisch einen Einnahmenausfall an Umsatzsteuer herbeiführt, wobei geschuldete Umsatz-

---

14   EB zu § 39.

steuer nicht spätestens am Fälligkeitstag entrichtet wird oder unrechtmäßig Umsatzsteuer-gutschriften geltend gemacht werden. Dabei muss der **Einnahmenausfall** an Umsatzsteuer im Gemeinschaftsgebiet insgesamt **mindestens EUR 10 Mio** betragen (Abs 1, zur Berechnung des Einnahmenausfalls Abs 3).

Der grenzüberschreitende Umsatzsteuerbetrug ist mit **Freiheitsstrafe von einem bis zu zehn Jahren** zu ahnden. Neben einer acht Jahre nicht übersteigenden Freiheitsstrafe kann eine **Geldstrafe** bis zu **EUR 2,5 Mio** verhängt werden. Verbände sind mit einer **Verbandsgeldbuße** bis zu **EUR 8 Mio** zu bestrafen (Abs 2).

4.5. Finanzstraftatbestände – Sonstige Straftatbestände, Konkurrenz

Sonstige Straftatbestände sind: 1127

- **Finanzstrafbehördliche Finanzvergehen** nach § 107 und § 108 Gemeinsamer-Melde-standard-Gesetz, § 13 Kapitalabfluss-Meldegesetz, § 7 Kontenregister- und Kontenein-schaugesetz, §§ 29 f Digitale Plattformen-Meldepflichtgesetz.
- **Begünstigung:** Wer einen anderen, der ein Finanzvergehen begangen hat, der Verfolgung oder der Vollstreckung der Strafe absichtlich entzieht, ist vom Gericht mit einer Freiheitsstrafe bis zu einem Jahr oder mit Geldstrafe bis zu 360 Tagessätzen zu bestrafen (§ 248).
- **Falsche Verdächtigung:** Wer einen anderen dadurch der Gefahr einer behördlichen Verfolgung aussetzt, dass er ihn eines von der Finanzstrafbehörde zu verfolgenden Finanzvergehens mit Ausnahme einer Finanzordnungswidrigkeit falsch verdächtigt, ist, wenn er weiß, dass die Verdächtigung falsch ist, vom Gericht mit Freiheitsstrafe bis zu einem Jahr oder Geldstrafe bis zu 360 Tagessätzen zu bestrafen (§ 250).
- **Verletzung der abgabenrechtlichen Geheimhaltungspflicht durch einen Beamten:** Die Verletzung der abgabenrechtlichen Geheimhaltung durch einen Beamten ist als Verletzung des Amtsgeheimnisses mit Freiheitsstrafe bis zu drei Jahren strafbar (§ 251 iVm § 310 StGB).
- **Verletzung der abgabenrechtlichen Geheimhaltungspflicht durch eine andere Person:** Sofern die abgabenrechtliche Geheimhaltungspflicht durch eine andere Person verletzt wird, ist dies nur auf Verlangen des Rechtsbeeinträchtigten als Verletzung eines Berufsgeheimnisses mit Freiheitsstrafe bis zu sechs Monaten oder mit Geldstrafe bis zu 360 Tagessätzen strafbar. Wer die Tat begeht, um sich oder einem anderen einen Vermögensvorteil zuzuwenden oder einem anderen einen Nachteil zuzufügen, ist mit Freiheitsstrafe bis zu einem Jahr oder mit Geldstrafe bis zu 720 Tagessätzen zu bestrafen (§ 252 iVm § 121 Abs 1 und Abs 2 StGB).

Vertiefung: Verwaltungsübertretung bei der Kommunalsteuer   1128

Eine **Kommunalsteuerverkürzung** unter Verletzung einer abgabenrechtlichen Anzeige-, Offenlegungs- oder Wahrheitspflicht ist als Verwaltungsübertretung strafbar:

- bei **Vorsatz** bis zum **Zweifachen** des verkürzten Betrags, höchstens **EUR 50.000**;
- bei **grober Fahrlässigkeit** bis zum **Einfachen** des verkürzten Betrags, höchstens **EUR 25.000**.

Bei Uneinbringlichkeit ist eine **Ersatzfreiheitsstrafe** bei Vorsatz bis zu sechs Wochen, bei grober Fahrlässigkeit bis zu drei Wochen festzusetzen (§ 15 Abs 1).

Wird die Kommunalsteuer vorsätzlich **nicht innerhalb von fünf Tagen nach Fälligkeit entrichtet** oder abgeführt und der Abgabenbehörde die Höhe auch nicht bis zu diesem Tag mitgeteilt, dann ist dies als Verwaltungsübertretung mit einer Geldstrafe bis **EUR 5.000** zu bestrafen. Im Fall der Uneinbringlichkeit ist eine Ersatzfreiheitsstrafe bis zu zwei Wochen festzusetzen (§ 15 Abs 2).

Wird vorsätzlich entweder die **Kommunalsteuererklärung nicht termingemäß** eingereicht oder sonst eine abgabenrechtliche **Pflicht zur Führung oder Aufbewahrung von Büchern oder sonstigen Aufzeichnungen** für Zwecke der Kommunalsteuer **verletzt**, ist dies als Verwaltungsübertretung mit einer Geldstrafe bis zu **EUR 500** zu bestrafen. Im Falle der Uneinbringlichkeit ist eine Ersatzfreiheitsstrafe bis zu einer Woche festzusetzen (§ 15 Abs 3).

1129 Vertiefung: Vergehen und Übertretungen nach landesrechtlichen Vorschriften für Landes- und Gemeindeabgaben

Landesgesetze sehen Tatbestände als **Verwaltungsübertretungen** vor, die mit Geldstrafe, teilweise auch mit Freiheitsstrafe geahndet werden.

Tatbestände für Verwaltungsübertretungen hinsichtlich Landes- und Gemeindeabgaben:

§ 5 **Burgenländisches** Abgabengesetz, § 14 **Kärntner** Abgabenorganisationsgesetz, § 10 **NÖ** Abgabenbehördenorganisationsgesetz, § 9 bis § 14 **OÖ** Abgabengesetz, § 4 **Steirisches** Abgabengesetz, § 3 und § 4 **Salzburger** Abgaben-Behörden- und – Verwaltungsstrafgesetz; § 7 bis § 9 **Tiroler** Abgabengesetz, **Vorarlberger** Abgabengesetz § 16 bis § 18; § 8 bis § 10 **Wiener** Abgabenorganisationsrecht.

1130 Vertiefung: Konkurrenz von Straftatbeständen

Eine oder mehrere Taten können gleichzeitig **als Finanzvergehen und als sonstige strafbare Handlungen** strafbar sein (§ 22 Abs 1, strafrechtlich **echte Konkurrenz**). Betrugsdelikte, Fälschungsdelikte, Bilanzdelikte und Suchtmitteldelikte stehen oftmals in direktem Zusammenhang mit Finanzvergehen. Daher gilt in folgenden Fällen Ausschließlichkeit (strafrechtlich **unechte Konkurrenz**):

- **Betrugsdelikte:** Ist ein Finanzvergehen auf betrügerische Weise oder durch Täuschung begangen worden, so ist die Tat ausschließlich als Finanzvergehen zu ahnden (§ 22 Abs 2). Die Bestimmung zielt darauf ab, die Tat aus dem Strafrecht in das Finanzstrafrecht zu transportieren, das für derartige Handlungen den spezielleren Tatbestand des Abgabenbetrugs vorsieht.[15]
- **Fälschungsdelikte:** Sind von einem Täter Finanzvergehen und als zusammenhängende Begleittat dazu strafbare Handlungen nach § 223 StGB (Urkundenfälschung), § 225a StGB (Datenfälschung) oder § 293 StGB (Beweismittelfälschung) begangen

---

15   EB zu § 22 Abs 2 und § 39.

worden, so sind ausschließlich die Finanzvergehen zu ahnden (§ 22 Abs 3). Dies ermöglicht die Selbstanzeige (§ 29), um in die Legalität zurückzukommen.[16]

- **Bilanzdelikte:** Hat jemand strafbare Handlungen nach § 163a StGB (Unvertretbare Darstellung wesentlicher Informationen über bestimmte Verbände) oder § 163b StGB (Unvertretbare Berichte von Prüfern bestimmter Verbände) ausschließlich im Zusammenhang mit einer Abgabenhinterziehung (§ 33) begangen, indem er eine wesentliche Information wirtschaftlich nachteilig (zur Abgabenverkürzung) falsch oder unvollständig darstellt, so ist nur das Finanzvergehen zu bestrafen (§ 22 Abs 4). Dies ermöglicht die Selbstanzeige (§ 29), um in die Legalität zurückzukommen.[17]

- **Suchtmitteldelikt:** Hat der Täter durch dieselbe Tat eine Straftat nach den §§ 27, 28, 28a, 30, 31 oder 31a SMG (Suchtmitteldelikte) und ein zollrechtliches Finanzvergehen begangen, so entfällt zur Vermeidung einer Doppelbestrafung mit dem Schuldspruch oder mit dem vorläufigen Rücktritt von der Verfolgung oder mit der vorläufigen Verfahrenseinstellung wegen Diversion die Strafbarkeit wegen des Finanzvergehens (Strafaufhebung; § 34 SMG).

Beispiele:

1. **Betrug durch Rechnungsfälschung:** Wer als Beweismittel gegenüber den Abgabenbehörden eine Rechnung manipuliert, um eine Umsatzsteuerrückvergütung zu erreichen, begeht den strafrechtlich relevanten Tatbestand des Betrugs.[18] Nunmehr ist die Verwendung einer verfälschten Rechnungsmanipulation als Abgabenbetrug strafbar (§ 39).

2. **Urkundenfälschung:** Werden falsche Kaufverträge, Belege oder Rechnungen erstellt oder verfälscht um dadurch zur Verheimlichung einer Abgabenverkürzung ein Beweismittel (zB für eine Außenprüfung) zu schaffen, dann unterbleibt die Bestrafung der damit zusammenhängenden Urkunden- bzw Beweisdelikte.[19]

3. **Suchtmittelkonkurrenz:** Strafaufhebung besteht nur im Fall von Schmuggel, Verzollungsumgehung und Abgabenhehlerei. Die Bestrafung wegen Abgabenhinterziehung hinsichtlich Einkommensteuer und Umsatzsteuer ist im Fall des Drogenhandels nicht ausgeschlossen.[20]

5. Finanzstrafobjekt – Einschränkung der Strafbarkeit

5.1. Rücktritt, Verjährung, Verkürzungszuschlag

Rücktritt vom Versuch   1131

Der Täter wird wegen des **Versuchs** oder der Beteiligung daran **nicht bestraft**, wenn er die Ausführung aufgibt oder, falls mehrere daran beteiligt sind, verhindert oder wenn er den Erfolg abwendet (Rücktritt vom Versuch, § 14). Straffreiheit tritt **nicht** ein:

- bei **Betreten auf frischer Tat**;
- bei bereits gesetzten **Verfolgungshandlungen** gegen den Anzeiger, gegen andere an der Tat Beteiligte oder gegen Hehler; eine Verfolgungshandlung ist jede nach außen

---

16 EB zu § 22 Abs 4.
17 EB zu § 22 Abs 4.
18 Vgl OGH 29.9.2015, 8 Ob 89/15v.
19 EB zu § 22 Abs 3.
20 UFS 7.9.2004, FSRV/0026-W/04; UFS 26.1.2009, FSRV/0088-L/07.

erkennbare Amtshandlung von Justiz oder Finanzstrafbehörde gegen eine bestimmte Person als den eines Finanzvergehens Verdächtigen, Beschuldigten oder Angeklagten, unabhängig davon, ob die Person davon Kenntnis erlangt hat;

- wenn anlässlich der Durchführung eines **Zollverfahrens** bereits eine **Erklärung** über ein- oder auszuführende Waren abgegeben wurde.

1132 Verjährung

Die **Strafbarkeit** eines Finanzvergehens **erlischt** durch **Verjährung** (§ 31).

Die Verjährungsfrist **beginnt**:

- sobald die mit Strafe bedrohte Tätigkeit **abgeschlossen** ist (Handlungsdelikt) oder das mit Strafe bedrohte **Verhalten aufhört** (Unterlassungsdelikt). Gehört zum Tatbestand ein **Erfolg**, so beginnt die Verjährungsfrist erst mit dessen Eintritt zu laufen;
- sie beginnt **nie früher zu laufen** als mit Beginn der Verjährungsfrist für die Festsetzung der Abgabe, gegen die sich die Straftat richtet.

Beispiele:

1. **Einkommensteuer:** Die Verjährungsfrist der Ertragsteuer beginnt mit Ablauf des Jahres der Entstehung des Abgabenanspruchs (§ 207 BAO). Die Verjährung der Strafbarkeit der Abgabenhinterziehung beginnt daher frühestens zu diesem Zeitpunkt. Die Verjährung der Strafbarkeit selbst beginnt erst (weil danach) mit Zustellung des Bescheids, der eine zu geringe Einkommensteuer ausweist (§ 33 Abs 3 lit a).
2. **Umsatzsteuer:** Am 15.5. wird vorsätzlich eine unrichtige UVA für das erste Quartal eingereicht (bewirkte Hinterziehung mit diesem Tag, § 33 Abs 3 lit b). Die Verjährungsfrist der Umsatzsteuer beginnt mit Ablauf des Jahres der Entstehung des Abgabenanspruchs (§ 207), somit mit Beginn des nächsten Jahres. Die Verjährung der Strafbarkeit beginnt daher auch erst mit Beginn des nächsten Jahres (und nicht bereits mit Einreichung der UVA).

Die Verjährungsfrist **endet** nach (§ 31 Abs 2):

- generell **fünf** Jahren;
- bei Abgabenbetrug (§ 39) mit eine EUR 500.000 übersteigenden strafbestimmenden Wertbetrag und für den grenzüberschreitenden Umsatzsteuerbetrag (§ 40) **zehn** Jahren:
- bei Finanzordnungswidrigkeiten **einem** Jahr; und
- bei Finanzordnungswidrigkeiten nach § 49 bis § 49e und § 51b **drei** Jahren.

In die **Verjährungsfrist nicht eingerechnet** werden Zeiten, in denen (§ 31 Abs 4):

- die Verfolgung nicht eingeleitet oder fortgesetzt werden kann;
- ein Strafverfahren wegen der Tat gegen den Täter geführt wird; oder
- eine Beschwerde oder Revision bei einem Höchstgericht eingebracht wird.

Begeht der Täter während der Verjährungsfrist ein nicht geringfügiges **vorsätzliches Finanzvergehen**, so tritt die Verjährung nicht ein, bevor auch für diese Tat die Verjährungsfrist abgelaufen ist (§ 31 Abs 3).

Beispiele:

1. **Wiederholte Finanzordnungswidrigkeit:** Diese führt innerhalb der Verjährungsfrist der ersten Finanzordnungswidrigkeit zur Verlängerung der Verfolgungsverjährung.
2. **Fortgesetztes Vorsatzdelikt im verwaltungsbehördlichen Strafverfahren:** Ein fortgesetztes Delikt führt dazu, dass die einzelnen Handlungen solange nicht verjähren, bis das fortgesetzte Delikt als solches beendet wird. Dieses liegt vor, wenn eine Mehrheit von Handlungen, von denen jede den Tatbestand desselben Deliktes begründet, in einem Fortsetzungszusammenhang steht. Für die Beurteilung, ob ein Fortsetzungszusammenhang vorliegt, sind die Gleichartigkeit der Verübung, der gleiche Zweck der Handlungen und die einzelnen Akte als Teilhandlungen eines Gesamtkonzepts maßgebend. Entscheidend ist, dass die einzelnen Tathandlungen von einem einheitlichen, auf die Verkürzung von Abgaben durch mehrere Jahre hindurch gerichteten Willensentschluss (Gesamtvorsatz) getragen werden.[21] Auf fahrlässige Delikte ist das fortgesetzte Delikt nicht anwendbar.[22] Im gerichtlichen Strafverfahren gibt es fortgesetzte Delikte nicht mehr.[23]

Eine **absolute Verjährungsfrist** besteht nur im verwaltungsbehördlichen Finanzstrafverfahren, nicht hingegen im gerichtlichen Strafverfahren. Die absolute Verjährungsfrist beträgt **10 Jahre** ab Beginn der Verjährungsfrist. Die Zeit zur Erledigung einer Beschwerde oder Revision vor den Höchstgerichten hindert den Ablauf der absoluten Verjährungsfrist. Bei **Finanzvergehen nach § 49a** (Schenkungsmeldung, Mitteilung von Zahlungen nach § 109b EStG) erlischt die Strafbarkeit jedenfalls, wenn 10 Jahre **ab dem Ende der Anzeigefrist oder Mitteilungsfrist** verstrichen sind (§ 31 Abs 5).

Die Verjährungsfrist der Strafbarkeit ist von der praktisch weniger bedeutsamen **Verjährung der Vollstreckbarkeit** (§ 32) zu unterscheiden.

Verkürzungszuschlag 1133

Durch Bezahlung eines **Verkürzungszuschlags von 10 %** kann bereits vor der **Abgabenbehörde** Straffreiheit bei Verdacht auf geringfügige Finanzvergehen erlangt werden, wenn eine Nachforderung im Zuge einer abgabenrechtlichen Überprüfung festgestellt wird. Voraussetzungen für die Straffreiheit sind (§ 30a):

- **geringfügiger Nachforderungsbetrag:** die Nachforderung darf den Betrag von EUR 33.000 nicht übersteigen.
- **kein Verdacht auf Finanzvergehen** betreffend Eingangs- oder Ausgangsabgaben sowie § 11 Abs 2 Mineralölsteuergesetz 2022.
- **keine Konkretisierung der Tat:** Es darf über die Abgabe kein Finanzstrafverfahren anhängig sein, keine Selbstanzeige erstattet worden oder keine Bestrafung aus spezialpräventiven Gründen zur Abhaltung des Täters von der Begehung weiterer Finanzvergehen notwendig sein.
- **Antrag oder rechtzeitige Zustimmung des Abgabe- oder Abfuhrpflichtigen mit wirksamem Rechtsmittelverzicht:** Der Antrag oder die Zustimmung hat innerhalb von 14 Tagen nach Festsetzung der Nachforderung zu erfolgen.

---

21 VwGH 25.6.1998, 96/15/0167.
22 VwGH 4.9.1992, 91/13/0021.
23 OGH 11.4.2007, 13 Os 1/07g.

- **Begleichung des Gesamtbetrags** innerhalb von einem Monat nach Festsetzung. Für die der Abgabenerhöhung zugrundeliegenden Abgabennachforderungen kann die Monatsfrist durch Gewährung von Zahlungserleichterungen (§ 212 BAO) auf höchstens sechs Monate verlängert werden. Für die Abgabenerhöhung darf ein Zahlungsaufschub nicht gewährt werden

Bei **nachträglicher Änderung** aufgrund einer dennoch eintretenden Strafbarkeit oder einer Herabsetzung der Nachforderung ist auch der Verkürzungszuschlag gutzuschreiben oder zu mindern.

Die Festsetzung der Abgabenerhöhung stellt **keine Verfolgungshandlung** dar. Die **strafrechtliche Verfolgung** einer weiteren, hinsichtlich derselben Abgabenart und desselben Erhebungszeitraums bewirkten Abgabenverkürzung (Nichtabfuhr) von Selbstbemessungsabgaben wird dadurch **nicht gehindert**.

5.2. Finanzstrafobjekt – Einschränkung durch Selbstanzeige

1134 Selbstanzeige: Grundsätze

Wer sich eines Finanzvergehens schuldig macht, wird insoweit **straffrei**, als er seine Verfehlung **rechtzeitig** gegenüber einem Finanzamt oder dem Amt Für Betrugsbekämpfung oder, bei entsprechender Zuständigkeit, dem Zollamt Österreich **darlegt** und den offenen **Abgabenbetrag entrichtet (Selbstanzeige, § 29)**.

Die Selbstanzeige **wirkt** strafbefreiend nur für den Anzeiger und für die Personen, für die sie erstattet wird.

Voraussetzung für die Straffreiheit ist:

- **Rechtzeitigkeit** der Selbstanzeige,
- **Offenlegung** der Umstände für eine Abgabenverkürzung oder Einnahmenausfall, und
- **Entrichtung der Beträge** mit schuldbefreiender Wirkung.

Die Selbstanzeige gilt sowohl in bundesgesetzlichen als auch sinngemäß in landesgesetzlichen und kommunalsteuerlichen Abgabensachen (§ 254). Sie ist ausgeschlossen bei bestimmten Finanzordnungswidrigkeiten (§ 49b, § 49c, teilweise § 49e).

1135 Rechtzeitigkeit

Die Selbstanzeige muss **rechtzeitig** erstattet werden. Sie ist nicht rechtzeitig:

- bei **Betreten auf frischer Tat**;
- bei bereits gesetzten **Verfolgungshandlungen** gegen den Anzeiger, gegen andere an der Tat Beteiligte oder gegen Hehler; eine Verfolgungshandlung ist jede nach außen erkennbare Amtshandlung von Justiz oder Finanzstrafbehörde gegen eine bestimmte Person als den eines Finanzvergehens Verdächtigen, Beschuldigten oder Angeklagten, unabhängig davon, ob die Person davon Kenntnis erlangt hat;

- bei bereits erfolgter **Entdeckung** der objektiven Tatbestandsmerkmale und Kenntnis des Anzeigers davon; bei zollrechtlichen Verpflichtungen reicht die unmittelbar bevorstehende Entdeckung;
- bei vorsätzlich begangenen Finanzvergehen **nach Beginn der Amtshandlung** aufgrund einer finanzbehördlichen Nachschau, Beschau, Abfertigung oder Prüfung von Büchern oder Aufzeichnungen;
- bei **bereits erstatteter Selbstanzeige** hinsichtlich desselben Abgabenanspruchs, ausgenommen Vorauszahlungen;
- bei Selbstanzeige wegen **Schenkungsmeldung** nach Ablauf von einem Jahr ab dem Ende der Anzeigepflicht.

Beispiele:

1. **Verfolgungshandlung:** Verfolgungshandlungen sind Akte, die die Absicht der Finanzstrafbehörde erkennen lassen, den gegen eine bestimmte Person wegen einer bestimmten Tat bestehenden Verdacht auf eine in den Verfahrensvorschriften vorgesehenen Weise zu prüfen. Dem behördlichen Akt muss insbesondere zu entnehmen sein, welche Tat der betreffenden Person zur Last gelegt wird. Die Verfolgungshandlung muss sich auf alle der Bestrafung zugrunde liegenden Sachverhaltselemente beziehen. Darunter fällt auch die Aufforderung zur schriftlichen Rechtfertigung wegen des Verdachts,[24] Information über die Einleitung des Finanzstrafverfahrens,[25] Hausdurchsuchungen oder die Vorladung einer Person.[26]
2. **Entdeckung der Tatbestandsmerkmale:** Entdeckt ist eine Tat erst, wenn die Verwirklichung des objektiven Tatbestands eines Finanzvergehens wahrscheinlich ist. Solange für eine Handlung noch andere Deutungsmöglichkeiten offen sind, ist die Tat noch nicht einmal teilweise entdeckt. Die automatisierte Zusendung von Erinnerungen als Ergebnis einer EDV-mäßigen Überwachung der Entrichtung selbst zu berechnender Abgaben ist keine Tatentdeckung.[27] Aus der bloßen Nichtabgabe einer Voranmeldung allein oder dem Unterbleiben einer Umsatzsteuervorauszahlung kann die Verwirklichung eines Finanzvergehens nicht erschlossen werden; eine Entdeckung liegt nicht vor.[28] Eine Finanzstraftat ist ganz oder teilweise entdeckt, wenn diese Entdeckung entweder einer Finanzstrafbehörde oder einem sonstigen Hoheitsträger gelungen ist, dem eine unmittelbare Verpflichtung zur Verständigung der Finanzstrafbehörde gemäß den §§ 80 und 81 zukommt.[29] Wird die Tat daher vor einem Gericht (im Zivilrechtsstreit) offengelegt, dann ist bereits von einer Entdeckung auszugehen.[30]

Vertiefung: Offenlegung und Abgabenentrichtung   1136

Bei **Abgabenverkürzung** oder sonstigem Einnahmenausfall tritt Straffreiheit nur insoweit ein, als der Behörde (§ 29 Abs 1 und 2):

- ohne Verzug die für die Feststellung der Verkürzung oder des Ausfalls bedeutsamen **Umstände offengelegt** werden, und

---

24 VwGH 28.11.2007, 2007/15/0165.
25 VwGH 15.12.1993, 92/13/0218.
26 VwGH 26.6.1997, 96/16/0209.
27 OGH 25.8.1998, 11 Os 41/98.
28 OGH 25.8.1998, 11 Os 41/98.
29 VwGH 29.1.1997, 96/16/0234.
30 VwGH 18.3.1997, 97/14/0016.

- binnen einer Frist von **einem Monat** die sich daraus ergebenden **Beträge und eventuelle Abgabenerhöhungen**, die (i) vom Anzeiger geschuldet werden, oder (ii) für die er zur Haftung herangezogen werden kann, **tatsächlich mit schuldbefreiender Wirkung entrichtet** werden.

Eine **Abgabenerhöhung** (§ 29 Abs 6) ist zusätzlich zu den nicht entrichteten Mehrbeträgen zu entrichten bei Selbstanzeige aufgrund eines vorsätzlichen oder grob fahrlässig begangenen Finanzvergehens **anlässlich einer finanzbehördlichen Nachschau, Beschau, Abfertigung oder Prüfung** von Büchern oder Aufzeichnungen nach deren Anmeldung oder sonstigen Bekanntgabe. Damit soll ein Anreiz geschaffen werden, bereits vor der drohenden Aufdeckung der Behörde eine Selbstanzeige zu erstatten. Tritt nach Bezahlung keine Straffreiheit ein, dann sind diese Beträge gutzuschreiben. Die Abgabenerhöhung beträgt grundsätzlich:

- 5 % der Summe der Mehrbeträge;
- 15 % bei Mehrbeträgen von über EUR 33.000;
- 20 % bei Mehrbeträgen von über EUR 100.000;
- 30 % bei Mehrbeträgen von über EUR 250.000.

Die **Monatsfrist** beginnt (i) bei selbst zu berechnenden Abgaben mit der Selbstanzeige, sonst (ii) mit der Bekanntgabe des Abgaben- oder Haftungsbescheids. Durch **Zahlungserleichterungen** (Stundung, Ratenzahlung) kann sie auf höchstens **zwei** Jahre verlängert werden. Lebt die Schuld nach Entrichtung ganz oder teilweise wieder auf, so bewirkt dies unter Berücksichtigung der Verjährung insoweit auch das **Wiederaufleben der Strafbarkeit** (§ 29 Abs 2).

1137 Vertiefung: Wirkung der Selbstanzeige, sonstige Anzeigen

Die Selbstanzeige **wirkt** strafbefreiend nur für den Anzeiger und für die Personen, für die sie erstattet wird. Der **Verfall** von Monopolgegenständen wird durch die Straffreiheit nicht ausgeschlossen. Durch die rechtzeitige **Erstattung von Anzeigen durch Dritte** können sonstige Rechtsfolgen abgewendet werden (§ 30):

- Bei rechtzeitiger **Anzeige** anderer Personen als Täter oder sonstige Beteiligte, denen ein **Eigentumsrecht oder Pfandrecht an einem verfallsbedrohten Gegenstand** zusteht, ist dieses anzuerkennen.
- Bei rechtzeitiger **Anzeige** durch Vertretene oder Dienstgeber kann eine **Haftung des Vertretenen oder Dienstgebers für Strafen** von Vertretern und Dienstnehmern (§ 28) vermieden werden. Bei Personenvereinigung genügt eine Anzeige eines Mitglieds für die Strafbefreiung der Personenvereinigung.
- Bei rechtzeitiger **Anzeige** durch **Verwalter und Erwerber** innerhalb der Dreimonatsfrist ab Kenntnis von **Mängeln hinsichtlich Abgabenerklärungen** zur Haftungsvermeidung (§ 15 BAO) gilt diese Anzeige als Selbstanzeige.

6. Ermittlung der Strafe

6.1. Strafarten

Geldstrafe und Freiheitsstrafe   1138

> Finanzvergehen sind durch **Geldstrafen** (§ 16) und **Freiheitsstrafen** (§ 15) zu ahnden.

Die Finanzstraftatbestände sehen vor:

- Ausschließliche Geldstrafe (Finanzordnungswidrigkeit, grob fahrlässige Abgabenverkürzung),
- Geldstrafe mit eventueller Freiheitstrafe (Abgabenhinterziehung),
- Zwingende Freiheitsstrafe mit eventueller Geldstrafe (Abgabenbetrug).

Verfall und Wertersatz   1139

> Die **Strafe des Verfalls** von Gegenständen des Täters oder Beteiligten als selbständige Nebenstrafe ist für bestimmte vorsätzliche **verbrauchsteuerliche und zollrechtliche** Finanzvergehen vorgesehen (§ 17).

Der Verfall führt dazu, dass mit dem Finanzvergehen in Zusammenhang stehende Gegenstände **in das Eigentum des Bundes übergehen**. **Rechte Dritter** an den Gegenständen (Pfandrecht und Zurückbehaltungsrecht) sind anzuerkennen, wenn diese Personen kein Vorwurf an der Verwendung trifft.

Mit Finanzvergehen **in Zusammenhang stehende Gegenstände** sind:

- Sachen, hinsichtlich derer das Finanzvergehen begangen wurde, samt Umschließungen;
- die zur Begehung des Finanzvergehens benützten Beförderungsmittel und Behältnisse, wenn diese Gegenstände, mit besonderen Vorrichtungen versehen waren, welche die Begehung des Finanzvergehens erleichtert haben;
- bei ausdrücklicher Erwähnung in den Finanztatbeständen auch (i) Geräte und Vorrichtungen zur Erzeugung der Sachen (ii) Rohstoffe, Hilfsstoffe und Halbfabrikate zur Erzeugung der Sachen sowie (iii) zur Begehung benützte Beförderungsmittel, wenn in ihnen Gegenstände des Finanzvergehens an Stellen verborgen waren, die für die Verwahrung üblicherweise nicht bestimmt sind, oder wenn das betreffende Finanzvergehen wegen der Beschaffenheit der beförderten Sachen ohne Benützung von Beförderungsmitteln nicht hätte begangen werden können;
- außer öffentliche Beförderungsmittel.

Die **Gegenstände** müssen im Zeitpunkt der Entscheidung **im Eigentum oder Miteigentum** des Täters oder Beteiligten stehen. Bei **Eigentum Dritter** sind Gegenstände nur dann vom Verfall bedroht, wenn diesen Personen oder den Verfügungsberechtigten vorzuwerfen ist, dass sie:

- in auffallender Sorglosigkeit beigetragen haben, dass mit diesen Gegenständen das Finanzvergehen begangen wurde, oder

- beim Erwerb der Gegenstände die deren Verfall begründenden Umstände kannten oder aus auffallender Sorglosigkeit nicht kannten.

Der Verfall stellt einen Eingriff in das Recht auf Eigentumsschutz dar. Anstelle des Verfalls ist ein **Wertersatz** in Höhe des gemeinen Werts des dem Verfall unterliegenden Gegenstands festzulegen, wenn der Verfall nicht verhältnismäßig oder nicht möglich ist.

1140 Vertiefung: Entzug von Berechtigungen

Einer Person droht bei Verurteilung für ein **Finanzvergehen** der **Ausschluss** von der Ausübung einer wirtschaftlichen Tätigkeit oder der **Entzug** der Berechtigung dafür.

- **Missbrauch der Berechtigung:** Wird vom Gericht eine Freiheitsstrafe verhängt, kann die zuständige Behörde für eine bestimmte Zeit oder auf Dauer eine Berechtigung entziehen, wenn die Berechtigung zur Begehung der Tat missbraucht wurde (§ 27).
- **Ausschluss von Tätigkeiten** allgemein für Finanzvergehen: § 8 Bilanzbuchhaltungsgesetz und § 9 Wirtschaftstreuhandberufsgesetz; bei bestimmten zollrechtlichen Delikten: Gewerbeausübung (§ 13 GewO), Lehrlingsausbildung (§ 4 Berufsausbildungsgesetz).

1141 Überblick: Strafen im Finanzstrafrecht

Tatbestand und Zuständigkeit	Strafe für natürliche Personen	Strafe für Verbände
GS ... Geldstrafe | FS ... Freiheitsstrafe | J ... Jahr(e)) | M ... Monat€| max ... maximal | Mio ... Million(en)		
Finanzordnungswidrigkeiten:		
Finanzstrafbehördlich:		
Allgemeiner Tatbestand § 51	GS bis zu EUR 5.000	GS bis zu EUR 5.000
Selbstberechnung § 49	GS bis zu 50 %	GS bis zu 50 %
Schenkungsmeldung § 49a Abs 1	GS bis 10 % des Werts	GS bis 10 % des Werts
Auslandszahlung § 49a Abs 3	GS bis 10 % des Betrags, max EUR 20.000	GS bis 10 % des Betrags, max EUR 20.000
Verrechnungspreisbericht § 49b	GS bis EUR 50.000 (grob fahrlässig: EUR 25.000)	GS bis EUR 50.000 (grob fl.: EUR 2.000)
Zahlungserleichterung § 50	GS bis zu EUR 5.000	GS bis zu EUR 5.000
Programmmanipulation § 51a	GS bis EUR 25.000	GS bis EUR 25.000
Grob fahrlässige Abgabenverkürzung § 34, sonstige Fahrlässigkeitsdelikte § 36 und § 37		
Finanzstrafbehördlich:	GS bis 100 % des Betrags	GS bis 100 % des Betrags
Hinterziehung, Schmuggel, Hehlerei		
Finanzstrafbehördlich:	GS bis 200 % des Betrags	GS bis 200 % des Betrags
(bis EUR 100.000, EUR 50.000)	zusätzlich FS bis 3 M	
Gerichtlich:	GS bis 200 % des Betrags	GS bis 200 % des Betrags
	zusätzlich FS bis 4 J (bis EUR 50.000: 2 J)	
Grenzüberschreitender Umsatzsteuerbetrug § 40		
Gerichtlich:	FS 1 bis 10 Jahre	GS bis 8 Mio
	Zusätzliche GS bis 2,5 Mio (bei max FS bis 8 J)	
Bandenmäßige oder gewalttätige Begehung: Hinterziehung, Schmuggel		
Finanzstrafbehördlich:	GS bis 300 % des Betrags	GS bis 300 % des Betrags
(bis EUR 100.000, EUR 50.000)	zusätzlich FS bis 3 M	
Gerichtlich:	FS bis 5 J	GS bis 300 % des Betrags
	zusätzlich GS bis 1,5 Mio (bei max 4 J FS)	
Abgabenbetrug § 39		
Gerichtlich:		
Bis EUR 500.000	FS bis 5 Jahre	GS bis 5 Mio
	Zusätzliche GS bis EUR 1,5 Mio (bei max 4 J FS)	
Über EUR 500.000	FS von 1 bis 10 J	GS bis 8 Mio
	Zusätzliche GS bis 2,5 Mio (bei max 8 J FS)	

Abbildung 55: Strafen im Finanzstrafrecht

6.2. Strafbemessung

Schuld als Maßstab der Strafbemessung 1142

> **Grundlage für die Bemessung der Strafe** ist die **Schuld des Täters** (§ 23 Abs 1). Waren an der Tat mehrere beteiligt, so ist **jeder nach seiner Schuld** zu bestrafen.

Es sind **Erschwerungs- und Milderungsgründe,** soweit sie nicht schon die Strafdrohung bestimmen, gegeneinander abzuwägen (§ 23 Abs 2; § 32 StGB).

Natürliche Personen:
1. **Erschwerungsgründe:** Vorgefasster Tatplan, endgültiger Abgabenausfall, Tatwiederholung oder Dauerdelikt (§ 33 StGB). Wiederkehrende Begehung der Tat zur Verschaffung einer nicht nur geringfügigen fortlaufenden Einnahme; eine wiederkehrende Begehung liegt vor, wenn der Täter bereits zwei solche Taten begangen hat oder einmal wegen einer solchen Tat bestraft worden ist (§ 23 Abs 2).
2. **Milderungsgründe:** Lange Verfahrensdauer; Schadenswiedergutmachung; der bisher ordentliche Lebenswandel und die Tat stehen in auffallendem Widerspruch zu seinem Verhalten; nicht strafbefreiende Selbstanzeige; reumütiges Geständnis oder Geständnis zur Wahrheitsfindung; Versuch statt Vollendung (§ 34 StGB); nur vorübergehender Abgabenausfall (§ 23 Abs 2).

Verbände:
1. **Erschwerungsgründe:** je größer die Schädigung oder Gefährdung ist, für die der Verband verantwortlich ist, je höher der aus der Straftat vom Verband erlangte Vorteil ist, je mehr gesetzwidriges Verhalten von Mitarbeitern geduldet oder begünstigt wurde (§ 5 Abs 2 VbVG).
2. **Milderungsgründe:** der Verband hat schon vor der Tat Vorkehrungen zur Verhinderung solcher Taten getroffen oder Mitarbeiter zu rechtstreuem Verhalten angehalten; der Verband ist lediglich für Straftaten von Mitarbeitern verantwortlich; er hat nach der Tat erheblich zur Wahrheitsfindung beigetragen; er hat die Folgen der Tat gutgemacht; er hat wesentliche Schritte zur zukünftigen Verhinderung ähnlicher Taten unternommen; die Tat hat bereits gewichtige rechtliche Nachteile für den Verband oder seine Eigentümer nach sich gezogen (§ 5 Abs 3 VbVG).

Absehen von der Strafe; Verwarnung 1143

Die Finanzstrafbehörde hat im finanzbehördlichen Verfahren **von der Verhängung einer Strafe abzusehen**, wenn das Verschulden des Täters geringfügig ist und die Tat keine oder nur unbedeutende Folgen nach sich gezogen hat (§ 25).

Sie hat jedoch dem Täter **mit Bescheid eine Verwarnung** zu erteilen, wenn dies geboten ist, um ihn von weiteren Finanzvergehen abzuhalten. Im gerichtlichen Finanzstrafverfahren ist § 191 StPO anwendbar (§ 195 Abs 1). Eine **Diversion** für gerichtlich strafbare Finanzvergehen ist **nicht zulässig** mit Ausnahme von Jugendstrafsachen (§ 203).

Beispiele:
1. **Geringfügigkeit:** Bei vorsätzlichem Handeln müssen für die Annahme einer Geringfügigkeit besondere Umstände vorhanden sein, wie zB verminderte Zurechnungsfähigkeit, Unbesonnenheit, drückende Notlage.[31]

---

31   VwGH 23.10.2002, 2002/16/0151.

2. **Keine oder nur unbedeutende Folgen:** Verkürzungen ab EUR 1.500 haben jedenfalls keine unbedeutenden Folgen.[32] Das BFG hatte in einem Fall bei fahrlässiger Abgabenverkürzung von EUR 1.200 eine unbedeutende Folge angenommen.[33] Die nachträgliche Entrichtung der Abgabe (Schadensgutmachung) reicht nicht.[34]

1144 Bemessung von Geldstrafen

Die **Geldstrafe** ist ausgehend vom **Strafrahmen** zu bemessen. Es sind auch **persönliche** Verhältnisse und die **wirtschaftliche** Leistungsfähigkeit des Täters zu berücksichtigen (§ 23 Abs 3).

Die Mindestgeldstrafe beträgt **EUR 20**. Die Bemessung hat bei Strafdrohungen nach dem Wertbetrag mit mindestens **10 % des Höchstmaßes** der angedrohten Geldstrafe zu erfolgen. Im verwaltungsbehördlichen Verfahren ist eine Geldstrafe unter diesem Betrag nur aus besonderen Gründen zulässig (§ 23 Abs 4). Ein durch die Tat **lukrierter Zinsgewinn** stellt dabei ebenso die Untergrenze der Geldstrafe dar.[35]

Beispiele:
1. **Abschlag** von einem Drittel der Strafdrohung für die tatbildimmanente vorübergehende Abgabenvermeidung der Hinterziehung der Umsatzsteuervorauszahlung im Vergleich zur allgemeinen Hinterziehung.[36]
2. **Abgabenhinterziehung:** Ab 20 % des Wertbetrags (10 % des maximalen Strafrahmens) bei erstmaliger Begehung; 40 % des Wertbetrags (20 % des maximalen Strafrahmens) bei zahlreichen Finanzvergehen und Vorliegen von Milderungsgründen.[37]
3. **Grob fahrlässige Abgabenverkürzung:** Ab 10 % des Wertbetrags bei erstmaliger Begehung.
4. **Persönliche Verhältnisse und wirtschaftliche Leistungsfähigkeit:** Konkurseröffnung, Pfändung der Pension und hohes Lebensalter führten zu 18 % von ca EUR 100.000 bei fahrlässiger Abgabenverkürzung.[38]

1145 Bemessung von Freiheitsstrafen

Die **Freiheitsstrafe** ist ausgehend vom **Strafrahmen** zu bemessen. Die Freiheitsstrafe beträgt mindestens einen Tag (§ 15).

Die Verhängung einer Freiheitsstrafe setzt voraus:

- Täter ist **kein Jugendlicher,**
- bei einer nicht zwingend mit einer Freiheitstrafe zu bestrafenden Finanzvergehen muss diese aus **general- oder spezialpräventiven Gründen notwendig** sein (§ 15 Abs 2),
- **gerichtliches** Strafverfahren oder verwaltungsbehördliches **Spruchsenatsverfahren** (bis maximal drei Monate; § 15 Abs 3).

---

32 VwGH 26.11.1998, 98/16/0199; BFG 3.5.2017, RV/7300012/2015.
33 BFG 10.3.2014, RV/4300007/2013.
34 VwGH 8.7.2009, 2008/15/0284.
35 VwGH 8.7.2009, 2008/15/0284; OGH 18.10.1990, 12 Os 115/90.
36 BFG 11.4.2016, RV/5300011/2015.
37 OGH 18.5.2016, 13 Os 154/15v.
38 VwGH 28.4.2011, 2009/16/0099.

Bei zwingend mit einer Freiheitsstrafe zu bestrafenden Finanzvergehen kann **anstelle der Freiheitsstrafe auf eine Geldstrafe** erkannt werden, wobei die zu verhängende Geldstrafe mit bis zu EUR 500.000 zu bemessen ist (§ 15 Abs 4 iVm § 37 und § 41 StGB).

Geldstrafe oder Haftstrafe, Geldstrafe und Haftstrafe 1146

Eine Freiheitsstrafe ist entweder **zusätzlich** zu einer Geldstrafe oder zwingend **neben** der Geldstrafe zu verhängen. Bei Finanzvergehen, bei denen nicht zwingend eine Freiheitsstrafe vorgesehen ist, darf eine solche nur aus spezialpräventiven Gründen notwendig sein (um daher den Täter von weiteren Finanzvergehen abzuhalten, § 15 Abs 2).

> **Beispiele:**
> 1. **Mehrfache Verurteilung wegen Abgabenhinterziehung:** Wurde ein Abgabepflichtiger bereits mehrmals zu Geldstrafen wegen Finanzvergehen verurteilt, dann kann neben der Geldstrafe auch auf eine Freiheitstrafe von einem Monat erkannt werden.[39]
> 2. **Geld- und Haftstrafe bei Abgabenbetrug:** Bei einem Hinterziehungsbetrag von EUR 680.000 aufgrund von nicht deklarierten Einkünften in Höhe von EUR 1.360.000 mittels einer gefälschten Urkunde, die den Betrag als Schenkung ausweisen sollte, wurde eine bedingte Haftstrafe von zwei Jahren (Rahmen: 1 bis 10 Jahre, daher 20 %) und eine unbedingte Geldstrafe von EUR 250.000 (Rahmen: bis 2,5 Mio, daher 10 %), mit Ersatzfreiheitsstrafe von acht Monaten verhängt.[40]

Bemessung von Geldbußen 1147

Die **Verbandsgeldbuße** ist grundsätzlich nach der für das Finanzvergehen angedrohten **Geldstrafe** zu bemessen. Bei gerichtlicher Zuständigkeit kann unter spezial- und generalpräventiven Gesichtspunkten die Geldbuße bis zum **Eineinhalbfachen** dieser angedrohten Geldstrafe bemessen werden (§ 28a).

> **Beispiele:**
> Im Fall einer gewerbsmäßigen Abgabenhinterziehung (§ 33 iVm § 38 alt) und einem strafbestimmenden Wertbetrag von EUR 350.000 (Verkürzungsbetrag) betrug der Bußgeldrahmen (dreifacher Wertbetrag) bis zu EUR 1.050.000 und die Verbandsgeldbuße aufgrund von Milderungsgründen EUR 120.000.[41]

Vertiefung: Strafschärfung bei Rückfall; Anrechnung von Haftzeiten 1148

Ist der Täter wegen Abgabenhinterziehung, Schmuggel, Hinterziehung von Zollabgaben oder Abgabenhehlerei schon **zweimal bestraft** worden und wurden die Strafen zumindest teilweise **vollzogen**, so kann, wenn er nach Vollendung des neunzehnten Lebensjahres neuerlich ein solches Finanzvergehen begeht, das Höchstmaß der angedrohten Freiheitsstrafe bei Finanzvergehen, für deren Verfolgung die Finanzstrafbehörde zuständig ist, das Höchstmaß der angedrohten Geldstrafe **um die Hälfte überschreiten**. Frühere Strafen, die länger als fünf Jahre her sind, bleiben außer Betracht (§ 41). Eine vergleichbare Bestimmung besteht für Monopoldelikte (§ 47).

Die verwaltungsbehördliche und die gerichtliche **Verwahrung** sowie die verwaltungsbehördliche und die gerichtliche **Untersuchungshaft** können in bestimmten Fällen auf

---

39   VwGH, 25.6.1998, 96/15/0041; VwGH 17.8.1994, 93/15/0232.
40   OGH 18.12.2015, 13 Os 73/15g.
41   OGH 27.6.2016, 13Os10/16v.

die Strafe **anzurechnen** sein. Für die Anrechnung der Vorhaft auf die Geldstrafe und den Wertersatz sind die an deren Stelle tretenden Ersatzfreiheitsstrafen maßgebend (§ 23 Abs 5 bis 7).

1149 Ersatzfreiheitsstrafe für Geldstrafe und Wertersatz

Wird auf eine Geldstrafe oder auf Wertersatz erkannt, so ist zugleich die für den Fall der **Uneinbringlichkeit** an deren Stelle tretende **Ersatzfreiheitsstrafe** festzusetzen (§ 20).

Die **Ersatzfreiheitsstrafe** ist entsprechend der Schuld des Täters unter Berücksichtigung der Erschwerungsgründe und Milderungsgründe zu bemessen. Hingegen sind die persönlichen Verhältnisse und die wirtschaftliche Leistungsfähigkeit des Täters nicht maßgebend.

Ersatzfreiheitsstrafen dürfen bei Finanzvergehen, deren Ahndung dem **Gericht** vorbehalten ist, das Höchstmaß von je **einem** Jahr, wenn jedoch die Geldstrafdrohung das Zweifache des Betrags, nach dem sich sonst die Strafdrohung richtet, übersteigt, das Höchstmaß von je **eineinhalb** Jahren und, wenn dieser Betrag EUR 500.000 übersteigt, das Höchstmaß von je **zwei** Jahren nicht übersteigen. Bei **verwaltungsbehördlichen** Finanzvergehen, deren Ahndung aufgrund des Wertbetrags dem Spruchsenat vorbehalten ist (→ 1171), dürfen die Ersatzfreiheitsstrafen das Höchstmaß von je **drei Monaten** und bei den übrigen Finanzvergehen das Höchstmaß von je **sechs Wochen** nicht übersteigen.

Ersatzfreiheitsstrafe
Für Geldstrafen von EUR 7.500 eine Ersatzfreiheitstrafe von einem Monat (1 Tag/EUR 250).[42] Ein Tag Ersatzfreiheitsstrafe wird ansonsten im Durchschnitt für jeweils zwischen EUR 250 und EUR 750 gewährt; zumeist EUR 400.

1150 Gerichtliche Zuständigkeit: Bedingte Strafnachsicht und Weisung

Bei gerichtlicher Zuständigkeit können Geldstrafen, Wertersätze und Freiheitsstrafen unter Setzung einer Probezeit **bedingt nachgesehen** werden. Die Strafe des Verfalls darf nicht bedingt nachgesehen werden. Eine Geldstrafe darf nur bis zur Hälfte bedingt nachgesehen werden. Der nicht bedingt nachgesehene Teil der Geldstrafe muss jedoch mindestens 10 % des strafbestimmenden Wertbetrags betragen (§ 26). **Gerichtliche Geldbußen für Verbände** können nur teilweise (von einem Drittel bis zu fünf Sechstel) und nicht vollständig bedingt nachgesehen werden, weil dies nur für Geldbußen aufgrund von Tagessätzen vorgesehen ist. Die Probezeit beträgt von einem bis zu drei Jahre (§ 28a; §§ 6 und 7 VbVG).[43] Die Nachsicht kann auch **widerrufen** werden (§ 26; § 9 VbVG).

War mit dem Finanzvergehen eine Abgabenverkürzung oder ein sonstiger Einnahmenausfall verbunden, so hat das Gericht dem Verurteilten die **Weisung** zu erteilen, den **Betrag**, den er schuldet oder für den er zur Haftung herangezogen werden kann, **zu entrichten**. Wäre die unverzügliche Entrichtung für den Verurteilten unmöglich oder mit besonderen Härten verbunden, so ist ihm hiefür eine angemessene Frist zu setzen, die

---

42   UFS 12.6.2007, RV/0002-I/07.
43   OGH 27.6.2016, 13Os10/16v.

ein Jahr nicht übersteigen darf (§ 26). Weisungen können auch gegenüber Verbänden bei bedingter Nachsicht der Strafe erteilt werden (§ 8 VbVG).

Zusammentreffen strafbarer Handlungen
1151

Hat jemand durch eine Tat oder durch mehrere selbständige Taten **mehrere Finanzvergehen** derselben oder verschiedener Art begangen und wird über diese Finanzvergehen gleichzeitig erkannt, so ist auf eine einzige Geldstrafe, Freiheitsstrafe oder Geld- und Freiheitsstrafe zu erkennen. Neben diesen Strafen ist auf Verfall oder Wertersatz zu erkennen, wenn eine solche Strafe auch nur für eines der zusammentreffenden Finanzvergehen angedroht ist (§ 21 Abs 1). Die einheitliche Geld- oder Freiheitsstrafe ist jeweils nach der höchsten Strafdrohung zu bestimmen (§ 21 Abs 2). Hat jemand durch eine Tat oder durch mehrere selbständige Taten **Finanzvergehen und strafbare Handlungen anderer Art** begangen, die sich nicht gegenseitig ausschließen (→ 1130), und wird über diese vom Gericht gleichzeitig erkannt, so sind die Strafen für die Finanzvergehen gesondert von den Strafen für die anderen strafbaren Handlungen zu verhängen (§ 22 Abs 1).

7. Verhängung und Durchsetzung der Strafen

1152

Die **Verhängung der Strafe** erfolgt ausschließlich aufgrund eines förmlichen, rechtsstaatlichen, verwaltungsbehördlichen oder gerichtlichen Finanzstrafverfahrens (→ 1159).

Im **finanzstrafbehördlichen** Verfahren werden **Geldstrafen und Wertersätze** mit Ablauf eines Monats nach Rechtskraft der Entscheidung fällig. Zwangs- und Ordnungsstrafen sind einen Monat nach Zustellung des Bescheids fällig. Die Einhebung, Sicherung und Einbringung sowie Geltendmachung der Haftung obliegt den Finanzstrafbehörden. Die **Ersatzfreiheitsstrafen und Freiheitsstrafen** sind binnen einem Monat nach Zustellung der Aufforderung anzutreten. Bei Beschwerde an den VfGH oder Revision an den VwGH ist mit dem Vollzug zuzuwarten, außer es besteht Fluchtgefahr. Es sind die Regeln des Strafvollzugsgesetzes mit einigen Besonderheiten anwendbar (§ 175; § 179).

Im **gerichtlichen** Verfahren sind **Geldstrafen und Wertersätze** grundsätzlich durch schriftliche Aufforderung binnen vierzehn Tagen zu zahlen, widrigenfalls sie zwangsweise eingetrieben werden (§ 409 StPO). Die Geldstrafe kann auch nach Antritt der Ersatzfreiheitsstrafe bezahlt werden (§ 230). **Ersatzfreiheitsstrafen und Freiheitsstrafen** sind nach den Bestimmungen des StVG anzuordnen und zu vollziehen (§ 409 Abs 3 StPO).

Aufschub und Milderung der Strafen
1153

Auf Antrag kann der **Strafvollzug** bei Vorliegen bestimmter Gründe **aufgeschoben** werden. Bei Abweisung steht eine Beschwerde an das BFG oder im gerichtlichen Verfahren an das Schöffengericht zu. Dem Antrag kann in bestimmten Fällen aufschiebende bzw hemmende Wirkung zuerkannt werden (§§ 5 und 6 StVG; § 177).

Im gerichtlichen Verfahren kann die Bezahlung von Geldstrafen und Wertbeträgen auf Antrag **aufgeschoben** werden (§ 409a StVO). Im **finanzstrafrechtlichen** Verfahren kann der Vollzug von Ersatzfreiheitsstrafen (§ 179 Abs 3), im **gerichtlichen** Verfahren auch der Vollzug von Freiheitsstrafen durch von **gemeinnützigen Leistungen** unterbleiben (§ 3a StVG).

Im **verwaltungsbehördlichen** Strafverfahren kann bei Vorliegen berücksichtigungswürdiger Umstände das BMF über Ansuchen des Bestraften durch die Finanzstrafbehörde verhängte Strafen ganz oder teilweise nachsehen oder Freiheitsstrafen in Geldstrafen umwandeln. Dies gilt auch für die Freigabe von verfallenen Gegenständen und Beförderungsmitteln (**Gnadenrecht**, § 187). Durch das BFG oder den VwGH verhängte Strafen können nur vom Bundespräsidenten nachgesehen werden. Das Ansuchen ist beim BMF einzubringen. Der Bestrafte ist über das erfolgreiche oder erfolglose Ansuchen zu verständigen. Im **gerichtlichen** Verfahren steht ein Gnadenrecht ausschließlich dem Bundespräsidenten zu (§ 507 bis § 513 StPO).

Bei einer gerichtlich verhängten Freiheitsstrafe kann eine **bedingte Entlassung** unter Festsetzung einer Probezeit erfolgen. Diese erfolgt grundsätzlich nach Verbüßen der Hälfte der Freiheitsstrafe, frühestens jedoch nach drei Monaten (§ 26; § 48 StGB). Eine nachträgliche Milderung der Strafe ist ebenso möglich (§ 26, § 31a StGB).

1154 Rechtsnachfolge und Rückgriff bei Verbänden

Im Falle einer **Gesamtrechtsnachfolge** oder einer gleichzuhaltenden Einzelrechtsnachfolge gehen die finanzstrafrechtlichen Rechtsfolgen auf den Rechtsnachfolger über. Eine gleichzuhaltende Einzelrechtsnachfolge liegt vor, wenn im Wesentlichen dieselben Eigentumsverhältnisse am Verband bestehen und der Betrieb oder die Tätigkeit im Wesentlichen fortgeführt wird. Bei mehr als einem Rechtsnachfolger (Spaltung) kann eine über den Rechtsvorgänger verhängte Geldbuße gegen jeden Rechtsnachfolger vollstreckt werden. Andere Rechtsfolgen können den einzelnen Rechtsnachfolgern zugeordnet werden, soweit dies deren Tätigkeitsbereich entspricht (§ 10 VbVG).

Der Verband kann für finanzstrafrechtliche Sanktionen und Rechtsfolgen, die den Verband betreffen, **nicht auf Entscheidungsträger oder Mitarbeiter rückgreifen** und sich bei diesen regressieren (§ 11 VbVG).

1155 Haftung durch Dritte

Sofern **Geldstrafen oder Wertersätze** aus dem beweglichen Vermögen des Bestraften nicht eingebracht werden können oder die Einbringung offenkundig aussichtslos ist, **haften** (§ 28):

- der **Vertretene** in Vertretungsfällen für den Vertreter, wenn dieser für den Vertretenen ein Finanzvergehen begangen hat und dem Vertretenen ein Verschulden trifft,
- der **Dienstgeber** für den Dienstnehmer, wenn der Dienstnehmer das Vergehen im Rahmen seiner dienstlichen Obliegenheiten begangen hat und den Dienstgeber ein Verschulden trifft,
- jeweils dessen **Gesamtrechtsnachfolger** und Einzelrechtsnachfolger aufgrund einer Umgründung nach dem Umgründungssteuergesetz.

Ein Verschulden liegt vor, wenn der Vertretene oder Dienstgeber sich bei **Auswahl oder Beaufsichtigung** des Bestraften auffallender Sorglosigkeit schuldig machte, vom Finanzvergehen wusste und es **nicht verhinderte**, obwohl zumutbar, oder dessen Verhinderung zuzumuten gewesen wäre, **aus auffallender Sorglosigkeit nicht wusste**. Bei abgabepflichtigen **juristischen Personen** und **Vermögensmassen** ohne eigene Rechtspersönlichkeit wird eine Haftung durch das Verschulden auch nur einer Person begründet, die einem mit der Geschäftsführung oder der Überwachung der Geschäftsführung betrauten Organ angehört. Bei **Personenvereinigungen** genügt das Verschulden eines geschäftsführenden Mitglieds der Vereinigung oder der Person, der für den Gesamtbetrieb oder für das betreffende Sachgebiet die Verantwortung übertragen ist. Bei Personenvereinigungen haftet diese mit ihrem Vermögen. Soweit Wertersätze darin nicht Deckung finden, haftet auch jedes Mitglied anteilsmäßig entsprechend ihrer Beteiligung. Eine Selbstanzeige wirkt haftungsbefreiend.

Vertiefung: Verjährung der Vollstreckbarkeit 1156

Die **Vollstreckbarkeit** von Strafen **erlischt durch Verjährung** (§ 32). Die Frist **beginnt** mit der Rechtskraft der Entscheidung und beträgt **fünf** Jahre. Dies gilt auch für die **Vollstreckbarkeit von Haftungen** gegen Haftungsbeteiligte. Die Vollstreckbarkeit tritt nicht ein, wenn innerhalb der Verjährungsfrist auf eine neue Strafe wegen eines Finanzvergehens erkannt wird, sondern verlängert sich bis zur Verjährung der Vollstreckbarkeit auch dieser Strafe. Bestimmte Verjährungsfristen werden in die Verjährungsfrist nicht eingerechnet. Der Vollzug der Freiheitsstrafe unterbricht die Verjährung und diese beginnt von neuem zu laufen, sofern der Beschuldigte nicht endgültig entlassen wird. Dies gilt auch für **Verbände**, weil die Sonderbestimmungen für Verbände auf Tagessätze abstellen (§ 12 Abs 3 VbVG).

Tilgung von Strafen 1157

Bestrafungen durch Finanzstrafbehörden gelten mit Ablauf von **fünf** Jahren, bei Finanzordnungswidrigkeiten mit Ablauf von **drei** Jahren, als **getilgt**. Eine Bestrafung wird jedoch so lange nicht getilgt, als innerhalb der Frist rechtskräftig wegen eines weiteren Finanzvergehens bestraft wird. In diesem Fall werden die Bestrafungen gemeinsam mit der am spätesten endenden Frist getilgt. Die Frist beginnt mit Ende des Vollzugs, Nachsicht oder Verjährung der Vollstreckbarkeit.

Mit der Tilgung **erlöschen die gesetzlichen Folgen** der Bestrafung. Sie dürfen in der Folge bei der Strafbemessung und in Auskünften an Gerichte oder andere Behörden nicht aufgenommen werden. Der Bestrafte ist nicht verpflichtet, getilgte Bestrafungen bei Gericht oder einer anderen Behörde anzugeben (§ 186).

Vertiefung: Entschädigung 1158

Ein Geschädigter hat gegenüber dem Bund **Anspruch auf Entschädigung** für Schäden, die durch ein **verwaltungsbehördliches** Finanzstrafverfahren rechtswidrig oder zu Unrecht entstanden sind. Verfahrensrechtlich erfolgt die Geltendmachung durch Aufforderung der Anerkennung an die Finanzprokuratur. Erfolgt die Anerkennung nicht binnen sechs Monaten oder wird diese verweigert, kann Klage vor dem Landesgericht gegen den Bund erhoben werden (§§ 188 bis 194). Im **gerichtlichen** Verfahren ist grundsätzlich das Strafrechtliche Entschädigungsgesetz anzuwenden (§§ 9 und 12 StEG; § 245).

Kapitel 20

Finanzstrafrecht[1] – Finanzstrafverfahren

1. Finanzstrafverfahren im Überblick

Zweck und Bestimmungen für Finanzstrafverfahren   1159

Zweck des Finanzstrafverfahrens ist es, in einem **förmlichen, rechtsstaatlichen Strafverfahren** (i) den Sachverhalt zu **ermitteln**, der den Tatbestand eines Finanzvergehens erfüllen könnte (ii) über das Vorliegen einer strafbaren Handlung und deren Bestrafung zu **entscheiden** und (iii) und diese entsprechend **durchzusetzen**.

Das **finanzverwaltungsbehördliche Strafverfahren** richtet sich nach dem Finanzstrafgesetz. **Sonstige verwaltungsbehördliche** Strafverfahren betreffend Abgaben (landesgesetzliche Abgaben oder Kommunalsteuer) sind nach dem Verwaltungsstrafgesetz durchzuführen. Gerichtliche Finanzstrafverfahren sind grundsätzlich nach der Strafprozessordnung durchzuführen, allerdings bestehen aufgrund der speziellen Materie besondere Bestimmungen (§ 195).

Zuständigkeit und Beteiligte   1160

Zuständig sind für die Ahndung von Finanzvergehen:

- die Finanzstrafbehörden im **verwaltungsbehördlichen** Finanzstrafverfahren,
- und bei schweren Finanzvergehen das Landesgericht im **gerichtlichen** Finanzstrafverfahren.

Beteiligte sind:

- **Verdächtige** und diese als **Beschuldigte** ab Verständigung von der Einleitung des Strafverfahrens oder der ersten Vernehmung, und
- **Nebenbeteiligte** mit Rechten an verfallsbedrohten Sachen und Haftende.

Einleitung und Ermittlung des Sachverhalts   1161

Für **Anzeigen** von Finanzvergehen ist grundsätzlich die Finanzstrafbehörde zuständig. Diese entscheidet, ob ein verwaltungsbehördliches oder gerichtliches Strafverfahren durchzuführen ist.

Im **verwaltungsbehördlichen** Finanzstrafverfahren erfolgt die **Einleitung** durch Verständigung des nunmehr Beschuldigten durch die Finanzstrafbehörde. Stattdessen kann bei ausreichend geklärtem Sachverhalt im vereinfachten Verfahren eine **Strafverfügung** ergehen, wogegen der Beschuldigte Einspruch erheben kann. Im **Untersuchungsverfahren** ist durch die Finanzstrafbehörde der für die Erledigung der Strafsache maßgebliche Sachverhalt festzustellen.

Das **gerichtliche** Finanzstrafverfahren **beginnt**, sobald Finanzstrafbehörde oder Staatsanwaltschaft zur Aufklärung eines Anfangsverdachts nach den Bestimmungen der StPO

---

1   Paragraphenverweise ohne Gesetzesangabe beziehen sich auf das Finanzstrafgesetz (FinStrG).

ermitteln. Der Beschuldigte ist darüber zu informieren. Die **Finanzstrafbehörde** wird im Dienste der Strafrechtspflege anstelle der Kriminalpolizei tätig. Die **Staatsanwaltschaft** leitet das **Ermittlungsverfahren** zur Feststellung des Sachverhalts und hat, wenn eine Verurteilung naheliegt, **Anklage** vor Gericht zu erheben.

1162 Entscheidung über die Strafe

Im **verwaltungsbehördlichen** Finanzstrafverfahren erfolgt die Entscheidung grundsätzlich durch einen **Spruchsenat** oder, in weniger bedeutenden Fällen, durch einen **Einzelbeamten**. Das gefällte Erkenntnis wird mündlich verkündet und schriftlich zugestellt. Rechtsmittel ist die **Beschwerde** an das Bundesfinanzgericht und in weiterer Folge die **Revision** an den Verwaltungsgerichtshof.

Im **gerichtlichen** Finanzstrafverfahren erfolgt nach Anklage durch die Staatsanwaltschaft das Urteil in der Hauptverhandlung des **Landesgerichts als Schöffengericht**. Rechtsmittel sind (i) die Berufung an das Oberlandesgericht oder (ii) die Nichtigkeitsbeschwerde an den Obersten Gerichtshof.

1163 Vollzug der Entscheidung

Nach rechtskräftiger Entscheidung sind Geldstrafen, Geldbußen und Freiheitsstrafen nach der Strafvollzugsordnung **zu vollziehen, mit Besonderheiten im finanzstrafbehördlichen Verfahren**.

1164 Überblick: Verfahrensvergleich BAO, AVG, FinStrG und StPO

	Abgabenverfahren BAO	Verwaltungsverfahren AVG	Verwaltungsbehördliches Finanzstrafverfahren FinStrG	Gerichtliches Strafverfahren StPO
Beteiligte	Partei (Abgabepflichtiger) Abgabenbehörde	Partei / Beteiligte Verwaltungsbehörde	Beschuldigter, Finanzstrafbehörde	Beschuldigter / Angeklagter Finanzstrafbehörde Staatsanwaltschaft
Entscheidungsorgan	Finanzamt	Verwaltungsbehörde	Finanzstrafbehörde (Einzelbeamter, Spruchsenat)	Landesgericht als Schöffengericht
Unterschiede in Grundsätzen	Offenlegungs- und Wahrheitspflicht Nichtöffentlichkeit, kein Zwang zur Mündlichkeit oder Unmittelbarkeit	Mitwirkungspflicht Nichtöffentlichkeit, kein Zwang zur Mündlichkeit oder Unmittelbarkeit	Aussageverweigerungsrecht Mündlichkeit, Öffentlichkeit (Ausschluss möglich) Unmittelbarkeit nicht zwingend Anklagegrundsatz nur teilweise verwirklicht Unschuldsvermutung	Aussageverweigerungsrecht Mündlichkeit, Unmittelbarkeit, Öffentlichkeit (Ausschluss möglich) Anklagegrundsatz Unschuldsvermutung
Verjährung	Verjährung (grds 5 Jahre, 10 Jahre bei Hinterziehung)	Keine Verjährung (nur aufgrund besonderer Bestimmungen)	Verjährung (grds 5 Jahre)	Verjährung (grds 5 Jahre)
Entscheidung	Bescheid	Bescheid	Erkenntnis / Strafverfügung	Urteil
Rechtsmittel und Rechtsbehelfe	Bescheidbeschwerde Wiederaufnahme, Wiedereinsetzung Revision, Beschwerde	Bescheidbeschwerde Wiederaufnahme, Wiedereinsetzung Revision, Beschwerde	Beschwerde Wiederaufnahme, Wiedereinsetzung Revision, Beschwerde	Berufung Wiederaufnahme, Wiedereinsetzung Revision, Beschwerde
Wirkung eines Rechtsmittels	Keine aufschiebende Wirkung, Antrag auf Aussetzung der Einhebung möglich	Aufschiebende Wirkung	Aufschiebende Wirkung	Aufschiebende Wirkung (Anmeldung)
Rechtsmittelinstanz	BFG VwGH / VfGH	Verwaltungsgericht VwGH / VfGH	BFG VwGH / VfGH	Oberlandesgericht (Berufung) OGH (Nichtigkeitsbeschwerde)
Rechtsmittelfrist	1 Monat 6 Wochen	4 Wochen 6 Wochen	1 Woche (Anmeldung) plus 1 Monat; 6 Wochen	3 Tage (Anmeldung) plus 4 Wochen
Unterschiede in Grundsätzen	Kein Neuerungsverbot (BFG)	Kein Neuerungsverbot (VwG)	Kein Neuerungsverbot (BFG) Verbot der Verschlechterung	Neuerungsverbot bei NB Verbot der Verschlechterung
Kostentragung	Eigene Kostentragung VwGH / VfGH: pauschaler Ersatz	Eigene Kostentragung VwGH / VfGH: pauschaler Ersatz	Eigene Kostentragung Kostenpflicht bei Verurteilung	Pauschaler Kostenersatz Kostenpflicht bei Verurteilung

Abbildung 56: Verfahrensvergleich BAO, AVG, FinStrG und StPO

2. Verwaltungsbehördliches oder gerichtliches Finanzstrafverfahren

Zuständigkeit 1165

Zuständig für Finanzvergehen können sein:

- Gerichte im **gerichtlichen Finanzstrafverfahren,**
- Finanzstrafbehörden im **verwaltungsbehördlichen Finanzstrafverfahren,**
- Verwaltungsbehörden im **verwaltungsstrafrechtlichen Verfahren**.

Gerichte sind zur Ahndung von **vorsätzlichen** Finanzvergehen zuständig:

- wenn der maßgebliche Wertbetrag bei Abgabenhinterziehung **EUR 150.000** und
- bei Schmuggel, Hinterziehung von Zollabgaben und damit in Zusammenhang stehender Abgabenhehlerei **EUR 75.000** übersteigt.
- Abgabenbetrug (§ 39) und Umsatzsteuerbetrug (§ 40) sind immer, Finanzordnungswidrigkeiten nie von Gerichten zu ahnden (§ 53).

Die **Finanzstrafbehörden** sind für sonstige Finanzvergehen des Finanzstrafgesetzes zuständig (§ 53 Abs 6). Die **Verwaltungsstrafbehörden** sind für alle übrigen Finanzvergehen zuständig.

Zur Ermittlung des maßgeblichen Wertbetrags sind **Wertbeträge aus mehreren zusammentreffenden vorsätzlich begangenen Finanzvergehen** zusammenzuzählen, wenn für diese sachlich dieselbe Finanzstrafbehörde zuständig wäre und über diese noch nicht rechtskräftig entschieden wurde. Die Zuständigkeit des Gerichts für ein Finanzvergehen begründet auch die Zuständigkeit für mit diesen **zusammentreffenden anderen Finanzvergehen** bei gleicher sachlicher Zuständigkeit der Finanzstrafbehörde. Die Zuständigkeit des Gerichts für ein Finanzvergehen begründet auch die Zuständigkeit für sonst verwaltungsbehördlich zu ahnende **Finanzvergehen der anderen vorsätzlich Beteiligten;** die nur deswegen erfolgte gerichtliche Verurteilung ist nicht mit den Folgen einer gerichtlichen Verurteilung verbunden (daher maximal 3 Monate Freiheitsstrafe, keine bedingte Nachsicht, nur Finanzstrafregister- statt Strafregistereintrag; § 53).

Vertiefung: Änderung der Zuständigkeit und Konsequenzen 1166

Stellt sich nach der Einleitung des verwaltungsrechtlichen Strafverfahrens die **gerichtliche Zuständigkeit** heraus, kommt es zur (§ 54):

- Fortsetzung nach der StPO unter Berücksichtigung finanzstrafrechtlicher Besonderheiten,
- Verständigung des Beschuldigten und Nebenbeteiligten,
- Übergabe von Personen in Verwahrung oder Untersuchungshaft an das Gericht,
- vorläufigen Einstellung des verwaltungsbehördlichen Strafverfahrens (§ 54 Abs 4; § 30 Abs 2 VStG).

Bei **gerichtlicher Einleitung, aber nachfolgender Unzuständigkeit** durch Einstellung oder Entscheidung, erfolgt die Fortsetzung des verwaltungsbehördlichen Finanzstrafverfahrens (§ 54 Abs 5). Bei **sonstiger rechtskräftiger Beendigung des gerichtlichen**

Verfahrens hat die Finanzstrafbehörde ihr Verfahren und den Strafvollzug endgültig einzustellen, § 54 Abs 6).

1167 Strafverfahren: Gemeinsame Grundsätze für die Ausgestaltung des Verfahren

Das **Finanzstrafverfahren** ist auf der Grundlage von rechtsstaatlichen Prinzipien für ein Strafverfahren zu führen. Besondere Anforderungen ergeben sich an die **Ausgestaltung** (§ 57; §§ 2 bis 17 StPO).

Die Strafbehörde (Finanzstrafbehörde, Staatsanwaltschaft) hat Finanzvergehen von Amts wegen zu verfolgen (**Amtswegigkeitsgrundsatz**, § 2 StPO). Eine Entscheidung über Strafen, ein Verfall oder eine Haftung darf nur aufgrund eines nach dem Gesetz durchgeführten Verfahrens getroffen werden (**Legalitätsprinzip** und **Sicherung eines rechtsstaatlichen Verfahrens**, § 56 Abs 1). Bis zum gesetzlichen Nachweis seiner Schuld gilt der eines Finanzvergehens Verdächtige als unschuldig (**Unschuldsvermutung**; § 8 StPO). Im gerichtlichen Finanzstrafverfahren besteht eine strikte Trennung zwischen der Anklagebehörde (Staatsanwaltschaft, Finanzstrafbehörde) und dem Gericht, das die Anklage durch Entscheidung zu erledigen hat (**Anklagegrundsatz**, § 4 StPO). Im verwaltungsbehördlichen Finanzstrafverfahren besteht lediglich eine Trennung zwischen dem Amtsbeauftragten als Vertreter der Finanzstrafbehörde und dem Spruchsenat als eigenes, aber weisungsfreies Organ der Finanzstrafbehörde. Im Verfahren sind darüber hinaus die Prinzipien der **Mündlichkeit, Öffentlichkeit und Unmittelbarkeit** grundsätzlich verwirklicht. Verhandlungen sind mündlich und öffentlich. Im gerichtlichen Finanzstrafverfahren sind Beweise unmittelbar in der Hauptverhandlung anzunehmen, aufgrund derer die Entscheidung gefällt wird (§ 12 und § 13 StPO); in verwaltungsbehördlichen Finanzstrafverfahren ist der Grundsatz der Unmittelbarkeit jedoch nicht zwingend.[2]

1168 Strafverfahren: Gemeinsame Grundsätze für die Ausübung der Befugnisse

Besondere Anforderungen ergeben sich auch an den **Ablauf des Verfahrens** und der **Ausübung der Befugnisse** (§ 57; §§ 2 bis 17 StPO).

Die Strafbehörde und ihre Organe haben ihr Amt unparteilich und unvoreingenommen auszuüben und jeden Anschein der Befangenheit zu vermeiden. Sie haben die zur Belastung und die zur Verteidigung des Beschuldigten dienenden Umstände mit der gleichen Sorgfalt zu ermitteln (**Objektivitätsgrundsatz**, § 3 StPO). Die Strafbehörde darf bei der Ausübung von Befugnissen und bei der Aufnahme von Beweisen nur soweit in Rechte von Personen eingreifen, als dies gesetzlich ausdrücklich vorgesehen und zur Aufgabenerfüllung erforderlich ist (**Verhältnismäßigkeitsgrundsatz**, § 5 StPO). Das Finanzstrafverfahren ist stets zügig und ohne unnötige Verzögerung durchzuführen und innerhalb angemessener Frist zu beenden (**Beschleunigungsgebot**; § 9 StPO). Die Beweisaufnahme kann bereits im Untersuchungsverfahren erfolgen, weil Untersuchungsverfahren und die Entscheidung demselben Organ unterliegen. Es gilt der Grundsatz der **freien**

---

2   VwGH 19.6.2013, 2012/16/0111.

Beweiswürdigung. Bleiben Zweifel bestehen, so darf die zu beweisende Tatsache nicht zum Nachteil des Beschuldigten als erwiesen angenommen werden (§ 98 Abs 3; § 14 StPO). **Vorfragen** sind selbständig zu beurteilen, außer es wird mit der Entscheidung in absehbarer Zeit gerechnet (§ 123; § 15 StPO). Rechtsmittel und Rechtsbehelfe nur zugunsten des Beschuldigten dürfen nicht zu einer Schlechterstellung des Beschuldigten führen (**Verbot der Verschlechterung,** § 16 StPO). Nach rechtswirksamer Beendigung eines Finanzstrafverfahrens ist die neuerliche Verfolgung desselben Verdächtigen wegen derselben Tat unzulässig (**Verbot der erneuten Strafverfolgung;** § 17 StPO).

Strafverfahren: Allgemeine Rechte des Beschuldigten 1169

Zur Erreichung eines rechtsstaatlichen Strafverfahrens mit **drohenden Eingriffen in Grundrechte** des **Beschuldigten** stehen diesem **besondere Rechte** zu (§ 57; § 49 StPO).

Beschuldigte haben umfassende **allgemeine strafverfahrensrechtlich relevante Rechte.**

Beispiele:

Information über die Vorwürfe und Rechtsbelehrung (§ 57 Abs 3; §§ 6 Abs 2, 50 StPO), Rechtliches Gehör (§ 84; § 115; § 6 StPO), Recht auf Verteidigung (§ 77; § 7 StPO), Recht auf Akteneinsicht (§ 79; § 51 bis § 53 StPO), Recht auf Verweigerung der Aussage mit Beweisverwertungsverbot (§ 84; § 98 Abs 4; § 164 StPO), Recht auf Antrag auf Beweisaufnahme (§ 114 Abs 2; § 55 StPO), Ablehnung von befangenen Organen oder Enthebung von Sachverständigen (§ 73; § 44 StPO), Antrag auf Einstellung des Vorverfahrens oder Fristsetzung (§ 124 Abs 1; § 108 StPO), Recht auf Erhebung von Rechtsmitteln und Rechtsbehelfen.

Überblick: Finanzstrafverfahren 1170

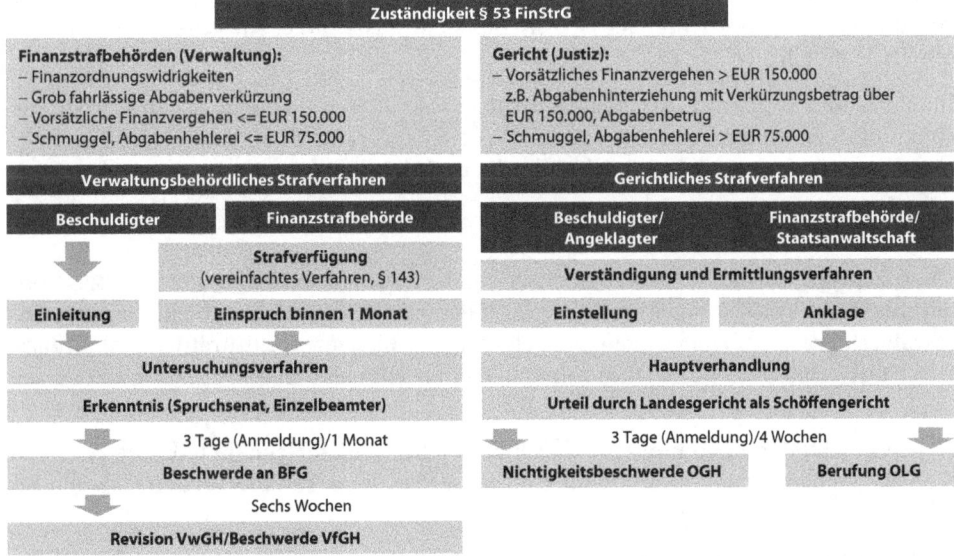

Abbildung 57: Finanzstrafverfahren

3. Verwaltungsbehördliches Finanzstrafverfahren

3.1. Zuständigkeit und Beteiligte

1171 Zuständigkeit der Finanzstrafbehörde

Zuständig als Finanzstrafbehörden für die Durchführung des Finanzstrafverfahrens ist entsprechend der betroffenen Abgabe entweder das **Zollamt Österreich** oder in allen anderen Fällen das **Amt für Betrugsbekämpfung** (§ 58).

Organ der Finanzstrafbehörde ist grundsätzlich ein **Spruchsenat** oder in geringfügigen Fällen ein **Einzelbeamter**. Diese dürfen nicht befangen sein. Ein **Spruchsenat ist zuständig**, wenn zu Beginn des Verfahrens zu erwarten ist, dass (§ 58 Abs 2):

- bei Schmuggel, Hinterziehung von Zollabgaben und damit in Zusammenhang stehender Abgabenhehlerei der Wertbetrag **EUR 10.000** übersteigen wird;
- bei allen übrigen Finanzvergehen der Wertbetrag **EUR 33.000** übersteigen wird;
- oder auf **Antrag** des Beschuldigten oder eines Nebenbeteiligten.

Eine Bestrafung auf der Grundlage höherer als die oben genannten Wertbeträge darf nur durch einen Spruchsenat erfolgen. Der Spruchsenat soll bereits im verwaltungsbehördlichen Verfahren einen **höheren Rechtschutz** durch ein **kontradiktorisches** Verfahren gewährleisten, bei dem ein eigener **Amtsbeauftragter** die Finanzstrafbehörde vertritt (§ 124 Abs 2). Der Spruchsenat selbst besteht aus **drei** Mitgliedern, und zwar aus einem Richter, einem Finanzbeamten und einem Laienbeisitzer, der je nach der Tätigkeit des Beschuldigten entweder von der gesetzlichen Berufsvertretung der selbständigen oder der unselbständigen Berufe kommt. Die Mitglieder sind in Ausübung ihres Amtes **weisungsfrei** und es besteht eine **feste Geschäftsverteilung** (§§ 66, 68). Die Unzuständigkeit des Spruchsenats ist mit Bescheid auszusprechen, gegen den eine Beschwerde möglich ist (§ 125).

Im Verfahren vor dem **Einzelbeamten** entscheidet dieser alleine über den Verfahrensablauf und die Bestrafung entweder im Wege einer Strafverfügung aufgrund eines vereinfachten Verfahrens oder in nichtöffentlicher Verhandlung.

1172 Beschuldigter und Nebenbeteiligte

Verdächtiger ist die im Verdacht eines Finanzvergehens stehende Person. **Beschuldigter** ist ein Verdächtiger vom Zeitpunkt der Verständigung über die Einleitung des Strafverfahrens oder der ersten Vernehmung an bis zum rechtskräftigen Abschluss des Strafverfahrens (§ 57). Dazu zählt auch ein belangter Verband (§ 56 Abs 5).

Neben Beschuldigten kommt eine Verfahrensstellung auch **Nebenbeteiligten** (§ 76) zu. Sie haben entsprechend ihrer Stellung teilweise dieselben Verfahrensrechte wie ein Beschuldigter. Diese sind:

- **Verfallsbeteiligte** (mit Rechten an verfallsbedrohten Sachen), oder

- **Haftungsbeteiligte** (als haftende Vertretende oder Dienstgeber für Geldstrafen oder Wertersatz).

Verteidiger können neben Rechtsanwälten und Strafprofessoren auch Steuerberater sein (im gerichtlichen Strafverfahren können diese nur unterstützend beigezogen werden).

3.2. Ermittlung des Sachverhalts – Einleitung, Untersuchungsverfahren, Einstellung

Einleitung des Strafverfahrens   1173

Die Finanzstrafbehörde hat die **Einleitung des verwaltungsbehördlichen Strafverfahrens** zu verfügen (Einleitungsverfügung), wenn genügend Verdachtsgründe bestehen und keine Gerichtszuständigkeit gegeben ist (§ 82).

Die Einleitung ist dem Verdächtigen unter Bekanntgabe der zur Last gelegten Tat sowie der in Betracht kommenden Strafbestimmung unverzüglich **mitzuteilen** und **aktenkundig** zu machen (§ 83). Die Mitteilung über die Einleitung kann auch bei der ersten **Vernehmung** als Beschuldigter erfolgen. Der Beschuldigte ist dabei auf seine **Rechte** hinzuweisen, insbesondere über das Aussageverweigerungsrecht und das Recht auf Beiziehung eines Verteidigers (§ 84).

Dabei kommen unterschiedliche **Informationsquellen** für die Einleitung eines Strafverfahrens in Betracht (§§ 81 und 82).

> **Beispiel:**
> 1. Pflicht zur Verständigung durch Behörden und Ämter der **Bundesfinanzverwaltung.** Die Anzeigepflicht entfällt bei geringfügigem Verschulden des Täters, sofern die Tat keine oder nur unbedeutende Folgen nach sich gezogen hat (§ 25 Abs 2).
> 2. Ermächtigung zur Übermittlung der Ergebnisse von Prüfungs-, Kontroll- und Überwachungsmaßnahmen durch **Abgabenbehörden** (Kontrollmitteilungen).
> 3. Pflicht zur Verständigung durch Dienststellen der **Gebietskörperschaften** mit behördlichem Aufgabenbereich, **Gebietskrankenkassen** und **AMS.**
> 4. Kenntniserlangung der **Finanzstrafbehörde** aus eigener Wahrnehmung.

Die Finanzstrafbehörde hat die Verständigung und Mitteilung dahingehend zu **prüfen,** ob genügend **Verdachtsgründe** für die Einleitung eines Finanzstrafverfahrens gegeben sind (Vorerhebungen, § 82). Es sind die Mittel zur **Feststellung des maßgebenden Sachverhalts** anzuwenden. Zu den Vorerhebungen zählen Vorhalt und Vernehmung von Verdächtigen,[3] Auskunftseinholung, Prüfung und Nachschau nach Abgabenvorschriften[4] und Zeugeneinvernahme. Sofern **relevante Gründe gegen eine Einleitung** sprechen, ist dies in einem Aktenvermerk festzuhalten und zu begründen (§ 82 Abs 3).

> **Beispiele und Grundlagen für die Entscheidungsfindung über die Einleitung:**
> 1. **Relevante Gründe gegen die Einleitung:** Die Tat kann mangels ausreichender Anhaltspunkte voraussichtlich nicht erwiesen werden, die Tat bildet kein Finanzvergehen, der Ver-

---

3   VwGH 23.2.2006, 2003/16/0092.
4   EB zu § 82 FinStrG idF BGBl 1985/571.

dächtige hat die ihm zur Last gelegte Tat nicht begangen oder Umstände liegen vor, welche die Tat rechtfertigen, die Schuld des Täters ausschließen, die Strafbarkeit ausschließen oder aufheben oder Umstände, welche die Verfolgung des Täters hindern, oder die Tat im Ausland begangen wurde und der Täter dafür schon im Ausland bestraft worden ist und nicht anzunehmen ist, dass die Finanzstrafbehörde eine strengere Strafe verhängen werde (§ 82 Abs 3).

2. **Genügend Verdachtsmomente:** Für die Einleitung des Finanzstrafverfahrens genügt es, wenn gegen den Verdächtigen genügend Verdachtsgründe vorliegen, die die Annahme rechtfertigen, dass er als Täter eines Finanzvergehens infrage kommt. Ein Verdacht – der mehr als eine bloße Vermutung ist – besteht, wenn hinreichende tatsächliche Anhaltspunkte die Annahme der Wahrscheinlichkeit des Vorliegens von bestimmten Umständen rechtfertigen. Es ist die Kenntnis von Tatsachen, aus denen nach der Lebenserfahrung auf ein Finanzvergehen geschlossen werden kann. Es muss jedoch nicht feststehen, ob der Täter die Tat auch begangen hat.[5] Der Verdacht muss sich dabei sowohl auf den objektiven als auch auf den subjektiven Tatbestand erstrecken.[6]

3. **Außenprüfungsberichte:** Berichte über Außenprüfungen können bereits im Einzelfall ausreichende Verdachtsgründe für die Einleitung eines Strafverfahrens beinhalten, auf den sich daher die Einleitung stützen kann, wenn der Verdacht darin oder in weiteren Ermittlungen ausreichend belegt wird.[7]

4. **Selbstanzeige:** Eine Selbstanzeige, deren strafbefreiende Wirkung einwandfrei feststeht, hindert die Einleitung eines Strafverfahrens. Fehlen hingegen unter Umständen Elemente, wie die Rechtzeitigkeit oder die Entrichtung der Abgabe, dann steht eine Selbstanzeige einer Einleitung eines Strafverfahrens nicht im Weg.[8]

1174 Untersuchungsverfahren: Befugnisse der Finanzstrafbehörde

Die **Finanzstrafbehörde** hat im Untersuchungsverfahren den für die Erledigung der Strafsache maßgebenden **Sachverhalt von Amts wegen festzustellen.** Dem Beschuldigten und den Nebenbeteiligten ist dabei jeweils Gelegenheit zu geben, ihre Rechte und rechtlichen Interessen geltend zu machen. Der Finanzstrafbehörde stehen dafür besondere **Befugnisse** zur Ermittlung des Sachverhalts zu.

Beispiele:

Vorladung und Vernehmung des Beschuldigten (§§ 116 bis 118), Recht gegenüber jedermann auf wahrheitsgemäße Auskunft, Urkundenvorlage oder Urkundeneinsicht (§ 99 Abs 1), Nachschau und Prüfungen im Sinne der Abgabenvorschriften (§ 99 Abs 2), Auskunft von Telekommunikations- und Postdiensten (§ 99 Abs 3, 3a, 3b, 4), Identitätsfeststellung von Personen (§ 99 Abs 5), Auskunft von Kredit- oder Finanzinstituten (§ 99 Abs 6, § 38 BWG), Inanspruchnahme von Amtshilfe (§ 120 Abs 1, 2 und 4), Einsicht in Datenverarbeitung und elektronische Register (§ 120 Abs 3), Verhängung von Zwangs- und Ordnungsstrafen (§ 56 Abs 1).

1175 Vertiefung: Finanzstrafbehörde und Grundrechtseingriff

Die Finanzstrafbehörde hat bereits **vor Einleitung** eines Finanzstrafverfahrens **Befugnisse** zur **Sicherung von Beweisen** oder der **Durchführung des Finanzstrafverfahrens:**

---

5   VwGH 5.4.2011, 2009/16/0203.
6   VwGH 21.4.2005, 2002/15/0036.
7   VwGH 9.7.2008, 2008/13/0050.
8   VwGH 26.1.2012, 2010/16/0073.

- Festnahme, Vorführung, vorläufige Verwahrung und Untersuchungshaft,
- Beschlagnahme verfallsbedrohter und zum Beweis dienender Gegenstände,
- Hausdurchsuchung und Personendurchsuchung.

Diese Befugnisse greifen in **Grundrechte** der Beteiligten ein und unterliegen daher gesetzlichen Einschränkungen unter Berücksichtigung von Beweisverwertungsverboten und dem allgemeinen Verhältnismäßigkeitsgrundsatz. Diese Eingriffe können daher, von Ausnahmen abgesehen, nur aufgrund eines vorangegangenen **Bescheids** vorgenommen werden.

Untersuchungsverfahren: Beweisaufnahme 1176

Im Finanzstrafverfahren sind zur Feststellung des Sachverhalts alle **Beweise aufzunehmen**, die die Finanzstrafbehörde zur Erforschung der Wahrheit für erforderlich hält. Beschuldigte und Nebenbeteiligte haben ein **Beweisantragsrecht** und grundsätzlich auch ein **Teilnahmerecht** an Beweisaufnahmen, das eingeschränkt sein kann.

Im verwaltungsbehördlichen Finanzstrafverfahren ist der Grundsatz der **Unmittelbarkeit** der Beweisaufnahme **nicht zwingend,**[9] sodass die Beweisaufnahme bereits im Untersuchungsverfahren erfolgen kann und nur in bestimmten Fällen in der mündlichen Verhandlung wiederholt werden muss.

Die Finanzstrafbehörde hat unter sorgfältiger Berücksichtigung der Ergebnisse des Verfahrens nach freier Überzeugung zu beurteilen, ob eine Tatsache erwiesen ist oder nicht (**Grundsatz der freien Beweiswürdigung**). Bleiben Zweifel bestehen, so darf die Tatsache nicht zum Nachteil des Beschuldigten oder der Nebenbeteiligten als erwiesen angenommen werden. **Vorfragen** können selbständig beantwortet werden. Eine Bindung besteht grundsätzlich nur an Entscheidungen durch das Strafgericht aufgrund des Amtswegigkeitsgrundsatzes (§ 123). Es besteht daher keine Bindung an das Abgabenverfahren.

Untersuchungsverfahren: Beweismittel, Verwertungsverbote 1177

Als **Beweismittel** kommt, mit Ausnahme von Beweisverwertungsverboten, alles in Betracht, was zur Feststellung des maßgeblichen Sachverhalts geeignet und nach der Lage des einzelnen Falls zweckdienlich ist. Tatsachen, die bei der Behörde offenkundig sind und solche, für deren Vorhandensein das Gesetz eine Vermutung aufstellt, bedürfen keines Beweises.

- **Urkunden:** Die Beweiskraft von öffentlichen Urkunden im Gegensatz zu privaten Urkunden ist erhöht (entsprechend der ZPO).
- **Zeugen:** Zeugen sind zur wahrheitsgemäßen Aussage verpflichtet, mit Ausnahme bestimmter Personen, für die ein absolutes Zeugenverbot gilt (§ 103) oder zumindest ein Aussageverweigerungsrecht besteht (§ 104).
- **Sachverständige:** Als Sachverständige sind grundsätzlich öffentlich bestellte Sachverständige beizuziehen (§§ 109 bis 112).
- **Augenschein:** Zur Aufklärung der Sache kann von der Finanzstrafbehörde ein Augenschein vorgenommen werden. Beschuldigte und Nebenbeteiligte haben ein Teilnahmerecht (§ 113).

---

9   VwGH 19.6.2013, 2012/16/0111.

Beweisverwertungsverbote zugunsten des Beschuldigten oder Nebenbeteiligten bestehen für:

- **Zwangsweise** erlangte Antworten, Tatgegenstände und Beweismittel von Beschuldigten und Nebenbeteiligten und zwangsweise erlangte Antworten von Zeugen, wobei hier die Anwendung von Zwangsmitteln erlaubt ist.
- **Beschlagnahmte** Beweismittel, die einer gesetzlichen Verschwiegenheitspflicht oder des Geheimnisschutzes unterliegen (Unterlagen zur Verteidigung, Bankgeheimnis, Briefgeheimnis).
- **Zeugenvernehmungsergebnisse** von Geistlichen unter der geistlichen Amtsverschwiegenheit, zur Wahrnehmung oder Mitteilung über die Wahrnehmung Unfähige und öffentliche Organe, sofern diese von ihrer Amtsverschwiegenheit nicht entbunden wurden.

In einer **Niederschrift** ist das Ergebnis der Beweisaufnahme festzuhalten. Die Niederschrift gilt als Beweis über den Gegenstand und den Verlauf der Amtshandlung, sofern dagegen keine Einwendungen erhoben werden (§ 88 BAO).

1178 Einstellung und Fristsetzung

Das Strafverfahren ist durch **Bescheid einzustellen**, wenn die Feststellungen im Untersuchungsverfahren dazu führen, dass die dem Beschuldigten zur Last gelegte Tat **nicht erwiesen** werden kann oder **sonstige Gründe gegen die Fortführung** des Strafverfahrens sprechen. Der Bescheid ist dem Beschuldigten und den zugezogenen Nebenbeteiligten zuzustellen. Dagegen ist ein Rechtsmittel unzulässig (§ 124 Abs 1).

Aufgrund des Rechts auf ein schnelles Verfahren hat der Beschuldigte nach Ablauf von **sechs Monaten** ab der Einleitung des Strafverfahrens oder der Rechtskraft der Entscheidung über einen solchen Antrag das **Recht zum (neuerlichen) Antrag auf Einstellung des Untersuchungsverfahrens**. Die Abweisung hat mit **Bescheid** zu erfolgen und ist mit Beschwerde anfechtbar. Ist das Untersuchungsverfahren bereits abgeschlossen, sind unerledigte Anträge oder Beschwerden gegenstandslos (§ 124 Abs 1). Der Beschuldigte hat ein **Antragsrecht an das BMF** auf Fristsetzung wegen Nichterledigung einer Verfahrenshandlung. Ausgenommen davon sind Verfahrenshandlungen des Spruchsenats und dessen Vorsitzenden (§ 57 Abs 6).

3.3. Entscheidung über die Strafe – Strafverfügung oder Erkenntnis

1179 Vereinfachtes Verfahren

Ein **vereinfachtes Verfahren** (§ 143) ohne mündliche Verhandlung und Erkenntnis mittels **Strafverfügung** ist auch ohne Einleitung eines Strafverfahrens möglich.

Das **vereinfachte Verfahren ist möglich, wenn:**

- im abgabenrechtlichen Ermittlungsverfahren, im Vorverfahren oder spätestens im Untersuchungsverfahren,

- bei **Zuständigkeit des Einzelbeamten** und nicht des Spruchsenats,
- der **Sachverhalt ausreichend geklärt** ist,
- der Täter oder Beschuldigte zum Ergebnis **Stellung nehmen konnte**, und
- **kein besonderes Verfahren vorliegt** (gegen Personen unbekannten Aufenthalts oder selbständiges Verfallsverfahren).

Der Beschuldigte und die Nebenbeteiligten können gegen die Strafverfügung **binnen einem Monat** nach Zustellung **Einspruch** bei der Finanzstrafbehörde erheben. Auf einen Einspruch kann **verzichtet** werden.

- Bei **erfolgreichem Einspruch** tritt die Strafverfügung außer Kraft und das Verfahren wird mit dem Untersuchungsverfahren bzw dem Entscheidungsverfahren fortgesetzt.
- Bei **Unzulässigkeit oder Verspätung** hat die Strafverfügung die Wirkung eines rechtskräftigen Erkenntnisses.

Im **finanzstrafrechtlichen Zollverfahren** besteht ein besonderes vereinfachtes Verfahren mit Strafverfügung bei geringfügigen Finanzvergehen mit Einverständnis des Beschuldigten (§ 146).

Mündliche Verhandlung 1180

Über das Finanzstrafverfahren hat eine **mündliche Verhandlung** stattzufinden. Ausnahmen bestehen nur, wenn der Beschuldigte und die Nebenbeteiligten sowie der Amtsbeauftragte darauf verzichten oder bei Einstellung des Verfahrens (§ 125). Die mündliche Verhandlung kann auch ohne Beisein des Beschuldigten und der Nebenbeteiligten erfolgen, wenn diese geladen wurden, aber ohne begründetes Hindernis nicht erschienen sind (§ 126). Die mündliche Verhandlung und die Verkündung des Erkenntnisses vor dem Spruchsenat sind **öffentlich**, vor dem Einzelbeamten **nichtöffentlich**. Bei Zuständigkeit des Spruchsenats kann die Öffentlichkeit ausgeschlossen werden, entweder, wenn dies der Beschuldigten und die Nebenbeteiligten einstimmig beantragen, oder bei möglicher Verletzung des Steuergeheimnisses amtswegig oder auf Antrag und auch im Interesse von jugendlichen Beschuldigten (§§ 127, 134).

Der Verhandlungsleiter hat den **Sachverhalt** und die **Ergebnisse** des Untersuchungsverfahrens darzustellen, den Beschuldigten zu **vernehmen** und die **Beweisaufnahme** durchzuführen. Der Beschuldigte hat ein Fragerecht und kann die Wiederholung der bereits erfolgten Beweisaufnahme im Untersuchungsverfahren, bei der er nicht anwesend war, beantragen. Zur Gewährleistung des kontradiktorischen Spruchsenatsverfahrens vertritt der **Amtsbeauftragte** die Finanzstrafbehörde, stellt Beweisanträge, hat ein Fragerecht und das Antragsrecht auf Bestrafung.

Erkenntnis 1181

Am **Ende der mündlichen Verhandlung** ergeht das **Erkenntnis.** Es enthält die Einstellung des Verfahrens oder die Entscheidung über Schuld und Strafe.

Das Erkenntnis des **Spruchsenats** ist mündlich zu verkünden, hat die wesentlichen Entscheidungsgründe zu beinhalten und ist in der Folge schriftlich auszufertigen. Der **Einzelbeamte** kann das Erkenntnis der schriftlichen Ausfertigung vorbehalten. Für die **schriftliche Ausfertigung** bestehen inhaltliche Mindestanforderungen (§§ 137 bis 140). Die schriftliche Ausfertigung ist dem Beschuldigten und den Nebenbeteiligten zuzustellen (§ 141). Über die Verhandlung wird eine **Niederschrift** erstellt. Eine Abschrift davon ist dem Beschuldigten oder einem Nebenbeteiligten auf Verlangen auszufolgen (§ 135). Die schriftliche Ausfertigung und die Niederschrift können in vereinfachter Form erfolgen, wenn alle Beschwerdeberechtigten bei der mündlichen Verkündung anwesend oder vertreten waren und innerhalb von einer Woche keine Anmeldung eines Rechtsmittels erfolgte (§ 141 Abs 3).

3.4. Entscheidung über die Strafe – Beschwerde, Änderung, Rechtsbehelfe

1182 Beschwerde beim Bundesfinanzgericht

Eine **Beschwerde an das Bundesfinanzgericht** ist zulässig:

- gegen ein Erkenntnis des Spruchsenats oder des Einzelbeamten,
- gegen einen gesondert anfechtbaren Bescheid im Finanzstrafverfahren,
- gegen unmittelbare finanzstrafbehördliche Befehls- und Zwangsgewalt,
- bei Verletzung der Entscheidungspflicht.

1183 Beschwerdefrist

Die Beschwerde **gegen einen Bescheid** im Finanzstrafverfahren ist

- bei **mündlicher Verkündung innerhalb einer Woche schriftlich oder mündlich anzumelden** (§ 150 Abs 4). Die notwendige Anmeldung gilt nicht für Beschwerdeberechtigte, die bei mündlicher Verkündung nicht anwesend oder vertreten waren (§ 150 Abs 4), und
- in jedem Fall **binnen einem Monat** ab Zustellung der schriftlichen Ausfertigung **einzubringen** (§ 150 Abs 2).

Das Erkenntnis hat darüber eine **Rechtsmittelbelehrung** zu erhalten (§ 140).

Die Beschwerde gegen unmittelbare finanzstrafbehördliche **Befehls- und Zwangsgewalt** ist binnen **einem Monat** ab Kenntnis vom rechtswidrigen Verwaltungsakt einzubringen (§ 152 Abs 1). Der Beschwerde kommt eine **aufschiebende Wirkung** nur auf Antrag aufgrund eines nicht wiedergutzumachenden Schadens und die sofortige Vollziehung nicht aus öffentlichen Gründen geboten ist (§ 152 Abs 2).

Die Beschwerde gegen die **Verletzung der Entscheidungspflicht** (Säumnisbeschwerde) dient der Beschleunigung des Verfahrens. Sie ist für Anträge im verwaltungsbehördlichen Finanzstrafverfahren bei überwiegendem Verschulden der Finanzstrafbehörde zulässig, die nicht innerhalb von **sechs Monaten** nach Einlagen erledigt wurden. Dies führt zur Fristsetzung durch das BFG, womit entweder innerhalb der Frist die Entscheidung der Behörde nachgeholt wird oder die Zuständigkeit auf das BFG übergeht (§ 153 Abs 3).

Beschwerde gegen Erkenntnisse: Berechtigung und Inhalt 1184

Beschwerdeberechtigt sind der Beschuldigte (außer bei Einstellung), der Amtsbeauftragte und vom Spruch betroffene Nebenbeteiligte. Auf die Beschwerde kann **verzichtet** (§ 154) oder sie kann **zurückgenommen** werden (§ 155).

Die Beschwerde hat **Mindestangaben** zu enthalten (§ 153). Darin können auch **Anträge** gestellt werden und zwar auf Senatsentscheidung oder auf mündliche Verhandlung.

Beschwerde gegen Erkenntnisse: Verfahren 1185

Die Beschwerde ist durch die Finanzstrafbehörde oder später durch das BFG **zurückzuweisen**, wenn sie unzulässig ist, nicht oder verspätet angemeldet oder verspätet eingebracht wurde. Sie gilt als **zurückgenommen**, wenn einem Mängelbehebungsauftrag nicht innerhalb der gesetzten Frist entsprochen wird. Eine rechtzeitig eingebrachte Beschwerde gegen ein Erkenntnis hat grundsätzlich **aufschiebende** Wirkung (nicht dagegen eine Beschwerde gegen einen Bescheid).

Die Beschwerde ist samt einem Vorlagebericht dem BFG vorzulegen. **Zuständig** ist bei angefochtenen Erkenntnissen des Spruchsenats oder auf Antrag des Beschuldigten oder Nebenbeteiligten ein Senat, sonst ein Einzelrichter (§ 62). Die Bestimmungen des verwaltungsbehördlichen Finanzstrafverfahrens sind auch im Beschwerdeverfahren anwendbar. Die Entscheidung erfolgt grundsätzlich aufgrund einer **öffentlichen mündlichen Verhandlung**. Sofern Ausnahmen davon bestehen, kann sie durch einen Antrag der Parteien in der Beschwerde erzwungen werden. Die Öffentlichkeit kann bei Einstimmigkeit von Beschuldigten und Nebenbeteiligten oder zur Wahrung des Steuergeheimnisses ausgeschlossen werden (§ 160).

Das BFG **entscheidet** entweder in der Sache selbst oder verweist die Sache mit Beschluss zur ergänzenden Sachverhaltsermittlung an die Finanzstrafbehörde zurück. Es gilt das **Verschlechterungsverbot**, sodass eine Änderung zum Nachteil des Beschwerdeführers nicht zulässig ist. Das BFG kann das Erkenntnis abändern, aufheben oder die Beschwerde als unbegründet abweisen (§ 161).

Sonstige Änderungen von Entscheidungen und Wiedereinsetzung 1186

Ein rechtskräftig abgeschlossenes Verfahren kann unter bestimmten Voraussetzungen wiederaufgenommen werden, wenn die Kenntnis dieser Voraussetzungen im Zeitpunkt des Erkenntnisses zu einem anderen Spruch geführt hätte. Dabei handelt es sich um die Änderung von Grundlagen, auf denen die Entscheidung beruht (neue Beweismittel, Änderung von Vorfragen, etc). Dies ist amtswegig oder auf Antrag innerhalb von **drei Monaten** ab Kenntnis möglich (Wiederaufnahme des Verfahrens, §§ 165 und 166).

Bei Versäumung einer Frist oder mündlicher Verhandlung kann die **Wiedereinsetzung** in den vorigen Stand innerhalb von **einem Monat** nach Wegfall des Hindernisses beantragt werden. Die versäumte Handlung ist gleichzeitig mit dem Wiedereinsetzungsantrag nachzuholen (§§ 167 und 168).

Gegen die Entscheidung kann binnen sechs Wochen eine **Revision an den Verwaltungsgerichtshof** erhoben werden (Art 133 B-VG). Dies ist sowohl durch den Beschuldigten oder Nebenbeteiligten als auch durch den Amtsbeauftragten möglich. Darüber hinaus ist ebenfalls binnen sechs Wochen eine **Beschwerde an den Verfassungsgerichtshof** möglich. Zur vorzeitigen Klaglosstellung können im Falle einer Revision beim Verwaltungsgerichtshof oder einer Beschwerde beim Verfassungsgerichtshof die Senate oder ein Richter des BFG eine von ihnen erlassende Entscheidung innerhalb von einem Jahr nach Rechtskraft ändern oder aufheben, wenn ein Beschwerdegrund vorliegt (§ 170 Abs 3; § 289 BAO).

Die Behörde selbst kann bis zum Eintritt der Verjährung der Strafbarkeit offenbar auf Versehen beruhende tatsächliche **Unrichtigkeiten**, wie Schreib- und Rechenfehler, berichtigen (§ 169). Entscheidungen der Einzelbeamten können von der Oberbehörde innerhalb von einem Jahr nach Rechtskraft aufgehoben werden, wenn ein **Beschwerdegrund** vorliegt (§ 170 Abs 2; § 289 BAO).

3.5. Vollzug der Entscheidung

1187 Vollzug

Das Erkenntnis ist **durch die Finanzstrafbehörde** zu vollziehen (§ 172). Freiheitsstrafen sind in gerichtlichen Gefangenenhäusern und in Strafvollzugsanstalten zu vollziehen (§ 175).

Zum Zweck der Evidenthaltung der verwaltungsbehördlichen Finanzstrafverfahren besteht für das Bundesgebiet ein **Finanzstrafregister** beim Amt für Betrugsbekämpfung. Daten sind spätestens innerhalb von zwei Jahren nach rechtskräftiger Einstellung, Eintritt der Tilgung oder Tod der Person zu löschen.

Betroffene haben ein **Auskunftsrecht** nach dem Datenschutzgesetz und ein Recht auf Berichtigung oder Löschung unrichtiger, unrichtig gewordener oder unzulässig aufgenommener Daten. Auskünfte für finanzstrafrechtliche Zwecke an Finanzstrafbehörden, Strafgerichte und Staatsanwaltschaften, dem BFG und das BMF sind auch über Bestrafungen nach deren Tilgung zu erteilen. Sonstige Auskünfte anderer inländischer Stellen können nur über rechtskräftige, noch nicht getilgte Bestrafungen erteilt werden. Auskünfte an ausländische Stellen dürfen nur unter den Voraussetzungen der Amtshilfe erteilt werden (§§ 194a bis 194e).

Für im Ausland ergangene Entscheidungen gilt ein **Auslieferungs- und Vollstreckungsverbot**: Niemand darf wegen eines Finanzvergehens an einen fremden Staat ausgeliefert werden, und eine von einer ausländischen Behörde wegen eines solchen Vergehens verhängte Strafe darf im Inland nicht vollstreckt werden, es sei denn, dass in zwischenstaatlichen Verträgen oder in Bundesgesetzen anderes vorgesehen ist (§ 5 Abs 3).

1188 Kosten

Der **Bestrafte** und in bestimmten Fällen die **Nebenbeteiligten** haben **Kostenersatz** zu leisten (§ 185). Dieser ist mit dem Erkenntnis festzusetzen und wird innerhalb von einem Monat fällig.

- Pauschale Kosten für das Finanzstrafverfahren: 10 % der Geldstrafe, bei Freiheitsstrafe EUR 5 pro Tag; maximal jedoch EUR 500;
- Barauslagen für Beweisaufnahmen und andere Verfahrensmaßnahmen; und
- Kosten des Strafvollzugs.

4. Gerichtliches Finanzstrafverfahren

4.1. Zuständigkeit und Beteiligte

Ermittlungs- und Anklagebehörde 1189

Im **gerichtlichen Finanzstrafverfahren** werden die **Finanzstrafbehörden im Dienste der Strafrechtspflege** tätig. Sie übernehmen die **Aufgaben und Befugnisse der Kriminalpolizei** (§ 196).

Abweichend vom allgemeinen Strafprozess ist die **Finanzstrafbehörde** in das Strafverfahren eingebunden und hat die **Stellung eines Privatbeteiligten** mit zusätzlichen Antrags-, Mitteilungs- und Mitwirkungsrechten. Ihr kommt gleichzeitig die Rolle ähnlich eines Zweitanklägers neben der Staatsanwaltschaft zu, weil sie Rechtsmittel und Rechtsbehelfe erheben und als Subsidiarankläger die Anklage aufrechterhalten kann (§ 200). Die **Zuständigkeit** richtet sich nach der Zuständigkeit im verwaltungsbehördlichen Finanzstrafverfahren.

Die **Staatsanwaltschaft** leitet das **Ermittlungsverfahren** zur Feststellung des Sachverhalts und hat, wenn eine Verurteilung naheliegt, **Anklage** vor Gericht zu erheben.

Verdächtiger, Beschuldigter, Angeklagter 1190

Je nach Verfahrensstadium unterscheidet man **Verdächtige, Beschuldigte** und **Angeklagte.** In der Hauptverhandlung ist die Vertretung durch einen **Verteidiger** Pflicht. Ein belangter **Verband** hat die Rechte eines Beschuldigten (§ 13 VbVG).

Verdächtiger ist eine Person, gegen die aufgrund eines Anfangsverdachts ermittelt wird. **Beschuldigter** ist ein Verdächtiger, sobald er aufgrund bestimmter Tatsachen konkret verdächtig ist, eine strafbare Handlung begangen zu haben und nach der StPO Beweise aufgenommen oder Ermittlungsmaßnahmen angeordnet oder durchgeführt werden. **Angeklagter** ist jeder Beschuldigte, gegen den Anklage eingebracht worden ist.

Ein **Verteidiger** ist ein Rechtsanwalt, eine sonst gesetzlich zur Vertretung im Strafverfahren berechtigte Person, wie insbesondere eine Person mit universitärer Lehrbefugnis im Strafrecht (§ 48 Abs 1 Z 5). Neben dem Verteidiger kann in Finanzstrafsachen unterstützend ein Steuerberater beigezogen werden (§ 199). Der Beschuldigte kann entweder seinen Verteidiger frei wählen (§ 58 StPO) oder einen Verfahrenshilfeverteidiger beantragen (§ 61 und § 62).

Haftungsbeteiligte sind Personen, die vermögensrechtlich für Geldstrafen, Geldbußen, Wertersätze oder Kosten des Verfahrens haften oder vom Verfall oder der Einziehung einer Sache bedroht sind. Soweit es um diesbezügliche Entscheidungen geht, haben diese die Rechte eines Angeklagten (§ 64).

1191 Gericht

Zuständig für Finanzvergehen ist im Hauptverfahren das **Landesgericht als Schöffengericht** (§ 196a).

Das Schöffengericht besteht aus einem Richter und zwei Schöffen, wenn jedoch bei Finanzvergehen der angelastete strafbestimmende Wertbetrag EUR 1 Mio übersteigt oder sich der Vorsatz darauf erstreckt, dann aus zwei Richtern und zwei Schöffen (§ 32 Abs 1 und Abs 1a).

4.2. Ermittlung des Sachverhalts – Ermittlungsverfahren

1192 Einleitung des Ermittlungsverfahrens

> Einer **Anzeige** der Finanzstrafbehörde folgt das **Ermittlungsverfahren**, das **von der Staatsanwaltschaft** mit Unterstützung der Finanzstrafbehörde **geleitet** wird (§ 101 StPO).

Das Ermittlungsverfahren dient dazu, Sachverhalt und Tatverdacht durch Ermittlungen soweit zu klären, dass die Staatsanwaltschaft über **Anklage, Rücktritt** von der Verfolgung oder **Einstellung** des Verfahrens entscheiden kann und im Fall der Anklage eine zügige Durchführung der Hauptverhandlung ermöglicht wird (§ 91 StPO).

Das **gerichtliche** Finanzstrafverfahren **beginnt**, sobald Finanzstrafbehörde oder Staatsanwaltschaft zur Aufklärung eines Anfangsverdachts nach den Bestimmungen der StPO ermitteln. Der Beschuldigte ist darüber zu **informieren**.

Der Beschuldigte ist über das gegen ihn geführte Ermittlungsverfahren unter Bekanntgabe der zur Last gelegten Tat zu informieren (§ 50 StPO). Die Information über die Ermittlung kann auch bei der ersten **Vernehmung** als Beschuldigter erfolgen. Der Beschuldigte ist dabei auf seine **Rechte** hinzuweisen, insbesondere über das Aussageverweigerungsrecht und das Recht auf Beiziehung eines Verteidigers (§ 164 Abs 1 StPO). Die Rechtsbelehrung ist schriftlich festzuhalten (§ 50 StPO).

1193 Ermittlungsverfahren: Befugnisse der Strafbehörde

> Die **Strafbehörde** hat im Ermittlungsverfahren den für die Erledigung der Strafsache maßgebenden **Sachverhalt von Amts wegen festzustellen**.

Nach der **StPO** und dem **FinStrG** hat die Strafbehörde umfangreiche, für das Finanzstrafverfahren relevante **Befugnisse**.

Beispiele:
1. **Befugnisse nach der StPO:** Sicherstellung und Beschlagnahme von Gegenständen (§§ 109 bis 115e StPO), Auskunft aus dem Kontenregister und über Bankkonten und Bankgeschäfte (§ 116 StPO), Identitätsfeststellungen, Durchsuchung von Orten, Gegenständen, Personen (§§ 117 bis 124 StPO), Bestellung von Sachverständigen und Dolmetschern

(§§ 125 bis 127 StPO), Observation, verdeckte Ermittlung und Scheingeschäft (§§ 129 bis 133 StPO), Überwachung der Kommunikation (§§ 134 bis 140 StPO), Automationsunterstützer Datenabgleich (§§ 141 bis 143 StPO), Augenschein und Tatrekonstruktion (§§ 149 bis 150 StPO), Erkundungen und Vernehmungen (§§ 151 bis 166 StPO), Inanspruchnahme von Amtshilfe (§ 120 Abs 1, 2 und 4), Eigenständige Vorfragenbeurteilung (§ 123), Verhängung von Zwangs- und Ordnungsstrafen (§ 56 Abs 1), Fahndung, Festnahme und Untersuchungshaft (§§ 167 bis 181a StPO), Beschlagnahme verfallsbedrohter und zum Beweis dienender Gegenstände (§ 115 StPO), Hausdurchsuchung und Personendurchsuchung (§§ 117 bis 124 StPO).

2. **Befugnisse nach dem FinStrG** (§ 196 Abs 4): Umfassendes Auskunftsrecht (§ 99 Abs 1), Nachschauen und Prüfungen iSd Abgabenverfahrens (§ 99 Abs 2), Auskunft von Telekommunikations- und Postdiensten (§ 99 Abs 3, 3a, 3b, 4), Einsicht in öffentliche Bücher und Register (§ 120 Abs 3).

Greifen Befugnisse in **Grundrechte** der Beteiligten ein, unterliegen diese gesetzlichen Einschränkungen. Diese Eingriffe können daher, von Ausnahmen abgesehen, nur aufgrund einer vorangegangenen **Genehmigung durch die Staatsanwaltschaft** oder **Bewilligung durch das Gericht** vorgenommen werden.

Beweise und Verwertungsverbote   1194

Der Beschuldigte ist berechtigt, die **Aufnahme von Beweisen zu beantragen**. Im Antrag sind Beweisthema, Beweismittel und jene Informationen, die für die Durchführung der Beweisaufnahme erforderlich sind, zu bezeichnen. Die Beweisaufnahme kann der Hauptverhandlung vorbehalten werden, außer wenn das Ergebnis geeignet ist, den Tatverdacht unmittelbar zu beseitigen oder die Gefahr des Verlustes des Beweises besteht (§ 55 StPO). Als **Beweismittel** kommt mit Ausnahme von Beweisverwertungsverboten alles in Betracht, was rechtskonform erlangt wurde. Beweismittel im Finanzstrafverfahren sind vorrangig Aussagen aus Vernehmungen und Urkunden.

Sachverständige sind zu bestellen, wenn für Ermittlungen oder für Beweisaufnahmen besonderes Fachwissen erforderlich ist, über welches die Strafverfolgungsbehörden nicht verfügt. Als Sachverständige sind grundsätzlich öffentlich bestellte Sachverständige beizuziehen (§ 126 StPO).

Die Aufnahme von Beweisen ist in einem **Protokoll** zu dokumentieren (§ 96 StPO). Das Protokoll ist der vernommenen Person zur Durchsicht vorzulegen. Diese kann Ergänzungen oder Berichtigungen verlangen. Erhebliche Zusätze oder Einwendungen sind in einen Nachtrag aufzunehmen und gesondert zu unterfertigen. Sofern dies abgelehnt wird, hat die vernommene Person das Recht, dem Protokoll eine Stellungnahme beizufügen (§ 96 StPO).

Vertiefung: Vernehmung   1195

Die zu **vernehmende Person** ist schriftlich vorzuladen. Jedermann ist verpflichtet, eine solche Ladung zu befolgen und kann bei vorangegangener Androhung auch vorgeführt werden. Beschuldigte können ohne Androhung sofort vorgeführt werden. **Beschuldigte** sind über den Grund der Vernehmung und ihre Rechte aufzuklären. Sie haben ein Aussageverweigerungsrecht (kein Zwang zur Selbstbezichtigung) und können einen Verteidiger beiziehen (§ 164 StPO).

Zeugen sind zur vollständigen und richtigen Aussage verpflichtet (§ 154 StPO); das Steuergeheimnis steht dem nicht entgegen (§ 208). **Einschränkungen** der Aussagepflicht:

- **absolutes Zeugenverbot**, wie insbesondere für Beamte, soweit sie vom Amtsgeheimnis nicht entbunden wurden (§ 155 StPO),
- **Aussagebefreiung**, insbesondere für Angehörige von Beschuldigten (§ 156 Abs 1 Z 1 StPO), oder
- **Aussageverweigerungsrecht** für Personen, die sich der Gefahr der strafrechtlichen Verfolgung aussetzen würden oder für Berufsvertretern (RA, StB, WP, Notare) über das, was ihnen in dieser Eigenschaft bekannt geworden ist (§ 157 StPO). Das Aussageverweigerungsrecht für Berufsvertreter darf **nicht umgangen** werden, insbesondere nicht durch Sicherstellung und Beschlagnahme von Unterlagen oder auf Datenträgern gespeicherten Informationen oder durch Vernehmung der Hilfskräfte oder Berufsanwärter. Dies gilt ebenso für Unterlagen und Informationen, die sich in der Verfügungsmacht des Beschuldigten oder eines Mitbeschuldigten befinden und zum Zwecke der Beratung oder Verteidigung des Beschuldigten vom Berufsvertreter oder vom Beschuldigten erstellt wurden (§ 157 Abs 2 StPO).
- **Einzelne Fragen** können von Personen verweigert werden, die sich oder einen Angehörigen der Schande oder der Gefahr eines unmittelbaren und bedeutenden vermögensrechtlichen Nachteils aussetzen würden, außer die Aussage ist wegen der besonderen Bedeutung unerlässlich (§ 158 StPO).

Verwertung von erlangten Aussagen: Auf die Aussagebefreiung muss ausdrücklich verzichtet werden, ansonsten ist die gesamte Aussage nichtig. Eine Aussage eines Berufsvertreters mit Aussageverweigerungsrecht ist nichtig, soweit dieser über sein Recht nicht informiert wurde. Das Protokoll ist in diesen Fällen zu vernichten (§ 159 Abs 3 StPO). Beweisverwertungsverbote zugunsten des Beschuldigten bestehen für Beweismittel, die durch unerlaubte Einwirkung auf die Freiheit der Willensentschließung oder Willensbetätigung oder durch unzulässige Vernehmungsmethoden, soweit sie fundamentale Verfahrensgrundsätze verletzen, gewonnen wurden und ihr Ausschluss zur Wiedergutmachung dieser Verletzung unerlässlich ist (§ 166 StPO). Im Falle der Verlesung einer nichtigen Erkundung oder eines Protokolls im Hauptverfahren ist zur Geltendmachung eines Nichtigkeitsgrundes Widerspruch dagegen zu erheben (Rügeobliegenheit).

1196 Einspruch und Beschwerde

Ein **Einspruch** an das Gericht wegen der Verletzung eines subjektiven Rechts im Ermittlungsverfahren durch die Staatsanwaltschaft steht binnen **sechs Wochen** zu. Eine subjektive Rechtsverletzung liegt vor, wenn die Rechtsausübung nach der StPO verweigert wurde oder Maßnahmen rechtswidrig angeordnet oder durchgeführt wurden. Vor Entscheidung des Gerichts kann die Staatsanwaltschaft dem Einspruch entsprechen (§§ 106 und 107 StPO).

Gerichtliche Beschlüsse können durch eine **Beschwerde** binnen **14 Tagen** angefochten werden. Das Rechtsmittelgericht entscheidet mit Beschluss (§§ 87 und 88 StPO). Die Beschwerde ist zurückzuweisen, hat den Beschluss des Erstgerichts wegen Rechtswidrigkeit aufzuheben oder die Beschwerde abzuweisen. Ein weiterer Rechtszug gegen die Entscheidung steht nicht zu (§ 89 StPO).

4.3. Ermittlung des Sachverhalts – Einstellung oder Anklage

Einstellung und Fortführung 1197

> Das **Ermittlungsverfahren** ist von der **Staatsanwaltschaft** oder vom **Gericht** aus bestimmten Gründen **einzustellen**, kann jedoch auch wieder **fortgeführt** werden (§§ 190 bis 196 StPO).

Das Ermittlungsverfahren ist **einzustellen**, wenn der Bestrafung rechtliche oder tatsächliche Gründe entgegenstehen (§ 190 StPO). Eine Einstellung kann auch unter weiteren Voraussetzungen und unter Abwägung von Schuld, Folgen und Verhalten des Beschuldigten nach der Tat wegen **Geringfügigkeit** erfolgen (§ 191 StPO). Bei **mehreren Straftaten** kann das Verfahren wegen einzelnen Straftaten unter weiteren Voraussetzungen endgültig oder unter Vorbehalt vorläufig eingestellt werden (§ 192 StPO). Die Einstellung durch Staatsanwaltschaft kann im gerichtlichen Finanzstrafverfahren auch erfolgen, wenn **gerichtliche Zuständigkeit** nicht gegeben ist (§ 202).

Das Ermittlungsverfahren kann **fortgeführt** werden, wenn neue Tatsachen oder Beweismittel entstehen oder bekannt werden und die Gründe für die Einstellung nicht mehr gegeben sind oder sofern sich die Staatsanwaltschaft die Einstellung wegen mehrerer Straftaten vorbehalten hat (§ 193 StPO). Keine Fortführung ist möglich, wenn die Strafbarkeit der Tat verjährt ist oder der Beschuldigte bereits vernommen oder Zwang gegen ihn ausgeübt wurde. Bei Einstellung durch die Staatsanwaltschaft kann die **Finanzstrafbehörde** die Fortführung des Ermittlungsverfahrens beim Gericht beantragen (§ 205; §§ 195 und 196 StPO).

Im gerichtlichen Finanzstrafverfahren ist **kein Rücktritt von der Verfolgung** (Diversion) möglich mit Ausnahme von Jugendstrafsachen (§§ 198 bis 209 StPO und § 19 VbVG; §§ 24 und 203).

Antrag auf Einstellung, Einstellung aufgrund der Verfahrensdauer 1198

Der Beschuldigte kann einen **Antrag auf Einstellung des Ermittlungsverfahrens** durch das Gericht stellen wegen fehlender gerichtlicher Strafbarkeit oder wenn die Fortführung unverhältnismäßig und nicht erfolgversprechend wäre (§ 108 StPO). Im zweiten Fall kann der Antrag frühestens nach sechs Monaten ab ersten an die Staatsanwaltschaft erstatteten Bericht der Finanzstrafbehörde oder Kriminalpolizei gestellt werden (§ 201). Das Ermittlungsverfahren darf grundsätzlich **nicht länger als drei Jahre** dauern. Die Staatsanwaltschaft hat eine längere Dauer gegenüber dem Gericht zu begründen, worauf dieses die Dauer um jeweils zwei Jahre verlängern kann, sofern das Verfahren nicht aus den Gründen der Einstellung auf Antrag einzustellen ist (§ 108a StPO).

1199 Anklage und Einspruch

Wenn aufgrund ausreichend geklärten Sachverhalts eine Verurteilung naheliegt und kein Grund für die Einstellung des Verfahrens vorliegt, hat die Staatsanwaltschaft beim Gericht **Anklage** einzubringen (§ 210 Abs 1 StPO).

Dies erfolgt im Wege einer **Anklageschrift**, die die Anträge für das Hauptverfahren und die Beweise, die aufzunehmen sind, zu enthalten hat (§ 211 StPO). Durch das Einbringen der Anklage **beginnt das Hauptverfahren**, dessen Leitung dem Gericht obliegt. Die Staatsanwaltschaft wird zur Beteiligten des Verfahrens (§ 210 Abs 2 StPO). Der Angeklagte kann gegen eine rechtswidrige Anklageschrift **Einspruch** bei Gericht innerhalb von **14 Tagen** erheben (§ 212 StPO). Im Finanzstrafverfahren ist damit auch möglich, die gerichtliche Unzuständigkeit für die Finanzstraftat geltend zu machen (§ 210). Das OLG als Rechtsmittelgericht kann den Einspruch zurückweisen, das Verfahren einstellen, die Anklageschrift zurückzuweisen und das Ermittlungsverfahren wiedereröffnen (§ 215 StPO). Gegen die Entscheidung steht ein Rechtsmittel nicht zu (§ 214 StPO).

4.4. Entscheidung über die Strafe – Hauptverhandlung und Urteil

1200 Wesen und Vorbereitung der Hauptverhandlung

> Das **Strafverfahren** ist **auf die Hauptverhandlung konzentriert**. Das Ermittlungsverfahren dient lediglich der Frage, ob eine Anklage zu erheben ist und zur Vorbereitung für die Hauptverhandlung.

Zur Hauptverhandlung sind alle Beteiligten zu **laden**. Der Angeklagte hat die Pflicht, in der gesamten Hauptverhandlung anwesend zu sein (§ 6 Abs 1 StPO). Der Termin ist so zu bestimmen, dass dem Angeklagten und dem Verteidiger eine Frist von zumindest **acht** Tagen, bei erwartbar längerer Verfahrensdauer von **vierzehn** Tagen bleibt (**Mindestvorbereitungszeit**, § 221 StPO). Anträge auf Beweisaufnahmen sind rechtzeitig einzubringen, sodass diese noch im Termin der Hauptverhandlung vorgenommen werden können (§ 222 StPO). Der Termin kann aus bestimmten Gründen auf Antrag oder amtswegig vertagt werden (§ 226 StPO). Die Staatsanwaltschaft kann bis zur Hauptverhandlung von der Anklage zurücktreten. In diesem Fall ist das Verfahren einzustellen (§ 227 StPO). Über die **fehlende gerichtliche Zuständigkeit** für ein Finanzvergehen entscheidet ausschließlich das Gericht; ein Rücktritt wegen Unzuständigkeit durch die Staatsanwaltschaft steht nicht zu (§ 212).

1201 Vertiefung: Ablauf der Hauptverhandlung

Die **mündliche und öffentliche Hauptverhandlung** wird durch den Vorsitzenden des Schöffengerichts geleitet, die Hauptverhandlung beginnt mit dem Aufruf der Sache, es folgt die Vernehmung des Angeklagten, das Beweisverfahren, die Vorträge der Parteien und das Urteil des Gerichts.

Die **Öffentlichkeit** ist von der Hauptverhandlung im Finanzstrafverfahren insbesondere **auszuschließen**, wenn es der Angeklagte und die Nebenbeteiligten übereinstimmend verlangen, sowie amtswegig oder auf Antrag, um das **Steuergeheimnis** zu wahren (§ 213). Der **Vorsitzende entscheidet** über Anträge selbst, wenn er ihnen jedoch nicht Folge zu geben gedenkt, das **Schöffengericht** mit **Beschluss**; ein selbständiges Rechtsmittel steht dagegen nicht zu (§ 238 StPO).

Beweisaufnahmen haben aufgrund des Grundsatzes der **Unmittelbarkeit** stets in der Hauptverhandlung zu erfolgen. Ausnahmen davon bestehen nur in gesetzlich aufgezählten Gründen. Schriftstücke über Aussagen von Personen dürfen nur in eingeschränkten Fällen vorgelesen oder vom Vorsitzenden inhaltlich zusammengefasst werden (§ 252 StPO). **Zeugen** haben die Pflicht, einer Ladung Folge zu leisten. Nicht erschienene Zeugen können vorgeführt werden und mit einer Geldstrafe bestraft werden (§ 242 StPO). Beteiligte Personen haben ein Fragerecht an vernommene Personen; der Vorsitzende kann unzulässige Fragen zurückweisen, unangemessene Fragen können untersagt werden (§ 249).

Nach Schluss des Beweisverfahrens stellt der **Ankläger** seine **Anträge**. Dem **Angeklagten und seinem Verteidiger** steht das Recht auf eine Antwort und eine **Schlussrede** zu (§§ 255 und 256 StPO). Danach schließt der Vorsitzende die Verhandlung (§ 257 StPO).

Urteil des Schöffengerichts   1202

> Das **Urteil des Schöffengerichts** hat den Angeklagten (im Zweifel) **frei** oder **schuldig** zu sprechen.

Grundlage des Urteils ist einzig, was in der Hauptverhandlung vorgekommen ist (Unmittelbarkeitsgrundsatz). Aktenstücke können nur insoweit als Beweismittel dienen, als sie in der Hauptverhandlung vorgelesen oder vom Vorsitzenden vorgetragen worden sind (§ 258 StPO). Ob Tatsachen als erwiesen festzustellen sind, hat das Gericht aufgrund der Beweise nach freier Überzeugung zu entscheiden (**freie Beweiswürdigung**); im Zweifel stets zu Gunsten des Angeklagten oder sonst in seinen Rechten Betroffenen (§ 14 StPO). **Vorfragen** sind im Strafverfahren selbständig zu beurteilen. Entscheidungen zuständiger Behörden können jedoch abgewartet werden, wenn mit ihnen in absehbarer Zeit zu rechnen ist. An rechtsgestaltende Wirkungen von Entscheidungen der Zivilgerichte und anderer Behörden sind die Strafgerichte gebunden (§ 15 StPO).

Das Urteil ist **mündlich** zu verkünden, hat die wesentlichen Gründe und eine Rechtsmittelbelehrung zu beinhalten und ist binnen vier Wochen schriftlich auszufertigen (§§ 268 und 270 StPO). Die Verkündung ist nicht öffentlich, wenn auch das Hauptverfahren aufgrund der besonderen Gründe des Finanzstrafverfahrens nicht öffentlich war (§ 214). Für die **schriftliche Ausfertigung** bestehen inhaltliche Mindestanforderungen (§ 270 StPO). Über die Hauptverhandlung wird ein **Protokoll** erstellt (§ 271 StPO). Die schriftliche Ausfertigung und das Protokoll können in vereinfachter Form erfolgen, wenn kein Rechtsmittel angemeldet wird oder darauf verzichtet wird (§§ 270 Abs 4 und 271 Abs 1a StPO).

4.5. Entscheidung über die Strafe – Nichtigkeitsbeschwerde, Berufung, Rechtsbehelfe

1203 Nichtigkeitsbeschwerde und Berufung

Gegen ein Urteil des Schöffengerichts stehen das **Rechtsmittel** der **Nichtigkeitsbeschwerde an den OGH** wegen Nichtigkeit und der **Berufung an das OLG** über die Strafe zu.

Eine Nichtigkeitsbeschwerde ist aus folgenden Gründen (**Nichtigkeitsgründe, § 281 StPO**) möglich, die zur Nichtigkeit des Urteils führen: Besetzungsrüge (Z 1), fehlende Verteidigeranwesenheit (Z 1a), nichtiger Akt des Ermittlungsverfahrens (Z 2), nichtiger Akt der Hauptverhandlung (Z 3), prozessleitende Verfügung gegen Antrag oder Widerspruch (Z 4), Mängelrüge (Z 5), Tatsachenrüge (Z 5a), Unzuständigkeit (Z 6), Nichterledigung oder Überschreiten der Anklage (Z 7 und Z 8), Rechtsrüge (Z 9), Subsumtionsrüge (Z 10), Diversionsrüge (Z 10a) und Sanktionsrüge (Z 11).

Nichtigkeitsbeschwerde und Berufung sind jeweils binnen **drei Tagen** nach Verkündung des Urteils beim Landesgericht **anzumelden**. Die Anmeldung hat **aufschiebende** Wirkung (§§ 284 und 294 StPO). Der Beschwerdeführer hat das Recht, binnen **vier Wochen** nach der Anmeldung oder nach der späteren Zustellung der Urteilsabschrift eine Ausführung seiner Beschwerdegründe beim Gericht in zweifacher Ausfertigung zu überreichen. Bei extremem Umfang des Verfahrens kann die Frist auf Antrag des Beschwerdeführers innerhalb der Rechtsmittelfrist **verlängert** werden. Der Gegner hat ebenso eine (verlängerbare) vierwöchige Frist für eine **Gegenausführung** (§§ 285 und 294 StPO).

Die **Nichtigkeitsbeschwerde** ist zurückzuweisen, zu verwerfen oder führt, sofern sie begründet ist, zur Aufhebung des Urteils (§ 288 StPO). Über die **Berufung** entscheidet grundsätzlich das **OLG** (§ 295 StPO); dies gilt auch bei Zurückweisung einer gleichzeitig erhobenen Nichtigkeitsbeschwerde (§ 285i StPO). Sofern jedoch die Nichtigkeitsbeschwerde verworfen wird oder begründet ist, entscheidet der **OGH** auch über die Berufung (§ 296 StPO). Die Berufung ist zurückzuweisen, ihr Folge oder nicht Folge zu geben.

1204 Sonstige Rechtsbehelfe

Neben den Rechtsmitteln stehen **Rechtsbehelfe** der Wiederaufnahme des Verfahrens, der Wiedereinsetzung in den vorigen Stand, der Erneuerung des Strafverfahrens und der Nichtigkeitsbeschwerde zur Wahrung des Gesetzes zu.

Ein rechtskräftig abgeschlossenes Verfahren kann unter bestimmten Bedingungen **wieder aufgenommen** werden (Wiederaufnahme des Verfahrens, §§ 352 bis 363 StPO; §§ 220 bis 226).

Gegen die Versäumung der Frist zur Anmeldung, Ausführung oder Erhebung eines Rechtsmittels oder Rechtsbehelfs ist den Beteiligten des Verfahrens die **Wiedereinsetzung in den vorigen Stand** aus den im Gesetz aufgezählten Gründen zu bewilligen (§ 364 StPO).

Wird in einem **Urteil des EGMR** eine Verletzung der Menschenrechte durch eine Entscheidung oder Verfügung eines Strafgerichts festgestellt, so ist das Verfahren auf Antrag insoweit zu erneuern, als nicht auszuschließen ist, dass die Verletzung einen für den hiervon Betroffenen nachteiligen Einfluss auf den Inhalt einer strafgerichtlichen Entscheidung ausüben konnte (**Erneuerung des Strafverfahrens**, §§ 363a bis 363c StPO).

Die **Generalprokuratur** kann von Amts wegen oder im Auftrag des Bundesministers für Justiz gegen Urteile der Strafgerichte, die auf einer Verletzung oder unrichtigen Anwendung des Gesetzes beruhen, sowie gegen jeden gesetzwidrigen Beschluss oder Vorgang eines Strafgerichts **Nichtigkeitsbeschwerde zur Wahrung des Gesetzes** erheben, und zwar auch nach Rechtskraft der Entscheidung sowie dann, wenn die berechtigten Personen in der gesetzlichen Frist von einem Rechtsmittel oder Rechtsbehelf keinen Gebrauch gemacht haben (§ 23 Abs 1 StPO).

4.6. Vollzug der Entscheidung

Vollzug   1205

Das Urteil ist aufgrund der **Anordnung des Vorsitzenden des Schöffengerichts** zu vollziehen (§ 397 StPO). Der Vollzug erfolgt nach dem Strafvollzugsgesetz. Freiheitsstrafen sind in gerichtlichen Gefangenenhäusern und in Strafvollzugsanstalten zu vollziehen (§ 8 StVG).

Gerichtliche Verurteilungen über Finanzvergehen sind zur Evidenthaltung für zukünftige Strafverfahren in das bundesweite **Strafregister** aufzunehmen (§§ 1 und 2 StRegG). Daten sind spätestens innerhalb von zwei Jahren nach Tilgung zu löschen (§ 12 StRegG). Die **Tilgungsfrist** bestimmt sich nach der Höhe der Verurteilung und beträgt mindestens **fünf** Jahre (mit Ausnahme von Jugendstraftaten, in diesem Fall drei Jahre). Sie verlängert sich bei einer weiteren Verurteilung innerhalb der Tilgungsfrist. Sie beginnt grundsätzlich mit dem vollständigen Vollzug der Strafe (§ 2 bis § 6 Tilgungsgesetz).

Betroffene haben ein **Auskunftsrecht** nach dem Datenschutzgesetz und ein Recht auf Feststellung der Unrichtigkeit oder Unzulässigkeit der Aufnahme oder auf Feststellung der bereits erfolgten Tilgung (§ 9 StRegG). **Strafregisterauskünfte** sind allen inländischen Gerichten und Behörden zu erteilen (§ 9 StRegG). **Beschränkungen** der Auskunft noch innerhalb der Tilgungsfrist bestehen unter gewissen Bedingungen; dies gilt insbesondere bei einer verhängten, höchstens dreimonatigen Freiheitsstrafe. In diesem Fall haben nur Finanzstrafbehörden wegen eines verwaltungsbehördlichen Finanzstrafverfahrens oder Gerichte oder Staatsanwaltschaften wegen eines gerichtlichen Finanzstrafverfahrens ein Auskunftsrecht (§ 6 Tilgungsgesetz).

Für im Ausland ergangene Entscheidungen gilt auch im gerichtlichen Finanzstrafverfahren das **Auslieferungs- und Vollstreckungsverbot** (§ 5 Abs 3).

Kosten   1206

Der Angeklagte hat im Falle des **Schuldspruchs** für das gesamte Verfahren **Kostenersatz** zu leisten (§§ 381 und 389 StPO). Die Eintreibung unterbleibt bei Gefährdung des Unterhalts oder Schadensgutmachung (§ 391 StPO).

- Pauschalkostenbeitrag für das Finanzstrafverfahren zwischen EUR 250 und EUR 5.000;
- Gebühren, Kosten und sonstige Vergütungen des Verfahrens; und
- Kosten des Strafvollzuges.

Bei **Freispruch** gebührt dem Angeklagten Ersatz für den Verteidiger bis EUR 5.000 (§ 393a StPO).

5. Verwaltungsstrafverfahren in sonstigen Abgabensachen

1207 Das Finanzstrafverfahren nach dem Finanzstrafgesetz ist auch **auf sonstige Abgabenangelegenheiten** anwendbar, wenn die Finanzstrafbehörde des Bundes zuständig ist. Für **landesgesetzliche und kommunalsteuerliche** Abgaben sind die Regeln des **Verwaltungsstrafgesetzes** anzuwenden, wobei die Selbstanzeige nach § 29 sinngemäß gilt (§ 254; § 15 Abs 4 KommStG).

Beispiel:

Für **Verwaltungsübertretungen** im Sinne des **§ 15 Kommunalsteuergesetz** sind die Bezirksverwaltungsbehörden bzw Landesverwaltungsbehörden zuständig, die das Verfahren nach dem Verwaltungsstrafgesetz zu führen haben. Eine Beschwerde gegen die Verwaltungsstrafe geht an das Bundesfinanzgericht.

Paragraphenverzeichnis

(Die Zahlen beziehen sich auf Randziffern)

Stichwortverzeichnis

(Die Zahlen beziehen sich auf Randziffern)